S. Scholtes

F. Nožička · L. Grygarová · K. Lommatzsch

Geometrie konvexer Mengen und konvexe Analysis

Mathematische Lehrbücher und Monographien
Herausgegeben von der Akademie der Wissenschaften der DDR
Karl-Weierstraß-Institut für Mathematik

II. Abteilung
Mathematische Monographien
Band 71

Geometrie konvexer Mengen
und konvexe Analysis

von F. Nožička, L. Grygarová und K. Lommatzsch

Geometrie konvexer Mengen und konvexe Analysis

von František Nožička, Libuše Grygarová
und Klaus Lommatzsch

Mit 37 Abbildungen

Akademie-Verlag Berlin
1988

Verfasser:

Prof. Dr. František Nožička
Doz. Dr. Libuše Grygarová
Karls-Universität Prag

Doz. Dr. Klaus Lommatzsch
Humboldt-Universität zu Berlin

ISBN 3-05-500335-7
ISSN 0076-5430

Erschienen im Akademie-Verlag Berlin, DDR - 1086 Berlin, Leipziger Straße 3–4

Lizenznummer: 202 · 100/526/88
Printed in the German Democratic Republic
Gesamtherstellung: VEB Druckhaus „Maxim Gorki“, 7400 Altenburg
Lektor: Dr. Reinhard Höppner
LSV 1085
Bestellnummer: 7637201 (9045)
06800

Vorwort

Mit diesem Buch legen wir eine Einführung in die Theorie konvexer Mengen und in die konvexe Analysis endlichdimensionaler Räume vor. Im Unterschied zu anderen Darstellungen dieses Gebietes, die vielfach auf rein analytische und algebraische Begriffe und Herleitungen zurückgreifen, haben wir einen überwiegend geometrischen Zugang gewählt. Dieses Vorgehen findet seine Berechtigung darin, daß die Konvexität ein elementarer geometrischer Begriff ist und daß — hieraus folgend — eine anschauliche Darlegung des Stoffes möglich wird, eine Darlegung, die das Verständnis für die untersuchten Gegenstände fördert und Anregungen für weitgehende Untersuchungen liefert. Neuere mathematische Entwicklungen sollten nicht daran vorübergehen, daß die europäische Mathematik aus der Geometrie des Euklid hervorging und daß ihre Erfolge nicht zuletzt geeigneten geometrischen Ansätzen und Überlegungen in fast allen mathematischen Disziplinen zuzuschreiben sind.

Das Buch kann ohne Verwendung zusätzlicher und verwandter Literatur studiert werden. Der Leser sollte aber mit den üblichen mathematischen Schlußweisen vertraut sein und über Grundkenntnisse in der analytischen Geometrie, linearen Algebra, linearen Optimierung und Analysis verfügen. Bestreben der Autoren war es, eine möglichst geringe Zahl mathematischer Begriffe einzuführen, wobei diejenigen vorgezogen wurden, denen eine anschauliche Bedeutung zugrunde liegt. Das gewählte geometrische Herangehen hat auch die Auswahl der Sätze, deren Formulierung und Interpretation beeinflußt. Die Beweise beruhen fast durchgängig auf geometrischen Ideen und Schlüssen; das unterstützt und erleichtert das Verständnis der jeweiligen Problematik, es führt aber in einigen Fällen — wie dem Leser nicht entgehen wird — zu längeren und teilweise schwerfälligeren Beweisen (im Vergleich zu bekannten analytischen und auch topologischen Schlußweisen, denen zwar ebenfalls oft geometrische Ansätze zugrunde liegen, die aber in der Darbietung der Beweise dann „gelöscht" sind).

Wie bereits aus dem Titel hervorgeht, umfaßt das Buch zwei Themenkreise. Im ersten (die Kapitel 2 bis 14) geht es um topologische und globale geometrische Eigenschaften konvexer Mengen; einen Schwerpunkt bilden hier Aussagen über verschiedene, den Punkten einer konvexen Menge bzw. den Mengen selbst zugeordnete Kegel (Kapitel 4 bis 7), ein weiterer Schwerpunkt sind allgemeine Sätze über die Trennbarkeit konvexer Mengen (Kapitel 8 und 9), ein letzter Schwerpunkt betrifft die Berührung abgeschlossener konvexer Mengen (Kapitel 11 bis 13). Zum ersten Themenkreis ist auch das Kapitel 17 zu zählen, in dem es um den Rand einer konvexen Menge als einer Mannigfaltigkeit in topologischer bzw. differentialgeometrischer Auffassung geht (auch hier sind keine zusätzlichen mathematischen Kenntnisse erforderlich, da die verwendeten Begriffe und Aussagen angegeben werden).

Zum zweiten Themenkreis des Buches, zur konvexen Analysis, sind die Kapitel 15, 16 und 18 bis 26 zu rechnen. Ausgehend von dem Begriff einer konvexen Funktion, der Herleitung charakteristischer Eigenschaften solcher Funktionen und Konvexitätskriterien, werden dann die für die konvexe Analysis so wichtigen Begriffe einer abgeschlossenen Funktion (Kapitel 18) und einer konjugierten Funktion (Kapitel 19) untersucht; in diesen beiden Kapiteln überwiegen — entsprechend der Thematik — analytische Schlußweisen, sie werden aber durch anschauliche, geometrische Begriffe unterlegt (vergleiche den Begriff des Polarbildes einer konvexen Menge). Die Kapitel 20 bis 26 enthalten schließlich Begriffe und Aussagen der Theorie der konvexen Optimierung, hergeleitet für allgemeine und weniger allgemeine Problemklassen dieses Gebietes der mathematischen Optimierung. Die Kuhn-Tucker-Theorie findet ihre Darstellung im Kapitel 20, eine allgemeine Dualitätstheorie in den Kapiteln 21 bis 25 und das sogenannte Minimaxprinzip gemeinsam mit einigen Sattelpunktsätzen in Kapitel 26. In den Kapiteln 21 bis 25 und teilweise auch im Kapitel 26 folgen wir dabei der ausgezeichneten Darlegung dieser Problematik durch J. Stoer und C. Witzgall in deren 1970 erschienenem Buch „Convexity and Optimization in Finite Dimensions I", wobei wir allerdings in der Ebene des von uns gewählten geometrischen Zugangs argumentieren. Bei der Klärung weiterer Einzelfragen aus der konvexen Analysis leisteten uns die Bücher von C. Berge, A. Ghouila-Houri (1969), von R. T. Rockafellar (1970), von K.-H. Elster, R. Reinhardt, M. Schäuble, G. Donath (1977) und K. Leichtweiss (1980) nützliche Dienste. Weitere Literaturhinweise können dem Verzeichnis am Schluß des Buches entnommen werden; wir haben hier darauf geachtet, auch auf Themen zu verweisen, auf die wir im Rahmen dieses Buches nicht eingehen konnten: Abwandlungen und Erweiterungen des Konvexitätsbegriffes, Untersuchungen in unendlichdimensionalen Räumen, weitere Anwendungen in der mathematischen Optimierung und anderen Disziplinen.

Es ist uns ein Bedürfnis, Herrn Dr. H. Damm und Herrn Dr. D. Bilsing für ihre wissenschaftliche und technische Unterstützung bei der Fertigstellung des Manuskripts zu danken, ihre Ratschläge und Hinweise haben nicht unwesentlich zur Fertigstellung des Buches beigetragen. Besonderer Dank gebührt Frau Haugvic in Prag und den Mitarbeitern der Informationsstelle der Sektion Mathematik der Humboldt-Universität zu Berlin, die es schafften, aus dem handschriftlichen Manuskript dreier Autoren ein übersichtliches und sauberes Schreibmaschinenmanuskript zu erstellen. Schließlich möchten wir uns bei Herrn Dr. R. Höppner und Frau G. Reiher vom Akademie-Verlag für ihre Geduld, ihre Ratschläge und ihr Verständnis bedanken, mit dem sie unsere Arbeit begleiteten.

Berlin, im Mai 1986 — Die Autoren

Inhalt

1. Lineare Strukturen in $\mathbb{E}_n$

Mit dem Symbol $\mathbb{E}_n$ werden wir, wie üblich, den *n-dimensionalen euklidischen Raum* bezeichnen ($n \geqq 1$), mit kleinen, halbfett gedruckten lateinischen Buchstaben die Elemente dieses Raumes, also *die Punkte in* $\mathbb{E}_n$, und *die Vektoren* dieses Raumes, also die orientierten Punktepaare in $\mathbb{E}_n$. Für den *Ursprung* eines kartesischen Koordinatensystems in $\mathbb{E}_n$ wird die Bezeichnung $\boldsymbol{o}$ verwendet. Den durch den Anfangspunkt $\boldsymbol{y}$ und den Endpunkt $\boldsymbol{x}$ festgelegten Vektor kennzeichnen wir durch $\boldsymbol{x} - \boldsymbol{y}$, den Vektor $\boldsymbol{x} - \boldsymbol{o}$ wie üblich durch $\boldsymbol{x}$. Das Symbol $\mathbb{R}$ steht für die Gesamtheit der *reellen Zahlen*, die im weiteren kurz Zahlen genannt werden.

Für die (*euklidische*) *Norm* eines Vektors $\boldsymbol{a}$ in $\mathbb{E}_n$ wird das Symbol $\|\boldsymbol{a}\|$, für das *Skalarprodukt zweier Vektoren* $\boldsymbol{a}$ und $\boldsymbol{b}$ das Symbol $(\boldsymbol{a}, \boldsymbol{b})$ benutzt. Falls in einem in $\mathbb{E}_n$ gewählten kartesischen Koordinatensystem a_i bzw. b_i ($i = 1, \ldots, n$) die Komponenten des Vektors $\boldsymbol{a}$ bzw. $\boldsymbol{b}$ sind — wir schreiben dann $\boldsymbol{a} = (a_1, \ldots, a_n)$ und $\boldsymbol{b} = (b_1, \ldots, b_n)$ —, so ist

$$\|\boldsymbol{a}\| = \sqrt{\sum_{i=1}^{n} a_i^2}, \qquad (\boldsymbol{a}, \boldsymbol{b}) = \sum_{i=1}^{n} a_i b_i .$$

Ein Vektor $\boldsymbol{a}$ in $\mathbb{E}_n$ heißt *Einheitsvektor*, falls $\|\boldsymbol{a}\| = 1$ gilt. Der (*euklidische*) *Abstand zweier Punkte* $\boldsymbol{x}_1$ und $\boldsymbol{x}_2$ in $\mathbb{E}_n$ wird mit dem Symbol $\varrho(\boldsymbol{x}_1, \boldsymbol{x}_2)$ bezeichnet; falls x_{1i} bzw. x_{2i} ($i = 1, \ldots, n$) die Koordinaten des Punktes $\boldsymbol{x}_1$ bzw. des Punktes $\boldsymbol{x}_2$ in einem kartesischen Koordinatensystem in $\mathbb{E}_n$ sind, so gilt

$$\varrho(\boldsymbol{x}_1, \boldsymbol{x}_2) = \|\boldsymbol{x}_2 - \boldsymbol{x}_1\| = \sqrt{\sum_{i=1}^{n} (x_{2i} - x_{1i})^2} .$$

Unter dem *Abstand* zweier nichtleerer Mengen M_1 und M_2 in $\mathbb{E}_n$ versteht man die Zahl

$$\varrho(M_1, M_2) := \inf \{\|\boldsymbol{x} - \boldsymbol{y}\| \mid \boldsymbol{x} \in M_1, \boldsymbol{y} \in M_2\} .$$

Der gegebenen Punkten $\boldsymbol{x}_1, \ldots, \boldsymbol{x}_m$ in $\mathbb{E}_n$ zugeordnete Punkt $\boldsymbol{x}$,

$$\boldsymbol{x} = \sum_{r=1}^{m} \lambda_r \boldsymbol{x}_r, \qquad \lambda_r \in \mathbb{R} \ (r = 1, \ldots, m), \qquad \sum_{r=1}^{m} \lambda_r = 1,$$

heißt eine *Linearkombination* dieser Punkte. Die Gesamtheit aller Linearkombinationen von Punkten einer nichtleeren Menge M in $\mathbb{E}_n$ bezeichnet man als die *lineare Hülle* $\mathcal{L}_M$ dieser Menge.

Punkte $\boldsymbol{x}_1, \ldots, \boldsymbol{x}_m$ ($m \geqq 2$) in $\mathbb{E}_n$ heißen *linear abhängig*, falls es Zahlen $\lambda_1, \ldots, \lambda_m$

gibt mit

$$\sum_{r=1}^{m} |\lambda_r| > 0, \qquad \sum_{r=1}^{m} \lambda_r = 0, \qquad \sum_{r=1}^{m} \lambda_r \boldsymbol{x}_r = \boldsymbol{o};$$

andernfalls heißen diese Punkte *linear unabhängig.*

Die zwei voneinander verschiedenen Punkten $\boldsymbol{x}_1$ und $\boldsymbol{x}_2$ in $\mathbb{E}_n$ zugeordnete Menge

$$g := \{\boldsymbol{x} \in \mathbb{E}_n \mid \boldsymbol{x} = \lambda_1 \boldsymbol{x}_1 + \lambda_2 \boldsymbol{x}_2,\ \lambda_1 + \lambda_2 = 1,\ \lambda_1 \in \mathbb{R},\ \lambda_2 \in \mathbb{R}\}$$

nennt man die durch diese Punkte bestimmte *Gerade*; sie hat offenbar auch die Darstellung

$$g := \{\boldsymbol{x} \in \mathbb{E}_n \mid \boldsymbol{x} = \boldsymbol{x}_1 + t(\boldsymbol{x}_2 - \boldsymbol{x}_1),\ t \in \mathbb{R}\}.$$

Die durch einen Punkt $\boldsymbol{x}_0 \in \mathbb{E}_n$ und einen Vektor $\boldsymbol{a}$ mit $\|\boldsymbol{a}\| > 0$ bestimmte Gerade g hat die Beschreibung

$$g := \{\boldsymbol{x} \in \mathbb{E}_n \mid \boldsymbol{x} = \boldsymbol{x}_0 + t\boldsymbol{a},\ t \in \mathbb{R}\}.$$

Unter einer von einem Punkt $\boldsymbol{x}_0 \in \mathbb{E}_n$ in Richtung eines Vektors $\boldsymbol{a}$ mit $\|\boldsymbol{a}\| > 0$ ausgehenden *offenen Halbgeraden* versteht man die Menge

$$p(\boldsymbol{x}_0; \boldsymbol{a}) := \{\boldsymbol{x} \in \mathbb{E}_n \mid \boldsymbol{x} = \boldsymbol{x}_0 + t\boldsymbol{a},\ t > 0\};$$

ihre Abschließung $\overline{p}(\boldsymbol{x}; \boldsymbol{a})$ ist die *abgeschlossene Halbgerade* $p(\boldsymbol{x}_0; \boldsymbol{a}) \cup \{\boldsymbol{x}_0\}$.

Eine nichtleere Menge $M \subset \mathbb{E}_n$ heißt *linearer Unterraum* in $\mathbb{E}_n$, wenn die Menge M mit jedem Paar voneinander verschiedener Punkte die durch dieses Punktepaar bestimmte Gerade enthält. Falls ein linearer Unterraum in $\mathbb{E}_n$ ein System von $d + 1$ linear unabhängigen Punkten enthält und falls die Punkte jedes Systems mit mehr als $d + 1$ Punkten aus diesem Unterraum linear abhängig sind, so nennen wir diesen linearen Unterraum *d-dimensional* und bezeichnen ihn mit dem Symbol L_d. Jeder Punkt in $\mathbb{E}_n$ wird zum nulldimensionalen linearen Unterraum in $\mathbb{E}_n$ erklärt. Der Raum $\mathbb{E}_n$ ist ein n-dimensionaler linearer Unterraum in $\mathbb{E}_n$. Es gilt daher $0 \leqq d \leqq n$. Geraden in $\mathbb{E}_n$ sind eindimensionale lineare Unterräume. Einen $(n - 1)$-dimensionalen linearen Unterraum in $\mathbb{E}_n$ bezeichnet man als *Hyperebene* dieses Raumes. Die oben definierte lineare Hülle einer nichtleeren Menge M in $\mathbb{E}_n$ ist offenbar ein linearer Unterraum in $\mathbb{E}_n$, und zwar derjenige kleinster Dimension, der die Menge M enthält.

Jedes System von $d + 1$ linear unabhängigen Punkten $\boldsymbol{x}_0, \boldsymbol{x}_1, \ldots, \boldsymbol{x}_d$ in $\mathbb{E}_n$ bestimmt eindeutig einen diese Punkte enthaltenden linearen Unterraum

$$L_d = \left\{\boldsymbol{x} \in \mathbb{E}_n \mid \boldsymbol{x} = \sum_{r=0}^{d} \lambda_r \boldsymbol{x}_r,\ \sum_{r=0}^{d} \lambda_r = 1,\ \lambda_r \in \mathbb{R}\ (r = 0, \ldots, d)\right\},$$

wegen $\lambda_0 = 1 - \sum_{r=1}^{d} \lambda_r$ hat dieser auch die Darstellung

$$L_d = \left\{\boldsymbol{x} \in \mathbb{E}_n \mid \boldsymbol{x} = \boldsymbol{x}_0 + \sum_{r=1}^{d} \lambda_r(\boldsymbol{x}_r - \boldsymbol{x}_0),\ \lambda_r \in \mathbb{R}\ (r = 1, \ldots, d)\right\}.$$

Wenn $\boldsymbol{a}_1, \ldots, \boldsymbol{a}_d$ $(1 \leqq d \leqq n)$ linear unabhängige Vektoren und $\boldsymbol{x}_0$ ein Punkt in $\mathbb{E}_n$ sind, so ist durch sie eindeutig der lineare Unterraum

$$L_d = \left\{\boldsymbol{x} \in \mathbb{E}_n \mid \boldsymbol{x} = \boldsymbol{x}_0 + \sum_{r=1}^{d} \lambda_r \boldsymbol{a}_r,\ \lambda_r \in \mathbb{R}\quad (r = 1, \ldots, d)\right\}$$

festgelegt, der den Punkt $\boldsymbol{x}_0$ sowie die Vektoren $\boldsymbol{a}_1, \ldots, \boldsymbol{a}_d$ mit dem Anfangspunkt $\boldsymbol{x}_0$ enthält. In dieser Beschreibung des linearen Unterraumes L_d nennt man die Zahlen $\lambda_1, \ldots, \lambda_d$ *lineare* (oder auch *affine*) *Koordinaten* des Punktes $\boldsymbol{x}$ in L_d bezüglich der *Vektorbasis* $\boldsymbol{a}_1, \ldots, \boldsymbol{a}_d$ und des *Koordinatenursprungs* $\boldsymbol{x}_0$. Wenn die Vektoren dieser Basis *orthonormiert* sind, wenn also

$$(\boldsymbol{a}_r, \boldsymbol{a}_s) = \delta_{rs} = \begin{cases} 1 & \text{für } r = s, \\ 0 & \text{für } r \neq s \end{cases} \qquad (r, s = 1, \ldots, d)$$

gilt, so heißen die Zahlen $\lambda_1, \ldots, \lambda_d$ *kartesische Koordinaten* in L_d des Punktes $\boldsymbol{x}$ bezüglich der gewählten Vektorbasis und des Koordinatenursprungs $\boldsymbol{x}_0$ in L_d.

Bemerkung 1.1. Im Fall $d = n$ fällt der lineare Unterraum L_n mit dem Raum $\mathbb{E}_n$ zusammen. Wenn $\boldsymbol{a}_1, \ldots, \boldsymbol{a}_n$ linear unabhängige Vektoren sind und $\boldsymbol{x}_0$ ein Punkt in $\mathbb{E}_n$ ist, so gilt

$$L_n = \mathbb{E}_n = \left\{\boldsymbol{x} \in \mathbb{E}_n \mid \boldsymbol{x} = \boldsymbol{x}_0 + \sum_{r=1}^{n} \xi_r \boldsymbol{a}_r,\ \xi_r \in \mathbb{R}\ (r = 1, \ldots, n)\right\};$$

die linearen Koordinaten $\xi_1, \ldots, \xi_n$ des Punktes $\boldsymbol{x}$ in $\mathbb{E}_n$ bezüglich der gewählten Vektorbasis $\{\boldsymbol{a}_1, \ldots, \boldsymbol{a}_n\}$ und des Koordinatenursprungs $\boldsymbol{x}_0$ genügen also dem Gleichungssystem

$$x_i = x_{0i} + \sum_{r=1}^{n} a_{ri} \xi_r \ (i = 1, \ldots, n)$$

in dem x_i die i-te Koordinate des Punktes $\boldsymbol{x}$ ist, x_{0i} die i-te Koordinate des Punktes $\boldsymbol{x}_0$ und a_{ri} die i-te Komponente des Vektors $\boldsymbol{a}_r$ $(i = 1, \ldots, n)$ in dem ursprünglichen kartesischen Koordinatensystem mit der Vektorbasis $\boldsymbol{e}_1 = (1, 0, \ldots, 0)$, $\boldsymbol{e}_2 = (0, 1, \ldots, 0)$, $\ldots$, $\boldsymbol{e}_n = (0, 0, \ldots, 1)$ und dem Koordinatenursprung $\boldsymbol{o} = (0, \ldots, 0)$ in $\mathbb{E}_n$. Die obigen Gleichungen beschreiben daher die *lineare Transformation* zwischen den ursprünglichen kartesischen Koordinaten in $\mathbb{E}_n$ eines Punktes $\boldsymbol{x} \in \mathbb{E}_n$ und seinen linearen Koordinaten bezüglich der Vektorbasis $\boldsymbol{a}_1, \ldots, \boldsymbol{a}_n$ und dem Koordinatenursprung $\boldsymbol{x}_0$.

Aus der analytischen Geometrie ist bekannt, daß die Menge

$$R := \{\boldsymbol{x} \in \mathbb{E}_n \mid (\hat{\boldsymbol{a}}, \boldsymbol{x}) = b\},$$

eine Hyperebene in $\mathbb{E}_n$ darstellt, sobald $\hat{\boldsymbol{a}}$ ein Vektor in $\mathbb{E}_n$ mit $\|\hat{\boldsymbol{a}}\| > 0$ und $b \in \mathbb{R}$ ist. Wenn andererseits R eine Hyperebene in $\mathbb{E}_n$ ist, so gibt es einen Vektor $\hat{\boldsymbol{a}}$ mit $\|\hat{\boldsymbol{a}}\| > 0$ und eine Zahl b in der Weise, daß für sie die obige — sogenannte *implizite* — *Darstellung* gilt. Aus der oben angegebenen Beschreibung eines linearen Unterraumes L_d bekommt man im Fall $d = n - 1$ die sogenannte *parametrische Darstellung einer Hyperebene* R in $\mathbb{E}_n$:

$$R = L_{n-1} = \left\{\boldsymbol{x} \in \mathbb{E}_n \mid \boldsymbol{x} = \boldsymbol{x}_0 + \sum_{r=1}^{n-1} \lambda_r \boldsymbol{a}_r,\ \lambda_r \in \mathbb{R}\ (r = 1, \ldots, n-1)\right\}.$$

Entsprechend wird für $0 \leqq d \leqq n - 1$ durch linear unabhängige Vektoren $\boldsymbol{a}_1, \ldots, \boldsymbol{a}_{n-d}$ und Zahlen $b_1, \ldots, b_{n-d}$ ein d-dimensionaler linearer Unterraum L_d in $\mathbb{E}_n$ als Durchschnitt der Hyperebenen

$$R_j := \{\boldsymbol{x} \in \mathbb{E}_n \mid (\boldsymbol{a}_j, \boldsymbol{x}) = b_j\} \qquad (j = 1, \ldots, n - d)$$

festgelegt. Falls andererseits L_d ein d-dimensionaler linearer Unterraum in $\mathbb{E}_n$ ist $(0 \leqq d \leqq n-1)$, so gibt es linear unabhängige Vektoren $\hat{\boldsymbol{a}}_1, \ldots, \hat{\boldsymbol{a}}_{n-d}$ und Zahlen $b_1, \ldots, b_{n-d}$ in der Weise, daß

$$L_d = \{\boldsymbol{x} \in \mathbb{E}_n \mid (\hat{\boldsymbol{a}}_j, \boldsymbol{x}) = b_j \ (j = 1, \ldots, n-d)\}$$

ist; diese Beschreibung wird als *implizite Darstellung eines linearen Unterraumes* L_d in $\mathbb{E}_n$ bezeichnet — im Gegensatz zu dessen vorn angegebener *parametrischer Darstellung*.

Zwei lineare Unterräume L_{d_1} und L_{d_2} heißen zueinander *orthogonal*, falls $(\boldsymbol{a}, \boldsymbol{b}) = 0$ für alle Vektoren $\boldsymbol{a}$ aus dem Raum L_{d_1} und alle Vektoren $\boldsymbol{b}$ aus dem Raum L_{d_2} gilt. Zwei lineare Unterräume L_{d_1} und L_{d_2} in $\mathbb{E}_n$ heißen zueinander *affin-dual*, wenn ihr Durchschnitt genau einen Punkt enthält und $d_1 + d_2 = n$ ist; sie heißen zueinander *dual*, wenn sie zueinander sowohl affin-dual als auch orthogonal sind. Falls L_d ein den Punkt $\boldsymbol{x}_0 \in \mathbb{E}_n$ enthaltender d-dimensionaler linearer Unterraum in $\mathbb{E}_n$ ist $(0 \leqq d \leqq n)$, so existiert zu diesem Raum ein affin-dualer (bzw. genau ein dualer) linearer Unterraum L_{n-d} mit $\boldsymbol{x}_0 \in L_{n-d}$.

Zwei lineare Unterräume L_{d_1} und L_{d_2} der Dimension d_1 bzw. der Dimension d_2 in $\mathbb{E}_n$ sind zueinander *parallel* $(0 < d_i < n;\ i = 1, 2)$, falls entweder $L_{d_1} \subset L_{d_2}$ oder $L_{d_1} \supset L_{d_2}$ oder $L_{d_1} \cap L_{d_2} = \emptyset$ gilt und falls ein d-dimensionaler linearer Unterraum L_d in $\mathbb{E}_n$ existiert mit $d = \max\{d_1, d_2\} + 1$ und $L_{d_i} \subset L_d$ $(i = 1, 2)$.

Es seien $\boldsymbol{x}_0, \boldsymbol{x}_1, \ldots, \boldsymbol{x}_d$ linear unabhängige Punkte in $\mathbb{E}_n$, dann nennt man die Menge

$$S := \left\{\boldsymbol{x} \in \mathbb{E}_n \mid \boldsymbol{x} = \sum_{r=0}^{d} \lambda_r \boldsymbol{x}_r, \sum_{r=0}^{d} \lambda_r = 1, \lambda_r > 0 \ (r = 0, \ldots, d)\right\}$$

ein *offenes d-dimensionales Simplex* in $\mathbb{E}_n$ und die Menge

$$\bar{S} := \left\{\boldsymbol{x} \in \mathbb{E}_n \mid \boldsymbol{x} = \sum_{r=0}^{d} \lambda_r \boldsymbol{x}_r, \sum_{r=0}^{d} \lambda_r = 1, \lambda_r \geqq 0 \ (r = 0, \ldots, d)\right\}$$

ein *abgeschlossenes d-dimensionales Simplex* in $\mathbb{E}_n$; ein eindimensionales Simplex in $\mathbb{E}_n$ ist eine *Strecke* mit den *Endpunkten* $\boldsymbol{x}_0$ und $\boldsymbol{x}_1$, wir werden sie mit dem Symbol $u(\boldsymbol{x}_0, \boldsymbol{x}_1)$ bzw. $\bar{u}(\boldsymbol{x}_0, \boldsymbol{x}_1)$ bezeichnen. Unter einer *halboffenen Strecke* in $\mathbb{E}_n$ wird die Vereinigung einer offenen Strecke mit einem ihrer Endpunkte verstanden.

Falls $R := \{\boldsymbol{x} \in \mathbb{E}_n \mid (\hat{\boldsymbol{a}}, \boldsymbol{x}) = b\}$ eine Hyperebene in $\mathbb{E}_n$ ist $(\|\hat{\boldsymbol{a}}\| > 0)$, so heißen die Mengen

$$H^+ := \{\boldsymbol{x} \in \mathbb{E}_n \mid (\hat{\boldsymbol{a}}, \boldsymbol{x}) > \boldsymbol{b}\}, \qquad H^- := \{\boldsymbol{x} \in \mathbb{E}_n \mid (\hat{\boldsymbol{a}}, \boldsymbol{x}) < b\}$$

die zur Hyperebene R gehörigen *offenen Halbräume* in $\mathbb{E}_n$ (mit der *Randhyperebene* R) und die Mengen

$$\bar{H}^+ := \{\boldsymbol{x} \in \mathbb{E}_n \mid (\hat{\boldsymbol{a}}, \boldsymbol{x}) \geqq b\}, \qquad \bar{H}^- := \{\boldsymbol{x} \in \mathbb{E}_n \mid (\hat{\boldsymbol{a}}, \boldsymbol{x}) \leqq b\}$$

die zur Hyperebene R gehörigen *abgeschlossenen Halbräume* in $\mathbb{E}_n$.

Eine nichtleere Menge P in $\mathbb{E}_n$, die als Durchschnitt eines linearen Unterraumes und einer endlichen Anzahl abgeschlossener Halbräume in $\mathbb{E}_n$ darstellbar ist, wird als *konvexes Polyeder* in $\mathbb{E}_n$ bezeichnet. Zur Klasse der konvexen Polyeder gehören damit die linearen Unterräume in $\mathbb{E}_n$ (einschließlich des Raumes $\mathbb{E}_n$), die abgeschlossenen Halbräume und die abgeschlossenen Simplizes in $\mathbb{E}_n$. Offenbar ist der nichtleere Durchschnitt endlich vieler konvexer Polyeder wieder ein konvexes Polyeder.

Bemerkung 1.2. Für die konvexen Polyeder als eine Klasse von Mengen spezieller Struktur in $\mathbb{E}_n$ liegt eine ausgearbeitete Theorie vor, und es sind verschiedene Anwendungen bekannt (z. B. in der linearen Optimierung). Obwohl ihrer Definition lineare Strukturen in $\mathbb{E}_n$ zugrunde liegen, sind die konvexen Polyeder aber bereits typische Vertreter einer umfassenderen Mengenklasse in $\mathbb{E}_n$, nämlich der Klasse der konvexen Mengen in $\mathbb{E}_n$, der wir uns in den weiteren Kapiteln zuwenden. Andererseits kommen den konvexen Polyedern als speziellen konvexen Mengen Eigenschaften zu, die konvexe Mengen im allgemeinen nicht bzw. nur unter zusätzlichen Voraussetzungen besitzen. Es seien hier zwei im weiteren benötigte Aussagen angeführt.

Falls P_1 und P_2 konvexe Polyeder in $\mathbb{E}_n$ sind und $\varrho(P_1, P_2)$ der Abstand dieser Mengen ist, so existieren Punkte $\boldsymbol{x}_1 \in P_1$ und $\boldsymbol{x}_2 \in P_2$ mit $\varrho(P_1, P_2) = \varrho(\boldsymbol{x}_1, \boldsymbol{x}_2)$; speziell folgt aus $\varrho(P_1, P_2) = 0$ die Aussage $P_1 \cap P_2 \neq \emptyset$ (diese Implikation ist u. a. ein Ausgangspunkt für die Herleitung von Existenzaussagen in der linearen Optimierung).

Bemerkung 1.3. Die einer nichtleeren Menge $M \subset \mathbb{E}_n$ und einer Zahl $\varepsilon > 0$ zugeordnete Menge

$$U(M; \varepsilon) := \{\boldsymbol{x} \in \mathbb{E}_n \mid \varrho(\boldsymbol{x}, M) < \varepsilon\}$$

heißt eine *ε-Umgebung der Menge M* in $\mathbb{E}_n$. Wenn M eine in einem linearen Unterraum $L_d \subset \mathbb{E}_n$ gelegene Menge ist und ε eine positive Zahl, so nennt man die Menge

$$U_d(M; \varepsilon) := U(M; \varepsilon) \cap L_d$$

eine *ε-Umgebung der Menge M bezügtich des linearen Unterraumes L_d*. Im Fall einer einelementigen Menge $M \subset \mathbb{E}_n$, d. h. im Fall $M = \{\boldsymbol{x}_0\}$, bezeichnet man die Menge $U(\boldsymbol{x}_0; \varepsilon) := U(\{\boldsymbol{x}_0\}, \varepsilon)$ $(\varepsilon > 0)$ als *sphärische* (oder *euklidische*) *ε-Umgebung des Punktes* $\boldsymbol{x}_0$ in $\mathbb{E}_n$.

Jedes einen Punkt $\boldsymbol{x}_0$ enthaltende Gebiet in $\mathbb{E}_n$ heißt eine *allgemeine Umgebung dieses Punktes*, wir werden es mit dem Symbol $U(\boldsymbol{x}_0)$ bezeichnen; unter einem *Gebiet* in $\mathbb{E}_n$ wird dabei wie üblich eine nichtleere zusammenhängende und in $\mathbb{E}_n$ offene Menge verstanden.

Zum Abschluß des Kapitels werden wir nun noch einige weniger geläufige Begriffe und Aussagen herleiten.

Definition 1.1. Es seien M eine nichtleere Menge in $\mathbb{E}_n$ und L_d und L_{n-d} ein Paar zueinander affin-dualer linearer Unterräume der Dimension d bzw. $n - d$ in $\mathbb{E}_n$ mit $0 < d < n$. Mit $L_d(\boldsymbol{x})$ sei der den Punkt $\boldsymbol{x} \in \mathbb{E}_n$ enthaltende und zum linearen Unterraum L_d parallele d-dimensionale lineare Unterraum bezeichnet. Dann heißt die Menge

$$M^* = \{\boldsymbol{x} \in \mathbb{E}_n \mid \{\boldsymbol{x}\} = L_d(\boldsymbol{y}) \cap L_{n-d}, \boldsymbol{y} \in M\}$$

die *Projektion der Menge M in Richtung des linearen Unterraumes L_d in den linearen Unterraum L_{n-d}*.

Definition 1.2. Es seien L_d' und L_d'' zueinander parallele d-dimensionale lineare Unterräume in $\mathbb{E}_n$ mit $1 \leqq d \leqq n - 1$ und λ_1, λ_2 ein Zahlenpaar mit $\lambda_1 + \lambda_2 = 1$, dann heißt die Menge

$$\lambda_1 L_d' + \lambda_2 L_d'' := \{\boldsymbol{x} \in \mathbb{E}_n \mid \boldsymbol{x} = \lambda_1 \boldsymbol{y}_1 + \lambda_2 \boldsymbol{y}_2,\ \boldsymbol{y}_1 \in L_d',\ \boldsymbol{y}_2 \in L_d''\}$$

eine *Linearkombination der linearen Unterräume* L_d' *und* L_d''.

Satz 1.1. *Es seien* $\boldsymbol{x}_1$ *und* $\boldsymbol{x}_2$ *Punkte in* $\mathbb{E}_n$ *und* $\boldsymbol{x}_0 := \lambda_1 \boldsymbol{x}_1 + \lambda_2 \boldsymbol{x}_2$ *eine Linearkombination dieser Punkte* ($\lambda_1 + \lambda_2 = 1$). *Weiter seien* $L_d(\boldsymbol{x}_1)$, $L_d(\boldsymbol{x}_2)$ *und* $L_d(\boldsymbol{x}_0)$ *paarweise zueinander parallele d-dimensionale lineare Unterräume in* $\mathbb{E}_n$ *mit* $\boldsymbol{x}_i \in L_d(\boldsymbol{x}_i)$ *für* $i = 0, 1, 2$ *und* $1 \leqq d \leqq n - 1$. *Dann gilt*

$$L_d(\lambda_1 \boldsymbol{x}_1 + \lambda_2 \boldsymbol{x}_2) = \lambda_1 L_d(\boldsymbol{x}_1) + \lambda_2 L_d(\boldsymbol{x}_2).$$

Beweis. Nach Voraussetzung existieren linear unabhängige Vektoren $\boldsymbol{a}_1, \ldots, \boldsymbol{a}_d$ in der Weise, daß

$$L_d(\boldsymbol{x}_i) = \left\{\boldsymbol{x} \in \mathbb{E}_n \mid \boldsymbol{x} = \boldsymbol{x}_i + \sum_{r=1}^{d} \boldsymbol{a}_r u_r,\ u_r \in \mathbb{R} \qquad (r = 1, \ldots, d)\right\}$$

für $i = 0, 1, 2$ gilt.

Falls $\boldsymbol{x}$ ein Punkt der Menge $\lambda_1 L_d(\boldsymbol{x}_1) + \lambda_2 L_d(\boldsymbol{x}_2)$ ist, so gibt es nach Definition 1.2 Punkte $\boldsymbol{y}_1, \boldsymbol{y}_2$ mit $\boldsymbol{y}_i \in L_d(\boldsymbol{x}_i)$ $(i = 1, 2)$, so daß

$$\boldsymbol{x} = \lambda_1 \boldsymbol{y}_1 + \lambda_2 \boldsymbol{y}_2$$

gilt. Aus der angegebenen Darstellung der Menge $L_d(\boldsymbol{x}_i)$ folgt die Existenz von Zahlen u_{ir} $(i = 1, 2;\ r = 1, \ldots, d)$, so daß

$$\boldsymbol{y}_i = \boldsymbol{x}_i + \sum_{r=1}^{d} \boldsymbol{a}_r u_{ir} \qquad (i = 1, 2)$$

ist. Damit gilt

$$\boldsymbol{x} = \lambda_1 \boldsymbol{y}_1 + \lambda_2 \boldsymbol{y}_2 = \lambda_1 \boldsymbol{x}_1 + \lambda_2 \boldsymbol{x}_2 + \sum_{r=1}^{d} \boldsymbol{a}_r \tilde{u}_r$$

für $\tilde{u}_r := \lambda_1 u_{1r} + \lambda_2 u_{2r}$ $(r = 1, \ldots, d)$. Der Punkt $\boldsymbol{x}$ liegt also in dem linearen Unterraum $L_d(\lambda_1 \boldsymbol{x}_1 + \lambda_2 \boldsymbol{x}_2) = L_d(\boldsymbol{x}_0)$.

Wenn andererseits $\boldsymbol{x}$ ein Punkt der Menge $L_d(\boldsymbol{x}_0)$ ist, so gibt es Zahlen $\tilde{u}_1, \ldots, \tilde{u}_d$, so daß

$$\boldsymbol{x} = \boldsymbol{x}_0 + \sum_{r=1}^{d} \boldsymbol{a}_r \tilde{u}_r = \lambda_1 \boldsymbol{x}_1 + \lambda_2 \boldsymbol{x}_2 + \sum_{r=1}^{d} \boldsymbol{a}_r \tilde{u}_r$$

ist. Hieraus folgt wegen $\lambda_1 + \lambda_2 = 1$

$$\boldsymbol{x} = \lambda_1 \left(\boldsymbol{x}_1 + \sum_{r=1}^{d} \boldsymbol{a}_r \tilde{u}_r\right) + \lambda_2 \left(\boldsymbol{x}_2 + \sum_{r=1}^{d} \boldsymbol{a}_r \tilde{u}_r\right).$$

Unter Beachtung der oben festgelegten Darstellung für die linearen Unterräume $L_d(\boldsymbol{x}_1)$ und $L_d(\boldsymbol{x}_2)$ gilt daher $\boldsymbol{x} \in \lambda_1 L_d(\boldsymbol{x}_1) + \lambda_2 L_d(\boldsymbol{x}_2)$. Damit ist die im Satz angegebene Gleichheit gezeigt. □

Satz 1.2. *Es seien* L_d *und* L_{n-d} *zueinander affin-duale lineare Unterräume in* $\mathbb{E}_n$ *der Dimension d bzw. der Dimension* $n - d$ *mit* $1 \leqq d \leqq n - 1$. *Weiter seien* $\boldsymbol{x}_1$, $\boldsymbol{x}_2$ *Punkte* *in* $\mathbb{E}_n$ *und* $L_d(\boldsymbol{x}_1)$, $L_d(\boldsymbol{x}_2)$ *zum linearen Unterraum* L_d *parallele d-dimensionale lineare Unterräume mit* $\boldsymbol{x}_i \in L_d(\boldsymbol{x}_i)$ $(i = 1, 2)$. *Dann gilt für beliebige Zahlen* λ_1, λ_2 *mit* $\lambda_1 + \lambda_2 = 1$

$$\big(\lambda_1 L_d(\boldsymbol{x}_1) + \lambda_2 L_d(\boldsymbol{x}_2)\big) \cap L_{n-d} = \lambda_1\big(L_d(\boldsymbol{x}_1) \cap L_{n-d}\big) + \lambda_2\big(L_d(\boldsymbol{x}_2) \cap L_{n-d}\big).$$

Beweis. Nach Voraussetzung sind die linearen Unterräume $L_d(\boldsymbol{x}_i)$ und L_{n-d} zueinander affin-dual, ihr Durchschnitt enthält daher genau einen Punkt $\hat{\boldsymbol{x}}_i$ $(i = 1, 2)$. Somit ist

$$\lambda_1\big(L_d(\boldsymbol{x}_1) \cap L_{n-d}\big) + \lambda_2\big(L_d(\boldsymbol{x}_2) \cap L_{n-d}\big) = \lambda_1\hat{\boldsymbol{x}}_1 + \lambda_2\hat{\boldsymbol{x}}_2.$$

Wegen $\hat{\boldsymbol{x}}_i \in L_d(\boldsymbol{x}_i)$ $(i = 1, 2)$ gilt nach Satz 1.1

$$\lambda_1 L_d(\boldsymbol{x}_1) + \lambda_2 L_d(\boldsymbol{x}_2) = L_d(\lambda_1\hat{\boldsymbol{x}}_1 + \lambda_2\hat{\boldsymbol{x}}_2),$$

wobei $L_d(\lambda_1\hat{\boldsymbol{x}}_1 + \lambda_2\hat{\boldsymbol{x}}_2)$ ein den Punkt $\lambda_1\hat{\boldsymbol{x}}_1 + \lambda_2\hat{\boldsymbol{x}}_2$ enthaltender und zu den linearen Unterräumen $L_d(\boldsymbol{x}_1)$ und $L_d(\boldsymbol{x}_2)$ paralleler d-dimensionaler linearer Unterraum ist. Er ist daher gleichfalls affin-dual zu dem linearen Unterraum L_{n-d}. Im Durchschnitt dieser beiden linearen Unterräume liegt also genau ein Punkt. Das kann aber wegen $\hat{\boldsymbol{x}}_i \in L_{n-d}$ $(i = 1, 2)$ und daher $\lambda_1\hat{\boldsymbol{x}}_1 + \lambda_2\hat{\boldsymbol{x}}_2 \in L_{n-d}$ für $\lambda_1 + \lambda_2 = 1$ nur dieser Punkt $\lambda_1\hat{\boldsymbol{x}}_1 + \lambda_2\hat{\boldsymbol{x}}_2$ sein. Zusammen mit der eingangs des Beweises gezeigten Gleichheit liefert das die Aussage des Satzes. □

2. Konvexe Mengen

Die im Kapitel 1 im kurzen Überblick vorgestellten linearen Strukturen sind Spezialfälle einer anderen Klasse von Mengen in $\mathbb{E}_n$, der Klasse der sogenannten konvexen Mengen.

Definition 2.1. Es seien $\boldsymbol{x}_1, \ldots, \boldsymbol{x}_k$ Punkte in $\mathbb{E}_n$ und λ_i $(i = 1, \ldots, k)$ nichtnegative Zahlen mit $\sum_{i=1}^{k} \lambda_i = 1$. Dann heißt der Punkt $\boldsymbol{x} := \sum_{i=1}^{k} \lambda_i \boldsymbol{x}_i$ eine *Konvexkombination der Punkte* $\boldsymbol{x}_1, \ldots, \boldsymbol{x}_k$ in $\mathbb{E}_n$.

Definition 2.2. Eine nichtleere Menge $M \subset \mathbb{E}_n$ nennen wir *konvex,* falls für jedes Punktepaar $\boldsymbol{x}_1 \in M$, $\boldsymbol{x}_2 \in M$ gilt

$$\lambda_1 \boldsymbol{x}_1 + \lambda_2 \boldsymbol{x}_2 \in M \quad \text{für alle} \quad \lambda_1 \geqq 0,\ \lambda_2 \geqq 0,\ \lambda_1 + \lambda_2 = 1.$$

Die leere Menge $\emptyset$ deklarieren wir gleichfalls als konvexe Menge in $\mathbb{E}_n$.

Bemerkung 2.1. Aufgrund von Definition 2.2 ist jeder Punkt des Raumes $\mathbb{E}_n$ eine konvexe Menge in $\mathbb{E}_n$. Gleichfalls folgt aus Definition 2.2, daß eine wenigstens zwei voneinander verschiedene Punkte enthaltende Menge $M \subset \mathbb{E}_n$ genau dann konvex ist, wenn sie mit jedem Punktepaar $\boldsymbol{x}_1 \in M$, $\boldsymbol{x}_2 \in M$ mit $\boldsymbol{x}_2 \neq \boldsymbol{x}_1$ auch die offene Strecke $u(\boldsymbol{x}_1, \boldsymbol{x}_2)$ mit den Endpunkten $\boldsymbol{x}_1$ und $\boldsymbol{x}_2$ enthält.

Satz 2.1. *Es seien M eine nichtleere konvexe Menge in $\mathbb{E}_n$ und $\boldsymbol{x}_1, \ldots, \boldsymbol{x}_k$ Punkte aus M $(k \geqq 2)$, dann gilt*

$$\sum_{i=1}^{k} \lambda_i \boldsymbol{x}_i \in M \quad \textit{für alle} \quad \lambda_i \geqq 0 \ (i = 1, \ldots, k) \quad \textit{mit} \quad \sum_{i=1}^{k} \lambda_i = 1.$$

Beweis. Der Beweis wird durch vollständige Induktion geführt. Für $k = 2$ gilt die Aussage nach Definition 2.2. Wir nehmen nun an, daß die Aussage für ein $k \geqq 2$ richtig ist. Es seien $\boldsymbol{x}_1, \ldots, \boldsymbol{x}_k, \boldsymbol{x}_{k+1}$ beliebige Punkte der Menge M und $\lambda_i \geqq 0$ $(i = 1, \ldots, k, k+1)$ beliebige Zahlen mit $\sum_{i=1}^{k+1} \lambda_i = 1$. Die Konvexkombination

$$\boldsymbol{x} = \sum_{i=1}^{k+1} \lambda_i \boldsymbol{x}_i$$

gehört im Fall $\sum_{i=1}^{k} \lambda_i = 0$ wegen $\boldsymbol{x}_{k+1} \in M$ zur Menge M. Falls $\sum_{i=1}^{k} \lambda_i > 0$ ist, so setzen wir $\nu := \left(\sum_{i=1}^{k} \lambda_i\right)^{-1}$; offenbar ist $\nu\lambda_i \geqq 0$ $(i = 1, \ldots, k)$ und $\sum_{i=1}^{k} \nu\lambda_i = 1$. Aufgrund der getroffenen Annahme gilt dann $\boldsymbol{y} := \sum_{i=1}^{k} \nu\lambda_i \boldsymbol{x}_i \in M$. Hieraus erhält man für den Punkt $\boldsymbol{x}$ die Darstellung

$$\boldsymbol{x} = \frac{1}{\nu} \sum_{i=1}^{k} \nu\lambda_i \boldsymbol{x}_i + \lambda_{k+1}\boldsymbol{x}_{k+1} = \frac{1}{\nu} \boldsymbol{y} + \lambda_{k+1}\boldsymbol{x}_{k+1};$$

wegen $\boldsymbol{y} \in M$, $\boldsymbol{x}_{k+1} \in M$ und $\frac{1}{\nu} > 0$, $\lambda_{k+1} \geqq 0$, $\frac{1}{\nu} + \lambda_{k+1} = 1$ folgt hieraus und aus der Konvexität der Menge M, daß auch der Punkt $\boldsymbol{x}$ zur Menge M gehört, was zu zeigen war. □

Definition 2.3. Eine nichtleere konvexe Menge $M \subset \mathbb{E}_n$ nennen wir *d-dimensional* (Bezeichnung: $\dim M = d$), $0 \leqq d \leqq n$, falls sie $d + 1$ linear unabhängige Punkte enthält und falls jedes System mit mehr als $d + 1$ Punkten der Menge M aus linear abhängigen Punkten besteht. Der leeren Menge schreiben wir die Dimension -1 zu.

Bemerkung 2.2. Die Definition 2.3 ist im Fall $d \geqq 1$ der nachfolgenden Definition äquivalent:

Wir sagen, daß eine konvexe Menge $M \subset \mathbb{E}_n$ die Dimension d hat, falls sie ein offenes Simplex der Dimension d, aber kein offenes Simplex größerer Dimension als d enthält.

Bemerkung 2.3. Die Dimension einer nichtleeren konvexen Menge $M \subset \mathbb{E}_n$ ist offensichtlich gleich der Dimension der linearen Hülle der Menge M, d. h. gleich der Dimension des linearen Unterraumes kleinster Dimension in $\mathbb{E}_n$, der die Menge M enthält.

Satz 2.2. *Der Durchschnitt einer beliebigen Anzahl konvexer Mengen in* $\mathbb{E}_n$ *ist eine in* $\mathbb{E}_n$ *konvexe Menge.*

Beweis. Falls der Durchschnitt konvexer Mengen leer oder einelementig ist, so folgt die Aussage des Satzes unmittelbar aus Definition 2.2. Andernfalls seien $\boldsymbol{x}_1$ und $\boldsymbol{x}_2$ beliebige Punkte dieses Durchschnitts; dann liegen sie in allen betrachteten Mengen. Da diese konvex sind, enthalten sie alle Konvexkombinationen der Punkte $\boldsymbol{x}_1$ und $\boldsymbol{x}_2$. Damit liegen aber auch alle Konvexkombinationen dieser beiden Punkte im Durchschnitt der betrachteten Mengen. Nach Definition 2.2 ist dieser Durchschnitt also eine konvexe Menge in $\mathbb{E}_n$. □

Bemerkung 2.4. Lineare Unterräume sowie offene und abgeschlossene Halbräume sind offenbar konvexe Mengen in $\mathbb{E}_n$. Nach Satz 2.2 ist dann auch ein — im Kapitel 1 definiertes — konvexes Polyeder eine konvexe Menge in $\mathbb{E}_n$.

Satz 2.3. *Die Abschließung* $\overline{M}$ *einer konvexen Menge* $M \subset \mathbb{E}_n$ *ist gleichfalls eine konvexe Menge in* $\mathbb{E}_n$.

Beweis. Im Fall $M = \overline{M}$ gilt die Aussage des Satzes trivialerweise. Im Fall $\overline{M} \setminus M \neq \emptyset$ ist $\dim M \geqq 1$, und aufgrund der Konvexität der Menge M ist jeder Punkt der Menge $\overline{M}$ ein Häufungspunkt der Menge M.

Es seien nun $\boldsymbol{x}_1$ und $\boldsymbol{x}_2$ zwei beliebige Punkte der Menge $\overline{M}$. Wir werden zeigen, daß dann auch jeder Punkt

$$\tilde{\boldsymbol{x}} = \lambda_1\boldsymbol{x}_1 + \lambda_2\boldsymbol{x}_2 \quad \text{mit} \quad \lambda_1 > 0, \lambda_2 > 0 \quad \text{und} \quad \lambda_1 + \lambda_2 = 1$$

zur Menge $\overline{M}$ gehört. Für $\boldsymbol{x}_1 = \boldsymbol{x}_2$ ist diese Aussage offenbar richtig; wir können daher im weiteren $\boldsymbol{x}_1 \neq \boldsymbol{x}_2$ voraussetzen. Da $\boldsymbol{x}_i$ ein Häufungspunkt der Menge M ist, liegt in jeder ε-Umgebung $U(\boldsymbol{x}_i; \varepsilon)$ des Punktes $\boldsymbol{x}_i (\varepsilon > 0)$ ein anderer Punkt $\boldsymbol{y}_i \in M (i = 1, 2)$. Im weiteren können wir uns auf solche Zahlen $\varepsilon > 0$ beschränken, für die $\varepsilon < \frac{1}{2} \|\boldsymbol{x}_2 - \boldsymbol{x}_1\|$ gilt. Dann ist $U(\boldsymbol{x}_1; \varepsilon) \cap U(\boldsymbol{x}_2; \varepsilon) = \emptyset$ und daher $\boldsymbol{y}_1 \neq \boldsymbol{y}_2$. Weiter gilt, daß die offene Strecke $u(\boldsymbol{y}_1, \boldsymbol{y}_2)$ mit der ε-Umgebung $U(\tilde{\boldsymbol{x}}; \varepsilon)$ des Punktes $\tilde{\boldsymbol{x}}$ einen nichtleeren Durchschnitt hat, denn aus $\|\boldsymbol{x}_i - \boldsymbol{y}_i\| < \varepsilon$ $(i = 1, 2)$ folgt

$$\|\tilde{\boldsymbol{x}} - (\lambda_1 \boldsymbol{y}_1 + \lambda_2 \boldsymbol{y}_2)\| = \|\lambda_1(\boldsymbol{x}_1 - \boldsymbol{y}_1) + \lambda_2(\boldsymbol{x}_2 - \boldsymbol{y}_2)\| \leqq \lambda_1 \|\boldsymbol{x}_1 - \boldsymbol{y}_1\| + \lambda_2 \|\boldsymbol{x}_2 - \boldsymbol{y}_2\| < \varepsilon.$$

Da die Strecke $u(\boldsymbol{y}_1, \boldsymbol{y}_2)$ wegen $\boldsymbol{y}_i \in M$ $(i = 1, 2)$ in der konvexen Menge M liegt, enthält die ε-Umgebung $U(\tilde{\boldsymbol{x}}; \varepsilon)$ Punkte der Menge M, und da das für jede Zahl ε mit $0 < \varepsilon < \frac{1}{2} \|\boldsymbol{x}_2 - \boldsymbol{x}_1\|$ gilt, ist $\tilde{\boldsymbol{x}} \in \overline{M}$. □

Definition 2.4. Es sei M eine nichtleere konvexe Menge in $\mathbb{E}_n$ und $\mathscr{L}_M$ die lineare Hülle der Menge M. Ein Punkt $\boldsymbol{x}_0$ heißt *relativ innerer Punkt* der Menge M, falls er innerer Punkt der Menge M bezüglich ihrer linearen Hülle $\mathscr{L}_M$ ist. Im Fall einer einelementigen Menge $M = \{\boldsymbol{x}_0\}$ setzen wir rel int $\{\boldsymbol{x}_0\} := \{\boldsymbol{x}_0\}$. Die Menge aller relativ inneren Punkte einer konvexen Menge M nennen wir das *relativ Innere der Menge M* (Bezeichnung: rel int M) und die Menge $\partial M := \overline{M} \setminus \text{rel int } M$ den *Rand der konvexen Menge M.*

Bemerkung 2.5. Wenn eine Menge M n-dimensional ist, so schreiben wir statt des Symbols rel int M das übliche Symbol int M.

Satz 2.4. *Das relativ Innere einer nichtleeren konvexen d-dimensionalen Menge $M \subset \mathbb{E}_n$ ist gleichfalls eine d-dimensionale konvexe Menge in $\mathbb{E}_n$.*

Beweis. Im Fall einer einelementigen Menge M folgt die Aussage aus Bemerkung 2.4. Für $d \geqq 1$ ist rel int M die Menge aller inneren Punkte der Menge M bezüglich ihrer d-dimensionalen linearen Hülle L_d. Wenn der lineare Unterraum L_d mit der üblichen euklidischen Metrik ausgestattet, also $L_d = \mathbb{E}_n$ gesetzt wird, so erhält man den Fall einer d-dimensionalen konvexen Menge M im euklidischen Raum $\mathbb{E}_d$. Daher genügt es, die Aussage des Satzes für den Fall $d = n$ zu zeigen.

Es sei also dim $M = n$. Wir wählen zwei beliebige Punkte $\boldsymbol{x}_1$ und $\boldsymbol{x}_2$ der Menge int M mit $\boldsymbol{x}_2 \neq \boldsymbol{x}_1$. Dann existiert ein $\varepsilon > 0$, so daß die Umgebungen $U(\boldsymbol{x}_i; \varepsilon)$ $(i = 1, 2)$ in der Menge M liegen. Da M eine konvexe Menge ist, folgt

$$U\big(\overline{u}(\boldsymbol{x}_1, \boldsymbol{x}_2); \varepsilon\big) := \big\{\boldsymbol{x} \in \mathbb{E}_n \mid \varrho\big(\boldsymbol{x}, \overline{u}(\boldsymbol{x}_1, \boldsymbol{x}_2)\big) < \varepsilon\big\} \subset M. \tag{2.1}$$

Daraus folgt $\overline{u}(\boldsymbol{x}_1, \boldsymbol{x}_2) \subset \text{int } M$. Die Menge int M ist daher (vgl. Bemerkung 2.1) konvex und n-dimensional. □

Satz 2.5. *Es seien M eine nichtleere konvexe Menge und $\boldsymbol{x}_0$ ein Punkt in $\mathbb{E}_n$. Dann ist die Menge*

$$P(\boldsymbol{x}_0; M) := \{\boldsymbol{x} \in \mathbb{E}_n \mid \boldsymbol{x} = \lambda_1 \boldsymbol{x}_0 + \lambda_2 \boldsymbol{y},\ \boldsymbol{y} \in M,\ \lambda_1 \geqq 0,\ \lambda_2 \geqq 0,\ \lambda_1 + \lambda_2 = 1\} \tag{2.2}$$

eine konvexe Menge in $\mathbb{E}_n$.

Beweis. Aus (2.2) folgt $\boldsymbol{x}_0 \in P(\boldsymbol{x}_0; M)$. Wenn die Menge $P(\boldsymbol{x}_0; M)$ einelementig ist, d. h. $M = \{\boldsymbol{x}_0\}$, so gilt die Aussage des Satzes. Andernfalls seien $\boldsymbol{x}_1$ und $\boldsymbol{x}_2$ zwei beliebige, voneinander verschiedene Punkte der Menge $P(\boldsymbol{x}_0; M)$.

Falls die Punkte $\boldsymbol{x}_0$, $\boldsymbol{x}_1$ und $\boldsymbol{x}_2$ auf einer Geraden liegen — o. B. d. A. sei $\|\boldsymbol{x}_2 - \boldsymbol{x}_0\| \geqq \|\boldsymbol{x}_1 - \boldsymbol{x}_0\|$ —, so gibt es wegen $\boldsymbol{x}_2 \in P(\boldsymbol{x}_0; M)$ einen Punkt $\boldsymbol{y} \in M$ derart, daß die Strecke $\overline{u}(\boldsymbol{x}_0, \boldsymbol{y})$ mit den Endpunkten $\boldsymbol{x}_0$ und $\boldsymbol{y}$ den Punkt $\boldsymbol{x}_2$ enthält. Da im betrachteten Fall aber auch $\boldsymbol{x}_1$ ein Punkt der in der Menge $P(\boldsymbol{x}_0; M)$ gelegenen Strecke $\overline{u}(\boldsymbol{x}_0, \boldsymbol{y})$ ist, folgt daraus, daß die Strecke $\overline{u}(\boldsymbol{x}_1, \boldsymbol{x}_2)$ als Teilmenge der Strecke $\overline{u}(\boldsymbol{x}_0, \boldsymbol{y})$ zur Menge $P(\boldsymbol{x}_0; M)$ gehört.

Wenn die Vektoren $\boldsymbol{x}_2 - \boldsymbol{x}_0$ und $\boldsymbol{x}_1 - \boldsymbol{x}_0$ linear unabhängig sind, so bestimmen die Punkte $\boldsymbol{x}_0$, $\boldsymbol{x}_1$ und $\boldsymbol{x}_2$ eine Ebene $\mathbb{E}_2$ in $\mathbb{E}_n$. Nach Definition der Menge $P(\boldsymbol{x}_0; M)$ existieren dann voneinander verschiedene und in der Ebene $\mathbb{E}_2$ gelegene Punkte $\boldsymbol{y}_1 \in M$ und $\boldsymbol{y}_2 \in M$, so daß $\boldsymbol{x}_1$ eine Konvexkombination der Punkte $\boldsymbol{x}_0$, $\boldsymbol{y}_1$ und $\boldsymbol{x}_2$ eine Konvexkombination der Punkte $\boldsymbol{x}_0$, $\boldsymbol{y}_2$ ist. Aufgrund der Konvexität der Menge M gehört die offene Strecke $u(\boldsymbol{y}_1, \boldsymbol{y}_2)$ wegen $\boldsymbol{y}_i \in M$ $(i = 1, 2)$ zur Menge M. Da die offenen Strecken $u(\boldsymbol{x}_1, \boldsymbol{x}_2)$ und $u(\boldsymbol{y}_1, \boldsymbol{y}_2)$ in der Ebene $\mathbb{E}_2$ liegen, schneidet jede von $\boldsymbol{x}_0$ ausgehende und durch einen Punkt $\tilde{\boldsymbol{x}} \in u(\boldsymbol{x}_1, \boldsymbol{x}_2)$ verlaufende Halbgerade die offene Strecke $u(\boldsymbol{y}_1, \boldsymbol{y}_2)$ in einem einzigen Punkt $\tilde{\boldsymbol{y}}$. Daher ist der Punkt $\tilde{\boldsymbol{x}}$ eine Konvexkombination des Punktes $\boldsymbol{x}_0$ und des in der Menge M gelegenen Punktes $\tilde{\boldsymbol{y}}$, d. h. $\tilde{\boldsymbol{x}} \in P(\boldsymbol{x}_0; M)$. Es gilt also wie im vorausgegangenen Fall $u(\boldsymbol{x}_1, \boldsymbol{x}_2) \subset P(\boldsymbol{x}_0; M)$. Da $\boldsymbol{x}_1$ und $\boldsymbol{x}_2$ beliebige Punkte der Menge $P(\boldsymbol{x}_0, M)$ waren, folgt daraus die Aussage des Satzes. □

Bemerkung 2.6. Die im Satz 2.5 definierte Menge $P(\boldsymbol{x}_0; M)$ wird auch als *Verbindungsmenge* von $\boldsymbol{x}_0$ und M bezeichnet.

Satz 2.6. *Es seien M eine nichtleere konvexe Menge in $\mathbb{E}_n$, $\boldsymbol{x}_0$ ein Punkt der Menge* rel int M *und $\boldsymbol{a} \neq \boldsymbol{o}$ ein Vektor. Dann schneidet die Halbgerade*

$$\overline{p} := \{\boldsymbol{x} \in \mathbb{E}_n \mid \boldsymbol{x} = \boldsymbol{x}_0 + \boldsymbol{a}t,\ t \geqq 0\} \tag{2.3}$$

den Rand $\partial M := \overline{M} \setminus$ rel int M der Menge M in höchstens einem Punkt.

Wenn im Fall $\partial M \cap \overline{p} \neq \emptyset$ dieser Punkt mit $\hat{\boldsymbol{x}}$ bezeichnet wird, dann gilt für die offene Strecke $u(\boldsymbol{x}_0, \hat{\boldsymbol{x}})$ die Inklusion

$$u(\boldsymbol{x}_0, \hat{\boldsymbol{x}}) \subset \text{rel int } M.$$

Im Fall $\partial M \cap \overline{p} = \emptyset$ gilt entweder $M \cap \overline{p} = \{\boldsymbol{x}_0\}$ oder $\overline{p} \subset$ rel int M.

Beweis. Wenn M einelementig ist oder im Fall $\dim M \geqq 1$ die Halbgerade $\overline{p}$ nicht in der linearen Hülle $\mathscr{L}_M$ der Menge M liegt, so gilt $\partial M \cap \overline{p} = \emptyset$ und $M \cap \overline{p} = \{\boldsymbol{x}_0\}$. Der verbleibende Fall $\dim M \geqq 1$ und $\overline{p} \subset \mathscr{L}_M$ kann als Fall einer d-dimensionalen konvexen Menge M $(1 \leqq d \leqq n)$ in einem euklidischen Raum $\mathbb{E}_d$ betrachtet werden. Daher genügt es, den Fall $\dim M = n$ zu untersuchen.

Nach Satz 2.2 und wegen $\boldsymbol{x}_0 \in M \cap \overline{p}$ ist der Durchschnitt $M \cap \overline{p}$ eine nichtleere konvexe Menge. Da $\overline{p}$ eine Halbgerade ist, ist dieser Durchschnitt entweder ein Punkt oder die gesamte Halbgerade $\overline{p}$ oder eine Strecke.

Im Fall $\partial M \cap \overline{p} = \emptyset$ gilt wegen $\boldsymbol{x}_0 \in \operatorname{int} M$ die Inklusion $\overline{p} \subset \operatorname{int} M$. Im Fall $\partial M \cap \overline{p} \neq \emptyset$ sei $\hat{\boldsymbol{x}}$ ein beliebiger Punkt dieses Durchschnittes. Wegen $\boldsymbol{x}_0 \in \overline{M}$ und $\hat{\boldsymbol{x}} \in \overline{M}$ liegt nach Satz 2.3 die offene Strecke $u(\boldsymbol{x}_0, \hat{\boldsymbol{x}})$ in der Menge $\overline{M}$. Aufgrund der Annahme $\dim M = n$ gilt $\boldsymbol{x}_0 \in \operatorname{int} M$, und es existiert eine ε-Umgebung $U(\boldsymbol{x}_0; \varepsilon)$ des Punktes $\boldsymbol{x}_0$

mit $U(\boldsymbol{x}_0; \varepsilon) \subset \operatorname{int} M$. Die Verbindungsmenge $P(\hat{\boldsymbol{x}}, U(\boldsymbol{x}_0; \varepsilon))$ ist nach Satz 2.5 eine konvexe Menge in $\mathbb{E}_n$. Aus $\hat{\boldsymbol{x}} \in \overline{M}$ und $U(\boldsymbol{x}_0; \varepsilon) \subset \operatorname{int} M \subset \overline{M}$ folgt aufgrund der Konvexität der Menge $\overline{M}$

$$P(\hat{\boldsymbol{x}}; U(\boldsymbol{x}_0; \varepsilon)) \subset \overline{M}.$$

Weil $U(\boldsymbol{x}_0; \varepsilon)$ eine offene Menge in $\mathbb{E}_n$ ist, ist auch die Menge

$$P(\hat{\boldsymbol{x}}; U(\boldsymbol{x}_0; \varepsilon)) \setminus \{\hat{\boldsymbol{x}}\}$$

offen in $\mathbb{E}_n$; sie gehört zur Menge $\overline{M}$ und enthält die offene Strecke $u(\boldsymbol{x}_0, \hat{\boldsymbol{x}})$. Also ist

$$P(\hat{\boldsymbol{x}}; U(\boldsymbol{x}_0; \varepsilon)) \setminus \{\hat{\boldsymbol{x}}\} \subset \operatorname{int} \overline{M} = \operatorname{int} M,$$

und deshalb auch $u(\boldsymbol{x}_0, \hat{\boldsymbol{x}}) \subset \operatorname{int} M$.

Falls auf der Halbgeraden $\overline{p}$ außer dem betrachteten Punkt $\hat{\boldsymbol{x}} \in \partial M$ ein weiterer Punkt $\boldsymbol{x}' \in \partial M$ mit $\boldsymbol{x}' \neq \hat{\boldsymbol{x}}$ liegen würde, so wäre $\hat{\boldsymbol{x}}$ wegen $u(\boldsymbol{x}_0, \hat{\boldsymbol{x}}) \subset \operatorname{int} M$ ein Punkt der offenen Strecke $u(\boldsymbol{x}_0, \boldsymbol{x}')$. Das ist aber nicht möglich, denn aus $\boldsymbol{x}_0 \in \operatorname{int} M$ und $\boldsymbol{x}' \in \partial M \cap \overline{p}$ würde — wie vorher gezeigt wurde — $u(\boldsymbol{x}_0, \boldsymbol{x}') \subset \operatorname{int} M$ folgen, und daher $\hat{\boldsymbol{x}} \in \operatorname{int} M$, im Widerspruch zur Definition des Punktes $\hat{\boldsymbol{x}}$. Also gilt $\partial M \cap \overline{p} = \{\hat{\boldsymbol{x}}\}$, was noch zu zeigen war. □

Bemerkung 2.7. Es seien M eine nichtleere konvexe Menge in $\mathbb{E}_n$, $\boldsymbol{x}_0$ ein Punkt der Menge rel int M und $\overline{p}(\boldsymbol{x}_0; \boldsymbol{a})$, $\boldsymbol{a} \neq \boldsymbol{o}$, eine Halbgerade mit dem Anfangspunkt $\boldsymbol{x}_0$. Falls die Menge $\partial M \cap \overline{p}(\boldsymbol{x}_0; \boldsymbol{a}) \neq \emptyset$ ist und $\hat{\boldsymbol{x}}$ ein Punkt dieses nach Satz 2.6 einelementigen Durchschnitts, so erhält die offene Halbgerade

$$\overline{p}(\boldsymbol{x}_0; \boldsymbol{a}) \setminus \overline{u}(\boldsymbol{x}_0, \hat{\boldsymbol{x}})$$

nach Satz 2.6 keinen Punkt der Menge $\overline{M}$.

Bemerkung 2.8. Falls M eine nichtleere konvexe Menge und g eine Gerade in $\mathbb{E}_n$ sind, dann ist der Durchschnitt $g \cap M$ eine konvexe Menge. Diese kann entweder leer oder ein einziger Punkt oder eine abgeschlosssene bzw. offene bzw. halboffene Strecke oder eine offene bzw. abgeschlossene Halbgerade oder die Gerade selbst sein. Hieraus und aus Satz 2.6 folgt, daß die Gerade g im Fall $g \cap \operatorname{rel\,int} M \neq \emptyset$ höchstens zwei Punkte mit dem Rand ∂M der Menge M gemeinsam haben kann.

Definition 2.5. Eine konvexe Menge $M \subset \mathbb{E}_n$ nennen wir *streng konvex,* falls für beliebige Punkte $\boldsymbol{x}_1$ und $\boldsymbol{x}_2$, $\boldsymbol{x}_1 \neq \boldsymbol{x}_2$, des Randes ∂M der Menge M und für alle positiven Zahlen λ_1 und λ_2 mit $\lambda_1 + \lambda_2 = 1$ gilt

$$\lambda_1 \boldsymbol{x}_1 + \lambda_2 \boldsymbol{x}_2 \in \operatorname{rel\,int} M.$$

Bemerkung 2.9. Nach Definition 2.5 sind sowohl die leere Menge als auch die linearen Unterräume des $\mathbb{E}_n$ (einschließlich des Raumes $\mathbb{E}_n$) streng konvexe Mengen in $\mathbb{E}_n$.

Aus Satz 2.6 (bzw. aus Bemerkung 2.8) und Definition 2.5 folgt, daß jede Gerade in $\mathbb{E}_n$ den Rand einer streng konvexen Menge in höchstens zwei Punkten schneidet.

Satz 2.7. *Es seien M_1 und M_2 konvexe Mengen in $\mathbb{E}_n$ mit der Eigenschaft*

$$\operatorname{rel\,int} M_1 \cap \operatorname{rel\,int} M_2 \neq \emptyset, \tag{2.4}$$

dann gilt

$$\overline{M_1 \cap M_2} = \overline{M}_1 \cap \overline{M}_2.$$

Beweis. Falls eine der beiden Mengen M_1 oder M_2 einelementig ist, so gilt offensichtlich die Aussage des Satzes. Andernfalls ist $\dim M_i \geqq 1$ $(i = 1, 2)$. Aus (2.4) folgt $M_1 \cap M_2 \neq \emptyset$. Es sei $\tilde{x}$ ein beliebiger Punkt der Menge $\overline{M_1 \cap M_2}$. Dann liegt — da $\tilde{x}$ ein Häufungspunkt der konvexen Menge $M_1 \cap M_2$ ist — in jeder ε-Umgebung $U(\tilde{x}; \varepsilon)$ des Punktes $\tilde{x}$ wenigstens ein Punkt $x \in M_1 \cap M_2$. Für jedes $\varepsilon > 0$ enthält also die Umgebung $U(\tilde{x}; \varepsilon)$ sowohl Punkte der Menge M_1 als auch der Menge M_2. Es gilt daher $\tilde{x} \in \overline{M}_i$ $(i = 1, 2)$ und folglich — da $\tilde{x}$ ein beliebiger Punkt der Menge $\overline{M_1 \cap M_2}$ ist —

$$\overline{M_1 \cap M_2} \subset \overline{M}_1 \cap \overline{M}_2. \tag{2.5}$$

Nach (2.5) ist die Menge $\overline{M}_1 \cap \overline{M}_2$ nichtleer. Es sei x^* ein beliebiger Punkt dieses Durchschnitts und $\bar{x}$ ein beliebiger Punkt der Menge $\operatorname{rel\,int} M_1 \cap \operatorname{rel\,int} M_2$. Dann ist $x^* \in \overline{M}_i$ und $x \in \operatorname{rel\,int} M_i$, und nach Satz 2.6 liegt die offene Strecke $u(\bar{x}, x^*)$ in der Menge $\operatorname{rel\,int} M_i$ $(i = 1, 2)$. Es gilt daher

$$u(\bar{x}, x^*) \subset \operatorname{rel\,int} M_1 \cap \operatorname{rel\,int} M_2$$

und somit auch $u(\bar{x}, x^*) \subset M_1 \cap M_2$. Für jedes $\varepsilon > 0$ hat also die ε-Umgebung $U(x^*; \varepsilon)$ des Punktes x^* mit der offenen Strecke $u(\bar{x}, x^*)$ einen nichtleeren Durchschnitt. Aufgrund der obigen Inklusion enthält daher jede ε-Umgebung $U(x^*; \varepsilon)$ Punkte der Menge $M_1 \cap M_2$, die verschieden vom Punkt x^* sind. Also ist x^* ein Häufungspunkt der Menge $M_1 \cap M_2$, d. h. $x^* \in \overline{M_2 \cap M_2}$. Da x^* ein beliebiger Punkt der Menge $\overline{M}_1 \cap \overline{M}_2$ ist, folgt daraus die Inklusion $\overline{M}_1 \cap \overline{M}_2 \subset \overline{M_1 \cap M_2}$. Diese liefert zusammen mit (2.5) die Aussage des Satzes. □

Bemerkung 2.10. Die Aussage des Satzes 2.7 läßt sich offenbar auf ein endliches System konvexer Mengen $M_1, \ldots, M_m$ in $\mathbb{E}_n$ erweitern:

$$\bigcap_{i=1}^{m} \operatorname{rel\,int} M_i \neq \emptyset \Rightarrow \overline{\bigcap_{i=1}^{m} M_i} = \bigcap_{i=1}^{m} \overline{M}_i.$$

Beispiel 2.1. Es seien $R^1, \ldots, R^s$ Hyperebenen und $H^1, \ldots, H^k$ offene Halbräume in $\mathbb{E}_n$ mit

$$P := \left(\bigcap_{j=1}^{s} R^j\right) \cap \left(\bigcap_{r=1}^{k} H^r\right) \neq \emptyset.$$

Da sowohl Hyperebenen als auch (offene und abgeschlossene) Halbräume konvexe Mengen in $\mathbb{E}_n$ sind, folgt nach Satz 2.2, daß auch die Menge P konvex ist. Aufgrund von Satz 2.7 (bzw. Bemerkung 2.10) und wegen $\overline{R}^j = R^j$ erhält man

$$\overline{P} = R^1 \cap \ldots \cap R^s \cap \overline{H}^1 \cap \ldots \cap \overline{H}^k.$$

Nach Satz 2.3 ist die Menge $\overline{P}$ ebenfalls konvex. Aus der oben getroffenen Voraussetzung folgt $\overline{P} \neq \emptyset$ und daher auch

$$L_d := \bigcap_{j=1}^{s} R^j \neq \emptyset;$$

die Menge L_d ist also ein linearer Unterraum einer bestimmten Dimension d in $\mathbb{E}_n$ $(0 \leqq d \leqq n - 1)$. Damit ist

$$\overline{P} = L_d \cap \left(\bigcap_{r=1}^{m} \overline{H}^r \right),$$

d. h., $\overline{P}$ ist ein konvexes Polyeder in $\mathbb{E}_n$ mit rel int $\overline{P} = P$. (Zur Definition eines konvexen Polyeders siehe Kapitel 1.)

Beispiel 2.2. Im Raum $\mathbb{E}_2$ mit den kartesischen Koordinaten x_1, x_2 definieren wir für gegebene Zahlen a und b mit $0 < a < b$ die Mengen

$$C_1 := \{(x_1, x_2) \in \mathbb{E}_2 \mid |x_1| < b,\ 0 < x_2 < b\},$$

$$C_2 := \{(x_1, x_2) \in \mathbb{E}_2 \mid |x_1| < b,\ -b < x_2 < 0\},$$

$$C_0 := \{(x_1, x_2) \in \mathbb{E}_2 \mid |x_1| < a,\ |x_2| < a\},$$

$$M_1 := C_1 \cup C_0,\ M_2 := C_2 \cup C_0.$$

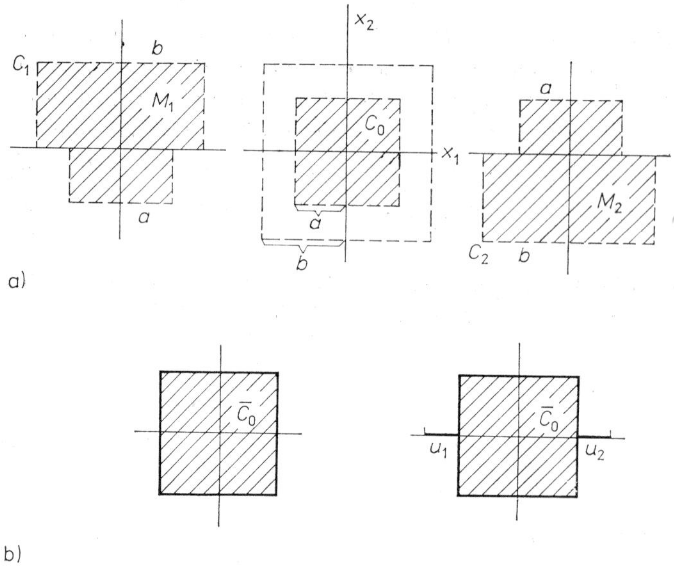

Abb. 2.1

Sowohl M_1 als auch M_2 sind offene Mengen in $\mathbb{E}_2$; es gilt $M_1 \cap M_2 = C_0$, wobei C_0 das Innere des in Abb. 2.1a) dargestellten Quadrates ist. Offensichtlich ist $\overline{M_1 \cap M_2} = \overline{C}_0$, d. h., die Menge $\overline{M_1 \cap M_2}$ ist das abgeschlossene Quadrat $\overline{C}_0$. Andererseits ist der Durchschnitt $\overline{M}_1 \cap \overline{M}_2$ die Vereinigung des abgeschlossenen Quadrates $\overline{C}_0$ mit den Strecken $\overline{u}_1$ (mit den Endpunkten $(-b, 0)$, $(-a, 0)$) und $\overline{u}_2$ (mit den Endpunkten $(a, 0)$, $(b, 0)$) (vgl. Abb. 2.1b)). Im betrachteten Fall ist also $\overline{M_1 \cap M_2} \neq \overline{M}_1 \cap \overline{M}_2$. Dieses Beispiel zeigt, daß man im Satz 2.7 nicht auf die Voraussetzung der Konvexität der Mengen M_1 und M_2 verzichten kann.

Satz 2.8. *Es sei M eine nichtleere konvexe Menge in $\mathbb{E}_n$. Dann ist für jedes $\varepsilon > 0$ die ε-Umgebung*

$$U(M; \varepsilon) := \{\boldsymbol{x} \in \mathbb{E}_n \mid \varrho(\boldsymbol{x}, M) < \varepsilon\}$$

der Menge M eine konvexe Menge der Dimension n in $\mathbb{E}_n$.

Beweis. Wir werden zuerst die Konvexität der Menge $U(M; \varepsilon)$ zeigen, und zwar indirekt. Wir nehmen an, daß es in $U(M; \varepsilon)$ zwei voneinander verschiedene Punkte $\boldsymbol{x}_1$ und $\boldsymbol{x}_2$ derart gibt, daß die offene Strecke $u(\boldsymbol{x}_1, \boldsymbol{x}_2)$ nicht zur Menge $U(M; \varepsilon)$ gehört. Dann existiert eine Zahl $t^* \in (0, 1)$, so daß für den Punkt

$$\boldsymbol{x}^* := \boldsymbol{x}_1 + t^*(\boldsymbol{x}_2 - \boldsymbol{x}_1) \tag{2.6a}$$

die Aussage

$$\boldsymbol{x}^* \notin U(M; \varepsilon) \tag{2.6b}$$

gilt. Hätte die ε-Umgebung $U(\boldsymbol{x}^*; \varepsilon)$ des Punktes $\boldsymbol{x}^*$ die Eigenschaft $U(\boldsymbol{x}^*; \varepsilon) \cap M \neq \emptyset$, dann würde für einen beliebigen Punkt $\boldsymbol{x}' \in U(\boldsymbol{x}^*; \varepsilon) \cap M$ die ε-Umgebung $U(\boldsymbol{x}'; \varepsilon)$ des Punktes $\boldsymbol{x}'$ den Punkt $\boldsymbol{x}^*$ enthalten. Da $\boldsymbol{x}' \in M$ ist, müßte dann $\boldsymbol{x}^* \in U(\boldsymbol{x}'; \varepsilon) \subset U(M; \varepsilon)$ gelten, was der Annahme (2.6b) widerspräche. Daher gilt

$$U(\boldsymbol{x}^*; \varepsilon) \cap M = \emptyset. \tag{2.7}$$

Wegen $\boldsymbol{x}_i \in U(M; \varepsilon)$ $(i = 1, 2)$ ist $\varrho(\boldsymbol{x}_i, M) := \inf\limits_{\boldsymbol{y} \in M} \{\|\boldsymbol{x}_i - \boldsymbol{y}\|\} < \varepsilon$ $(i = 1, 2)$. Also gibt es Punkte $\boldsymbol{y}_i \in M$ mit der Eigenschaft $\varrho(\boldsymbol{x}_i, M) \leqq \|\boldsymbol{x}_i - \boldsymbol{y}_i\| < \varepsilon$ $(i = 1, 2)$. Aus $\boldsymbol{y}_i \in U(\boldsymbol{x}_i; \varepsilon)$ und $\boldsymbol{y}_i \in M$ folgt $U(\boldsymbol{x}_i; \varepsilon) \cap M \neq \emptyset$ $(i = 1,2)$. Es seien $\boldsymbol{x}_1'$ und $\boldsymbol{x}_2'$ zwei beliebige, voneinander verschiedene Punkte aus der Menge $U(\boldsymbol{x}_i; \varepsilon) \cap M$. Da die Menge M konvex ist, gehört die abgeschlossene Strecke $\overline{u}(\boldsymbol{x}_1', \boldsymbol{x}_2')$ zu der Menge M, und es gilt $\|\boldsymbol{x}_i - \boldsymbol{x}_i'\| < \varepsilon$ $(i = 1, 2)$. Der Punkt

$$\boldsymbol{y}^* := \boldsymbol{x}_1' + t^*(\boldsymbol{x}_2' - \boldsymbol{x}_1'), \tag{2.8}$$

wobei die Zahl t^* die in (2.6a) gegebene Bedeutung hat, gehört zur offenen Strecke $u(\boldsymbol{x}_1', \boldsymbol{x}_2')$. Nach (2.6a) und (2.8) ist

$$\begin{aligned}\|\boldsymbol{y}^* - \boldsymbol{x}^*\| &= \|\boldsymbol{x}_1' + t^*(\boldsymbol{x}_2' - \boldsymbol{x}_1') - \boldsymbol{x}_1 - t^*(\boldsymbol{x}_2 - \boldsymbol{x}_1)\| \\ &\leqq (1 - t^*)\,\|\boldsymbol{x}_1' - \boldsymbol{x}_1\| + t^*\,\|\boldsymbol{x}_2' - \boldsymbol{x}_2\| < (1 - t^*)\,\varepsilon + t^*\varepsilon = \varepsilon,\end{aligned}$$

d. h. $\boldsymbol{y}^* \in U(\boldsymbol{x}^*; \varepsilon)$. Da andererseits $\boldsymbol{y}^* \in u(\boldsymbol{x}_1', \boldsymbol{x}_2') \subset M$ gilt, folgt $\boldsymbol{y}^* \in U(\boldsymbol{x}^*; \varepsilon) \cap M$. Das steht jedoch im Widerspruch zu (2.7). Damit ist die Konvexität der Menge $U(M; \varepsilon)$ für jedes $\varepsilon > 0$ gezeigt.

Für einen beliebigen Punkt $\boldsymbol{x}_0$ der Menge M ist $U(\boldsymbol{x}_0; \varepsilon) \subset U(M; \varepsilon)$. Wegen $\dim U(\boldsymbol{x}_0; \varepsilon) = n$ folgt daraus $\dim U(M; \varepsilon) = n$. □

Satz 2.9. *Es seien $L_d(\boldsymbol{x}_0)$ und $L_{n-d}(\boldsymbol{x}_0)$ $(1 \leqq d \leqq n - 1)$ zueinander duale, den Punkt $\boldsymbol{x}_0$ enthaltende lineare Unterräume in $\mathbb{E}_n$. Dann ist die Projektion M^* einer konvexen Menge $M \subset \mathbb{E}_n$ in den linearen Unterraum $L_{n-d}(\boldsymbol{x}_0)$ in Richtung des linearen Unterraumes $L_d(\boldsymbol{x}_0)$ gleichfalls eine konvexe Menge in $\mathbb{E}_n$, und es gilt*

$$(\operatorname{rel\,int} M)^* = \operatorname{rel\,int} M^*.$$

Beweis. Im Fall $M = \emptyset$ ist auch $M^* = \emptyset$, und die Aussage des Satzes gilt. Im Fall $M \neq \emptyset$ seien $\boldsymbol{x}_1^*, \boldsymbol{x}_2^*$ beliebige Punkte der Menge M^*. Nach Definition 1.1 existieren dann Punkte $\boldsymbol{x}_1$ und $\boldsymbol{x}_2$ der Menge M, so daß

$$\{\boldsymbol{x}_i^*\} = L_d(\boldsymbol{x}_i) \cap L_{n-d}(\boldsymbol{x}_0) \qquad (i = 1, 2) \tag{2.9}$$

gilt; dabei bezeichnet $L_d(\boldsymbol{x}_i)$ einen d-dimensionalen, mit $L_d(\boldsymbol{x}_0)$ parallelen und den Punkt $\boldsymbol{x}_i$ enthaltenden linearen Unterraum in $\mathbb{E}_n$. Es sei

$$\boldsymbol{x}^* = \lambda_1\boldsymbol{x}_1^* + \lambda_2\boldsymbol{x}_2^*$$

eine Konvexkombination der Punkte $\boldsymbol{x}_1^*$ und $\boldsymbol{x}_2^*$; für dieselben Zahlen $\lambda_1 \geqq 0$, $\lambda_2 \geqq 0$ mit $\lambda_1 + \lambda_2 = 1$ definieren wir den Punkt

$$\boldsymbol{x} := \lambda_1\boldsymbol{x}_1 + \lambda_2\boldsymbol{x}_2 .$$

Aufgrund der Konvexität der Menge M folgt aus $\boldsymbol{x}_i \in M$ $(i = 1, 2)$, daß $\boldsymbol{x} \in M$ ist. Für den Schnittpunkt $\boldsymbol{y}$ der linearen Unterräume $L_d(\boldsymbol{x})$ und $L_{n-d}(\boldsymbol{x}_0)$ gilt offenbar $\boldsymbol{y} \in M^*$. Nach Satz 1.2 ist

$$\big(\lambda_1 L_d(\boldsymbol{x}_1) + \lambda_2 L_d(\boldsymbol{x}_2)\big) \cap L_{n-d}(\boldsymbol{x}_0) = \lambda_1\big(L_d(\boldsymbol{x}_1) \cap L_{n-d}(\boldsymbol{x}_0)\big) + \lambda_2\big(L_d(\boldsymbol{x}_2) \cap L_{n-d}(\boldsymbol{x}_0)\big). \tag{2.10}$$

Da nach (1.3) gilt, daß

$$L_d(\boldsymbol{x}) = L_d(\lambda_1\boldsymbol{x}_1 + \lambda_2\boldsymbol{x}_2) = \lambda_1 L_d(\boldsymbol{x}_1) + \lambda_2 L_d(\boldsymbol{x}_2)$$

ist, folgt für den Punkt $\boldsymbol{y} \in M^*$ aus (2.10) und (2.9), daß $\boldsymbol{y} = \lambda_1\boldsymbol{x}_1^* + \lambda_2\boldsymbol{x}_2^* = \boldsymbol{x}^*$ ist. Die Konvexkombination zweier beliebiger Punkte der Menge M^* liegt also gleichfalls in der Menge M^*, d. h., die Menge M^* ist konvex.

Falls $\boldsymbol{y}$ ein Randpunkt der Projektion M^* ist, so enthält der Durchschnitt $L_d(\boldsymbol{y}) \cap M$ nur Randpunkte der Menge M, d. h. $L_d(\boldsymbol{y}) \cap \operatorname{rel\,int} M = \emptyset$. Für einen beliebigen Punkt $\boldsymbol{y}$ mit $L_d(\boldsymbol{y}) \cap \operatorname{rel\,int} M \neq \emptyset$ gilt daher, daß der Punkt $\boldsymbol{y}^*$ mit $L_d(\boldsymbol{y}) \cap L_{n-d}(\boldsymbol{x}_0) = \{\boldsymbol{y}^*\}$ zur Menge rel int M^* gehört. Hieraus folgt die Inklusion

$$(\operatorname{rel\,int} M)^* \subset \operatorname{rel\,int} M^* .$$

Wenn andererseits $\boldsymbol{y}$ ein beliebiger Punkt der Menge rel int M^* ist, so gibt es in dem linearen Unterraum $L_{n-d}(\boldsymbol{x}_0)$ eine ε-Umgebung $U(\boldsymbol{y}^*; \varepsilon)$ des Punktes $\boldsymbol{y}^*$ mit $U(\boldsymbol{y}^*; \varepsilon) \subset \operatorname{rel\,int} M^*$. Für jeden Punkt $\boldsymbol{x}^* \in U(\boldsymbol{y}^*; \varepsilon)$ ist $L_d(\boldsymbol{x}^*) \cap M \neq \emptyset$. Wäre für einen Punkt $\boldsymbol{x}^* \in U(\boldsymbol{y}^*; \varepsilon)$ die Menge $L_d(\boldsymbol{x}^*) \cap \operatorname{rel\,int} M$ leer, so würde die Menge $L_d(\boldsymbol{x}^*) \cap M$ nur solche Punkte enthalten, die bei der betrachteten Projektion zum Rand ∂M^* der Menge M^* gehörten; wegen $U(\boldsymbol{y}^*; \varepsilon) \subset \operatorname{rel\,int} M^*$ ist das jedoch nicht möglich. Zu jedem Punkt $\boldsymbol{y}^* \in \operatorname{rel\,int} M^*$ gibt es also einen Punkt $\boldsymbol{y} \in \operatorname{rel\,int} M$ mit $L_d(\boldsymbol{y}) \cap L_{n-d}(\boldsymbol{x}_0) = \{\boldsymbol{y}^*\}$. Daraus folgt $\operatorname{rel\,int} M^* \subset (\operatorname{rel\,int} M)^*$. Zusammen mit der oben gezeigten Inklusion liefert das die Gleichheit $\operatorname{rel\,int} M^* = (\operatorname{rel\,int} M)^*$. □

Satz 2.10. *Es seien $M_1, \ldots, M_m$ $(m \geqq n + 1)$ nichtleere konvexe Mengen in $\mathbb{E}_n$ und $\{r_1, \ldots, r_{n+1}\}$ eine Indexmenge mit*

$$\{r_1, \ldots, r_{n+1}\} \subset \{1, \ldots, m\}, \qquad r_1 < \ldots < r_{n+1} . \tag{2.11a}$$

Falls für jedes solches Indexsystem $\{r_1, \ldots, r_{n+1}\}$

$$\bigcap_{j=1}^{n+1} M_{r_j} \neq \emptyset \tag{2.11b}$$

gilt, dann ist auch

$$\bigcap_{i=1}^{m} M_i \neq \emptyset. \tag{2.11c}$$

Beweis. Im Fall $m = n + 1$ gilt die Aussage. Ihre Gültigkeit im Fall $m \geqq n + 1$ zeigen wir durch vollständige Induktion. Sie möge also für $m - 1 > n + 1$ gelten. Daher existieren Punkte $\boldsymbol{x}_k$ $(k = 1, \ldots, m)$ mit der Eigenschaft

$$\boldsymbol{x}_k \in \bigcap_{\substack{i=1 \\ i \neq k}}^{m} M_i \qquad (k = 1, \ldots, m).$$

Falls für einen Index $k \in \{1, \ldots, m\}$ gilt, daß $\boldsymbol{x}_k \in M_k$ ist, so ist

$$\boldsymbol{x}_k \in \bigcap_{i=1}^{m} M_i$$

und es gilt (2.11c). Im Fall $\boldsymbol{x}_k \notin M_k$ $(k = 1, \ldots, m)$ betrachten wir das System

$$\sum_{k=1}^{m} \lambda_k \boldsymbol{x}_k = \boldsymbol{o}, \qquad \sum_{k=1}^{m} \lambda_k = 0 \tag{2.12}$$

von $n + 1$ homogenen linearen Gleichungen in den $m > n + 1$ Unbekannten λ_k $(k = 1, \ldots, m)$. Dieses Gleichungssystem besitzt stets eine Lösung $\lambda_1, \ldots, \lambda_m$ mit $\sum_{k=1}^{m} |\lambda_k| > 0$. Es sei $\lambda_1, \ldots, \lambda_m$ eine solche Lösung. Die Indexmenge

$$I_1 := \{k \in \{1, \ldots, m\} \mid \lambda_k > 0\}$$

ist offensichtlich nicht leer, und für den Punkt

$$\boldsymbol{y} := \frac{1}{\sum_{i \in I_1} \lambda_i} \sum_{k \in I_1} \lambda_k \boldsymbol{x}_k \tag{2.13a}$$

gilt

$$\alpha_k := \frac{\lambda_k}{\sum_{i \in I_1} \lambda_i} > 0 \quad (k \in I_1), \qquad \sum_{k \in I_1} \alpha_k = 1, \tag{2.13b}$$

d. h., der Punkt $\boldsymbol{y}$ ist eine Konvexkombination der Punkte $\boldsymbol{x}_k$ $(k \in I_1)$. Da für $k \in I_1$ der Punkt $\boldsymbol{x}_k$ nicht zur Menge M_k gehört und $\boldsymbol{x}_k \in M_i$ für alle $i \neq k$ gilt, liegt der Punkt $\boldsymbol{x}_k$ in allen Mengen M_j mit $j \in I_2 := \{1, \ldots, m\} \setminus I_1$; also ist

$$\boldsymbol{x}_k \in \bigcap_{j \in I_2} M_j \qquad (k \in I_1).$$

Aus der Konvexität der Mengen M_j $(j \in \{1, \ldots, m\})$ folgt nach Satz 2.2 die Konvexität der Menge $\bigcap_{j \in I_2} M_j$; dieser Durchschnitt enthält daher auch alle Konvexkombinationen der Punkte $\boldsymbol{x}_k$ mit $k \in I_1$. Hieraus und aus (2.13a, b) folgt

$$\boldsymbol{y} \in \bigcap_{j \in I_2} M_j.$$

Nach (2.12) ist

$$\sum_{i\in I_1} \lambda_i \boldsymbol{x}_i = -\sum_{j\in I_2} \lambda_j \boldsymbol{x}_j, \qquad \sum_{i\in I_1} \lambda_i = -\sum_{j\in I_2} \lambda_j,$$

und somit nach (2.13a)

$$\boldsymbol{y} = \frac{1}{\sum\limits_{j\in I_2} \lambda_j} \sum_{j\in I_2} \lambda_j \boldsymbol{x}_j .$$

Ebenso kann nun gezeigt werden, daß

$$\boldsymbol{x}_j \in \bigcap_{i\in I_1} M_i \qquad (j \in I_2)$$

und weiter

$$\boldsymbol{y} \in \bigcap_{i\in I_1} M$$

gilt. Daher ist

$$\boldsymbol{y} \in \Big(\bigcap_{i\in I_1} M_i\Big) \cap \Big(\bigcap_{j\in I_2} M_j\Big) = \bigcap_{k=1}^{m} M_k,$$

woraus die Aussage des Satzes folgt. □

Bemerkung 2.11. Satz 2.10 wird in der Literatur als *Hellys Theorem* bezeichnet.

Satz 2.11. *Es seien $M_1, \ldots, M_s$ konvexe Mengen in $\mathbb{E}_n$ mit der Eigenschaft*

$$\bigcap_{i=1}^{s} \operatorname{rel\,int} M_i \neq \emptyset,$$

weiter seien $\mathcal{L}_{M_i}$ die lineare Hülle der Menge M_i ($i = 1, \ldots, s$) und $\mathcal{L}_M$ die lineare Hülle der Menge $M := \bigcap_{i=1}^{s} M_i$. Dann gilt

$$\mathcal{L}_M = \bigcap_{i=1}^{s} \mathcal{L}_{M_i}, \qquad \operatorname{rel\,int} M = \bigcap_{i=1}^{s} \operatorname{rel\,int} M_i . \tag{2.14}$$

Beweis. Die Menge

$$M' := \bigcap_{i=1}^{s} \operatorname{rel\,int} M_i$$

ist nach Satz 2.4 und Satz 2.2 eine konvexe Menge in $\mathbb{E}_n$, und nach Bemerkung 2.10 gilt für sie

$$\overline{M}' = \bigcap_{i=1}^{s} \overline{\operatorname{rel\,int} M_i} = \bigcap_{i=1}^{s} \overline{M}_i = \overline{M} . \tag{2.15}$$

Falls M' eine einelementige Menge ist, so ist die Menge $\overline{M}'$ einelementig und nach (2.15) auch die Menge M. Nach (2.15) gilt dann

$$\bigcap_{i=1}^{s} \operatorname{rel\,int} M_i = M' = \overline{M}' = M = \operatorname{rel\,int} M .$$

Dann ist ebenfalls die lineare Hülle $\mathcal{L}_{M'}$ der Menge M' einelementig und ebenso die lineare Hülle $\mathcal{L}_M$ der Menge M. Es gilt daher $\mathcal{L}_{M'} = \mathcal{L}_M$, und wegen $\mathcal{L}_{M'} = \bigcap_{i=1}^{s} \mathcal{L}_{M_i}$ folgt die Gleichheit $\mathcal{L}_M = \bigcap_{i=1}^{s} \mathcal{L}_{M_i}$. Im betrachteten Fall gelten also die Aussagen des Satzes.

Im Fall $\dim M' \geqq 1$ sei $\boldsymbol{x}$ ein beliebiger Punkt der Menge M'. Für alle Indizes $i \in \{1, \ldots, s\}$ gibt es dann ein gemeinsames $\varepsilon > 0$, so daß für die ε-Umgebung $U_i(\boldsymbol{x}; \varepsilon)$ des Punktes $\boldsymbol{x}$ bezüglich der linearen Hülle $\mathcal{L}_{M_i}$

$$U_i(\boldsymbol{x}; \varepsilon) \subset \text{rel int } M_i$$

gilt und deshalb auch

$$U_0(\boldsymbol{x}; \varepsilon) := \bigcap_{i=1}^{s} U_i(\boldsymbol{x}; \varepsilon) \subset M', \tag{2.16}$$

wobei die Menge $U_0(\boldsymbol{x}; \varepsilon)$ eine ε-Umgebung des Punktes $\boldsymbol{x}$ bezüglich des linearen Unterraumes $\mathcal{L}_{M'} := \bigcap_{i=1}^{s} \mathcal{L}_{M_i}$ ist. Daher ist

$$\dim U_0(\boldsymbol{x}; \varepsilon) = \dim \left(\bigcap_{i=1}^{s} \mathcal{L}_{M_i} \right). \tag{2.17a}$$

Aus (2.16) und (2.15) folgt weiter, daß

$$U_0(\boldsymbol{x}; \varepsilon) \subset \overline{M}' = \overline{M} \tag{2.17b}$$

ist. Für die lineare Hülle $\mathcal{L}_M$ der Menge M ergibt sich daraus dann die Inklusion $\bigcap_{i=1}^{s} \mathcal{L}_{M_i} \subset \mathcal{L}_M$. Nach Definition der Menge M ist $M \subset M_i$ und daher $\mathcal{L}_M \subset \mathcal{L}_{M_i}$ für alle $i \in \{1, \ldots, s\}$, also ist $\mathcal{L}_M \subset \bigcap_{i=1}^{s} \mathcal{L}_{M_i}$. Somit gilt $\mathcal{L}_M = \bigcap_{i=1}^{s} \mathcal{L}_{M_i}$.

Aus dieser Gleichheit folgt nach (2.15) und (2.17a, b)

$$\dim U_0(\boldsymbol{x}; \varepsilon) = \dim \mathcal{L}_M = \dim M = \dim M',$$

so daß die Umgebung $U_0(\boldsymbol{x}; \varepsilon)$ eine ε-Umgebung des Punktes $\boldsymbol{x}$ bezüglich des linearen Unterraumes $\mathcal{L}_M$ ist, der die lineare Hülle sowohl der Menge M' als auch der Menge M ist. In Hinsicht auf (2.17b) folgt daraus $\boldsymbol{x} \in \text{rel int } M' = \text{rel int } M$. Da $\boldsymbol{x}$ ein beliebiger Punkt der Menge M' war, gilt also $M' = \text{rel int } M' = \text{rel int } M$. Unter Berücksichtigung der Definition der Menge M' ist damit auch die zweite Gleichheit in (2.14) gezeigt. □

Satz 2.12. *Es seien M eine konvexe Menge in $\mathbb{E}_n$ und $\overline{p}(\boldsymbol{x}_0; \boldsymbol{v})$ eine in ihr gelegene Halbgerade, $\boldsymbol{x}_0 \in M$, $\boldsymbol{v} \neq \boldsymbol{o}$. Dann liegt in der Menge M auch jede von einem Punkt $\boldsymbol{x} \in \text{rel int } M$ ausgehende und mit der Halbgeraden $\overline{p}(\boldsymbol{x}_0; \boldsymbol{v})$ gleichgerichtete Halbgerade $\overline{p}(\boldsymbol{x}; \boldsymbol{v})$; falls die Menge M abgeschlossen ist, gilt für jeden Punkt $\boldsymbol{x} \in M$ die Inklusion $\overline{p}(\boldsymbol{x}; \boldsymbol{v}) \subset M$.*

Beweis. Es sei $\boldsymbol{x}'$ ein beliebiger Punkt aus der Menge rel int M, $\boldsymbol{x}' \neq \boldsymbol{x}_0$. Falls der Punkt $\boldsymbol{x}'$ auf derjenigen Geraden liegt, die die Halbgerade $\overline{p}(\boldsymbol{x}_0; \boldsymbol{v})$ enthält, so folgt wegen der Konvexität der Menge M aus $\boldsymbol{x}' \in M$ die Inklusion $\overline{p}(\boldsymbol{x}'; \boldsymbol{v}) \subset M$. Andernfalls bestimmen die Halbgerade $\overline{p}(\boldsymbol{x}_0; \boldsymbol{v})$ und der Punkt $\boldsymbol{x}'$ eine Ebene $\mathbb{E}_2$. Wegen $\boldsymbol{x}' \in \mathbb{E}_2$ und $\boldsymbol{x}' \in$ rel int $M \subset \overline{M}$ existiert auf der Halbgeraden $\overline{p}(\boldsymbol{x}_0; \boldsymbol{x}' - \boldsymbol{x}_0)$ ein solcher Punkt $\tilde{\boldsymbol{x}} \in M$, so daß der Punkt $\boldsymbol{x}'$ ein relativ innerer Punkt der Strecke $\overline{u}(\tilde{\boldsymbol{x}}, \boldsymbol{x}_0)$ ist. Es sei nun $\boldsymbol{x}' + t\boldsymbol{v}$, $t \geqq 0$, ein beliebiger Punkt der Halbgeraden $\overline{p}(\boldsymbol{x}'; \boldsymbol{v})$. Dann schneidet die von $\tilde{\boldsymbol{x}}$ ausgehende und den Punkt $\boldsymbol{x}' + t\boldsymbol{v}$ enthaltende Halbgerade $\overline{p}(\tilde{\boldsymbol{x}}; \boldsymbol{x}' + t\boldsymbol{v} - \tilde{\boldsymbol{x}})$ die Halbgerade $\overline{p}(\boldsymbol{x}_0; \boldsymbol{v})$ in genau einem Punkt $\boldsymbol{y}$, der wegen $\overline{p}(\boldsymbol{x}_0; \boldsymbol{v}) \subset M$ zur Menge M gehört; der Punkt $\boldsymbol{x}' + t\boldsymbol{v}$ ist dabei ein relativ innerer Punkt der in der Ebene $\mathbb{E}_2$ gelegenen Strecke $\overline{u}(\tilde{\boldsymbol{x}}, \boldsymbol{y})$ (Abb. 2.2a)). Da die Menge M konvex ist, folgt aus $\tilde{\boldsymbol{x}} \in M$ und $\boldsymbol{y} \in M$ dann $\boldsymbol{x}' + t\boldsymbol{v} \in M$ und daher $\overline{p}(\boldsymbol{x}'; \boldsymbol{v}) \subset M$. Wenn die Halbgerade $\overline{p}(\boldsymbol{x}'; \boldsymbol{v})$ einen Punkt des Randes $\overline{M} \setminus$ rel int M der Menge M enthielte (wegen $\boldsymbol{x}' \in$ rel int M gibt es nach Satz 2.6 höchstens einen solchen Punkt), so gehörte sie nach Bemerkung 2.7 nicht zur Menge M; also gilt $\overline{p}(\boldsymbol{x}'; \boldsymbol{v}) \subset$ rel int M.

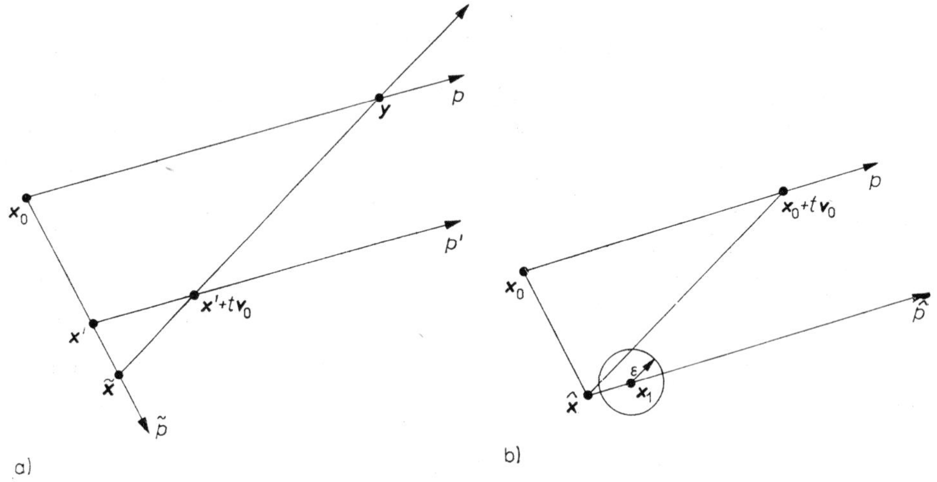

Abb. 2.2. (statt $\boldsymbol{v}_0$ lies $\boldsymbol{v}$)

Die Menge M möge nun abgeschlossen sein, und es sei $\hat{\boldsymbol{x}}$ ein beliebiger Punkt der Menge M. Falls die Halbgeraden $\overline{p}(\boldsymbol{x}_0; \boldsymbol{v})$ und $\overline{p}(\hat{\boldsymbol{x}}; \boldsymbol{v})$ auf ein und derselben Geraden liegen, so gilt offensichtlich $\overline{p}(\hat{\boldsymbol{x}}; \boldsymbol{v}) \subset M$. Andernfalls bestimmen der Punkt $\hat{\boldsymbol{x}}$ und die Halbgerade $\overline{p}(\boldsymbol{x}_0; \boldsymbol{v})$ eine Ebene $\mathbb{E}_2$. Es sei $\boldsymbol{x}_0 + t\boldsymbol{v}$ mit $t \geqq 0$ ein Punkt der Halbgeraden $\overline{p}(\boldsymbol{x}_0; \boldsymbol{v})$, dann gehört aufgrund des Konvexität der Menge M die Strecke $\overline{u}(\hat{\boldsymbol{x}}, \boldsymbol{x}_0 + t\boldsymbol{v})$ zur Menge M. Wir wählen nun einen beliebigen Punkt $\boldsymbol{x}_1 \in \overline{p}(\hat{\boldsymbol{x}}; \boldsymbol{v})$, $\boldsymbol{x}_1 \neq \hat{\boldsymbol{x}}$; weiter sei $U_2(\boldsymbol{x}_1; \varepsilon)$ eine ε-Umgebung des Punktes $\boldsymbol{x}_1$ bezüglich des Raumes $\mathbb{E}_2$. Dann gibt es offensichtlich ein $t > 0$, so daß die Strecke $\overline{u}(\hat{\boldsymbol{x}}, \boldsymbol{x}_0 + t\boldsymbol{v})$ die Umgebung $U_2(\boldsymbol{x}_1; \varepsilon)$ schneidet (Abb. 2.2. b)). Der Punkt $\boldsymbol{x}_1$ ist daher ein Häufungspunkt der Menge M; wegen $M = \overline{M}$ ist also $\boldsymbol{x}_1 \in M$. Da $\boldsymbol{x}_1$ ein beliebiger Punkt der offenen Halbgeraden $p(\hat{\boldsymbol{x}}; \boldsymbol{v})$ war, folgt wegen $\hat{\boldsymbol{x}} \in M$, daß $\overline{p}(\hat{\boldsymbol{x}}; \boldsymbol{v}) \subset M$ gilt. □

Satz 2.13. *Es seien M eine konvexe Menge in $\mathbb{E}_n$ und L_d ein in ihr gelegener d-dimensionaler linearer Unterraum ($1 \leqq d < n$). Dann liegt in der Menge* rel int M *auch jeder zu dem linearen Unterraum L_d parallele d-dimensionale lineare Unterraum $\tilde{L}_d$, für den*

$\tilde{L}_d \cap \operatorname{rel\,int} M \neq \emptyset$ *gilt; falls die Menge M abgeschlossen ist, gilt die Inklusion* $\tilde{L}_d \subset M$ *für jeden zu dem linearen Unterraum* L_d *parallelen d-dimensionalen Unterraum, für den* $\tilde{L}_d \cap M \neq \emptyset$ *ist.*

Die Aussage des Satzes ist eine Folgerung des Satzes 2.12, denn ein linearer Unterraum L_d, $d \geqq 1$, kann als eine Vereinigung aller von einem beliebigen Punkt $\boldsymbol{x}_0 \in L_d$ ausgehenden und in dem linearen Unterraum L_d gelegenen Halbgeraden aufgefaßt werden.

Satz 2.14. *Es seien* M_1 *und* M_2 *konvexe Mengen in* $\mathbb{E}_n$, *für die*

$$M_1 \subset M_2 \quad \textit{und} \quad \operatorname{rel\,int} M_1 \cap \operatorname{rel\,int} M_2 \neq \emptyset$$

gilt. Dann ist

$$\operatorname{rel\,int} M_1 \subset \operatorname{rel\,int} M_2 .$$

Beweis. Aus der Voraussetzung $M_1 \subset M_2$ folgt $M_1 \cap M_2 = M_1$ und somit

$$\operatorname{rel\,int} (M_1 \cap M_2) = \operatorname{rel\,int} M_1 .$$

Nach Satz 2.11 ist dann

$$\operatorname{rel\,int} M_1 \cap \operatorname{rel\,int} M_2 = \operatorname{rel\,int} M_1 ,$$

woraus unmittelbar die Aussage des Satzes folgt. □

Satz 2.15. *Es sei M eine konvexe Menge in* $\mathbb{E}_n$, *deren Abschließung* $\overline{M}$ *mit dem Raum* $\mathbb{E}_n$ *zusammenfällt, d. h.* $\overline{M} = \mathbb{E}_n$. *Dann gilt auch* $M = \mathbb{E}_n$.

Beweis. Wenn die Menge M eine Dimension $d < n$ hätte, so wäre die lineare Hülle der Menge M (die wegen $\overline{M} = \mathbb{E}_n$ nicht leer ist) ein d-dimensionaler linearer Unterraum in $\mathbb{E}_n$. In diesem läge dann auch die Abschließung $\overline{M}$ der Menge. Das widerspräche aber der Voraussetzung $\overline{M} = \mathbb{E}_n$; daher gilt $\dim M = n$.

Wir nehmen nun an, daß $\mathbb{E}_n \setminus M \neq \emptyset$ ist. Dann sei $\boldsymbol{y}$ ein beliebiger Punkt der Menge $\mathbb{E}_n \setminus M$. Wegen $\boldsymbol{y} \in \mathbb{E}_n = \overline{M}$ ist $\boldsymbol{y}$ ein Randpunkt der Menge M. Eine von einem beliebigen Punkt $\boldsymbol{y}_0 \in \operatorname{int} M$ ausgehende und den Punkt $\boldsymbol{y}$ enthaltende Halbgerade schneidet nach Satz 2.6 den Rand der Menge M in höchstens einem Punkt; im betrachteten Fall ist es gerade der Punkt $\boldsymbol{y}$. Damit ist $\boldsymbol{y}$ auch ein Randpunkt der Menge $\overline{M}$. Das ist jedoch ein Widerspruch zur Voraussetzung $\overline{M} = \mathbb{E}_n$, denn die Menge $\mathbb{E}_n$ besitzt (bezüglich des Raumes $\mathbb{E}_n$) keine Randpunkte. □

3. Konvexe Hülle

Definition 3.1. Es sei M eine Menge in $\mathbb{E}_n$, dann nennen wir die Menge

$$\operatorname{co} M := \left\{ \boldsymbol{x} \in \mathbb{E}_n \mid \boldsymbol{x} = \sum_{i=1}^{k} \lambda_i \boldsymbol{x}_i,\ \boldsymbol{x}_i \in M,\ \lambda_i \geqq 0 \quad (i = 1, \ldots, k), \right.$$
$$\left. \sum_{i=1}^{k} \lambda_i = 1,\ k \in \{1, 2, \ldots\} \right\} \tag{3.1}$$

konvexe Hülle der Menge M.

Satz 3.1. *Für jede Menge* $M \subset \mathbb{E}_n$ *ist die Menge* $\operatorname{co} M$ *konvex, und es gilt* $M \subset \operatorname{co} M$.

Beweis. Im Fall $M = \emptyset$ folgt die Aussage direkt aus der Definition. Es seien nun $\boldsymbol{y}_1$ und $\boldsymbol{y}_2$ beliebige Punkte aus der Menge $\operatorname{co} M$ und $\boldsymbol{y}$ eine beliebige Konvexkombination dieser Punkte, d. h.

$$\boldsymbol{y} = \mu_1 \boldsymbol{y}_1 + \mu_2 \boldsymbol{y}_2, \quad \mu_1 \geqq 0, \quad \mu_2 \geqq 0, \quad \mu_1 + \mu_2 = 1.$$

Dann gibt es natürliche Zahlen k_1 und k_2 sowie Punkte

$$\boldsymbol{x}_j^1 \in M \quad (j = 1, \ldots, k_1), \qquad \boldsymbol{x}_l^2 \in M \quad (l = 1, \ldots, k_2)$$

und Zahlen λ_j^1, λ_l^2 mit der Eigenschaft

$$\boldsymbol{y}_1 = \sum_{j=1}^{k_1} \lambda_j^1 \boldsymbol{x}_j^1, \qquad \sum_{j=1}^{k_1} \lambda_j^1 = 1, \qquad \lambda_j^1 \geqq 0 \qquad (j = 1, \ldots, k_1),$$

$$\boldsymbol{y}_2 = \sum_{l=1}^{k_2} \lambda_l^2 \boldsymbol{x}_l^2, \qquad \sum_{l=1}^{k_2} \lambda_l^2 = 1, \qquad \lambda_l^2 \geqq 0 \qquad (l = 1, \ldots, k_2).$$

Der Punkt $\boldsymbol{y}$ hat dann die Darstellung

$$\boldsymbol{y} = \sum_{j=1}^{k_1} \mu_1 \lambda_j^1 \boldsymbol{x}_j^1 + \sum_{l=1}^{k_2} \mu_2 \lambda_l^2 \boldsymbol{x}_l^2,$$

wobei die Koeffizienten in dieser Linearkombination nichtnegativ sind und die Gleichung

$$\sum_{j=1}^{k_1} \mu_1 \lambda_j^1 + \sum_{l=1}^{k_2} \mu_2 \lambda_l^2 = 1$$

erfüllen. Also gilt $\boldsymbol{y} \in \operatorname{co} M$, und die Konvexität der Menge $\operatorname{co} M$ ist gezeigt. Die Eigenschaft $M \subset \operatorname{co} M$ folgt unmittelbar aus der Definition der Menge $\operatorname{co} M$. □

Satz 3.2. *Es sei* co M *die konvexe Hülle einer nichtleeren Menge* $M \subset \mathbb{E}_n$. *Dann läßt sich jeder Punkt* $\boldsymbol{x} \in$ co M *als Konvexkombination von höchstens* $n + 1$ *Punkten aus* M *darstellen.*

Beweis. Es sei $\boldsymbol{x}$ ein Punkt der Menge co M, er möge die Darstellung

$$\boldsymbol{x} = \sum_{i=1}^{k} \lambda_i \boldsymbol{x}_i, \quad \boldsymbol{x}_i \in M \qquad (i = 1, \ldots, k)$$

haben, wobei

$$k > n + 1, \quad \lambda_i > 0 \qquad (i = 1, \ldots, k), \quad \sum_{i=1}^{k} \lambda_i = 1$$

ist. Wegen $k > n + 1$ sind die Punkte $\boldsymbol{x}_i$ $(i = 1, \ldots, k)$ linear abhängig, d. h., es existieren Zahlen α_i $(i = 1, \ldots, k)$ mit der Eigenschaft

$$\sum_{i=1}^{k} \alpha_i \boldsymbol{x}_i = \boldsymbol{o}, \quad \sum_{i=1}^{k} \alpha_i = 0, \quad \sum_{i=1}^{k} |\alpha_i| > 0.$$

Daher ist die Indexmenge

$$I := \{i \in \{1, \ldots, k\} \mid \alpha_i > 0\}$$

nichtleer. Betrachtet man die linearen Funktionen

$$\lambda_i(\varepsilon) := \lambda_i - \varepsilon\alpha_i \qquad (i = 1, \ldots, k), \quad \varepsilon > 0,$$

und definiert

$$\varepsilon_0 := \min_{i \in I} \left\{\frac{\lambda_i}{\alpha_i}\right\}, \qquad I' := \left\{i \in I \mid \varepsilon_0 = \frac{\lambda_i}{\alpha_i}\right\},$$

so ist offenbar $I' \neq \emptyset$, und es gilt

$$\lambda_i(\varepsilon_0) = 0 \quad \text{für} \quad i \in I', \qquad \lambda_i(\varepsilon_0) > 0 \quad \text{für} \quad i \in \{1, \ldots, k\} \setminus I'.$$

Weiter gilt

$$\sum_{i=1}^{k} \lambda_i(\varepsilon_0) = \sum_{i=1}^{k} \lambda_i - \varepsilon_0 \sum_{i=1}^{k} \alpha_i = 1,$$

$$\sum_{i=1}^{k} \lambda_i(\varepsilon_0)\, \boldsymbol{x}_i = \sum_{i=1}^{k} \lambda_i \boldsymbol{x}_i - \varepsilon_0 \sum_{i=1}^{k} \alpha_i \boldsymbol{x}_i = \sum_{i=1}^{k} \lambda_i \boldsymbol{x}_i = \boldsymbol{x}.$$

Da aber $\lambda_i(\varepsilon_0) = 0$ für $i \in I'$ ist, kann man den Punkt $\boldsymbol{x}$ in der Form

$$\boldsymbol{x} = \sum_{i \in \{1, \ldots, k\} \setminus I'} \lambda_i(\varepsilon_0)\, \boldsymbol{x}_i \tag{3.2}$$

darstellen, wobei

$$\sum_{i \in \{1, \ldots, k\} \setminus I'} \lambda_i(\varepsilon_0) = 1, \quad \lambda_i(\varepsilon_0) > 0 \qquad (i \in \{1, \ldots, k\} \setminus I')$$

mit $I' \neq \emptyset$ gilt.

Falls die Menge $\{1, \ldots, k\} \setminus I'$, die offensichtlich von der Menge $\{1, \ldots, k\}$ veschieden ist, höchstens $n + 1$ Elemente enthält, so ist mit (3.2) für den gewählten Punkt $\boldsymbol{x}$ eine Darstellung als Konvexkombination von höchstens $n + 1$ Punkten der Menge M gefunden worden. Andernfalls wiederholen wir das obige Vorgehen auf die Darstellung (3.2) des gewählten Punktes $\boldsymbol{x} \in \operatorname{co} M$. Offensichtlich erreichen wir nach einer endlichen Anzahl von Schritten eine solche Darstellung, in der der gewählte Punkt $\boldsymbol{x} \in \operatorname{co} M$ eine Konvexkombination von nicht mehr als $n + 1$ Punkten der Menge M ist. □

Satz 3.3. *Es sei M eine konvexe Menge in $\mathbb{E}_n$, dann gilt* $\operatorname{co} M = M$.

Beweis. Nach Satz 3.1 ist $M \subset \operatorname{co} M$. Es sei nun $\boldsymbol{x}$ ein beliebiger Punkt der Menge $\operatorname{co} M$. Nach Definition 3.1 der Menge $\operatorname{co} M$ ist er als Konvexkombination einer endlichen Anzahl von Punkten aus M darstellbar. Ein solcher Punkt gehört aber nach Satz 2.1 wegen der Konvexität der Menge M zur Menge M. Es gilt daher auch die Inklusion $\operatorname{co} M \subset M$. □

Satz 3.4. *Es seien M_1 und M_2 beliebige Mengen in $\mathbb{E}_n$. Dann gilt*

$$\operatorname{co}(M_1 \cup M_2) = \operatorname{co}(\operatorname{co} M_1 \cup \operatorname{co} M_2).$$

Beweis. Für $M_1 = M_2 = \emptyset$ folgt die Aussage des Satzes unmitelbar aus der Definition 3.1. Es sei nun $M_1 \cup M_2 \neq \emptyset$. Dann ist auch die Menge $\operatorname{co}(M_1 \cup M_2)$ nichtleer. Jeder Punkt der Menge $\operatorname{co}(M_1 \cup M_2)$ ist als Konvexkombination von Punkten der Mengen M_1 und M_2 darstellbar, letztere liegen aber auch in der Menge $\operatorname{co} M_1 \cup \operatorname{co} M_2$ und ihre Konvexkombinationen folglich in der konvexen Hülle dieser Vereinigungsmenge; also gilt

$$\operatorname{co}(M_1 \cup M_2) \subset \operatorname{co}(\operatorname{co} M_1 \cup \operatorname{co} M_2). \tag{3.3}$$

Falls andererseits ein Punkt $\boldsymbol{x}$ eine Konvexkombination von Punkten aus der Menge $\operatorname{co} M_1 \cup \operatorname{co} M_2$ ist, so läßt sich — da diese Punkte wiederum Konvexkombinationen von Punkten der Mengen M_1 und M_2 sind — zeigen, daß der Punkt $\boldsymbol{x}$ eine Konvexkombination gerade dieser Punkte der Mengen M_1 und M_2 ist. Es gilt also auch

$$\operatorname{co}(\operatorname{co} M_1 \cup \operatorname{co} M_2) \subset \operatorname{co}(M_1 \cup M_2).$$

Das liefert zusammen mit (3.3) die Aussage des Satzes. □

Satz 3.5. *Es seien M_1 und M_2 nichtleere Mengen in $\mathbb{E}_n$ und ν_1, ν_2 beliebige Zahlen. Weiter sei*

$$\nu_1 M_1 + \nu_2 M_2 := \{\boldsymbol{x} \in \mathbb{E}_n \mid \boldsymbol{x} = \nu_1 \boldsymbol{y}_1 + \nu_2 \boldsymbol{y}_2,\ \boldsymbol{y}_1 \in M_1,\ \boldsymbol{y}_2 \in M_2\}. \tag{3.4}$$

Dann gilt

$$\operatorname{co}(\nu_1 M_1 + \nu_2 M_2) = \nu_1 \operatorname{co} M_1 + \nu_2 \operatorname{co} M_2.$$

Beweis. Aus den Voraussetzungen des Satzes folgt $\nu_1 M_1 + \nu_2 M_2 \neq \emptyset$. Daher ist auch $\operatorname{co}(\nu_1 M_1 + \nu_2 M_2) \neq \emptyset$. Es sei nun $\boldsymbol{x}$ ein beliebiger Punkt der Menge $\operatorname{co}(\nu_1 M_1 + \nu_2 M_2)$. Nach Definition 3.1 gibt es dann eine endliche Anzahl von Punkten $\boldsymbol{x}_i \in \nu_1 M_1 + \nu_2 M_2$ $(i = 1, \ldots, k)$ in der Weise, daß der Punkt $\boldsymbol{x}$ eine Konvexkombination dieser Punkte ist, d. h.

$$\boldsymbol{x} = \sum_{i=1}^{k} \lambda_i \boldsymbol{x}_i \quad \text{mit} \quad \lambda_i \geqq 0 \quad (i = 1, \ldots, k), \quad \sum_{i=1}^{k} \lambda_i = 1.$$

Nach (3.4) gibt es zu jedem $i \in \{1, \ldots, k\}$ zwei Punkte $\boldsymbol{y}_i^1 \in M_1$ und $\boldsymbol{y}_i^2 \in M_2$ mit $\boldsymbol{x}_i = \nu_1\boldsymbol{y}_i^1 + \nu_2\boldsymbol{y}_i^2$. Es gilt also

$$\boldsymbol{x} = \nu_1 \sum_{i=1}^{k} \lambda_i \boldsymbol{y}_i^1 + \nu_2 \sum_{i=1}^{k} \lambda_i \boldsymbol{y}_i^2. \tag{3.5}$$

Da $\sum_{i=1}^{k} \lambda_i \boldsymbol{y}_i^l$ eine Konvexkombination der Punkte $\boldsymbol{y}_i^l \in M_l$ $(i = 1, \ldots, k)$ ist, gilt

$$\sum_{i=1}^{k} \lambda_i \boldsymbol{y}_i^l \in \operatorname{co} M_l \qquad (l = 1, 2).$$

Hieraus, aus (3.5) und (3.4) folgt dann $\boldsymbol{x} \in \nu_1 \operatorname{co} M_1 + \nu_2 \operatorname{co} M_2$, und daher

$$\operatorname{co}(\nu_1 M_1 + \nu_2 M_2) \subset \nu_1 \operatorname{co} M_1 + \nu_2 \operatorname{co} M_2. \tag{3.6}$$

Es sei nun $\boldsymbol{x}$ ein beliebiger Punkt der Menge $\nu_1 \operatorname{co} M_1 + \nu_2 \operatorname{co} M_2$. Nach (3.4) gibt es dann Punkte $\boldsymbol{y}_l \in \operatorname{co} M_l$ $(l = 1, 2)$ mit $\boldsymbol{x} = \nu_1\boldsymbol{y}_1 + \nu_2\boldsymbol{y}_2$. Wegen $\boldsymbol{y}_l \in \operatorname{co} M_l$ ist nach Definition 3.1 der Punkt $\boldsymbol{y}_l$ eine Konvexkombination von Punkten $\boldsymbol{x}_i^l \in M_l$ $(i = 1, \ldots, k_l)$, d. h.

$$\boldsymbol{y}_l = \sum_{i=1}^{k_l} \lambda_i^l \boldsymbol{x}_i^l, \quad \lambda_i^l \geqq 0 \qquad (i = 1, \ldots, k_l), \qquad \sum_{i=1}^{k_l} \lambda_i^l = 1 \qquad (l = 1, 2). \tag{3.7}$$

Folglich ist

$$\boldsymbol{x} = \nu_1 \sum_{i=1}^{k_1} \lambda_i^1 \boldsymbol{x}_i^1 + \nu_2 \sum_{i=1}^{k_2} \lambda_i^2 \boldsymbol{x}_i^2.$$

Hieraus erhält man unter Ausnutzung der Eigenschaften der in (3.7) auftretenden Zahlen λ_i^1 $(i = 1, \ldots, k_1)$, λ_i^2 $(i = 1, \ldots, k_2)$

$$\sum_{i=1}^{k_1} \sum_{j=1}^{k_2} \lambda_i^1 \lambda_j^2 (\nu_1 \boldsymbol{x}_i^1 + \nu_2 \boldsymbol{x}_j^2) = \nu_1 \sum_{i=1}^{k_1} \lambda_i^1 \boldsymbol{x}_i^1 + \nu_2 \sum_{j=1}^{k_2} \lambda_j^2 \boldsymbol{x}_j^2 = \boldsymbol{x},$$

wobei $\lambda_i^1 \lambda_j^2 \geqq 0$ $(i = 1, \ldots, k_1;\ j = 1, \ldots, k_2)$ und $\sum_{i=1}^{k_1} \sum_{j=1}^{k_2} \lambda_i^1 \lambda_j^2 = 1$ ist. Der Punkt $\boldsymbol{x}$ ist also eine Konvexkombination der Punkte $\nu_1 \boldsymbol{x}_i^1 + \nu_2 \boldsymbol{x}_j^2$ $(i \in \{1, \ldots, k_1\}, j \in \{1, \ldots, k_2\})$, die wegen $\boldsymbol{x}_i^1 \in M_1$, $\boldsymbol{x}_j^2 \in M_2$ gemäß (3.4) zur Menge $\nu_1 M_1 + \nu_2 M_2$ gehören. Nach Definition 3.1 gilt dann $\boldsymbol{x} \in \operatorname{co}(\nu_1 M_1 + \nu_2 M_2)$, woraus die Inklusion

$$\nu_1 \operatorname{co} M_1 + \nu_2 \operatorname{co} M_2 \subset \operatorname{co}(\nu_1 M_1 + \nu_2 M_2)$$

folgt. Zusammen mit (3.6) liefert das die Aussage des Satzes. □

Bemerkung 3.1. Aus Satz 3.5 erhält man für nichtleere Mengen M_1 und M_2 und beliebige Zahlen ν speziell die Aussagen

(a) $\operatorname{co}(\nu M_1) = \nu \operatorname{co} M_1$,

(b) $\operatorname{co}(M_1 + M_2) = \operatorname{co} M_1 + \operatorname{co} M_2$.

Definition 3.2. Es seien M_1 und M_2 nichtleere Mengen in $\mathbb{E}_n$ und ν_1 und ν_2 nichtnegative Zahlen mit $\nu_1 + \nu_2 = 1$. Dann heißt die Menge $\nu_1 M_1 + \nu_2 M_2$ eine *Konvexkombination der Mengen* M_1 und M_2, die Menge $M_1 + M_2$ *algebraische Summe der Mengen* M_1 und M_2 und die Menge νM_1 *Produkt der Menge* M_1 *mit der Zahl* ν.

Satz 3.6. *Es seien M_1 und M_2 nichtleere konvexe Mengen in $\mathbb{E}_n$ und ν_1, ν_2 beliebige Zahlen. Dann ist $\nu_1 M_1 + \nu_2 M_2$ ebenfalls eine konvexe Menge in $\mathbb{E}_n$.*

Beweis. Aus der Konvexität der Mengen M_1 und M_2 folgt nach Satz 3.3 co $M_i = M_i$ $(i = 1, 2)$, so daß nach Satz 3.5

$$\text{co}\,(\nu_1 M_1 + \nu_2 M_2) = \nu_1 M_1 + \nu_2 M_2$$

gilt. Da die Menge co $(\nu_1 M_1 + \nu_2 M_2)$ konvex ist, muß daher auch die Menge $\nu_1 M_1 + \nu_2 M_2$ konvex sein. □

Satz 3.7. *Für ein beliebiges Paar M_1 und M_2 nichtleerer konvexer Mengen in $\mathbb{E}_n$ gilt*

$$\text{co}\,(M_1 \cup M_2) = \{\boldsymbol{x} \in \mathbb{E}_n \mid \boldsymbol{x} = \lambda_1 \boldsymbol{x}_1 + \lambda_2 \boldsymbol{x}_2,\ \boldsymbol{x}_1 \in M_1,\ \boldsymbol{x}_2 \in M_2,$$
$$\lambda_1 \geqq 0,\ \lambda_2 \geqq 0,\ \lambda_1 + \lambda_2 = 1\}. \tag{3.8}$$

Beweis. Wir setzen

$$\tilde{M} := \{\boldsymbol{x} \in \mathbb{E}_n \mid \boldsymbol{x} = \lambda_1 \boldsymbol{x}_1 + \lambda_2 \boldsymbol{x}_2,\ \boldsymbol{x}_1 \in M_1,\ \boldsymbol{x}_2 \in M_2,$$
$$\lambda_1 \geqq 0,\ \lambda_2 \geqq 0,\quad \lambda_1 + \lambda_2 = 1\}.$$

Falls $\boldsymbol{x}$ ein beliebiger Punkt der Menge co $(M_1 \cup M_2)$ ist, dann existieren eine ganze Zahl k, Punkte $\boldsymbol{x}_i \in M_1 \cup M_2$ und Zahlen $\lambda_i > 0$ $(i = 1, \ldots, k)$ mit $\sum_{i=1}^{k} \lambda_i = 1$, so daß

$$\boldsymbol{x} = \sum_{i=1}^{k} \lambda_i \boldsymbol{x}_i$$

gilt. Wir führen die Indexmengen

$$I_1 := \big\{i \in \{1, \ldots, k\} \mid \boldsymbol{x}_i \in M_1\big\}, \qquad I_2 := \big\{i \in \{1, \ldots, k\} \mid \boldsymbol{x}_i \in M_2 \setminus M_1\big\}$$

ein. Falls $I_1 = \emptyset$ (bzw. $I_2 = \emptyset$) und daher $\boldsymbol{x}_i \in M_2$ (bzw. $\boldsymbol{x}_i \in M_1$) für $i = 1, \ldots, k$ ist, so liegt der Punkt $\boldsymbol{x}$ aufgrund der Konvexität der Menge M_2 (bzw. M_1) in der Menge M_2 (bzw. M_1); aus $M_1 \cup M_2 \subset \tilde{M}$ folgt dann $\boldsymbol{x} \in \tilde{M}$.

Im Fall $I_1 \neq \emptyset$ und $I_2 \neq \emptyset$ ist

$$\mu_1 := \sum_{i \in I_1} \lambda_i > 0, \quad \mu_2 := \sum_{j \in I_2} \lambda_j > 0, \quad \mu_1 + \mu_2 = 1.$$

Führt man noch die Zahlen

$$\nu_k := \frac{\lambda_k}{\mu_1} \quad (k \in I_1), \qquad \nu_l := \frac{\lambda_l}{\mu_2} \quad (l \in I_2)$$

ein, für die offensichtlich

$$\sum_{k \in I_1} \nu_k = 1, \quad \sum_{l \in I_2} \nu_l = 1, \quad \nu_k > 0 \quad (k \in I_1), \qquad \nu_l > 0 \qquad (l \in I_2)$$

gilt, so läßt sich der Punkt $\boldsymbol{x}$ in der Form

$$\boldsymbol{x} = \mu_1 \sum_{k \in I_1} \nu_k \boldsymbol{x}_k + \mu_2 \sum_{l \in I_2} \nu_l \boldsymbol{x}_l$$

darstellen. Der Punkt $\boldsymbol{y}_i := \sum_{k \in I_i} \nu_k \boldsymbol{x}_k$ liegt als Konvexkombination von Punkten der Menge M_i in dieser konvexen Menge ($i = 1, 2$). Es gilt daher $\boldsymbol{x} = \mu_1 \boldsymbol{y}_1 + \mu_2 \boldsymbol{y}_2 \in \tilde{M}$. Da $\boldsymbol{x}$ ein beliebiger Punkt der Menge co $(M_1 \cup M_2)$ war, folgt daraus co $(M_1 \cup M_2) \subset \tilde{M}$.

Wenn andererseits $\boldsymbol{x}$ ein beliebiger Punkt der Menge $\tilde{M}$ ist, so gibt es Punkte $\boldsymbol{x}_i \in M_i$ und Zahlen $\lambda_i \geqq 0$ ($i = 1, 2$), $\lambda_1 + \lambda_2 = 1$, mit $\boldsymbol{x} = \lambda_1 \boldsymbol{x}_1 + \lambda_2 \boldsymbol{x}_2$. Der Punkt $\boldsymbol{x}$ ist daher eine Konvexkombination von zwei Punkten aus der Menge $M_1 \cup M_2$ und gehört folglich zur Menge co $(M_1 \cup M_2)$. Es gilt also $\tilde{M} \subset$ co $(M_1 \cup M_2)$. Zusammen mit der oben gezeigten Inklusion liefert das die Aussage (3.8) des Satzes. □

Bemerkung 3.2. Die im Beweis von Satz 3.7 definierte Menge $\tilde{M}$ ist nach Definition 3.2 die Vereinigung aller Konvexkombinationen der Mengen M_1 und M_2, d. h. die Vereinigung aller Mengen $\nu_1 M_1 + \nu_2 M_2$ mit $\nu_1 \geqq 0$, $\nu_2 \geqq 0$, $\nu_1 + \nu_2 = 1$. Es gilt daher

$$\{\boldsymbol{x} \in \mathbb{E}_n \mid \boldsymbol{x} = \nu_1 \boldsymbol{x}_1 + \nu_2 \boldsymbol{x}_2, \boldsymbol{x}_1 \in M_1, \boldsymbol{x}_2 \in M_2, \nu_1 \geqq 0, \nu_2 \geqq 0, \nu_1 + \nu_2 = 1\}$$
$$= \bigcup_{\substack{\nu_1+\nu_2=1 \\ \nu_1 \geqq 0, \nu_2 \geqq 0}} (\nu_1 M_1 + \nu_2 M_2).$$

Nach Satz 3.7 gilt daher für nichtleere konvexe Mengen M_1 und M_2 aus $\mathbb{E}_n$ die Gleichheit

$$\text{co}\,(M_1 \cup M_2) = \bigcup_{\substack{\nu_1+\nu_2=1 \\ \nu_1 \geqq 0, \nu_2 \geqq 0}} (\nu_1 M_1 + \nu_2 M_2).$$

Beispiel 3.1. Für nichtkonvexe Mengen braucht die Gleichheit (3.8) nicht zu gelten. Das zeigt das folgende Beispiel.

Es seien $\boldsymbol{x}_1, \boldsymbol{x}_2, \boldsymbol{x}_3$ linear unabhängige Punkte in $\mathbb{E}_2$ (Abb. 3.1a)). Weiter sei $M_1 := \{\boldsymbol{x}_1, \boldsymbol{x}_2\}$, $M_2 := \{\boldsymbol{x}_3\}$. Die Menge M_1 ist also nicht konvex. Die Menge

$$\tilde{M} := \{\boldsymbol{x} \in \mathbb{E}_2 \mid \boldsymbol{x} = \lambda_1 \boldsymbol{y}_1 + \lambda_2 \boldsymbol{y}_2, \boldsymbol{y}_1 \in M_1, \boldsymbol{y}_2 \in M_2,$$
$$\lambda_1 \geqq 0, \lambda_2 \geqq 0, \lambda_1 + \lambda_2 = 1\}$$

ist die Vereinigung von zwei abgeschlossenen Seiten (Abb. 3.1b)) des durch die Eckpunkte $\boldsymbol{x}_1, \boldsymbol{x}_2, \boldsymbol{x}_3$ bestimmten abgeschlossenen Simplexes; die Menge co $(M_1 \cup M_2)$ ist dagegen das gesamte Simplex (Abb. 3.1c)).

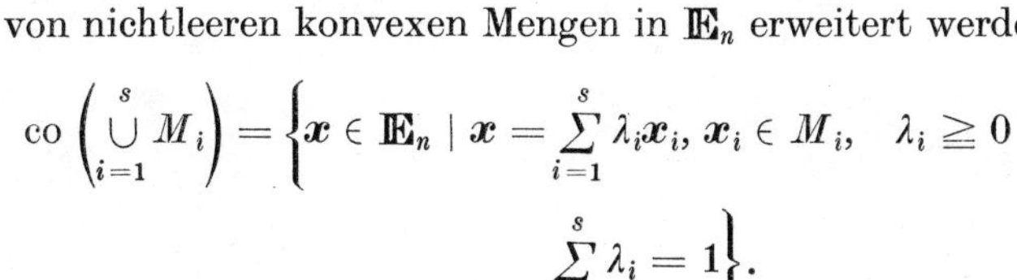

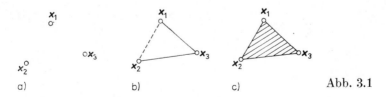

Abb. 3.1

Bemerkung 3.3. Die Aussage des Satzes 3.7 kann auf ein endliches System $M_1, \ldots, M_s$ ($s \geqq 2$) von nichtleeren konvexen Mengen in $\mathbb{E}_n$ erweitert werden:

$$\text{co}\left(\bigcup_{i=1}^{s} M_i\right) = \left\{\boldsymbol{x} \in \mathbb{E}_n \mid \boldsymbol{x} = \sum_{i=1}^{s} \lambda_i \boldsymbol{x}_i, \boldsymbol{x}_i \in M_i, \quad \lambda_i \geqq 0 \quad (i = 1, \ldots, s), \right.$$
$$\left. \sum_{i=1}^{s} \lambda_i = 1 \right\}.$$

Diese Gleichheit läßt sich mit der Methode der vollständigen Induktion beweisen.

Satz 3.8. *Für zwei Mengen M_1 und M_2 in $\mathbb{E}_n$ mit $M_1 \subset M_2$ gilt* $\operatorname{co} M_1 \subset \operatorname{co} M_2$. *Falls die Menge M_2 außerdem konvex ist, so gilt* $\operatorname{co} M_1 \subset M_2$.

Beweis. Offensichtlich gilt die Aussage im Fall $M_1 = \emptyset$. Falls $M_1 \neq \emptyset$ ist, so ist auch $\operatorname{co} M_1 \neq \emptyset$, und jeder Punkt $\boldsymbol{x} \in \operatorname{co} M_1$ läßt sich als eine Konvexkombination endlich vieler Punkte der Menge M_1 darstellen. Diese Punkte liegen nach Voraussetzung auch in der Menge M_2. Damit gehört der Punkt $\boldsymbol{x}$ auch zur Menge $\operatorname{co} M_2$, woraus man die Inklusion $\operatorname{co} M_1 \subset \operatorname{co} M_2$ erhält. Hieraus folgt unmittelbar auch die zweite Aussage des Satzes, denn im Fall einer konvexen Menge M_2 gilt nach Satz 3.3 $\operatorname{co} M_2 = M_2$. □

Bemerkung 3.4. Aus den Sätzen 3.8 und 3.3 folgt, daß die konvexe Hülle $\operatorname{co} M$ einer Menge M in $\mathbb{E}_n$ Teilmenge aller die Menge M umfassenden konvexen Mengen ist.

Satz 3.9. *Es sei M eine nichtleere kompakte Menge in $\mathbb{E}_n$. Dann ist auch die Menge $\operatorname{co} M$ kompakt.*

Beweis. Es sei $\mathbb{E}_{n+1}$ ein euklidischer Raum mit den kartesischen Koordinaten $\lambda_1, \ldots, \lambda_{n+1}$; weiter sei $\mathbb{E}_{n(n+1)}$ das $(n+1)$-fache kartesische Produkt des Raumes $\mathbb{E}_n$, d. h.

$$\mathbb{E}_{n(n+1)} = \underbrace{\mathbb{E}_n \times \cdots \times \mathbb{E}_n}_{(n+1)\text{-fach}}.$$

In $\mathbb{E}_{n+1}$ definieren wir die Menge

$$\Lambda := \left\{\lambda \in \mathbb{E}_{n+1} \mid \lambda_i \geqq 0 \quad (i = 1, \ldots, n+1), \quad \sum_{i=1}^{n+1} \lambda_i = 1\right\}.$$

Da nach Voraussetzung die Menge M abgeschlossen und beschränkt in $\mathbb{E}_n$ ist, folgt, daß die Menge

$$\tilde{M} := \underbrace{M \times \cdots \times M}_{(n+1)\text{-fach}} \times \Lambda$$

kompakt im Raum $\mathbb{E}_{n(n+1)} \times \mathbb{E}_{n+1}$ ist.

Nach Satz 3.2 läßt sich jeder Punkt $\boldsymbol{x} \in \operatorname{co} M$ als Konvexkombination von $n+1$ Punkten der Menge M darstellen, d. h.

$$\boldsymbol{x} = \sum_{i=1}^{n+1} \lambda_i \boldsymbol{x}_i, \qquad \boldsymbol{\lambda} \in \Lambda, \qquad \boldsymbol{x}_i \in M \qquad (i = 1, \ldots, n+1).$$

Hieraus folgt, daß die Menge $\operatorname{co} M$ eine stetige Abbildung der kompakten Menge $\tilde{M} \subset \mathbb{E}_{n(n+1)} \times \mathbb{E}_{n+1}$ in den Raum $\mathbb{E}_n$ ist. Sie ist daher eine kompakte Menge in $\mathbb{E}_n$. □

Bemerkung 3.5. Falls M eine unbeschränkte abgeschlossene Menge in $\mathbb{E}_n$ ist, so braucht ihre konvexe Hülle $\operatorname{co} M$ nicht abgeschlossen zu sein. Das zeigt bereits das Beispiel einer Menge in $\mathbb{E}_2$, die die Vereinigung einer Geraden und eines nicht auf dieser Geraden liegenden Punktes ist.

Satz 3.10. *Es seien M_1 und M_2 konvexe Mengen in $\mathbb{E}_n$ mit*

$$\operatorname{co}(M_1 \cup M_2) = \mathbb{E}_n. \tag{3.9a}$$

Dann gilt auch

$$\operatorname{co}(\operatorname{rel\,int} M_1 \cup \operatorname{rel\,int} M_2) = \mathbb{E}_n. \tag{3.9b}$$

Beweis. Nach Satz 3.1 ist die Menge

$$M := \operatorname{co}(\operatorname{rel\,int} M_1 \cup \operatorname{rel\,int} M_2)$$

konvex, und es gilt

$$\operatorname{rel\,int} M_1 \cup \operatorname{rel\,int} M_2 \subset M.$$

Das Symbol $\mathcal{L}_M$ möge die lineare Hülle der Menge M bezeichnen. Offensichtlich gilt dann

$$M_i \subset \overline{M} \subset \mathcal{L}_M \qquad (i = 1, 2).$$

Hieraus folgt $M_1 \cup M_2 \subset \mathcal{L}_M$, und daher ist auch $\operatorname{co}(M_1 \cup M_2) \subset \mathcal{L}_M$. Aus dieser Inklusion erhält man unter Beachtung der Voraussetzung (3.9a) die Gleichheit $\mathcal{L}_M = \mathbb{E}_n$.

Es sei nun $\boldsymbol{x}$ ein beliebiger Punkt der Menge $\operatorname{co}(M_1 \cup M_2)$, nach Voraussetzung (3.9a) also ein beliebiger Punkt in $\mathbb{E}_n$. Nach Satz 3.7 existieren dann nichtnegative Zahlen λ_1, λ_2 mit $\lambda_1 + \lambda_2 = 1$ und Punkte $\boldsymbol{x}_1 \in M_1$, $\boldsymbol{x}_2 \in M_2$, so daß $\boldsymbol{x} = \lambda_1\boldsymbol{x}_1 + \lambda_2\boldsymbol{x}_2$ ist. Wegen $M_i \subset \overline{M}$ und $\boldsymbol{x}_i \in M_i$ folgt $\boldsymbol{x}_i \in \overline{M}$ $(i = 1, 2)$, und daher gehört der Punkt $\boldsymbol{x}$ zu der nach Satz 2.3 konvexen Abschließung $\overline{M}$ der Menge M. Da $\boldsymbol{x}$ ein beliebiger Punkt in $\mathbb{E}_n$ war, gilt also $\mathbb{E}_n \subset \overline{M}$ und damit $\mathbb{E}_n = \overline{M}$. Dann ist aber auch $\operatorname{rel\,int} \overline{M} = \mathbb{E}_n$, und wegen $M \supset \operatorname{rel\,int} M$ folgt $M = \mathbb{E}_n$, womit die Aussage (3.9b) des Satzes gezeigt ist. □

4. Konvexe Kegel und Polarkegel

In der konvexen Analysis und in der Theorie der konvexen Optimierung kommt den konvexen Kegeln eine grundlegende Bedeutung zu. Wir werden uns in den nächsten Kapiteln mit verschiedenen, konvexen Mengen zugeordneten Typen konvexer Kegel beschäftigen. Das vorliegende Kapitel enthält Definitionen und allgemeine Eigenschaften konvexer Kegel und der ihnen zugehörigen Polarkegel.

Definition 4.1. Eine Menge K in $\mathbb{E}_n$ heißt *Kegel,* wenn es einen Punkt $\boldsymbol{x}_0 \in K$ gibt, so daß für alle Punkte $\boldsymbol{x} \in K$ und für alle nichtnegativen Zahlen t auch die Punkte $\boldsymbol{x}_0 + t(\boldsymbol{x} - \boldsymbol{x}_0)$ der Menge K angehören. Ein Punkt $\boldsymbol{x}_0 \in K$ mit den angegebenen Eigenschaften heißt *Scheitelpunkt* (oder Scheitel) des Kegels K; die Gesamtheit L^K aller Scheitelpunkte des Kegels K nennt man *Scheitelmenge* von K. Falls ein Kegel eine konvexe Menge ist, so spricht man von einem *konvexen Kegel.* Ein Kegel, der ein konvexes Polyeder ist, heißt *polyedrischer Kegel.*

Bemerkung 4.1. Jeder lineare Unterraum des Raumes $\mathbb{E}_n$ (einschließlich des Raumes $\mathbb{E}_n$) ist ein konvexer Kegel; zur Scheitelmenge dieses Kegels gehören offenbar alle Punkte des betreffenden linearen Unterraumes.

Falls ein konvexer Kegel K kein linearer Unterraum ist, so enthält seine Scheitelmenge L^K nur Randpunkte von K, d. h.

$$\operatorname{rel\,int} K \cap L^K = \emptyset .$$

Satz 4.1. *Es sei K ein Kegel in $\mathbb{E}_n$ mit einem Scheitel x_0. Dann ist auch seine Abschließung $\overline{K}$ ein Kegel mit einem Scheitel $\boldsymbol{x}_0$, und die Scheitelmenge L^K von K ist ein linearer Unterraum.*

Beweis. Wegen $K \subset \overline{K}$ liegt $\boldsymbol{x}_0$ in $\overline{K}$. Im Fall $K = \overline{K}$ ist $\overline{K}$ nach Voraussetzung ein Kegel mit einem Scheitel $\boldsymbol{x}_0$. Es sei nun $\hat{\boldsymbol{x}}$ ein beliebiger Punkt aus $\overline{K}$ mit $\hat{\boldsymbol{x}} \neq \boldsymbol{x}_0$. Dann existiert eine Punktfolge $\{\boldsymbol{x}_k\}_{k=1}^{\infty}$ mit $\boldsymbol{x}_k \in K$ und $\boldsymbol{x}_k \neq \boldsymbol{x}_0$ $(k = 1, 2, \ldots)$, für die $\lim_{k\to\infty} \boldsymbol{x}_k = \hat{\boldsymbol{x}}$ gilt. Nach Definition 4.1 gehören die Halbgeraden $p_k = p\,(\boldsymbol{x}_0; \boldsymbol{x}_k - \boldsymbol{x}_0)$ dem Kegel K an $(k = 1, 2, \ldots)$. Falls $\boldsymbol{y}$ ein beliebiger Punkt der Halbgeraden $\hat{p} = p(\boldsymbol{x}_0, \hat{\boldsymbol{x}} - \boldsymbol{x}_0)$ und $U(\boldsymbol{y}; \varepsilon)$ eine ε-Umgebung des Punktes $\boldsymbol{y}$ ist, so gibt es zu jedem $\varepsilon > 0$ einen Index k_ε, so daß $U(\boldsymbol{y}; \varepsilon) \cap p_{k_\varepsilon} \neq \emptyset$ ist. Da die Halbgeraden p_{k_ε} in dem Kegel K liegen, ist $\boldsymbol{y}$ ein Häufungspunkt des Kegels K, d. h. $\boldsymbol{y} \in \overline{K}$. Nach Definition 4.1 ist die Abschließung $\overline{K}$ des Kegels K also ebenfalls ein Kegel mit einem Scheitel $\boldsymbol{x}_0$.

Falls die Scheitelmenge L^K eines Kegels K einelementig ist, so ist sie nach Definition ein linearer Unterraum. Andernfalls mögen $\boldsymbol{x}_1, \boldsymbol{x}_2$ zwei voneinander verschiedene Punkte aus der Menge L^K sein. Nach Definition 4.1 liegen im Kegel K dann alle Punkte $\boldsymbol{x}_1 + t(\boldsymbol{x}_2 - \boldsymbol{x}_1)$ und $\boldsymbol{x}_2 + t(\boldsymbol{x}_1 - \boldsymbol{x}_2)$ mit $t \geqq 0$, d. h., zu dem Kegel K gehört die durch die Punkte $\boldsymbol{x}_1, \boldsymbol{x}_2$ verlaufende Gerade g. Im Fall $K = g$ ist nach Bemerkung 4.1 jeder Punkt des Kegels ein Scheitel, und die Aussage ist gezeigt. Andernfalls sei $\boldsymbol{x}^*$ ein beliebiger Punkt der Menge $K \setminus g$. Durch die Gerade g und den Punkt $\boldsymbol{x}^*$ ist dann eindeutig eine Ebene in $\mathbb{E}_n$ bestimmt. In dieser Ebene sei H die durch die Gerade g begrenzte und den Punkt $\boldsymbol{x}^*$ enthaltende offene Halbebene. Sie gehört zum Kegel K, denn in ihr liegen die in K enthaltenen offenen Halbgeraden $p_1{}^* = p(\boldsymbol{x}_1; \boldsymbol{x}^* - \boldsymbol{x}_1)$ und $p_2{}^* = p(\boldsymbol{x}_2; \boldsymbol{x}^* - \boldsymbol{x}_2)$, und es schneidet — falls $\hat{\boldsymbol{x}}$ ein beliebiger Punkt aus H ist — wenigstens eine der offenen Halbgeraden $\hat{p}_1 = p(\boldsymbol{x}_1; \hat{\boldsymbol{x}} - \boldsymbol{x}_1)$ oder $\hat{p}_2 = p(\boldsymbol{x}_2, \hat{\boldsymbol{x}} - \boldsymbol{x}_2)$ entweder die offene Halbgerade $p_1{}^*$ oder die offene Halbgerade $p_2{}^*$; also ist

$$(\hat{p}_1 \cup \hat{p}_2) \cap (p_1{}^* \cup p_2{}^*) \neq \emptyset,$$

d. h., wenigstens eine der beiden offenen Halbgeraden $\hat{p}_1$ oder $\hat{p}_2$ enthält einen Punkt aus K, woraus dann $\hat{\boldsymbol{x}} \in K$ folgt. Also gehört jede von einem beliebigen Punkt der Geraden g und den Punkt $\boldsymbol{x}^*$ enthaltende Halbgerade dem Kegel K an. Da $\boldsymbol{x}^*$ ein beliebiger Punkt der Menge $K \setminus g$ ist und $g \subset K$ gilt, ist jeder Punkt der Geraden g ein Scheitel von K. Die Scheitelmenge L^K enthält also mit zwei voneinander verschiedenen Punkten auch die durch sie bestimmte Gerade, sie ist daher ein linearer Unterraum. □

Satz 4.2. *Es seien K_1 und K_2 konvexe Kegel in $\mathbb{E}_n$ mit einem gemeinsamen Scheitel $\boldsymbol{x}_0$. Dann ist ihr Durchschnitt $K_1 \cap K_2$ ebenfalls ein konvexer Kegel in $\mathbb{E}_n$ mit einem Scheitel $\boldsymbol{x}_0$.*

Beweis. Nach Satz 2.2 ist die Menge $K_1 \cap K_2$ konvex. Sie enthält den Punkt $\boldsymbol{x}_0$. Falls $\boldsymbol{x}$ ein beliebiger Punkt aus $K_1 \cap K_2$ ist, so gehören nach Definition 4.1 die Punkte $\boldsymbol{x}_0 + t(\boldsymbol{x} - \boldsymbol{x}_0)$ für $t \geqq 0$ sowohl zu K_1 als auch zu K_2. Sie liegen daher auch im Durchschnitt $K_1 \cap K_2$. Hieraus folgt nach Definition 4.1 die Aussage des Satzes. □

Satz 4.3. *Es sei K ein d-dimensionaler konvexer Kegel in $\mathbb{E}_n$ mit einem Scheitel $\boldsymbol{x}_0$; seine Scheitelmenge L^K möge die Dimension $d' \geqq 1$ haben. Weiter sei $L_{n-d'}(\boldsymbol{x}_0)$ ein zum linearen Unterraum L^K affin-dualer linearer Unterraum, der den Punkt $\boldsymbol{x}_0$ enthält. Dann ist die Menge $K \cap L_{n-d'}(\boldsymbol{x}_0)$ ein $(d - d')$-dimensionaler konvexer Kegel, dessen einziger Scheitel der Punkt $\boldsymbol{x}_0$ ist.*

Beweis. Nach Satz 4.2 ist die Menge $K \cap L_{n-d'}(\boldsymbol{x}_0)$ ein konvexer Kegel mit einem Scheitel $\boldsymbol{x}_0$.

Falls der Kegel K mit seiner Scheitelmenge L^K zusammenfällt, d. h., falls $K = L^K$ ist, so enthält der Durchschnitt $K \cap L_{n-d'}(\boldsymbol{x}_0)$ nur den Punkt $\boldsymbol{x}_0$, und die Aussagen des Satzes sind gezeigt.

Es sei nun $d' < \dim K = d$. Dann gilt (vgl. Bemerkung 4.1)

$$L^K \cap \operatorname{rel\,int} K = \emptyset. \tag{4.1}$$

Durch einen beliebigen Punkt $\boldsymbol{x}^*$ aus rel int K legen wir einen zu L^K parallelen, d'-dimensionalen linearen Unterraum $L^K(\boldsymbol{x}^*)$; nach Satz 2.13 gilt dann $L^K(\boldsymbol{x}^*) \subset \operatorname{rel\,int} K$. Daher liegt der einelementige Durchschnitt von $L^K(\boldsymbol{x}^*)$ und des zu ihm affin-dualen Unterraumes $L_{n-d'}(\boldsymbol{x}_0)$ in rel int K; d. h., der Durchschnitt der konvexen Mengen rel int $L_{n-d'}(\boldsymbol{x}_0)$ und rel int K ist nichtleer. Nach Satz 2.11 gilt dann

$$\operatorname{rel\,int} L_{n-d'}(\boldsymbol{x}_0) \cap \operatorname{rel\,int} K = \operatorname{rel\,int} \big(L_{n-d'}(\boldsymbol{x}_0) \cap K\big).$$

Wenn wir mit L_d die lineare Hülle des Kegels K bezeichnen, so ist

$$\dim\left(L_{n-d'}(\boldsymbol{x}_0) \cap K\right) = \dim\left(L_{n-d'}(\boldsymbol{x}_0) \cap L_d\right). \tag{4.2}$$

Nun ist im linearen Unterraum L_d der lineare Unterraum $L_{n-d'}(\boldsymbol{x}_0) \cap L_d$ zu dem linearen Unterraum L^K affin-dual. Wegen $L^K \subset L_d$ hat also der Durchschnitt $L_{n-d'}(\boldsymbol{x}_0) \cap L_d$ die Dimension $d - d'$, woraus mit der Dimensionsgleichung (4.2) folgt, daß auch der Kegel $L_{n-d'}(\boldsymbol{x}_0) \cap K$ die Dimension $d - d'$ hat.

Es bleibt zu zeigen, daß $\boldsymbol{x}_0$ der einzige Scheitel des konvexen Kegels $K \cap L_{n-d'}(\boldsymbol{x}_0)$ ist. Dazu nehmen wir an, daß $\boldsymbol{x}_0'$ ein weiterer Scheitel dieses Kegels sei, $\boldsymbol{x}_0 \neq \boldsymbol{x}_0'$. Dann gehört nach Satz 4.1 die durch die Punkte $\boldsymbol{x}_0$ und $\boldsymbol{x}_0'$ bestimmte Gerade g zur Scheitelmenge des Kegels $K \cap L_{n-d'}(\boldsymbol{x}_0)$; insbesondere liegt die Gerade im Kegel K. Im Fall $K = g$ sind alle Punkte der Geraden g Scheitelpunkte des Kegels K. Andernfalls sei $\hat{\boldsymbol{x}}$ ein beliebiger Punkt aus $K \setminus g$; dann bestimmen die Gerade g und der Punkt $\hat{\boldsymbol{x}}$ eine Ebene $\mathbb{E}_2$ in $\mathbb{E}_n$. Wegen $g \subset K$, $\boldsymbol{x}_0 \in L^K \cap g$ und aufgrund der Konvexität des Kegels K folgt, daß die von der Geraden g begrenzte und den Punkt $\hat{\boldsymbol{x}}$ enthaltende Halbebene von $\mathbb{E}_2$ zum Kegel K gehört. Folglich liegt auch in diesem Fall die Gerade g in der Scheitelmenge L^K. Die Punkte $\boldsymbol{x}_0$ und $\boldsymbol{x}_0'$ müssen daher der Menge $L^K \cap L_{n-d'}(\boldsymbol{x}_0)$ angehören. Da dieser Durchschnitt aber einelementig ist, muß die Annahme $\boldsymbol{x}_0 \neq \boldsymbol{x}_0'$ verworfen werden; der Punkt $\boldsymbol{x}_0$ ist der einzige Scheitel des konvexen Kegels $K \cap L_{n-d'}(\boldsymbol{x}_0)$. □

Satz 4.4. *Es sei K ein konvexer Kegel in $\mathbb{E}_n$ mit einem Scheitel $\boldsymbol{x}_0$; weiter sei*

$$K^{\mathrm{p}}(\boldsymbol{x}_0) = \{\boldsymbol{x} \in \mathbb{E}_n \mid (\boldsymbol{x} - \boldsymbol{x}_0, \boldsymbol{y} - \boldsymbol{x}_0) \leqq 0,\ \boldsymbol{y} \in K\}. \tag{4.3}$$

Dann gilt

(a) $K^{\mathrm{p}}(\boldsymbol{x}_0) \cap K = \{\boldsymbol{x}_0\}$;

(b) $\bar{K}^{\mathrm{p}}(\boldsymbol{x}_0) = K^{\mathrm{p}}(\boldsymbol{x}_0)$;

(c) *die Menge $K^{\mathrm{p}}(\boldsymbol{x}_0)$ ist ein konvexer Kegel mit einem Scheitel $\boldsymbol{x}_0$.*

Beweis. Aus (4.3) folgt $\boldsymbol{x}_0 \in K^{\mathrm{p}}(\boldsymbol{x}_0)$. Daher ist $K \cap K^{\mathrm{p}}(\boldsymbol{x}_0) \neq \emptyset$. Falls $\boldsymbol{x}_1$ ein Punkt der Menge $K \cap K^{\mathrm{p}}(\boldsymbol{x}_0)$ mit $\boldsymbol{x}_1 \neq \boldsymbol{x}_0$ wäre, so würde aus (4.3) folgen, daß $(\boldsymbol{x}_1 - \boldsymbol{x}_0, \boldsymbol{x}_1 - \boldsymbol{x}_0) = \|\boldsymbol{x}_1 - \boldsymbol{x}_0\|^2 \leqq 0$ ist. Das ist wegen $\boldsymbol{x}_1 \neq \boldsymbol{x}_0$ aber nicht möglich. Also gilt die Aussage (a).

Es sei nun $\boldsymbol{y}$ ein Punkt der Menge K. Dann ist die Menge $\{\boldsymbol{x} \in \mathbb{E}_n \mid (\boldsymbol{x} - \boldsymbol{x}_0, \boldsymbol{y} - \boldsymbol{x}_0) \leqq 0\}$ entweder der Raum $\mathbb{E}_n$ (im Fall $\boldsymbol{y} = \boldsymbol{x}_0$) oder ein abgeschlossener Halbraum in $\mathbb{E}_n$. Im Fall $K = \{\boldsymbol{x}_0\}$ fällt die Menge $K^{\mathrm{p}}(\boldsymbol{x}_0)$ mit dem Raum $\mathbb{E}_n$ zusammen, sie ist somit konvex und abgeschlossen. Andernfalls ist die Menge $K^{\mathrm{p}}(\boldsymbol{x}_0)$ als nichtleerer Durchschnitt abgeschlossener Halbräume in $\mathbb{E}_n$ eine abgeschlossene und nach Satz 2.2 konvexe Menge in $\mathbb{E}_n$. Damit gilt Aussage (b).

Um zu zeigen, daß die Menge $K^{\mathrm{p}}(\boldsymbol{x}_0)$ ein konvexer Kegel in $\mathbb{E}_n$ mit einem Scheitel $\boldsymbol{x}_0$ ist, wählen wir einen beliebigen Punkt $\boldsymbol{x}' \in K^{\mathrm{p}}(\boldsymbol{x}_0)$. Für ihn gilt $(\boldsymbol{x}' - \boldsymbol{x}_0, \boldsymbol{y} - \boldsymbol{x}_0) \leqq 0$ für alle $\boldsymbol{y} \in K$. Hieraus folgt für die Punkte $\boldsymbol{x} = \boldsymbol{x}_0 + t(\boldsymbol{x}' - \boldsymbol{x}_0)$ mit $t \geqq 0$, daß

$$(\boldsymbol{x} - \boldsymbol{x}_0, \boldsymbol{y} - \boldsymbol{x}_0) = t(\boldsymbol{x}' - \boldsymbol{x}_0, \boldsymbol{y} - \boldsymbol{x}_0) \leqq 0$$

für alle $\boldsymbol{y} \in K$ ist. Diese Punkte liegen also in der konvexen Menge $K^{\mathrm{p}}(\boldsymbol{x}_0)$. Nach Definition (4.1) folgt daraus die Aussage (c). □

Definition 4.2. Es sei K ein konvexer Kegel in $\mathbb{E}_n$ mit einem Scheitel $\boldsymbol{x}_0$. Dann heißt die unter (4.3) angegebene Menge $K^p(\boldsymbol{x}_0)$ *Polarkegel* zum Kegel K im Punkt $\boldsymbol{x}_0$.

Bemerkung 4.2. Im Fall $K = \{\boldsymbol{x}_0\}$ ist $K^p(\boldsymbol{x}_0) = \mathbb{E}_n$. Andererseits folgt aus $K^p(\boldsymbol{x}_0) = \mathbb{E}_n$, daß der Kegel K nur den Punkt $\boldsymbol{x}_0$ enthält (aus $\boldsymbol{x}_1 \in K$ und $\boldsymbol{x}_1 \neq \boldsymbol{x}_0$ würde nämlich nach (4.3) folgen, daß der Kegel $K^p(\boldsymbol{x}_0)$ in dem Halbraum $\{\boldsymbol{x} \in \mathbb{E}_n \mid (\boldsymbol{x} - \boldsymbol{x}_0, \boldsymbol{x}_1 - \boldsymbol{x}_0) \leqq 0\}$ liegt). Also gilt $K^p(\boldsymbol{x}_0) = \mathbb{E}_n \Leftrightarrow K = \{\boldsymbol{x}_0\}$.

Satz 4.5. *Es seien K ein konvexer Kegel in $\mathbb{E}_n$ mit einem Scheitel $\boldsymbol{x}_0$ und $K^p(\boldsymbol{x}_0)$ sein Polarkegel im Punkt $\boldsymbol{x}_0$. Weiter sei $K^{pp}(\boldsymbol{x}_0)$ der Polarkegel zum Kegel $K^p(\boldsymbol{x}_0)$ im Scheitel $\boldsymbol{x}_0$. Dann gilt*

$$K^{pp}(\boldsymbol{x}_0) = \bar{K}. \tag{4.4}$$

Beweis. Nach (4.3) ist

$$K^{pp}(\boldsymbol{x}_0) = \{\boldsymbol{z} \in \mathbb{E}_n \mid (\boldsymbol{z} - \boldsymbol{x}_0, \boldsymbol{x} - \boldsymbol{x}_0) \leqq 0, \boldsymbol{x} \in K^p(\boldsymbol{x}_0)\}. \tag{4.5}$$

Für einen beliebigen Punkt $\tilde{\boldsymbol{y}} \in K$ und für alle Punkte $\boldsymbol{x} \in K^p(\boldsymbol{x}_0)$ gilt, daß $(\boldsymbol{x} - \boldsymbol{x}_0, \tilde{\boldsymbol{y}} - \boldsymbol{x}_0) \leqq 0$ ist. Das bedeutet jedoch $\tilde{\boldsymbol{y}} \in K^{pp}(\boldsymbol{x}_0)$. Also ist $K \subset K^{pp}(\boldsymbol{x}_0)$. Da nach Satz 4.4 ein Polarkegel eine abgeschlossene Menge ist, folgt daraus

$$\bar{K} \subset K^{pp}(\boldsymbol{x}_0). \tag{4.6}$$

Wir nehmen nun an, daß es einen Punkt $\boldsymbol{x}_1$ aus $K^{pp}(\boldsymbol{x}_0)$ gibt, der nicht in $\bar{K}$ liegt. Der Punkt $\boldsymbol{x}_1$ hat dann einen positiven Abstand ϱ von der Menge $\bar{K}$, und es gibt einen Punkt $\boldsymbol{y}^* \in \bar{K}$, so daß $\varrho := \varrho(\boldsymbol{x}_1, \bar{K}) = \varrho(\boldsymbol{x}_1, \boldsymbol{y}^*)$ gilt. Wir betrachten nun die Hyperkugel

$$Q := \{\boldsymbol{x} \in \mathbb{E}_n \mid (\boldsymbol{x} - \boldsymbol{x}_1, \boldsymbol{x} - \boldsymbol{x}_1) \leqq \varrho^2\}$$

und die sie berandende Hypersphäre

$$\partial Q := \{\boldsymbol{x} \in \mathbb{E}_n \mid (\boldsymbol{x} - \boldsymbol{x}_1, \boldsymbol{x} - \boldsymbol{x}_1) = \varrho^2\}.$$

Dann ist

$$R := \{\boldsymbol{x} \in \mathbb{E}_n \mid (\boldsymbol{x} - \boldsymbol{y}^*, \boldsymbol{x}_1 - \boldsymbol{y}^*) = 0\}$$

eine Tangentialhyperebene an die Hyperfläche ∂Q im Punkt $\boldsymbol{y}^*$. Weiter seien

$$\bar{H}^+ := \{\boldsymbol{x} \in \mathbb{E}_n \mid (\boldsymbol{x} - \boldsymbol{y}^*, \boldsymbol{x}_1 - \boldsymbol{y}^*) \geqq 0\}$$

und

$$\bar{H}^- := \{\boldsymbol{x} \in \mathbb{E}_n \mid (\boldsymbol{x} - \boldsymbol{y}^*, \boldsymbol{x}_1 - \boldsymbol{y}^*) \leqq 0\}$$

die zu der Hyperebene R gehörenden abgeschlossenen Halbräume in $\mathbb{E}_n$. Nach Konstruktion gilt $Q \subset \bar{H}^+$; wegen $\varrho(\boldsymbol{y}^*, \boldsymbol{x}_1) \leqq \varrho(\boldsymbol{y}, \boldsymbol{x}_1)$ für alle $\boldsymbol{y} \in \bar{K}$ und aufgrund der Konvexität des Kegels $\bar{K}$ folgt (Abb. 4.1), daß $\bar{K} \subset \bar{H}^-$ ist. Das bedeutet

$$(\boldsymbol{y} - \boldsymbol{y}^*, \boldsymbol{x}_1 - \boldsymbol{y}^*) \leqq 0, \qquad \boldsymbol{y} \in \bar{K}. \tag{4.7}$$

Der Scheitel $\boldsymbol{x}_0$ des Kegels K liegt in der Hyperebene R, denn aus $(\boldsymbol{x}_0 - \boldsymbol{y}^*, \boldsymbol{x}_1 - \boldsymbol{y}^*) < 0$ würde folgen, daß die zum Kegel $\bar{K}$ gehörende Halbgerade $\bar{p}(\boldsymbol{x}_0, \boldsymbol{y}^* - \boldsymbol{x}_0)$ innere Punkte des Halbraumes $\bar{H}^+$ enthielte, was (4.7) widerspricht. Also gilt

$$(\boldsymbol{x}_0 - \boldsymbol{y}^*, \boldsymbol{x}_1 - \boldsymbol{y}^*) = 0. \tag{4.8}$$

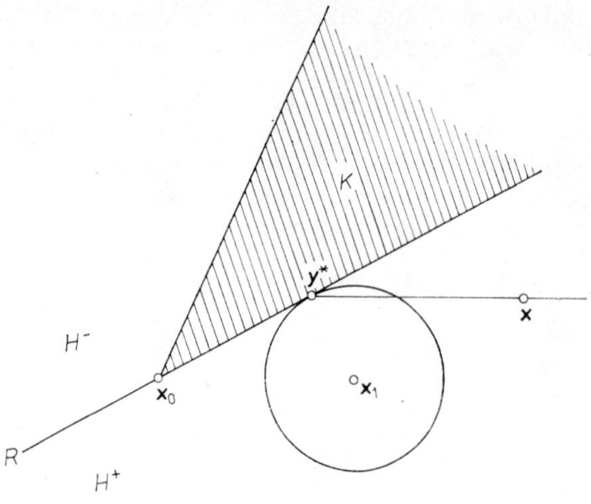

Abb. 4.1

Wir betrachten nun die Halbgerade $\overline{p}(\boldsymbol{x}_0, \boldsymbol{x}_1 - \boldsymbol{y}^*)$. Für ihre Punkte $\boldsymbol{x} = \boldsymbol{x}_0 + t(\boldsymbol{x}_1 - \boldsymbol{y}^*)$ mit $t \geqq 0$ und für jeden Punkt $\boldsymbol{y} \in \overline{K}$ gilt nach (4.7) und (4.8)

$$(\boldsymbol{x} - \boldsymbol{x}_0, \boldsymbol{y} - \boldsymbol{x}_0) = t(\boldsymbol{x}_1 - \boldsymbol{y}^*, \boldsymbol{y} - \boldsymbol{x}_0) = t(\boldsymbol{x}_1 - \boldsymbol{y}^*, \boldsymbol{y} - \boldsymbol{y}^* + \boldsymbol{y}^* - \boldsymbol{x}_0)$$

$$= t(\boldsymbol{x}_1 - \boldsymbol{y}^*, \boldsymbol{y} - \boldsymbol{y}^*) + t(\boldsymbol{x}_1 - \boldsymbol{y}^*, \boldsymbol{y}^* - \boldsymbol{x}_0) \leqq 0,$$

woraus nach (4.3) folgt, daß

$$\overline{p}(\boldsymbol{x}_0, \boldsymbol{x}_1 - \boldsymbol{y}^*) \subset K^{\mathrm{p}}(\boldsymbol{x}_0) \tag{4.9}$$

ist. Da nach Annahme $\boldsymbol{x}_1 \in K^{\mathrm{pp}}(\boldsymbol{x}_0)$ ist, so folgt aus (4.5) und (4.9)

$$(\boldsymbol{x}_1 - \boldsymbol{x}_0, \boldsymbol{x} - \boldsymbol{x}_0) \leqq 0, \qquad \boldsymbol{x} \in \overline{p}(\boldsymbol{x}_0, \boldsymbol{x}_1 - \boldsymbol{y}^*). \tag{4.10}$$

Andererseits gilt für die Punkte $\boldsymbol{x}$ der Halbgeraden $p(\boldsymbol{x}_0, \boldsymbol{x}_1 - \boldsymbol{y}^*)$ wegen (4.8) (und wegen $\varrho(\boldsymbol{x}_1, \boldsymbol{y}^*) > 0$)

$$(\boldsymbol{x}_1 - \boldsymbol{x}_0, \boldsymbol{x} - \boldsymbol{x}_0) = t(\boldsymbol{x}_1 - \boldsymbol{x}_0, \boldsymbol{x}_1 - \boldsymbol{y}^*) = t(\boldsymbol{x}_1 - \boldsymbol{y}^* + \boldsymbol{y}^* - \boldsymbol{x}_0, \boldsymbol{x}_1 - \boldsymbol{y}^*)$$

$$= t\,\|\boldsymbol{x}_1 - \boldsymbol{y}^*\|^2 + t(\boldsymbol{y}^* - \boldsymbol{x}_0, \boldsymbol{x}_1 - \boldsymbol{y}^*) > 0.$$

Das widerspricht jedoch (4.10). Es kann also keinen Punkt aus $K^{\mathrm{pp}}(\boldsymbol{x}_0)$ geben, der nicht im Kegel $\overline{K}$ liegt. Daher gilt $K^{\mathrm{pp}}(\boldsymbol{x}_0) \subset \overline{K}$. Das liefert zusammen mit (4.6) die Aussage (4.4) des Satzes. □

Bemerkung 4.3. Der Satz 4.5 ist für die theoretischen Untersuchungen in der konvexen Analysis von wesentlicher Bedeutung. In der Literatur wird er oft als *Bipolaritätssatz* bezeichnet.

Satz 4.6. *Es sei K ein d'-dimensionaler konvexer Kegel in $\mathbb{E}_n$ mit einem Scheitel $\boldsymbol{x}_0$; die Scheitelmenge des Polarkegels $K^{\mathrm{p}}(\boldsymbol{x}_0)$ zum Kegel K im Punkt $\boldsymbol{x}_0$ sei $L^{K^{\mathrm{p}}}$. Dann gilt*

$$\dim L^{K^{\mathrm{p}}} = n - d'. \tag{4.11}$$

Beweis. Es sei $L_{d'}$ die lineare Hülle des Kegels K. Dann ist $\boldsymbol{x}_0 \in L_{d'}$. Mit $L_{n-d'}$ möge der zu $L_{d'}$ duale, $(n - d')$-dimensionale lineare Unterraum bezeichnet sein, der den Punkt $\boldsymbol{x}_0$ enthält. Somit gilt

$$(\boldsymbol{x}' - \boldsymbol{x}_0, \boldsymbol{y} - \boldsymbol{x}_0) = 0 \quad \text{für} \quad \boldsymbol{x}' \in L_{n-d'} \quad \text{und} \quad \boldsymbol{y} \in K. \tag{4.12}$$

Nach Definition eines Polarkegels folgt daraus

$$L_{n-d'} \subset K^{\mathrm{p}}(\boldsymbol{x}_0). \tag{4.13}$$

Im Fall $L_{n-d'} = K^{\mathrm{p}}(\boldsymbol{x}_0)$ ergibt sich die Aussage 4.11 unmittelbar (vgl. Bemerkung 4.1). Es sei nun $L_{n-d'} \neq K^{\mathrm{p}}(\boldsymbol{x}_0)$, und wir wählen einen Punkt $\boldsymbol{x}' \in L_{n-d'}$ und einen Punkt $\boldsymbol{x}'' \in K^{\mathrm{p}}(\boldsymbol{x}_0) \setminus L_{n-d'}$. Für die Punkte $\boldsymbol{x}$ der Halbgeraden $\overline{p}(\boldsymbol{x}'; \boldsymbol{x}'' - \boldsymbol{x}')$ und für alle Punkte $\boldsymbol{y} \in K$ gilt dann nach (4.12), (4.3) und wegen $t \geqq 0$

$$\begin{aligned}(\boldsymbol{x} - \boldsymbol{x}_0, \boldsymbol{y} - \boldsymbol{x}_0) &= (\boldsymbol{x}' - \boldsymbol{x}_0, \boldsymbol{y} - \boldsymbol{x}_0) + t(\boldsymbol{x}'' - \boldsymbol{x}', \boldsymbol{y} - \boldsymbol{x}_0)\\ &= t(\boldsymbol{x}'' - \boldsymbol{x}_0, \boldsymbol{y} - \boldsymbol{x}_0) + t(\boldsymbol{x}_0 - \boldsymbol{x}', \boldsymbol{y} - \boldsymbol{x}_0)\\ &= t(\boldsymbol{x}'' - \boldsymbol{x}_0, \boldsymbol{y} - \boldsymbol{x}_0) \leqq 0.\end{aligned}$$

Das bedeutet aber, daß $\overline{p}(\boldsymbol{x}'; \boldsymbol{x}'' - \boldsymbol{x}') \subset K^{\mathrm{p}}(\boldsymbol{x}_0)$ ist. Hieraus und aus (4.13) folgt, daß jeder Punkt $\boldsymbol{x}' \in L_{n-d'}$ ein Scheitel des Kegels $K^{\mathrm{p}}(\boldsymbol{x}_0)$ ist, d. h., es gilt $L_{n-d'} \subset L^{K^{\mathrm{p}}}$. Daher ist

$$\dim L^{K^{\mathrm{p}}} \geqq \dim L_{n-d'} = n - d'. \tag{4.14}$$

Für $d' = 0$ ist also $L^{K^{\mathrm{p}}} = \mathbb{E}_n$, und die Aussage (4.11) ist gezeigt. Es sei nun $1 \leqq d' \leqq n$. Aus der Annahme $\dim L^{K^{\mathrm{p}}} > n - d'$ folgt die Existenz von $n - d' + 2$ linear unabhängigen Punkten $\boldsymbol{x}_0, \boldsymbol{x}_1, \ldots, \boldsymbol{x}_{n-d'+1}$ in der Scheitelmenge $L^{K^{\mathrm{p}}}$. Dieser lineare Unterraum enthält dann aber auch die Punkte $\tilde{\boldsymbol{x}}_j := 2\boldsymbol{x}_0 - \boldsymbol{x}_j$ $(j = 1, \ldots, n - d' + 1)$. Nach Satz 4.5 und der Definition des Kegels $K^{\mathrm{pp}}(\boldsymbol{x}_0)$ folgt wegen $L^{K^{\mathrm{p}}} \subset K^{\mathrm{p}}(\boldsymbol{x}_0)$ daraus

$$\begin{aligned}\overline{K} &= K^{\mathrm{pp}}(\boldsymbol{x}_0) = \{\boldsymbol{x} \in \mathbb{E}_n \mid (\boldsymbol{x} - \boldsymbol{x}_0, \boldsymbol{z} - \boldsymbol{x}_0) \leqq 0,\ \boldsymbol{z} \in K^{\mathrm{p}}(\boldsymbol{x}_0)\}\\ &\subset \{\boldsymbol{x} \in \mathbb{E}_n \mid (\boldsymbol{x} - \boldsymbol{x}_0, \boldsymbol{x}_j - \boldsymbol{x}_0) \leqq 0, \quad (\boldsymbol{x} - \boldsymbol{x}_0, \tilde{\boldsymbol{x}}_j - \boldsymbol{x}_0) \leqq 0\\ &\qquad (j = 1, \ldots, n - d' + 1)\}\\ &= \{\boldsymbol{x} \in \mathbb{E}_n \mid (\boldsymbol{x} - \boldsymbol{x}_0, \boldsymbol{x}_j - \boldsymbol{x}_0) = 0 \qquad (j = 1, \ldots, n - d' + 1)\} =: L_{d'-1},\end{aligned}$$

wobei $L_{d'-1}$ ein $(d' - 1)$-dimensionaler linearer Unterraum ist. Das widerspricht jedoch der Voraussetzung, daß die lineare Hülle des Kegels K die Dimension d' hat; die obige Annahme ist daher zu verwerfen. Die Aussage (4.11) gilt also auch im Fall $1 \leqq d' \leqq n$. □

Satz 4.7. *Es sei K ein abgeschlossener konvexer Kegel in $\mathbb{E}_n$. Wenn seine Scheitelmenge L^K die Dimension d und der Polarkegel $K^{\mathrm{p}}(\boldsymbol{x}_0)$ zum Kegel K im Punkt $\boldsymbol{x}_0$ mit $\boldsymbol{x}_0 \in L^K$ die Dimension d^{p} hat, so gilt*

$$d^{\mathrm{p}} = n - d. \tag{4.15}$$

Beweis. Da der Kegel K nach Voraussetzung abgeschlossen ist, stimmen die Kegel K und der Polarkegel $K^{\mathrm{pp}}(\boldsymbol{x}_0)$ zum Kegel $K^{\mathrm{p}}(\boldsymbol{x}_0)$ im Punkt $\boldsymbol{x}_0$ überein (vgl. Satz 4.5). Folglich hat die Scheitelmenge $L^{K^{\mathrm{pp}}}$ des Kegels $K^{\mathrm{pp}}(\boldsymbol{x}_0)$ die Dimension d. Andererseits hat die Scheitelmenge $L^{K^{\mathrm{pp}}}$ nach Satz 4.6 die Dimension $n - d^{\mathrm{p}}$. Es gilt daher $d = n - d^{\mathrm{p}}$. □

Bemerkung 4.4. Wenn K ein n-dimensionaler abgeschlossener konvexer Kegel mit genau einem Scheitel $\boldsymbol{x}_0$ ist, so hat — wie unmittelbar aus den Sätzen 4.6 und 4.7 folgt — auch der Polarkegel $K^{\mathrm{p}}(\boldsymbol{x}_0)$ zum Kegel K in dessen Scheitel $\boldsymbol{x}_0$ die Dimension n, und der Punkt $\boldsymbol{x}_0$ ist einziger Scheitel des Kegels $K^{\mathrm{p}}(\boldsymbol{x}_0)$.

Satz 4.8. *Es sei K ein nicht notwendig abgeschlossener konvexer Kegel in $\mathbb{E}_n$ mit einem Scheitel $\boldsymbol{x}_0$. Wenn seine Scheitelmenge L^K die Dimension d und der Polarkegel $K^{\mathrm{p}}(\boldsymbol{x}_0)$ zum Kegel K im Punkt $\boldsymbol{x}_0$ mit $\boldsymbol{x}_0 \in L^K$ die Dimension d^{p} hat, so gilt*

$$d^{\mathrm{p}} \leqq n - d. \tag{4.16}$$

Beweis. Die Ungleichung (4.16) gilt offensichtlich für $d = 0$. Im Fall $d \geqq 1$ wählen wir linear unabhängige Punkte $\boldsymbol{x}_0, \boldsymbol{x}_1, \ldots, \boldsymbol{x}_d$ aus der Scheitelmenge L^K, wobei $\boldsymbol{x}_0$ der im Satz eingeführte Punkt ist. Die Punkte $\tilde{\boldsymbol{x}}_r := 2\boldsymbol{x}_0 - \boldsymbol{x}_r$ $(r = 1, \ldots, d)$ gehören dann ebenfalls zum linearen Unterraum L^K und damit zum Kegel K. Nach Definition eines Polarkegels gilt für jeden Punkt $\boldsymbol{x} \in K^{\mathrm{p}}(\boldsymbol{x}_0)$

$$(\boldsymbol{x} - \boldsymbol{x}_0, \boldsymbol{x}_r - \boldsymbol{x}_0) \leqq 0, \qquad (\boldsymbol{x} - \boldsymbol{x}_0, \tilde{\boldsymbol{x}}_r - \boldsymbol{x}_0) \leqq 0 \qquad (r = 1, \ldots, d).$$

Unter Berücksichtigung der Definition der Punkte $\tilde{\boldsymbol{x}}_r$ folgt hieraus

$$(\boldsymbol{x} - \boldsymbol{x}_0, \boldsymbol{x}_r - \boldsymbol{x}_0) = 0 \qquad (r = 1, \ldots, d).$$

Der $(n - d)$-dimensionale lineare Unterraum

$$L := \{\boldsymbol{x} \in \mathbb{E}_n \mid (\boldsymbol{x} - \boldsymbol{x}_0, \boldsymbol{x}_r - \boldsymbol{x}_0) = 0 \quad (r = 1, \ldots, d)\}$$

enthält daher den Polarkegel $K^{\mathrm{p}}(\boldsymbol{x}_0)$, woraus unmittelbar die Ungleichung (4.16) folgt. □

Bemerkung 4.5. Es seien H ein offener Halbraum in $\mathbb{E}_n$ und g eine Gerade, die der Randhyperebene ∂H dieses Halbraumes angehört. Dann ist die Vereinigungsmenge $K := H \cup g$ ein konvexer Kegel in $\mathbb{E}_n$. Seine Scheitelmenge L^K ist die Gerade g, sie hat die Dimension $d = 1$. Der Polarkegel $K^{\mathrm{p}}(\boldsymbol{x}_0)$ zum Kegel K im Punkt $\boldsymbol{x}_0 \in L^K$ ist diejenige von $\boldsymbol{x}_0$ ausgehende Halbgerade, die senkrecht zur Hyperebene ∂H steht und nicht in den Halbraum H gerichtet ist. Der Polarkegel hat also die Dimension $d^{\mathrm{p}} = 1$. Da die Scheitelmenge L^K ebenfalls eindimensional ist, gilt für $n > 2$ im vorliegenden Beispiel die strenge Ungleichung (4.16), d. h.

$$d^{\mathrm{p}} = 1 < n - 1 = n - d.$$

Satz 4.9. *Es seien K ein konvexer Kegel in $\mathbb{E}_n$ mit einem Scheitel $\boldsymbol{x}_0$ und $K^{\mathrm{p}}(\boldsymbol{x}_0)$ der Polarkegel zu dem Kegel K im Punkt $\boldsymbol{x}_0$. Weiter seien H^+ und H^- die zur Hyperebene*

$$R := \{\boldsymbol{x} \in \mathbb{E}_n \mid (\boldsymbol{x} - \boldsymbol{x}_0, \boldsymbol{x}_1 - \boldsymbol{x}_0) = 0\}$$

gehörigen Halbräume

$$H^+ := \{\boldsymbol{x} \in \mathbb{E}_n \mid (\boldsymbol{x} - \boldsymbol{x}_0, \boldsymbol{x}_1 - \boldsymbol{x}_0) > 0\},$$

$$H^- := \{\boldsymbol{x} \in \mathbb{E}_n \mid (\boldsymbol{x} - \boldsymbol{x}_0, \boldsymbol{x}_1 - \boldsymbol{x}_0) < 0\},$$

wobei $\boldsymbol{x}_1$ ein beliebiger, von $\boldsymbol{x}_0$ verschiedener Punkt des Raumes $\mathbb{E}_n$ ist. Dann gilt

$$K \subset \overline{H}^- \Leftrightarrow \boldsymbol{x}_1 \in K^{\mathrm{p}}(\boldsymbol{x}_0); \tag{4.17a}$$

$$K \subset \overline{H}^+ \Leftrightarrow 2\boldsymbol{x}_0 - \boldsymbol{x}_1 \in K^{\mathrm{p}}(\boldsymbol{x}_0). \tag{4.17b}$$

Beweis. Es sei $K \subset \overline{H}^-$. Dann gilt

$$(\boldsymbol{y} - \boldsymbol{x}_0, \boldsymbol{x}_1 - \boldsymbol{x}_0) \leqq 0, \qquad \boldsymbol{y} \in K, \tag{4.18}$$

und daher (vergleiche die Definition eines Polarkegels) ist $\boldsymbol{x}_1 \in K^p(\boldsymbol{x}_0)$. Wenn andererseits $\boldsymbol{x}_1$ im Kegel $K^p(\boldsymbol{x}_0)$ liegt, so gilt (4.18), und daher ist $K \subset \overline{H}^-$.

Aus $K \subset \overline{H}^+$ folgt $(\boldsymbol{y} - \boldsymbol{x}_0, \boldsymbol{x}_1 - \boldsymbol{x}_0) \geqq 0$ für alle $\boldsymbol{y} \in K$, d. h.

$$(\boldsymbol{y} - \boldsymbol{x}_0, \boldsymbol{x}_0 - \boldsymbol{x}_1) = (\boldsymbol{y} - \boldsymbol{x}_0, 2\boldsymbol{x}_0 - \boldsymbol{x}_1 - \boldsymbol{x}_0) \leqq 0, \qquad \boldsymbol{y} \in K.$$

Das bedeutet aber $2\boldsymbol{x}_0 - \boldsymbol{x}_1 \in K^p(\boldsymbol{x}_0)$. Wenn andererseits $2\boldsymbol{x}_0 - \boldsymbol{x}_1 \in K^p(\boldsymbol{x}_0)$ ist, so gilt nach Definition eines Polarkegels $(2\boldsymbol{x}_0 - \boldsymbol{x}_1 - \boldsymbol{x}_0, \boldsymbol{y} - \boldsymbol{x}_0) \leqq 0$ für alle $\boldsymbol{y} \in K$; hieraus folgt $K \subset \overline{H}^+$. □

Bemerkung 4.6. Im Fall eines polyedrischen Kegels K liefert Satz 4.9 in geometrischer Form die Aussage des Satzes von Farkas, eines für die Theorie der linearen Optimierung grundlegenden Satzes. Der Satz 4.9 ist eine Verallgemeinerung dieses Satzes, er wird daher in der Literatur oft selbst als *Satz von Farkas* bezeichnet.

Bemerkung 4.7. Es sei K ein — nicht notwendig konvexer — Kegel in $\mathbb{E}_n$ mit einem Scheitel $\boldsymbol{x}_0$. Die Menge

$$-K := \{\boldsymbol{x} \in \mathbb{E}_n \mid 2\boldsymbol{x}_0 - \boldsymbol{x} \in K\}$$

enthält offenbar den Punkt $\boldsymbol{x}_0$. Mit $\boldsymbol{y} \in K$, $\boldsymbol{y} \neq \boldsymbol{x}_0$, liegt im Kegel K die Halbgerade $p^+ := p(\boldsymbol{x}_0; \boldsymbol{y} - \boldsymbol{x}_0)$. Für $\tilde{\boldsymbol{x}} := 2\boldsymbol{x}_0 - \boldsymbol{y}$ gehört dann die Halbgerade $p^- := p(\boldsymbol{x}_0; \tilde{\boldsymbol{x}} - \boldsymbol{x}_0)$ zur Menge $-K$; ihre Orientierung ist entgegengesetzt zur Orientierung der Halbgeraden p^+. Daraus ergibt sich, daß die Menge $-K$ ein Kegel mit einem Scheitel $\boldsymbol{x}_0$ ist. Die Kegel K und $-K$ sind bezüglich ihres gemeinsamen Scheitels symmetrisch.

Die in Satz 4.9 unter (b) angegebene Implikation kann daher auch in der Form

$$K \subset \overline{H}^+ \Leftrightarrow \boldsymbol{x}_1 \in (-K)^p\,(\boldsymbol{x}_0)$$

angegeben werden; dabei bezeichnet $(-K)^p\,(\boldsymbol{x}_0)$ den Polarkegel zum Kegel $-K$ im Punkt $\boldsymbol{x}_0$.

Satz 4.10. *Es sei K ein konvexer Kegel in $\mathbb{E}_n$ mit einem Scheitel $\boldsymbol{x}_0$. Dann gilt für den zu K gehörigen Polarkegel $K^p(\boldsymbol{x}_0)$ im Punkt $\boldsymbol{x}_0$*

$$K^p(\boldsymbol{x}_0) = (\overline{K})^p\,(\boldsymbol{x}_0)$$

(d. h., der Polarkegel $K^p(\boldsymbol{x}_0)$ zum Kegel K im Scheitel $\boldsymbol{x}_0$ ist zugleich der Polarkegel zur Abschließung $\overline{K}$ des Kegels K im Punkt $\boldsymbol{x}_0$).

Beweis. Im Fall $K = \overline{K}$ gilt die Behauptung. Andernfalls sei $\boldsymbol{y}$ ein Punkt aus $\overline{K} \setminus K$ mit $\boldsymbol{y} \neq \boldsymbol{x}_0$. Weiter sei $\{\boldsymbol{x}_k\}_{k=1}^{\infty}$ eine beliebige Punktfolge mit $\boldsymbol{x}_k \in K$ $(k = 1, 2, \ldots)$ und $\lim\limits_{k\to\infty} \boldsymbol{x}_k = \boldsymbol{y}$. Nach Definition eines Polarkegels gilt dann $(\boldsymbol{x} - \boldsymbol{x}_0, \boldsymbol{x}_k - \boldsymbol{x}_0) \leqq 0$ $(k = 1, 2, \ldots)$ für alle Punkte $\boldsymbol{x} \in K^p(\boldsymbol{x}_0)$ und daher $\lim\limits_{k\to\infty} (\boldsymbol{x} - \boldsymbol{x}_0, \boldsymbol{x}_k - \boldsymbol{x}_0) = (\boldsymbol{x} - \boldsymbol{x}_0, \boldsymbol{y} - \boldsymbol{x}_0) \leqq 0$. Damit ist für einen beliebigen Punkt $\boldsymbol{y} \in \overline{K} \setminus K$ und für alle Punkte $\boldsymbol{x} \in K^p(\boldsymbol{x}_0)$ die Ungleichung $(\boldsymbol{x} - \boldsymbol{x}_0, \boldsymbol{y} - \boldsymbol{x}_0) \leqq 0$ erfüllt. Das bedeutet, der Kegel $K^p(\boldsymbol{x}_0)$ stellt auch den Polarkegel zum Kegel $\overline{K}$ im Punkt $\boldsymbol{x}_0$ dar. □

Satz 4.11. *Es sei K ein abgeschlossener konvexer Kegel der Dimension $d' \geqq 2$, er sei weder ein linearer Unterraum noch ein Halbraum in $\mathbb{E}_n$. Dann gilt für den Polarkegel $K^p(\boldsymbol{x}_0)$ zum Kegel K im Scheitel $\boldsymbol{x}_0 \in K$:*

(a) *der Kegel $K^p(\boldsymbol{x}_0)$ ist weder ein linearer Unterraum noch ein Halbraum in $\mathbb{E}_n$, und es ist* $\dim K^p(\boldsymbol{x}_0) \geqq 2$;

(b) *der Kegel $K^p(\boldsymbol{x}_0)$ enthält vom Punkt $\boldsymbol{x}_0$ verschiedene Randpunkte;*

(c) *falls $\hat{\boldsymbol{x}}$ ein vom Punkt $\boldsymbol{x}_0$ verschiedener Randpunkt des Kegels $K^p(\boldsymbol{x}_0)$ ist, so gibt es einen Randpunkt $\hat{\boldsymbol{y}}$ des Kegels K, $\hat{\boldsymbol{y}} \neq \boldsymbol{x}_0$, so daß $(\hat{\boldsymbol{x}} - \boldsymbol{x}_0, \hat{\boldsymbol{y}} - \boldsymbol{x}_0) = 0$ ist.*

Beweis. Da der Kegel K weder ein linearer Unterraum noch ein Halbraum in $\mathbb{E}_n$ ist, genügt die Dimension d seiner Scheitelmenge der Ungleichung $0 \leqq d < d', d \leqq n-2$. Nach Satz 4.7 gilt daher $\dim K^p(\boldsymbol{x}_0) = n - d \geqq 2$.

Wenn der Kegel $K^p(\boldsymbol{x}_0)$ ein linearer Unterraum in $\mathbb{E}_n$ ist, so enthält er mit jedem Punkt $\boldsymbol{y}$ auch den Punkt $2\boldsymbol{x}_0 - \boldsymbol{y}$. Für den Polarkegel $K^{pp}(\boldsymbol{x}_0)$ zum Kegel $K^p(\boldsymbol{x}_0)$ im Punkt $\boldsymbol{x}_0$ gilt dann

$$K^{pp}(\boldsymbol{x}_0) = \{\boldsymbol{x} \in \mathbb{E}_n \mid (\boldsymbol{x} - \boldsymbol{x}_0, \boldsymbol{y} - \boldsymbol{x}_0) = 0, \boldsymbol{y} \in K^p(\boldsymbol{x}_0)\},$$

d. h., dieser Kegel ist als nichtleerer Durchschnitt von Hyperebenen in $\mathbb{E}_n$ ein linearer Unterraum. Da aufgrund der Abgeschlossenheit des Kegels K nach dem Bipolaritätssatz 4.5 die Kegel K und $K^{pp}(\boldsymbol{x}_0)$ übereinstimmen, ist dann auch der Kegel K ein linearer Unterraum. Das widerspricht aber den Voraussetzungen des Satzes, der Kegel $K^p(\boldsymbol{x}_0)$ kann also kein linearer Unterraum sein.

Wenn der Kegel $K^p(\boldsymbol{x}_0)$ ein Halbraum in $\mathbb{E}_n$ wäre, so hätte seine Scheitelmenge die Dimension $n - 1$, und nach Satz 4.6 würde $n - 1 = n - d'$ folgen, d. h. $d' = 1$ im Widerspruch zur Voraussetzung $d' \geqq 2$. Damit ist die Behauptung (a) gezeigt.

Die Aussage (b) folgt unmittelbar aus der gezeigten Aussage (a) und aus der Abgeschlossenheit des Polarkegels (Satz 4.4).

Es sei nun $\hat{\boldsymbol{x}}$ ein von $\boldsymbol{x}_0$ verschiedener Punkt des Randes des Kegels $K^p(\boldsymbol{x}_0)$. Im Fall $2 \leqq \dim K^p(\boldsymbol{x}_0) \leqq n - 1$ folgt für die Dimension d der Scheitelmenge L^K des Kegels K nach Satz 4.7, daß $1 \leqq d \leqq n - 2$ ist. Für beliebige Punkte $\boldsymbol{x} \in K^p(\boldsymbol{x}_0)$ und $\boldsymbol{y} \in L^K$ mit $\boldsymbol{y} \neq \boldsymbol{x}_0$ ist nach Definition eines Polarkegels $(\boldsymbol{x} - \boldsymbol{x}_0, \boldsymbol{y} - \boldsymbol{x}_0) \leqq 0$. Da der Punkt $2\boldsymbol{x}_0 - \boldsymbol{y}$ ebenfalls zur Menge L^K gehört, gilt auch $(\boldsymbol{x} - \boldsymbol{x}_0, -\boldsymbol{y} + \boldsymbol{x}_0) \leqq 0$. Folglich ist $(\boldsymbol{x} - \boldsymbol{x}_0, \boldsymbol{y} - \boldsymbol{x}_0) = 0$. Nach Satz 4.4 ist der Kegel $K^p(\boldsymbol{x}_0)$ abgeschlossen, daher ist $\hat{\boldsymbol{x}} \in K^p(\boldsymbol{x}_0)$, und es gilt $(\hat{\boldsymbol{x}} - \boldsymbol{x}_0, \boldsymbol{y} - \boldsymbol{x}_0) = 0$ für alle Punkte $\boldsymbol{y} \in L^K, \boldsymbol{y} \neq \boldsymbol{x}_0$. Da jeder Punkt des linearen Unterraumes L^K ein Randpunkt des Kegels K ist (vgl. Bemerkung 4.1) und wegen $L^K \subset K$, ist hiermit im betrachteten Fall die Aussage (c) gezeigt.

Im Fall $\dim K^p(\boldsymbol{x}_0) = n$ folgt nach Satz 4.7, daß die Scheitelmenge L^K des Kegels K nur aus dem Punkt $\boldsymbol{x}_0$ besteht. Hieraus und aus der Definition eines Polarkegels folgt unmittelbar, daß im untersuchten Fall $\boldsymbol{x} \in \operatorname{int} K^p(\boldsymbol{x}_0)$ genau dann gilt, wenn $(\boldsymbol{x} - \boldsymbol{x}_0, \boldsymbol{y} - \boldsymbol{x}_0) < 0$ für alle $\boldsymbol{y} \in K \setminus \{\boldsymbol{x}_0\}$ ist. Zu dem oben gewählten Randpunkt $\hat{\boldsymbol{x}}$ des Kegels $K^p(\boldsymbol{x}_0)$ muß es also mindestens einen Punkt $\hat{\boldsymbol{y}} \in K$ mit $\hat{\boldsymbol{y}} \neq \boldsymbol{x}_0$ geben, für den $(\hat{\boldsymbol{x}} - \boldsymbol{x}_0, \hat{\boldsymbol{y}} - \boldsymbol{x}_0) = 0$ gilt. Nach Satz 4.9 enthält der durch die Hyperebene

$$R := \{\boldsymbol{x} \in \mathbb{E}_n \mid (\boldsymbol{x} - \boldsymbol{x}_0, \hat{\boldsymbol{x}} - \boldsymbol{x}_0) = 0\}$$

begrenzte Halbraum

$$\overline{H}^- = \{\boldsymbol{x} \in \mathbb{E}_n \mid (\boldsymbol{x} - \boldsymbol{x}_0, \hat{\boldsymbol{x}} - \boldsymbol{x}_0) \leqq 0\}$$

wegen $\hat{x} \in K^p(x_0)$ den Kegel K. Da der Punkt $\hat{y} \in K$, $\hat{y} \neq x_0$, der Hyperebene R angehört, kann er nur ein Randpunkt des Kegels K sein, womit die Aussage (c) auch im Fall $\dim K^p(x_0) = n$ gezeigt ist. □

Satz 4.12. *Es sei K ein konvexer Kegel in $\mathbb{E}_n$ mit einem Scheitel x_0. Dann ist $x_0 \in \operatorname{rel\,int} K$ genau dann, wenn $x_0 \in \operatorname{rel\,int} K^p(x_0)$ ist.*

Beweis. Es sei d die Dimension des Kegels K, weiter sei L_d die lineare Hülle des Kegels K. Im Fall $d = 0$ ist $K = \{x_0\} = \operatorname{rel\,int} \{x_0\} = \operatorname{rel\,int} K$; nach Bemerkung 4.2 gilt das genau dann, wenn $K^p(x_0) = \mathbb{E}_n$ ist. Wegen $\operatorname{rel\,int} \mathbb{E}_n = \mathbb{E}_n$ ist daher $x_0 \in \operatorname{rel\,int} K^p(x_0)$. Im Fall $d \geqq 1$ folgt aus $x_0 \in \operatorname{rel\,int} K$ die Existenz einer d-dimensionalen ε-Umgebung $U(x_0; \varepsilon)$ des Punktes x_0 mit $U(x_0; \varepsilon) \subset K$. Da aber x_0 ein Scheitel des Kegels K ist, liegt in dem linearen Unterraum L_d jede von dem Punkt x_0 ausgehende und durch einen beliebigen Punkt $y \in U(x_0; \varepsilon)$, $y \neq x_0$, verlaufende abgeschlossene Halbgerade. Daraus folgt $K = L_d$. In dem d-dimensionalen linearen Unterraum L_d gibt es also linear unabhängige Vektoren $a_1, \ldots, a_d$ derart, daß

$$K = L_d = \left\{ y \in \mathbb{E}_n \mid y = x_0 + \sum_{r=1}^{d} u_r a_r,\ u_r \in \mathbb{R} \quad (r = 1, \ldots, d) \right\}$$

ist. Aus der Definition eines Polarkegels folgt

$$\begin{aligned} K^p(x_0) &= \{x \in \mathbb{E}_n \mid (x - x_0, y - x_0) \leqq 0,\ y \in K\} \\ &= \left\{ x \in \mathbb{E}_n \mid \sum_{r=1}^{d} u_r (x - x_0, a_r) \leqq 0,\ u_r \in \mathbb{R} \quad (r = 1, \ldots, d) \right\} \\ &= \{x \in \mathbb{E}_n \mid (x - x_0, a_r) = 0 \quad (r = 1, \ldots, d)\}. \end{aligned}$$

Der Kegel $K^p(x_0)$ ist also ein $(n - d)$-dimensionaler linearer Unterraum, der den Punkt x_0 enthält. Folglich gilt $K^p(x_0) = \operatorname{rel\,int} K^p(x_0)$ und daher $x_0 \in \operatorname{rel\,int} K^p(x_0)$.

Wenn andererseits der Scheitel x_0 des Kegels $K^p(x_0)$ in der Menge $\operatorname{rel\,int} K^p(x_0)$ liegt, so folgt aus dem soeben Gezeigten (es ist dabei statt des Kegels K der Kegel $K^p(x_0)$ zu nehmen und statt des Kegels $K^p(x_0)$ der Polarkegel $K^{pp}(x_0)$ zum Kegel $K^p(x_0)$ im Scheitel x_0), daß $x_0 \in \operatorname{rel\,int} K^{pp}(x_0)$ gilt. Nach Satz 4.5 folgt daraus $x_0 \in \operatorname{rel\,int} \overline{K} = \operatorname{rel\,int} K$. □

Satz 4.13. *Es seien K ein konvexer Kegel in $\mathbb{E}_n$ mit einem Scheitel x_0, L^K seine Scheitelmenge und $L^{\overline{K}}$ die Scheitelmenge der Abschließung $\overline{K}$ des Kegels K. Dann gilt:*

(a)
$$\begin{aligned} \operatorname{rel\,int} K^p(x_0) = \{x \in \mathbb{E}_n \mid (x - x_0, y - x_0) &= 0,\ y \in L^{\overline{K}}, \\ (x - x_0, y - x_0 &< 0,\ y \in \overline{K} \setminus L^{\overline{K}}\}; \end{aligned} \tag{4.19a}$$

(b) *falls v ein Vektor ist, für den*

$$x_0 + v \in \operatorname{rel\,int} K^p(x_0),\ v \neq o, \tag{4.19b}$$

gilt, dann bestehen zwischen der Hyperebene
$R := \{x \in \mathbb{E}_n \mid (x - x_0, v) = 0\}$, dem ihr zugehörigen Halbraum
$\overline{H}^- := \{x \in \mathbb{E}_n \mid (x - x_0, v) \leqq 0\}$, dem Kegel K und seiner Scheitelmenge L^K die Beziehungen

$$K \subset \overline{H}^-, \quad \overline{K} \cap R = L^{\overline{K}}, \quad L^K \subset K \cap R. \tag{4.19c}$$

Beweis. Nach den Sätzen 2.3 und 4.1 ist $\bar{K}$ ein konvexer Kegel mit einem Scheitel $\boldsymbol{x}_0$. Die Scheitelmenge $L^{\bar{K}}$ des Kegels $\bar{K}$ ist nach Satz 4.1 ein linearer Unterraum in $\mathbb{E}_n$; da er mit einem Punkt $\boldsymbol{y}$ auch den Punkt $2\boldsymbol{x}_0 - \boldsymbol{y}$ enthält, gilt für jeden Punkt $\boldsymbol{x} \in K^{\mathrm{p}}(\boldsymbol{x}_0)$ nicht nur $(\boldsymbol{x} - \boldsymbol{x}_0, \boldsymbol{y} - \boldsymbol{x}_0) \leqq 0$ sondern auch $\big(\boldsymbol{x} - \boldsymbol{x}_0, (2\boldsymbol{x}_0 - \boldsymbol{y}) - \boldsymbol{x}_0\big) = -(\boldsymbol{x} - \boldsymbol{x}_0, \boldsymbol{y} - \boldsymbol{x}_0) \leqq 0$. Hieraus und aus Satz 4.10 folgt nach Definition eines Polarkegels, daß

$$K^{\mathrm{p}}(\boldsymbol{x}_0) = (\bar{K})^{\mathrm{p}}(\boldsymbol{x}_0) = \{\boldsymbol{x} \in \mathbb{E}_n \mid (\boldsymbol{x} - \boldsymbol{x}_0, \boldsymbol{y} - \boldsymbol{x}_0) = 0, \boldsymbol{y} \in L^{\bar{K}},$$
$$(\boldsymbol{x} - \boldsymbol{x}_0, \boldsymbol{y} - \boldsymbol{x}_0) \leqq 0, \boldsymbol{y} \in \bar{K} \setminus L^{\bar{K}}\} \tag{4.20}$$

ist. Es sei nun $\bar{d} := \dim L^{\bar{K}}$, dann gilt nach Satz 4.7

$$\dim K^{\mathrm{p}}(\boldsymbol{x}_0) = \dim (\bar{K})^{\mathrm{p}}(\boldsymbol{x}_0) = n - \bar{d}. \tag{4.21}$$

Im Fall $\bar{d} = 0$ ist $L^{\bar{K}} = \{\boldsymbol{x}_0\}$ und $\dim (\bar{K})^{\mathrm{p}}(\boldsymbol{x}_0) = n$. Aus (4.20) folgt dann

$$K^{\mathrm{p}}(\boldsymbol{x}_0) = \big\{\boldsymbol{x} \in \mathbb{E}_n \mid (\boldsymbol{x} - \boldsymbol{x}_0, \boldsymbol{y} - \boldsymbol{x}_0) \leqq 0, \boldsymbol{y} \in \bar{K} \setminus \{\boldsymbol{x}_0\}\big\}.$$

Wegen (4.21) ist

$$\begin{aligned}\operatorname{rel\,int} K^{\mathrm{p}}(\boldsymbol{x}_0) &= \big\{\boldsymbol{x} \in \mathbb{E}_n \mid (\boldsymbol{x} - \boldsymbol{x}_0, \boldsymbol{y} - \boldsymbol{x}_0) < 0, \boldsymbol{y} \in \bar{K} \setminus \{\boldsymbol{x}_0\}\big\}\\ &= \{\boldsymbol{x} \in \mathbb{E}_n \mid (\boldsymbol{x} - \boldsymbol{x}_0, \boldsymbol{y} - \boldsymbol{x}_0) = 0, \boldsymbol{y} \in L^{\bar{K}},\\ &\qquad (\boldsymbol{x} - \boldsymbol{x}_0, \boldsymbol{y} - \boldsymbol{x}_0) < 0, \boldsymbol{y} \in \bar{K} \setminus L^{\bar{K}}\},\end{aligned}$$

womit die Aussage (a) im Fall $\bar{d} = 0$ gezeigt ist.

Im Fall $\bar{d} = n$ ist $L^{\bar{K}} = \mathbb{E}_n = K = \bar{K}$; nach (4.20) folgt

$$K^{\mathrm{p}}(\boldsymbol{x}_0) = \{\boldsymbol{x} \in \mathbb{E}_n \mid (\boldsymbol{x} - \boldsymbol{x}_0, \boldsymbol{y} - \boldsymbol{x}_0) = 0, \boldsymbol{y} \in \mathbb{E}_n\} = \{\boldsymbol{x}_0\}.$$

Wegen $\operatorname{rel\,int} K^{\mathrm{p}}(\boldsymbol{x}_0) = \operatorname{rel\,int} \{\boldsymbol{x}_0\} = \{\boldsymbol{x}_0\}$ gilt die Aussage (a) also auch im Fall $\bar{d} = n$.

Im Fall $0 < \bar{d} < n$ wählen wir linear unabhängige Vektoren $\boldsymbol{a}_1, \ldots, \boldsymbol{a}_{\bar{d}}$ so, daß $\boldsymbol{x}_0 + \boldsymbol{a}_i \in L^{\bar{K}}$ $(i = 1, \ldots, \bar{d})$ gilt. Dann ist

$$L^{\bar{K}} = \left\{\boldsymbol{y} \in \mathbb{E}_n \mid \boldsymbol{y} = \boldsymbol{x}_0 + \sum_{i=1}^{\bar{d}} u_i \boldsymbol{a}_i,\ u_i \in \mathbb{R} \quad (i = 1, \ldots, \bar{d})\right\},$$

und nach (4.20) gilt

$$\begin{aligned}K^{\mathrm{p}}(\boldsymbol{x}_0) &= \left\{\boldsymbol{x} \in \mathbb{E}_n \mid \sum_{i=1}^{\bar{d}} u_i(\boldsymbol{x} - \boldsymbol{x}_0, \boldsymbol{a}_i) = 0,\ u_i \in \mathbb{R} \quad (i = 1, \ldots, \bar{d}),\right.\\ &\qquad \left.(\boldsymbol{x} - \boldsymbol{x}_0, \boldsymbol{y} - \boldsymbol{x}_0) \leqq 0, \boldsymbol{y} \in \bar{K} \setminus L^{\bar{K}}\right\}\\ &= \{\boldsymbol{x} \in \mathbb{E}_n \mid (\boldsymbol{x} - \boldsymbol{x}_0, \boldsymbol{a}_i) = 0 \quad (i = 1, \ldots, \bar{d}),\\ &\qquad (\boldsymbol{x} - \boldsymbol{x}_0, \boldsymbol{y} - \boldsymbol{x}_0) \leqq 0, \boldsymbol{y} \in \bar{K} \setminus L^{\bar{K}}\}.\end{aligned}$$

Die Menge $\tilde{L}^{\bar{K}} := \{\boldsymbol{x} \in \mathbb{E}_n \mid (\boldsymbol{x} - \boldsymbol{x}_0, \boldsymbol{a}_i) = 0 \ (i = 1, \ldots, \bar{d})\}$ ist ein zu dem linearen Unterraum $L^{\bar{K}}$ dualer linearer Unterraum in $\mathbb{E}_n$, dabei gilt

$$\boldsymbol{x}_0 \in \tilde{L}^{\bar{K}}, \quad \dim \tilde{L}^{\bar{K}} = \dim K^{\mathrm{p}}(\boldsymbol{x}_0) = n - \bar{d}. \tag{4.22}$$

Der Kegel $K^{\mathrm{p}}(\boldsymbol{x}_0)$ kann dann in der Form

$$K^{\mathrm{p}}(\boldsymbol{x}_0) = \{\boldsymbol{x} \in \tilde{L}^{\bar{K}} \mid (\boldsymbol{x} - \boldsymbol{x}_0, \boldsymbol{y} - \boldsymbol{x}_0) \leqq 0, \boldsymbol{y} \in \bar{K} \setminus L^{\bar{K}}\} \tag{4.23}$$

dargestellt werden. Aus (4.22) und (4.23) folgt, daß der lineare Unterraum $\tilde{L}^{\bar{K}}$ die lineare Hülle des Kegels $K^{\mathrm{p}}(\boldsymbol{x}_0)$ ist. Es sei nun $\boldsymbol{y}$ ein Punkt der Menge $\bar{K} \setminus L^{\bar{K}}$. Dann sind $\boldsymbol{a}_1, \ldots, \boldsymbol{a}_{\bar{d}}, \boldsymbol{y} - \boldsymbol{x}_0$ linear unabhängige Vektoren,

$$R(\boldsymbol{y}) := \{\boldsymbol{x} \in \mathbb{E}_n \mid (\boldsymbol{x} - \boldsymbol{x}_0, \boldsymbol{y} - \boldsymbol{x}_0) = 0\}$$

eine Hyperebene und

$$H^-(\boldsymbol{y}) := \{\boldsymbol{x} \in \mathbb{E}_n \mid (\boldsymbol{x} - \boldsymbol{x}_0, \boldsymbol{y} - \boldsymbol{x}_0) < 0\}$$

ein zur Hyperebene $R(\boldsymbol{y})$ gehöriger offener Halbraum in $\mathbb{E}_n$. Daraus folgt, daß der Durchschnitt $R^*(\boldsymbol{y}) := \tilde{L}^{\bar{K}} \cap R(\boldsymbol{y})$ eine Hyperebene und der Durchschnitt $H^*(\boldsymbol{y}) := \tilde{L}^{\bar{K}} \cap H^-(\boldsymbol{y})$ ein offener Halbraum in dem linearen Unterraum $\tilde{L}^{\bar{K}}$ ist. Somit läßt sich der in (4.23) beschriebene Kegel $K^{\mathrm{p}}(\boldsymbol{x}_0)$ in der Form $K^{\mathrm{p}}(\boldsymbol{x}_0) = \bigcap_{\boldsymbol{y} \in \bar{K} \setminus L^{\bar{K}}} H^*(\boldsymbol{y})$ darstellen. Da die Menge $\tilde{L}^{\bar{K}}$ die lineare Hülle des Kegels $K^{\mathrm{p}}(\boldsymbol{x}_0)$ und da $\dim K^{\mathrm{p}}(\boldsymbol{x}_0) = \dim \tilde{L}^{\bar{K}} = \dim H^*(\boldsymbol{y}) = n - \bar{d}$ ist, folgt

$$\begin{aligned}
\operatorname{rel\,int} K^{\mathrm{p}}(\boldsymbol{x}_0) &= \bigcap_{\boldsymbol{y} \in \bar{K} \setminus L^{\bar{K}}} H^*(\boldsymbol{y}) \\
&= \{\boldsymbol{x} \in L^{\bar{K}} \mid (\boldsymbol{x} - \boldsymbol{x}_0, \boldsymbol{y} - \boldsymbol{x}_0) < 0,\ \boldsymbol{y} \in \bar{K} \setminus L^{\bar{K}}\} \\
&= \{\boldsymbol{x} \in \mathbb{E}_n \mid (\boldsymbol{x} - \boldsymbol{x}_0, \boldsymbol{y} - \boldsymbol{x}_0) = 0,\ \boldsymbol{y} \in L^{\bar{K}}, \\
&\qquad (\boldsymbol{x} - \boldsymbol{x}_0, \boldsymbol{y} - \boldsymbol{x}_0) < 0,\ \boldsymbol{y} \in \bar{K} \setminus L^{\bar{K}}\}.
\end{aligned}$$

Die Aussage (a) gilt also auch im Fall $0 < \bar{d} < n$.

Es sei nun $\boldsymbol{v} \neq \boldsymbol{o}$ ein solcher Vektor, daß $\boldsymbol{x}_0 + \boldsymbol{v} \in \operatorname{rel\,int} K^{\mathrm{p}}(\boldsymbol{x}_0)$ gilt (siehe 4.19b); weiter sei $\boldsymbol{x}_1 := \boldsymbol{x}_0 + \boldsymbol{v}$. Dann folgen aus Satz 4.9 die Inklusionen $K \subset \bar{K} \subset \bar{H}^-$, wobei $\bar{H}^- = \{\boldsymbol{x} \in \mathbb{E}_n \mid (\boldsymbol{x} - \boldsymbol{x}_0, \boldsymbol{x}_1 - \boldsymbol{x}_0) \leqq 0\}$ ist. Aus (a) folgt weiter $(\boldsymbol{v}, \boldsymbol{y} - \boldsymbol{x}_0) = 0$ für alle $\boldsymbol{y} \in L^{\bar{K}}$ und $(\boldsymbol{v}, \boldsymbol{y} - \boldsymbol{x}_0) < 0$ für alle $\boldsymbol{y} \in \bar{K} \setminus L^{\bar{K}}$. Hieraus ergibt sich $L^{\bar{K}} \subset R := \{\boldsymbol{x} \in \mathbb{E}_n \mid (\boldsymbol{x} - \boldsymbol{x}_0, \boldsymbol{v}) = 0\}$ und $\boldsymbol{y} \notin R$ für alle $\boldsymbol{y} \in \bar{K} \setminus L^{\bar{K}}$. Wegen $L^{\bar{K}} \subset \bar{K}$ ist daher $L^{\bar{K}} = R \cap \bar{K}$ und folglich $L^K \subset R \cap K$. □

Satz 4.14. *Es sei K ein n-dimensionaler konvexer Kegel in $\mathbb{E}_n$ mit einem Scheitel $\boldsymbol{x}_0$, weiter seien $p(\boldsymbol{x}_0; \boldsymbol{v})$ mit $\|\boldsymbol{v}\| = 1$ eine in* int K *gelegene offene Halbgerade und $\hat{\boldsymbol{x}}$ ein Punkt in $\mathbb{E}_n$. Dann ist der Durchschnitt von* int K *und der Halbgeraden $p(\hat{\boldsymbol{x}}; \boldsymbol{v})$ eine unbeschränkte Menge.*

Beweis. Im Fall $K = \mathbb{E}_n$ folgt die Aussage des Satzes unmittelbar. Falls $p(\boldsymbol{x}_0; \boldsymbol{v}) \subset p(\hat{\boldsymbol{x}}; \boldsymbol{v})$ oder $p(\hat{\boldsymbol{x}}; \boldsymbol{v}) \subset p(\boldsymbol{x}_0; \boldsymbol{v})$ gilt, so ist $p(\hat{\boldsymbol{x}}; \boldsymbol{v}) \cap \operatorname{int} K = p(\boldsymbol{x}_0; \boldsymbol{v})$ oder $p(\boldsymbol{x}_0; \boldsymbol{v}) \cap \operatorname{int} K = p(\hat{\boldsymbol{x}}; \boldsymbol{v})$; die Aussage des Satzes gilt also auch in diesen Fällen.

Es sei nun $K \neq \mathbb{E}_n$, $p(\boldsymbol{x}_0; \boldsymbol{v}) \not\subset p(\hat{\boldsymbol{x}}; \boldsymbol{v})$ und $p(\hat{\boldsymbol{x}}; \boldsymbol{v}) \not\subset p(\boldsymbol{x}_0; \boldsymbol{v})$. Die die Halbgerade $p(\boldsymbol{x}_0; \boldsymbol{v})$ und den Punkt $\hat{\boldsymbol{x}}$ enthaltende Ebene L_2 ist ein Kegel mit einem Scheitel $\boldsymbol{x}_0$. Nach Satz 4.2 ist dann auch die Menge $K_2 := L_2 \cap K$ ein konvexer Kegel mit einem Scheitel $\boldsymbol{x}_0$. Wegen $p(\boldsymbol{x}_0; \boldsymbol{v}) \subset L_2 \cap \operatorname{int} K = \operatorname{int} L_2 \cap \operatorname{int} K$ folgt nach Satz 2.11

$$p(\boldsymbol{x}_0; \boldsymbol{v}) \subset \operatorname{rel\,int} K_2 = L_2 \cap \operatorname{int} K; \tag{4.24}$$

dabei ist $L_2 \cap \operatorname{int} K$ eine zweidimensionale konvexe Menge. Im Fall $p(\hat{\boldsymbol{x}}; \boldsymbol{v}) \cap \operatorname{rel\,int} K_2 = \emptyset$ würde wegen $p(\boldsymbol{x}_0; \boldsymbol{v}) \subset K_2$ und wegen $p(\boldsymbol{x}_0; \boldsymbol{v}) \not\subset p(\hat{\boldsymbol{x}}; \boldsymbol{v})$, $p(\hat{\boldsymbol{x}}; \boldsymbol{v}) \not\subset p(\boldsymbol{x}_0; \boldsymbol{v})$ folgen, daß die Halbgerade $p(\boldsymbol{x}_0; \boldsymbol{v})$ zu mRand des Kegels K_2 gehört. Das widerspricht aber der Inklusion (4.24), also gilt $p(\hat{\boldsymbol{x}}; \boldsymbol{v}) \cap \operatorname{rel\,int} K_2 \neq \emptyset$. Wir wählen nun einen beliebigen Punkt $\boldsymbol{x} \in p(\hat{\boldsymbol{x}}; \boldsymbol{v}) \cap \operatorname{rel\,int} K_2$. Nach (4.24) ist $\boldsymbol{x} \in \operatorname{int} K$, und die in der Halbgeraden $p(\hat{\boldsymbol{x}}; \boldsymbol{v})$ gelegene Halbgerade $p(\boldsymbol{x}; \boldsymbol{v})$ liegt nach Satz 2.12 in der Menge $\operatorname{int} K$. Somit ist der Durchschnitt $p(\hat{\boldsymbol{x}}; \boldsymbol{v}) \cap \operatorname{int} K$ unbeschränkt. □

Bemerkung 4.8. Die Aussage des Satzes 4.14 muß nicht gelten, wenn statt der Voraussetzung $p(\boldsymbol{x}_0; \boldsymbol{v}) \subset \operatorname{int} K$ die Voraussetzung $p(\boldsymbol{x}_0; \boldsymbol{v}) \subset K$ gesetzt wird. Wenn wir in $\mathbb{E}_2$ den Kegel $K := \{(x, y) \in \mathbb{E}_2 \mid x \geqq 0,\ y \geqq 0\}$ nehmen, den Vektor $\boldsymbol{v} = (1, 0)$ und den Punkt $\boldsymbol{x}_0 = (0, 0)$, so liegt die Halbgerade $p(\boldsymbol{x}_0; \boldsymbol{v})$ in der Menge K; die vom Punkt $\hat{\boldsymbol{x}} = (0, -1)$ ausgehende Halbgerade $p(\hat{\boldsymbol{x}}, \boldsymbol{v})$ aber hat mit dem Kegel K einen leeren Durchschnitt.

Satz 4.15. *Es seien K_1 und K_2 n-dimensionale konvexe Kegel in $\mathbb{E}_n$, die durch eine Translation ineinander übergeführt werden können. Dann ist der Durchschnitt $K_1 \cap K_2$ eine unbeschränkte n-dimensionale konvexe Menge in $\mathbb{E}_n$.*

Beweis. Es sei $\boldsymbol{x}_0$ ein Scheitel des Kegels K_1. Da die Kegel K_1 und K_2 durch eine Translation ineinander überführbar sind, existiert ein Punkt $\hat{\boldsymbol{x}} \in \mathbb{E}_n$, so daß

$$K_2 = \{\boldsymbol{x} \in \mathbb{E}_n \mid \boldsymbol{x} = \hat{\boldsymbol{x}} + t(\boldsymbol{y} - \boldsymbol{x}_0),\ \boldsymbol{y} \in K_1,\ t \geqq 0\}$$

ist. Es sei nun $\boldsymbol{x}_1$ ein beliebiger Punkt der Menge $\operatorname{int} K_1$, $\boldsymbol{x}_1 \neq \boldsymbol{x}_0$, und wir setzen $\boldsymbol{v} := \boldsymbol{x}_1 - \boldsymbol{x}_0$. Dann liegt die Halbgerade $p(\hat{\boldsymbol{x}}; \boldsymbol{v})$ in der Menge $\operatorname{int} K_2$, und nach Satz 4.14 ist der Durchschnitt $p(\hat{\boldsymbol{x}}; \boldsymbol{v}) \cap \operatorname{int} K_1$ eine unbeschränkte Menge. Die Menge $\operatorname{int} K_1 \cap \operatorname{int} K_2$ ist daher ebenfalls unbeschränkt. Da für die offenen und konvexen Mengen $\operatorname{int} K_1$ und $\operatorname{int} K_2$ nach Satz 2.11 gilt, daß $\operatorname{int} K_1 \cap \operatorname{int} K_2 = \operatorname{int} (K_1 \cap K_2)$ ist, folgt, daß $\operatorname{int} (K_1 \cap K_2)$ eine offene n-dimensionale unbeschränkte konvexe Menge in $\mathbb{E}_n$ ist. Hieraus ergibt sich unmittelbar die Aussage des Satzes. □

5. Projektionskegel

Definition 5.1. Es seien M eine nichtleere Menge und $\boldsymbol{x}_0$ ein Punkt in $\mathbb{E}_n$. Dann nennt man die Menge

$$P_M(\boldsymbol{x}_0) := \{\boldsymbol{x} \in \mathbb{E}_n \mid \boldsymbol{x} = \boldsymbol{x}_0 + t(\boldsymbol{y} - \boldsymbol{x}_0),\ \boldsymbol{y} \in M,\ t \geqq 0\} \tag{5.1}$$

den *Projektionskegel* der Menge M bezüglich des Punktes $\boldsymbol{x}_0$.

Bemerkung 5.1. Aus der Definition 5.1 folgt, daß die Menge $P_M(\boldsymbol{x}_0)$ ein Kegel mit einem Scheitel $\boldsymbol{x}_0$ in $\mathbb{E}_n$ ist. Da die Punkte aus der Menge M gerade diejenigen Punkte des Kegels $P_M(\boldsymbol{x}_0)$ sind, die dem Parameterwert $t = 1$ entsprechen, gilt

$$M \subset P_M(\boldsymbol{x}_0). \tag{5.2}$$

Satz 5.1. *Es sei M eine nichtleere konvexe Menge in $\mathbb{E}_n$. Dann ist für jeden Punkt $\boldsymbol{x}_0 \in \mathbb{E}_n$ die Menge $P_M(\boldsymbol{x}_0)$ ein konvexer Kegel mit einem Scheitel $\boldsymbol{x}_0$ in $\mathbb{E}_n$.*

Beweis. Nach Bemerkung 5.1 ist $P_M(\boldsymbol{x}_0)$ ein Kegel mit einem Scheitel $\boldsymbol{x}_0$. Für eine einelementige Menge $P_M(\boldsymbol{x}_0)$ gilt die Behauptung trivialerweise. Andernfalls seien $\boldsymbol{x}_1$ und $\boldsymbol{x}_2$ beliebige Punkte der Menge $P_M(\boldsymbol{x}_0)$ mit $\boldsymbol{x}_1 \neq \boldsymbol{x}_2$. Liegen diese Punkte auf einer Geraden, die auch den Scheitel $\boldsymbol{x}_0$ enthält, so folgt aus (5.1), daß auch alle ihre Konvexkombinationen und daher die abgeschlossene Strecke mit den Randpunkten $\boldsymbol{x}_1$ und $\boldsymbol{x}_2$ zum Kegel $P_M(\boldsymbol{x}_0)$ gehört. Andernfalls sind die Punkte $\boldsymbol{x}_0$, $\boldsymbol{x}_1$, $\boldsymbol{x}_2$ linear unabhängig, und sie bestimmen eine Ebene $\mathbb{E}_2$, die diese Punkte enthält. Wegen $\boldsymbol{x}_i \in P_M(\boldsymbol{x}_0)$ gibt es nach (5.1) einen Punkt $\boldsymbol{y}_i \in M$ und ein $t_i > 0$ mit $\boldsymbol{x}_i = \boldsymbol{x}_0 + t_i(\boldsymbol{y}_i - \boldsymbol{x}_0)$ $(i = 1, 2)$, wobei — wegen der Konvexität der Menge M — die offene Strecke $u(\boldsymbol{y}_1, \boldsymbol{y}_2)$ zur Menge M gehört. Es sei nun $\tilde{\boldsymbol{x}}$ ein beliebiger Punkt der offenen Strecke $u(\boldsymbol{x}_1, \boldsymbol{x}_2)$ (die ebenso wie die Strecke $u(\boldsymbol{y}_1, \boldsymbol{y}_2)$ in der Ebene $\mathbb{E}_2$ liegt), dann schneidet die in $\mathbb{E}_2$ liegende Halbgerade $\overline{p} := \overline{p}(\boldsymbol{x}_0, \tilde{\boldsymbol{x}} - \boldsymbol{x}_0)$ die Strecke $u(\boldsymbol{y}_1, \boldsymbol{y}_2)$ in genau einem Punkt $\tilde{\boldsymbol{y}}$ mit $\tilde{\boldsymbol{y}} \neq \boldsymbol{x}_0$, der wegen $u(\boldsymbol{y}_1, \boldsymbol{y}_2) \subset M$ zur Menge M gehört. Die Halbgerade $\overline{p}$ hat daher auch die Darstellung

$$\overline{p} = \{\boldsymbol{x} \in \mathbb{E}_n \mid \boldsymbol{x} = \boldsymbol{x}_0 + \tau(\tilde{\boldsymbol{y}} - \boldsymbol{x}_0),\ \tau \geqq 0\};$$

nach (5.1) ist dann $\overline{p} \subset P_M(\boldsymbol{x}_0)$, woraus $\tilde{\boldsymbol{x}} \in P_M(\boldsymbol{x}_0)$ folgt. Also gilt $u(\boldsymbol{x}_1, \boldsymbol{x}_2) \subset P_M(\boldsymbol{x}_0)$, womit die Konvexität des Kegels $K_M(\boldsymbol{x}_0)$ gezeigt ist. □

Satz 5.2. *Es seien M eine konvexe d-dimensionale Menge in $\mathbb{E}_n$ $(0 \leqq d \leqq n)$ und L_d die lineare Hülle der Menge M. Dann gilt für den Projektionskegel $P_M(\boldsymbol{x}_0)$*

(a) $\dim P_M(\boldsymbol{x}_0) = \dim M \Leftrightarrow \boldsymbol{x}_0 \in L_d$;

(b) $\dim P_M(\boldsymbol{x}_0) = d + 1 \Leftrightarrow \boldsymbol{x}_0 \notin L_d$.

Beweis. Der Projektionskegel $P_M(\boldsymbol{x}_0)$ ist aufgrund der Konvexität der Menge M nach Satz 5.1 für jeden Punkt $\boldsymbol{x}_0 \in \mathbb{E}_n$ eine konvexe Menge. Wegen $M \subset P_M(\boldsymbol{x}_0)$ gilt dann für einen beliebigen Punkt $\boldsymbol{x}_0 \in \mathbb{E}_n$

$$d := \dim M \leqq \dim P_M(\boldsymbol{x}_0). \tag{5.3}$$

Im Fall $\boldsymbol{x}_0 \in L_d$ liegt jede von dem Punkt $\boldsymbol{x}_0$ ausgehende und einen Punkt $\boldsymbol{y} \in M$, $\boldsymbol{y} \neq \boldsymbol{x}_0$, enthaltende Halbgerade wegen $M \subset L_d$ in dem linearen Unterraum L_d. Also gilt $P_M(\boldsymbol{x}_0) \subset L_d$, und daher ist

$$d^* := \dim P_M(\boldsymbol{x}_0) \leqq \dim L_d = d.$$

Hieraus und aus (5.3) folgt $d^* = d$. Somit gilt

$$\boldsymbol{x}_0 \in L_d \Rightarrow \dim P_M(\boldsymbol{x}_0) = \dim M.$$

Wenn andererseits $\dim P_M(\boldsymbol{x}_0) = \dim M = d$ ist, so enthält die konvexe Menge $P_M(\boldsymbol{x}_0)$ wegen $M \subset P_M(\boldsymbol{x}_0)$ ein System von $d + 1$ linear unabhängigen Punkten aus der Menge M, und in jedem System mit mehr als $d + 1$ Punkten aus der Menge $P_M(\boldsymbol{x}_0)$ sind diese Punkte linear abhängig. Daher liegt die Menge $P_M(\boldsymbol{x}_0)$ in der linearen Hülle L_d der Menge M, und speziell ist $\boldsymbol{x}_0 \in L_d$. Also gilt die Äquivalenz (a) des Satzes.

Im Fall $\boldsymbol{x}_0 \notin L_d$ sei $\boldsymbol{x}_1, \ldots, \boldsymbol{x}_{d+1}$ ein beliebiges System linear unabhängiger Punkte der Menge M. Dann sind auch die $d + 2$ Punkte $\boldsymbol{x}_0, \boldsymbol{x}_1, \ldots, \boldsymbol{x}_{d+1}$ linear unabhängig; durch sie ist ein diese Punkte enthaltender linearer Unterraum L_{d+1} bestimmt. Wegen $L_d \subset L_{d+1}$ und $M \subset L_d$ liegt dann jede von dem Punkt $\boldsymbol{x}_0$ ausgehende und einen Punkt $\boldsymbol{y} \in M$ enthaltende Halbgerade in dem linearen Unterraum L_{d+1}. Nach (5.1) folgt daraus $P_M(\boldsymbol{x}_0) \subset L_{d+1}$, und da die linear unabhängigen Punkte $\boldsymbol{x}_0, \boldsymbol{x}_1, \ldots, \boldsymbol{x}_{d+1}$ dem konvexen Kegel $P_M(\boldsymbol{x}_0)$ angehören, ist also $\dim P_M(\boldsymbol{x}_0) = d + 1$. Wenn andererseits $\dim P_M(\boldsymbol{x}_0) = d + 1$ ist, so gilt aufgrund der bereits gezeigten Aussage (a) $\boldsymbol{x}_0 \notin L_d$. Damit ist auch die Äquivalenz (b) des Satzes gezeigt. □

Bemerkung 5.2. Wenn M eine nichtleere konvexe Menge in $\mathbb{E}_n$ ist und $\boldsymbol{x}_0$ ein beliebiger Punkt der Menge M, so gilt nach Satz 5.2 $\dim P_M(\boldsymbol{x}_0) = \dim M$. Im Fall $\boldsymbol{x}_0 \in \operatorname{rel\,int} M$ fällt der Projektionskegel $P_M(\boldsymbol{x}_0)$ offenbar mit der linearen Hülle der Menge M zusammen.

Satz 5.3. *Es seien M eine konvexe Menge mit $0 \leqq d := \dim M < n$ in $\mathbb{E}_n$, L_d ihre lineare Hülle, $\boldsymbol{x}_0$ ein nicht in dieser Menge L_d gelegener Punkt und $P_M(\boldsymbol{x}_0)$ der Projektionskegel der Menge M bezüglich des Punktes $\boldsymbol{x}_0$. Weiter sei $p(\boldsymbol{x}_0, \boldsymbol{y} - \boldsymbol{x}_0)$ für $\boldsymbol{y} \in M$ eine offene Halbgerade in $\mathbb{E}_n$. Dann gilt*

$$p(\boldsymbol{x}_0, \boldsymbol{y} - \boldsymbol{x}_0) \subset \operatorname{rel\,int} P_M(\boldsymbol{x}_0) \Leftrightarrow \boldsymbol{y} \in \operatorname{rel\,int} M. \tag{5.4}$$

Beweis. Im Fall $d = 0$ ist die Menge M einelementig, d. h. $M = \{\boldsymbol{y}\}$, und somit auch $\operatorname{rel\,int} M = \{\boldsymbol{y}\}$. Die Voraussetzung $\boldsymbol{x}_0 \notin L_d$ ist dann mit der Eigenschaft $\boldsymbol{x}_0 \neq \boldsymbol{y}$ äquivalent, und der Projektionskegel $P_M(\boldsymbol{x}_0)$ fällt mit der abgeschlossenen Halbgeraden $\bar{p}(\boldsymbol{x}_0, \boldsymbol{y} - \boldsymbol{x}_0)$ zusammen. Wegen $\operatorname{rel\,int} P_M(\boldsymbol{x}_0) = p(\boldsymbol{x}_0, \boldsymbol{y} - \boldsymbol{x}_0) = \bar{p}(\boldsymbol{x}_0, \boldsymbol{y} - \boldsymbol{x}_0) \setminus \{\boldsymbol{x}_0\}$ gilt daher im betrachteten Fall die Aussage des Satzes.

Im Fall $d \geqq 1$ ist wegen $\boldsymbol{x}_0 \notin L_d$ (nach Satz 5.2) $d^* := \dim P_M(\boldsymbol{x}_0) = d + 1$. Da die Menge $\operatorname{rel\,int} P_M(\boldsymbol{x}_0)$ nach Satz 2.4 konvex ist und die Dimension d^* hat, gibt es einen Punkt $\tilde{\boldsymbol{x}}$ mit

$$\tilde{\boldsymbol{x}} \in \operatorname{rel\,int} P_M(\boldsymbol{x}_0), \quad \tilde{\boldsymbol{x}} \neq \boldsymbol{x}_0. \tag{5.5}$$

Nach Bemerkung 5.1 liegt dann die offene Halbgerade $p(\boldsymbol{x}_0, \tilde{\boldsymbol{x}} - \boldsymbol{x}_0)$ in dem Kegel $P_M(\boldsymbol{x}_0)$ und wegen (5.5) offenbar auch in der Menge $\operatorname{rel\,int} P_M(\boldsymbol{x}_0)$. Aus der Definition 5.1 eines Projektionskegels folgt die Existenz eines Punktes $\tilde{\boldsymbol{y}} \in p(\boldsymbol{x}_0, \tilde{\boldsymbol{x}} - \boldsymbol{x}_0)$ mit $\tilde{\boldsymbol{y}} \in M$ und $\tilde{\boldsymbol{y}} \neq \boldsymbol{x}_0$, der in der Menge $\operatorname{rel\,int} P_M(\boldsymbol{x}_0)$ liegt, und es gilt $p(\boldsymbol{x}_0, \tilde{\boldsymbol{x}} - \boldsymbol{x}_0) = p(\boldsymbol{x}_0, \tilde{\boldsymbol{y}} - \boldsymbol{x}_0)$. Damit ist gezeigt, daß Punkte $\boldsymbol{y} \in M$ existieren, für die die Halbgeraden $p(\boldsymbol{x}_0, \boldsymbol{y} - \boldsymbol{x}_0)$ in der Menge $\operatorname{rel\,int} P_M(\boldsymbol{x}_0)$ liegen. Es sei nun $\boldsymbol{y}$ ein solcher Punkt aus der Menge M, daß die offene Halbgerade $p(\boldsymbol{x}_0, \boldsymbol{y} - \boldsymbol{x}_0)$ zur Menge $\operatorname{rel\,int} P_M(\boldsymbol{x}_0)$ gehört. Für jeden Punkt der Halbgeraden $p(\boldsymbol{x}_0, \boldsymbol{y} - \boldsymbol{x}_0)$ — und daher auch für den Punkt $\boldsymbol{y}$ — gibt es dann eine in der linearen Hülle L_{d+1} des Kegels $P_M(\boldsymbol{x}_0)$ gelegene $(d + 1)$-dimensionale ε-Umgebung, die zur Menge $P_M(\boldsymbol{x}_0)$ gehört. Es sei $U^*(\boldsymbol{y}; \varepsilon)$ eine solche Umgebung des Punktes $\boldsymbol{y}$. Der Durchschnitt $U^*(\boldsymbol{y}; \varepsilon) \cap L_d$ ist dann eine d-dimensionale sphärische Umgebung des Punktes $\boldsymbol{y}$ in dem linearen Unterraum L_d, die in der Menge $P_M(\boldsymbol{x}_0)$ liegt. Zu einem Punkt $\boldsymbol{z} \in U^*(\boldsymbol{y}; \varepsilon) \cap L_d$ gibt es nach Definition eines Projektionskegels einen Punkt $\boldsymbol{y}' \in M$ derart, daß der Punkt $\boldsymbol{z}$ der offenen, in $P_M(\boldsymbol{x}_0)$ gelegenen Halbgeraden $p(\boldsymbol{x}_0, \boldsymbol{y}' - \boldsymbol{x}_0)$ angehört. Wegen $M \subset L_d$ und $\boldsymbol{x}_0 \notin L_d$ schneidet die Halbgerade $p(\boldsymbol{x}_0; \boldsymbol{y}' - \boldsymbol{x}_0)$ den linearen Unterraum L_d in genau einem Punkt, woraus wegen $\boldsymbol{z} \in p(\boldsymbol{x}_0; \boldsymbol{y}' - \boldsymbol{x}_0)$, $z \in L_d$ und $M \subset L_d$ folgt, daß $\boldsymbol{z} = \boldsymbol{y}'$ ist. Da $\boldsymbol{z}$ ein beliebiger Punkt aus der Menge $U^*(\boldsymbol{y}; \varepsilon) \cap L_d$ war, gilt wegen $\boldsymbol{y}' \in M$, daß $U^*(\boldsymbol{y}; \varepsilon) \cap L_d \subset M$ ist und folglich $\boldsymbol{y} \in \operatorname{rel\,int} M$. Es gilt daher

$$p(\boldsymbol{x}_0, \boldsymbol{y} - \boldsymbol{x}_0) \subset \operatorname{rel\,int} P_M(\boldsymbol{x}_0) \Rightarrow \boldsymbol{y} \in \operatorname{rel\,int} M. \tag{5.6}$$

Wegen $\boldsymbol{y} \in p(\boldsymbol{x}_0, \boldsymbol{y} - \boldsymbol{x}_0)$ folgt aus (5.6)

$$\operatorname{rel\,int} P_M(\boldsymbol{x}_0) \cap \operatorname{rel\,int} M \neq \emptyset.$$

Da M und $P_M(\boldsymbol{x}_0)$ konvexe Mengen mit $M \subset P_M(\boldsymbol{x}_0)$ sind, ist nach Satz **2.14** dann auch

$$\operatorname{rel\,int} M \subset \operatorname{rel\,int} P_M(\boldsymbol{x}_0). \tag{5.7}$$

Es sei nun $\boldsymbol{y}$ ein beliebiger Punkt der Menge $\operatorname{rel\,int} M$. Wegen $\boldsymbol{x}_0 \notin L_d$ und $M \subset L_d$ ist $\boldsymbol{y} \neq \boldsymbol{x}_0$, und wegen (5.7) ist $\boldsymbol{y} \in \operatorname{rel\,int} P_M(\boldsymbol{x}_0)$. Hieraus folgt (vergleiche die obigen Schlüsse für den Punkt $\tilde{\boldsymbol{x}}$ mit den Eigenschaften (5.5) und für die offene Halbgerade $p(\boldsymbol{x}_0; \tilde{\boldsymbol{x}} - \boldsymbol{x}_0)$) die Inklusion $p(\boldsymbol{x}_0; \boldsymbol{y} - \boldsymbol{x}_0) \subset \operatorname{rel\,int} P_M(\boldsymbol{x}_0)$. Es gilt also die Implikation

$$\boldsymbol{y} \in \operatorname{rel\,int} M \Rightarrow p(\boldsymbol{x}_0; \boldsymbol{y} - \boldsymbol{x}_0) \subset \operatorname{rel\,int} P_M(\boldsymbol{x}_0).$$

Das liefert dann zusammen mit (5.6) die Aussage des Satzes. □

Bemerkung 5.3. Es sei M eine nichtleere konvexe Menge in $\mathbb{E}_n$, $\boldsymbol{x}_0 \in \mathbb{E}_n$, dann ist nach Satz 2.5 die Verbindungsmenge

$$P(\boldsymbol{x}_0; M) := \{\boldsymbol{x} \in \mathbb{E}_n \mid \boldsymbol{x} = \lambda_1 \boldsymbol{x}_0 + \lambda_2 \boldsymbol{y},\ \boldsymbol{y} \in M,\ \lambda_1 \geqq 0,\ \lambda_2 \geqq 0,\ \lambda_1 + \lambda_2 = 1\}$$

eine konvexe Menge in $\mathbb{E}_n$. Setzt man $\lambda_2 = t$, so ist $\lambda_1 = 1 - t$, und man kann die Verbindungsmenge in der Form

$$P(\boldsymbol{x}_0; M) = \{\boldsymbol{x} \in \mathbb{E}_n \mid \boldsymbol{x} = \boldsymbol{x}_0 + t(\boldsymbol{y} - \boldsymbol{x}_0),\ \boldsymbol{y} \in M,\ t \in [0, 1]\}$$

darstellen. Hieraus und aus Definition 5.1 des Projektionskegels $P_M(\boldsymbol{x}_0)$ folgt $P(\boldsymbol{x}_0; M) \subset P_M(\boldsymbol{x}_0)$ (Abb. 5.1).

Satz 5.4. *Es sei M eine nichtleere abgeschlossene konvexe Menge in $\mathbb{E}_n$. Dann gilt*

$$M = \bigcap_{\boldsymbol{x}_0 \in E_n} P_M(\boldsymbol{x}_0) = \bigcap_{\boldsymbol{x}_0 \in M} P_M(\boldsymbol{x}_0).$$

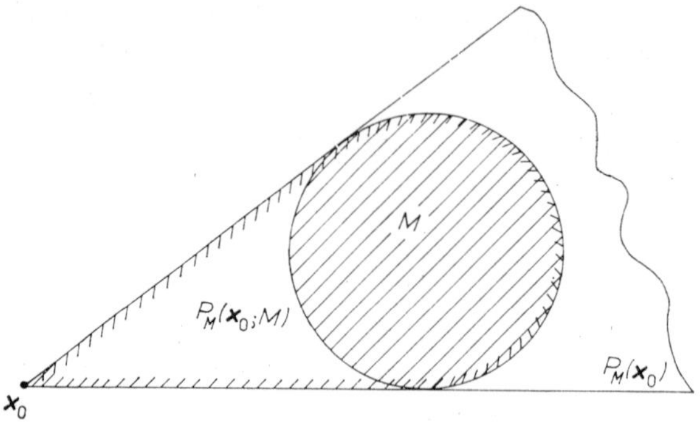

Abb. 5.1

Beweis. Nach Bemerkung 5.1 ist $M \subset P_M(\boldsymbol{x}_0)$ für jeden Punkt $\boldsymbol{x}_0 \in \mathbb{E}_n$. Daher gilt

$$M \subset \bigcap_{\boldsymbol{x}_0 \in E_n} P_M(\boldsymbol{x}_0) \subset \bigcap_{\boldsymbol{x}_0 \in M} P_M(\boldsymbol{x}_0). \tag{5.8}$$

Wir nehmen nun an, daß es einen Punkt $\boldsymbol{y}^*$ gibt mit

$$\boldsymbol{y}^* \in \bigcap_{\boldsymbol{x}_0 \in M} P_M(\boldsymbol{x}_0) \tag{5.9}$$

und $\boldsymbol{y}^* \notin M$. Wegen $M \neq \emptyset$ und $M = \overline{M}$ gibt es einen Punkt $\tilde{\boldsymbol{x}} \in M$ derart, daß

$$\varrho(\boldsymbol{y}^*, M) := \inf_{\boldsymbol{x} \in M} (\|\boldsymbol{y}^* - \boldsymbol{x}\|) = \varrho(\boldsymbol{y}^*, \tilde{\boldsymbol{x}}) > 0$$

ist. Wir betrachten nun die Hyperebene

$$R := \{\boldsymbol{x} \in \mathbb{E}_n \mid (\boldsymbol{y}^* - \tilde{\boldsymbol{x}}, \boldsymbol{x} - \tilde{\boldsymbol{x}}) = 0\}$$

und die ihr zugehörigen offenen Halbräume

$$H^+ := \{\boldsymbol{x} \in \mathbb{E}_n \mid (\boldsymbol{y}^* - \tilde{\boldsymbol{x}}, \boldsymbol{x} - \tilde{\boldsymbol{x}}) > 0\},$$

$$H^- := \{\boldsymbol{x} \in \mathbb{E}_n \mid (\boldsymbol{y}^* - \tilde{\boldsymbol{x}}, \boldsymbol{x} - \tilde{\boldsymbol{x}}) < 0\}.$$

Offenbar gilt $\boldsymbol{y}^* \in H^+$. Gäbe es einen Punkt $\boldsymbol{x}^* \in M$ mit $\boldsymbol{x}^* \in H^+$, so läge die offene Strecke $u(\boldsymbol{x}^*, \tilde{\boldsymbol{x}})$ in der Menge M (wegen $\boldsymbol{x}^* \in M$, $\tilde{\boldsymbol{x}} \in M$ und wegen der Konvexität der Menge M) und zugleich in dem Halbraum H^+. Dann existierte aber ein Punkt der offenen Strecke $u(\boldsymbol{x}^*, \tilde{\boldsymbol{x}})$, dessen Abstand von dem Punkt $\boldsymbol{y}^*$ kleiner als $\varrho(\boldsymbol{y}^*, \tilde{\boldsymbol{x}})$ wäre. Das widerspricht jedoch der Definition von $\varrho(\boldsymbol{y}^*, \tilde{\boldsymbol{x}})$. Es gilt daher $M \subset \overline{H}^-$. Da die Mengen

$$\{\boldsymbol{x} \in \mathbb{E}_n \mid \boldsymbol{x} = \tilde{\boldsymbol{x}} + t(\boldsymbol{y} - \tilde{\boldsymbol{x}}),\ t \geqq 0\}, \quad \boldsymbol{y} \in M,$$

wegen $M \subset \overline{H}^-$ und $\tilde{\boldsymbol{x}} \in R$ zum Halbraum $\overline{H}^-$ gehören, liegt der Projektionskegel

$$P_M(\tilde{\boldsymbol{x}}) := \{\boldsymbol{x} \in \mathbb{E}_n \mid \boldsymbol{x} = \tilde{\boldsymbol{x}} + t(\boldsymbol{y} - \tilde{\boldsymbol{x}}),\ \boldsymbol{y} \in M,\ t \geqq 0\}$$

im Halbraum $\overline{H}^-$. Aus $\boldsymbol{y}^* \in H^+$ folgt dann $\boldsymbol{y}^* \notin P_M(\tilde{\boldsymbol{x}})$, im Widerspruch zu (5.9). Es gilt also

$$\boldsymbol{y} \in \bigcap_{\boldsymbol{x}_0 \in M} P_M(\boldsymbol{x}_0) \Rightarrow \boldsymbol{y} \in M,$$

was zusammen mit (5.8) die Aussage des Satzes liefert. □

Bemerkung 5.4. Wenn M eine abgeschlossene d-dimensionale konvexe Menge ($0 \leqq d \leqq n$) ist und L_d ihre lineare Hülle, so ist im Fall $M \neq L_d$ der Rand $\partial M := \overline{M} \setminus$ rel int M eine nichtleere Menge, und es gilt

$$M = \bigcap_{\boldsymbol{x}_0 \in \partial M} P_M(\boldsymbol{x}_0).$$

Diese Aussage folgt unmittelbar aus Satz 5.4 und aus der Tatsache, daß $P_M(\boldsymbol{x}_0) = L_d$ für jeden Punkt $\boldsymbol{x}_0 \in$ rel int M ist.

Bemerkung 5.5. Falls eine nichtleere konvexe Menge $M \subset \mathbb{E}_n$ nicht abgeschlossen ist, so muß die Aussage des Satzes 5.4 im allgemeinen nicht gelten. Wenn zum Beispiel L_d die lineare Hülle einer d-dimensionalen konvexen Menge $M \subset \mathbb{E}_n$ ($1 \leqq d \leqq n$) mit $M \neq L_d$ ist und M eine offene Menge bezüglich des linearen Unterraumes L_d, dann gilt $P_M(\boldsymbol{x}_0) = L_d$ für jeden Punkt $\boldsymbol{x}_0 \in M$, und daher ist in diesem Fall

$$\bigcap_{\boldsymbol{x}_0 \in M} P_M(\boldsymbol{x}_0) = L_d \neq M.$$

6. Lokale Berührungskegel

Der Begriff eines Berührungskegels an eine gegebene nichtleere Menge $M \subset \mathbb{E}_n$ in einem beliebigen Punkt dieser Menge läßt sich als eine Verallgemeinerung des Begriffs eines Tangentialraumes in einem Punkt einer glatten Mannigfaltigkeit in $\mathbb{E}_n$ einführen. In der mathematischen Literatur gibt es mehrere (im allgemeinen nichtäquivalente) Begriffe eines Berührungskegels an Mengen in linearen Räumen. Die übliche Metrik des euklidischen Raumes $\mathbb{E}_n$ ermöglicht es uns, einen solchen Begriff eines lokalen Berührungskegels an eine beliebige nichtleere Menge $M \subset \mathbb{E}_n$ zu definieren, der anschaulich ist und mehrere bekannte Konzeptionen umfaßt. Bevor wir den entsprechenden Begriff einführen, schicken wir einige Hilfsbetrachtungen voraus.

Lemma 6.1. *Es seien $\boldsymbol{x}_0$ ein Punkt und $\boldsymbol{v}$ ein Vektor in $\mathbb{E}_n$, $\|\boldsymbol{v}\| = 1$. Dann hat die Menge*

$$U(\boldsymbol{x}_0; \boldsymbol{v}; \varepsilon) := \left\{\boldsymbol{x} \in \mathbb{E}_n \mid \|\boldsymbol{x} - \boldsymbol{x}_0\| - \sqrt{1 + \varepsilon^2}\,(\boldsymbol{x} - \boldsymbol{x}_0, \boldsymbol{v}) < 0\right\} \tag{6.1}$$

für jedes $\varepsilon > 0$ die folgenden Eigenschaften:

(a) *Die Abschließung $\overline{U}(\boldsymbol{x}_0; \boldsymbol{v}; \varepsilon)$ der Menge $U(\boldsymbol{x}_0, \boldsymbol{v}; \varepsilon)$ ist ein n-dimensionaler konvexer Kegel in $\mathbb{E}_n$ mit dem Punkt $\boldsymbol{x}_0$ als einzigem Scheitel;*

(b) $\operatorname{int} \overline{U}(\boldsymbol{x}_0; \boldsymbol{v}; \varepsilon) = U(\boldsymbol{x}_0; \boldsymbol{v}; \varepsilon)$;

(c) *für die offene Halbgerade*

$$p(\boldsymbol{x}_0; \boldsymbol{v}) := \{\boldsymbol{x} \in \mathbb{E}_n \mid \boldsymbol{x} = \boldsymbol{x}_0 + t\boldsymbol{v},\ t > 0\} \quad \text{gilt}$$

$$p(\boldsymbol{x}_0; \boldsymbol{v}) \subset U(\boldsymbol{x}_0; \boldsymbol{v}; \varepsilon). \tag{6.2}$$

Beweis. Es sei $\boldsymbol{x}$ ein beliebiger Punkt der Menge $U(\boldsymbol{x}_0; \boldsymbol{v}; \varepsilon)$. Dann gilt für einen Punkt $\boldsymbol{x}_t := \boldsymbol{x}_0 + t(\boldsymbol{x} - \boldsymbol{x}_0)$ mit $t > 0$, daß

$$\|\boldsymbol{x}_t - \boldsymbol{x}_0\| - \sqrt{1 + \varepsilon^2}\,(\boldsymbol{x}_t - \boldsymbol{x}_0, \boldsymbol{v}) = t\left(\|\boldsymbol{x} - \boldsymbol{x}_0\| - \sqrt{1 + \varepsilon^2}\,(\boldsymbol{x} - \boldsymbol{x}_0, \boldsymbol{v})\right) < 0$$

ist, und daher $\boldsymbol{x}_t \in U(\boldsymbol{x}_0; \boldsymbol{v}; \varepsilon)$ für jedes $t > 0$. Hieraus folgt, daß die Menge $U(\boldsymbol{x}_0; \boldsymbol{v}; \varepsilon) \cup \{\boldsymbol{x}_0\}$ ein Kegel mit einem Scheitel $\boldsymbol{x}_0$ ist. Wir betrachten nun die Hyperebene

$$R_1 := \{\boldsymbol{x} \in \mathbb{E}_n \mid (\boldsymbol{x} - \boldsymbol{x}_0, \boldsymbol{v}) = 1\}$$

und die Menge

$$Q_\varepsilon := \left\{\boldsymbol{x} \in \mathbb{E}_n \mid \|\boldsymbol{x} - \boldsymbol{x}_0\| < \sqrt{1 + \varepsilon^2}\right\},$$

die das Innere einer Hypersphäre mit dem Mittelpunkt $\boldsymbol{x}_0$ und dem Halbmesser $r = \sqrt{1 + \varepsilon^2}$ ist. Nach (6.1) gilt dann $U(\boldsymbol{x}_0; \boldsymbol{v}; \varepsilon) \cap R_1 = Q_\varepsilon \cap R_1$. Da Q_ε und R_1 konvexe Mengen sind, ist auch die Menge $U(\boldsymbol{x}_0; \boldsymbol{v}; \varepsilon) \cap R_1$ konvex; sie hat die Dimension $n - 1$ und enthält nicht den Punkt $\boldsymbol{x}_0$. Der Kegel $U(\boldsymbol{x}_0; \boldsymbol{v}; \varepsilon) \cup \{\boldsymbol{x}_0\}$ schneidet die Hyperebene R_1 in der konvexen Menge $Q_\varepsilon \cap R_1$; deren lineare Hülle ist die Hyperebene R_1 und enthält nicht den Punkt $\boldsymbol{x}_0$. Der Kegel $U(\boldsymbol{x}_0; \boldsymbol{v}; \varepsilon) \cup \{\boldsymbol{x}_0\}$ ist offenbar der Projektionskegel der konvexen Menge $Q_\varepsilon \cap R_1$ bezüglich des Punktes $\boldsymbol{x}_0$. Nach Satz 5.1 und Satz 5.2 ist er ein konvexer n-dimensionaler Kegel in $\mathbb{E}_n$ mit einem Scheitel $\boldsymbol{x}_0$. Hieraus folgt nach Satz 2.3, daß die Menge

$$\overline{U}(\boldsymbol{x}_0; \boldsymbol{v}; \varepsilon) \cup \{\boldsymbol{x}_0\} = \overline{U}(\boldsymbol{x}_0; \boldsymbol{v}; \varepsilon) = \left\{\boldsymbol{x} \in \mathbb{E}_n \mid \|\boldsymbol{x} - \boldsymbol{x}_0\| - \sqrt{1 + \varepsilon^2}\,(\boldsymbol{x} - \boldsymbol{x}_0, \boldsymbol{v}) \leqq 0\right\} \tag{6.3}$$

ein abgeschlossener konvexer Kegel der Dimension n mit einem Scheitel $\boldsymbol{x}_0$ ist. Hätte dieser Kegel neben dem Scheitel $\boldsymbol{x}_0$ noch einen anderen Scheitel $\boldsymbol{x}_0'$, dann wäre — nach Satz 4.1 — seine Scheitelmenge ein linearer Unterraum, der mindestens eine Gerade enthielte. Aus der Darstellung (6.3) folgt jedoch, daß das nicht möglich ist. Also ist $\boldsymbol{x}_0$ der einzige Scheitel des n-dimensionalen konvexen Kegels $\overline{U}(\boldsymbol{x}_0; \boldsymbol{v}; \varepsilon)$.

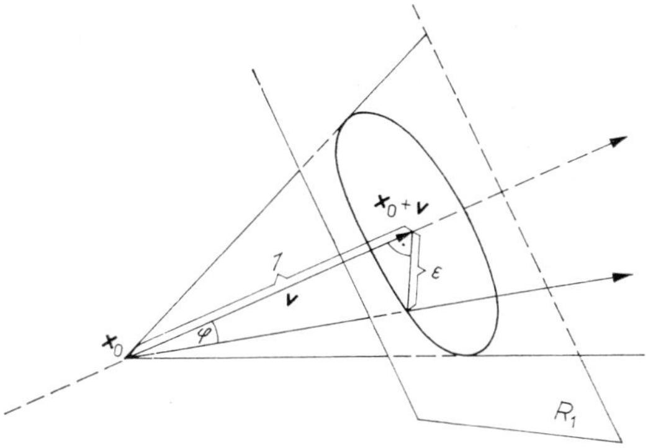

Abb. 6.1

Die Aussage (b) folgt unmittelbar aus den Darstellungen (6.1) und (6.3) der Mengen $U(\boldsymbol{x}_0; \boldsymbol{v}; \varepsilon)$ und $\overline{U}(\boldsymbol{x}_0; \boldsymbol{v}; \varepsilon)$.

Für die Punkte $\boldsymbol{x}$ der Halbgeraden $p(\boldsymbol{x}_0; \boldsymbol{v})$ gilt

$$\begin{aligned}\|\boldsymbol{x} - \boldsymbol{x}_0\| - \sqrt{1 + \varepsilon^2}\,(\boldsymbol{x} - \boldsymbol{x}_0, \boldsymbol{v}) &= t\,\|\boldsymbol{v}\| - t\sqrt{1 + \varepsilon^2}\,(\boldsymbol{v}, \boldsymbol{v}) \\ &= t\left(1 - \sqrt{1 + \varepsilon^2}\right) < 0,\end{aligned}$$

woraus unmittelbar die Aussage (c) folgt. □

Bemerkung 6.1. Vom geometrischen Gesichtspunkt her bildet die Menge $U(\boldsymbol{x}_0; \boldsymbol{v}; \varepsilon)$ das Innere eines n-dimensionalen Rotationskegels mit einem Scheitel $\boldsymbol{x}_0$, einer Rotationsachse in Richtung des Vektors $\boldsymbol{v}$ und einem Öffnungswinkel $\varphi = \arctan \varepsilon$ (d. h. dem Winkel zwischen der Rotationsachse und einer beliebigen von dem Punkt $\boldsymbol{x}_0$ ausgehenden abgeschlossenen Halbgeraden, die in der Mantelfläche des Kegels $U(\boldsymbol{x}_0; \boldsymbol{v}; \varepsilon)$ liegt) (Abb. 6.1).

Definition 6.1. Es seien $\boldsymbol{x}_0$ ein Punkt und $\boldsymbol{v}$ ein Vektor in $\mathbb{E}_n$, $\|\boldsymbol{v}\| = 1$. Dann heißt die Menge $U(\boldsymbol{x}_0; \boldsymbol{v}; \varepsilon)$ aus (6.1) eine *ε-Kegelumgebung* in $\mathbb{E}_n$ der offenen Halbgeraden $p(\boldsymbol{x}_0; \boldsymbol{v})$.

Definition 6.2. Es seien $p(\boldsymbol{x}_0, \boldsymbol{v})$ eine offene Halbgerade und $U(\boldsymbol{x}_0; \boldsymbol{v}; \varepsilon)$ eine ε-Kegelumgebung dieser Halbgeraden in $\mathbb{E}_n$; weiter seien H ein offener Halbraum in $\mathbb{E}_n$ und R_H dessen Randhyperebene. Falls

(a) $\boldsymbol{x}_0 \in H$ ist und
(b) $U(\boldsymbol{x}_0; \boldsymbol{v}; \varepsilon) \cap R_H$ eine nichtleere beschränkte Menge ist, so nennen wir die Menge

$$\gamma(U, H) := U(\boldsymbol{x}_0; \boldsymbol{v}; \varepsilon) \cap R_H$$

einen *echten Schnitt* der ε-Kegelumgebung der Halbgeraden $p(\boldsymbol{x}_0; \boldsymbol{v})$.

Definition 6.3. Ein echter Schnitt $\gamma(U, H')$ einer ε-Kegelumgebung $U(\boldsymbol{x}_0; \boldsymbol{v}; \varepsilon)$ einer Halbgeraden $p(\boldsymbol{x}_0; \boldsymbol{v})$ heißt *feiner* als ein echter Schnitt $\gamma(U, H)$ derselben Umgebung, falls

$$\gamma(U, H') \subset H \cap U(\boldsymbol{x}_0; \boldsymbol{v}; \varepsilon)$$

gilt (Bezeichnung: $\gamma(U, H') < \gamma(U, H)$).

Bemerkung 6.2. Die Relation $<$ ist transitiv, d. h. $\gamma(U, H'') < \gamma(U, H')$, $\gamma(U, H') < \gamma(U, H) \Rightarrow \gamma(U, H'') < \gamma(U, H)$.

Definition 6.4. Es seien M eine nichtleere Menge in $\mathbb{E}_n$, $\boldsymbol{x}_0$ ein Punkt der Menge M und $p(\boldsymbol{x}_0; \boldsymbol{v})$ eine offene Halbgerade mit $\|\boldsymbol{v}\| = 1$. Wenn zu jeder ε-Kegelumgebung $U(\boldsymbol{x}_0; \boldsymbol{v}; \varepsilon)$ ein echter Schnitt $\gamma(U, H)$ existiert, so daß

$$\gamma(U, H') \cap M \neq \emptyset$$

für alle echten Schnitte $\gamma(U, H') < \gamma(U, H)$ gilt, so nennen wir die Halbgerade $p(\boldsymbol{x}_0; \boldsymbol{v})$ eine *σ-Halbgerade* der Menge M im Punkt $\boldsymbol{x}_0$.

Definition 6.5. Es seien M eine nichtleere Menge in $\mathbb{E}_n$, $\boldsymbol{x}_0$ ein Punkt der Menge M und S die Menge aller σ-Halbgeraden der Menge M im Punkt $\boldsymbol{x}_0$. Dann nennen wir die Menge

$$K_M(\boldsymbol{x}_0) := S \cup \{\boldsymbol{x}_0\} \tag{6.4}$$

einen *lokalen Berührungskegel* der Menge M im Punkt $\boldsymbol{x}_0 \in M$.

Satz 6.1. *Es seien M eine nichtleere Menge in $\mathbb{E}_n$ und $\boldsymbol{x}_0$ ein Punkt der Menge M. Dann ist der lokale Berührungskegel der Menge M im Punkt $\boldsymbol{x}_0$ ein abgeschlossener Kegel mit einem Scheitel $\boldsymbol{x}_0$.*

Beweis. Aus Definition 6.5 folgt unmittelbar, daß die Menge $K_M(\boldsymbol{x}_0)$ ein Kegel in $\mathbb{E}_n$ mit einem Scheitel $\boldsymbol{x}_0$ ist.

Im Fall $S = \emptyset$ bzw. im Fall $S = \mathbb{E}_n \setminus \{\boldsymbol{x}_0\}$ ist $K_M(\boldsymbol{x}_0) = \{\boldsymbol{x}_0\}$ bzw. $K_M(\boldsymbol{x}_0) = \mathbb{E}_n$, woraus unmittelbar die Aussage des Satzes folgt. Andernfalls gibt es wenigstens einen Randpunkt $\tilde{\boldsymbol{x}}$ der Menge $K_M(\boldsymbol{x}_0)$ mit $\tilde{\boldsymbol{x}} \neq \boldsymbol{x}_0$. Wir wählen nun eine ε-Kegelumgebung $\tilde{U}(\boldsymbol{x}_0; \tilde{\boldsymbol{v}}; \varepsilon)$ der offenen Halbgeraden

$$p(\boldsymbol{x}_0; \tilde{\boldsymbol{v}}) := \{\boldsymbol{x} \in \mathbb{E}_n \mid \boldsymbol{x} = \boldsymbol{x}_0 + t\tilde{\boldsymbol{v}},\ t > 0\} \left(\tilde{\boldsymbol{v}} := \frac{\tilde{\boldsymbol{x}} - \boldsymbol{x}_0}{\|\tilde{\boldsymbol{x}} - \boldsymbol{x}_0\|}\right);$$

dann existiert — da $\tilde{\boldsymbol{x}}$ ein von dem Punkt $\boldsymbol{x}_0$ verschiedener Randpunkt (bezüglich des Raumes $\mathbb{E}_n$) des Kegels $K_M(\boldsymbol{x}_0)$ ist — eine σ-Halbgerade

$$p(\boldsymbol{x}_0, \boldsymbol{v}^*) := \{\boldsymbol{x} \in \mathbb{E}_n \mid \boldsymbol{x} = \boldsymbol{x}_0 + t\boldsymbol{v}^*,\ t > 0\} \quad (\|\boldsymbol{v}^*\| = 1)$$

mit $p(\boldsymbol{x}_0, \boldsymbol{v}^*) \subset \tilde{U}(\boldsymbol{x}_0; \tilde{\boldsymbol{v}}; \varepsilon)$. Daher gibt es eine positive Zahl $\varepsilon^* < \varepsilon$, so daß für die zugehörige ε^*-Kegelumgebung $U^*(\boldsymbol{x}_0; \boldsymbol{v}^*; \varepsilon^*)$ der offenen Halbgeraden $p(\boldsymbol{x}_0; \boldsymbol{v}^*)$

$$U^*(\boldsymbol{x}_0; \boldsymbol{v}^*; \varepsilon^*) \subset \tilde{U}(\boldsymbol{x}_0; \tilde{\boldsymbol{v}}; \varepsilon) \tag{6.5}$$

gilt. Da $p(\boldsymbol{x}_0; \boldsymbol{v}^*)$ eine σ-Halbgerade im Punkte $\boldsymbol{x}_0 \in M$ ist, gibt es nach Definition 6.4 einen echten Schnitt $\gamma^*(U^*, H^*)$ der Umgebung $U^*(\boldsymbol{x}_0; \boldsymbol{v}^*; \varepsilon^*)$ in der Weise, daß für alle echten Schnitte $\gamma^*(U^*, H)$ derselben Umgebung mit

$$\gamma^*(U^*, H) < \gamma^*(U^*, H^*) \tag{6.6a}$$

die Aussage

$$\gamma^*(U^*, H) \cap M \neq \emptyset \tag{6.6b}$$

gilt. Ist $\tilde{\gamma}(\tilde{U}, H_1)$ ein beliebiger echter Schnitt der Umgebung $\tilde{U}(\boldsymbol{x}_0; \tilde{\boldsymbol{v}}; \varepsilon)$ der Halbgeraden $p(\boldsymbol{x}_0; \tilde{\boldsymbol{v}})$, so folgt aus (6.5) nach Definition 6.2, daß auch der Schnitt $\gamma^*(U^*, H_1)$ der Umgebung $U^*(\boldsymbol{x}_0; \boldsymbol{v}^*; \varepsilon^*)$ der Halbgeraden $p(\boldsymbol{x}_0; \boldsymbol{v}^*)$ einen echten Schnitt dieser Umgebung darstellt. Da nach Lemma 6.1 die Abschließung von $\tilde{U}(\boldsymbol{x}_0; \tilde{\boldsymbol{v}}; \varepsilon)$ ein n-dimensionaler konvexer Kegel mit dem einzigen Scheitel $\boldsymbol{x}_0$ ist, kann der Halbraum H_1 und daher der echte Schnitt $\tilde{\gamma}(\tilde{U}, H_1)$ so gewählt werden, daß für den Schnitt $\gamma^*(U^*, H_1)$ die Bedingungen (6.6a, b) gelten, wobei an die Stelle der Hyperebene H die Hyperebene H_1 gesetzt wird. Wenn $\tilde{\gamma}(\tilde{U}, H)$ ein beliebiger echter Schnitt der ε-Kegelumgebung $\tilde{U}(\boldsymbol{x}_0; \tilde{\boldsymbol{v}}; \varepsilon)$ mit $\tilde{\gamma}(\tilde{U}, H) < \tilde{\gamma}(\tilde{U}, H_1)$ ist, dann gilt für den Schnitt $\gamma^*(U^*, H)$ der ε-Kegelumgebung $U^*(\boldsymbol{x}_0; \boldsymbol{v}^*; \varepsilon^*)$ nach (6.6a, b)

$$\gamma^*(U^*, H) < \gamma^*(U^*, H_1) < \gamma^*(U^*, H^*),\ \gamma^*(U^*, H) \cap M \neq \emptyset.$$

Wegen $\gamma^*(U^*, H) \subset \tilde{\gamma}(\tilde{U}, H)$ folgt daraus

$$\tilde{\gamma}(\tilde{U}, H) \cap M \neq \emptyset$$

für alle echten Schnitte $\tilde{\gamma}(\tilde{U}, H) < \tilde{\gamma}(\tilde{U}, H_1)$ der Umgebung $\tilde{U}(\boldsymbol{x}_0; \tilde{\boldsymbol{v}}; \varepsilon)$. Nach Definition 6.4 ist die offene Halbgerade $p(\boldsymbol{x}_0; \tilde{\boldsymbol{v}})$ dann eine σ-Halbgerade, sie gehört nach Definition 6.5 zur Menge $K_M(\boldsymbol{x}_0)$. Hieraus folgt, da $\tilde{\boldsymbol{x}} \neq \boldsymbol{x}_0$ ein beliebiger Randpunkt der Menge $K_M(\boldsymbol{x}_0)$ war, die Abgeschlossenheit des Kegels $K_M(\boldsymbol{x}_0)$. □

Bemerkung 6.3. Für einen inneren Punkt $\boldsymbol{x}_0$ einer Menge M in $\mathbb{E}_n$ fällt der lokale Berührungskegel $K_M(\boldsymbol{x}_0)$ der Menge M im Punkt $\boldsymbol{x}_0$ mit dem gesamten Raum $\mathbb{E}_n$ zusammen, d. h. $K_M(\boldsymbol{x}_0) = \mathbb{E}_n$. Falls $\mathscr{L}$ die lineare Hülle einer Menge M in $\mathbb{E}_n$ ist und $\boldsymbol{x}_0$ ein innerer Punkt der Menge M bezüglich des linearen Unterraumes $\mathscr{L}$, so gilt $K_M(\boldsymbol{x}_0) = \mathscr{L}$.

Satz 6.2. *Es seien M eine nichtleere konvexe Menge in $\mathbb{E}_n$ und $\boldsymbol{x}_0$ ein Punkt aus M. Dann gilt*

$$K_M(\boldsymbol{x}_0) = \overline{P}_M(\boldsymbol{x}_0),$$

d. h., der lokale Berührungskegel $K_M(\boldsymbol{x}_0)$ der Menge M im Punkt $\boldsymbol{x}_0$ stimmt mit der Abschließung des Projektionskegels $P_M(\boldsymbol{x}_0)$ der Menge M bezüglich des Punktes $\boldsymbol{x}_0$ überein.

Beweis. Der Punkt $\boldsymbol{x}_0$ ist nach Satz 5.1 ein Scheitel des Kegels $P_M(\boldsymbol{x}_0)$ und nach Satz 6.1 ein Scheitel des Kegels $K_M(\boldsymbol{x}_0)$. Falls M eine einelementige Menge ist, so ist nach Definition 5.1 eines Projektionskegels $P_M(\boldsymbol{x}_0) = \overline{P}_M(\boldsymbol{x}_0) = \{\boldsymbol{x}_0\}$ und nach Definition 6.5 eines lokalen Berührungskegels wegen $S = \emptyset$ auch $K_M(\boldsymbol{x}_0) = \{\boldsymbol{x}_0\}$, und die Aussage des Satzes gilt. Andernfalls sei $\boldsymbol{x}^*$ ein beliebiger Punkt des Kegels $K_M(\boldsymbol{x}_0)$ mit $\boldsymbol{x}^* \neq \boldsymbol{x}_0$. Dann ist nach Definition 6.5 die offene Halbgerade $p(\boldsymbol{x}_0; \boldsymbol{v}^*)$ mit $\boldsymbol{v}^* = \dfrac{\boldsymbol{x}^* - \boldsymbol{x}_0}{\|\boldsymbol{x}^* - \boldsymbol{x}_0\|}$ eine σ-Halbgerade der Menge M im Punkt $\boldsymbol{x}_0 \in M$. Wir nehmen nun an, daß es ein $\varepsilon > 0$ gibt, so daß für die ε-Umgebung $U(\boldsymbol{x}^*; \varepsilon)$ des Punktes $\boldsymbol{x}^*$

$$U(\boldsymbol{x}^*; \varepsilon) \cap \overline{P}_M(\boldsymbol{x}_0) = \emptyset$$

gilt. Der Projektionskegel $P_U(\boldsymbol{x}_0)$ der n-dimensionalen konvexen Menge $U(\boldsymbol{x}^*; \varepsilon)$ bezüglich des Punktes $\boldsymbol{x}_0$, der nach Satz 5.1 eine konvexe Menge ist, hat dann mit dem Kegel $\overline{P}_M(\boldsymbol{x}_0)$ gerade den Punkt $\boldsymbol{x}_0$ gemeinsam, d. h. $P_U(\boldsymbol{x}_0) \cap \overline{P}_M(\boldsymbol{x}_0) = \{\boldsymbol{x}_0\}$. Wegen $M \subset \overline{P}_M(\boldsymbol{x}_0)$ und $\boldsymbol{x}_0 \in M$ ist dann auch $P_U(\boldsymbol{x}_0) \cap M = \{\boldsymbol{x}_0\}$ und daher

$$\big(P_U(\boldsymbol{x}_0) \setminus \{\boldsymbol{x}_0\}\big) \cap M = \emptyset. \tag{6.7}$$

Wir setzen nun $\varepsilon^* = \varepsilon \, \|\boldsymbol{x}^* - \boldsymbol{x}_0\|^{-1}$. Dann ist die Menge $P_U(\boldsymbol{x}_0) \setminus \{\boldsymbol{x}_0\}$ offenbar gerade die ε^*-Kegelumgebung $U^*(\boldsymbol{x}_0; \boldsymbol{v}^*; \varepsilon^*)$ der σ-Halbgeraden $p(\boldsymbol{x}_0; \boldsymbol{v}^*)$. Nach Definition 6.4 einer σ-Halbgeraden gilt aber

$$\big(P_U(\boldsymbol{x}_0) \setminus \{\boldsymbol{x}_0\}\big) \cap M = U^*(\boldsymbol{x}_0; \boldsymbol{v}^*; \varepsilon^*) \cap M \neq \emptyset.$$

Das ist aber ein Widerspruch zu (6.7), die obige Annahme ist daher falsch, und es gilt

$$K_M(\boldsymbol{x}_0) \subset \overline{P}_M(\boldsymbol{x}_0). \tag{6.8}$$

Es sei nun $\hat{\boldsymbol{x}}$ ein Punkt des Kegels $\overline{P}_M(\boldsymbol{x}_0)$ mit $\hat{\boldsymbol{x}} \neq \boldsymbol{x}_0$. Dann sind zwei Fälle möglich:

(a) Im Fall $\hat{\boldsymbol{x}} \in P_M(\boldsymbol{x}_0)$ gibt es nach Definition 5.1 einen Punkt $\boldsymbol{y} \in M$, $\boldsymbol{y} \neq \boldsymbol{x}_0$, derart, daß die im Kegel $P_M(\boldsymbol{x}_0)$ liegende offene Halbgerade $p(\boldsymbol{x}_0; \boldsymbol{y} - \boldsymbol{x}_0)$ den Punkt $\hat{\boldsymbol{x}}$ enthält. Wegen $\boldsymbol{x}_0 \in M$, $\boldsymbol{y} \in M$, $\boldsymbol{x}_0 \neq \boldsymbol{y}$ und aufgrund der Konvexität der Menge M gehört die offene Strecke $u(\boldsymbol{x}_0, \boldsymbol{y})$ zur Menge M. Die Halbgerade $p(\boldsymbol{x}_0; \boldsymbol{y} - \boldsymbol{x}_0)$ ist daher (vgl. Definition 6.4) eine σ-Halbgerade der Menge M im Punkt $\boldsymbol{x}_0$. Nach Definition 6.5 gilt dann $p(\boldsymbol{x}_0; \boldsymbol{y} - \boldsymbol{x}_0) \subset K_M(\boldsymbol{x}_0)$, und wegen $\hat{\boldsymbol{x}} \in p(\boldsymbol{x}_0; \boldsymbol{y} - \boldsymbol{x}_0)$ folgt $\hat{\boldsymbol{x}} \in K_M(\boldsymbol{x}_0)$.

(b) Im Fall $\hat{\boldsymbol{x}} \in \overline{P}_M(\boldsymbol{x}_0) \setminus P_M(\boldsymbol{x}_0)$ ist $\hat{\boldsymbol{x}}$ ein Randpunkt des Kegels $P_M(\boldsymbol{x}_0)$ (bezüglich dessen linearer Hülle) mit $\hat{\boldsymbol{x}} \notin P_M(\boldsymbol{x}_0)$. Wegen $\boldsymbol{x}_0 \in P_M(\boldsymbol{x}_0)$, $\hat{\boldsymbol{x}} \neq \boldsymbol{x}_0$ und $\hat{\boldsymbol{x}} \in \partial P_M(\boldsymbol{x}_0)$ gilt für den nach Satz 5.1 konvexen Kegel $P_M(\boldsymbol{x}_0)$, daß $\dim P_M(\boldsymbol{x}_0) \geqq 1$ ist, woraus nach Satz 5.2 $\dim M \geqq 1$ folgt. Es sei $\boldsymbol{x}_1$ nun ein beliebiger Punkt der Menge $\operatorname{rel\,int} P_M(\boldsymbol{x}_0)$. Dann ist $\boldsymbol{x}_1 \in P_M(\boldsymbol{x}_0)$, und nach dem obigen Fall (a) daher $\boldsymbol{x}_1 \in K_M(\boldsymbol{x}_0)$. Da $P_M(\boldsymbol{x}_0)$ eine konvexe Menge in $\mathbb{E}_n$, $\boldsymbol{x}_1 \in \operatorname{rel\,int} P_M(\boldsymbol{x}_0)$ und $\hat{\boldsymbol{x}}$ ein Randpunkt der Menge $P_M(\boldsymbol{x}_0)$ bezüglich deren linearer Hülle ist, liegt nach Satz 2.6 die offene Strecke $u(\boldsymbol{x}_1, \hat{\boldsymbol{x}})$ in der Menge $\operatorname{rel\,int} P_M(\boldsymbol{x}_0)$. Daher enthält jede ε-Umgebung $U(\hat{\boldsymbol{x}}; \varepsilon)$ des Punktes $\hat{\boldsymbol{x}}$ Punkte aus der Menge $\operatorname{rel\,int} P_M(\boldsymbol{x}_0)$ und damit Punkte der Menge $P_M(\boldsymbol{x}_0)$, die vom Punkt $\hat{\boldsymbol{x}}$ verschieden sind. Diese gehören aber nach dem obigen Fall (a) zur Menge $K_M(\boldsymbol{x}_0)$. Der Punkt $\hat{\boldsymbol{x}}$ ist also ein Häufungspunkt der Menge $K_M(\boldsymbol{x}_0)$. Diese Menge ist aber nach Satz 6.1 abgeschlossen; daher folgt $\hat{\boldsymbol{x}} \in K_M(\boldsymbol{x}_0)$.

Da $\hat{\boldsymbol{x}}$ ein beliebiger Punkt der Menge $\overline{\boldsymbol{P}}_M(\boldsymbol{x}_0)$ war, $\hat{\boldsymbol{x}} \neq \boldsymbol{x}_0$, und da $\boldsymbol{x}_0 \in K_M(\boldsymbol{x}_0)$ ist, gilt also $\overline{\boldsymbol{P}}_M(\boldsymbol{x}_0) \subset K_M(\boldsymbol{x}_0)$. Zusammen mit (6.8) liefert das die Aussage des Satzes. □

Satz 6.3. *Es sei M eine nichtleere konvexe Menge in $\mathbb{E}_n$. Dann ist für jeden Punkt $\boldsymbol{x}_0 \in M$ die Menge $K_M(\boldsymbol{x}_0)$ ein abgeschlossener konvexer Kegel in $\mathbb{E}_n$, und es gilt*

$$M \subset K_M(\boldsymbol{x}_0), \quad \dim K_M(\boldsymbol{x}_0) = \dim M .$$

Der Beweis folgt unmittelbar aus Satz 6.2, aus Bemerkumg 6.1 und aus den Sätzen 5.1, 2.3 und 5.2.

Satz 6.4. *Eine nichtleere abgeschlossene Menge $M \subset \mathbb{E}_n$ ist genau dann konvex, wenn für jeden Punkt $\boldsymbol{x}_0 \in M$ die lokalen Berührungskegel $K_M(\boldsymbol{x}_0)$ der Menge M die Menge M enthalten, d. h.*

$$M \subset K_M(\boldsymbol{x}_0), \quad \boldsymbol{x}_0 \in M .$$

Beweis. Falls die Menge M konvex ist, so folgt nach Satz 6.3, daß $M \subset K_M(\boldsymbol{x}_0)$ für alle Punkte $\boldsymbol{x}_0 \in M$ gilt.

Andererseits möge für jeden Punkt $\boldsymbol{x}_0 \in M$ gelten, daß $M \subset K_M(\boldsymbol{x}_0)$ ist. Im Fall einer einelementigen Menge M, also im Fall $M = \{\boldsymbol{x}_0\}$, ist auch $K_M(\boldsymbol{x}_0) = \{\boldsymbol{x}_0\}$, und es gilt $M \subset K_M(\boldsymbol{x}_0)$, $\boldsymbol{x}_0 \in M$, wobei M eine konvexe Menge ist. Die Menge M möge nun wenigstens zwei voneinander verschiedene Punkte enthalten, und wir nehmen an, daß sie nicht konvex ist. Dann existieren ein Punktepaar $\boldsymbol{x}_1 \in M$, $\boldsymbol{x}_2 \in M$ mit $\boldsymbol{x}_2 \neq \boldsymbol{x}_1$ und eine Zahl $\hat{t}$, so daß

$$0 < \hat{t} < 1, \quad \hat{\boldsymbol{x}} := \boldsymbol{x}_1 + \hat{t}(\boldsymbol{x}_2 - \boldsymbol{x}_1) \notin M$$

gilt. Wir definieren

$$T_1 := \{t \in [0, \hat{t}) \mid \boldsymbol{x} = \boldsymbol{x}_1 + t(\boldsymbol{x}_2 - \boldsymbol{x}_1) \in M\},$$

$$T_2 := \{t \in (\hat{t}, 1] \mid \boldsymbol{x} = \boldsymbol{x}_1 + t(\boldsymbol{x}_2 - \boldsymbol{x}_1) \in M\},$$

$$t_1^* := \sup_{t \in T_1} \{t\}, \quad t_2^* := \inf_{t \in T_2} \{t\}.$$

Da die Menge M abgeschlossen ist, gilt

$$\boldsymbol{x}_1^* := \boldsymbol{x}_1 + t_1^*(\boldsymbol{x}_2 - \boldsymbol{x}_1) \in M, \quad \boldsymbol{x}_2^* := \boldsymbol{x}_1 + t_2^*(\boldsymbol{x}_2 - \boldsymbol{x}_1) \in M .$$

Für den Punkt $\hat{\boldsymbol{x}} \in \mathbb{E}_n \setminus M$ existiert — da $\mathbb{E}_n \setminus M$ eine offene Menge ist — eine sphärische δ-Umgebung $U(\hat{\boldsymbol{x}}; \delta)$ mit

$$U(\hat{\boldsymbol{x}}; \delta) \cap M = \emptyset . \tag{6.9}$$

Es sei nun $\hat{\delta}$ das Supremum der Menge aller $\delta > 0$, für die $U(\hat{\boldsymbol{x}}; \delta) \cap M = \emptyset$ ist. Offenbar gilt dann

$$0 < \hat{\delta} \leqq \min \{\varrho(\hat{\boldsymbol{x}}, \boldsymbol{x}_1^*), \varrho(\hat{\boldsymbol{x}}, \boldsymbol{x}_2^*)\} ;$$

hierbei ist $\varrho(\hat{\boldsymbol{x}}, \boldsymbol{x}_i^*) = \|\hat{\boldsymbol{x}} - \boldsymbol{x}_i^*\|$ $(i = 1, 2)$. Aus der Definition der Zahl $\hat{\delta}$ und aus der Abgeschlossenheit der Menge M folgt, daß die Hypersphäre $\{\boldsymbol{x} \in \mathbb{E}_n \mid (\boldsymbol{x} - \hat{\boldsymbol{x}}, \boldsymbol{x} - \hat{\boldsymbol{x}}) = \hat{\delta}^2\}$ wenigstens einen Punkt $\tilde{\boldsymbol{x}} \in M$ enthält. Wegen $\boldsymbol{x}_1^* \neq \boldsymbol{x}_2^*$ können wir o. B. d. A. annehmen, daß $\boldsymbol{x}_1^* \neq \tilde{\boldsymbol{x}}$ ist. Aus $\tilde{\boldsymbol{x}} \in M$ folgt nach Voraussetzung $M \subset K_M(\tilde{\boldsymbol{x}})$. Somit gehört der Punkt $\boldsymbol{x}_1^*$ ebenfalls zum Kegel $K_M(\tilde{\boldsymbol{x}})$, und die offene Halbgerade $p(\tilde{\boldsymbol{x}}; \boldsymbol{x}_1^* - \tilde{\boldsymbol{x}})$ ist daher eine σ-Halbgerade (vgl. Definition 6.5). Im Fall $\tilde{\boldsymbol{x}} = \boldsymbol{x}_2^*$ schneidet diese vom Punkt $\tilde{\boldsymbol{x}}$ ausgehende σ-Halbgerade die Umgebung $U(\hat{\boldsymbol{x}}; \hat{\delta})$ des Punktes $\hat{\boldsymbol{x}}$. Im Fall $\tilde{\boldsymbol{x}} \neq \boldsymbol{x}_2^*$ gilt

$$\hat{\delta} < \min \{\varrho(\hat{\boldsymbol{x}}, \boldsymbol{x}_1^*), \varrho(\hat{\boldsymbol{x}}, \boldsymbol{x}_2^*)\}.$$

Offenbar schneidet dann wenigstens eine der offenen Halbgeraden $p(\tilde{\boldsymbol{x}}; \boldsymbol{x}_1^* - \tilde{\boldsymbol{x}})$ oder $p(\tilde{\boldsymbol{x}}; \boldsymbol{x}_2^* - \tilde{\boldsymbol{x}})$ die Umgebung $U(\hat{\boldsymbol{x}}, \hat{\delta})$ (Abb. 6.2); o. B. d. A. kann wieder angenommen werden, daß es die Halbgerade $p(\tilde{\boldsymbol{x}}; \boldsymbol{x}_1^* - \tilde{\boldsymbol{x}})$ ist. Da sie eine vom Punkt $\tilde{\boldsymbol{x}}$ ausgehende σ-Halbgerade ist, gibt es eine ε-Kegelumgebung $U(\tilde{\boldsymbol{x}}; \boldsymbol{v}; \varepsilon)$ mit $\boldsymbol{v} := \dfrac{\boldsymbol{x}_1^* - \tilde{\boldsymbol{x}}}{\|\boldsymbol{x}_1^* - \tilde{\boldsymbol{x}}\|}$ und einen solchen echten Schnitt $\gamma(U, H)$ dieser Umgebung, so daß

$$U(\tilde{\boldsymbol{x}}; \boldsymbol{v}; \varepsilon) \cap H \subset U(\hat{\boldsymbol{x}}; \hat{\delta})$$

ist und gleichzeitig

$$U(\tilde{\boldsymbol{x}}, \boldsymbol{v}; \varepsilon) \cap H \cap M \neq \emptyset$$

gilt. Die Umgebung $U(\hat{\boldsymbol{x}}; \hat{\delta})$ enthält also Punkte der Menge M, im Widerspruch zu (6.9).

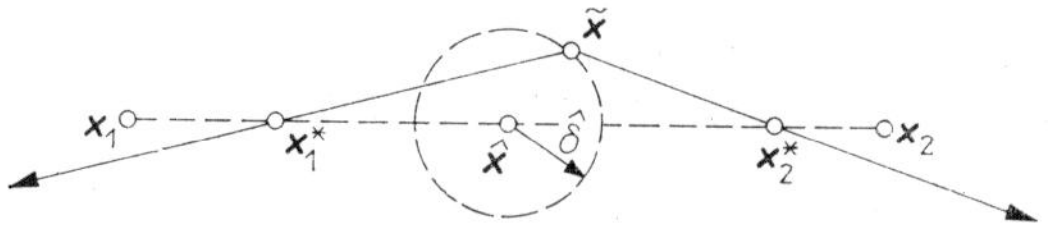

Abb. 6.2

Die obige Annahme muß daher verworfen werden, und die Menge M enthält mit je zwei Punkten auch alle Konvexkombinationen dieser Punkte; sie ist daher eine konvexe Menge in $\mathbb{E}_n$. □

Satz 6.5. *Es seien M eine nichtleere Menge und $\boldsymbol{x}_0$ ein Punkt in $\mathbb{E}_n$, weiter seien $P_M(\boldsymbol{x}_0)$ der Projektionskegel der Menge M und $P_{\overline{M}}(\boldsymbol{x}_0)$ der Projektionskegel der Abschließung $\overline{M}$ der Menge M bezüglich des Punktes $\boldsymbol{x}_0$. Dann gilt*

$$P_{\overline{M}}(\boldsymbol{x}_0) \subset \overline{P}_M(\boldsymbol{x}_0) = \overline{P}_{\overline{M}}(\boldsymbol{x}_0). \tag{6.10a}$$

Falls außerdem M eine konvexe Menge ist und $\boldsymbol{x}_0 \in M$, so gilt für die lokalen Berührungskegel $K_M(\boldsymbol{x}_0)$ und $K_{\overline{M}}(\boldsymbol{x}_0)$ der Menge M bzw. der Menge $\overline{M}$ im Punkt $\boldsymbol{x}_0$

$$K_M(\boldsymbol{x}_0) = K_{\overline{M}}(\boldsymbol{x}_0). \tag{6.10b}$$

Beweis. Aus der Definition eines Projektionskegels folgt wegen $M \subset \overline{M}$ unmittelbar $P_M(\boldsymbol{x}_0) \subset P_{\overline{M}}(\boldsymbol{x}_0)$ und daraus $\overline{P}_M(\boldsymbol{x}_0) \subset \overline{P}_{\overline{M}}(\boldsymbol{x}_0)$.

Wir nehmen nun an, daß es einen Punkt $\hat{\boldsymbol{x}} \in \overline{P}_{\overline{M}}(\boldsymbol{x}_0)$ mit $\hat{\boldsymbol{x}} \notin \overline{P}_M(\boldsymbol{x}_0)$ gibt. Wegen $\boldsymbol{x}_0 \in \overline{P}_M(\boldsymbol{x}_0)$ ist $\boldsymbol{x}_0 \neq \hat{\boldsymbol{x}}$. Da der Punkt $\hat{\boldsymbol{x}}$ in der in $\mathbb{E}_n$ offenen Menge $\mathbb{E}_n \setminus \overline{P}_M(\boldsymbol{x}_0)$ liegt, existiert ein $\hat{\varepsilon} > 0$, so daß für die $\hat{\varepsilon}$-Umgebung $U(\hat{\boldsymbol{x}}; \hat{\varepsilon})$ des Punktes $\hat{\boldsymbol{x}}$ gilt

$$U(\hat{\boldsymbol{x}}, \hat{\varepsilon}) \subset \mathbb{E}_n \setminus \overline{P}_M(\boldsymbol{x}_0), \quad \boldsymbol{x}_0 \notin U(\hat{\boldsymbol{x}}; \hat{\varepsilon}).$$

Hieraus folgt für den Projektionskegel $P_U(\boldsymbol{x}_0)$ der n-dimensionalen konvexen Menge $U(\hat{\boldsymbol{x}}; \hat{\varepsilon})$ bezüglich des Punktes $\boldsymbol{x}_0$, daß $P_U(\boldsymbol{x}_0) \cap \overline{P}_M(\boldsymbol{x}_0) = \{\boldsymbol{x}_0\}$ ist und daher

$$\big(P_U(\boldsymbol{x}_0) \setminus \{\boldsymbol{x}_0\}\big) \cap \overline{P}_M(\boldsymbol{x}_0) = \emptyset. \tag{6.11}$$

Wegen $\hat{\boldsymbol{x}} \in \overline{P}_{\overline{M}}(\boldsymbol{x}_0)$ gibt es aber in jeder ε-Umgebung $U(\hat{\boldsymbol{x}}; \varepsilon)$ des Punktes $\hat{\boldsymbol{x}}$ und daher auch in der Umgebung $U(\hat{\boldsymbol{x}}; \hat{\varepsilon})$ Punkte aus dem Kegel $P_{\overline{M}}(\boldsymbol{x}_0)$. Es sei $\boldsymbol{x}_1 \in U(\hat{\boldsymbol{x}}\ \hat{\varepsilon}) \cap P_{\overline{M}}(\boldsymbol{x}_0)$. Nach der Definition eines Projektionskegels folgt daraus die Existenz eines $\varepsilon_1 > 0$, so daß die ε_1-Umgebung $U(\boldsymbol{x}_1; \varepsilon_1)$ des Punktes $\boldsymbol{x}_1$ in der Umgebung $U(\hat{\boldsymbol{x}}; \hat{\varepsilon})$ liegt und einen Punkt $\boldsymbol{x} \in P_M(\boldsymbol{x}_0)$ enthält. Für diesen Punkt $\boldsymbol{x}$ gilt also $\boldsymbol{x} \in P_U(\boldsymbol{x}_0) \setminus \{\boldsymbol{x}_0\}$ und $\boldsymbol{x} \in P_M(\boldsymbol{x}_0)$, im Widerspruch zu (6.11). Die obige Annahme ist daher zu verwerfen, und es ist $\overline{P}_{\overline{M}}(\boldsymbol{x}_0) \subset \overline{P}_M(\boldsymbol{x}_0)$. Zusammen mit der oben gezeigten Inklusion liefert das die Gleichheit $\overline{P}_M(\boldsymbol{x}_0) = \overline{P}_{\overline{M}}(\boldsymbol{x}_0)$. Hieraus folgt wegen $P_{\overline{M}}(\boldsymbol{x}_0) \subset \overline{P}_{\overline{M}}(\boldsymbol{x}_0)$ die Aussage (6.10a) und unter Berücksichtigung des Satzes 6.2 die Aussage (6.10b). □

Bemerkung 6.4. Aus der Aussage (6.10a) des Satzes 6.5 erhält man unmitelbar die Gleichheit

$$\operatorname{rel\,int} P_M(\boldsymbol{x}_0) = \operatorname{rel\,int} P_{\overline{M}}(\boldsymbol{x}_0)$$

für jede nichtleere konvexe Menge $M \subset \mathbb{E}_n$ und jeden Punkt $\boldsymbol{x}_0 \in M$.

Nach Satz 4.10 gilt für die Polarkegel der Projektionskegel $P_M(\boldsymbol{x}_0)$ und $P_{\overline{M}}(\boldsymbol{x}_0)$ im Punkt $\boldsymbol{x}_0$

$$\left(\overline{P}_M(\boldsymbol{x}_0)\right)^p(\boldsymbol{x}_0) = \left(P_M(\boldsymbol{x}_0)\right)^p(\boldsymbol{x}_0), \quad \left(\overline{P}_{\overline{M}}(\boldsymbol{x}_0)\right)^p(\boldsymbol{x}_0) = \left(P_{\overline{M}}(\boldsymbol{x}_0)\right)^p(\boldsymbol{x}_0);$$

hieraus folgt nach (6.10a)

$$\left(P_M(\boldsymbol{x}_0)\right)^p(\boldsymbol{x}_0) = \left(P_{\overline{M}}(\boldsymbol{x}_0)\right)^p(\boldsymbol{x}_0).$$

Beispiel 6.1. Die Menge

$$Q := \{\boldsymbol{x} \in \mathbb{E}_2 \mid \|\boldsymbol{x}\| \leqq 1\}$$

ist eine zweidimensionale abgeschlossene konvexe Menge in $\mathbb{E}_2$. Es sei $\boldsymbol{x}_0$ ein Randpunkt dieser Menge, d. h. $\|\boldsymbol{x}_0\| = 1$. Wir betrachten nun den offenen Halbraum

$$H := \{\boldsymbol{x} \in \mathbb{E}_2 \mid (\boldsymbol{x}_0, \boldsymbol{x} - \boldsymbol{x}_0) < 0\}.$$

Dann gilt für den Projektionskegel $P_Q(\boldsymbol{x}_0)$ der Menge Q bezüglich des Punktes $\boldsymbol{x}_0$ offenbar $P_Q(\boldsymbol{x}_0) = H \cup \{\boldsymbol{x}_0\}$, d. h., der Kegel ist keine abgeschlossene Menge in $\mathbb{E}_2$. Speziell ist hier $P_{\overline{Q}}(\boldsymbol{x}_0) \neq \overline{P}_Q(\boldsymbol{x}_0)$. Das Beispiel zeigt, daß die Inklusion in der Aussage (6.10a) des Satzes 6.5 nicht zu einer Gleichheit verschärft werden kann.

7. Charakteristische Kegel

Satz 7.1. *Es seien M eine nichtleere konvexe Menge in $\mathbb{E}_n$ und $\boldsymbol{x}_0$ ein Punkt der Menge M. Dann ist die Menge*

$$C_M(\boldsymbol{x}_0) := \{\boldsymbol{y} \in M \mid \boldsymbol{x}_0 + t(\boldsymbol{y} - \boldsymbol{x}_0) \in M, t \geqq 0\} \tag{7.1}$$

ein konvexer Kegel in $\mathbb{E}_n$ mit einem Scheitel im Punkt $\boldsymbol{x}_0$, und es gilt

$$C_M(\boldsymbol{x}_0) \subset M. \tag{7.2}$$

Beweis. Die Aussage (7.2) folgt unmittelbar aus (7.1) Im Fall $M = \{\boldsymbol{x}_0\}$ ist $C_M(\boldsymbol{x}_0) = \{\boldsymbol{x}_0\}$, und die Aussage des Satzes gilt. Es sei nun $\boldsymbol{y}$ ein beliebiger Punkt der Menge $C_M(\boldsymbol{x}_0)$ mit $\boldsymbol{y} \neq \boldsymbol{x}_0$. Dann gehört nach (7.1) auch die von dem Punkt $\boldsymbol{x}_0$ in Richtung des Vektors $\boldsymbol{y} - \boldsymbol{x}_0$ ausgehende abgeschlossene Halbgerade der Menge $C_M(\boldsymbol{x}_0)$ an. Daraus folgt, daß die Menge $C_M(\boldsymbol{x}_0)$ ein Kegel mit einem Scheitel im Punkt $\boldsymbol{x}_0$ ist. Um die Konvexität des Kegels zu zeigen, wählen wir zwei beliebige Punkte $\boldsymbol{x}_i \in C_M(\boldsymbol{x}_0)$ $(i = 1, 2)$ und betrachten eine beliebige Konvexkombination

$$\boldsymbol{x} := \lambda_1\boldsymbol{x}_1 + \lambda_2\boldsymbol{x}_2, \quad \lambda_1 \geqq 0, \quad \lambda_2 \geqq 0, \quad \lambda_1 + \lambda_2 = 1,$$

dieser Punkte. Liegen die Punkte $\boldsymbol{x}_1$ und $\boldsymbol{x}_2$ auf einer von dem Punkt $\boldsymbol{x}_0$ ausgehenden Halbgeraden, so gehört nach (7.1) auch der Punkt $\boldsymbol{x}$ zur Menge $C_M(\boldsymbol{x}_0)$. Andernfalls bestimmen die Punkte $\boldsymbol{x}_1$ und $\boldsymbol{x}_2$ zwei voneinander verschiedene, in der Menge $C_M(\boldsymbol{x}_0)$ gelegene Halbgeraden $\overline{p}_1 := \overline{p}_1(\boldsymbol{x}_0; \boldsymbol{x}_1 - \boldsymbol{x}_0)$ und $\overline{p}_2 := \overline{p}_2(\boldsymbol{x}_0; \boldsymbol{x}_2 - \boldsymbol{x}_0)$. Nach (7.2) gilt dann $\overline{p}_i \subset M$ $(i = 1, 2)$. Da die Menge M konvex ist, gehören auch alle Konvexkombinationen von Punkten dieser Halbgeraden zur Menge M. Die Menge M enthält also den durch die Halbgeraden $\overline{p}_1$ und $\overline{p}_2$ begrenzten zweidimensionalen Kegel. In diesem liegt aber die durch die oben gewählte Konvexkombination $\boldsymbol{x}$ verlaufende Halbgerade $\overline{p}(\boldsymbol{x}_0; \boldsymbol{x} - \boldsymbol{x}_0)$. Damit gehört diese Halbgerade zur Menge M, woraus nach (7.1) dann $\boldsymbol{x} \in C_M(\boldsymbol{x}_0)$ folgt. Also ist $C_M(\boldsymbol{x}_0)$ eine konvexe Menge. □

Bemerkung 7.1. Der in Satz 7.1 eingeführte Kegel $C_M(\boldsymbol{x}_0)$ kann auch in folgender Form beschrieben werden:

$$C_M(\boldsymbol{x}_0) = \{\boldsymbol{x} \in \mathbb{E}_n \mid \boldsymbol{x} = \boldsymbol{x}_0 + t(\boldsymbol{y} - \boldsymbol{x}_0), \ \boldsymbol{y} \in M, t \geqq 0\}.$$

Aus dieser Darstellung ist unmittelbar ersichtlich, daß er entweder eine einelementige Menge oder die Vereinigung aller vom Punkt $\boldsymbol{x}_0$ ausgehenden und in der Menge M gelegenen Halbgeraden ist.

Definition 7.1. Es sei M eine konvexe Menge in $\mathbb{E}_n$ und $\boldsymbol{x}_0$ ein Punkt dieser Menge. Dann heißt die in (7.1) angegebene Menge $C_M(\boldsymbol{x}_0)$ *charakteristischer Kegel* der Menge M im Punkt $\boldsymbol{x}_0 \in M$.[1])

Satz 7.2. *Es sei M eine nichtleere konvexe Menge in $\mathbb{E}_n$. Weiter seien $\boldsymbol{x}_1, \boldsymbol{x}_2$ ein Punktepaar aus der Menge* rel int M *und $C_M(\boldsymbol{x}_i)$ der charakteristische Kegel der Menge M im Punkt $\boldsymbol{x}_i$ $(i = 1, 2)$. Dann gilt*

$$C_M(\boldsymbol{x}_2) = \{\boldsymbol{x} \in \mathbb{E}_n \mid \boldsymbol{x} = \boldsymbol{y} + (\boldsymbol{x}_2 - \boldsymbol{x}_1),\ \boldsymbol{y} \in C_M(\boldsymbol{x}_1)\}. \tag{7.3}$$

Falls die Menge M abgeschlossen ist, gilt (7.3) für jedes Punktepaar $\boldsymbol{x}_i \in M$ $(i = 1, 2)$.

Beweis. Im Fall $\boldsymbol{x}_2 = \boldsymbol{x}_1$ gilt (7.3) trivialerweise. Es seien nun $\boldsymbol{x}_1$ und $\boldsymbol{x}_2$ voneinander verschiedene Punkte der Menge rel int M (bzw. — im Fall $M = \overline{M}$ — voneinander verschiedene Punkte der Menge M). Nach Satz **2.12** liegt mit jeder von dem Punkt $\boldsymbol{x}_1$ ausgehenden und in der Menge M (und damit in der Menge $C_M(\boldsymbol{x}_1)$) gelegenen Halbgeraden auch die mit ihr gleichgerichtete, von dem Punkt $\boldsymbol{x}_2$ ausgehende Halbgerade in der Menge M und damit in dem Kegel $C_M(\boldsymbol{x}_2)$. Wenn man umgekehrt von dem Kegel $C_M(\boldsymbol{x}_2)$ ausgeht, findet man auf die gleiche Weise zu jeder Halbgeraden aus diesem Kegel eine Halbgerade in dem Kegel $C_M(\boldsymbol{x}_1)$. Daraus folgt, daß sich die Kegel $C_M(\boldsymbol{x}_1)$ und $C_M(\boldsymbol{x}_2)$ nur um die in (7.3) angegebene Translation unterscheiden, bei der der Scheitel $\boldsymbol{x}_1$ des Kegels $C_M(\boldsymbol{x}_1)$ in den Punkt $\boldsymbol{x}_2$ übergeführt wird. □

Satz 7.3. *Es seien M eine unbeschränkte konvexe Menge in $\mathbb{E}_n$ und $\boldsymbol{x}_0$ ein Punkt der Menge* rel int M. *Dann gilt für den charakteristischen Kegel $C_M(\boldsymbol{x}_0)$ der Menge M im Punkt $\boldsymbol{x}_0$*

$$1 \leqq \dim C_M(\boldsymbol{x}_0) \leqq \dim M. \tag{7.4}$$

Im Fall $M = \overline{M}$ gilt (7.4) für jeden Punkt $\boldsymbol{x}_0 \in M$.

Beweis. Nach Satz 7.1 ist die Menge $C_M(\boldsymbol{x}_0)$ ein in der Menge M gelegener konvexer Kegel; daher gilt $\dim C_M(\boldsymbol{x}_0) \leqq \dim M$.

Da die Menge M nach Voraussetzung unbeschränkt ist, gibt es eine Punktfolge $\{\boldsymbol{x}_k\}_{k=1}^{\infty}$ mit

$$\|\boldsymbol{x}_0\| < \|\boldsymbol{x}_k\| < \|\boldsymbol{x}_{k+1}\|, \quad \boldsymbol{x}_k \in M \quad (k = 1, 2, \ldots), \quad \lim_{k\to\infty} \|\boldsymbol{x}_k - \boldsymbol{x}_0\| = \infty. \tag{7.5}$$

Definiert man die Vektoren

$$\boldsymbol{y}_k := \frac{\boldsymbol{x}_k - \boldsymbol{x}_0}{\|\boldsymbol{x}_k - \boldsymbol{x}_0\|} \qquad (k = 1, 2, \ldots),$$

dann liegen die Punkte $\boldsymbol{x}_0 + \boldsymbol{y}_k$ $(k = 1, 2, \ldots)$ auf der Hypersphäre mit dem Radius 1 und dem Mittelpunkt $\boldsymbol{x}_0$. Da eine Hypersphäre eine kompakte Menge in $\mathbb{E}_n$ ist, besitzt die Punktfolge $\{\boldsymbol{x}_0 + \boldsymbol{y}_k\}_{k=1}^{\infty}$ mindestens einen Häufungspunkt $\boldsymbol{x}_0 + \boldsymbol{y}_0$, der ebenfalls zu der betrachteten Hypersphäre gehört, d. h. $\|\boldsymbol{y}_0\| = 1$. Aufgrund der Definition des Vektors $\boldsymbol{y}_0$ liegt in jeder ε-Kegelumgebung der offenen Halbgeraden $p_0 := p(\boldsymbol{x}_0; \boldsymbol{y}_0)$ (vgl. Definition 6.1) mindestens eine der offenen Halbgeraden $p_k := p(\boldsymbol{x}_0; \boldsymbol{y}_k)$ $(k = 1, 2, \ldots)$.

[1]) In Anlehnung an die englische Bezeichnung „recession cone“ wird der Kegel $C_M(\boldsymbol{x}_0)$ häufig auch als *Rezessionskegel* der Menge M im Punkt $\boldsymbol{x}_0 \in M$ bezeichnet.

Es sei nun $\boldsymbol{x}'$ ein beliebiger Punkt der offenen Halbgeraden p_0. Dann ist $\varrho(\boldsymbol{x}_0, \boldsymbol{x}') = \|\boldsymbol{x}' - \boldsymbol{x}_0\| > 0$. Weiter wählen wir ein beliebiges ε' mit $0 < \varepsilon' < \varrho(\boldsymbol{x}_0, \boldsymbol{x}')$. Offensichtlich gibt es dann ein $\varepsilon > 0$, so daß für die sphärische ε-Umgebung $U(\boldsymbol{x}'; \varepsilon')$ des Punktes $\boldsymbol{x}'$ und für die ε-Kegelumgebung $U(\boldsymbol{x}_0; \boldsymbol{y}_0; \varepsilon)$ der Halbgeraden p_0 gilt (Abb. 7.1)

$$U(\boldsymbol{x}'; \varepsilon') \not\subset U(\boldsymbol{x}_0; \boldsymbol{y}_0; \varepsilon), \quad U(\boldsymbol{x}'; \varepsilon') \cap U(\boldsymbol{x}_0; \boldsymbol{y}_0; \varepsilon) \neq \emptyset.$$

Wir setzen nun $\delta := \varrho(\boldsymbol{x}_0, \boldsymbol{x}') + 2\varepsilon'$. Nach (7.5) gibt es dann einen Index k_0, so daß $\|\boldsymbol{x}_k - \boldsymbol{x}_0\| > \delta$ für alle $k > k_0$ ist. Aus der oben angegebenen Eigenschaft der ε-Kegelumgebung $U(\boldsymbol{x}_0; \boldsymbol{y}_0; \varepsilon)$ folgt die Existenz eines Indexes $k_1 > k_0$, so daß die offene Halbgerade p_{k_1} in der Menge $U(\boldsymbol{x}_0; \boldsymbol{y}_0; \varepsilon)$ liegt (Abb. 7.1). Die Umgebung $U(\boldsymbol{x}'; \varepsilon')$ ist offenbar im Innern der Hyperkugel $Q := \{\boldsymbol{x} \in \mathbb{E}_n \mid \|\boldsymbol{x} - \boldsymbol{x}_0\| \leqq \delta\}$ enthalten. Wegen $\|\boldsymbol{x}_{k_1} - \boldsymbol{x}_0\| > \delta$ ist der Durchschnitt der offenen Strecke $u(\boldsymbol{x}_0, \boldsymbol{x}_{k_1})$ mit der Umgebung $U(\boldsymbol{x}'; \varepsilon')$ des Punktes $\boldsymbol{x}'$ ebenfalls eine offene Strecke. Diese gehört wegen der Konvexität der Menge M, wegen $\boldsymbol{x}_0 \in M$ und $\boldsymbol{x}_{k_1} \in M$ ebenfalls zur Menge M. In der Umgebung $U(\boldsymbol{x}'; \varepsilon')$ des Punktes $\boldsymbol{x}'$ gibt es also Punkte der Menge M, die verschieden von dem Punkt $\boldsymbol{x}'$ sind. Da ε' eine beliebige Zahl mit $0 < \varepsilon' < \varrho(\boldsymbol{x}_0, \boldsymbol{x}')$ und $\boldsymbol{x}'$ ein beliebiger Punkt der Halbgeraden p_0 waren, folgt $p_0 \subset \overline{M}$.

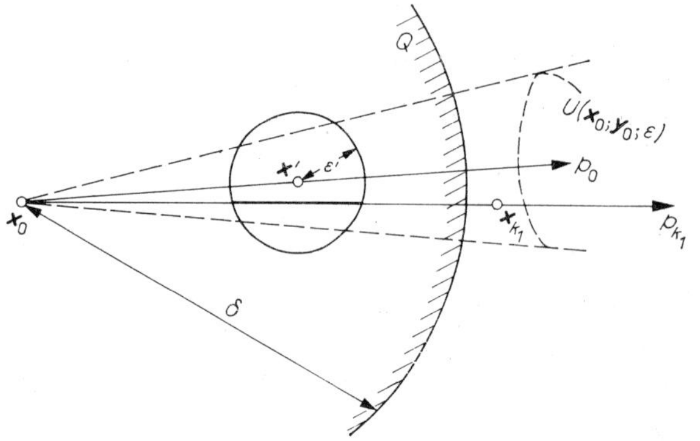

Abb. 7.1

Im Fall $\boldsymbol{x}_0 \in \operatorname{rel\,int} M$ gilt nach Satz 2.12, daß $p_0 \subset \operatorname{rel\,int} M$ ist und deshalb auch $p_0 \subset M$. Nach Bemerkung 7.1 folgt daraus $p_0 \subset C_M(\boldsymbol{x}_0)$; folglich ist $\dim C_M(\boldsymbol{x}_0) \geqq 1$.

Im Fall $M = \overline{M}$ und $\boldsymbol{x}_0 \in M$ ist nach Satz 2.12 $p_0 \subset M$, woraus man $p_0 \subset C_M(\boldsymbol{x}_0)$ und somit $\dim C_M(\boldsymbol{x}_0) \geqq 1$ erhält. □

Bemerkung 7.2. Aus Satz 7.3 folgt, daß jede unbeschränkte konvexe Menge in $\mathbb{E}_n$ mindestens eine Halbgerade enthält.

Satz 7.4. *Eine nichtleere konvexe Menge $M \subset \mathbb{E}_n$ ist genau dann beschränkt, wenn für mindestens einen Punkt $\boldsymbol{x}_0 \in \operatorname{rel\,int} M$ gilt, daß der charakteristische Kegel $C_M(\boldsymbol{x}_0)$ der Menge M im Punkt $\boldsymbol{x}_0$ einelementig ist, d. h.*

$$C_M(\boldsymbol{x}_0) = \{\boldsymbol{x}_0\}. \tag{7.6}$$

Beweis. Falls M eine nichtleere beschränkte konvexe Menge ist und $\boldsymbol{x}_0$ ein beliebiger Punkt der Menge M, dann kann der konvexe Kegel $C_M(\boldsymbol{x}_0)$ nach Satz 7.1 keine von dem Punkt $\boldsymbol{x}_0$ ausgehende Halbgerade enthalten, d. h., es gilt (7.6). Wenn andererseits die

Aussage (7.6) für einen Punkt $\boldsymbol{x}_0 \in \operatorname{rel\,int} M$ gilt, so kann die Menge M nicht unbeschränkt sein, denn in einem solchen Fall würde nach Satz 7.3 $\dim C_M(\boldsymbol{x}_0) \geqq 1$ gelten, im Widerspruch zu (7.6). □

Bemerkung 7.3. Es sei M eine d-dimensionale konvexe Menge in $\mathbb{E}_n$ $(0 \leqq d \leqq n)$ und $\mathscr{L}_M$ ihre lineare Hülle. Falls für mindestens einen Punkt $\boldsymbol{x}_0 \in M$ der charakteristische Kegel $C_M(\boldsymbol{x}_0)$ der Menge M im Punkt $\boldsymbol{x}_0$ mit der Menge $\mathscr{L}_M$ zusammenfällt, d. h., falls $C_M(\boldsymbol{x}_0) = \mathscr{L}_M$ ist, so ist wegen $C_M(\boldsymbol{x}_0) \subset M$ auch $M = \mathscr{L}_M$. Wenn die Menge M andererseits ein linearer d-dimensionaler Unterraum in $\mathbb{E}_n$ ist, d. h., falls $M = \mathscr{L}_M$ ist, so gilt nach Definition eines charakteristischen Kegels $C_M(\boldsymbol{x}_0) = C_{\mathscr{L}_M}(\boldsymbol{x}_0) = \mathscr{L}_M$ für jeden Punkt $\boldsymbol{x}_0 \in \mathscr{L}_M$.

Satz 7.5. *Für eine nichtleere konvexe Menge $M \subset \mathbb{E}_n$ und deren charakteristischen Kegel $C_M(\boldsymbol{x}_0)$ im Punkt $\boldsymbol{x}_0$ gilt*

$$\boldsymbol{x}_0 \in \operatorname{rel\,int} M \Rightarrow C_M(\boldsymbol{x}_0) \subset \operatorname{rel\,int} M .$$

Beweis. Wir nehmen an, es gäbe einen Punkt $\boldsymbol{x}_0$ mit

$$\boldsymbol{x}_0 \in \operatorname{rel\,int} M, \quad C_M(\boldsymbol{x}_0) \cap \partial M \neq \emptyset;$$

dabei bezeichnet $\partial M := \overline{M} \setminus \operatorname{rel\,int} M$ den Rand der Menge M bezüglich ihrer linearen Hülle. Es sei $\boldsymbol{x}_1$ ein beliebiger Punkt der Menge $C_M(\boldsymbol{x}_0) \cap \partial M$; offenbar ist $\boldsymbol{x}_1 \neq \boldsymbol{x}_0$. Da der Durchschnitt der Halbgeraden $\overline{p} := \overline{p}(\boldsymbol{x}_0; \boldsymbol{x}_1 - \boldsymbol{x}_0)$ mit der Abschließung $\overline{M}$ der Menge M eine Strecke mit den Randpunkten $\boldsymbol{x}_0 \in \operatorname{rel\,int} M$ und $\boldsymbol{x}_1 \in \partial M$ ist (vgl. Satz 2.6), gilt nach Bemerkung 2.7, daß $\overline{p} \not\subset M$ ist. Da der Punkt $\boldsymbol{x}_1$ in dem Kegel $C_M(\boldsymbol{x}_0)$ mit einem Scheitel im Punkt $\boldsymbol{x}_0$ liegt, $\boldsymbol{x}_1 \neq \boldsymbol{x}_0$, folgt andererseits nach Definition 7.1 die Inklusion $\overline{p} \subset M$. Dieser Widerspruch zeigt, daß die obige Annahme nicht gelten kann und $C_M(\boldsymbol{x}_0) \cap \partial M = \emptyset$ ist. Nach Satz 7.1 folgt dann $C_M(\boldsymbol{x}_0) \subset \operatorname{rel\,int} M$ für $\boldsymbol{x}_0 \in \operatorname{rel\,int} M$. □

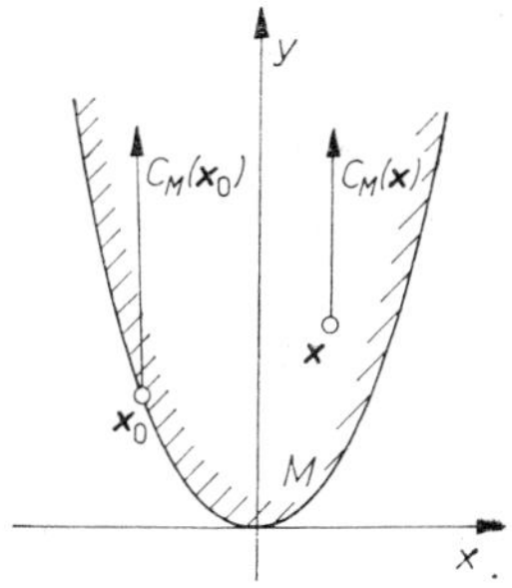

Abb. 7.2

Bemerkung 7.4. Für eine nichtleere abgeschlossene konvexe Menge M kann in speziellen Fällen neben der Aussage des Satzes 7.5 auch die Implikation

$$\boldsymbol{x}_0 \in \partial M \Rightarrow C_M(\boldsymbol{x}_0) \setminus \{\boldsymbol{x}_0\} \subset \operatorname{rel\,int} M \tag{7.7}$$

gelten. Es sei M zum Beispiel die Menge $\{(x, y) \in \mathbb{E}_2 \mid y \geqq x^2, x \in \mathbb{R}\}$; sie ist abgeschlossen, unbeschränkt, konvex, und ihr Rand ist die durch $y = x^2$ beschriebene Parabel (Abb. 7.2). Für jeden Punkt $(x, y) \in M$ ist der charakteristische Kegel der Menge M in diesem Punkt eine Halbgerade mit dem Randpunkt (x, y). Im vorliegenden Beispiel gilt die Implikation (7.7) für jeden Punkt $(x_0, y_0) \in \partial M$.

Satz 7.6. *Es sei M eine nichtleere konvexe Menge in $\mathbb{E}_n$. Dann ist für jeden Punkt $\boldsymbol{x}_0 \in \operatorname{rel\,int} M$ der charakteristische Kegel $C_M(\boldsymbol{x}_0)$ der Menge M im Punkt $\boldsymbol{x}_0$ eine abgeschlossene Menge, d. h.*

$$C_M(\boldsymbol{x}_0) = \bar{C}_M(\boldsymbol{x}_0). \tag{7.8}$$

Im Fall einer abgeschlossenen Menge M gilt die Aussage (7.8) *für alle Punkte $\boldsymbol{x}_0 \in M$.*

Beweis. Falls $\dim C_M(\boldsymbol{x}_0) = 0$ oder $\dim C_M(\boldsymbol{x}_0) = 1$ ist, so gilt offensichtlich die Aussage des Satzes. Im Fall $\dim C_M(\boldsymbol{x}_0) \geqq 2$ seien $\boldsymbol{x}_0$ ein beliebiger Punkt der Menge M und $\boldsymbol{x}^*$ ein beliebiger Häufungspunkt des Kegels $C_M(\boldsymbol{x}_0)$ mit $\boldsymbol{x}^* \neq \boldsymbol{x}_0$. Dann existiert eine Punktfolge $\{\boldsymbol{x}_k\}_{k=1}^{\infty}$ mit

$$\boldsymbol{x}_k \neq \boldsymbol{x}^*, \quad \boldsymbol{x}_k \in C_M(\boldsymbol{x}_0) \qquad (k = 1, 2, \ldots), \quad \lim_{k\to\infty} \boldsymbol{x}_k = \boldsymbol{x}^*.$$

Wegen $C_M(\boldsymbol{x}_0) \subset M$ gilt $\boldsymbol{x}_k \in M$ $(k = 1, 2, \ldots)$ und folglich $\boldsymbol{x}^* \in \overline{M}$. Wir betrachten nun die Halbgerade $\bar{p}^* := \bar{p}(\boldsymbol{x}_0; \boldsymbol{x}^* - \boldsymbol{x}_0)$; die in ihr gelegene Strecke $\bar{u}(\boldsymbol{x}_0, \boldsymbol{x}^*)$ mit den Endpunkten $\boldsymbol{x}_0 \in M$ und $\boldsymbol{x}^* \in \overline{M}$ liegt in der nach Satz **2.3** konvexen Menge $\overline{M}$, d. h.

$$\bar{u}(\boldsymbol{x}_0, \boldsymbol{x}^*) \subset \overline{M}. \tag{7.9}$$

Wir nehmen nun an, daß ein Punkt $\tilde{\boldsymbol{x}} \in \bar{p}^*$ mit $\tilde{\boldsymbol{x}} \notin \overline{M}$ existiert. Wegen (7.9) gibt es dann eine Zahl $\tilde{t} > 1$ mit $\tilde{\boldsymbol{x}} = \boldsymbol{x}_0 + \tilde{t}(\boldsymbol{x}^* - \boldsymbol{x}_0)$. Da die Menge $\mathbb{E}_n \setminus \overline{M}$ eine in $\mathbb{E}_n$ offene Menge mit $\tilde{\boldsymbol{x}} \in \mathbb{E}_n \setminus \overline{M}$ ist, gibt es eine Zahl $\delta > 0$, so daß die Umgebung $U(\tilde{\boldsymbol{x}}; \delta)$ des Punktes $\tilde{\boldsymbol{x}}$ in der Menge $\mathbb{E}_n \setminus \overline{M}$ liegt. Daher ist

$$U(\tilde{\boldsymbol{x}}; \delta) \cap \overline{M} = \emptyset. \tag{7.10}$$

Wegen $\boldsymbol{x}_k \in C_M(\boldsymbol{x}_0)$ und $C_M(\boldsymbol{x}_0) \subset M$ gehören die Halbgeraden $\bar{p}_k := \bar{p}(\boldsymbol{x}_0, \boldsymbol{x}_k - \boldsymbol{x}_0)$ $(k = 1, 2, \ldots)$ zur Menge $C_M(\boldsymbol{x}_0)$ und daher zur Menge M. Der Durchschnitt jeder dieser Halbgeraden $\bar{p}_k$ mit der Hypersphäre $\{\boldsymbol{x} \in \mathbb{E}_n \mid \|\boldsymbol{x} - \boldsymbol{x}_0\| = \|\tilde{\boldsymbol{x}} - \boldsymbol{x}_0\|\}$ ist nach Satz 2.6 genau ein Punkt $\boldsymbol{z}_k$ $(k = 1, 2, \ldots)$. Aus $\boldsymbol{x}_k \to \boldsymbol{x}^*$ folgt für $k \to \infty$ dann $\boldsymbol{z}_k \to \tilde{\boldsymbol{x}}$. Wegen $\boldsymbol{z}_k \in \bar{p}_k \subset M$ liegen in der Umgebung $U(\tilde{\boldsymbol{x}}; \delta)$ des Punktes $\tilde{\boldsymbol{x}}$ Punkte aus der Menge M. Das widerspricht aber (7.10); die obige Annahme muß also verworfen werden, und es gilt $\bar{p}^* \subset \overline{M}$.

Im Fall $M = \overline{M}$ ist daher $p^* \subset M$; wegen $\boldsymbol{x}^* \in p^*$, $\boldsymbol{x}^* \neq \boldsymbol{x}_0$ (und damit $\boldsymbol{x}^* \in M$), folgt $\boldsymbol{x}^* \in C_M(\boldsymbol{x}_0)$. Da $\boldsymbol{x}^*$ ein beliebiger Häufungspunkt des Kegels $C_M(\boldsymbol{x}_0)$ war, $\boldsymbol{x}^* \neq \boldsymbol{x}_0$, und da auch $\boldsymbol{x}_0 \in C_M(\boldsymbol{x}_0)$ ist, gilt also für den Fall $M = \overline{M}$ die Aussage (7.8).

Im Fall einer nicht notwendig abgeschlossenen nichtleeren konvexen Menge M sei $\boldsymbol{x}_0$ ein beliebiger Punkt der Menge $\operatorname{rel\,int} M$. Dann folgt aus der Inklusion $\bar{p}^* \subset \overline{M}$ für die Halbgerade $\bar{p}^*$ mit dem Randpunkt $\boldsymbol{x}_0$ nach Satz 2.12, daß $\bar{p}^* \subset \operatorname{rel\,int} \overline{M} = \operatorname{rel\,int} M \subset M$ ist. Die Halbgerade $\bar{p}^*$ gehört daher zum Kegel $C_M(\boldsymbol{x}_0)$; deshalb gilt $\boldsymbol{x}^* \in \bar{p}^* \subset C_M(\boldsymbol{x}_0)$, woraus wie im vorangegangenen Fall die Aussage (7.8) folgt. □

Bemerkung 7.5. Falls M eine nichtleere konvexe Menge in $\mathbb{E}_n$ ist und $\boldsymbol{x}_0$ ein Punkt der Menge $M \setminus \operatorname{rel\,int} M$, dann muß — wie das folgende Beispiel zeigt — die Aussage (7.8) des Satzes 7.6 nicht gelten.

Die Menge

$$\tilde{M} := \{(x_1, x_2, x_3) \in \mathbb{E}_3 \mid 0 \leqq x_1 \leqq 1, x_2 - x_3 \leqq 0, x_2 + x_3 \geqq 0\}$$

ist offenbar ein unbeschränktes konvexes Polyeder in $\mathbb{E}_3$. Es besitzt genau zwei Ecken: $\boldsymbol{x}_1 = (0, 0, 0)$ und $\boldsymbol{x}_2 = (1, 0, 0)$. Die offene Strecke mit den Endpunkten $\boldsymbol{x}_1$ und $\boldsymbol{x}_2$ ist die einzige beschränkte Kante des Polyeders; die anderen Kanten — die von dem Punkt $\boldsymbol{x}_1$ ausgehenden offenen Halbgeraden $p_1^{(1)}$, $p_2^{(1)}$ und die von dem Punkt $\boldsymbol{x}_2$ ausgehenden offenen Halbgeraden $p_1^{(2)}$, $p_2^{(2)}$ — sind unbeschränkt (vgl. Abb. 7.3). Die Menge

$$M := \tilde{M} \setminus (p_1^{(1)} \cup p_2^{(1)})$$

ist offensichtlich konvex und enthält den Punkt $\boldsymbol{x}_1$. Der charakteristische Kegel $C_M(\boldsymbol{x}_1)$ der Menge M im Punkt $\boldsymbol{x}_1$ ist offenbar ein zweidimensionaler konvexer Kegel mit dem Scheitel $\boldsymbol{x}_1$ und dem Rand $\overline{p_1^{(1)} \cup p_2^{(1)}}$, wobei bis auf den Punkt $\boldsymbol{x}_1$ kein anderer Punkt dieses Randes zum Kegel $C_M(\boldsymbol{x}_1)$ gehört. Es ist daher $\overline{C}_M(\boldsymbol{x}_1) \neq C_M(\boldsymbol{x}_1)$.

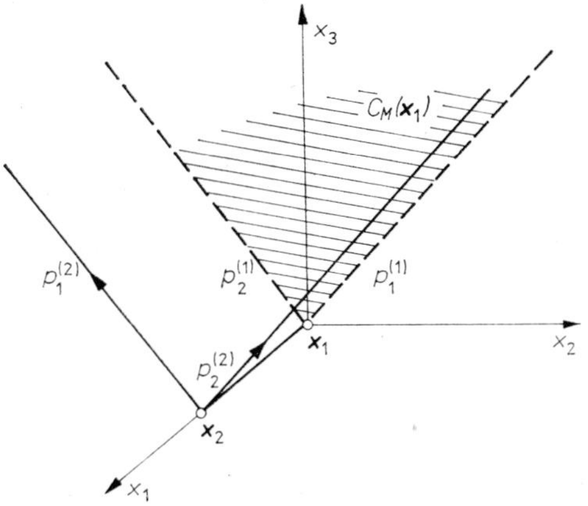

Abb. 7.3

Satz 7.7. *Es seien M_1 und M_2 konvexe Mengen in $\mathbb{E}_n$ mit $M_1 \cap M_2 \neq \emptyset$. Dann gilt für die charakteristischen Kegel der Mengen M_1, M_2 und $M_1 \cap M_2$ in jedem Punkt $\boldsymbol{x}_0 \in M_1 \cap M_2$*

$$C_{M_1 \cap M_2}(\boldsymbol{x}_0) = C_{M_1}(\boldsymbol{x}_0) \cap C_{M_2}(\boldsymbol{x}_0). \tag{7.11}$$

Beweis. Nach Definition eines charakteristischen Kegels gilt $\boldsymbol{x}_0 \in C_{M_1 \cap M_2}(\boldsymbol{x}_0)$, $\boldsymbol{x}_0 \in M_i$ $(i = 1, 2)$ und daher auch $\boldsymbol{x}_0 \in C_{M_1}(\boldsymbol{x}_0) \cap C_{M_2}(\boldsymbol{x}_0)$.

Es sei $\boldsymbol{y}$ ein beliebiger Punkt der Menge $C_{M_1 \cap M_2}(\boldsymbol{x}_0)$ mit $\boldsymbol{y} \neq \boldsymbol{x}_0$. Dann ist nach Definition eines charakteristischen Kegels

$$\boldsymbol{x}_0 + t(\boldsymbol{y} - \boldsymbol{x}_0) \in M_1 \cap M_2 \quad \text{für alle} \quad t \geqq 0$$

und somit

$$\boldsymbol{x}_0 + t(\boldsymbol{y} - \boldsymbol{x}_0) \in M_i \qquad (i = 1, 2) \quad \text{für alle} \quad t \geqq 0.$$

Daraus folgt $\boldsymbol{y} \in C_{M_i}(\boldsymbol{x}_0)$ $(i = 1, 2)$ und daher $\boldsymbol{y} \in C_{M_1}(\boldsymbol{x}_0) \cap C_{M_2}(\boldsymbol{x}_0)$. Es gilt also

$$C_{M_1 \cap M_2}(\boldsymbol{x}_0) \subset C_{M_1}(\boldsymbol{x}_0) \cap C_{M_2}(\boldsymbol{x}_0).$$

Wenn andererseits $\boldsymbol{y}$ ein beliebiger Punkt des Durchschnitts $C_{M_1}(\boldsymbol{x}_0) \cap C_{M_2}(\boldsymbol{x}_0)$ mit $\boldsymbol{y} \neq \boldsymbol{x}_0$ ist, dann gilt $\boldsymbol{y} \in C_{M_i}(\boldsymbol{x}_0)$ $(i = 1, 2)$ und daher $\boldsymbol{x}_0 + t(\boldsymbol{y} - \boldsymbol{x}_0) \in M_i$ für alle

$t \geqq 0$ $(i = 1, 2)$, d. h. $\boldsymbol{x}_0 + t(\boldsymbol{y} - \boldsymbol{x}_0) \in M_1 \cap M_2$ für alle $t \geqq 0$. Daraus folgt nach Definition eines charakteristischen Kegels $\boldsymbol{y} \in C_{M_1 \cap M_2}(\boldsymbol{x}_0)$, womit auch die Inklusion

$$C_{M_1}(\boldsymbol{x}_0) \cap C_{M_2}(\boldsymbol{x}_0) \subset C_{M_1 \cap M_2}(\boldsymbol{x}_0)$$

gezeigt ist und damit die Aussage des Satzes. □

Bemerkung 7.6. Aus dem Beweis des Satzes 7.7 erkennt man, daß die Aussage des Satzes auf ein beliebiges System von konvexen Mengen in $\mathbb{E}_n$, deren Durchschnitt nichtleer ist, ausgedehnt werden kann.

Satz 7.8. *Es seien M eine nichtleere konvexe Menge in $\mathbb{E}_n$, $C_M(\boldsymbol{x}_0)$ ihr charakteristischer Kegel in einem Punkt $\boldsymbol{x}_0 \in \operatorname{rel\,int} M$ und $C_M(\hat{\boldsymbol{x}})$ ihr charakteristischer Kegel in einem Punkt $\hat{\boldsymbol{x}} \in M \setminus \operatorname{rel\,int} M$. Falls $\hat{C}_M(\boldsymbol{x}_0)$ derjenige Kegel ist, der aus dem Kegel $C_M(\hat{\boldsymbol{x}})$ durch eine Translation hervorgeht, bei der dessen Scheitel $\hat{\boldsymbol{x}}$ in den Punkt $\boldsymbol{x}_0$ übergeführt wird, dann gilt*

$$\hat{C}_M(\boldsymbol{x}_0) \subset C_M(\boldsymbol{x}_0).$$

Beweis. Im Fall $\dim C_M(\hat{\boldsymbol{x}}) = 0$, d. h. $C_M(\hat{\boldsymbol{x}}) = \{\hat{\boldsymbol{x}}\}$, gilt die Aussage. Es sei nun $d := \dim C_M(\hat{\boldsymbol{x}}) \geqq 1$. Weiter sei $\overline{p}_1 := \overline{p}(\hat{\boldsymbol{x}}; \hat{\boldsymbol{v}})$ eine beliebige abgeschlossene Halbgerade aus dem Kegel $C_M(\hat{\boldsymbol{x}})$. Nach Satz 7.1 gilt dann $\overline{p}_1 \subset M$. Falls $\boldsymbol{x}_0$ ein beliebiger Punkt der Menge $\operatorname{rel\,int} M$ ist, dann gehört die mit der Halbgeraden $\overline{p}_1$ gleichgerichtete und von dem Punkt $\boldsymbol{x}_0$ ausgehende abgeschlossene Halbgerade $\overline{p}_0 :\doteq \overline{p}(\boldsymbol{x}_0; \hat{\boldsymbol{v}})$ zum Kegel $\hat{C}_M(\boldsymbol{x}_0)$; andererseits gilt nach Satz 2.12 $\overline{p}_0 \subset \operatorname{rel\,int} M$ und daher auch $\overline{p}_0 \subset M$. Dann ist aber $\overline{p}_0 \subset C_M(\boldsymbol{x}_0)$. Da $\overline{p}_1$ eine beliebige Halbgerade des Kegels $C_M(\hat{\boldsymbol{x}})$ war, folgt daraus die Aussage des Satzes. □

Bemerkung 7.7 Falls M eine nichtleere konvexe Menge in $\mathbb{E}_n$ ist und $\boldsymbol{x}_0$ ein beliebiger Punkt der Menge $\operatorname{rel\,int} M$, so kann man dem charakteristischen Kegel $C_M(\boldsymbol{x}_0)$ der Menge M im Punkt $\boldsymbol{x}_0$ den Kegel

$$C_M := \{\boldsymbol{y} \in \mathbb{E}_n \mid \boldsymbol{x}_0 + \boldsymbol{y} \in C_M(\boldsymbol{x}_0)\} \tag{7.12}$$

zuordnen, der aus dem Kegel $C_M(\boldsymbol{x}_0)$ durch eine Translation hervorgeht, die den Scheitel $\boldsymbol{x}_0$ des Kegels $C_M(\boldsymbol{x}_0)$ in den Koordinatenursprung des Raumes $\mathbb{E}_n$ überführt. Aus Satz 7.2 folgt, daß der nach Satz 7.6 abgeschlossene Kegel C_M nicht von der Wahl des Punktes $\boldsymbol{x}_0 \in \operatorname{rel\,int} M$ abhängt. Der Kegel C_M wird daher charakteristischer Kegel der Menge M genannt.

Definition 7.2. Es seien M eine nichtleere konvexe Menge in $\mathbb{E}_n$ und $\boldsymbol{x}_0$ ein Punkt der Menge $\operatorname{rel\,int} M$. Dann heißt der in (7.12) angegebene Kegel C_M *charakteristischer Kegel* der Menge M.

Satz 7.9. *Es seien M eine nichtleere abgeschlossene konvexe Menge in $\mathbb{E}_n$, C_M der charakteristische Kegel der Menge M und L^{C_M} die Scheitelmenge des Kegels C_M.*[1]) *Falls $d := \dim L^{C_M} \geqq 1$ ist, $\boldsymbol{x}_0$ ein Punkt des Randes ∂M der Menge M und $L^{C_M}(\boldsymbol{x}_0)$ der zu dem linearen Unterraum L^{C_M} parallele d-dimensionale lineare Unterraum mit $\boldsymbol{x}_0 \in L^{C_M}(\boldsymbol{x}_0)$, dann gilt*

$$L^{C_M}(\boldsymbol{x}_0) \subset \partial M. \tag{7.13}$$

[1]) Nach Satz 4.1 ist die Menge L^{C_M} ein linearer Unterraum in $\mathbb{E}_n$.

Beweis. Der charakteristische Kegel $C_M(\boldsymbol{x}_0)$ der Menge M im Punkt $\boldsymbol{x}_0 \in M$ besitzt — wie unmittelbar aus Definition 7.2 des Kegels C_M und aus Satz 7.2 folgt — den linearen Unterraum $L^{C_M}(\boldsymbol{x}_0)$ als Scheitelmenge. Wegen $L^{C_M}(\boldsymbol{x}_0) \subset C_M(\boldsymbol{x}_0)$ und $C_M(\boldsymbol{x}_0) \subset M$ (nach Satz 7.1) ist dann $L^{C_M}(\boldsymbol{x}_0) \subset M$. Es sei p_0 eine von dem Punkt $\boldsymbol{x}_0$ ausgehende und in der Scheitelmenge $L^{C_M}(\boldsymbol{x}_0)$ gelegene offene Halbgerade (deren Existenz ist wegen $\dim L^{C_M}(\boldsymbol{x}_0) \geqq 1$ gesichert). Falls $p_0 \cap \operatorname{rel\,int} M \neq \emptyset$ wäre, so würde die von einem Punkt $\boldsymbol{x}_1$ dieser Menge ausgehende und den Punkt $\boldsymbol{x}_0$ enthaltende abgeschlossene Halbgerade $\overline{p}_1$ den Rand ∂M der Menge M in genau einem Punkt schneiden, nämlich in dem Punkt $\boldsymbol{x}_0$, und es würde $\overline{p}_1 \not\subset M$ gelten (vgl. Satz 2.6 und Bemerkung 2.7). Da aber die Gerade $g := p_0 \cup \overline{p}_1$ in dem linearen Unterraum $L^{C_M}(\boldsymbol{x}_0)$ liegt und $L^{C_M}(\boldsymbol{x}_0)$ in der Menge M, ist das nicht möglich. Es ist daher $p_0 \cap \operatorname{rel\,int} M = \emptyset$. Wegen $p_0 \subset M$ gilt dann $p_0 \subset \partial M$. Da p_0 eine beliebige von dem Punkt $\boldsymbol{x}_0 \in \partial M$ ausgehende und in der Menge $L^{C_M}(\boldsymbol{x}_0)$ gelegene offene Halbgerade war, ist damit die Aussage des Satzes gezeigt. □

Satz 7.10. *Es sei M eine abgeschlossene, streng konvexe Menge in $\mathbb{E}_n$ mit der Eigenschaft $\partial M \neq \emptyset$. Dann ist der Punkt $\boldsymbol{o}$ der einzige Scheitel des charakteristischen Kegels C_M der Menge M.*

Beweis. Nach Definition 7.2 des Kegels C_M ist der Punkt $\boldsymbol{o}$ ein Scheitel des Kegels C_M. Wenn für die Scheitelmenge L^{C_M} des Kegels C_M $\dim L^{C_M} \geqq 1$ gelten würde, so würde für einen beliebigen Punkt $\boldsymbol{x}_0 \in \partial M$ nach Satz 7.9 die Inklusion (7.13) gelten. Aus dieser folgte die Existenz einer in der Menge M gelegenen Halbgeraden, die gleichzeitig zum Rand ∂M der Menge gehört. Das widerspricht aber der vorausgesetzten strengen Konvexität der Menge M (vgl. Definition 2.5). Daher ist $\dim L^{C_M} = 0$, woraus wegen $\boldsymbol{o} \in L^{C_M}$ die Aussage des Satzes folgt. □

Satz 7.11. *Der charakteristische Kegel jeder ε-Umgebung $U(M;\varepsilon)$ einer nichtleeren konvexen Menge $M \subset \mathbb{E}_n$ stimmt mit dem charakteristischen Kegel der Menge M überein, d. h.*

$$C_{U(M;\varepsilon)} = C_M, \quad \varepsilon > 0.$$

Beweis. Es sei $\boldsymbol{x}_0$ ein Punkt der Menge $\operatorname{rel\,int} M$ und $C_M(\boldsymbol{x}_0)$ der charakteristische Kegel der Menge M im Punkt $\boldsymbol{x}_0$ (vgl. Definition 7.1). Für ein beliebiges $\varepsilon > 0$ ist nach Satz 2.8 die ε-Umgebung $U(M;\varepsilon)$ der Menge M eine n-dimensionale konvexe Menge, und es gilt $\boldsymbol{x}_0 \in \operatorname{int} U(M;\varepsilon) = U(M;\varepsilon)$. Eine von dem Punkt $\boldsymbol{x}_0$ ausgehende Halbgerade gehört zur Menge M genau dann, wenn sie zur Menge $U(M;\varepsilon)$ gehört. Daraus folgt die Gleichheit der charakteristischen Kegel $C_M(\boldsymbol{x}_0)$ und $C_{U(M;\varepsilon)}(\boldsymbol{x}_0)$ und gemäß Definition 7.2 dann die Aussage des Satzes. □

8. Konvexe Kegel mit einem gemeinsamen Scheitel

Satz 8.1. *Es seien K_1 und K_2 konvexe Kegel in $\mathbb{E}_n$ mit einem gemeinsamen Scheitel $\boldsymbol{x}_0$; weiter sei $K_i^{\mathrm{p}}(\boldsymbol{x}_0)$ der Polarkegel zum Kegel K_i $(i = 1, 2)$ im Punkt $\boldsymbol{x}_0$. Dann gilt*

$$K_1 \subset K_2 \Rightarrow K_2^{\mathrm{p}}(\boldsymbol{x}_0) \subset K_1^{\mathrm{p}}(\boldsymbol{x}_0). \tag{8.1}$$

Beweis. Nach Definition eines Polarkegels ist

$$K_i^{\mathrm{p}}(\boldsymbol{x}_0) = \{\boldsymbol{x} \in \mathbb{E}_n \mid (\boldsymbol{x} - \boldsymbol{x}_0, \boldsymbol{y} - \boldsymbol{x}_0) \leqq 0,\ \boldsymbol{y} \in K_i\} \qquad (i = 1, 2).$$

Es sei $\boldsymbol{x}^*$ ein beliebiger Punkt der Menge $K_2^{\mathrm{p}}(\boldsymbol{x}_0)$. Dann gilt $(\boldsymbol{x}^* - \boldsymbol{x}_0, \boldsymbol{y} - \boldsymbol{x}_0) \leqq 0$ für alle Punkte $\boldsymbol{y} \in K_2$ und folglich wegen $K_1 \subset K_2$ auch für alle Punkte $\boldsymbol{y} \in K_1$. Also ist $\boldsymbol{x}^* \in K_1^{\mathrm{p}}(\boldsymbol{x}_0)$. Da der Punkt $\boldsymbol{x}^*$ ein beliebiger Punkt des Kegels $K_2^{\mathrm{p}}(\boldsymbol{x}_0)$ war, folgt daraus die Implikation (8.1). □

Satz 8.2. *Es seien K_1 und K_2 konvexe Kegel in $\mathbb{E}_n$ mit einem gemeinsamen Scheitel $\boldsymbol{x}_0$; dann ist auch die konvexe Hülle* co $(K_1 \cup K_2)$ *der Vereinigung $K_1 \cup K_2$ ein konvexer Kegel mit einem Scheitel im Punkt $\boldsymbol{x}_0$.*

Beweis. Nach Satz 3.1 ist die Menge co $(K_1 \cup K_2)$ konvex; sie enthält den Punkt $\boldsymbol{x}_0$. Im Fall co $(K_1 \cup K_2) = \{\boldsymbol{x}_0\}$ gilt die Aussage des Satzes. Es sei nun $\boldsymbol{x}^*$ ein beliebiger Punkt der Menge co $(K_1 \cup K_2)$ mit $\boldsymbol{x}^* \neq \boldsymbol{x}_0$. Dann existieren nach Satz 3.7 Zahlen $\lambda_1 \geqq 0$, $\lambda_2 \geqq 0$ mit $\lambda_1 + \lambda_2 = 1$ und Punkte $\boldsymbol{y}_1 \in K_1$, $\boldsymbol{y}_2 \in K_2$, so daß $\boldsymbol{x}^* = \lambda_1\boldsymbol{y}_1 + \lambda_2\boldsymbol{y}_2$ ist. Aus $\boldsymbol{x}^* \neq \boldsymbol{x}_0$ folgt $\boldsymbol{y}_1 \neq \boldsymbol{x}_0$ oder $\boldsymbol{y}_2 \neq \boldsymbol{x}_0$. Falls die Punkte $\boldsymbol{y}_1$ und $\boldsymbol{y}_2$ auf ein und derselben vom Punkt $\boldsymbol{x}_0$ ausgehenden Halbgeraden liegen, so gehört auch der Punkt $\boldsymbol{x}^*$ zu dieser Halbgeraden und damit zur Menge $K_1 \cup K_2 \subset$ co $(K_1 \cup K_2)$. Andernfalls liegt die Halbgerade $p^* := \overline{p}(\boldsymbol{x}_0; \boldsymbol{x}^* - \boldsymbol{x}_0)$ in dem zweidimensionalen Kegel, der von den Halbgeraden $p_i := \overline{p}(\boldsymbol{x}_0; \boldsymbol{y}_i - \boldsymbol{x}_0)$ $(i = 1, 2)$ begrenzt wird. Jeder Punkt der Halbgeraden p^* läßt sich daher als Konvexkombination zweier Punkte darstellen, von denen der eine auf der Halbgeraden p_1 und der andere auf der Halbgeraden p_2 liegt. Wegen $p_i \subset K_i$ $(i = 1, 2)$ folgt nach Satz 3.7 dann $p^* \subset$ co $(K_1 \cup K_2)$. Mit einem beliebigen Punkt $\boldsymbol{x}^*$ der Menge co $(K_1 \cup K_2)$, $\boldsymbol{x}^* \neq \boldsymbol{x}_0$, gehört also auch die vom Punkt $\boldsymbol{x}_0$ ausgehende Halbgerade $\overline{p}(\boldsymbol{x}_0, \boldsymbol{x}^* - \boldsymbol{x}_0)$ zur Menge co $(K_1 \cup K_2)$. Die Menge co $(K_1 \cup K_2)$ ist also ein konvexer Kegel in $\mathbb{E}_n$ mit einem Scheitel $\boldsymbol{x}_0$. □

Satz 8.3. *Es seien K_1 und K_2 konvexe Kegel in $\mathbb{E}_n$ mit einem gemeinsamen Scheitel $\boldsymbol{x}_0$. Weiter sei $K_i^{\mathrm{p}}(\boldsymbol{x}_0)$ der Polarkegel zum Kegel K_i im Punkt $\boldsymbol{x}_0$ $(i = 1, 2)$. Dann gilt*

(a) $\quad K_1^{\mathrm{p}}(\boldsymbol{x}_0) \cap K_2^{\mathrm{p}}(\boldsymbol{x}_0) = \big(\mathrm{co}\,(K_1 \cup K_2)\big)^{\mathrm{p}}(\boldsymbol{x}_0)$,

(b) $\quad (\overline{K}_1 \cap \overline{K}_2)^{\mathrm{p}}(\boldsymbol{x}_0) = \overline{\mathrm{co}}\,\big(K_1^{\mathrm{p}}(\boldsymbol{x}_0) \cup K_2^{\mathrm{p}}(\boldsymbol{x}_0)\big)$.

Beweis. Offensichtlich ist $K_1^p(\boldsymbol{x}_0) \cap K_2^p(\boldsymbol{x}_0) \neq \emptyset$, denn dieser Durchschnitt enthält den Punkt $\boldsymbol{x}_0$.

Für einen beliebigen Punkt $\tilde{\boldsymbol{x}} \in K_1^p(\boldsymbol{x}_0) \cap K_2^p(\boldsymbol{x}_0)$ ist $\tilde{\boldsymbol{x}} \in K_i^p(\boldsymbol{x}_0)$ $(i = 1, 2)$; nach Definition 4.2 eines Polarkegels gilt daher

$$(\tilde{\boldsymbol{x}} - \boldsymbol{x}_0, \boldsymbol{y} - \boldsymbol{x}_0) \leqq 0, \quad \boldsymbol{y} \in K_1 \cup K_2. \tag{8.2}$$

Wir wählen nun einen beliebigen Punkt $\tilde{\boldsymbol{y}} \in \operatorname{co}(K_1 \cup K_2)$. Nach Satz 3.7 existieren Punkte $\boldsymbol{y}_i \in K_i$ $(i = 1, 2)$ und Zahlen $\lambda_1 \geqq 0$, $\lambda_2 \geqq 0$ mit $\lambda_1 + \lambda_2 = 1$ derart, daß $\tilde{\boldsymbol{y}} = \lambda_1 \boldsymbol{y}_1 + \lambda_2 \boldsymbol{y}_2$ ist. Aus (8.2) folgt dann

$$(\tilde{\boldsymbol{x}} - \boldsymbol{x}_0, \tilde{\boldsymbol{y}} - \boldsymbol{x}_0) = \lambda_1(\tilde{\boldsymbol{x}} - \boldsymbol{x}_0, \boldsymbol{y}_1 - \boldsymbol{x}_0) + \lambda_2(\tilde{\boldsymbol{x}} - \boldsymbol{x}_0, \boldsymbol{y}_2 - \boldsymbol{x}_0) \leqq 0.$$

Da $\tilde{\boldsymbol{y}}$ ein beliebiger Punkt der Menge $\operatorname{co}(K_1 \cup K_2)$ war, folgt

$$(\tilde{\boldsymbol{x}} - \boldsymbol{x}_0, \tilde{\boldsymbol{y}} - \boldsymbol{x}_0) \leqq 0, \quad \tilde{\boldsymbol{y}} \in \operatorname{co}(K_1 \cup K_2),$$

und daraus nach Definitiln 4.2 dann $\tilde{\boldsymbol{x}} \in \big(\operatorname{co}(K_1 \cup K_2)\big)^p(\boldsymbol{x}_0)$. Also gilt die Inklusion

$$K_1^p(\boldsymbol{x}_0) \cap K_2^p(\boldsymbol{x}_0) \subset \big(\operatorname{co}(K_1 \cup K_2)\big)^p(\boldsymbol{x}_0) \tag{8.3}$$

(und es ist daher auch $\big(\operatorname{co}(K_1 \cup K_2)\big)^p(\boldsymbol{x}_0) \neq \emptyset$).

Es sei nun andererseits $\tilde{\boldsymbol{x}}$ ein beliebiger Punkt der Menge $\big(\operatorname{co}(K_1 \cup K_2)\big)^p(\boldsymbol{x}_0)$. Nach Definition 4.2 gilt dann

$$(\tilde{\boldsymbol{x}} - \boldsymbol{x}_0, \boldsymbol{y} - \boldsymbol{x}_0) \leqq 0, \quad \boldsymbol{y} \in \operatorname{co}(K_1 \cup K_2). \tag{8.4}$$

Aus $K_i \subset \operatorname{co}(K_1 \cup K_2)$ $(i = 1, 2)$ — vgl. Satz 3.1 — und aus (8.4) folgt $(\tilde{\boldsymbol{x}} - \boldsymbol{x}_0, \boldsymbol{y} - \boldsymbol{x}_0) \leqq 0$ für alle Punkte $\boldsymbol{y} \in K_1$ und alle Punkte $\boldsymbol{y} \in K_2$. Gemäß Definition 4.2 ist daher $\tilde{\boldsymbol{x}} \in K_i^p(\boldsymbol{x}_0)$ $(i = 1, 2)$, d. h. $\tilde{\boldsymbol{x}} \in K_1^p(\boldsymbol{x}_0) \cap K_2^p(\boldsymbol{x}_0)$. Da $\tilde{\boldsymbol{x}}$ ein beliebiger Punkt der Menge $\big(\operatorname{co}(K_1 \cup K_2)\big)^p(\boldsymbol{x}_0)$ war, gilt also die Inklusion

$$\big(\operatorname{co}(K_1 \cup K_2)\big)^p(\boldsymbol{x}_0) \subset K_1^p(\boldsymbol{x}_0) \cap K_2^p(\boldsymbol{x}_0),$$

die zusammen mit der Inklusion (8.3) die Gleichheit (a) liefert.

Wenn wir in der gezeigten Aussage (a) die Kegel K_i durch die Kegel $K_i^p(\boldsymbol{x}_0)$ ersetzen $(i = 1, 2)$, so ist

$$K_1^{pp}(\boldsymbol{x}_0) \cap K_2^{pp}(\boldsymbol{x}_0) = \Big(\operatorname{co}\big(K_1^p(\boldsymbol{x}_0) \cup K_2^p(\boldsymbol{x}_0)\big)\Big)^p(\boldsymbol{x}_0).$$

Nach Satz 4.5 folgt dann

$$\big(K_1^{pp}(\boldsymbol{x}_0) \cap K_2^{pp}(\boldsymbol{x}_0)\big)^p(\boldsymbol{x}_0) = \overline{\operatorname{co}}\big(K_1^p(\boldsymbol{x}_0) \cup K_2^p(\boldsymbol{x}_0)\big),$$

und hieraus — da nach demselben Satz 4.5 $K_i^{pp}(\boldsymbol{x}_0) = \overline{K}_i$ $(i = 1, 2)$ gilt — die Gleichheit (b). □

Bemerkung 8.1. Die Aussagen des Satzes 8.3 lassen sich auf den Fall einer endlichen Anzahl konvexer Kegel $K_1, \ldots, K_s$ $(s \geqq 2)$ in $\mathbb{E}_n$ mit einem gemeinsamen Scheitel $\boldsymbol{x}_0$ erweitern, d. h., es gilt

(a) $$\bigcap_{i=1}^{s} K_i^p(\boldsymbol{x}_0) = \left(\operatorname{co}\bigcup_{i=1}^{s} K_i\right)^p(\boldsymbol{x}_0),$$

(b) $$\left(\bigcap_{i=1}^{s} \overline{K}_i\right)^p(\boldsymbol{x}_0) = \overline{\operatorname{co}}\left(\bigcup_{i=1}^{s} K_i^p(\boldsymbol{x}_0)\right).$$

Die Aussage (a) kann — ausgehend von Satz 8.3 — durch vollständige Induktion gezeigt werden. Die Aussage (b) folgt dann aus der Aussage (a) auf analoge Weise wie die Aussage (b) aus der Aussage (a) des Satzes 8.3.

Satz 8.4. *Es seien K_1 und K_2 konvexe Kegel in $\mathbb{E}_n$ mit einem gemeinsamen Scheitel $\boldsymbol{x}_0$. Dann sind die Mengen*

$$K := \overline{K}_1 \cap \overline{K}_2, \quad \overline{\text{co}}\left(K_1{}^{\text{p}}(\boldsymbol{x}_0) \cup K_2{}^{\text{p}}(\boldsymbol{x}_0)\right)$$

konvexe Kegel mit einem Scheitel $\boldsymbol{x}_0$.

Falls der Kegel K die Dimension d_K hat, so ist die Scheitelmenge des Kegels $\overline{\text{co}}\left(K_1{}^{\text{p}}(\boldsymbol{x}_0) \cup K_2{}^{\text{p}}(\boldsymbol{x}_0)\right)$ ein linearer Unterraum der Dimension $n - d_K$.

Beweis. Nach Satz 4.1 ist die Abschließung eines Kegels in $\mathbb{E}_n$ mit einem Scheitel $\boldsymbol{x}_0$ ebenfalls ein Kegel mit einem Scheitel $\boldsymbol{x}_0$. Da der Punkt $\boldsymbol{x}_0$ ein gemeinsamer Scheitel der konvexen Kegel K_1 und K_2 ist, ist auch die Menge $\overline{K}_1 \cap \overline{K}_2$ ein konvexer Kegel mit einem Scheitel $\boldsymbol{x}_0$. Der Polarkegel $(\overline{K}_1 \cap \overline{K}_2)^{\text{p}}(\boldsymbol{x}_0)$ zu dem Kegel $\overline{K}_1 \cap \overline{K}_2$ im Punkt $\boldsymbol{x}_0$ ist daher nach Satz 4.4 ein konvexer Kegel mit einem Scheitel $\boldsymbol{x}_0$. Hieraus und aus der Gleichheit (b) in Satz 8.3 folgt dann, daß auch die Menge $\overline{\text{co}}\left(K_1{}^{\text{p}}(\boldsymbol{x}_0) \cup K_2{}^{\text{p}}(\boldsymbol{x}_0)\right)$ ein konvexer Kegel mit einem Scheitel $\boldsymbol{x}_0$ ist.

Nach Satz 4.1 ist die Menge der Scheitelpunkte des Kegels $(\overline{K}_1 \cap \overline{K}_2)^{\text{p}}(\boldsymbol{x}_0)$ ein linearer Unterraum, für dessen Dimension d nach Satz 4.6

$$d = n - \dim\,(\overline{K}_1 \cap \overline{K}_2)^{\text{pp}}\,(\boldsymbol{x}_0)$$

gilt; hierbei ist $(\overline{K}_1 \cap \overline{K}_2)^{\text{pp}}\,(\boldsymbol{x}_0)$ der Polarkegel zum Kegel $(\overline{K}_1 \cap \overline{K}_2)^{\text{p}}\,(\boldsymbol{x}_0)$ im Punkt $\boldsymbol{x}_0$. Nach Satz 4.5 ist aber

$$(\overline{K}_1 \cap \overline{K}_2)^{\text{pp}}\,(\boldsymbol{x}_0) = \overline{\overline{K}_1 \cap \overline{K}_2} = \overline{K}_1 \cap \overline{K}_2; \tag{8.5}$$

daher gilt

$$\dim\,(\overline{K}_1 \cap \overline{K}_2)^{\text{pp}}\,(\boldsymbol{x}_0) = \dim\,(\overline{K}_1 \cap \overline{K}_2) = \dim K = d_K\,.$$

Damit ist $d = n - d_K$. Aus der Gleichheit (b) in Satz 8.3 folgt dann, daß die Scheitelmenge des konvexen Kegels $\overline{\text{co}}\left(K_1{}^{\text{p}}(\boldsymbol{x}_0) \cup K_2{}^{\text{p}}(\boldsymbol{x}_0)\right)$ ein linearer Unterraum der Dimension $n - d_K$ ist. □

Satz 8.5. *Es seien K_1 und K_2 konvexe Kegel in $\mathbb{E}_n$ mit einem gemeinsamen Scheitel $\boldsymbol{x}_0$, für deren Abschließungen $\overline{K}_1$ und $\overline{K}_2$*

$$\overline{K}_1 \cap \overline{K}_2 = \{\boldsymbol{x}_0\} \tag{8.6a}$$

gilt. Dann ist

$$\text{co}\left(K_1{}^{\text{p}}(\boldsymbol{x}_0) \cup K_2{}^{\text{p}}(\boldsymbol{x}_0)\right) = \mathbb{E}_n\,. \tag{8.6b}$$

Beweis. Aus der Voraussetzung (8.6a) folgt nach Satz 8.3

$$(\overline{K}_1 \cap \overline{K}_2)^{\text{p}}\,(\boldsymbol{x}_0) = \{\boldsymbol{x}_0\}^{\text{p}}\,(\boldsymbol{x}_0) = \overline{\text{co}}\left(K_1{}^{\text{p}}(\boldsymbol{x}_0) \cup K_2{}^{\text{p}}(\boldsymbol{x}_0)\right).$$

Da $\{\boldsymbol{x}_0\}^{\text{p}}\,(\boldsymbol{x}_0) = \mathbb{E}_n$ ist (vgl. Bemerkung 4.2), gilt

$$\mathbb{E}_n = \overline{\text{co}}\left(K_1{}^{\text{p}}(\boldsymbol{x}_0) \cup K_2{}^{\text{p}}(\boldsymbol{x}_0)\right).$$

Hieraus folgt, da $\text{co}\left(K_1{}^{\text{p}}(\boldsymbol{x}_0) \cup K_2{}^{\text{p}}(\boldsymbol{x}_0)\right)$ eine konvexe Menge ist (vgl. Satz 3.1), nach Satz 2.15 die Aussage (8.6b). □

Satz 8.6. *Es sei K ein konvexer Kegel in $\mathbb{E}_n$ mit einem Scheitel $\boldsymbol{x}_0$ und*

$$\boldsymbol{x}_0 \notin \operatorname{rel\,int} K. \tag{8.7a}$$

Weiter sei L_d ein d-dimensionaler linearer Unterraum in $\mathbb{E}_n$ $(1 \leqq d \leqq n-1)$, und es gelte

$$\boldsymbol{x}_0 \in L_d, \quad \operatorname{co}(L_d \cup K) = \mathbb{E}_n. \tag{8.7b}$$

Dann ist

$$L_d \cap \operatorname{rel\,int} K \neq \emptyset. \tag{8.8}$$

Beweis. Nach Voraussetzung (8.7a) kann der Kegel K kein linearer Unterraum in $\mathbb{E}_n$ sein; daher gilt $\dim K \geqq 1$ und $\boldsymbol{x}_0 \cap \partial K$.

Wir betrachten zuerst den Fall $d = n - 1$ und nehmen an, daß

$$L_d \cap \operatorname{rel\,int} K = \emptyset \tag{8.9a}$$

gilt. Da $L_d = L_{n-1}$ eine Hyperebene in $\mathbb{E}_n$ ist und die Menge rel int K nach Satz 2.4 konvex ist, folgt aus (8.9a), daß die Menge rel int K in einem der zur Hyperebene L_{n-1} gehörigen offenen Halbräume in $\mathbb{E}_n$ liegt. Die Abschließung dieses Halbraumes enthält dann die Abschließung $\overline{K}$ des Kegels K und den Kegel K selbst. Daraus folgt $\operatorname{co}(L_{n-1} \cup K) \neq \mathbb{E}_n$, im Widerspruch zur Voraussetzung (8.7b). Die Aussage (8.8) gilt also im Fall $d = n - 1$.

Es sei nun $1 \leqq d \leqq n - 2$, und wir gehen wiederum von der Annahme (8.9a) aus. Für einen beliebigen Punkt $\boldsymbol{y}_1 \in \operatorname{rel\,int} K$ folgt wegen $\boldsymbol{x}_0 \in \partial K$ und $\dim K \geqq 1$ nach Satz 2.6 (bzw. Bemerkung 2.7) und aus (8.9a)

$$\boldsymbol{y}_2 := 2\boldsymbol{x}_0 - \boldsymbol{y}_1 \notin K, \quad \boldsymbol{y}_2 \notin L_d. \tag{8.9b}$$

Der Punkt $\boldsymbol{y}_2$ und der lineare Unterraum L_d definieren eindeutig einen $(d+1)$-dimensionalen, sie enthaltenden linearen Unterraum L_{d+1} in $\mathbb{E}_n$ $(2 \leqq d + 1 \leqq n - 1)$; wegen $\boldsymbol{y}_1 \in L_{d+1}$ gilt

$$L_{d+1} \cap \operatorname{rel\,int} K \neq \emptyset.$$

Wenn der Punkt $\boldsymbol{y}_2$ zur Menge $\operatorname{co}(L_d \cup K)$ gehören würde, so läge er wegen (8.9b) auf einer die Mengen K und L_d schneidenden Geraden g. Aus $\boldsymbol{y}_2 \in L_{d+1}$ und $L_d \subset L_{d+1}$ folgte dann $g \in L_{d+1}$. Den linearen Unterraum L_{d+1} können wir als einen euklidischen Raum $\mathbb{E}_{d+1}$ ansehen, d. h. $\mathbb{E}_{d+1} = L_{d+1}$. Der lineare Unterraum L_d ist dann eine Hyperebene in $\mathbb{E}_{d+1}$; nach Konstruktion liegt der Punkt $\boldsymbol{y}_1$ in dem einen zur Hyperebene L_d gehörigen offenen Halbraum des Raumes $\mathbb{E}_{d+1}$, o. B. d. A. sei es der Halbraum H^1_{d+1}, und der Punkt $\boldsymbol{y}_2$ in dem entsprechenden anderen offenen Halbraum H^2_{d+1} des Raumes $\mathbb{E}_{d+1}$. Nach Annahme (8.9a) folgt — wegen der Konvexität der Mengen rel int K und L_{d+1} und der daraus nach Satz 2.2 folgenden Konvexität ihres Durchschnitts —, daß $L_{d+1} \cap \operatorname{rel\,int} K \subset H^1_{d+1}$ ist. Aus dieser Inklusion und aus $\operatorname{rel\,int} L_{d+1} \cap \operatorname{rel\,int} K \neq \emptyset$ (der Durchschnitt enthält den Punkt $\boldsymbol{y}_1$) folgt unter Beachtung des Satzes 2.7

$$\overline{L_{d+1} \cap \operatorname{rel\,int} K} = \overline{L_{d+1}} \cap \overline{K} = L_{d+1} \cap \overline{K} \subset \overline{H}^1_{d+1}$$

und daher auch

$$L_{d+1} \cap K \subset \overline{H}^1_{d+1}.$$

Jede durch den Punkt $\boldsymbol{y}_2$ und einen beliebigen Punkt $\boldsymbol{y} \in L_{d+1} \cap K$ verlaufende Gerade g schneidet also die Hyperebene L_d in genau einem Punkt $\hat{\boldsymbol{x}}$; die vom Punkt $\hat{\boldsymbol{x}}$ ausgehende und den Punkt $\boldsymbol{y}_2$ enthaltende offene Halbgerade enthält daher weder Punkte der Menge K noch der Menge L_d. Damit ist gezeigt, daß sich der Punkt $\boldsymbol{y}_2$ nicht als eine Konvexkombination von Punkten aus den Mengen K und L_d darstellen läßt. Also ist $\boldsymbol{y}_2 \notin \text{co}\,(L_d \cup K)$, im Widerspruch zur Voraussetzung (8.7b). Die Aussage (8.8) des Satzes gilt daher auch im Fall $1 \leqq d \leqq n - 2$. □

Satz 8.7. *Es seien K_1 und K_2 konvexe Kegel mit einem gemeinsamen Scheitel $\boldsymbol{x}_0$ und $K_i^{\mathrm{p}}(\boldsymbol{x}_0)$ der Polarkegel zum Kegel K_i $(i = 1, 2)$ im Punkt $\boldsymbol{x}_0$. Falls*

$$\text{rel int } K_1 \cap \text{rel int } K_2 = \emptyset, \quad \overline{K}_1 \cap \overline{K}_2 = \{\boldsymbol{x}_0\} \tag{8.10}$$

ist, so existiert eine Gerade g,

$$g := \{\boldsymbol{x} \in \mathbb{E}_n \mid \boldsymbol{x} = \boldsymbol{x}_0 + t\boldsymbol{v},\ t \in \mathbb{R}\} \qquad (\|\boldsymbol{v}\| = 1),$$

in der Weise, daß für die offenen Halbgeraden $p_1 := p(\boldsymbol{x}_0; \boldsymbol{v})$ und $p_2 := p(\boldsymbol{x}_0; -\boldsymbol{v})$ gilt

$$p_1 \subset \text{rel int } K_1^{\mathrm{p}}(\boldsymbol{x}_0), \quad p_2 \subset \text{rel int } K_2^{\mathrm{p}}(\boldsymbol{x}_0). \tag{8.11}$$

Beweis. Aus der Voraussetzung (8.10) folgt $K_i \neq \mathbb{E}_n$ $(i = 1, 2)$ und aus Satz 8.5

$$\text{co}\left(K_1^{\mathrm{p}}(\boldsymbol{x}_0) \cup K_2^{\mathrm{p}}(\boldsymbol{x}_0)\right) = \mathbb{E}_n;$$

dabei sind die Polarkegel $K_i^{\mathrm{p}}(\boldsymbol{x}_0)$ $(i = 1, 2)$ nach Satz 4.4 abgeschlossene konvexe Kegel in $\mathbb{E}_n$ mit einem Scheitel $\boldsymbol{x}_0$. Nach Satz 3.10 ist dann auch

$$\text{co}\left(\text{rel int } K_1^{\mathrm{p}}(\boldsymbol{x}_0) \cup \text{rel int } K_2^{\mathrm{p}}(\boldsymbol{x}_0)\right) = \mathbb{E}_n.$$

Daher läßt sich jeder Punkt des Raumes $\mathbb{E}_n$ (vgl. Satz 3.7) als eine Konvexkombination eines Punktes der Menge rel int $K_1^{\mathrm{p}}(\boldsymbol{x}_0)$ und eines Punktes der Menge rel int $K_2^{\mathrm{p}}(\boldsymbol{x}_0)$ darstellen; es existieren also Zahlen $\mu_1 \geqq 0$, $\mu_2 \geqq 0$ mit $\mu_1 + \mu_2 = 1$ und Punkte

$$\boldsymbol{y}_i \in \text{rel int } K_i^{\mathrm{p}}(\boldsymbol{x}_0) \qquad (i = 1, 2) \tag{8.12}$$

mit der Eigenschaft

$$\boldsymbol{x}_0 = \mu_1 \boldsymbol{y}_1 + \mu_2 \boldsymbol{y}_2.$$

Nach Voraussetzung (8.10) gilt für mindestens einen Index $i \in \{1, 2\}$, daß $\boldsymbol{x}_0 \notin \text{rel int } K_i$ und somit $\dim K_i \geqq 1$ ist. Bei geeigneter Numerierung kommen zwei Fälle in Betracht:

(1) $\boldsymbol{x}_0 \notin \text{rel int } K_i \qquad (i = 1, 2)$,

(2) $\boldsymbol{x}_0 \notin \text{rel int } K_1, \quad \boldsymbol{x}_0 \in \text{rel int } K_2$.

Im Fall (1) ist nach Satz 4.12

$$\boldsymbol{x}_0 \notin \text{rel int } K_i^{\mathrm{p}}(\boldsymbol{x}_0) \qquad (i = 1, 2). \tag{8.13}$$

Aus (8.12) und (8.13) folgt, daß der Punkt $\boldsymbol{x}_0$ weder mit dem Punkt $\boldsymbol{y}_1$ noch mit dem Punkt $\boldsymbol{y}_2$ zusammenfallen kann. Weiter gilt $\boldsymbol{y}_2 \neq \boldsymbol{y}_1$ (andernfalls wäre $\boldsymbol{x}_0 = (\mu_1 + \mu_2)\,\boldsymbol{y}_1$

$= \boldsymbol{y}_1 = \boldsymbol{y}_2$). Der Punkt $\boldsymbol{x}_0$ ist also ein innerer Punkt der Strecke $\overline{u}(\boldsymbol{y}_1, \boldsymbol{y}_2)$. Wir setzen nun

$$\boldsymbol{v} := \frac{\boldsymbol{y}_1 - \boldsymbol{y}_2}{\|\boldsymbol{y}_1 - \boldsymbol{y}_2\|};$$

für die offenen Halbgeraden p_1 und p_2 mit der im Satz gegebenen Beschreibung gilt dann

$$p_1 \subset \operatorname{rel\,int} K_1{}^{\mathrm{p}}(\boldsymbol{x}_0), \quad p_2 \subset \operatorname{rel\,int} K_2{}^{\mathrm{p}}(\boldsymbol{x}_0),$$

so daß die Gerade

$$g := p_1 \cup p_2 \cup \{\boldsymbol{x}_0\}$$

die im Satz genannte Eigenschaft hat.

Im Fall (2) ist $\dim K_1 \geqq 1$, $\boldsymbol{x}_0 \in \partial K_1$ und der Kegel K_2 ist ein linearer Unterraum in $\mathbb{E}_n$. Aus $K_2 = \{\boldsymbol{x}_0\}$ folgt (nach Bemerkung 4.2) $K_2{}^{\mathrm{p}}(\boldsymbol{x}_0) = \mathbb{E}_n$. Wegen $\dim K_1{}^{\mathrm{p}}(\boldsymbol{x}_0) \geqq 1$ (denn es ist $K_1 \neq \mathbb{E}_n$) existiert ein Punkt $\boldsymbol{y}_1 \in \operatorname{rel\,int} K_1{}^{\mathrm{p}}(\boldsymbol{x}_0)$, $\boldsymbol{y}_1 \neq \boldsymbol{x}_0$, so daß die von dem Punkt $\boldsymbol{x}_0$ ausgehende und den Punkt $\boldsymbol{y}_1$ enthaltende offene Halbgerade in der Menge $\operatorname{rel\,int} K_1{}^{\mathrm{p}}(\boldsymbol{x}_0)$ liegt; da die von dem Punkt $\boldsymbol{x}_0$ in entgegengesetzter Richtung ausgehende offene Halbgerade zur Menge $\operatorname{rel\,int} K_2{}^{\mathrm{p}}(\boldsymbol{x}_0) = \mathbb{E}_n$ gehört, gilt die Aussage des Satzes im Fall $K_2 = \{\boldsymbol{x}_0\}$. Aufgrund der Voraussetzungen ist $K_2 \neq \mathbb{E}_n$ und folglich $K_2{}^{\mathrm{p}}(\boldsymbol{x}_0) \neq \{\boldsymbol{x}_0\}$ (vgl. Bemerkung 4.2). Es verbleibt der Fall $1 \leqq d := \dim K_2{}^{\mathrm{p}}(\boldsymbol{x}_0) \leqq n - 1$. Da der Polarkegel $K_2{}^{\mathrm{p}}(\boldsymbol{x}_0)$ zu dem Kegel K_2 ebenso wie der Kegel K_2 ein linearer Unterraum in $\mathbb{E}_n$ ist (vgl. den Beweis des Satzes 4.12) und somit $\operatorname{rel\,int} K_2{}^{\mathrm{p}}(\boldsymbol{x}_0) = K_2{}^{\mathrm{p}}(\boldsymbol{x}_0)$ gilt, folgt nach Satz 8.6 (wir setzen dort $L_d = K_2{}^{\mathrm{p}}(\boldsymbol{x}_0)$ und $K = K_1{}^{\mathrm{p}}(\boldsymbol{x}_0)$)

$$\operatorname{rel\,int} K_2{}^{\mathrm{p}}(\boldsymbol{x}_0) \cap \operatorname{rel\,int} K_1{}^{\mathrm{p}}(\boldsymbol{x}_0) \neq \emptyset.$$

Es sei nun $\boldsymbol{y}_1$ ein Punkt der Menge $\operatorname{rel\,int} K_1{}^{\mathrm{p}}(\boldsymbol{x}_0) \cap \operatorname{rel\,int} K_2{}^{\mathrm{p}}(\boldsymbol{x}_0)$; dann ist $\boldsymbol{y}_1 \neq \boldsymbol{x}_0$ (denn aus $\boldsymbol{x}_0 \notin \operatorname{rel\,int} K_1$ folgt nach Satz 4.12 $\boldsymbol{x}_0 \notin \operatorname{rel\,int} K_1{}^{\mathrm{p}}(\boldsymbol{x}_0)$), und der Punkt $\boldsymbol{y}_2 := 2\boldsymbol{x}_0 - \boldsymbol{y}_1$ gehört zum Kegel (d. h. zum linearen Unterraum) $K_2{}^{\mathrm{p}}(\boldsymbol{x}_0) = \operatorname{rel\,int} K_2{}^{\mathrm{p}}(\boldsymbol{x}_0)$. Die vom Punkt $\boldsymbol{x}_0$ ausgehenden und den Punkt $\boldsymbol{y}_1$ bzw. $\boldsymbol{y}_2$ enthaltenden offenen Halbgeraden p_1 und p_2 liegen also in der Menge $\operatorname{rel\,int} K_1{}^{\mathrm{p}}(\boldsymbol{x}_0)$ bzw. $\operatorname{rel\,int} K_2{}^{\mathrm{p}}(\boldsymbol{x}_0)$; damit besitzt die Gerade $g := p_1 \cup p_2 \cup \{\boldsymbol{x}_0\}$ die im Satz geforderte Eigenschaft. □

Satz 8.8. *Es seien K_1 und K_2 konvexe Kegel in $\mathbb{E}_n$ mit einem gemeinsamen Scheitel $\boldsymbol{x}_0$. Falls*

$$\operatorname{rel\,int} K_1 \cap \operatorname{rel\,int} K_2 = \emptyset, \quad \overline{K}_1 \cap \overline{K}_2 = \{\boldsymbol{x}_0\}$$

ist, so existiert eine Hyperebene R in $\mathbb{E}_n$ in der Weise, daß die folgenden Aussagen gelten:

(a) $(K_1 \cup K_2) \not\subset R$;

(b) *für die zur Hyperebene R gehörenden offenen Halbräume H_1 und H_2 gilt (bei geeigneter Numerierung)*

$$K_i \subset \overline{H}_i \quad (i = 1, 2);$$

(c) *für die Scheitelmenge $\mathcal{L}^{K_i}$ des Kegel K_i gilt*

$$\mathcal{L}^{K_i} \subset K^i \cap R \quad (i = 1, 2).$$

Beweis. Aus den Voraussetzungen folgt nach Satz 8.7 die Existenz eines Vektors $\boldsymbol{v} \neq \boldsymbol{o}$, so daß

$$\boldsymbol{x}_0 + \boldsymbol{v} \in \operatorname{rel\,int} K_1{}^{\mathrm{p}}(\boldsymbol{x}_0), \quad \boldsymbol{x}_0 - \boldsymbol{v} \in \operatorname{rel\,int} K_2{}^{\mathrm{p}}(\boldsymbol{x}_0)$$

gilt. Daraus folgen für die Hyperebene

$$R := \{\boldsymbol{x} \in \mathbb{E}_n \mid (\boldsymbol{x} - \boldsymbol{x}_0, \boldsymbol{v}) = 0\}$$

und für die zu ihr gehörenden offenen Halbräume

$$H_1 := \{\boldsymbol{x} \in \mathbb{E}_n \mid (\boldsymbol{x} - \boldsymbol{x}_0, \boldsymbol{v}) < 0\}, \quad H_2 := \{\boldsymbol{x} \in \mathbb{E}_n \mid (\boldsymbol{x} - \boldsymbol{x}_0, \boldsymbol{v}) > 0\}$$

nach Satz 4.13 die Inklusionen

$$K_i \subset \overline{H}_i, \quad \mathcal{S}^{K_i} \subset K_i \cap R \qquad (i = 1, 2).$$

Es gelten also die Aussagen (b) und (c) des Satzes.

Falls $K_1 \cup K_2 \subset R$ gelten würde, d. h. $K_i \subset R$ $(i = 1, 2)$, so folgte nach Definition der Hyperebene R, nach der bereits gezeigten Aussage (c) des Satzes und nach Aussage (a) des Satzes 4.13, daß $K_i = \mathcal{S}^{K_i}$ ist $(i = 1, 2)$. Da die Scheitelmenge $\mathcal{S}^{K_i}$ des Kegels K_i ein linearer Unterraum ist, bedeutete das dann $\boldsymbol{x}_0 \in \operatorname{rel\,int} K_i$ $(i = 1, 2)$ — im Widerspruch zu den Voraussetzungen des Satzes. Also gilt auch die Aussage (a) des Satzes. □

Bemerkung 8.2. Aus Satz 8.8 folgt unmittelbar:
Falls K_1 und K_2 abgeschlossene konvexe Kegel in $\mathbb{E}_n$ mit einem gemeinsamen Scheitel $\boldsymbol{x}_0$ sind, für die

$$\operatorname{rel\,int} K_1 \cap \operatorname{rel\,int} K_2 = \emptyset, \quad K_1 \cap K_2 = \{\boldsymbol{x}_0\}$$

ist, so existiert eine Hyperebene R mit den in Satz 8.8 angegebenen Eigenschaften (a) und (b), so daß für die Scheitelmenge $\mathcal{S}^{K_i}$ gilt

$$\mathcal{S}^{K_i} = K_i \cap R \qquad (i = 1, 2).$$

Satz 8.9. *Es seien K_1 und K_2 konvexe Kegel in $\mathbb{E}_n$ mit einem gemeinsamen Scheitel $\boldsymbol{x}_0$, für die*

$$\dim(\overline{K}_1 \cap \overline{K}_2) \geqq 1, \quad \operatorname{rel\,int} K_1 \cap \operatorname{rel\,int} K_2 = \emptyset \tag{8.14}$$

gilt. Dann existiert eine Hyperebene R in $\mathbb{E}_n$ in der Weise, daß die folgenden Aussagen gelten:

(a) $K_1 \cup K_2 \not\subset R$;

(b) *für die zur Hyperebene R gehörenden offenen Halbräume H_1 und H_2 gilt (bei geeigneter Numerierung)*

$$K_i \subset \overline{H}_i \qquad (i = 1, 2);$$

(c) *für die Scheitelmenge $\mathcal{S}^{K_i}$ des Kegels K_i $(i = 1, 2)$ und die Menge $\hat{K} := \overline{K}_1 \cap \overline{K}_2$ ist*

$$\operatorname{co}(\mathcal{S}^{K_i} \cup \hat{K}) \subset R \cap \overline{K}_i \qquad (i = 1, 2). \tag{8.15}$$

Beweis. Es sei $\hat{\mathcal{L}}$ die lineare Hülle des Kegels $\hat{K}$ und $d := \dim \hat{K}$. Nach Voraussetzung (8.14) gilt $0 < d < n$. Weiter sei $\hat{L}^*$ der zum linearen Unterraum $\hat{\mathcal{L}}$ duale und den Punkt $\boldsymbol{x}_0$ enthaltende lineare Unterraum. Also ist

$$\hat{\mathcal{L}} \cap \hat{L}^* = \{\boldsymbol{x}_0\}, \quad \dim \hat{L}^* = n - d, \quad 0 < n - d < n.$$

Mit dem Symbol K_i^* bezeichnen wir die Projektion des Kegels $\overline{K}_i$ in den linearen Unterraum $\hat{L}^*$ in Richtung des linearen Unterraumes $\hat{\mathcal{L}}$ (im Sinne der Definition 1.1). Aus der

Konvexität des Kegels $\bar{K}_i$ folgt nach Satz 2.9, daß K_i^* eine konvexe Menge in $\hat{L}^*$ ist ($i = 1, 2$); als Projektion des abgeschlossenen Kegels $\bar{K}_i$ ist die Menge K_i^* ein abgeschlossener konvexer Kegel mit einem Scheitel $\boldsymbol{x}_0$ ($i = 1, 2$). Wenn $K_1^* = K_2^* = \{\boldsymbol{x}_0\}$ gelten würde, so müßten die Kegel $\bar{K}_1$ und $\bar{K}_2$ im linearen Unterraum $\hat{\mathfrak{L}}$ liegen. In einem solchen Fall wäre $\dim K_i \leqq d$ ($i = 1, 2$); da wegen $\hat{K} \subset K_i$ zugleich $d \leqq \dim K_i$ ist, wäre also $\dim K_i = d = \dim (\bar{K}_1 \cap \bar{K}_2)$. Daraus würde aber $\operatorname{rel\,int} K_1 \cap \operatorname{rel\,int} K_2 \neq \emptyset$ folgen, im Widerspruch zu (8.14). Wenigstens einer der beiden Kegel K_1^* oder K_2^* muß daher mehrelementig sein.

Um den Satz 8.8 auf die Kegel K_1^* und K_2^* anwenden zu können, muß gelten

$$K_1^* \cap K_2^* = \{\boldsymbol{x}_0\}, \tag{8.16a}$$

$$\operatorname{rel\,int} K_1^* \cap \operatorname{rel\,int} K_2^* = \emptyset. \tag{8.16b}$$

Die Aussage (8.16a) zeigen wir indirekt; wir nehmen an, daß ein Punkt $\boldsymbol{x}^* \in K_1^* \cap K_2^*$ mit $\boldsymbol{x}^* \neq \boldsymbol{x}_0$ existiert. Nach Definition des Kegels K_i^* gibt es dann einen Punkt $\boldsymbol{x}_i \in \bar{K}_i$ mit $\boldsymbol{x}_i \in \hat{L}(\boldsymbol{x}^*)$ ($i = 1, 2$), wobei $\hat{L}(\boldsymbol{x}^*)$ der zum linearen Unterraum $\hat{\mathfrak{L}}$ parallele d-dimensionale lineare Unterraum mit $\boldsymbol{x}^* \in \hat{L}(\boldsymbol{x}^*)$ ist. Mit jeder in dem Kegel $\hat{K}$ und damit in dem Kegel $\bar{K}_i$ gelegenen offenen Halbgeraden $p(\boldsymbol{x}_0; \boldsymbol{v})$, $\|\boldsymbol{v}\| \neq 0$, gehört nach Satz 2.12 die offene Halbgerade $p(\boldsymbol{x}_i, \boldsymbol{v})$ zum Kegel $\bar{K}_i$ ($i = 1, 2$). Hieraus folgt, daß für den Kegel $\hat{K}_i$, der durch eine Translation aus dem Kegel $\hat{K}$ hervorgeht, die den Scheitel $\boldsymbol{x}_0$ des Kegels $\hat{K}$ in den Punkt $\boldsymbol{x}_i$ überführt, gilt

$$\hat{K}_i \subset \bar{K}_i, \quad \dim \hat{K}_i = \dim \hat{K} = d, \quad \hat{K}_i \subset \hat{L}(\boldsymbol{x}^*) \qquad (i = 1, 2).$$

Wegen

$$\dim \hat{K}_i = \dim \hat{L}(\boldsymbol{x}^*), \quad \hat{K}_i \subset \hat{L}(\boldsymbol{x}^*) \qquad (i = 1, 2)$$

sind die Kegel $\hat{K}_1$ und $\hat{K}_2$ d-dimensionale und in dem linearen Unterraum $\hat{L}(\boldsymbol{x}^*)$ liegende konvexe Kegel, die sich nur durch eine Translation voneinander unterscheiden. Nach Satz 4.15 existiert daher ein Punkt $\tilde{\boldsymbol{x}} \in \hat{K}_1 \cap \hat{K}_2$ (und damit auch $\tilde{\boldsymbol{x}} \in \hat{L}(\boldsymbol{x}^*)$), $\tilde{\boldsymbol{x}} \neq \boldsymbol{x}_0$, für den wegen $\hat{K}_1 \subset \bar{K}_i$ ($i = 1, 2$) dann $\tilde{\boldsymbol{x}} \in \bar{K}_1 \cap \bar{K}_2$, d. h. $\tilde{\boldsymbol{x}} \in \hat{K} \subset \hat{\mathfrak{L}}$ gilt. Wegen $\hat{K} \subset \hat{\mathfrak{L}}$ kann jedoch nicht gleichzeitig $\tilde{\boldsymbol{x}} \in \hat{L}(\boldsymbol{x}^*)$ und $\tilde{\boldsymbol{x}} \in \hat{\mathfrak{L}}$ gelten, denn für die zueinander parallelen linearen Unterräume $\hat{\mathfrak{L}}$ und $\hat{L}(\boldsymbol{x}^*)$ derselben Dimension d gilt wegen $\boldsymbol{x}_0 \in \hat{L}^*$, $\boldsymbol{x}^* \in \hat{L}^*$ und $\boldsymbol{x}^* \neq \boldsymbol{x}_0$, daß $\hat{L}(\boldsymbol{x}^*) \cap \hat{\mathfrak{L}} = \emptyset$ ist. Es gibt also in der Menge $K_1^* \cap K_2^*$ keinen vom Punkt $\boldsymbol{x}_0$ verschiedenen Punkt, d. h., es gilt (8.16a).

Wir nehmen nun an, daß

$$\operatorname{rel\,int} K_1^* \cap \operatorname{rel\,int} K_2^* \neq \emptyset \tag{8.17}$$

ist. Wegen $K_1^* \cap K_2^* = \{\boldsymbol{x}_0\}$ folgt daraus

$$\operatorname{rel\,int} K_1^* \cap \operatorname{rel\,int} K_2^* = \{\boldsymbol{x}_0\}.$$

Damit ist $\boldsymbol{x}_0 \in \operatorname{rel\,int} K_i^*$ ($i = 1, 2$). Da $\boldsymbol{x}_0$ sowohl ein Scheitel des Kegels K_1^* als auch ein Scheitel des Kegels K_2^* ist, müssen beide Kegel den Punkt $\boldsymbol{x}_0$ enthaltende lineare Unterräume in $\mathbb{E}_n$ sein. Daher ist $\operatorname{rel\,int} K_i^* = K_i^*$, und nach Satz 2.9 gilt $K_i^* = (\operatorname{rel\,int} K_i)^*$ ($i = 1, 2$). Wegen $\boldsymbol{x}_0 \in K_i^*$ gibt es einen Punkt $\boldsymbol{x}_i \in \operatorname{rel\,int} K_i$ mit $\boldsymbol{x}_i \in \hat{\mathfrak{L}}$ ($i = 1, 2$). Die lineare Hülle $\hat{\mathfrak{L}}$ des Kegels $\hat{K} = \bar{K}_1 \cap \bar{K}_2$ enthält aber nur solche Punkte des Kegels $\bar{K}_1$ (bzw. des Kegels $\bar{K}_2$), die zugleich zum Kegel $\bar{K}_2$ (bzw. zum Kegel $\bar{K}_1$) gehören. Es gilt daher

$$\boldsymbol{x}_1 \in \bar{K}_2 \cap \operatorname{rel\,int} K_1, \quad \boldsymbol{x}_2 \in \bar{K}_1 \cap \operatorname{rel\,int} K_2. \tag{8.18}$$

Im Fall $\boldsymbol{x}_1 = \boldsymbol{x}_2$ wäre $\boldsymbol{x}_1 \in \operatorname{rel\,int} K_1 \cap \operatorname{rel\,int} K_2$, im Widerspruch zur Voraussetzung (8.14). Es ist daher $\boldsymbol{x}_1 \neq \boldsymbol{x}_2$ und somit $\boldsymbol{x}_i \neq \boldsymbol{x}_0$ für mindestens einen Index $i \in \{1, 2\}$. O. B. d. A. sei $\boldsymbol{x}_1 \neq \boldsymbol{x}_0$. Aus $\boldsymbol{x}_2 = \boldsymbol{x}_0$ folgt nach (8.18) $\boldsymbol{x}_0 \in \operatorname{rel\,int} K_2$. Da $\boldsymbol{x}_0$ aber ein Scheitelpunkt des Kegels K_2 ist, muß der Kegel K_2 dann ein linearer Unterraum in $\mathbb{E}_n$ sein. Nach (8.18) gilt folglich $\boldsymbol{x}_1 \in \overline{K}_2 \cap \operatorname{rel\,int} K_1 = \operatorname{rel\,int} K_2 \cap \operatorname{rel\,int} K_1$, im Widerspruch zur Voraussetzung (8.14). Es kann daher nur $\boldsymbol{x}_1 \neq \boldsymbol{x}_0$ und $\boldsymbol{x}_2 \neq \boldsymbol{x}_0$ gelten. In diesem Fall ist weder der Kegel K_1 noch der Kegel K_2 ein linearer Unterraum in $\mathbb{E}_n$, und der gemeinsame Scheitel $\boldsymbol{x}_0$ beider Kegel gehört zum Rand ∂K_i des konvexen Kegels K_i $(i = 1, 2)$. Da nach (8.18) $\boldsymbol{x}_1 \in \operatorname{rel\,int} K_1$ und $\boldsymbol{x}_2 \in \overline{K}_1$ (bzw. $\boldsymbol{x}_2 \in \operatorname{rel\,int} K_2$ und $\boldsymbol{x}_1 \in \overline{K}_2$) ist, liegt nach Satz 2.6 die offene Strecke $u(\boldsymbol{x}_1, \boldsymbol{x}_2)$ in der Menge $\operatorname{rel\,int} K_i$ $(i = 1, 2)$, was aber wiederum ein Widerspruch zu der Voraussetzung (8.14) ist. Unter der Voraussetzung (8.14) kann der Fall (8.17) also nicht eintreten; daher gilt (8.16b).

Die Kegel $K_1{}^*$ und $K_2{}^*$ sind also abgeschlossene konvexe Kegel in dem linearen Unterraum $\hat{L}^*$ (den wir o. B. d. A. als einen euklidischen Raum ansehen können) mit den in (8.16a, b) angegebenen Eigenschaften. Nach Satz 8.8 und Bemerkung 8.2 existiert dann eine Hyperebene R^* in $\hat{L}^*$ $(\dim R^* = n - d - 1)$ in der Weise, daß gilt:

(a*) $K_1{}^* \cup K_2{}^* \not\subset R^*$;

(b*) für die zur Hyperebene R^* gehörenden offenen Halbräume $H_1{}^*$ und $H_2{}^*$ in $\hat{L}^*$ ist (bei geeigneter Numerierung)

$$K_i{}^* \subset \overline{H}_i{}^* \qquad (i = 1, 2);$$

(c*) für die Scheitelmenge $\mathscr{L}^{K_i{}^*}$ des Kegels $K_i{}^*$ ist

$$K_i{}^* \cap R^* = \mathscr{L}^{K_i{}^*} \qquad (i = 1, 2).$$

Die Hyperebene R^* in $\hat{L}^*$ und der lineare Unterraum $\hat{\mathscr{L}}$ liegen in einer eindeutig bestimmten Hyperebene R des Raumes $\mathbb{E}_n$, dabei ist die Projektion der Hyperebene R in den dualen Unterraum $\hat{L}^*$ in Richtung des linearen Unterraumes $\hat{\mathscr{L}}$ gerade die Hyperebene R^* in $\hat{L}^*$. Bei geeigneter Numerierung ist dann der zur Hyperebene R^* in $\hat{L}^*$ gehörende offene Halbraum $H_i{}^*$ in $\hat{L}^*$ die Projektion des zur Hyperebene R in $\mathbb{E}_n$ gehörenden offenen Halbraumes H_i in den linearen Unterraum $\hat{L}^*$ in Richtung des linearen Unterraumes $\hat{\mathscr{L}}$ $(i = 1, 2)$. Aus der Eigenschaft (b*) und aus der Definition der Kegel $K_i{}^*$ folgt weiter $\overline{K}_i \subset \overline{H}_i$ und daher auch $K_i \subset \overline{H}_i$ $(i = 1, 2)$. Damit gilt für die Hyperebene R die Aussage (b) des Satzes.

Wenn für die Kegel K_1 und K_2 die Inklusion $K_1 \cup K_2 \subset R$ gelten würde, so wäre auch $\overline{K}_i \subset R$ $(i = 1, 2)$. Hieraus folgte dann — da die Hyperebene R^* in $\hat{L}^*$ die Projektion der Hyperebene R in $\mathbb{E}_n$ in Richtung des linearen Unterraumes $\hat{\mathscr{L}}$ in den linearen Unterraum $\hat{L}^*$ ist — $K_i{}^* \subset R^*$ $(i = 1, 2)$, im Widerspruch zur Aussage (a*). Es gilt also die Aussage (a) des Satzes.

Aus der bereits gezeigten Inklusion $K_i \subset \overline{H}_i$ $(i = 1, 2)$ folgt

$$\hat{K} := \overline{K}_1 \cap \overline{K}_2 \subset R. \tag{8.19}$$

Die Scheitelmenge $\mathscr{L}^{K_i}$ des Kegels K_i ist ein linearer Unterraum in $\mathbb{E}_n$, für den offensichtlich $\boldsymbol{x}_0 \in \mathscr{L}^{K_i} \subset \overline{K}_i$ $(i = 1, 2)$ ist. Hieraus und aus (8.19) folgt dann $\mathscr{L}^{K_i} \subset R$ $(i = 1, 2)$. Es gilt also

$$\mathscr{L}^{K_i} \cup \hat{K} \subset \overline{K}_i \cap R \qquad (i = 1, 2),$$

woraus dann wegen der Konvexität der Menge $\bar{K}_i \cap R$ $(i = 1, 2)$ nach Satz 3.8 die Aussage (c) des Satzes folgt. □

Bemerkung 8.3. Zum Beweis der Aussagen des Satzes 8.9 wurde von uns die im Beweis angegebene Eigenschaft (c*) der Hyperebene R^* nicht benötigt. Wir wollen daher unter Verwendung der im Beweis des Satzes 8.9 benutzten Bezeichnungen und Voraussetzungen noch zeigen, daß die im Satz 8.9 angegebene Eigenschaft (c) der dort betrachteten Hyperebene R aus der Eigenschaft (c*) hergeleitet werden kann.

Offensichtlich liegt die Projektion $\boldsymbol{y}^*$ eines Punktes $\boldsymbol{y} \in \bar{K}_i \cap R$ in Richtung des linearen Unterraumes $\hat{\mathscr{P}}$ in den linearen Unterraum $\hat{L}^*$ in der Menge $K_i^* \cap R^*$. Hieraus folgt nach der Eigenschaft (c*), daß $\boldsymbol{y}^* \in \mathscr{L}^{K_i^*}$ ist; als Scheitelmenge des Kegels K_i^* ist $\mathscr{L}^{K_i^*}$ dabei ein in diesem Kegel liegender Unterraum in $\hat{L}^*$ $(i = 1, 2)$. Damit ist $\mathscr{L}^{K_i^*}$ die Projektion der Menge $\bar{K}_i \cap R$ in den linearen Unterraum $\hat{L}^*$ in Richtung des linearen Unterraumes $\hat{\mathscr{P}}$ $(i = 1, 2)$. Die Menge $\bar{K}_i \cap R$ enthält also gerade die Punkte des Kegels $\bar{K}_i$, deren Projektionen in den linearen Unterraum $\hat{L}^*$ in Richtung des linearen Unterraumes $\hat{\mathscr{P}}$ zur Menge $\mathscr{L}^{K_i^*}$ gehören $(i = 1, 2)$.

Bemerkung 8.4. Die Sätze 8.8 und 8.9 sind für die im folgenden Kapitel dargestellte Theorie von wesentlicher Bedeutung. Auch der folgende Satz 8.10, der das vorliegende Kapitel abschließt, liefert eine wichtige Grundlage für die Herleitung von Aussagen über die Trennbarkeit konvexer Mengen.

Satz 8.10. *Es seien $K_1, \ldots, K_s$ $(s \geqq 2)$ abgeschlossene konvexe Kegel in $\mathbb{E}_n$ mit einem gemeinsamen Scheitel $\boldsymbol{x}_0$. Falls für die Menge*

$$K := \operatorname{co}\left(\bigcup_{i=1}^{s} K_i\right) \tag{8.20a}$$

und deren Abschließung $\bar{K}$ gilt, daß

$$\bar{K} \neq K \tag{8.20b}$$

ist, so existieren Vektoren $\boldsymbol{v}_1, \ldots, \boldsymbol{v}_s$ mit

$$\boldsymbol{x}_0 + \boldsymbol{v}_i \in K_i \qquad (i = 1, \ldots, s), \quad \sum_{i=1}^{s} \boldsymbol{v}_i = \boldsymbol{o}, \quad \sum_{i=1}^{s} \|\boldsymbol{v}_i\| > 0. \tag{8.21}$$

Beweis. Wir wählen einen beliebigen Punkt $\boldsymbol{y} \in \bar{K} \setminus K$. Dann gibt es eine Punktfolge $\{\boldsymbol{x}_k\}_{k=1}^{\infty}$ mit

$$\boldsymbol{x}_k \in K \qquad (k = 1, 2, \ldots), \quad \lim_{k\to\infty} \boldsymbol{x}_k = \boldsymbol{y}. \tag{8.22}$$

Da nach (8.20a) und (8.22)

$$\boldsymbol{x}_k \in \operatorname{co}\left(\bigcup_{i=1}^{s} K_i\right) \qquad (k = 1, 2, \ldots)$$

gilt, existieren (vgl. Bemerkung 3.3) Zahlen $\lambda_{ik} \geqq 0$ mit $\sum_{i=1}^{s} \lambda_{ik} = 1$ und Punkte $\boldsymbol{x}_{ik} \in K_i$ $(i = 1, \ldots, s)$, so daß

$$\boldsymbol{x}_k = \sum_{i=1}^{s} \lambda_{ik} \boldsymbol{x}_{ik} \qquad (k = 1, 2, \ldots)$$

ist. Hieraus folgt

$$\boldsymbol{x}_k = \boldsymbol{x}_0 + \sum_{i=1}^{s} \lambda_{ik}(\boldsymbol{x}_{ik} - \boldsymbol{x}_0) \qquad (k = 1, 2, \ldots). \tag{8.23a}$$

Wenn wir

$$\boldsymbol{w}_{ik} := \lambda_{ik}(\boldsymbol{x}_{ik} - \boldsymbol{x}_0) \qquad (i = 1, \ldots, s;\ k = 1, 2, \ldots) \tag{8.23b}$$

setzen, so gilt — da K_i ein Kegel mit einem Scheitel $\boldsymbol{x}_0$ ist — wegen $\boldsymbol{x}_{ik} \in K_i$

$$\boldsymbol{x}_0 + \boldsymbol{w}_{ik} \in K_i \qquad (i = 1, \ldots, s;\ k = 1, 2, \ldots). \tag{8.23c}$$

Unter Verwendung von (8.23b) erhält man aus (8.23a) die Darstellung

$$\boldsymbol{x}_k = \boldsymbol{x}_0 + \sum_{i=1}^{s} \boldsymbol{w}_{ik} \qquad (k = 1, 2, \ldots). \tag{8.24}$$

Wegen $\boldsymbol{x}_0 \in K$, $\boldsymbol{y} \notin K$, $\lim\limits_{k\to\infty} \boldsymbol{x}_k = \boldsymbol{y}$ existiert ein Index k_0, so daß $\|\boldsymbol{x}_k - \boldsymbol{x}_0\| > 0$ für alle $k > k_0$ ist; daher können wir o. B. d. A. voraussetzen, daß

$$\|\boldsymbol{x}_k - \boldsymbol{x}_0\| > 0 \qquad (k = 1, 2, \ldots)$$

ist. Hieraus und aus (8.24) folgt dann

$$\nu_k := \max_{i\in\{1,\ldots,s\}} \{\|\boldsymbol{w}_{ik}\|\} > 0 \qquad (k = 1, 2, \ldots). \tag{8.25}$$

Wir zeigen zunächst — und zwar indirekt —, daß $\lim\limits_{k\to\infty} \nu_k = \infty$ ist. Wir nehmen also an, daß eine Zahl $\varkappa > 0$ mit der Eigenschaft

$$\nu_k \leqq \varkappa \qquad (k = 1, 2, \ldots) \tag{8.26}$$

existiert. Daraus und aus (8.24) folgt

$$\|\boldsymbol{x}_k - \boldsymbol{x}_0\| \leqq \sum_{i=1}^{s} \|\boldsymbol{w}_{ik}\| \leqq s\nu_k \leqq s\varkappa \qquad (k = 1, 2, \ldots).$$

Wir betrachten nun die Hyperkugel

$$Q := \{\boldsymbol{x} \in \mathbb{E}_n \mid \|\boldsymbol{x} - \boldsymbol{x}_0\| \leqq s\varkappa\};$$

die Mengen

$$Q_i := Q \cap K_i \qquad (i = 1, \ldots, s)$$

sind dann nichtleer, konvex und — da die Kegel K_i abgeschlossen sind — kompakt. Damit ist auch die Menge $\bigcup\limits_{i=1}^{s} Q_i$ kompakt, woraus nach Satz 3.9 die Kompaktheit der Menge $\operatorname{co}\left(\bigcup\limits_{i=1}^{s} Q_i\right)$ folgt.

Da $\boldsymbol{x}_0$ ein Scheitel der Kegel $K_1, \ldots, K_s$ ist, gilt nach (8.23c)

$$\boldsymbol{x}_0 + s\boldsymbol{w}_{ik} \in K_i \qquad (i = 1, \ldots, s;\ k = 1, 2, \ldots), \tag{8.27a}$$

wobei wegen (8.26)

$$\|(\boldsymbol{x}_0 + s\boldsymbol{w}_{ik}) - \boldsymbol{x}_0\| = s\,\|\boldsymbol{w}_{ik}\| \leqq \nu_k s \leqq s\varkappa$$

gilt. Es gilt also

$$\boldsymbol{x}_0 + s\boldsymbol{w}_{ik} \in Q_i \qquad (i = 1, \ldots, s;\ k = 1, 2, \ldots). \tag{8.27b}$$

Wenn wir $\mu_{ik} := 1/s$ setzen ($i = 1, \ldots, s$; $k = 1, 2, \ldots$), so geht die Darstellung des Punktes $\boldsymbol{x}_k$ in (8.24) über in die Darstellung

$$\boldsymbol{x}_k = \sum_{i=1}^{s} \mu_{ik}(\boldsymbol{x}_0 + s\boldsymbol{w}_{ik}) \qquad (k = 1, 2, \ldots).$$

Die Punkte $\boldsymbol{x}_k$ sind daher Konvexkombinationen der nach (8.27b) in den Mengen Q_i gelegenen Punkte $\boldsymbol{x}_0 + s\boldsymbol{w}_{ik}$ ($i = 1, \ldots, s$); daher gilt (vgl. Bemerkung 3.3)

$$\boldsymbol{x}_k \in \operatorname{co}\left(\bigcup_{i=1}^{s} Q_i\right) \qquad (k = 1, 2, \ldots).$$

Aus der Kompaktheit der Menge $\operatorname{co}\left(\bigcup_{i=1}^{s} Q_i\right)$ folgt dann unter Beachtung von (8.22)

$$\lim_{k\to\infty} \boldsymbol{x}_k = \boldsymbol{y} \in \operatorname{co}\left(\bigcup_{i=1}^{s} Q_i\right). \tag{8.28}$$

Aus $Q_i \subset K_i$ ($i = 1, \ldots, s$) und der daraus folgenden Inklusion $\bigcup_{i=1}^{s} Q_i \subset \bigcup_{i=1}^{s} K_i$ erhält man nach Satz 3.8 und nach (8.20a) die Inklusion

$$\operatorname{co}\left(\bigcup_{i=1}^{s} Q_i\right) \subset \operatorname{co}\left(\bigcup_{i=1}^{s} K_i\right) = K,$$

so daß unter Berücksichtigung von (8.28) $\boldsymbol{y} \in K$ folgt. Das ist aber ein Widerspruch zur Voraussetzung $\boldsymbol{y} \in \bar{K} \setminus K$. Es gilt also

$$\lim_{k\to\infty} \nu_k = \infty. \tag{8.29}$$

Wir setzen nun

$$\boldsymbol{v}_{ik} := \frac{\boldsymbol{w}_{ik}}{\nu_k} \qquad (i = 1, \ldots, s;\ k = 1, 2, \ldots). \tag{8.30a}$$

Aus (8.25) und (8.30a) folgt

$$\|\boldsymbol{v}_{ik}\| \leqq 1,\ \max_{i\in\{1,\ldots,s\}} \{\|\boldsymbol{v}_{ik}\|\} = 1 \qquad (k = 1, 2, \ldots) \tag{8.30b}$$

und aus (8.30a), (8.25) und (8.23c)

$$\tilde{\boldsymbol{x}}_{ik} := \boldsymbol{x}_0 + \boldsymbol{v}_{ik} \in K_i \qquad (i = 1, \ldots, s;\ k = 1, 2, \ldots). \tag{8.31}$$

Diese Punkte $\tilde{\boldsymbol{x}}_{ik}$ liegen nach (8.30b) in einer abgeschlossenen Hyperkugel $\tilde{Q}$ mit dem Mittelpunkt $\boldsymbol{x}_0$ und dem Radius $r = 1$; daher gehören die Punkte der Folge

$$F_i := \{\tilde{\boldsymbol{x}}_{ik}\}_{k=1}^{\infty}$$

zu der kompakten Menge $K_i \cap \tilde{Q}$ ($i = 1, \ldots, s$). Dann existiert eine Teilfolge der Folge F_i, die in der Menge $K_i \cap \tilde{Q}$ konvergiert. Aus der zweiten Eigenschaft der Vektoren $\boldsymbol{v}_{ik}$ unter (8.30b) und aus (8.31) folgt, daß für wenigstens einen Index $i_0 \in \{1, \ldots, s\}$ die Folge F_{i_0} unendlich viele Punkte $\tilde{\boldsymbol{x}}_{i_0k}$ mit $\|\tilde{\boldsymbol{x}}_{i_0k} - \boldsymbol{x}_0\| = 1$ enthält; o. B. d. A. sei $i_0 = 1$.

Offensichtlich existiert eine Teilfolge $F_1^{(1)}$ der Folge F_1, die konvergent ist und deren Punkte $\tilde{x}_{1k_j}$ $(j = 1, 2, \ldots)$ vom Punkt x_0 den Abstand 1 haben. Es sei $F_i^{(1)}$ $(i \in \{2, \ldots, s\})$ eine Teilfolge der Folge F_i, die aus der Folge F_i durch die gleiche Auswahl hervorgeht, wie vorher die Folge $F_1^{(1)}$ aus der Folge F_1 (es sind also $\tilde{x}_{ik_j}$ $(j = 1, 2, \ldots)$ Glieder der Folge $F_i^{(1)}$). Falls unter den Folgen

$$F_2^{(1)}, \ldots, F_s^{(1)} \tag{8.32a}$$

nichtkonvergente Folgen existieren und falls $F_{i_1}^{(1)}$ die erste von links in der Anordnung (8.32a) ist, die nicht konvergent ist, so wählen wir aus ihr irgendeine konvergente Teilfolge $F_{i_1}^{(2)}$ und bezeichnen mit $F_i^{(2)}$ $(i = 1, \ldots, s;\ i \neq i_1)$ die Folge, die aus der Folge $F_i^{(1)}$ durch die gleiche Auswahl hervorgeht wie die Folge $F_{i_1}^{(2)}$ aus der Folge $F_{i_1}^{(1)}$. Die Folgen $F_j^{(2)}$ $(j = 1, \ldots, i_1)$ sind offensichtlich konvergent. Wenn unter den Folgen

$$F_{i_1+1}^{(2)}, \ldots, F_s^{(2)} \tag{8.32b}$$

eine nichtkonvergente Folge existiert und falls $F_{i_2}^{(2)}$ die erste von links in der Anordnung (8.32b) ist, die nicht konvergiert (also $i_2 > i_1$), so wählen wir aus ihr eine beliebige konvergente Teilfolge $F_{i_2}^{(3)}$ und bezeichnen mit $F_i^{(3)}$ $(i = 1, \ldots, s;\ i \neq i_2)$ die Folge, die aus der Folge $F_i^{(2)}$ durch die gleiche Auswahl hervorgeht wie vorher die Folge $F_{i_2}^{(3)}$ aus der Folge $F_{i_2}^{(2)}$. Die Folgen $F_j^{(3)}$ $(j = 1, \ldots, i_2)$ sind offensichtlich konvergent. Im Fall $i_2 < s$ setzen wir die Auswahl von Folgen in analoger Weise fort. Offensichtlich gelangen wir nach einer endlichen Anzahl von l Schritten zu einem System konvergenter Folgen

$$F_1^{(l)}, \ldots, F_s^{(l)};$$

dabei gilt für die Punkte $\tilde{x}_{1l_j}$ $(j = 1, 2, \ldots)$ der Folge $F_1^{(l)}$

$$\|\tilde{x}_{1l_j} - x_0\| = 1 \qquad (j = 1, 2, \ldots).$$

O. B. d. A. können wir daher voraussetzen, daß die ursprünglichen Folgen F_i mit den Gliedern $\tilde{x}_{ik} = x_0 + v_{ik}$ $(k = 1, 2, \ldots)$ konvergent sind und

$$\|v_{1k}\| = \|\tilde{x}_{1k} - x_0\| = 1 \qquad (k = 1, 2, \ldots) \tag{8.33}$$

gilt. Hieraus und aus (8.31) folgt die Existenz von Vektoren v_i mit

$$v_i = \lim_{k\to\infty} v_{ik} \qquad (i = 1, \ldots, s),$$

wobei nach (8.33) $\|v_1\| = 1$ ist. Wie bereits oben gezeigt wurde, gilt $x_0 + v_i \in K_i \cap \tilde{Q}$. Also ist

$$x_0 + v_i \in K_i \qquad (i = 1, \ldots, s), \quad v_1 \neq o.$$

Wegen $y = \lim_{k\to\infty} x_k \neq x_0$ und unter Berücksichtigung von (8.30a), (8.24) und (8.29) erhält man

$$\sum_{i=1}^{s} v_i = \lim_{k\to\infty} \sum_{i=1}^{s} v_{ik} = \lim_{k\to\infty} \frac{1}{\nu_k} \sum_{i=1}^{s} w_{ik} = \lim_{k\to\infty} \frac{x_k - x_0}{\nu_k} = o.$$

Hieraus und aus (8.33) folgt die Existenz von Vektoren $v_1, \ldots, v_s$ mit den im Satz geforderten Eigenschaften (8.21). □

Bemerkung 8.5. Der vorangegangene Satz 8.10 wird auch als *Satz von Gavurin* bezeichnet.

9. Trennung konvexer Mengen

Definition 9.1. Es seien M_1 und M_2 nichtleere konvexe Mengen in $\mathbb{E}_n$. Wenn eine Hyperebene R in $\mathbb{E}_n$ existiert, so daß gilt

$$M_1 \cup M_2 \not\subset R; \tag{9.1a}$$

$$M_1 \subset \overline{H}_1, \quad M_2 \subset \overline{H}_2, \tag{9.1b}$$

wobei $\overline{H}_1$ und $\overline{H}_2$ die zur Hyperebene R gehörigen — und geeignet numerierten — abgeschlossenen Halbräume sind,

so heißen die Mengen M_1 und M_2 *trennbar*. Die Hyperebene R wird dann *Trennungshyperebene* (bzw. *trennende Hyperebene*) der Mengen M_1 und M_2 genannt (man sagt, die Hyperebene trennt die Mengen M_1 und M_2).

Satz 9.1. *Zwei nichtleere konvexe Mengen M_1 und M_2 in $\mathbb{E}_n$ sind genau dann trennbar, wenn gilt*

$$\operatorname{rel\,int} M_1 \cap \operatorname{rel\,int} M_2 = \emptyset. \tag{9.2}$$

Beweis. Es sei $\mathbb{E}_{n+1}$ das kartesische Produkt des die Mengen M_1 und M_2 enthaltenden euklidischen Raumes $\mathbb{E}_n$ und eines eindimensionalen euklidischen Raumes $\mathbb{E}_1$. Weiter sei z_0 ein nicht in $\mathbb{E}_n$ gelegener Punkt aus $\mathbb{E}_{n+1}$. Die Projektionskegel $P_{M_1}(z_0)$ und $P_{M_2}(z_0)$ der konvexen Mengen M_1 und M_2 bezüglich des Punktes z_0 sind nach Satz 5.1 konvexe Kegel in $\mathbb{E}_{n+1}$; sie besitzen den Punkt z_0 als gemeinsamen Scheitel, und wegen $M_i \subset \mathbb{E}_n$ $(i = 1, 2)$, $z_0 \notin \mathbb{E}_n$ gilt

$$\dim P_{M_i}(z_0) \geqq 1 \qquad (i = 1, 2). \tag{9.3}$$

Wir zeigen zunächst die Äquivalenz

$$\operatorname{rel\,int} M_1 \cap \operatorname{rel\,int} M_2 \neq \emptyset$$

$$\Leftrightarrow \operatorname{rel\,int} P_{M_1}(z_0) \cap \operatorname{rel\,int} P_{M_2}(z_0) \neq \emptyset. \tag{9.4}$$

Falls

$$\operatorname{rel\,int} M_1 \cap \operatorname{rel\,int} M_2 \neq \emptyset \tag{9.5a}$$

gilt und y ein beliebiger Punkt dieser Durchschnittsmenge ist, liegt die offene Halbgerade $p := p(z_0; y - z_0)$ nach Satz 5.3 in der Menge $\operatorname{rel\,int} P_{M_i}(z_0)$ $(i = 1, 2)$; daher ist

$$\operatorname{rel\,int} P_{M_1}(z_0) \cap \operatorname{rel\,int} P_{M_2}(z_0) \neq \emptyset. \tag{9.5b}$$

Wenn andererseits (9.5b) gilt, so gibt es wegen (9.3) eine von dem Punkt z_0 ausgehende offene Halbgerade p, für die nach Satz 2.6

$$p \subset \text{rel int } P_{M_i}(z_0) \qquad (i = 1, 2) \tag{9.5c}$$

gilt. Die Halbgerade p schneidet den die Mengen M_1 und M_2 enthaltenden Raum $\mathbb{E}_n$ in genau einem Punkt $\boldsymbol{y}$; nach Definition eines Projektionskegels ist $\boldsymbol{y} \in M_i$ $(i = 1, 2)$. Hieraus und aus (9.5c) folgt nach Satz 5.3 $\boldsymbol{y} \in \text{rel int } M_i$ $(i = 1, 2)$, d. h., es gilt (9.5a). Damit ist die Aussage (9.4) gezeigt.

Die Mengen M_1 und M_2 mögen nun der Bedingung (9.2) genügen. Aus (9.4) folgt dann

$$\text{rel int } P_{M_1}(z_0) \cap \text{rel int } P_{M_2}(z_0) = \emptyset .$$

Nach den Sätzen 8.8 und 8.9 — wir wenden sie auf die konvexen Kegel $P_{M_i}(z_0)$ $(i = 1, 2)$ in $\mathbb{E}_{n+1}$ an — existiert eine Hyperebene R' in $\mathbb{E}_{n+1}$ mit den Eigenschaften

$$z_0 \in R', \quad P_{M_1}(z_0) \cup P_{M_2}(z_0) \not\subset R', \quad P_{M_i}(z_0) \subset \overline{H}_i' \qquad (i = 1, 2), \tag{9.6}$$

wobei H_1' und H_2' die zur Hyperebene R' gehörenden und geeignet numerierten offenen Halbräume in $\mathbb{E}_{n+1}$ sind.

Die Menge R' und der die Mengen M_1 und M_2 enthaltende Raum $\mathbb{E}_n$ sind n-dimensionale lineare Unterräume in $\mathbb{E}_{n+1}$, die wegen $z_0 \notin \mathbb{E}_n$ und $z_0 \in R'$ nicht zusammenfallen. Wären R' und $\mathbb{E}_n$ zueinander parallele Unterräume, dann läge der Raum $\mathbb{E}_n$ in einem der offenen Halbräume H_1' oder H_2', o. B. d. A. können wir $\mathbb{E}_n \subset H_1'$ annehmen. Der Projektionskegel $P_{\mathbb{E}_n}(z_0)$ der Menge $\mathbb{E}_n$ bezüglich des Punktes z_0 läge dann ebenfalls in dem Halbraum $\overline{H}_1'$, woraus wegen $M_i \subset \mathbb{E}_n$ $(i = 1, 2)$ aber $P_{M_i}(z_0) \subset P_{\mathbb{E}_n}(z_0) \subset \overline{H}_1'$ $(i = 1, 2)$ folgen würde, im Widerspruch zu (9.6). Die Hyperebene R' und der Raum $\mathbb{E}_n$ sind also nicht parallel, die Menge

$$R := R' \cap \mathbb{E}_n$$

ist daher eine Hyperebene in $\mathbb{E}_n$, wobei

$$H_i := H_i' \cap \mathbb{E}_n \qquad (i = 1, 2)$$

die zu ihr gehörigen offenen Halbräume in $\mathbb{E}_n$ sind.

Wegen $M_i = P_{M_i}(z_0) \cap \mathbb{E}_n$ $(i = 1, 2)$ und wegen (vgl. (9.6)) $P_{M_i}(z_0) \subset \overline{H}_i'$ $(i = 1, 2)$ folgt

$$M_i \subset \overline{H}_i' \cap \mathbb{E}_n = \overline{H}_i \qquad (i = 1, 2),$$

d. h., für die Hyperebene R in $\mathbb{E}_n$ gilt die in Definition 9.1 angegebene Bedingung (b). Wenn $M_1 \cup M_2 \subset R$ gelten würde, so folgte hieraus und aus der Definition der Kegel $P_{M_i}(z_0)$ $(i = 1, 2)$

$$P_{M_1}(z_0) \cup P_{M_2}(z_0) \subset R',$$

im Widerspruch zu (9.6). Die Hyperebene R in $\mathbb{E}_n$ genügt also auch der in Definition 9.1 angegebenen Bedingung (9.1a). Sie ist daher eine trennende Hyperebene der Mengen M_1 und M_2.

Wir setzen nun die Existenz einer Trennungshyperebene R in $\mathbb{E}_n$ der Mengen M_1 und M_2 voraus. Gäbe es einen Punkt $\tilde{\boldsymbol{x}} \in \text{rel int } M_i$ $(i = 1, 2)$, so wäre nach der Bedingung (9.1b) auch $\boldsymbol{x} \in \overline{H}_i$ $(i = 1, 2)$ und deshalb $\tilde{\boldsymbol{x}} \in R$. Nach der Bedingung (9.1a) gibt es einen Punkt $\boldsymbol{x}_1 \in M_1 \cup M_2$ mit $\boldsymbol{x}_1 \notin R$, o. B. d. A. können wir $\boldsymbol{x}_1 \in M_1$ voraussetzen. Die vom Punkt $\boldsymbol{x}_1$ ausgehende und den Punkt $\tilde{\boldsymbol{x}}$ enthaltende offene Halbgerade schneidet die Hyperebene R im Punkt $\tilde{\boldsymbol{x}}$. Aufgrund der Konvexität der Menge M_1 gäbe es wegen $\boldsymbol{x}_1 \in M_1$ und $\tilde{\boldsymbol{x}} \in \operatorname{rel\,int} M_1$ dann Punkte auf dieser Halbgeraden, die zum offenen Halbraum H_2 in $\mathbb{E}_n$ und zugleich zur Menge M_1 gehörten. Das ist aber ein Widerspruch zu der in Definition 9.1 geforderten Inklusion $M_1 \subset \overline{H}_1$. □

Bemerkung 9.1. Satz 9.1 wird üblicherweise als *Satz über die Trennbarkeit konvexer Mengen in* $\mathbb{E}_n$ bezeichnet; er ist ein fundamentaler Satz der konvexen Analysis.

Satz 9.2. *Es seien M_1 und M_2 nichtleere konvexe Mengen in $\mathbb{E}_n$, und es gelte*

$$\varrho(M_1, M_2) := \inf \{\|\boldsymbol{x} - \boldsymbol{y}\| \mid \boldsymbol{x} \in M_1, \boldsymbol{y} \in M_2\} > 0. \tag{9.7}$$

Dann existiert eine solche Trennungshyperebene R in $\mathbb{E}_n$ der Mengen M_1 und M_2, so daß gilt

$$M_i \subset H_i \qquad (i = 1, 2);$$

hierbei sind H_1 und H_2 die zur Hyperebene R gehörenden (und geeignet numerierten) offenen Halbräume.

Beweis. Es sei ε eine beliebige Zahl mit $0 < \varepsilon < \frac{1}{2}\,\varrho(M_1, M_2)$. Die entsprechenden ε-Umgebungen $U(M_1; \varepsilon)$ und $U(M_2; \varepsilon)$ der konvexen Mengen M_1 und M_2 sind nach Satz 2.8 n-dimensionale konvexe Mengen in $\mathbb{E}_n$. Offensichtlich ist

$$M_i \subset \overline{M}_i \subset U(M_i; \varepsilon) \qquad (i = 1, 2). \tag{9.8a}$$

Da aufgrund der obigen Wahl der Zahl ε

$$U(M_1; \varepsilon) \cap U(M_2; \varepsilon) = \operatorname{int} U(M_1; \varepsilon) \cap \operatorname{int} U(M_2; \varepsilon) = \emptyset$$

gilt, existiert nach Satz 9.1 eine Trennungshyperebene R der Mengen $U(M_1; \varepsilon)$ und $U(M_2; \varepsilon)$. Sind H_1 und H_2 die zur Hyperebene R gehörenden offenen Halbräume in $\mathbb{E}_n$, so gilt (bei geeigneter Numerierung)

$$U(M_i; \varepsilon) \subset \overline{H}_i \qquad (i = 1, 2). \tag{9.8b}$$

Da $U(M_i; \varepsilon)$ eine offene konvexe Menge in $\mathbb{E}_n$ ist, folgt aus (9.8b)

$$U(M_i; \varepsilon) \cap R = \emptyset \qquad (i = 1, 2);$$

es gilt daher

$$U(M_i; \varepsilon) \subset H_i \qquad (i = 1, 2).$$

Hieraus und aus (9.8a) folgt dann unmittelbar die Aussage des Satzes. □

Bemerkung 9.2. Die Aussage des Satzes 9.2 gilt im allgemeinen nicht für solche nichtleeren konvexen Mengen in $\mathbb{E}_n$, für die $\varrho(M_1, M_2) = 0$ und zugleich $\operatorname{rel\,int} M_1 \cap \operatorname{rel\,int} M_2 = \emptyset$ ist. Das zeigt das nachfolgende Beispiel.

In $\mathbb{E}_2$ definieren wir die Mengen

$$M_1 := \{(x, y) \in \mathbb{E}_2 \mid xy \geqq 1,\ x \geqq 0,\ y \geqq 0\},$$

$$M_2 := \{(x, y) \in \mathbb{E}_2 \mid y = 0\}.$$

Die Menge M_1 ist offensichtlich eine abgeschlossene Menge in $\mathbb{E}_2$, ihr Rand ist Teil einer Hyperbel mit der Beschreibung $xy = 1$, $x > 0$; die Menge M_2 stellt eine Gerade dar, sie ist eine Asymptote der genannten Hyperbel (Abb. 9.1). Die Mengen M_1 und M_2 sind hier nichtleere konvexe Mengen in $\mathbb{E}_2$ mit $\varrho(M_1, M_2) = 0$; zugleich gilt rel int M_1 $\cap$ rel int $M_2 = \emptyset$. Die Gerade M_2 ist eine Trennungshyperebene der Mengen M_1 und M_2. Für die zu ihr gehörenden offenen Halbräume

$$H_1 := \{(x, y) \in \mathbb{E}_2 \mid y > 0\}, \quad H_2 := \{(x, y) \in \mathbb{E}_2 \mid y < 0\}$$

gilt $M_1 \subset H_1$ und $M_2 \subset \overline{H}_2$, es ist jedoch $M_2 \cap H_2 = \emptyset$ (und daher $M_2 \not\subset H_2$).

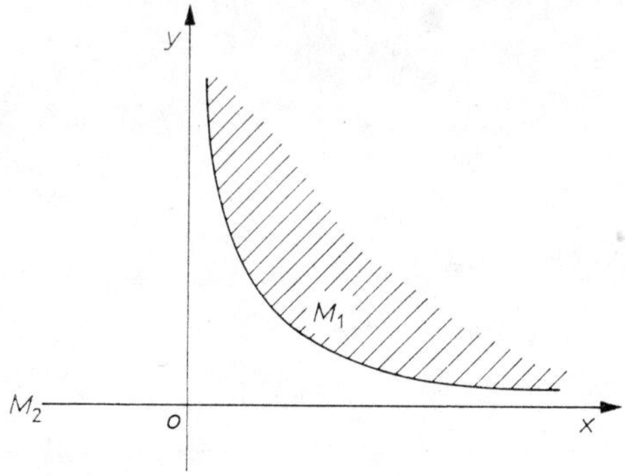

Abb. 9.1

Satz 9.3. *Es seien K_1 und K_2 konvexe Kegel in $\mathbb{E}_n$ mit einem gemeinsamen Scheitel $\boldsymbol{x}_0$ und $\mathcal{L}$ die lineare Hülle der Menge $K_1 \cup K_2$. Die Kegel K_1 und K_2 sind genau dann trennbar, wenn Vektoren $\boldsymbol{v}_1$ und $\boldsymbol{v}_2$ existieren, für die gilt*

$$\boldsymbol{v}_i \neq \boldsymbol{o}, \quad \boldsymbol{x}_0 + \boldsymbol{v}_i \in K_i^{\mathrm{p}}(\boldsymbol{x}_0) \cap \mathcal{L} \qquad (i = 1, 2), \quad \boldsymbol{v}_1 + \boldsymbol{v}_2 = \boldsymbol{o} \tag{9.9}$$

(hierbei bezeichnet $K_i^{\mathrm{p}}(\boldsymbol{x}_0)$ den Polarkegel zum Kegel K_i im Punkt $\boldsymbol{x}_0$ $(i = 1, 2)$).

Beweis. Wir setzen zunächst voraus, daß die konvexen Kegel K_1 und K_2 trennbar sind und daß $\mathcal{L} = \mathbb{E}_n$ ist. Nach Definition 9.1 gibt es dann einen Vektor $\boldsymbol{a} \neq \boldsymbol{o}$ derart, daß für die Hyperebene

$$R := \{\boldsymbol{x} \in \mathbb{E}_n \mid (\boldsymbol{a}, \boldsymbol{x} - \boldsymbol{x}_0) = 0\} \tag{9.10a}$$

und die zu ihr gehörenden offenen Halbräume

$$\begin{aligned} H^- &:= \{\boldsymbol{x} \in \mathbb{E}_n \mid (\boldsymbol{a}, \boldsymbol{x} - \boldsymbol{x}_0) < 0\}, \\ H^+ &:= \{\boldsymbol{x} \in \mathbb{E}_n \mid (\boldsymbol{a}, \boldsymbol{x} - \boldsymbol{x}_0) > 0\} \end{aligned} \tag{9.10b}$$

die Bedingungen

$$K_1 \cup K_2 \not\subset R, \tag{9.11a}$$

$$K_1 \subset \overline{H}^-, \quad K_2 \subset \overline{H}^+ \tag{9.11b}$$

gelten. Wenn wir $\boldsymbol{x}_1 := \boldsymbol{x}_0 + \boldsymbol{a}$ setzen, so erhält man für die Hyperebene R aus (9.10a) die Darstellung

$$R = \{\boldsymbol{x} \in \mathbb{E}_n \mid (\boldsymbol{x}_1 - \boldsymbol{x}_0, \boldsymbol{x} - \boldsymbol{x}_0) = 0\}.$$

Hieraus und aus (9.11b) folgt dann nach Satz 4.9

$$\boldsymbol{x}_1 = \boldsymbol{x}_0 + \boldsymbol{a} \in K_1{}^{\mathrm{p}}(\boldsymbol{x}_0)\,, \quad 2\boldsymbol{x}_0 - \boldsymbol{x}_1 = \boldsymbol{x}_0 - \boldsymbol{a} \in K_2{}^{\mathrm{p}}(\boldsymbol{x}_0)\,.$$

Wenn wir nun $\boldsymbol{v}_1 := \boldsymbol{a}$ und $\boldsymbol{v}_2 := -\boldsymbol{a}$ setzen, so gilt $\boldsymbol{v}_i \neq \boldsymbol{o}$, $\boldsymbol{x}_0 + \boldsymbol{v}_i \in K_i{}^{\mathrm{p}}(\boldsymbol{x}_0)$ $(i = 1, 2)$ und $\boldsymbol{v}_1 + \boldsymbol{v}_2 = \boldsymbol{o}$. Da $\mathscr{L} = \mathbb{E}_n$ vorausgesetzt wurde, ist $K_i{}^{\mathrm{p}}(\boldsymbol{x}_0) \cap \mathscr{L} = K_i{}^{\mathrm{p}}(\boldsymbol{x}_0)$ $(i = 1, 2)$; es gilt daher (9.9).

Die Kegel K_1 und K_2 seien trennbar in $\mathbb{E}_n$, und es sei $\mathscr{L} \neq \mathbb{E}_n$. Nach Satz 9.1 ist dann $\operatorname{rel\,int} K_1 \cap \operatorname{rel\,int} K_2 = \emptyset$; außerdem gilt $K_i \subset \mathscr{L}$ $(i = 1, 2)$. Wir betrachten nun die Kegel K_1 und K_2 als Mengen in dem linearen Unterraum $\mathscr{L}$ (den wir o. B. d. A. als euklidischen Raum ansehen können). Aus der Eigenschaft $\operatorname{rel\,int} K_1 \cap \operatorname{rel\,int} K_2 = \emptyset$ folgt $\dim \mathscr{L} \geqq 1$ und weiter (nach Satz 9.1) die Existenz einer Trennungshyperebene $\tilde{R}$ in $\mathscr{L}$ der Kegel K_1 und K_2. Da $\mathscr{L}$ die lineare Hülle der Menge $K_1 \cup K_2$ ist, kann es in $\mathscr{L}$ keine beide Kegel enthaltende Hyperebene geben. Nach dem oben gezeigten Fall (wo wir anstelle des Raumes $\mathbb{E}_n$ den linearen Raum $\mathscr{L}$ setzen) existieren Vektoren $\boldsymbol{v}_1$ und $\boldsymbol{v}_2$ mit

$$\boldsymbol{v}_i \neq \boldsymbol{o}\,, \quad \boldsymbol{x}_0 + \boldsymbol{v}_i \in \tilde{K}_i{}^{\mathrm{p}}(\boldsymbol{x}_0) \qquad (i = 1, 2)\,, \quad \boldsymbol{v}_1 + \boldsymbol{v}_2 = \boldsymbol{o}\,, \tag{9.12}$$

wobei $\tilde{K}_i{}^{\mathrm{p}}(\boldsymbol{x}_0)$ der Polarkegel zum Kegel K_i im Scheitel $\boldsymbol{x}_0$ bezüglich des Raumes $\mathscr{L}$ ist $(i = 1, 2)$. Nach Definition eines Polarkegels gilt für einen beliebigen Punkt $\boldsymbol{y} \in \tilde{K}_i{}^{\mathrm{p}}(\boldsymbol{x}_0)$

$$\boldsymbol{y} \in \mathscr{L}\,, \quad (\boldsymbol{y} - \boldsymbol{x}_0, \boldsymbol{x} - \boldsymbol{x}_0) \leqq 0 \quad \text{für alle} \quad \boldsymbol{x} \in K_i\,,$$

woraus dann $\boldsymbol{y} \in K_i{}^{\mathrm{p}}(\boldsymbol{x}_0)$ folgt $(i = 1, 2)$. Es ist also

$$\tilde{K}_i{}^{\mathrm{p}}(\boldsymbol{x}_0) \subset K_i{}^{\mathrm{p}}(\boldsymbol{x}_0) \cap \mathscr{L} \qquad (i = 1, 2)\,.$$

Hieraus und aus (9.12) erhält man (9.9).

Die Existenz von Vektoren $\boldsymbol{v}_1$ und $\boldsymbol{v}_2$ mit den Eigenschaften (9.9) ist also eine notwendige Bedingung für die Trennbarkeit der Kegel K_1 und K_2. Um die Hinlänglichkeit der Bedingungen (9.9) zu zeigen, setzen wir voraus, daß $\boldsymbol{v}_1, \boldsymbol{v}_2$ den Bedingungen (9.9) genügende Vektoren sind. Wir setzen $\boldsymbol{a} := \boldsymbol{v}_1$ und definieren eine Hyperebene R und die zu ihr gehörenden offenen Halbräume H^-, H^+ in $\mathbb{E}_n$ gemäß (9.10a, b). Nach (9.9) gilt dann

$$\boldsymbol{v}_2 = -\boldsymbol{v}_1 = -\boldsymbol{a}\,, \quad \boldsymbol{x}_1 := \boldsymbol{x}_0 + \boldsymbol{a} \in K_1{}^{\mathrm{p}}(\boldsymbol{x}_0) \cap \mathscr{L} \subset K_1{}^{\mathrm{p}}(\boldsymbol{x}_0)\,,$$

$$2\boldsymbol{x}_0 - \boldsymbol{x}_1 = \boldsymbol{x}_0 - \boldsymbol{a} \in K_2{}^{\mathrm{p}}(\boldsymbol{x}_0) \cap \mathscr{L} \subset K_2{}^{\mathrm{p}}(\boldsymbol{x}_0)\,,$$

woraus nach Satz 4.9 folgt $K_1 \subset \overline{H}^-$, $K_2 \in \overline{H}^+$, d. h., es gilt die Aussage (9.11b). Wegen $\boldsymbol{x}_0 + \boldsymbol{a} \in \mathscr{L}$ ist $\dim \mathscr{L} \geqq 1$, und die Hyperebene R schneidet den linearen Unterraum $\mathscr{L}$ in einer bestimmten Hyperebene $\tilde{R}$ des Raumes $\mathscr{L}$. Wenn $K_1 \cup K_2 \subset R$ gelten würde, so wäre wegen $K_i \subset \mathscr{L}$ $(i = 1, 2)$ auch $K_1 \cup K_2 \subset \tilde{R}$. Das ist aber nicht möglich, denn $\mathscr{L}$ ist die lineare Hülle der Menge $K_1 \cup K_2$ und $\tilde{R}$ eine Hyperebene in $\mathscr{L}$. Daher gilt $K_1 \cup K_2 \not\subset R$. Die Hyperebene R genügt also den Bedingungen (9.11a, b); nach Definition 9.1 ist sie daher eine Trennungshyperebene der Kegel K_1 und K_2. □

Bemerkung 9.3. Wenn wir die Bedingungen (9.9) abschwächen und nur die Existenz solcher Vektoren $\boldsymbol{v}_1, \boldsymbol{v}_2$ voraussetzen, für die

$$\boldsymbol{v}_i \neq \boldsymbol{o}\,, \quad \boldsymbol{x}_0 + \boldsymbol{v}_i \in K_i{}^{\mathrm{p}}(\boldsymbol{x}_0) \qquad (i = 1, 2)\,, \quad \boldsymbol{v}_1 + \boldsymbol{v}_2 = \boldsymbol{o} \tag{9.13}$$

gilt, so ist das im allgemeinen keine hinreichende Bedingung für die Trennbarkeit der im Satz 9.3 betrachteten Kegel K_1 und K_2. Es seien z. B. K_1 und K_2 konvexe Kegel in

$\mathbb{E}_3$ mit einem gemeinsamen Scheitelpunkt $\boldsymbol{x}_0$, für die

$$\dim K_i = 2 \qquad (i = 1, 2) \quad \text{rel int } K_1 \cap \text{rel int } K_2 \neq \emptyset \tag{9.14}$$

gilt, sie mögen in einer Ebene R mit der Beschreibung

$$R := \{\boldsymbol{x} \in \mathbb{E}_3 \mid (\boldsymbol{a}, \boldsymbol{x} - \boldsymbol{x}_0) = 0\} \qquad (\boldsymbol{a} \neq \boldsymbol{o})$$

liegen. Die Vektoren $\boldsymbol{v}_1 := \boldsymbol{a}$, $\boldsymbol{v}_2 := -\boldsymbol{a}$ genügen den Bedingungen (9.13), es existiert aber wegen (9.14) nach Satz 9.1 keine die Kegel K_1 und K_2 trennende Hyperebene in $\mathbb{E}_3$.

Definition 9.2. Es sei $K_1, \ldots, K_s$ $(s \geqq 2)$ ein System konvexer Kegel in $\mathbb{E}_n$ mit einem gemeinsamen Scheitel $\boldsymbol{x}_0$. Das System heißt

(a) *schwach π-trennbar,* falls eine Hyperebene R in $\mathbb{E}_n$ und ein Index $i_0 \in \{1, \ldots, s\}$ existieren, so daß der Kegel K_{i_0} in dem einen und der Kegel

$$K'_{i_0} := \bigcap_{i \in I_0} K_i \quad \text{mit} \quad I_0 := \{1, \ldots, s\} \setminus \{i_0\}$$

in dem anderen der zur Hyperebene R gehörigen abgeschlossenen Halbräume liegen;[1])

(b) *stark π-trennbar,* falls eine Hyperebene R in $\mathbb{E}_n$ und ein Index $i_0 \in \{1, \ldots, s\}$ existieren, so daß R eine Trennungshyperebene der Kegel K_{i_0} und K'_{i_0} ist.

Satz 9.4. *Ein System konvexer Kegel* $K_1, \ldots, K_s$ $(s \geqq 2)$ in $\mathbb{E}_n$ *mit einem gemeinsamen Scheitel* $\boldsymbol{x}_0$ *ist genau dann stark π-trennbar, wenn gilt*

$$\bigcap_{i=1}^{s} \text{rel int } K_i = \emptyset. \tag{9.15}$$

Beweis. Falls das System der Kegel $K_1, \ldots, K_s$ stark π-trennbar ist, so existiert ein solcher Index $i_0 \in \{1, \ldots, s\}$, daß die Kegel

$$K_{i_0} \quad \text{und} \quad K'_{i_0} := \bigcap_{i \in I_0} K_i \qquad (I_0 := \{1, \ldots, s\} \setminus \{i_0\})$$

trennbar sind. Nach Satz 9.1 gilt dann

$$\text{rel int } K_{i_0} \cap \text{rel int } K'_{i_0} = \emptyset. \tag{9.16}$$

Falls die Menge

$$\bigcap_{i \in I_0} \text{rel int } K_i$$

---

[1]) Der Begriff *schwach π-trennbar* hängt nicht mit der Trennbarkeit der betrachteten Kegel K_{i_0} und K'_0 zusammen; er bezieht sich vielmehr auf eine Zerlegung des Kegelsystems $K_1, \ldots, K_s$ in einen Kegel K_{i_0} dieses Systems und in die verbleibenden Kegel K_i $(i = 1, \ldots, s;\ i \neq i_0)$ mit den in der Definition angegebenen Eigenschaften. Dagegen betrifft der Begriff *stark π-trennbar* die Trennbarkeit der Kegel K_{i_0} und K'_{i_0}. Da der Durchschnitt der Mengen K_i $(i = 1, \ldots, s,\ i \neq i_0)$ in der klassischen Mengentheorie auch mit $\prod_{\substack{i=1\\ i \neq i_0}}^{s} K_i$ bezeichnet wird, haben wir die Bezeichnung *π-Trennbarkeit* gewählt.

leer ist, so gilt die Aussage (9.15); andernfalls ist nach Satz 2.11

$$\operatorname{rel\,int} K'_{i_0} = \bigcap_{i \in I_0} \operatorname{rel\,int} K_i,$$

was in (9.16) eingesetzt gleichfalls die Aussage (9.15) liefert.

Wir setzen nun voraus, daß das gegebene System der Kegel $K_1, \ldots, K_s$ der Bedingung (9.15) genügt und wählen eine natürliche Zahl k derart, daß

$$\bigcap_{i=1}^{k} \operatorname{rel\,int} K_i \neq \emptyset, \quad \bigcap_{i=1}^{k+1} \operatorname{rel\,int} K_i = \emptyset \tag{9.17}$$

gilt. Nach Satz 2.11 ist dann

$$\bigcap_{i=1}^{k} \operatorname{rel\,int} K_i = \operatorname{rel\,int} \bigcap_{i=1}^{k} K_i;$$

daher können wir die Gleichheit in (9.17) in folgender Form schreiben:

$$\left(\operatorname{rel\,int} \bigcap_{i=1}^{k} K_i\right) \cap \operatorname{rel\,int} K_{k+1} = \emptyset.$$

Nach Satz 9.1 folgt daraus die Trennbarkeit der Kegel $\bigcap_{i=1}^{k} K_i$ und K_{k+1}. Dann sind aber auch die Kegel

$$K_{k+1} \quad \text{und} \quad \bigcap_{i \in I_0} K_i$$

trennbar. Nach Definition 9.2 ist damit das System des konvexen Kegel $K_1, \ldots, K_s$ stark π-trennbar. □

Bemerkung 9.4. Aus Definition 9.2 folgt unmittelbar, daß ein System stark π-trennbarer konvexer Kegel $K_1, \ldots, K_s$ in $\mathbb{E}_n$ mit einem gemeinsamen Scheitel auch schwach π-trennbar ist. Falls ein solches System zwar schwach, aber nicht stark π-trennbar ist, so gilt nach Satz 9.4

$$\bigcap_{i=1}^{s} \operatorname{rel\,int} K_i \neq \emptyset.$$

Diese Ungleichheit gilt offensichtlich auch in dem Fall, wo das betrachtete Kegelsystem weder stark noch schwach π-trennbar ist.

Satz 9.5. *Es sei $K_1, \ldots, K_s$ $(s \geqq 2)$ ein System konvexer Kegel in $\mathbb{E}_n$ mit einem gemeinsamen Scheitel $\boldsymbol{x}_0$. Weiter mögen Vektoren $\boldsymbol{v}_1, \ldots, \boldsymbol{v}_s$ existieren, für die gilt*

$$\boldsymbol{x}_0 + \boldsymbol{v}_i \in K_i^{\mathrm{p}}(\boldsymbol{x}_0) \qquad (i = 1, \ldots, s) \tag{9.18a}$$

(hierbei bezeichnet $K_i^{\mathrm{p}}(\boldsymbol{x}_0)$ den Polarkegel zum Kegel K_i im Punkt $\boldsymbol{x}_0$);

$$\sum_{i=1}^{s} \boldsymbol{v}_i = \boldsymbol{o}; \tag{9.18b}$$

$$\sum_{i=1}^{s} \|\boldsymbol{v}_i\| > 0. \tag{9.18c}$$

Dann ist das System konvexer Kegel $K_1, \ldots, K_s$ schwach π-trennbar.

Mit dem Symbol $\tilde{\mathcal{I}}_j$ *sei die lineare Hülle der Menge*

$$K_j \cup \left(\bigcap_{i\in I_j} K_i\right) \qquad (I_j := \{1, \ldots, s\} \setminus \{j\})$$

bezeichnet ($j = 1, \ldots, s$); *falls für wenigstens einen Vektor* $\boldsymbol{v}_j$ *des obigen Systems* $\{\boldsymbol{v}_1, \ldots, \boldsymbol{v}_s\}$ *gilt, daß*

$$\boldsymbol{x}_0 + \boldsymbol{v}_j \in \tilde{\mathcal{I}}_j \setminus \{\boldsymbol{x}_0\}$$

ist, so ist das System der konvexen Kegel $K_1, \ldots, K_s$ *stark* π*-trennbar.*

Beweis. Es seien $\boldsymbol{v}_1, \ldots, \boldsymbol{v}_s$ Vektoren mit den Eigenschaften (9.18a, b, c) und $\boldsymbol{v}_j$ ($j \in \{1, \ldots, s\}$) ein Vektor mit $\|\boldsymbol{v}_j\| > 0$. Wir betrachten die Hyperebene

$$R_j := \{\boldsymbol{x} \in \mathbb{E}_n \mid (\boldsymbol{v}_j, \boldsymbol{x} - \boldsymbol{x}_0) = 0\}$$

und die zu ihr gehörigen offenen Halbräume

$$H_j^- := \{\boldsymbol{x} \in \mathbb{E}_n \mid (\boldsymbol{v}_j, \boldsymbol{x} - \boldsymbol{x}_0) < 0\}, \quad H_j^+ := \{\boldsymbol{x} \in \mathbb{E}_n \mid (\boldsymbol{v}_j, \boldsymbol{x} - \boldsymbol{x}_0) > 0\}.$$

Wegen $\boldsymbol{x}_0 + \boldsymbol{v}_j \in K_j^{\mathrm{p}}(\boldsymbol{x}_0)$ und $\boldsymbol{v}_j \neq \boldsymbol{o}$ folgt nach Satz 4.9

$$K_j \subset \overline{H}_j^-. \tag{9.19}$$

Nach Eigenschaft (9.18b) gilt für jedes $\boldsymbol{x} \in \mathbb{E}_n$

$$(\boldsymbol{v}_j, \boldsymbol{x} - \boldsymbol{x}_0) = -\sum_{i\in I_j} (\boldsymbol{v}_i, \boldsymbol{x} - \boldsymbol{x}_0). \tag{9.20}$$

Falls $\boldsymbol{v}_i = \boldsymbol{o}$ für einen Index $i \in I_j$ ist, so ist $(\boldsymbol{v}_i, \boldsymbol{x} - \boldsymbol{x}_0) = 0$ für alle $\boldsymbol{x} \in K_i$; falls für einen Index $i \in \{1, \ldots, s\}$ $\boldsymbol{v}_i \neq \boldsymbol{o}$ ist, so folgt aus $\boldsymbol{x}_0 + \boldsymbol{v}_i \in K_i^{\mathrm{p}}(\boldsymbol{x}_0)$ nach Satz 4.9

$$K_i \subset \overline{H}_i^- := \{\boldsymbol{x} \in \mathbb{E}_n \mid (\boldsymbol{v}_i, \boldsymbol{x} - \boldsymbol{x}_0) \leqq 0\}.$$

Es gilt also in jedem Fall $(\boldsymbol{v}_i, \boldsymbol{x} - \boldsymbol{x}_0) \leqq 0$ für alle $\boldsymbol{x} \in K_i$ ($i \in I_j := \{1, \ldots, s\} \setminus \{j\}$). Für einen beliebigen Punkt

$$\boldsymbol{x} \in \bigcap_{i\in I_j} K_i$$

ist daher

$$-\sum_{i\in I_j} (\boldsymbol{v}_i, \boldsymbol{x} - \boldsymbol{x}_0) \geqq 0,$$

und nach (9.20) folgt

$$(\boldsymbol{v}_j, \boldsymbol{x} - \boldsymbol{x}_0) \geqq 0 \quad \text{für} \quad \boldsymbol{x} \in \bigcap_{i\in I_j} K_i.$$

Es gilt also

$$\left(\bigcap_{i\in I_j} K_i\right) \subset \overline{H}_j^+.$$

Aus dieser Inklusion und der Inklusion in (9.19) folgt nach Definition 9.2, daß das System konvexer Kegel $K_1, \ldots, K_s$ schwach π-trennbar ist.

Falls $\boldsymbol{x}_0 + \boldsymbol{v}_j \in \tilde{\mathcal{I}}_j \setminus \{\boldsymbol{x}_0\}$ ist, d. h., falls der von $\boldsymbol{x}_0$ verschiedene Punkt $\boldsymbol{x}_0 + \boldsymbol{v}_j$ zur linearen Hülle der Menge

$$K_j \cup \left(\bigcap_{i\in I_j} K_i\right)$$

gehört, so kann die Hyperebene R_j nicht gleichzeitig die Kegel K_j und $\bigcap_{i \in I_j} K_i$ enthalten; also ist R_j eine Trennungshyperebene dieser beiden Kegel. Nach Definition 9.2 folgt daher, daß das System der konvexen Kegel $K_1, \ldots, K_s$ stark π-trennbar ist. □

Satz 9.6. *Es sei $K_1, \ldots, K_s$ ($s \geqq 2$) ein System konvexer Kegel in $\mathbb{E}_n$ mit einem gemeinsamen Scheitel $\boldsymbol{x}_0$. Wenn*

$$\overline{\mathrm{co}}\left(\bigcup_{i=1}^{s} K_i^{\mathrm{p}}(\boldsymbol{x}_0)\right) \neq \mathrm{co}\left(\bigcup_{i=1}^{s} K_i^{\mathrm{p}}(\boldsymbol{x}_0)\right)$$

gilt (hierbei bezeichnet $K_i^{\mathrm{p}}(\boldsymbol{x}_0)$ den Polarkegel zum Kegel K_i im Punkt $\boldsymbol{x}_0$ ($i = 1, \ldots, s$)), dann ist das System der konvexen Kegel $K_1, \ldots, K_s$ schwach π-trennbar.

Beweis. Die Kegel $K_i^{\mathrm{p}}(\boldsymbol{x}_0)$ ($i = 1, \ldots, s$), die den Punkt $\boldsymbol{x}_0$ als gemeinsamen Scheitel besitzen, sind nach Satz 4.4 abgeschlossen. Hieraus und aus Satz 8.10 (vgl. die dort angegebenen Bedingungen (8.21)) folgt die Existenz von Vektoren $\boldsymbol{v}_1, \ldots, \boldsymbol{v}_s$ mit den in Satz 9.5 geforderten Eigenschaften (9.18). Daher ist nach Satz 9.5 das System der konvexen Kegel $K_1, \ldots, K_s$ schwach π-trennbar. □

Satz 9.7. *Ein System $K_1, \ldots, K_s$ ($s \geqq 2$) konvexer Kegel in $\mathbb{E}_n$ mit einem gemeinsamen Scheitel $\boldsymbol{x}_0$ ist genau dann schwach π-trennbar, wenn Vektoren $\boldsymbol{v}_1, \ldots, \boldsymbol{v}_s$ existieren, für die gilt*

$$\begin{aligned} &\boldsymbol{x}_0 + \boldsymbol{v}_i \in K_i^{\mathrm{p}}(\boldsymbol{x}_0) \qquad (i = 1, \ldots, s), \\ &\sum_{i=1}^{s} \boldsymbol{v}_i = \boldsymbol{o}, \quad \sum_{i=1}^{s} \|\boldsymbol{v}_i\| > 0. \end{aligned} \tag{9.21}$$

Beweis. Nach Satz 9.5 ist die Existenz von Vektoren $\boldsymbol{v}_1, \ldots, \boldsymbol{v}_s$ mit den Eigenschaften (9.21) eine hinreichende Bedingung dafür, daß das System der konvexen Kegel $K_1, \ldots, K_s$ schwach π-trennbar ist; wir können uns daher hier auf den Nachweis der Notwendigkeit dieser Bedingungen beschränken.

Das System der konvexen Kegel $K_1, \ldots, K_s$ sei also schwach π-trennbar. Im Fall $s = 2$ bedeutet das, daß für ein Paar K_1, K_2 konvexer Kegel in $\mathbb{E}_n$ mit einem gemeinsamen Scheitel $\boldsymbol{x}_0$ ein Vektor $\boldsymbol{a} \neq \boldsymbol{o}$ existiert, so daß für die zu der Hyperebene

$$R := \{\boldsymbol{x} \in \mathbb{E}_n \mid (\boldsymbol{a}, \boldsymbol{x} - \boldsymbol{x}_0) = 0\} \tag{9.22a}$$

gehörenden offenen Halbräume

$$\begin{aligned} H^- &:= \{\boldsymbol{x} \in \mathbb{E}_n \mid (\boldsymbol{a}, \boldsymbol{x} - \boldsymbol{x}_0) < 0\}, \\ H^+ &:= \{\boldsymbol{x} \in \mathbb{E}_n \mid (\boldsymbol{a}, \boldsymbol{x} - \boldsymbol{x}_0) > 0\} \end{aligned} \tag{9.22b}$$

die Inklusionen

$$K_1 \subset \overline{H}^-, \quad K_2 \subset \overline{H}^+$$

gelten. Nach Satz 4.9 ist dann

$$\boldsymbol{x}_0 + \boldsymbol{a} \in K_1^{\mathrm{p}}(\boldsymbol{x}_0), \quad \boldsymbol{x}_0 - \boldsymbol{a} \in K_2^{\mathrm{p}}(\boldsymbol{x}_0)$$

Wenn wir $\boldsymbol{v}_1 := \boldsymbol{a}$ und $\boldsymbol{v}_2 := -\boldsymbol{a}$ setzen, so folgt

$$\boldsymbol{x}_0 + \boldsymbol{v}_i \in K_i^{\mathrm{p}}(\boldsymbol{x}_0) \qquad (i = 1, 2),$$

$$\boldsymbol{v}_1 + \boldsymbol{v}_2 = \boldsymbol{o}, \quad \|\boldsymbol{v}_1\| + \|\boldsymbol{v}_2\| > 0,$$

d. h., im Fall $s = 2$ gelten die Bedingungen (9. 21).

Es sei nun $s > 2$. Im System $\{K_1, \ldots, K_s\}$ wählen wir ein schwach π-trennbares Teilsystem $\{K_{i_1}, \ldots, K_{i_r}\}$ in der Weise, daß jedes Teilsystem des Systems $\{K_1, \ldots, K_s\}$, das weniger als r Kegel enthält, nicht schwach π-trennbar ist (ein solches Teilsystem existiert immer, im äußersten Fall ist $r = 2$); o. B. d. A. sei $\{K_1, \ldots, K_r\}$ das gewählte Teilsystem. Dann existieren eine Hyperebene R mit den zugehörigen offenen Halbräumen H^+ und H^- (sie mögen die in (9.22a) bzw. (9.22b) angegebene Beschreibung haben) und ein Index $j \in \{1, \ldots, r\}$, so daß gilt

$$K_j \subset \overline{H}^-, \quad \bigcap_{i \in I_j'} K_i \subset \overline{H}^+ \qquad (I_j' := \{1, \ldots, r\} \setminus \{j\}).$$

O. B. d. A. sei $j = 1$; also ist

$$K_1 \subset \overline{H}^-, \quad \bigcap_{i=2}^{r} K_i \subset \overline{H}^+. \tag{9.23a}$$

Da das System $K_2, \ldots, K_r$ nach Voraussetzung nicht schwach π-trennbar ist, gilt (vgl. Bemerkung 9.4)

$$\bigcap_{i=2}^{r} \operatorname{rel\,int} K_i \neq \emptyset; \tag{9.23b}$$

daher ist (vgl. Bemerkung 2.10)

$$\overline{\bigcap_{i=2}^{r} K_i} = \bigcap_{i=2}^{r} \overline{K}_i. \tag{9.23c}$$

Aus (9.23a, b, c) folgt

$$\bigcap_{i=2}^{r} \overline{K}_i \subset \overline{H}^+, \quad K_1 \subset \overline{H}^-$$

und hieraus (nach Satz 4.9)

$$\boldsymbol{x}_0 - \boldsymbol{a} \in \left(\bigcap_{i=2}^{r} \overline{K}_i\right)^{\mathrm{p}} (\boldsymbol{x}_0), \quad \boldsymbol{x}_0 + \boldsymbol{a} \in K_1^{\mathrm{p}}(\boldsymbol{x}_0), \tag{9.24a}$$

wobei $\boldsymbol{a}$ der in der Darstellung (9.22a) der Hyperebene R verwendete Vektor ist. Nach Bemerkung 8.1 ist dann

$$\boldsymbol{x}_0 - \boldsymbol{a} \in \overline{\mathrm{co}} \left(\bigcup_{i=2}^{r} K_i^{\mathrm{p}}(\boldsymbol{x}_0)\right). \tag{9.24b}$$

Da das Kegelsystem $\{K_2, \ldots, K_r\}$ entsprechend der getroffenen Festlegung nicht schwach π-trennbar ist, gilt nach Satz 9.6

$$\overline{\mathrm{co}} \left(\bigcup_{i=2}^{r} K_i^{\mathrm{p}}(\boldsymbol{x}_0)\right) = \mathrm{co} \left(\bigcup_{i=2}^{r} K_i^{\mathrm{p}}(\boldsymbol{x}_0)\right);$$

damit folgt aus (9.24b)

$$\boldsymbol{x}_0 - \boldsymbol{a} \in \operatorname{co}\left(\bigcup_{i=2}^{r} K_i{}^{\mathrm{p}}(\boldsymbol{x}_0)\right).$$

Nach Bemerkung 3.3 folgt hieraus die Existenz von nichtnegativen Zahlen $\lambda_2, \ldots, \lambda_r$ mit $\sum_{i=2}^{r} \lambda_r = 1$ und von Punkten $\boldsymbol{x}_i \in K_i{}^{\mathrm{p}}(\boldsymbol{x}_0)$ $(i = 2, \ldots, r)$, so daß

$$\boldsymbol{x}_0 - \boldsymbol{a} = \sum_{i=2}^{r} \lambda_i \boldsymbol{x}_i$$

ist, und daher

$$-\boldsymbol{a} = \sum_{i=2}^{r} \lambda_i(\boldsymbol{x}_i - \boldsymbol{x}_0).$$

Wenn wir $\boldsymbol{v}_i := \lambda_i(\boldsymbol{x}_i - \boldsymbol{x}_0)$ $(i = 2, \ldots, r)$ setzen, dann gilt

$$\begin{aligned} &\boldsymbol{x}_0 + \boldsymbol{v}_i \in K_i{}^{\mathrm{p}}(\boldsymbol{x}_0) \qquad (i = 2, \ldots, r), \\ &-\boldsymbol{a} = \sum_{i=2}^{r} \boldsymbol{v}_i . \end{aligned} \tag{9.25}$$

Wir setzen nun noch

$$\boldsymbol{v}_1 := \boldsymbol{a} \quad \text{und} \quad \boldsymbol{v}_j = \boldsymbol{o} \quad \text{für} \quad j \in \{1, \ldots, s\} \setminus \{1, \ldots, r\},$$

dann ist $\|\boldsymbol{v}_1\| > 0$, und nach (9.25) und (9.24a) gilt $\boldsymbol{x}_0 + \boldsymbol{v}_i \in K_i{}^{\mathrm{p}}(\boldsymbol{x}_0)$ $(i = 1, \ldots, s)$, $\sum_{i=1}^{s} \boldsymbol{v}_i = \boldsymbol{o}$, $\sum_{i=1}^{s} \|\boldsymbol{v}_i\| > 0$; das sind aber gerade die Bedingungen (9.21). Damit ist gezeigt, daß die Existenz von Vektoren $\boldsymbol{v}_1, \ldots, \boldsymbol{v}_s$ mit den Eigenschaften (9.21) eine notwendige Bedingung dafür ist, daß das betrachtete System der konvexen Kegel $K_1, \ldots, K_s$ schwach π-trennbar ist. □

Bemerkung 9.5. Aus dem Beweis des Satzes 9.7 ergibt sich speziell folgende Aussage:

Falls es zu einem System konvexer Kegel $K_1, \ldots, K_s$ $(s \geqq 2)$ in $\mathbb{E}_n$ mit einem gemeinsamen Scheitel eine Hyperebene R und einen Index $i_0 \in \{1, \ldots, s\}$ gibt, so daß der Kegel K_{i_0} in dem einen zur Hyperebene R gehörenden abgeschlossenen Halbraum und der Kegel

$$K'_{i_0} = \bigcap_{i \in I_0} K_i \qquad (I_0 = \{1, \ldots, s\} \setminus \{i_0\}) \tag{9.26}$$

in dem anderen abgeschlossenen Halbraum liegt, d. h., falls das betrachtete Kegelsystem schwach π-trennbar ist, so gibt es den Bedingungen (9.21) genügende Vektoren $\boldsymbol{v}_1, \ldots, \boldsymbol{v}_s$ in der Weise, daß $\boldsymbol{v}_{i_0} \neq \boldsymbol{o}$ gilt.

Wenn es umgekehrt zu einem System konvexer Kegel $K_1, \ldots, K_s$ in $\mathbb{E}_n$ mit einem gemeinsamen Scheitel Vektoren $\boldsymbol{v}_1, \ldots, \boldsymbol{v}_s$ gibt, die den Bedingungen (9.21) genügen, und für einen Index $i_0 \in \{1, \ldots, s\}$ gilt, daß $\boldsymbol{v}_{i_0} \neq \boldsymbol{o}$ ist, so gibt es eine Hyperebene R in $\mathbb{E}_n$ derart, daß (vgl. den Beweis des Satzes 9.5) der Kegel K_{i_0} in dem einen zur Hyperebene R gehörenden abgeschlossenen Halbraum und der gemäß (9.26) definierte Kegel K'_{i_0} in dem anderen abgeschlossenen Halbraum liegt (dabei kann für den die Hyperebene R definierenden Vektor $\boldsymbol{a}$ — vgl. die Darstellung (9.22a) — der Vektor $\boldsymbol{v}_{i_0}$ genommen werden).

Satz 9.8. *Es sei $K_1, \ldots, K_s$ ($s \geqq 2$) ein System konvexer Kegel in $\mathbb{E}_n$ mit einem gemeinsamen Scheitel $\boldsymbol{x}_0$. Notwendig und hinreichend dafür, daß für einen gewählten Index $i_0 \in \{1, \ldots, s\}$ die Kegel K_{i_0} und der in (9.26) definierte Kegel K'_{i_0} trennbar sind, ist die Existenz von Vektoren $\boldsymbol{v}_1, \ldots, \boldsymbol{v}_s$, für die gilt*

$$\boldsymbol{x}_0 + \boldsymbol{v}_i \in K_i{}^{\mathrm{p}}(\boldsymbol{x}_0) \qquad (i = 1, \ldots, s), \quad \sum_{i=1}^{s} \boldsymbol{v}_i = \boldsymbol{o}, \quad \|\boldsymbol{v}_{i_0}\| > 0, \tag{9.27a}$$

$$\boldsymbol{x}_0 + \boldsymbol{v}_{i_0} \in \tilde{\mathcal{I}}_{i_0}; \tag{9.27b}$$

hierbei bezeichnet $\tilde{\mathcal{I}}_{i_0}$ die lineare Hülle der Menge $K_{i_0} \cup K'_{i_0}$.

Beweis. Die Existenz von Vektoren $\boldsymbol{v}_1, \ldots, \boldsymbol{v}_s$ mit den Eigenschaften (9.27a, b) ist nach Satz 9.5 eine hinreichende Bedingung dafür, daß das System konvexer Kegel $K_1, \ldots, K_s$ stark π-trennbar ist. Aus dem Beweis des Satzes 9.5 ergibt sich insbesondere, daß eine Trennungshyperebene der Kegel K_{i_0} und K'_{i_0} existiert. Die Bedingungen (9.27a, b) sind daher hinreichend für die Trennbarkeit der Kegel K_{i_0} und K'_{i_0}.

Wenn die Kegel K_{i_0} und K'_{i_0} trennbar sind, so gibt es einen Vektor $\boldsymbol{a} \neq \boldsymbol{o}$, so daß die Hyperebene $R = \{\boldsymbol{x} \in \mathbb{E}_n \mid (\boldsymbol{a}, \boldsymbol{x} - \boldsymbol{x}_0) = 0\}$ eine Trennungshyperebene der Kegel K_{i_0} und K'_{i_0} ist, wobei für die ihr zugehörigen Halbräume $\overline{H}^+ = \{\boldsymbol{x} \in \mathbb{E}_n \mid (\boldsymbol{a}, \boldsymbol{x} - \boldsymbol{x}_0) \geqq 0\}$ und $\overline{H}^- = \{\boldsymbol{x} \in \mathbb{E}_n \mid (\boldsymbol{a}, \boldsymbol{x} - \boldsymbol{x}_0) \leqq 0\}$ die Inklusionen $K_{i_0} \subset \overline{H}^-$ und $K'_{i_0} \subset \overline{H}^+$ gelten. Folglich ist das System der Kegel $K_1, \ldots, K_s$ schwach π-trennbar (nach Definition 9.2); es gibt daher Vektoren $\boldsymbol{v}_1, \ldots, \boldsymbol{v}_s$ mit den in Satz 9.7 genannten Eigenschaften (9.21), wobei $\boldsymbol{v}_{i_0} := \boldsymbol{a}$ gesetzt werden kann (vgl. Bemerkung 9.5). Aus der Trennbarkeit der Kegel K_{i_0} und K'_{i_0} folgt die Existenz von Vektoren $\boldsymbol{v}_1, \ldots, \boldsymbol{v}_s$ mit den in (9.27a) angegebenen Eigenschaften.

Falls $\dim \tilde{\mathcal{I}}_{i_0} = n$, d. h., falls $\tilde{\mathcal{I}}_{i_0} = \mathbb{E}_n$ ist, so gilt auch die Bedingung (9.27b).

Es sei nun $\dim \tilde{\mathcal{I}}_{i_0} < n$. Im Fall $\dim \tilde{\mathcal{I}}_{i_0} = 0$ wäre $K_{i_0} = K'_{i_0} = \{\boldsymbol{x}_0\}$, das widerspricht aber der vorausgesetzten Trennbarkeit der Kegel K_{i_0} und K'_{i_0}. Es ist daher $\dim \tilde{\mathcal{I}}_{i_0} \geqq 1$. Da die oben betrachtete Hyperebene R eine den Punkt $\boldsymbol{x}_0$ enthaltende Trennungshyperebene der Kegel K_{i_0} und K'_{i_0} ist und $\tilde{\mathcal{I}}_{i_0}$ die lineare Hülle der Menge $K_{i_0} \cup K'_{i_0}$, kann nicht $\tilde{\mathcal{I}}_{i_0} \subset R$ gelten. Wegen $\boldsymbol{x}_0 \in R \cap \tilde{\mathcal{I}}_{i_0}$ schneidet die Hyperebene R in $\mathbb{E}_n$ den linearen Unterraum $\tilde{\mathcal{I}}_{i_0}$ daher in einer Hyperebene $\tilde{R}$ des linearen Unterraumes $\tilde{\mathcal{I}}_{i_0}$; sie ist in diesem Raum eine Trennungshyperebene der Kegel K_{i_0} und K'_{i_0} (die Kegel K_{i_0} und K'_{i_0} werden dabei als Mengen in dem Raum $\tilde{\mathcal{I}}_{i_0}$ betrachtet). Wählt man einen Vektor $\boldsymbol{v}_{i_0}$ mit

$$\boldsymbol{v}_{i_0} \neq \boldsymbol{o}, \quad \boldsymbol{x}_0 + \boldsymbol{v}_{i_0} \in \tilde{\mathcal{I}}_{i_0}, \quad (\boldsymbol{v}_{i_0}, \boldsymbol{x} - \boldsymbol{x}_0) = 0 \quad \text{für alle} \quad \boldsymbol{x} \in \tilde{R},$$

und definiert man in $\mathbb{E}_n$ die Hyperebene

$$R_{i_0} := \{\boldsymbol{x} \in \mathbb{E}_n \mid (\boldsymbol{v}_{i_0}, \boldsymbol{x} - \boldsymbol{x}_0) = 0\},$$

so ist R_{i_0} eine Trennungshyperebene in $\mathbb{E}_n$ der Kegel K_{i_0} und K'_{i_0}, und es gilt $\tilde{R} \subset R_{i_0}$. Da das System der betrachteten konvexen Kegel schwach π-trennbar ist, existieren nach Satz 9.7 Vektoren $\boldsymbol{v}_1, \ldots, \boldsymbol{v}_s$ mit den dort unter (9.21) angegebenen Eigenschaften, für die, wie eben gezeigt, außerdem $\boldsymbol{v}_{i_0} \neq \boldsymbol{o}$ und $\boldsymbol{x}_0 + \boldsymbol{v}_{i_0} \in \tilde{\mathcal{I}}_{i_0}$ gilt. Damit ist auch (9.27b) gezeigt. □

Definition 9.3. Es sei $K_1, \ldots, K_s$ ($s \geqq 2$) ein System konvexer Kegel in $\mathbb{E}_n$ mit einem gemeinsamen Scheitel $\boldsymbol{x}_0$. Das System heißt

(a) *vollständig schwach π-trennbar*, falls zu jedem Index $j \in \{1, \ldots, s\}$ eine Hyperebene

$R_j \subset \mathbb{E}_n$ existiert, so daß der Kegel K_j in einem und der Kegel

$$K_j' := \bigcap_{i \in I_j} K_i \qquad (I_j := \{1, \ldots, s\} \setminus \{j\})$$

in dem anderen zu der Hyperebene R_j gehörigen abgeschlossenen Halbraum liegt;

(b) *vollständig stark π-trennbar,* falls für jeden Index $j \in \{1, \ldots, s\}$ eine Trennungshyperebene $R_j \subset \mathbb{E}_n$ der Kegel K_j und K_j' existiert.

Satz 9.9. *Ein System konvexer Kegel $K_1, \ldots, K_s$ ($s \geqq 2$) in $\mathbb{E}_n$ mit einem gemeinsamen Scheitel $\boldsymbol{x}_0$ ist*

(a) *vollständig schwach π-trennbar bzw.*

(b) *vollständig stark π-trennbar*

genau dann, wenn

(a) *Vektoren $\boldsymbol{v}_1, \ldots, \boldsymbol{v}_s$ existieren, so daß gilt*

$$\boldsymbol{x}_0 + \boldsymbol{v}_i \in K_i^{\mathrm{p}}(\boldsymbol{x}_0), \quad \boldsymbol{v}_i \neq \boldsymbol{o} \qquad (i = 1, \ldots, s), \quad \sum_{i=1}^{s} \boldsymbol{v}_i = \boldsymbol{o}, \tag{9.28}$$

bzw.

(b) *Vektoren $\boldsymbol{v}_1, \ldots, \boldsymbol{v}_s$ existieren, die den Bedingungen* (9.28) *genügen und für die*

$$\boldsymbol{x}_0 + \boldsymbol{v}_j \in \tilde{\mathcal{L}}_j \qquad (j = 1, \ldots, s)$$

gilt, wobei $\tilde{\mathcal{L}}_j$ die lineare Hülle der Menge $K_j \cup K_j'$ bezeichnet.

Beweis. Die Aussagen des Satzes 9.9 folgen unmittelbar aus der Definition 9.3, aus den Sätzen 9.7 und 9.8 und aus der Bemerkung 9.5. □

Definition 9.4. Es seien $M_1, \ldots, M_s$ ($s \geqq 2$) nichtleere konvexe Mengen in $\mathbb{E}_n$. Sie heißen

(1) *schwach π-trennbar,* falls eine Hyperebene R in $\mathbb{E}_n$ und ein Index $i_0 \in \{1, \ldots, s\}$ existieren, so daß die Menge

$$M_{i_0}' := \bigcap_{i \in I_0} M_i \qquad (I_0 := \{1, \ldots, s\} \setminus \{i_0\}) \tag{9.29a}$$

nichtleer ist und die Menge M_{i_0} in dem einen und die Menge M_{i_0}' in dem anderen zur Hyperebene R gehörigen abgeschlossenen Halbraum liegt;

(2) *stark π-trennbar,* falls eine Hyperebene $R \subset \mathbb{E}_n$ und ein Index $i_0 \in \{1, \ldots, s\}$ existieren, so daß die Menge M_{i_0}' (definiert wie oben in (9.29a)) nichtleer ist und die Hyperebene R die Mengen M_{i_0} und M_{i_0}' trennt;

(3) *vollständig schwach π-trennbar,* falls

$$I := \{i_0 \in \{1, \ldots, s\} \mid M_{i_0}' \neq \emptyset\} \neq \emptyset \tag{9.29b}$$

ist (hierbei ist die Menge M_{i_0}' wie in (9.29a) definiert) und zu jedem Index $i_0 \in I$ eine Hyperebene R_{i_0} existiert, so daß die Menge M_{i_0} in dem einen und die Menge M_{i_0}' in dem anderen zur Hyperebene R_{i_0} gehörigen abgeschlossenen Halbraum liegt;

(4) *vollständig stark π-trennbar,* falls (9.29b) gilt und zu jedem Index $i_0 \in I$ eine Hyperebene R_{i_0} existiert, die die Mengen M_{i_0} und M_{i_0}' trennt.

Bemerkung 9.6. Die Definitionen 9.2 und 9.3 können als Spezialfälle der Definition 9.4 betrachtet werden; statt auf die (allgemeinen) konvexen Mengen $M_1, \ldots, M_s$ in $\mathbb{E}_n$ beziehen sie sich auf konvexe Kegel mit einem gemeinsamen Scheitel.

Es ist zu erwarten, daß sich die Aussagen aus den Sätzen 9.4 bis 9.9, die Systeme konvexer Kegel in $\mathbb{E}_n$ mit einem gemeinsamen Scheitel betreffen, für eine Herleitung analoger Aussagen im Fall eines Systems nichtleerer konvexer Mengen in $\mathbb{E}_n$ ausnutzen lassen. Die im Beweis des Satzes 9.1 verwendete Methode der Projektion ist eine vorteilhafte Methode für ein solches Vorgehen.

Der euklidische Raum $\mathbb{E}_{n+1}$ sei das kartesische Produkt des die Mengen $M_1, \ldots, M_s$ enthaltenden euklidischen Raumes $\mathbb{E}_n$ und eines eindimensionalen euklidischen Raumes $\mathbb{E}_1$. Wir wählen einen Punkt $z_0 \in \mathbb{E}_{n+1}$ mit $z_0 \notin \mathbb{E}_n$ und bezeichnen mit $P_{M_i}(z_0)$ den Projektionskegel der Menge M_i bezüglich des Punktes z_0 (dieser Punkt ist dann auch der einzige Scheitel des jeweiligen Kegels). In dem folgenden Satz 9.10 wird der Zusammenhang zwischen Trennungsaussagen über die betrachteten Projektionskegel und Trennungsaussagen über die Mengen $M_1, \ldots, M_s$ dargelegt. Der Satz 9.11 zeigt dann, wie diese Zusammenhänge geeignet ausgenutzt werden können.

Satz 9.10. *Es sei $M_1, \ldots, M_s$ $(s \geqq 2)$ ein System nichtleerer konvexer Mengen in $\mathbb{E}_n$. Weiter sei für jedes $i_0 \in \{1, \ldots, s\}$*

$$M'_{i_0} := \bigcap_{i \in I_0} M_i \qquad (I_0 := \{1, \ldots, s\} \setminus \{i_0\})$$

und

$$I := \left\{i_0 \in \{1, \ldots, s\} \mid M'_{i_0} \neq \emptyset\right\}.$$

Falls $I \neq \emptyset$ gilt, so ist das System $M_1, \ldots, M_s$ genau dann schwach bzw. stark bzw. vollständig schwach bzw. vollständig stark π-trennbar, wenn das System der Projektionskegel $P_{M_i}(x_0)$ $(i \in I)$ diese Eigenschaften besitzt.

Beweis. Wir beschränken uns hier auf den Beweis der schwachen π-Trennbarkeit, in den anderen Fällen lassen sich die Beweise analog führen.

Wir setzen zunächst voraus, daß das System nichtleerer konvexer Mengen $M_1, \ldots, M_s$ schwach π-trennbar ist. Dann existiert (nach Definition 9.4) ein Index $i_0 \in I$ und eine Hyperebene R in $\mathbb{E}_n$, so daß die Menge M_{i_0} in dem einen und die Menge M'_{i_0} in dem anderen der zur Hyperebene R gehörigen abgeschlossenen Halbräume $\overline{H}_1, \overline{H}_2$ liegt. O. B. d. A. können wir

$$M_{i_0} \subset \overline{H}_1, \quad M'_{i_0} \subset \overline{H}_2 \tag{9.30a}$$

voraussetzen. Mit $\tilde{R}$ bezeichnen wir die durch die Hyperebene R in $\mathbb{E}_n$ und den Punkt z_0 eindeutig bestimmte Hyperebene in $\mathbb{E}_{n+1}$ und mit $\overline{\overline{H}}_1, \overline{\overline{H}}_2$ die zur Hyperebene $\tilde{R}$ gehörigen abgeschlossenen Halbräume in $\mathbb{E}_{n+1}$, wobei die Numerierung so gewählt sei, daß $\overline{H}_j \subset \overline{\overline{H}}_j$ ist $(j = 1, 2)$. Offensichtlich gilt

$$P_{M_{i_0}}(z_0) \subset \overline{\overline{H}}_1, \quad P_{M'_{i_0}}(z_0) \subset \overline{\overline{H}}_2. \tag{9.30b}$$

Aus der Definition eines Projektionskegels und aus der Definition der Menge M'_{i_0} folgt unmittelbar

$$P_{M'_{i_0}}(z_0) = \bigcap_{i \in I_0} P_{M_i}(z_0) \qquad (I_0 := \{1, \ldots, s\} \setminus \{i_0\}). \tag{9.30c}$$

Hieraus und aus (9.30c) erhält man dann

$$P_{M_{i_0}}(z_0) \subset \bar{\bar{H}}_1, \quad \bigcap_{i \in I_0} P_{M_i}(z_0) \subset \bar{\bar{H}}_2. \tag{9.30d}$$

Wegen $i_0 \in I$ ist daher nach Definition 9.2 das System der Kegel $P_{M_i}(z_0)$ $(i \in I)$ schwach π-trennbar.

Wenn umgekehrt das System der Kegel $P_{M_i}(z_0)$ $(i \in I)$ schwach π-trennbar ist, so existieren eine Hyperebene $\tilde{R}$ in $\mathbb{E}_{n+1}$ und ein Index $i_0 \in I$, so daß (9.30d) gilt. Aufgrund der Gleichheit (9.30c) folgt daraus (9.30b). Da aber $M_{i_0} = \mathbb{E}_n \cap P_{M_i}(z_0)$, $M'_{i_0} = \mathbb{E}_n \cap P_{M_i'}(z_0)$, $R = \tilde{R} \cap \mathbb{E}_n$ und $\bar{H}_j = \bar{\bar{H}}_j \cap \mathbb{E}_n$ $(j = 1, 2)$ gilt, erhalten wir aus (9.30b) die Inklusion (9.30a). Das System der konvexen Mengen $M_1, \ldots, M_s$ ist also nach Definition 9.4 schwach π-trennbar. □

Satz 9.11. *Ein System nichtleerer konvexer Mengen $M_1, \ldots, M_s$ $(s \geqq 2)$ in $\mathbb{E}_n$ mit*

$$I := \left\{i_0 \in \{1, \ldots, s\} \mid M'_{i_0} = \bigcap_{i \in I_0} M_i \neq \emptyset\right\} \neq \emptyset \qquad (I_0 := \{1, \ldots, s\} \setminus \{i_0\})$$

ist genau dann stark π-trennbar, falls gilt

$$\bigcap_{i \in I} \operatorname{rel\,int} M_i = \emptyset.$$

Beweis. Nach Satz 9.10 ist das System nichtleerer konvexer Mengen $M_1, \ldots, M_s$ genau dann stark π-trennbar, wenn das System der Kegel $P_{M_i}(z_0)$ $(i \in I)$ stark π-trennbar ist. Dafür ist nach Satz 9.4 notwendig und hinreichend, daß

$$\bigcap_{i \in I} \operatorname{rel\,int} P_{M_i}(z_0) = \emptyset$$

gilt. Aus Satz 5.3 folgt aber

$$\bigcap_{i \in I} \operatorname{rel\,int} P_{M_i}(z_0) \neq \emptyset \Leftrightarrow \bigcap_{i \in I} \operatorname{rel\,int} M_i \neq \emptyset;$$

daher gilt

$$\bigcap_{i \in I} \operatorname{rel\,int} P_{M_i}(z_0) = \emptyset \Leftrightarrow \bigcap_{i \in I} \operatorname{rel\,int} M_i = \emptyset. \ \square$$

Definition 9.5. Es sei $M_1, \ldots, M_s$ $(s \geqq 2)$ ein System nichtleerer konvexer Mengen in $\mathbb{E}_n$. Dieses System heißt

(1) *schwach σ-trennbar,* falls eine Hyperebene R in $\mathbb{E}_n$ und ein Index $i_0 \in \{1, \ldots, s\}$ existieren, so daß die Menge M_{i_0} in einem und die Menge

$$M''_{i_0} := \bigcup_{i \in I_0} M_i \qquad (I_0 := \{1, \ldots, s\} \setminus \{i_0\}) \tag{9.31}$$

in dem anderen zur Hyperebene R gehörigen abgeschlossenen Halbraum liegt;[1])

(2) *stark σ-trennbar,* falls ein Index $i_0 \in \{1, \ldots, s\}$ existiert, so daß die Menge M_{i_0} und die gemäß (9.31) definierte Menge M''_{i_0} trennbar sind;

---

[1]) Da die Vereinigung von Mengen $M_1, \ldots, M_r$ in der klassischen Mengentheorie auch mit $\sum_{i=1}^{r} M_i$ bezeichnet wird (d. h. als *Summe von Mengen*), haben wir hier die Bezeichnung *σ-Trennbarkeit* gewählt.

(3) *vollständig schwach σ-trennbar,* falls für jeden Index $i_0 \in \{1, \ldots, s\}$ eine Hyperebene R_{i_0} in $\mathbb{E}_n$ existiert, so daß die Menge M_{i_0} in dem einen und die gemäß (9.31) definierte Menge M''_{i_0} in dem anderen zur Hyperebene R_{i_0} gehörigen abgeschlossenen Halbraum liegt;

(4) *vollständig stark σ-trennbar,* wenn für jeden Index $i_0 \in \{1, \ldots, s\}$ eine Trennungshyperebene der Menge M_{i_0} und der gemäß (9.31) definierten Menge M''_{i_0} existiert.

Bemerkung 9.7. Falls H ein offener Halbraum in $\mathbb{E}_n$ ist und $\{M_1, \ldots, M_s\}$ ein System nichtleerer Mengen in $\mathbb{E}_n$, so gilt

$$\bigcup_{i=1}^{s} M_i \subset \overline{H} \Leftrightarrow \operatorname{co}\left(\bigcup_{i=1}^{s} M_i\right) \subset \overline{H},$$

wie unmittelbar aus der Definition einer konvexen Hülle und aus Satz 3.8 folgt. Wenn wir die Definition 9.5 in der Weise ändern, daß statt der in (9.31) definierten Menge M''_{i_0} die Menge

$$\operatorname{co}\left(\bigcup_{i\in I_0} M_i\right) \qquad (I_0 := \{1, \ldots, s\} \setminus \{i_0\})$$

gesetzt wird, so ist die auf diese Art geänderte Definition der ursprünglichen Definition äquivalent.

Satz 9.12. *Es sei $K_1, \ldots, K_s$ ($s \geqq 2$) ein System konvexer Kegel in $\mathbb{E}_n$ mit einem gemeinsamen Scheitel $\boldsymbol{x}_0$, weiter sei $\mathscr{L}$ die lineare Hülle der Menge $\bigcup_{i=1}^{s} K_i$. Dann ist das System der Kegel $K_1, \ldots, K_s$*

(a) *genau dann schwach σ-trennbar, wenn ein Index $i_0 \in \{1, \ldots, s\}$ und ein Vektor $\boldsymbol{a}_{i_0}$ mit*

$$\boldsymbol{a}_{i_0} \neq \boldsymbol{o}, \quad \boldsymbol{x}_0 + \boldsymbol{a}_{i_0} \in K_i^{\mathrm{p}}(\boldsymbol{x}_0), \quad \boldsymbol{x}_0 - \boldsymbol{a}_{i_0} \in \bigcap_{i\in I_0} K_i^{\mathrm{p}}(\boldsymbol{x}_0) \tag{9.32}$$

existieren (hierbei bezeichnet $K_{i_0}^{\mathrm{p}}(\boldsymbol{x}_0)$ den Polarkegel zum Kegel K_i im Punkt $\boldsymbol{x}_0$ $(i = 1, \ldots, s)$);

(b) *genau dann stark σ-trennbar, wenn ein Index $i_0 \in \{1, \ldots, s\}$ und ein Vektor $\boldsymbol{a}_{i_0}$ mit $\boldsymbol{x}_0 + \boldsymbol{a}_{i_0} \in \mathscr{L}$, der die Bedingungen (9.32) erfüllt, existieren;*

(c) *genau dann vollständig schwach σ-trennbar, wenn für jeden Index $i_0 \in \{1, \ldots, s\}$ ein Vektor $\boldsymbol{a}_{i_0}$ mit den Eigenschaften (9.32) existiert;*

(d) *genau dann vollständig stark σ-trennbar, wenn für jeden Index $i_0 \in \{1, \ldots, s\}$ ein Vektor $\boldsymbol{a}_{i_0}$ mit den Eigenschaften (9.32) und mit $\boldsymbol{x}_0 + \boldsymbol{a}_{i_0} \in \mathscr{L}$ existiert.*

Beweis. Ad a): Wenn das System der betrachteten Kegel schwach σ-trennbar ist, dann existieren nach Definition 9.5 ein Index $i_0 \in \{1, \ldots, s\}$ und eine Hyperebene

$$R := \{\boldsymbol{x} \in \mathbb{E}_n \mid (\boldsymbol{a}, \boldsymbol{x} - \boldsymbol{x}_0) = 0\} \qquad (\|\boldsymbol{a}\| > 0),$$

so daß für die zu ihr gehörigen offenen Halbräume

$$H^- := \{\boldsymbol{x} \in \mathbb{E}_n \mid (\boldsymbol{a}, \boldsymbol{x} - \boldsymbol{x}_0) < 0\} \quad \text{und} \quad H^+ := \{\boldsymbol{x} \in \mathbb{E}_n \mid (\boldsymbol{a}, \boldsymbol{x} - \boldsymbol{x}_0) > 0\}$$

gilt

$$K_{i_0} \subset \overline{H}^-, \quad \bigcup_{i\in I_0} K_i \subset \overline{H}^+.$$

Nach Satz 3.8 ist dann auch

$$K_{i_0} \subset \overline{H}^-, \quad \mathrm{co}\left(\bigcup_{i \in I_0} K_i\right) \subset \overline{H}^+;$$

für den Vektor $\boldsymbol{a}$ aus der obigen Beschreibung der Hyperebene R gilt daher nach Satz 4.9

$$\boldsymbol{x}_0 + \boldsymbol{a} \in K_{i_0}^{\mathrm{p}}(\boldsymbol{x}_0), \quad \boldsymbol{x}_0 - \boldsymbol{a} \in \left(\mathrm{co}\left(\bigcup_{i \in I_0} K_i\right)\right)^{\mathrm{p}}(\boldsymbol{x}_0). \tag{9.33a}$$

Nach Bemerkung 8.1 ist

$$\left(\mathrm{co}\left(\bigcup_{i \in I_0} K_i\right)\right)^{\mathrm{p}}(\boldsymbol{x}_0) = \bigcap_{i \in I_0} K_i{}^{\mathrm{p}}(\boldsymbol{x}_0); \tag{9.33b}$$

es gilt also

$$\boldsymbol{x}_0 + \boldsymbol{a} \in K_i{}^{\mathrm{p}}(\boldsymbol{x}_0), \quad \boldsymbol{x}_0 - \boldsymbol{a} \in \bigcap_{i \in I_0} K_i{}^{\mathrm{p}}(\boldsymbol{x}_0).$$

Hieraus folgen, wenn wir noch $\boldsymbol{a}_{i_0} := \boldsymbol{a}$ setzen, die Bedingungen (9.32).

Falls (9.32) gilt, so erhält man daraus wegen (9.33b) die Aussage (9.33a), woraus dann nach Satz 4.9 folgt, daß das System der Kegel $K_1, \ldots, K_s$ schwach σ-trennbar ist.

Ad b): Wenn das System der Kegel $K_1, \ldots, K_s$ stark σ-trennbar ist, dann existiert nach Definition 9.5 und Bemerkung 9.7 ein Index $i_0 \in \{1, \ldots, s\}$, so daß die Kegel K_{i_0} und $\mathrm{co}\left(\bigcup_{i \in I_0} K_i\right)$ trennbar sind. Nach Satz 9.3 gibt es dann Vektoren $\boldsymbol{v}_1, \boldsymbol{v}_2$ mit

$$\begin{aligned} &\boldsymbol{v}_1 \neq \boldsymbol{o}, \quad \boldsymbol{x}_0 + \boldsymbol{v}_1 \in K_{i_0}^{\mathrm{p}}(\boldsymbol{x}_0) \cap \tilde{\mathscr{L}}, \\ &\boldsymbol{v}_2 \neq \boldsymbol{o}, \quad \boldsymbol{x}_0 + \boldsymbol{v}_2 \in \left(\mathrm{co}\left(\bigcup_{i \in I_0} K_i\right)\right)^{\mathrm{p}}(\boldsymbol{x}_0) \cap \tilde{\mathscr{L}}, \\ &\boldsymbol{v}_1 + \boldsymbol{v}_2 = \boldsymbol{o}; \end{aligned} \tag{9.34}$$

dabei bezeichnet $\tilde{\mathscr{L}}$ die lineare Hülle der Menge

$$K_{i_0} \cup \mathrm{co}\left(\bigcup_{i \in I_0} K_i\right).$$

Dann ist $\tilde{\mathscr{L}}$ aber auch lineare Hülle der Menge

$$\mathrm{co}\left(K_{i_0} \cup \mathrm{co}\left(\bigcup_{i \in I_0} K_i\right)\right),$$

die nach Satz 3.4 gleich der Menge

$$\mathrm{co}\left(K_{i_0} \cup \left(\bigcup_{i \in I_0} K_i\right)\right) = \mathrm{co}\left(\bigcup_{i=1}^{s} K_i\right)$$

ist. Die lineare Hülle der Menge $\mathrm{co}\left(\bigcup_{i=1}^{s} K_i\right)$, also der lineare Unterraum $\tilde{\mathscr{L}}$, ist daher offensichtlich gleich der linearen Hülle der Menge $\bigcup_{i=1}^{s} K_i$, d. h., es gilt $\tilde{\mathscr{L}} = \mathscr{L}$. Wenn wir $\boldsymbol{a}_{i_0} := \boldsymbol{v}_1$ setzen, so folgen aus (9.34) und aus der Gleichheit $\tilde{\mathscr{L}} = \mathscr{L}$ die Bedingungen (9.32), und außerdem ist $\boldsymbol{x}_0 + \boldsymbol{a}_{i_0} \in \mathscr{L}$.

Wenn andererseits ein Vektor $\boldsymbol{a}_{i_0}$ existiert, der den Bedingungen (9.32) und $\boldsymbol{x}_0 + \boldsymbol{a}_{i_0} \in \mathscr{L}$ genügt, und man $\boldsymbol{v}_1 := \boldsymbol{a}_{i_0}$, $\boldsymbol{v}_2 := -\boldsymbol{a}_{i_0}$ setzt, so erfüllen die Vektoren $\boldsymbol{v}_1, \boldsymbol{v}_2$ die

Bedingungen (9.34), und die Kegel K_{i_0} und $\operatorname{co}\left(\bigcup_{i \in I_0} K_i\right)$ sind nach Satz 9.3 trennbar. Aus Bemerkung 9.7 folgt dann, daß das System der Kegel $K_1, \ldots, K_s$ stark σ-trennbar ist.

Ad c) und d): Die Gültigkeit der Aussagen c) und d) folgt unmittelbar aus Definition 9.5 und aus den gezeigten Aussagen a) und b). □

Bemerkung 9.8. Eine Verallgemeinerung von Aussagen über die σ-Trennbarkeit eines Systems konvexer Kegel mit einem gemeinsamen Scheitel auf den Fall beliebiger nichtleerer konvexer Mengen in $\mathbb{E}_n$ ist nicht schwierig. Die in Bemerkung 9.6 genannte Methode der Projektion läßt sich auch hier — analog wie im Beweis des Satzes 9.10 — verwenden, z. B. für den Beweis des nachfolgenden Satzes 9.13.

Satz 9.13. *Es sei $M_1, \ldots, M_s$ $(s \geqq 2)$ ein System nichtleerer konvexer Mengen in $\mathbb{E}_n$, weiter sei $P_{M_i}(z_0)$ der Projektionskegel der Menge M_i $(i = 1, \ldots, s)$ bezüglich eines Punktes $z_0 \in \mathbb{E}_{n+1}$, $z_0 \notin \mathbb{E}_n$ (vgl. dazu Bemerkung 9.6). Das System der konvexen Mengen $M_1, \ldots, M_s$ ist genau dann schwach bzw. stark bzw. vollständig schwach bzw. vollständig stark σ-trennbar, falls das System der Kegel $P_{M_1}(z_0), \ldots, P_{M_s}(z_0)$ die entsprechende Eigenschaft besitzt.*

Satz 9.14. *Ein System nichtleerer konvexer Mengen $M_1, \ldots, M_s$ $(s \geqq 2)$ in $\mathbb{E}_n$ ist genau dann stark σ-trennbar, falls ein Index $i_0 \in \{1, \ldots, s\}$ existiert, so daß gilt*

$$\operatorname{rel\,int} M_{i_0} \cap \operatorname{rel\,int} \operatorname{co}\left(\bigcup_{i \in I_0} M_i\right) = \emptyset. \tag{9.35}$$

Für die vollständige starke σ-Trennbarkeit des betrachteten Mengensystems ist die Gültigkeit von (9.35) für alle $i_0 \in \{1, \ldots, s\}$ notwendig und hinreichend.

Beweis. Nach Definition 9.5 ist die starke σ-Trennbarkeit des Systems $M_1, \ldots, M_s$ gleichbedeutend mit der Existenz eines Index $i_0 \in \{1, \ldots, s\}$, so daß die konvexen Mengen M_{i_0} und $\operatorname{co}\left(\bigcup_{i \in I_0} M_i\right)$ trennbar sind (vgl. Bemerkung 9.7). Nach Satz 9.1 sind diese beiden Mengen aber genau dann trennbar, wenn (9.35) gilt.

Der verbleibende Teil der Aussage folgt unmittelbar aus Definition 9.5 und aus dem bereits gezeigten ersten Teil der Aussage des Satzes. □

10. Sphärische Abbildungen abgeschlossener konvexer Mengen

Die charakteristischen Kegel $C_M(\boldsymbol{x})$ abgeschlossener konvexer Mengen $M \subset \mathbb{E}_n$ in Punkten $\boldsymbol{x} \in M$ sind konvexe und abgeschlossene Mengen, sie lassen sich durch Translationen ineinander überführen (vgl. die Sätze 7.1, 7.2 und 7.6). Die mit Hilfe eines beliebigen Punktes $\boldsymbol{x}_0 \in M$ definierte Menge

$$C_M := \{\boldsymbol{y} \in \mathbb{E}_n \mid \boldsymbol{x}_0 + \boldsymbol{y} \in C_M(\boldsymbol{x}_0)\} \tag{10.1a}$$

ist nach Definition 7.2 der charakteristische Kegel der Menge M, er ist konvex und abgeschlossen und besitzt den Punkt $\boldsymbol{o}$ als einen Scheitel. Der charakteristische Kegel C_M einer nichtleeren abgeschlossenen konvexen Menge $M \subset \mathbb{E}_n$ geht also durch eine Translation aus einem charakteristischen Kegel $C_M(\boldsymbol{x}_0)$ der Menge M in einem Punkt $\boldsymbol{x}_0 \in M$ hervor, bei der der Punkt $\boldsymbol{x}_0$ in den Punkt $\boldsymbol{o}$ übergeht.

Wenn $K_M(\boldsymbol{x})$ der lokale Berührungskegel der Menge M im Punkt $\boldsymbol{x} \in M$ ist (siehe Definition 6.5), so ist die Menge

$$\tilde{K}_M(\boldsymbol{x}) := \{\boldsymbol{y} \in \mathbb{E}_n \mid \boldsymbol{x} + \boldsymbol{y} \in K_M(\boldsymbol{x})\} \tag{10.1b}$$

derjenige Kegel, der durch eine Translation aus dem Kegel $K_M(\boldsymbol{x})$ hervorgeht, bei der der Scheitel $\boldsymbol{x}$ des Kegels $K_M(\boldsymbol{x})$ in den Punkt $\boldsymbol{o}$ übergeht.

Um die Symbolik zu vereinfachen, werden wir in diesem Kapitel für den Polarkegel zum Kegel C_M im Scheitel $\boldsymbol{o}$ dieses Kegels statt der Bezeichnung $C_M{}^{\mathrm{p}}(\boldsymbol{o})$ die Bezeichnung $C_M{}^{\mathrm{p}}$ verwenden und für den Polarkegel zum Kegel $\tilde{K}_M(\boldsymbol{x})$ im Scheitel $\boldsymbol{o}$ dieses Kegels statt der Bezeichnung $\left(\tilde{K}_M(\boldsymbol{x})\right)^{\mathrm{p}}(\boldsymbol{o})$ die Bezeichnung $\tilde{K}_M{}^{\mathrm{p}}(\boldsymbol{x})$. Aus der Definition 4.2 eines Polarkegels und aus (10.1a) folgt für die dort eingeführten Mengen unmittelbar die Äquivalenz

$$\boldsymbol{y} \in C_M{}^{\mathrm{p}} \Leftrightarrow \boldsymbol{x}_0 + \boldsymbol{y} \in \left(C_M(\boldsymbol{x}_0)\right)^{\mathrm{p}}(\boldsymbol{x}_0), \tag{10.2a}$$

aus (10.1b) folgt entsprechend

$$\boldsymbol{y} \in \tilde{K}_M{}^{\mathrm{p}}(\boldsymbol{x}) \Leftrightarrow \boldsymbol{x} + \boldsymbol{y} \in \left(K_M(\boldsymbol{x})\right)^{\mathrm{p}}(\boldsymbol{x}). \tag{10.2b}$$

In dem folgenden Satz 10.1 wird ein Zusammenhang zwischen dem charakteristischen Kegel und den lokalen Berührungskegeln einer nichtleeren abgeschlossenen konvexen Menge $M \subset \mathbb{E}_n$ angegeben.

Satz 10.1. *Es sei M eine nichtleere abgeschlossene konvexe Menge in $\mathbb{E}_n$, weiter seien $C_M{}^{\mathrm{p}}$ der Polarkegel der Menge M und $\tilde{K}_M{}^{\mathrm{p}}(\boldsymbol{x})$ ($\boldsymbol{x} \in M$) der in* (10.1b) *definierte Kegel. Dann* *gilt*

$$\overline{\bigcup_{x \in M} \tilde{K}_M{}^{p}(x)} = C_M{}^{p}. \tag{10.3}$$

Beweis. Wir wählen einen beliebigen Punkt

$$y \in \bigcup_{x \in M} \tilde{K}_M{}^{p}(x).$$

Dann existiert ein Punkt $\hat{x} \in M$, so daß $y \in \tilde{K}_M{}^{p}(\hat{x})$ ist. Aufgrund der Äquivalenz (10.2b) folgt $\hat{x} + y \in \big(K_M(\hat{x})\big)^{p}\,(\hat{x}_0)$. Nach Definition 7.2 und Satz 6.3 ist aber

$$C_M(\hat{x}) \subset M \subset K_M(\hat{x}),$$

woraus nach Satz 8.1

$$\big(K_M(\hat{x})\big)^{p}\,(\hat{x}) \subset \big(C_M(\hat{x})\big)^{p}\,(\hat{x})$$

folgt; also ist

$$\hat{x} + y \in \big(C_M(\hat{x})\big)^{p}\,(\hat{x}) \tag{10.4}$$

und damit aufgrund der Äquivalenz (10.2a) dann $y \in C_M{}^{p}$. Der Punkt y war aber ein beliebiger Punkt der Menge $\bigcup_{x \in M} \tilde{K}_M{}^{p}(x)$, daher gilt

$$\bigcup_{x \in M} \tilde{K}_M{}^{p}(x) \subset C_M{}^{p}.$$

Aus der Abgeschlossenheit des Kegels $C_M{}^{p}$ (vgl. Satz 4.4) folgt schließlich

$$\overline{\bigcup_{x \in M} \tilde{K}_M{}^{p}(x)} \subset C_M{}^{p}. \tag{10.5}$$

Zum Beweis der umgekehrten Inklusion

$$C_M{}^{p} \subset \overline{\bigcup_{x \in M} \tilde{K}_M{}^{p}(x)}$$

genügt es wegen $\overline{C}_M{}^{p} = C_M{}^{p}$ zu zeigen, daß gilt

$$\operatorname{rel\,int} C_M{}^{p} \subset \bigcup_{x \in M} \tilde{K}_M{}^{p}(x). \tag{10.6}$$

Im Fall $\operatorname{rel\,int} C_M{}^{p} = \{o\}$ gilt die Inklusion (10.6) wegen $o \in \tilde{K}_M{}^{p}(x)$ für $x \in M$. Im weiteren können wir daher $\dim C_M{}^{p} \geqq 1$ voraussetzen. Wir wählen nun einen beliebigen Punkt $y \in \operatorname{rel\,int} C_M{}^{p}$ mit $y \neq o$ und einen beliebigen Punkt $x_0 \in M$. Dann gilt (vgl. (10.2a))

$$x_0 + y \in \operatorname{rel\,int} \big(C_M(x_0)\big)^{p}\,(x_0); \tag{10.7}$$

dabei ist $\big(C_M(x_0)\big)^{p}\,(x_0)$ der Polarkegel zu dem charakteristischen Kegel $C_M(x_0)$ der Menge M im Punkt x_0. Es sei $L^{C_M(x_0)}$ die Scheitelmenge des Kegels $C_M(x_0)$. Da wegen $\overline{M} = M$ nach Satz 7.6

$$\overline{C}_M(x_0) = C_M(x_0), \quad L^{\overline{C}_M(x_0)} = L^{C_M(x_0)}$$

gilt, folgt aus (10.7) nach Satz 4.13

$$\begin{aligned} &(\boldsymbol{y}, \boldsymbol{x} - \boldsymbol{x}_0) = 0 \quad \text{für} \quad \boldsymbol{x} \in L^{C_M(\boldsymbol{x}_0)}, \\ &(\boldsymbol{y}, \boldsymbol{x} - \boldsymbol{x}_0) < 0 \quad \text{für} \quad \boldsymbol{x} \in C_M(\boldsymbol{x}_0) \setminus L^{C_M(\boldsymbol{x}_0)}, \\ &C_M(\boldsymbol{x}_0) \subset \overline{H}_0^-, \quad C_M(\boldsymbol{x}_0) \cap R_0 = L^{C_M(\boldsymbol{x}_0)}; \end{aligned} \tag{10.8}$$

dabei sind

$$R_0 := \{\boldsymbol{x} \in \mathbb{E}_n \mid (\boldsymbol{y}, \boldsymbol{x} - \boldsymbol{x}_0) = 0\}$$

eine Hyperebene in $\mathbb{E}_n$ und

$$H_0^- := \{\boldsymbol{x} \in \mathbb{E}_n \mid (\boldsymbol{y}, \boldsymbol{x} - \boldsymbol{x}_0) < 0\}, \quad H_0^+ := \{\boldsymbol{x} \in \mathbb{E}_n \mid (\boldsymbol{y}, \boldsymbol{x} - \boldsymbol{x}_0) > 0\}$$

die zu ihr gehörigen offenen Halbräume.

Wir werden zunächst zeigen, daß die lineare Funktion $(\boldsymbol{y}, \boldsymbol{x})$ mit $\boldsymbol{x} \in M$ über der Menge M ihr Maximum annimmt.

Aus der für alle $\boldsymbol{x} \in M$ gültigen Inklusion $L^{C_M(\boldsymbol{x})} \subset C_M(\boldsymbol{x}) \subset M$ (vgl. Satz 7.1) und aus der Aussage (7.3) in Satz 7.2 (wegen $M = \overline{M}$ gilt sie für alle Punkte $\boldsymbol{x} \in M$) folgt

$$M = \bigcup_{\boldsymbol{x} \in M} L^{C_M(\boldsymbol{x})}. \tag{10.9a}$$

Es sei $\mathscr{L}_0$ die lineare Hülle des Kegels $\big(C_M(\boldsymbol{x}_0)\big)^{\mathrm{p}}(\boldsymbol{x}_0)$. Da die erste Aussage in (10.8) für alle Punkte $\boldsymbol{x}_0 + \boldsymbol{y} \in \operatorname{rel\,int} \big(C_M(\boldsymbol{x}_0)\big)^{\mathrm{p}}(\boldsymbol{x}_0)$ gilt, gilt sie auch für alle Punkte $\boldsymbol{x}_0 + \boldsymbol{y} \in \mathscr{L}_0$. Die linearen Unterräume $L^{C_M(\boldsymbol{x}_0)}$ und $\mathscr{L}_0$ sind also zueinander orthogonal, und der Durchschnitt $\mathscr{L}_0 \cap L^{C_M(\boldsymbol{x})}$ ist für alle $\boldsymbol{x} \in M$ einelementig. Hieraus und aus (10.9a) erhält man

$$M = \bigcup_{\boldsymbol{x} \in M_0} L^{C_M(\boldsymbol{x})}, \quad M_0 := M \cap \mathscr{L}_0. \tag{10.9b}$$

Aus den Eigenschaften der Menge M folgt, daß die in (10.9b) definierte Menge M_0 nichtleer (wegen $\boldsymbol{x}_0 \in M_0$), konvex und abgeschlossen ist. Für ihren charakteristischen Kegel $C_{M_0}(\boldsymbol{x}_0)$ im Punkt $\boldsymbol{x}_0$ gilt wegen $C_{\mathscr{L}_0} = \mathscr{L}_0$ (denn $\mathscr{L}_0$ ist ein linearer Unterraum) nach Satz 7.7

$$C_{M_0}(\boldsymbol{x}_0) = \mathscr{L}_0 \cap C_M(\boldsymbol{x}_0).$$

Andererseits stellt man sofort fest, daß der Polarkegel zu dem in dem linearen Unterraum $\mathscr{L}_0$ gelegenen Kegel $C_{M_0}(\boldsymbol{x}_0)$ (mit einem Scheitel im Punkt $\boldsymbol{x}_0$) bezüglich des linearen Unterraumes $\mathscr{L}_0$ eben der Kegel $\big(C_M(\boldsymbol{x}_0)\big)^{\mathrm{p}}(\boldsymbol{x}_0)$ ist. Betrachtet man nun die Kegel $\big(C_M(\boldsymbol{x}_0)\big)^{\mathrm{p}}(\boldsymbol{x}_0)$ und $C_{M_0}(\boldsymbol{x}_0)$ als Mengen im Raum $\mathscr{L}_0$, so gilt für die Scheitelmenge $L^{C_M(\boldsymbol{x}_0)}$ des konvexen Kegels $C_{M_0}(\boldsymbol{x}_0)$ nach Satz 4.6

$$\dim L^{C_{M_0}(\boldsymbol{x}_0)} = \dim \mathscr{L}_0 - \dim \big(C_M(\boldsymbol{x}_0)\big)^{\mathrm{p}}(\boldsymbol{x}_0) = 0,$$

d. h.

$$L^{C_{M_0}(\boldsymbol{x}_0)} = \{\boldsymbol{x}_0\}. \tag{10.10}$$

Da die Mengen

$$'H_0^- := \mathscr{L}_0 \cap H_0^-, \quad 'H_0^+ := \mathscr{L}_0 \cap H_0^+$$

die zur Hyperebene

$$'R_0 := \mathscr{L}_0 \cap R_0$$

in $\mathscr{L}_0$ gehörigen offenen Halbräume in $\mathscr{L}_0$ sind, folgt aus (10.8) und (10.10)

$$(\boldsymbol{y}, \boldsymbol{x} - \boldsymbol{x}_0) < 0 \quad \text{für} \quad \boldsymbol{x} \in C_{M_0}(\boldsymbol{x}_0) \setminus \{\boldsymbol{x}_0\},$$
$$C_{M_0}(\boldsymbol{x}_0) \subset {}'\overline{H}_0^-, \quad C_{M_0}(\boldsymbol{x}_0) \cap {}'R_0 = \{\boldsymbol{x}_0\}. \tag{10.11}$$

Die Menge

$$G_0 := M_0 \cap {}'\overline{H}_0^+$$

liegt in dem linearen Unterraum $\mathscr{L}_0$, sie ist wegen $\boldsymbol{x}_0 \in G_0$ nichtleer und offenbar konvex und abgeschlossen. Für ihren charakteristischen Kegel $C_{G_0}(\boldsymbol{x}_0)$ im Punkt $\boldsymbol{x}_0$ erhält man nach Satz 7.7 und nach (10.11)

$$C_{G_0}(\boldsymbol{x}_0) = C_{M_0}(\boldsymbol{x}_0) \cap C_{\overline{H}_0^+}(\boldsymbol{x}_0) = C_{M_0}(\boldsymbol{x}_0) \cap {}'\overline{H}_0^+ = \{\boldsymbol{x}_0\}.$$

Nach Satz 7.4 folgt daraus die Kompaktheit der Menge G_0; daher existiert ein Punkt $\boldsymbol{x}^* \in G_0$ mit

$$(\boldsymbol{y}, \boldsymbol{x}^*) = \max \{(\boldsymbol{y}, \boldsymbol{x}) \mid \boldsymbol{x} \in G_0\}.$$

Da aber jeder Punkt $\boldsymbol{x} \in G_0$ die Eigenschaft $\boldsymbol{x} \in {}'\overline{H}^+$, also $(\boldsymbol{y}, \boldsymbol{x}) \geqq (\boldsymbol{y}, \boldsymbol{x}_0)$, jeder Punkt $\boldsymbol{x} \in M_0 \setminus G_0$ die Eigenschaft $(\boldsymbol{y}, \boldsymbol{x}_0) > (\boldsymbol{y}, \boldsymbol{x})$ hat, so gilt auch

$$(\boldsymbol{y}, \boldsymbol{x}^*) = \max \{(\boldsymbol{y}, \boldsymbol{x}) \mid \boldsymbol{x} \in M_0\}. \tag{10.12a}$$

Nach der ersten Aussage in (10.8) gilt $(\boldsymbol{y}, \boldsymbol{x}) = (\boldsymbol{y}, \boldsymbol{x}_0)$ für alle $\boldsymbol{x} \in L^{C_M(\boldsymbol{x}_0)}$; hieraus folgt, da $\boldsymbol{x}_0$ ein beliebiger Punkt der Menge M war, daß die lineare Fuktion $(\boldsymbol{y}, \boldsymbol{x})$ über dem linearen Unterraum $L^{C_M(\boldsymbol{x})}$ mit $\boldsymbol{x} \in M_0$ konstant ist. Hieraus, aus (10.12a) und aus (10.9b) folgt

$$(\boldsymbol{y}, \boldsymbol{x}^*) = \max \{(\boldsymbol{y}, \boldsymbol{x}) \mid \boldsymbol{x} \in M\}. \tag{10.12b}$$

Definiert man in $\mathbb{E}_n$ die Hyperebene

$${}^*R := \{\boldsymbol{x} \in \mathbb{E}_n \mid (\boldsymbol{y}, \boldsymbol{x} - \boldsymbol{x}^*) = 0\},$$

so enthält der zugehörige Halbraum

$${}^*\overline{H}^- := \{\boldsymbol{x} \in \mathbb{E}_n \mid (\boldsymbol{y}, \boldsymbol{x} - \boldsymbol{x}^*) \leqq 0\}$$

die Menge M, und es ist $\boldsymbol{x}^* \in {}^*R$. Nach Satz 6.2 gilt dann für den lokalen Berührungskegel $K_M(\boldsymbol{x}^*)$ der Menge M im Punkt $\boldsymbol{x}^*$ (aufgrund der Definition 5.1 eines Projektionskegels)

$$K_M(\boldsymbol{x}^*) = \overline{P}_M(\boldsymbol{x}^*) \subset {}^*\overline{H}^-. \tag{10.13}$$

Mit dem Satz von Farkás (Satz 4.9) — wir setzen dort $\boldsymbol{x}_1 = \boldsymbol{x}_0 + \boldsymbol{y}$ — folgt $\boldsymbol{x}_0 + \boldsymbol{y} \in \big(K_M(\boldsymbol{x}^*)\big)^{\mathrm{p}}\,(\boldsymbol{x}^*)$ und damit $\boldsymbol{y} \in \tilde{K}^{\mathrm{p}}(\boldsymbol{x}^*)$. Somit gilt

$$\boldsymbol{y} \in \bigcup_{\boldsymbol{x} \in M} \tilde{K}_M{}^{\mathrm{p}}(\boldsymbol{x}). \tag{10.14}$$

Da $\boldsymbol{y}$ ein beliebiger Punkt der Menge rel int $C_M{}^{\mathrm{p}}$ war (den Fall $\boldsymbol{y} = \boldsymbol{o}$ hatten wir eingangs gesondert behandelt), ist damit die Inklusion (10.6) gezeigt. Zusammen mit der Inklusion (10.5) liefert sie die Aussage des Satzes. □

Definition 10.1. Es seien M eine nichtleere abgeschlossene konvexe Menge in $\mathbb{E}_n$ und Q eine Einheitshypersphäre mit der Beschreibung

$$Q := \{\boldsymbol{x} \in \mathbb{E}_n \mid \|\boldsymbol{x}\| = 1\}. \tag{10.15}$$

Weiter sei $\tilde{K}_M{}^{\mathrm{p}}(\boldsymbol{x})$ mit $\boldsymbol{x} \in M$ der in (10.1b) definierte Kegel. Dann nennen wir die Menge

$$S_M := Q \cap \bigcup_{\boldsymbol{x} \in M} \tilde{K}_M{}^{\mathrm{p}}(\boldsymbol{x}) \tag{10.16}$$

sphärisches Bild der Menge M.

Bemerkung 10.1. Nach Definition 10.1 und Satz 10.1 gilt offensichtlich

$$\bar{S}_M = C_M{}^{\mathrm{p}} \cap Q. \tag{10.17}$$

Satz 10.2. *Es sei M eine nichtleere abgeschlossene konvexe Menge in $\mathbb{E}_n$. Dann gilt $S_M = Q$ genau dann, wenn die Menge M beschränkt ist.*

Beweis. Die betrachtete Menge M sei beschränkt. Für jeden Punkt $\boldsymbol{x}_0 \in \operatorname{rel\,int} M$ gilt dann $C_M(\boldsymbol{x}_0) = \{\boldsymbol{x}_0\}$ (vgl. Satz 7.4). Nach Bemerkung 4.2 ist daher $\big(C_M(\boldsymbol{x}_0)\big)^{\mathrm{p}}(\boldsymbol{x}_0) = \mathbb{E}_n$ und damit — aufgrund der Äquivalenz (10.2a) — $C_M{}^{\mathrm{p}} = \mathbb{E}_n$. Hieraus folgt nach Satz 10.1 und Definition 10.1 $S_M = \mathbb{E}_n \cap Q = Q$.

Wir setzen nun $S_M = Q$ voraus und wählen einen beliebigen Punkt $\boldsymbol{y}^* \in \mathbb{E}_n \setminus \{\boldsymbol{o}\}$. Die von dem Punkt $\boldsymbol{o}$ ausgehende und den Punkt $\boldsymbol{y}^*$ enthaltende Halbgerade schneidet die Hypersphäre Q in einem Punkt $\boldsymbol{x}^* \in Q = S_M$. Nach Definition (10.1) gilt also $\boldsymbol{x}^* \in \bigcup_{\boldsymbol{x} \in M} \tilde{K}_M{}^{\mathrm{p}}(\boldsymbol{x})$. Daher gibt es einen Punkt $\boldsymbol{x}_0 \in M$ mit $\boldsymbol{x}^* \in \tilde{K}_M(\boldsymbol{x}_0)$. Weil $\tilde{K}_M{}^{\mathrm{p}}(\boldsymbol{x}_0)$ ein konvexer Kegel mit einem Scheitel im Punkt $\boldsymbol{o}$ ist, gilt auch $\boldsymbol{y}^* \in \tilde{K}_M{}^{\mathrm{p}}(\boldsymbol{x}_0)$. Da der Punkt $\boldsymbol{y}^*$ ein beliebiger Punkt aus $\mathbb{E}_n \setminus \{\boldsymbol{o}\}$ war und da $\boldsymbol{o} \in \tilde{K}_M{}^{\mathrm{p}}(\boldsymbol{x})$ für alle $\boldsymbol{x} \in M$ ist, gilt

$$\mathbb{E}_n \subset \bigcup_{\boldsymbol{x} \in M} \tilde{K}_M{}^{\mathrm{p}}(\boldsymbol{x}),$$

d. h.

$$\bigcup_{\boldsymbol{x} \in M} \tilde{K}_M{}^{\mathrm{p}}(\boldsymbol{x}) = \mathbb{E}_n.$$

Hieraus und aus Satz 10.1 folgt dann $C_M{}^{\mathrm{p}} = \mathbb{E}_n$. Daher ist (vgl. Bemerkung 4.2) $C_M = \{\boldsymbol{o}\}$ (denn $\boldsymbol{o}$ ist ein Scheitel des Kegels $C_M{}^{\mathrm{p}}$), woraus nach (10.1a) $C_M(\boldsymbol{x}_0) = \{\boldsymbol{x}_0\}$ für jeden Punkt $\boldsymbol{x}_0 \in M$ folgt. Die Menge M ist daher (siehe Satz 7.4) beschränkt. □

Satz 10.3. *Das sphärische Bild S_M einer nichtleeren abgeschlossenen konvexen Menge M in $\mathbb{E}_n$ ist genau dann eine leere Menge, wenn $M = \mathbb{E}_n$ gilt.*

Beweis. Im Fall $M = \mathbb{E}_n$ ist — wie aus der Definition eines charakteristischen Kegels folgt — $C_M(\boldsymbol{x}) = \mathbb{E}_n$ für alle $\boldsymbol{x} \in \mathbb{E}_n$. Nach (10.1) ist dann auch $C_M = \mathbb{E}_n$, und für den Polarkegel $C_M{}^{\mathrm{p}}$ zum Kegel C_M in dessen Scheitel $\boldsymbol{o}$ gilt $C_M{}^{\mathrm{p}} = \{\boldsymbol{o}\}$ (vgl. Bemerkung 4.2). Daraus und aus (10.15), (10.17) folgt $S_M = \emptyset$. Wenn andererseits $S_M = \emptyset$ ist, so folgt aus Bemerkung 10.1 $C_M{}^{\mathrm{p}} = \{\boldsymbol{o}\}$, denn $C_M{}^{\mathrm{p}}$ ist ein Kegel mit einem Scheitel im Punkt $\boldsymbol{o}$. Nach Bemerkung 4.2 ist dann $C_M = \mathbb{E}_n$ und daher $M = \mathbb{E}_n$. □

Definition 10.2. Es seien Q die in (10.15) beschriebene Einheitshypersphäre, R eine Hyperebene in $\mathbb{E}_n$ mit $\boldsymbol{o} \in R$ und $\bar{H}_1, \bar{H}_2$ die zu ihr gehörigen abgeschlossenen Halbräume. Dann nennen wir die Menge

$$H_i^Q := \overline{H}_i \cap Q \qquad (i \in \{1, 2\})$$

eine Hemisphäre der Hypersphäre Q.

Satz 10.4. *Es sei M eine unbeschränkte abgeschlossene konvexe Menge in $\mathbb{E}_n$. Dann existiert eine Hemisphäre H^Q der Einheitshypersphäre Q, so daß für das sphärische Bild S_M der Menge M gilt*

$$S_M \subset H^Q.$$

Beweis. Der Polarkegel $C_M{}^{\mathrm{p}}$ zu dem charakteristischen Kegel C_M der Menge M ist vom Raum $\mathbb{E}_n$ verschieden, denn andernfalls wäre — im Gegensatz zur Voraussetzung — die Menge M beschränkt (vgl. Bemerkung 4.2 und Satz 7.4).

Es sei $\boldsymbol{x}^*$ ein beliebiger Punkt der Menge $\mathbb{E}_n \setminus C_M{}^{\mathrm{p}}$. Wegen $\boldsymbol{o} \in C_M{}^{\mathrm{p}}$ ist $\boldsymbol{x}^* \neq \boldsymbol{o}$, und die Halbgerade

$$p^* := \{\boldsymbol{x} \in \mathbb{E}_n \mid \boldsymbol{x} = t\boldsymbol{x}^*,\ t \geqq 0\}$$

hat mit dem Kegel $C_M{}^{\mathrm{p}}$ nur den Punkt $\boldsymbol{o}$ gemeinsam. Es gilt also rel int $C_M{}^{\mathrm{p}} \cap$ rel int $p^* = \emptyset$. Nach Satz 9.1 existiert dann eine Trennungshyperebene R der konvexen Mengen $C_M{}^{\mathrm{p}}$ und p^*; offensichtlich gilt $\boldsymbol{o} \in R$. Mit $\overline{H}$ bezeichnen wir den zur Hyperebene R gehörigen abgeschlossenen Halbraum, der den Kegel $C_M{}^{\mathrm{p}}$ enthält. Für die Hemisphäre $H^Q := \overline{H} \cap Q$ der Hypersphäre Q gilt dann $C_M{}^{\mathrm{p}} \cap Q \subset H^Q$, woraus nach Bemerkung 10.1 $\overline{S}_M \subset H^Q$ und daher $S_M \subset H^Q$ folgt. □

Satz 10.5. *Es sei M eine nichtleere abgeschlossene konvexe Menge in $\mathbb{E}_n$. Ihr sphärisches Bild S_M ist dann der maximale Definitionsbereich der Funktion*

$$\varphi(\boldsymbol{y}) := \max_{\boldsymbol{x} \in M} \{(\boldsymbol{y}, \boldsymbol{x})\}, \quad \|\boldsymbol{y}\| = 1. \tag{10.18}$$

Beweis. Für jeden Punkt $\boldsymbol{y} \in \mathbb{E}_n$ definieren wir die Menge

$$M_{\mathrm{opt}}(\boldsymbol{y}) := \{\boldsymbol{x}^* \in \mathbb{E}_n \mid (\boldsymbol{y}, \boldsymbol{x}^*) = \max_{\boldsymbol{x} \in M} \{(\boldsymbol{y}, \boldsymbol{x})\}.$$

Der maximale Definitionsbereich der Funktion $\varphi(\boldsymbol{y})$ ist dann die Menge

$$A := \{\boldsymbol{y} \in Q \mid M_{\mathrm{opt}}(\boldsymbol{y}) \neq \emptyset\}, \tag{10.19}$$

wobei Q die in (10.15) beschriebene Einheitshypersphäre ist. Falls $\boldsymbol{y}$ ein Punkt der Menge A ist, so existiert nach (10.19) ein Punkt $\boldsymbol{x}_0 \in M$ mit $(\boldsymbol{y}, \boldsymbol{x}) \leqq (\boldsymbol{y}, \boldsymbol{x}_0)$ für alle $\boldsymbol{x} \in M$. Die Menge M liegt also in dem abgeschlossenen Halbraum

$$\overline{H}_0^- := \{\boldsymbol{x} \in \mathbb{E}_n \mid (\boldsymbol{y}, \boldsymbol{x}) \leqq (\boldsymbol{y}, \boldsymbol{x}_0)\},$$

wobei der Punkt $\boldsymbol{x}_0$ in der Randhyperebene

$$R_0 := \{\boldsymbol{x} \in \mathbb{E}_n \mid (\boldsymbol{y}, \boldsymbol{x}) = (\boldsymbol{y}, \boldsymbol{x}_0)\}$$

des Halbraumes $\overline{H}_0^-$ liegt. Für den lokalen Berührungskegel $K_M(\boldsymbol{x}_0)$ der Menge M im Punkt $\boldsymbol{x}_0 \in M$ gilt dann

$$K_M(\boldsymbol{x}_0) \subset \overline{H}_0^- \tag{10.20}$$

(vgl. den Beweis des Satzes 10.1). Nach Satz 4.9 (Satz von Farkás) ist daher

$$\boldsymbol{x}_0 + \boldsymbol{y} \in \big(K_M(\boldsymbol{x}_0)\big)^{\mathrm{p}}\,(\boldsymbol{x}_0),$$

woraus nach (10.2b)

$$\boldsymbol{y} \in \tilde{K}_M{}^{\mathrm{p}}(\boldsymbol{x}_0)$$

folgt. Damit liegt der Punkt $\boldsymbol{y}$ wegen $\boldsymbol{y} \in Q$ (vgl. Definition 10.1) in der Menge S_M. Da $\boldsymbol{y}$ ein beliebiger Punkt der in (10.19) definierten Menge A war, bedeutet das

$$A \subset S_M\,. \tag{10.21}$$

Es sei nun $\boldsymbol{y}$ ein beliebiger Punkt des sphärischen Bildes S_M der Menge M (wegen $M \neq \mathbb{E}_r$ ist die Menge S_M nach Satz 10.3 nichtleer). Dann ist nach Definition 10.1 $\boldsymbol{y} \in Q$ (also $\|\boldsymbol{y}\| = 1$), und es existiert ein Punkt $\boldsymbol{x}_0 \in M$ mit $\boldsymbol{y} \in \tilde{K}_M{}^{\mathrm{p}}(\boldsymbol{x}_0)$. Nach (10.2b) gilt daher $\boldsymbol{y} + \boldsymbol{x}_0 \in \big(K_M(\boldsymbol{x}_0)\big)^{\mathrm{p}}\,(\boldsymbol{x}_0)$, woraus aufgrund von Satz 4.9 die Inklusion (10.20) folgt. Es ist also

$$(\boldsymbol{y}, \boldsymbol{x}) \leqq (\boldsymbol{y}, \boldsymbol{x}_0) \quad \text{für alle} \quad \boldsymbol{x} \in K_M(\boldsymbol{x}_0)$$

und wegen $M \subset K_M(\boldsymbol{x}_0)$ (vgl. Satz 6.3)

$$(\boldsymbol{y}, \boldsymbol{x}) \leqq (\boldsymbol{y}, \boldsymbol{x}_0) \quad \text{für alle} \quad \boldsymbol{x} \in M\,.$$

Da $\boldsymbol{x}_0 \in M$ gilt, folgt

$$(\boldsymbol{y}, \boldsymbol{x}_0) = \max_{\boldsymbol{x} \in M} \{(\boldsymbol{y}, \boldsymbol{x})\},$$

d. h. $M_{\mathrm{opt}}(\boldsymbol{y}) \neq \emptyset$. Der Punkt $\boldsymbol{y}$ liegt wegen $\boldsymbol{y} \in Q$ damit in der unter (10.19) definierten Menge A. Da $\boldsymbol{y}$ ein beliebiger Punkt der Menge S_M war, gilt $S_M \subset A$, was zusammen mit der bereits gezeigten Inklusion (10.21) die Aussage des Satzes liefert. □

Satz 10.6. *Es seien M_1 und M_2 abgeschlossene konvexe Mengen in $\mathbb{E}_n$, $\boldsymbol{x}_0 \in M_1 \cap M_2$ und*

$$\dim\big(C_{M_1}(\boldsymbol{x}_0) \cap C_{M_2}(\boldsymbol{x}_0)\big) \geqq 1, \tag{10.22}$$

wobei $C_{M_i}(\boldsymbol{x}_0)$ der charakteristische Kegel der Menge M_i im Punkt $\boldsymbol{x}_0$ ist ($i = 1, 2$). Dann existiert eine Hemisphäre H^Q der (in (10.15) beschriebenen) Einheitshypersphäre Q, die die sphärischen Bilder S_{M_1} und S_{M_2} der Mengen M_1 und M_2 enthält, d. h.

$$S_{M_i} \subset H^Q \qquad (i = 1, 2).$$

Beweis. Aus $M_1 \cap M_2 \neq \emptyset$ folgt nach Satz 7.7

$$C_{M_1 \cap M_2}(\boldsymbol{x}_0) = C_{M_1}(\boldsymbol{x}_0) \cap C_{M_2}(\boldsymbol{x}_0)\,. \tag{10.23}$$

Nach Voraussetzung (10.22) und aus Satz 7.4 (angewandt auf die konvexe Menge $M_1 \cap M_2$) folgt, daß die Menge $M_1 \cap M_2$ unbeschränkt ist. Da $M_1 \cap M_2$ als nichtleerer Durchschnitt abgeschlossener konvexer Mengen eine abgeschlossene konvexe und darüber hinaus unbeschränkte Menge in $\mathbb{E}_n$ ist, existiert nach Satz 10.4 eine Hemisphäre H^Q der Einheitshypersphäre Q mit $S_{M_1 \cap M_2} \subset H^Q$. Hieraus folgt wegen $\bar{H}^Q = H^Q$ (vgl. Definition 10.2)

$$\bar{S}_{M_1 \cap M_2} \subset H^Q\,. \tag{10.24}$$

Aus der Inklusion

$$C_{M_1}(\boldsymbol{x}_0) \cap C_{M_2}(\boldsymbol{x}_0) \subset C_{M_i}(\boldsymbol{x}_0) \qquad (i = 1, 2)$$

für die konvexen Kegel $C_{M_1}(\boldsymbol{x}_0)$, $C_{M_2}(\boldsymbol{x}_0)$ und $C_{M_1}(\boldsymbol{x}_0) \cap C_{M_2}(\boldsymbol{x}_0)$ mit dem Punkt $\boldsymbol{x}_0$ als gemeinsamen Scheitel folgt nach Satz 8.1 für die entsprechenden Polarkegel die Inklusion

$$\big(C_{M_i}(\boldsymbol{x}_0)\big)^{\mathrm{p}}(\boldsymbol{x}_0) \subset \big(C_{M_1}(\boldsymbol{x}_0) \cap C_{M_2}(\boldsymbol{x}_0)\big)^{\mathrm{p}}(\boldsymbol{x}_0) \qquad (i = 1, 2).$$

Für die Kegel $C^{\mathrm{p}}_{M_i}$ und $C^{\mathrm{p}}_{M_1 \cap M_2}$, die in entsprechender Reihenfolge Polarkegel zu den charakteristischen Kegeln C_{M_i} und $C_{M_1 \cap M_2}$ der Mengen M_i und $M_1 \cap M_2$ im Scheitel $\boldsymbol{o}$ dieser Kegel sind ($i = 1, 2$), gilt dann gleichfalls

$$C^{\mathrm{p}}_{M_i} \subset C^{\mathrm{p}}_{M_1 \cap M_2} \qquad (i = 1, 2).$$

Nach Bemerkung 10.1 ist daher

$$\bar{S}_{M_i} = C^{\mathrm{p}}_{M_i} \cap Q \subset C^{\mathrm{p}}_{M_1 \cap M_2} \cap Q = \bar{S}_{M_1 \cap M_2} \qquad (i = 1, 2).$$

Aus dieser Inklusion folgt dann wegen (10.24) $\bar{S}_{M_i} \subset H^Q$ und damit $S_{M_i} \subset H^Q$ $(i = 1, 2)$. □

Definition 10.3. Zwei nichtleere abgeschlossene konvexe Mengen M_1 und M_2 in $\mathbb{E}_n$ heißen *sphärisch äquivalent*, wenn ihre sphärischen Bilder S_{M_1} und S_{M_2} übereinstimmen, d. h., wenn $S_{M_1} = S_{M_2}$ gilt.

Bemerkung 10.2. Wenn M eine nichtleere konvexe Menge in $\mathbb{E}_n$ ist und $\varepsilon > 0$ eine beliebige Zahl, so ist die sphärische ε-Umgebung $U(M; \varepsilon)$ der Menge M eine offene konvexe Menge in $\mathbb{E}_n$ (Satz 2.8). Der folgende Satz 10.7 liefert eine Aussage über den Zusammenhang zwischen dem sphärischen Bild einer nichtleeren abgeschlossenen konvexen Menge und dem sphärischen Bild der Abschließung der Menge $U(M; \varepsilon)$.

Satz 10.7. *Es sei $U(M; \varepsilon)$ eine ε-Umgebung einer nichtleeren abgeschlossenen konvexen Menge M in $\mathbb{E}_n$. Dann sind die Mengen M und $\bar{U}(M; \varepsilon)$ sphärisch äquivalent.*

Beweis. Im Fall $M = \mathbb{E}_n$ ist $U(M; \varepsilon) = \bar{U}(M; \varepsilon) = \mathbb{E}_n$; nach Satz 10.3 folgt dann $S_M = S_{\bar{U}(M;\varepsilon)} = \emptyset$, d. h., es gilt die Aussage des Satzes.

Es sei nun $M \neq \mathbb{E}_n$ und $\boldsymbol{y}$ ein beliebiger Punkt des sphärischen Bildes S_M der Menge M. Aus Satz 10.5 folgt dann die Existenz eines Punktes $\boldsymbol{x}_0 \in M$ mit

$$(\boldsymbol{y}, \boldsymbol{x}_0) = \max_{\boldsymbol{x} \in M} \{(\boldsymbol{y}, \boldsymbol{x})\}, \quad \|\boldsymbol{y}\| = 1;$$

also gilt

$$(\boldsymbol{y}, \boldsymbol{x} - \boldsymbol{x}_0) \leqq 0, \quad \boldsymbol{x} \in M. \tag{10.25}$$

Zu einem beliebigen Punkt $\boldsymbol{x} \in \bar{U}(M; \varepsilon)$ existiert daher ein Punkt $\tilde{\boldsymbol{x}} \in M$ mit $\|\boldsymbol{x} - \tilde{\boldsymbol{x}}\| \leqq \varepsilon$; aus (10.25) folgt dann wegen $\|\boldsymbol{y}\| = 1$

$$\begin{aligned}(\boldsymbol{y}, \boldsymbol{x} - \boldsymbol{x}_0) &= (\boldsymbol{y}, \boldsymbol{x} - \tilde{\boldsymbol{x}} + \tilde{\boldsymbol{x}} - \boldsymbol{x}_0) = (\boldsymbol{y}, \boldsymbol{x} - \tilde{\boldsymbol{x}}) + (\boldsymbol{y}, \tilde{\boldsymbol{x}} - \boldsymbol{x}_0) \\ &\leqq (\boldsymbol{y}, \boldsymbol{x} - \tilde{\boldsymbol{x}}) \leqq \|\boldsymbol{y}\|\, \|\boldsymbol{x} - \tilde{\boldsymbol{x}}\| \leqq \varepsilon.\end{aligned} \tag{10.26}$$

Für den Punkt $\tilde{\boldsymbol{x}}_0 := \boldsymbol{x}_0 + \varepsilon \boldsymbol{y}$ gilt $\|\tilde{\boldsymbol{x}}_0 - \boldsymbol{x}_0\| = \varepsilon$ und daher $\tilde{\boldsymbol{x}}_0 \in \bar{U}(M; \varepsilon)$; weiter ist $(\boldsymbol{y}, \tilde{\boldsymbol{x}}_0 - \boldsymbol{x}_0) = (\boldsymbol{y}, \varepsilon \boldsymbol{y}) = \varepsilon \|\boldsymbol{y}\|^2 = \varepsilon$. Hieraus und aus (10.26) folgt $(\boldsymbol{y}, \boldsymbol{x} - \boldsymbol{x}_0) \leqq \varepsilon$

$= (\boldsymbol{y}, \tilde{\boldsymbol{x}}_0 - \boldsymbol{x}_0)$, d. h., es ist $(\boldsymbol{y}, \boldsymbol{x}) \leqq (\boldsymbol{y}, \tilde{\boldsymbol{x}}_0)$ für einen beliebigen Punkt $\boldsymbol{x} \in \overline{U}(M; \varepsilon)$. Also gilt

$$\max_{\boldsymbol{x} \in \overline{U}(M;\varepsilon)} \{(\boldsymbol{y}, \boldsymbol{x})\} = (\boldsymbol{y}, \tilde{\boldsymbol{x}}_0)$$

und nach Satz 10.5 daher $\boldsymbol{y} \in S_{\overline{U}(M;\varepsilon)}$. Da $\boldsymbol{y}$ ein beliebiger Punkt des sphärischen Bildes S_M der Menge M war, folgt

$$S_M \subset S_{\overline{U}(M;\varepsilon)}. \tag{10.27}$$

Es sei nun $\boldsymbol{y}$ ein beliebiger Punkt der Menge $S_{\overline{U}(M;\varepsilon)}$. Dann ist $\|\boldsymbol{y}\| = 1$, und nach Satz 10.5 existiert ein Punkt $\tilde{\boldsymbol{x}}_0 \in \overline{U}(M; \varepsilon)$ mit

$$(\boldsymbol{y}, \boldsymbol{x} - \tilde{\boldsymbol{x}}_0) \leqq 0, \quad \boldsymbol{x} \in \overline{U}(M; \varepsilon).$$

Hieraus folgt für den Punkt $\boldsymbol{x}_0 := \tilde{\boldsymbol{x}}_0 - \varepsilon \boldsymbol{y}$

$$(\boldsymbol{y}, \boldsymbol{x} - \boldsymbol{x}_0) = (\boldsymbol{y}, \boldsymbol{x} - \tilde{\boldsymbol{x}}_0 + \varepsilon \boldsymbol{y}) = (\boldsymbol{y}, \boldsymbol{x} - \tilde{\boldsymbol{x}}_0) + \varepsilon \|\boldsymbol{y}\|^2 \leqq \varepsilon, \quad \boldsymbol{x} \in \overline{U}(M; \varepsilon). \tag{10.28}$$

Gäbe es einen Punkt $\boldsymbol{x} \in M$ mit $(\boldsymbol{y}, \boldsymbol{x} - \boldsymbol{x}_0) > 0$, so würde für den zur Menge $\overline{U}(M; \varepsilon)$ gehörenden Punkt $\boldsymbol{x}^* := \boldsymbol{x} + \varepsilon \boldsymbol{y}$

$$(\boldsymbol{y}, \boldsymbol{x}^* - \boldsymbol{x}_0) = (\boldsymbol{y}, \boldsymbol{x} + \varepsilon \boldsymbol{y} - \boldsymbol{x}_0) = (\boldsymbol{y}, \boldsymbol{x} - \boldsymbol{x}_0) + \varepsilon > \varepsilon$$

gelten, im Widerspruch zu (10.28). Es gilt also

$$(\boldsymbol{y}, \boldsymbol{x} - \boldsymbol{x}_0) \leqq 0, \quad \boldsymbol{x} \in M. \tag{10.29}$$

Wir zeigen nun, daß $\boldsymbol{x}_0 \in M$ ist. Dazu betrachten wir die Hyperkugel

$$\Omega := \{\boldsymbol{x} \in \mathbb{E}_n \mid \|\boldsymbol{x} - \tilde{\boldsymbol{x}}_0\| \leqq \varepsilon\}.$$

Der Durchschnitt $M \cap \Omega$ ist nach Definition des Punktes $\tilde{\boldsymbol{x}}_0$ nichtleer. Mit der Hyperebene

$$R := \{\boldsymbol{x} \in \mathbb{E}_n \mid (\boldsymbol{y}, \boldsymbol{x} - \boldsymbol{x}_0) = 0\}$$

hat die Hyperkugel Ω nur den Punkt $\boldsymbol{x}_0$ gemeinsam, denn aus $\boldsymbol{x} \in R \cap \Omega$ folgt einmal

$$\|\boldsymbol{x} - \tilde{\boldsymbol{x}}_0\|^2 = (\boldsymbol{x} - \boldsymbol{x}_0 - \varepsilon \boldsymbol{y}, \boldsymbol{x} - \boldsymbol{x}_0 - \varepsilon \boldsymbol{y})$$
$$= \|\boldsymbol{x} - \boldsymbol{x}_0\|^2 - 2\varepsilon(\boldsymbol{y}, \boldsymbol{x} - \boldsymbol{x}_0) + \varepsilon^2 \|\boldsymbol{y}\|^2 = \|\boldsymbol{x} - \boldsymbol{x}_0\|^2 + \varepsilon^2,$$

und zum anderen $\|\boldsymbol{x} - \tilde{\boldsymbol{x}}_0\|^2 \leqq \varepsilon^2$, d. h. $\boldsymbol{x} = \boldsymbol{x}_0$. Offensichtlich gilt $\|\boldsymbol{x}_0 - \tilde{\boldsymbol{x}}_0\| = \varepsilon$. Da $(\boldsymbol{y}, \tilde{\boldsymbol{x}}_0 - \boldsymbol{x}_0) = \varepsilon > 0$ ist, liegt die Hyperkugel Ω in demjenigen durch die Hyperebene R begrenzten abgeschlossenen Halbraum, der den Punkt $\tilde{\boldsymbol{x}}_0$ als inneren Punkt enthält. Hieraus folgt $(\boldsymbol{y}, \boldsymbol{x} - \boldsymbol{x}_0) \geqq 0$ für $\boldsymbol{x} \in \Omega$ und weiter aus (10.29) dann $\boldsymbol{x}_0 \in M$.

Damit liefert (10.29) die Aussage

$$(\boldsymbol{y}, \boldsymbol{x}_0) = \max_{\boldsymbol{x} \in M} \{(\boldsymbol{y}, \boldsymbol{x})\},$$

und nach Satz 10.5 ist $\boldsymbol{y} \in S_M$. Da $\boldsymbol{y}$ ein beliebiger Punkt der Menge $S_{\overline{U}(M;\varepsilon)}$ war, gilt also

$$S_{\overline{U}(M;\varepsilon)} \subset S_M .$$

Hieraus und aus der gezeigten Inklusion (10.27) folgt die Aussage des Satzes. □

Bemerkung 10.3. Aus dem vorangegangenen Satz 10.7 und aus Bemerkung 10.1 folgt unmittelbar

$$C_M{}^{\mathrm{p}} \cap Q = \overline{S}_M = \overline{S}_{\overline{U}(M;\varepsilon)} = C^{\mathrm{p}}_{\overline{U}(M;\varepsilon)} \cap Q \tag{10.30}$$

für alle $\varepsilon > 0$. Da die Menge Q eine Einheitshypersphäre mit dem Mittelpunkt $\boldsymbol{o}$ und da dieser Punkt zugleich ein Scheitel der beiden konvexen Kegel $C_M{}^{\mathrm{p}}$ und $C^{\mathrm{p}}_{\overline{U}(M;\varepsilon)}$ ist, folgt aus (10.30)

$$C_M{}^{\mathrm{p}} = C^{\mathrm{p}}_{\overline{U}(M;\varepsilon)} .$$

Aufgrund von Satz 4.5 erhalten wir dann

$$\overline{C}_M = (C_M{}^{\mathrm{p}})^{\mathrm{p}}\,(\boldsymbol{o}) = (C^{\mathrm{p}}_{\overline{U}(M;\varepsilon)})^{\mathrm{p}}\,(\boldsymbol{o}) = \overline{C}_{\overline{U}(M;\varepsilon)}$$

und nach Satz 7.6

$$C_M = C_{\overline{U}(M;\varepsilon)} .$$

Hieraus folgt unter Berücksichtigung von (10.1a) die folgende Aussage:

Für jeden Punkt $\boldsymbol{x}_0 \in M$ und jeden Punkt $\boldsymbol{x}_\varepsilon \in \overline{U}(M;\varepsilon)$ unterscheiden sich die charakteristischen Kegel $C_M(\boldsymbol{x}_0)$ und $C_{\overline{U}(M;\varepsilon)}(\boldsymbol{x}_\varepsilon)$ höchstens um eine Translation.

Satz 10.8. *Es seien M_1, M_2 nichtleere abgeschlossene konvexe Mengen in $\mathbb{E}_n$ mit $M_1 \subset M_2$ und S_{M_1}, S_{M_2} ihre sphärischen Bilder. Dann gilt:*

(a) $\overline{S}_{M_2} \subset \overline{S}_{M_1}$;

(b) *falls eine ε-Umgebung $U(M_1;\varepsilon)$ der Menge M_1 mit*

$$M_2 \subset U(M_1;\varepsilon), \tag{10.31}$$

existiert, dann ist $\overline{S}_{M_1} = \overline{S}_{M_2}$.

Beweis. Es gelte (10.31). Wir wählen einen Punkt $\boldsymbol{x}_0 \in M_1$. Nach Voraussetzung liegt er sowohl in der Menge M_2 als auch in der Menge $\overline{U}(M_1;\varepsilon)$. Aus den Voraussetzungen und aus der Definition eines charakteristischen Kegels im Punkt $\boldsymbol{x}_0$ einer konvexen Menge folgt weiter

$$C_{M_1}(\boldsymbol{x}_0) \subset C_{M_2}(\boldsymbol{x}_0) \subset C_{\overline{U}(M_1;\varepsilon)}(\boldsymbol{x}_0) .$$

Nach Satz 8.1 gilt dann

$$\big(C_{M_1}(\boldsymbol{x}_0)\big)^{\mathrm{p}}\,(\boldsymbol{x}_0) \supset \big(C_{M_2}(\boldsymbol{x}_0)\big)^{\mathrm{p}}\,(\boldsymbol{x}_0) \supset \big(C_{\overline{U}(M_1;\varepsilon)}(\boldsymbol{x}_0)\big)^{\mathrm{p}}\,(\boldsymbol{x}_0),$$

und nach (10.1a) daher

$$C^{\mathrm{p}}_{M_1} \supset C^{\mathrm{p}}_{M_2} \supset C^{\mathrm{p}}_{\overline{U}(M_1;\varepsilon)} .$$

Also ist auch

$$C^{\mathrm{p}}_{M_1} \cap Q \supset C^{\mathrm{p}}_{M_2} \cap Q \supset C^{\mathrm{p}}_{\overline{U}(M_1;\varepsilon)} \cap Q,$$

wobei Q die in (10.15) beschriebene Einheitshypersphäre ist. Nach Bemerkung 10.1 folgt dann

$$\overline{S}_{M_1} \supset \overline{S}_{M_2} \supset \overline{S}_{\overline{U}(M_1;\varepsilon)}. \tag{10.32}$$

Die erste Inklusion in (10.32) liefert die Aussage (a) des Satzes. Da nach Satz 10.7 $S_{M_1} = S_{\overline{U}(M_1;\varepsilon)}$ und daher auch $\overline{S}_{M_1} = \overline{S}_{\overline{U}(M_1;\varepsilon)}$ ist, folgt daraus und aus (10.32) $\overline{S}_{M_1} = \overline{S}_{M_2}$, d. h., es gilt die Aussage (b). □

Bemerkung 10.4. Aus der Voraussetzung (10.31) des Satzes 10.8 folgt — wie das nachfolgende Beispiel zeigt — im allgemeinen nicht die Gleichheit $S_{M_1} = S_{M_2}$.

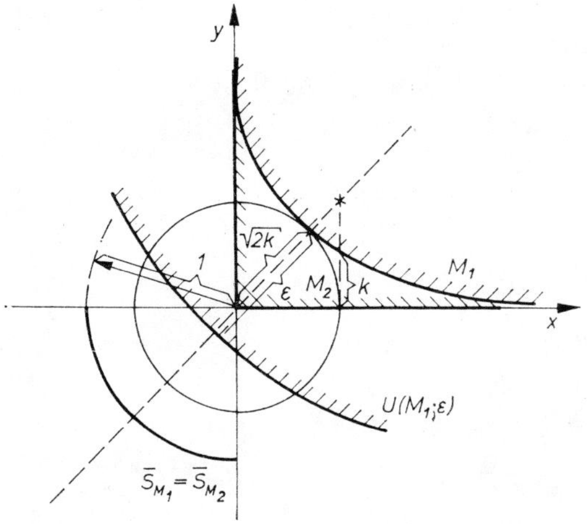

Abb. 10.1

Die Mengen

$$M_1 := \left\{(x, y) \in \mathbb{E}_2 \mid y \geqq \frac{k}{x},\ x > 0\right\}, \qquad 0 < k < 1,$$

$$M_2 := \{(x, y) \in \mathbb{E}_2 \mid x \geqq 0,\ y \geqq 0\}$$

sind offensichtlich abgeschlossen und konvex, und es gilt $M_1 \subset M_2$. Für eine Zahl ε mit $\varepsilon > \sqrt{2k}$ enthält die ε-Umgebung $U(M_1; \varepsilon)$ der Menge M_1 die Menge M_2. Die Voraussetzung (10.31) aus Satz 10.8 ist also erfüllt. Nach diesem Satz gilt dann

$$\overline{S}_{M_1} = \{(x, y) \in \mathbb{E}_2 \mid x^2 + y^2 = 1,\ x \leqq 0,\ y \leqq 0\} = \overline{S}_{M_2},$$

wobei aber

$$S_{M_1} = \{(x, y) \in \mathbb{E}_2 \mid x^2 + y^2 = 1,\ x < 0,\ y < 0\}$$

und

$$S_{M_2} = \{(x, y) \in \mathbb{E}_2 \mid x^2 + y^2 = 1,\ x \leqq 0,\ y \leqq 0\}$$

ist, d. h. $S_{M_1} \neq S_{M_2}$ (vgl. Abb. 10.1).

Satz 10.9. *Es seien M_1 und M_2 abgeschlossene konvexe Mengen in $\mathbb{E}_n$ mit $M_1 \neq M_2$, für die eine Zahl $\alpha > 0$ existiert, so daß der Durchschnitt der Hyperkugel*

$$B_\alpha := \{\boldsymbol{x} \in \mathbb{E}_n \mid \|\boldsymbol{x}\| \leqq \alpha\}$$

mit jeder der Mengen M_1 und M_2 nichtleer ist, und es gelte

$$M_1 \setminus \{M_1 \cap B_\alpha\} = M_2 \setminus \{M_2 \cap B_\alpha\}. \tag{10.33}$$

Dann stimmen die sphärischen Bilder S_{M_1} und S_{M_2} der Mengen M_1 und M_2 überein, d. h.

$$S_{M_1} = S_{M_2}.$$

Beweis. Aus der Voraussetzung (10.33) folgt unmittelbar, daß die beiden Mengen M_1 und M_2, die wegen $M_i \cap B_\alpha \neq \emptyset$ $(i = 1, 2)$ nichtleer sind, entweder zugleich beschränkt oder zugleich unbeschränkt sind. Falls sie beschränkt sind, so gibt es eine Zahl $\alpha > 0$ mit $M_i \cap B_\alpha = M_i$ $(i = 1, 2)$, und es ist $M_i \setminus \{M_i \cap B_\alpha\} = \emptyset$ $(i = 1, 2)$; die Aussage des Satzes folgt dann aus Satz 10.2.

Die Mengen M_1 und M_2 seien nun unbeschränkt. Die Mengen

$$D_i := M_i \cap B_\alpha \qquad (i = 1, 2) \tag{10.34a}$$

sind nach Voraussetzung nichtleer; außerdem sind sie abgeschlossen, beschränkt und konvex, und es gilt nach (10.33)

$$M_1 \setminus D_1 = M_2 \setminus D_2, \tag{10.34b}$$

wobei $M_1 \setminus D_1$ eine unbeschränkte und im allgemeinen nicht konvexe Menge in $\mathbb{E}_n$ ist. Wir definieren weiter die Mengen

$$N_i := M_i \cap \partial B_\alpha \qquad (i = 1, 2), \tag{10.34c}$$

wobei

$$\partial B_\alpha := \{\boldsymbol{x} \in \mathbb{E}_n \mid \|\boldsymbol{x}\| = \alpha\}$$

der Rand der Hyperkugel B_α ist.

Wir zeigen zunächst, daß $N_1 = N_2$ ist. Wählt man einen beliebigen Punkt $\tilde{\boldsymbol{x}} \in N_1$, so ist $\tilde{\boldsymbol{x}}$ ein Randpunkt der abgeschlossenen konvexen Menge $D_1 = M_1 \cap B_\alpha$. Da M_1 eine unbeschränkte abgeschlossene konvexe Menge und $\tilde{\boldsymbol{x}} \in M_1$ ist, gibt es (vgl. Bemerkung 7.2) eine von dem Punkt $\tilde{\boldsymbol{x}}$ ausgehende offene Halbgerade $\tilde{p}$ mit $\tilde{p} \subset M_1$. Aus der Beschränktheit der konvexen Menge $D_1 = M_1 \cap B_\alpha$ und wegen $M_1 = D_1 \cup (M_1 \setminus D_1)$ folgt dann $\tilde{p} \subset M_1 \setminus D_1$, so daß nach (10.34b) $\tilde{p} \subset M_2 \setminus D_2 = M_2 \setminus (M_2 \cap B_\alpha)$ gilt. Der Punkt $\tilde{\boldsymbol{x}}$ ist daher ein Häufungspunkt der konvexen Menge M_2, und wegen $\overline{M}_2 = M_2$ ist $\tilde{\boldsymbol{x}} \in M_2$. Da aber zugleich $\tilde{\boldsymbol{x}} \in N_1$ und deshalb nach (10.34c) $\tilde{\boldsymbol{x}} \in \partial B_\alpha$ ist, ist auch $\tilde{\boldsymbol{x}} \in M_2 \cap \partial B_\alpha = N_2$. Da $\tilde{\boldsymbol{x}}$ ein beliebiger Punkt der Menge N_1 war, folgt $N_1 \subset N_2$. In entsprechender Weise zeigt man die Inklusion $N_2 \subset N_1$. Es gilt daher

$$N := N_1 = N_2.$$

Da die in (10.34a) definierte Menge D_i nichtleer, abgeschlossen, beschränkt und konvex ist, gilt für ihr sphärisches Bild S_{D_i} nach Satz 10.2 $S_{D_i} = Q$ $(i = 1, 2)$, und nach Definition 10.1 ist

$$S_{D_i} = Q \cap \left[\left(\bigcup_{\boldsymbol{x} \in N} \tilde{K}^{\mathrm{p}}(\boldsymbol{x})\right) \cup \left(\bigcup_{\boldsymbol{x} \in D_i \setminus N} \tilde{K}^{\mathrm{p}}(\boldsymbol{x})\right)\right] = Q \qquad (i = 1, 2)$$

und daher

$$Q \cap \bigcup_{x \in D_1 \setminus N} \tilde{K}^p(x) = Q \cap \bigcup_{x \in D_2 \setminus N} \tilde{K}^p(x). \tag{10.35}$$

Offensichtlich gilt

$$S_{M_i} = Q \cap \bigcup_{x \in M_i} \tilde{K}^p(x) = Q \cap \left[\left(\bigcup_{x \in D_i \setminus N} \tilde{K}^p(x)\right) \cup \left(\bigcup_{x \in M_i \setminus (D_i \setminus N)} \tilde{K}^p(x)\right)\right] \quad (i = 1, 2),$$

woraus dann unter Beachtung von (10.35) und (10.34b) die Gleichheit $S_{M_1} = S_{M_2}$ folgt. □

Bemerkung 10.5. Der vorangegangene Satz 10.9 hat folgende einfache geometrische Interpretation:

Das sphärische Bild einer nichtleeren abgeschlossenen konvexen Menge in $\mathbb{E}_n$ ändert sich nicht, wenn sie „im Endlichen" so deformiert wird, daß die dabei entstehende Menge wieder nichtleer, abgeschlossen und konvex bleibt.

Bemerkung 10.6. In einer beliebigen Hypersphäre Q in $\mathbb{E}_n$ $(n \geqq 2)$ läßt sich auf übliche Weise eine Topologie einführen. Falls $U(x; \varepsilon)$ eine sphärische ε-Umgebung eines Punktes $x \in Q$ ist, so nennen wir die Menge

$$U_Q(x; \varepsilon) := U(x; \varepsilon) \cap Q$$

eine ε-Umgebung des Punktes $x \in Q$ in Q. Wenn $A \subset Q$ eine nichtleere Menge ist und $\tilde{x} \in A$ ein Punkt, für den eine ε-Umgebung $U_Q(\tilde{x}; \varepsilon)$ in Q mit $U_Q(\tilde{x}; \varepsilon) \subset A$ existiert, so nennen wir $\tilde{x}$ einen inneren Punkt der Menge A bezüglich der Hypersphäre Q. Falls alle Punkte einer Menge $A \subset Q$ innere Punkte der Menge A bezüglich der Hypersphäre Q sind, so nennen wir die Menge A offen bezüglich der Hypersphäre Q. In entsprechender Weise läßt sich auch der Begriff eines Randpunktes einer Menge $A \subset Q$ bezüglich der Hypersphäre Q einführen.

Lemma 10.1. *Es seien Q eine Hypersphäre in $\mathbb{E}_n$ $(n \geqq 2)$ mit dem Mittelpunkt x_0 und $A \subset Q$ eine nichtleere Menge. Ein Punkt $\tilde{x} \in A$ ist genau dann ein innerer Punkt der Menge A bezüglich der Hypersphäre Q, wenn er ein innerer Punkt (bezüglich des Raumes $\mathbb{E}_n$) des Projektionskegels $P_A(x_0)$ der Menge A bezüglich des Punktes x_0 ist.*

Beweis. Falls $\tilde{x}$ ein innerer Punkt der Menge $A \subset Q$ bezüglich Q ist, dann gibt es eine Zahl $\varepsilon_0 > 0$ in der Weise, daß für die sphärische ε_0-Umgebung $U(\tilde{x}; \varepsilon_0)$ in $\mathbb{E}_n$ des Punktes $\tilde{x}$ gilt

$$U_Q(\tilde{x}; \varepsilon_0) := U(\tilde{x}; \varepsilon_0) \cap Q \subset A. \tag{10.36}$$

O. B. d. A. kann vorausgesetzt werden, daß die Zahl ε_0 kleiner als der Radius der Hypersphäre Q ist. Offensichtlich ist der Projektionskegel der Menge $U_Q(\tilde{x}; \varepsilon_0)$ bezüglich des Punktes x_0 ein n-dimensionaler konvexer Kegel mit dem einzigen Scheitel x_0, denn er ist — läßt man den Punkt x_0 außer Betracht — gerade eine ε-Kegelumgebung $U(x_0; v; \varepsilon)$ mit $v := \dfrac{\tilde{x} - x_0}{\|\tilde{x} - x_0\|}$ der von dem Punkt x_0 ausgehenden und den Punkt $\tilde{x}$ enthaltenden offenen Halbgeraden (vgl. Definition 6.1), wobei $\varepsilon < \varepsilon_0$ ist. Hieraus und aus 10.36 folgt, daß der Punkt $\tilde{x}$ ein innerer Punkt des Kegels $P_A(x_0)$ ist.

Falls andererseits der Punkt $\tilde{\boldsymbol{x}} \in A$ ein innerer Punkt des Projektionskegels $P_A(\boldsymbol{x}_0)$ ist, so gibt es eine ε-Umgebung $U(\tilde{\boldsymbol{x}}; \varepsilon)$ in $\mathbb{E}_n$ des Punktes $\tilde{\boldsymbol{x}}$ mit $U(\tilde{\boldsymbol{x}}; \varepsilon) \subset P_A(\boldsymbol{x}_0)$. Hieraus folgt

$$U_Q(\tilde{\boldsymbol{x}}; \varepsilon) := U(\tilde{\boldsymbol{x}}; \varepsilon) \cap Q \subset P_A(\boldsymbol{x}_0) \cap Q = A,$$

d. h., der Punkt $\tilde{\boldsymbol{x}}$ ist ein innerer Punkt der Menge A bezüglich der Hypersphäre Q. □

Definition 10.4. Es seien Q eine Hypersphäre in $\mathbb{E}_n$ mit dem Mittelpunkt $\boldsymbol{x}_0$ und $A \subset Q$ eine nichtleere Menge mit den folgenden Eigenschaften:

(1) A ist eine zusammenhängende Menge;
(2) der Projektionskegel $P_A(\boldsymbol{x}_0)$ der Menge A bezüglich des Punktes $\boldsymbol{x}_0$ ist konvex.

Dann heißt die Menge A *konvex bezüglich der Hypersphäre Q oder sphärisch konvex* in Q.

Falls $\dim P_A(\boldsymbol{x}_0) = d$ ist $(1 \leq d \leq n)$, so heißt die Zahl $d - 1$ die Dimension der sphärisch konvexen Menge $A \subset Q$. Die leere Menge in Q möge die Dimension -1 haben.

Falls A eine sphärisch konvexe Menge in Q ist, so nennen wir die Menge

$$\operatorname{rel\,int}_Q A := Q \cap \operatorname{rel\,int} P_A(\boldsymbol{x}_0) \tag{10.37}$$

das *relativ Innere der Menge A bezüglich der Hypersphäre Q* (im Fall $\dim A = n - 1$ schreiben wir auch $\operatorname{int}_Q A$ statt $\operatorname{rel\,int}_Q A$).

Bemerkung 10.7. Sphärisch konvexe Mengen bezüglich einer Hypersphäre Q haben — wie unmittelbar aus Definition 10.4 folgt — ähnliche Eigenschaften wie konvexe Mengen in $\mathbb{E}_n$. So gilt:

Wenn A eine sphärisch konvexe Menge in Q ist, so haben auch die Mengen $\bar{A}$ und $\operatorname{rel\,int}_Q A$ diese Eigenschaft. Der Durchschnitt einer beliebigen Anzahl sphärisch konvexer Mengen in Q ist gleichfalls eine sphärisch konvexe Menge in Q.

Bemerkung 10.8. Aus Lemma 10.1 und aus Definition 10.4 folgt unmittelbar, daß eine sphärisch konvexe Menge A einer Hypersphäre Q mit $\dim A = n - 1$ genau dann eine bezüglich der Hypersphäre Q offene Menge ist, wenn $A = \operatorname{int}_Q A$ gilt.

Satz 10.10. *Es sei M eine n-dimensionale abgeschlossene streng konvexe Menge in $\mathbb{E}_n$ $(n \geqq 2)$. Dann ist das sphärische Bild S_M der Menge M eine sphärisch konvexe Menge bezüglich der Einheitshypersphäre*

$$Q := \{\boldsymbol{x} \in \mathbb{E}_n \mid \|\boldsymbol{x}\| = 1\},$$

die bezüglich der Hypersphäre Q offen ist.

Beweis. Der charakteristische Kegel C_M der Menge M ist nach Bemerkung 7.7 und nach Satz 7.6 ein abgeschlossener konvexer Kegel in $\mathbb{E}_n$ mit einem Scheitel im Punkt $\boldsymbol{o}$, und der Polarkegel $C_M{}^{\mathrm{p}}$ im Scheitel $\boldsymbol{o}$ des Kegels C_M besitzt nach Satz 4.4 die gleichen Eigenschaften. Im Fall $M = \mathbb{E}_n$ ist M (nach Bemerkung 2.9) eine streng konvexe n-dimensionale Menge, für die $C_M = \mathbb{E}_n$ und $C_M{}^{\mathrm{p}} = \{\boldsymbol{o}\}$ gilt; daher ist nach Satz 10.3 $S_M = \emptyset$. Nach Definition 10.2 ist die Menge S_M also eine sphärisch konvexe Menge in Q, und nach Bemerkung 10.6 ist sie offen bezüglich Q.

Im Fall $M \neq \mathbb{E}_n$ ist der Rand ∂M der Menge M eine nichtleere Menge. Der Punkt $\boldsymbol{o}$ ist nach Satz 7.10 der einzige Scheitel des charakteristischen Kegels C_M der Menge M;

aus Satz 4.7 folgt dann

$$\dim C_M{}^{\mathrm{p}} = n\,. \tag{10.38}$$

Nach Definition 10.4 und Bemerkung 10.1 gilt daher

$$\dim \bar{S}_M = n - 1\,,$$

wobei

$$\bar{S}_M = Q \cap C_M{}^{\mathrm{p}}$$

ist und $C_M{}^{\mathrm{p}}$ der Projektionskegel der Menge $\bar{S}_M$ bezüglich des Punktes $\boldsymbol{o}$. Dann ist (vgl. Definition 10.4)

$$\operatorname{int}_Q \bar{S}_M = Q \cap \operatorname{int} C_M{}^{\mathrm{p}}\,, \tag{10.39}$$

wobei $\operatorname{int}_Q \bar{S}_M$ eine sphärisch konvexe Menge in der Einheitshypersphäre Q ist (vgl. Bemerkung 10.7).

Wir nehmen nun an, daß ein Punkt $\tilde{\boldsymbol{x}}$ mit

$$\tilde{\boldsymbol{x}} \in S_M \setminus \operatorname{int}_Q \bar{S}_M \tag{10.40}$$

existierte. Aus (10.39) folgt dann

$$\tilde{\boldsymbol{x}} \in C_M{}^{\mathrm{p}} \setminus \operatorname{int} C_M{}^{\mathrm{p}}, \quad \tilde{\boldsymbol{x}} \neq \boldsymbol{o}\,. \tag{10.41}$$

Da nach (10.40) $\tilde{\boldsymbol{x}} \in S_M$ ist, gibt es nach Satz 10.5 einen Punkt $\boldsymbol{x}_0 \in M$ mit

$$(\tilde{\boldsymbol{x}}, \boldsymbol{x}) \leqq (\tilde{\boldsymbol{x}}, \boldsymbol{x}_0)\,, \quad \boldsymbol{x} \in M\,. \tag{10.42}$$

Der charakteristische Kegel $C_M(\boldsymbol{x}_0)$ der Menge M im Punkt $\boldsymbol{x}_0 \in M$ ist ein abgeschlossener konvexer Kegel (vgl. Satz 7.6). Da der Punkt $\boldsymbol{o}$ der einzige Scheitel des Kegels C_M ist, gilt für die Scheitelmenge $L^{C_M(\boldsymbol{x}_0)}$ des Kegels $C_M(\boldsymbol{x}_0)$

$$L^{C_M(\boldsymbol{x}_0)} = \{\boldsymbol{x}_0\}\,.$$

Der Polarkegel $\big(C_M(\boldsymbol{x}_0)\big)^{\mathrm{p}}(\boldsymbol{x}_0)$ zu dem Kegel $C_M(\boldsymbol{x}_0)$ in dessen Scheitel $\boldsymbol{x}_0$, der nach (10.38) n-dimensional ist, hat wegen (10.41) die Eigenschaft

$$\tilde{\boldsymbol{x}} + \boldsymbol{x}_0 \in \big(C_M(\boldsymbol{x}_0)\big)^{\mathrm{p}}(\boldsymbol{x}_0) \setminus \operatorname{int}\big(C_M(\boldsymbol{x}_0)\big)^{\mathrm{p}}(\boldsymbol{x}_0)\,. \tag{10.43}$$

Da im vorliegenden Fall nach Satz 4.13

$$\operatorname{int}\big(C_M(\boldsymbol{x}_0)\big)^{\mathrm{p}}(\boldsymbol{x}_0) = \big\{\boldsymbol{x} \in \mathbb{E}_n \mid (\boldsymbol{x} - \boldsymbol{x}_0, \boldsymbol{y} - \boldsymbol{x}_0) < 0, \quad \boldsymbol{y} \in C_M(\boldsymbol{x}_0) \setminus \{\boldsymbol{x}_0\}\big\}$$

gilt, folgt aus (10.43), daß der Punkt $\tilde{\boldsymbol{x}} + \boldsymbol{x}_0$ die Gleichung $(\tilde{\boldsymbol{x}}, \boldsymbol{y} - \boldsymbol{x}_0) = 0$ für mindestens einen Punkt $\boldsymbol{y} \in C_M(\boldsymbol{x}_0) \setminus \{\boldsymbol{x}_0\}$ erfüllt. Es existiert daher ein Punkt $\hat{\boldsymbol{y}}$ mit den Eigenschaften

$$\hat{\boldsymbol{y}} \neq \boldsymbol{x}_0\,, \quad \hat{\boldsymbol{y}} \in C_M(\boldsymbol{x}_0)\,, \quad (\tilde{\boldsymbol{x}}, \hat{\boldsymbol{y}} - \boldsymbol{x}_0) = 0\,. \tag{10.44}$$

Da $\boldsymbol{x}_0$ ein Scheitel des Kegels $C_M(\boldsymbol{x}_0)$ ist, gehört die von dem Punkt $\boldsymbol{x}_0$ ausgehende und den Punkt $\hat{\boldsymbol{y}}$ enthaltende abgeschlossene Halbgerade p_0 zum Kegel $C_M(\boldsymbol{x}_0)$. Aus $p_0 \subset C_M(\boldsymbol{x}_0)$ und wegen $C_M(\boldsymbol{x}_0) \subset M$ (vgl. Satz 7.1) folgt $p_0 \subset M$. Aus (10.44) folgt, daß die Halbgerade p_0 in der Hyperebene

$$R := \{\boldsymbol{x} \in \mathbb{E}_n \mid (\tilde{\boldsymbol{x}}, \boldsymbol{x} - \boldsymbol{x}_0) = 0\}$$

liegt, wobei nach (10.42)

$$M \subset \bar{H}^- := \{\boldsymbol{x} \in \mathbb{E}_n \mid (\tilde{\boldsymbol{x}}, \boldsymbol{x} - \boldsymbol{x}_0) \leqq 0\}$$

ist. Wegen $\dim M = n$ enthält der Durchschnitt $R \cap M$, in dem die Halbgerade p_0 liegt, nur solche Punkte, die zum Rand ∂M der Menge M gehören. Es gilt also $p_0 \subset \partial M$, im Widerspruch zu der vorausgesetzten strengen Konvexität der Menge M. Damit ist die Gleichheit

$$S_M = \operatorname{int}_Q \bar{S}_M \tag{10.45}$$

indirekt bewiesen. Da die Menge $\operatorname{int}_Q \bar{S}_M$ — wie oben gezeigt — sphärisch konvex in der Einheitshypersphäre Q ist, besitzt auch die Menge S_M diese Eigenschaft.

Nach (10.38) und Satz 2.4 ist $\operatorname{int} C_M{}^{\mathrm{p}}$ eine n-dimensionale konvexe Menge, und da $C_M{}^{\mathrm{p}}$ ein n-dimensionaler konvexer Kegel mit dem Scheitel $\boldsymbol{o}$ ist, hat die Menge $\operatorname{int} C_M{}^{\mathrm{p}} \cup \{\boldsymbol{o}\}$ gleichfalls diese Eigenschaften. Wegen $\boldsymbol{o} \notin Q$ gilt nach (10.39) und (10.45)

$$Q \cap (\operatorname{int} C_M{}^{\mathrm{p}} \cup \{\boldsymbol{o}\}) = Q \cap \operatorname{int} C_M{}^{\mathrm{p}} = \operatorname{int}_Q \bar{S}_M = S_M.$$

Nach Bemerkung 10.8 folgt daher, daß S_M eine bezüglich der Einheitshypersphäre Q offene Menge ist. □

11. Punktberührung konvexer Mengen

Definition 11.1. Falls für zwei abgeschlossene konvexe Mengen M_1 und M_2 in $\mathbb{E}_n$ gilt

$$M_1 \cap M_2 \neq \emptyset, \quad \operatorname{rel\,int} M_1 \cap \operatorname{rel\,int} M_2 = \emptyset, \tag{11.1}$$

so sagen wir, daß sich die Mengen M_1 und M_2 *berühren* bzw. daß die Mengen M_1 und M_2 *eine Punktberührung haben;* jeder Punkt $\boldsymbol{x}_0 \in M_1 \cap M_2$ heißt dann *Berührungspunkt* der Mengen M_1 und M_2, und wir sprechen von einer *Punktberührung der Mengen M_1 und M_2 im Punkt $\boldsymbol{x}_0$*.

Satz 11.1. *Es seien M_1 und M_2 abgeschlossene konvexe Mengen in $\mathbb{E}_n$ und S_{M_i} das sphärische Bild der Menge M_i ($i = 1, 2$). Falls die Mengen M_1 und M_2 eine Punktberührung haben, so existiert ein Punkt $\boldsymbol{y} \in \mathbb{E}_n$ mit der Eigenschaft*

$$-\boldsymbol{y} \in S_{M_1}, \quad \boldsymbol{y} \in S_{M_2}. \tag{11.2}$$

Beweis. Die Mengen M_1 und M_2 genügen nach Voraussetzung den in Definition 11.1 angegebenen Bedingungen (11.1). Wegen $\operatorname{rel\,int} M_1 \cap \operatorname{rel\,int} M_2 = \emptyset$ existiert nach dem Trennungssatz für konvexe Mengen eine Trennungshyperebene R der Mengen M_1 und M_2. Weiter gibt es einen Punkt $\boldsymbol{x}_0 \in M_1 \cap M_2$; nach Definition 9.1 liegt er in der Hyperebene R. Daher existiert ein solcher Punkt $\boldsymbol{y} \in \mathbb{E}_n$ mit $\|\boldsymbol{y}\| = 1$, daß gilt

$$R = \{\boldsymbol{x} \in \mathbb{E}_n \mid (\boldsymbol{y}, \boldsymbol{x} - \boldsymbol{x}_0) = 0\}, \tag{11.3a}$$

und o. B. d. A. kann

$$M_1 \subset \overline{H}^+, \quad M_2 \subset \overline{H}^-, \tag{11.3b}$$

vorausgesetzt werden, wobei

$$\overline{H}^+ := \{\boldsymbol{x} \in \mathbb{E}_n \mid (\boldsymbol{y}, \boldsymbol{x} - \boldsymbol{x}_0) \geqq 0\}, \quad \overline{H}^- := \{\boldsymbol{x} \in \mathbb{E}_n \mid (\boldsymbol{y}, \boldsymbol{x} - \boldsymbol{x}_0) \leqq 0\} \tag{11.3c}$$

die der Hyperebene R zugehörigen abgeschlossenen Halbräume in $\mathbb{E}_n$ sind. Es gilt also

$$(\boldsymbol{x}, -\boldsymbol{y}) \leqq (\boldsymbol{x}_0, -\boldsymbol{y}) \quad \text{für alle} \quad \boldsymbol{x} \in M_1,$$

$$(\boldsymbol{x}, \boldsymbol{y}) \leqq (\boldsymbol{x}_0, \boldsymbol{y}) \quad \text{für alle} \quad \boldsymbol{x} \in M_2$$

und wegen $\boldsymbol{x}_0 \in M_1 \cap M_2$ dann

$$\max\{(\boldsymbol{x}, -\boldsymbol{y}) \mid \boldsymbol{x} \in M_1\} = (\boldsymbol{x}_0, -\boldsymbol{y}), \quad \max\{(\boldsymbol{x}, \boldsymbol{y}) \mid \boldsymbol{x} \in M_2\} = (\boldsymbol{x}_0, \boldsymbol{y}), \tag{11.4}$$

woraus nach Satz 10.5 die Aussage (11.2) des Satzes folgt. □

Satz 11.2. *Es seien M_1 und M_2 abgeschlossene konvexe Mengen in $\mathbb{E}_n$, $\mathcal{L}$ die lineare Hülle der Menge $M_1 \cup M_2$ und x_0 ein Punkt der Menge $M_1 \cap M_2$. Dann sind die folgenden Aussagen zueinander äquivalent:*

(a) *die Mengen M_1 und M_2 haben eine Punktberührung im Punkt x_0;*

(b) *es existiert ein Vektor y mit den Eigenschaften*

$$\|y\| = 1, \quad x_0 + y \in \mathcal{L} \tag{11.5}$$

in der Weise, daß

$$R := \{x \in \mathbb{E}_n \mid (y, x - x_0) = 0\} \tag{11.6}$$

eine Trennungshyperebene der Mengen M_1 und M_2 ist;

(c) *es existiert ein Vektor y mit den Eigenschaften* (11.5) *in der Weise, daß gilt*

$$\min \{(y, x) \mid x \in K_{M_1}(x_0)\} = (y, x_0) = \max \{(y, x) \mid x \in K_{M_2}(x_0)\};$$

hierbei bezeichnet $K_{M_i}(x_0)$ den lokalen Berührungskegel der Menge M_i im Punkt $x_0 \in M_i$ ($i = 1, 2$) (vgl. Definition 6.5 und Satz 6.3);

(d) *es existiert ein Vektor y mit den Eigenschaften* (11.5), *so daß gilt*

$$\min \{(y, x) \mid x \in M_1\} = (y, x_0) = \max \{(y, x) \mid x \in M_2\};$$

(e) *es existiert ein Vektor y mit den Eigenschaften* (11.5) *in der Weise, daß gilt*

$$-y \in S_{M_1}, \quad y \in S_{M_2};$$

(f) *es existiert ein Vektor y mit den Eigenschaften* (11.5) *derart, daß für die Halbgeraden $p^- := p(x_0; -y)$ und $p^+ := p(x_0; y)$ gilt*

$$p^- \subset \left(K_{M_1}(x_0)\right)^{\mathrm{p}}(x_0), \quad p^+ \subset \left(K_{M_2}(x_0)\right)^{\mathrm{p}}(x_0),$$

hierbei bezeichnet $\left(K_{M_i}(x_0)\right)^{\mathrm{p}}(x_0)$ den Polarkegel zu dem lokalen Berührungskegel K_{M_i} der Menge M_i im Punkt x_0 ($i = 1, 2$);

(g) *die lokalen Berührungskegel $K_{M_1}(x_0)$ der Menge M_1 und $K_{M_2}(x_0)$ der Menge M_2 im Punkt $x_0 \in M_1 \cap M_2$ haben eine Punktberührung in ihrem gemeinsamen Scheitel x_0.*

Beweis. Um den Satz zu beweisen, genügt es offenbar, die Implikationen

$$(a) \Rightarrow (b) \Rightarrow (c) \Rightarrow (d) \Rightarrow (e) \Rightarrow (f) \Rightarrow (g) \Rightarrow (a)$$

zu zeigen.

Es gelte die Aussage (a). Dann haben die Mengen M_1 und M_2 nach Definition 11.1 die Eigenschaft

$$\operatorname{rel\,int} M_1 \cap \operatorname{rel\,int} M_2 = \emptyset. \tag{11.7}$$

Da M_1 und M_2 Mengen des linearen Unterraumes $\mathcal{L}$ sind, gibt es wegen (11.7) nach Satz 9.1 eine Trennungshyperebene R' in $\mathcal{L}$ der Mengen M_1 und M_2; wegen $x_0 \in M_1 \cap M_2$ enthält sie den Punkt x_0. Daher existiert ein solcher Vektor y mit den Eigenschaften $\|y\| = 1$ und $x_0 + y \in \mathcal{L}$, daß gilt

$$R' := \{x \in \mathcal{L} \mid (y, x - x_0) = 0\}.$$

Dann ist aber die Menge

$$R := \{\boldsymbol{x} \in \mathbb{E}_n \mid (\boldsymbol{y}, \boldsymbol{x} - \boldsymbol{x}_0) = 0\}$$

eine Trennungshyperebene in $\mathbb{E}_n$ der Mengen M_1 und M_2. Damit ist die Implikation (a) $\Rightarrow$ (b) gezeigt.

Falls die Aussage (b) gilt, so liegen die Mengen M_1 und M_2 in den in (11.6) beschriebenen und zu der Hyperebene R gehörigen abgeschlossenen Halbräumen $\overline{H}^+$ und $\overline{H}^-$; es gilt also (bei geeigneter Numerierung)

$$\begin{aligned} M_1 &\subset \overline{H}^+ := \{\boldsymbol{x} \in \mathbb{E}_n \mid (\boldsymbol{y}, \boldsymbol{x} - \boldsymbol{x}_0) \geqq 0\}, \\ M_2 &\subset \overline{H}^- := \{\boldsymbol{x} \in \mathbb{E}_n \mid (\boldsymbol{y}, \boldsymbol{x} - \boldsymbol{x}_0) \leqq 0\}. \end{aligned} \tag{11.8a}$$

Da der lokale Berührungskegel $K_{M_i}(\boldsymbol{x}_0)$ der Menge M_i im Punkt $\boldsymbol{x}_0 \in M_i$ nach Satz 6.2 mit der Abschließung $\overline{P}_{M_i}(\boldsymbol{x}_0)$ des Projektionskegels $P_{M_i}(\boldsymbol{x}_0)$ der Menge M_i bezüglich des Punktes $\boldsymbol{x}_0$ übereinstimmt ($i = 1, 2$), folgen aus der Definition 5.1 eines Projektionskegels die Inklusionen

$$K_{M_1}(\boldsymbol{x}_0) \subset \overline{H}^+, \quad K_{M_2}(\boldsymbol{x}_0) \subset \overline{H}^-. \tag{11.8b}$$

Der Fall $K_{M_1}(\boldsymbol{x}_0) \cup K_{M_2}(\boldsymbol{x}_0) \subset R$ kann nicht eintreten, denn wegen $M_i \subset K_{M_i}(\boldsymbol{x}_0)$ ($i = 1, 2$) (vgl. Satz 6.3) müßte $M_1 \cup M_2 \subset R$ gelten, und somit wäre R keine Trennungshyperebene der Mengen M_1 und M_2. Damit ist R eine Trennungshyperebene in $\mathbb{E}_n$ der Kegel $K_{M_1}(\boldsymbol{x}_0)$ und $K_{M_2}(\boldsymbol{x}_0)$. Aus (11.8a) und (11.8b) folgt dann

$$\begin{aligned} (\boldsymbol{x}_0, -\boldsymbol{y}) &= \max\{(\boldsymbol{x}, -\boldsymbol{y}) \mid \boldsymbol{x} \in K_{M_1}(\boldsymbol{x}_0)\}, \\ (\boldsymbol{x}_0, \boldsymbol{y}) &= \max\{(\boldsymbol{x}, \boldsymbol{y}) \mid \boldsymbol{x} \in K_{M_2}(\boldsymbol{x}_0)\} \end{aligned} \tag{11.9}$$

und hieraus die Aussage (c) des Satzes. Damit gilt die Implikation (b) $\Rightarrow$ (c).

Aus der Aussage (c) erhält man unmittelbar (11.9) und wegen $\boldsymbol{x}_0 \in M_i \subset K_{M_i}(\boldsymbol{x}_0)$ ($i = 1, 2$) weiter

$$\begin{aligned} (\boldsymbol{x}_0, -\boldsymbol{y}) &= \max\{(\boldsymbol{x}, -\boldsymbol{y}) \mid \boldsymbol{x} \in M_1\}, \\ (\boldsymbol{x}_0, \boldsymbol{y}) &= \max\{(\boldsymbol{x}, \boldsymbol{y}) \mid \boldsymbol{x} \in M_2\}, \end{aligned} \tag{11.10}$$

woraus die Aussage (d) folgt. Daher gilt die Implikation (c) $\Rightarrow$ (d).

Die Aussage (d) impliziert nach Satz 10.5 die Aussage (e).

Falls die Aussage (e) gilt, so existiert ein den Bedingungen (11.5) genügender Vektor $\boldsymbol{y}$ mit $-\boldsymbol{y} \in S_{M_1}$ und $\boldsymbol{y} \in S_{M_2}$. Da er nach Satz 10.5 die Aussagen (11.10) erfüllt, folgt $(\boldsymbol{x}, -\boldsymbol{y}) \leqq (\boldsymbol{x}_0, -\boldsymbol{y})$ für alle $\boldsymbol{x} \in M_1$ und $(\boldsymbol{x}, \boldsymbol{y}) \leqq (\boldsymbol{x}_0, \boldsymbol{y})$ für alle $\boldsymbol{x} \in M_2$, d. h.

$$\begin{aligned} M_1 &\subset \overline{H}^+ := \{\boldsymbol{x} \in \mathbb{E}_n \mid (\boldsymbol{y}, \boldsymbol{x} - \boldsymbol{x}_0) \geqq 0\}, \\ M_2 &\subset \overline{H}^- := \{\boldsymbol{x} \in \mathbb{E}_n \mid (\boldsymbol{y}, \boldsymbol{x} - \boldsymbol{x}_0) \leqq 0\}. \end{aligned} \tag{11.11a}$$

Wegen $\boldsymbol{x}_0 + \boldsymbol{y} \subset \mathscr{L}$ und $M_1 \cup M_2 \subset \mathscr{L}$ gilt $M_1 \cup M_2 \not\subset R$, wobei

$$R := \{\boldsymbol{x} \in \mathbb{E}_n \mid (\boldsymbol{y}, \boldsymbol{x} - \boldsymbol{x}_0) = 0\} \tag{11.11b}$$

ist. Hieraus und aus (11.11a, b) folgt, daß R eine Trennungshyperebene der Mengen M_1 und M_2 mit $\boldsymbol{x}_0 \in R$ ist. Wie im Beweis der Implikation (b) $\Rightarrow$ (c) gezeigt, gilt dann wegen (11.11a) $K_{M_1}(\boldsymbol{x}_0) \subset \overline{H}^+$ und $K_{M_2}(\boldsymbol{x}_0) \subset \overline{H}^-$. Da x_0 ein gemeinsamer Scheitel der Kegel

$K_{M_1}(\boldsymbol{x}_0)$ und $K_{M_2}(\boldsymbol{x}_0)$ mit $\boldsymbol{x}_0 \in R$ ist, folgt daraus nach dem Satz von Farkás (Satz 4.9)

$$\boldsymbol{x}_0 - \boldsymbol{y} \in \left(K_{M_1}(\boldsymbol{x}_0)\right)^{\mathrm{p}}(\boldsymbol{x}_0), \quad \boldsymbol{x}_0 + \boldsymbol{y} \in \left(K_{M_2}(\boldsymbol{x}_0)\right)^{\mathrm{p}}(\boldsymbol{x}_0),$$

woraus man unmittelbar die Aussage (f) des Satzes erhält. Also gilt die Implikation (e) $\Rightarrow$ (f).

Es gelte die Aussage (f). Nach Satz 4.9 ist dann $K_{M_1}(\boldsymbol{x}_0) \subset \overline{H}^+$ und $K_{M_2}(\boldsymbol{x}_0) \subset \overline{H}^-$, wobei $\overline{H}^+$ und $\overline{H}^-$ die zur Hyperebene $R = \{\boldsymbol{x} \in \mathbb{E}_n \mid (\boldsymbol{y}, \boldsymbol{x} - \boldsymbol{x}_0) = 0\}$ gehörigen Halbräume mit den in (11.11a) angegebenen Beschreibungen sind. Die Inklusion $K_{M_1}(\boldsymbol{x}_0) \cup K_{M_2}(\boldsymbol{x}_0) \subset R$ kann nicht gelten, denn aus ihr würde wegen $M_i \subset K_{M_i}(\boldsymbol{x}_0)$ $(i = 1, 2)$ folgen, daß $M_1 \cup M_2 \subset R$ gilt, was aber wegen $\boldsymbol{x}_0 + \boldsymbol{y} \in \mathcal{L}$, $M_1 \cup M_2 \subset \mathcal{L}$, $\boldsymbol{x}_0 \in R$ nicht möglich ist. Daher ist R eine Trennungshyperebene der Kegel $K_{M_1}(\boldsymbol{x}_0)$ und $K_{M_2}(\boldsymbol{x}_0)$. Nach Satz 9.1 gilt dann $\operatorname{rel\,int} K_{M_1}(\boldsymbol{x}_0) \cap \operatorname{rel\,int} K_{M_2}(\boldsymbol{x}_0) = \emptyset$, und wegen $\boldsymbol{x}_0 \in K_{M_1}(\boldsymbol{x}_0) \cap K_{M_2}(\boldsymbol{x}_0)$ folgt daraus die Aussage (g); d. h., es gilt die Implikation (f) $\Rightarrow$ (g).

Aus der Aussage (g) folgt nach Definition 11.1 $\boldsymbol{x}_0 \in K_{M_1}(\boldsymbol{x}_0) \cap K_{M_2}(\boldsymbol{x}_0)$, $\operatorname{rel\,int} K_{M_1}(\boldsymbol{x}_0) \cap \operatorname{rel\,int} K_{M_2}(\boldsymbol{x}_0) = \emptyset$. Aus der ersten Eigenschaft folgt $\boldsymbol{x}_0 \in M_1 \cap M_2$ und aus der zweiten — wegen der Inklusion $M_i \subset K_{M_i}(\boldsymbol{x}_0)$ (vgl. Satz 6.3) gilt $\operatorname{rel\,int} M_i \subset \operatorname{rel\,int} K_{M_i}(\boldsymbol{x}_0)$ — die Aussage $\operatorname{rel\,int} M_1 \cap \operatorname{rel\,int} M_2 = \emptyset$. Nach der Definition 11.1 haben dann die Mengen M_1 und M_2 im Punkt $\boldsymbol{x}_0 \in M_1 \cap M_2$ eine Punktberührung. Also gilt die Implikation (g) $\Rightarrow$ (a). □

Bemerkung 11.1. Nach Satz 11.2, Aussage (f), haben zwei abgeschlossene konvexe Mengen M_1 und M_2 genau dann eine Punktberührung im Punkt $\boldsymbol{x}_0 \in M_1 \cap M_2$, wenn eine Gerade

$$g := \{\boldsymbol{x} \in \mathbb{E}_n \mid \boldsymbol{x} = \boldsymbol{x}_0 + \boldsymbol{v}t,\ t \in (-\infty, \infty)\} \qquad (\boldsymbol{v} \neq \boldsymbol{o})$$

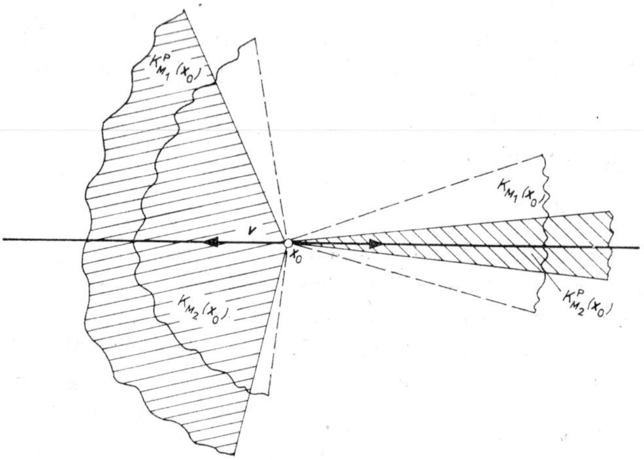

Abb. 11.1

in der linearen Hülle $\mathcal{L}$ der Menge $M_1 \cup M_2$ existiert, so daß die eine der Halbgeraden, in die der Punkt $\boldsymbol{x}_0$ die Gerade g zerlegt, im Polarkegel $K^{\mathrm{p}}_{M_1}(\boldsymbol{x}_0)$ zum lokalen Berührungskegel $K_{M_1}(\boldsymbol{x}_0)$ der Menge M_1 liegt und die andere in dem Polarkegel $K_{M_2}{}^{\mathrm{p}}(\boldsymbol{x}_0)$ zu dem lokalen Berührungskegel $K_{M_2}(\boldsymbol{x}_0)$ der Menge M_2 im Punkt $\boldsymbol{x}_0$ dieser Mengen (Abb. 11.1).

Satz 11.3. *Es seien M_1 und M_2 abgeschlossene konvexe Mengen in $\mathbb{E}_n$, die eine Punktberührung haben; weiter seien $\mathcal{L}_{M_i}$ die lineare Hülle der Menge M_i $(i = 1, 2)$, $\mathcal{L}_{M_1 \cap M_2}$ die* *lineare Hülle der Menge* $M_1 \cap M_2$ *und* Π_R *der Durchschnitt aller Trennungshyperebenen* R *der Mengen* M_1 *und* M_2. *Dann gilt*

$$\mathscr{L}_{M_1 \cap M_2} \subset (\mathscr{L}_{M_1} \cap \mathscr{L}_{M_2} \cap \Pi_R), \quad 0 \leqq \dim \mathscr{L}_{M_1 \cap M_2} \leqq n - 1. \tag{11.12}$$

Beweis. Nach Voraussetzung genügen die Mengen M_1 und M_2 den in Definition 11.1 angegebenen Bedingungen (11.1). Aus Satz 11.2 (Aussage (b)) folgt die Existenz einer Trennungshyperebene der Mengen M_1 und M_2. Falls R eine beliebige Trennungshyperebene der Mengen M_1 und M_2 und H_1, H_2 die ihr zugehörigen offenen Halbräume in $\mathbb{E}_n$ sind, so gilt bei geeigneter Numerierung $M_i \subset \overline{H}_i$ $(i = 1, 2)$. Aus der Definition 9.1 einer Trennungshyperebene R der Mengen M_1 und M_2 folgt $M_1 \cap M_2 \subset R$; es gilt deshalb $M_1 \cap M_2 \subset \Pi_R$. Wegen $M_1 \cap M_2 \neq \emptyset$ ist die Menge Π_R nichtleer, und als Durchschnitt von Hyperebenen ist sie ein linearer Unterraum in $\mathbb{E}_n$; daher gilt $0 \leqq \dim \Pi_R \leqq n - 1$. Also ist $0 \leqq \dim \mathscr{L}_{M_1 \cap M_2} \leqq n - 1$.

Aus der Inklusion $M_1 \cap M_2 \subset \Pi_R$ erhält man für den als lineare Hülle der Menge $M_1 \cap M_2$ definierten linearen Unterraum $\mathscr{L}_{M_1 \cap M_2}$ die Aussage $\mathscr{L}_{M_1 \cap M_2} \subset \Pi_R$. Wegen $M_1 \cap M_2 \subset M_i \subset \mathscr{L}_{M_i}$ $(i = 1, 2)$ gilt $M_1 \cap M_2 \subset \mathscr{L}_{M_1} \cap \mathscr{L}_{M_2}$, woraus zusammen mit der bereits gezeigten Inklusion $M_1 \cap M_2 \subset \Pi_R$ die erste Aussage in (11.12) folgt. □

Bemerkung 11.2. Einem beliebigen Paar abgeschlossener konvexer Mengen M_1 und M_2, die eine Punktberührung haben, ist eindeutig der lineare Unterraum $\mathscr{L}_{M_1 \cap M_2}$ als lineare Hülle der Menge $M_1 \cap M_2$ mit $0 \leqq \dim \mathscr{L}_{M_1 \cap M_2} \leqq n - 1$ zugeordnet (vgl. Satz 11.3). Die Menge $M_1 \cap M_2$ der Berührungspunkte von M_1 und M_2 ist also eine nichtleere abgeschlossene konvexe Menge in $\mathbb{E}_n$, deren Dimension kleiner als n ist.

Bemerkung 11.3. Der Begriff einer Punktberührung zweier konvexer Mengen wurde hier nur für den Fall abgeschlossener konvexer Mengen in $\mathbb{E}_n$ eingeführt. Es wäre auch denkbar, diesen Begriff für den Fall nicht abgeschlossener konvexer Mengen in $\mathbb{E}_n$ zu definieren. Da aber der Begriff des sphärischen Bildes im Kapitel 10 nur für abgeschlossene konvexe Mengen eingeführt wurde, müßten bei einer entsprechenden Erweiterung die Sätze 11.1 und 11.2 anders gefaßt werden.

12. Asymptotische Berührung konvexer Mengen

Nachdem wir im Kapitel 11 die Punktberührung zweier abgeschlossener konvexer Mengen behandelten, wenden wir uns in diesem und in dem nächsten Kapitel der sogenannten asymptotischen Berührung zweier konvexer Mengen zu. Bevor wir diesen Begriff definieren, sei noch ein für die nachfolgenden Betrachtungen nützlicher Hilfssatz angegeben.

Lemma 12.1. *Der Abstand $\varrho(M_1, M_2)$ zweier nichtleerer abgeschlossener Mengen M_1 und M_2 in $\mathbb{E}_n$ mit $M_1 \cap M_2 = \emptyset$, von denen mindestens eine beschränkt ist, ist positiv, und es existieren Punkte $\boldsymbol{x}_0 \in M_1$, $\boldsymbol{y}_0 \in M_2$ derart, daß gilt $\varrho(M_1, M_2) = \varrho(x_0, y_0)$.*

Beweis. O. B. d. A. möge die Menge M_1 beschränkt sein. Es sei $\hat{\boldsymbol{y}}$ ein beliebiger Punkt der Menge M_2. Aufgrund der Kompaktheit der Menge M_1 nimmt die stetige Funktion $\varphi(\boldsymbol{x}) := \|\boldsymbol{x} - \hat{\boldsymbol{y}}\|$ ihr Minimum über der Menge M_1 an, d. h., es existiert ein Punkt $\hat{\boldsymbol{x}} \in M_1$ mit $\varrho(\hat{\boldsymbol{x}}, \hat{\boldsymbol{y}}) = \min \{\varrho(\boldsymbol{x}, \hat{\boldsymbol{y}}) \mid \boldsymbol{x} \in M_1\}$. Da aus $\varrho(\hat{\boldsymbol{x}}, \hat{\boldsymbol{y}}) = 0$ die Gleichheit $\hat{\boldsymbol{x}} = \hat{\boldsymbol{y}}$ und damit $\hat{\boldsymbol{x}} \in M_1 \cap M_2$ im Widerspruch zu der Voraussetzung $M_1 \cap M_2 = \emptyset$ folgen würde, gilt $\varrho(\hat{\boldsymbol{x}}, \hat{\boldsymbol{y}}) > 0$. Wegen der Beschränktheit der Menge M_1 sind sowohl die ε-Umgebung $U(M_1; \varepsilon)$ der Menge M_1 als auch ihre Abschließung $\overline{U}(M_1; \varepsilon)$ beschränkt, wobei $\varepsilon := \varrho(\hat{\boldsymbol{x}}, \hat{\boldsymbol{y}})$ gewählt sei. Die Menge

$$M_2' := \overline{U}(M_1; \varepsilon) \cap M_2$$

ist dann nichtleer (denn sie enthält den Punkt $\hat{\boldsymbol{y}}$), abgeschlossen und beschränkt. Für den Abstand $\varrho(M_2', M_1)$ der kompakten Mengen M_1 und M_2' gilt offensichtlich

$$\varrho(M_2', M_1) \leqq \varepsilon .$$

Wegen der Kompaktheit dieser beiden Mengen wird das Minimum der stetigen Funktion $\Psi(\boldsymbol{x}, \boldsymbol{y}) := \|\boldsymbol{x} - \boldsymbol{y}\|$ über der Menge $M_1 \times M_2'$ angenommen (wobei $M_1 \times M_2'$ als eine Menge des Raumes $\mathbb{E}_n \times \mathbb{E}_n$ mit $\boldsymbol{x} \in M_1$, $\boldsymbol{y} \in M_2'$ betrachtet wird). Es existieren daher Punkte $\boldsymbol{x}_0 \in M_1$ und $\boldsymbol{y}_0 \in M_2'$ mit $\varrho(M_1, M_2') = \varrho(\boldsymbol{x}_0, \boldsymbol{y}_0)$. Im Fall $\varrho(\boldsymbol{x}_0, \boldsymbol{y}_0) = 0$ wäre $\boldsymbol{y}_0 = \boldsymbol{x}_0$ und daher wegen $\boldsymbol{x}_0 \in M_1$, $\boldsymbol{y}_0 \in M_2' \subset M_2$ dann $M_1 \cap M_2 \neq \emptyset$, im Widerspruch zur Voraussetzung. Somit ist $\varrho(M_1, M_2') > 0$. Da aber offenbar $\varrho(\boldsymbol{y}, M_1) \geqq \varepsilon$ für alle $\boldsymbol{y} \in M_2 \setminus U(M_1; \varepsilon)$ gilt, folgt $\varrho(M_1, M_2) = \varrho(M_1, M_2') = \varrho(\boldsymbol{x}_0, \boldsymbol{y}_0) > 0$. □

Definition 12.1. Es seien M_1 und M_2 nichtleere abgeschlossene konvexe Mengen in $\mathbb{E}_n$. Falls für diese Mengen

$$M_1 \cap M_2 = \emptyset, \quad \varrho(M_1, M_2) = 0 \tag{12.1}$$

gilt, so sagt man, daß sich die Mengen M_1 und M_2 *asymptotisch berühren* (daß die Mengen M_1 und M_2 *eine asymptotische Berührung haben*).

Satz 12.1. *Es seien M_1 und M_2 nichtleere abgeschlossene konvexe Mengen in $\mathbb{E}_n$, die sich asymptotisch berühren. Dann gelten die folgenden Aussagen:*

(a) *es existiert eine Trennungshyperebene der Mengen M_1 und M_2;*
(b) *die Mengen M_1 und M_2 sind unbeschränkt;*
(c) *die Bedingungen* (12.1) *sind genau dann erfüllt, wenn gilt*

$$M_1 \cap M_2 = \emptyset, \quad U(M_1; \varepsilon) \cap M_2 \neq \emptyset \quad \text{für alle} \quad \varepsilon > 0 \tag{12.2}$$

(*bzw.* $M_1 \cap M_2 = \emptyset$, $U(M_2; \varepsilon) \cap M_1 \neq \emptyset$ *für alle* $\varepsilon > 0$);
(d) *für jede Zahl $\varepsilon > 0$ sind*

$$U(M_1; \varepsilon) \cap M_2, \quad U(M_2; \varepsilon) \cap M_1$$

und

$$N_\varepsilon := U(M_1; \varepsilon) \cap U(M_2; \varepsilon) \tag{12.3}$$

unbeschränkte konvexe Mengen in $\mathbb{E}_n$; dabei ist N_ε eine in $\mathbb{E}_n$ offene Menge, die sowohl Punkte der Menge M_1 als auch Punkte der Menge M_2 enthält;
(e) *für die charakteristischen Kegel C_{M_1}, C_{M_2}, C_{N_ε} der Mengen M_1, M_2, N_ε* ($\varepsilon > 0$) gilt

$$\begin{aligned} &C_{N_\varepsilon} = C_{M_1} \cap C_{M_2}, \\ &1 \leqq \dim (C_{M_1} \cap C_{M_2}) \leqq n - 1; \end{aligned} \tag{12.4}$$

(f) *falls R eine Trennungshyperebene der Mengen M_1 und M_2 ist und $\mathcal{L}_{M_i}$ die lineare Hülle der Menge M_i ($i = 1, 2$), so ist $\mathcal{L}_{M_1} \cap \mathcal{L}_{M_2} \cap R \neq \emptyset$.*

Beweis. Wegen $M_1 \cap M_2 = \emptyset$ ist auch $\operatorname{rel\,int} M_1 \cap \operatorname{rel\,int} M_2 = \emptyset$; nach dem Trennungssatz 9.1 folgt hieraus die Aussage (a).

Für die sich asymptotisch berührenden konvexen Mengen M_1 und M_2 gilt (nach Definition 12.1) $M_1 \cap M_2 = \emptyset$ und $\varrho(M_1, M_2) = 0$. Wäre eine der abgeschlossenen Mengen M_1 und M_2 beschränkt, so würde nach Lemma 12.1 $\varrho(M_1, M_2) > 0$ gelten, im Widerspruch zur Voraussetzung. Damit ist die Aussage (b) indirekt gezeigt.

Aus der Bedingung

$$\varrho(M_1, M_2) := \inf \{\|\boldsymbol{x} - \boldsymbol{y}\| \mid \boldsymbol{x} \in M_1, \boldsymbol{y} \in M_2\} = 0$$

in (12.1) folgt, daß für eine beliebige Zahl $\varepsilon > 0$ Punkte $\boldsymbol{x}_1 \in M_1$ und $\boldsymbol{x}_2 \in M_2$ mit $\varrho(\boldsymbol{x}_1, \boldsymbol{x}_2) < \varepsilon$ existieren; daher ist $\boldsymbol{x}_2 \in U(M_1; \varepsilon) \cap M_2$. Aus (12.1) folgt also (12.2). Falls andererseits (12.2) gilt, wählen wir eine beliebige positive Zahl ε und einen beliebigen Punkt $\boldsymbol{x}_2$ aus der Menge $U(M_1; \varepsilon) \cap M_2$. Wegen $\boldsymbol{x}_2 \in M_2$ und $M_1 \cap M_2 = \emptyset$ gilt $\boldsymbol{x}_2 \notin M_1$. Aufgrund der Abgeschlossenheit der Menge M_1 gibt es nach Lemma 12.1 einen Punkt $\boldsymbol{x}_1 \in M_1$ mit $0 < \varrho(\boldsymbol{x}_2, M_1) = \varrho(\boldsymbol{x}_2, \boldsymbol{x}_1) = \|\boldsymbol{x}_2 - \boldsymbol{x}_1\| < \varepsilon$. Da ε eine beliebige positive Zahl ist und $\boldsymbol{x}_i \in M_i$ ($i = 1, 2$) gilt, folgt daraus $\varrho(M_1, M_2) = 0$. Damit ist die Aussage (c) gezeigt.

Die ε-Umgebung $U(M_1; \varepsilon)$ der Menge M_1 ist nach Satz 2.8 für jede Zahl $\varepsilon > 0$ eine n-dimensionale konvexe Menge; sie ist nach Definition offen in $\mathbb{E}_n$. Da die Menge M_1 nach der bereits gezeigten Aussage (b) unbeschränkt ist, muß auch die Menge $U(M_1; \varepsilon)$

wegen $M_1 \subset U(M_1; \varepsilon)$ unbeschränkt sein. Nach der oben gezeigten Aussage (c) ist $U(M_1; \varepsilon) \cap M_2 \neq \emptyset$. Um die Unbeschränktheit der Menge $U(M_1; \varepsilon) \cap M_2$, die als Durchschnitt zweier konvexer Mengen ebenfalls konvex ist, für eine beliebige Zahl $\varepsilon > 0$ indirekt zu beweisen, nehmen wir an, daß es eine Zahl $\varepsilon_0 > 0$ gibt, so daß die Menge $U(M_1; \varepsilon_0) \cap M_2$ beschränkt ist. Die Menge $M_{\varepsilon_0} := \overline{U}(M_1; \varepsilon_0) \cap M_2$ ist nichtleer, beschränkt und abgeschlossen, und wegen $M_1 \cap M_2 = \emptyset$ gilt $M_1 \cap M_{\varepsilon_0} = \emptyset$. Nach Lemma 12.1 gibt es dann Punkte $\tilde{\boldsymbol{x}} \in M_1$ und $\tilde{\boldsymbol{y}} \in M_{\varepsilon_0}$ mit $\varrho(M_1, M_{\varepsilon_0}) = \varrho(\tilde{\boldsymbol{x}}, \tilde{\boldsymbol{y}}) > 0$. Setzt man $\varepsilon := \frac{1}{2} \varrho(\tilde{\boldsymbol{x}}, \tilde{\boldsymbol{y}})$, so ist offenbar $U(M_1; \varepsilon) \cap M_{\varepsilon_0} = \emptyset$; wegen $U(M_1; \varepsilon) \subset \overline{U}(M_1; \varepsilon_0)$ gilt dann

$$U(M_1; \varepsilon) \cap M_2 = U(M_1; \varepsilon) \cap \overline{U}(M_1; \varepsilon_0) \cap M_2 = \emptyset,$$

im Widerspruch zu der bereits gezeigten Aussage (c). Die Menge $U(M_1; \varepsilon) \cap M_2$ ist daher für eine beliebige Zahl $\varepsilon > 0$ konvex und unbeschränkt. Diese Eigenschaften besitzt dann offenbar auch die Menge $U(M_2; \varepsilon) \cap M_1$. Die unter (12.3) definierte Menge N_ε ist wegen

$$U(M_1; \varepsilon) \cap M_2 \subset U(M_1; \varepsilon) \cap U(M_2; \varepsilon) = N_\varepsilon$$

unbeschränkt, und als nichtleerer Durchschnitt zweier konvexer und in $\mathbb{E}_n$ offener Mengen $U(M_1; \varepsilon)$ und $U(M_2; \varepsilon)$ ist sie eine n-dimensionale konvexe und in $\mathbb{E}_n$ offene Menge; unter Beachtung der Definitionen der betrachteten Mengen folgt nach der bereits gezeigten Aussage (c) für eine beliebige Zahl $\varepsilon > 0$

$$N_\varepsilon \cap M_1 = M_1 \cap U(M_1; \varepsilon) \cap U(M_2; \varepsilon) = M_1 \cap U(M_2; \varepsilon) \neq \emptyset,$$

$$N_\varepsilon \cap M_2 = M_2 \cap U(M_1; \varepsilon) \cap U(M_2; \varepsilon) = U(M_1; \varepsilon) \cap M_2 \neq \emptyset.$$

Die Menge N_ε enthält daher sowohl Punkte der Menge M_1 als auch Punkte der Menge M_2, womit die Aussage (d) vollständig gezeigt ist.

Nach Satz 7.11 gilt für den charakteristischen Kegel $C_{U(M_i;\varepsilon)}$ der Menge $U(M_i; \varepsilon)$ (für eine beliebige Zahl $\varepsilon > 0$)

$$C_{U(M_i;\varepsilon)} = C_{M_i} \qquad (i = 1, 2)$$

und daher für den charakteristischen Kegel C_{N_ε} der unter (12.3) definierten Menge N_ε nach Satz 7.7

$$C_{N_\varepsilon} = C_{M_1} \cap C_{M_2}.$$

Aus der in Aussage (d) gezeigten Unbeschränktheit der konvexen Menge N_ε folgt nach Satz 7.3 $\dim N_\varepsilon \geqq 1$. Um die Ungleichung $\dim (C_{M_1} \cap C_{M_2}) \leqq n - 1$ zu zeigen, wählen wir eine beliebige Trennungshyperebene R der Mengen M_1 und M_2 (ihre Existenz ist nach Aussage (a) gesichert) und bezeichnen mit H_i $(i = 1, 2)$ die zu ihr gehörigen offenen Halbräume; o. B. d. A. möge

$$M_i \subset \overline{H}_i \qquad (i = 1, 2) \tag{12.5}$$

gelten. Für ein beliebiges Punktepaar $\boldsymbol{x}_i \in M_i$ $(i = 1, 2)$ gilt nach (12.5)

$$C_{M_i}(\boldsymbol{x}_i) \subset M_i \subset \overline{H}_i \qquad (i = 1, 2);$$

dabei ist $C_{M_i}(\boldsymbol{x}_i)$ der charakteristische Kegel der Menge M_i in deren Punkt $\boldsymbol{x}_i$ $(i = 1, 2)$. Hieraus folgt aber, daß der charakteristische Kegel C_{M_1} der Menge M_1 in dem einen und der charakteristische Kegel C_{M_2} der Menge M_2 in dem anderen angeschlossenen Halbraum der mit der Hyperebene R parallelen und den Punkt $\boldsymbol{o}$ enthaltenden Hyperebene liegt; der Punkt $\boldsymbol{o}$ ist dabei nach Definition 7.2 ein gemeinsamer Scheitel der Kegel C_{M_1} und C_{M_2}. Der Fall $\dim (C_{M_1} \cap C_{M_2}) = n$ kann daher nicht eintreten, womit die Aussage (e) vollständig gezeigt ist.

Falls R eine beliebige Trennungshyperebene der Mengen M_1 und M_2 ist und H_1, H_2 die zu ihr gehörigen offenen Halbräume mit $M_i \subset \overline{H}_i$ $(i = 1, 2)$ sind, so gilt wegen $M_i \subset \mathcal{L}_{M_i}$ $(i = 1, 2)$ und wegen $M_1 \cap M_2 = \emptyset$

$$0 \leqq \varrho(\mathcal{L}_{M_1} \cap \overline{H}_1, \mathcal{L}_{M_2} \cap \overline{H}_2) \leqq \varrho(M_1, M_2) = 0.$$

Die Mengen $P_i := \mathcal{L}_{M_i} \cap \overline{H}_i$ $(i = 1, 2)$ sind offensichtlich konvexe Polyeder in $\mathbb{E}_n$, für deren Abstand also $\varrho(P_1, P_2) = 0$ gilt. Nach der Theorie der konvexen Polyeder (vgl. Kapitel 1) folgt dann $P_1 \cap P_2 \neq \emptyset$. Daher ist

$$\mathcal{L}_{M_1} \cap \mathcal{L}_{M_2} \cap R = (\mathcal{L}_{M_1} \cap \overline{H}_1) \cap (\mathcal{L}_{M_2} \cap \overline{H}_2) \neq \emptyset,$$

d. h., es gilt die Aussage (f). □

Satz 12.2. *Es seien M_1 und M_2 nichtleere abgeschlossene konvexe Mengen in $\mathbb{E}_n$, die sich asymptotisch berühren; weiter seien R eine Trennungshyperebene der Mengen M_1 und M_2* (vgl. *Satz* 12.1, *Aussage* (a)), *C_{M_i} der charakteristische Kegel und $\mathcal{L}_{M_i}$ die lineare Hülle der Menge M_i $(i = 1, 2)$. Dann gilt:*

(1) *für einen beliebigen Punkt $\boldsymbol{x}_0 \in R$ und einen beliebigen Vektor $\boldsymbol{v} \in C_{M_1} \cap C_{M_2}$ mit $\boldsymbol{v} \neq \boldsymbol{o}$ (vgl. Satz* 12.1, *Aussage* (e)) *ist*

$$p(\boldsymbol{x}_0; \boldsymbol{v}) \subset R;$$

(2) *bezeichnen $\mathcal{L}_{M_i}(\boldsymbol{o})$ und $R(\boldsymbol{o})$ die in den Punkt $\boldsymbol{o}$ verschobenen linearen Unterräume $\mathcal{L}_{M_i}$ $(i = 1, 2)$ bzw. R, so ist*

$$C_{M_1} \cap C_{M_2} \subset \mathcal{L}_{M_1}(\boldsymbol{o}) \cap \mathcal{L}_{M_2}(\boldsymbol{o}) \cap R(\boldsymbol{o}),$$

$$d := \dim (C_{M_1} \cap C_{M_2}) \leqq \dim (\mathcal{L}_{M_1} \cap \mathcal{L}_{M_2} \cap R).$$

Beweis. Es seien R eine beliebige Trennungshyperebene der Mengen M_1 und M_2 und H_1, H_2 die zu ihr gehörigen offenen Halbräume in $\mathbb{E}_n$. O. B. d. A. möge $M_i \subset \overline{H}_i$ $(i = 1, 2)$ gelten. Wir wählen einen beliebigen Vektor $\boldsymbol{v} \in C_{M_1} \cap C_{M_2}$ mit $\boldsymbol{v} \neq \boldsymbol{o}$ und einen beliebigen Punkt $\boldsymbol{y}_i \in M_i$ $(i = 1, 2)$. Für die Halbgerade $p(\boldsymbol{y}_i; \boldsymbol{v})$ gilt dann

$$p(\boldsymbol{y}_i; \boldsymbol{v}) \subset M_i \qquad (i = 1, 2)$$

und für die Menge

$$C_d(\boldsymbol{y}_i) := \{\boldsymbol{x} \in \mathbb{E}_n \mid \boldsymbol{x} = \boldsymbol{y}_i + \boldsymbol{v}, \boldsymbol{v} \in C_{M_1} \cap C_{M_2}\}$$

ebenfalls

$$C_d(\boldsymbol{y}_i) \subset M_i \qquad (i = 1, 2);$$

die Mengen $C_d(\boldsymbol{y}_1)$ und $C_d(\boldsymbol{y}_2)$ sind dabei konvexe Kegel in $\mathbb{E}_n$, die sich von dem Kegel $C_{M_1} \cap C_{M_2}$ höchstens um eine Translation unterscheiden. Da wegen $M_i \subset \mathcal{L}_{M_i}$ auch

$C_d(\boldsymbol{y}_i) \subset \mathcal{L}_{M_i}$ $(i = 1, 2)$ ist, folgt

$$C_{M_1} \cap C_{M_2} \subset \mathcal{L}_{M_1}(\boldsymbol{o}) \cap \mathcal{L}_{M_2}(\boldsymbol{o}). \tag{12.6}$$

Wir zeigen nun indirekt, daß die Halbgeraden $p(\boldsymbol{y}_1; \boldsymbol{v})$ und $p(\boldsymbol{y}_2; \boldsymbol{v})$ parallel zur Hyperebene R sind. Wenn das z. B. für die Halbgerade $p(\boldsymbol{y}_2; \boldsymbol{v})$ nicht gelten würde, so läge auf der diese Halbgerade enthaltenden Geraden

$$g := \{\boldsymbol{x} \in \mathbb{E}_n \mid \boldsymbol{x} = \boldsymbol{y}_2 + t\boldsymbol{v},\ t \in \mathbb{R}\}$$

ein Punktepaar $\boldsymbol{x}_1$ und $\boldsymbol{x}_2$ mit $\boldsymbol{x}_1 \in H_1$, $\boldsymbol{x}_2 \in H_2$. Für einen beliebigen Punkt $\hat{\boldsymbol{x}} \in M_1$ hat die mit der Halbgeraden $p(\boldsymbol{y}_2; \boldsymbol{v})$ parallele Halbgerade $p(\hat{\boldsymbol{x}}, \boldsymbol{v})$ wegen $\hat{\boldsymbol{x}} \in M_1$, $\boldsymbol{v} \in C_{M_1}$ die Eigenschaft $p(\hat{\boldsymbol{x}}; \boldsymbol{v}) \subset M_1$. Aus $M_2 \subset \overline{H}_2$ folgt $p(\boldsymbol{y}_2; \boldsymbol{v}) \subset \overline{H}_2$ (wegen $p(\boldsymbol{y}_2; \boldsymbol{v}) \subset M_2$); da die offene Halbgerade $p(\boldsymbol{y}_2; \boldsymbol{v})$ in der Geraden g liegt, gilt sogar $p(\boldsymbol{y}_2; \boldsymbol{v}) \subset H_2$. Dann enthält die mit der Halbgeraden $p(\boldsymbol{y}_2; \boldsymbol{v})$ parallele (und offenbar mit ihr gleichorientierte) Halbgerade $p(\hat{\boldsymbol{x}}; \boldsymbol{v})$ einen Punkt $\boldsymbol{x}' \in H_2$. Aus $\boldsymbol{x}' \in p(\hat{\boldsymbol{x}}; \boldsymbol{v}) \subset M_1$ und $\boldsymbol{x}' \in H_2$ folgt aber $\boldsymbol{x}' \in M_1 \cap H_2$, im Widerspruch zu $M_1 \subset \overline{H}_1$. Die Halbgerade $p(\boldsymbol{y}_2; \boldsymbol{v})$ kann also nur parallel zu der Hyperebene R sein, woraus dann unmittelbar die Aussage (1) folgt.

Für den Kegel

$$C_d(\boldsymbol{x}_0) := \{\boldsymbol{x} \in \mathbb{E}_n \mid \boldsymbol{x} = \boldsymbol{x}_0 + \boldsymbol{v},\ \boldsymbol{v} \in C_{M_1} \cap C_{M_2}\},$$

der sich von dem Kegel $C_{M_1} \cap C_{M_2}$ um eine Translation unterscheidet, bei der der Scheitel $\boldsymbol{o}$ des Kegels $C_{M_1} \cap C_{M_2}$ in den Scheitel $\boldsymbol{x}_0$ des Kegels $C_d(\boldsymbol{x}_0)$ übergeführt wird, gilt im Fall $\boldsymbol{x}_0 \in R$ nach der bereits gezeigten Aussage (1) die Inklusion $C_d(\boldsymbol{x}_0) \subset R$. Hieraus folgt $C_{M_1} \cap C_{M_2} \subset R(\boldsymbol{o})$ und mit (12.6) dann die erste Aussage in (2). Wegen $\mathcal{L}_{M_1} \cap \mathcal{L}_{M_2} \cap R \neq \emptyset$ (vgl. Aussage (f), Satz 12.1) gilt

$$\dim\left(\mathcal{L}_{M_1}(\boldsymbol{o}) \cap \mathcal{L}_{M_2}(\boldsymbol{o}) \cap R(\boldsymbol{o})\right) = \dim\left(\mathcal{L}_{M_1} \cap \mathcal{L}_{M_2} \cap R\right);$$

zusammen mit der zuvor gezeigten Inklusion liefert das die Dimensionsungleichung in (2). □

Satz 12.3. *Es seien M_1 und M_2 nichtleere abgeschlossene konvexe Mengen in $\mathbb{E}_n$, die sich asymptotisch berühren, C_{M_i} der charakteristische Kegel und $\mathcal{L}_{M_i}$ die lineare Hülle der Menge M_i $(i = 1, 2)$. Weiter seien $\mathcal{L}_d(\boldsymbol{o})$ die lineare Hülle des Kegels $C_{M_1} \cap C_{M_2}$ (vgl. Satz 12.1, Aussage (e)), $L_d(\boldsymbol{x})$ der zu diesem linearen Unterraum $\mathcal{L}_d(\boldsymbol{o})$ parallele und den Punkt $\boldsymbol{x} \in \mathbb{E}_n$ enthaltende lineare Unterraum und $d := \dim(C_{M_1} \cap C_{M_2})$. Dann sind die Mengen*

$$\mathcal{M}_i := \bigcup_{\boldsymbol{x} \in M_i} L_d(\boldsymbol{x}) \qquad (i = 1, 2) \tag{12.7a}$$

konvex, und es gilt für sie

$$\begin{gathered} M_i \subset \mathcal{M}_i \subset \mathcal{L}_{M_i}, \quad \mathcal{L}_{\mathcal{M}_i} = \mathcal{L}_{M_i} \qquad (i = 1, 2), \quad \mathcal{M}_1 \cap \mathcal{M}_2 = \emptyset, \\ \dim\left(C_{\mathcal{M}_1} \cap C_{\mathcal{M}_2}\right) \geqq d, \end{gathered} \tag{12.7b}$$

wobei $C_{\mathcal{M}_i}$ den charakteristischen Kegel und $\mathcal{L}_{\mathcal{M}_i}$ die lineare Hülle der Menge $\mathcal{M}_i$ bezeichnet $(i = 1, 2)$.

Eine Hyperebene R in $\mathbb{E}_n$ trennt die Mengen $\mathcal{M}_1$ und $\mathcal{M}_2$ genau dann, wenn sie die Mengen M_1 und M_2 trennt.

Beweis. Um die Konvexität z. B. der Menge $\mathcal{M}_i$ ($i \in \{1, 2\}$) zu zeigen, wählen wir zwei beliebige Punkte $\boldsymbol{y}_1$ und $\boldsymbol{y}_2$ aus dieser Menge. Nach Definition (12.7a) gibt es dann Punkte $\boldsymbol{x}_k \in M_i$ mit $\boldsymbol{y}_k \in L_d(\boldsymbol{x}_k)$, und wegen $\boldsymbol{y}_k \in L_d(\boldsymbol{y}_k)$ gilt

$$L_d(\boldsymbol{y}_k) = L_d(\boldsymbol{x}_k) \qquad (k = 1, 2).$$

Für jede Konvexkombination $\lambda_1\boldsymbol{y}_1 + \lambda_2\boldsymbol{y}_2$ gilt dann nach Satz 1.1

$$\begin{aligned} L_d(\lambda_1\boldsymbol{y}_1 + \lambda_2\boldsymbol{y}_2) &= \lambda_1 L_d(\boldsymbol{y}_1) + \lambda_2 L_d(\boldsymbol{y}_2) = \lambda_1 L_d(\boldsymbol{x}_1) + \lambda_2 L_d(\boldsymbol{x}_2) \\ &= L_d(\lambda_1\boldsymbol{x}_1 + \lambda_2\boldsymbol{x}_2). \end{aligned}$$

Daher ist $\lambda_1\boldsymbol{y}_1 + \lambda_2\boldsymbol{y}_2 \in L_d(\lambda_1\boldsymbol{x}_1 + \lambda_2\boldsymbol{x}_2)$. Da aufgrund der Konvexität der Menge M_i $\lambda_1\boldsymbol{x}_1 + \lambda_2\boldsymbol{x}_2 \in M_i$ ist, folgt nach Definition (12.7a) $\lambda_1\boldsymbol{y}_1 + \lambda_2\boldsymbol{y}_2 \in \mathcal{M}_i$, womit die Konvexität der Menge $\mathcal{M}_i$ gezeigt ist ($i \in \{1, 2\}$).

Da für jeden Punkt $\boldsymbol{x} \in M_i$ auch $\boldsymbol{x} \in L_d(\boldsymbol{x})$ gilt und nach Definition (12.7a) dann $\boldsymbol{x} \in \mathcal{M}_i$ folgt, ist $M_i \subset \mathcal{M}_i$ ($i = 1, 2$).

Um die Inklusion $\mathcal{M}_i \subset \mathcal{L}_{M_i}$ ($i \in \{1, 2\}$) zu zeigen, wählen wir einen beliebigen Punkt $\boldsymbol{z} \in \mathcal{M}_i$. Nach Definition (12.7a) existiert dann ein Punkt $\boldsymbol{x}_i \in M_i$ mit $\boldsymbol{z} \in L_d(\boldsymbol{x}_i)$. Der Kegel

$$C_d(\boldsymbol{x}_i) := \{\boldsymbol{x} \in \mathbb{E}_n \mid \boldsymbol{x} = \boldsymbol{x}_i + \boldsymbol{v},\ \boldsymbol{v} \in C_{M_1} \cap C_{M_2}\}, \tag{12.8a}$$

der sich von dem Kegel $C_{M_1} \cap C_{M_2}$ um eine Translation unterscheidet, die den Scheitel $\boldsymbol{o}$ des Kegels $C_{M_1} \cap C_{M_2}$ in den Scheitel $\boldsymbol{x}_i$ des Kegels $C_d(\boldsymbol{x}_i)$ überführt, hat wegen $C_{M_1} \cap C_{M_2} \subset \mathcal{L}_d(\boldsymbol{o})$ die Eigenschaft $C_d(\boldsymbol{x}_i) \subset L_d(\boldsymbol{x}_i)$, und da $\mathcal{L}_d(\boldsymbol{o})$ die lineare Hülle des Kegels $C_{M_1} \cap C_{M_2}$ ist, ist $L_d(\boldsymbol{x}_i)$ die lineare Hülle des Kegels $C_d(\boldsymbol{x}_i)$. Aus Definition (12.8a) und Satz 7.1 folgt

$$C_d(\boldsymbol{x}_i) \subset \{\boldsymbol{x} \in \mathbb{E}_n \mid \boldsymbol{x} = \boldsymbol{x}_i + \boldsymbol{v},\ \boldsymbol{v} \in C_{M_i}\} = C_{M_i}(\boldsymbol{x}_i) \subset M_i \subset \mathcal{L}_{M_i}, \tag{12.8b}$$

wobei $C_{M_i}(\boldsymbol{x}_i)$ der charakteristische Kegel der Menge M_i in deren Punkt $\boldsymbol{x}_i$ ist. Da $\mathcal{L}_{M_i}$ ein linearer Unterraum ist und nach (12.8b) $C_d(\boldsymbol{x}_i) \subset \mathcal{L}_{M_i}$ gilt, folgt für die lineare Hülle $L_d(\boldsymbol{x}_i)$ des Kegels $C_d(\boldsymbol{x}_i)$ die Inklusion $L_d(\boldsymbol{x}_i) \subset \mathcal{L}_{M_i}$. Wegen $\boldsymbol{z} \in L_d(\boldsymbol{x}_i)$ gilt daher $\boldsymbol{z} \in \mathcal{L}_{M_i}$ und damit — $\boldsymbol{z}$ war ein beliebiger Punkt der Menge $\mathcal{M}_i$ — auch $\mathcal{M}_i \subset \mathcal{L}_{M_i}$, womit die Aussage $M_i \subset \mathcal{M}_i \subset \mathcal{L}_{M_i}$ ($i = 1, 2$) in (12.7b) gezeigt ist.

Da aus $\mathcal{M}_i \subset \mathcal{L}_{M_i}$ die Inklusion $\mathcal{L}_{\mathcal{M}_i} \subset \mathcal{L}_{M_i}$ und aus $M_i \subset \mathcal{M}_i$ die Inklusion $\mathcal{L}_{M_i} \subset \mathcal{L}_{\mathcal{M}_i}$ folgt, gilt $\mathcal{L}_{\mathcal{M}_i} = \mathcal{L}_{M_i}$ ($i = 1, 2$).

Um die Eigenschaft $\mathcal{M}_1 \cap \mathcal{M}_2 = \emptyset$ der Mengen $\mathcal{M}_1$ und $\mathcal{M}_2$ indirekt zu beweisen, nehmen wir an, daß es einen Punkt $\boldsymbol{y} \in \mathcal{M}_1 \cap \mathcal{M}_2$ gibt. Nach Definition (12.7a) existieren dann Punkte $\boldsymbol{x}_i \in M_i$ ($i = 1, 2$) mit $\boldsymbol{y} \in L_d(\boldsymbol{x}_i)$, und wegen $\boldsymbol{y} \in L_d(\boldsymbol{y})$ gilt

$$L_d(\boldsymbol{y}) = L_d(\boldsymbol{x}_1) = L_d(\boldsymbol{x}_2).$$

Da der lineare Unterraum $L_d(\boldsymbol{x}_i)$ die lineare Hülle des Kegels $C_d(\boldsymbol{x}_i)$ ist und da sich die in ein und demselben linearen Unterraum $L_d(\boldsymbol{y})$ gelegenen Kegel $C_d(\boldsymbol{x}_1)$ und $C_d(\boldsymbol{x}_2)$ durch eine Translation ineinander überführen lassen, gilt nach Satz 4.15 $C_d(\boldsymbol{x}_1) \cap C_d(\boldsymbol{x}_2) \neq \emptyset$. Daraus folgt nach (12.8b)

$$M_1 \cap M_2 \supset C_d(\boldsymbol{x}_1) \cap C_d(\boldsymbol{x}_2) \neq \emptyset,$$

im Widerspruch zu der Eigenschaft $M_1 \cap M_2 = \emptyset$ der asymptotisch sich berührenden Mengen M_1 und M_2 (vgl. Definition 12.1). Somit gilt $\mathcal{M}_1 \cap \mathcal{M}_2 = \emptyset$.

Aus der bereits gezeigten Inklusion $M_i \subset \mathcal{M}_i$ folgt $C_{M_i} \subset C_{\mathcal{M}_i}$ $(i = 1, 2)$ und daher

$$C_{M_1} \cap C_{M_2} \subset C_{\mathcal{M}_1} \cap C_{\mathcal{M}_2},$$

woraus man die letzte Aussage in (12.7b) erhält.

Wegen $\mathcal{M}_1 \cap \mathcal{M}_2 = \emptyset$ und daher $\operatorname{rel\,int} \mathcal{M}_1 \cap \operatorname{rel\,int} \mathcal{M}_2 = \emptyset$ existiert nach Satz 9.1 eine Trennungshyperebene der Mengen $\mathcal{M}_1$ und $\mathcal{M}_2$. Aus $M_i \subset \mathcal{M}_i$ $(i = 1, 2)$ folgt, daß jede Trennungshyperebene der Mengen $\mathcal{M}_1$ und $\mathcal{M}_2$ zugleich eine Trennungshyperebene der Mengen M_1 und M_2 ist. Es seien andererseits R eine Trennungshyperebene der Mengen M_1 und M_2 und H_1, H_2 die zu ihr gehörigen offenen Halbräume, wobei o. B. d. A. $M_i \subset \overline{H}_i$ $(i = 1, 2)$ vorausgesetzt werden kann. Für einen beliebigen Punkt $\boldsymbol{x}_0 \in R$ liegt der Kegel

$$C_d(\boldsymbol{x}_0) := \{\boldsymbol{x} \in \mathbb{E}_n \mid \boldsymbol{x} = \boldsymbol{x}_0 + \boldsymbol{v}, \boldsymbol{v} \in C_{M_1} \cap C_{M_2}\}$$

in der Hyperebene R (siehe Satz 12.2) und damit auch die lineare Hülle $L_d(\boldsymbol{x}_0)$ dieses Kegels, d. h. $L_d(\boldsymbol{x}_0) \subset R$. Wählt man einen beliebigen Punkt $\boldsymbol{x}_i \in M_i$ $(i \in \{1, 2\})$, so ist der lineare Unterraum $L_d(\boldsymbol{x}_i)$ parallel zu dem linearen Unterraum $L_d(\boldsymbol{x}_0)$ und wegen $L_d(\boldsymbol{x}_0) \subset R$ dann parallel zu der Hyperebene R. Wegen $\boldsymbol{x}_i \in M_i$ folgt $L_d(\boldsymbol{x}_i) \subset \overline{H}_i$ und — $\boldsymbol{x}_i$ war ein beliebiger Punkt der Menge M_i — nach Definition (12.7a) schließlich $\mathcal{M}_i \subset \overline{H}_i$ $(i = 1, 2)$. Die Inklusion $\mathcal{M}_1 \cup \mathcal{M}_2 \subset R$ kann wegen $M_i \subset \mathcal{M}_i$ nicht gelten, denn dann wäre auch $M_1 \cup M_2 \subset R$, im Widerspruch dazu, daß R eine Trennungshyperebene der Mengen M_1 und M_2 ist (vgl. Definition 9.1). Die Trennungshyperebene R der Mengen M_1 und M_2 ist daher auch eine Trennungshyperebene von $\mathcal{M}_1$ und $\mathcal{M}_2$. □

Satz 12.4. *Es seien M_1 und M_2 nichtleere abgeschlossene konvexe Mengen in $\mathbb{E}_n$, die sich asymptotisch berühren, und $\mathcal{M}_1, \mathcal{M}_2$ die den Mengen M_1, M_2 gemäß* (12.7a) *zugeordneten Mengen. Falls für die charakteristischen Kegel C_{M_i} und $C_{\mathcal{M}_i}$ der Mengen M_i und $\mathcal{M}_i$ $(i = 1, 2)$*

$$\dim (C_{\mathcal{M}_1} \cap C_{\mathcal{M}_2}) = \dim (C_{M_1} \cap C_{M_2}), \tag{12.9a}$$

gilt, so ist

$$\overline{\mathcal{M}}_1 \cap \overline{\mathcal{M}}_2 \neq \emptyset. \tag{12.9b}$$

Beweis. Nach Definition (12.7a) gilt $L_d(\boldsymbol{x}) \subset \mathcal{M}_i$ für alle $\boldsymbol{x} \in M_i$ $(i = 1, 2)$. Da der d-dimensionale lineare Unterraum $\mathcal{L}_d(\boldsymbol{o})$, der die lineare Hülle des Kegels $C_{M_1} \cap C_{M_2}$ ist, zugleich der charakteristische Kegel jedes linearen Unterraumes $L_d(\boldsymbol{x})$ mit $\boldsymbol{x} \in \mathbb{E}_n$ ist, gilt $\mathcal{L}_d(\boldsymbol{o}) \subset C_{\mathcal{M}_i}$ $(i = 1, 2)$. Somit ist $\mathcal{L}_d(\boldsymbol{o}) \subset C_{\mathcal{M}_1} \cap C_{\mathcal{M}_2}$, und für die lineare Hülle $\mathcal{L}$ des Kegels $C_{\mathcal{M}_1} \cap C_{\mathcal{M}_2}$ gilt dann

$$\mathcal{L}_d(\boldsymbol{o}) \subset C_{\mathcal{M}_1} \cap C_{\mathcal{M}_2} \subset \mathcal{L}.$$

Da nach Voraussetzung (12.9a) $\mathcal{L}$ ein d-dimensionaler und den Punkt $\boldsymbol{o}$ enthaltender linearer Unterraum ist, folgt daraus

$$\mathcal{L} = \mathcal{L}_d(\boldsymbol{o}) = C_{\mathcal{M}_1} \cap C_{\mathcal{M}_2}. \tag{12.10a}$$

Der charakteristische Kegel $C_{U(\mathcal{M}_i;\varepsilon)}$ einer beliebigen ε-Umgebung $U(\mathcal{M}_i; \varepsilon)$ der Menge $\mathcal{M}_i$ hat nach Satz 7.11 die Eigenschaft

$$C_{U(\mathcal{M}_i;\varepsilon)} = C_{\mathcal{M}_i} \qquad (i = 1, 2). \tag{12.10b}$$

Wegen $M_i \subset \mathcal{M}_i$ (vgl. Satz 12.3) ist $U(M_i; \varepsilon) \subset U(\mathcal{M}_i; \varepsilon)$ $(i = 1, 2)$; aus der Voraussetzung der asymptotischen Berührung der Mengen M_1 und M_2 folgt nach Satz 12.1, Aussage (d), $U(M_1; \varepsilon) \cap U(M_2; \varepsilon) \neq \emptyset$, daher gilt

$$U(\mathcal{M}_1; \varepsilon) \cap U(\mathcal{M}_2; \varepsilon) \neq \emptyset. \tag{12.10c}$$

Mit Satz 7.7 erhält man dann aus (12.10a, b) für die charakteristischen Kegel der entsprechenden Mengen die Aussage

$$C_{U(\mathcal{M}_1;\varepsilon)\cap U(\mathcal{M}_2;\varepsilon)} = C_{\mathcal{M}_1} \cap C_{\mathcal{M}_2} = \mathcal{L}_d(\boldsymbol{o}). \tag{12.11}$$

Bezeichnen wir mit $L_{n-d}(\boldsymbol{o})$ den zum linearen Unterraum $\mathcal{L}_d(\boldsymbol{o})$ dualen und den Punkt $\boldsymbol{o}$ enthaltenden linearen Unterraum, für den also

$$C_{L_{n-d}(\boldsymbol{o})} = L_{n-d}(\boldsymbol{o}), \quad L_{n-d}(\boldsymbol{o}) \cap \mathcal{L}_d(\boldsymbol{o}) = \{\boldsymbol{o}\} \tag{12.12}$$

gilt, und wählen einen beliebigen Punkt $\boldsymbol{x} \in U(\mathcal{M}_1; \varepsilon) \cap U(\mathcal{M}_2; \varepsilon)$ (vgl. (12.10c)), so folgt aus Definition (12.7a)

$$L_d(\boldsymbol{x}) \subset U(\mathcal{M}_1; \varepsilon) \cap U(\mathcal{M}_2; \varepsilon)$$

und, da der Durchschnitt $L_{n-d}(\boldsymbol{o}) \cap L_d(\boldsymbol{x})$ nichtleer ist, daraus weiter

$$M_\varepsilon^* := L_{n-d}(\boldsymbol{o}) \cap U(\mathcal{M}_1; \varepsilon) \cap U(\mathcal{M}_2; \varepsilon) \supset L_{n-d}(\boldsymbol{o}) \cap L_d(\boldsymbol{x}) \neq \emptyset. \tag{12.13}$$

Mit Satz 7.7 bekommt man aus (12.12), (12.11) und (12.13)

$$C_{M_\varepsilon^*} = C_{L_{n-d}(\boldsymbol{o})} \cap C_{L_d(\boldsymbol{o})} = L_{n-d}(\boldsymbol{o}) \cap \mathcal{L}_d(\boldsymbol{o}) = \{\boldsymbol{o}\},$$

woraus die Beschränktheit der konvexen Menge M_ε^* folgt, und zwar für jede Zahl $\varepsilon > 0$.

Da für die Mengen M_1 und M_2 nach Voraussetzung (vgl. Definition 12.1) $\varrho(M_1, M_2) = 0$ gilt, existieren zu einer beliebigen Zahl $\varepsilon > 0$ Punkte $\boldsymbol{x}_1 \in M_1$, $\boldsymbol{x}_2 \in M_2$ mit $\varrho(\boldsymbol{x}_1, \boldsymbol{x}_2) < \varepsilon$. Dann ist aber

$$\boldsymbol{x}_1 \in U(\boldsymbol{x}_2; \varepsilon) \subset U(M_2; \varepsilon), \quad \boldsymbol{x}_2 \in U(\boldsymbol{x}_1; \varepsilon) \subset U(M_1; \varepsilon)$$

und wegen $\boldsymbol{x}_i \in U(M_1; \varepsilon)$ $(i = 1, 2)$ auch

$$\boldsymbol{x}_i \in U(M_1; \varepsilon) \cap U(M_2; \varepsilon) \qquad (i = 1, 2). \tag{12.14a}$$

Für den Abstand der linearen Unterräume $L_d(\boldsymbol{x}_1)$ und $L_d(\boldsymbol{x}_2)$ gilt wegen $\boldsymbol{x}_i \in L_d(\boldsymbol{x}_i)$ $(i = 1, 2)$ und wegen $\varrho(\boldsymbol{x}_1, \boldsymbol{x}_2) < \varepsilon$ die Ungleichung

$$\varrho\big(L_d(\boldsymbol{x}_1), L_d(\boldsymbol{x}_2)\big) < \varepsilon, \tag{12.14b}$$

wobei unter Beachtung der Definition (12.7a) aus (12.14a) folgt

$$L_d(\boldsymbol{x}_i) \subset U(\mathcal{M}_1; \varepsilon) \cap U(\mathcal{M}_2; \varepsilon) \qquad (i = 1, 2). \tag{12.15}$$

Bezeichnet man mit $\{\boldsymbol{x}_i^*\}$ die einelementige Durchschnittsmenge der zueinander dualen Unterräume $L_{n-d}(\boldsymbol{o})$ und $L_d(\boldsymbol{x}_i)$, so folgt aus (12.15) und (12.13)

$$\{\boldsymbol{x}_i^*\} = L_{n-d}(\boldsymbol{o}) \cap L_d(\boldsymbol{x}_i) \subset L_{n-d}(\boldsymbol{o}) \cap U(\mathcal{M}_1; \varepsilon) \cap U(\mathcal{M}_2; \varepsilon) \qquad (i = 1, 2)$$

und daraus nach (12.7a), (12.13) und (12.14b)

$$\boldsymbol{x}_i^* \in \mathcal{M}_i, \quad \boldsymbol{x}_i^* \in M_\varepsilon^* \qquad (i = 1, 2), \quad \varrho(\boldsymbol{x}_1, \boldsymbol{x}_2) < \varepsilon. \tag{12.16}$$

Die Mengen $\mathcal{M}_i \cap M_\varepsilon^*$ $(i = 1, 2)$ sind für eine beliebige Zahl $\varepsilon > 0$ nach (12.16) nichtleer und wegen der obengezeigten Beschränktheit der Menge M_ε^* beschränkt, d. h. aber, die Mengen $\bar{\mathcal{M}}_i \cap \bar{M}_\varepsilon^*$ $(i = 1, 2)$ sind nichtleere kompakte Mengen in $\mathbb{E}_n$.

Wir wählen nun eine Zahl $\varepsilon_0 > 0$. Dann gilt für jede Zahl ε mit $0 < \varepsilon < \varepsilon_0$ nach (12.13) die Inklusion $M_\varepsilon^* \subset M_{\varepsilon_0}^*$, und nach (12.16) gibt es Punkte $\boldsymbol{x}_i^*$ $(i = 1, 2)$ mit

$$\boldsymbol{x}_i^* \in \mathcal{M}_i \cap M_\varepsilon^* \subset \bar{\mathcal{M}}_i \cap \bar{M}_{\varepsilon_0}^* \qquad (i = 1, 2), \quad \varrho(\boldsymbol{x}_1^*, \boldsymbol{x}_2^*) < \varepsilon.$$

Daraus folgt, daß der Abstand der kompakten nichtleeren Mengen $\bar{\mathcal{M}}_1 \cap \bar{M}_{\varepsilon_0}^*$ und $\bar{\mathcal{M}}_2 \cap \bar{M}_{\varepsilon_0}^*$ Null ist. Also gilt

$$(\bar{\mathcal{M}}_1 \cap \bar{M}_{\varepsilon_0}^*) \cap (\bar{\mathcal{M}}_2 \cap \bar{M}_{\varepsilon_0}^*) = \bar{\mathcal{M}}_1 \cap \bar{\mathcal{M}}_2 \cap \bar{M}_{\varepsilon_0}^* \neq 0$$

und daher $\bar{\mathcal{M}}_1 \cap \bar{\mathcal{M}}_2 \neq \emptyset$, was zu zeigen war. □

Bemerkung 12.1. In Ergänzung zum Satz 12.4 soll anhand zweier Beispiele gezeigt werden, daß für nichtleere abgeschlossene Mengen, die sich asymptotisch berühren und die die Bedingung (12.9a) aus Satz 12.4 nicht erfüllen, sowohl $\bar{\mathcal{M}}_1 \cap \bar{\mathcal{M}}_2 \neq \emptyset$ (Beispiel 12.1) als auch $\bar{\mathcal{M}}_1 \cap \bar{\mathcal{M}}_2 = \emptyset$ (Beispiel 12.2) gelten kann.

Beispiel 12.1. Die Mengen

$$M_1 := \{(x, y, z) \in \mathbb{E}_3 \mid xz \leqq 1,\ x \leqq 0,\ y \leqq 1\},$$

$$M_2 := \{(x, y, z) \in \mathbb{E}_3 \mid \log x - y^2 + z \geqq 0,\ x \geqq 0\}$$

sind abgeschlossen und konvex; es gilt $M_1 \cap M_2 = \emptyset$ und $\dim M_1 = \dim M_2 = 3$ (Abb. 12.1a). Die charakteristischen Kegel der Mengen M_1 und M_2 sind

$$C_{M_1} = \{\boldsymbol{v} \in \mathbb{E}_3 \mid v_1 \leqq 0,\ v_2 \leqq 0,\ v_3 \geqq 0\},$$

$$C_{M_2} = \{\boldsymbol{v} \in \mathbb{E}_3 \mid v_1 \geqq 0,\ v_2 = 0,\ v_3 \geqq 0\},$$

und es gilt (siehe Abb. 12.1b)

$$C_{M_1} \cap C_{M_2} = \{\boldsymbol{v} \in \mathbb{E}_3 \mid v_1 = v_2 = 0,\ v_3 \geqq 0\},$$

$$d := \dim (C_{M_1} \cap C_{M_2}) = 1,$$

$$\mathcal{L}_d(\boldsymbol{o}) = \{\boldsymbol{v} \in \mathbb{E}_3 \mid v_1 = v_2 = 0\}.$$

Hieraus folgt für die Abschließungen $\bar{\mathcal{M}}_i$ der unter (12.7a) definierten Mengen $\mathcal{M}_i$ $(i = 1, 2)$

$$\bar{\mathcal{M}}_1 = \{(x, y, z) \in \mathbb{E}_3 \mid x \leqq 0,\ y \leqq 1\},$$

$$\bar{\mathcal{M}}_2 = \{(x, y, z) \in \mathbb{E}_3 \mid x \geqq 0\},$$

wobei

$$C_{\mathcal{M}_1} = \{\boldsymbol{v} \in \mathbb{E}_3 \mid v_1 \leqq 0,\ v_2 \leqq 0\} = \{(x, y, z) \in \mathbb{E}_3 \mid x \leqq 0,\ y \leqq 0\},$$

$$C_{\mathcal{M}_2} = \{\boldsymbol{v} \in \mathbb{E}_3 \mid v_1 \geqq 0\} = \{(x, y, z) \in \mathbb{E}_3 \mid x \geqq 0\}$$

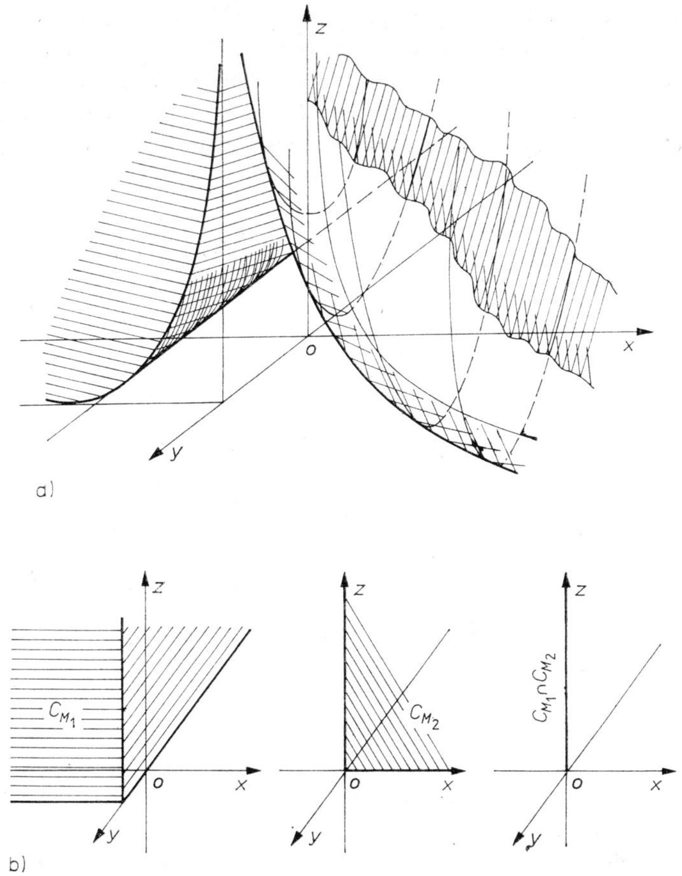

Abb. 12.1

die entsprechenden charakteristischen Kegel sind. Somit ist

$$C_{\mathcal{M}_1} \cap C_{\mathcal{M}_2} = \{(x, y, z) \in \mathbb{E}_3 \mid x = 0,\ y \leqq 0\},$$

d. h., der Kegel $C_{\mathcal{M}_1} \cap C_{\mathcal{M}_2}$ ist eine abgeschlossene Halbebene der durch $x = 0$ beschriebenen Koordinatenebene in $\mathbb{E}_3$. Damit gilt

$$\dim (C_{M_1} \cap C_{M_2}) = 1 < \dim (C_{\mathcal{M}_1} \cap C_{\mathcal{M}_2}) = 2.$$

Beispiel 12.2. In $\mathbb{E}_3$ betrachten wir die Mengen

$$M_1 := \{(x, y, z) \in \mathbb{E}_3 \mid xy + 1 \leqq 0,\ x \leqq 0,\ z \geqq y^2\},$$
$$M_2 := \{(x, y, z) \in \mathbb{E}_3 \mid x \geqq 0\}.$$

Die Menge M_2 ist ein abgeschlossener Halbraum in $\mathbb{E}_3$, also eine abgeschlossene konvexe Menge. Die Menge M_1 ist als Durchschnitt der abgeschlossenen konvexen Mengen (vgl. Abb. 12.2a und 12.2b)

$$\begin{aligned} M_{11} &:= \{(x, y, z) \in \mathbb{E}_3 \mid xy + 1 \leqq 0,\ x \leqq 0\}, \\ M_{12} &:= \{(x, y, z) \in \mathbb{E}_3 \mid z \geqq y^2\} \end{aligned} \tag{12.17}$$

ebenfalls abgeschlossen und konvex. Wegen int $M_1 \neq \emptyset$ (für den Punkt $(x_0, y_0, z_0) = (-2, 1, 2)$ gilt $x_0 y_0 + 1 < 0$, $x_0 < 0$, $z_0 > y_0^2$) ist $\dim M_1 = 3$. Zur Berechnung des charakteristischen Kegels der Menge M_1 wählen wir den Punkt $(\tilde{x}, \tilde{y}, \tilde{z}) = (-1, 1, 1) \in M_1$; eine Halbgerade $\overline{p}((\tilde{x}, \tilde{y}, \tilde{z}); \boldsymbol{v})$ liegt in der Menge M_1, wenn der Vektor $\boldsymbol{v} = (v_1, v_2, v_3)$ die folgenden Bedingungen erfüllt (vgl. die Beschreibung der Menge M_1):

$$(-1 + v_1 t)(1 + v_2 t) + 1 \leqq 0, \quad t \geqq 0,$$

$$-1 + v_1 t \leqq 0, \quad t \geqq 0,$$

$$(1 + v_3 t) \geqq (1 + v_2 t)^2, \quad t \geqq 0,$$

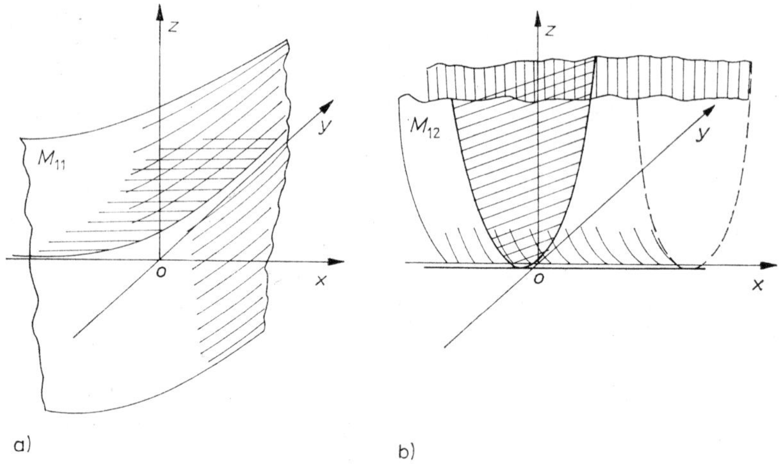

Abb. 12.2

d. h., für beliebige nichtnegative Zahlen t muß gelten

$$\begin{aligned} v_1 v_2 t^2 + (v_1 - v_2)\, t &\leqq 0, \\ v_1 t - 1 &\leqq 0, \\ v_2^2 t^2 + (2 v_2 - v_3)\, t &\leqq 0. \end{aligned}$$

Aus den ersten beiden Ungleichungen folgt $v_1 \leqq 0$, $v_2 \geqq 0$ und aus der dritten dann $v_2 = 0$, $v_3 \geqq 0$; also ist

$$C_{M_1} = \{\boldsymbol{v} \in \mathbb{E}_3 \mid v_1 \leqq 0,\ v_2 = 0,\ v_3 \geqq 0\}.$$

Für den Halbraum M_2 erhält man unmittelbar

$$C_{M_2} = \{\boldsymbol{v} \in \mathbb{E}_3 \mid v_1 \geqq 0\}.$$

Damit gilt

$$\begin{aligned} C_{M_1} \cap C_{M_2} &= \{\boldsymbol{v} \in \mathbb{E}_3 \mid v_1 = v_2 = 0,\ v_3 \geqq 0\}, \quad d := \dim (C_{M_1} \cap C_{M_2}) = 1, \\ \mathscr{L}_d(\boldsymbol{o}) &= \{\boldsymbol{x} \in \mathbb{E}_3 \mid x = y = 0,\ z = t,\ t \in \mathbb{R}\}. \end{aligned}$$

Die unter (12.7a) definierte Menge $\mathcal{M}_1$ ist dann

$$\begin{aligned}\mathcal{M}_1 &= \{(x, y, z) \in \mathbb{E}_3 \mid x = \tilde{x}, y = \tilde{y}, z = \tilde{z} + t, \tilde{x} \in M_1, t \in \mathbb{R}\} \\ &= \{(x, y, z) \in \mathbb{E}_3 \mid xy + 1 \leqq 0, x \leqq 0, z \geqq y^2 + t, t \in \mathbb{R}\} \\ &= \{(x, y, z) \in \mathbb{E}_3 \mid xy + 1 \leqq 0, x \leqq 0\} = M_{11} \qquad (12.18)\end{aligned}$$

(vgl. (12.17)). Aus der Beschreibung der Menge M_{11} folgt $C_{M_{11}} = \{\boldsymbol{v} \in \mathbb{E}_3 \mid v_1 \leqq 0, v_2 \geqq 0\}$ und, da M_{11} eine abgeschlossene Menge ist, nach (12.18)

$$C_{\mathcal{M}_1} = C_{M_{11}} = \{\boldsymbol{v} \in \mathbb{E}_3 \mid v_1 \leqq 0, v_2 \geqq 0\}, \quad \bar{\mathcal{M}}_1 = \mathcal{M}_1. \qquad (12.19)$$

Da die Menge M_2 ein abgeschlossener Halbraum ist, gilt für die ihr gemäß Definition (12.7a) zugeordnete Menge $\mathcal{M}_2$ die Gleichheit $\bar{\mathcal{M}}_2 = \mathcal{M}_2 = M_2$ und daher $C_{\mathcal{M}_2} = C_{M_2} = \{\boldsymbol{v} \in \mathbb{E}_3 \mid v_1 \geqq 0\}$. Hieraus folgt nach (12.19) $C_{\mathcal{M}_1} \cap C_{\mathcal{M}_2} = \{\boldsymbol{v} \in \mathbb{E}_3 \mid v_1 = 0, v_2 \geqq 0\}$ und daher $\dim (C_{\mathcal{M}_1} \cap C_{\mathcal{M}_2}) = 2 > \dim (C_{M_1} \cap C_{M_2}) = 1$ und zum anderen $\bar{\mathcal{M}}_1 \cap \bar{\mathcal{M}}_2 = M_{11} \cap M_2$. Da zur Menge M_{11} kein Punkt (x, y, z) mit $x \geqq 0$ gehört, ist $\bar{\mathcal{M}}_1 \cap \mathcal{M}_2 = \emptyset$.

Bemerkung 12.2. Die in Satz 12.4 eingeführte Menge $\bar{\mathcal{M}}_1 \cap \bar{\mathcal{M}}_2$ wird für die folgenden Untersuchungen in diesem und dem nächsten Kapitel noch eine wichtige Rolle spielen. Daher werden wir weitere Eigenschaften für sie herleiten. Dazu dienen die folgende Definition 12.2 und die sich ihr anschließenden Sätze.

Definition 12.2. Falls für zwei nichtleere, sich asymptotisch berührende, abgeschlossene und konvexe Mengen M_1 und M_2 in $\mathbb{E}_n$ eine Halbgerade $p(\boldsymbol{x}_0; \boldsymbol{v})$ existiert, so daß für einen beliebigen Punkt $\boldsymbol{x} \in p(\boldsymbol{x}_0; \boldsymbol{v})$ und eine beliebige Zahl $\varepsilon > 0$ die ε-Umgebung $U(p(\boldsymbol{x}; \boldsymbol{v}); \varepsilon)$ der Halbgeraden $p(\boldsymbol{x}; \boldsymbol{v})$ sowohl Punkte der Menge M_1 als auch Punkte der Menge M_2 enthält, so sagt man, daß die Mengen M_1 und M_2 eine *asymptotische Berührung erster Ordnung* haben. Die Halbgerade $p(\boldsymbol{x}_0; \boldsymbol{v})$ heißt dann eine *asymptotische Berührungshalbgerade* der Mengen M_1 und M_2.

Satz 12.5. *Es seien M_1 und M_2 nichtleere abgeschlossene konvexe Mengen in $\mathbb{E}_n$ mit einer asymptotischen Berührung erster Ordnung und $p(\boldsymbol{x}_0; \boldsymbol{v})$ eine asymptotische Berührungshalbgerade der Mengen M_1 und M_2. Dann gilt $\boldsymbol{v} \in C_{M_1} \cap C_{M_2}$, wobei C_{M_i} den charakteristischen Kegel der Menge M_i $(i = 1, 2)$ bezeichnet.*

Beweis. Es genügt offenbar, die Aussage $\boldsymbol{v} \in C_{M_1}$ zu zeigen. Diese gilt gerade dann, wenn für einen beliebigen Punkt $\boldsymbol{x}_1 \in M_1$ die offene Halbgerade $p(\boldsymbol{x}_1; \boldsymbol{v})$ in der Menge M_1 liegt (vgl. Definition 7.2 des charakteristischen Kegels einer konvexen Menge). Das wiederum ist wegen $\bar{M}_1 = M_1$ der Fall, wenn jeder Punkt $\boldsymbol{y} \in p(\boldsymbol{x}_1; \boldsymbol{v})$ ein Häufungspunkt der Menge M_1 ist.

Es sei also $\boldsymbol{x}_1 \in M_1$ und $\boldsymbol{y}$ ein beliebiger Punkt der offenen Halbgeraden $p(\boldsymbol{x}_1; \boldsymbol{v})$. Offenbar ist $\boldsymbol{y} \neq \boldsymbol{x}_1$. Weiter sei $\delta > 0$ eine beliebige Zahl mit

$$0 < \delta < \|\boldsymbol{y} - \boldsymbol{x}_1\|.$$

Dann gibt es eine Zahl $\varepsilon > 0$ in der Weise, daß für alle Punkte $\boldsymbol{z}$ mit

$$\|\boldsymbol{z} - \boldsymbol{x}_1\| > \|\boldsymbol{y} - \boldsymbol{x}_1\| + \delta, \quad \boldsymbol{z} \in U(\boldsymbol{x}_1; \boldsymbol{v}; \varepsilon) \qquad (12.20\text{a})$$

(hierbei bezeichnet $U(\boldsymbol{x}_1; \boldsymbol{v}; \varepsilon)$ die ε-Kegelumgebung der Halbgeraden $p(\boldsymbol{x}_1; \boldsymbol{v})$) die offene Strecke $u(\boldsymbol{x}_1, \boldsymbol{z})$ die Eigenschaften

$$u(\boldsymbol{x}_1, \boldsymbol{z}) \subset U(\boldsymbol{x}_1; \boldsymbol{v}; \varepsilon), \quad U(\boldsymbol{y}; \delta) \cap u(\boldsymbol{x}_1, \boldsymbol{z}) \neq \emptyset \qquad (12.20\text{b})$$

hat. Diese Aussagen folgen aus (12.20a) und der Definition 6.1 der Menge $U(\boldsymbol{x}_1; \boldsymbol{v}; \varepsilon)$, deren Abschließung $\overline{U}(\boldsymbol{x}_1; \boldsymbol{v}; \varepsilon)$ ein n-dimensionaler konvexer Kegel mit genau einem Scheitel, nämlich dem Punkt $\boldsymbol{x}_1$, ist (vgl. Lemma 6.1); darüber hinaus gilt

$$U(\boldsymbol{x}_1; \boldsymbol{v}; \varepsilon) = \operatorname{int} \overline{U}(\boldsymbol{x}_1; \boldsymbol{v}; \varepsilon), \quad p(\boldsymbol{x}_1; \boldsymbol{v}) \subset U(\boldsymbol{x}_1; \boldsymbol{v}; \varepsilon). \tag{12.21}$$

Nach Definition 12.2 der asymptotischen Berührungshalbgeraden $p(\boldsymbol{x}_0; \boldsymbol{v})$ der Mengen M_1 und M_2 ist

$$M_1 \cap U\big(p(\boldsymbol{x}'; \boldsymbol{v}); \varepsilon'\big) \neq \emptyset$$

für beliebig gewählte Punkte $\boldsymbol{x}' \in p(\boldsymbol{x}_0; \boldsymbol{v})$ und beliebige Zahlen $\varepsilon' > 0$. Aus (12.21) folgt (vgl. Satz 4.14), daß der Durchschnitt $p(\boldsymbol{x}_0; \boldsymbol{v}) \cap U(\boldsymbol{x}_1; \boldsymbol{v}; \varepsilon)$ eine unbeschränkte Menge, also eine Halbgerade ist. Es existiert daher ein Punkt $\boldsymbol{x}'$ mit den Eigenschaften

$$\boldsymbol{x}' \in p(\boldsymbol{x}_0; \boldsymbol{v}), \quad p(\boldsymbol{x}'; \boldsymbol{v}) \subset U(\boldsymbol{x}_1; \boldsymbol{v}; \varepsilon), \quad \|\boldsymbol{x}' - \boldsymbol{x}_1\| > \|\boldsymbol{y} - \boldsymbol{x}_1\| + \delta. \tag{12.22a}$$

Da die Menge $U(\boldsymbol{x}_1; \boldsymbol{v}; \varepsilon)$ eine in $\mathbb{E}_n$ offene Menge ist, gibt es eine Zahl $\varepsilon' > 0$, so daß für die ε'-Umgebung $U(\boldsymbol{x}'; \varepsilon')$ des Punktes $\boldsymbol{x}'$ gilt

$$U(\boldsymbol{x}'; \varepsilon') \subset U(\boldsymbol{x}_1; \boldsymbol{v}; \varepsilon), \quad \varrho\big(U(\boldsymbol{x}'; \varepsilon'), \boldsymbol{x}_1\big) > \|\boldsymbol{y} - \boldsymbol{x}_1\| + \delta. \tag{12.22b}$$

Aus der Konvexität der Menge $U(\boldsymbol{x}_1; \boldsymbol{v}; \varepsilon)$ und aus den Inklusionen in (12.22a, b) folgt, daß alle Halbgeraden $p(\boldsymbol{z}'; \boldsymbol{v})$ mit $\boldsymbol{z}' \in U(\boldsymbol{x}'; \varepsilon')$ zur Menge $U(\boldsymbol{x}_1; \boldsymbol{v}; \varepsilon)$ gehören. Daraus erhält man für die ε'-Umgebung $U\big(p(\boldsymbol{x}'; \boldsymbol{v}); \varepsilon'\big)$ der Halbgeraden $p(\boldsymbol{x}'; \boldsymbol{v})$ wegen

$$U\big(p(\boldsymbol{x}'; \boldsymbol{v}); \varepsilon'\big) = \bigcup_{\boldsymbol{z}'} p(\boldsymbol{z}'; \boldsymbol{v}), \quad \boldsymbol{z}' \in U(\boldsymbol{x}'; \varepsilon') \tag{12.23}$$

die Inklusion

$$U\big(p(\boldsymbol{x}'; \boldsymbol{v}); \varepsilon'\big) \subset U(\boldsymbol{x}_1; \boldsymbol{v}; \varepsilon). \tag{12.24}$$

Wir zeigen nun, daß gilt

$$\varrho(\boldsymbol{z}, \boldsymbol{x}_1) > \|\boldsymbol{y} - \boldsymbol{x}_1\| + \delta \quad \text{für alle} \quad \boldsymbol{z} \in U\big(p(\boldsymbol{x}'; \boldsymbol{v}); \varepsilon'\big). \tag{12.25}$$

Dazu wählen wir einen beliebigen Punkt $\boldsymbol{z} \in U\big(p(\boldsymbol{x}'; \boldsymbol{v}); \varepsilon'\big)$. Nach (12.23) gibt es dann einen Punkt $\boldsymbol{z}' \in U(\boldsymbol{x}'; \varepsilon')$ und eine Zahl $t \geqq 0$ mit $\boldsymbol{z} = \boldsymbol{z}' + t\boldsymbol{v}$. Da der Punkt $\boldsymbol{x}_1$ der einzige Scheitel des konvexen Kegels $\overline{U}(\boldsymbol{x}_1; \boldsymbol{v}; \varepsilon)$ ist und da nach (12.22a) $\boldsymbol{z}' \in U(\boldsymbol{x}_1; \boldsymbol{v}; \varepsilon)$ gilt, hat der Winkel α zwischen den Vektoren $\boldsymbol{v}$ und $\boldsymbol{z}' - \boldsymbol{x}_1$ die Eigenschaft $0 < \cos\alpha \leqq 1$, d. h., es ist

$$\|\boldsymbol{z} - \boldsymbol{x}_1\| = \|(\boldsymbol{z}' - \boldsymbol{x}_1) + t\boldsymbol{v}\| \geqq \|\boldsymbol{z}' - \boldsymbol{x}_1\|.$$

Hieraus folgt wegen $\boldsymbol{z}' \in U(\boldsymbol{x}'; \varepsilon')$ nach (12.22b) $\|\boldsymbol{z}' - \boldsymbol{x}_1\| > \|\boldsymbol{y} - \boldsymbol{x}_1\| + \delta$ und damit die Aussage (12.25).

Es sei nun $\boldsymbol{z}$ ein beliebiger Punkt der Menge $M_1 \cap U\big(p(\boldsymbol{x}'; \boldsymbol{v}); \varepsilon'\big)$. Wegen $\boldsymbol{z} \in M_1$ und $\boldsymbol{x}_1 \in M_1$ liegt auch die offene Strecke $u(\boldsymbol{x}_1, \boldsymbol{z})$ in der konvexen Menge M_1, und nach (12.25) und (12.20a, b) ist $U(\boldsymbol{y}; \delta) \cap u(\boldsymbol{x}_1, \boldsymbol{z}) \neq \emptyset$. Wegen $u(\boldsymbol{x}_1, \boldsymbol{z}) \subset M_1$ enthält also die δ-Umgebung $U(\boldsymbol{y}; \delta)$ des Punktes $\boldsymbol{y} \in p(\boldsymbol{x}_1; \boldsymbol{v})$ für beliebige Zahlen δ mit $0 < \delta < \|\boldsymbol{y} - \boldsymbol{x}_1\|$ Punkte der Menge M_1. Der Punkt $\boldsymbol{y}$ ist daher ein Häufungspunkt der Menge M_1. Da er ein beliebiger Punkt der Halbgeraden $p(\boldsymbol{x}_1; \boldsymbol{v})$ war, folgt hieraus die Aussage des Satzes. □

Satz 12.6. *Es seien M_1 und M_2 nichtleere abgeschlossene konvexe Mengen in $\mathbb{E}_n$ mit einer asymptotischen Berührung erster Ordnung und $p(\boldsymbol{x}_0; \boldsymbol{v})$ eine asymptotische Berührungshalbgerade der Mengen M_1 und M_2. Falls $\mathcal{L}_{M_i}$ die lineare Hülle der Menge M_i ist $(i = 1, 2)$ und R eine Trennungshyperebene der Mengen M_1 und M_2 (vgl. Satz* 12.1, *Aussage* (a)), *so gilt*

$$p(\boldsymbol{x}_0; \boldsymbol{v}) \subset \mathcal{L}_{M_1} \cap \mathcal{L}_{M_2} \cap R. \tag{12.26}$$

Beweis. Wir zeigen zunächst die Inklusion

$$p(\boldsymbol{x}_0; \boldsymbol{v}) \subset R. \tag{12.27}$$

Bezeichnet man mit H_1 und H_2 die zu der Hyperebene R gehörigen offenen Halbräume in $\mathbb{E}_n$, so gilt nach Voraussetzung (bei geeigneter Numerierung)

$$M_i \subset \overline{H}_i \qquad (i = 1, 2), \quad M_1 \cup M_2 \not\subset R. \tag{12.28}$$

Wenn die Inklusion (12.27) nicht gelten würde, gäbe es einen Punkt $\boldsymbol{x}'$ mit

$$\boldsymbol{x}' \in p(\boldsymbol{x}_0; \boldsymbol{v}), \quad \boldsymbol{x}' \notin R; \tag{12.29a}$$

o. B. d. A. sei

$$\boldsymbol{x}' \in H_1. \tag{12.29b}$$

Nach Definition 12.2 gilt dann für jede ε-Umgebung $U(p(\boldsymbol{x}'; \boldsymbol{v}); \varepsilon)$ der Halbgeraden $p(\boldsymbol{x}'; \boldsymbol{v})$

$$U(p(\boldsymbol{x}'; \boldsymbol{v}); \varepsilon) \cap M_i \neq \emptyset \qquad (i = 1, 2).$$

Wegen $M_1 \subset \overline{H}_1$ folgt daraus $p(\boldsymbol{x}'; \boldsymbol{v}) \not\subset H_1$, und wegen (12.29b) schneidet die Halbgerade $p(\boldsymbol{x}'; \boldsymbol{v})$ die Hyperebene R in genau einem Punkt. Es gibt also einen Punkt $\boldsymbol{x} \in p(\boldsymbol{x}'; \boldsymbol{v}) \cap H_2$ mit $p(\boldsymbol{x}; \boldsymbol{v}) \subset H_2$. Da der Halbraum H_2 eine offene konvexe Menge in $\mathbb{E}_n$ ist, existiert eine ε-Umgebung $U(\boldsymbol{x}; \varepsilon)$ des Punktes $\boldsymbol{x}$ mit $U(\boldsymbol{x}; \varepsilon) \subset H_2$, und wegen $p(\boldsymbol{x}; \boldsymbol{v}) \subset H_2$ gilt $p(\boldsymbol{y}; \boldsymbol{v}) \subset H_2$ für alle Punkte $\boldsymbol{y} \in U(\boldsymbol{x}; \varepsilon)$ (vgl. Satz 2.12). Da aber die ε-Umgebung $U(p(\boldsymbol{x}; \boldsymbol{v}); \varepsilon)$ der Halbgeraden $p(\boldsymbol{x}; \boldsymbol{v})$ eine Vereinigung aller Halbgeraden $p(\boldsymbol{y}; \boldsymbol{v})$ mit $\boldsymbol{y} \in U(\boldsymbol{x}; \varepsilon)$ ist, liegt sie in dem Halbraum H_2. Wegen $p(\boldsymbol{x}; \boldsymbol{v}) \subset p(\boldsymbol{x}'; \boldsymbol{v}) \subset p(\boldsymbol{x}_0; \boldsymbol{v})$ enthält die im Halbraum H_2 liegende Menge $U(p(\boldsymbol{x}; \boldsymbol{v}); \varepsilon)$ sowohl Punkte aus der Menge M_1 als auch aus der Menge M_2. Es gilt daher

$$M_1 \cap H_2 \supset M_1 \cap U(p(\boldsymbol{x}; \boldsymbol{v}); \varepsilon) \neq \emptyset,$$

im Widerspruch zu der Inklusion $M_1 \subset \overline{H}_1$ (siehe (12.28)). Die Annahme (12.29a) ist also zu verwerfen, und es gilt (12.27).

Wir zeigen nun die Gültigkeit der Inklusion $p(\boldsymbol{x}_0; \boldsymbol{v}) \subset \mathcal{L}_{M_i}$ $(i = 1, 2)$; dabei können wir uns offenbar auf den Beweis der Aussage

$$p(\boldsymbol{x}_0; \boldsymbol{v}) \subset \mathcal{L}_{M_1} \tag{12.30}$$

beschränken. Nach Satz 12.5 ist $\boldsymbol{v} \in C_{M_1}$. Der charakteristische Kegel $C_{M_1}(\tilde{\boldsymbol{x}})$ der Menge M_1 in einem beliebigen Punkt $\tilde{\boldsymbol{x}} \in M_1$ enthält (gemäß Definition 7.2) die Halbgerade $p(\tilde{\boldsymbol{x}}; \boldsymbol{v})$, und wegen $C_{M_1}(\tilde{\boldsymbol{x}}) \subset M_1 \subset \mathcal{L}_{M_1}$(vgl. Sätze 7.1 und 7.2) gilt $p(\tilde{\boldsymbol{x}}; \boldsymbol{v}) \subset \mathcal{L}_{M_1}$. Für die zu der Halbgeraden $p(\tilde{\boldsymbol{x}}; \boldsymbol{v})$ parallele offene Halbgerade $p(\boldsymbol{x}_0; \boldsymbol{v})$ gilt daher entweder (12.30), oder es ist $p(\boldsymbol{x}_0; \boldsymbol{v}) \cap \mathcal{L}_{M_1} = \emptyset$. Im zweiten Fall wäre $\boldsymbol{x}_0 \notin \mathcal{L}_{M_1}$, und wegen

$\bar{\mathcal{L}}_{M_1} = \mathcal{L}_{M_1}$ gäbe es eine Zahl $\varepsilon > 0$ mit $U(\boldsymbol{x}_0; \varepsilon) \cap \mathcal{L}_{M_1} = \emptyset$. Dann würde aber für alle Halbgeraden $p(\boldsymbol{y}; \boldsymbol{v})$ mit $\boldsymbol{y} \in U(\boldsymbol{x}_0; \varepsilon)$ gelten, daß $p(\boldsymbol{y}; \boldsymbol{v}) \cap \mathcal{L}_{M_1} = \emptyset$ ist, und daher wäre $U(p(\boldsymbol{x}_0; \boldsymbol{v}); \varepsilon) \cap \mathcal{L}_{M_1} = \emptyset$. Das bedeutet wegen $M_1 \subset \mathcal{L}_{M_1}$ aber einen Widerspruch zur Voraussetzung, denn nach Definition 12.2 enthält die ε-Umgebung $U(p(\boldsymbol{x}_0; \boldsymbol{v}); \varepsilon)$ der Halbgeraden $p(\boldsymbol{x}_0; \boldsymbol{v})$ sowohl Punkte der Menge M_1 als auch Punkte der Menge M_2. Daher gilt (12.30). □

Satz 12.7. *Es seien M_1 und M_2 nichtleere, sich asymptotisch berührende, abgeschlossene konvexe Mengen in $\mathbb{E}_n$ und $\mathcal{M}_1$, $\mathcal{M}_2$ die ihnen gemäß (12.7a) zugeordneten Mengen. Die Mengen M_1 und M_2 haben genau dann eine asymptotische Berührung erster Ordnung, wenn $\bar{\mathcal{M}}_1 \cap \bar{\mathcal{M}}_2 \neq \emptyset$ gilt.*

Beweis. Die Mengen M_1 und M_2 mögen eine asymptotische Berührung erster Ordnung haben. Nach Definition 12.2 gibt es dann eine Halbgerade $p(\boldsymbol{x}_0; \boldsymbol{v})$ mit den in dieser Definition angegebenen Eigenschaften.

Für eine beliebige Zahl $\varepsilon > 0$ betrachten wir einmal die ε-Umgebung $U(\boldsymbol{x}_0; \varepsilon)$ des Punktes $\boldsymbol{x}_0$ und zum anderen die ε-Umgebung $U(p(\boldsymbol{x}_0; \boldsymbol{v}); \varepsilon)$ der Halbgeraden $p(\boldsymbol{x}_0; \boldsymbol{v})$. Nach Definition 12.2 gilt

$$U(p(\boldsymbol{x}_0; \boldsymbol{v}); \varepsilon) \cap M_i \neq \emptyset \qquad (i = 1, 2).$$

Wir wählen beliebige Punkte $\boldsymbol{y}_1, \boldsymbol{y}_2$ mit

$$\boldsymbol{y}_i \in U(p(\boldsymbol{x}_0; \boldsymbol{v}); \varepsilon) \cap M_i \qquad (i = 1, 2). \tag{12.31a}$$

Da für die Dimension d des Kegels $C_{M_1} \cap C_{M_2}$ (wobei C_{M_i} der charakteristische Kegel der Menge M_i $(i = 1, 2)$ ist) und daher auch für die Dimension der linearen Hülle $\mathcal{L}_d(\boldsymbol{o})$ des Kegels $C_{M_1} \cap C_{M_2}$ nach Satz 12.1 $1 \leqq d \leqq n - 1$ gilt, kann dem linearen Unterraum $\mathcal{L}_d(\boldsymbol{o})$ der zu ihm duale lineare Unterraum $L_{n-d}(\boldsymbol{x}_0)$ mit $\boldsymbol{x}_0 \in L_{n-d}(\boldsymbol{x}_0)$ zugeordnet werden. Bezeichnet man mit $L_d(\boldsymbol{y}_i)$ $(i \in \{1, 2\})$ den zu dem linearen Unterraum $L_d(\boldsymbol{o})$ parallelen und den Punkt $\boldsymbol{y}_i$ enthaltenden d-dimensionalen linearen Unterraum, so ist der Durchschnitt $L_d(\boldsymbol{y}_i) \cap L_{n-d}(\boldsymbol{x}_0)$ einelementig; wir setzen

$$\{\boldsymbol{y}_i^*\} := L_d(\boldsymbol{y}_i) \cap L_{n-d}(\boldsymbol{x}_0) \qquad (i = 1, 2). \tag{12.31b}$$

Für den Abstand der Punkte $\boldsymbol{y}_i$ von der Halbgeraden $p(\boldsymbol{x}_0; \boldsymbol{v})$ gilt nach (12.31a)

$$\varrho(p(\boldsymbol{x}_0; \boldsymbol{v}), \boldsymbol{y}_i) < \varepsilon \qquad (i = 1, 2).$$

Nach Satz 12.5 ist $\boldsymbol{v} \in C_{M_1} \cap C_{M_2} \subset \mathcal{L}_d(\boldsymbol{o})$ und daher $p(\boldsymbol{x}_0; \boldsymbol{v}) \subset L_d(\boldsymbol{x}_0)$, wobei $L_d(\boldsymbol{x}_0)$ der zu dem linearen Unterraum $\mathcal{L}_d(\boldsymbol{o})$ parallele d-dimensionale lineare Unterraum mit $\boldsymbol{x}_0 \in L_d(\boldsymbol{x}_0)$ ist. Hieraus folgt für den Abstand der linearen Unterräume $L_d(\boldsymbol{x}_0)$ und $L_d(\boldsymbol{y}_i)$ wegen $\boldsymbol{y}_i \in L_d(\boldsymbol{y}_i)$

$$\varrho(L_d(\boldsymbol{x}_0), L_d(\boldsymbol{y}_i)) \leqq \varrho(p(\boldsymbol{x}_0; \boldsymbol{v}), \boldsymbol{y}_i) < \varepsilon \qquad (i = 1, 2). \tag{12.31c}$$

Der Abstand des linearen Unterraumes $L_d(\boldsymbol{y}_i)$ von dem linearen Unterraum $L_d(\boldsymbol{x}_0)$ ist aber gerade der Abstand des Punktes $\boldsymbol{x}_0 \in L_d(\boldsymbol{x}_0)$ von dem linearen Unterraum $L_d(\boldsymbol{y}_i)$ und daher der Abstand $\varrho(\boldsymbol{y}_i^*, \boldsymbol{x}_0)$ $(i = 1, 2)$. Aus (12.31c) folgt daher

$$\boldsymbol{y}_i^* \in U(\boldsymbol{x}_0; \varepsilon) \qquad (i = 1, 2). \tag{12.32}$$

Bezeichnet man mit M_i^* die Projektion der Menge M_i in Richtung des linearen Unterraumes $\mathcal{L}_d(\boldsymbol{o})$ in den linearen Unterraum $L_{n-d}(\boldsymbol{x}_0)$ (vgl. Definition 1.1), so gilt $\boldsymbol{y}_i^* \in M_i^*$

$(i = 1, 2)$; und aus (12.32) folgt, da ε eine beliebige positive Zahl ist, daß $\boldsymbol{x}_0$ ein Häufungspunkt der Menge $M_i{}^*$ $(i = 1, 2)$ ist. Es gilt daher $\boldsymbol{x}_0 \in \overline{M}_1{}^* \cap \overline{M}_2{}^*$. Unter Beachtung der Definition (12.7a) der Mengen $\mathcal{M}_1$ und $\mathcal{M}_2$ und der Definition (12.31b) erhält man

$$L_{n-d}(\boldsymbol{x}_0) \cap \mathcal{M}_i = \bigcup_{\boldsymbol{x} \in M_i} \big(L_{n-d}(\boldsymbol{x}_0) \cap L_d(\boldsymbol{x})\big) = M_i{}^* \qquad (i = 1, 2),$$

woraus $M_i{}^* \subset \mathcal{M}_i$ und somit $\overline{M}_i{}^* \subset \overline{\mathcal{M}}_i$ $(i = 1, 2)$ folgt. Wegen $\boldsymbol{x}_0 \in \overline{M}_1{}^* \cap \overline{M}_2{}^*$ ist dann $\boldsymbol{x}_0 \in \overline{\mathcal{M}}_1 \cap \overline{\mathcal{M}}_2$; es gilt also $\overline{\mathcal{M}}_1 \cap \overline{\mathcal{M}}_2 \neq \emptyset$.

Es sei nun $\overline{\mathcal{M}}_1 \cap \overline{\mathcal{M}}_2 \neq \emptyset$. Nach Satz 12.1 ist $\dim (C_{M_1} \cap C_{M_2}) \geqq 1$. Wir wählen einen Punkt $\boldsymbol{x}_0 \in \overline{\mathcal{M}}_1 \cap \overline{\mathcal{M}}_2$ und einen Vektor $\boldsymbol{v} \in \operatorname{rel\,int} (C_{M_1} \cap C_{M_2})$ mit $\boldsymbol{v} \neq \boldsymbol{0}$ und zeigen, daß $p(\boldsymbol{x}_0; \boldsymbol{v})$ eine asymptotische Berührungshalbgerade der Mengen M_1 und M_2 (vgl. Definition 12.2) ist.

Entsprechend der Wahl des Vektors $\boldsymbol{v}$ gilt $\boldsymbol{x}_0 + \boldsymbol{v} \in L_d(\boldsymbol{x}_0)$ (denn $\mathcal{L}_d(\boldsymbol{o})$ ist die lineare Hülle des Kegels $C_{M_1} \cap C_{M_2}$) und daher

$$p(\boldsymbol{x}_0; \boldsymbol{v}) \subset L_d(\boldsymbol{x}_0). \tag{12.33}$$

Da der Punkt $\boldsymbol{x}_0 \in \overline{\mathcal{M}}_1 \cap \overline{\mathcal{M}}_2$ ein Häufungspunkt sowohl der Menge $\mathcal{M}_1$ als auch der Menge $\mathcal{M}_2$ ist, gibt es zu einer beliebigen Zahl $\varepsilon > 0$ Punkte $\boldsymbol{z}_1$ und $\boldsymbol{z}_2$ mit

$$\boldsymbol{z}_i \in \mathcal{M}_i \cap U(\boldsymbol{x}_0; \varepsilon) \qquad (i = 1, 2).$$

Nach Definition (12.7a) der Mengen $\mathcal{M}_i$ existieren dann Punkte $\boldsymbol{y}_i \in M_i$ mit $\boldsymbol{z}_i \in L_d(\boldsymbol{y}_i)$, und wegen $\boldsymbol{z}_i \in U(\boldsymbol{x}_0; \varepsilon)$ gilt

$$L_d(\boldsymbol{y}_i) \cap U(\boldsymbol{x}_0; \varepsilon) \neq \emptyset \qquad (i = 1, 2).$$

Daraus folgt für die zueinander parallelen d-dimensionalen linearen Unterräume $L_d(\boldsymbol{y}_1)$, $L_d(\boldsymbol{y}_2)$ und $L_d(\boldsymbol{x}_0)$

$$L_d(\boldsymbol{y}_i) \subset U\big(L_d(\boldsymbol{x}_0); \varepsilon\big) \qquad (i = 1, 2). \tag{12.34}$$

Für den Abstand der linearen Unterräume $L_d(\boldsymbol{y}_i)$ und $L_d(\boldsymbol{x}_0)$ gilt dann

$$\varrho\big(L_d(\boldsymbol{y}_i), L_d(\boldsymbol{x}_0)\big) < \varepsilon \qquad (i = 1, 2),$$

wobei dieser Abstand gleich dem Abstand $\varrho\big(L_d(\boldsymbol{y}_i), \boldsymbol{x}_0\big)$ $(i = 1, 2)$ ist. Daher gibt es Punkte $\boldsymbol{x}_1$ und $\boldsymbol{x}_2$ mit

$$\boldsymbol{x}_i \in L_d(\boldsymbol{y}_i), \quad \varrho(\boldsymbol{x}_i, \boldsymbol{x}_0) = \varrho\big(L_d(\boldsymbol{y}_i), L_d(\boldsymbol{x}_0)\big) < \varepsilon \qquad (i = 1, 2);$$

nach (12.33) gilt für sie

$$\boldsymbol{x}_i \in U\big(p(\boldsymbol{x}_0; \boldsymbol{v}); \varepsilon\big) \qquad (i = 1, 2)$$

und für die Halbgeraden $p(\boldsymbol{x}_i; \boldsymbol{v})$

$$p(\boldsymbol{x}_i; \boldsymbol{v}) \subset L_d(\boldsymbol{y}_i), \quad p(\boldsymbol{x}_i; \boldsymbol{v}) \subset U\big(p(\boldsymbol{x}_0; \boldsymbol{v}); \varepsilon\big) \qquad (i = 1, 2).$$

Die konvexen Kegel

$$C_d(\boldsymbol{y}_i) := \{\boldsymbol{x} \in \mathbb{E}_n \mid \boldsymbol{x} = \boldsymbol{y}_i + \boldsymbol{w}, \boldsymbol{w} \in C_{M_1} \cap C_{M_2}\} \qquad (i = 1, 2),$$

die sich von dem Kegel $C_{M_1} \cap C_{M_2}$ um eine Translation unterscheiden, bei der der Scheitel $\boldsymbol{o}$ des Kegels $C_{M_1} \cap C_{M_2}$ in den Punkt $\boldsymbol{y}_i$ übergeht, haben offenbar die Eigenschaften

$$C_d(\boldsymbol{y}_i) \subset L_d(\boldsymbol{y}_i), \quad \dim C_d(\boldsymbol{y}_i) = \dim L_d(\boldsymbol{y}_i) = \dim \mathscr{L}_d(\boldsymbol{o}) = d \qquad (i = 1, 2).$$

Aufgrund der Wahl des Vektors $\boldsymbol{v}$ gilt

$$\boldsymbol{y}_i + \boldsymbol{v} \in \operatorname{rel\,int} C_d(\boldsymbol{y}_i) \qquad (i = 1, 2).$$

Nach Satz 4.15 ist dann der Durchschnitt $p(\boldsymbol{x}_i; \boldsymbol{v}) \cap C_d(\boldsymbol{y}_i)$ eine unbeschränkte Menge, also eine Halbgerade ($i = 1, 2$). Es existieren daher Punkte $\boldsymbol{x}_1'$ und $\boldsymbol{x}_2'$ mit

$$\boldsymbol{x}_i' \in p(\boldsymbol{x}_i; \boldsymbol{v}), \quad p(\boldsymbol{x}_i'; \boldsymbol{v}) \subset C_d(\boldsymbol{y}_i) \qquad (i = 1, 2).$$

Da wegen $\boldsymbol{y}_i \in M_i$ und $\boldsymbol{w} \in C_{M_i}$ aber $C_d(\boldsymbol{y}_i) \subset M_i$ ($i = 1, 2$) gilt, folgt

$$p(\boldsymbol{x}_i'; \boldsymbol{v}) \in M_i \qquad (i = 1, 2). \tag{12.35}$$

Es sei nun $\boldsymbol{x}'$ ein beliebiger Punkt der offenen Halbgeraden $p(\boldsymbol{x}_0; \boldsymbol{v})$. Dann gilt $p(\boldsymbol{x}'; \boldsymbol{v}) \subset p(\boldsymbol{x}_0; \boldsymbol{v})$, und nach (12.35) liegen in der ε-Umgebung $U\big(p(\boldsymbol{x}'; \boldsymbol{v}); \varepsilon\big)$ der Halbgeraden $p(\boldsymbol{x}'; \boldsymbol{v})$ — für die oben gewählte Zahl $\varepsilon > 0$ — sowohl Punkte der Menge M_1 als auch Punkte der Menge M_2. Da aber ε eine beliebige positive Zahl und $\boldsymbol{x}'$ ein beliebiger Punkt der offenen Halbgeraden $p(\boldsymbol{x}_0; \boldsymbol{v})$ waren, folgt daraus nach Definition 12.2, daß $p(\boldsymbol{x}_0; \boldsymbol{v})$ eine asymptotische Berührungshalbgerade der Mengen M_1 und M_2 ist; die Mengen M_1 und M_2 haben daher eine asymptotische Berührung erster Ordnung. □

Bemerkung 12.3. Die Mengen

$$M_1 := \{(x, y, z) \in \mathbb{E}_3 \mid xy + 1 \leqq 0,\ x \leqq 0,\ z \geqq y^2\},$$
$$M_2 := \{(x, y, z) \in \mathbb{E}_3 \mid x \geqq 0\}$$

sind, wie im Beispiel 12.2 gezeigt wurde, abgeschlossene konvexe und sich asymptotisch berührende Mengen in $\mathbb{E}_3$ mit $\bar{\mathscr{M}}_1 \cap \bar{\mathscr{M}}_2 = \emptyset$. Nach Satz 12.7 haben sie aber wegen $\bar{\mathscr{M}}_1 \cap \bar{\mathscr{M}}_2 = \emptyset$ keine asymptotische Berührung erster Ordnung, d. h., es gibt keine asymptotische Berührungshalbgerade der Mengen M_1 und M_2 im Sinne der Definition 12.2.

Für die Punkte der regulären (glatten) Kurve

$$k := \{(x, y, z) \in \mathbb{E}_3 \mid x = -t,\ y = t^{-1},\ z = t^{-2},\ t > 0\}$$

gilt $xy + 1 = 0$, $z = y^2$, $x < 0$, d. h., sie sind Randpunkte der konvexen Menge M_1. Für $t \to 0^+$ nähert sich diese Kurve asymptotisch der den Halbraum M_2 berandenden Hyperebene

$$R := \{(x, y, z) \in \mathbb{E}_3 \mid x = 0\};$$

der Abstand des Halbraumes M_2 von der in der Menge M_1 gelegenen Kurve k ist also Null. Die Projektion der Kurve k in Richtung der x-Achse auf die Hyperebene R, die offenbar die Mengen M_1 und M_2 trennt, ist dann die Kurve

$$k^* := \{(x, y, z) \in \mathbb{E}_3 \mid x = 0,\ y = t^{-1},\ z = t^{-2},\ t > 0\}.$$

Aus der durch die reguläre Parametertransformation $u = t^{-1}$, $t > 0$ erhaltenen Darstellung

$$k^* = \{(x, y, z) \in \mathbb{E}_3 \mid x = 0,\ y = u,\ z = u^2,\ u > 0\}$$

ist unmittelbar ersichtlich, daß die Kurve k^* eine unbeschränkte Teilmenge der durch $x = 0$, $z = y^2$ mit $y \in \mathbb{R}$ beschriebenen Parabel ist (Abb. 12.2c)) und daß für jede Zahl $\varepsilon > 0$ und jede Zahl $u' > 0$ die ε-Umgebung der Kurve $\{(x, y, z) \in k^* \mid u > u'\}$ sowohl Punkte der Menge M_1 als auch Punkte der Menge M_2 enthält. Eine Gerade, die solche Eigenschaften hätte, existiert aber im vorliegenden Beispiel nicht.

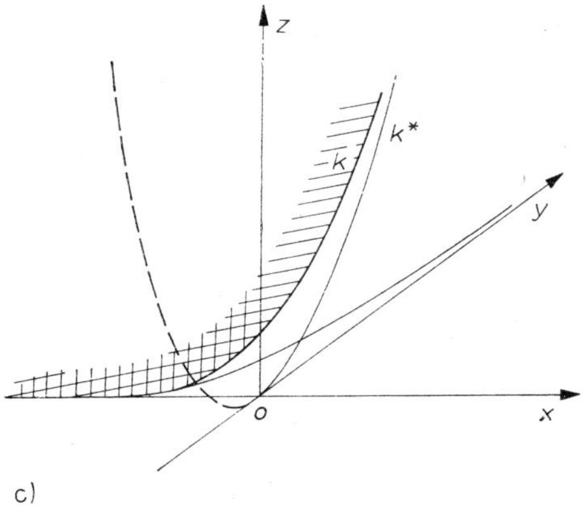

Abb. 12.2c

Satz 12.8. *Es seien M_1 und M_2 nichtleere abgeschlossene konvexe Mengen in $\mathbb{E}_n$, die sich asymptotisch berühren. Falls für ihre charakteristischen Kegel C_{M_1} und C_{M_2}*

$$d := \dim (C_{M_1} \cap C_{M_2}) = n - 1$$

gilt, so haben die Mengen M_1 und M_2 eine asymptotische Berührung erster Ordnung.

Beweis. Aus der Voraussetzung des Satzes folgt nach Satz 12.3 für die unter (12.7a) definierten konvexen Mengen $\mathcal{M}_i$ $(i = 1, 2)$

$$\mathcal{M}_1 \cap \mathcal{M}_2 = \emptyset, \quad d_1 := \dim (C_{\mathcal{M}_1} \cap C_{\mathcal{M}_2}) \geqq n - 1.$$

Im Fall $d_1 = n$ ist $\dim C_{\mathcal{M}_i} = n$ $(i = 1, 2)$, und für einen beliebigen Punkt $\boldsymbol{x}_i \in \mathcal{M}_i$ hat der charakteristische Kegel $C_{\mathcal{M}_i}(\boldsymbol{x}_i)$ der Menge $\mathcal{M}_i$ in deren Punkt $\boldsymbol{x}_i$ die Eigenschaften

$$C_{\mathcal{M}_i}(\boldsymbol{x}_i) \subset \mathcal{M}_i, \quad \dim C_{\mathcal{M}_i}(\boldsymbol{x}_i) = n \qquad (i = 1, 2);$$

dabei ist $\boldsymbol{x}_i$ ein Scheitel des Kegels $C_{\mathcal{M}_i}(\boldsymbol{x}_i)$. Für einen beliebigen Vektor $\boldsymbol{v} \in \operatorname{int} (C_{\mathcal{M}_1} \cap C_{\mathcal{M}_2})$ genügen die Halbgeraden $p(\boldsymbol{x}_i; \boldsymbol{v})$ den Inklusionen

$$p(\boldsymbol{x}_i; \boldsymbol{v}) \subset \operatorname{int} C_{\mathcal{M}_i}(\boldsymbol{x}_i) \subset \mathcal{M}_i \qquad (i = 1, 2). \tag{12.36}$$

Wegen $p(\boldsymbol{x}_1; \boldsymbol{v}) \subset \operatorname{int} C_{\mathcal{M}_1}(\boldsymbol{x}_1)$ und $\dim C_{\mathcal{M}_1}(\boldsymbol{x}_1) = n$ ist nach Satz 4.14 $p(\boldsymbol{x}_2; \boldsymbol{v}) \cap \operatorname{int} C_{\mathcal{M}_1}(\boldsymbol{x}_1) \neq \emptyset$, woraus unter Beachtung von (12.36) $\mathcal{M}_1 \cap \mathcal{M}_2 \neq \emptyset$ folgt, im Widerspruch zu der in Satz 12.3 gezeigten Aussage $\mathcal{M}_1 \cap \mathcal{M}_2 = \emptyset$. Es ist daher $d_1 = n - 1$, und nach Satz 12.4 gilt $\overline{\mathcal{M}}_1 \cap \overline{\mathcal{M}}_2 \neq \emptyset$, woraus (vgl. Satz 12.7) die Aussage des Satzes folgt. □

Satz 12.9. *Es seien M_1 und M_2 nichtleere abgeschlossene konvexe Mengen in $\mathbb{E}_n$, die sich asymptotisch berühren, $\mathcal{M}_1$ und $\mathcal{M}_2$ die ihnen gemäß* (12.7a) *zugeordneten Mengen und*

C_{M_i} *der charakteristische Kegel der Menge* M_i $(i = 1, 2)$. *Falls* $\bar{\mathcal{M}}_1 \cap \bar{\mathcal{M}}_2 \neq \emptyset$ *ist, so gilt*

$$\dim (\bar{\mathcal{M}}_1 \cap \bar{\mathcal{M}}_2) \geqq \dim (C_{\mathcal{M}_1} \cap C_{\mathcal{M}_2}) \geqq \dim (C_{M_1} \cap C_{M_2}).$$

Beweis. Es seien $\boldsymbol{x}_0$ ein beliebiger Punkt der Menge $\bar{\mathcal{M}}_1 \cap \bar{\mathcal{M}}_2$ und $C_{\bar{\mathcal{M}}_1 \cap \bar{\mathcal{M}}_2}(\boldsymbol{x}_0)$ (bzw. $C_{\bar{\mathcal{M}}_i}(\boldsymbol{x}_0)$ $(i = 1, 2)$) der charakteristische Kegel der konvexen Menge $\bar{\mathcal{M}}_1 \cap \bar{\mathcal{M}}_2$ (bzw. der konvexen Menge $\bar{\mathcal{M}}_i$ $(i = 1, 2)$) in deren Punkt $\boldsymbol{x}_0$. Dann gilt nach Satz 7.7

$$C_{\bar{\mathcal{M}}_1 \cap \bar{\mathcal{M}}_2}(\boldsymbol{x}_0) = C_{\bar{\mathcal{M}}_1}(\boldsymbol{x}_0) \cap C_{\bar{\mathcal{M}}_2}(\boldsymbol{x}_0)$$

und daher

$$\dim C_{\bar{\mathcal{M}}_1 \cap \bar{\mathcal{M}}_2}(\boldsymbol{x}_0) = \dim \left(C_{\bar{\mathcal{M}}_1}(\boldsymbol{x}_0) \cap C_{\bar{\mathcal{M}}_2}(\boldsymbol{x}_0)\right). \tag{12.37}$$

Da sich der charakteristische Kegel $C_{\bar{\mathcal{M}}_1 \cap \bar{\mathcal{M}}_2}$ der Menge $\bar{\mathcal{M}}_1 \cap \bar{\mathcal{M}}_2$ (bzw. der charakteristische Kegel $C_{\bar{\mathcal{M}}_i}$ der Menge $\bar{\mathcal{M}}_i$ $(i = 1, 2)$) von dem Kegel $C_{\bar{\mathcal{M}}_1 \cap \bar{\mathcal{M}}_2}(\boldsymbol{x}_0)$ (bzw. von dem Kegel $C_{\bar{\mathcal{M}}_i}(\boldsymbol{x}_0)$ $(i = 1, 2)$) um eine Translation unterscheidet, die den Punkt $\boldsymbol{x}_0$ in den Punkt $\boldsymbol{o}$ überführt, folgt aus (12.37)

$$\dim C_{\bar{\mathcal{M}}_1 \cap \bar{\mathcal{M}}_2} = \dim (C_{\bar{\mathcal{M}}_1} \cap C_{\bar{\mathcal{M}}_2})$$

und wegen $C_{\bar{\mathcal{M}}_i} = C_{\mathcal{M}_i}$ (vgl. Definition 7.2) und $C_{\bar{\mathcal{M}}_i}(\boldsymbol{x}_0) \subset \bar{\mathcal{M}}_i$ (vgl. Satz 7.1) dann

$$\dim (\bar{\mathcal{M}}_1 \cap \bar{\mathcal{M}}_2) \geqq \dim C_{\bar{\mathcal{M}}_1 \cap \bar{\mathcal{M}}_2} = \dim (C_{\mathcal{M}_1} \cap C_{\mathcal{M}_2}).$$

Zusammen mit der Dimensionsaussage in Satz 12.3 liefert das die Aussage des Satzes. □

Bemerkung 12.4. Für zwei durchschnittsfremde abgeschlossene konvexe Mengen M_1 und M_2 in $\mathbb{E}_n$, die eine asymptotische Berührung erster Ordnung haben, und für die ihnen gemäß (12.7a) zugeordneten Mengen $\mathcal{M}_1$ und $\mathcal{M}_2$ gilt im Fall $\bar{\mathcal{M}}_1 \cap \bar{\mathcal{M}}_2 \neq \emptyset$ (nach Satz 12.9)

$$d_0 := \dim (\bar{\mathcal{M}}_1 \cap \bar{\mathcal{M}}_2) \geqq d := \dim (C_{M_1} \cap C_{M_2}).$$

Das folgende Beispiel zeigt, daß der Fall $d_0 > d$ eintreten kann.

Beispiel 12.3. In $\mathbb{E}_3$ betrachten wir für eine festgewählte Zahl $y_0 > 0$ die Mengen

$$M_1 := \{(x, y, z) \in \mathbb{E}_3 \mid xz \geqq 1,\ x \geqq 0,\ 0 \leqq y \leqq y_0,\ z \geqq 0\},$$

$$M_2 := \{(x, y, z) \in \mathbb{E}_3 \mid -xz \geqq 1,\ x \leqq 0,\ 0 \leqq y \leqq y_0,\ z \geqq 0\}.$$

Sie sind abgeschlossen und konvex, und sie berühren sich asymptotisch. Ihre charakteristischen Kegel sind

$$C_{M_1} = \{(x, y, z) \in \mathbb{E}_3 \mid x \geqq 0,\ y = 0,\ z \geqq 0\},$$

$$C_{M_2} = \{(x, y, z) \in \mathbb{E}_3 \mid x \leqq 0,\ y = 0,\ z \geqq 0\};$$

daher ist

$$C_{M_1} \cap C_{M_2} = \{(x, y, z) \in \mathbb{E}_3 \mid x = 0,\ y = 0,\ z \geqq 0\},$$

$$d := \dim (C_{M_1} \cap C_{M_2}) = 1.$$

Die lineare Hülle $\mathcal{L}_d(\boldsymbol{o})$ $\left(= \mathcal{L}_1(\boldsymbol{o})\right)$ des Kegels $C_{M_1} \cap C_{M_2}$ ist also eine mit der z-Achse des Raumes $\mathbb{E}_3$ zusammenfallende Gerade, und die in der Definition (12.7a) der Mengen

$\mathcal{M}_1$ und $\mathcal{M}_2$ auftretenden linearen Unterräume $L_d(\boldsymbol{x})$ sind mit der z-Achse parallele und den Punkt $\boldsymbol{x}$ enthaltende Geraden (vgl. Abb. 12.3). Hieraus folgt

$$\mathcal{M}_1 = \{(x, y, z) \in \mathbb{E}_3 \mid x > 0, 0 \leqq y \leqq y_0\},$$

$$\mathcal{M}_2 = \{(x, y, z) \in \mathbb{E}_3 \mid x < 0, 0 \leqq y \leqq y_0\};$$

die Menge

$$\bar{\mathcal{M}}_1 \cap \bar{\mathcal{M}}_2 = \{(x, y, z) \in \mathbb{E}_3 \mid x = 0, 0 \leqq y \leqq y_0\}$$

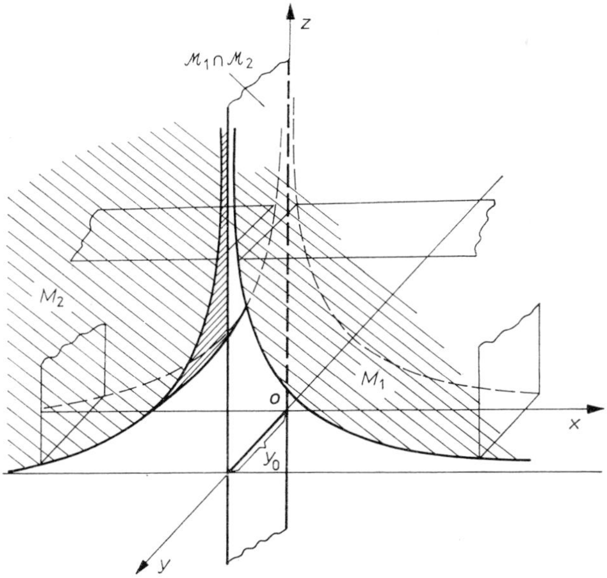

Abb. 12.3

ist daher ein Streifen der Breite y_0 in der durch $x = 0$ beschriebenen Ebene in $\mathbb{E}_3$, der die z-Achse enthält (Abb. 12.3). Folglich gilt

$$2 = \dim (\bar{\mathcal{M}}_1 \cap \bar{\mathcal{M}}_2) > \dim (C_{M_1} \cap C_{M_2}) = 1.$$

Bemerkung 12.5. Beim Beweis der Hinlänglichkeit der Bedingung $\bar{\mathcal{M}}_1 \cap \bar{\mathcal{M}}_2 \neq \emptyset$ für eine asymptotische Berührung erster Ordnung der sich asymptotisch berührenden konvexen Mengen M_1 und M_2 in Satz 12.7 gingen wir von einem beliebigen Punkt $\boldsymbol{x}_0 \in \bar{\mathcal{M}}_1 \cap \bar{\mathcal{M}}_2$ und einem beliebigen Vektor $\boldsymbol{v} \in \operatorname{rel\,int} (C_{M_1} \cap C_{M_2})$ aus und zeigten, daß $p(\boldsymbol{x}_0; \boldsymbol{v})$ dann eine asymptotische Berührungshalbgerade der Mengen M_1 und M_2 im Sinne der Definition 12.2 ist. Die Voraussetzung $\boldsymbol{v} \in \operatorname{rel\,int} (C_{M_1} \cap C_{M_2})$ ist dabei wesentlich, denn für $\boldsymbol{v} \in C_{M_1} \cap C_{M_2}$ und $\boldsymbol{x}_0 \in \mathcal{M}_1 \cap \mathcal{M}_2$ braucht die Halbgerade $p(\boldsymbol{x}_0; \boldsymbol{v})$ keine asymptotische Berührungsgerade der Mengen M_1 und M_2 zu sein. Das zeigt das folgende Beispiel 12.4.

Beispiel 12.4. Wir betrachten die Mengen

$$M_1 := \{(x, y, z) \in \mathbb{E}_3 \mid zx \geqq 1, y \geqq 0, x \geqq 0, z \geqq 0\},$$

$$M_2 := \{(x, y, z) \in \mathbb{E}_3 \mid -zx \geqq 1, x \leqq 0, y \geqq 0, z \geqq 0\};$$

sie sind offensichtlich dreidimensionale abgeschlossene konvexe Mengen in $\mathbb{E}_3$ mit $M_1 \cap M_2 = \emptyset$.

Für eine beliebige Zahl $y_0 \geqq 0$ sind die Durchschnitte der Ebene

$$R(y_0) := \{(x, y, z) \in \mathbb{E}_3 \mid y = y_0\}$$

mit den Mengen M_1 und M_2, d. h. die Mengen

$$\tilde{M}_1(y_0) := R(y_0) \cap M_1, \quad \tilde{M}_2(y_0) := R(y_0) \cap M_2$$

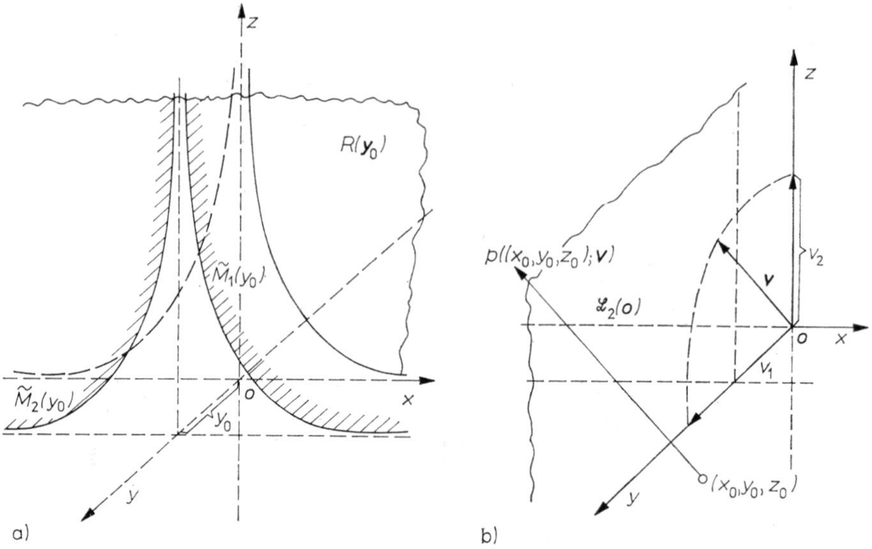

Abb. 12.4

zweidimensionale abgeschlossene konvexe Mengen mit $\tilde{M}_1(y_0) \cap \tilde{M}_2(y_0) = \emptyset$ (vgl. Abb. 12.4a)). Daraus folgt, daß $\varrho(M_1, M_2) = 0$ ist. Die Mengen M_1 und M_2 haben daher nach Definition 12.1 eine asymptotische Berührung. Die charakteristischen Kegel C_{M_1} und C_{M_2} der Mengen M_1 und M_2 sind

$$C_{M_1} = \{(x, y, z) \in \mathbb{E}_3 \mid x \geqq 0,\ y \geqq 0,\ z \geqq 0\},$$

$$C_{M_2} = \{(x, y, z) \in \mathbb{E}_3 \mid x \leqq 0,\ y \geqq 0,\ z \geqq 0\},$$

ihr Durchschnitt ist die Menge

$$C_{M_1} \cap C_{M_2} = \{\boldsymbol{v} \in \mathbb{E}_3 \mid v_1 = 0,\ v_2 \geqq 0,\ v_3 \geqq 0\}. \tag{12.38}$$

Offenbar gilt $d := \dim(C_{M_1} \cap C_{M_2}) = 2$, und die lineare Hülle $\mathscr{L}_d(\boldsymbol{o})$ $\big(= \mathscr{L}_2(\boldsymbol{o})\big)$ des Kegels $C_{M_1} \cap C_{M_2}$ ist die Ebene

$$\mathscr{L}_2(\boldsymbol{o}) = \{(x, y, z) \in \mathbb{E}_3 \mid x = 0\}.$$

Die in (12.7a) definierten Mengen $\mathscr{M}_1$ und $\mathscr{M}_2$ sind dann

$$\mathscr{M}_1 = \{(x, y, z) \in \mathbb{E}_3 \mid x > 0\}, \quad \mathscr{M}_2 = \{(x, y, z) \in \mathbb{E}_3 \mid x < 0\};$$

daher gilt

$$\bar{\mathscr{M}}_1 \cap \bar{\mathscr{M}}_2 = \mathscr{L}_2(\boldsymbol{o}), \quad \dim(\bar{\mathscr{M}}_1 \cap \bar{\mathscr{M}}_2) = 2.$$

Nach Satz 12.7 haben die Mengen M_1 und M_2 also eine asymptotische Berührung erster Ordnung.

Aus (12.38) folgt

$$\operatorname{rel\,int}(C_{M_1} \cap C_{M_2}) = \{\boldsymbol{v} \in \mathbb{E}_3 \mid v_1 = 0,\, v_2 > 0,\, v_3 > 0\};$$

für die Vektoren

$$\boldsymbol{v}_1 := (0, 1, 0), \quad \boldsymbol{v}_2 := (0, 0, 1)$$

gilt dann (vgl. Abb. 12.4b))

$$\|\boldsymbol{v}_i\| = 1, \quad \boldsymbol{v}_i \in (C_{M_1} \cap C_{M_2}) \setminus \operatorname{rel\,int}(C_{M_1} \cap C_{M_2}) \qquad (i = 1, 2).$$

Für den Punkt $\boldsymbol{o} = (0, 0, 0) \in \bar{\mathscr{M}}_1 \cap \bar{\mathscr{M}}_2$ ist $p(\boldsymbol{o}; \boldsymbol{v}_2)$ eine asymptotische Berührungshalbgerade der Mengen M_1 und M_2. Dagegen ist die Halbgerade $p\big((0, -1, 0); \boldsymbol{v}_2\big)$ keine asymptotische Berührungshalbgerade der Mengen M_1 und M_2 (asymptotische Berührungshalbgeraden der Mengen M_1 und M_2 sind aber alle Halbgeraden $p\big((x_0, y_0, z_0); \boldsymbol{v}_2\big)$ mit $x_0 = 0$, $y_0 \geqq 0$ und $z_0 \in \mathbb{R}$).

Die Halbgerade $p(\boldsymbol{x}_0; \boldsymbol{v}_1)$ ist für keinen Punkt $(x_0, y_0, z_0) \in \bar{\mathscr{M}}_1 \cap \bar{\mathscr{M}}_2 = \mathscr{L}_2(\boldsymbol{o})$ eine asymptotische Berührungshalbgerade der Mengen M_1 und M_2 (vgl. Abb. 12.4a).

Satz 12.10. *Es seien M_1 und M_2 nichtleere abgeschlossene konvexe Mengen in $\mathbb{E}_n$, die eine asymptotische Berührung erster Ordnung haben, $\mathscr{L}_{M_i}$ die lineare Hülle und C_{M_i} der charakteristische Kegel der Menge M_i ($i = 1, 2$). Weiter seien $\mathscr{M}_1$ und $\mathscr{M}_2$ die den Mengen M_1 und M_2 gemäß Definition* (12.7a) *zugeordneten konvexen Mengen und Π_R der Durchschnitt aller Trennungshyperebenen R der Mengen M_1 und M_2 (vgl. Satz* 12.1, *Aussage* (a)). *Dann gilt*

$$\bar{\mathscr{M}}_1 \cap \bar{\mathscr{M}}_2 \subset \mathscr{L}_{M_1} \cap \mathscr{L}_{M_2} \cap \Pi_R,$$

$$d := \dim(C_{M_1} \cap C_{M_2}) \leqq \dim(\bar{\mathscr{M}}_1 \cap \bar{\mathscr{M}}_2) \leqq \dim(\mathscr{L}_{M_1} \cap \mathscr{L}_{M_2} \cap \Pi_R).$$

Beweis. Nach Satz 12.6 gilt für eine beliebige asymptotische Berührungshalbgerade $p(\boldsymbol{x}_0; \boldsymbol{v})$ und eine beliebige Trennungshyperebene R der Mengen M_1 und M_2 die Inklusion

$$p(\boldsymbol{x}_0; \boldsymbol{v}) \subset \mathscr{L}_{M_1} \cap \mathscr{L}_{M_2} \cap R. \tag{12.39}$$

Nach Satz 12.7 ist $\bar{\mathscr{M}}_1 \cap \bar{\mathscr{M}}_2 \neq \emptyset$. Dann ist jede Halbgerade $p(\boldsymbol{x}_0; \boldsymbol{v})$ mit $\boldsymbol{x}_0 \in \bar{\mathscr{M}}_1 \cap \bar{\mathscr{M}}_2$ und $\boldsymbol{v} \in \operatorname{rel\,int}(C_{M_1} \cap C_{M_2})$ (vgl. Bemerkung 12.5) eine asymptotische Berührungshalbgerade der Mengen M_1 und M_2. Daraus und aus (12.39) folgt, daß der konvexe Kegel

$$C_d(\boldsymbol{x}_0) := \{\boldsymbol{x} \in \mathbb{E}_n \mid \boldsymbol{x} = \boldsymbol{x}_0 + \boldsymbol{v},\, \boldsymbol{v} \in C_{M_1} \cap C_{M_2}\}$$

die Eigenschaft

$$C_d(\boldsymbol{x}_0) \subset \mathscr{L}_{M_1} \cap \mathscr{L}_{M_2} \cap R \tag{12.40}$$

hat. Da die Inklusion (12.40) für eine beliebige Trennungshyperebene der Mengen M_1 und M_2 gilt, ist

$$C_d(\boldsymbol{x}_0) \subset \mathcal{L}_{M_1} \cap \mathcal{L}_{M_2} \cap \Pi_R. \tag{12.41}$$

Die lineare Hülle des Kegels $C_d(\boldsymbol{x}_0)$, der sich von dem Kegel $C_{M_1} \cap C_{M_2}$ um eine Translation unterscheidet, die den Punkt $\boldsymbol{o}$ in den Punkt $\boldsymbol{x}_0$ überführt, ist ein d-dimensionaler, den Punkt $\boldsymbol{x}_0$ enthaltender linearer Unterraum $L_d(\boldsymbol{x}_0)$, der zu der linearen Hülle $\mathcal{L}_d(\boldsymbol{o})$ des Kegels $C_{M_1} \cap C_{M_2}$ parallel ist. Hieraus und aus (12.41) folgt, da der Durchschnitt $\mathcal{L}_{M_1} \cap \mathcal{L}_{M_2} \cap \Pi_R$ ein linearer Unterraum in $\mathbb{E}_n$ ist,

$$L_d(\boldsymbol{x}_0) \subset \mathcal{L}_{M_1} \cap \mathcal{L}_{M_2} \cap \Pi_R$$

und weiter, da $\boldsymbol{x}_0$ ein beliebiger Punkt der Menge $\bar{\mathcal{M}}_1 \cap \bar{\mathcal{M}}_2$ ist,

$$\bigcup_{\boldsymbol{x} \in \bar{\mathcal{M}}_1 \cap \bar{\mathcal{M}}_2} L_d(\boldsymbol{x}) \subset \mathcal{L}_{M_1} \cap \mathcal{L}_{M_2} \cap \Pi_R.$$

Jeder Punkt $\boldsymbol{x} \in \bar{\mathcal{M}}_1 \cap \bar{\mathcal{M}}_2$ ist wegen $\mathcal{M}_1 \cap \mathcal{M}_2 = \emptyset$ (vgl. Satz 12.3) ein Randpunkt sowohl der Menge $\mathcal{M}_1$ als auch der Menge $\mathcal{M}_2$; da mit jedem Punkt $\boldsymbol{x} \in \bar{\mathcal{M}}_1 \cap \bar{\mathcal{M}}_2$ auch der lineare Unterraum $L_d(\boldsymbol{x})$ zur Menge $\bar{\mathcal{M}}_1 \cap \bar{\mathcal{M}}_2$ gehört, ist

$$\bigcup_{\boldsymbol{x} \in \bar{\mathcal{M}}_1 \cap \bar{\mathcal{M}}_2} L_d(\boldsymbol{x}) = \bar{\mathcal{M}}_1 \cap \bar{\mathcal{M}}_2.$$

Hieraus und aus der vorangegangenen Inklusion erhält man die erste Aussage des Satzes; aus ihr folgt dann nach Satz 12.9 die Dimensionsaussage. □

Beispiel 12.5. In $\mathbb{E}_3$ betrachten wir die Mengen

$$M_1 := \left\{(x, y, z) \in \mathbb{E}_3 \,\middle|\, z \geqq \left|\tan \sqrt{x^2 + y^2}\right|,\ x^2 + y^2 < \frac{\pi^2}{4}\right\},$$

$$M_2 := \left\{(x, y, z) \in \mathbb{E}_3 \mid x \geqq \frac{\pi}{2}\right\}.$$

Der Rand ∂M_1 der Menge M_1 ist eine Fläche, die durch Rotation der durch $z = |\tan x|$, $|x| < \pi/2$ beschriebenen Kurve in der (x,z)-Koordinatenebene um die z-Achse entsteht. Die Menge M_1 selbst ist eine dreidimensionale abgeschlossene konvexe Menge in $\mathbb{E}_3$. Gleiches gilt für die Menge M_2, einem abgeschlossenen Halbraum in $\mathbb{E}_3$ (Abb. 12.5).

Die charakteristischen Kegel der Menge M_1 und M_2 sind

$$C_{M_1} = \{(x, y, z) \in \mathbb{E}_3 \mid x = 0,\ y = 0,\ z \geqq 0\},$$

$$C_{M_2} = \{(x, y, z) \in \mathbb{E}_3 \mid x \geqq 0\}.$$

Hieraus folgt

$$C_{M_1} \cap C_{M_2} = C_{M_1}, \quad d := \dim\,(C_{M_1} \cap C_{M_2}) = 1.$$

Die Halbgerade mit dem Anfangspunkt $\left(\frac{\pi}{2}, 0, 0\right)$ und der Richtung $\boldsymbol{v} = (0, 0, 1)$ ist eine asymptotische Berührungshalbgerade der Mengen M_1 und M_2. Die Menge $\bar{\mathcal{M}}_1 \cap \bar{\mathcal{M}}_2$

ist eine Gerade mit der Beschreibung $x = \frac{\pi}{2}$, $y = 0$, $z = t$ $(t \in \mathbb{R})$, daher gilt $\dim (\bar{\mathcal{M}}_1 \cap \bar{\mathcal{M}}_2) = \dim (C_{M_1} \cap C_{M_2}) = 1$. Die Randebene des Halbraumes M_2

$$R := \left\{(x, y, z) \in \mathbb{E}_3 \mid x = \frac{\pi}{2}\right\}$$

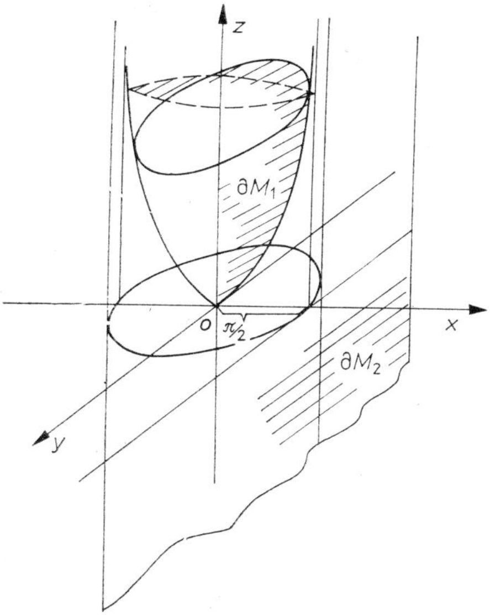

Abb. 12.5

ist offenbar die einzige die Mengen M_1 und M_2 trennende Ebene. Wegen $\dim M_1 = \dim M_2 = 3$ ist $\mathcal{L}_{M_1} = \mathcal{L}_{M_2} = \mathbb{E}_3$, und es gilt

$$\dim (\mathcal{L}_{M_1} \cap \mathcal{L}_{M_2} \cap \Pi_R) = \dim (\mathbb{E}_3 \cap \mathbb{E}_3 \cap R) = \dim R = 2 .$$

Das Beispiel zeigt also, daß in der Dimensionsaussage des Satzes 12.10 durchaus die strenge Ungleichung

$$\dim (\bar{\mathcal{M}}_1 \cap \bar{\mathcal{M}}_2) < \dim (\mathcal{L}_{M_1} \cap \mathcal{L}_{M_2} \cap \Pi_R)$$

gelten kann.

13. Asymptotische Berührung k-ter Ordnung

Für zwei sich asymptotisch berührende abgeschlossene konvexe Mengen M_1 und M_2 in $\mathbb{E}_n$ gilt nach Definition 12.1

$$M_1 \cap M_2 = \emptyset, \quad \varrho(M_1, M_2) = 0, \quad M_i \neq \emptyset \qquad (i = 1, 2). \tag{13.1}$$

Es sei C_{M_i} der charakteristische Kegel der Menge M_i $(i = 1, 2)$ und

$$d := \dim (C_{M_1} \cap C_{M_2}). \tag{13.2}$$

Mit $\mathscr{L}_d(\boldsymbol{o})$ bezeichnen wir die lineare Hülle des Kegels $C_{M_1} \cap C_{M_2}$ und mit dem Symbol $L_d(\boldsymbol{x})$ den zu dem linearen Unterraum $\mathscr{L}_d(\boldsymbol{o})$ parallelen, den Punkt $\boldsymbol{x} \in \mathbb{E}_n$ enthaltenden d-dimensionalen linearen Unterraum. Nach Satz 12.3 sind

$$\mathscr{M}_i := \bigcup_{\boldsymbol{x} \in M_i} L_d(\boldsymbol{x}) \qquad (i = 1, 2) \tag{13.3a}$$

konvexe Mengen mit den Eigenschaften

$$\begin{aligned} &\mathscr{M}_i \subset \mathscr{M}_i \subset \bar{\mathscr{M}}_i \subset \mathscr{L}_{M_i}, \quad \mathscr{L}_{M_i} = \mathscr{L}_{\mathscr{M}_i} = \mathscr{L}_{\bar{\mathscr{M}}_i} \qquad (i = 1, 2), \\ &M_1 \cap \mathscr{M}_2 = \emptyset, \quad d^{(1)} := \dim (C_{\mathscr{M}_1} \cap C_{\mathscr{M}_2}) \geqq d, \end{aligned} \tag{13.3b}$$

wobei $\mathscr{L}_{M_i}$ die lineare Hülle der Menge M_i, $C_{\mathscr{M}_i}$ der charakteristische Kegel und $\mathscr{L}_{\mathscr{M}_i}$ die lineare Hülle der Menge $\mathscr{M}_i$ $(i = 1, 2)$ sind. Bezeichnet man mit $\mathscr{L}_{M_1 \cup M_2}$ die lineare Hülle der Menge $M_1 \cup M_2$ und mit $\mathscr{L}_{\bar{\mathscr{M}}_1 \cup \bar{\mathscr{M}}_2}$ die der Menge $\bar{\mathscr{M}}_1 \cup \bar{\mathscr{M}}_2$, so gilt nach der zweiten Ausage in (13.3b) wegen $M_i \subset M_1 \cup M_2$ und $\mathscr{L}_{M_i} \subset \mathscr{L}_{M_1 \cup M_2}$ $(i = 1, 2)$

$$\bar{\mathscr{M}}_1 \cup \bar{\mathscr{M}}_2 \subset \mathscr{L}_{\bar{\mathscr{M}}_1} \cup \mathscr{L}_{\bar{\mathscr{M}}_2} = \mathscr{L}_{M_1} \cup \mathscr{L}_{M_2} \subset \mathscr{L}_{M_1 \cup M_2};$$

da die Menge $\mathscr{L}_{M_1 \cup M_2}$ ein linearer Unterraum in $\mathbb{E}_n$ ist, folgt daraus $\mathscr{L}_{\bar{\mathscr{M}}_1 \cup \bar{\mathscr{M}}_2} \subset \mathscr{L}_{M_1 \cup M_2}$. Nach der ersten Aussage in (13.3b) ist $M_1 \cup M_2 \subset \bar{\mathscr{M}}_1 \cup \bar{\mathscr{M}}_2$ und daher $\mathscr{L}_{M_1 \cup M_2} \subset \mathscr{L}_{\bar{\mathscr{M}}_1} \cup \mathscr{L}_{\bar{\mathscr{M}}_2}$. Also gilt

$$\mathscr{L}_{M_1 \cup M_2} = \mathscr{L}_{\bar{\mathscr{M}}_1 \cup \bar{\mathscr{M}}_2} = \mathscr{L}_{M_1 \cup M_2}. \tag{13.3c}$$

Darüber hinaus gilt wegen $M_i \subset \mathscr{M}_i$ und wegen $\varrho(M_1, M_2) = 0$ (vgl. (13.1))

$$\varrho(\mathscr{M}_1, \mathscr{M}_2) = \varrho(\bar{\mathscr{M}}_1, \bar{\mathscr{M}}_2) = \varrho(M_1, M_2) = 0. \tag{13.3d}$$

Nach Satz 12.3 trennt eine Hyperebene die Mengen $\bar{\mathscr{M}}_1$ und $\bar{\mathscr{M}}_2$ genau dann, wenn sie die Mengen M_1 und M_2 trennt.

Für die abgeschlossenen konvexen Mengen $\bar{\mathcal{M}}_1$ und $\bar{\mathcal{M}}_2$ (sie sind wegen $\emptyset \neq M_i \subset \mathcal{M}_i$ $(i = 1, 2)$ nichtleer) bestehen nun zwei Möglichkeiten:

(1) im Fall $\bar{\mathcal{M}}_1 \cap \bar{\mathcal{M}}_2 = \emptyset$ haben die Mengen $\bar{\mathcal{M}}_1$ und $\bar{\mathcal{M}}_2$ wegen (13.3d) nach Definition 12.1 eine asymptotische Berührung;

(2) im Fall $\bar{\mathcal{M}}_1 \cap \bar{\mathcal{M}}_2 \neq \emptyset$ haben die Mengen $\bar{\mathcal{M}}_1$ und $\bar{\mathcal{M}}_2$ wegen der dritten Aussage in (13.3b), die $\operatorname{rel\,int} \mathcal{M}_1 \cap \operatorname{rel\,int} \mathcal{M}_2 = \emptyset$ impliziert, eine Punktberührung (vgl. Definition 11.1).

Es sei nun $\tilde{d}^{(1)} := \dim (\bar{\mathcal{M}}_1 \cap \bar{\mathcal{M}}_2)$; im Fall (1) ist dann $\tilde{d}^{(1)} = -1$ und im Fall (2) $\tilde{d}^{(1)} \geqq 0$. Gilt

$$d^{(1)} := \dim (C_{\mathcal{M}_1} \cap C_{\mathcal{M}_2}) = d := \dim (C_{M_1} \cap C_{M_2}),$$

so ist nach Satz 12.4 $\bar{\mathcal{M}}_1 \cap \bar{\mathcal{M}}_2 \neq \emptyset$, und es kommt nur die Möglichkeit (2) in Frage. Im Fall (1) ist dann nach demselben Satz 12.4

$$d^{(1)} > d.$$

Diese Überlegungen veranlassen uns, gegebenen nichtleeren abgeschlossenen konvexen und sich asymptotisch berührenden Mengen M_1 und M_2 einen bestimmten Prozeß zuzuordnen. Im ersten Schritt wird die ganze Zahl $\tilde{d}^{(1)}$ bestimmt; wenn $\tilde{d}^{(1)} \geqq 0$ gilt (also $\bar{\mathcal{M}}_1 \cap \bar{\mathcal{M}}_2 \neq \emptyset$ ist), so wird der Prozeß abgebrochen. Im Fall $\tilde{d}^{(1)} = -1$ (d. h. $\bar{\mathcal{M}}_1 \cap \bar{\mathcal{M}}_2 = \emptyset$) haben die abgeschlossenen konvexen Mengen $\bar{\mathcal{M}}_1$ und $\bar{\mathcal{M}}_2$ eine asymptotische Berührung; in einem zweiten Schritt wird dann von den Mengen $\bar{\mathcal{M}}_1$ und $\bar{\mathcal{M}}_2$ ausgegangen und analog wie im eben beschriebenen ersten Schritt verfahren. Dieser Prozeß wird solange fortgesetzt, bis in einem k-ten Schritt der Fall (2) eintritt, in dem die entsprechenden iterativ erzeugten abgeschlossenen konvexen Mengen $\bar{\mathcal{M}}_1^{(k)}$ und $\bar{\mathcal{M}}_2^{(k)}$ eine Punktberührung haben.

Um diesen Prozeß formal erfassen zu können, definieren wir für $l = 0, 1, \ldots$

$$\begin{aligned} \mathcal{M}_i^{(l+1)} &:= \bigcup_{x \in \bar{\mathcal{M}}_i^{(l)}} L_{d^{(l)}}(x) \qquad (i = 1, 2), \\ d^{(l+1)} &:= \dim (C_{\mathcal{M}_1^{(l+1)}} \cap C_{\mathcal{M}_2^{(l+1)}}), \\ \tilde{d}^{(l+1)} &:= \dim (\bar{\mathcal{M}}_1^{(l+1)} \cap \bar{\mathcal{M}}_2^{(l+1)}), \end{aligned} \tag{13.4a}$$

wobei

$$d^{(0)} := d, \quad \mathcal{M}_i^{(0)} := M_i, \quad \mathcal{M}_i^{(1)} := \mathcal{M}_i \qquad (i = 1, 2) \tag{13.4b}$$

gesetzt wird; dabei bezeichnet $C_{\mathcal{M}_i^{(l+1)}}$ den charakteristischen Kegel der Menge $\mathcal{M}_i^{(l+1)}$ $(i = 1, 2)$, $L_{d^{(l)}}(x)$ den $d^{(l)}$-dimensionalen, zu der d-dimensionalen linearen Hülle $\mathcal{L}_{d^{(l)}}(o)$ des konvexen Kegels $C_{\mathcal{M}_1^{(l)}} \cap C_{\mathcal{M}_2^{(l)}}$ parallelen und den Punkt x enthaltenden linearen Unterraum. Die Zahl $\tilde{d}^{(l+1)}$ entscheidet dabei über den Abbruch bzw. über die Weiterführung des Prozesses: im Fall $\tilde{d}^{(l+1)} \geqq 0$ wird er abgebrochen und im Fall $\tilde{d}^{(l+1)} = -1$ fortgeführt.

Falls der durch (13.4a, b) beschriebene Prozeß im ersten Schritt (d. h. für $l = 0$) nicht beendet ist, dann gilt, wie bereits oben ausgeführt, $d^{(1)} > d = d^{(0)}$; bricht der Prozeß im k-ten Schritt mit $k > 1$ ab, so gilt nach Satz 12.4 $d = d^{(0)} < d^{(1)} < \ldots < d^{(k)}$. Hieraus folgt

$$1 \leqq k \leqq n - 1, \tag{13.5a}$$

und nach Satz 12.1, Aussage (e), ist dann

$$1 \leqq d = d^{(0)} < d^{(1)} < \ldots < d^{(k)} \leqq n - 1. \tag{13.5b}$$

Der beschriebene Prozeß endet also nach höchstens $n - 1$ Schritten; die Zahl k, d. h. die Nummer des Schrittes, in dem der Prozeß abbricht, ist offenbar den ursprünglichen nichtleeren abgeschlossenen konvexen und sich asymptotisch berührenden Mengen M_1 und M_2 eindeutig zugeordnet. Die Eigenschaften der — in (13.4a) für den Fall eines im l-ten Schritt nicht abgebrochenen Prozesses — iterativ definierten Mengen $\mathcal{M}_i^{(l+1)}$ $(i = 1, 2;\ l = 0, 1, \ldots)$ sind in dem folgenden Lemma 13.1 zusammengefaßt; auf einen Beweis kann verzichtet werden, da sich die für den ersten Schritt oben gezeigten Eigenschaften auf die Mengen des jeweils nächsten Schrittes übertragen.

Lemma 13.1. *Es seien M_1 und M_2 nichtleere abgeschlossene konvexe und sich asymptotisch berührende Mengen in $\mathbb{E}_n$, für die der in* (13.4a, b) *beschriebene Prozeß im k-ten Schritt* ($k \in \{1, \ldots, n - 1\}$) *abbricht. Dann gelten die folgenden Aussagen:*

(a) *die Mengen $\mathcal{M}_i^{(l)}$ $(i = 1, 2;\ l = 0, 1, \ldots, k)$ sind nichtleere konvexe Mengen mit der Eigenschaft*

$$M_i = \mathcal{M}_i^{(0)}, \quad \bar{\mathcal{M}}_i^{(l)} \subset \mathcal{M}_i^{(l+1)} \qquad (i = 1, 2;\ l = 0, \ldots, k - 1);$$

für $l \in \{0, \ldots, k - 1\}$ haben die abgeschlossenen konvexen Mengen $\bar{\mathcal{M}}_1^{(l)}$ und $\bar{\mathcal{M}}_2^{(l)}$ eine asymptotische Berührung und für $l = k$ eine Punktberührung;

(b) *für die linearen Hüllen $\mathcal{L}_{M_i}$, $\mathcal{L}_{\bar{\mathcal{M}}_i^{(l)}}$, $\mathcal{L}_{M_1 \cup M_2}$ und $\mathcal{L}_{\bar{\mathcal{M}}_1^{(l)} \cup \bar{\mathcal{M}}_2^{(l)}}$ der Mengen M_i, $\bar{\mathcal{M}}_i^{(l)}$, $M_1 \cup M_2$ und $\bar{\mathcal{M}}_1^{(l)} \cup \bar{\mathcal{M}}_2^{(l)}$ gilt*

$$\mathcal{L}_{\bar{\mathcal{M}}_i^{(l)}} = \mathcal{L}_{M_i} \qquad (i = 1, 2), \qquad \mathcal{L}_{\bar{\mathcal{M}}_1^{(l)} \cup \bar{\mathcal{M}}_2^{(l)}} = \mathcal{L}_{M_1 \cup M_2} \qquad (l = 0, 1, \ldots, k),$$

(c) *eine Hyperebene in $\mathbb{E}_n$ ist genau dann eine Trennungshyperebene der Mengen $\bar{\mathcal{M}}_1^{(l)}$ und $\bar{\mathcal{M}}_2^{(l)}$ $(l = 0, 1, \ldots, k)$, wenn sie Trennungshyperebene der Mengen M_1 und M_2 ist.*

Definition 13.1. Es seien M_1 und M_2 nichtleere abgeschlossene konvexe Mengen in $\mathbb{E}_n$, die sich asymptotisch berühren. Die natürliche Zahl k mit der Eigenschaft

$$\tilde{d}^{(k} \geqq 0, \quad \tilde{d}^{(l)} = -1 \quad \text{für alle ganzen Zahlen } l \text{ mit } \quad 0 \leqq l < k,$$

wobei $\tilde{d}^{(l)}$ $(l = 0, 1, \ldots, k)$ die in (13.4a) definierte Dimensionszahl ist, nennen wir die *Ordnung der asymptotischen Berührung* der Mengen M_1 und M_2, und wir sagen, daß die Mengen M_1 und M_2 *eine asymptotische Berührung der Ordnung k* haben.

Bemerkung 13.1. Der Fall einer asymptotischen Berührung zweier nichtleerer abgeschlossener konvexer Mengen in $\mathbb{E}_n$ wird durch den oben beschriebenen Prozeß nach einer endlichen Anzahl von k Schritten $(1 \leqq k \leqq n - 1)$ auf den Fall einer Punktberührung (vgl. Definition 11.1) der gemäß (13.4a, b) iterativ definierten abgeschlossenen konvexen Mengen $\bar{\mathcal{M}}_1^{(k)}$ und $\bar{\mathcal{M}}_2^{(k)}$ zurückgeführt.

Der Begriff einer asymptotischen Berührung erster Ordnung zweier nichtleerer abgeschlossener konvexer Mengen in $\mathbb{E}_n$ im Sinne der Definition 12.2 ist dem Begriff der asymptotischen Berührung der Ordnung 1 dieser Mengen im Sinne der Definition 13.1 äquivalent, wie aus Satz 12.7 folgt.

Bemerkung 13.2. Einem beliebigen Paar M_1 und M_2 nichtleerer abgeschlossener konvexer Mengen in $\mathbb{E}_n$ kann man — auch wenn keine asymptotische Berührung dieser Mengen vorliegt — gemäß (13.3a) das Mengenpaar $\mathcal{M}_1$ und $\mathcal{M}_2$ zuordnen, wobei im Fall $d := \dim (C_{M_1} \cap C_{M_2}) = 0$ in (13.3a) $L_d(\boldsymbol{x}) = L_0(\boldsymbol{x}) = \{\boldsymbol{x}\}$ gesetzt wird.

Bei der Herleitung der Eigenschaften

$$M_i \subset \mathcal{M}_i \subset \mathcal{L}_{M_i}, \quad \mathcal{L}_{\mathcal{M}_i} = \mathcal{L}_{M_i} \qquad (i = 1, 2),$$

wobei $\mathcal{L}_{M_i}$ (bzw. $\mathcal{L}_{\mathcal{M}_i}$) die lineare Hülle der Menge M_i (bzw. der Menge $\mathcal{M}_i$) ist ($i = 1, 2$), im Beweis des Satzes 12.3 wurde von der dort geltenden Voraussetzung, daß sich die Mengen M_1 und M_2 asymptotisch berühren, kein Gebrauch gemacht; sie gelten also für ein beliebiges Paar nichtleerer abgeschlossener konvexer Mengen M_1 und M_2.

Auch beim Beweis der Aussagen, daß zu zwei nichtleeren abgeschlossenen, sich asymptotisch berührenden konvexen Mengen M_1 und M_2 eine Trennungshyperebene existiert (Satz 12.1) und daß eine solche Hyperebene die Mengen M_1 und M_2 genau dann trennt, wenn sie die Mengen $\mathcal{M}_1$ und $\mathcal{M}_2$ trennt (Satz 12.3), wurde nur die Eigenschaft $M_1 \cap M_2 = \emptyset$, aber nicht die Eigenschaft $\varrho(M_1, M_2) = 0$ der Mengen M_1 und M_2 benötigt. Das bedeutet, daß ein beliebiges Paar nichtleerer abgeschlossener konvexer Mengen M_1 und M_2 in $\mathbb{E}_n$ mit $M_1 \cap M_2 = \emptyset$ die Eigenschaft besitzt, daß eine Hyperebene in $\mathbb{E}_n$ die Mengen $\mathcal{M}_1$ und $\mathcal{M}_2$ genau dann trennt, wenn sie die Mengen M_1 und M_2 trennt.

Aus diesen Gründen kann einem beliebigen Paar M_1 und M_2 nichtleerer abgeschlossener konvexer Mengen in $\mathbb{E}_n$ der durch (13.4a, b) beschriebene Prozeß zugeordnet werden, wobei die dort definierten Mengen $\mathcal{M}_i^{(l)}$ ($i = 1, 2$; $l = 0, 1, \ldots$) konvex sind, und

$$\bar{\mathcal{M}}_i^{(l)} \subset \mathcal{M}_i^{(l+1)} \subset \mathcal{L}_{M_i} = \mathcal{L}_{\mathcal{M}_i^{(l)}} \qquad (i = 1, 2; l = 0, 1, \ldots) \tag{13.6}$$

gilt (dabei ist $\mathcal{L}_{M_i}$ (bzw. $\mathcal{L}_{\mathcal{M}_i^{(l)}}$) die lineare Hülle der Menge M_i (bzw. der Menge $\mathcal{M}_i^{(l)}$) ($i = 1, 2$; $l = 0, 1, \ldots$)). Wenn darüber hinaus $M_1 \cap M_2 = \emptyset$ vorausgesetzt wird, so ist eine Hyperebene in $\mathbb{E}_n$ genau dann eine Trennungshyperebene der Mengen $\bar{\mathcal{M}}_1^{(l)}$ und $\bar{\mathcal{M}}_2^{(l)}$ ($l \in \{0, 1, \ldots\}$), wenn sie die Mengen M_1 und M_2 trennt.

In dem folgenden Lemma 13.2 wird eine weitere Eigenschaft der Mengen $\mathcal{M}_1^{(l)}$ und $\mathcal{M}_2^{(l)}$ angegeben, die für die Beweise der diesem Lemma nachfolgenden Sätze 13.1 und 13.2 benötigt wird.

Lemma 13.2. *Wenn M_1 und M_2 nichtleere konvexe abgeschlossene Mengen in $\mathbb{E}_n$ sind und $\mathcal{M}_i^{(l)}$ ($i = 1, 2; l = 0, 1, \ldots$) die ihnen gemäß* (13.4a, b) *zugeordneten Mengen, dann gilt*

$$\varrho(\mathcal{M}_1^{(l)}, \mathcal{M}_2^{(l)}) = \varrho(M_1, M_2) \qquad (l = 0, 1, \ldots). \tag{13.7}$$

Beweis. Im Fall $d := \dim (C_{M_1} \cap C_{M_2}) = 0$ ist der Punkt $\boldsymbol{o}$ die lineare Hülle des Kegels $C_{M_1} \cap C_{M_2}$, also ist $\mathcal{L}_d(\boldsymbol{o}) = \mathcal{L}_0(\boldsymbol{o}) = \{\boldsymbol{o}\}$, und für die in der Definition (13.3a) der Mengen $\mathcal{M}_i$ ($i = 1, 2$) auftretenden linearen Unterräume $L_d(\boldsymbol{x})$ gilt $L_d(\boldsymbol{x}) = L_0(\boldsymbol{x}) = \{\boldsymbol{x}\}$. Damit ist nach (13.3a) $\mathcal{M}_i = M_i$ ($i = 1, 2$), und auch eine Fortsetzung des in (13.4a, b) beschriebenen Prozesses führt nur zu Mengen $\mathcal{M}_i^{(l)}$, für die $\mathcal{M}_i^{(l)} = \mathcal{M}_i^{(0)} = M_i$ ($i = 1, 2; l = 0, 1, \ldots$) ist. Hieraus folgt die Aussage (13.7) im Fall $d = 0$.

Es sei nun $d \geqq 1$ und $l = 1$. Im Fall $M_1 \cap M_2 \neq \emptyset$ ist $\varrho(M_1, M_2) = 0$ und wegen $M_i = \mathcal{M}_i^{(0)} \subset \mathcal{M}_i^{(1)} = \mathcal{M}_i$ ($i = 1, 2$) (vgl. (13.6)) in Bemerkung 3.2 und (13.4b)) dann $0 \leqq \varrho(\mathcal{M}_1, \mathcal{M}_2) \leqq \varrho(M_1, M_2) = 0$, d. h., in diesem Fall gilt die Gleichung (13.7). Falls sich die Mengen M_1 und M_2 asymptotisch berühren, falls für sie also $M_1 \cap M_2 = \emptyset$ und $\varrho(M_1, M_2) = 0$ gilt, so ist auch $\varrho(\mathcal{M}_1, \mathcal{M}_2) = 0$ (siehe (13.3d)); damit ist die Aussage (13.7) auch in diesem Fall gezeigt. In dem verbleibenden Fall

$$M_1 \cap M_2 = \emptyset, \quad \varrho(M_1, M_2) > 0, \tag{13.8}$$

setzen wir $\varepsilon_0 := \varrho(M_1, M_2)$. Für die Abschließung der nach Satz 2.8 n-dimensionalen konvexen ε_0-Umgebung $U(M_1; \varepsilon_0)$ der Menge M_1 gilt dann $\varrho\big(\overline{U}(M_1; \varepsilon_0), M_2\big) = 0$ und $\operatorname{rel\,int} \overline{U}(M_1; \varepsilon_0) \cap \operatorname{rel\,int} M_2 = U(M_1; \varepsilon_0) \cap \operatorname{rel\,int} M_2 = \emptyset$. Nach Satz 9.1 existiert daher eine Trennungshyperebene $R^{(2)}$ in $\mathbb{E}_n$ der Mengen M_2 und $\overline{U}(M_1; \varepsilon_0)$; ihr Abstand von der Menge M_1 ist $\varrho(M_1, R^{(2)}) = \varepsilon_0 = \varrho(M_1, M_2)$. Bezeichnen $H_1^{(2)}$ und $H_2^{(2)}$ die zur Hyperebene $R^{(2)}$ gehörigen offenen Halbräume, so kann o. B. d. A. $M_1 \subset \overline{U}(M_1; \varepsilon_0) \subset \overline{H}_1^{(2)}$ und $M_2 \subset \overline{H}_2^{(2)}$ vorausgesetzt werden. Für die zu der Hyperebene $R^{(2)}$ parallele Hyperebene $R^{(1)}$ mit $R^{(1)} \subset H_1^{(2)}$ und $\varrho(R^{(1)}, R^{(2)}) = \varepsilon_0 = \varrho(M_1, M_2)$ gilt zum einen $\varrho(M_1, R^{(1)}) = 0$ und bei geeigneter Numerierung der zu ihr gehörigen offenen Halbräume $H_1^{(1)}, H_2^{(1)}$ zum anderen $M_1 \subset \overline{H}_1^{(1)}$ und $M_2 \subset M_2^{(1)}$. Damit ist

$$M_i \subset \overline{H}_i^{(i)} \qquad (i = 1, 2). \tag{13.9}$$

Da eine Trennungshyperebene der Mengen M_1 und M_2 nach Bemerkung 3.2 zugleich eine Trennungshyperebene der Mengen $\mathcal{M}_1$ und $\mathcal{M}_2$ ist, folgt aus (13.9) und wegen $M_i \subset \mathcal{M}_i$ die Aussage

$$M_i \subset \mathcal{M}_i \subset \overline{H}_i^{(i)} \qquad (i = 1, 2).$$

Wegen $\varrho(R^{(1)}, R^{(2)}) = \varrho(M_1, M_2)$ muß daher $\varrho(\mathcal{M}_1, \mathcal{M}_2) \geqq \varrho(R^{(1)}, R^{(2)}) = \varrho(M_1, M_2)$ gelten; da andererseits wegen $M_i \subset \mathcal{M}_i$ $(i = 1, 2)$ auch $\varrho(\mathcal{M}_1, \mathcal{M}_2) \leqq \varrho(M_1, M_2)$ gilt, muß $\varrho(\mathcal{M}_1, \mathcal{M}_2) = \varrho(M_1, M_2)$ sein. Die Aussage (13.7) ist damit für den Fall $l = 1$ gezeigt.

Es sei nun l ein Index mit $l > 1$, und es möge

$$\varrho(\mathcal{M}_1^{(j)}, \mathcal{M}_2^{(j)}) = \varrho(M_1, M_2) \qquad (j = 1, \ldots, l)$$

gelten. Die nichtleeren konvexen Mengen $\mathcal{M}_1^{(l)}$ und $\mathcal{M}_2^{(l)}$ besitzen nach Bemerkung 13.2 die unter (13.6) angegebenen Eigenschaften. Daher kann man ihren Abschließungen $\overline{\mathcal{M}}_1^{(l)}$ und $\overline{\mathcal{M}}_2^{(l)}$ gemäß (13.4a) die Mengen $\mathcal{M}_1^{(l+1)}$ und $\mathcal{M}_2^{(l+1)}$ zuordnen. In gleicher Weise vorgehend wie oben im Fall $l = 1$ — statt von den Mengen M_1 und M_2 geht man nun von den Mengen $\mathcal{M}_1^{(l)}$ und $\mathcal{M}_2^{(l)}$ aus — erhält man dann die Aussage

$$\varrho(\mathcal{M}_1^{(l+1)}, \mathcal{M}_2^{(l+1)}) = \varrho(\overline{\mathcal{M}}_1^{(l)}, \overline{\mathcal{M}}_2^{(l)}) = \varrho(\mathcal{M}_1^{(l)}, \mathcal{M}_2^{(l)}).$$

Da nach Induktionsvoraussetzung $\varrho(\mathcal{M}_1^{(l)}, \mathcal{M}_2^{(l)}) = \varrho(M_1, M_2)$ gilt, folgt

$$\varrho(\mathcal{M}_1^{(l+1)}, \mathcal{M}_2^{(l+1)}) = \varrho(M_1, M_2),$$

womit die Gleichheit (13.7) durch vollständige Induktion gezeigt ist. □

Satz 13.1. *Es seien M_1 und M_2 nichtleere abgeschlossene konvexe Mengen in $\mathbb{E}_n$ und $\mathcal{M}_i^{(l)}$ $(i = 1, 2;\ l = 0, 1, \ldots)$ die gemäß* (13.4a, b) *iterativ definierten Mengen. Die Mengen M_1 und M_2 haben genau dann eine asymptotische Berührung der Ordnung k $(1 \leqq k \leqq n - 1)$, wenn die Mengen $\overline{\mathcal{M}}_1^{(k)}$ und $\overline{\mathcal{M}}_2^{(k)}$ eine Punktberührung haben und $\mathcal{M}_1^{(k)} \cap \mathcal{M}_2^{(k)} = \emptyset$ gilt.*

Beweis. Falls die Mengen M_1 und M_2 eine asymptotische Berührung der Ordnung k haben, so (vgl. Definition 13.1) berühren sie sich asymptotisch im Sinne der Definition 12.1, und für die in (13.4a, b) definierten ganzen Zahlen $\tilde{d}^{(l)}$ $(l = 0, 1, \ldots, k)$ gilt

$$\tilde{d}^{(l)} = -1 \qquad (l = 0, \ldots, k-1), \quad \tilde{d}^{(k)} \geqq 0;$$

das bedeutet aber

$$\bar{\mathcal{M}}_1^{(l)} \cap \bar{\mathcal{M}}_2^{(l)} = \emptyset \qquad (l = 0, \ldots, k-1), \quad \bar{\mathcal{M}}_1^{(k)} \cap \bar{\mathcal{M}}_2^{(k)} \neq \emptyset.$$

Der durch (13.4a) beschriebene und den Mengen M_1 und M_2 zugeordnete Prozeß endet daher im k-ten Schritt, und nach Lemma 13.1 haben die nichtleeren abgeschlossenen konvexen Mengen $\bar{\mathcal{M}}_1^{(l)}$ und $\bar{\mathcal{M}}_2^{(l)}$ $(l = 0, \ldots, k-1)$ eine asymptotische und die abgeschlossenen konvexen Mengen $\bar{\mathcal{M}}_1^{(k)}$ und $\bar{\mathcal{M}}_2^{(k)}$ eine Punktberührung. Nach Satz 12.3, angewandt auf die Mengen $\bar{\mathcal{M}}_1^{(k-1)}$ und $\bar{\mathcal{M}}_2^{(k-1)}$, ist dann $\mathcal{M}_1^{(k)} \cap \mathcal{M}_2^{(k)} = \emptyset$, womit eine Richtung der Aussage des Satzes gezeigt ist.

Wir setzen nun voraus, daß die Mengen $\bar{\mathcal{M}}_1^{(k)}$ und $\bar{\mathcal{M}}_2^{(k)}$ eine Punktberührung haben und daß $\mathcal{M}_1^{(k)} \cap \mathcal{M}_2^{(k)} = \emptyset$ gilt. Nach (13.6) in Bemerkung 13.2, nach (13.4b) und nach Definition 11.1 ist dann

$$M_i \subset \bar{\mathcal{M}}_i^{(l)} \subset \mathcal{M}_i^{(k)} \qquad (i = 1, 2;\, l = 0, \ldots, k-1), \quad \bar{\mathcal{M}}_1^{(k)} \cap \bar{\mathcal{M}}_2^{(k)} \neq \emptyset.$$

Wegen $\mathcal{M}_1^{(k)} \cap \mathcal{M}_2^{(k)} = \emptyset$ folgt daraus

$$\begin{aligned} &M_1 \cap M_2 = \emptyset, \quad \bar{\mathcal{M}}_1^{(l)} \cap \bar{\mathcal{M}}_2^{(l)} = \emptyset \qquad (l = 1, \ldots, k-1), \\ &\bar{\mathcal{M}}_1^{(k)} \cap \bar{\mathcal{M}}_2^{(k)} \neq \emptyset. \end{aligned} \tag{13.10}$$

Da $\varrho(M_1, M_2) > 0$ nach Lemma 13.2

$$\varrho(\bar{\mathcal{M}}_1^{(l)}, \bar{\mathcal{M}}_2^{(l)}) = \varrho(\mathcal{M}_1^{(l)}, \mathcal{M}_2^{(l)}) > 0 \qquad (l = 1, \ldots, k)$$

zur Folge hätte und daher auch $\varrho(\bar{\mathcal{M}}_1^{(k)}, \bar{\mathcal{M}}_2^{(k)}) > 0$, im Widerspruch zu $\bar{\mathcal{M}}_1^{(k)} \cap \bar{\mathcal{M}}_2^{(k)} \neq \emptyset$, muß $\varrho(M_1, M_2) = 0$ gelten. Da außerdem $M_1 \cap M_2 = \emptyset$ gilt, haben die abgeschlossenen konvexen Mengen M_1 und M_2 nach Definition 12.1 eine asymptotische Berührung. Nach Definition der ganzen Zahlen $\tilde{d}^{(l)}$ in (13.4a) folgt aus (13.10) $\tilde{d}^{(l)} = -1$ $(l = 1, \ldots, k-1)$, $\tilde{d}^{(k)} \geqq 0$; die Mengen M_1 und M_2 haben also (vgl. Definition 13.1) eine asymptotische Berührung der Ordnung k. □

Satz 13.2. *Es seien M_1 und M_2 nichtleere abgeschlossene konvexe Mengen in $\mathbb{E}_n$, $\mathcal{M}_i^{(l)}$ $(i = 1, 2;\, l = 0, 1, \ldots)$ die gemäß* (13.4a, b) *iterativ definierten Mengen und $\mathcal{L}_{M_1 \cup M_2}$ die lineare Hülle der Menge $M_1 \cup M_2$. Die Mengen M_1 und M_2 haben genau dann eine asymptotische Berührung der Ordnung k $(1 \leqq k \leqq n-1)$, wenn ein Punkt $\boldsymbol{x}_0$ mit $\boldsymbol{x}_0 \in \bar{\mathcal{M}}_1^{(k)} \cap \bar{\mathcal{M}}_2^{(k)}$ und ein Vektor $\boldsymbol{y} \neq \boldsymbol{o}$ mit $\boldsymbol{x}_0 + \boldsymbol{y} \in \mathcal{L}_{M_1 \cup M_2}$ derart existieren, daß gilt*

$$\min \{(\boldsymbol{y}, \boldsymbol{x}) \mid \boldsymbol{x} \in \bar{\mathcal{M}}_1^{(k)}\} = (\boldsymbol{y}, \boldsymbol{x}_0) = \max \{(\boldsymbol{y}, \boldsymbol{x}) \mid \boldsymbol{x} \in \bar{\mathcal{M}}_2^{(k)}\}; \tag{13.11a}$$

$$\inf \{(\boldsymbol{y}, \boldsymbol{x}) \mid \boldsymbol{x} \in \bar{\mathcal{M}}_1^{(l)}\} = (\boldsymbol{y}, \boldsymbol{x}_0) = \sup \{(\boldsymbol{y}, \boldsymbol{x}) \mid \boldsymbol{x} \in \bar{\mathcal{M}}_2^{(l)}\} \tag{13.11b}$$

$$\textit{für } l = 0, \ldots, k-1;$$

$$\{\boldsymbol{x} \in \bar{\mathcal{M}}_1^{(k-1)} \mid (\boldsymbol{y}, \boldsymbol{x} - \boldsymbol{x}_0) = 0\} \cap \{\boldsymbol{x} \in \bar{\mathcal{M}}_2^{(k-1)} \mid (\boldsymbol{y}, \boldsymbol{x} - \boldsymbol{x}_0) = 0\} = \emptyset. \tag{13.11c}$$

Beweis. Falls die Mengen M_1 und M_2 eine asymptotische Berührung der Ordnung k haben, so gilt nach Definition 13.1 und nach Definition der ganzen Zahlen $\tilde{d}^{(l)}$ in (13.4a)

$$\bar{\mathcal{M}}_1^{(l)} \cap \bar{\mathcal{M}}_2^{(l)} = \emptyset \qquad (l = 0, \ldots, k-1), \quad \bar{\mathcal{M}}_1^{(k)} \cap \bar{\mathcal{M}}_2^{(k)} \neq \emptyset, \tag{13.12}$$

d. h., der in (13.4a, b) beschriebene und den Mengen M_1 und M_2 zugeordnete Prozeß bricht im k-ten Schritt ab. Nach Lemma 13.1 haben die abgeschlossenen konvexen Mengen $\bar{\mathcal{M}}_1^{(l)}$ und $\bar{\mathcal{M}}_2^{(l)}$ für $l = 0, \ldots, k-1$ eine asymptotische Berührung und die Mengen $\mathcal{M}_1^{(l)}$ und $\mathcal{M}_2^{(k)}$ eine Punktberührung. Zu einem beliebigen Punkt $\boldsymbol{x}_0 \in \bar{\mathcal{M}}_1^{(k)} \cap \bar{\mathcal{M}}_2^{(k)}$ gibt es nach Satz 11.2, Aussage (d), einen Vektor $\boldsymbol{y} \neq \boldsymbol{o}$ mit

$$\boldsymbol{x}_0 + \boldsymbol{y} \in \mathcal{L}_{\bar{\mathcal{M}}_1^{(k)} \cup \bar{\mathcal{M}}_2^{(k)}} \tag{13.13}$$

derart, daß (13.11a) gilt; dabei ist nach Lemma 13.1 die lineare Hülle $\mathcal{L}_{\bar{\mathcal{M}}_1^{(k)} \cup \bar{\mathcal{M}}_2^{(k)}}$ der Menge $\mathcal{M}_1^{(k)} \cup \mathcal{M}_2^{(k)}$ gleich der linearen Hülle $\mathcal{L}_{M_1 \cup M_2}$. Die zu der Hyperebene

$$R := \{\boldsymbol{x} \in \mathbb{E}_n \mid (\boldsymbol{y}, \boldsymbol{x} + \boldsymbol{x}_0) = 0\}$$

gehörigen offenen Halbräume

$$H_1 := \{\boldsymbol{x} \in \mathbb{E}_n \mid (\boldsymbol{y}, \boldsymbol{x} - \boldsymbol{x}_0) > 0\}, \quad H_2 := \{\boldsymbol{x} \in \mathbb{E}_n \mid (\boldsymbol{y}, \boldsymbol{x} - \boldsymbol{x}_0) < 0\}$$

haben nach (13.11a) die Eigenschaft

$$\bar{\mathcal{M}}_i^{(k)} \subset \bar{H}_i \qquad (i = 1, 2),$$

wobei wegen (13.13) $\bar{\mathcal{M}}_1^{(k)} \cup \bar{\mathcal{M}}_2^{(k)} \not\subset R$ gilt. Daher ist R eine Trennungshyperebene der Mengen $\bar{\mathcal{M}}_1^{(k)}$ und $\mathcal{M}_2^{(k)}$ und nach Lemma 13.1 dann auch eine Trennungshyperebene der Mengen $\bar{\mathcal{M}}_1^{(l)}$ und $\mathcal{M}_2^{(l)}$ ($l = 0, \ldots, k-1$). Da nach Lemma 13.1

$$\bar{\mathcal{M}}_i^{(l)} \subset \mathcal{M}_i^{(k)} \subset \bar{\mathcal{M}}_i^{(k)} \qquad (i = 1, 2;\ l = 0, \ldots, k-1)$$

gilt, ist ebenfalls

$$\bar{\mathcal{M}}_i^{(l)} \subset \bar{H}_i \qquad (i = 1, 2;\ l = 0, 1, \ldots, k). \tag{13.14a}$$

Hieraus und aus der obigen Definition der Halbräume H_1 und H_2 erhält man die Ungleichungen

$$(\boldsymbol{y}, \boldsymbol{x}) \geqq (\boldsymbol{y}, \boldsymbol{x}_0) \quad \text{für} \quad \boldsymbol{x} \in \bar{\mathcal{M}}_1^{(l)}, \quad (\boldsymbol{y}, \boldsymbol{x}) \leqq (\boldsymbol{y}, \boldsymbol{x}_0) \quad \text{für} \quad \boldsymbol{x} \in \bar{\mathcal{M}}_2^{(l)},$$
$$l = 0, \ldots, k-1. \tag{13.14b}$$

Aus der asymptotischen Berührung der Mengen $\bar{\mathcal{M}}_1^{(l)}$ und $\bar{\mathcal{M}}_2^{(l)}$, $l \in \{0, \ldots, k-1\}$, folgt $\varrho(\bar{\mathcal{M}}_1^{(l)}, \bar{\mathcal{M}}_2^{(l)}) = 0$ (vgl. Definition 13.1). Zu einer beliebigen Zahl $\varepsilon > 0$ und für jeden Index $l \in \{0, \ldots, k-1\}$ gibt es dann ein Punktepaar $\boldsymbol{x}_i^{(l)} \in \bar{\mathcal{M}}_i^{(l)}$ ($i = 1, 2$) mit

$$^{(l)} - \boldsymbol{x}_1^{(l)}\| < \frac{\varepsilon}{\|\boldsymbol{y}\|};$$

unter Beachtung von (13.14b) ist also

$$0 \leqq (\boldsymbol{y}, \boldsymbol{x}_1^{(l)}) - (\boldsymbol{y}, \boldsymbol{x}_0) \leqq (\boldsymbol{y}, \boldsymbol{x}_1^{(l)}) - (\boldsymbol{y}, \boldsymbol{x}_2^{(l)}) = (\boldsymbol{y}, \boldsymbol{x}_1^{(l)} - \boldsymbol{x}_2^{(l)})$$
$$\leqq \|\boldsymbol{y}\| \, \|\boldsymbol{x}_1^{(l)} - \boldsymbol{x}_2^{(l)}\| < \varepsilon,$$
$$0 \leqq (\boldsymbol{y}, \boldsymbol{x}_0) - (\boldsymbol{y}, \boldsymbol{x}_2^{(l)}) \leqq (\boldsymbol{y}, \boldsymbol{x}_1^{(l)}) - (\boldsymbol{y}, \boldsymbol{x}_2^{(l)}) < \varepsilon.$$

Da zu jeder Zahl $\varepsilon > 0$ daher ein Punkt $\boldsymbol{x}_1^{(l)} \in \bar{\mathcal{M}}_1^{(l)}$ mit $(\boldsymbol{y}, \boldsymbol{x}_0) \leqq (\boldsymbol{y}, \boldsymbol{x}_1^{(l)}) < (\boldsymbol{y}, \boldsymbol{x}_0) + \varepsilon$ und ein Punkt $\boldsymbol{x}_2^{(l)} \in \bar{\mathcal{M}}_2^{(l)}$ mit $(\boldsymbol{y}, \boldsymbol{x}_0) \geqq (\boldsymbol{y}, \boldsymbol{x}_2^{(l)}) > (\boldsymbol{y}, \boldsymbol{x}_0) - \varepsilon$ existiert, gilt die Aussage (13.11b). Wegen $\bar{\mathcal{M}}_1^{(k-1)} \cap \bar{\mathcal{M}}_2^{(k-1)} = \emptyset$ nach (13.12) und wegen $R \cap \bar{\mathcal{M}}_i^{(k-1)}$

$\subset \bar{\mathcal{M}}_i^{(k-1)}$ $(i = 1, 2)$ ist $(R \cap \bar{\mathcal{M}}_1^{(k-1)}) \cap (R \cap \bar{\mathcal{M}}_2^{(k-1)}) = \emptyset$, woraus nach Definition der Hyperebene R die Aussage (13.11c) folgt. Damit ist die Notwendigkeit der im Satz angegebenen Bedingungen gezeigt.

Um die Hinlänglichkeit der Bedingungen zu zeigen, setzen wir voraus, daß ein Punkt $\boldsymbol{x}_0$ mit $\boldsymbol{x}_0 \in \bar{\mathcal{M}}_1^{(k)} \cap \bar{\mathcal{M}}_2^{(k)}$ und ein Vektor $\boldsymbol{y} \neq \boldsymbol{o}$ mit $\boldsymbol{x}_0 + \boldsymbol{y} \in \mathcal{L}_{M_1 \cup M_2}$ in der Weise existieren, daß die Aussagen (13.11a, b, c) gelten. Aus (13.11a, b) sowie aus den obigen Definitionen der Hyperebene R und der zu ihr gehörigen offenen Halbräume H_1 und H_2 folgen die in (13.14a) angegebenen Inklusionen; wegen $\boldsymbol{x}_0 + \boldsymbol{y} \in \mathcal{L}_{M_1 \cup M_2} = \mathcal{L}_{\bar{\mathcal{M}}_1^{(l)} \cup \bar{\mathcal{M}}_2^{(l)}}$ ist R dann eine Trennungshyperebene der Mengen $\bar{\mathcal{M}}_1^{(l)}$ und $\bar{\mathcal{M}}_2^{(l)}$ für $l = 0, 1, \ldots, k$. Da R eine Trennungshyperebene der Mengen $\bar{\mathcal{M}}_1^{(k)}$ und $\bar{\mathcal{M}}_2^{(k)}$ ist, und $\boldsymbol{x}_0 \in \bar{\mathcal{M}}_1^{(k)} \cap \bar{\mathcal{M}}_2^{(k)}$ gilt, folgt nach Satz 11.2, Aussage (d), daß die Mengen $\mathcal{M}_1^{(k)}$ und $\bar{\mathcal{M}}_2^{(k)}$ eine Punktberührung haben.

Wir zeigen nun indirekt, daß $\bar{\mathcal{M}}_1^{(k-1)} \cap \bar{\mathcal{M}}_2^{(k-1)} = \emptyset$ gilt. Aus der Annahme $\bar{\mathcal{M}}_1^{(k-1)} \cap \bar{\mathcal{M}}_2^{(k-1)} \neq \emptyset$ folgt wegen $\bar{\mathcal{M}}_i^{(k-1)} \subset \bar{\mathcal{M}}_i^{(k)}$ $(i = 1, 2)$ (vgl. (13.6) in Bemerkung 13.2)

$$\emptyset \neq \bar{\mathcal{M}}_1^{(k-1)} \cap \bar{\mathcal{M}}_2^{(k-1)} \subset \bar{\mathcal{M}}_1^{(k)} \cap \bar{\mathcal{M}}_2^{(k)}.$$

Da R eine Trennungshyperebene der Mengen $\bar{\mathcal{M}}_1^{(k)}$ und $\bar{\mathcal{M}}_2^{(k)}$ ist und daher $\bar{\mathcal{M}}_1^{(k)} \cap \bar{\mathcal{M}}_2^{(k)} \subset R$ gelten muß (vgl. Satz 11.3), ist dann $\bar{\mathcal{M}}_1^{(k-1)} \cap \bar{\mathcal{M}}_2^{(k-1)} \subset R$ und somit

$$R \cap \bar{\mathcal{M}}_1^{(k-1)} \cap \bar{\mathcal{M}}_2^{(k-1)} = (R \cap \bar{\mathcal{M}}_1^{(k-1)}) \cap (R \cap \bar{\mathcal{M}}_2^{(k-1)}) \neq \emptyset;$$

hieraus folgt unter Beachtung der obigen Definition der Hyperebene R

$$\{\boldsymbol{x} \in \bar{\mathcal{M}}_1^{(k-1)} \mid (\boldsymbol{y}, \boldsymbol{x} - \boldsymbol{x}_0) = 0\} \cap \{\boldsymbol{x} \in \bar{\mathcal{M}}_2^{(k-1)} \mid (\boldsymbol{y}, \boldsymbol{x} - \boldsymbol{x}_0) = 0\} \neq \emptyset,$$

im Widerspruch zu der Bedingung (13.11c). Es muß daher $\bar{\mathcal{M}}_1^{(k-1)} \cap \bar{\mathcal{M}}_2^{(k-1)} = \emptyset$ gelten und nach (13.6) dann

$$\bar{\mathcal{M}}_1^{(l)} \cap \bar{\mathcal{M}}_2^{(l)} = \emptyset \qquad (l = 0, \ldots, k-1);$$

also gilt (13.12). Im Fall $\varrho(M_1, M_2) > 0$ wäre nach Lemma 13.2 auch $\varrho(\bar{\mathcal{M}}_1^{(k)}, \bar{\mathcal{M}}_2^{(k)}) > 0$ und damit $\bar{\mathcal{M}}_1^{(k)} \cap \bar{\mathcal{M}}_2^{(k)} = \emptyset$ im Widerspruch zu (13.12). Es ist daher $\varrho(M_1, M_2) = 0$ und nach (13.12) und (13.4b) auch $M_1 \cap M_2 = \emptyset$; die Mengen M_1 und M_2 haben also eine asymptotische Berührung (im Sinne der Definition 12.1). Da nach (13.12) und nach Definition der Zahlen $\tilde{d}^{(l)}$ in (13.4a)

$$\tilde{d}^{(l)} = -1 \quad \text{für} \quad l \in \{0, \ldots, k-1\}, \quad \tilde{d}^{(k)} \geqq 0$$

gilt, haben die Mengen M_1 und M_2 eine Berührung der Ordnung k. □

Definition 13.2. Es seien M_1 und M_2 abgeschlossene konvexe Mengen in $\mathbb{E}_n$, die eine asymptotische Berührung der Ordnung k $(1 \leqq k \leqq n-1)$ haben, und $\mathcal{M}_i^{(k)}$ $(i = 1, 2)$ die ihnen gemäß (13.4a) zugeordneten Mengen; dann nennt man die lineare Hülle $\mathcal{L}(M_1, M_2)$ der Menge $\bar{\mathcal{M}}_1^{(k)} \cap \bar{\mathcal{M}}_2^{(k)}$ den *asymptotischen Berührungsraum* der Mengen M_1 und M_2.

Bemerkung 13.3. Unsere Absicht ist es, im weiteren — in Satz 13.3 — gewisse charakteristische Eigenschaften des in Definition 13.2 eingeführten asymptotischen Berührungsraumes $\mathcal{L}(M_1, M_2)$ herzuleiten, die zugleich seinen Namen rechtfertigen werden. Um den Beweis des Satzes 13.3 übersichtlicher gestalten zu können, schicken wir zwei Hilfssätze (Lemma 13.3 und Lemma 13.4) voraus.

Lemma 13.3. *Falls M_1 und M_2 nichtleere abgeschlossene konvexe Mengen in $\mathbb{E}_n$ und $\mathcal{M}_i^{(l)}$ $(i = 1, 2;\ l = 0, 1, \ldots)$ die gemäß (13.4a, b) definierten, dem Mengenpaar M_1 und M_2 zugeordneten Mengen sind, dann gilt für $l = 0, 1, \ldots$*

$$\operatorname{rel\,int} \mathcal{M}_i^{(l+1)} = \bigcup_{\boldsymbol{x} \in \operatorname{rel\,int} \mathcal{M}_i^{(l)}} L_{d^{(l)}}(\boldsymbol{x}) \qquad (i = 1, 2). \tag{13.15}$$

Beweis. Für einen Index $i \in \{1, 2\}$ sei $\tilde{\boldsymbol{y}}$ ein beliebiger Punkt der Menge $\operatorname{rel\,int} \mathcal{M}_i^{(l+1)}$, $l \in \{0, 1, \ldots\}$. Dann existiert eine Zahl $\tilde{\varepsilon} > 0$ in der Weise, daß gilt

$$\boldsymbol{y} \in \mathcal{L}_{M_i}, \quad \varrho(\boldsymbol{y}, \tilde{\boldsymbol{y}}) < \tilde{\varepsilon} \Rightarrow \boldsymbol{y} \in \mathcal{M}_i^{(l+1)}, \tag{13.16}$$

denn nach (13.6) in Bemerkung 3.2 ist die lineare Hülle $\mathcal{L}_{M_i}$ der Menge M_i zugleich die lineare Hülle der Menge $\mathcal{M}_i^{(l+1)}$. Zu jedem Punkt $\boldsymbol{y} \in \mathcal{M}_i^{(l+1)}$ gibt es nach (13.4a) einen Punkt $\boldsymbol{x} \in \bar{\mathcal{M}}_i^{(l)}$ mit $\boldsymbol{y} \in L_{d^{(l)}}(\boldsymbol{x})$ (zur Definition des linearen Unterraumes $L_d(\boldsymbol{x})$ vergleiche die Einleitung dieses Kapitels), also auch einen Punkt $\tilde{\boldsymbol{x}} \in \bar{\mathcal{M}}_i^{(l)}$ mit $\tilde{\boldsymbol{y}} \in L_{d^{(l)}}(\tilde{\boldsymbol{x}})$; damit gilt für Punkte $\boldsymbol{y} \in \mathcal{L}_{M_i}$ mit $\varrho(\boldsymbol{y}, \tilde{\boldsymbol{y}}) < \tilde{\varepsilon}$ wegen (13.16)

$$\varrho\big(L_{d^{(l)}}(\boldsymbol{x}), L_{d^{(l)}}(\tilde{\boldsymbol{x}})\big) \leqq \varrho(\boldsymbol{y}, \tilde{\boldsymbol{y}}) < \tilde{\varepsilon}.$$

Hieraus folgt für die auf den linearen Unterraum $\mathcal{L}_{M_i}$ bezogene $\tilde{\varepsilon}$-Umgebung $U\big(L_{d^{(l)}}(\tilde{\boldsymbol{x}}); \tilde{\varepsilon}\big) \cap \mathcal{L}_{M_i}$ des linearen Unterraumes $L_{d^{(l)}}(\tilde{\boldsymbol{x}})$ nach (13.4a)

$$U\big(L_{d^{(l)}}(\tilde{\boldsymbol{x}}); \tilde{\varepsilon}\big) \cap \mathcal{L}_{M_i} \subset \mathcal{M}_i^{(l+1)}. \tag{13.17}$$

Wir wollen nun indirekt zeigen, daß

$$L_{d^{(l)}}(\tilde{\boldsymbol{x}}) \cap \operatorname{rel\,int} \mathcal{M}_i^{(l)} \neq \emptyset \tag{13.18}$$

gilt. Aus der Annahme $L_{d^{(l)}}(\tilde{\boldsymbol{x}}) \cap \operatorname{rel\,int} \mathcal{M}_i^{(l)} = \emptyset$ folgt, daß die abgeschlossenen konvexen Mengen $L_{d^{(l)}}(\tilde{\boldsymbol{x}})$ und $\mathcal{M}_i^{(l)}$ — wegen $\tilde{\boldsymbol{x}} \in \bar{\mathcal{M}}_i^{(l)}$ gilt für sie $L_{d^{(l)}}(\tilde{\boldsymbol{x}}) \cap \bar{\mathcal{M}}_i^{(l)} \neq \emptyset$ — eine Punktberührung haben (vgl. Definition 11.1). Wegen $\bar{\mathcal{M}}_i^{(l)} \subset \mathcal{M}_i^{(l+1)}$ und wegen $L_{d^{(l)}}(\tilde{\boldsymbol{x}}) \subset \mathcal{M}_i^{(l+1)}$ ist nach (13.6) in Bemerkung 3.2 die lineare Hülle der Menge $\bar{\mathcal{M}}_i^{(l)} \cup L_{d^{(l)}}(\tilde{\boldsymbol{x}})$ gleich der linearen Hülle $\mathcal{L}_{M_i}$ der Menge M_i, und nach Satz 11.2 existiert ein Vektor $\boldsymbol{y} \neq \boldsymbol{o}$ mit $\tilde{\boldsymbol{x}} + \boldsymbol{y} \in \mathcal{L}_{M_i}$ derart, daß

$$R := \{\boldsymbol{x} \in \mathbb{E}_n \mid (\boldsymbol{y}, \boldsymbol{x} - \tilde{\boldsymbol{x}}) = 0\}$$

eine Trennungshyperebene der Mengen $\bar{\mathcal{M}}_i^{(l)}$ und $L_{d^{(l)}}(\tilde{\boldsymbol{x}})$ ist; wegen $\tilde{\boldsymbol{x}} \in R$ ist $L_{d^{(l)}}(\tilde{\boldsymbol{x}}) \subset R$. Es sei H derjenige zur Hyperebene R gehörige offene Halbraum, für den $\bar{\mathcal{M}}_i^{(l)} \subset \bar{H}$ gilt. Da für einen Punkt $\boldsymbol{x} \in \bar{\mathcal{M}}_i^{(l)}$ der lineare Unterraum $L_{d^{(l)}}(\boldsymbol{x})$ parallel zu dem in der Hyperebene R liegenden linearen Unterraum $L_{d^{(l)}}(\tilde{\boldsymbol{x}})$ ist, gilt auch $L_{d^{(l)}}(\boldsymbol{x}) \subset \bar{H}$, und zwar für alle Punkte $\boldsymbol{x} \in \bar{\mathcal{M}}_i^{(l)}$. Nach (13.4a) gilt also $\mathcal{M}_i^{(l+1)} \subset \bar{H}$. Daraus folgt wegen $L_{d^{(l)}}(\tilde{\boldsymbol{x}}) \subset \mathcal{M}_i^{(l+1)} \cap R$, daß eine beliebige, auf den linearen Unterraum $\mathcal{L}_{M_i}$ bezogene ε-Umgebung $U\big(L_{d^{(l)}}(\tilde{\boldsymbol{x}}); \varepsilon\big) \cap \mathcal{L}_{M_i}$ des linearen Unterraumes $L_{d^{(l)}}(\tilde{\boldsymbol{x}})$ mindestens einen linearen Unterraum $L_{d^{(l)}}(\boldsymbol{x})$ mit $\boldsymbol{x} \notin \bar{\mathcal{M}}_i^{(l)}$ enthält und daß daher nach (13.4a) $L_{d^{(l)}}(\boldsymbol{x}) \not\subset \mathcal{M}_i^{(l+1)}$ gilt. Für jedes $\varepsilon > 0$ ist also

$$U\big(L_{d^{(l)}}(\tilde{\boldsymbol{x}}); \varepsilon\big) \cap \mathcal{L}_{M_i} \not\subset \mathcal{M}_i^{(l+1)};$$

das widerspricht aber der Inklusion in (13.17) Die obige Annahme ist also falsch, und es gilt (13.18).

Daher existiert ein Punkt $\boldsymbol{x}$ mit

$$\boldsymbol{x} \in \operatorname{rel\,int} \mathcal{M}_i^{(l)}, \quad L_{d^{(l)}}(\boldsymbol{x}) = L_{d^{(l)}}(\tilde{\boldsymbol{x}}),$$

d. h., zu jedem Punkt $\tilde{\boldsymbol{y}} \in \operatorname{rel\,int} \mathcal{M}_i^{(l+1)}$ gibt es einen Punkt $\boldsymbol{x} \in \operatorname{rel\,int} \mathcal{M}_i^{(l)}$ mit $\tilde{\boldsymbol{y}} \in L_{d^{(l)}}(\boldsymbol{x})$, woraus unmittelbar folgt

$$\operatorname{rel\,int} \mathcal{M}_i^{(l+1)} \subset \bigcup_{\boldsymbol{x} \in \operatorname{rel\,int} \mathcal{M}_i^{(l)}} L_{d^{(l)}}(\boldsymbol{x}). \tag{13.19}$$

Um die umgekehrte Inklusion zu zeigen, wählen wir einen beliebigen Punkt

$$\tilde{\boldsymbol{y}} \in \bigcup_{\boldsymbol{x} \in \operatorname{rel\,int} \mathcal{M}_i^{(l)}} L_{d^{(l)}}(\boldsymbol{x}). \tag{13.20a}$$

Dann existiert ein Punkt $\tilde{\boldsymbol{x}} \in \operatorname{rel\,int} \mathcal{M}_i^{(l)}$ mit

$$\tilde{\boldsymbol{y}} \in L_{d^{(l)}}(\tilde{\boldsymbol{x}}). \tag{13.20b}$$

Die lineare Hülle der Menge $\mathcal{M}_i^{(l)}$ ist nach (13.6) in Bemerkung 3.2 gleich der linearen Hülle $\mathcal{L}_{M_i}$ der Menge M_i; daher gibt es wegen $\tilde{\boldsymbol{x}} \in \operatorname{rel\,int} \mathcal{M}_i^{(l)}$ eine solche Zahl $\tilde{\varepsilon} > 0$, daß für die auf den linearen Unterraum $\mathcal{L}_{M_i}$ bezogene $\tilde{\varepsilon}$-Umgebung des Punktes $\tilde{\boldsymbol{x}}$, d. h. für die Menge $U(\tilde{\boldsymbol{x}}; \tilde{\varepsilon}) \cap \mathcal{L}_{M_i}$, die Inklusion

$$U(\tilde{\boldsymbol{x}}; \tilde{\varepsilon}) \cap \mathcal{L}_{M_i} \subset \mathcal{M}_i^{(l)}$$

gilt, d. h.

$$\boldsymbol{x} \in \mathcal{L}_{M_i}, \quad \varrho(\boldsymbol{x}, \tilde{\boldsymbol{x}}) < \tilde{\varepsilon} \Rightarrow \boldsymbol{x} \in \mathcal{M}_i^{(l)}.$$

Nach (13.4a) ist also die Menge

$$\bigcup_{\boldsymbol{x} \in U(\tilde{\boldsymbol{x}}; \tilde{\varepsilon}) \cap \mathcal{L}_{M_i}} L_{d^{(l)}}(\boldsymbol{x})$$

eine Teilmenge der Menge $\mathcal{M}_i^{(l+1)}$; wegen

$$\varrho\big(L_{d^{(l)}}(\boldsymbol{x}), L_{d^{(l)}}(\tilde{\boldsymbol{x}})\big) \leqq \varrho(\boldsymbol{x}, \tilde{\boldsymbol{x}}) < \tilde{\varepsilon}$$

ist sie zugleich eine bestimmte, auf die lineare Hülle $\mathcal{L}_{M_i}$ der Menge $\mathcal{M}_i^{(l+1)}$ (vgl. (13.6)) bezogene $\tilde{\varepsilon}$-Umgebung des den Punkt $\tilde{\boldsymbol{y}}$ enthaltenden linearen Unterraumes $L_{d^{(l)}}(\tilde{\boldsymbol{x}})$ (vgl. (13.20b)). Also gilt

$$\tilde{\boldsymbol{y}} \in \bigcup_{\boldsymbol{x} \in U(\tilde{\boldsymbol{x}}; \tilde{\varepsilon}) \cap \mathcal{L}_{M_i}} L_{d^{(l)}}(\boldsymbol{x}) \subset \operatorname{rel\,int} \mathcal{M}_i^{(l+1)}.$$

Da $\tilde{\boldsymbol{y}}$ ein beliebiger, der Bedingung (13.20a) genügender Punkt war, folgt

$$\bigcup_{\boldsymbol{x} \in \operatorname{rel\,int} \mathcal{M}_i^{(l)}} L_{d^{(l)}}(\boldsymbol{x}) \subset \operatorname{rel\,int} \mathcal{M}_i^{(l+1)}$$

und daraus wegen (13.19) die Gleichheit (13.15). □

Lemma 13.4. *Es seien M_1 und M_2 nichtleere abgeschlossene konvexe Mengen in $\mathbb{E}_n$, $\mathcal{M}_i^{(l)}$ die gemäß* (13.4a, b) *definierten, den Mengen M_i zugeordneten Mengen und $L_{d^{(l)}}(\boldsymbol{x})$ die $d^{(l)}$-dimensionalen und den Punkt $\boldsymbol{x}$ enthaltenden linearen Unterräume, die zu der $d^{(l)}$-dimensionalen linearen Hülle $\mathcal{L}_{d^{(l)}}(\boldsymbol{o})$ des Durchschnitts der charakteristischen Kegel*

$C_{\mathcal{M}_1^{(l)}}$ und $C_{\mathcal{M}_2^{(l)}}$ der Mengen $\mathcal{M}_1^{(l)}$ und $\mathcal{M}_2^{(l)}$ parallel sind ($i = 1, 2$; $l = 0, 1, \ldots$). Dann gilt für jedes Indexpaar i, l ($i \in \{1, 2\}$, $l \in \{0, 1, \ldots\}$)

$$L_{d^{(l)}}(\boldsymbol{x}) \cap \operatorname{rel\,int} M_i \neq \emptyset, \quad \boldsymbol{x} \in \operatorname{rel\,int} \mathcal{M}_i^{(l+1)}. \tag{13.21}$$

Beweis. Es sei $i \in \{1, 2\}$. Wir zeigen die Aussage (13.21) durch vollständige Induktion. Im Fall $l = 0$ gilt nach Lemma 13.3 (in Hinsicht auf (13.4b))

$$\operatorname{rel\,int} \mathcal{M}_i^{(1)} = \bigcup_{\boldsymbol{x} \in \operatorname{rel\,int} M_i} L_d(\boldsymbol{x}).$$

Für einen beliebigen Punkt $\tilde{\boldsymbol{y}} \in \operatorname{rel\,int} \mathcal{M}_i^{(1)}$ existiert ein Punkt $\tilde{\boldsymbol{x}} \in \operatorname{rel\,int} M_i$ mit $\tilde{\boldsymbol{y}} \in L_d(\tilde{\boldsymbol{x}})$, und wegen $\tilde{\boldsymbol{y}} \in L_d(\tilde{\boldsymbol{y}})$ ist $L_d(\tilde{\boldsymbol{x}}) = L_d(\tilde{\boldsymbol{y}})$. Aus $\tilde{\boldsymbol{x}} \in \operatorname{rel\,int} M_i$ und $\tilde{\boldsymbol{x}} \in L_d(\tilde{\boldsymbol{y}})$ folgt $L_d(\tilde{\boldsymbol{y}}) \cap \operatorname{rel\,int} M_i \neq \emptyset$ und daraus, da $\tilde{\boldsymbol{y}}$ ein beliebiger Punkt der Menge rel int $\mathcal{M}_i^{(1)}$ ist, die Gültigkeit der Aussage (13.21) im betrachteten Fall $l = 0$.

Wir setzen nun voraus, daß für einen Index $l > 1$ gilt

$$L_{d^{(j)}}(\boldsymbol{x}) \cap \operatorname{rel\,int} M_i \neq \emptyset, \quad \boldsymbol{x} \in \operatorname{rel\,int} \mathcal{M}_i^{(j+1)} \qquad (0 \leqq j \leqq l-1),$$

speziell also

$$L_{d^{(l-1)}}(\boldsymbol{x}) \cap \operatorname{rel\,int} M_i \neq \emptyset, \quad \boldsymbol{x} \in \operatorname{rel\,int} \mathcal{M}_i^{(l)}, \tag{13.22}$$

und wählen einen beliebigen Punkt $\tilde{\boldsymbol{y}} \in \operatorname{rel\,int} \mathcal{M}_i^{(l+1)}$. Nach Lemma 13.3, Aussage (13.15), gibt es dann einen Punkt $\tilde{\boldsymbol{x}} \in \operatorname{rel\,int} \mathcal{M}_i^{(l)}$ mit $\tilde{\boldsymbol{y}} \in L_{d^{(l)}}(\tilde{\boldsymbol{x}})$, und wegen $\tilde{\boldsymbol{y}} \in L_{d^{(l)}}(\tilde{\boldsymbol{y}})$ gilt auch $\tilde{\boldsymbol{x}} \in L_{d^{(l)}}(\tilde{\boldsymbol{y}})$. Damit ist

$$L_{d^{(l)}}(\tilde{\boldsymbol{y}}) \cap \operatorname{rel\,int} \mathcal{M}_i^{(l)} \neq \emptyset. \tag{13.23a}$$

Da nach Lemma 13.3

$$\operatorname{rel\,int} \mathcal{M}_i^{(l)} = \bigcup_{\boldsymbol{x} \in \operatorname{rel\,int} \mathcal{M}_i^{(l-1)}} L_{d^{(l-1)}}(\boldsymbol{x})$$

gilt, ist daher wegen (13.23a)

$$L_{d^{(l)}}(\tilde{\boldsymbol{y}}) \cap \Bigl(\bigcup_{\boldsymbol{x} \in \operatorname{rel\,int} \mathcal{M}_i^{(l-1)}} L_{d^{(l-1)}}(\boldsymbol{x}) \Bigr) \neq \emptyset.$$

Es gibt also einen Punkt $\boldsymbol{x}_1 \in \operatorname{rel\,int} \mathcal{M}_i^{(l-1)}$ mit

$$L_{d^{(l)}}(\tilde{\boldsymbol{y}}) \cap L_{d^{(l-1)}}(\boldsymbol{x}_1) \neq \emptyset.$$

Wir wählen einen beliebigen Punkt $\boldsymbol{x}_0 \in L_{d^{(l)}}(\tilde{\boldsymbol{y}}) \cap L_{d^{(l-1)}}(\boldsymbol{x}_1)$; dann ist wegen $\boldsymbol{x}_0 \in L_{d^{(l)}}(\boldsymbol{x}_0)$ und $\boldsymbol{x}_0 \in L_{d^{(l-1)}}(\boldsymbol{x}_0)$

$$L_{d^{(l)}}(\tilde{\boldsymbol{y}}) = L_{d^{(l)}}(\boldsymbol{x}_0), \quad \boldsymbol{x}_1 \in L_{d^{(l-1)}}(\boldsymbol{x}_0) = L_{d^{(l-1)}}(\boldsymbol{x}_1). \tag{13.23b}$$

Für die charakteristischen Kegel $C_{\mathcal{M}_i^{(l-1)}}$ und $C_{\mathcal{M}_i^{(l)}}$ der Mengen $\mathcal{M}_i^{(l-1)}$ und $\mathcal{M}_i^{(l)}$ gilt wegen $\mathcal{M}_i^{(l-1)} \subset \mathcal{M}_i^{(l)}$ (vgl. (13.6)) die Inklusion

$$C_{\mathcal{M}_i^{(l-1)}} \subset C_{\mathcal{M}_i^{(l)}}$$

und damit die Inklusion

$$C_{\mathcal{M}_1^{(l-1)}} \cap C_{\mathcal{M}_2^{(l-1)}} \subset C_{\mathcal{M}_1^{(l)}} \cap C_{\mathcal{M}_2^{(l)}}.$$

Hieraus folgt für die durch eine Translation in $\mathbb{E}_n$, bei der der Punkt $\boldsymbol{o}$ in den Punkt $\boldsymbol{x}_0$ übergeführt wird, aus den Mengen $C_{\mathcal{M}_1^{(r)}} \cap C_{\mathcal{M}_2^{(r)}}$ hervorgehenden konvexen Kegel

$$C_{d^{(r)}}(\boldsymbol{x}_0) := \{\boldsymbol{x} \in \mathbb{E}_n \mid \boldsymbol{x} = \boldsymbol{x}_0 + \boldsymbol{v},\ \boldsymbol{v} \in C_{\mathcal{M}_1^{(r)}} \cap C_{\mathcal{M}_2^{(r)}}\} \qquad (r = l-1, l)$$

die Inklusion $C_{d^{(l-1)}}(\boldsymbol{x}_0) \subset C_{d^{(l)}}(\boldsymbol{x}_0)$. Für die linearen Hüllen $L_{d^{(l-1)}}(\boldsymbol{x}_0)$ und $L_{d^{(l)}}(\boldsymbol{x}_0)$ dieser Kegel gilt daher unter Beachtung von (13.23b)

$$\boldsymbol{x}_1 \in L_{d^{(l-1)}}(\boldsymbol{x}_0) \subset L_{d^{(l)}}(\boldsymbol{x}_0) = L_{d^{(l)}}(\tilde{\boldsymbol{y}}). \tag{13.24}$$

Wegen $\mathcal{M}_i^{(l-1)} \subset \mathcal{M}_i^{(l)}$ und $\boldsymbol{x}_1 \in \operatorname{rel\,int} \mathcal{M}_i^{(l-1)}$ ist $\boldsymbol{x}_1 \in \operatorname{rel\,int} \mathcal{M}_i^{(l)}$, woraus nach Induktionsvoraussetzung (13.22)

$$L_{d^{(l-1)}}(\boldsymbol{x}_1) \cap \operatorname{rel\,int} M_i \neq \emptyset$$

folgt, d. h., es existiert ein Punkt $\hat{\boldsymbol{x}} \in \operatorname{rel\,int} M_i$ mit $\hat{\boldsymbol{x}} \in L_{d^{(l-1)}}(\boldsymbol{x}_1)$. Nach (13.23b) und (13.24) ist dann

$$\hat{\boldsymbol{x}} \in L_{d^{(l-1)}}(\boldsymbol{x}_1) = L_{d^{(l-1)}}(\boldsymbol{x}_0) \subset L_{d^{(l)}}(\tilde{\boldsymbol{y}})$$

und daher wegen $\hat{\boldsymbol{x}} \in \operatorname{rel\,int} M_i$

$$L_{d^{(l)}}(\tilde{\boldsymbol{y}}) \cap \operatorname{rel\,int} M_i \neq \emptyset .$$

Da $\tilde{\boldsymbol{y}}$ ein beliebiger Punkt der Menge $\operatorname{rel\,int} \mathcal{M}_i^{(l+1)}$ ist, folgt daraus die Aussage (13.21). □

Bemerkung 13.4. Nach der Aussage (13.21) des Lemma 13.4 gilt für ein beliebiges Indexpaar i, l mit $i \in \{1, 2\}$ und $l \in \{0, 1, \ldots\}$

$$\varrho\big(L_{d^{(l)}}(\boldsymbol{x}), M_i\big) = \varrho\big(L_{d^{(l)}}(\boldsymbol{x}), \operatorname{rel\,int} M_i\big) = 0$$

für $\boldsymbol{x} \in \operatorname{rel\,int} \mathcal{M}_i^{(l+1)}$. Ein Punkt $\hat{\boldsymbol{x}} \in \bar{\mathcal{M}}_i^{(l+1)} \setminus \operatorname{rel\,int} \mathcal{M}_i^{(l+1)}$ ist ein Häufungspunkt der Menge $\operatorname{rel\,int} \mathcal{M}_i^{(l+1)}$; nach Definition (13.4a) liegen dann in jeder ε-Umgebung $U\big(L_{d^{(l)}}(\hat{\boldsymbol{x}}); \varepsilon\big)$ des linearen Unterraumes $L_{d^{(l)}}(\hat{\boldsymbol{x}})$, $\varepsilon > 0$, lineare Unterräume $L_{d^{(l)}}(\boldsymbol{x})$ mit $\boldsymbol{x} \in \operatorname{rel\,int} \mathcal{M}_i^{(l+1)}$. Da letztere nach Lemma 13.4 Punkte der Menge M_i enthalten, ist $\varrho\big(L_{d^{(l)}}(\hat{\boldsymbol{x}}), M_i\big) = 0$. Nun war aber $\hat{\boldsymbol{x}}$ ein beliebiger Punkt der Menge $\bar{\mathcal{M}}_i^{(l+1)} \setminus \operatorname{rel\,int} \mathcal{M}_i^{(l+1)}$, also gilt $\varrho\big(L_{d^{(l)}}(\boldsymbol{x}), M_i\big) = 0$ auch für alle $\boldsymbol{x} \in \bar{\mathcal{M}}_i^{(l+1)} \setminus \operatorname{rel\,int} \mathcal{M}_i^{(l+1)}$. Hieraus und aus (13.21) folgt dann

$$\varrho\big(L_{d^{(l)}}(\boldsymbol{x}), M_i\big) = 0, \quad \boldsymbol{x} \in \bar{\mathcal{M}}_i^{(l+1)}. \tag{13.25}$$

Satz 13.3. *Es seien M_1 und M_2 abgeschlossene konvexe Mengen in $\mathbb{E}_n$, die eine asymptotische Berührung der Ordnung k $(1 \leqq k \leqq n-1)$ haben. Weiter seien für $i \in \{1, 2\}$ C_{M_i} der charakteristische Kegel und $\mathcal{L}_{M_i}$ die lineare Hülle der Menge M_i, $\mathcal{M}_i^{(k)}$ die im k-ten (Abschluß-) Schritt des durch* (13.4a, b) *beschriebenen Prozesses erzeugte Menge und $C_{\mathcal{M}_i^{(k)}}$ der charakteristische Kegel der Menge $\mathcal{M}_i^{(k)}$. Dann gelten für die in* (13.4a) *definierten Zahlen*

$$\begin{aligned} d &:= \dim\,(C_{M_1} \cap C_{M_2}), \\ d^{(k)} &:= \dim\,(C_{\mathcal{M}_1^{(k)}} \cap C_{\mathcal{M}_2^{(k)}}), \\ \tilde{d}^{(k)} &:= \dim\,(\bar{\mathcal{M}}_1^{(k)} \cap \bar{\mathcal{M}}_2^{(k)}) \end{aligned} \tag{13.26}$$

die Ungleichungen

$$1 \leqq d \leqq d^{(k)} \leqq \tilde{d}^{(k)} \leqq n-1. \tag{13.27}$$

Der asymptotische Berührungsraum $\mathcal{L}(M_1, M_2)$ der Mengen M_1 und M_2 (vgl. Definition 13.2) hat die folgenden Eigenschaften:

(1) $\mathcal{L}(M_1, M_2) \subset \mathcal{L}_{M_1} \cap \mathcal{L}_{M_2} \cap \Pi_R$; *dabei bezeichnet Π_R den Durchschnitt aller Trennungshyperebenen der Mengen M_1 und M_2;*
(2) $\varrho\big(M_i, \mathcal{L}(M_1, M_2)\big) = 0 \qquad (i = 1, 2)$;
(3) *für wenigstens einen Index $i \in \{1, 2\}$ haben die Mengen M_i und $\mathcal{L}(M_1, M_2)$ eine asymptotische Berührung.*

Beweis. Wir gehen von den Mengen $\bar{\mathcal{M}}_1^{(k-1)}$ und $\bar{\mathcal{M}}_2^{(k-1)}$ aus, sie sind abgeschlossen und konvex, und es ist $\dim(\bar{\mathcal{M}}_1^{(k-1)} \cap \mathcal{M}_2^{(k-1)}) = -1$, d. h. $\bar{\mathcal{M}}_1^{(k-1)} \cap \bar{\mathcal{M}}_2^{(k-1)} = \emptyset$ (vgl. Definition 13.1). Aus $\varrho(M_1, M_2) = 0$ folgt nach Lemma 13.1, Aussage (a), $\varrho(\bar{\mathcal{M}}_1^{(k-1)}, \bar{\mathcal{M}}_2^{(k-1)}) = 0$. Die Mengen $\bar{\mathcal{M}}_1^{(k-1)}$ und $\bar{\mathcal{M}}_2^{(k-1)}$ haben daher wegen $\bar{\mathcal{M}}_1^{(k)} \cap \bar{\mathcal{M}}_2^{(k)} \neq \emptyset$ eine asymptotische Berührung der Ordnung 1. Der Satz 12.9, angewandt auf die Mengen $\bar{\mathcal{M}}_1^{(k-1)}$ und $\bar{\mathcal{M}}_2^{(k-1)}$, führt dann zu der Aussage

$$\dim(\bar{\mathcal{M}}_1^{(k)} \cap \bar{\mathcal{M}}_2^{(k)}) \geqq \dim(C_{\mathcal{M}_1^{(k)}} \cap C_{\mathcal{M}_2^{(k)}}) \geqq \dim(C_{\mathcal{M}_1^{(k-1)}} \cap C_{\mathcal{M}_2^{(k-1)}}),$$

also zu den Ungleichungen $\tilde{d}^{(k)} \geqq d^{(k)} \geqq d^{(k-1)}$. Nach (13.5b) ist daher $1 \leqq d \leqq d^{(k)} \leqq \tilde{d}^{(k)}$. Weil aus $\dim(\bar{\mathcal{M}}_1^{(k)} \cap \bar{\mathcal{M}}_2^{(k)}) = n$ auch $\dim(\mathcal{M}_1^{(k)} \cap \mathcal{M}_2^{(k)}) = n$ folgen würde, im Widerspruch zu $\dim(\mathcal{M}_1^{(k)} \cap \mathcal{M}_2^{(k)}) = -1$, gilt $\tilde{d}^{(k)} \leqq n - 1$, womit die Aussage (13.27) gezeigt ist.

Es sei nun $\Pi_{R'}$ der Durchschnitt aller Trennungshyperebenen der sich asymptotisch berührenden, abgeschlossenen konvexen Mengen $\bar{\mathcal{M}}_1^{(k-1)}$ und $\bar{\mathcal{M}}_2^{(k-1)}$ und $\mathcal{L}_{\bar{\mathcal{M}}_i^{(k-1)}}$ die lineare Hülle der Menge $\bar{\mathcal{M}}_i^{(k-1)}$ $(i = 1, 2)$. Nach Satz 12.10, angewandt auf die Mengen $\bar{\mathcal{M}}_1^{(k-1)}$ und $\bar{\mathcal{M}}_2^{(k-1)}$, gilt unter Beachtung von Lemma 13.1

$$\bar{\mathcal{M}}_1^{(k)} \cap \bar{\mathcal{M}}_2^{(k)} \subset \mathcal{L}_{\bar{\mathcal{M}}_1^{(k-1)}} \cap \mathcal{L}_{\bar{\mathcal{M}}_2^{(k-1)}} \cap \Pi_{R'} = \mathcal{L}_{M_1} \cap \mathcal{L}_{M_2} \cap \Pi_R;$$

da die Menge $\mathcal{L}_{M_1} \cap \mathcal{L}_{M_2} \cap \Pi_R$ als nichtleerer Durchschnitt linearer Unterräume ein linearer Unterraum ist, folgt daraus für die lineare Hülle $\mathcal{L}(M_1, M_2)$ der Menge $\bar{\mathcal{M}}_1^{(k)} \cap \bar{\mathcal{M}}_2^{(k)}$, also für den asymptotischen Berührungsraum der Mengen M_1 und M_2 die Aussage (1) des Satzes.

Nach Definition (13.4a) ist

$$\mathcal{M}_i^{(k)} = \bigcup_{x \in \bar{\mathcal{M}}_i^{(k-1)}} L_{d^{(k-1)}}(x) \qquad (i = 1, 2). \tag{13.28}$$

Da die Mengen M_1 und M_2 eine asymptotische Berührung der Ordnung k haben, ist $\bar{\mathcal{M}}_1^{(k)} \cap \bar{\mathcal{M}}_2^{(k)} \neq \emptyset$. Für einen beliebigen Punkt $x_0 \in \bar{\mathcal{M}}_1^{(k)} \cap \bar{\mathcal{M}}_2^{(k)}$ gilt nach (13.28)

$$L_{d^{(k-1)}}(x_0) \subset \bar{\mathcal{M}}_1^{(k)} \cap \bar{\mathcal{M}}_2^{(k)}$$

und nach Bemerkung 13.4, Aussage (13.25),

$$\varrho\big(L_{d^{(k-1)}}(x_0), M_i\big) = 0 \qquad (i = 1, 2).$$

Hieraus folgt

$$\varrho(\bar{\mathcal{M}}_1^{(k)} \cap \bar{\mathcal{M}}_2^{(k)}, M_i) = 0 \qquad (i = 1, 2)$$

und wegen $\bar{\mathcal{M}}_1^{(k)} \cap \bar{\mathcal{M}}_2^{(k)} \subset \mathcal{L}(M_1, M_2)$ dann die Aussage (2) des Satzes.

Wenn für einen Index $i \in \{1, 2\}$ $M_i \cap \mathscr{L}(M_1, M_2) = \emptyset$ ist, so haben die Mengen M_i und $\mathscr{L}(M_1, M_2)$ aufgrund der bereits gezeigten Aussage (2) des Satzes eine asymptotische Berührung (im Sinne der Definition 12.1), d. h., die Aussage (3) des Satzes gilt.

Wir nehmen nun an, daß der Fall

$$N_i := M_i \cap \mathscr{L}(M_1, M_2) \neq \emptyset \qquad (i = 1, 2) \tag{13.29}$$

eintritt. Wegen $M_i \subset \mathscr{M}_i^{(k)}$ (vgl. (13.6) in Bemerkung 13.2) gilt dann

$$N_i^{(k)} := \mathscr{M}_i^{(k)} \cap \mathscr{L}(M_1, M_2) \neq \emptyset \qquad (i = 1, 2).$$

Wäre $N_1^{(k)} \cap N_2^{(k)} \neq \emptyset$, so gäbe es einen Punkt $\boldsymbol{x} \in \mathscr{L}(M_1, M_2)$ mit $\boldsymbol{x} \in \mathscr{M}_1^{(k)} \cap \mathscr{M}_2^{(k)}$; nach Satz 12.3, angewandt auf die sich asymptotisch berührenden abgeschlossenen konvexen Mengen $\bar{\mathscr{M}}_1^{(k-1)}$ und $\bar{\mathscr{M}}_2^{(k-1)}$, ist aber $\mathscr{M}_1^{(k)} \cap \mathscr{M}_2^{(k)} = \emptyset$. Also gilt $N_1^{(k)} \cap N_2^{(k)} = \emptyset$ und daher auch

$$\operatorname{rel\,int} N_1^{(k)} \cap \operatorname{rel\,int} N_2^{(k)} = \emptyset. \tag{13.30a}$$

Wegen $\bar{N}_i^{(k)} = \bar{\mathscr{M}}_i^{(k)} \cap \mathscr{L}(M_1, M_2)$ $(i = 1, 2)$ und wegen $\emptyset \neq \bar{\mathscr{M}}_1^{(k)} \cap \bar{\mathscr{M}}_2^{(k)} \subset \mathscr{L}(M_1, M_2)$ ist

$$\bar{N}_1^{(k)} \cap \bar{N}_2^{(k)} = \bar{\mathscr{M}}_1^{(k)} \cap \bar{\mathscr{M}}_2^{(k)} \neq \emptyset. \tag{13.30b}$$

Die konvexen abgeschlossenen Mengen $\bar{N}_1^{(k)}$ und $\bar{N}_2^{(k)}$ haben aufgrund von (13.30a, b) eine Punktberührung (vgl. Definition 11.1). Da die Mengen $\bar{N}_1^{(k)}$ und $\bar{N}_2^{(k)}$ und damit auch ihre Vereinigung und deren lineare Hülle außerdem in dem linearen Unterraum $\mathscr{L}(M_1, M_2)$ liegen, gibt es nach Satz 11.2 zu einem beliebigen Punkt $\boldsymbol{x}_0 \in \bar{N}_1^{(k)} \cap \bar{N}_2^{(k)}$ (nach (13.30b) gehört er auch zur Menge $\bar{\mathscr{M}}_1^{(k)} \cap \bar{\mathscr{M}}_2^{(k)}$) einen Vektor $\boldsymbol{y} \neq \boldsymbol{o}$ mit $\boldsymbol{x}_0 + \boldsymbol{y} \in \mathscr{L}(M_1, M_2)$ derart, daß

$$R := \{\boldsymbol{x} \in \mathbb{E}_n \mid (\boldsymbol{y}, \boldsymbol{x} - \boldsymbol{x}_0) = 0\}$$

eine Trennungshyperebene der Mengen $\bar{N}_1^{(k)}$ und $\bar{N}_2^{(k)}$ ist; nach Satz 11.3 und nach (13.30b) gilt dann

$$\bar{N}_1^{(k)} \cap \bar{N}_2^{(k)} = \bar{\mathscr{M}}_1^{(k)} \cap \bar{\mathscr{M}}_2^{(k)} \subset R. \tag{13.31}$$

Wegen $\boldsymbol{x}_0 + \boldsymbol{y} \in \mathscr{L}(M_1, M_2)$ ist die Durchschnittsmenge $R \cap \mathscr{L}(M_1, M_2)$ ein linearer Unterraum der Dimension

$$\tilde{d}^{(k)} - 1 = \dim (\bar{\mathscr{M}}_1^{(k)} \cap \bar{\mathscr{M}}_2^{(k)}) - 1$$

(vgl. Definition (13.26)). Nach (13.31) und wegen $\bar{\mathscr{M}}_1^{(k)} \cap \bar{\mathscr{M}}_2^{(k)} \subset \mathscr{L}(M_1, M_2)$ gilt

$$\bar{\mathscr{M}}_1^{(k)} \cap \bar{\mathscr{M}}_2^{(k)} \subset R \cap \mathscr{L}(M_1, M_2),$$

d. h., die Dimension der konvexen Menge $\bar{\mathscr{M}}_1^{(k)} \cap \bar{\mathscr{M}}_2^{(k)}$ ist kleiner oder gleich $\tilde{d}^{(k)} - 1$. Das ist aber ein Widerspruch zu der Definition der Zahl $\tilde{d}^{(k)}$ in (13.26). Der Fall (13.29) kann daher nicht eintreten. Damit ist auch die Aussage (3) des Satzes gezeigt. □

Bemerkung 13.5. Zwei sich asymptotisch berührenden abgeschlossenen konvexen Mengen M_1 und M_2 sind eindeutig drei natürliche Zahlen zugeordnet, das Tripel $(k, d, \tilde{d}^{(k)})$; dabei ist k die Ordnung der asymptotischen Berührung, d die Dimension des konvexen Kegels $C_{M_1} \cap C_{M_2}$ und $\tilde{d}^{(k)}$ die Dimension des eindeutig bestimmten asymptotischen Berührungsraumes $\mathcal{L}(M_1, M_2)$ der Mengen M_1 und M_2, und es gilt $1 \leqq d \leqq \tilde{d}^{(k)} \leqq n - 1$ (vgl. Satz 13.3). Durch dieses Tripel erhält man eine bestimmte Charakteristik der asymptotischen Berührung zweier Mengen; es kann daher als Grundlage für eine Klassifikation in der Menge der Paare sich asymptotisch berührender abgeschlossener konvexer Mengen in $\mathbb{E}_n$ dienen.

Beispiel 13.1. Im Fall $d := \dim (C_{M_1} \cap C_{M_2}) = n - 1$ haben die sich asymptotisch berührenden abgeschlossenen konvexen Mengen M_1 und M_2 nach Satz 12.8 eine asymptotische Berührung der Ordnung 1 im Sinne der Definition 13.1 (vgl. Bemerkung 13.1). Es ist also $k = 1$; und da nach Satz 13.3 $d = n - 1 \leqq \tilde{d}^{(l)} \leqq n - 1$ gilt, kann im betrachteten Fall nur das Tripel $(k, d, \tilde{d}^{(k)}) = (1, n - 1, n - 1)$ auftreten.

Beispiel 13.2. Im Fall $n = 2$ hat der Durschschnitt der charakteristischen Kegel C_{M_1} und C_{M_2} zweier sich asymptotisch berührender abgeschlossener konvexer Mengen M_1 und M_2 nach Satz 12.1 (Aussage (e)) die Dimension $d = 1$. Nach Satz 13.3 gibt es dann (da für die Ordnung k der asymptotischen Berührung zweier abgeschlossener konvexer Mengen $1 \leqq k \leqq n - 1$ gilt) nur das Tripel $(k, d, \tilde{d}^{(k)}) = (1, 1, 1)$. Im Raum $\mathbb{E}_2$ kann es daher nur eine Art der asymptotischen Berührung zweier abgeschlossener konvexer Mengen geben, nämlich die der Ordnung 1, bei der der asymptotische Berührungsraum eine Gerade ist.

Bemerkung 13.6. Es seien hier noch ergänzend die entsprechenden Tripel für die im Kapitel 12 behandelten Beispiele genannt: Im Beispiel 12.1 ist $(k, d, \tilde{d}^{(k)}) = (1, 1, 2)$, im Beispiel 12.2 dann $(k, d, \tilde{d}^{(k)}) = (2, 1, 2)$ und im Beispiel 12.3 schließlich $(k, d, \tilde{d}^{(k)}) = (1, 1, 2)$.

Satz 13.4. *Es seien M_1 und M_2 abgeschlossene konvexe Mengen in $\mathbb{E}_n$, die eine asymptotische Berührung der Ordnung k $(1 \leqq k \leqq n - 1)$ haben. Weiter seien $\mathcal{M}_i^{(l)}$ die durch* (13.4a, b) *iterativ eingeführten Mengen und $S_{\bar{\mathcal{M}}_i^{(l)}}$ das sphärische Bild der Menge $\bar{\mathcal{M}}_i^{(l)}$ $(i = 1, 2;\ l = 0, 1, \ldots, k)$. Dann gibt es einen Vektor $\boldsymbol{y}$ derart, daß gilt*

(a) $\qquad -\boldsymbol{y} \in S_{\bar{\mathcal{M}}_1^{(k)}}, \quad \boldsymbol{y} \in S_{\bar{\mathcal{M}}_2^{(k)}},$

(b) $\qquad -\boldsymbol{y} \in \bar{S}_{\bar{\mathcal{M}}_1^{(l)}}, \quad \boldsymbol{y} \in \bar{S}_{\bar{\mathcal{M}}_2^{(l)}} \qquad (l = 0, \ldots, k - 1).$

Beweis. Aus der Voraussetzung des Satzes folgt, daß die Mengen $\bar{\mathcal{M}}_1^{(k)}$ und $\bar{\mathcal{M}}_2^{(k)}$ eine Punktberührung und die Mengen $\bar{\mathcal{M}}_1^{(l)}$ und $\bar{\mathcal{M}}_2^{(l)}$ $(l \in \{0, \ldots, k - 1\})$ eine asymptotische Berührung haben. Nach Satz 11.1, angewandt auf die abgeschlossenen konvexen Mengen $\bar{\mathcal{M}}_1^{(k)}$ und $\bar{\mathcal{M}}_2^{(k)}$, gibt es einen Vektor $\boldsymbol{y}$ mit den in (a) angegebenen Eigenschaften.

Da nach (13.6) in Bemerkung 13.2 $\bar{\mathcal{M}}_i^{(l)} \subset \bar{\mathcal{M}}_i^{(k)}$ $(i = 1; 2;\ l = 0, \ldots, k - 1)$ ist, gilt für die charakteristischen Kegel $C_{\bar{\mathcal{M}}_i^{(l)}}$ und $C_{\bar{\mathcal{M}}_i^{(k)}}$ die Inklusion

$$C_{\bar{\mathcal{M}}_i^{(l)}} \subset C_{\bar{\mathcal{M}}_i^{(k)}} \qquad (i = 1, 2;\ l = 0, \ldots, k - 1)$$

und für die entsprechenden Polarkegel nach Satz 8.1 die Inklusion

$$C^{\mathrm{p}}_{\bar{\mathcal{M}}_i^{(l)}}(\boldsymbol{o}) \supset C^{\mathrm{p}}_{\bar{\mathcal{M}}_i^{(k)}}(\boldsymbol{o}) \qquad (i = 1, 2;\ l = 0, \ldots, k - 1).$$

Nach Bemerkung 10.1 folgt schließlich

$$\bar{S}_{\bar{\mathcal{M}}_i^{(l)}} \supset \bar{S}_{\bar{\mathcal{M}}_i^{(k)}} \qquad (i = 1, 2;\ l = 0, \ldots, k - 1).$$

Daher erfüllt der den Bedingungen (a) genügende Vektor $\boldsymbol{y}$ auch die Bedingungen (b). □

Bemerkung 13.7. Anhand der beiden folgenden Beispiele soll gezeigt werden, daß unter den Voraussetzungen des Satzes 13.4 sowohl der Fall

$$-\boldsymbol{y} \in S_{\overline{\mathcal{M}}_1^{(l)}}, \quad \boldsymbol{y} \in S_{\overline{\mathcal{M}}_2^{(l)}}$$

als auch der Fall

$$-\boldsymbol{y} \in \bar{S}_{\overline{\mathcal{M}}_1^{(l)}} \setminus S_{\overline{\mathcal{M}}_1^{(l)}} \quad (\text{bzw.} \quad \boldsymbol{y} \in \bar{S}_{\overline{\mathcal{M}}_2^{(l)}} \setminus S_{\overline{\mathcal{M}}_2^{(l)}})$$

für einen Index $l \in \{0, \dots k-1\}$ in der Aussage (b) des Satzes eintreten kann.

Beispiel 13.3. Die Mengen

$$M_1 := \{\boldsymbol{x} \in \mathbb{E}_3 \mid x_2 x_3 \geqq 1,\ x_2 \geqq 0,\ x_1 = 0\},$$

$$M_2 := \{\boldsymbol{x} \in \mathbb{E}_3 \mid (x_1 - 1)^2 + x_2{}^2 \leqq 1\}$$

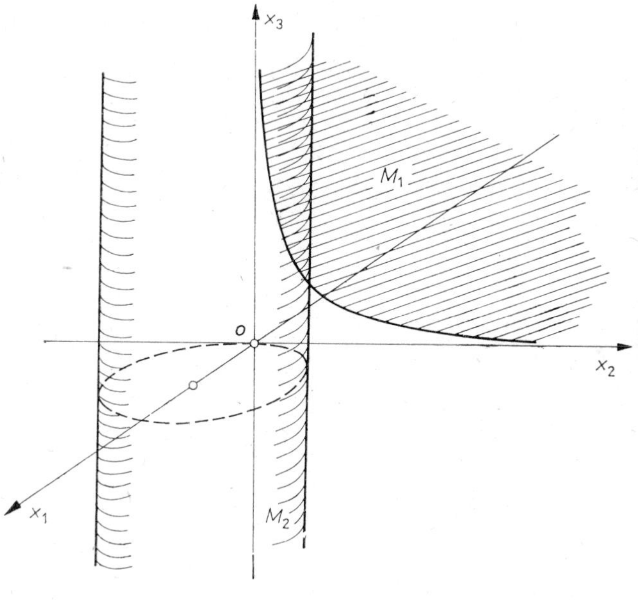

Abb. 13.1

sind abgeschlossene konvexe und sich asymptotisch berührende Mengen in $\mathbb{E}_3$ (Abb. 13.1). Ihre charakteristischen Kegel haben die Darstellung

$$C_{M_1} = \{\boldsymbol{x} \in \mathbb{E}_3 \mid x_1 = 0,\ x_2 \geqq 0,\ x_3 \geqq 0\}, \quad C_{M_2} = \{\boldsymbol{x} \in \mathbb{E}_3 \mid x_1 = 0,\ x_2 = 0\}$$

und die ihnen entsprechenden Polarkegel die Darstellung

$$C_{M_1}^{\mathrm{p}}(\boldsymbol{o}) = \{\boldsymbol{x} \in \mathbb{E}_3 \mid x_2 \leqq 0,\ x_3 \leqq 0, \quad C_{M_2}^{\mathrm{p}}(\boldsymbol{o}) = \{\boldsymbol{x} \in \mathbb{E}_3 \mid x_3 = 0\}.$$

Es ist daher

$$C_{M_1} \cap C_{M_2} = \{\boldsymbol{x} \in \mathbb{E}_3 \mid x_1 = 0,\ x_2 = 0,\ x_3 \geqq 0\}, \quad \dim (C_{M_1} \cap C_{M_2}) = 1,$$

und die lineare Hülle $\mathscr{L}_1(\boldsymbol{o})$ des Kegels $C_{M_1} \cap C_{M_2}$ hat die Beschreibung $\mathscr{L}_1(\boldsymbol{o}) = \{\boldsymbol{x} \in \mathbb{E}_3 \mid x_1 = 0, x_2 = 0\}$. Daraus erhält man nach (13.4a, b)

$$\mathscr{M}_1^{(1)} = \{\boldsymbol{x} \in \mathbb{E}_3 \mid x_1 = 0, x_2 > 0\},$$

$$\mathscr{M}_2^{(1)} = \{\boldsymbol{x} \in \mathbb{E}_3 \mid (x_1 - 1)^2 + x_2^2 \leqq 1\} = M_2,$$

$$\bar{\mathscr{M}}_1^{(1)} = \{\boldsymbol{x} \in \mathbb{E}_3 \mid x_1 = 0, x_2 \geqq 0\},$$

$$\bar{\mathscr{M}}_2^{(1)} = \{\boldsymbol{x} \in \mathbb{E}_3 \mid (x_1 - 1)^2 + x_2^2 \leqq 1\} = M_2.$$

Es ist also $\bar{\mathscr{M}}_1^{(1)} \cap \bar{\mathscr{M}}_2^{(1)} = \{\boldsymbol{x} \in \mathbb{E}_3 \mid x_1 = 0, x_2 = 0\} \neq \emptyset$. Die Mengen M_1 und M_2 haben also eine asymptotische Berührung der Ordnung 1. Die charakteristischen Kegel der Mengen $\mathscr{M}_1^{(1)}$ und $\mathscr{M}_2^{(1)}$ sind

$$C_{\mathscr{M}_1^{(1)}} = C_{\bar{\mathscr{M}}_1^{(1)}} = \{\boldsymbol{x} \in \mathbb{E}_3 \mid x_1 = 0, x_2 = 0\},$$

$$C_{\mathscr{M}_2^{(1)}} = C_{\bar{\mathscr{M}}_2^{(1)}} = \{\boldsymbol{x} \in \mathbb{E}_3 \mid x_1 = 0, x_2 = 0\},$$

und die zugehörigen Polarkegel sind

$$C^{\mathrm{p}}_{\mathscr{M}_1^{(1)}}(\boldsymbol{o}) = C^{\mathrm{p}}_{\bar{\mathscr{M}}_1^{(1)}}(\boldsymbol{o}) = \{\boldsymbol{x} \in \mathbb{E}_3 \mid x_3 = 0\}, \quad C^{\mathrm{p}}_{\mathscr{M}_2^{(1)}}(\boldsymbol{o}) = C^{\mathrm{p}}_{\bar{\mathscr{M}}_2^{(1)}}(\boldsymbol{o}) = C^{\mathrm{p}}_{\mathscr{M}_1^{(1)}}(\boldsymbol{o}).$$

Die sphärischen Bilder der Mengen M_1, M_2 und $\bar{\mathscr{M}}_1^{(1)}$, $\bar{\mathscr{M}}_2^{(1)}$ haben die Darstellung

$$S_{M_1} = \{\boldsymbol{x} \in \mathbb{E}_3 \mid x_2 < 0, x_3 < 0, \|\boldsymbol{x}\| = 1\} \cup \{\boldsymbol{x}_1, \boldsymbol{x}_2\},$$
$$\boldsymbol{x}_1 = (1, 0, 0), \boldsymbol{x}_2 = (-1, 0, 0),$$

$$S_{M_2} = \{\boldsymbol{x} \in \mathbb{E}_3 \mid x_3 = 0, \|\boldsymbol{x}\| = 1\},$$

$$S_{\bar{\mathscr{M}}_1^{(1)}} = S_{\bar{\mathscr{M}}_2^{(1)}} = \{\boldsymbol{x} \in \mathbb{E}_3 \mid x_3 = 0, \|\boldsymbol{x}\| = 1\} = S_{M_2}.$$

Der Vektor $\boldsymbol{y} := (1, 0, 0)$ erfüllt die Bedingungen (a), (b) aus Satz 13.4, denn für ihn gilt

$$-\boldsymbol{y} \in S_{M_1}, \quad \boldsymbol{y} \in S_{M_2}, \quad -\boldsymbol{y} \in S_{\bar{\mathscr{M}}_1^{(1)}}, \quad \boldsymbol{y} \in S_{\bar{\mathscr{M}}_2^{(1)}}.$$

Beispiel 13.4. Die Mengen

$$M_1 := \{\boldsymbol{x} \in \mathbb{E}_3 \mid x_1 + x_2^2 \leqq 0\}, \quad M_2 := \{\boldsymbol{x} \in \mathbb{E}_3 \mid x_3 \leqq \log x_1, x_1 > 0, x_2 = 0\}$$

sind offenbar abgeschlossene konvexe Mengen in $\mathbb{E}_3$ mit $M_1 \cap M_2 = \emptyset$, $\varrho(M_1, M_2) = 0$, $\dim M_1 = 3$ und $\dim M_2 = 2$ (Abb. 13.2a). Sie berühren sich daher asymptotisch. Ihre charakteristischen Kegel sind

$$C_{M_1} = \{\boldsymbol{x} \in \mathbb{E}_3 \mid x_1 \leqq 0, x_2 = 0\}, \quad C_{M_2} = \{\boldsymbol{x} \in \mathbb{E}_3 \mid x_1 \geqq 0, x_2 = 0, x_3 \leqq 0\},$$

ihr Durchschnitt ist die Menge

$$C_{M_1} \cap C_{M_2} = \{\boldsymbol{x} \in \mathbb{E}_3 \mid x_1 = 0, x_2 = 0, x_3 \leqq 0\}, \quad d := \dim (C_{M_1} \cap C_{M_2}) = 1;$$

die lineare Hülle $\mathscr{L}_1(\boldsymbol{o})$ des Kegels $C_{M_1} \cap C_{M_2}$ hat daher die Beschreibung $\mathscr{L}_1(\boldsymbol{o}) = \{\boldsymbol{x} \in \mathbb{E}_3 \mid x_1 = 0, x_2 = 0\}$. Die den Mengen M_1 und M_2 gemäß (13.4a, b) zugeordneten Mengen $\mathscr{M}_1^{(1)}$ und $\mathscr{M}_2^{(1)}$ sind dann

$$\mathscr{M}_1^{(1)} = \{\boldsymbol{x} \in \mathbb{E}_3 \mid x_1 + x_2^2 \leqq 0\} = M_1,$$

$$\mathscr{M}_2^{(1)} = \{\boldsymbol{x} \in \mathbb{E}_3 \mid x_1 > 0, x_2 = 0\},$$

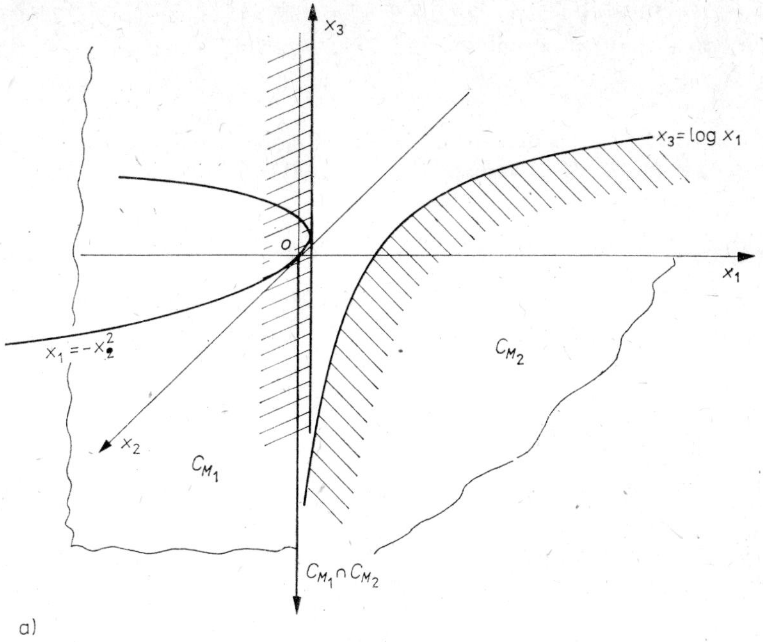

Abb. 13.2a

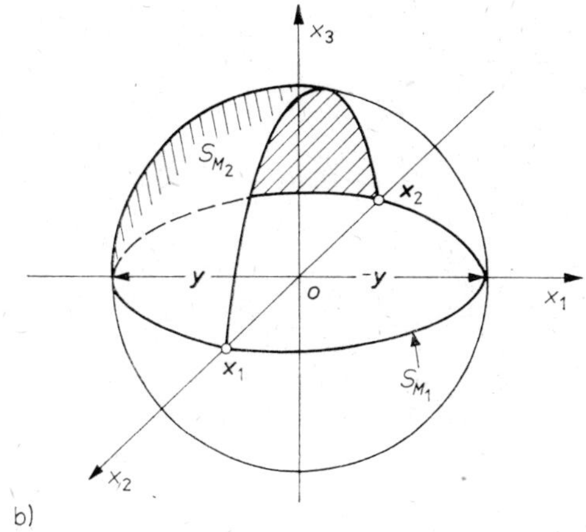

Abb. 13.2b

wobei $\bar{\mathscr{M}}_1^{(1)} = \mathscr{M}_1^{(1)}$ und $\bar{\mathscr{M}}_1^{(1)} \cap \bar{\mathscr{M}}_2^{(1)} \neq \emptyset$ gilt. Die Mengen M_1 und M_2 haben daher eine asymptotische Berührung der Ordnung 1.

Die Polarkegel $C^{\mathrm{p}}_{M_i}(\boldsymbol{o})$ zu den Kegeln C_{M_i} $(i = 1, 2)$ sind $C^{\mathrm{p}}_{M_1}(\boldsymbol{o}) = \{\boldsymbol{x} \in \mathbb{E}_3 \mid x_1 \geqq 0,$ $x_3 = 0\}$, $C^{\mathrm{p}}_{M_2}(\boldsymbol{o}) = \{\boldsymbol{x} \in \mathbb{E}_3 \mid x_1 \leqq 0, x_3 \geqq 0\}$,
nach Bemerkung 10.1 folgt daraus für die sphärischen Bilder

$$\bar{S}_{M_1} = \{\boldsymbol{x} \in \mathbb{E}_3 \mid x_1 \geqq 0, x_3 = 0, \|\boldsymbol{x}\| = 1\},$$

$$\bar{S}_{M_2} = \{\boldsymbol{x} \in \mathbb{E}_3 \mid x_1 \leqq 0, x_3 \geqq 0, \|\boldsymbol{x}\| = 1\}.$$

Eine weitere Analyse ergibt, daß das sphärische Bild S_{M_1} der Menge M_1 der Halbkreis $\bar{S}_{M_1}$ ohne dessen Begrenzungspunkte $\boldsymbol{x}_1 = (0, 1, 0)$ und $\boldsymbol{x}_2 = (0, -1, 0)$ ist, d. h.

$$S_{M_1} = \bar{S}_{M_1} \setminus \{\boldsymbol{x}_1, \boldsymbol{x}_2\};$$

das sphärische Bild S_{M_2} der Menge M_2 ist das Innere der Menge $\bar{S}_{M_2}$ (bezüglich der Sphäre $Q := \{\boldsymbol{x} \in \mathbb{E}_3 \mid \|\boldsymbol{x}\| = 1\}$) zuzüglich der Punkte $\boldsymbol{x}_1$ und $\boldsymbol{x}_2$ (siehe Abb. 13.2b)), d. h.

$$S_{M_2} = \operatorname{rel\,int}_Q \bar{S}_{M_2} \cup \{\boldsymbol{x}_1, \boldsymbol{x}_2\}.$$

Die charakteristischen Kegel $C_{\bar{\mathcal{M}}_1^{(1)}}$ und $C_{\bar{\mathcal{M}}_2^{(1)}}$ der Mengen $\mathcal{M}_1^{(1)}$ und $\mathcal{M}_2^{(1)}$ sind

$$C_{\bar{\mathcal{M}}_1^{(1)}} = \{\boldsymbol{x} \in \mathbb{E}_3 \mid x_1 \leqq 0,\ x_2 = 0\} = C_{M_1},$$

$$C_{\bar{\mathcal{M}}_2^{(1)}} = \{\boldsymbol{x} \in \mathbb{E}_3 \mid x_1 \geqq 0,\ x_2 = 0\},$$

die entsprechenden Polarkegel haben die Darstellung

$$C^{\mathrm{p}}_{\bar{\mathcal{M}}_1^{(1)}}(\boldsymbol{o}) = \{\boldsymbol{x} \in \mathbb{E}_3 \mid x_1 \geqq 0,\ x_3 = 0\},$$

$$C^{\mathrm{p}}_{\bar{\mathcal{M}}_2^{(1)}}(\boldsymbol{o}) = \{\boldsymbol{x} \in \mathbb{E}_3 \mid x_1 \leqq 0,\ x_3 = 0\}.$$

Daher ist

$$\bar{S}_{\bar{\mathcal{M}}_1^{(1)}} = \{\boldsymbol{x} \in \mathbb{E}_3 \mid x_1 \geqq 0,\ x_3 = 0,\ \|\boldsymbol{x}\| = 1\},$$

$$\bar{S}_{\bar{\mathcal{M}}_2^{(1)}} = \{\boldsymbol{x} \in \mathbb{E}_3 \mid x_1 \leqq 0,\ x_3 = 0,\ \|\boldsymbol{x}\| = 1\}.$$

Wegen $\bar{\mathcal{M}}_1^{(1)} = \bar{\boldsymbol{M}}_1 = M_1$ ist auch $S_{\bar{\mathcal{M}}_1^{(1)}} = S_{M_1}$, d. h., die Menge $S_{\bar{\mathcal{M}}_1^{(1)}}$ ist der durch $\|\boldsymbol{x}\| = 1$, $x_3 = 0$, $x_1 \geqq 0$ beschriebene Halbkreis ohne die Begrenzungspunkte $\boldsymbol{x}_1 = (0, 1, 0)$ und $\boldsymbol{x}_2 = (0, -1, 0)$. Die Menge $S_{\bar{\mathcal{M}}_2^{(1)}}$ ist dagegen ein voller Halbkreis (siehe Abb. 13.2b)).

Im vorliegenden Fall erfüllt der Vektor $\boldsymbol{y} := (-1, 0, 0)$ die Bedingungen (a) und (b) aus Satz 13.4, wobei aber $-\boldsymbol{y} \in S_{M_1}$ und $\boldsymbol{y} \in \bar{S}_{M_2} \setminus S_{M_2}$ gilt.

14. Stützhyperebenen

Definition 14.1. Es seien M eine nichtleere Menge und H ein offener Halbraum in $\mathbb{E}_n$. Wenn gilt:

(a) $M \subset \overline{H}$;

(b) für jeden offenen Halbraum H' in $\mathbb{E}_n$ mit $\overline{H}' \subset H$ ist $M \not\subset \overline{H}'$,

so nennen wir den abgeschlossenen Halbraum $\overline{H}$ *Stützhalbraum* und die ihn begrenzende Hyperebene R *Stützhyperebene* der Menge M.

Eine Stützhyperebene R einer Menge M mit $M \subset R$ heißt *singulär*, im Fall $M \not\subset R$ heißt sie *nichtsingulär*.

Bemerkung 14.1. Aus Definition 14.1 folgt unmittelbar, daß die leere Menge und der Raum $\mathbb{E}_n$ keinen Stützhalbraum und daher auch keine Stützhyperebene besitzen.

Satz 14.1. *Es sei M eine konvexe Menge in $\mathbb{E}_n$ mit $M \neq \mathbb{E}_n$ und* $\dim M \geqq 1$. *Dann existiert zu jedem Randpunkt von M mindestens eine diesen Punkt enthaltende nichtsinguläre Stützhyperebene der Menge M.*

Beweis. Wegen $\dim M \geqq 1$ und $M \neq \mathbb{E}_n$ ist $\partial M \neq \emptyset$. Es sei $\boldsymbol{x}_0$ ein beliebiger Punkt des Randes ∂M der Menge M. Weil $\overline{M} \cap \{\boldsymbol{x}_0\} = \{\boldsymbol{x}_0\}$ und $\operatorname{rel\,int} \{\boldsymbol{x}_0\} = \{\boldsymbol{x}_0\}$ ist (vgl. Bemerkung 2.5), gilt

$$\operatorname{rel\,int} M \cap \operatorname{rel\,int} \{\boldsymbol{x}_0\} = \emptyset, \quad \overline{M} \cap \{\boldsymbol{x}_0\} \neq \emptyset .$$

Nach Definition 11.1 haben die abgeschlossenen Mengen $\overline{M}$ und $\{\boldsymbol{x}_0\}$ daher eine Punktberührung. Die lineare Hülle der Menge $\overline{M} \cup \{\boldsymbol{x}_0\}$ ist offenbar gleich der linearen Hülle $\mathcal{L}_M$ der Menge M, und nach Satz 11.2, Aussage (b), gibt es einen Vektor $\boldsymbol{y} \neq \boldsymbol{o}$ mit $\boldsymbol{x}_0 + \boldsymbol{y} \in \mathcal{L}_M$ derart, daß $R := \{\boldsymbol{x} \in \mathbb{E}_n \mid (\boldsymbol{y}, \boldsymbol{x} - \boldsymbol{x}_0) = 0\}$ eine trennende Hyperebene der Mengen $\overline{M}$ und $\{\boldsymbol{x}_0\}$ ist. O. B. d. A. kann dann vorausgesetzt werden, daß die Menge M in der Abschließung $\overline{H}^+$ des Halbraumes $H^+ := \{\boldsymbol{x} \in \mathbb{E}_n \mid (\boldsymbol{y}, \boldsymbol{x} - \boldsymbol{x}_0) > 0\}$ und die Menge $\{\boldsymbol{x}_0\}$ in der Abschließung des Halbraumes $H^- := \{\boldsymbol{x} \in \mathbb{E}_n \mid (\boldsymbol{y}, \boldsymbol{x} - \boldsymbol{x}_0) < 0\}$ liegt. Falls H' ein beliebiger offener Halbraum mit $\overline{H}' \subset H^+$ ist, so gilt $\boldsymbol{x}_0 \notin \overline{H}'$ (wegen $\boldsymbol{x}_0 \notin H^+$); der Punkt $\boldsymbol{x}_0 \in \partial M$ gehört also der offenen Menge $\mathbb{E}_n \setminus \overline{H}'$ an. Dann gibt es eine ε-Umgebung $U(\boldsymbol{x}_0; \varepsilon)$ des Punktes $\boldsymbol{x}_0$ mit $U(\boldsymbol{x}_0; \varepsilon) \subset \mathbb{E}_n \setminus \overline{H}'$. Da der Punkt $\boldsymbol{x}_0 \in \partial M$ aber ein Häufungspunkt der konvexen Menge M ist, folgt $M \cap U(\boldsymbol{x}_0; \varepsilon) \neq \emptyset$. Somit ist auch $M \cap (\mathbb{E}_n \setminus \overline{H}') \neq \emptyset$; es gibt also Punkte der Menge M, die nicht zum Halbraum $\overline{H}'$ gehören. Der Halbraum $H := H^+$ genügt daher den in der Definition 14.1 geforderten Bedingungen, er ist also ein Stützhalbraum der Menge M. Die den

Stützhalbraum $\overline{H}^+$ begrenzende Hyperebene R enthält den Punkt $\boldsymbol{x}_0$, und wegen $\boldsymbol{x}_0 + \boldsymbol{y} \in \mathcal{L}_M$ gilt $M \not\subset R$. Daher ist R eine nichtsinguläre Stützhyperebene der Menge M im Sinne der Definition 14.1. □

Satz 14.2. *Eine Stützhyperebene R einer konvexen Menge M in $\mathbb{E}_n$ ist genau dann singulär, wenn gilt*

$$R \cap \operatorname{rel\,int} M \neq \emptyset. \tag{14.1}$$

Beweis. Für eine singuläre Stützhyperebene einer konvexen Menge M folgt die Eigenschaft (14.1) direkt aus der Definition 14.1.

Wir nehmen nun an, daß es eine Stützhyperebene R der Menge M mit der Eigenschaft (14.1) gibt, für die gilt

$$M \not\subset R. \tag{14.2}$$

Dann existieren Punkte $\boldsymbol{x}_0$ und $\hat{\boldsymbol{x}}$ mit

$$\boldsymbol{x}_0 \in \operatorname{rel\,int} M \cap R, \quad \hat{\boldsymbol{x}} \in M \setminus R.$$

Also ist $\hat{\boldsymbol{x}} \neq \boldsymbol{x}_0$, und die offene Halbgerade $p(\hat{\boldsymbol{x}}; \boldsymbol{x}_0 - \hat{\boldsymbol{x}})$ schneidet die Hyperebene R in genau einem Punkt, nämlich im Punkt $\boldsymbol{x}_0$. Es sei nun H derjenige zur Stützhyperebene R gehörige offene Halbraum, der den Punkt $\hat{\boldsymbol{x}}$ enthält. Dann ist $M \subset \overline{H}$, und für die offene Strecke $u(\hat{\boldsymbol{x}}, \boldsymbol{x}_0)$ und für die offene Halbgerade $p(\boldsymbol{x}_0; \boldsymbol{x}_0 - \hat{\boldsymbol{x}})$ gilt

$$\begin{aligned} &u(\hat{\boldsymbol{x}}, \boldsymbol{x}_0) \subset M, \quad p(\boldsymbol{x}_0; \boldsymbol{x}_0 - \hat{\boldsymbol{x}}) \cap M = \emptyset, \\ &u(\hat{\boldsymbol{x}}, \boldsymbol{x}_0) = p(\hat{\boldsymbol{x}}; \boldsymbol{x}_0 - \hat{\boldsymbol{x}}) \setminus \overline{p}(\boldsymbol{x}_0; \boldsymbol{x}_0 - \hat{\boldsymbol{x}}). \end{aligned} \tag{14.3}$$

Aus der ersten Inklusion in (14.3) folgt wegen $\boldsymbol{x}_0 \in \operatorname{rel\,int} M$ die Existenz einer (eindimensionalen) in der Menge M gelegenen Umgebung des Punktes $\boldsymbol{x}_0$ auf der Halbgeraden $p(\hat{\boldsymbol{x}}; \boldsymbol{x}_0 - \hat{\boldsymbol{x}})$. Es gibt also eine Zahl $\bar{t} > 1$ derart, daß $\hat{\boldsymbol{x}} + \bar{t}(\boldsymbol{x}_0 - \hat{\boldsymbol{x}}) \in M \cap p(\boldsymbol{x}_0; \boldsymbol{x}_0 - \hat{\boldsymbol{x}})$ gilt. Das widerspricht aber der zweiten Aussage in (14.3). Die Annahme (14.2) kann daher nicht aufrechterhalten werden, und es gilt $M \subset R$. Daher ist R eine singuläre Stützhyperebene der Menge M. □

Definition 14.2. Es seien M eine nichtleere konvexe Menge in $\mathbb{E}_n$ mit $M \neq \mathbb{E}_n$ und R eine Stützhyperebene der Menge M, für die

$$\overline{M} \cap R = \emptyset \tag{14.4}$$

gilt. Dann nennen wir R eine *asymptotische Stützhyperebene* der Menge M.

Satz 14.3. *Eine Hyperebene R ist genau dann eine asymptotische Stützhyperebene einer konvexen Menge M in $\mathbb{E}_n$, wenn die Abschließung $\overline{M}$ der Menge M und die Hyperebene R eine asymptotische Berührung im Sinne der Definition* 12.1 *haben.*

Beweis. Aus Definition 14.1 folgt für den Abstand $\varrho(R, M)$ der Menge M von der Stützhyperebene R, daß $\varrho(R, M) = \varrho(R, \overline{M}) = 0$ ist. Für eine asymptotische Stützhyperebene R der Menge M gilt daher nach Definition 14.2

$$\varrho(R, \overline{M}) = 0, \quad R \cap \overline{M} = \emptyset. \tag{14.5}$$

Die konvexen Mengen $\overline{M}$ und R haben also eine asymptotische Berührung im Sinne der Definition 12.1.

Wenn andererseits eine Hyperebene R und die Abschließung $\overline{M}$ einer konvexen Menge M eine asymptotische Berührung haben, dann gelten die Aussagen (14.5). Aus diesen folgt nach Definition 14.1, daß R eine Stützhyperebene der Menge $\overline{M}$ und damit der Menge M ist. Wegen $\overline{M} \cap R = \emptyset$ ist R dann eine asymptotische Stützhyperebene der Menge M. □

Satz 14.4. *Es sei M eine nichtleere konvexe Menge in $\mathbb{E}_n$ mit $M \neq \mathbb{E}_n$, weiter sei $\boldsymbol{x}_0$ ein Punkt des Randes ∂M der Menge M, für den gilt*

(a) $\boldsymbol{x}_0 \in M$;

(b) *es existiert genau eine Stützhyperebene R_0 der Menge M mit $\boldsymbol{x}_0 \in R_0$.*

Dann stimmt der zu der Stützhyperebene R_0 gehörige Stützhalbraum $\overline{H}_0$ der Menge M mit dem lokalen Berührungskegel $K_M(\boldsymbol{x}_0)$ der Menge M im Punkt $\boldsymbol{x}_0$ überein, d. h.

$$K_M(\boldsymbol{x}_0) = \overline{H}_0. \tag{14.6}$$

Beweis. Es sei $\tilde{\boldsymbol{x}}$ ein beliebiger Punkt aus $H_0 := \operatorname{int} \overline{H}_0$. Dann ist $\tilde{\boldsymbol{x}} \neq \boldsymbol{x}_0$, und die offene Halbgerade $p(\boldsymbol{x}_0; \tilde{\boldsymbol{x}} - \boldsymbol{x}_0)$ liegt im Halbraum H_0. Wir nehmen an, daß

$$p(\boldsymbol{x}_0; \tilde{\boldsymbol{x}} - \boldsymbol{x}_0) \cap M = \emptyset \tag{14.7}$$

ist. Offenbar gilt aber $\overline{p}(\boldsymbol{x}_0; \tilde{\boldsymbol{x}} - \boldsymbol{x}_0) \cap \overline{M} \neq \emptyset$. Hieraus und aus (14.7) folgt, daß die abgeschlossenen Mengen $\overline{p}(\boldsymbol{x}_0; \tilde{\boldsymbol{x}} - \boldsymbol{x}_0)$ und $\overline{M}$ eine Punktberührung haben (vgl. Definition 11.1), wobei $\boldsymbol{x}_0$ der Berührungspunkt ist. Nach Satz 11.2 existiert dann eine die Mengen $\overline{p}(\boldsymbol{x}_0; \tilde{\boldsymbol{x}} - \boldsymbol{x}_0)$ und $\overline{M}$ trennende Hyperebene R in $\mathbb{E}_n$ mit $\boldsymbol{x}_0 \in R$. O. B. d. A. kann vorausgesetzt werden, daß die Menge $\overline{M}$ in dem zu der Hyperebene R gehörigen Halbraum $\overline{H}_1$ und die Menge $\overline{p}(\boldsymbol{x}_0; \tilde{\boldsymbol{x}} - \boldsymbol{x}_0)$ in dem anderen zu der Hyperebene R gehörigen Halbraum $\overline{H}_2$ liegt; daher gilt auch

$$M \subset \overline{H}_1, \quad p(\boldsymbol{x}_0; \tilde{\boldsymbol{x}} - \boldsymbol{x}_0) \subset \overline{H}_2. \tag{14.8}$$

Dann muß $R \neq R_0$ sein, denn aus $R = R_0$ würde wegen $M \subset \overline{H}_1$ und $M \subset \overline{H}_0$ folgen, daß $H_1 = H_0$ ist; das widerspricht wegen $p(\boldsymbol{x}_0; \tilde{\boldsymbol{x}} - \boldsymbol{x}_0) \subset H_0$ jedoch der zweiten Inklusion in (14.8). Aus $\boldsymbol{x}_0 \in R$ und $\boldsymbol{x}_0 \in M \subset \overline{H}_1$ folgt, daß R — ebenso wie die Hyperebene R_0 — eine den Punkt $\boldsymbol{x}_0$ enthaltende Stützhyperebene der Menge M ist. Das bedeutet jedoch wegen $R \neq R_0$ einen Widerspruch zur Voraussetzung (b) des Satzes. Folglich ist die Annahme (14.7) zu verwerfen, und es gilt $p(\boldsymbol{x}_0; \tilde{\boldsymbol{x}} - \boldsymbol{x}_0) \cap M \neq \emptyset$. Somit liegt die Halbgerade $\overline{p}(\boldsymbol{x}_0; \tilde{\boldsymbol{x}} - \boldsymbol{x}_0)$ in dem Projektionskegel $P_M(\boldsymbol{x}_0)$ der Menge M bezüglich des Punktes $\boldsymbol{x}_0$. Da aber $\tilde{\boldsymbol{x}}$ ein beliebiger Punkt des Halbraumes H_0 war, gehören alle vom Punkt $\boldsymbol{x}_0$ ausgehenden und in den offenen Halbraum H_0 gerichteten offenen Halbgeraden zum Projektionskegel $P_M(\boldsymbol{x}_0)$; also gilt $H_0 \subset P_M(\boldsymbol{x}_0)$. Andererseits ist wegen $M \subset \overline{H}_0$ und $\boldsymbol{x}_0 \in R_0$ auch $\overline{P}_M(\boldsymbol{x}_0) \subset \overline{H}_0$. Das liefert zusammen mit der vorher gezeigten Inklusion die Gleichheit $\overline{P}_M(\boldsymbol{x}_0) = \overline{H}_0$. Aus dieser folgt dann nach Satz 6.2 die Aussage des Satzes. □

Bemerkung 14.2. Nach Satz 14.1 verläuft durch jeden Randpunkt einer konvexen Menge M mit $\dim M \geqq 1$ mindestens eine nichtsinguläre Stützhyperebene der Menge M; im allgemeinen können durch einen Randpunkt einer konvexen Menge M jedoch mehrere Stützhyperebenen der Menge M verlaufen.

Im Fall einer nulldimensionalen konvexen Menge, d. h. eines einzelnen Punktes des

Raumes $\mathbb{E}_n$, ist jede diesen Punkt enthaltende Hyperebene auch eine (singuläre) Stützhyperebene dieses Punktes.

Satz 14.5. *Es seien M eine konvexe Menge in $\mathbb{E}_n$ mit $M \neq \mathbb{E}_n$, $\boldsymbol{x}_0$ ein Punkt des Randes ∂M von M und $R(\boldsymbol{x}_0) := \{\boldsymbol{x} \in \mathbb{E}_n \mid (\boldsymbol{y}_0, \boldsymbol{x} - \boldsymbol{x}_0) = 0\}$, $\|\boldsymbol{y}_0\| = 1$, die einzige Stützhyperebene der Menge M im Punkt $\boldsymbol{x}_0$; weiter sei $\overline{H}(\boldsymbol{x}_0) = \{\boldsymbol{x} \in \mathbb{E}_n \mid (\boldsymbol{y}_0, \boldsymbol{x} - \boldsymbol{x}_0) \leqq 0\}$ der zur Hyperebene $R(\boldsymbol{x}_0)$ gehörende Stützhalbraum von M. Falls $\{\boldsymbol{x}_k\}_{k=1}^{\infty}$ eine Punktfolge ist, für die*

$$\boldsymbol{x}_k \in \partial M \qquad (k = 1, 2, \ldots), \quad \lim_{k\to\infty} \boldsymbol{x}_k = \boldsymbol{x}_0 \tag{14.9}$$

gilt, und falls für $k = 1, 2, \ldots$ die Mengen $R(\boldsymbol{x}_k) = \{\boldsymbol{x} \in \mathbb{E}_n \mid (\boldsymbol{y}_k, \boldsymbol{x} - \boldsymbol{x}_k) = 0\}$, $\|\boldsymbol{y}_k\| = 1$, Stützhyperebenen der Menge M mit $\boldsymbol{x}_k \in R(\boldsymbol{x}_k)$ sind und die Mengen $\overline{H}(\boldsymbol{x}_k) = \{\boldsymbol{x} \in \mathbb{E}_n \mid (\boldsymbol{y}_k, \boldsymbol{x} - \boldsymbol{x}_k) \leqq 0\}$ die zugehörigen Stützhalbräume von M, so gilt

$$\lim_{k\to\infty} \boldsymbol{y}_k = \boldsymbol{y}_0 .$$

Beweis. Unter den getroffenen Voraussetzungen liegen die Punkte $\boldsymbol{y}_k$ $(k = 1, 2, \ldots)$ in der Einheitshypersphäre mit dem Mittelpunkt $\boldsymbol{o}$. Da diese kompakt ist, besitzt die Folge $\{\boldsymbol{y}_k\}_{k=1}^{\infty}$ wenigstens einen Häufungspunkt $\tilde{\boldsymbol{y}}$, $\|\tilde{\boldsymbol{y}}\| = 1$, und es existiert eine Teilfolge $\{\boldsymbol{y}_{k_j}\}_{j=1}^{\infty}$ der Folge $\{\boldsymbol{y}_k\}_{k=1}^{\infty}$ mit

$$\lim_{j\to\infty} \boldsymbol{y}_{k_j} = \tilde{\boldsymbol{y}} . \tag{14.10}$$

Da die Mengen $\overline{H}(\boldsymbol{x}_k)$ $(k = 1, 2, \ldots)$ Stützhalbräume der Menge M sind, ist

$$(\boldsymbol{y}_{k_j}, \boldsymbol{x} - \boldsymbol{x}_{k_j}) \leqq 0, \quad \boldsymbol{x} \in M \qquad (j = 1, 2, \ldots).$$

Unter Beachtung von (14.10) und (14.9) folgt hieraus nach Grenzübergang $j \to \infty$

$$(\tilde{\boldsymbol{y}}, \boldsymbol{x} - \boldsymbol{x}_0) \leqq 0, \quad \boldsymbol{x} \in M .$$

Die Menge M liegt also in dem Halbraum $\overline{H} := \{\boldsymbol{x} \in \mathbb{E}_n \mid (\tilde{\boldsymbol{y}}, \boldsymbol{x} - \boldsymbol{x}_0) \leqq 0\}$, dessen Randhyperebene R den Punkt $\boldsymbol{x}_0 \in \partial M$ enthält. Somit ist $\varrho(R, M) = 0$. Hieraus kann (vgl. Definition 14.1) unmittelbar geschlossen werden, daß $\overline{H}$ ein Stützhalbraum und R eine Stützhyperebene von M mit $\boldsymbol{x}_0 \in R$ sind. Da die Menge M aber nach Voraussetzung nur eine den Punkt $\boldsymbol{x}_0$ enthaltende Stützhyperebene besitzt, ist $R = R(\boldsymbol{x}_0)$, und wegen $\|\tilde{\boldsymbol{y}}\| = \|\boldsymbol{y}_0\| = 1$, $M \subset \overline{H}(\boldsymbol{x}_0)$, $M \subset \overline{H}$ folgt $\tilde{\boldsymbol{y}} = \boldsymbol{y}_0$. Der Punkt $\boldsymbol{y}_0$ ist daher einziger Häufungspunkt der Folge $\{\boldsymbol{y}_k\}_{k=1}^{\infty}$, woraus unmittelbar die Behauptung des Satzes folgt. □

Satz 14.6. *Es seien M eine nichtleere konvexe Menge in $\mathbb{E}_n$ und $R := \{\boldsymbol{x} \in \mathbb{E}_n \mid (\boldsymbol{y}_0, \boldsymbol{x}) = k\}$ $(\|\boldsymbol{y}_0\| = 1)$ eine asymptotische Stützhyperebene der Menge M; der zugehörige Stützhalbraum der Menge M sei $\overline{H}_1 := \{\boldsymbol{x} \in \mathbb{E}_n \mid (\boldsymbol{y}_0, \boldsymbol{x}) \leqq k\}$. Dann gilt*

$$\boldsymbol{y}_0 \in \overline{S}_{\overline{M}} \setminus S_{\overline{M}} ,$$

hierbei bezeichnet $S_{\overline{M}}$ das sphärische Bild der Menge $\overline{M}$.

Beweis. Da R eine asymptotische Stützhyperebene der Menge M ist, berühren sich die Mengen $\overline{M}$ und R nach Satz 14.3 asymptotisch. Wegen $\overline{M} \subset \overline{H}_1$ haben dann auch die Menge M und der zur Hyperebene R gehörige abgeschlossene Halbraum $\overline{H}_2 := \{\boldsymbol{x} \in \mathbb{E}_n \mid (\boldsymbol{y}_0, \boldsymbol{x}) \geqq k\}$ eine asymptotische Berührung. Es seien nun $S_{\overline{M}}$ und $S_{\overline{H}_2}$

die sphärischen Bilder der Mengen $\overline{M}$ und $\overline{H}_2$. Nach Satz 13.4 gibt es einen Vektor $\boldsymbol{y}$ mit $\|\boldsymbol{y}\| = 1$ derart, daß $-\boldsymbol{y} \in \overline{S}_{\overline{H}_2}$ und $\boldsymbol{y} \in \overline{S}_{\overline{M}}$ gilt. Weil $\overline{H}_2$ ein Halbraum ist, folgt $\overline{S}_{\overline{H}_2} = S_{\overline{H}_2} = \{-\boldsymbol{y}_0\}$, und daher muß $\boldsymbol{y} = \boldsymbol{y}_0$ sein. Hiermit gilt

$$\boldsymbol{y}_0 \in \overline{S}_{\overline{M}}. \tag{14.11}$$

Da der Stützhalbraum $\overline{H}_1$ der Menge M zugleich ein Stützhalbraum der Menge $\overline{M}$ ist, existiert — vergleiche die Beschreibung von $\overline{H}_1$ und die Definition 14.1 — für jedes $\varepsilon > 0$ ein Punkt $\boldsymbol{x} \in \overline{M}$ mit $k - \varepsilon < (\boldsymbol{y}, \boldsymbol{x}) \leqq k$; also ist $k = \sup \{(\boldsymbol{y}, \boldsymbol{x}) \mid \boldsymbol{x} \in \overline{M}\}$. Wir nehmen nun an, daß $\boldsymbol{y}_0 \in S_{\overline{M}}$ gilt. Dann gibt es nach Satz 10.5 einen Punkt $\boldsymbol{x}_0 \in \overline{M}$ mit $(\boldsymbol{y}_0, \boldsymbol{x}_0) = \max \{(\boldsymbol{y}_0, \boldsymbol{x}) \mid \boldsymbol{x} \in \overline{M}\} = k$. Der Punkt $\boldsymbol{x}_0$ liegt also sowohl in der Menge $\overline{M}$ als auch in der Hyperebene R. Das widerspricht aber der vorausgesetzten asymptotischen Berührung der Mengen $\overline{M}$ und R, und die Annahme $\boldsymbol{y}_0 \in S_{\overline{M}}$ muß also verworfen werden. Daher gilt $\boldsymbol{y}_0 \notin S_{\overline{M}}$. Hieraus und aus (14.11) folgt die Aussage des Satzes. □

Satz 14.7. *Es seien M eine n-dimensionale konvexe Menge in $\mathbb{E}_n$, $M \neq \mathbb{E}_n$, und $\boldsymbol{x}_0$ ein Punkt des Randes ∂M von M. Dann gibt es einen Punkt $\hat{\boldsymbol{x}} \in \operatorname{int} M$ derart, daß die Menge*

$$R := \{\boldsymbol{x} \in \mathbb{E}_n \mid (\hat{\boldsymbol{x}} - \boldsymbol{x}_0, \boldsymbol{x} - \boldsymbol{x}_0) = 0\}$$

eine Stützhyperebene und der ihr zugehörige Halbraum

$$\overline{H}^+ := \{\boldsymbol{x} \in \mathbb{E}_n \mid (\hat{\boldsymbol{x}} - \boldsymbol{x}_0, \boldsymbol{x} - \boldsymbol{x}_0) \geqq 0\}$$

ein Stützhalbraum der Menge M ist.

Beweis. Der lokale Berührungskegel $K_{\overline{M}}(\boldsymbol{x}_0)$ der Menge $\overline{M}$ im Punkt $\boldsymbol{x}_0 \in \partial M$ ist nach Satz 6.3 ein n-dimensionaler abgeschlossener konvexer Kegel mit $M \subset K_{\overline{M}}(\boldsymbol{x}_0)$. Der Polarkegel $\left(K_{\overline{M}}(\boldsymbol{x}_0)\right)^{\mathrm{p}} (\boldsymbol{x}_0)$ zum Kegel $K_{\overline{M}}(\boldsymbol{x}_0)$ im Punkt $\boldsymbol{x}_0$ ist nach Satz 4.4 ebenfalls abgeschlossen und konvex; aus Bemerkung 4.2 folgt unter Beachtung von Satz 4.5 $\dim \left(K_{\overline{M}}(\boldsymbol{x}_0)\right)^{\mathrm{p}} (\boldsymbol{x}_0) \geqq 1$. Da nach Aussage (a) aus Satz 4.4

$$K_{\overline{M}}(\boldsymbol{x}_0) \cap \left(K_{\overline{M}}(\boldsymbol{x}_0)\right)^{\mathrm{p}} (\boldsymbol{x}_0) = \{\boldsymbol{x}_0\}$$

ist und daher

$$\operatorname{int} K_{\overline{M}}(\boldsymbol{x}_0) \cap \operatorname{rel\,int} \left(K_{\overline{M}}(\boldsymbol{x}_0)\right)^{\mathrm{p}} (\boldsymbol{x}_0) = \emptyset$$

gilt, gibt es nach Satz 8.7 einen Vektor $\boldsymbol{v} \neq \boldsymbol{o}$ mit

$$p(\boldsymbol{x}_0; \boldsymbol{v}) \subset \operatorname{int} K_{\overline{M}}(\boldsymbol{x}_0), \qquad p(\boldsymbol{x}_0; -\boldsymbol{v}) \subset \operatorname{rel\,int} \left(K_{\overline{M}}(\boldsymbol{x}_0)\right)^{\mathrm{p}} (\boldsymbol{x}_0). \tag{14.12}$$

Aus der ersten Inklusion in (14.12) folgt nach Satz 6.2 und unter Beachtung der Definition 5.1

$$\boldsymbol{x}_0 + \boldsymbol{v} \in \operatorname{int} K_{\overline{M}}(\boldsymbol{x}_0) = \operatorname{int} \overline{P}_{\overline{M}}(\boldsymbol{x}_0) = \operatorname{int} P_{\overline{M}}(\boldsymbol{x}_0) = \operatorname{int} P_M(\boldsymbol{x}_0);$$

hier bezeichnet $P_M(\boldsymbol{x}_0)$ den Projektionskegel der Menge M bezüglich des Punktes $\boldsymbol{x}_0$. Hieraus wiederum folgt die Existenz eines Punktes $\hat{\boldsymbol{x}}$ sowie einer Zahl $\hat{\lambda} > 0$ mit

$$\hat{\boldsymbol{x}} - \boldsymbol{x}_0 = \hat{\lambda} \boldsymbol{v}, \quad \hat{\boldsymbol{x}} \in \operatorname{int} M. \tag{14.13}$$

Die zweite Inklusion in (14.12) liefert $\boldsymbol{x}_0 - \boldsymbol{v} \in \left(K_{\overline{M}}(\boldsymbol{x}_0)\right)^{\mathrm{p}} (\boldsymbol{x}_0)$, und nach Satz 4.9 gilt dann

$$K_{\overline{M}}(\boldsymbol{x}_0) \subset \{\boldsymbol{x} \in \mathbb{E}_n \mid (-\boldsymbol{v}, \boldsymbol{x} - \boldsymbol{x}_0) \leqq 0\},$$

und daher

$$K_{\overline{M}}(\boldsymbol{x}_0) \subset \overline{H}^+ := \{\boldsymbol{x} \in \mathbb{E}_n \mid (\boldsymbol{v}, \boldsymbol{x} - \boldsymbol{x}_0) \geqq 0\}.$$

Hieraus folgt wegen $M \subset K_{\overline{M}}(\boldsymbol{x}_0)$ und $\boldsymbol{x}_0 \in \partial M$, daß $M \subset \overline{H}^+$ und $\boldsymbol{x}_0 \in \partial \overline{H}^+ := \{\boldsymbol{x} \in \mathbb{E}_n \mid (\boldsymbol{v}, \boldsymbol{x} - \boldsymbol{x}_0) = 0\}$ ist. Dann ist aber nach Definition 14.1 die Menge $R := \partial H^+$ eine Stützhyperebene und der ihr zugehörige abgeschlossene Halbraum $\overline{H}^+$ ein Stützhalbraum der Menge M. Mit der Gleichheit in (14.13) erhält man aus den hergeleiteten Beschreibungen der Mengen $\overline{H}^+$ und R wegen $\hat{\lambda} > 0$ unmittelbar die im Satz angegebenen Darstellungen dieser Mengen. □

15. Konvexe Funktionen

Definition 15.1. Es seien M eine nichtleere Menge in $\mathbb{E}_n$ und $F(\boldsymbol{x})$ eine über der Menge M definierte Funktion. Dann nennen wir die Menge

$$\mathscr{G}_F := \{(\boldsymbol{x}, x_{n+1}) \in \mathbb{E}_n \times \mathbb{E}_1 \mid x_{n+1} = F(\boldsymbol{x}), \boldsymbol{x} \in M\} \tag{15.1a}$$

den *Graphen*, die Menge

$$\mathscr{E}_F := \{(\boldsymbol{x}, x_{n+1}) \in \mathbb{E}_n \times \mathbb{E}_1 \mid x_{n+1} \geqq F(\boldsymbol{x}), \boldsymbol{x} \in M\} \tag{15.1b}$$

den *Epigraphen* und die Menge

$$\mathscr{H}_F := \{(\boldsymbol{x}, x_{n+1}) \in \mathbb{E}_n \times \mathbb{E}_1 \mid x_{n+1} \leqq F(\boldsymbol{x}), \boldsymbol{x} \in M\} \tag{15.1c}$$

den *Hypographen* der Funktion $F(\boldsymbol{x})$ über der Menge M.

Definition 15.2. Eine über einer nichtleeren konvexen Menge M in $\mathbb{E}_n$ definierte Funktion heißt *konvex* (bzw. *konkav*) über der Menge M, falls ihr Epigraph (bzw. ihr Hypograph) eine konvexe Menge im Raum $\mathbb{E}_{n+1} := \mathbb{E}_n \times \mathbb{E}_1$ ist.

Satz 15.1. *Eine über einer nichtleeren konvexen Menge M in $\mathbb{E}_n$ definierte Funktion $F(\boldsymbol{x})$ ist genau dann über der Menge M konvex (bzw. konkav), wenn für alle Punktepaare $\boldsymbol{x}_1 \in M$, $\boldsymbol{x}_2 \in M$ und für alle Zahlen λ_1, λ_2 mit $\lambda_1 \geqq 0$, $\lambda_2 \geqq 0$, $\lambda_1 + \lambda_2 = 1$ gilt*

$$F(\lambda_1\boldsymbol{x}_1 + \lambda_2\boldsymbol{x}_2) \leqq \lambda_1F(\boldsymbol{x}_1) + \lambda_2(F\boldsymbol{x}_2) \tag{15.2a}$$

(bzw.

$$F(\lambda_1\boldsymbol{x}_1 + \lambda_2\boldsymbol{x}_2) \geqq \lambda_1F(\boldsymbol{x}_1) + \lambda_2F(\boldsymbol{x}_2)). \tag{15.2b}$$

Beweis. Falls die Funktion $F(\boldsymbol{x})$ über der Menge M konvex ist, so ist ihr Epigraph gemäß Definition 15.2 eine konvexe Menge in $\mathbb{E}_n \times \mathbb{E}_1$. Für ein beliebiges Punktepaar $\boldsymbol{x}_1' = (\boldsymbol{x}_1, x_{1n+1}) \in \mathscr{E}_F$, $\boldsymbol{x}_2' = (\boldsymbol{x}_2, x_{2n+1}) \in \mathscr{E}_F$ und für beliebige nichtnegative Zahlen λ_1, λ_2 mit $\lambda_1 + \lambda_2 = 1$ gilt daher $\boldsymbol{x}' := (\boldsymbol{x}, x_{n+1}) \in \mathscr{E}_F$, wobei $\boldsymbol{x} := \lambda_1\boldsymbol{x}_1 + \lambda_2\boldsymbol{x}_2$ und $x_{n+1} := \lambda_1x_{1n+1} + \lambda_2x_{2n+1}$ ist. Setzt man $x_{1n+1} := F(\boldsymbol{x}_1)$ und $x_{2n+1} := F(\boldsymbol{x}_2)$, so folgt wegen $(\boldsymbol{x}, x_{n+1}) \in \mathscr{E}_F$ nach (15.1b)

$$x_{n+1} = \lambda_1F(\boldsymbol{x}_1) + \lambda_2F(\boldsymbol{x}_2) \geqq F(\boldsymbol{x}) = F(\lambda_1\boldsymbol{x}_1 + \lambda_2\boldsymbol{x}_2);$$

d. h., es gilt die Ungleichung (15.2a).

Es möge nun andererseits die Ungleichung (15.2a) für beliebige Punktepaare der Menge M und für beliebige nichtnegative Zahlen λ_1, λ_2 mit $\lambda_1 + \lambda_2 = 1$ gelten, und weiter seien

$\boldsymbol{x}_1' = (\boldsymbol{x}_1, x_{1n+1})$ und $\boldsymbol{x}_2' = (\boldsymbol{x}_2, x_{2n+1})$ beliebige Punkte des Epigraphen $\mathscr{E}_F$ der Funktion $F(\boldsymbol{x})$. Nach Definition 15.1 ist dann $\boldsymbol{x}_i \in M$ und $x_{in+1} \geqq F(\boldsymbol{x}_i)$ $(i = 1, 2)$. Aufgrund der Konvexität der Menge M folgt

$$\boldsymbol{x} := \lambda_1 \boldsymbol{x}_1 + \lambda_2 \boldsymbol{x}_2 \in M \quad \text{für} \quad \lambda_1 \geqq 0, \quad \lambda_2 \geqq 0 \quad \text{mit} \quad \lambda_1 + \lambda_2 = 1,$$

und hieraus wegen (15.2a)

$$x_{n+1} := \lambda_1 x_{1n+1} + \lambda_2 x_{2n+1} \geqq \lambda_1 F(\boldsymbol{x}_1) + \lambda_2 F(\boldsymbol{x}_2) \geqq F(\lambda_1 \boldsymbol{x}_1 + \lambda_2 \boldsymbol{x}_2) = F(\boldsymbol{x}).$$

Damit liegt der Punkt $(\boldsymbol{x}, x_{n+1})$ im Epigraphen $\mathscr{E}_F$ der Funktion $F(\boldsymbol{x})$. Dieser ist daher eine konvexe Menge in $\mathbb{E}_n \times \mathbb{E}_1$, und nach Definition 15.2 ist $F(\boldsymbol{x})$ eine konvexe Funktion.

Für den Fall einer konkaven Funktion läßt sich der Beweis in gleicher Weise führen. □

Bemerkung 15.1. Durch vollständige Induktion läßt sich zeigen, daß eine über einer nichtleeren konvexen Menge M in $\mathbb{E}_n$ erklärte Funktion $F(\boldsymbol{x})$ genau dann über der Menge M konvex (bzw. konkav) ist, wenn für beliebige Punkte $\boldsymbol{x}_1, \ldots, \boldsymbol{x}_k$, $k \geqq 2$, aus der Menge M und beliebige nichtnegative Zahlen $\lambda_1, \ldots, \lambda_k$ mit $\sum_{i=1}^{k} \lambda_i = 1$ gilt

$$F\left(\sum_{i=1}^{k} \lambda_i \boldsymbol{x}_i\right) \leqq \sum_{i=1}^{k} \lambda_i F(\boldsymbol{x}_i)$$

(bzw.

$$F\left(\sum_{i=1}^{k} \lambda_i \boldsymbol{x}_i\right) \geqq \sum_{i=1}^{k} \lambda_i F(\boldsymbol{x}_i)).$$

Bemerkung 15.2. Aus Satz 15.1 erhält man unmittelbar die Aussage:

Falls $F(\boldsymbol{x})$ eine über einer nichtleeren konvexen Menge M in $\mathbb{E}_n$ erklärte konvexe (bzw. konkave) Funktion ist, so ist die Funktion $-F(\boldsymbol{x})$ konkav (bzw. konvex) über der Menge M.

Wenn nämlich die Funktion $F(\boldsymbol{x})$ über der Menge M konvex ist, so gilt die Ungleichung (15.2a); aus dieser folgt

$$-F(\lambda_1 \boldsymbol{x}_1 + \lambda_2 \boldsymbol{x}_2) \geqq \lambda_1\big(-F(\boldsymbol{x}_1)\big) + \lambda_2\big(-F(\boldsymbol{x}_2)\big),$$

d. h., die Funktion $-F(\boldsymbol{x})$ ist über der Menge M konkav.

Auf die gleiche Weise erhält man im Fall einer konkaven Funktion $F(\boldsymbol{x})$ mit der Ungleichung (15.2b) die Aussage, daß $-F(\boldsymbol{x})$ eine konvexe Funktion ist.

Definition 15.3. Eine über einer nichtleeren konvexen Menge M in $\mathbb{E}_n$ definierte Funktion $F(\boldsymbol{x})$ heißt *streng konvex* (bzw. *streng konkav*) über der Menge M, falls für alle Punktepaare $\boldsymbol{x}_1 \in M$, $\boldsymbol{x}_2 \in M$ mit $\boldsymbol{x}_1 \neq \boldsymbol{x}_2$ und für alle Zahlen λ_1, λ_2 mit $\lambda_1 > 0$, $\lambda_2 > 0$, $\lambda_1 + \lambda_2 = 1$ gilt

$$F(\lambda_1 \boldsymbol{x}_1 + \lambda_2 \boldsymbol{x}_2) < \lambda_1 F(\boldsymbol{x}_1) + \lambda_2 F(\boldsymbol{x}_2)$$

(bzw.

$$F(\lambda_1 \boldsymbol{x}_1 + \lambda_2 \boldsymbol{x}_2) > \lambda_1 F(\boldsymbol{x}_1) + \lambda_2 F(\boldsymbol{x}_2)).$$

Bemerkung 15.3. Im weiteren werden wir vorwiegend Eigenschaften konvexer Funktionen herleiten; die Untersuchung konkaver Funktionen $F(\boldsymbol{x})$ kann nach Bemerkung 15.2 auf die Untersuchung der dann konvexen Funktionen $-F(\boldsymbol{x})$ zurückgeführt werden.

Satz 15.2. *Es seien $F_1(\boldsymbol{x}), \ldots, F_m(\boldsymbol{x})$ über einer nichtleeren konvexen Menge M in $\mathbb{E}_n$ definierte konvexe Funktionen und $\nu_1, \ldots, \nu_m$ nichtnegative Zahlen. Dann sind*

$$F(\boldsymbol{x}) := \sum_{r=1}^{m} \nu_r F_r(\boldsymbol{x})$$

und

$$\Phi(\boldsymbol{x}) := \max_{r \in \{1,\ldots,m\}} \{F_r(\boldsymbol{x})\}$$

gleichfalls konvexe Funktionen über der Menge M.

Beweis. Nach Satz 15.1 gilt

$$F_r(\lambda_1 \boldsymbol{x}_1 + \lambda_2 \boldsymbol{x}_2) \leqq \lambda_1 F_r(\boldsymbol{x}_1) + \lambda_2 F_r(\boldsymbol{x}_2) \qquad (r = 1, \ldots, m)$$

für beliebige Punkte $\boldsymbol{x}_1 \in M$ und $\boldsymbol{x}_2 \in M$ und für beliebige nichtnegative Zahlen λ_1, λ_2 mit $\lambda_1 + \lambda_2 = 1$. Da die Zahlen $\nu_1, \ldots, \nu_m$ nichtnegativ sind, folgt hieraus

$$\begin{aligned} F(\lambda_1 \boldsymbol{x}_1 + \lambda_2 \boldsymbol{x}_2) &= \sum_{r=1}^{m} \nu_r F_r(\lambda_1 \boldsymbol{x}_1 + \lambda_2 \boldsymbol{x}_2) \leqq \lambda_1 \sum_{r=1}^{m} \nu_r F_r(\boldsymbol{x}_1) + \lambda_2 \sum_{r=1}^{m} \nu_r F_r(\boldsymbol{x}_2) \\ &= \lambda_1 F(\boldsymbol{x}_1) + \lambda_2 F(\boldsymbol{x}_2), \end{aligned}$$

d. h., die Funktion $F(\boldsymbol{x})$ ist über der Menge M konvex (vgl. Satz 15.1).

Wegen

$$F_r(\boldsymbol{x}) \leqq \max_{s \in \{1,\ldots,m\}} \{F_s(\boldsymbol{x})\}, \quad \boldsymbol{x} \in M,$$

gilt für jedes $r \in \{1, \ldots, m\}$

$$F_r(\lambda_1 \boldsymbol{x}_1 + \lambda_2 \boldsymbol{x}_2) \leqq \lambda_1 \max_{s \in \{1,\ldots,m\}} \{F_s(\boldsymbol{x}_1)\} + \lambda_2 \max_{s \in \{1,\ldots,m\}} \{F_s(\boldsymbol{x}_2)\},$$

und zwar für beliebige Punkte $\boldsymbol{x}_1 \in M$, $\boldsymbol{x}_2 \in M$ und deren Konvexkombinationen. Also ist auch

$$\begin{aligned} \Phi(\lambda_1 \boldsymbol{x}_1 + \lambda_2 \boldsymbol{x}_2) &= \max_{r \in \{1,\ldots,m\}} \{F_r(\lambda_1 \boldsymbol{x}_1 + \lambda_2 \boldsymbol{x}_2)\} \leqq \lambda_1 \max_{s \in \{1,\ldots,m\}} \{F_s(\boldsymbol{x}_1)\} \\ &\quad + \lambda_2 \max_{s \in \{1,\ldots,m\}} \{F_s(\boldsymbol{x}_2)\} = \lambda_1 \Phi(\boldsymbol{x}_1) + \lambda_2 \Phi(\boldsymbol{x}_2); \end{aligned}$$

hieraus folgt nach Satz 15.1, daß die Funktion $\Phi(\boldsymbol{x})$ konvex über der Menge M ist. □

Satz 15.3. *Es seien $M \subset \mathbb{E}_n$ und $\tilde{M} \subset \mathbb{E}_m$ nichtleere konvexe Mengen und $F(\boldsymbol{x})$ eine über der Menge M definierte konvexe Funktion. Weiter sei*

$$\boldsymbol{x} = \boldsymbol{A}\boldsymbol{y} + \boldsymbol{b}, \quad \boldsymbol{y} \in \mathbb{E}_m,$$

eine lineare Abbildung des Raumes $\mathbb{E}_m$ in den Raum $\mathbb{E}_n$ (hierbei ist $\boldsymbol{A}$ eine $(n \times m)$-Matrix und $\boldsymbol{b}$ ein Punkt des Raumes $\mathbb{E}_n$), für die

$$\boldsymbol{A}\boldsymbol{y} + \boldsymbol{b} \in M, \quad \boldsymbol{y} \in \tilde{M}$$

gilt. Dann ist die zusammengesetzte Funktion

$$\tilde{F}(\boldsymbol{y}) := F(\boldsymbol{A}\boldsymbol{y} + \boldsymbol{b})$$

konvex über der Menge $\tilde{M}$.

Beweis. Es seien $\boldsymbol{y}_1$ und $\boldsymbol{y}_2$ beliebige Punkte aus der Menge $\tilde{M}$ und λ_1, λ_2 beliebige nichtnegative Zahlen mit $\lambda_1 + \lambda_2 = 1$. Nach Voraussetzung gilt

$$\boldsymbol{x}_i := \boldsymbol{A}\boldsymbol{y}_i + \boldsymbol{b} \in M \qquad (i = 1, 2), \quad \lambda_1\boldsymbol{y}_1 + \lambda_2\boldsymbol{y}_2 \in \tilde{M}. \tag{15.3}$$

Da die Funktion $F(\boldsymbol{x})$ konvex über der Menge M ist, gilt nach Satz 15.1

$$F(\lambda_1\boldsymbol{x}_1 + \lambda_2\boldsymbol{x}_2) \leqq \lambda_1 F(\boldsymbol{x}_1) + \lambda_2 F(\boldsymbol{x}_2).$$

Unter Berücksichtigung von (15.3) und wegen $\lambda_1 + \lambda_2 = 1$ folgt hieraus

$$\begin{aligned} F\big(\boldsymbol{A}(\lambda_1\boldsymbol{y}_1 + \lambda_2\boldsymbol{y}_2) + \boldsymbol{b}\big) &= F\big(\lambda_1(\boldsymbol{A}\boldsymbol{y}_1 + \boldsymbol{b}) + \lambda_2(\boldsymbol{A}\boldsymbol{y}_2 + \boldsymbol{b})\big) \\ &\leqq \lambda_1 F(\boldsymbol{A}\boldsymbol{y}_1 + \boldsymbol{b}) + \lambda_2 F(\boldsymbol{A}\boldsymbol{y}_2 + \boldsymbol{b}). \end{aligned}$$

Mit Hilfe der Funktion $\tilde{F}(\boldsymbol{y})$ kann diese Ungleichung in der Form

$$\tilde{F}(\lambda_1\boldsymbol{y}_1 + \lambda_2\boldsymbol{y}_2) \leqq \lambda_1\tilde{F}(\boldsymbol{y}_1) + \lambda_2\tilde{F}(\boldsymbol{y}_2)$$

geschrieben werden, aus der dann nach Satz 15.1 die Konvexität der Funktion $\tilde{F}(\boldsymbol{y})$ über der Menge $\tilde{M}$ folgt. □

Satz 15.4. *Eine über einer nichtleeren konvexen Menge M in $\mathbb{E}_n$ definierte Funktion $F(\boldsymbol{x})$ ist genau dann konvex über der Menge M, wenn für jedes Punktepaar $\boldsymbol{x}_1 \in M$, $\boldsymbol{x}_2 \in M$ mit $\boldsymbol{x}_1 \neq \boldsymbol{x}_2$ die Funktion einer Veränderlichen t*

$$\tilde{F}(t) := F\big(\boldsymbol{x}_1 + t(\boldsymbol{x}_2 - \boldsymbol{x}_1)\big), \quad t \in [0, 1], \tag{15.4}$$

konvex über dem Intervall $[0, 1]$ *ist.*

Beweis. Es sei $F(\boldsymbol{x})$ eine über der Menge M konvexe Funktion. Wir wählen zwei beliebige Punkte $\boldsymbol{x}_1 \in M$ und $\boldsymbol{x}_2 \in M$ und definieren die Menge

$$\tilde{M} := \{t \in \mathbb{E}_1 \mid 0 \leqq t \leqq 1\},$$

sowie die lineare Abbildung

$$\boldsymbol{x} = \boldsymbol{x}_1 + t(\boldsymbol{x}_2 - \boldsymbol{x}_1), \quad t \in \mathbb{E}_1,$$

des Raumes $\mathbb{E}_1$ in den Raum $\mathbb{E}_n$. Letztere bildet die Menge $\tilde{M}$ im Fall $\boldsymbol{x}_2 \neq \boldsymbol{x}_1$ auf die Strecke $\overline{u}(\boldsymbol{x}_1, \boldsymbol{x}_2)$ in $\mathbb{E}_n$ ab; wegen der Konvexität der Menge M gilt $\overline{u}(\boldsymbol{x}_1, \boldsymbol{x}_2) \subset M$. Nach Satz 15.3 ist die Funktion $\tilde{F}(t)$ also konvex über der Menge $\tilde{M} := [0, 1]$.

Es möge nun andererseits die in (15.4) definierte Funktion $\tilde{F}(t)$ für jedes Punktepaar $\boldsymbol{x}_1 \in M$, $\boldsymbol{x}_2 \in M$, $\boldsymbol{x}_1 \neq \boldsymbol{x}_2$ konvex über dem Intervall $[0, 1]$ sein. Hieraus und wegen $\tilde{F}(0) = F(\boldsymbol{x}_1)$, $\tilde{F}(1) = F(\boldsymbol{x}_2)$ folgt für beliebige nichtnegative Zahlen μ_1, μ_2 mit $\mu_1 + \mu_2 = 1$ (vgl. Satz 15.1)

$$\begin{aligned} \tilde{F}(\mu_2) &= \tilde{F}(\mu_1 \cdot 0 + \mu_2 \cdot 1) = F\big(\boldsymbol{x}_1 + \mu_2(\boldsymbol{x}_2 - \boldsymbol{x}_1)\big) \\ &= F(\mu_1\boldsymbol{x}_1 + \mu_2\boldsymbol{x}_2) \leqq \mu_1\tilde{F}(0) + \mu_2\tilde{F}(1) = \mu_1 F(\boldsymbol{x}_1) + \mu_2 F(\boldsymbol{x}_2), \end{aligned}$$

d. h., die Funktion $F(\boldsymbol{x})$ ist konvex über der Menge M. □

Bemerkung 15.4. Der Satz 15.4 läßt sich geometrisch in folgender Weise interpretieren: Eine über einer konvexen Menge M in $\mathbb{E}_n$ mit $\dim M \geqq 1$ erklärte Funktion ist genau dann konvex über der Menge M, wenn sie über jeder in der Menge M gelegenen abgeschlossenen Strecke konvex ist (Abb. 15.1).

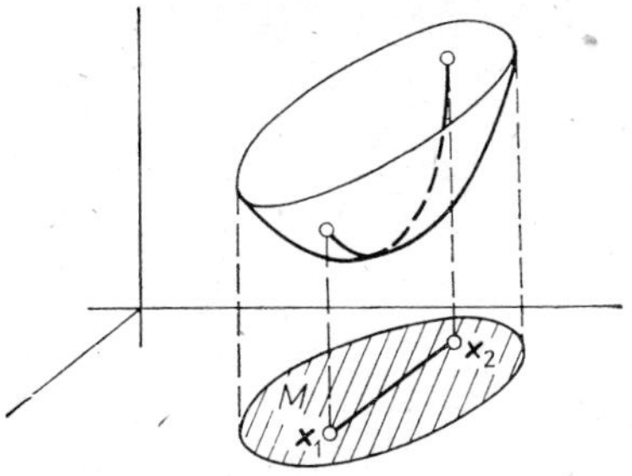

Abb. 15.1

Satz 15.5. *Es seien $F(\boldsymbol{x})$ eine über einer nichtleeren konvexen Menge M in $\mathbb{E}_n$ definierte konvexe Funktion und μ eine Zahl. Dann ist*

$$M_\mu := \{\boldsymbol{x} \in M \mid F(\boldsymbol{x}) \leqq \mu\} \tag{15.5}$$

eine konvexe Menge in $\mathbb{E}_n$.

Beweis. Falls die Menge M_μ leer ist, so ist sie nach Definition konvex. Im Fall $M_\mu \neq \emptyset$ seien $\boldsymbol{x}_1$ und $\boldsymbol{x}_2$ beliebige Punkte der Menge M_μ. Aus der Definition 15.5 der Menge M_μ und aus der Konvexität der Funktion $F(\boldsymbol{x})$ über der Menge M folgt (vgl. Satz 15.1) für beliebige nichtnegative Zahlen λ_1, λ_2 mit $\lambda_1 + \lambda_2 = 1$ die Ungleichung

$$F(\lambda_1\boldsymbol{x}_1 + \lambda_2\boldsymbol{x}_2) \leqq \lambda_1 F(\boldsymbol{x}_1) + \lambda_2 F(\boldsymbol{x}_2) \leqq \lambda_1\mu + \lambda_2\mu = \mu,$$

d. h., M_μ ist eine konvexe Menge in $\mathbb{E}_n$. □

Bemerkung 15.5. Betrachtet man den Epigraphen $\mathscr{E}_F$ einer über einer nichtleeren konvexen Menge $M \subset \mathbb{E}_n$ erklärten Funktion $F(\boldsymbol{x})$ (vgl. (15.1b)) und definiert man für eine Zahl $\mu \in \mathbb{R}$ die Hyperebene

$$R_\mu' := \{(\boldsymbol{x}, x_{n+1}) \in \mathbb{E}_n \times \mathbb{E}_1 \mid x_{n+1} = \mu\},$$

dann folgt aus (15.1b) und (15.5)

$$\begin{aligned}\mathscr{E}_F \cap R_\mu' &= \{(\boldsymbol{x}, x_{n+1}) \in \mathbb{E}_n \times \mathbb{E}_1 \mid x_{n+1} \geqq F(\boldsymbol{x}),\ x_{n+1} = \mu,\ \boldsymbol{x} \in M\} \\ &= \{(\boldsymbol{x}_1, x_{n+1}) \in \mathbb{E}_n \times \mathbb{E}_1 \mid x_{n+1} = \mu,\ \boldsymbol{x} \in M_\mu\}.\end{aligned}$$

Im Fall $\mathscr{E}_F \cap R_\mu' \neq \emptyset$ ist dieser Durchschnitt (als Menge im Raum $\mathbb{E}_{n+1} := \mathbb{E}_n \times \mathbb{E}_1$) zu der im Raum $\mathbb{E}_n$ liegenden Menge M_μ isomorph.

Diese geometrische Eigenschaft liegt der in der mathematischen Literatur vielfach benutzten Bezeichnung einer *Niveaumenge* der Funktion $F(\boldsymbol{x})$ für eine nichtleere Menge M_μ zugrunde.

Satz 15.6. *Für eine über einer nichtleeren konvexen Menge M in $\mathbb{E}_n$ definierte konvexe Funktion $F(\boldsymbol{x})$ gilt:*

(a) *jedes lokale Minimum der Funktion* $F(\boldsymbol{x})$ *bezüglich der Menge* M *ist gleichzeitig ein globales Minimum dieser Funktion über der Menge* M;

(b) *die Menge aller Punkte* $\boldsymbol{x}^* \in M$, *in denen die Funktion* $F(\boldsymbol{x})$ *ihr Minimum bezüglich der Menge* M *annimmt, d. h., die Menge*

$$M_{\text{opt}} := \left\{\boldsymbol{x}^* \in M \mid F(\boldsymbol{x}^*) = \min_{\boldsymbol{x}\in M} \{F(\boldsymbol{x})\}\right\},$$

ist konvex;

(c) *falls* $F(\boldsymbol{x})$ *eine streng konvexe Funktion über der Menge* M *ist, so enthält die Menge* M_{opt} *höchstens einen Punkt.*

Beweis. Die Funktion $F(\boldsymbol{x})$ möge im Punkt $\boldsymbol{x}_0 \in M$ ein lokales Minimum bezüglich der Menge M besitzen; dann existiert eine Zahl $\varepsilon > 0$ derart, daß gilt

$$F(\boldsymbol{x}) \geqq F(\boldsymbol{x}_0) \quad \text{für} \quad \boldsymbol{x} \in U(\boldsymbol{x}_0; \varepsilon) \cap M. \tag{15.6a}$$

Wir nehmen an, es gäbe einen Punkt $\tilde{\boldsymbol{x}}$ mit

$$\tilde{\boldsymbol{x}} \in M, \quad F(\tilde{\boldsymbol{x}}) < F(\boldsymbol{x}_0). \tag{15.6b}$$

Da die Funktion $F(\boldsymbol{x})$ konvex über der Menge M ist, gilt nach Satz 15.1

$$F(\lambda_1\boldsymbol{x}_0 + \lambda_2\tilde{\boldsymbol{x}}) \leqq \lambda_1 F(\boldsymbol{x}_0) + \lambda_2 F(\tilde{\boldsymbol{x}})$$

für alle nichtnegativen Zahlen λ_1, λ_2 mit $\lambda_1 + \lambda_2 = 1$. Hieraus folgt unter Berücksichtigung der Annahme (15.6b)

$$F(\lambda_1\boldsymbol{x}_0 + \lambda_2\tilde{\boldsymbol{x}}) < F(\boldsymbol{x}_0), \quad \lambda_1 > 0, \quad \lambda_2 > 0, \quad \lambda_1 + \lambda_2 = 1.$$

Für alle Punkte $\boldsymbol{x}$ der offenen Strecke $u(\tilde{\boldsymbol{x}}, \boldsymbol{x}_0)$ ist also $F(\boldsymbol{x}) < F(\boldsymbol{x}_0)$. Wegen $\boldsymbol{x}_0 \in M$, $\tilde{\boldsymbol{x}} \in M$ und wegen der Konvexität der Menge M liegt die Strecke $u(\tilde{\boldsymbol{x}}, \boldsymbol{x}_0)$ in der Menge M; gleichzeitig ist offenbar $u(\tilde{\boldsymbol{x}}, \boldsymbol{x}_0) \cap U(\boldsymbol{x}_0; \varepsilon) \neq \emptyset$. Also muß für alle Punkte $\boldsymbol{x}$ dieses Durchschnitts $F(\boldsymbol{x}) < F(\boldsymbol{x}_0)$ gelten, im Widerspruch zu (15.6a). Die Annahme (15.6b) ist daher zu verwerfen, und es gilt die Aussage (a).

Falls die Menge M_{opt} leer ist, so ist sie nach Definition konvex. Im Fall $M_{\text{opt}} \neq \emptyset$ seien $\boldsymbol{x}_1$ und $\boldsymbol{x}_2$ beliebige Punkte aus der Menge M_{opt}; für sie gilt also

$$F(\boldsymbol{x}_1) = F(\boldsymbol{x}_2) \leqq F(\boldsymbol{x}), \quad \boldsymbol{x} \in M. \tag{15.7}$$

Nach Satz 15.1 ist

$$F(\lambda_1\boldsymbol{x}_1 + \lambda_2\boldsymbol{x}_2) \leqq \lambda_1 F(\boldsymbol{x}_1) + \lambda_2 F(\boldsymbol{x}_2)$$

für alle $\lambda_1 \geqq 0$, $\lambda_2 \geqq 0$ mit $\lambda_1 + \lambda_2 = 1$; nach (15.7) folgt daraus

$$F(\lambda_1\boldsymbol{x}_1 + \lambda_2\boldsymbol{x}_2) \leqq F(\boldsymbol{x}_1) \leqq F(\boldsymbol{x}), \quad \boldsymbol{x} \in M,$$

d. h., es ist $\lambda_1\boldsymbol{x}_1 + \lambda_2\boldsymbol{x}_2 \in M_{\text{opt}}$. Die Menge M_{opt} ist daher konvex.

Es sei nun $F(\boldsymbol{x})$ eine streng konvexe Funktion über der Menge M. Gäbe es Punkte $\boldsymbol{x}_1 \in M_{\text{opt}}$ und $\boldsymbol{x}_2 \in M_{\text{opt}}$ mit $\boldsymbol{x}_2 \neq \boldsymbol{x}_1$, so gehörten nach der bereits bewiesenen Aussage (b) auch alle Punkte $\lambda_1\boldsymbol{x}_1 + \lambda_2\boldsymbol{x}_2$ mit $\lambda_1 \geqq 0$, $\lambda_2 \geqq 0$, $\lambda_1 + \lambda_2 = 1$, zur Menge M_{opt}; d. h., es würde gelten

$$F(\lambda_1\boldsymbol{x}_1 + \lambda_2\boldsymbol{x}_2) = \lambda_1 F(\boldsymbol{x}_1) + \lambda_2 F(\boldsymbol{x}_2) = F(\boldsymbol{x}_1) = F(\boldsymbol{x}_2).$$

Das widerspricht aber der strengen Konvexität der Funktion $F(\boldsymbol{x})$ (vgl. Definition 15.3). Damit ist die Aussage (c) gezeigt. □

Lemma 15.1. *Es seien $F(\boldsymbol{x})$ eine über einer nichtleeren konvexen Menge M in $\mathbb{E}_n$ definierte konvexe Funktion und $\boldsymbol{x}_0$ ein Punkt der Menge* rel int M. *Dann liegt die offene Halbgerade*

$$p := \{(\boldsymbol{x}, x_{n+1}) \in \mathbb{E}_{n+1} \mid \boldsymbol{x} = \boldsymbol{x}_0, x_{n+1} = F(\boldsymbol{x}_0) + t, t > 0\}$$

in dem relativ Inneren des Epigraphen

$$\mathcal{E}_F := \{(\boldsymbol{x}, x_{n+1}) \in \mathbb{E}_{n+1} \mid x_{n+1} \geqq F(\boldsymbol{x}), \boldsymbol{x} \in M\}$$

der Funktion $F(\boldsymbol{x})$.

Beweis. Wir setzen $\boldsymbol{x}_0' := (\boldsymbol{x}_0, F(\boldsymbol{x}_0))$ und $\boldsymbol{e}'_{n+1} := (\boldsymbol{o}, 1)$. Dann gilt $p = p(\boldsymbol{x}_0'; \boldsymbol{e}'_{n+1})$ und $\boldsymbol{x}_0' \in \partial\mathcal{E}_F$. Nach Definition der Mengen $\mathcal{E}_F$ und p gilt $p \subset \mathcal{E}_F$. Wir nehmen an, daß es einen Punkt $\boldsymbol{x}_1'$ mit

$$\boldsymbol{x}_1' \in p(\boldsymbol{x}_0'; \boldsymbol{e}'_{n+1}) \cap \partial\mathcal{E}_F$$

gibt. Dann gilt

$$p(\boldsymbol{x}_0'; \boldsymbol{e}'_{n+1}) \subset \partial\mathcal{E}_F,$$

denn aus der Existenz eines Punktes $\boldsymbol{x}_2' \in p(\boldsymbol{x}_0'; \boldsymbol{e}'_{n+1}) \cap \operatorname{rel\,int} \mathcal{E}_F$ würde folgen, daß entweder die Halbgerade $p(\boldsymbol{x}_0'; \boldsymbol{e}'_{n+1})$ nicht zum Epigraphen $\mathcal{E}_F$ gehörte (vgl. Bemerkung 2.7) oder $\boldsymbol{x}_0' = \boldsymbol{x}_1'$ wäre (vgl. Satz 2.6), im Widerspruch zu den Voraussetzungen. Die abgeschlossenen konvexen Mengen $\overline{\mathcal{E}}_F$ und $\overline{p}$ haben wegen

$$\overline{\mathcal{E}}_F \cap \overline{p} = \overline{p}, \quad \operatorname{rel\,int} \overline{\mathcal{E}}_F \cap \operatorname{rel\,int} \overline{p} = \emptyset$$

eine Punktberührung (vgl. Definition 11.1). Nach den Sätzen 11.2 und 11.3 gibt es daher eine Trennungshyperebene R' in $\mathbb{E}_{n+1}$ der Mengen $\overline{\mathcal{E}}_F$ und $\overline{p}$ — und daher auch der Mengen $\mathcal{E}_F$ und p — mit $\overline{p} \subset R'$. Somit gilt $\mathcal{E}_F \not\subset R'$. Da die offene Halbgerade p parallel zu der x_{n+1}-Koordinatenachse in $\mathbb{E}_{n+1}$ ist, folgt aus $p \subset R'$ die Existenz eines Vektors $\boldsymbol{a}$ in $\mathbb{E}_n$ mit $\boldsymbol{a} \neq \boldsymbol{o}$, so daß

$$R' = \{(\boldsymbol{x}, x_{n+1}) \in \mathbb{E}_{n+1} \mid (\boldsymbol{a}, \boldsymbol{x} - \boldsymbol{x}_0) = 0\}$$

ist. O. B. d. A. kann vorausgesetzt werden, daß der Epigraph $\mathcal{E}_F$ in dem der Hyperebene R' zugehörigen abgeschlossenen Halbraum

$$\overline{H}' := \{(\boldsymbol{x}, x_{n+1}) \in \mathbb{E}_{n+1} \mid (\boldsymbol{a}, \boldsymbol{x} - \boldsymbol{x}_0) \leqq 0\}$$

liegt. Wegen $\mathcal{E}_F \not\subset R'$ und $\mathcal{E}_F \subset \overline{H}'$ gibt es einen Punkt $(\tilde{\boldsymbol{x}}, \tilde{x}_{n+1}) \in \mathcal{E}_F$ mit $(\boldsymbol{a}, \tilde{\boldsymbol{x}} - \boldsymbol{x}_0) < 0$, $\tilde{\boldsymbol{x}} \in M$. Für alle Punkte $(\boldsymbol{x}, x_{n+1}) \in \mathcal{E}_F$ gilt also $(\boldsymbol{a}, \boldsymbol{x} - \boldsymbol{x}_0) \leqq 0$ für $\boldsymbol{x} \in M$, wobei die Menge $\{\boldsymbol{x} \in M \mid (\boldsymbol{a}, \boldsymbol{x} - \boldsymbol{x}_0) < 0\}$ nicht leer ist. Daraus folgt wegen $\boldsymbol{x}_0 \in M$, daß $\boldsymbol{x}_0 \in \partial M$ ist. Das widerspricht aber der Voraussetzung $\boldsymbol{x}_0 \in \operatorname{rel\,int} M$. Die getroffene Annahme muß also verworfen werden, d. h., es gilt $p \subset \operatorname{rel\,int} \mathcal{E}_F$. □

Satz 15.7. *Eine über einer nichtleeren konvexen Menge M in $\mathbb{E}_n$ definierte konvexe Funktion $F(\boldsymbol{x})$ ist über der Menge* rel int M *stetig.*

Beweis. Im Fall dim $M = 0$ ist die Aussage trivial. Im Fall dim $M \geqq 1$ werden wir M als eine konvexe Menge in ihrer linearen Hülle betrachten, also in einem linearen

Unterraum des Raumes $\mathbb{E}_n$, der die gleiche Dimension wie die Menge M hat. Wir können uns also im Beweis auf den Fall $\dim M = n$, $n \geqq 1$, beschränken.

Es sei nun $\boldsymbol{x}_0$ ein beliebiger Punkt der Menge $\operatorname{int} M$. Der Punkt $\boldsymbol{x}_0' := (\boldsymbol{x}_0, F(\boldsymbol{x}_0)) \in \mathbb{E}_{n+1} := \mathbb{E}_n \times \mathbb{E}_1$ ist dann ein Randpunkt des $(n+1)$-dimensionalen Epigraphen $\mathcal{E}_F$ der über der Menge M definierten konvexen Funktion $F(\boldsymbol{x})$ (vgl. Definition 15.1). Für die offenen Halbgeraden

$$p_0^+ := \{\boldsymbol{x}' = (\boldsymbol{x}, x_{n+1}) \in \mathbb{E}_{n+1} \mid \boldsymbol{x} = \boldsymbol{x}_0,\ x_{n+1} = F(\boldsymbol{x}_0) + t,\ t > 0\},$$

$$p_0^- := \{\boldsymbol{x}' = (\boldsymbol{x}, x_{n+1}) \in \mathbb{E}_{n+1} \mid \boldsymbol{x} = \boldsymbol{x}_0,\ x_{n+1} = F(\boldsymbol{x}_0) + t,\ t < 0\}$$

gilt nach Lemma 15.1

$$p_0^+ \subset \operatorname{int} \mathcal{E}_F$$

und

$$p_0^- \cap \mathcal{E}_F = \operatorname{rel\,int} p_0^- \cap \operatorname{rel\,int} \mathcal{E}_F = \emptyset, \qquad (15.8)$$

$$\overline{p}_0^- \cap \mathcal{E}_F = \overline{p}_0^- \cap \overline{\mathcal{E}}_F = \{\boldsymbol{x}_0'\}.$$

Aus der Konvexität der Mengen p_0^- und $\mathcal{E}_F$ und aus (15.8) folgt, daß die abgeschlossenen konvexen Mengen $\overline{p}_0^-$ und $\overline{\mathcal{E}}_F$ eine Punktberührung haben, wobei der Punkt $\boldsymbol{x}_0'$ ein Berührungspunkt dieser Mengen ist (vgl. Definition 11.1). Nach Satz 11.2, Aussage (b), angewandt auf die Mengen $\overline{p}_0^-$ und $\overline{\mathcal{E}}_F$ in $\mathbb{E}_{n+1}$ existiert ein Vektor $\boldsymbol{y}' = (\boldsymbol{y}, y_{n+1})$, verschieden vom Nullvektor $\boldsymbol{o}' = (\boldsymbol{o}, 0)$ in $\mathbb{E}_{n+1}$, so daß

$$R_0' := \{\boldsymbol{x}' \in \mathbb{E}_{n+1} \mid (\boldsymbol{y}', \boldsymbol{x}' - \boldsymbol{x}_0') = 0\}$$

$$= \{(\boldsymbol{x}, x_{n+1}) \in \mathbb{E}_n \times \mathbb{E}_1 \mid (\boldsymbol{y}, \boldsymbol{x} - \boldsymbol{x}_0) + y_{n+1}(x_{n+1} - F(\boldsymbol{x}_0)) = 0\}$$

eine Trennungshyperebene der Mengen $\overline{p}_0^-$ und $\overline{\mathcal{E}}_F$ in $\mathbb{E}_{n+1}$ ist; sie enthält offenbar den Punkt $\boldsymbol{x}_0' = (\boldsymbol{x}_0, F(\boldsymbol{x}_0))$. Wenn

$$H_0'^+ := \{\boldsymbol{x}' \in \mathbb{E}_{n+1} \mid (\boldsymbol{y}', \boldsymbol{x}' - \boldsymbol{x}_0') > 0\},$$

$$H_0'^- := \{\boldsymbol{x}' \in \mathbb{E}_{n+1} \mid (\boldsymbol{y}', \boldsymbol{x}' - \boldsymbol{x}_0') < 0\}$$

die der Hyperebene R_0' zugehörigen offenen Halbräume in $\mathbb{E}_{n+1}$ sind, so kann o. B. d. A. vorausgesetzt werden, daß $\mathcal{E}_F \subset \overline{H}_0'^-$ gilt. Dann ist wegen (15.8)

$$p_0^- \subset H_0'^+, \quad p_0^+ \subset \operatorname{int} \mathcal{E}_F \subset H_0'^-. \qquad (15.9)$$

Wir wählen nun eine beliebige Zahl $\varepsilon > 0$ und definieren in $\mathbb{E}_{n+1}$ die offenen Halbräume

$$H'_{\varepsilon^+} := \{\boldsymbol{x}' = (\boldsymbol{x}, x_{n+1}) \in \mathbb{E}_{n+1} \mid x_{n+1} < F(\boldsymbol{x}_0) + \varepsilon\},$$
$$H'_{\varepsilon^-} := \{\boldsymbol{x}' = (\boldsymbol{x}, x_{n+1}) \in \mathbb{E}_{n+1} \mid x_{n+1} > F(\boldsymbol{x}_0) - \varepsilon\}. \qquad (15.10\text{a})$$

Für die Punkte $\boldsymbol{x}_1' := \left(\boldsymbol{x}_0, F(\boldsymbol{x}_0) + \dfrac{\varepsilon}{2}\right)$ und $\boldsymbol{x}_2' := \left(\boldsymbol{x}_0, F(\boldsymbol{x}_0) - \dfrac{\varepsilon}{2}\right)$ gilt offenbar

$$\boldsymbol{x}_1' \in p_0^+, \quad \boldsymbol{x}_2' \in p_0^-, \quad \boldsymbol{x}_i' \in H'_{\varepsilon^+} \cap H'_{\varepsilon^-} \quad (i = 1, 2). \qquad (15.10\text{b})$$

Aus (15.10a, b) folgt die Existenz einer Zahl $\delta > 0$, so daß für die δ-Umgebungen $U(\boldsymbol{x}_1'; \delta)$ und $U(\boldsymbol{x}_2'; \delta)$ der Punkte $\boldsymbol{x}_1'$ und $\boldsymbol{x}_2'$ gilt (vgl. auch Abb. 15.2):

$$\begin{aligned} &U(\boldsymbol{x}_i'; \delta) \subset H'_{\varepsilon^+} \cap H'_{\varepsilon^-} \qquad (i = 1, 2), \\ &U(\boldsymbol{x}_1'; \delta) \subset \operatorname{int} \mathscr{E}_F \subset H_0'^-, \quad U(\boldsymbol{x}_2'; \delta) \subset H_0'^+, \\ &U(\boldsymbol{x}_1'; \delta) \cap U(\boldsymbol{x}_2'; \delta) = \emptyset. \end{aligned} \tag{15.11}$$

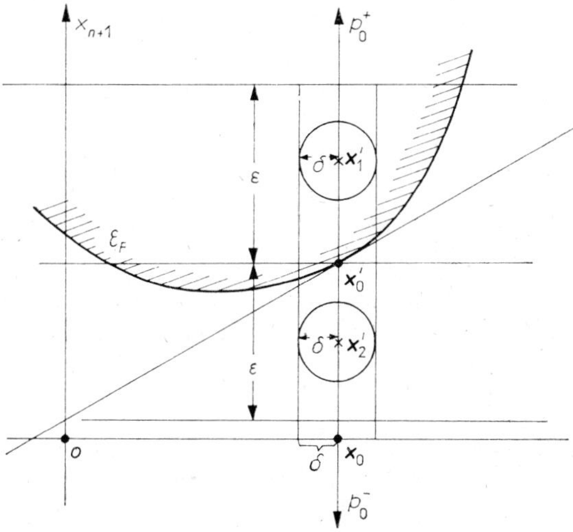

Abb. 15.2

Es sei nun $\boldsymbol{x}$ ein beliebiger Punkt aus der δ-Umgebung $U(\boldsymbol{x}_0; \delta)$ des Punktes $\boldsymbol{x}_0$. Dann schneidet die zur Geraden

$$g(\boldsymbol{x}_0) := p_0^+ \cup p_0^- \cup \{\boldsymbol{x}_0'\}$$

parallele Gerade

$$g(\boldsymbol{x}) := \{\boldsymbol{z}' = (\boldsymbol{z}, z_{n+1}) \in \mathbb{E}_{n+1} \mid \boldsymbol{z} = \boldsymbol{x},\, z_{n+1} = t,\, t \in \mathbb{R}\}$$

sowohl die Umgebung $U(\boldsymbol{x}_1'; \delta)$ als auch die Umgebung $U(\boldsymbol{x}_2'; \delta)$. Für beliebige Punkte

$$\boldsymbol{y}_i' \in U(\boldsymbol{x}_i'; \delta) \cap g(\boldsymbol{x}) \qquad (i = 1, 2)$$

folgt dann aus (15.11), daß die offene Strecke $u(\boldsymbol{y}_1', \boldsymbol{y}_2')$ den Rand $\partial\mathscr{E}_F$ des Epigraphen $\mathscr{E}_F$ in genau einem Punkt schneidet, und zwar im Punkt $\boldsymbol{x}' = (\boldsymbol{x}, F(\boldsymbol{x}))$. Wegen der ersten Inklusion in (15.11) und wegen (15.10a) gilt für die $(n+1)$-te Koordinate dieses Punktes

$$F(\boldsymbol{x}_0) - \varepsilon < F(\boldsymbol{x}) < F(\boldsymbol{x}_0) + \varepsilon.$$

Hieraus folgt — $\boldsymbol{x}_0$ war ein beliebiger Punkt aus der Menge int M und $\boldsymbol{x}$ ein beliebiger Punkt mit $\|\boldsymbol{x} - \boldsymbol{x}_0\| < \delta$ —, daß für jeden Punkt $\boldsymbol{x}_0$ aus der Menge int M und für jede Zahl $\varepsilon > 0$ eine Zahl $\delta = \delta(\boldsymbol{x}_0, \varepsilon) > 0$ existiert, so daß

$$|F(\boldsymbol{x}) - F(\boldsymbol{x}_0)| < \varepsilon$$

für alle $\boldsymbol{x}$ mit $\|\boldsymbol{x} - \boldsymbol{x}_0\| < \delta$ gilt. Das bedeutet aber, daß die Funktion $F(\boldsymbol{x})$ über der Menge int M stetig ist. □

Satz 15.8. *Es seien $F(\boldsymbol{x})$ eine über einer nichtleeren konvexen Menge M in $\mathbb{E}_n$ definierte konvexe Funktion, $\boldsymbol{x}_0$ ein Punkt der Menge* rel int M *und R' eine nichtsinguläre Stützhyperebene des Epigraphen $\mathcal{E}_F$ der Funktion $F(\boldsymbol{x})$ mit $\boldsymbol{x}_0' := (\boldsymbol{x}_0, F(\boldsymbol{x})) \in R'$. Dann gibt es einen Vektor $\boldsymbol{a}$ derart, daß*

$$R' = \{(\boldsymbol{x}, x_{n+1}) \in \mathbb{E}_{n+1} \mid x_{n+1} - F(\boldsymbol{x}_0) = (\boldsymbol{a}, \boldsymbol{x} - \boldsymbol{x}_0)\} \tag{15.12a}$$

ist, und der der Hyperebene R' zugehörige Halbraum

$$\overline{H}' := \{(\boldsymbol{x}, x_{n+1}) \in \mathbb{E}_{n+1} \mid x_{n+1} - F(\boldsymbol{x}_0) \geqq (\boldsymbol{a}, \boldsymbol{x} - \boldsymbol{x}_0)\} \tag{15.12b}$$

ist ein Stützhalbraum der Menge $\mathcal{E}_F$.

Beweis. Da R' eine den Punkt $\boldsymbol{x}_0' := (\boldsymbol{x}_0, F(\boldsymbol{x}_0))$ enthaltende Stützhyperebene des Epigraphen $\mathcal{E}_F$ ist, gibt es einen Vektor $\boldsymbol{y}' = (\boldsymbol{y}, x_{n+1}) \neq (\boldsymbol{o}, 0)$ derart, daß

$$\begin{aligned} R' &= \{\boldsymbol{x}' \in \mathbb{E}_{n+1} \mid (\boldsymbol{y}', \boldsymbol{x}' - \boldsymbol{x}_0') = 0\} \\ &= \{(\boldsymbol{x}, x_{n+1}) \in \mathbb{E}_{n+1} \mid (\boldsymbol{y}, \boldsymbol{x} - \boldsymbol{x}_0) + y_{n+1}(x_{n+1} - F(\boldsymbol{x}_0)) = 0\} \end{aligned} \tag{15.13a}$$

ist. Wir zeigen zunächst, daß $y_{n+1} \neq 0$ gilt.

Da der Epigraph

$$\mathcal{E}_F = \{(\boldsymbol{x}, x_{n+1}) \in \mathbb{E}_{n+1} \mid x_{n+1} \geqq F(\boldsymbol{x}), \boldsymbol{x} \in M\}$$

eine konvexe Menge in $\mathbb{E}_{n+1}$ ist und da aufgrund der Stetigkeit der Funktion $F(\boldsymbol{x})$ über der Menge rel int M (vgl. Satz 15.7) offenbar

$$\text{rel int } \mathcal{E}_F = \{(\boldsymbol{x}, x_{n+1}) \in \mathbb{E}_{n+1} \mid x_{n+1} > F(\boldsymbol{x}), \boldsymbol{x} \in \text{rel int } M\}$$

ist, liegt die offene Halbgerade

$$p' := \{(\boldsymbol{x}, x_{n+1}) \in \mathbb{E}_{n+1} \mid \boldsymbol{x} = \boldsymbol{x}_0, x_{n+1} = F(\boldsymbol{x}_0) + t, t > 0\}$$

wegen $\boldsymbol{x}_0 \in$ rel int M in der Menge rel int $\mathcal{E}_F$. Im Fall $y_{n+1} = 0$ wäre die in (15.13a) beschriebene Hyperebene R' parallel zu der x_{n+1}-Koordinatenachse in $\mathbb{E}_{n+1}$, und sie würde deshalb die mit dieser Achse parallele und in der Menge rel int $\mathcal{E}_F$ gelegene Halbgerade p' enthalten; d. h., es wäre rel int $\mathcal{E}_F \cap R' \neq \emptyset$. Das aber widerspricht der Voraussetzung, daß R' eine nichtsinguläre Stützhyperebene des Epigraphen $\mathcal{E}_F$ ist (vgl. Definition 14.1). Es gilt daher $y_{n+1} \neq 0$, und o. B. d. A. kann angenommen werden, daß $y_{n+1} < 0$ ist.

Für die Punkte $\boldsymbol{x}' = (\boldsymbol{x}, x_{n+1}) \in p'$ ist dann

$$(\boldsymbol{y}, \boldsymbol{x} - \boldsymbol{x}_0) + y_{n+1}(x_{n+1} - F(\boldsymbol{x}_0)) = t y_{n+1} < 0,$$

d. h., die Halbgerade p' liegt in dem zur Hyperebene R' gehörigen offenen Halbraum

$$H' := \{(\boldsymbol{x}, x_{n+1}) \in \mathbb{E}_{n+1} \mid (\boldsymbol{y}, \boldsymbol{x} - \boldsymbol{x}_0) + y_{n+1}(x_{n+1} - F(\boldsymbol{x}_0)) < 0\}; \tag{15.13b}$$

wegen $p' \in$ rel int $\mathcal{E}_F$ ist $H' \cap$ rel int $\mathcal{E}_F \neq \emptyset$. Hieraus folgt, daß der abgeschlossene Halbraum $\overline{H}'$, dessen Randhyperebene R' eine Stützhyperebene der Menge $\mathcal{E}_F$ ist, ein

Stützhalbraum des Epigraphen $\mathscr{E}_F$ ist. Setzt man in (15.13a, b)

$$\boldsymbol{a} := -\frac{1}{y_{n+1}}\boldsymbol{y},$$

so erhält man die Darstellungen (15.12a) und (15.12b) für die nichtsinguläre Stützhyperebene R' und den zugehörigen Stützhalbraum des Epigraphen $\mathscr{E}_F$. □

Satz 15.9. *Es sei M eine nichtleere konvexe Menge in $\mathbb{E}_n$. Eine über der Menge M erklärte Funktion $F(\boldsymbol{x})$ ist genau dann konvex über der Menge* rel int M, *wenn zu jedem Punkt $\boldsymbol{x}_0 \in$* rel int M *ein Vektor $\boldsymbol{v}_0$ derart existiert, daß gilt*

$$F(\boldsymbol{x}) - F(\boldsymbol{x}_0) \geqq (\boldsymbol{v}_0, \boldsymbol{x} - \boldsymbol{x}_0), \quad \boldsymbol{x} \in M. \tag{15.14}$$

Beweis. Falls $F(\boldsymbol{x})$ eine konvexe Funktion über der Menge rel int M ist und $\boldsymbol{x}_0$ ein Punkt der Menge rel int M, so gibt es nach Satz 15.8 einen solchen Vektor $\boldsymbol{v}_0$, daß der durch

$$\bar{H}' := \{(\boldsymbol{x}, x_{n+1}) \in \mathbb{E}_{n+1} \mid x_{n+1} - F(\boldsymbol{x}_0) \geqq (\boldsymbol{v}_0, \boldsymbol{x} - \boldsymbol{x}_0)\}$$

beschriebene Halbraum in $\mathbb{E}_{n+1}$ ein Stützhalbraum des Epigraphen $\mathscr{E}_F$ ist und daher $\mathscr{E}_F \subset \bar{H}'$ gilt (vgl. Definition 14.1). Wegen $(\boldsymbol{x}, F(\boldsymbol{x})) \in \mathscr{E}_F$ für $\boldsymbol{x} \in M$ folgt daraus die Bedingung (15.14).

Es sei andererseits $F(\boldsymbol{x})$ eine über der Menge M definierte Funktion mit der Eigenschaft, daß zu jedem Punkt $\boldsymbol{x}_0 \in$ rel int M ein Vektor $\boldsymbol{v}_0$ existiert, so daß (15.14) gilt. Mit zwei Punkten $\boldsymbol{x}_1$ und $\boldsymbol{x}_2$ enthält die Menge rel int M auch deren Konvexkombinationen $\lambda_1\boldsymbol{x}_1 + \lambda_2\boldsymbol{x}_2$. Aufgrund der getroffenen Annahme gibt es zu einem solchen Punkt $\lambda_1\boldsymbol{x}_1 + \lambda_2\boldsymbol{x}_2$ einen Vektor $\boldsymbol{v}$ mit

$$F(\boldsymbol{x}_1) - F(\lambda_1\boldsymbol{x}_1 + \lambda_2\boldsymbol{x}_2) \geqq (\boldsymbol{v}, \boldsymbol{x}_1 - \lambda_1\boldsymbol{x}_1 - \lambda_2\boldsymbol{x}_2) = (\boldsymbol{v}, \boldsymbol{x}_2 - \boldsymbol{x}_1)(-\lambda_2),$$

$$F(\boldsymbol{x}_2) - F(\lambda_1\boldsymbol{x}_1 + \lambda_2\boldsymbol{x}_2) \geqq (\boldsymbol{v}, \boldsymbol{x}_2 - \lambda_1\boldsymbol{x}_1 - \lambda_2\boldsymbol{x}_2) = (\boldsymbol{v}, \boldsymbol{x}_2 - \boldsymbol{x}_1)\,\lambda_1.$$

Die Multiplikation der ersten Ungleichung mit λ_1, die der zweiten mit λ_2 und eine anschließende Summation der so erhaltenen Ungleichungen liefert schließlich

$$\lambda_1 F(\boldsymbol{x}_1) + \lambda_2 F(\boldsymbol{x}_2) - F(\lambda_1\boldsymbol{x}_1 + \lambda_2\boldsymbol{x}_2) \geqq 0.$$

Da $\boldsymbol{x}_1$ und $\boldsymbol{x}_2$ beliebige Punkte der Menge rel int M waren, folgt aus dieser Ungleichung die Konvexität der Funktion $F(\boldsymbol{x})$ über der Menge rel int M. □

Satz 15.10. *Eine über einer n-dimensionalen konvexen Menge M in $\mathbb{E}_n$ erklärte Funktion ist genau dann über dieser Menge linear, wenn sie sowohl konvex als auch konkav über der Menge M ist.*

Beweis. Falls $F(\boldsymbol{x})$ eine über der Menge M lineare Funktion ist, so existiert ein Vektor $\boldsymbol{a}$ und eine Zahl b derart, daß $F(\boldsymbol{x}) = (\boldsymbol{a}, \boldsymbol{x}) + b$ für $\boldsymbol{x} \in M$ gilt. Für beliebige Punkte $\boldsymbol{x}_1, \boldsymbol{x}_2$ aus der Menge M und deren Konvexkombinationen $\lambda_1\boldsymbol{x}_1 + \lambda_2\boldsymbol{x}_2$ ist dann

$$\begin{aligned} F(\lambda_1\boldsymbol{x}_1 + \lambda_2\boldsymbol{x}_2) &= (\boldsymbol{a}, \lambda_1\boldsymbol{x}_1 + \lambda_2\boldsymbol{x}_2) + b \\ &= \lambda_1\big((\boldsymbol{a}, \boldsymbol{x}_1) + b\big) + \lambda_2\big((\boldsymbol{a}, \boldsymbol{x}_2) + b\big) = \lambda_1 F(\boldsymbol{x}_1) + \lambda_2 F(\boldsymbol{x}_2). \end{aligned}$$

Nach Satz 15.1 ist die Funktion $F(\boldsymbol{x})$ daher sowohl konvex als auch konkav über der Menge M.

Falls andererseits die Funktion $F(\boldsymbol{x})$ sowohl konvex als auch konkav über der Menge M ist, so sind sowohl ihr Epigraph $\mathcal{E}_F$ als auch ihr Hypograph $\mathcal{H}_F$ $(h+1)$-dimensionale konvexe Mengen in $\mathbb{E}_{n+1}$ (vgl. Definition 15.1), und nach (15. 1a, b, c) gilt

$$\mathcal{E}_F \cap \mathcal{H}_F = \mathcal{G}_F := \{(\boldsymbol{x}, x_{n+1}) \in \mathbb{E}_{n+1} \mid x_{n+1} = F(\boldsymbol{x}),\ \boldsymbol{x} \in M\}. \tag{15.15}$$

Aus der Stetigkeit der konvexen Funktion $F(\boldsymbol{x})$ über der Menge int M (vgl. Satz 15.7) folgt nach (15.1a, b)

$$\operatorname{int} \mathcal{E}_F = \{(\boldsymbol{x}, x_{n+1}) \in \mathbb{E}_{n+1} \mid x_{n+1} > F(\boldsymbol{x}),\ \boldsymbol{x} \in \operatorname{int} M\},$$

$$\operatorname{int} \mathcal{H}_F = \{(\boldsymbol{x}, x_{n+1}) \in \mathbb{E}_{n+1} \mid x_{n+1} < F(\boldsymbol{x}),\ \boldsymbol{x} \in \operatorname{int} M\},$$

so daß für die abgeschlossenen konvexen Mengen $\overline{\mathcal{E}}_F$ und $\overline{\mathcal{H}}_F$ gilt

$$\operatorname{int} \overline{\mathcal{E}}_F \cap \operatorname{int} \overline{\mathcal{H}}_F = \emptyset, \quad \overline{\mathcal{E}}_F \cap \overline{\mathcal{H}}_F \neq \emptyset.$$

Nach Definition 11.1 haben daher die Mengen $\overline{\mathcal{E}}_F$ und $\overline{\mathcal{H}}_F$ eine Punktberührung, wobei alle Punkte $\boldsymbol{x}_0' = (\boldsymbol{x}_0, F(\boldsymbol{x}_0))$ mit $\boldsymbol{x}_0 \in M$, d. h. alle Punkte $\boldsymbol{x}_0' \in \mathcal{G}_F$ Berührungspunkte dieser beiden Mengen sind. Zu einem beliebigen solchen Punkt $\boldsymbol{x}_0'$ gibt es nach Satz 11.2, Aussage (b), eine Trennungshyperebene R' der Mengen $\overline{\mathcal{E}}_F$ und $\overline{\mathcal{H}}_F$ in $\mathbb{E}_{n+1}$ mit $\boldsymbol{x}_0' \in R'$. Da nach Satz 11.3 die lineare Hülle der Menge $\overline{\mathcal{E}}_F \cap \overline{\mathcal{H}}_F$ eine Teilmenge jeder Trennungshyperebene der Mengen $\overline{\mathcal{E}}_F$ und $\overline{\mathcal{H}}_F$ ist und der Durchschnitt $\mathcal{E}_F \cap \mathcal{H}_F$ in dieser Hülle liegt, gilt nach (15.15)

$$\mathcal{G}_F \subset R'. \tag{15.16}$$

Die Trennungshyperebene R' kann wegen $\dim \mathcal{E}_F = \dim \mathcal{H}_F = n + 1$ weder die Menge $\mathcal{E}_F$ noch die Menge $\mathcal{H}_F$ enthalten; sie ist also eine nichtsinguläre Stützhyperebene der konvexen Mengen $\mathcal{E}_F$ und $\mathcal{H}_F$ mit $\boldsymbol{x}_0' \in R' \cap \overline{\mathcal{E}}_F \cap \overline{\mathcal{H}}_F$. Zu einem beliebigen Punkt $\boldsymbol{x}_0 \in \operatorname{int} M$ existiert nach Satz 15.8 ein Vektor $\boldsymbol{a}$ derart, daß gilt

$$R' = \{(\boldsymbol{x}, x_{n+1}) \in \mathbb{E}_{n+1} \mid x_{n+1} = F(\boldsymbol{x}_0) + (\boldsymbol{a}, \boldsymbol{x} - \boldsymbol{x}_0)\}.$$

Aus dieser Darstellung der Hyperebene R' und aus der in (15.15) angegebenen Darstellung der Menge $\mathcal{G}_F$ folgt nach (15.16)

$$F(\boldsymbol{x}) = F(\boldsymbol{x}_0) + (\boldsymbol{a}, \boldsymbol{x} - \boldsymbol{x}_0), \quad \boldsymbol{x} \in M,$$

d. h., die Funktion $F(\boldsymbol{x})$ ist linear über der Menge M. □

Bemerkung 15.6. Falls $\boldsymbol{x}_0$ ein innerer Punkt einer Menge M in $\mathbb{E}_n$ und $F(\boldsymbol{x})$ eine über der Menge M definierte Funktion ist, die im Punkt $\boldsymbol{x}_0$ partielle Ableitungen erster Ordnung $\frac{\partial F}{\partial x_j}(\boldsymbol{x}_0)$ $(j = 1, \ldots, n)$ besitzt, so wird der Vektor

$$\nabla F(\boldsymbol{x}_0) := \left\{\frac{\partial F}{\partial x_1}(x_0), \ldots, \frac{\partial F}{\partial x_n}(\boldsymbol{x}_0)\right\}$$

Gradient der Funktion $F(\boldsymbol{x})$ im Punkt $\boldsymbol{x}_0$ genannt. Wenn $F(\boldsymbol{x})$ eine über einer offenen Menge M in $\mathbb{E}_n$ erklärte Funktion ist, die in jedem Punkt $\boldsymbol{x} \in M$ partielle Ableitungen besitzt, so ist $\nabla F(\boldsymbol{x})$ eine über der Menge M definierte Vektorfunktion.

Satz 15.11. *Es seien $F(\boldsymbol{x})$ eine über einer n-dimensionalen konvexen Menge M in $\mathbb{E}_n$ definierte konvexe Funktion und $\boldsymbol{x}_0 \in \operatorname{int} M$ ein Punkt, in dem die Funktion $F(\boldsymbol{x})$ alle partiellen Ableitungen erster Ordnung besitzt. Dann ist*

$$R' := \{(\boldsymbol{x}, x_{n+1}) \in \mathbb{E}_{n+1} \mid x_{n+1} - F(\boldsymbol{x}_0) = (\nabla F(\boldsymbol{x}_0), \boldsymbol{x} - \boldsymbol{x}_0)\} \tag{15.17a}$$

die einzige Stützhyperebene des Epigraphen

$$\mathcal{E}_F := \{(\boldsymbol{x}, x_{n+1}) \in \mathbb{E}_{n+1} \mid x_{n+1} \geqq F(\boldsymbol{x}), \boldsymbol{x} \in M\}$$

der Funktion $F(\boldsymbol{x})$, die den Punkt $\boldsymbol{x}_0' = (\boldsymbol{x}_0, F(\boldsymbol{x}_0))$ enthält; der dieser Hyperebene zugehörige Halbraum

$$\overline{H}' := \{(\boldsymbol{x}, x_{n+1}) \in \mathbb{E}_{n+1} \mid x_{n+1} - F(\boldsymbol{x}_0) \geqq (\nabla F(\boldsymbol{x}_0), \boldsymbol{x} - \boldsymbol{x}_0)\} \tag{15.17b}$$

ist ein Stützhalbraum der Menge $\mathcal{E}_F$.

Beweis. Wegen $\dim M = n$ ist $\dim \mathcal{E}_F = n + 1$, und es gibt daher keine singulären Stützhyperebenen des Epigraphen $\mathcal{E}_F$ der Funktion $F(\boldsymbol{x})$ (vgl. Definition 14.1). Wegen der Konvexität der Funktion $F(\boldsymbol{x})$ und wegen $\boldsymbol{x}_0' \in \partial\mathcal{E}_F$ existiert nach Satz 14.1 mindestens eine Stützhyperebene R' der Menge $\mathcal{E}_F$ mit $\boldsymbol{x}_0' \in R'$. Es sei also R' eine solche Stützhyperebene. Nach Satz 15.8 gibt es einen Vektor $\boldsymbol{a}$ derart, daß die Hyperebene R' und der ihr zugehörige Stützhalbraum $\overline{H}'$ des Epigraphen $\mathcal{E}_F$ die folgenden Darstellungen haben:

$$R' = \{(\boldsymbol{x}, x_{n+1}) \in \mathbb{E}_{n+1} \mid x_{n+1} - F(\boldsymbol{x}_0) = (\boldsymbol{a}, \boldsymbol{x} - \boldsymbol{x}_0)\},$$

$$\overline{H}' = \{(\boldsymbol{x}, x_{n+1}) \in \mathbb{E}_{n+1} \mid x_{n+1} - F(\boldsymbol{x}_0) \geqq (\boldsymbol{a}, \boldsymbol{x} - \boldsymbol{x}_0)\}.$$

Wir bezeichnen nun mit $x_1, \ldots, x_n$ die kartesischen Koordinaten des Vektors $\boldsymbol{x}$ und mit $a_1, \ldots, a_n$ die Komponenten des Vektors $\boldsymbol{a}$ bezüglich der orthonormierten Vektorbasis $\boldsymbol{e}_1 = (1, 0, \ldots, 0), \ldots, \boldsymbol{e}_n = (0, \ldots, 0, 1)$ in $\mathbb{E}_n$. Wegen $\boldsymbol{x}_0 \in \operatorname{int} M$ gibt es ein $\varepsilon > 0$ derart, daß $\boldsymbol{x}_0 + t\boldsymbol{e}_j \in M$ für alle $j \in \{1, \ldots, n\}$ und für alle Zahlen t mit $|t| < \varepsilon$ gilt. Dann ist aber

$$(\boldsymbol{x}_0 + t\boldsymbol{e}_j, F(\boldsymbol{x}_0 + t\boldsymbol{e}_j)) \in \mathcal{E}_F \subset \overline{H}' \qquad (j = 1, \ldots, n).$$

Aus der angegebenen Darstellung des Halbraumes $\overline{H}'$ erhält man daher

$$F(\boldsymbol{x}_0 + t\boldsymbol{e}_j) - F(\boldsymbol{x}_0) \geqq t a_j, \qquad (j = 1, \ldots, n; \ |t| < \varepsilon).$$

Hieraus folgt, da die Existenz des Gradienten $\nabla F(\boldsymbol{x})$ im Punkt $\boldsymbol{x}_0$ vorausgesetzt wird, daß

$$\lim_{t \to 0^+} \frac{F(\boldsymbol{x}_0 + t\boldsymbol{e}_j) - F(\boldsymbol{x}_0)}{t} = \frac{\partial F}{\partial x_j}(\boldsymbol{x}_0) \geqq a_j,$$

$$\lim_{t \to 0^-} \frac{F(\boldsymbol{x}_0 + t\boldsymbol{e}_j) - F(\boldsymbol{x}_0)}{t} = \frac{\partial F}{\partial x_j}(\boldsymbol{x}_0) \leqq a_j$$

ist, d. h. $a_j = \dfrac{\partial F}{\partial x_j}(\boldsymbol{x}_0)$. Damit ist $\boldsymbol{a} = \nabla F(\boldsymbol{x}_0)$. Hieraus erhält man mit Hilfe der oben angegebenen Darstellungen für die Stützhyperebene R' und den zugehörigen Stützhalbraum $\overline{H}'$ die Aussage des Satzes. □

Bemerkung 15.7. Da der Epigraph $\mathscr{E}_F$ der im Satz 15.11 betrachteten Funktion $F(\boldsymbol{x})$, die im Punkt $\boldsymbol{x}_0 \in \operatorname{int} M$ partielle Ableitungen erster Ordnung besitzt, in dem durch (15.17b) beschriebenen Stützhalbraum $\overline{H}'$ liegt und da $(\boldsymbol{x}, F(\boldsymbol{x})) \in \mathscr{E}_F$ für $\boldsymbol{x} \in M$ ist, gilt

$$F(\boldsymbol{x}) - F(\boldsymbol{x}_0) \geqq (\nabla F(\boldsymbol{x}_0), \boldsymbol{x} - \boldsymbol{x}_0), \quad \boldsymbol{x} \in M. \tag{15.18a}$$

Falls $F(\boldsymbol{x})$ eine über einer nichtleeren konvexen Menge M in $\mathbb{E}_n$ definierte konvexe Funktion und $\boldsymbol{x}_0$ ein Punkt aus rel int M sind, so existiert nach Satz 15.8 ein solcher Vektor $\boldsymbol{a}$, daß der Epigraph $\mathscr{E}_F$ der Funktion $F(\boldsymbol{x})$ in dem durch (15.12b) beschriebenen Stützhalbraum liegt. Für die Punkte $(\boldsymbol{x}, F(\boldsymbol{x}))$ mit $\boldsymbol{x} \in M$ gilt daher

$$F(\boldsymbol{x}) - F(\boldsymbol{x}_0) \geqq (\boldsymbol{a}, \boldsymbol{x} - \boldsymbol{x}_0), \quad \boldsymbol{x} \in M; \tag{15.18b}$$

im allgemeinen kann es mehrere solcher Vektoren $\boldsymbol{a}$ mit dieser Eigenschaft geben.

Ein Vektor $\boldsymbol{a}$ mit der Eigenschaft (15.18b) wird üblicherweise — aufgrund der Analogie der Ungleichungen (15.18a) und (15.18b) — als *Subgradient der Funktion* $F(\boldsymbol{x})$ im Punkt $\boldsymbol{x}_0 (\boldsymbol{x}_0 \in \operatorname{rel\,int} M)$ bezeichnet. Die Menge aller Subgradienten einer Funktion $F(\boldsymbol{x})$ im Punkt $\boldsymbol{x}_0$ nennt man das *Subdifferential* dieser Funktion im Punkt $\boldsymbol{x}_0$.

Satz 15.12. *Es seien $F(\boldsymbol{x})$ eine über einer n-dimensionalen konvexen Menge M in $\mathbb{E}_n$ definierte konvexe Funktion und $\boldsymbol{x}_0$ ein Punkt aus der Menge* rel int M. *Falls R' die einzige Stützhyperebene des Epigraphen $\mathscr{E}_F$ der Funktion $F(\boldsymbol{x})$ ist, die den Punkt $\boldsymbol{x}_0' = (\boldsymbol{x}_0, F(\boldsymbol{x}_0))$ enthält, dann besitzt die Funktion $F(\boldsymbol{x})$ im Punkt $\boldsymbol{x}_0$ ein totales Differential.*

Beweis. Unter den getroffenen Voraussetzungen existiert nach Satz 15.8 genau ein Vektor $\boldsymbol{a}$, so daß die Stützhyperebene R' die Beschreibung

$$R' = \{(\boldsymbol{x}, x_{n+1}) \in \mathbb{E}_{n+1} \mid x_{n+1} - F(\boldsymbol{x}_0) = (\boldsymbol{a}, \boldsymbol{x} - \boldsymbol{x}_0)\}$$

hat; der zugehörige Stützhalbraum des Epigraphen $\mathscr{E}_F$ hat dann die Beschreibung

$$\overline{H}' = \{(\boldsymbol{x}, x_{n+1}) \in \mathbb{E}_{n+1} \mid x_{n+1} - F(\boldsymbol{x}_0) \geqq (\boldsymbol{a}, \boldsymbol{x} - \boldsymbol{x}_0)\}.$$

Wir setzen

$$\boldsymbol{a}' := (\boldsymbol{a}, -1), \quad \boldsymbol{v}_0' := -\frac{\boldsymbol{a}'}{\|\boldsymbol{a}'\|}, \tag{15.19a}$$

und betrachten für eine Zahl θ_0 mit

$$\theta_0 > \|\boldsymbol{a}\| \tag{15.19b}$$

die θ_0-Kegelumgebung $U(\boldsymbol{x}_0'; \boldsymbol{v}_0'; \theta_0)$ der Halbgeraden $p(\boldsymbol{x}_0'; \boldsymbol{v}_0')$ in $\mathbb{E}_{n+1}$ (vgl. Definition 6.1). Offenbar gilt

$$\begin{aligned} R' &= \{\boldsymbol{x}' \in \mathbb{E}_{n+1} \mid (\boldsymbol{v}_0', \boldsymbol{x}' - \boldsymbol{x}_0') = 0\}, \\ \overline{H}' &= \{\boldsymbol{x}' \in \mathbb{E}_{n+1} \mid (\boldsymbol{v}_0', \boldsymbol{x}' - \boldsymbol{x}_0') \geqq 0\}, \end{aligned} \tag{15.20}$$

und nach (6.1) und (15.19a) ist

$$\begin{aligned} &U(\boldsymbol{x}_0'; \boldsymbol{v}_0'; \theta_0) \\ &= \left\{\boldsymbol{x}' \in \mathbb{E}_{n+1} \mid \|\boldsymbol{x}' - \boldsymbol{x}_0'\| - \sqrt{1 + \theta_0^2}\, (\boldsymbol{v}_0', \boldsymbol{x}' - \boldsymbol{x}_0') < 0\right\} \\ &= \left\{\boldsymbol{x}' \in \mathbb{E}_{n+1} \mid \|\boldsymbol{x}' - \boldsymbol{x}_0'\|\, \|\boldsymbol{a}'\| + \sqrt{1 + \theta_0^2}\, (\boldsymbol{a}', \boldsymbol{x}' - \boldsymbol{x}_0') < 0\right\}. \end{aligned} \tag{15.21}$$

Da aus (15.21)

$$x' \neq x_0', \quad (v_0', x' - x_0') > 0 \quad \text{für} \quad x' \in U(x_0'; v_0'; \theta_0)$$

folgt, ist

$$U(x_0'; v_0'; \theta_0) \subset H' := \operatorname{int} \overline{H}'. \tag{15.22a}$$

Es gilt sogar

$$\overline{U}(x_0'; v_0'; \theta_0) \setminus \{x_0'\} \subset H', \tag{15.22b}$$

denn nach Lemma 6.1 ist die Menge $\overline{U}(x_0'; v_0'; \theta_0)$ ein $(n+1)$-dimensionaler konvexer Kegel mit dem Punkt x_0' als einzigem Scheitel.

Die Menge

$$\begin{aligned} V(\theta_0) &:= \overline{H}' \setminus U(x_0'; v_0'; \theta_0) \\ &= \Big\{x' \in \mathbb{E}_{n+1} \mid \|x' - x_0'\| - \sqrt{1+\theta_0^2}\,(v_0', x' - x_0') \geqq 0, \\ &\qquad (v_0', x' - x_0') \geqq 0\Big\} \\ &= \Big\{x' \in \mathbb{E}_{n+1} \mid \|x' - x_0'\|\,\|a'\| + \sqrt{1+\theta_0^2}\,(a', x' - x_0') \geqq 0, \\ &\qquad (a', x' - x_0') \leqq 0\Big\} \end{aligned} \tag{15.23}$$

ist eine in $\mathbb{E}_{n+1}$ abgeschlossene Menge, die innere Punkte (bezüglich des Raumes $\mathbb{E}_{n+1}$) enthält. Es gilt $V(\theta_0) \cup U(x_0'; v_0'; \theta_0) = \overline{H}'$, und die Menge $V(\theta_0)$ ist offenbar ein nichtkonvexer Kegel mit einem Scheitel im Punkt x_0' und mit dem Rand $R' \cup \partial\overline{U}(x_0'; v_0'; \theta_0)$ (vgl. Abb. 15.3).

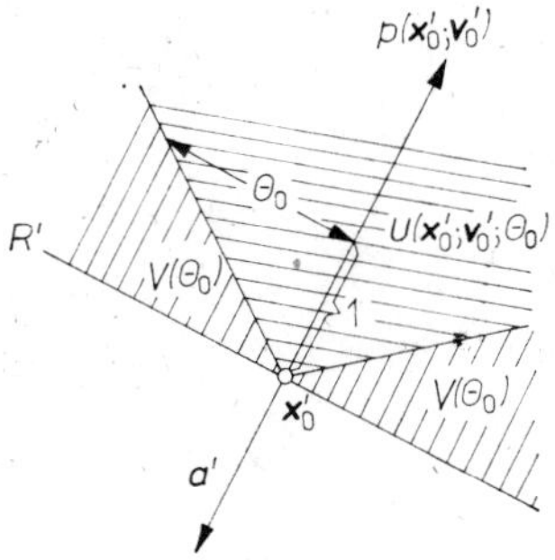

Abb. 15.3

Wegen $x_0 \in \operatorname{int} M$ gehört die von dem Punkt x_0' in Richtung des Vektors $e'_{n+1} := (o, 1)$ ausgehende offene Halbgerade

$$p(x_0'; e'_{n+1}) = \{(x, x_{n+1}) \in \mathbb{E}_{n+1} \mid x = x_0, x_{n+1} = F(x_0) + t, t > 0\} \tag{15.24a}$$

zur Menge $\operatorname{int} \mathscr{E}_F$; für einen beliebigen Punkt $x' \in p(x_0'; e'_{n+1})$ folgt aus (15.21) und (15.19a, b)

$$\|x' - x_0'\|\,\|a'\| + \sqrt{1+\theta_0^2}\,(a', x' - x_0') = t\left(\|a'\| - \sqrt{1+\theta_0^2}\right) < 0,$$

so daß

$$p_0' \subset U(x_0'; v_0'; \theta_0) \tag{15.24b}$$

gilt. Da $\overline{U}(\boldsymbol{x}_0'; \boldsymbol{v}_0'; \theta_0)$ ein konvexer $(n+1)$-dimensionaler Kegel in $\mathbb{E}_{n+1}$ mit dem einzigen Scheitel $\boldsymbol{x}_0'$ ist, folgt aus (15.24b) die Existenz einer solchen Zahl $\varrho_0 > 0$, daß die ϱ_0-Kegelumgebung der Halbgeraden $p(\boldsymbol{x}_0'; \boldsymbol{e}_{n+1}')$

$$U(\boldsymbol{x}_0'; \boldsymbol{e}_{n+1}'; \varrho_0)$$
$$= \left\{\boldsymbol{x}' \in \mathbb{E}_{n+1} \mid \|\boldsymbol{x}' - \boldsymbol{x}_0'\| \, \|\boldsymbol{e}_{n+1}'\| - \sqrt{1+\varrho_0^2}\,(\boldsymbol{e}_{n+1}', \boldsymbol{x}' - \boldsymbol{x}_0') < 0\right\}$$
$$= \left\{\boldsymbol{x}' \in \mathbb{E}_{n+1} \mid \|\boldsymbol{x}' - \boldsymbol{x}_0'\| - \sqrt{1+\varrho_0^2}\,\big(x_{n+1} - F(\boldsymbol{x}_0)\big) < 0\right\} \tag{15.25a}$$

die folgende Inklusion erfüllt:

$$U(\boldsymbol{x}_0'; \boldsymbol{e}_{n+1}'; \varrho_0) \subset U(\boldsymbol{x}_0'; \boldsymbol{v}_0'; \theta_0). \tag{15.25b}$$

Aus (15.25a) folgt aufgrund von (15.22a)

$$\|\boldsymbol{x}' - \boldsymbol{x}_0'\| \geqq \sqrt{1+\varrho_0^2}\,|x_{n+1} - F(\boldsymbol{x}_0)|, \quad \boldsymbol{x}' \in \overline{H}' \setminus U(\boldsymbol{x}_0'; \boldsymbol{e}_{n+1}'; \varrho_0),$$

also ist

$$\|\boldsymbol{x} - \boldsymbol{x}_0\|^2 + \big(x_{n+1} - F(\boldsymbol{x}_0)\big)^2 \geqq (1+\varrho_0^2)\,\big(x_{n+1} - F(\boldsymbol{x}_0)\big)^2,$$

und nach Umformung erhält man

$$\frac{|x_{n+1} - F(\boldsymbol{x}_0)|}{\|\boldsymbol{x} - \boldsymbol{x}_0\|} \leqq \frac{1}{\varrho_0}, \qquad (\boldsymbol{x}, x_{n+1}) \in \overline{H}' \setminus U(\boldsymbol{x}_0'; \boldsymbol{e}_{n+1}'; \varrho_0).$$

Da nach (15.25b), (15.23)

$$V(\theta_0) = \overline{H}' \setminus U(\boldsymbol{x}_0'; \boldsymbol{v}_0'; \theta_0) \subset \overline{H}' \setminus U(\boldsymbol{x}_0'; \boldsymbol{e}_{n+1}'; \varrho_0)$$

ist, gilt auch die Abschätzung

$$\frac{|x_{n+1} - F(\boldsymbol{x}_0)|}{\|\boldsymbol{x} - \boldsymbol{x}_0\|} \leqq \frac{1}{\varrho_0}, \qquad \boldsymbol{x}' = (\boldsymbol{x}, x_{n+1}) \in V(\theta_0). \tag{15.26a}$$

Für eine beliebige Zahl θ mit $\theta > \theta_0$ folgt aus (15.21)

$$U(\boldsymbol{x}_0'; \boldsymbol{v}_0'; \theta) = \left\{\boldsymbol{x}' \in \mathbb{E}_{n+1} \mid \|\boldsymbol{x}' - \boldsymbol{x}_0'\| - \sqrt{1+\theta^2}\,(\boldsymbol{v}_0', \boldsymbol{x}' - \boldsymbol{x}_0') < 0\right\}$$
$$\supset \left\{\boldsymbol{x}' \in \mathbb{E}_{n+1} \mid \|\boldsymbol{x}' - \boldsymbol{x}_0'\| - \sqrt{1+\theta_0^2}\,(\boldsymbol{v}_0', \boldsymbol{x}' - \boldsymbol{x}_0') < 0\right\}$$
$$= U(\boldsymbol{x}_0'; \boldsymbol{v}_0'; \theta_0),$$

denn es ist $\boldsymbol{x}' \in H'$ und daher $(\boldsymbol{v}_0', \boldsymbol{x}' - \boldsymbol{x}_0') > 0$ für $\boldsymbol{x}' \in U(\boldsymbol{x}_0'; \boldsymbol{v}_0'; \theta)$. Damit gilt auch

$$V(\theta) := \overline{H}' \setminus U(\boldsymbol{x}_0'; \boldsymbol{v}_0'; \theta) \subset \overline{H}' \setminus U(\boldsymbol{x}_0'; \boldsymbol{v}_0'; \theta_0) = V(\theta_0),$$

und aus (15.26a) folgt dann die Abschätzung

$$\frac{|x_{n+1} - F(\boldsymbol{x}_0)|}{\|\boldsymbol{x} - \boldsymbol{x}_0\|} \leqq \frac{1}{\varrho_0}, \qquad \boldsymbol{x}' = (\boldsymbol{x}, x_{n+1}) \in V(\theta) \tag{15.26b}$$

für alle $\theta > \theta_0$.

Nach Bereitstellung dieser geometrischen Hilfsmittel kommen wir nun zum eigentlichen Beweis des Satzes. Wir zeigen zunächst, daß zu jedem $\theta > \theta_0$ ein $\delta = \delta(\theta) > 0$

derart existiert, daß gilt

$$\left(\boldsymbol{x}, F(\boldsymbol{x})\right) \in V(\theta), \quad \boldsymbol{x} \in U(\boldsymbol{x}_0; \delta). \tag{15.27}$$

Wegen $\boldsymbol{x}_0 \in \operatorname{int} M$ gibt es eine Zahl $\delta_0 > 0$, so daß die δ_0-Umgebung $U(\boldsymbol{x}_0; \delta_0)$ des Punktes $\boldsymbol{x}_0$ in der Menge M liegt. Es sei nun

$$\mathscr{E}_F(\boldsymbol{x}_0; \delta_0) := \{(\boldsymbol{x}, x_{n+1}) \in \mathbb{E}_{n+1} \mid x_{n+1} \geqq F(\boldsymbol{x}), \boldsymbol{x} \in U(\boldsymbol{x}_0; \delta_0)\}$$

der Epigraph der Funktion $F(\boldsymbol{x})$ über der konvexen Menge $U(\boldsymbol{x}_0; \delta_0)$, und für eine beliebige Zahl θ, $\theta > \theta_0$, betrachten wir die Menge

$$W(\theta) := U(\boldsymbol{x}_0'; \boldsymbol{v}_0'; \theta) \setminus \mathscr{E}_F(\boldsymbol{x}_0; \delta_0),$$

die den Punkt $\boldsymbol{x}_0'$ offenbar nicht enthält; sie ist auch nicht leer, denn jede von dem Punkt $\boldsymbol{x}_0'$ ausgehende und in das Innere des Kegels $\overline{U}(\boldsymbol{x}_0'; \boldsymbol{v}_0'; \theta)$ gerichtete Halbgerade, die nicht parallel zu der x_{n+1}-ten Koordinatenachse in $\mathbb{E}_{n+1}$ ist, enthält Punkte der Menge $W(\theta)$ (Abb. 15.4). Wäre der Abstand $\varrho\left(\boldsymbol{x}_0', W(\theta)\right)$ gleich Null, so gäbe es eine von dem Punkt $\boldsymbol{x}_0'$ ausgehende und in den Kegel $\overline{U}(\boldsymbol{x}_0'; \boldsymbol{v}_0'; \theta)$ — und (aufgrund von (15.22b)) daher in den offenen Halbraum H' — gerichtete offene Halbgerade p' in $\mathbb{E}_{n+1}$ mit $p' \cap \mathscr{E}_F(\boldsymbol{x}_0; \delta_0) = \emptyset$, für die wegen $\boldsymbol{x}_0' \in \mathscr{E}_F(\boldsymbol{x}_0; \delta_0) \subset \mathscr{E}_F$ dann auch $p' \cap \mathscr{E}_F = \emptyset$ gelten würde. Da nach Satz 14.4 der Halbraum $\overline{H}'$ gleich dem Berührungskegel $K_{\mathscr{E}_F}(\boldsymbol{x}_0')$ der Menge $\mathscr{E}_F$ in deren Randpunkt $\boldsymbol{x}_0'$ ist, enthält aber jede von dem Punkt $\boldsymbol{x}_0'$ ausgehende und in den Halbraum H' gerichtete offene Halbgerade einen Punkt der Menge $\mathscr{E}_F$. Die obige Annahme kann daher nicht aufrecht erhalten werden, und es ist $\varrho\left(\boldsymbol{x}_0', W(\theta)\right) > 0$.

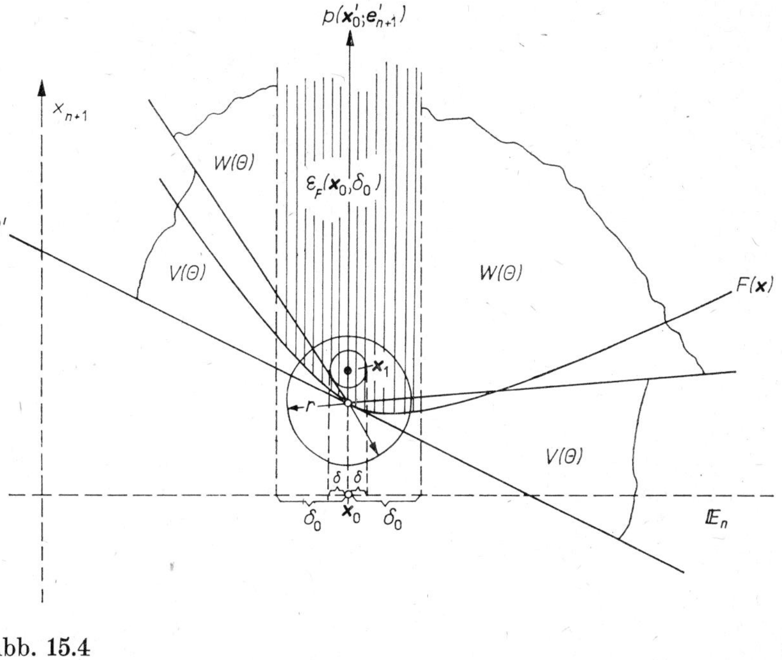

Abb. 15.4

Es sei nun r eine festgewählte Zahl mit $0 < r < \varrho(\boldsymbol{x}_0', W(\theta))$. Der Durchschnitt

$$\mathcal{O}(\boldsymbol{x}_0') := U(\boldsymbol{x}_0'; r) \cap U(\boldsymbol{x}_0'; \boldsymbol{v}_0'; \theta)$$

ist eine $(n + 1)$-dimensionale offene konvexe Menge in $\mathbb{E}_{n+1}$, deren Punkte $\boldsymbol{x}'$ der Menge $\operatorname{int} \mathcal{E}_F$ angehören. Bezeichnet $\mathcal{O}^*(\boldsymbol{x}_0')$ eine Projektion der Menge $\mathcal{O}(\boldsymbol{x}_0')$ in die durch $x_{n+1} = 0$ beschriebene Koordinatenhyperebene in $\mathbb{E}_{n+1}$, also die Projektion in den Raum $\mathbb{E}_n$, so ist diese Menge eine n-dimensionale konvexe Menge in $\mathbb{E}_n$ (vgl. Satz 2.9), und wegen $\mathcal{O}(\boldsymbol{x}_0') \subset \operatorname{int} \mathcal{E}_F$ gilt

$$\boldsymbol{x}' + t\boldsymbol{e}'_{n+1} \in \operatorname{int} \mathcal{E}_F, \quad \boldsymbol{x}' \in \mathcal{O}(\boldsymbol{x}_0'), \quad t > 0.$$

Daraus folgt wegen $\mathcal{E}_F \subset \overline{H}'$

$$(\boldsymbol{x}, F(\boldsymbol{x})) \in \overline{H}' \setminus U(\boldsymbol{x}_0'; \boldsymbol{v}_0'; \theta) = V(\theta), \boldsymbol{x} \in \mathcal{O}^*(\boldsymbol{x}_0'). \tag{15.28}$$

Der Durchschnitt der in $\mathbb{E}_{n+1}$ offenen Menge $\mathcal{O}(\boldsymbol{x}_0')$ mit der in (15.24a) definierten Halbgeraden $p(\boldsymbol{x}_0'; \boldsymbol{e}'_{n+1})$ ist wegen (15.24b) nicht leer. Es gibt daher einen Punkt $\tilde{\boldsymbol{x}}' \in \mathcal{O}(\boldsymbol{x}_0') \cap p(\boldsymbol{x}_0'; \boldsymbol{e}'_{n+1})$ und ein $\delta > 0$ mit $U(\tilde{\boldsymbol{x}}'; \delta) \subset \mathcal{O}(\boldsymbol{x}_0')$. Die Projektion der $(n + 1)$-dimensionalen Umgebung $U(\boldsymbol{x}'; \delta)$ in Richtung der x_{n+1}-ten Koordinatenachse in den Raum $\mathbb{E}_n$ ist offenbar die n-dimensionale Umgebung $U(\boldsymbol{x}_0; \delta)$, wobei $\boldsymbol{x}_0 \in U(\boldsymbol{x}_0; \delta) \subset \mathcal{O}^*(\boldsymbol{x}_0')$ gilt. Daraus und aus (15.28) folgt dann die Behauptung (15.27).

Die Zahl θ_0 sei nun gemäß (15.19b) festgelegt. Dann gibt es zu jeder Zahl $\theta > \theta_0$ eine positive Zahl δ, so daß die Aussage (15.27) gilt. Unter Ausnutzung der in (15.23) angegebenen Darstellung der Menge $V(\theta_0)$ — wir setzen dort statt der Zahl θ_0 die Zahl θ ein — erhält man

$$\|\boldsymbol{x}' - \boldsymbol{x}_0'\| \, \|\boldsymbol{a}'\| + \sqrt{1 + \theta^2}\, (\boldsymbol{a}', \boldsymbol{x}' - \boldsymbol{x}_0') \geqq 0, \quad (\boldsymbol{a}', \boldsymbol{x}' - \boldsymbol{x}_0') \leqq 0,$$

und daraus

$$\|\boldsymbol{x}' - \boldsymbol{x}_0'\|^2 \, \|\boldsymbol{a}'\|^2 \geqq (1 + \theta^2)\, (\boldsymbol{a}', \boldsymbol{x}' - \boldsymbol{x}_0')^2, \quad (\boldsymbol{a}', \boldsymbol{x}' - \boldsymbol{x}_0') \leqq 0$$

für alle Punkte $\boldsymbol{x}' = (\boldsymbol{x}, F(\boldsymbol{x}))$ mit $\boldsymbol{x} \in U(\boldsymbol{x}_0; \delta)$. Damit gilt

$$\left(\|\boldsymbol{x} - \boldsymbol{x}_0\|^2 + (F(\boldsymbol{x}) - F(\boldsymbol{x}_0))^2\right) \|\boldsymbol{a}'\|^2 \geqq (1 + \theta^2) \left((\boldsymbol{a}, \boldsymbol{x} - \boldsymbol{x}_0) - (F(\boldsymbol{x}) - F(\boldsymbol{x}_0))\right)^2$$

für $\boldsymbol{x} \in U(\boldsymbol{x}_0; \delta)$. Durch weitere Umformungen ergibt sich dann

$$\frac{|F(\boldsymbol{x}) - F(\boldsymbol{x}_0) - (\boldsymbol{a}, \boldsymbol{x} - \boldsymbol{x}_0)|}{\|\boldsymbol{x} - \boldsymbol{x}_0\|} \leqq \frac{\|\boldsymbol{a}'\|}{\sqrt{1 + \theta^2}} \sqrt{1 + \left(\frac{F(\boldsymbol{x}) - F(\boldsymbol{x}_0)}{\|\boldsymbol{x} - \boldsymbol{x}_0\|}\right)^2}$$

für $\boldsymbol{x} \in U(\boldsymbol{x}_0; \delta) \setminus \{\boldsymbol{x}_0\}$. Hieraus folgt nach (15.26b) die Abschätzung

$$\frac{|F(\boldsymbol{x}) - F(\boldsymbol{x}_0) - (\boldsymbol{a}, \boldsymbol{x} - \boldsymbol{x}_0)|}{\|\boldsymbol{x} - \boldsymbol{x}_0\|} \leqq \frac{\|\boldsymbol{a}'\|}{\sqrt{1 + \theta^2}} \sqrt{1 + \frac{1}{\varrho_0^2}}$$

für $\boldsymbol{x} \in U(\boldsymbol{x}_0; \delta) \setminus \{\boldsymbol{x}_0\}$. Setzt man $\varepsilon_0 = \theta_0^{-1}$ und definiert man

$$\eta(\boldsymbol{x}) := \frac{F(\boldsymbol{x}) - F(\boldsymbol{x}_0) - (\boldsymbol{a}, \boldsymbol{x} - \boldsymbol{x}_0)}{\|\boldsymbol{x} - \boldsymbol{x}_0\|}, \quad \boldsymbol{x} \in M \setminus \{\boldsymbol{x}_0\}, \quad \eta(\boldsymbol{x}_0) := 0,$$

so gibt es zu einem beliebigen ε mit $0 < \varepsilon < \varepsilon_0$ ein $\delta > 0$ mit

$$|\eta(\boldsymbol{x})| \leqq \frac{\|\boldsymbol{a}'\|}{\sqrt{1 + \frac{1}{\varepsilon^2}}} \sqrt{1 + \frac{1}{\varrho_0^2}} < \varepsilon \|\boldsymbol{a}'\| \sqrt{1 + \frac{1}{\varrho_0^2}}, \quad \boldsymbol{x} \in U(\boldsymbol{x}_0; \delta).$$

Daraus folgt dann

$$\lim_{\boldsymbol{x} \to \boldsymbol{x}_0} \eta(\boldsymbol{x}) = \eta(\boldsymbol{x}_0) = 0. \tag{15.29}$$

Somit ist

$$F(\boldsymbol{x}) - F(\boldsymbol{x}_0) = (\boldsymbol{a}, \boldsymbol{x} - \boldsymbol{x}_0) + \|\boldsymbol{x} - \boldsymbol{x}_0\| \, \eta(\boldsymbol{x}), \quad \boldsymbol{x} \in M,$$

wobei die Funktion $\eta(\boldsymbol{x})$ der Bedingung (15.29) genügt. Die Funktion $F(\boldsymbol{x})$ besitzt also im Punkt $\boldsymbol{x}_0 \in \operatorname{int} M$ ein totales Differential. □

Satz 15.13. *Eine über einer n-dimensionalen konvexen Menge M in* $\mathbb{E}_n$ *definierte konvexe Funktion* $F(\boldsymbol{x})$ *besitzt im Punkt* $\boldsymbol{x}_0 \in \operatorname{int} M$ *genau dann ein totales Differential, falls es genau eine den Punkt* $(\boldsymbol{x}_0, F(\boldsymbol{x}_0))$ *enthaltende Stützhyperebene ihres Epigraphen* $\mathcal{E}_F$ *gibt.*

Der Beweis dieser Aussage folgt unmittelbar aus den Sätzen 15.11 und 15.12, denn aus der Existenz eines totalen Differentials folgt die Existenz der partiellen Ableitungen erster Ordnung der Funktion $F(\boldsymbol{x})$ im betrachteten Punkt $\boldsymbol{x}_0 \in \operatorname{int} M$.

16. Differenzierbare konvexe Funktionen

Wir werden uns in diesem Kapitel mit differenzierbaren konvexen Funktionen bzw. mit einigen Fragen der Differenzierbarkeit konvexer Funktionen beschäftigen. Dabei wollen wir unter der Differenzierbarkeit einer Funktion in einem Punkt wie üblich die Existenz ihres totalen Differentials in diesem Punkt verstehen. Eine über einer nichtleeren Menge M in $\mathbb{E}_n$ erklärte Funktion $F(\boldsymbol{x})$ nennt man differenzierbar über der Menge M, falls sie über einer offenen Menge $\mathcal{O}$ in $\mathbb{E}_n$ — zum Beispiel einem Gebiet — mit $M \subset \mathcal{O}$ erklärt und in jedem Punkt dieser Menge differenzierbar ist. Falls eine Funktion $F(\boldsymbol{x})$ stetige partielle Ableitungen k-ter Ordnung ($k \geqq 1$) über einer offenen Menge $\mathcal{O}$ besitzt, so heißt die Funktion stetig differenzierbar k-ter Ordnung über der Menge $\mathcal{O}$ (und daher auch über der Menge $M \subset \mathcal{O}$).

Satz 16.1. *Falls eine über einem konvexen Gebiet G in $\mathbb{E}_n$ definierte konvexe Funktion $F(\boldsymbol{x})$ in diesem Gebiet partielle Ableitungen $\dfrac{\partial F}{\partial x_j}$ $(j = 1, \ldots, n)$ besitzt, so sind diese partiellen Ableitungen über dem Gebiet G stetig (d. h., die Funktion $F(\boldsymbol{x})$ ist stetig differenzierbar erster Ordnung über dem Gebiet G).*

Beweis. Wir wählen einen beliebigen Punkt $\boldsymbol{x}_0 \in G$ und eine beliebige Punktfolge $\{\boldsymbol{x}_k\}_{k=1}^{\infty}$ mit

$$\boldsymbol{x}_k \in G \qquad (k = 1, 2, \ldots), \quad \lim_{k\to\infty} \boldsymbol{x}_k = \boldsymbol{x}_0 .$$

Aufgrund der Stetigkeit der Funktion $F(\boldsymbol{x})$ über der offenen konvexen Menge G in $\mathbb{E}_n$ (vgl. Satz 15.7) gilt dann

$$\lim_{k\to\infty} \big(\boldsymbol{x}_k, F(\boldsymbol{x}_k)\big) = \big(\boldsymbol{x}_0, F(\boldsymbol{x}_0)\big).$$

Da die Funktion $F(\boldsymbol{x})$ über dem Gebiet G partielle Ableitungen erster Ordnung besitzt, existiert nach Satz 15.11 in jedem Punkt $\boldsymbol{x}_k' := \big(\boldsymbol{x}_k, F(\boldsymbol{x}_k)\big)$ $(k = 0, 1, \ldots)$ genau eine Stützhyperebene R_k' in $\mathbb{E}_{n+1}$ des Epigraphen $\mathcal{E}_F$ der Funktion $F(\boldsymbol{x})$ mit

$$R_k' := \big\{(\boldsymbol{x}, x_{n+1}) \in \mathbb{E}_{n+1} \mid x_{n+1} - F(\boldsymbol{x}_k) = \big(\nabla F(\boldsymbol{x}_k), \boldsymbol{x} - \boldsymbol{x}_k\big)\big\};$$

der dieser Hyperebene R_k' zugehörige Stützhalbraum des Epigraphen $\mathcal{E}_F$ ist

$$\overline{H}_k' := \big\{(\boldsymbol{x}, x_{n+1}) \in \mathbb{E}_{n+1} \mid x_{n+1} - F(\boldsymbol{x}_k) \geqq \big(\nabla F(\boldsymbol{x}_k), \boldsymbol{x} - \boldsymbol{x}_k\big)\big\}.$$

Es sei nun jedem Punkt $\boldsymbol{x}_k' := \big(\boldsymbol{x}_k, F(\boldsymbol{x}_k)\big)$ $(k = 0, 1, \ldots)$ der Vektor $\boldsymbol{y}'(k) = \big(\boldsymbol{y}(k), y_{n+1}(k)\big)$ in $\mathbb{E}_{n+1}$ mit

$$\begin{aligned}\boldsymbol{y}(k) &:= \nabla F(\boldsymbol{x}_k)\,(1 + \|\nabla F(\boldsymbol{x}_k)\|^2)^{-1/2},\\ y_{n+1}(k) &:= -(1 + \|\nabla F(\boldsymbol{x}_k)\|^2)^{-1/2}\end{aligned} \tag{16.1}$$

zugeordnet. Offenbar gilt

$$\|\boldsymbol{y}'(k)\| = 1 \qquad (k = 0, 1, \ldots).$$

Die Mengen R_k', $\overline{H}_k'$ lassen sich dann in der Form

$$\begin{aligned}R_k' &:= \{\boldsymbol{x}_k' \in \mathbb{E}_{n+1} \mid (\boldsymbol{y}'(k), \boldsymbol{x}' - \boldsymbol{x}_k') = 0\},\\ \overline{H}_k' &:= \{\boldsymbol{x}_k' \in \mathbb{E}_{n+1} \mid (\boldsymbol{y}'(k), \boldsymbol{x}' - \boldsymbol{x}_k') \leqq 0\}\end{aligned}$$

darstellen $(k = 0, 1, \ldots)$; dabei gilt $\mathscr{E}_F \subset \overline{H}_k'$ $(k = 0, 1, \ldots)$, denn $\overline{H}_k'$ ist ein Stützhalbraum des Epigraphen $\mathscr{E}_F$. Nach Satz 14.5 gilt dann

$$\lim_{k\to\infty} \boldsymbol{y}'(k) = \boldsymbol{y}'(0);$$

unter Beachtung von (16.1) gilt also

$$\begin{aligned}&\lim_{k\to\infty} \nabla F(\boldsymbol{x}_k)\big(1 + \|\nabla F(\boldsymbol{x}_k)\|^2\big)^{-1/2} = \nabla F(\boldsymbol{x}_0)\big(1 + \|\nabla F(\boldsymbol{x}_0)\|^2\big)^{-1/2},\\ &\lim_{k\to\infty} \big(1 + \|\nabla F(\boldsymbol{x}_k)\|^2\big)^{-1/2} = \big(1 + \|\nabla F(\boldsymbol{x}_0)\|^2\big)^{-1/2}.\end{aligned}$$

Daraus folgt

$$\begin{aligned}\lim_{k\to\infty} \nabla F(\boldsymbol{x}_k) &= \lim_{k\to\infty} \frac{\nabla F(\boldsymbol{x}_k)\big(1 + \|\nabla F(\boldsymbol{x}_k)\|^2\big)^{-1/2}}{\big(1 + \|\nabla F(\boldsymbol{x}_k)\|^2\big)^{-1/2}}\\ &= \frac{\lim\limits_{k\to\infty} \nabla F(\boldsymbol{x}_k)\big(1 + \|\nabla F(\boldsymbol{x}_k)\|^2\big)^{-1/2}}{\lim\limits_{k\to\infty} \big(1 + \|\nabla F(\boldsymbol{x}_k)\|^2\big)^{-1/2}}\\ &= \frac{\nabla F(\boldsymbol{x}_0)\big(1 + \|\nabla F(\boldsymbol{x}_0)\|^2\big)^{-1/2}}{\big(1 + \|\nabla F(\boldsymbol{x}_0)\|^2\big)^{-1/2}} = \nabla F(\boldsymbol{x}_0).\end{aligned}$$

Da $\boldsymbol{x}_0$ ein beliebiger Punkt des Gebietes G und $\{\boldsymbol{x}_k\}_{k=1}^\infty$ eine beliebige in dem Gebiet G gelegene und gegen den Punkt $\boldsymbol{x}_0$ konvergierende Punktfolge waren, ist damit die Stetigkeit der partiellen Ableitungen $\dfrac{\partial F}{\partial x_j}$ $(j = 1, \ldots, n)$ über dem Gebiet G gezeigt. □

Bemerkung 16.1. Die nachfolgenden Sätze 16.2 bis 16.6 beinhalten Konvexitätskriterien für differenzierbare Funktionen.

Satz 16.2. *Es seien M eine nichtleere konvexe Menge und $\mathcal{O}$ eine offene Menge in $\mathbb{E}_n$ mit $M \subset \mathcal{O}$. Weiter sei $F(\boldsymbol{x})$ eine Funktion, die in jedem Punkt der Menge $\mathcal{O}$ partielle Ableitungen erster Ordnung besitzt. Falls gilt*

$$F(\boldsymbol{x}_2) - F(\boldsymbol{x}_1) \geqq \big(\nabla F(\boldsymbol{x}_1), \boldsymbol{x}_2 - \boldsymbol{x}_1\big), \quad \boldsymbol{x}_1 \in M, \boldsymbol{x}_2 \in M \tag{16.2a}$$

(bzw.

$$F(\boldsymbol{x}_2) - F(\boldsymbol{x}_1) > \big(\nabla F(\boldsymbol{x}_1), \boldsymbol{x}_2 - \boldsymbol{x}_1\big), \quad \boldsymbol{x}_1 \in M, \boldsymbol{x}_2 \in M, \boldsymbol{x}_2 \neq \boldsymbol{x}_1), \tag{16.2b}$$

so ist die Funktion $F(\boldsymbol{x})$ konvex (bzw. streng konvex) über der Menge M.

Beweis. Es seien $\boldsymbol{x}_1$ und $\boldsymbol{x}_2$ (bzw. $\boldsymbol{x}_1$ und $\boldsymbol{x}_2$ mit $\boldsymbol{x}_2 \neq \boldsymbol{x}_1$) beliebige Punkte der Menge M. Für ein beliebiges Zahlenpaar $\lambda_1 \geqq 0$, $\lambda_2 \geqq 0$ mit $\lambda_1 + \lambda_2 = 1$ (bzw. $\lambda_1 > 0$, $\lambda_2 > 0$ mit $\lambda_1 + \lambda_2 = 1$) liegt der Punkt $\lambda_1\boldsymbol{x}_1 + \lambda_2\boldsymbol{x}_2$ in der konvexen Menge M. Aus der Voraussetzung (16.2a) (bzw. 16.2b)) folgen wegen

$$\boldsymbol{x}_1 - (\lambda_1\boldsymbol{x}_1 + \lambda_2\boldsymbol{x}_2) = (\lambda_1 + \lambda_2)\,\boldsymbol{x}_1 - (\lambda_1\boldsymbol{x}_1 + \lambda_2\boldsymbol{x}_2) = -\lambda_2(\boldsymbol{x}_2 - \boldsymbol{x}_1),$$

$$\boldsymbol{x}_2 - (\lambda_1\boldsymbol{x}_1 + \lambda_2\boldsymbol{x}_2) = (\lambda_1 + \lambda_2)\,\boldsymbol{x}_2 - (\lambda_1\boldsymbol{x}_1 + \lambda_2\boldsymbol{x}_2) = \lambda_1(\boldsymbol{x}_2 - \boldsymbol{x}_1)$$

die Ungleichungen

$$F(\boldsymbol{x}_1) - F(\lambda_1\boldsymbol{x}_1 + \lambda_2\boldsymbol{x}_2) \geqq -\lambda_2\big(\nabla F(\lambda_1\boldsymbol{x}_1 + \lambda_2\boldsymbol{x}_2), \boldsymbol{x}_2 - \boldsymbol{x}_1\big),$$

$$F(\boldsymbol{x}_2) - F(\lambda_1\boldsymbol{x}_1 + \lambda_2\boldsymbol{x}_2) \geqq \lambda_1\big(\nabla F(\lambda_1\boldsymbol{x}_1 + \lambda_2\boldsymbol{x}_2), \boldsymbol{x}_2 - \boldsymbol{x}_1\big)$$

(bzw.

$$F(\boldsymbol{x}_1) - F(\lambda_1\boldsymbol{x}_1 + \lambda_2\boldsymbol{x}_2) > -\lambda_2\big(\nabla F(\lambda_1\boldsymbol{x}_1 + \lambda_2\boldsymbol{x}_2), \boldsymbol{x}_2 - \boldsymbol{x}_1\big),$$

$$F(\boldsymbol{x}_2) - F(\lambda_1\boldsymbol{x}_1 + \lambda_2\boldsymbol{x}_2) > \lambda_1\big(\nabla F(\lambda_1\boldsymbol{x}_1 + \lambda_2\boldsymbol{x}_2), \boldsymbol{x}_2 - \boldsymbol{x}_1\big)).$$

Unter Berücksichtigung von $\lambda_1 + \lambda_2 = 1$ ist daher

$$\lambda_1 F(\boldsymbol{x}_1) + \lambda_2 F(\boldsymbol{x}_2) - F(\lambda_1\boldsymbol{x}_1 + \lambda_2\boldsymbol{x}_2) \geqq 0$$

(bzw.

$$\lambda_1 F(\boldsymbol{x}_1) + \lambda_2 F(\boldsymbol{x}_2) - F(\lambda_1\boldsymbol{x}_1 + \lambda_2\boldsymbol{x}_2) > 0),$$

woraus nach Satz 15.1 (bzw. nach Definition 15.3) die Aussagen des Satzes folgen. □

Satz 16.3. *Eine über einem konvexen Gebiet M in $\mathbb{E}_n$ erklärte Funktion $F(\boldsymbol{x})$, die in jedem Punkt dieses Gebietes partielle Ableitungen erster Ordnung besitzt, ist genau dann konvex (bzw. streng konvex) über dem Gebiet M, wenn sie die in Satz* 16.2 *angegebenen Bedingungen* (16.2a) *(bzw.* (16.2b)) *erfüllt.*

Beweis. Die Hinlänglichkeit der Bedingungen (16.2a) (bzw. (16.2b)) für die Konvexität (bzw. für die strenge Konvexität) der über dem Gebiet M erklärten Funktion $F(\boldsymbol{x})$ folgt unmittelbar aus Satz 16.1, wenn dort $\mathcal{O} = M$ gesetzt wird.

Es sei nun $F(\boldsymbol{x})$ eine konvexe Funktion über dem Gebiet M. Für einen beliebigen Punkt $\boldsymbol{x}_0 \in M$ gilt wegen $M = \operatorname{int} M$ nach Bemerkung 15.7

$$F(\boldsymbol{x}) - F(\boldsymbol{x}_0) \geqq \big(\nabla F(\boldsymbol{x}_0), \boldsymbol{x} - \boldsymbol{x}_0\big), \quad \boldsymbol{x} \in M,$$

d. h., die Funktion $F(\boldsymbol{x})$ erfüllt die Bedingungen (16.2a).

Falls die Funktion $F(\boldsymbol{x})$ streng konvex über dem Gebiet M ist, so gilt ebenfalls die Aussage (16.2a). Wir nehmen nun an, daß es zwei Punkte $\boldsymbol{x}_1 \in M$, $\boldsymbol{x}_2 \in M$ mit $\boldsymbol{x}_2 \neq \boldsymbol{x}_1$ derart gibt, daß gilt

$$F(\boldsymbol{x}_2) - F(\boldsymbol{x}_1) = \big(\nabla F(\boldsymbol{x}_1), \boldsymbol{x}_2 - \boldsymbol{x}_1\big). \tag{16.3}$$

Eine beliebige Konvexkombination $\lambda_1 \boldsymbol{x}_1 + \lambda_2 \boldsymbol{x}_2$ der Punkte $\boldsymbol{x}_1$ und $\boldsymbol{x}_2$ mit $\lambda_1 > 0$, $\lambda_2 > 0$, $\lambda_1 + \lambda_2 = 1$ liegt in der konvexen Menge M; aus (16.2a) und (16.3) folgt dann

$$F(\lambda_1 \boldsymbol{x}_1 + \lambda_2 \boldsymbol{x}_2) - F(\boldsymbol{x}_1) \geqq \left(\nabla F(\boldsymbol{x}_1), \lambda_1 \boldsymbol{x}_1 + \lambda_2 \boldsymbol{x}_2 - \boldsymbol{x}_1\right)$$
$$= \lambda_2\left(\nabla F(\boldsymbol{x}_1), \boldsymbol{x}_2 - \boldsymbol{x}_1\right) = \lambda_2\left(F(\boldsymbol{x}_2) - F(\boldsymbol{x}_1)\right).$$

Daraus ergibt sich wegen $\lambda_1 + \lambda_2 = 1$ nach Umformung

$$F(\lambda_1 \boldsymbol{x}_1 + \lambda_2 \boldsymbol{x}_2) = \lambda_1 F(\boldsymbol{x}_1) + \lambda_2 F(\boldsymbol{x}_2).$$

Das widerspricht aber wegen $\boldsymbol{x}_2 \neq \boldsymbol{x}_1$, $\lambda_1 > 0$, $\lambda_2 > 0$, $\lambda_1 + \lambda_2 = 1$ der strengen Konvexität der Funktion $F(\boldsymbol{x})$ über der Menge M (vgl. Definition 15.3). Damit ist die Aussage (16.2b) indirekt gezeigt. □

Satz 16.4. *Es seien M eine nichtleere konvexe Menge in $\mathbb{E}_n$ und $F(\boldsymbol{x})$ eine stetig differenzierbare Funktion über einer in $\mathbb{E}_n$ offenen Menge $\mathcal{O}$ mit $M \subset \mathcal{O}$. Dann ist die Funktion $F(\boldsymbol{x})$ genau dann konvex (bzw. streng konvex) über der Menge M, wenn sie die in Satz* 16.2 *angegebenen Bedingungen* (16.2a) (*bzw.* (16.2b)) *erfüllt.*

Beweis. Nach Satz 16.2 ist die Bedingung (16.2a) (bzw. (16.2b)) eine hinreichende Bedingung für die Konvexität (bzw. für die strenge Konvexität) der Funktion $F(\boldsymbol{x})$ über der Menge M.

Wir setzen nun — um die Notwendigkeit der Bedingung (16.2a) zu beweisen — die Konvexität der Funktion $F(\boldsymbol{x})$ über der Menge M voraus.

Im Fall $\dim M = n$ gilt nach Bemerkung 15.7

$$F(\boldsymbol{x}) - F(\boldsymbol{x}_0) \geqq \left(\nabla F(\boldsymbol{x}_0), \boldsymbol{x} - \boldsymbol{x}_0\right), \quad \boldsymbol{x} \in M, \tag{16.4}$$

für einen beliebigen Punkt $\boldsymbol{x}_0 \in \operatorname{int} M$. Zum Nachweis der Gültigkeit der Bedingungen (16.2a) ist daher noch zu zeigen, daß im Fall $M \setminus \operatorname{int} M \neq \emptyset$ die Ungleichung (16.4) auch in jedem Punkt $\boldsymbol{x}_0$ der Menge $M \setminus \operatorname{int} M$ gilt. Es sei also $\boldsymbol{x}_0$ ein beliebiger Punkt der Menge $M \setminus \operatorname{int} M$ und $\{\boldsymbol{x}_k\}_{k=1}^{\infty}$ eine beliebige Punktfolge mit

$$\boldsymbol{x}_k \in \operatorname{int} M \qquad (k = 1, 2, \ldots), \quad \lim_{k \to \infty} \boldsymbol{x}_k = \boldsymbol{x}_0.$$

Nach Bemerkung 15.7 gilt dann

$$F(\boldsymbol{x}) - F(\boldsymbol{x}_k) \geqq \left(\nabla F(\boldsymbol{x}_k), \boldsymbol{x} - \boldsymbol{x}_k\right), \quad \boldsymbol{x} \in M \qquad (k = 1, 2, \ldots). \tag{16.5}$$

Aufgrund der stetigen Differenzierbarkeit der Funktion $F(\boldsymbol{x})$ über der Menge $\mathcal{O}$ folgt wegen $M \subset \mathcal{O}$ aus (16.5) für jeden Punkt $\boldsymbol{x} \in M$ durch den Grenzübergang $k \to \infty$ die Ungleichung (16.4). Daher gilt die Aussage (16.4) für alle Punktepaare $\boldsymbol{x}_0 \in M$, $\boldsymbol{x} \in M$, d. h., die konvexe Funktion $F(\boldsymbol{x})$ erfüllt im Fall $\dim M = n$ die Bedingung (16.2a).

Da die Bedingung (16.2a) im Fall einer einelementigen Menge M trivialerweise gilt, ist noch der Fall einer d-dimensionalen konvexen Menge M mit $1 \leqq d \leqq n - 1$ zu untersuchen. Die lineare Hülle $\mathcal{L}_M$ der Menge M ist dann ein d-dimensionaler linearer Unterraum in $\mathbb{E}_n$. Daher existieren orthonormierte Vektoren $\boldsymbol{a}_1, \ldots, \boldsymbol{a}_d$ in $\mathbb{E}_n$, also Vektoren mit

$$(\boldsymbol{a}_r, \boldsymbol{a}_s) = \delta_{rs} \qquad (r, s = 1, \ldots, d), \tag{16.6a}$$

und ein Punkt $\tilde{\boldsymbol{x}} \in \mathcal{L}_M$ derart, daß gilt

$$\mathcal{L}_M = \left\{\boldsymbol{x} \in \mathbb{E}_n \mid \boldsymbol{x} = \tilde{\boldsymbol{x}} + \sum_{r=1}^{d} \boldsymbol{a}_r y_r,\ y_r \in \mathbb{R} \qquad (r = 1, \ldots, d)\right\}. \tag{16.6b}$$

Falls $y_1, \ldots, y_d$ die kartesischen Koordinaten eines Punktes $\boldsymbol{y}$ in dem mit der Vektorbasis $\boldsymbol{a}_1, \ldots, \boldsymbol{a}_d$ versehenen euklidischen Raum $\mathbb{E}_d$ sind und falls $\boldsymbol{A}$ die $(n \times d)$-Matrix mit den Spaltenvektoren $\boldsymbol{a}_1, \ldots, \boldsymbol{a}_d$ bezeichnet, so läßt sich die lineare Hülle $\mathcal{L}_M$ der Menge M auch in folgender Form darstellen:

$$\mathcal{L}_M = \{\boldsymbol{x} \in \mathbb{E}_n \mid \boldsymbol{x} = \tilde{\boldsymbol{x}} + A\boldsymbol{y},\ \boldsymbol{y} \in \mathbb{E}_d\}. \tag{16.6c}$$

Durch $\boldsymbol{x} = \tilde{\boldsymbol{x}} + \sum_{r=1}^{d} \boldsymbol{a}_r y_r$ wird eine eineindeutige Abbildung des Raumes $\mathbb{E}_d$ auf den linearen Unterraum $\mathcal{L}_M$ beschrieben, denn aufgrund von (16.6a) ist

$$y_r = (\boldsymbol{a}_r, \boldsymbol{x} - \tilde{\boldsymbol{x}}) \qquad (r = 1, \ldots, d), \quad \boldsymbol{x} \in \mathcal{L}_M.$$

Damit gilt auch

$$\mathbb{E}_d = \{\boldsymbol{y} \in \mathbb{E}_n \mid \boldsymbol{y} = A^{\mathsf{T}}(\boldsymbol{x} - \tilde{\boldsymbol{x}}),\ \boldsymbol{x} \in \mathcal{L}_M\}$$

(A^{T} bezeichnet hier die zu der Matrix A transponierte Matrix). Da außerdem der Abstand $\varrho(\boldsymbol{y}_1, \boldsymbol{y}_2)$ in $\mathbb{E}_n$ zweier Punkte $\boldsymbol{y}_1, \boldsymbol{y}_2$ des linearen Unterraumes $\mathbb{E}_d$ gleich dem Abstand $\varrho(\boldsymbol{x}_1, \boldsymbol{x}_2)$ der Punkte $\boldsymbol{x}_i = \tilde{\boldsymbol{x}} + A\boldsymbol{y}_i$ $(i = 1, 2)$ aus dem linearen Unterraum $\mathcal{L}_M$ ist (wie unmittelbar aus (16.6a) folgt, beschreibt $\boldsymbol{x} = \tilde{\boldsymbol{x}} + A\boldsymbol{y}$ eine isomorphe Abbildung des Raumes $\mathbb{E}_d$ auf den linearen Unterraum $\mathcal{L}_M$. Aus diesem Grunde können wir o. B. d. A. $\mathcal{L}_M = \mathbb{E}_d$ voraussetzen. In diesem Sinne kann dann die Menge

$$\tilde{M} := \{\boldsymbol{y} \in \mathbb{E}_d \mid \boldsymbol{y} = A^{\mathsf{T}}(\boldsymbol{x} - \tilde{\boldsymbol{x}}),\ \boldsymbol{x} \in M\} \tag{16.6d}$$

mit der Menge $M \cap \mathcal{L}_M = M$ identifiziert werden. In ähnlicher Weise kann die Menge

$$\tilde{\mathcal{O}} := \{\boldsymbol{y} \in \mathbb{E}_d \mid \boldsymbol{y} = A^{\mathsf{T}}(\boldsymbol{x} - \tilde{\boldsymbol{x}}),\ \boldsymbol{x} \in \mathcal{L}_M \cap \mathcal{O}\} \tag{16.6e}$$

mit der im linearen Unterraum $\mathbb{E}_d$ liegenden Menge $\mathcal{L}_M \cap \mathcal{O}$ identifiziert werden. Da $\mathcal{O}$ eine in $\mathbb{E}_n$ offene Menge mit $M \subset \mathcal{O} \cap \mathcal{L}_M$ ist, ist die Menge $\tilde{\mathcal{O}}$ eine bezüglich des Raumes $\mathcal{L}_M$ $(= \mathbb{E}_d)$ offene Menge mit $\tilde{M} \subset \tilde{\mathcal{O}}$.

Aus der Konvexität der Funktion $F(\boldsymbol{x})$ über der Menge M folgt wegen

$$\boldsymbol{x} = \tilde{\boldsymbol{x}} + A\boldsymbol{y} \in M \quad \text{für} \quad \boldsymbol{y} \in \tilde{M}$$

nach Satz 15.3, daß die zusammengesetzte Funktion

$$\tilde{F}(\boldsymbol{y}) := F(\tilde{\boldsymbol{x}} + A\boldsymbol{y}), \quad \boldsymbol{y} \in \tilde{\mathcal{O}}, \tag{16.7}$$

konvex über der d-dimensionalen konvexen Menge $\tilde{M}$ in $\mathbb{E}_d$ ist. Da die Funktion $F(\boldsymbol{x})$ nach Voraussetzung stetige Ableitungen $\frac{\partial F}{\partial x_j}$ $(j = 1, \ldots, n)$ über der in $\mathbb{E}_n$ offenen Menge $\mathcal{O}$ besitzt, ist die Existenz stetiger Ableitungen $\frac{\partial \tilde{F}}{\partial y_r}$ $(r = 1, \ldots, d)$ der Funktion

$\tilde{F}(\boldsymbol{y})$ über der in dem linearen Unterraum $\mathcal{L}_M$ offenen Menge $\tilde{\mathcal{O}}$ gesichert; nach der Kettenregel der Differentialrechnung ist

$$\frac{\partial \tilde{F}}{\partial y_r} = \left(\nabla F(\boldsymbol{x}), \boldsymbol{a}_r\right) \qquad (r = 1, \dots, d), \quad \boldsymbol{y} \in \tilde{\mathcal{O}} \quad \text{mit} \quad \boldsymbol{x} = \tilde{\boldsymbol{x}} + A\boldsymbol{y}. \tag{16.8}$$

Für die über der — bezüglich des Raumes $\mathbb{E}_d$ — offenen Menge $\tilde{\mathcal{O}}$ stetig differenzierbare und über der konvexen Menge $\tilde{M} \subset \tilde{\mathcal{O}}$ konvexe Funktion $\tilde{F}(\boldsymbol{y})$ gilt dann (nach dem oben gezeigten Fall $\dim M = n$, wir ersetzen dort n durch d)

$$\tilde{F}(\boldsymbol{y}_2) - \tilde{F}(\boldsymbol{y}_1) \geqq \left(\nabla \tilde{F}(\boldsymbol{y}_1), \boldsymbol{y}_2 - \boldsymbol{y}_1\right), \quad \boldsymbol{y}_1 \in \tilde{M}, \boldsymbol{y}_2 \in \tilde{M}. \tag{16.9}$$

Es seien nun $\boldsymbol{x}_1$ und $\boldsymbol{x}_2$ beliebige Punkte der Menge M und $\boldsymbol{y}_1, \boldsymbol{y}_2$ die ihnen gemäß $\boldsymbol{y}_i = A^\top(\boldsymbol{x}_i - \tilde{\boldsymbol{x}})$ zugeordneten Punkte mit den Koordinaten $y_{i1}, \dots, y_{id}$ $(i = 1, 2)$ des Raumes $\mathbb{E}_d$. Dann gilt nach (16.7) und (16.8)

$$F(\boldsymbol{x}_i) = F(\tilde{\boldsymbol{x}} + A\boldsymbol{y}_i) = \tilde{F}(\boldsymbol{y}_i) \qquad (i = 1, 2),$$

$$\left(\nabla \tilde{F}(\boldsymbol{y}_1), \boldsymbol{y}_2 - \boldsymbol{y}_1\right) = \sum_{r=1}^{d} \left(\nabla F(\boldsymbol{x}_1), \boldsymbol{a}_r\right)(y_{2r} - y_{1r}) = \left(\nabla F(\boldsymbol{x}_1), \boldsymbol{x}_2 - \boldsymbol{x}_1\right),$$

woraus nach (16.9)

$$F(\boldsymbol{x}_2) - F(\boldsymbol{x}_1) = \tilde{F}(\boldsymbol{y}_2) - \tilde{F}(\boldsymbol{y}_1) \geqq \left(\nabla \tilde{F}(\boldsymbol{y}_1), \boldsymbol{y}_2 - \boldsymbol{y}_1\right) = \left(\nabla F(\boldsymbol{x}_1), \boldsymbol{x}_2 - \boldsymbol{x}_1\right)$$

folgt. Damit ist die Gültigkeit der Bedingung (16.2a) auch im Fall $1 \leqq d \leqq n - 1$ gezeigt.

Falls die Funktion $F(\boldsymbol{x})$ streng konvex über der Menge M ist, so läßt sich die Gültigkeit der Bedingung (16.2b) entsprechend dem Vorgehen im Beweis des Satzes 16.3 indirekt zeigen. □

Bemerkung 16.2. Falls $F(\boldsymbol{x})$ eine über einer in $\mathbb{E}_n$ offenen Menge $\mathcal{O}$ definierte Funktion ist, die in jedem Punkt dieser Menge partielle Ableitungen zweiter Ordnung $\dfrac{\partial^2 F}{\partial x_i\, \partial x_j}$ $(i, j = 1, \dots, n)$ besitzt, so nennt man die $(n \times n)$-Matrix

$$\nabla^2 F(\boldsymbol{x}) := \begin{pmatrix} \dfrac{\partial^2 F}{\partial x_1^2} & \cdots & \dfrac{\partial^2 F}{\partial x_i\, \partial x_1} & \cdots & \dfrac{\partial^2 F}{\partial x_n\, \partial x_1} \\ \cdots & \cdots & \cdots & \cdots & \cdots \\ \dfrac{\partial^2 F}{\partial x_1\, \partial x_j} & \cdots & \dfrac{\partial^2 F}{\partial x_i\, \partial x_j} & \cdots & \dfrac{\partial^2 F}{\partial x_n\, \partial x_j} \\ \cdots & \cdots & \cdots & \cdots & \cdots \\ \dfrac{\partial^2 F}{\partial x_1\, \partial x_n} & \cdots & \dfrac{\partial^2 F}{\partial x_i\, \partial x_n} & \cdots & \dfrac{\partial^2 F}{\partial x_n^2} \end{pmatrix}$$

die *Hessesche Matrix* der Funktion $F(\boldsymbol{x})$ im Punkt $\boldsymbol{x} \in \mathcal{O}$.

Satz 16.5. *Eine über einem konvexen Gebiet M in $\mathbb{E}_n$ erklärte Funktion $F(\boldsymbol{x})$, die dort stetige partielle Ableitungen zweiter Ordnung besitzt, ist genau dann konvex über dem Gebiet M, falls ihre Hessesche Matrix $\nabla^2 F(\boldsymbol{x})$ in jedem Punkt $\boldsymbol{x} \in M$ positiv semidefinit ist. Falls diese Matrix positiv definit über dem Gebiet M ist, so ist die Funktion $F(\boldsymbol{x})$ streng konvex über der Menge M.*

Beweis. Aus der Stetigkeit der zweiten partiellen Ableitungen der Funktion $F(\boldsymbol{x})$ über dem konvexen Gebiet M folgt die Gültigkeit der Taylorschen Formel

$$F(\boldsymbol{x}_2) - F(\boldsymbol{x}_1) = \big(\nabla F(\boldsymbol{x}_1), \boldsymbol{x}_2 - \boldsymbol{x}_1\big) + \frac{1}{2} (\boldsymbol{x}_2 - \boldsymbol{x}_1)^\mathsf{T} \nabla^2 F\big(\boldsymbol{x}_1 + \theta(\boldsymbol{x}_2 - \boldsymbol{x}_1)\big) (\boldsymbol{x}_2 - \boldsymbol{x}_1) \tag{16.10}$$

für beliebige Punkte $\boldsymbol{x}_1 \in M$ und für $\boldsymbol{x}_2 \in M$. Hierbei ist θ eine im allgemeinen von der Wahl der Punkte $\boldsymbol{x}_2$ und $\boldsymbol{x}_1$ abhängige Zahl aus dem Intervall $(0, 1)$; wegen der Konvexität der Menge M ist $\boldsymbol{x}_1 + \theta(\boldsymbol{x}_2 - \boldsymbol{x}_1) \in M$.

Falls die Matrix $\nabla^2 F(\boldsymbol{x})$ positiv semidefinit (bzw. positiv definit) in jedem Punkt $\boldsymbol{x} \in M$ ist, so gilt für ein beliebiges Punktepaar $\boldsymbol{x}_1 \in M$, $\boldsymbol{x}_2 \in M$ (bzw. für ein beliebiges Punktepaar $\boldsymbol{x}_1 \in M$, $\boldsymbol{x}_2 \in M$ mit $\boldsymbol{x}_2 \neq \boldsymbol{x}_1$)

$$(\boldsymbol{x}_2 - \boldsymbol{x}_1)^\mathsf{T} \nabla^2 F\big(\boldsymbol{x}_1 + \theta(\boldsymbol{x}_2 - \boldsymbol{x}_1)\big) (\boldsymbol{x}_2 - \boldsymbol{x}_1) \geqq 0$$

(bzw.

$$(\boldsymbol{x}_2 - \boldsymbol{x}_1)^\mathsf{T} \nabla^2 F\big(\boldsymbol{x}_1 + \theta(\boldsymbol{x}_2 - \boldsymbol{x}_1)\big) (\boldsymbol{x}_2 - \boldsymbol{x}_1) > 0\big);$$

aus (16.10) folgt

$$\begin{aligned} &F(\boldsymbol{x}_2) - F(\boldsymbol{x}_1) \geqq \big(\nabla F(\boldsymbol{x}_1), \boldsymbol{x}_2 - \boldsymbol{x}_1\big) \\ \text{(bzw.}\quad &F(\boldsymbol{x}_2) - F(\boldsymbol{x}_1) > \big(\nabla F(\boldsymbol{x}_1), \boldsymbol{x}_2 - \boldsymbol{x}_1\big)\big). \end{aligned} \tag{16.11}$$

Nach Satz 16.2 ist die Funktion $F(\boldsymbol{x})$ also konvex (bzw. streng konvex) über dem konvexen Gebiet M.

Wir setzen nun die Konvexität der Funktion $F(\boldsymbol{x})$ über dem Gebiet M voraus. Um indirekt zu zeigen, daß die Matrix $\nabla^2 F(\boldsymbol{x})$ positiv semidefinit über dem Gebiet M ist, nehmen wir an, daß es einen Punkt $\boldsymbol{x}_1 \in M$ und einen Vektor $\boldsymbol{v}$ mit

$$\boldsymbol{v}^\mathsf{T} \nabla^2 F(\boldsymbol{x}_1) \boldsymbol{v} < 0$$

gibt. Aus der vorausgesetzten Stetigkeit der zweiten partiellen Ableitungen der Funktion $F(\boldsymbol{x})$ im Gebiet M folgt die Existenz einer Zahl $\delta > 0$, so daß gilt

$$\boldsymbol{v}^\mathsf{T} \nabla^2 F(\boldsymbol{x}) \boldsymbol{v} < 0, \quad \boldsymbol{x} \in U(\boldsymbol{x}_1; \delta) \subset M. \tag{16.12}$$

Wir wählen einen solchen Punkt $\boldsymbol{x}_2 \in U(\boldsymbol{x}_1; \delta)$, daß $\boldsymbol{x}_2 - \boldsymbol{x}_1 = \varrho \boldsymbol{v}$ mit $\varrho > 0$ ist. Dann ist $\boldsymbol{x}_2 \neq \boldsymbol{x}_1$, und nach (16.12) gilt

$$(\boldsymbol{x}_2 - \boldsymbol{x}_1)^\mathsf{T} \nabla^2 F\big(\boldsymbol{x}_1 + \theta(\boldsymbol{x}_2 - \boldsymbol{x}_1)\big) (\boldsymbol{x}_2 - \boldsymbol{x}_1) < 0$$

für alle $\theta \in (0, 1)$ (denn es ist $\boldsymbol{x}_1 + \theta(\boldsymbol{x}_2 - \boldsymbol{x}_1) \in U(\boldsymbol{x}_1; \delta)$ für $\theta \in (0, 1)$). Hieraus und aus (16.10) folgt dann

$$F(\boldsymbol{x}_2) - F(\boldsymbol{x}_1) < \big(\nabla F(\boldsymbol{x}_1), \boldsymbol{x}_2 - \boldsymbol{x}_1\big);$$

das widerspricht aber nach Satz 16.2 der vorausgesetzten Konvexität der Funktion $F(\boldsymbol{x})$ über M. Die Matrix $\nabla^2 F(\boldsymbol{x})$ ist daher positiv semidefinit in jedem Punkt $\boldsymbol{x} \in M$. □

Bemerkung 16.3. Für eine über einem konvexen Gebiet M in $\mathbb{E}_n$ definierte streng konvexe Funktion $F(\boldsymbol{x})$, die dort stetige partielle Ableitungen zweiter Ordnung hat, gilt im allgemeinen nicht, daß die Matrix $\nabla^2 F(\boldsymbol{x})$ positiv definit in jedem Punkt $\boldsymbol{x} \in M$

ist. Ein Beispiel dafür liefert die Funktion $F(x) = x^4$, $x \in \mathbb{E}_1$; für sie gilt

$$\frac{\mathrm{d}^2F}{\mathrm{d}x^2} = 12x^2 > 0 \quad \text{für} \quad x \neq 0, \quad \frac{\mathrm{d}^2F}{\mathrm{d}x^2}(0) = 0.$$

Satz 16.6. *Es seien M eine nichtleere konvexe Menge, $\mathcal{O}$ eine offene Menge in $\mathbb{E}_n$ mit $M \subset \mathcal{O}$ und $\mathcal{L}_M$ die lineare Hülle der Menge M. Weiter sei $F(\boldsymbol{x})$ eine über der Menge $\mathcal{O}$ definierte Funktion, die stetige partielle Ableitungen zweiter Ordnung in jedem Punkt $\boldsymbol{x} \in \mathcal{O}$ besitzt. Dann ist die Funktion $F(\boldsymbol{x})$ genau dann konvex über der Menge M, wenn gilt*

$$\boldsymbol{v}^\mathsf{T} \nabla^2F(\boldsymbol{x})\, \boldsymbol{v} \geqq 0, \quad \boldsymbol{x} \in M, \quad \boldsymbol{x} + \boldsymbol{v} \in \mathcal{L}_M. \tag{16.13a}$$

Falls gilt

$$\boldsymbol{v}^\mathsf{T} \nabla^2F(\boldsymbol{x})\, \boldsymbol{v} > 0, \quad \boldsymbol{x} \in M, \quad \boldsymbol{x} + \boldsymbol{v} \in \mathcal{L}_M, \quad \boldsymbol{v} \neq \boldsymbol{o}, \tag{16.13b}$$

so ist die Funktion $F(\boldsymbol{x})$ streng konvex über der Menge M.

Beweis. Im Fall einer einelementigen Menge $M = \{\boldsymbol{x}_0\}$ sind der Punkt $\boldsymbol{x} = \boldsymbol{x}_0$ und der Vektor $\boldsymbol{v} = \boldsymbol{o}$ die einzigen Elemente mit $\boldsymbol{x} \in M$, $\boldsymbol{x} + \boldsymbol{v} \in \mathcal{L}_M$, für die die Bedingung (16.13a) erfüllt ist. In diesem Fall ist aber die Funktion $F(\boldsymbol{x})$ konvex über der Menge M.

Es sei nun $\dim M = n$; dann ist $\mathcal{L}_M = \mathbb{E}_n$. Die Bedingung (16.13a) bedeutet, daß die Matrix $\nabla^2F(\boldsymbol{x})$ positiv semidefinit in jedem Punkt der Menge M und daher auch in jedem Punkt des konvexen Gebietes int M ist. Nach Satz 16.5 ist aber die Funktion $F(\boldsymbol{x})$ genau dann konvex über der Menge int M, wenn die Matrix $\nabla^2F(\boldsymbol{x})$ positiv semidefinit in jedem Punkt $\boldsymbol{x} \in \operatorname{int} M$ ist. Falls $M \setminus \operatorname{int} M \neq \emptyset$ ist und falls die Bedingung (16.3a) gilt — die Funktion $F(\boldsymbol{x})$ ist nach dem Obigen also konvex über der Menge int M —, so folgt aus der Stetigkeit der ersten partiellen Ableitungen der Funktion $F(\boldsymbol{x})$ über der Menge $\mathcal{O}$ die Konvexität der Funktion $F(\boldsymbol{x})$ über der Menge M (wie im Beweis des Satzes 16.4 für den Fall $\dim M = n$ gezeigt wurde). Falls andererseits die Funktion $F(\boldsymbol{x})$ konvex über der Menge M ist, so gilt nach Satz 16.5

$$\boldsymbol{v}^\mathsf{T} \nabla^2F(\boldsymbol{x})\, \boldsymbol{v} \geqq 0, \quad \boldsymbol{x} \in \operatorname{int} M$$

für alle Vektoren $\boldsymbol{v}$. Aus der Stetigkeit der partiellen Ableitungen zweiter Ordnung der Funktion $F(\boldsymbol{x})$ über der die Menge M enthaltenden offenen Menge $\mathcal{O}$ folgt dann die Gültigkeit der Ungleichung $\boldsymbol{v}^\mathsf{T} \nabla^2F(\boldsymbol{x})\, \boldsymbol{v} \geqq 0$ für alle Punkte der Menge M. Diese Aussage ist aber im betrachteten Fall $\dim M = n$ äquivalent zu der Bedingung (16.13a)

Zum Beweis des Satzes für den Fall einer d-dimensionalen konvexen Menge M in $\mathbb{E}_n$ mit $1 \leqq d \leqq n-1$ wählen wir ein ähnliches Vorgehen wie im Beweis des Satzes 16.4. Wir betrachten M als eine d-dimensionale konvexe Menge in ihrer d-dimensionalen linearen Hülle $\mathcal{L}_M$, diese möge die Darstellung (16.6b), bzw. (16.6c) besitzen. Weiter seien die Mengen $\tilde{M}$ und $\tilde{\mathcal{O}}$ entsprechend (16.6d) und (16.6e) und die Funktion $\tilde{F}(\boldsymbol{y})$ entsprechend (16.7) definiert. Aus der Existenz der stetigen Ableitungen zweiter Ordnung der Funktion $F(\boldsymbol{x})$ über der Menge $\mathcal{O}$ folgt die Existenz stetiger Ableitungen $\dfrac{\partial^2\tilde{F}}{\partial y_r\, \partial y_s}$ $(r, s = 1, \ldots, d)$ der zusammengesetzten Funktion $\tilde{F}(\boldsymbol{y})$ über der Menge $\tilde{\mathcal{O}}$. Aufgrund der Linearität der Abbildung $\boldsymbol{x} = \tilde{\boldsymbol{x}} + A\boldsymbol{y}$ (die Matrix A enthält die Spaltenvektoren $\boldsymbol{a}_1, \ldots, \boldsymbol{a}_d$, die durch (16.6a) und (16.6b) festgelegt sind) des Raumes $\mathbb{E}_d$ auf den linearen Unterraum $\mathcal{L}_M$ (den wir mit dem Raum $\mathbb{E}_d$ gleichsetzen können) gilt dann nach den Differentiationsregeln für zusammengesetzte Funktionen

$$\frac{\partial^2 \tilde{F}}{\partial y_r\, \partial y_s}(\boldsymbol{y}) = \sum_{i,j=1}^{n} \frac{\partial^2 F}{\partial x_i\, \partial x_j}(\tilde{\boldsymbol{x}} + A\boldsymbol{y}) \frac{\partial x_i}{\partial y_r}(\boldsymbol{y}) \frac{\partial x_j}{\partial y_s}(\boldsymbol{y})$$

$$+ \sum_{i=1}^{n} \frac{\partial F}{\partial y_i}(\tilde{\boldsymbol{x}} + A\boldsymbol{y}) \frac{\partial^2 x_i}{\partial y_r \partial y_s}(\boldsymbol{y})$$

$$= \sum_{i,j=1}^{n} \frac{\partial^2 F}{\partial x_i\, \partial x_j}(\tilde{\boldsymbol{x}} + A\boldsymbol{y}) \frac{\partial x_i}{\partial y_r}(\boldsymbol{y}) \frac{\partial x_j}{\partial y_s}(\boldsymbol{y})$$

$$= \boldsymbol{a}_s^{\mathsf{T}}\, \nabla^2 F(\tilde{\boldsymbol{x}} + A\boldsymbol{y})\, \boldsymbol{a}_r, \quad \boldsymbol{y} \in \tilde{\mathcal{O}} \qquad (r, s = 1, \ldots, d). \tag{16.14}$$

Falls $\tilde{\boldsymbol{v}}$ ein beliebiger Vektor des Raumes $\mathbb{E}_d$ und $\boldsymbol{v} = A\tilde{\boldsymbol{v}}$ der ihm durch die eineindeutige Abbildung $\boldsymbol{x} = \tilde{\boldsymbol{x}} + A\boldsymbol{y}$ (vgl. (16.6c)) zugeordnete Vektor in $\mathbb{E}_n$ ist, so folgt aus (16.14)

$$\tilde{\boldsymbol{v}}^{\mathsf{T}}\, \nabla^2 \tilde{F}(\boldsymbol{y})\, \tilde{\boldsymbol{v}} = \boldsymbol{v}^{\mathsf{T}}\, \nabla^2 F(\boldsymbol{x})\, \boldsymbol{v} \quad \text{für} \quad \boldsymbol{x} = \tilde{\boldsymbol{x}} + A\boldsymbol{y}, \tag{16.15}$$

wobei $\boldsymbol{y} \in \tilde{M}$ und daher $\boldsymbol{x} \in M$ ist.

Nach dem bereits gezeigten Fall $\dim M = n$, wir ersetzen dort die Zahl n durch die Zahl d, ist die Funktion $\tilde{F}(\boldsymbol{y})$ genau dann konvex über der — zur Menge M isomorphen — Menge $\tilde{M}$, wenn gilt $\tilde{\boldsymbol{v}}^{\mathsf{T}}\, \nabla^2 \tilde{F}(\boldsymbol{y})\, \tilde{\boldsymbol{v}} \geqq 0$, $\boldsymbol{y} \in \tilde{M}$. Hieraus und aus (16.15) folgt dann, daß die Funktion $F(\boldsymbol{x})$ genau dann konvex über der Menge M ist, wenn (16.13a) gilt. Somit ist die erste Aussage des Satzes bewiesen.

Um die zweite Aussage des Satzes indirekt zu beweisen, nehmen wir an, daß die Bedingung (16.13b) gilt und daß die Funktion $F(\boldsymbol{x})$ nicht streng konvex ist. Wir nehmen also an, daß es zwei Punkte $\hat{\boldsymbol{x}}_1 \in M$, $\hat{\boldsymbol{x}}_2 \in M$ mit $\hat{\boldsymbol{x}}_1 \neq \hat{\boldsymbol{x}}_2$ derart gibt, daß (vgl. Satz 16.4)

$$F(\hat{\boldsymbol{x}}_2) - F(\hat{\boldsymbol{x}}_1) = \big(\nabla F(\hat{\boldsymbol{x}}_1), \hat{\boldsymbol{x}}_2 - \hat{\boldsymbol{x}}_1\big)$$

ist.

Hieraus folgt nach der Taylorschen Formel (vgl. (16.10)) — wegen der Konvexität der Menge M und wegen der Existenz stetiger Ableitungen zweiter Ordnung der Funktion $F(\boldsymbol{x})$ über der offenen Menge $\mathcal{O}$, $M \subset \mathcal{O}$, gilt sie für jedes Punktepaar $\boldsymbol{x}_1 \in M$, $\boldsymbol{x}_2 \in M$ —, daß

$$(\hat{\boldsymbol{x}}_2 - \hat{\boldsymbol{x}}_1)\, \nabla^2 F\big(\hat{\boldsymbol{x}}_1 + \theta_1 (\hat{\boldsymbol{x}}_2 - \hat{\boldsymbol{x}}_1)\big)\, (\hat{\boldsymbol{x}}_2 - \hat{\boldsymbol{x}}_1) = 0$$

ist, wobei θ_1 eine Zahl mit $0 < \theta_1 < 1$ ist. Wegen $\hat{\boldsymbol{x}}_i \in M$ $(i = 1, 2)$ und $\hat{\boldsymbol{x}}_2 - \hat{\boldsymbol{x}}_1 \neq \boldsymbol{o}$ ist $\hat{\boldsymbol{x}} := \hat{\boldsymbol{x}}_1 + \theta_1(\hat{\boldsymbol{x}}_2 - \hat{\boldsymbol{x}}_1) \in M$ und $\hat{\boldsymbol{v}} := \hat{\boldsymbol{x}}_2 - \hat{\boldsymbol{x}}_1 \neq \boldsymbol{o}$, so daß $\hat{\boldsymbol{v}}^{\mathsf{T}}\, \nabla^2 F(\hat{\boldsymbol{x}})\, \hat{\boldsymbol{v}} = 0$ folgt, im Widerspruch zu (16.13b). □

Satz 16.7. *Es seien M eine nichtleere konvexe Menge und G ein konvexes Gebiet in $\mathbb{E}_n$ mit $M \subset G$. Weiter sei $F(\boldsymbol{x})$ eine über dem Gebiet G definierte konvexe Funktion, die dort partielle Ableitungen erster Ordnung besitzt. Falls $\boldsymbol{x}_0$ ein Punkt der Menge*

$$M_{\text{opt}} := \big\{\boldsymbol{x}^* \in M \mid F(\boldsymbol{x}^*) = \min\,\{F(\boldsymbol{x}) \mid \boldsymbol{x} \in M\}\big\} \tag{16.16a}$$

ist, so gilt

$$M_{\text{opt}} = \big\{\boldsymbol{x} \in M \mid \nabla F(\boldsymbol{x}) = \nabla F(\boldsymbol{x}_0), \big(\nabla F(\boldsymbol{x}_0), \boldsymbol{x} - \boldsymbol{x}_0\big) = 0\big\}. \tag{16.16b}$$

Beweis. Im Fall $M = \{\boldsymbol{x}_0\}$ gilt die Aussage des Satzes trivialerweise. Wir setzen deshalb im weiteren $\dim M \geqq 1$ voraus.

Es sei $\tilde{\boldsymbol{x}}$ ein beliebiger Punkt der Menge

$$\mathcal{M} := \left\{\boldsymbol{x} \in M \mid \nabla F(\boldsymbol{x}) = \nabla F(\boldsymbol{x}_0), \left(\nabla F(\boldsymbol{x}_0), \boldsymbol{x} - \boldsymbol{x}_0\right) = 0\right\}. \tag{16.17}$$

Da die Funktion $F(\boldsymbol{x})$ nach Satz 16.1 stetig differenzierbar über dem Gebiet G ist, folgt nach Satz 16.4 aus (16.17) dann

$$F(\tilde{\boldsymbol{x}}) - F(\boldsymbol{x}_0) \geqq \left(\nabla F(\boldsymbol{x}_0), \tilde{\boldsymbol{x}} - \boldsymbol{x}_0\right) = 0,$$

$$F(\boldsymbol{x}_0) - F(\tilde{\boldsymbol{x}}) \geqq \left(\nabla F(\tilde{\boldsymbol{x}}), \boldsymbol{x}_0 - \tilde{\boldsymbol{x}}\right) = 0,$$

d. h. $F(\tilde{\boldsymbol{x}}) = F(\boldsymbol{x}_0)$. Damit ist aber nach Definition (16.6a) $\tilde{\boldsymbol{x}} \in M_{\text{opt}}$. Somit gilt $\mathcal{M} \subset M_{\text{opt}}$.

Es sei andererseits $\boldsymbol{x}^*$ ein beliebiger Punkt der Menge M_{opt}. Im Fall $M_{\text{opt}} = \{\boldsymbol{x}_0\}$ ist $\boldsymbol{x}^* = \boldsymbol{x}_0$, woraus nach (16.17) die Inklusion $M_{\text{opt}} \subset \mathcal{M}$ folgt. Es sei nun $\boldsymbol{x}^* \neq \boldsymbol{x}_0$. Wegen der Konvexität der Menge M_{opt} (vgl. Satz 15.6) gilt dann

$$\tilde{F}(t) := F\left(\boldsymbol{x}_0 + t(\boldsymbol{x}^* - \boldsymbol{x}_0)\right) = F(\boldsymbol{x}_0), \quad t \in [0, 1].$$

Da die Funktion $F(\boldsymbol{x})$ stetig differenzierbar über dem die Menge M enthaltenden konvexen Gebiet G ist, ist auch die zusammengesetzte Funktion $\tilde{F}(t)$ stetig differenzierbar über dem Intervall $[0, 1]$, und es ist

$$\frac{\mathrm{d}\tilde{F}}{\mathrm{d}t}(t) = \left(\nabla F(\boldsymbol{x}_0 + t(\boldsymbol{x}^* - \boldsymbol{x}_0), \boldsymbol{x}^* - \boldsymbol{x}_0\right) = 0, \quad t \in [0, 1].$$

Somit gilt $\dfrac{\mathrm{d}\tilde{F}}{\mathrm{d}t}(0) = 0$, d. h.

$$\left(\nabla F(\boldsymbol{x}_0), \boldsymbol{x}^* - \boldsymbol{x}_0\right) = 0. \tag{16.18}$$

Die Funktion

$$\Phi(\boldsymbol{x}) := F(\boldsymbol{x}) - F(\boldsymbol{x}_0) - \left(\nabla F(\boldsymbol{x}_0), \boldsymbol{x} - \boldsymbol{x}_0\right), \quad \boldsymbol{x} \in G,$$

ist stetig differenzierbar und — als Summe der über dem Gebiet G konvexen Funktion $F(\boldsymbol{x})$ und einer linearen Funktion — konvex über der Menge G. Wegen $\tilde{F}(1) = F(\boldsymbol{x}^*) = F(\boldsymbol{x}_0)$ und wegen (16.18) gilt

$$\Phi(\boldsymbol{x}_0) = \Phi(\boldsymbol{x}^*) = 0, \quad \nabla\Phi(\boldsymbol{x}_0) = \boldsymbol{o}, \quad \nabla\Phi(\boldsymbol{x}^*) = \nabla F(\boldsymbol{x}^*) - \nabla F(\boldsymbol{x}_0),$$

und unter Beachtung dieser Eigenschaften der Funktion $\Phi(\boldsymbol{x})$ folgt nach Satz 16.4

$$\Phi(\boldsymbol{x}) - \Phi(\boldsymbol{x}^*) = \Phi(\boldsymbol{x}) - \Phi(\boldsymbol{x}_0) \geqq \left(\nabla\Phi(\boldsymbol{x}_0), \boldsymbol{x} - \boldsymbol{x}_0\right) = 0, \quad \boldsymbol{x} \in G.$$

Somit ist

$$\Phi(\boldsymbol{x}) \geqq \Phi(\boldsymbol{x}^*) = \Phi(\boldsymbol{x}_0) = 0, \quad \boldsymbol{x} \in G. \tag{16.19}$$

Um zu zeigen, daß $\nabla\Phi(\boldsymbol{x}^*) = \boldsymbol{o}$ ist, nehmen wir an, daß $\nabla\Phi(\boldsymbol{x}^*) \neq \boldsymbol{o}$ ist. Wegen $\boldsymbol{x}^* \in G$ gibt es ein $\delta > 0$ mit $U(\boldsymbol{x}^*; \delta) \subset G$ und einen Punkt $\tilde{\boldsymbol{x}} \in U(\boldsymbol{x}^*; \delta)$, $\tilde{\boldsymbol{x}} \neq \boldsymbol{x}^*$, mit

$$\left(\nabla\Phi(\boldsymbol{x}^*), \tilde{\boldsymbol{x}} - \boldsymbol{x}^*\right) < 0. \tag{16.20}$$

Die Funktion

$$\tilde{\Phi}(t) := \Phi\big(\boldsymbol{x}^* + t(\tilde{\boldsymbol{x}} - \boldsymbol{x}^*)\big), \quad t \in [0, 1],$$

ist wegen $\boldsymbol{x}^* + t(\tilde{\boldsymbol{x}} - \boldsymbol{x}^*) \in U(\boldsymbol{x}^*; \delta) \subset G$ und wegen der Existenz stetiger Ableitungen erster Ordnung der Funktion $F(\boldsymbol{x})$ über dem Gebiet G stetig differenzierbar über dem Intervall $[0, 1]$, und es ist

$$\frac{\mathrm{d}\tilde{\Phi}}{\mathrm{d}t}(t) = \big(\nabla\Phi(\boldsymbol{x}^* + t(\tilde{\boldsymbol{x}} - \boldsymbol{x}^*)), \tilde{\boldsymbol{x}} - \boldsymbol{x}^*\big), \quad t \in [0, 1].$$

Daraus folgt nach (16.20)

$$\frac{\mathrm{d}\tilde{\Phi}}{\mathrm{d}t}(0) = \big(\nabla\Phi(\boldsymbol{x}^*), \tilde{\boldsymbol{x}} - \boldsymbol{x}^*\big) < 0;$$

es existiert daher eine Zahl t_0 mit $0 < t_0 < 1$, so daß $\tilde{\Phi}(0) > \tilde{\Phi}(t)$, $t \in (0, t_0)$, d. h.

$$\Phi(\boldsymbol{x}^*) > \Phi\big(\boldsymbol{x}^* + t(\tilde{\boldsymbol{x}} - \boldsymbol{x}^*)\big), \quad t \in (0, t_0),$$

gilt. Das ist aber wegen $\boldsymbol{x}^* + t(\tilde{\boldsymbol{x}} - \boldsymbol{x}^*) \in G$ ein Widerspruch zu (16.20). Somit gilt $\nabla\Phi(\boldsymbol{x}^*) = \boldsymbol{o}$, woraus dann $\nabla F(\boldsymbol{x}^*) = \nabla F(\boldsymbol{x}_0)$ folgt. Zusammen mit der Aussage (16.18) liefert das die Inklusion $M_{\text{opt}} \subset \mathcal{M}$. Hieraus und aus der oben gezeigten Inklusion $\mathcal{M} \subset M_{\text{opt}}$ folgt dann die Aussage des Satzes. □

Für eine analytische Charakterisierung des Verhaltens einer konvexen Funktion in solchen Punkten ihres konvexen Definitionsbereiches, in denen sie keine (bzw. im allgemeinen nicht alle) partiellen Ableitungen erster Ordnung besitzt, kommt dem Begriff der Richtungsableitung einer Funktion in Punkten ihres Definitionsbereiches eine große Bedeutung zu. Es sei noch angemerkt, daß im weiteren unter dem Begriff einer in $\mathbb{E}_n$ vorgegebenen Richtung stets — wie es in der Geometrie üblich ist — ein gegebener Einheitsvektor in $\mathbb{E}_n$ gemeint ist.

Definition 16.1. Es seien $F(\boldsymbol{x})$ eine über einer nichtleeren Menge M in $\mathbb{E}_n$ definierte Funktion, $\boldsymbol{x}_0$ ein Punkt der Menge M und $\boldsymbol{v}$ ein Vektor mit $\|\boldsymbol{v}\| = 1$. Weiter sei t_0 eine positive Zahl mit $\boldsymbol{x}_0 + t\boldsymbol{v} \in M$ für $t \in (0, t_0)$. Wenn der endliche Grenzwert

$$\lim_{t \to 0^+} \frac{F(\boldsymbol{x}_0 + t\boldsymbol{v}) - F(\boldsymbol{x}_0)}{t}$$

existiert, so nennen wir ihn *Ableitung der Funktion $F(\boldsymbol{x})$ in der Richtung $\boldsymbol{v}$* (bzw. *Richtungsableitung der Funktion $F(\boldsymbol{x})$ bezüglich der Richtung $\boldsymbol{v}$*) im Punkt $\boldsymbol{x}_0$ und bezeichnen ihn mit $F'(\boldsymbol{x}_0; \boldsymbol{v})$.

Bemerkung 16.4. Unter den in Definition 16.1 getroffenen Voraussetzungen besitzt die über dem Intervall $[0, t_0)$ definierte Funktion

$$\varphi(t) := F(\boldsymbol{x}_0 + t\boldsymbol{v})$$

die rechtsseitige Ableitung

$$\varphi'_+(0) := \lim_{t \to 0^+} \frac{\varphi(t) - \varphi(0)}{t} = F'(\boldsymbol{x}_0; \boldsymbol{v}).$$

Falls es eine Zahl $t_0 > 0$ derart gibt, daß für $t \in (-t_0, t_0)$ die Punkte $\boldsymbol{x}_0 + t\boldsymbol{v}$ in dem Definitionsbereich M der Funktion $F(\boldsymbol{x})$ liegen, so gilt für die über dem Intervall $(-t_0, t_0)$ erklärte Funktion $\varphi(t)$

$$\lim_{t\to 0^-} \frac{\varphi(t) - \varphi(0)}{t} = -\lim_{t\to 0^+} \frac{F(\boldsymbol{x}_0 + t(-\boldsymbol{v})) - F(\boldsymbol{x}_0)}{t}.$$

Daraus folgt, daß die linksseitige Ableitung der Funktion $\varphi(t)$ im Punkt $t = 0$ genau dann existiert, wenn die Richtungsableitung $F'(\boldsymbol{x}_0; -\boldsymbol{v})$ existiert; dabei ist $\varphi_-'(0) = -F'(\boldsymbol{x}_0; -\boldsymbol{v})$. Somit gilt

$$\varphi'(0) = \varphi_+'(0) = \varphi_-'(0) \Leftrightarrow F'(\boldsymbol{x}_0; \boldsymbol{v}) + F'(\boldsymbol{x}_0; -\boldsymbol{v}) = 0. \tag{16.21}$$

Bemerkung 16.5. Falls eine über einer in $\mathbb{E}_n$ offenen Menge $\mathcal{O}$ definierte Funktion $F(\boldsymbol{x})$ im Punkt $\boldsymbol{x}_0 \in \mathcal{O}$ ein totales Differential besitzt, dann existiert die Richtungsableitung $F'(\boldsymbol{x}_0; \boldsymbol{v})$ im Punkt $\boldsymbol{x}_0$ für jeden Einheitsvektor $\boldsymbol{v}$, und es gilt

$$F'(\boldsymbol{x}_0; \boldsymbol{v}) = \big(\nabla F(\boldsymbol{x}_0), \boldsymbol{v}\big). \tag{16.22}$$

Aus der Existenz eines totalen Differentials der Funktion $F(\boldsymbol{x})$ im Punkt $\boldsymbol{x}_0$ folgt nämlich die Existenz einer Funktion $\eta(\boldsymbol{x})$ mit

$$F(\boldsymbol{x}) - F(\boldsymbol{x}_0) = \big(\nabla F(\boldsymbol{x}_0), \boldsymbol{x} - \boldsymbol{x}_0\big) + \|\boldsymbol{x} - \boldsymbol{x}_0\|\, \eta(\boldsymbol{x}), \quad \boldsymbol{x} \in U(\boldsymbol{x}_0; \varepsilon),$$
$$\lim_{\boldsymbol{x}\to\boldsymbol{x}_0} \eta(\boldsymbol{x}) = 0,$$

dabei ist $\varepsilon > 0$ eine solche Zahl, daß $U(\boldsymbol{x}_0; \varepsilon) \subset \mathcal{O}$ gilt. Daher ist für jeden Vektor $\boldsymbol{v}$ mit $\|\boldsymbol{v}\| = 1$

$$F(\boldsymbol{x}_0 + t\boldsymbol{v}) - F(\boldsymbol{x}_0) = \big(\nabla F(\boldsymbol{x}_0), \boldsymbol{v}\big)\, t + t\eta(\boldsymbol{x}_0 + t\boldsymbol{v})$$

für alle $t > 0$ mit $\boldsymbol{x}_0 + t\boldsymbol{v} \in U(\boldsymbol{x}_0; \varepsilon)$, wobei $\lim\limits_{t\to 0^+} \eta(\boldsymbol{x}_0 + t\boldsymbol{v}) = 0$ gilt. Daraus folgt

$$\frac{F(\boldsymbol{x}_0 + t\boldsymbol{v}) - F(\boldsymbol{x}_0)}{t} = \big(\nabla F(\boldsymbol{x}_0), \boldsymbol{v}\big) + \eta(\boldsymbol{x}_0 + t\boldsymbol{v})$$

für entsprechende Werte von t. Ein Grenzübergang $t \to 0^+$ liefert (vgl. Definition 16.1) dann die Gleichheit (16.22).

Wählt man in $\mathbb{E}_n$ ein Koordinatensystem mit dem Koordinatenursprung $\boldsymbol{o} = (0, 0, \ldots, 0)$ und mit der Vektorbasis $\boldsymbol{e}_1 = (1, 0, \ldots, 0)$, $\boldsymbol{e}_2 = (0, 1, \ldots, 0)$, $\ldots$, $\boldsymbol{e}_n = (0, 0, \ldots, 1)$, so ist nach (16.22)

$$F'(\boldsymbol{x}_0; \boldsymbol{e}_k) = \big(\nabla F(\boldsymbol{x}_0), \boldsymbol{e}_k\big) = \frac{\partial F}{\partial x_k}(\boldsymbol{x}_0) \qquad (k = 1, \ldots, n). \tag{16.23}$$

Lemma 16.1. *Es seien $F(\boldsymbol{x})$ eine über einem konvexen Gebiet G in $\mathbb{E}_n$ erklärte konvexe Funktion und $\boldsymbol{x}_0$ ein Punkt aus dem Gebiet G. Dann gibt es eine über dem Raum $\mathbb{E}_n$ konvexe Funktion $\Phi_0(\boldsymbol{x})$ derart, daß für den lokalen Berührungskegel $K_{\mathcal{E}_F}(\boldsymbol{x}_0')$ des Epigraphen*

$$\mathcal{E}_F := \{(\boldsymbol{x}, x_{n+1}) \in \mathbb{E}_{n+1} \mid x_{n+1} \geqq F(\boldsymbol{x}),\ \boldsymbol{x} \in G\}$$

der Funktion $F(\boldsymbol{x})$ im Punkt $\boldsymbol{x}_0' = \big(\boldsymbol{x}_0, F(\boldsymbol{x}_0)\big)$ gilt

$$\mathcal{E}_{\Phi_0} := \{(\boldsymbol{x}, x_{n+1}) \in \mathbb{E}_{n+1} \mid x_{n+1} \geqq \Phi_0(\boldsymbol{x}),\ \boldsymbol{x} \in \mathbb{E}_n\} = K_{\mathcal{E}_F}(\boldsymbol{x}_0'). \tag{16.24}$$

Beweis. Der Epigraph $\mathscr{E}_F$ ist eine $(n+1)$-dimensionale konvexe Menge in $\mathbb{E}_{n+1}$; nach Satz 14.1 existiert eine (nichtsinguläre) Stützhyperebene R' in $\mathbb{E}_{n+1}$ des Epigraphen $\mathscr{E}_F$ mit $\boldsymbol{x}_0' \in R'$. Nach Satz 15.8 gibt es einen Vektor $\boldsymbol{a}$ in $\mathbb{E}_n$ derart, daß

$$R' = \{(\boldsymbol{x}, x_{n+1}) \in \mathbb{E}_{n+1} \mid x_{n+1} = F(\boldsymbol{x}_0) + (\boldsymbol{a}, \boldsymbol{x} - \boldsymbol{x}_0)\}$$

gilt, wobei der der Hyperebene R' zugehörige abgeschlossene Halbraum

$$\overline{H}' := \{(\boldsymbol{x}, x_{n+1}) \in \mathbb{E}_{n+1} \mid x_{n+1} \geqq F(\boldsymbol{x}_0) + (\boldsymbol{a}, \boldsymbol{x} - \boldsymbol{x}_0)\}$$

ein Stützhalbraum des Epigraphen $\mathscr{E}_F$ ist. Wegen $\mathscr{E}_F \subset \overline{H}'$ und wegen $\boldsymbol{x}_0' \in \partial\overline{H}' = R'$ liegt der Projektionskegel der Menge $\mathscr{E}_F$ bezüglich des Punktes $\boldsymbol{x}_0'$ in dem Halbraum $\overline{H}'$. Daraus folgt für den lokalen Berührungskegel $K_{\mathscr{E}_F}(\boldsymbol{x}_0')$ — nach Satz 6.3 ist er ein konvexer abgeschlossener Kegel mit einem Scheitel $\boldsymbol{x}_0'$, für den

$$\mathscr{E}_F \subset K_{\mathscr{E}_F}(\boldsymbol{x}_0'), \quad \dim K_{\mathscr{E}_F}(\boldsymbol{x}_0') = \dim \mathscr{E}_F = n + 1 \tag{16.25a}$$

gilt, und er stimmt mit der Abschließung des genannten Projektionskegels überein — die Inklusion

$$K_{\mathscr{E}_F}(\boldsymbol{x}_0') \subset \overline{H}' \quad \text{mit} \quad \boldsymbol{x}_0' \in \partial\overline{H}' = R'. \tag{16.25b}$$

Daher ist R' eine Stützhyperebene und $\overline{H}'$ ein Stützhalbraum des Kegels $K_{\mathscr{E}_F}(\boldsymbol{x}_0')$. Für die von dem Punkt $\boldsymbol{x}_0'$ ausgehende offene Halbgerade $p(\boldsymbol{x}_0'; \boldsymbol{e}'_{n+1})$ mit $\boldsymbol{e}'_{n+1} := (\boldsymbol{o}, 1)$ gilt $p(\boldsymbol{x}_0'; \boldsymbol{e}'_{n+1}) \in \operatorname{int} \mathscr{E}_F$, wegen (16.25a) dann

$$p(\boldsymbol{x}_0'; \boldsymbol{e}'_{n+1}) \subset \operatorname{int} K_{\mathscr{E}_F}(\boldsymbol{x}_0'), \tag{16.26a}$$

und weiter nach Definition des Halbraumes $\overline{H}'$

$$p(\boldsymbol{x}_0'; -\boldsymbol{e}'_{n+1}) \cap K_{\mathscr{E}_F}(\boldsymbol{x}_0') = \emptyset. \tag{16.26b}$$

Daher schneidet die Gerade

$$g_0 := p(\boldsymbol{x}_0'; \boldsymbol{e}'_{n+1}) \cup p(\boldsymbol{x}_0'; -\boldsymbol{e}'_{n+1}) \cup \{\boldsymbol{x}_0'\}$$

den Rand des Kegels $K_{\mathscr{E}_F}(\boldsymbol{x}_0')$ nur in dem Punkt $\boldsymbol{x}_0'$. Aus der zweiten Aussage in (16.25a) und aus (16.26a) folgt nach Satz 14.4, daß für einen beliebigen Punkt $\hat{\boldsymbol{x}}' \in \mathbb{E}_{n+1}$ die offene Halbgerade $p(\hat{\boldsymbol{x}}'; \boldsymbol{e}'_{n+1})$ einen Punkt $\boldsymbol{y}_1' \in \operatorname{int} K_{\mathscr{E}_F}(\boldsymbol{x}_0')$ enthält. Die offene Halbgerade $p(\boldsymbol{y}_1'; -\boldsymbol{e}'_{n+1})$ liegt nicht in dem Kegel $K_{\mathscr{E}_F}(\boldsymbol{x}_0')$; andernfalls läge nämlich der Punkt $\boldsymbol{o} - \boldsymbol{e}'_{n+1}$ in dem charakteristischen Kegel des abgeschlossenen konvexen Kegels $K_{\mathscr{E}_F}(\boldsymbol{x}_0')$, und das wäre — da sich diese beiden Kegel höchstens um eine Translation unterscheiden — ein Widerspruch zu (16.26b). Die zu der x_{n+1}-Koordinatenachse in $\mathbb{E}_{n+}$ parallele Gerade

$$\hat{g} := p(\hat{\boldsymbol{x}}; \boldsymbol{e}'_{n+1}) \cup p(\hat{\boldsymbol{x}}; -\boldsymbol{e}'_{n+1}) \cup \{\hat{\boldsymbol{x}}'\}$$

enthält also Punkte aus der Menge $\operatorname{int} K_{\mathscr{E}_F}(\boldsymbol{x}_0')$ und Punkte, die nicht in dieser Menge liegen; nach Satz 2.6 schneidet sie den Rand des abgeschlossenen konvexen Kegels $K_{\mathscr{E}_F}(\boldsymbol{x}_0')$ in genau einem Punkt. Hieraus folgt, da $\hat{\boldsymbol{x}}'$ ein beliebiger Punkt aus $\mathbb{E}_{n+1}$ war, daß es eine über dem Raum $\mathbb{E}_n$ definierte Funktion $\Phi_0(\boldsymbol{x})$ derart gibt, daß ihr Epigraph

$\mathcal{E}_{\Phi_0}$ mit dem konvexen Kegel $K_{\mathcal{E}_F}(\boldsymbol{x}_0')$ zusammenfällt; nach Definition 15.2 ist die Funktion $\Phi_0(\boldsymbol{x})$ konvex über dem Raum $\mathbb{E}_n$. □

Bemerkung 16.6. Die im Lemma 16.1 eingeführte, über dem Raum $\mathbb{E}_n$ definierte konvexe Funktion $\Phi_0(\boldsymbol{x})$ ist nach Satz 15.7 stetig über dem Raum $\mathbb{E}_n$.

Satz 16.8. *Es seien $F(\boldsymbol{x})$ eine über einem konvexen Gebiet G in $\mathbb{E}_n$ konvexe Funktion und $\boldsymbol{x}_0$ ein Punkt des Gebietes G. Weiter sei $\Phi_0(\boldsymbol{x})$ diejenige über dem Raum $\mathbb{E}_n$ erklärte konvexe Funktion, deren Epigraph $\mathcal{E}_{\Phi_0}$ der lokale Berührungskegel des Epigraphen $\mathcal{E}_F$ der Funktion $F(\boldsymbol{x})$ im Punkt $\boldsymbol{x}_0' = (\boldsymbol{x}_0, F(\boldsymbol{x}_0))$ ist* (vgl. Lemma 16.1). *Dann existiert für einen beliebigen Vektor $\boldsymbol{v}$ mit $\|\boldsymbol{v}\| = 1$ die Richtungsableitung $F'(\boldsymbol{x}_0; \boldsymbol{v})$ der Funktion $F(\boldsymbol{x})$ bezüglich der Richtung $\boldsymbol{v}$, und es gilt*

$$F'(\boldsymbol{x}_0; \boldsymbol{v}) = \Phi_0(\boldsymbol{x}_0 + \boldsymbol{v}) - F(\boldsymbol{x}_0).$$

Beweis. Da das Gebiet G eine in $\mathbb{E}_n$ offene Menge ist, gibt es ein $\varepsilon_0 > 0$, so daß die Umgebung $U(\boldsymbol{x}_0; \varepsilon_0)$ des Punktes $\boldsymbol{x}_0$ in dem Gebiet G liegt. Wir setzen $t_0 := \varepsilon_0/2$ und wählen eine beliebige Zahlenfolge $t_1, t_2, \ldots$ mit

$$0 < t_{k+1} < t_k < t_0 \qquad (k = 1, 2, \ldots), \quad t_k \to 0 \quad \text{für} \quad k \to \infty. \tag{16.27a}$$

Es gilt dann

$$\boldsymbol{x}_k := \boldsymbol{x}_0 + t_k\boldsymbol{v} \in G \qquad (k = 1, 2, \ldots). \tag{16.27b}$$

Nach Lemma 16.1 ist der Punkt $\boldsymbol{y}_0' := (\boldsymbol{x}_0 + \boldsymbol{v}, \Phi_0(\boldsymbol{x}_0 + \boldsymbol{v}))$ einziger Durchschnittspunkt der zur x_{n+1}-Koordinatenachse parallelen und den Punkt $z' := (\boldsymbol{x}_0 + \boldsymbol{v}, F(\boldsymbol{x}_0))$ enthaltenden Geraden mit dem Rand des lokalen Berührungskegels $K_{\mathcal{E}_F}(\boldsymbol{x}_0')$ des Epigraphen $\mathcal{E}_F$ in dessen Randpunkt $\boldsymbol{x}_0' = (\boldsymbol{x}_0, F(\boldsymbol{x}_0))$. Da die Punkte $(\boldsymbol{x}_0, F(\boldsymbol{x}_0))$ und $(\boldsymbol{x}_0 + \boldsymbol{v}, F(\boldsymbol{x}_0))$ voneinander verschieden sind, gibt es eine eindeutig bestimmte Zahl $\alpha \in (-\pi/2, \pi/2)$ mit

$$\tan \alpha = \Phi_0(\boldsymbol{x}_0 + \boldsymbol{v}) - F(\boldsymbol{x}_0). \tag{16.28}$$

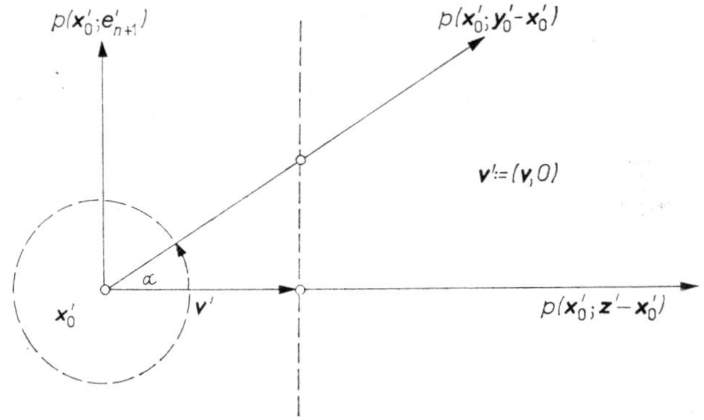

Abb. 16.1

(Die Zahl α bedeutet geometrisch den Winkel zwischen den Halbgeraden $\overline{p}(\boldsymbol{x}_0'; \boldsymbol{z}' - \boldsymbol{x}_0')$ und $\overline{p}(\boldsymbol{x}_0'; \boldsymbol{y}_0' - \boldsymbol{x}_0')$, gemessen in positiver Richtung bezüglich der Halbgeraden $\overline{p}(\boldsymbol{x}_0'; \boldsymbol{z}' - \boldsymbol{x}_0')$, in der durch diese Halbgerade und durch die Halbgerade $p(\boldsymbol{x}_0'; \boldsymbol{e}_{n+1}')$ mit $\boldsymbol{e}_{n+1}' = (\boldsymbol{o}, 1)$ gelegten Ebene (vgl. Abb. 16.1)). Wegen $\boldsymbol{y}_0' \in \partial K_{\mathcal{E}_F}(\boldsymbol{x}_0')$, $\boldsymbol{y}_0' \neq \boldsymbol{x}_0'$, liegt die offene Halbgerade $p(\boldsymbol{x}_0'; \boldsymbol{y}_0' - \boldsymbol{x}_0')$ im Rand $\partial K_{\mathcal{E}_F}(\boldsymbol{x}_0')$ des Kegels $K_{\mathcal{E}_F}(\boldsymbol{x}_0')$, und es ist

$$p(\boldsymbol{x}_0'; \boldsymbol{y}_0' - \boldsymbol{x}_0') = \{(\boldsymbol{x}, x_{n+1}) \in \mathbf{E}_{n+1} \mid \boldsymbol{x} = \boldsymbol{x}_0 + t\boldsymbol{v},$$
$$x_{n+1} = F(\boldsymbol{x}_0) + t(\Phi_0(\boldsymbol{x}_0 + \boldsymbol{v}) - F(\boldsymbol{x}_0)),\ t > 0\}$$
$$= \{(\boldsymbol{x}, x_{n+1}) \in \mathbf{E}_{n+1} \mid \boldsymbol{x} = \boldsymbol{x}_0 + t\boldsymbol{v},$$
$$x_{n+1} = F(\boldsymbol{x}_0) + t \tan \alpha,\ t > 0\}.$$

Für die zur offenen Halbgeraden $p(\boldsymbol{x}_0'; \boldsymbol{y}_0' - \boldsymbol{x}_0')$ gehörenden Punkte

$$\boldsymbol{y}_k' := (\boldsymbol{x}_k, \Phi_0(\boldsymbol{x}_k)) \qquad (k = 1, 2, \ldots)$$

gilt

$$\boldsymbol{y}_k' = (\boldsymbol{x}_0 + t_k\boldsymbol{v}, F(\boldsymbol{x}_0) + t_k \tan \alpha) \qquad (k = 1, 2, \ldots).$$

Die Punkte

$$\boldsymbol{x}_k' := (\boldsymbol{x}_k, F(\boldsymbol{x}_k)) = (\boldsymbol{x}_0 + t_k\boldsymbol{v}, F(\boldsymbol{x}_0 + t_k\boldsymbol{v})) \qquad (k = 1, 2, \ldots)$$

sind Randpunkte des Epigraphen $\mathcal{E}_F$, wegen $\mathcal{E}_F \subset K_{\mathcal{E}_F}(\boldsymbol{x}_0')$ (vgl. Satz 6.3) und $\boldsymbol{y}_k' \in \partial K_{\mathcal{E}_F}(\boldsymbol{x}_0')$ gilt

$$F(\boldsymbol{x}_0 + t_k\boldsymbol{v}) \geqq F(\boldsymbol{x}_0) + t_k \tan \alpha \qquad (k = 1, 2, \ldots);$$

also ist

$$\frac{F(\boldsymbol{x}_0 + t_k\boldsymbol{v}) - F(\boldsymbol{x}_0)}{t_k} \geqq \tan \alpha \qquad (k = 1, 2, \ldots). \tag{16.29}$$

Es seien nun t' und t'' beliebige Zahlen mit $0 < t'' < t' < t_0$. Setzt man $\lambda_1 := 1 - t''/t'$ und $\lambda_2 := t''/t'$, so ist

$$\lambda_1 > 0,\ \lambda_2 > 0,\ \lambda_1 + \lambda_2 = 1,\ \lambda_1\boldsymbol{x}_0 + \lambda_2(\boldsymbol{x}_0 + t'\boldsymbol{v}) = \boldsymbol{x}_0 + t''\boldsymbol{v}.$$

Daraus und aus der Konvexität der Funktion $F(\boldsymbol{x})$ über der die Punkte $\boldsymbol{x}_0 + t'\boldsymbol{v}$, $\boldsymbol{x}_0 + t''\boldsymbol{v}$ enthaltenden Menge G folgt nach Satz 15.1

$$F(\boldsymbol{x}_0 + t''\boldsymbol{v}) \leqq \lambda_1 F(\boldsymbol{x}_0) + \lambda_2 F(\boldsymbol{x}_0 + t'\boldsymbol{v}) = \left(1 - \frac{t''}{t'}\right) F(\boldsymbol{x}_0) + \frac{t''}{t'} F(\boldsymbol{x}_0 + t'\boldsymbol{v})$$
$$= F(\boldsymbol{x}_0) + \frac{t''}{t'} \left(F(\boldsymbol{x}_0 + t'\boldsymbol{v}) - F(\boldsymbol{x}_0)\right),$$

d. h.

$$\frac{F(\boldsymbol{x}_0 + t''\boldsymbol{v}) - F(\boldsymbol{x}_0)}{t''} \leqq \frac{F(\boldsymbol{x}_0 + t'\boldsymbol{v}) - F(\boldsymbol{x}_0)}{t'} \qquad (0 < t' < t'' < t_0). \tag{16.30a}$$

Zur Abkürzung setzen wir

$$\psi(t) := \frac{F(\boldsymbol{x}_0 + t\boldsymbol{v}) - F(\boldsymbol{x}_0)}{t}, \quad t \in (0, t_0); \tag{16.30b}$$

aus (16.29) und (16.30a) folgt, daß $\{\psi(t_k)\}_{k=1}^{\infty}$ eine monotone nichtwachsende und nach unten beschränkte Zahlenfolge ist. Sie besitzt daher einen endlichen Grenzwert, der gleich ihrer größten unteren Schranke ist. Um zu zeigen, daß $\tan\alpha$ dieser Grenzwert ist, d. h. die größte untere Schranke der betrachteten Folge, wählen wir eine beliebige Zahl $\varepsilon > 0$ und betrachten die von dem Punkt $\boldsymbol{x}_0' = (\boldsymbol{x}_0, F(\boldsymbol{x}_0))$ ausgehende und den Punkt

$$\boldsymbol{z}_\varepsilon' := \left(\boldsymbol{x}_0 + \boldsymbol{v},\ \Phi_0(\boldsymbol{x}_0 + \boldsymbol{v}) + \frac{\varepsilon}{2}\right)$$

enthaltende Halbgerade

$$p(\boldsymbol{x}_0'; \boldsymbol{z}_\varepsilon' - \boldsymbol{x}_0') = \left\{(\boldsymbol{x}, x_{n+1}) \in \mathbb{E}_{n+1} \mid \boldsymbol{x} = \boldsymbol{x}_0 + t\boldsymbol{v},\ x_{n+1} = F(\boldsymbol{x}_0) + t\left(\Phi_0(\boldsymbol{x}_0 + \boldsymbol{v}) + \frac{\varepsilon}{2} - F(\boldsymbol{x}_0)\right),\ t > 0\right\}.$$

Aus Lemma 16.1 folgt, daß der Punkt $\boldsymbol{z}_\varepsilon'$ und daher auch die Halbgerade $p(\boldsymbol{x}_0'; \boldsymbol{z}_\varepsilon' - \boldsymbol{x}_0')$ zur Menge int $K_{\mathscr{E}_F}(\boldsymbol{x}_0')$ gehören. Da aber jede von dem Punkt $\boldsymbol{x}_0'$ ausgehende und in das Innere des lokalen Berührungskegels $K_{\mathscr{E}_F}(\boldsymbol{x}_0')$ gerichtete offene Halbgerade in $\mathbb{E}_{n+1}$ nach Satz 6.2 in dem Projektionskegel der Menge $\mathscr{E}_F$ bezüglich des Randpunktes $\boldsymbol{x}_0'$ liegt, gibt es eine Zahl $\bar{t}$ mit $0 < \bar{t} < \varepsilon_0/2$ in der Weise, daß der Punkt

$$\bar{\boldsymbol{x}}' := \left(\boldsymbol{x}_0 + \bar{t}\boldsymbol{v},\ F(\boldsymbol{x}_0) + \bar{t}\left(\Phi_0(\boldsymbol{x}_0 + \boldsymbol{v}) + \frac{\varepsilon}{2} - F(\boldsymbol{x}_0)\right)\right)$$

zur Menge int $\mathscr{E}_F$ gehört. Nach Definition des Epigraphen $\mathscr{E}_F$ ist dann

$$F(\boldsymbol{x}_0) + \bar{t}\left(\Phi_0(\boldsymbol{x}_0 + \boldsymbol{v}) + \frac{\varepsilon}{2} - F(\boldsymbol{x}_0)\right) \geqq F(\boldsymbol{x}_0 + \bar{t}\boldsymbol{v}),$$

woraus nach (16.28)

$$\frac{F(\boldsymbol{x}_0 + \bar{t}\boldsymbol{v}) - F(\boldsymbol{x}_0)}{\bar{t}} < \left(\Phi_0(\boldsymbol{x}_0 + \boldsymbol{v}) - F(\boldsymbol{x}_0)\right) + \varepsilon = \tan\alpha + \varepsilon$$

folgt. Für einen Index k_0 mit $t_{k_0} < \bar{t}$ gilt nach (16.30a), wenn wir dort $t'' = t_{k_0}$ und $t' = \bar{t}$ setzen, nach (16.29) und (16.30b)

$$\tan\alpha \leqq \psi(t_{k_0}) < \tan\alpha + \varepsilon .$$

Hieraus folgt — ε war eine beliebige positive Zahl —, daß die Zahl $\tan\alpha$ die größte untere Schranke der Folge $\{\psi(t_k)\}_{k=1}^{\infty}$ ist, d. h. $\tan\alpha = \inf\{\psi(t_k) \mid k = 1, 2, \ldots\}$; nach dem oben gezeigten ist $\tan\alpha$ also der Grenzwert der betrachteten Folge. Da $\{t_k\}_{k=1}^{\infty}$ eine beliebige monoton fallende Nullfolge war (siehe (16.27a)), gilt dann für die in (16.30b) definierte Funktion $\psi(t)$

$$\lim_{t\to 0^+} \psi(t) = \lim_{t\to 0^+} \frac{F(\boldsymbol{x}_0 + t\boldsymbol{v}) - F(\boldsymbol{x}_0)}{t} = \tan\alpha .$$

Hieraus und aus (16.28) folgt nach Definition 16.1 die Aussage des Satzes. □

Bemerkung 16.7. Im Beweis des Satzes 16.8 wurde gezeigt, daß die über einem Intervall $(0, t_0)$ definierte Funktion

$$\psi(t) = \frac{F(\boldsymbol{x}_0 + t\boldsymbol{v}) - F(\boldsymbol{x}_0)}{t}$$

die Eigenschaft

$$F'(\boldsymbol{x}_0; \boldsymbol{v}) = \lim_{t \to 0^+} \psi(t) \leqq \psi(t'') < \psi(t')$$

für alle t', t'' mit $0 < t' < t'' < t_0$ hat.

Satz 16.9. *Falls $F(\boldsymbol{x})$ eine über einem konvexen Gebiet G in $\mathbb{E}_n$ definierte konvexe Funktion ist und $\boldsymbol{x}_0$ ein Punkt des Gebietes G, so läßt sich der lokale Berührungskegel $K_{\mathscr{E}_F}(\boldsymbol{x}_0{}')$ des Epigraphen $\mathscr{E}_F$ der Funktion $F(\boldsymbol{x})$ in dessen Randpunkt $\boldsymbol{x}_0{}' = (\boldsymbol{x}_0, F(\boldsymbol{x}_0))$ darstellen in der Form*

$$K_{\mathscr{E}_F}(\boldsymbol{x}_0{}') = \{(\boldsymbol{x}, x_{n+1}) \in \mathbb{E}_{n+1} \mid x_{n+1} \geqq \Phi_0(\boldsymbol{x}), \boldsymbol{x} \in \mathbb{E}_n\} \tag{16.31a}$$

mit

$$\Phi_0(\boldsymbol{x}) := \begin{cases} F(\boldsymbol{x}_0) + \|\boldsymbol{x} - \boldsymbol{x}_0\| \, F'\left(\boldsymbol{x}_0; \dfrac{\boldsymbol{x} - \boldsymbol{x}_0}{\|\boldsymbol{x} - \boldsymbol{x}_0\|}\right) & \textit{für} \quad \boldsymbol{x} \neq \boldsymbol{x}_0, \boldsymbol{x} \in G, \\ F(\boldsymbol{x}_0) \quad \textit{für} \quad \boldsymbol{x} = \boldsymbol{x}_0. \end{cases} \tag{16.31b}$$

Beweis. Die im Beweis des Satzes 16.8 betrachtete offene Halbgerade $p(\boldsymbol{x}_0{}'; \boldsymbol{y}_0{}' - \boldsymbol{x}_0{}')$ mit $\boldsymbol{x}_0{}' := (\boldsymbol{x}_0, F(\boldsymbol{x}_0))$ und $\boldsymbol{y}_0{}' := (\boldsymbol{x}_0 + \boldsymbol{v}, \Phi_0(\boldsymbol{x}_0 + \boldsymbol{v}))$ gehört zum Rand $\partial K_{\mathscr{E}_F}(\boldsymbol{x}_0{}')$ des Kegels $K_{\mathscr{E}_F}(\boldsymbol{x}_0{}')$; sie hat die parametrische Beschreibung

$$\boldsymbol{x} = \boldsymbol{x}_0 + t\boldsymbol{v}, \quad x_{n+1} = F(\boldsymbol{x}_0) + t \tan \alpha, \quad t > 0, \tag{16.32}$$

wobei nach Satz 16.8 und nach (16.28) $\tan \alpha = F'(\boldsymbol{x}_0; \boldsymbol{v})$ ist. Wegen $\|\boldsymbol{v}\| = 1$ folgt aus (16.32)

$$t = \|\boldsymbol{x} - \boldsymbol{x}_0\|, \quad \boldsymbol{v} = \frac{\boldsymbol{x} - \boldsymbol{x}_0}{\|\boldsymbol{x} - \boldsymbol{x}_0\|};$$

die Menge $\partial K_{\mathscr{E}_F}(\boldsymbol{x}_0{}') \setminus \{\boldsymbol{x}_0{}'\}$ hat somit die explizite Beschreibung

$$x_{n+1} = F(\boldsymbol{x}_0) + \|\boldsymbol{x} - \boldsymbol{x}_0\| \, F'\left(\boldsymbol{x}_0; \frac{\boldsymbol{x} - \boldsymbol{x}_0}{\|\boldsymbol{x} - \boldsymbol{x}_0\|}\right).$$

Für die in Lemma 16.1 eingeführte Funktion $\Phi_0(\boldsymbol{x})$ folgt dann

$$\Phi_0(\boldsymbol{x}) = F(\boldsymbol{x}_0) + \|\boldsymbol{x} - \boldsymbol{x}_0\| \, F'\left(\boldsymbol{x}_0; \frac{\boldsymbol{x} - \boldsymbol{x}_0}{\|\boldsymbol{x} - \boldsymbol{x}_0\|}\right), \quad \boldsymbol{x} \in \mathbb{E}_n \setminus \{\boldsymbol{x}_0\}. \tag{16.33a}$$

Da die Funktion $\Phi_0(\boldsymbol{x})$ über dem Raum $\mathbb{E}_n$ stetig ist (vgl. Bemerkung 16.6), ist auch $\Phi_0(\boldsymbol{x}_0 + \boldsymbol{v})$ als Funktion des Punktes $\boldsymbol{v}$ über der Hypersphäre $Q := \{\boldsymbol{v} \in \mathbb{E}_n \mid \|\boldsymbol{v}\| = 1\}$ stetig. Hieraus folgt nach Satz 16.8 die Stetigkeit der Funktion $F'(\boldsymbol{x}_0; \boldsymbol{v})$ über der Hypersphäre Q. Wegen der Kompaktheit der Menge Q gibt es daher eine Zahl $\varkappa > 0$ mit

$$|F'(\boldsymbol{x}_0; \boldsymbol{v})| < \varkappa, \quad \|\boldsymbol{v}\| = 1.$$

Dann gilt aber

$$\lim_{\boldsymbol{x} \to \boldsymbol{x}_0} \|\boldsymbol{x} - \boldsymbol{x}_0\| \, F'\left(\boldsymbol{x}_0; \frac{\boldsymbol{x} - \boldsymbol{x}_0}{\|\boldsymbol{x} - \boldsymbol{x}_0\|}\right) = 0.$$

Setzt man außerdem

$$\Phi_0(\boldsymbol{x}_0) = F(\boldsymbol{x}_0), \tag{16.33b}$$

so folgt hieraus, aus (16.33a) und aus der Aussage (16.24) im Lemma 16.1 die Behauptung des Satzes. □

Bemerkung 16.8. Die geometrische Bedeutung der Richtungsableitung $F'(\boldsymbol{x}_0; \boldsymbol{v})$ ist aus Abb. 16.1 ablesbar, denn nach Satz 16.8 folgt aus (16.28), daß $F'(\boldsymbol{x}_0; \boldsymbol{v}) = \tan \alpha$ ist. Die Aussage des Satzes 16.9 liefert eine andere geometrische Interpretation der Richtungsableitungen $F'(\boldsymbol{x}_0; \boldsymbol{v})$ einer konvexen Funktion $F(\boldsymbol{x})$ im Punkt $\boldsymbol{x}_0 \in G$.

Bemerkung 16.9. Wenn $F(\boldsymbol{x})$ eine über einem konvexen Gebiet G in $\mathbb{E}_n$ definierte konvexe Funktion und $\boldsymbol{x}_0$ ein Punkt des Gebietes G sind, dann folgt aus Satz 16.9 wegen

$$\big(\boldsymbol{x}, F(\boldsymbol{x})\big) \in \mathcal{E}_F \subset K_{\mathcal{E}_F}(\boldsymbol{x}_0'), \quad \boldsymbol{x}_0' = \big(\boldsymbol{x}_0, F(\boldsymbol{x}_0)\big)$$

die Ungleichung

$$F(\boldsymbol{x}) - F(\boldsymbol{x}_0) \geqq \|\boldsymbol{x} - \boldsymbol{x}_0\| \, F'\left(\boldsymbol{x}_0; \frac{\boldsymbol{x} - \boldsymbol{x}_0}{\|\boldsymbol{x} - \boldsymbol{x}_0\|}\right), \quad \boldsymbol{x} \in G, \boldsymbol{x} \neq \boldsymbol{x}_0.$$

Aus dieser Ungleichung erhält man — falls die Funktion $F(\boldsymbol{x})$ im Punkt $\boldsymbol{x}_0$ partielle Ableitungen erster Ordnung besitzt — nach Bemerkung 16.5

$$F(\boldsymbol{x}) - F(\boldsymbol{x}_0) \geqq \big(\nabla F(\boldsymbol{x}_0), \boldsymbol{x} - \boldsymbol{x}_0\big), \quad \boldsymbol{x} \in G, \boldsymbol{x} \neq \boldsymbol{x}_0,$$

die auch für $\boldsymbol{x} = \boldsymbol{x}_0$ erfüllt ist. Das ist jedoch die in Satz 16.2 angegebene hinreichende Bedingung für die Konvexität der Funktion $F(\boldsymbol{x})$.

Satz 16.10. *Es sei $F(\boldsymbol{x})$ eine über einem konvexen Gebiet G in $\mathbb{E}_n$ erklärte konvexe Funktion. Dann gilt für alle Punkte $\boldsymbol{x}_0 \in G$ und alle Vektoren $\boldsymbol{v}$ mit $\|\boldsymbol{v}\| = 1$*

$$F'(\boldsymbol{x}_0; \boldsymbol{v}) + F'(\boldsymbol{x}_0; -\boldsymbol{v}) \geqq 0.$$

Beweis. Wegen $\boldsymbol{x}_0 \in G = \operatorname{int} G$ gibt es eine Zahl $\varepsilon_0 > 0$ mit $U(\boldsymbol{x}_0; \varepsilon_0) \subset G$, und für einen beliebigen Einheitsvektor $\boldsymbol{v}$ gilt $\boldsymbol{x}_0 + t \in G$, $t \in (0, \varepsilon_0)$. Nach den Sätzen 14.1 und 15.8 gibt es einen Vektor $\boldsymbol{a}$ in $\mathbb{E}_n$ mit der Eigenschaft, daß

$$R' := \{(\boldsymbol{x}, x_{n+1}) \in \mathbb{E}_{n+1} \mid x_{n+1} = F(\boldsymbol{x}_0) + (\boldsymbol{a}, \boldsymbol{x} - \boldsymbol{x}_0)\}$$

eine Stützhyperebene und

$$\overline{H}' := \{(\boldsymbol{x}, x_{n+1}) \in \mathbb{E}_{n+1} \mid x_{n+1} \geqq F(\boldsymbol{x}_0) + (\boldsymbol{a}, \boldsymbol{x} - \boldsymbol{x}_0)\}$$

ein Stützhalbraum des Epigraphen $\mathcal{E}_F$ der Funktion $F(\boldsymbol{x})$ in dessen Randpunkt $\boldsymbol{x}_0' = \big(\boldsymbol{x}_0, F(\boldsymbol{x}_0)\big)$ ist. Es ist daher $\mathcal{E}_F \subseteq \overline{H}'$; wegen $\boldsymbol{x}_0 + t\boldsymbol{v} \in G$ und $\big(\boldsymbol{x}_0 + t\boldsymbol{v}, F(\boldsymbol{x}_0 + t\boldsymbol{v})\big) \in \mathcal{E}_F$ für $t \in (0, \varepsilon_0)$ gilt also

$$F(\boldsymbol{x}_0 + t\boldsymbol{v}) \geqq F(\boldsymbol{x}_0) + (\boldsymbol{a}, \boldsymbol{v})\, t, \quad t \in (0, \varepsilon_0),$$

d. h.

$$\frac{F(\boldsymbol{x}_0 + t\boldsymbol{v}) - F(\boldsymbol{x}_0)}{t} \geqq (\boldsymbol{a}, \boldsymbol{v}), \quad t \in (0, \varepsilon_0).$$

Da aber ebenfalls $\boldsymbol{x}_0 + t(-\boldsymbol{v}) \in G$ für $t \in (0, \varepsilon_0)$ ist, gilt auch

$$F\big(\boldsymbol{x}_0 + t(-\boldsymbol{v})\big) \geqq F(\boldsymbol{x}_0) - (\boldsymbol{a}, \boldsymbol{v})\, t, \quad t \in (0, \varepsilon_0),$$

d. h.

$$-\frac{F(\boldsymbol{x}_0 + t(-\boldsymbol{v})) - F(\boldsymbol{x}_0)}{t} \leqq (\boldsymbol{a}, \boldsymbol{v}), \quad t \in (0, \varepsilon_0).$$

Somit ist

$$-\frac{F(\boldsymbol{x}_0 + t(-\boldsymbol{v})) - F(\boldsymbol{x}_0)}{t} \leqq (\boldsymbol{a}, \boldsymbol{v}) \leqq \frac{F(\boldsymbol{x}_0 + t\boldsymbol{v}) - F(\boldsymbol{x}_0)}{t}, \quad t \in (0, \varepsilon_0).$$

Hieraus erhält man nach dem Grenzübergang $t \to 0^+$ (vgl. Definition 16.1)

$$-F'(\boldsymbol{x}_0; -\boldsymbol{v}) \leqq (\boldsymbol{a}, \boldsymbol{v}) \leqq F'(\boldsymbol{x}_0; \boldsymbol{v}),$$

woraus die Aussage des Satzes folgt. □

Bemerkung 16.10. Für einen festen Punkt $\boldsymbol{x}_0$ eines konvexen Gebietes $G \subset \mathbb{E}_n$ ist die Richtungsableitung $F'(\boldsymbol{x}_0; \boldsymbol{v})$ einer über dem Gebiet G erklärten konvexen Funktion $F(\boldsymbol{x})$ eine stetige Funktion von $\boldsymbol{v}$ über der durch $\|\boldsymbol{v}\| = 1$ beschriebenen kompakten Menge (vgl. den Beweis des Satzes 16.9). Daraus folgt, daß die Funktion $F'(\boldsymbol{x}_0; \boldsymbol{v}) + F'(\boldsymbol{x}_0; -\boldsymbol{v})$ sowohl ihr Maximum als auch ihr Minimum bezüglich der Menge aller Vektoren $\boldsymbol{v}$ mit $\|\boldsymbol{v}\| = 1$ annimmt.

Definition 16.2. Falls $F(\boldsymbol{x})$ eine über einem konvexen Gebiet G in $\mathbb{E}_n$ konvexe Funktion ist und $\boldsymbol{x}_0$ ein Punkt des Gebietes G, so nennt man die Zahl

$$\delta_F(\boldsymbol{x}_0) := \max \{F'(\boldsymbol{x}_0; \boldsymbol{v}) + F'(\boldsymbol{x}_0; -\boldsymbol{v}) \mid \|\boldsymbol{v}\| = 1\}$$

den *Glattheitsdefekt* der konvexen Funktion $F(\boldsymbol{x})$ im Punkt $\boldsymbol{x}_0$.

Satz 16.11. *Eine über einem konvexen Gebiet G in $\mathbb{E}_n$ erklärte konvexe Funktion $F(\boldsymbol{x})$ besitzt in einem Punkt $\boldsymbol{x}_0 \in G$ partielle Ableitungen erster Ordnung genau dann, wenn ihr Glattheitsdefekt $\delta_F(\boldsymbol{x}_0)$ im Punkt $\boldsymbol{x}_0$ gleich Null ist.*

Beweis. Falls $\delta_F(\boldsymbol{x}_0) = 0$ ist, so ist nach Satz 16.10 und nach Definition 16.2

$$F'(\boldsymbol{x}_0; \boldsymbol{v}) + F'(\boldsymbol{x}_0; -\boldsymbol{v}) = 0$$

für alle Vektoren $\boldsymbol{v}$ mit $\|\boldsymbol{v}\| = 1$. Damit gilt auch für die Einheitsvektoren $\boldsymbol{e}_1 = (1, 0, \ldots, 0)$, $\boldsymbol{e}_2 = (0, 1, \ldots, 0)$, $\ldots$, $\boldsymbol{e}_n = (0, 0, \ldots, 1)$

$$F'(\boldsymbol{x}_0; \boldsymbol{e}_k) + F'(\boldsymbol{x}_0; -\boldsymbol{e}_k) = 0 \qquad (k = 1, \ldots, n).$$

Nach Definition 16.1 folgt daraus

$$\lim_{t \to 0^+} \frac{F(\boldsymbol{x}_0 + t\boldsymbol{e}_k) - F(\boldsymbol{x}_0)}{t} = -\lim_{t \to 0^+} \frac{F(\boldsymbol{x}_0 + t(-\boldsymbol{e}_k)) - F(\boldsymbol{x}_0)}{t}$$
$$= \lim_{t \to 0^-} \frac{F(\boldsymbol{x}_0 + t\boldsymbol{e}_k) - F(\boldsymbol{x}_0)}{t}.$$

Für jeden Index $k \in \{1, \ldots, n\}$ existiert daher der endliche Grenzwert

$$\lim_{t \to 0} \frac{F(\boldsymbol{x}_0 + t\boldsymbol{e}_k) - F(\boldsymbol{x}_0)}{t};$$

das ist aber gerade die partielle Ableitung $\dfrac{\partial F}{\partial x_k}(\boldsymbol{x}_0)$.

Wenn die Funktion $F(\boldsymbol{x})$ andererseits im Punkt $\boldsymbol{x}_0$ partielle Ableitungen erster Ordnung besitzt, dann gilt nach Bemerkung 16.5

$$F'(\boldsymbol{x}_0; \boldsymbol{v}) = \big(\nabla F(\boldsymbol{x}_0), \boldsymbol{v}\big), \quad F'(\boldsymbol{x}_0; -\boldsymbol{v}) = -\big(\nabla F(\boldsymbol{x}_0), \boldsymbol{v}\big)$$

für alle Einheitsvektoren $\boldsymbol{v}$. Daraus folgt

$$F'(\boldsymbol{x}_0; \boldsymbol{v}) + F'(\boldsymbol{x}_0; -\boldsymbol{v}) = 0, \quad \|\boldsymbol{v}\| = 1,$$

und nach Definition 16.2 gilt daher $\delta_F(\boldsymbol{x}_0) = 0$. □

Satz 16.12. *Es sei $F(x)$ eine über einem offenen Intervall I erklärte konvexe Funktion einer Veränderlichen. Dann existieren in jedem Punkt $x \in I$ die einseitigen Ableitungen*

$$F_+'(x) := \lim_{h \to 0^+} \frac{F(x+h) - F(x)}{h},$$

$$F_-'(x) := \lim_{h \to 0^-} \frac{F(x+h) - F(x)}{h},$$

und es gilt:

(a) $F_+'(x_1) \leqq F_-'(x) \leqq F_+'(x) \leqq F_-'(x_2)$

für jedes Zahlentripel x_1, x, x_2 mit $x_1 \in I$, $x_2 \in I$ und $x_1 < x < x_2$;

(b) $\lim\limits_{h \to 0^+} F_+'(x+h) = \lim\limits_{h \to 0^+} F_-'(x+h) = F_+'(x)$,

$\lim\limits_{h \to 0^-} F_+'(x+h) = \lim\limits_{h \to 0^-} F_-'(x+h) = F_-'(x)$

für jede Zahl $x \in I$.

Beweis. Wir betrachten die reelle Zahlenachse als einen eindimensionalen euklidischen Raum $\mathbb{E}_1$. Von jedem ihrer Punkte $x \in I \subset \mathbb{E}_1$ gehen genau zwei Einheitsvektoren v aus, nämlich $v = \{v\} = \{1\}$ und $-v = \{-v\} = \{-1\}$. Nach Satz 16.8 existieren in jedem Punkt $x \in I$ die Richtungsableitungen $F'(x; v) = F'(x; 1)$ und $F'(x; -v) = F'(x; -1)$, und nach Definition 16.1 gilt

$$\begin{aligned} F'(x; v) &= F'(x; 1) = \lim_{t \to 0^+} \frac{F(x+t) - F(x)}{t} = F_+'(x), \\ F'(x; -v) &= F'(x; -1) = \lim_{t \to 0^+} \frac{F(x-t) - F(x)}{t} = -F_-'(x). \end{aligned} \tag{16.34a}$$

Daraus folgt wegen $F'(x; v) + F'(x; -v) \geqq 0$ (vgl. Satz 16.10)

$$F_-'(x) \leqq F_+'(x), \quad x \in I. \tag{16.34b}$$

Für $x_1 < x$ mit $x_1 \in I$, $x \in I$ und $t := x - x_1$ erhält man nach (16.34a) und nach Bemerkung 16.7

$$F_+'(x_1) = F'(x_1; 1) = F'(x_1; v) \leqq \frac{F(x_1 + tv) - F(x_1)}{t} = \frac{F(x) - F(x_1)}{x - x_1}$$

$$= \frac{F(x_1) - F(x)}{x_1 - x} = \frac{F\big(x + t(-v)\big) - F(x)}{-t} \leqq -F'(x; -1) = F_-'(x).$$

Also ist $F_+'(x_1) \leqq F_-'(x)$. Entsprechend erhält man für $x \in I$, $x_2 > x$, $x_2 \in I$ die Ungleichung $F_+'(x) \leqq F_-'(x_2)$. Hieraus und aus (16.34b) folgt die Aussage (a) des Satzes.

Aus der gezeigten Aussage (a) folgt, daß sowohl $F_+'(x)$ als auch $F_-'(x)$ nichtabnehmende Funktionen über dem Intervall I sind. Daher existieren die Grenzwerte

$$\lim_{h\to 0^+} F_-'(x+h), \quad \lim_{h\to 0^+} F_+'(x+h), \quad x \in I,$$

und für $x \in I$, $x + h \in I$, $h > 0$ folgt (wiederum nach der bereits gezeigten Aussage (a))

$$F_+'(x) \leqq F_-'(x+h) \leqq F_+'(x+h)$$

und daraus weiter

$$F_+'(x) \leqq \lim_{h\to 0^+} F_-'(x+h) \leqq \lim_{h\to 0^+} F_+'(x+h). \tag{16.35a}$$

Es sei nun x ein Punkt des offenen Intervalls I und $k > 0$ eine Zahl mit $x + k \in I$. Da die Funktion $F(x)$ stetig über dem Intervall I ist (vgl. Satz 15.7), gilt für $h \in (0, k)$

$$\frac{F(x+k) - F(x)}{k} = \lim_{h\to 0^+} \frac{F(x+k) - F(x+h)}{k-h}. \tag{16.35b}$$

Setzt man $t := k - h$, wobei $h \in (0, k)$ ist, so ist $t > 0$, und aufgrund der Definition 16.1 folgt nach Bemerkung 16.7

$$\begin{aligned}\frac{F(x+k) - F(x+h)}{k-h} &= \frac{F(x+h+t) - F(x+h)}{t}\\ &= \frac{F(x+h+tv) - F(x+h)}{t}\\ &\geqq \lim_{t\to 0^+} \frac{F(x+h+t) - F(x+h)}{t} = F_+'(x+h).\end{aligned}$$

Hieraus und aus (16.35b) folgt

$$\frac{F(x+k) - F(x)}{k} \geqq \lim_{h\to 0^+} F_+'(x+h),$$

woraus man nach einem Grenzübergang $k \to 0^+$

$$F_+'(x) \geqq \lim_{h\to 0^+} F_+'(x+h)$$

erhält. Aus dieser Ungleichung und aus (16.35a) ergibt sich dann unmittelbar

$$\lim_{h\to 0^+} F_+'(x+h) = \lim_{h\to 0^+} F_-'(x+h) = F_+'(x).$$

Der verbleibende Teil der Aussage (b) des Satzes läßt sich auf analoge Weise zeigen. □

Lemma 16.2. *Es seien $\mathcal{E}_F$ der Epigraph einer über einem konvexen Gebiet G in $\mathbb{E}_n$ erkärten konvexen Funktion $F(\boldsymbol{x})$ und $K_{\mathcal{E}_F}(\boldsymbol{x}_0')$ der lokale Berührungskegel des Epigraphen $\mathcal{E}_F$ in dessen Randpunkt $\boldsymbol{x}_0' = (\boldsymbol{x}_0, F(\boldsymbol{x}_0))$ mit $\boldsymbol{x}_0 \in G$. Falls $\boldsymbol{z}'$ ein Punkt der Menge*

$\partial K_{\mathscr{E}_F}(\boldsymbol{x}_0')$, $\boldsymbol{z}' \neq \boldsymbol{x}_0'$, ist, dann gibt es einen Vektor $\boldsymbol{a}$ in $\mathbb{E}_n$ derart, daß die Hyperebene in $\mathbb{E}_{n+1}$

$$R' := \{(\boldsymbol{x}, x_{n+1}) \in \mathbb{E}_{n+1} \mid x_{n+1} - F(\boldsymbol{x}_0) = (\boldsymbol{a}, \boldsymbol{x} - \boldsymbol{x}_0)\}$$

eine Stützhyperebene mit

$$\boldsymbol{z}' \in R', \quad \boldsymbol{x}_0' \in R'$$

und

$$\overline{H}_1' := \{(\boldsymbol{x}, x_{n+1}) \in \mathbb{E}_{n+1} \mid x_{n+1} - F(\boldsymbol{x}_0) \geqq (\boldsymbol{a}, \boldsymbol{x} - \boldsymbol{x}_0)\}$$

ein Stützhalbraum des Epigraphen $\mathscr{E}_F$ ist.

Beweis. Aus der im Satz 16.9 angegebenen Beschreibung (16.31a) des lokalen Berührungskegels $K_{\mathscr{E}_F}(\boldsymbol{x}_0')$, der wegen $\dim \mathscr{E}_F = n + 1$ eine $(n + 1)$-dimensionale abgeschlossene konvexe Menge in $\mathbb{E}_{n+1}$ ist (vgl. Satz 6.3), folgt $p(\boldsymbol{z}'; -\boldsymbol{e}_{n+1}') \cap \operatorname{int} K_{\mathscr{E}_F}(\boldsymbol{x}_0') = \emptyset$ und $\overline{p}(\boldsymbol{z}'; -\boldsymbol{e}_{n+1}') \cap K_{\mathscr{E}_F}(\boldsymbol{x}_0') = \{\boldsymbol{z}'\}$, wobei $\boldsymbol{e}_{n+1}' := (\boldsymbol{o}, 1)$ ist. Die abgeschlossenen konvexen Mengen $K_{\mathscr{E}_F}(\boldsymbol{x}_0')$ und $\overline{p}(\boldsymbol{z}'; -\boldsymbol{e}_{n+1}')$ haben daher eine Punktberührung, und der Punkt $\boldsymbol{z}'$ ist ihr einziger Berührungspunkt (vgl. Definition 11.1). Da in unserem Fall die lineare Hülle der Menge $K_{\mathscr{E}_F}(\boldsymbol{x}_0') \cup \overline{p}(\boldsymbol{z}'; -\boldsymbol{e}_{n+1}')$ der Raum $\mathbb{E}_{n+1}$ ist, folgt aus der Aussage (b) des Satzes 11.2 die Existenz eines Vektors $\boldsymbol{y}' = (\boldsymbol{y}, y_{n+1})$ in $\mathbb{E}_{n+1}$ mit $\|\boldsymbol{y}'\| = 1$ derart, daß

$$R' := \{\boldsymbol{x}' \in \mathbb{E}_{n+1} \mid (\boldsymbol{y}', \boldsymbol{x}' - \boldsymbol{z}') = 0\} \tag{16.36a}$$

eine Trennungshyperebene der Mengen $K_{\mathscr{E}_F}(\boldsymbol{x}_0')$ und $\overline{p}(\boldsymbol{z}'; -\boldsymbol{e}_{n+1}')$ mit $\boldsymbol{z}' \in R'$ ist. O. B. d. A. sei

$$\begin{aligned} K_{\mathscr{E}_F}(\boldsymbol{x}_0') &\subset \overline{H}_1' := \{\boldsymbol{x}' \in \mathbb{E}_{n+1} \mid (\boldsymbol{y}', \boldsymbol{x}' - \boldsymbol{z}') \leqq 0\}, \\ p(\boldsymbol{z}'; -\boldsymbol{e}_{n+1}') &\subset H_2' := \{\boldsymbol{x}' \in \mathbb{E}_{n+1} \mid (\boldsymbol{y}', \boldsymbol{x}' - \boldsymbol{z}') > 0\}. \end{aligned} \tag{16.36b}$$

Da $\boldsymbol{x}_0'$ ein Scheitel des Kegels $K_{\mathscr{E}_F}(\boldsymbol{x}_0')$ mit $\boldsymbol{x}_0' \neq \boldsymbol{z}'$ und $\boldsymbol{z}' \in K_{\mathscr{E}_F}(\boldsymbol{x}_0')$ ist, gilt

$$p(\boldsymbol{x}_0'; \boldsymbol{z}' - \boldsymbol{x}_0') \subset K_{\mathscr{E}_F}(\boldsymbol{x}_0').$$

Der Fall $\boldsymbol{x}_0' \in H_1' = \operatorname{int} \overline{H}_1'$ kann nicht eintreten, denn die offene Halbgerade $p(\boldsymbol{x}_0'; \boldsymbol{x}' - \boldsymbol{x}_0')$ würde dann die Hyperebene R' im Punkt $\boldsymbol{z}'$ schneiden, und es wäre $H_2' \cap K_{\mathscr{E}_F}(\boldsymbol{x}_0') \neq \emptyset$, im Widerspruch zu (16.36a). Es gilt daher $\boldsymbol{x}_0' \in R'$. Nach (16.36a) sowie nach der Definition des Halbraumes $\overline{H}_1'$ in (16.36b) folgt

$$\begin{aligned} R' &= \{\boldsymbol{x}' \in \mathbb{E}_{n+1} \mid (\boldsymbol{y}', \boldsymbol{x}' - \boldsymbol{x}_0') = 0\} \\ &= \big\{(\boldsymbol{x}, x_{n+1}) \in \mathbb{E}_{n+1} \mid (\boldsymbol{y}, \boldsymbol{x} - \boldsymbol{x}_0) + y_{n+1}\big(x_{n+1} - F(\boldsymbol{x}_0)\big) = 0\big\}, \\ \overline{H}_1' &= \{\boldsymbol{x}' \in \mathbb{E}_{n+1} \mid (\boldsymbol{y}', \boldsymbol{x}' - \boldsymbol{x}_0') \leqq 0\} \\ &= \big\{(\boldsymbol{x}, x_{n+1}) \in \mathbb{E}_{n+1} \mid (\boldsymbol{y}, \boldsymbol{x} - \boldsymbol{x}_0) + y_{n+1}\big(x_{n+1} - F(\boldsymbol{x}_0)\big) \leqq 0\big\}. \end{aligned} \tag{16.37}$$

Wegen $\mathscr{E}_F \subset K_{\mathscr{E}_F}(\boldsymbol{x}_0')$ und $\boldsymbol{x}_0' \in \mathscr{E}_F \cap R'$ folgt aus der ersten Inklusion in (16.36b), daß R' eine Stützhyperebene mit $\boldsymbol{x}_0' \in R'$ und $\overline{H}_1'$ ein Stützhalbraum des Epigraphen $\mathscr{E}_F$ ist. Andererseits gibt es nach Satz 15.8 einen Vektor $\boldsymbol{a}$ in der Weise, daß die Hyperebene R' und der Stützhalbraum $\overline{H}_1'$ die im Satz angegebenen Darstellungen haben. Durch einen Vergleich dieser Darstellungen mit den Darstellungen (16.37) der Hyperebene R' und des Halbraumes $\overline{H}_1'$ erhält man $\boldsymbol{a} = -\boldsymbol{y}/y_{n+1}$. □

Satz 16.13. *Eine über einem konvexen Gebiet G in $\mathbb{E}_n$ erklärte konvexe Funktion $F(\boldsymbol{x})$ besitzt in einem Punkt $\boldsymbol{x}_0 \in G$ partielle Ableitungen erster Ordnung genau dann, wenn die Funktion $F'(\boldsymbol{x}; \boldsymbol{v})$ $(\boldsymbol{x} \in G)$ für jeden festen Einheitsvektor $\boldsymbol{v}$ im Punkt $\boldsymbol{x}_0$ stetig ist.*

Beweis. Es sei $\{\boldsymbol{x}_k\}_{k=1}^{\infty}$ eine beliebige Punktfolge mit

$$\boldsymbol{x}_k \in G \qquad (k = 1, 2, \ldots), \quad \lim_{k\to\infty} \boldsymbol{x}_k = \boldsymbol{x}_0. \tag{16.38}$$

Jedem Punkt $\boldsymbol{x}_k$ $(k = 0, 1, \ldots)$ ordnen wir den lokalen Berührungskegel $K_{\mathscr{E}_F}(\boldsymbol{x}_k')$ des Epigraphen $\mathscr{E}_F$ in dessen Randpunkt $\boldsymbol{x}_k' := \big(\boldsymbol{x}_k, F(\boldsymbol{x}_k)\big)$ zu. Nach Lemma 16.1 existiert für jedes $k \in \{0, 1, \ldots\}$ eine über dem Raum $\mathbb{E}_n$ konvexe Funktion $\Phi_k(\boldsymbol{x})$ derart, daß

$$K_{\mathscr{E}_F}(\boldsymbol{x}_k') = \{(\boldsymbol{x}, x_{n+1}) \in \mathbb{E}_{n+1} \mid x_{n+1} \geqq \Phi_k(\boldsymbol{x}),\ \boldsymbol{x} \in \mathbb{E}_n\}$$

gilt. Wählen wir einen beliebigen Vektor $\boldsymbol{v}$ in $\mathbb{E}_n$ mit $\|\boldsymbol{v}\| = 1$. Dann gilt für jedes $k \in \{0, 1, \ldots\}$

$$\boldsymbol{z}_k' := \big(\boldsymbol{x}_k + \boldsymbol{v}, \Phi_k(\boldsymbol{x}_k + \boldsymbol{v})\big) \in \partial K_{\mathscr{E}_F}(\boldsymbol{x}_k'), \quad \boldsymbol{z}_k' \neq \boldsymbol{x}_k', \tag{16.39a}$$

und nach Satz 16.8 ist

$$\Phi_k(\boldsymbol{x}_k + \boldsymbol{v}) = F'(\boldsymbol{x}_k; \boldsymbol{v}) + F(\boldsymbol{x}_k). \tag{16.39b}$$

Aus (16.39a) folgt nach Lemma 16.2 die Existenz eines solchen Vektors $\boldsymbol{a}_k$ in $\mathbb{E}_n$, daß

$$R_k' := \{(\boldsymbol{x}, x_{n+1}) \in \mathbb{E}_{n+1} \mid x_{n+1} - F(\boldsymbol{x}_k) = (\boldsymbol{a}_k, \boldsymbol{x} - \boldsymbol{x}_k)\} \tag{16.40a}$$

eine Stützhyperebene mit $\boldsymbol{x}_k' \in R_k'$, $\boldsymbol{z}_k' \in R_k'$ und

$$\overline{H}_k' := \{(\boldsymbol{x}, x_{n+1}) \in \mathbb{E}_{n+1} \mid x_{n+1} - F(\boldsymbol{x}_k) \geqq (\boldsymbol{a}_k, \boldsymbol{x} - \boldsymbol{x}_k)\} \tag{16.40b}$$

ein Stützhalbraum des Epigraphen $\mathscr{E}_F$ ist. Wegen $\boldsymbol{z}_k' \in R_k'$ folgt aus (16.39a, b)

$$F'(\boldsymbol{x}_k; \boldsymbol{v}) = (\boldsymbol{a}_k, \boldsymbol{v}) \qquad (k = 0, 1, \ldots). \tag{16.41}$$

Setzt man

$$\boldsymbol{a}_k' := (\boldsymbol{a}_k, -1), \quad \boldsymbol{y}_k' := -\frac{\boldsymbol{a}_k'}{\|\boldsymbol{a}_k'\|} \qquad (k = 0, 1, \ldots), \tag{16.42}$$

so erhält man nach (16.40a, b)

$$R_k' = \{\boldsymbol{x}' \in \mathbb{E}_{n+1} \mid (\boldsymbol{y}_k', \boldsymbol{x}' - \boldsymbol{x}_k') = 0\},$$

$$\overline{H}_k' = \{\boldsymbol{x}' \in \mathbb{E}_{n+1} \mid (\boldsymbol{y}_k', \boldsymbol{x}' - \boldsymbol{x}_k') \leqq 0\}.$$

Wir setzen nun voraus, daß die Funktion $F(\boldsymbol{x})$ im gewählten Punkt $\boldsymbol{x}_0 \in G$ partielle Ableitungen erster Ordnung besitzt. Nach Satz 15.11 ist dann die in (16.40a) — wir setzen dort $k = 0$ — beschriebene Hyperebene R_0' die einzige Stützhyperebene des Epigraphen $\mathscr{E}_F$ mit $\boldsymbol{x}_0' \in R_0'$, und es gilt $\boldsymbol{a}_0 = \nabla F(\boldsymbol{x}_0)$. Da nach Satz 14.5

$$\lim_{k\to\infty} \boldsymbol{y}_k' = \boldsymbol{y}_0'$$

ist und daher nach (16.42)

$$\lim_{k\to\infty} \boldsymbol{a}_k = \boldsymbol{a}_0 = \nabla F(\boldsymbol{x}_0),$$

erhält man nach einem Grenzübergang $k \to \infty$ in (16.41)

$$\lim_{k\to\infty} F'(\boldsymbol{x}_k; \boldsymbol{v}) = \big(\nabla F(\boldsymbol{x}_0), \boldsymbol{v}\big) = F'(\boldsymbol{x}_0; \boldsymbol{v}).$$

Hieraus folgt — da $\{\boldsymbol{x}_k\}_{k=1}^{\infty}$ eine beliebige im Gebiet G gelegene und gegen den Punkt $\boldsymbol{x}_0$ strebende Punktfolge war — die Stetigkeit der über dem Gebiet G definierten Funktion $F'(\boldsymbol{x}; \boldsymbol{v})$ im Punkt $\boldsymbol{x}_0$.

Es sei andererseits $\boldsymbol{x}_0$ ein Punkt des Gebietes G, in dem die Funktion $F'(\boldsymbol{x}; \boldsymbol{v})$ für jeden Einheitsvektor $\boldsymbol{v}$ stetig ist. Wir wählen einen Vektor $\boldsymbol{v}$ mit $\|\boldsymbol{v}\| = 1$ und definieren die Funktion einer Veränderlichen

$$\tilde{F}(\lambda) := F(\boldsymbol{x}_0 + \lambda \boldsymbol{v}),$$

und zwar für alle λ mit $\boldsymbol{x}_0 + \lambda\boldsymbol{v} \in G$. Da G ein konvexes Gebiet in $\mathbb{E}_n$ ist, bildet die Gesamtheit aller derartigen λ ein offenes Intervall I mit $0 \in I$, und es gilt

$$\tilde{F}_+'(0) = F'(\boldsymbol{x}_0; \boldsymbol{v}), \quad \tilde{F}_+'(\lambda) = F'(\boldsymbol{x}_0 + \lambda\boldsymbol{v}; \boldsymbol{v}).$$

Hieraus, aus der Aussage (b) des Satzes 16.12 und nach Definition 16.1 folgt aufgrund der vorausgesetzten Stetigkeit der Funktion $F'(\boldsymbol{x}; \boldsymbol{v})$ im Punkt $\boldsymbol{x}_0$

$$\begin{aligned} F'(\boldsymbol{x}_0; \boldsymbol{v}) &= \lim_{\lambda\to 0^-} F'(\boldsymbol{x}_0 + \lambda\boldsymbol{v}; \boldsymbol{v}) = \lim_{\lambda\to 0^-} \tilde{F}_+(\lambda) \\ &= \tilde{F}_-(0) = \lim_{\lambda\to 0^-} \frac{\tilde{F}(\lambda) - \tilde{F}(0)}{\lambda} = \lim_{\lambda\to 0^-} \frac{F(\boldsymbol{x}_0 + \lambda\boldsymbol{v}) - F(\boldsymbol{x}_0)}{\lambda} \\ &= -\lim_{t\to 0^+} \frac{F\big(\boldsymbol{x}_0 + t(-\boldsymbol{v})\big) - F(\boldsymbol{x}_0)}{t} = -F'(\boldsymbol{x}_0; -\boldsymbol{v}). \end{aligned}$$

Somit ist $\delta_F(\boldsymbol{x}_0) := F'(\boldsymbol{x}_0; \boldsymbol{v}) + F'(\boldsymbol{x}_0; -\boldsymbol{v}) = 0$, und zwar für jeden Einheitsvektor $\boldsymbol{v}$. Nach Satz 16.11 folgt daraus die Existenz partieller Ableitungen erster Ordnung der Funktion $F(\boldsymbol{x})$ im betrachteten Punkt $\boldsymbol{x}_0 \in G$. □

Bemerkung 16.11. Es kann gezeigt werden, daß eine über einem konvexen Gebiet G in $\mathbb{E}_n$ definierte konvexe Funktion $F(\boldsymbol{x})$ fast überall in diesem Gebiet partielle Ableitungen erster Ordnung besitzt. Dazu genügt es (vgl. Satz 16.11) zu beweisen, daß die Menge

$$\{\boldsymbol{x} \in G \mid \delta_F(\boldsymbol{x}) > 0\}$$

vom Maß Null ist. Bei dem entsprechenden Beweis werden einige in den Sätzen 16.10 bis 16.13 enthaltene Eigenschaften der Richtungsableitungen konvexer Funktionen ausgenutzt und einige elementare Sätze aus der Maßtheorie angewandt. Es läßt sich sogar zeigen, daß die Funktion $F(\boldsymbol{x})$ fast überall im Gebiet G partielle Ableitungen zweiter Ordnung besitzt. Diese rein analytischen Untersuchungen übersteigen jedoch den vorgesehenen Rahmen des Buches.

17. Rand konvexer Mengen

Eine konvexe Menge M in $\mathbb{E}_n$ besitzt genau dann einen nichtleeren Rand $\partial M := \overline{M} \setminus \operatorname{rel\,int} M$, wenn sie nichtleer ist und nicht mit ihrer linearen Hülle $\mathcal{L}_M$ zusammenfällt. Wegen $\partial M \subset \mathcal{L}_M$ kann das Studium des Randes ∂M in der linearen Hülle $\mathcal{L}_M$ der betreffenden konvexen Menge M erfolgen. In diesem Kapitel werden wir daher o. B. d. A. nur solche konvexen Mengen M betrachten, für die gilt

$$M \neq \mathbb{E}_n, \quad \dim M = n, \quad n \geqq 2 \tag{17.1}$$

(eindimensionale konvexe Mengen können von den folgenden Untersuchungen ausgeschlossen werden, da ihr Rand höchstens einen bzw. zwei Punkte enthält).

Im vorliegenden Kapitel wollen wir bestimmte geometrische Eigenschaften des Randes ∂M einer konvexen Menge M charakterisieren. Es geht einmal um die Frage, ob der Rand einer konvexen Menge M in $\mathbb{E}_n$ unter den Voraussetzungen (17.1) eine $(n-1)$-dimensionale Mannigfaltigkeit (Hyperfläche) in $\mathbb{E}_n$ in topologischer Auffassung ist, und zum anderen um die Frage, unter welchen Voraussetzungen die Menge ∂M eine glatte Hyperfläche in $\mathbb{E}_n$ im Sinne der klassischen Differentialgeometrie ist.

Zu den topologischen Begriffen gehört die homöomorphe Abbildung; sie wird wie folgt definiert:

Es seien P_1 und P_2 zwei topologische Räume und f eine stetige Abbildung, die eine Menge $A \subset P_1$ auf eine Menge $B \subset P_2$ abbildet (Bezeichnung $B = f(A)$). Falls diese Abbildung eineindeutig ist und die inverse Abbildung $A = f^{-1}(B)$ stetig, so heißt f eine *homöomorphe Abbildung* der Menge A auf die Menge B, und die Menge B wird als *homöomorphes Bild* der Menge A (des Urbildes A) bezeichnet.

Bemerkung 17.1. Unter dem Begriff eines zwei voneinander verschiedene Punkte $\boldsymbol{x}_1 \in \mathbb{E}_n$ und $\boldsymbol{x}_2 \in \mathbb{E}_n$ verbindenden einfachen Bogens wird eine Menge $B(\boldsymbol{x}_1, \boldsymbol{x}_2)$ in $\mathbb{E}_n$ verstanden, die ein homöomorphes Bild eines beschränkten abgeschlossenen Intervalls $[t_1, t_2]$ ist, wobei der Punkt $\boldsymbol{x}_1$ Bild der Zahl t_1 und der Punkt $\boldsymbol{x}_2$ Bild der Zahl t_2 ist. Ein solcher Bogen läßt sich in folgender Form darstellen:

$$B(\boldsymbol{x}_1, \boldsymbol{x}_2) = \{\boldsymbol{x} \in \mathbb{E}_n \mid x = \boldsymbol{x}(t),\ t \in [t_1, t_2],\ \boldsymbol{x}_i = \boldsymbol{x}(t_i)\ (i = 1, 2)\};$$

die Vektorfunktion $\boldsymbol{x}(t)$ beschreibt dabei eine homöomorphe Abbildung des Intervalls $[t_1, t_2]$ auf die Menge $B(\boldsymbol{x}_1, \boldsymbol{x}_2)$.

Eine nichtleere Menge A in $\mathbb{E}_n$ heißt *zusammenhängend*, falls für jedes Punktepaar $\boldsymbol{x}_1 \in A$, $\boldsymbol{x}_2 \in A$ mit $\boldsymbol{x}_1 \neq \boldsymbol{x}_2$ ein diese Punkte verbindender einfacher Bogen $B(\boldsymbol{x}_1, \boldsymbol{x}_2) \subset A$ existiert.

Definition 17.1. Es sei V eine nichtleere Menge in $\mathbb{E}_n$ $(n \geqq 2)$. Für jeden Punkt $\boldsymbol{x} \in V$ möge eine Umgebung $U(\boldsymbol{x})$ derart existieren, daß die Menge

$$\tilde{U}(\boldsymbol{x}) := U(\boldsymbol{x}) \cap V$$

ein homöomorphes Bild eines Gebietes $\Omega = \Omega(\boldsymbol{x})$ eines d-dimensionalen euklidischen Raumes $\mathbb{E}_d$ $(1 \leqq d \leqq n-1)$ ist. Dann nennen wir die Menge V eine *d-dimensionale Mannigfaltigkeit* (im Fall $d = 1$ auch eine *allgemeine Kurve*, im Fall $d = n-1$ eine *allgemeine Hyperfläche*) in $\mathbb{E}_n$.

Definition 17.2. Es seien $x_1, \ldots, x_n$ kartesische Koordinaten eines Punktes $\boldsymbol{x}$ in $\mathbb{E}_n$ $(n \geqq 2)$ und $y_1, \ldots, y_d$ kartesische Koordinaten eines Punktes $\boldsymbol{y}$ in einem d-dimensionalen euklidischen Raum $\mathbb{E}_d$ $(1 \leqq d \leqq n-1)$. Weiter seien

$$\varphi_i(\boldsymbol{y}) := \varphi_i(y_1, \ldots, y_d) \qquad (i = 1, \ldots, n)$$

über einem Gebiet $D \subset \mathbb{E}_d$ definierte Funktionen mit den folgenden Eigenschaften:

(a) in jedem Punkt $\boldsymbol{y} = (y_1, \ldots, y_d) \in D$ besitzen die Funktionen $\varphi_i(\boldsymbol{y})$ stetige partielle Ableitungen

$$\frac{\partial \varphi_i}{\partial y_r} \qquad (i = 1, \ldots, n;\ r = 1, \ldots, d);$$

(b) die Matrix

$$\begin{pmatrix} \frac{\partial \varphi_1}{\partial y_1} & \cdots & \frac{\partial \varphi_i}{\partial y_1} & \cdots & \frac{\partial \varphi_n}{\partial y_1} \\ \cdot & \cdot & \cdot & \cdot & \cdot \\ \frac{\partial \varphi_1}{\partial y_r} & \cdots & \frac{\partial \varphi_i}{\partial y_r} & \cdots & \frac{\partial \varphi_n}{\partial y_r} \\ \cdot & \cdot & \cdot & \cdot & \cdot \\ \frac{\partial \varphi_1}{\partial y_d} & \cdots & \frac{\partial \varphi_i}{\partial y_d} & \cdots & \frac{\partial \varphi_n}{\partial y_d} \end{pmatrix}$$

hat in jedem Punkt $\boldsymbol{y} \in D$ den Rang d.

Dann nennen wir die Menge

$$V_d := \{\boldsymbol{x} \in \mathbb{E}_n \mid x_i = \varphi_i(\boldsymbol{y}) \quad (i = 1, \ldots, n), \boldsymbol{y} \in D\} \tag{17.2}$$

eine *reguläre d-dimensionale Mannigfaltigkeit* (im Fall $d = 1$ auch eine *reguläre Kurve*, im Fall $d = n - 1$ eine *reguläre Hyperfläche*) in $\mathbb{E}_n$ *in der Gaußschen „parametrischen“ Auffassung*. Die Veränderlichen $y_1, \ldots, y_d$ werden auch als *Parameter* bezeichnet, das Gebiet D heißt dann *Parameterbereich der Mannigfaltigkeit* V_d.

Definition 17.3. Es seien $\Phi_1(\boldsymbol{x}), \ldots, \Phi_{n-d}(\boldsymbol{x})$ $(1 \leqq d \leqq n-1)$ über einem Gebiet Ω in $\mathbb{E}_n$ $(n \geqq 2)$ definierte Funktionen, für die gilt:

(a) in jedem Punkt $\boldsymbol{x} \in \Omega$ besitzen die Funktionen Φ_j stetige partielle Ableitungen

$$\frac{\partial \Phi_j}{\partial x_i} \qquad (j = 1, \ldots, n-d;\ i = 1, \ldots, n);$$

(b) die Menge

$$W_d := \{\boldsymbol{x} \in \Omega \mid \Phi_j(\boldsymbol{x}) = 0 \ \ (j = 1, \ldots, n - d)\}$$

ist nicht leer;

(c) in jedem Punkt $\boldsymbol{x} \in W_d$ hat die Matrix

$$\begin{pmatrix} \dfrac{\partial \Phi_j}{\partial x_1} & \cdots & \dfrac{\partial \Phi_1}{\partial x_i} & \cdots & \dfrac{\partial \Phi_1}{\partial x_n} \\ \cdot & \cdot & \cdot & \cdot & \cdot \\ \dfrac{\partial \Phi_j}{\partial x_1} & \cdots & \dfrac{\partial \Phi_j}{\partial x_i} & \cdots & \dfrac{\partial \Phi_j}{\partial x_n} \\ \cdot & \cdot & \cdot & \cdot & \cdot \\ \dfrac{\partial \Phi_{n-d}}{\partial x_1} & \cdots & \dfrac{\partial \Phi_{n-d}}{\partial x_i} & \cdots & \dfrac{\partial \Phi_{n-d}}{\partial x_n} \end{pmatrix}$$

den Rang $n - d$.

Dann nennen wir die Menge W_d eine *reguläre d-dimensionale Mannigfaltigkeit* in $\mathbb{E}_n$ *in der Mongeschen „impliziten" Auffassung*. Falls die Menge W_d außerdem zusammenhängend ist, so wird sie im Fall $d = 1$ als eine *implizit beschriebene reguläre Kurve* bezeichnet, im Fall $d = n - 1$ als eine *implizit beschriebene reguläre Hyperfläche* und im Fall $1 < d < n - 1$ als eine *implizit beschriebene reguläre d-dimensionale Fläche* in $\mathbb{E}_n$.

Definition 17.4. Eine Menge V in $\mathbb{E}_n$ $(n \geqq 2)$ nennen wir eine *d-dimensionale glatte Mannigfaltigkeit* in $\mathbb{E}_n$ $(1 \leqq d \leqq n - 1)$, falls sie sich lokal (d. h. in einer hinreichend kleinen Umgebung jedes Punktes der Menge V) als d-dimensionale reguläre Mannigfaltigkeit in der Gaußschen Auffassung beschreiben läßt.

Bemerkung 17.2. Aus der Differentialgeometrie ist bekannt, daß eine reguläre d-dimensionale Mannigfaltigkeit — ob nun im Sinne der Gaußschen oder der Mongeschen Auffassung (d. h. im Sinne der Definition 17.2 bzw. der Definition 17.3) — eine glatte d-dimensionale Mannigfaltigkeit im Sinne der Definition 17.4 ist. Jede glatte d-dimensionale Mannigfaltigkeit in $\mathbb{E}_n$ (im Sinne der Definition 17.4) ist zugleich eine d-dimensionale Mannigfaltigkeit im Sinne der (topologischen) Definition 17.1.

Satz 17.1. *Es sei M eine den Bedingungen* (17.1) *genügende konvexe Menge in $\mathbb{E}_n$. Dann ist der Rand ∂M der Menge M eine $(n - 1)$-dimensionale Mannigfaltigkeit (im Sinne der Definition* 17.1).

Beweis. Aus der Voraussetzung (17.1) folgt $\partial M \neq \emptyset$. Wir wählen einen Punkt $\boldsymbol{x}_0 \in \partial M$ und einen Punkt $\hat{\boldsymbol{x}} \in \operatorname{int} M$; dann ist $\boldsymbol{x}_0 \neq \hat{\boldsymbol{x}}$ und

$$\boldsymbol{a}_n := \frac{\hat{\boldsymbol{x}} - \boldsymbol{x}_0}{\|\hat{\boldsymbol{x}} - \boldsymbol{x}_0\|} \tag{17.4a}$$

ein Einheitsvektor. Die Halbgerade $p(\hat{\boldsymbol{x}}; -\boldsymbol{a}_n)$ schneidet die Menge ∂M in genau einem Punkt, und zwar im Punkt $\boldsymbol{x}_0$ (vgl. Satz 2.6). Desgleichen schneidet jede von einem Punkt $\boldsymbol{x} \in \operatorname{int} M$ ausgehende und mit der Halbgeraden $p(\hat{\boldsymbol{x}}; -\boldsymbol{a}_n)$ gleichgerichtete Halbgerade $p(\boldsymbol{x}; -\boldsymbol{a}_n)$ den Rand ∂M der Menge M in genau einem Punkt (andernfalls läge die Halbgerade $\overline{p}(\boldsymbol{x}; -\boldsymbol{a}_n)$ mit $\boldsymbol{x} \in \operatorname{int} M$ nach Satz 2.6 in der Menge int M, und nach Satz 2.12 würde dann $\overline{p}(\hat{\boldsymbol{x}}; -\boldsymbol{a}_n) \subset \operatorname{int} M$ folgen, im Widerspruch zu $\boldsymbol{x}_0 \in \partial M \cap \overline{p}(\hat{\boldsymbol{x}}; -\boldsymbol{a}_n))$.

Es sei nun $\{\boldsymbol{a}_1, \ldots, \boldsymbol{a}_n\}$ ein orthonormiertes Vektorsystem, wobei $\boldsymbol{a}_n$ der unter (17.4a) definierte Vektor ist; dann gilt

$$(\boldsymbol{a}_i, \boldsymbol{a}_j) = \delta_{ij} \qquad (i, j = 1, \ldots, n). \tag{17.4b}$$

Weiter seien $x_1, \ldots, x_n$ die kartesischen Koordinaten eines Punktes $\boldsymbol{x}$ in $\mathbb{E}_n$, wenn wir die Vektorbasis $\boldsymbol{a}_1, \ldots, \boldsymbol{a}_n$ zugrunde legen und den oben gewählten Punkt $\boldsymbol{x}_0$ als Koordinatenursprung wählen, d. h.

$$\boldsymbol{x} = \boldsymbol{x}_0 + \sum_{1=1}^{n} \boldsymbol{a}_i x_i .$$

Der lineare Unterraum

$$L_{n-1} := \left\{\boldsymbol{x} \in \mathbb{E}_n \mid \boldsymbol{x} = \boldsymbol{x}_0 + \sum_{i=1}^{n-1} \boldsymbol{a}_r x_r, \quad x_r \in \mathbb{R} \quad (r = 1, \ldots, n-1)\right\}$$

ist eine zum Vektor $\boldsymbol{a}_n$ orthogonale und den Punkt $\boldsymbol{x}_0$ enthaltende Hyperebene in $\mathbb{E}_n$, in dem gewählten Koordinatensystem hat sie die Beschreibung

$$L_{n-1} = \{\boldsymbol{x} \in \mathbb{E}_n \mid x_n = 0\};$$

dabei sind $x_1, \ldots, x_{n-1}$ die kartesischen Koordinaten eines Punktes $\boldsymbol{x} \in L_{n-1}$, sobald in dem linearen Unterraum L_{n-1} die Vektorbasis $\boldsymbol{a}_1, \ldots, \boldsymbol{a}_{n-1}$ und der Punkt $\boldsymbol{x}_0$ als Koordinatenursprung gewählt werden. Damit haben wir die Hyperebene L_{n-1} zu einem — mit den kartesischen Koordinaten $x_1, \ldots, x_{n-1}$ versehenen — euklidischen Raum $\mathbb{E}_{n-1}$ erklärt. Der eindimensionale lineare Unterraum

$$L_1(\boldsymbol{o}) := \{\boldsymbol{x} \in \mathbb{E}_n \mid \boldsymbol{x} = \boldsymbol{x}_0 + t\boldsymbol{a}_n, \ t \in \mathbb{R}\}$$

ist eine zu der Hyperebene L_{n-1} orthogonale Gerade, sie enthält die Halbgerade $p(\boldsymbol{x}_0; -\boldsymbol{a}_n)$ und hat in dem in $\mathbb{E}_n$ gewählten Koordinatensystem die Beschreibung

$$L_1(\boldsymbol{o}) = \{\boldsymbol{x} \in \mathbb{E}_n \mid x_r = 0 \ (r = 1, \ldots, n-1), \ x_n = t, \ t \in \mathbb{R}\}.$$

Die Projektion M^* der n-dimensionalen konvexen Menge M in Richtung des linearen Unterraumes $L_1(\boldsymbol{o})$ in den linearen Unterraum L_{n-1} (also in den Raum $\mathbb{E}_{n-1}$) ist nach Satz 2.9 eine im Raum $\mathbb{E}_{n-1}$ liegende konvexe Menge, wobei die Menge rel int M^* die entsprechende Projektion der Menge int M ist. Da offensichtlich $\dim M^* = n - 1$ gilt, ist die Menge

$$\Omega := \operatorname{rel\,int} M^* \tag{17.5}$$

ein konvexes Gebiet in $\mathbb{E}_{n-1}$.

Die Mengen

$$U(\boldsymbol{x}_0) := \bigcup_{\tilde{\boldsymbol{x}} \in \operatorname{int} M} \overline{p}(\tilde{\boldsymbol{x}}; -\boldsymbol{a}_n) = \{\boldsymbol{x} \in \mathbb{E}_n \mid \boldsymbol{x} = \tilde{\boldsymbol{x}} - t\boldsymbol{a}_n, \ \tilde{\boldsymbol{x}} \in \operatorname{int} M, \ t \geqq 0\} \tag{17.6a}$$

und

$$T(\boldsymbol{x}_0) := \bigcup_{\tilde{\boldsymbol{x}} \in \operatorname{int} M} \overline{p}(\tilde{\boldsymbol{x}}; \boldsymbol{a}_n) = \{\boldsymbol{x} \in \mathbb{E}_n \mid \boldsymbol{x} = \tilde{\boldsymbol{x}} + t\boldsymbol{a}_n, \ \tilde{\boldsymbol{x}} \in \operatorname{int} M, \ t \geqq 0\} \tag{17.6b}$$

sind offensichtlich konvexe und in $\mathbb{E}_n$ offene Obermengen der Menge int M; sie sind daher konvexe Gebiete in $\mathbb{E}_n$ (vgl. Abb. 17.1a und 17.1b). Wegen $\boldsymbol{x}_0 \in p(\hat{\boldsymbol{x}}; -\boldsymbol{a}_n) \subset U(\boldsymbol{x}_0)$ ist das Gebiet $U(\boldsymbol{x}_0)$ eine Umgebung des Punktes $\boldsymbol{x}_0$.

Wir zeigen nun, daß die Menge

$$\tilde{U}(\boldsymbol{x}_0) := U(\boldsymbol{x}_0) \cap \partial M \tag{17.7}$$

ein homöomorphes Bild des in (17.5) definierten Gebietes Ω in $\mathbb{E}_{n-1}$ ist.

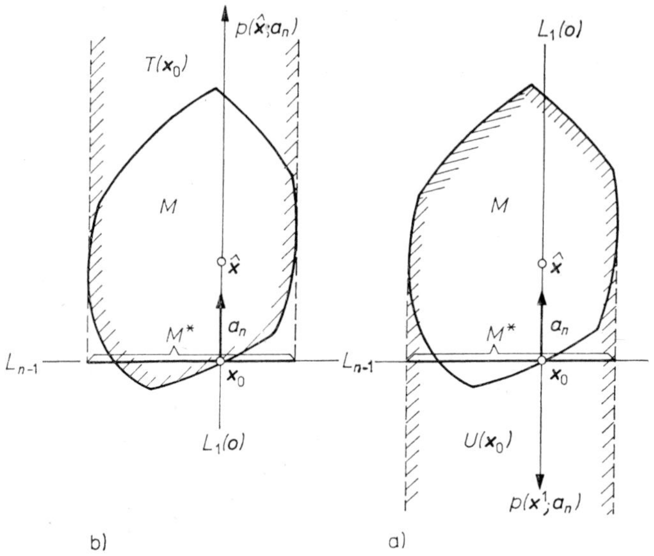

Abb. 17.1

Es sei $\boldsymbol{y}$ ein beliebiger Punkt des Gebiets Ω, seine kartesischen Koordinaten bezüglich des oben für den Raum $\mathbb{E}_{n-1}$ gewählten Koordinatensystems seien $y_1, \ldots, y_{n-1}$. Aus den Definitionen der Mengen Ω und M^* folgt, daß die mit der Geraden $L_1(\boldsymbol{o})$ parallele Gerade

$$L_1(\boldsymbol{y}) = \{\boldsymbol{x} \in \mathbb{E}_n \mid x_r = y_r \ (r = 1, \ldots, n-1),\ x_n = t,\ t \in \mathbb{R}\}$$

einen nichtleeren Durchschnitt mit der Menge int M hat. Eine von einem beliebigen Punkt $\tilde{\boldsymbol{x}} \in L_1(\boldsymbol{y}) \cap \operatorname{int} M$ ausgehende Halbgerade $p(\tilde{\boldsymbol{x}}; -\boldsymbol{a}_n)$ — sie ist Teilmenge der Geraden $L_1(\boldsymbol{y})$ und gehört zu dem in (17.6a) definierten Gebiet $U(\boldsymbol{x}_0)$ — schneidet den Rand ∂M der Menge M in genau einem Punkt $\boldsymbol{x}$, er hat die Koordinaten

$$x_r = y_r \quad (r = 1, \ldots, n-1), \quad x_n = \inf\{t \mid (y_1, \ldots, y_{n-1}, t) \in M\}$$

und liegt in der Menge $\tilde{U}(\boldsymbol{x}_0)$. Wir definieren nun die Funktion

$$\varphi(\boldsymbol{y}) := \inf\{t \mid (y_1, \ldots, y_{n-1}, t) \in M\}, \quad \boldsymbol{y} \in \Omega; \tag{17.8a}$$

dann liefert die Zuordnung

$$x_r = y_r \quad (r = 1, \ldots, n-1), \quad x_n = \varphi(\boldsymbol{y}), \quad \boldsymbol{y} \in \Omega, \tag{17.8b}$$

eine eineindeutige Abbildung der Menge Ω auf die Menge $\tilde{U}(\boldsymbol{x}_0)$, und es gilt

$$\tilde{U}(\boldsymbol{x}_0) = \{\boldsymbol{x} \in \mathbb{E}_n \mid x_r = y_r \ (r = 1, \ldots, n-1),\ x_n = \varphi(\boldsymbol{y}),\ \boldsymbol{y} \in \Omega\}. \tag{17.9}$$

Um die Stetigkeit der in (17.8a) definierten Funktion $\varphi(\boldsymbol{y})$ über der Menge Ω zu zeigen, gehen wir von der unter (17.6b) definierten Menge $T(\boldsymbol{x}_0)$ aus, die — wie oben ausgeführt — ein konvexes Gebiet in $\mathbb{E}_n$ ist und die Menge int M enthält. Eine durch einen Punkt $\tilde{\boldsymbol{x}} \in \operatorname{int} M$ verlaufende und die Halbgerade $p(\tilde{\boldsymbol{x}}; \boldsymbol{a}_n)$ enthaltende Gerade schneidet die Hyperebene $\mathbb{E}_{n-1}$ in genau einem Punkt $\tilde{\boldsymbol{y}} \in \Omega$; seine Koordinaten in dem für den Raum $\mathbb{E}_{n-1}$ gewählten Koordinatensystem seien $\tilde{y}_1, \ldots, \tilde{y}_{n-1}$. Die genannte Gerade — wir bezeichnen sie in Übereinstimmung zu der oben benutzten Symbolik mit $L_1(\tilde{\boldsymbol{y}})$ — läßt sich daher darstellen in der Form

$$L_1(\tilde{\boldsymbol{y}}) = \{\boldsymbol{x} \in \mathbb{E}_n \mid x_r = \tilde{y}_r \ (r = 1, \ldots, n-1),\ x_n = t,\ t \in \mathbb{R}\}.$$

Wegen $\tilde{\boldsymbol{x}} \in \operatorname{int} M \cap L_1(\tilde{\boldsymbol{y}})$ gilt

$$\tilde{x}_r = \tilde{y}_r \quad (r = 1, \ldots, n-1), \quad \tilde{x}_n > \inf \{t \mid (\tilde{y}_1, \ldots, \tilde{y}_{n-1}, t) \in M\}. \tag{17.10}$$

Hieraus erhält man für die unter (17.6b) definierte konvexe Menge $T(\boldsymbol{x}_0)$ unter Verwendung der in (17.8a) definierten Funktion $\varphi(\boldsymbol{y})$ in dem oben für den $\mathbb{E}_n$ festgelegten Koordinatensystem die Darstellung

$$T(\boldsymbol{x}_0) = \{\boldsymbol{x} \in \mathbb{E}_n \mid x_r = y_r \ (r = 1, \ldots, n-1),\ x_n > \varphi(\boldsymbol{y}),\ \boldsymbol{y} \in \Omega\}.$$

Der Epigraph der über der Menge Ω definierten Funktion $\varphi(\boldsymbol{y})$ ist aber die Menge

$$\mathscr{E}_\varphi := \{\boldsymbol{x} \in \mathbb{E}_n \mid x_r = y_r \ (r = 1, \ldots, n-1),\ x_n \geqq \varphi(\boldsymbol{y}),\ \boldsymbol{y} \in \Omega\}, \tag{17.11}$$

daher gilt $T(\boldsymbol{x}_0) = \operatorname{int} \mathscr{E}_\varphi$. Da die Menge $T(\boldsymbol{x}_0)$ konvex ist, muß auch der Epigraph $\mathscr{E}_\varphi$ konvex sein; folglich ist $\varphi(\boldsymbol{y})$ nach Definition 15.2 eine über dem Gebiet Ω konvexe Funktion in $\mathbb{E}_{n-1}$ und damit — nach Satz 15.7 — über der Menge Ω stetig.

Aus der Stetigkeit der Funktion $\varphi(\boldsymbol{y})$ über der Menge Ω folgt die Stetigkeit der in (17.8b) definierten eindeutigen Abbildung der Menge Ω auf die Menge $\tilde{U}(\boldsymbol{x}_0)$. Die Abbildung sei mit f und die entsprechende inverse Abbildung, die die Menge $\tilde{U}(\boldsymbol{x}_0)$ auf die Menge Ω abbildet, mit f^{-1} bezeichnet. Wir wählen nun eine beliebige Zahl $\varepsilon > 0$ und einen beliebigen Punkt $\tilde{\boldsymbol{x}} \in \tilde{U}(\boldsymbol{x}_0)$. Dann gibt es genau einen Punkt $\tilde{\boldsymbol{y}} \in \Omega$ mit $\tilde{\boldsymbol{y}} = f^{-1}(\tilde{\boldsymbol{x}})$. Da Ω ein Gebiet in $\mathbb{E}_{n-1}$ ist, existiert eine Zahl $\tilde{\varepsilon} > 0$, so daß die sphärische $\tilde{\varepsilon}$-Umgebung $U(\tilde{\boldsymbol{y}}; \tilde{\varepsilon})$ des Punktes $\tilde{\boldsymbol{y}}$ in der Menge Ω liegt. Setzt man $\delta := \min(\tilde{\varepsilon}, \varepsilon/2)$, so gilt unter Beachtung von (17.9) für alle $\boldsymbol{x} \in \tilde{U}(\boldsymbol{x}_0)$ mit $\|\boldsymbol{x} - \tilde{\boldsymbol{x}}\| < \delta$

$$\|\boldsymbol{x} - \tilde{\boldsymbol{x}}\|^2 = \|\boldsymbol{y} - \tilde{\boldsymbol{y}}\|^2 + \big(\varphi(\boldsymbol{y}) - \varphi(\tilde{\boldsymbol{y}})\big)^2 < \delta^2 \quad \text{mit} \quad \boldsymbol{y} = f^{-1}(\boldsymbol{x}),$$

woraus dann

$$\|f^{-1}(\boldsymbol{x}) - f^{-1}(\tilde{\boldsymbol{x}})\| = \|\boldsymbol{y} - \tilde{\boldsymbol{y}}\| < \delta = \min\left\{\tilde{\varepsilon}, \frac{\varepsilon}{2}\right\} \leqq \frac{\varepsilon}{2} < \varepsilon$$

für alle $\boldsymbol{x} \in \tilde{U}(\boldsymbol{x}_0)$ mit $\|\boldsymbol{x} - \tilde{\boldsymbol{x}}\| < \delta$ folgt. Da $\tilde{\boldsymbol{x}}$ ein beliebiger Punkt der Menge $\tilde{U}(\boldsymbol{x}_0)$ war, bedeutet das aber, daß f^{-1} eine stetige Abbildung der Menge $\tilde{U}(\boldsymbol{x}_0)$ auf die Menge Ω ist. Die Abbildung f des Gebietes Ω in $\mathbb{E}_{n-1}$ auf die den Punkt $\boldsymbol{x}_0$ enthaltende und in (17.7) definierte Menge $\tilde{U}(\boldsymbol{x}_0)$ ist daher eine homöomorphe Abbildung. Da $\boldsymbol{x}_0$ ein beliebiger Punkt des Randes ∂M der Menge M war, folgt daraus nach Definition 17.1 die Aussage des Satzes. □

Satz 17.2. *Es sei M eine den Bedingungen* (17.1.) *genügende konvexe Menge in $\mathbb{E}_n$. Dann gibt es zu jedem Punkt $\boldsymbol{x}_0 \in \partial M$ eine Zahl $\varepsilon_0 > 0$ derart, daß die Menge*

$$\partial M \cap U(\boldsymbol{x}_0; \varepsilon_0)$$

eine zusammenhängende Menge in $\mathbb{E}_n$ ist (hierbei bezeichnet $U(\boldsymbol{x}_0; \varepsilon_0)$ die sphärische ε_0-Umgebung des Punktes $\boldsymbol{x}_0$).

Beweis. Wir können hier im wesentlichen wie im Beweis des Satzes 17.1 vorgehen. Statt jedoch wie dort von einem beliebigen Punkt $\hat{\boldsymbol{x}} \in \operatorname{int} M$ auszugehen, werden wir diesen Punkt hier in bestimmter Weise festlegen.

Es sei $\boldsymbol{x}_0$ ein beliebiger Punkt des Randes ∂M der Menge M. Nach Satz 14.7 gibt es dann einen Punkt $\hat{\boldsymbol{x}} \in \operatorname{int} M$ derart, daß der $(n-1)$-dimensionale lineare Unterraum

$$L_{n-1} := \{\boldsymbol{x} \in \mathbb{E}_n \mid (\hat{\boldsymbol{x}} - \boldsymbol{x}_0, \boldsymbol{x} - \boldsymbol{x}_0) = 0\}$$

eine Stützhyperebene und der zu ihr gehörige abgeschlossene Halbraum

$$\overline{H}^+ := \{\boldsymbol{x} \in \mathbb{E}_n \mid (\hat{\boldsymbol{x}} - \boldsymbol{x}_0, \boldsymbol{x} - \boldsymbol{x}_0) \geqq 0\}$$

ein Stützhalbraum der Menge M ist. Wir definieren nun den Einheitsvektor $\boldsymbol{a}_n$ gemäß (17.4a) und mit dessen Hilfe die Menge $U(\boldsymbol{x}_0)$ gemäß (17.6a). Da die Menge $U(\boldsymbol{x}_0)$, wie im Beweis des Satzes 17.1 gezeigt wurde, ein konvexes Gebiet in $\mathbb{E}_n$ mit $\boldsymbol{x}_0 \in U(\boldsymbol{x}_0)$ ist, existiert eine Zahl $\varepsilon_0 > 0$, so daß die sphärische ε_0-Umgebung $U(\boldsymbol{x}_0; \varepsilon_0)$ des Punktes $\boldsymbol{x}_0$ in der Menge $U(\boldsymbol{x}_0)$ liegt. Die Menge

$$M_{\varepsilon_0} := U(\boldsymbol{x}_0; \varepsilon_0) \cap \operatorname{int} M$$

ist offenbar eine in $\mathbb{E}_n$ offene konvexe Menge, die den Bedingungen (17.1) genügt und den Punkt $\boldsymbol{x}_0 \in \partial M$ als Randpunkt besitzt, d. h. $\boldsymbol{x}_0 \in \partial M_{\varepsilon_0}$. Wir definieren nun die Menge

$$U_{\varepsilon_0}(\boldsymbol{x}_0) := \bigcup_{\tilde{\boldsymbol{x}} \in M_{\varepsilon_0}} \overline{p}(\tilde{\boldsymbol{x}}, -\boldsymbol{a}_n) = \{\boldsymbol{x} \in \mathbb{E}_n \mid \boldsymbol{x} = \tilde{\boldsymbol{x}} - t\boldsymbol{a}_n,\ \tilde{\boldsymbol{x}} \in M_{\varepsilon_0},\ t \geqq 0\};$$

sie ist — ebenso wie die Menge $U(\boldsymbol{x}_0)$ — ein konvexes und den Punkt $\boldsymbol{x}_0 \in \partial M_{\varepsilon_0}$ enthaltendes Gebiet in $\mathbb{E}_n$. Nach dem Beweis von Satz 17.1 — statt der Menge M nehmen wir nun die Menge M_{ε_0} — ist die Menge

$$\tilde{U}_{\varepsilon_0}(\boldsymbol{x}_0) := U_{\varepsilon_0}(\boldsymbol{x}_0) \cap \partial M_{\varepsilon_0}$$

ein homöomorphes Bild der Projektion $M^*_{\varepsilon_0}$ der Menge M_{ε_0} in Richtung des eindimensionalen linearen Unterraumes $L_1(\boldsymbol{o})$, d. h. in Richtung der Geraden

$$L_1(\boldsymbol{o}) := \{\boldsymbol{x} \in \mathbb{E}_n \mid \boldsymbol{x} = \boldsymbol{x}_0 + t\boldsymbol{a}_n,\ t \in \mathbb{R}\}$$

in den linearen Unterraum L_{n-1} (also in die oben beschriebene Stützhyperebene der Menge M); dabei ist $M^*_{\varepsilon_0}$ ein konvexes Gebiet des Raumes L_{n-1} (also ein in der betrachteten Stützhyperebene liegendes Gebiet), vgl. Abb. 17.2.

Wir zeigen jetzt die Gleichheit

$$\tilde{U}_{\varepsilon_0}(\boldsymbol{x}_0) = U(\boldsymbol{x}_0; \varepsilon_0) \cap \partial M.$$

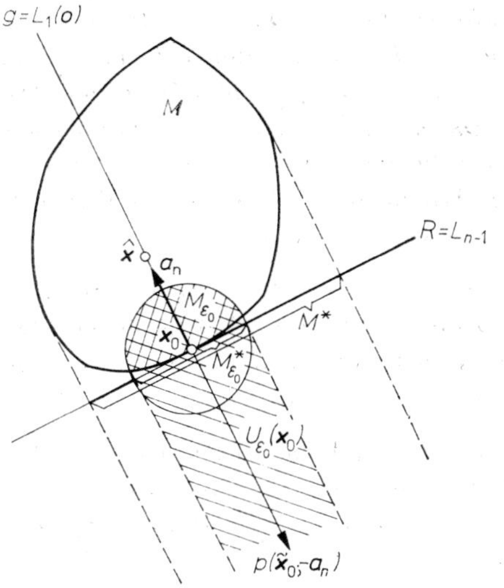

Abb. 17.2

Da $\overline{H}^+$ ein Stützhalbraum und L_{n-1} eine den Punkt $\boldsymbol{x}_0$ enthaltende Stützhyperebene der Menge M sind, gilt $M_{\varepsilon_0} \subset \overline{H}^+$. Es sei nun $\boldsymbol{x}$ ein beliebiger Punkt der Menge $\tilde{U}_{\varepsilon_0}(\boldsymbol{x}_0)$. Dann ist $\boldsymbol{x} \in \partial M_{\varepsilon_0}$ und $\boldsymbol{x} \in U_{\varepsilon_0}(\boldsymbol{x}_0)$; aus ersterem folgt

$$\boldsymbol{x} \in \partial U(\boldsymbol{x}_0; \varepsilon_0) \quad \text{oder} \quad \boldsymbol{x} \in \partial M,$$

aus zweiterem folgt die Existenz eines Punktes $\tilde{\boldsymbol{x}} \in M_{\varepsilon_0}$ mit

$$\boldsymbol{x} \in p(\tilde{\boldsymbol{x}}; -\boldsymbol{a}_n).$$

Die offene, zu der — den Punkt $\boldsymbol{x}_0$ enthaltenden — Hyperebene L_{n-1} orthogonale Halbgerade $p(\tilde{\boldsymbol{x}}; -\boldsymbol{a}_n)$ schneidet die Hypersphäre $\partial U(\boldsymbol{x}_0; \varepsilon_0)$ in genau einem Punkt, der nicht in dem Halbraum $\overline{H}^+$ liegt. Da wegen $\boldsymbol{x} \in \overline{M}_{\varepsilon_0} \subset \overline{H}^+$ dann

$$\boldsymbol{x} \notin \partial U(\boldsymbol{x}_0; \varepsilon_0), \quad \boldsymbol{x} \in \partial M$$

folgt und da wegen der Konvexität der Menge $\overline{M}_{\varepsilon_0}$ und wegen $\overline{M}_{\varepsilon_0} \subset \overline{H}^+$ die offene Strecke $u(\boldsymbol{x}, \tilde{\boldsymbol{x}})$ in der Menge $\overline{M}_{\varepsilon_0}$ und damit in dem Halbraum $\overline{H}^+$ liegt, ist $u(\boldsymbol{x}, \tilde{\boldsymbol{x}}) \subset U(\boldsymbol{x}_0; \varepsilon_0)$ und daher $\boldsymbol{x} \in U(\boldsymbol{x}_0; \varepsilon_0) \cap \partial M$. Also gilt ($\boldsymbol{x}$ war ein beliebiger Punkt der Menge $\tilde{U}_{\varepsilon_0}(\boldsymbol{x}_0)$)

$$\tilde{U}_{\varepsilon_0}(\boldsymbol{x}_0) \subset U(\boldsymbol{x}_0; \varepsilon_0) \cap \partial M.$$

Um die umgekehrte Inklusion zu zeigen, wählen wir einen beliebigen Punkt $\boldsymbol{x} \in U(\boldsymbol{x}_0; \varepsilon_0) \cap \partial M$. Dann ist offensichtlich $\boldsymbol{x} \in \partial M_{\varepsilon_0}$; da nach den Definitionen der Mengen $U_{\varepsilon_0}(\boldsymbol{x}_0)$ und $U(\boldsymbol{x}_0; \varepsilon_0)$ auch $U(\boldsymbol{x}_0; \varepsilon_0) \subset U_{\varepsilon_0}(\boldsymbol{x}_0)$ ist (denn jede von einem Punkt $\tilde{\boldsymbol{x}} \in U(\boldsymbol{x}_0; \varepsilon_0)$ ausgehende offene Halbgerade $p(\tilde{\boldsymbol{x}}; -\boldsymbol{a}_n)$ schneidet die Hypersphäre $\partial U(\boldsymbol{x}_0; \varepsilon_0)$ in genau einem, in der Menge $U_{\varepsilon_0}(\boldsymbol{x}_0)$ gelegenen Punkt), folgt $\boldsymbol{x} \in U(\boldsymbol{x}_0; \varepsilon_0) \cap \partial M_{\varepsilon_0} = \tilde{U}_{\varepsilon_0}(\boldsymbol{x}_0)$ und somit die Inklusion

$$U(\boldsymbol{x}_0; \varepsilon_0) \cap \partial M \subset \tilde{U}_{\varepsilon_0}(\boldsymbol{x}_0).$$

Die Mengen $U(\boldsymbol{x}_0; \varepsilon_0) \cap \partial M$ und $\tilde{U}_{\varepsilon_0}(\boldsymbol{x}_0)$ stimmen also überein, d. h., die Menge $U(\boldsymbol{x}_0; \varepsilon_0) \cap \partial M$ ist ein homöomorphes Bild des $(n-1)$-dimensionalen konvexen Gebietes $M^*_{\varepsilon_0} \subset L_{n-1}$.

Es seien nun $\boldsymbol{x}_1$ und $\boldsymbol{x}_2$ beliebige Punkte der Menge $U(\boldsymbol{x}_0;\varepsilon_0) \cap \partial M$ mit $\boldsymbol{x}_1 \neq \boldsymbol{x}_2$. Durch eine homöomorphe Abbildung der Menge $M^*_{\varepsilon_0}$ auf die Menge $U(\boldsymbol{x}_0;\varepsilon_0) \cap \partial M$ werden ihnen eineindeutig Punkte $\boldsymbol{y}_i \cap M^*_{\varepsilon_0}$ $(i = 1, 2)$ mit $\boldsymbol{y}_1 \neq \boldsymbol{y}_2$ zugeordnet. Das konvexe Gebiet $M^*_{\varepsilon_0}$ enthält dann die Strecke $\overline{u}(\boldsymbol{y}_1, \boldsymbol{y}_2)$. Da das Bild der eindimensionalen konvexen Menge $\overline{u}(\boldsymbol{y}_1, \boldsymbol{y}_2)$ bei einer homöomorphen Abbildung ein einfacher, die Punkte $\boldsymbol{x}_1$ und $\boldsymbol{x}_2$ verbindender Bogen ist, folgt, daß die Menge $U(\boldsymbol{x}_0;\varepsilon_0) \cap \partial M$ (vgl. Bemerkung 17.1) zusammenhängend ist, d. h., die Aussage des Satzes gilt. □

Bemerkung 17.3. Nach Satz 17.2 existiert — unter den dort getroffenen Voraussetzungen — zu jedem Punkt $\boldsymbol{x}_0 \in \partial M$ eine Zahl $\varepsilon_0 > 0$ derart, daß die Menge $U(\boldsymbol{x}_0;\varepsilon_0) \cap \partial M$ zusammenhängend ist. Aus dem Beweis des Satzes folgt unmittelbar, daß dann auch die Mengen $U(\boldsymbol{x}_0;\varepsilon) \cap \partial M$, $0 < \varepsilon < \varepsilon_0$, zusammenhängend sind.

Satz 17.3. *Es sei M eine den Bedingungen* (17.1) *genügende konvexe Menge in $\mathbb{E}_n$; sie möge in jedem Punkt ihres Randes ∂M genau eine Stützhyperebene besitzen. Dann ist der Rand ∂M der Menge M eine glatte $(n-1)$-dimensionale Mannigfaltigkeit in $\mathbb{E}_n$ (im Sinne der Definition* 17.4).

Beweis. (Wie im vorangegangenen Beweis werden wir auch hier wieder Grundkonstruktionen und Teilergebnisse aus dem Beweis des Satzes 17.1 übernehmen.) Nach Satz 17.1 ist die Menge ∂M eine $(n-1)$-dimensionale Mannigfaltigkeit in $\mathbb{E}_n$ im Sinne der Definition 17.1.

Es sei $\boldsymbol{x}_0$ ein beliebiger Punkt des Randes ∂M der Menge M. Nach dem Beweis des Satzes 17.1 ist die unter (17.7) definierte, den Punkt $\boldsymbol{x}_0$ enthaltende und im Rand ∂M der Menge M gelegene Menge $\tilde{U}(\boldsymbol{x}_0)$ ein homöomorphes Bild des in (17.5) definierten Gebietes Ω eines bestimmten, mit den kartesischen Koordinaten $y_1, \ldots, y_{n-1}$ versehenen euklidischen Raumes $\mathbb{E}_{n-1}$. In dem für diesen Raum $\mathbb{E}_{n-1}$ festgelegten Koordinatensystem entspricht dem in $\mathbb{E}_{n-1}$ gelegenen Punkt $\boldsymbol{x}_0$ der Punkt $\boldsymbol{y}$ mit den Koordinaten $y_r = 0$ $(r = 1, \ldots, n-1)$. Der Punkt $\boldsymbol{x}_0$ fällt daher mit dem Koordinatenursprung $\boldsymbol{y} = \boldsymbol{o}$ in $\mathbb{E}_{n-1}$ zusammen. In dem für den Raum $\mathbb{E}_n$ — im Beweis von Satz 17.1 festgelegten — kartesischen Koordinatensystem hat die Menge $\tilde{U}(\boldsymbol{x}_0)$ die in (17.9) angegebene explizite Darstellung, die dort auftretende Funktion $\varphi(\boldsymbol{y})$ ist konvex und stetig über dem Gebiet Ω.

Nach Voraussetzung besitzt die Menge M genau eine Stützhyperebene R_0 mit $\boldsymbol{x}_0 \in R_0$; sie ist wegen $\dim M = n$ nichtsingulär (vgl. Definition 14.1). Da der Epigraph $\mathscr{E}_\varphi$ der Funktion $\varphi(\boldsymbol{y})$ die Menge int M enthält (vgl. dazu den Beweis von Satz 17.1) und $\boldsymbol{x}_0 \in \partial\mathscr{E}_\varphi$ ist, folgt (unter Beachtung der Definition 14.1 und der Eindeutigkeit der Stützhyperebene R_0 der Menge M im Punkt $\boldsymbol{x}_0$, daß die Hyperebene R_0 zugleich die einzige Stützhyperebene des Epigraphen $\mathscr{E}_\varphi$ mit $\boldsymbol{x}_0 \in \partial\mathscr{E}_\varphi$ ist. Nach Satz 15.12 besitzt die Funktion $\varphi(\boldsymbol{y})$ im Punkt $\boldsymbol{y} = \boldsymbol{o}$ ein totales Differential und daher auch die partiellen Ableitungen $\dfrac{\partial\varphi}{\partial y_r}(\boldsymbol{o})$ $(r = 1, \ldots, n-1)$. Falls $\boldsymbol{y}$ ein beliebiger Punkt des Gebietes Ω mit den Koordinaten $y_1, \ldots, y_{n-1}$ in $\mathbb{E}_{n-1}$ ist, so gehört der Punkt $\boldsymbol{x}$ mit den Koordinaten $x_r = y_r$ $(r = 1, \ldots, n-1)$, $x_n = \varphi(\boldsymbol{y})$ in $\mathbb{E}_n$ nach (17.9) zur Menge $\tilde{U}(\boldsymbol{x}_0)$. Nach Voraussetzung existiert genau eine den Punkt $\boldsymbol{x}$ enthaltende Stützhyperebene R der Menge M; damit ist R aber auch — vergleiche den eben behandelten Fall der Hyperebene R_0 — die einzige Stützhyperebene des Epigraphen $\mathscr{E}_\varphi$ mit $\boldsymbol{x} \in \partial\mathscr{E}_\varphi$. Wie im Fall des Punktes $\boldsymbol{x}_0$ folgt, daß die Funktion $\varphi(\boldsymbol{y})$ partielle Ableitungen erster Ordnung in dem gewählten

Punkt $\boldsymbol{y} \in \Omega$ hat. Die konvexe Funktion $\varphi(\boldsymbol{y})$ besitzt daher in jedem Punkt $\boldsymbol{y}$ des Gebietes Ω partielle Ableitungen erster Ordnung, nach Satz 16.1 sind sie stetig über diesem Gebiet.

Wir setzen nun

$$\varphi_r(\boldsymbol{y}) := y_r \quad (r = 1, \ldots, n-1), \quad \varphi_n(\boldsymbol{y}) := \varphi(\boldsymbol{y}), \quad \boldsymbol{y} \in \Omega;$$

diese Funktionen $\varphi_r(\boldsymbol{y})$ $(r = 1, \ldots, n)$ besitzen in jedem Punkt $\boldsymbol{y} \in \Omega$ stetige partielle Ableitungen erster Ordnung, und die in Bedingung (b) der Definition 17.2 angegebene Matrix — sie hat hier die Gestalt

$$\begin{pmatrix} 1 & \cdots & 0 & \cdots & 0 & \dfrac{\partial \varphi}{\partial y_1} \\ \cdot & \cdot & \cdot & \cdot & \cdot & \cdot \\ 0 & \cdots & 1 & \cdots & 0 & \dfrac{\partial \varphi}{\partial y_r} \\ \cdot & \cdot & \cdot & \cdot & \cdot & \cdot \\ 0 & \cdots & 0 & \cdots & 1 & \dfrac{\partial \varphi}{\partial y_{n-1}} \end{pmatrix}$$

— hat in jedem Punkt $\boldsymbol{y} \in \Omega$ den Rang $n-1$. Nach Definition 17.2 ist daher die Menge $\tilde{U}(\boldsymbol{x}_0)$ — eine den Punkt $\boldsymbol{x}_0$ enthaltende Teilmenge des Randes ∂M der Menge M — eine reguläre $(n-1)$-dimensionale Mannigfaltigkeit in $\mathbb{E}_n$ in Gaußscher Auffassung. Da $\boldsymbol{x}_0$ ein beliebiger Punkt des Randes ∂M der Menge M war, folgt hieraus nach Definition 17.4 die Aussage des Satzes. □

Satz 17.4. *Es sei $F(\boldsymbol{x})$ eine über einem konvexen Gebiet M in $\mathbb{E}_n$ $(n \geqq 1)$ definierte konvexe Funktion. Falls für jeden Punkt $\boldsymbol{x} \in M$ genau eine den Punkt $(\boldsymbol{x}, F(\boldsymbol{x})) \in \mathbb{E}_{n+1}$ enthaltende Stützhyperebene des Epigraphen*

$$\mathscr{E}_F := \{(\boldsymbol{x}, x_{n+1}) \in \mathbb{E}_{n+1} \mid x_{n+1} \geqq F(\boldsymbol{x}), \boldsymbol{x} \in M\}$$

der Funktion $F(\boldsymbol{x})$ existiert, so ist ihr Graph

$$\mathscr{G}_F := \{(\boldsymbol{x}, x_{n+1}) \in \mathbb{E}_{n+1} \mid x_{n+1} = F(\boldsymbol{x}), \boldsymbol{x} \in M\}$$

eine reguläre Hyperfläche (im Fall $n = 1$ eine reguläre Kurve) in $\mathbb{E}_{n+1}$ in Gaußscher Auffassung (d. h. im Sinne der Definition 17.2).

Beweis. Aus der Voraussetzung des Satzes folgt nach Satz 15.12 die Existenz eines totalen Differentials der Funktion $F(\boldsymbol{x})$ und daher auch die Existenz ihrer partiellen Ableitungen erster Ordnung in jedem Punkt $\boldsymbol{x} \in M$. Nach Satz 16.1 sind diese Ableitungen stetige Funktionen über der Menge M. Wir definieren nun die Funktionen

$$\varphi_i(\boldsymbol{y}) := y_i \quad (i = 1, \ldots, n), \quad \varphi_{n+1}(\boldsymbol{y}) := F(\boldsymbol{y}) \quad \text{für} \quad \boldsymbol{y} \in M;$$

mit ihnen läßt sich der Graph $\mathscr{G}_F$ der Funktion $F(\boldsymbol{x})$ in folgender Form darstellen (dabei sind $x_1, \ldots, x_n$ kartesische Koordinaten in $\mathbb{E}_n$):

$$\mathscr{G}_F = \{(\boldsymbol{x}, x_{n+1}) \in \mathbb{E}_{n+1} \mid x_i = \varphi_i(\boldsymbol{y}) \ (i = 1, \ldots, n+1), \boldsymbol{y} \in M\}.$$

Da die Funktionen $\varphi_i(\boldsymbol{y})$ $(i = 1, \ldots, n+1)$ stetige Ableitungen erster Ordnung im Gebiet M besitzen und da die Matrix

$$\begin{pmatrix} \dfrac{\partial \varphi_1}{\partial y_1} & \cdots\cdots\cdots & \dfrac{\partial \varphi_{n+1}}{\partial y_1} \\ \cdot & \cdots\cdots\cdots & \cdot \\ \dfrac{\partial \varphi_1}{\partial y_n} & \cdots\cdots\cdots & \dfrac{\partial \varphi_{n+1}}{\partial y_n} \end{pmatrix}$$

in jedem Punkt $\boldsymbol{y} \in M$ den Rang n hat, ist der Graph $\mathcal{G}_F$ nach Definition 17.2 eine reguläre Hyperfläche (im Fall $n = 1$ eine reguläre Kurve) im Sinne der Definition 17.2. □

Satz 17.5. *Es sei $F(\boldsymbol{x})$ eine über dem Raum $\mathbb{E}_n$ $(n \geqq 2)$ konvexe Funktion, die in jedem Punkt $\boldsymbol{x} \in \mathbb{E}_n$ partielle Ableitungen erster Ordnung besitzt. Falls $\boldsymbol{x}_0 \in \mathbb{E}_n$ ein Punkt mit $\nabla F(\boldsymbol{x}_0) \neq \boldsymbol{o}$ ist, so ist*

$$M := \{\boldsymbol{x} \in \mathbb{E}_n \mid F(\boldsymbol{x}) \leqq F(\boldsymbol{x}_0)\} \tag{17.12a}$$

eine n-dimensionale abgeschlossene konvexe Menge in $\mathbb{E}_n$ mit dem Rand

$$\partial M = \{\boldsymbol{x} \in \mathbb{E}_n \mid F(\boldsymbol{x}) = F(\boldsymbol{x}_0)\}; \tag{17.12b}$$

diese Menge ∂M ist eine $(n-1)$-dimensionale reguläre Mannigfaltigkeit in $\mathbb{E}_n$ in Mongescher Auffassung (d. h. im Sinne der Definition 17.3); zu jedem Punkt $\boldsymbol{x}^* \in \partial M$ gibt es genau eine diesen Punkt enthaltende Stützhyperebene $R(\boldsymbol{x}^*)$ der Menge M, sie hat die Darstellung

$$R(\boldsymbol{x}^*) = \big\{\boldsymbol{x} \in \mathbb{E}_n \mid \big(\nabla F(\boldsymbol{x}^*), \boldsymbol{x} - \boldsymbol{x}^*\big) = 0\big\}. \tag{17.12c}$$

Beweis. Nach Satz 15.5 ist die Menge M konvex. Da aus $F(\boldsymbol{x}) \geqq F(\boldsymbol{x}_0)$ für alle $\boldsymbol{x} \in \mathbb{E}_n$ folgen würde, daß die Funktion $F(\boldsymbol{x})$ im Punkt $\boldsymbol{x}_0$ ihr absolutes Minimum bezüglich des Raumes $\mathbb{E}_n$ hätte und daher — im Widerspruch zur Voraussetzung — $\nabla F(\boldsymbol{x}_0) = \boldsymbol{o}$ wäre, existiert ein Punkt $\tilde{\boldsymbol{x}} \in \mathbb{E}_n$ mit $F(\tilde{\boldsymbol{x}}) < F(\boldsymbol{x}_0)$. Wegen der Stetigkeit der Funktion $F(\boldsymbol{x})$ über dem Raum $\mathbb{E}_n$ (vgl. Satz 15.7) gibt es eine Zahl $\varepsilon_0 > 0$, so daß für die Punkte $\boldsymbol{x}$ der sphärischen ε_0-Umgebung $U(\tilde{\boldsymbol{x}}; \varepsilon_0)$ des Punktes $\tilde{\boldsymbol{x}}$ gilt $F(\boldsymbol{x}) < F(\boldsymbol{x}_0)$, d. h. $U(\tilde{\boldsymbol{x}}; \varepsilon_0) \subset M$. Es ist daher $\dim M = n$.

Aus der Existenz partieller Ableitungen erster Ordnung der Funktion $F(\boldsymbol{x})$ in jedem Punkt $\boldsymbol{x} \in \mathbb{E}_n$ folgt nach Satz 16.1 die Stetigkeit dieser Ableitungen über dem Raum $\mathbb{E}_n$. Die zusammengesetzte Funktion

$$\tilde{F}(t) := F\big(\boldsymbol{x}_0 + t\,\nabla F(\boldsymbol{x}_0)\big), \quad t \in \mathbb{R},$$

besitzt dann für $t = 0$ die Ableitung

$$\frac{\mathrm{d}\tilde{F}}{\mathrm{d}t}(0) = \big(\nabla F(\boldsymbol{x}_0), \nabla F(\boldsymbol{x}_0)\big) > 0.$$

Daraus folgt, daß in jeder ε-Umgebung des Punktes $\boldsymbol{x}_0$ Punkte $\boldsymbol{x}$ mit $F(\boldsymbol{x}) > F(\boldsymbol{x}_0)$ existieren. Der zur Menge M gehörige Punkt $\boldsymbol{x}_0$ ist daher ein Randpunkt der Menge M. Damit ist $\partial M \neq \emptyset$. Aus der Stetigkeit der Funktion $F(\boldsymbol{x})$ folgt unmittelbar, daß ein Punkt $\boldsymbol{x}$ genau dann ein innerer Punkt der Menge M ist, wenn $F(\boldsymbol{x}) < F(\boldsymbol{x}_0)$ gilt, und genau dann ein Randpunkt der Menge M ist, wenn $F(\boldsymbol{x}) = F(\boldsymbol{x}_0)$ gilt. Die Menge ∂M

hat daher die Darstellung (17.12b), und aus (17.12a, b) folgt die Abgeschlossenheit der Menge M. Gäbe es einen Punkt $\boldsymbol{x}^* \in \partial M$ mit $\nabla F(\boldsymbol{x}^*) = \boldsymbol{o}$, so würde nach Satz 16.3 gelten

$$F(\boldsymbol{x}) - F(\boldsymbol{x}^*) \geqq \big(\nabla F(\boldsymbol{x}^*), \boldsymbol{x} - \boldsymbol{x}^*\big) = 0, \quad \boldsymbol{x} \in \mathbb{E}_n,$$

d. h., es wäre $F(\boldsymbol{x}) \geqq F(\boldsymbol{x}^*)$ und wegen $F(\boldsymbol{x}^*) = F(\boldsymbol{x}_0)$ auch $F(\boldsymbol{x}) \geqq F(\boldsymbol{x}_0)$ für alle $\boldsymbol{x} \in \mathbb{E}_n$, im Widerspruch zu der oben gezeigten Existenz innerer Punkte der Menge M. In jedem Punkt $\boldsymbol{x} \in \partial M$ gilt daher $\nabla F(\boldsymbol{x}) \neq 0$.

Wir setzen nun

$$\Phi_1(\boldsymbol{x}) := F(\boldsymbol{x}) - F(\boldsymbol{x}_0), \quad \Omega := \mathbb{E}_n, \quad d := n - 1.$$

Die im Satz definierte Menge ∂M hat dann die Darstellung

$$\partial M = \{\boldsymbol{x} \in \Omega \mid \Phi_1(\boldsymbol{x}) = 0\};$$

da die Funktion $\Phi_1(\boldsymbol{x})$ aufgrund ihrer Definition und den oben gezeigten Eigenschaften der Funktion $F(\boldsymbol{x})$ den Bedingungen (a), (b) und (c) aus Definition 17.3 für den Fall $d = n - 1$ genügt, ist die Menge ∂M eine $(n - 1)$-dimensionale reguläre Mannigfaltigkeit in $\mathbb{E}_n$ in Mongescher Auffassung.

Zum Beweis der letzten Aussage des Satzes wählen wir einen beliebigen Punkt $\boldsymbol{x}^* \in \partial M$. Nach Satz 14.1 existiert eine den Punkt $\boldsymbol{x}^*$ enthaltende Stützhyperebene $R(\boldsymbol{x}^*)$ der Menge M, der zugehörige Stützhalbraum der Menge M sei mit $\overline{H}(\boldsymbol{x}^*)$ bezeichnet. Der Epigraph

$$\mathscr{E}_F := \{(\boldsymbol{x}, x_{n+1}) \in \mathbb{E}_{n+1} \mid x_{n+1} \geqq F(\boldsymbol{x}), \boldsymbol{x} \in \mathbb{E}_n\}$$

der konvexen Funktion $F(\boldsymbol{x})$ ist ebenso wie die Menge

$$\operatorname{int} \mathscr{E}_F = \{(\boldsymbol{x}, x_{n+1}) \in \mathbb{E}_{n+1} \mid x_{n+1} > F(\boldsymbol{x}), \boldsymbol{x} \in \mathbb{E}_n\}$$

eine $(n + 1)$-dimensionale konvexe Menge in $\mathbb{E}_{n+1}$. Die Menge

$$L(\boldsymbol{x}^*) := \{(\boldsymbol{x}, x_{n+1}) \in \mathbb{E}_{n+1} \mid \boldsymbol{x} \in R(\boldsymbol{x}^*), x_{n+1} = F(\boldsymbol{x}^*)\} \tag{17.13}$$

ist offensichtlich ein den Punkt $\big(\boldsymbol{x}^*, F(\boldsymbol{x}^*)\big)$ enthaltender $(n-1)$-dimensionaler linearer Unterraum in $\mathbb{E}_{n+1}$. Der Durchschnitt der konvexen Menge $L(\boldsymbol{x}^*)$ mit der Menge $\operatorname{int} \mathscr{E}_F$ ist leer, denn nach (17.12a) ist

$$\begin{aligned}
&L(\boldsymbol{x}^*) \cap \operatorname{int} \mathscr{E}_F \\
&= \{(\boldsymbol{x}, x_{n+1}) \in \mathbb{E}_{n+1} \mid \boldsymbol{x} \in R(\boldsymbol{x}^*), x_{n+1} = F(\boldsymbol{x}^*), x_{n+1} > F(\boldsymbol{x})\} \\
&= \{(\boldsymbol{x}, x_{n+1}) \in \mathbb{E}_{n+1} \mid \boldsymbol{x} \in R(\boldsymbol{x}^*), x_{n+1} = F(\boldsymbol{x}^*) > F(\boldsymbol{x})\} \\
&= \{(\boldsymbol{x}, x_{n+1}) \in \mathbb{E}_{n+1} \mid \boldsymbol{x} \in R(\boldsymbol{x}^*), \boldsymbol{x} \in \operatorname{int} M, x_{n+1} = F(\boldsymbol{x}^*)\} \\
&\subset \{(\boldsymbol{x}, x_{n+1}) \in \mathbb{E}_{n+1} \mid \boldsymbol{x} \in R(\boldsymbol{x}^*) \cap H(\boldsymbol{x}^*), x_{n+1} = F(\boldsymbol{x}^*)\} = \emptyset;
\end{aligned}$$

dabei ist $H(\boldsymbol{x}^*) := \operatorname{int} \overline{H}(\boldsymbol{x}^*)$. Da also

$$\operatorname{rel\,int} L(\boldsymbol{x}^*) \cap \operatorname{rel\,int} \mathscr{E}_F = \emptyset, \quad \big(\boldsymbol{x}^*, F(\boldsymbol{x}^*)\big) \in L(\boldsymbol{x}^*) \cap \mathscr{E}_F$$

gilt, haben die konvexen Mengen $L(\boldsymbol{x}^*)$ und $\mathscr{E}_F$ nach Definition 11.1 eine Punktberührung, wobei $\big(\boldsymbol{x}^*, F(\boldsymbol{x}^*)\big)$ ein Berührungspunkt dieser Mengen ist. Nach Satz 11.2 existiert eine den Punkt $(\boldsymbol{x}^*, F(\boldsymbol{x}^*))$ enthaltende Trennungshyperebene $R'(\boldsymbol{x}^*)$ in $\mathbb{E}_{n+1}$ der Mengen $L(\boldsymbol{x}^*)$ und $\mathscr{E}_F$; sie ist offensichtlich eine Stützhyperebene des Epigraphen $\mathscr{E}_F$. Dabei gilt

$$L(\boldsymbol{x}^*) \subset R'(\boldsymbol{x}^*), \tag{17.14}$$

denn andernfalls enthielte der $(n-1)$-dimensionale lineare Unterraum $L(\boldsymbol{x}^*)$ in $\mathbb{E}_{n+1}$ Punkte aus den beiden der Hyperebene $R'(\boldsymbol{x}^*)$ in $\mathbb{E}_{n+1}$ zugehörigen offenen Halbräumen, im Widerspruch zu der Trennungseigenschaft der Hyperebene $R'(\boldsymbol{x}^*)$. Nach Satz 15.11 — die dort geforderten Voraussetzungen sind hier erfüllt (der Menge M in Satz 15.11 entspricht hier der Raum $\mathbb{E}_n$) — ist die Menge

$$\{(\boldsymbol{x}, x_{n+1}) \in \mathbb{E}_{n+1} \mid x_{n+1} - F(\boldsymbol{x}^*) = (\nabla F(\boldsymbol{x}^*), \boldsymbol{x} - \boldsymbol{x}^*)\}$$

die einzige Stützhyperebene des Epigrahen $\mathscr{E}_F$ im Punkt $(\boldsymbol{x}^*, F(\boldsymbol{x}^*))$, sie stimmt also mit der Hyperebene $R'(\boldsymbol{x}^*)$ überein. Aus (17.13) und (17.14) folgt dann $(\nabla F(\boldsymbol{x}^*), \boldsymbol{x} - \boldsymbol{x}^*) = 0$ für $\boldsymbol{x} \in R(\boldsymbol{x}^*)$. Die in (17.12c) angegebene Hyperebene in $\mathbb{E}_n$ ist daher die einzige Stützhyperebene der Menge M, die den Punkt $\boldsymbol{x}^* \in \partial M$ enthält. Da $\boldsymbol{x}^*$ ein beliebiger Punkt der Menge ∂M war, ist damit auch die letzte Aussage des Satzes gezeigt. □

Bemerkung 17.4. Falls $F(\boldsymbol{x})$ eine über einem konvexen Gebiet $\Omega \subset \mathbb{E}_n$ mit $\Omega \neq \mathbb{E}_n$ erklärte konvexe Funktion ist, die über diesem Gebiet partielle Ableitungen erster Ordnung besitzt, und falls $\boldsymbol{x}_0$ ein beliebiger Punkt aus dem Gebiet Ω mit $\nabla F(\boldsymbol{x}_0) \neq \boldsymbol{o}$ ist, so kann auf ähnliche Weise wie im Beweis von Satz 17.5 gezeigt werden, daß die Menge

$$W := \{\boldsymbol{x} \in \Omega \mid F(\boldsymbol{x}) = F(\boldsymbol{x}_0)\}$$

eine $(n-1)$-dimensionale reguläre Mannigfaltigkeit in Mongescher Auffassung ist. Jeder Punkt $\boldsymbol{x} \in W$ ist dabei ein Randpunkt der konvexen Menge

$$M := \{\boldsymbol{x} \in \Omega \mid F(\boldsymbol{x}) \leqq F(\boldsymbol{x}_0)\},$$

d. h., es gilt $W \subset \partial M$. Während im Fall $\Omega = \mathbb{E}_n$ die Mengen W und ∂M übereinstimmen, muß die Inklusion $\partial M \subset W$ im Fall $\Omega \neq \mathbb{E}_n$ nicht gelten. Schließlich sei noch angemerkt, daß die Menge W — auch im Fall $\Omega = \mathbb{E}_n$ — nicht zusammenhängend sein muß. Wir führen dazu zwei Beispiele an.

Beispiel 17.1. Die Funktion zweier Veränderlicher

$$F(x, y) := x^2 + y^2 - \frac{5}{4},$$

die wir über dem konvexen Gebiet

$$\Omega := \{(x, y) \in \mathbb{E}_2 \mid |x| < 1, |y| < 1\}$$

(es ist also $\Omega \neq \mathbb{E}_2$) betrachten wollen, ist offensichtlich streng konvex über diesem Gebiet. Der Punkt $(x_0, y_0) = \left(\sqrt{\frac{5}{8}}, \sqrt{\frac{5}{8}}\right)$ liegt im Gebiet Ω, und es ist $F(x_0, y_0) = 0$. Die Menge

$$W := \{(x, y) \in \Omega \mid F(x, y) = F(x_0, y_0)\}$$

ist nach Bemerkung 17.4 eine eindimensionale reguläre Mannigfaltigkeit in Mongescher Auffassung, sie ist nicht zusammenhängend (in Abb. 17.3 sind die mit k_1, k_2, k_3 und k_4 bezeichneten vier Komponenten der Menge W hervorgehoben).

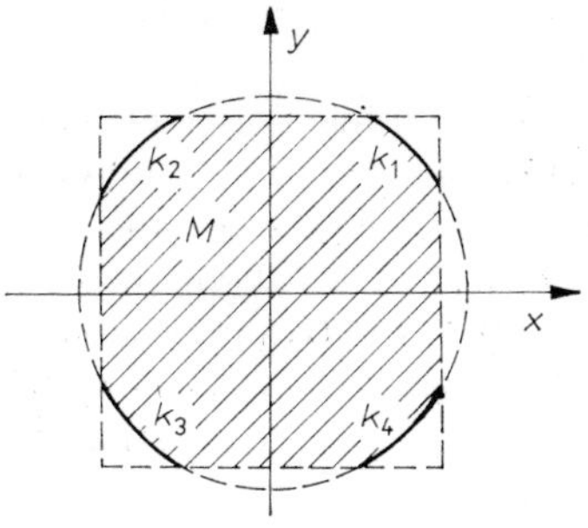

Abb. 17.3

Beispiel 17.2. Die Funktion zweier Veränderlicher

$$F(x, y) := (x + y - 1)(x + y - 2) = x^2 + y^2 + 2xy - 3x - 3y + 2$$

ist eine konvexe Funktion in $\mathbb{E}_2$, denn es ist

$$\frac{\partial^2 F}{\partial x^2} = \frac{\partial^2 F}{\partial y^2} = 2, \quad \frac{\partial^2 F}{\partial x\,\partial y} = \frac{\partial^2 F}{\partial y\,\partial x} = 2, \quad (x, y) \in \mathbb{E}_2,$$

d. h., die Hessesche Matrix ist positiv semidefinit in jedem Punkt des Raumes $\mathbb{E}_2$ (vgl. Satz 16.5). Im Punkt $(x_0, y_0) = \left(\frac{1}{2}, \frac{1}{2}\right)$ ist $F(x_0, y_0) = 0$. Die Menge

$$W := \{(x, y) \in \mathbb{E}_2 \mid F(x, y) = F(x_0, y_0)\}$$

besteht aus zwei zueinander parallelen Geraden

$$\{(x, y) \subset \mathbb{E}_2 \mid x + y - 1 = 0\}, \quad \{(x, y) \in \mathbb{E}_2 \mid x + y - 2 = 0\};$$

die Menge

$$M := \{(x, y) \in \mathbb{E}_2 \mid F(x, y) \leqq F(x_0, y_0)\}$$

ist der durch die beiden angegebenen Geraden begrenzte (abgeschlossene) Streifen.

Satz 17.6. *Es seien M eine nichtleere konvexe Menge in $\mathbb{E}_n$ ($n \geqq 2$) mit $M \neq \mathbb{E}_n$ und ε eine beliebige positive Zahl. Dann ist die ε-Umgebung $U(M; \varepsilon)$ der Menge M eine n-dimensionale konvexe Menge und deren Rand $\partial U(M; \varepsilon)$ eine glatte $(n-1)$-dimensionale Mannigfaltigkeit (im Sinne der Definition 17.4) in $\mathbb{E}_n$.*

Beweis. Nach Satz 2.8 ist die ε-Umgebung $U(M; \varepsilon)$ der Menge M eine n-dimensionale konvexe Menge; wegen $M \neq \mathbb{E}_n$ ist $\partial U(M; \varepsilon) \neq \emptyset$. Es sei nun $\boldsymbol{x}_0$ ein beliebiger Punkt der Menge $\partial U(M; \varepsilon)$. Nach Lemma 12.1 gibt es einen Punkt $\tilde{\boldsymbol{x}} \in \overline{M}$ mit $\varrho(\boldsymbol{x}_0, \tilde{\boldsymbol{x}}) = \varepsilon$. Der Punkt $\boldsymbol{x}_0$ ist dann ein Randpunkt der Hyperkugel

$$Q(\tilde{\boldsymbol{x}}) := \{\boldsymbol{x} \in \mathbb{E}_n \mid (\boldsymbol{x} - \tilde{\boldsymbol{x}}, \boldsymbol{x} - \tilde{\boldsymbol{x}}) \leqq \varepsilon^2\}.$$

Falls $\boldsymbol{x}$ ein beliebiger Punkt der Menge int $Q(\tilde{\boldsymbol{x}})$ ist, also ein Punkt mit $\varrho(\boldsymbol{x}, \tilde{\boldsymbol{x}}) < \varepsilon$, so gibt es wegen $\tilde{\boldsymbol{x}} \in \overline{M}$ einen Punkt $\boldsymbol{x}_1 \in M$ mit $\varrho(\boldsymbol{x}, \boldsymbol{x}_1) < \varepsilon$. Es ist also $\boldsymbol{x} \in U(\boldsymbol{x}_1; \varepsilon)$ mit $\boldsymbol{x}_1 \in M$, und somit gilt $\boldsymbol{x} \in U(M; \varepsilon)$. Da $\boldsymbol{x}$ ein beliebiger Punkt der Menge int $Q(\tilde{\boldsymbol{x}})$ war, folgt daraus int $Q(\tilde{\boldsymbol{x}}) \subset U(M; \varepsilon)$ und damit $Q(\tilde{\boldsymbol{x}}) \subset \overline{U}(M; \varepsilon)$. Daher gilt

$$\boldsymbol{x}_0 \in \partial Q(\tilde{\boldsymbol{x}}), \quad Q(\tilde{\boldsymbol{x}}) \subset \overline{U}(M; \varepsilon). \tag{17.15}$$

Nach Satz 14.1 besitzt die konvexe Menge $U(M; \varepsilon)$ wenigstens eine nichtsinguläre Stützhyperebene R_0 mit $\boldsymbol{x}_0 \in R_0$, die wegen (17.15) zugleich eine Stützhyperebene der Hyperkugel $Q(\tilde{\boldsymbol{x}})$ ist. Da die konvexe Funktion $F(\boldsymbol{x}) := (\boldsymbol{x} - \tilde{\boldsymbol{x}}, \boldsymbol{x} - \tilde{\boldsymbol{x}}) - \varepsilon^2$ differenzierbar über dem Raum $\mathbb{E}_n$ ist, folgt daraus nach Satz 17.5, daß R_0 die einzige den Punkt $\boldsymbol{x}_0 \in \partial Q(\tilde{\boldsymbol{x}})$ enthaltende Stützhyperebene der Menge $Q(\tilde{\boldsymbol{x}})$ ist. Damit ist wegen (17.15) R_0 auch die einzige den Punkt $\boldsymbol{x}_0$ enthaltende Stützhyperebene der Menge $U(M; \varepsilon)$. Da $\boldsymbol{x}_0$ ein beliebiger Punkt der Menge $\partial U(M; \varepsilon)$ war, folgt dann daraus nach Satz 17.3 die Aussage des Satzes. □

Bemerkung 17.5. Im folgenden werden wir uns der Frage des Zusammenhangs des Randes ∂M einer konvexen Menge M in $\mathbb{E}_n$ zuwenden. Aus den eingangs des Kapitels genannten Gründen können wir uns dabei auf solche konvexen Mengen M in $\mathbb{E}_n$ beschränken, die den Bedingungen (17.1) genügen, d. h. konvexe Mengen M, für die gilt

$$n \geqq 2, \quad \dim M = n, \quad \partial M \neq \emptyset. \tag{17.16}$$

In Satz 17.8 wird gezeigt, daß der Rand konvexer Mengen M in $\mathbb{E}_n$ — unter den in (17.16) angegebenen Bedingungen — eine zusammenhängende Menge ist, sobald die Menge M nicht von einer speziellen Struktur ist. Der Satz 17.7 trägt vorbereitenden Charakter.

Definition 17.5. Eine abgeschlossene n-dimensionale konvexe Menge in $\mathbb{E}_n$ ($n \geqq 2$), deren Rand zwei zueinander parallele Hyperebenen sind, nennen wir eine *Schicht* (im Fall $n = 2$ auch einen *Streifen*) in $\mathbb{E}_n$.

Satz 17.7. *Es sei M eine zweidimensionale konvexe Menge in $\mathbb{E}_2$ mit $M \neq \mathbb{E}_2$, deren Abschließung kein Streifen in $\mathbb{E}_2$ ist. Dann ist der Rand ∂M der Menge M eine zusammenhängende Menge in $\mathbb{E}_2$.*

Beweis. Es seien $\boldsymbol{x}_1$ und $\boldsymbol{x}_2$ zwei beliebige Punkte der Menge ∂M mit $\boldsymbol{x}_1 \neq \boldsymbol{x}_2$.

Wir setzen zunächst voraus, daß die in der Menge M gelegene offene Strecke $u(\boldsymbol{x}_1, \boldsymbol{x}_2)$ mit der Menge ∂M einen nichtleeren Durchschnitt hat. Dann gilt $u(\boldsymbol{x}_1, \boldsymbol{x}_2) \subset \partial M$, denn aus der Existenz eines Punktes $\boldsymbol{x}_3 \in u(\boldsymbol{x}_1, \boldsymbol{x}_2)$ mit $\boldsymbol{x}_3 \in$ int M würde nach Satz 2.6 folgen, daß auch die offenen Strecken $u(\boldsymbol{x}_1, \boldsymbol{x}_3)$ und $u(\boldsymbol{x}_3, \boldsymbol{x}_2)$ in der Menge int M liegen, im Widerspruch zu der getroffenen Voraussetzung. Da eine Strecke ein einfacher Bogen ist (vgl. Bemerkung 17.1), haben wir für den vorliegenden Fall den Zusammenhang der Menge ∂M gezeigt.

Im Fall $u(\boldsymbol{x}_1, \boldsymbol{x}_2) \cap \partial M = \emptyset$ liegt die offene Strecke $u(\boldsymbol{x}_1, \boldsymbol{x}_2)$ in der Menge int M. Durch die die Punkte $\boldsymbol{x}_1$ und $\boldsymbol{x}_2$ enthaltende Gerade g wird der Raum $\mathbb{E}_2$ in die beiden offenen Halbräume (Halbebenen) H_1 und H_2 zerlegt. Dann sind $M_1 = M \cap H_1$ und $M_2 = M \cap H_2$ nichtleere zweidimensionale konvexe Mengen in $\mathbb{E}_2$. Wir zeigen nun, daß mindestens eine dieser beiden Mengen beschränkt ist. Dazu wählen wir einen Punkt $\boldsymbol{y}_0 \in u(\boldsymbol{x}_1, \boldsymbol{x}_2)$; dieser Punkt liegt in der Menge int M und in dem Durchschnitt der Mengen $\overline{M}_1$ und $\overline{M}_2$. Wären sowohl M_1 als auch M_2 unbeschränkte Mengen, so existierten offene Halbgeraden $p(\boldsymbol{y}_0; \boldsymbol{v}_1)$ und $p(\boldsymbol{y}_0; \boldsymbol{v}_2)$ mit $p(\boldsymbol{y}_0; \boldsymbol{v}_i) \subset M_i$ $(i = 1, 2)$ (vgl. Bemerkung 7.2 und Satz 2.12), für die wegen $M_i \cap g = \emptyset$ $(i = 1, 2)$ auch $p(\boldsymbol{y}_0; \boldsymbol{v}_i) \cap g = \emptyset$ $(i = 1, 2)$ gelten müßte. Die Menge $\overline{p}(\boldsymbol{y}_0; \boldsymbol{v}_1) \cup \overline{p}(\boldsymbol{y}_0; \boldsymbol{v}_2)$ kann keine Gerade sein, denn als eine Gerade müßte sie in dem charakteristischen Kegel $C_M(\boldsymbol{y}_0)$ der Menge M im Punkt $\boldsymbol{y}_0 \in \operatorname{int} M$ liegen; das würde aber bedeuten, daß die zweidimensionale konvexe Menge $\overline{M}$ — nach Voraussetzung des Satzes ist sie weder ein Streifen in $\mathbb{E}_2$ noch der Raum $\mathbb{E}_2$ selbst — eine abgeschlossene Halbebene in $\mathbb{E}_2$ ist, im Widerspruch zu unserer Voraussetzung $u(\boldsymbol{x}_1, \boldsymbol{x}_2) \subset \operatorname{int} M$. Da der charakteristische Kegel $C_M(\boldsymbol{y}_0)$ der Menge M im Punkt $\boldsymbol{y}_0$, zu dem die Halbgeraden $\overline{p}(\boldsymbol{y}_0; \boldsymbol{v}_1)$ und $\overline{p}(\boldsymbol{y}_0; \boldsymbol{v}_2)$ gehören, nach Satz 7.1 konvex ist, liegen auch die Halbgeraden $\overline{p}(\boldsymbol{y}_0; \lambda_1\boldsymbol{v}_1 + \lambda_2\boldsymbol{v}_2)$ mit $\lambda_1 \geqq 0$, $\lambda_2 \geqq 0$, $\lambda_1 + \lambda_2 = 1$ in dem Kegel $C_M(\boldsymbol{y}_0)$. Dann würde aber auch wenigstens eine der Halbgeraden $\overline{p}(\boldsymbol{y}_0; \boldsymbol{x}_1 - \boldsymbol{y}_0)$ und $\overline{p}(\boldsymbol{y}_0; \boldsymbol{x}_2 - \boldsymbol{y}_0)$ zum Kegel $C_M(\boldsymbol{y}_0)$ und daher nach Satz 7.1 zur Menge M gehören, was jedoch den Festlegungen $\boldsymbol{y}_0 \in \operatorname{int} M$, $\boldsymbol{x}_i \in \partial M$ $(i = 1, 2)$ widerspricht (vgl. Satz 2.6). Die Mengen M_1 und M_2 können also nicht beide unbeschränkt sein. O. B. d. A. sei die Menge M_1 beschränkt.

Wir definieren die Menge

$$B := \partial M_1 \setminus u(\boldsymbol{x}_1, \boldsymbol{x}_2) \tag{17.17}$$

und wählen einen beliebigen Punkt $\hat{\boldsymbol{x}} \in \operatorname{int} M_2$. Aus der Definition der Mengen M_1 und M_2 folgt $\hat{\boldsymbol{x}} \in \operatorname{int} M$, $\hat{\boldsymbol{x}} \notin \overline{M}_1$ und $\overline{u}(\boldsymbol{x}_1, \boldsymbol{x}_2) \subset \partial M_1$; nach den getroffenen Voraussetzungen ist außerdem $u(\boldsymbol{x}_1, \boldsymbol{x}_2) \subset \operatorname{int} M$ und $\boldsymbol{x}_i \in \partial M_i$ $(i = 1, 2)$. Somit gilt

$$\boldsymbol{y} \neq \hat{\boldsymbol{x}}, \quad u(\boldsymbol{y}, \hat{\boldsymbol{x}}) \subset \operatorname{int} M \quad \text{für} \quad \boldsymbol{y} \in \overline{u}(\boldsymbol{x}_1, \boldsymbol{x}_2);$$

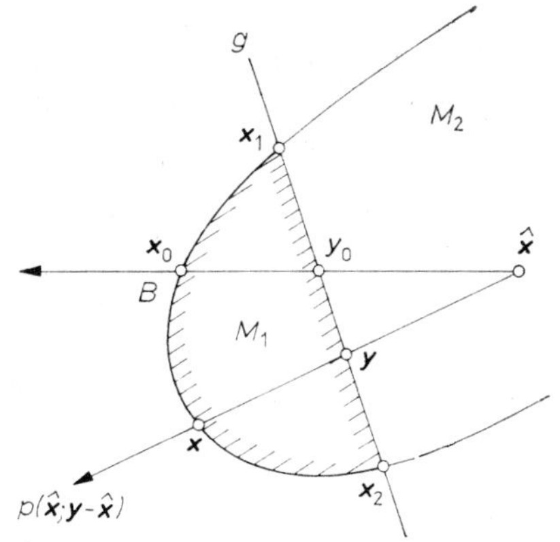

Abb. 17.4

und nach Satz 2.6 schneidet jede Halbgerade $p(\hat{\boldsymbol{x}}; \boldsymbol{y} - \hat{\boldsymbol{x}})$ mit $\boldsymbol{y} \in u(\boldsymbol{x}_1, \boldsymbol{x}_2)$ die Menge M in genau einem Punkt $\boldsymbol{x}$, der in der unter (17.17) definierten Menge B liegt (Abb. 17.4). Auf diese Weise erhält man eine eineindeutige Zuordnung zwischen den Punkten $\boldsymbol{y}$ der Strecke $\overline{u}(\boldsymbol{x}_1, \boldsymbol{x}_2)$ und den Punkten $\boldsymbol{x}$ der Menge B. Daraus und aus der Darstellung

$$\overline{u}(\boldsymbol{x}_1, \boldsymbol{x}_2) = \{\boldsymbol{y} \in \mathbb{E}_2 \mid \boldsymbol{y} = \boldsymbol{x}_1 + t(\boldsymbol{x}_2 - \boldsymbol{x}_1),\ t \in [0, 1]\}$$

der Strecke $\overline{u}(\boldsymbol{x}_1, \boldsymbol{x}_2)$ folgt dann, daß jedem Punkt t des abgeschlossenen Intervalls $[0, 1]$ auf die beschriebene Weise genau ein Punkt $\boldsymbol{x} = \boldsymbol{x}(t) \in B$ und jedem Punkt $\boldsymbol{x} \in B$

genau ein Punkt $t = t(\boldsymbol{x}) \in [0, 1]$ zugeordnet ist. Wir bezeichnen diese eineindeutige Abbildung des Intervalls $[0, 1]$ auf die Menge B mit f, die entsprechende inverse Abbildung mit f^{-1} und zeigen, daß diese beiden Abbildungen stetig sind.

Es seien $\boldsymbol{x}_0$ ein beliebiger Punkt der Menge B und ε eine beliebige positive Zahl. Nach (17.17) ist dann $\boldsymbol{x}_0 \in \partial M_1$, und nach Satz 17.2 gibt es eine Zahl $\varepsilon_0 > 0$ derart, daß die Menge $\partial M_1 \cap U(\boldsymbol{x}_0; \varepsilon_0)$ zusammenhängend ist. Setzt man $\varepsilon_1 := \min \{\varepsilon, \varepsilon_0\}$, so ist nach Bemerkung 17.3 $\partial M_1 \cap U(\boldsymbol{x}_0; \varepsilon_1)$ ebenfalls eine zusammenhängende Menge in $\mathbb{E}_2$. Es sei $t_0 := f^{-1}(\boldsymbol{x}_0)$, dann ist $t_0 \in [0, 1]$. Wir definieren nun

$$t_1 := \inf \{t \mid \boldsymbol{x}(t) \in U(\boldsymbol{x}_0; \varepsilon_1)\}, \quad t_2 := \sup \{t \mid \boldsymbol{x}(t) \in U(\boldsymbol{x}_0; \varepsilon_1)\}.$$

Offensichtlich gilt $0 \leqq t_1 \leqq t_0 \leqq t_2 \leqq 1$. Da nach Satz 17.1 die Menge ∂M_1 eine eindimensionale Mannigfaltigkeit in $\mathbb{E}_2$ im Sinne der Definition 17.1 ist, ist die Menge ∂M_1 in einer bestimmten Umgebung des Punktes $\boldsymbol{x}_0 \in \partial M_1$ ein homöomorphes Bild eines eindimensionalen offenen Intervalls, und wegen der Eineindeutigkeit der Abbildung f muß $t_1 < t_2$ sein. Aus dem Zusammenhang der Menge $\partial M_1 \cap U(\boldsymbol{x}_0; \varepsilon_1)$ folgt dann

$$\boldsymbol{x}(t) \in U(\boldsymbol{x}_0; \varepsilon_1) \subset U(\boldsymbol{x}_0; \varepsilon) \quad \text{für} \quad t \in (t_1, t_2).$$

Definiert man im Fall $t_1 < t_0 < t_2$ die positive Zahl $\delta := \min (t_0 - t_1, t_2 - t_0)$, so gilt $\boldsymbol{x}(t) \in U(\boldsymbol{x}_0; \varepsilon)$ für alle Zahlen t mit $|t - t_0| < \delta$, d. h., die Vektorfunktion $\boldsymbol{x}(t)$ ist stetig im Punkt t_0. Falls $t_0 = t_1$ ist, und definiert man $\delta := t_2 - t_0$, so ist $\boldsymbol{x}(t) \in U(\boldsymbol{x}_0; \varepsilon)$ für $t \in [t_0, t_0 + \delta)$, d. h., die Vektorfunktion $\boldsymbol{x}(t)$ ist rechtsseitig stetig im Punkt t_0. Im Fall $t_0 = t_2$ erhält man auf ähnliche Weise die linksseitige Stetigkeit der Vektorfunktion $\boldsymbol{x}(t)$ im Punkt t_0. Weiter gilt, daß $\boldsymbol{x}_0 = \boldsymbol{x}_1$ im Fall $t_0 = t_1$ und $\boldsymbol{x}_0 = \boldsymbol{x}_2$ im Fall $t_0 = t_2$ ist. Damit ist die Stetigkeit der Abbildung f gezeigt.

Um die Stetigkeit der inversen Abbildung f^{-1} der Menge B auf das Intervall $[0, 1]$ zu beweisen, wählen wir einen beliebigen Punkt $t_0 \in [0, 1]$ und eine beliebige Zahl $\varepsilon > 0$. Wir bezeichnen $\boldsymbol{x}_0 := f(t_0)$ (also $\boldsymbol{x}_0 = \boldsymbol{x}(t_0)$) und definieren die Punkte

$$\boldsymbol{y}_1 := \boldsymbol{x}_1 + (t_0 - \varepsilon)(\boldsymbol{x}_2 - \boldsymbol{x}_1), \quad \boldsymbol{y}_2 := \boldsymbol{x}_1 + (t_0 + \varepsilon)(\boldsymbol{x}_2 - \boldsymbol{x}_1),$$

die auf der die Punkte $\boldsymbol{x}_1$ und $\boldsymbol{x}_2$ enthaltenden Geraden g liegen. Der Punkt $\boldsymbol{x}_0$ ist dann offensichtlich ein innerer Punkt des durch die Halbgeraden $\overline{p}(\hat{\boldsymbol{x}}, \boldsymbol{y}_1 - \hat{\boldsymbol{x}})$, $\overline{p}(\hat{\boldsymbol{x}}, \boldsymbol{y}_2 - \hat{\boldsymbol{x}})$ berandeten konvexen Kegels K in $\mathbb{E}_2$. Daher ist $\delta := \varrho(\partial K, \boldsymbol{x}_0) > 0$, und wegen der bereits gezeigten Stetigkeit der Abbildung f gibt es ein $\delta_0 > 0$ mit $\|\boldsymbol{x}(t) - \boldsymbol{x}(t_0)\| = \|\boldsymbol{x}(t) - \boldsymbol{x}_0\| < \delta$ für alle Zahlen t mit $t \in [0, 1]$, $|t - t_0| < \delta_0$. Wegen $U(\boldsymbol{x}_0; \delta) \subset K$ ist der Projektionskegel der Menge $U(\boldsymbol{x}_0; \delta)$ bezüglich des Punktes $\hat{\boldsymbol{x}}$ in dem Kegel K enthalten. Wählt man daher einen beliebigen Punkt $\boldsymbol{x} \in B \cap U(\boldsymbol{x}_0; \delta)$, so schneidet die offene Halbgerade $p(\hat{\boldsymbol{x}}; \boldsymbol{x} - \hat{\boldsymbol{x}})$ die offene Strecke $u(\boldsymbol{y}_1, \boldsymbol{y}_2)$ in genau einem Punkt $\boldsymbol{y} = \boldsymbol{x}_1 + t(\boldsymbol{x}_2 - \boldsymbol{x}_1)$ mit $t \in (t_0 - \varepsilon, t_0 + \varepsilon)$, wobei $t = f^{-1}(\boldsymbol{x}) = t(\boldsymbol{x})$ ist. Also gilt $|f^{-1}(\boldsymbol{x}) - f^{-1}(\boldsymbol{x}_0)| = |t(\boldsymbol{x}) - t(\boldsymbol{x}_0)| < \varepsilon$ für alle $\boldsymbol{x} \in B$ mit $\|\boldsymbol{x} - \boldsymbol{x}_0\| < \delta$. Daraus folgt die Stetigkeit der Abbildung f^{-1}.

Die Menge B ist daher ein homöomorphes Bild des Intervalls $[0, 1]$ mit $\boldsymbol{x}_1 = f(0)$ und $\boldsymbol{x}_2 = f(1)$, sie ist also ein die Punkte $\boldsymbol{x}_1$ und $\boldsymbol{x}_2$ verbindender und in der Menge ∂M gelegener einfacher Bogen.

In beiden Fällen, d. h. sowohl im Fall $u(\boldsymbol{x}_1, \boldsymbol{x}_2) \cap \operatorname{int} M = \emptyset$ als auch im Fall $u(\boldsymbol{x}_1, \boldsymbol{x}_2) \cap \operatorname{int} M \neq \emptyset$, ist der Rand ∂M der Menge M eine zusammenhängende Menge. □

Satz 17.8. *Es sei M eine den Bedingungen* 17.16 *genügende konvexe Menge in* $\mathbb{E}_n$. *Falls die Menge $\overline{M}$ keine Schicht ist, dann ist der Rand ∂M der Menge M eine zusammenhängende Menge in* $\mathbb{E}_n$.

Beweis. Wir werden die Aussage des Satzes durch vollständige Induktion nach der Dimension n des Raumes $\mathbb{E}_n$ zeigen. Nach Satz 17.7 gilt sie für den Fall $n = 2$; wir nehmen nun an, daß sie auch für einen Raum der Dimension $n - 1$ gilt, $n - 1 \geqq 2$, und zeigen ihre Gültigkeit für einen Raum der Dimension n, d. h. für $n \geqq 3$.

Es sei also $n \geqq 3$, und $\boldsymbol{x}_1$ und $\boldsymbol{x}_2$ seien beliebige Punkte der Menge ∂M mit $\boldsymbol{x}_1 \neq \boldsymbol{x}_2$. Falls ein Punkt $\boldsymbol{x}_3 \in u(\boldsymbol{x}_1, \boldsymbol{x}_2)$ mit $\boldsymbol{x}_3 \in \partial M$ existiert, so gilt $\overline{u}(\boldsymbol{x}_1, \boldsymbol{x}_2) \subset \partial M$ (wie im ersten Teil des Beweises von Satz 17.7 gezeigt wurde); die Strecke $\overline{u}(\boldsymbol{x}_1, \boldsymbol{x}_2)$ ist dann ein in der Menge ∂M enthaltener und die Punkte $\boldsymbol{x}_1$ und $\boldsymbol{x}_2$ verbindender einfacher Bogen. Im Fall

$$u(\boldsymbol{x}_1, \boldsymbol{x}_2) \subset \operatorname{int} M \tag{17.18}$$

sei R eine die offene Strecke $u(\boldsymbol{x}_1, \boldsymbol{x}_2)$ enthaltende Hyperebene in $\mathbb{E}_n$. Wegen $R \cap \operatorname{int} M \neq \emptyset$ folgt, daß dieser Durchschnitt, und damit auch die Menge

$$M' := R \cap M \tag{17.19a}$$

$(n - 1)$-dimensionale konvexe Mengen in $\mathbb{E}_n$ sind. Für den Rand $\partial M'$ der Menge M' gilt

$$\partial M' = R \cap \partial M, \tag{17.19b}$$

denn wegen $\overline{M}' = \overline{R} \cap \overline{M} = R \cap \overline{M}$ und $\operatorname{rel\,int} M' = R \cap \operatorname{int} M$ ist

$$\partial M' := \overline{M}' \setminus \operatorname{rel\,int} M' = (R \cap \overline{M}) \setminus (R \cap \operatorname{int} M) = R \cap (\overline{M} \setminus \operatorname{int} M)$$

$$= R \cap \partial M.$$

Wegen $\boldsymbol{x}_i \in R \cap \partial M$ folgt aus (17.19b)

$$\boldsymbol{x}_i \in \partial M' \quad (i = 1, 2). \tag{17.19c}$$

Falls die in dem $(n - 1)$-dimensionalen linearen Unterraum R liegende $(n - 1)$-dimensionale konvexe Menge $\overline{M}'$ keine Schicht im Raum R ist, so ist der Rand $\partial M'$ der Menge M' nach Induktionsannahme eine zusammenhängende Menge. Es existiert also ein die Punkte $\boldsymbol{x}_1$ und $\boldsymbol{x}_2$ verbindender einfacher Bogen $B(\boldsymbol{x}_1, \boldsymbol{x}_2)$ mit $B(\boldsymbol{x}_1, \boldsymbol{x}_2) \subset \partial M'$, für den nach (17.19b) $B(\boldsymbol{x}_1, \boldsymbol{x}_2) \subset \partial M$ gilt.

Falls die Menge $\overline{M}'$ eine Schicht in der Hyperebene R — o. B. d. A. können wir sie als einen $(n - 1)$-dimensionalen euklidischen Raum $\mathbb{E}_{n-1}$ ansehen — ist, so wählen wir einen beliebigen Punkt $\boldsymbol{x}_0 \in u(\boldsymbol{x}_1, \boldsymbol{x}_2)$, für den dann $\boldsymbol{x}_0 \in R \cap \operatorname{int} M$ gilt. Der charakteristische Kegel $C_{M'}(\boldsymbol{x}_0)$ der Menge M' im Punkt $\boldsymbol{x}_0 \in \operatorname{rel\,int} M' = R \cap \operatorname{int} M$ ist ein $(n - 2)$-dimensionaler linearer Unterraum L_{n-2} in $\mathbb{E}_n$ mit $\boldsymbol{x}_0 \in L_{n-2} \subset \mathbb{E}_{n-1}$. Die Halbgeraden $p(\boldsymbol{x}_0; \boldsymbol{x}_1 - \boldsymbol{x}_0)$ und $p(\boldsymbol{x}_0; \boldsymbol{x}_2 - \boldsymbol{x}_0)$ liegen wegen (17.19c) nicht in dem charakteristischen Kegel $C_{M'}(\boldsymbol{x}_0)$ der Menge M' im Punkt $\boldsymbol{x}_0$, folglich gilt $\boldsymbol{x}_1 \notin L_{n-2}$, $\boldsymbol{x}_2 \notin L_{n-2}$. Durch den Punkt $\boldsymbol{x}_1$ und den linearen Unterraum L_{n-2} ist eindeutig ein sie enthaltender $(n - 1)$-dimensionaler linearer Unterraum L_{n-1} bestimmt. Wählt man einen beliebigen Punkt $\tilde{\boldsymbol{x}}$ mit $\tilde{\boldsymbol{x}} \notin L_{n-1}$, so sind die Punkte $\boldsymbol{x}_1$, $\boldsymbol{x}_0$ und $\tilde{\boldsymbol{x}}$ wegen $\boldsymbol{x}_1 \in L_{n-1}$, $\boldsymbol{x}_0 \in L_{n-1}$, $\boldsymbol{x}_1 \neq \boldsymbol{x}_0$, $\tilde{\boldsymbol{x}} \notin L_{n-1}$ linear unabhängig, und sie bestimmen daher einen zweidimensionalen linearen Unterraum L_2^* in $\mathbb{E}_n$. Die Menge $L_2^* \cap L_{n-2}$ enthält den Punkt $\boldsymbol{x}_0$, sie ist ein

d-dimensionaler linearer Unterraum in $\mathbb{E}_n$ mit $0 \leqq d \leqq 2$. Im Fall $d = 2$ wäre $L_2^* \subset L_{n-2}$, was jedoch wegen $\boldsymbol{x}_1 \in L_2^*$, $\boldsymbol{x}_1 \notin L_{n-2}$ nicht möglich ist. Im Fall $d = 1$ ist die Menge $L_2^* \cap L_{n-2}$ eine den Punkt $\boldsymbol{x}_0$ enthaltende Gerade g_0, für die wegen $L_{n-2} \subset L_{n-1}$ dann $g_0 \subset L_2^* \cap L_{n-1}$ gilt. Wegen $\tilde{\boldsymbol{x}} \in L_2^*$ und $\tilde{\boldsymbol{x}} \notin L_{n-1}$ gilt $L_2^* \not\subset L_{n-1}$; da $\boldsymbol{x}_1 \in L_2^* \cap L_{n-1}$ und $\boldsymbol{x}_1 \neq \boldsymbol{x}_0$ ist, ist die Menge $L_2^* \cap L_{n-1}$ eine die Punkte $\boldsymbol{x}_0$ und $\boldsymbol{x}_1$ enthaltende Gerade, die wegen

$$g_0 = L_2^* \cap L_{n-2} \subset L_2^* \cap L_{n-1}$$

mit der Geraden g_0 zusammenfällt. Wegen $\boldsymbol{x}_1 \notin L_{n-2}$ ist aber $\boldsymbol{x}_1 \notin g_0$. Durch diesen Widerspruch entfällt auch der Fall $d = 1$. Es ist daher $d = 0$, und wegen $\boldsymbol{x}_0 \in L_2^* \cap L_{n-2}$ folgt

$$L_2^* \cap L_{n-2} = \{\boldsymbol{x}_0\}. \tag{17.20}$$

O. B. d. A. kann man den linearen Unterraum L_2^* als einen zweidimensionalen euklidischen Raum $\mathbb{E}_2$ betrachten. Die konvexe Menge

$$M^* := M \cap \mathbb{E}_2$$

ist wegen $\boldsymbol{x}_0 \subset L_2^* = \mathbb{E}_2$ und $\boldsymbol{x}_0 \in \operatorname{int} M$ zweidimensional, und es gilt (aus ähnlichen Gründen wie im Falle der Menge M')

$$\partial M^* = \mathbb{E}_2 \cap \partial M. \tag{17.21a}$$

Wegen $\boldsymbol{x}_1 \in \mathbb{E}_2$, $\boldsymbol{x}_0 \in \mathbb{E}_2$ und $\boldsymbol{x}_0 \in u(\boldsymbol{x}_1, \boldsymbol{x}_2)$ ist auch $\boldsymbol{x}_2 \in \mathbb{E}_2$, und da $\boldsymbol{x}_i \in \partial M$ $(i = 1, 2)$ ist, folgt daraus

$$\boldsymbol{x}_i \in \partial M^* \qquad (i = 1, 2). \tag{17.21b}$$

Nehmen wir nun an, daß die Menge $\overline{M}^*$ ein Streifen in dem Raum $\mathbb{E}_2$ ist. Dann gibt es eine Gerade $\tilde{g}$ mit $\boldsymbol{x}_0 \in \tilde{g} \subset M^*$, die wegen $M^* \subset M$ auch in der Menge M liegt. Somit gilt $\tilde{g} \subset C_M(\boldsymbol{x}_0)$. Wegen $L_{n-2} = C_{M'}(\boldsymbol{x}_0) \subset C_M(\boldsymbol{x}_0)$ folgt daraus

$$\tilde{g} \cup L_{n-2} \subset C_M(\boldsymbol{x}_0)$$

und hieraus aufgrund der Konvexität des charakteristischen Kegels $C_M(\boldsymbol{x}_0)$

$$\operatorname{co}(\tilde{g} \cup L_{n-2}) \subset C_M(\boldsymbol{x}_0).$$

Wegen $\tilde{g} \subset L_2^* = \mathbb{E}_2$ ist nach (17.20) die Menge

$$\tilde{L}_{n-1} := \operatorname{co}(\tilde{g} \cup L_{n-2})$$

ein $(n-1)$-dimensionaler linearer Unterraum in $\mathbb{E}_n$, für den $\tilde{L}_{n-1} \subset C_M(\boldsymbol{x}_0)$ gilt. Aus dieser Inklusion folgt, daß die Menge M — nach Voraussetzung ist sie weder eine Hyperebene noch der Raum $\mathbb{E}_n$ noch eine Schicht — ein Halbraum in $\mathbb{E}_n$ ist. Das widerspricht aber der Voraussetzung (17.18). Die Annahme, daß die Menge M^* ein Streifen in $\mathbb{E}_2$ ist, führt also zum Widerspruch. Nach Satz 17.7 ist dann der Rand ∂M^* der Menge M^* eine zusammenhängende Menge in $\mathbb{E}_2$. Es gibt daher einen die Punkte $\boldsymbol{x}_1 \in \partial M^*$ und $\boldsymbol{x}_2 \in \partial M^*$ verbindenden einfachen Bogen $B(\boldsymbol{x}_1, \boldsymbol{x}_2) \subset \partial M^*$; nach (17.21a, b) gilt für ihn $B(\boldsymbol{x}_1, \boldsymbol{x}_2) \subset \partial M$. Die Menge ∂M ist also (vgl. Bemerkung 17.1) — $\boldsymbol{x}_1$ und $\boldsymbol{x}_2$ waren beliebige Punkte aus der Menge ∂M, $\boldsymbol{x}_1 \neq \boldsymbol{x}_2$ — eine zusammenhängende Menge in $\mathbb{E}_n$. □

Bemerkung 17.6. Zum Abschluß dieses Kapitels soll noch auf eine geometrische Tatsache verwiesen werden, die im engen Zusammenhang mit der Aussage des Satzes 17.5 steht.

Falls

$$W_{n-1}^i := \{\boldsymbol{x} \in \Omega \mid \Phi_i(\boldsymbol{x}) = 0\} \qquad (i = 1, 2)$$

zwei $(n-1)$-dimensionale reguläre Mannigfaltigkeiten in Mongescher Auffassung (also im Sinne der Definition 17.3) in $\mathbb{E}_n$ $(n \geqq 2)$ mit $W_{n-1}^1 \cap W_{n-1}^2 \neq \emptyset$ sind und falls für einen Punkt $\boldsymbol{x}_0 \in W_{n-1}^1 \cap W_{n-1}^2$ eine natürliche Zahl k derart existiert, daß gilt

$$\lim_{\boldsymbol{x} \to \boldsymbol{x}_0} \frac{\Phi_1(\boldsymbol{x}) - \Phi_2(\boldsymbol{x})}{\|\boldsymbol{x} - \boldsymbol{x}_0\|^k} = 0,$$

so sagt man, daß die Mannigfaltigkeiten W_{n-1}^1 und W_{n-1}^2 im Punkt $\boldsymbol{x}_0$ eine Berührung k-ter Ordnung besitzen.

Wir wollen nun von einer über einem Gebiet Ω in $\mathbb{E}_n$ $(n \geqq 1)$ erklärten differenzierbaren Funktion $F(\boldsymbol{x})$ ausgehen, für die

$$W := \{\boldsymbol{x} \in \Omega \mid F(\boldsymbol{x}) = 0\} \neq \emptyset, \quad \nabla F(\boldsymbol{x}) \neq \boldsymbol{o} \quad \text{für} \quad \boldsymbol{x} \in W \tag{17.22}$$

gilt, und stellen die Frage, ob zu einem Punkt $\boldsymbol{x}_0 \in W$ eine diesen Punkt enthaltende Hyperebene

$$R(\boldsymbol{x}_0) := \{\boldsymbol{x} \in \mathbb{E}_n \mid (\boldsymbol{a}, \boldsymbol{x} - \boldsymbol{x}_0) = 0\} \ (\|\boldsymbol{a}\| > 0)$$

derart existiert, daß die im Sinne der Definition 17.3 regulären $(n-1)$-dimensionalen Mannigfaltigkeiten W und $R(\boldsymbol{x}_0)$ eine Berührung erster Ordnung im Punkt $\boldsymbol{x}_0$ haben. Wenn es der Fall ist, dann muß für sie nach der obigen Definition gelten

$$\lim_{\boldsymbol{x} \to \boldsymbol{x}_0} \frac{F(\boldsymbol{x}) - (\boldsymbol{a}, \boldsymbol{x} - \boldsymbol{x}_0)}{\|\boldsymbol{x} - \boldsymbol{x}_0\|} = 0.$$

Diese Bedingung ist aber genau dann erfüllt, wenn für die Funktion

$$\eta(\boldsymbol{x}) := \frac{F(\boldsymbol{x}) - (\boldsymbol{a}, \boldsymbol{x} - \boldsymbol{x}_0)}{\|\boldsymbol{x} - \boldsymbol{x}_0\|} = \frac{F(\boldsymbol{x}) - F(\boldsymbol{x}_0) - (\boldsymbol{a}, \boldsymbol{x} - \boldsymbol{x}_0)}{\|\boldsymbol{x} - \boldsymbol{x}_0\|}, \quad \boldsymbol{x} \in \Omega \setminus \{\boldsymbol{x}_0\},$$

$$\eta(\boldsymbol{x}_0) := 0,$$

gilt, daß $\lim \eta(\boldsymbol{x}) = 0$ für $\boldsymbol{x} \to \boldsymbol{x}_0$ ist, d. h., wenn die Funktion $F(\boldsymbol{x})$ im Punkt $\boldsymbol{x}_0$ ein totales Differential besitzt. Das ist aber unser Fall, denn wir haben die Differenzierbarkeit der Funktion $F(\boldsymbol{x})$ über dem Gebiet Ω vorausgesetzt. Also gilt $\boldsymbol{a} = \nabla F(\boldsymbol{x}_0)$. Die Hyperebene

$$R(\boldsymbol{x}_0) := \left\{\boldsymbol{x} \in \mathbb{E}_n \mid \left(\nabla F(\boldsymbol{x}_0), \boldsymbol{x} - \boldsymbol{x}_0\right) = 0\right\}$$

ist daher die einzige den Punkt $\boldsymbol{x}_0 \in W$ enthaltende Hyperebene, die in diesem Punkt eine Berührung erster Ordnung mit der Mannigfaltigkeit W hat.

Die Hyperebene $R(\boldsymbol{x}_0)$ nennt man *Tangentialhyperebene* der durch (17.22) beschriebenen $(n-1)$-dimensionalen regulären Mannigfaltigkeit in $\mathbb{E}_n$.

Die Hyperebene $R(\boldsymbol{x}^*)$ aus Satz 17.5 ist daher eine Tangentialhyperebene an die $(n-1)$-dimensionale reguläre Mannigfaltigkeit ∂M aus (17.12b) im Punkt $\boldsymbol{x}^* \in \partial M$.

18. Abgeschlossene konvexe Funktionen

Um einen tieferen Einblick in die Struktur der konvexen Funktionen zu gewinnen und um so folgerichtig Grundlagen für eine Theorie der konvexen Optimierung aufzubauen, werden wir in diesem Kapitel bestimmte Begriffe analytischen Charakters einführen. Dazu gehören zuvörderst die Begriffe einer unter- bzw. oberhalbstetigen Funktion und der Begriff der Abschließung einer konvexen (bzw. konkaven) Funktion. Obwohl das Kapitel also einen eher analytischen Charakter hat, so wird es in seinen Folgerungen doch zum weiteren Ausbau der verfolgten geometrischen Konzeption beitragen.

In diesem Kapitel werden wir der Menge $\mathbb{R}$ der reellen Zahlen die Elemente $-\infty$ und ∞ hinzufügen und damit den Raum $\mathbb{R}$ zu dem Raum $\mathbb{R}^* = \mathbb{R} \cup \{-\infty\} \cup \{\infty\}$ erweitern. Durch ein solches Vorgehen kann eine gesonderte Untersuchung eigentlicher und uneigentlicher Grenzwerte von Funktionen vermieden werden. Die üblichen algebraischen Operationen mit den Elementen $-\infty$ und ∞, d. h. die Operationen in der Menge $\mathbb{R}^*$, werden als bekannt vorausgesetzt.

Vereinbarung 18.1. Eine eindeutige Abbildung einer nichtleeren Menge $A \subset \mathbb{E}_n$ in die Menge $\mathbb{R}$ werden wir wie üblich „eine über der Menge A definierte Funktion", in die Menge $\mathbb{R}^*$ dagegen *„eine über der Menge A definierte verallgemeinerte Funktion"* nennen. Eine über einer Menge $A \subset \mathbb{E}_n$ definierte Funktion ist also auch eine verallgemeinerte Funktion in der vereinbarten Auffassung.

Beispiel 18.1. Definiert man

$$f(x) := \begin{cases} \tan x & \text{für} \quad x \in I := \left(-\dfrac{\pi}{2}, \dfrac{\pi}{2}\right), \\ -\infty & \text{für} \quad x = -\dfrac{\pi}{2}, \\ \infty & \text{für} \quad x = \dfrac{\pi}{2}, \end{cases}$$

so ist $f(x)$ eine über dem Intervall $\bar{I} = [-\pi/2, \pi/2]$ definierte verallgemeinerte Funktion, für die gilt

$$f(x) = \liminf_{\varepsilon \to 0^+} \{\tan z \mid z \in U(x;\varepsilon) \cap I\}$$

$$= \limsup_{\varepsilon \to 0^+} \{\tan z \mid z \in U(x;\varepsilon) \cap I\}, \quad x \in \bar{I}.$$

Beispiel 18.2. Es sei $I := (0, \infty)$; für die Funktion

$$f(x) := \liminf_{\varepsilon \to 0^+} \{\log z \mid z \in U(x; \varepsilon) \cap I\}, \quad x \in \bar{I},$$

gilt offenbar $f(x) = \log x$ für $x \in I$, $f(0) = -\infty$; daher ist $f(x)$ eine über dem Intervall $\bar{I} = [0, \infty)$ definierte verallgemeinerte Funktion.

Beispiel 18.3. Die Funktion

$$f(x) := \begin{cases} \infty & \text{für} \quad x = 0, \\ 0 & \text{für} \quad x \neq 0, x \in \mathbb{R}, \end{cases}$$

ist eine über dem Intervall $I = (-\infty, \infty)$ definierte verallgemeinerte Funktion (sie ist keine Funktion im üblichen Sinn).

Vereinbarung 18.2. Es sei $f(\boldsymbol{x})$ eine über einer nichtleeren Menge M in $\mathbb{E}_n$ definierte Funktion bzw. verallgemeinerte Funktion. Dann nennen wir

$$\underline{f}(\boldsymbol{x}) := \liminf_{\varepsilon \to 0^+} \{f(\boldsymbol{z}) \mid \boldsymbol{z} \in U(\boldsymbol{x}; \varepsilon) \cap M\}, \quad \boldsymbol{x} \in \overline{M}, \tag{18.1}$$

die der (verallgemeinerten) Funktion $f(\boldsymbol{x})$ *zugeordnete verallgemeinerte Funktion.*

Vereinbarung 18.3. Falls $f(\boldsymbol{x})$ eine über einer nichtleeren Menge M in $\mathbb{E}_n$ definierte (verallgemeinerte) Funktion ist, so bezeichnen wir mit dem Symbol $\varliminf_{i\to\infty} f(\boldsymbol{x}_i)$ ($\boldsymbol{x}_i \in M$) wie üblich den *kleinsten Grenzwert* (den *limes inferior*) *der Folge* $\{f(\boldsymbol{x}_i)\}_{i=1}^{\infty}$.

Lemma 18.1. *Es sei $f(\boldsymbol{x})$ eine über einer nichtleeren Menge M in $\mathbb{E}_n$ definierte Funktion. Dann besitzt die der Funktion $f(\boldsymbol{x})$ zugeordnete verallgemeinerte Funktion $\underline{f}(\boldsymbol{x})$ (vgl. Vereinbarung* 18.2) *die folgenden Eigenschaften:*

(a) *$\underline{f}(\boldsymbol{x}) \leqq f(\boldsymbol{x})$ für alle $\boldsymbol{x} \in M$;*

(b) *für jeden Punkt $\boldsymbol{x} \in \overline{M}$ und für jede Punktfolge $\{\boldsymbol{x}_i\}_{i=1}^{\infty}$ mit*

$$\boldsymbol{x}_i \in M \qquad (i = 1, 2, \ldots), \quad \lim \boldsymbol{x}_i = \boldsymbol{x} \tag{18.2a}$$

gilt

$$\underline{f}(\boldsymbol{x}) \leqq \varliminf_{i\to\infty} f(\boldsymbol{x}_i). \tag{18.2b}$$

Beweis. Für jeden Punkt $\boldsymbol{x} \in M$ und für jede Zahl $\varepsilon > 0$ gilt offenbar

$$\inf \{f(\boldsymbol{z}) \mid \boldsymbol{z} \in U(\boldsymbol{x}; \varepsilon) \cap M\} \leqq f(\boldsymbol{x}),$$

woraus nach Definition (18.1) unmittelbar die Aussage (a) folgt.

Falls $\boldsymbol{x}$ ein beliebiger Punkt der Menge $\overline{M}$ ist und $\{\boldsymbol{x}_i\}_{i=1}^{\infty}$ eine beliebige, den Bedingungen (18.2a) genügende Folge, so gibt es zu jeder Zahl $\varepsilon > 0$ einen Index $k = k(\varepsilon)$ derart, daß $\boldsymbol{x}_i \in U(\boldsymbol{x}; \varepsilon)$ für alle $i \geqq k$ ist. Es gilt daher

$$\varliminf_{i\to\infty} f(\boldsymbol{x}_i) \geqq \inf \{f(\boldsymbol{z}) \mid \boldsymbol{z} \in U(\boldsymbol{x}; \varepsilon) \cap M\},$$

woraus nach Definition (18.1) die Aussage (b) des Satzes folgt. □

Definition 18.1. Es seien $f(\boldsymbol{x})$ eine über einer nichtleeren Menge M in $\mathbb{E}_n$ definierte Funktion und $\underline{f}(\boldsymbol{x})$ mit $\boldsymbol{x} \in \overline{M}$ die ihr gemäß Vereinbarung 18.2 zugeordnete verallgemeinerte Funktion. Falls im Punkt $\boldsymbol{x}_0 \in M$ die Gleichheit $\underline{f}(\boldsymbol{x}_0) = f(\boldsymbol{x}_0)$ gilt, so heißt die Funktion $f(\boldsymbol{x})$ *im Punkt* $\boldsymbol{x}_0$ *unterhalbstetig*. Wenn $\underline{f}(\boldsymbol{x}) = f(\boldsymbol{x})$ für alle $\boldsymbol{x} \in M$ gilt, so heißt die Funktion $f(\boldsymbol{x})$ *unterhalbstetig über der Menge M*.

Lemma 18.2. *Falls M eine nichtleere abgeschlossene Menge in* $\mathbb{E}_n$ *und* $f(\boldsymbol{x})$ *eine über dieser Menge definierte Funktion sind, so sind die folgenden drei Aussagen zueinander äquivalent:*

(a) *die Funktion* $f(\boldsymbol{x})$ *ist unterhalbstetig über der Menge M;*

(b) *der Epigraph*

$$\mathcal{E}_f := \{(\boldsymbol{x}, x_{n+1}) \in \mathbb{E}_{n+1} \mid x_{n+1} \geqq f(\boldsymbol{x}),\ \boldsymbol{x} \in M\} \tag{18.3}$$

ist eine in $\mathbb{E}_{n+1}$ *abgeschlossene Menge;*

(c) *für jede Zahl* $\alpha \in \mathbb{R}$ *ist die Menge*

$$M_\alpha := \{\boldsymbol{x} \in \mathbb{E}_n \mid f(\boldsymbol{x}) \leqq \alpha,\ \boldsymbol{x} \in M\} \tag{18.4}$$

eine abgeschlossene Menge in $\mathbb{E}_n$.

Beweis. Die Funktion $f(\boldsymbol{x})$ möge unterhalbstetig über der Menge M sein, und es sei $\boldsymbol{x}_0' := (\boldsymbol{x}_0, x_{0n+1})$ ein beliebiger Häufungspunkt des Epigraphen $\mathcal{E}_f$. Dann gibt es eine Punktfolge $\{\boldsymbol{x}_i'\}_{i=1}^{\infty}$ mit den Eigenschaften

$$\boldsymbol{x}_i' := (\boldsymbol{x}_i, x_{in+1}) \in \mathcal{E}_f \qquad (i = 1, 2, \ldots), \quad \lim_{i\to\infty} \boldsymbol{x}_i = \boldsymbol{x}_0, \quad \lim_{i\to\infty} x_{in+1} = x_{0n+1}.$$

Nach (18.3) ist $x_{in+1} \geqq f(\boldsymbol{x}_i)$ $(i = 1, 2, \ldots)$, daher gilt

$$\varliminf_{i\to\infty} x_{in+1} = \lim_{i\to\infty} x_{in+1} = x_{0n+1} \geqq \varliminf_{i\to\infty} f(\boldsymbol{x}_i).$$

Hieraus folgt unter Beachtung der Aussage (18.2b) in Lemma 18.1 und der Unterhalbstetigkeit der Funktion $f(\boldsymbol{x})$ (vgl. Definition 18.1)

$$x_{0n+1} \geqq \underline{f}(\boldsymbol{x}_0) = f(\boldsymbol{x}_0),$$

d. h. $\boldsymbol{x}_0' = (\boldsymbol{x}_0, x_{0n+1}) \in \mathcal{E}_f$. Da der Punkt $\boldsymbol{x}_0'$ ein beliebiger Häufungspunkt des Epigraphen $\mathcal{E}_f$ war, ist damit die Implikation (a) $\Rightarrow$ (b) gezeigt.

Der Epigraph $\mathcal{E}_f$ der Funktion $f(\boldsymbol{x})$ möge nun eine in $\mathbb{E}_{n+1}$ abgeschlossene Menge sein. Für eine beliebige Zahl α definieren wir in $\mathbb{E}_{n+1}$ die Hyperebene

$$R_\alpha' := \{(\boldsymbol{x}, x_{n+1}) \in \mathbb{E}_{n+1} \mid \boldsymbol{x} \in \mathbb{E}_n,\ x_{n+1} = \alpha\}. \tag{18.5}$$

Dann ist die Menge

$$R_\alpha' \cap \mathcal{E}_f = \{(\boldsymbol{x}, x_{n+1}) \in \mathbb{E}_{n+1} \mid \alpha \geqq f(\boldsymbol{x}),\ \boldsymbol{x} \in M,\ x_{n+1} = \alpha\}$$

als Durchschnitt der abgeschlossenen Mengen R_α' und $\mathcal{E}_f$ eine in $\mathbb{E}_{n+1}$ abgeschlossene Menge, die zu der in (18.4) definierten Menge M_α isomorph ist. Hieraus folgt die Implikation (b) $\Rightarrow$ (c).

Die Funktion $f(\boldsymbol{x})$ möge nun die Eigenschaft (c) besitzen, und wir nehmen an, es gäbe einen Punkt $\boldsymbol{x}_0$ mit

$$\boldsymbol{x}_0 \in M, \quad \underline{f}(\boldsymbol{x}_0) < f(\boldsymbol{x}_0). \tag{18.6}$$

Es sei α eine Zahl, für die

$$\underline{f}(\boldsymbol{x}_0) < \alpha < f(\boldsymbol{x}_0)$$

gilt. Nach Definition (18.3) des Epigraphen $\mathscr{E}_f$ ist dann

$$(\boldsymbol{x}_0, \alpha) \notin \mathscr{E}_f, \tag{18.7}$$

und aufgrund der Definition (18.1) der verallgemeinerten Funktion $\underline{f}(\boldsymbol{x})$ gilt

$$\liminf_{\varepsilon \to 0^+} \{f(\boldsymbol{x}) \mid \boldsymbol{x} \in U(\boldsymbol{x}_0; \varepsilon) \cap M\} < \alpha.$$

Also existiert eine Zahl $\varepsilon_0 > 0$ derart, daß

$$\inf \{f(\boldsymbol{x}) \mid \boldsymbol{x} \in U(\boldsymbol{x}_0; \varepsilon) \cap M\} < \alpha, \quad \varepsilon \in (0, \varepsilon_0), \tag{18.8}$$

gilt. Für eine beliebige Zahlenfolge $\{\varepsilon_k\}_{k=1}^\infty$ mit $0 < \varepsilon_{k+1} < \varepsilon_k < \varepsilon_0$ $(k = 1, 2, \ldots)$ und $\lim\limits_{k\to\infty} \varepsilon_k = 0$ ist daher

$$\inf \{f(\boldsymbol{x}) \mid \boldsymbol{x} \in U(\boldsymbol{x}_0; \varepsilon_k) \cap M\} < \alpha \qquad (k = 1, 2, \ldots);$$

es existiert also eine Punktfolge $\{\boldsymbol{x}_k\}_{k=1}^\infty$ mit

$$\boldsymbol{x}_k \in U(\boldsymbol{x}_0; \varepsilon_k) \cap M \quad (k = 1, 2, \ldots), \quad \lim_{k\to\infty} \boldsymbol{x}_k = \boldsymbol{x}_0,$$

$$\inf \{f(\boldsymbol{x}) \mid \boldsymbol{x} \in U(\boldsymbol{x}_0; \varepsilon_k) \cap M\} \leqq f(\boldsymbol{x}_k) < \alpha.$$

Unter Beachtung der Definition (18.3) des Epigraphen $\mathscr{E}_f$ folgt hieraus

$$(\boldsymbol{x}_k, \alpha) \in \mathscr{E}_f \qquad (k = 1, 2, \ldots), \quad \lim_{k\to\infty} (\boldsymbol{x}_k, \alpha) = (\boldsymbol{x}_0, \alpha).$$

Damit gilt $(\boldsymbol{x}_k, \alpha) \in R_\alpha' \cap \mathscr{E}_f$ $(k = 1, 2, \ldots)$, wobei R_α' eine Hyperebene in $\mathbb{E}_{n+1}$ mit der unter (18.5) angegebenen Beschreibung ist. Da die Menge M_α aufgrund der vorausgesetzten Eigenschaft (c) der Funktion $f(\boldsymbol{x})$ abgeschlossen ist, ist auch die Menge $R_\alpha' \cap \mathscr{E}_f$ abgeschlossen; es gilt deshalb

$$\lim_{k\to\infty} (\boldsymbol{x}_k, \alpha) = (\boldsymbol{x}_0, \alpha) \in R_\alpha' \cap \mathscr{E}_f$$

und damit $(\boldsymbol{x}_0, \alpha) \in \mathscr{E}_f$, im Widerspruch zu (18.7). Die Annahme (18.6) muß also verworfen werden; d. h., es gilt $\underline{f}(\boldsymbol{x}) \geqq f(\boldsymbol{x})$ für alle $\boldsymbol{x} \in M$. Nach Lemma 18.1 folgt $\underline{f}(\boldsymbol{x}) = f(\boldsymbol{x})$ für alle $\boldsymbol{x} \in M$; die Funktion $f(\boldsymbol{x})$ ist also (vgl. Definition 18.1) unterhalbstetig über der Menge M, womit auch die Implikation (c) $\Rightarrow$ (a) gezeigt ist. □

Lemma 18.3. *Es sei $f(\boldsymbol{x})$ eine über einer nichtleeren abgeschlossenen Menge M in $\mathbb{E}_n$ definierte Funktion. Dann besteht zwischen dem Epigraphen $\mathscr{E}_f$ der Funktion $f(\boldsymbol{x})$ und dem Epigraphen $\mathscr{E}_{\underline{f}}$ der der Funktion $f(\boldsymbol{x})$ zugeordneten verallgemeinerten Funktion $\underline{f}(\boldsymbol{x})$ mit $\boldsymbol{x} \in M$ (vgl. Vereinbarung* 18.2) *die Beziehung*

$$\mathscr{E}_{\underline{f}} = \overline{\mathscr{E}}_f; \tag{18.9a}$$

außerdem gilt, daß die verallgemeinerte Funktion $\underline{f}(\boldsymbol{x})$ unterhalbstetig über der Menge M ist, d. h.

$$\underline{\underline{f}}(\boldsymbol{x}) = \underline{f}(\boldsymbol{x}), \quad \boldsymbol{x} \in M. \tag{18.9b}$$

Beweis. Aus den Beschreibungen

$$\begin{aligned} \mathscr{E}_f &:= \{(\boldsymbol{x}, x_{n+1}) \in \mathbb{E}_{n+1} \mid x_{n+1} \geqq f(\boldsymbol{x}),\ \boldsymbol{x} \in M\}, \\ \mathscr{E}_{\underline{f}} &:= \{(\boldsymbol{x}, x_{n+1}) \in \mathbb{E}_{n+1} \mid x_{n+1} \geqq \underline{f}(\boldsymbol{x}),\ \boldsymbol{x} \in M\} \end{aligned} \tag{18.10}$$

der Epigraphen $\mathscr{E}_f$ und $\mathscr{E}_{\underline{f}}$ folgt aus Aussage (a) in Lemma 18.1

$$\mathscr{E}_f \subset \mathscr{E}_{\underline{f}}. \tag{18.11}$$

Für einen beliebigen Punkt

$$(\boldsymbol{x}_0, \alpha) \in \mathscr{E}_{\underline{f}} \quad \text{mit} \quad (\boldsymbol{x}_0, \alpha) \notin \mathscr{E}_f$$

gilt nach (18.10) $\underline{f}(\boldsymbol{x}_0) \leqq \alpha < f(\boldsymbol{x}_0)$. Wir wählen nun einen solchen Punkt $(\boldsymbol{x}_0, \alpha)$, für den $\underline{f}(\boldsymbol{x}_0) < \alpha < f(\boldsymbol{x}_0)$ ist. In gleicher Weise wie bei der Herleitung der Implikation (c) $\Rightarrow$ (a) im Beweis des Lemmas 18.2 läßt sich zeigen, daß es dann eine Punktfolge $\{\boldsymbol{x}_i'\}_{i=1}^{\infty}$ mit den Eigenschaften

$$\boldsymbol{x}_i' := (\boldsymbol{x}_i, \alpha) \in \mathscr{E}_f \qquad (i = 1, 2, \ldots), \quad \lim_{i \to \infty} (\boldsymbol{x}_i, \alpha) = (\boldsymbol{x}_0, \alpha)$$

gibt und somit $(\boldsymbol{x}_0, \alpha) \in \overline{\mathscr{E}}_f$ gilt. Daraus folgt

$$\{(\boldsymbol{x}, x_{n+1}) \in \mathbb{E}_{n+1} \mid \underline{f}(\boldsymbol{x}) < x_{n+1} < f(\boldsymbol{x}),\ \boldsymbol{x} \in M\} \subset \overline{\mathscr{E}}_f,$$

und hieraus wegen (18.11)

$$\{(\boldsymbol{x}, x_{n+1}) \in \mathbb{E}_{n+1} \mid x_{n+1} > \underline{f}(\boldsymbol{x}),\ \boldsymbol{x} \in M\} \subset \overline{\mathscr{E}}_f.$$

Aufgrund der Abgeschlossenheit der Menge $\overline{\mathscr{E}}_f$ gilt daher also die Inklusion

$$\mathscr{E}_{\underline{f}} \subset \overline{\mathscr{E}}_f. \tag{18.12}$$

Falls andererseits $(\boldsymbol{x}_0, x_{0n+1})$ ein beliebiger Punkt der Menge $\overline{\mathscr{E}}_f$ ist, so existiert eine Punktfolge $\{\boldsymbol{x}_i'\}_{i=1}^{\infty}$ mit

$$\boldsymbol{x}_i' = (\boldsymbol{x}_i, x_{in+1}) \in \mathscr{E}_f \qquad (i = 1, 2, \ldots), \quad \lim_{i \to \infty} \boldsymbol{x}_i = \boldsymbol{x}_0, \quad \lim_{i \to \infty} x_{in+1} = x_{0n+1}.$$

Nach Definition eines Epigraphen folgt daraus $x_{in+1} \geqq f(\boldsymbol{x}_i)$ $(i = 1, 2, \ldots)$ und nach Aussage (18.2b) in Lemma 18.1

$$\underline{f}(\boldsymbol{x}_0) \leqq \underline{\lim}_{i \to \infty} f(\boldsymbol{x}_i) \leqq \underline{\lim}_{i \to \infty} x_{in+1} = \lim_{i \to \infty} x_{in+1} = x_{0n+1}.$$

Damit ist nach (18.10) $(\boldsymbol{x}_0, x_{0n+1}) \in \mathscr{E}_{\underline{f}}$. Es gilt also $\overline{\mathscr{E}}_f \subset \mathscr{E}_{\underline{f}}$, was zusammen mit (18.12) die Aussage (18.9a) liefert.

Da der Epigraph $\mathscr{E}_{\underline{f}}$ der über der abgeschlossenen Menge M definierten Funktion $\underline{f}(\boldsymbol{x})$ nach dieser Aussage (18.9a) eine in $\mathbb{E}_{n+1}$ abgeschlossene Menge ist, ist die Funktion $\underline{f}(\boldsymbol{x})$ nach Lemma 18.2 unterhalbstetig über der Menge M, woraus (vgl. Definition 18.1) die Aussage (18.9b) des Satzes folgt. □

Lemma 18.4. *Falls $f(\boldsymbol{x})$ eine über einer nichtleeren Menge M in $\mathbb{E}_n$ definierte Funktion ist, so gibt es zu jedem Punkt $\boldsymbol{x}_0 \in \overline{M}$ eine Punktfolge $\{\boldsymbol{x}_i\}_{i=1}^{\infty}$ mit*

$$\boldsymbol{x}_i \in M \qquad (i = 1, 2, \ldots), \quad \lim_{i\to\infty} \boldsymbol{x}_i = \boldsymbol{x}_0, \quad \lim_{i\to\infty} f(\boldsymbol{x}_i) = \underline{f}(\boldsymbol{x}_0); \tag{18.13}$$

dabei bezeichnet $\underline{f}(\boldsymbol{x})$ die der Funktion $f(\boldsymbol{x})$ zugeordnete verallgemeinerte Funktion (vgl. Vereinbarung 18.2). Wenn die Funktion $f(\boldsymbol{x})$ in einem Punkt $\boldsymbol{x}_0 \in M$ stetig bezüglich der Menge M ist, so gilt

$$\underline{f}(\boldsymbol{x}_0) = f(\boldsymbol{x}_0). \tag{18.14}$$

Beweis. Es sei $\boldsymbol{x}_0$ ein beliebiger Punkt der Menge M. Aus der Definition (18.1) der der Funktion $f(\boldsymbol{x})$ zugeordneten verallgemeinerten Funktion $\underline{f}(\boldsymbol{x})$ (vgl. Vereinbarung 18.2) folgt, daß es zu jeder Zahl $\eta > 0$ eine Zahl $\varepsilon_0 > 0$ derart gibt, daß gilt

$$\underline{f}(\boldsymbol{x}_0) - \eta < \inf \{f(\boldsymbol{x}) \mid \boldsymbol{x} \in U(\boldsymbol{x}_0; \varepsilon) \cap M\} < \underline{f}(\boldsymbol{x}_0) + \eta \tag{18.15}$$

für alle ε mit $\varepsilon \in (0, \varepsilon_0)$. Für eine beliebige Zahlenfolge $\{\varepsilon_k\}_{k=1}^{\infty}$ mit $0 < \varepsilon_{k+1} < \varepsilon_k < \varepsilon_0$ $(k = 1, 2, \ldots)$ und $\lim_{k\to\infty} \varepsilon_k = 0$ folgt dann

$$\underline{f}(\boldsymbol{x}_0) - \eta < \inf \{f(\boldsymbol{x}) \mid \boldsymbol{x} \in U(\boldsymbol{x}_0; \varepsilon_k) \cap M\} < \underline{f}(\boldsymbol{x}_0) + \eta \qquad (k = 1, 2, \ldots).$$

Daher existieren Punkte $\boldsymbol{x}_k \in U(\boldsymbol{x}_0; \varepsilon_k) \cap M$ mit

$$\underline{f}(\boldsymbol{x}_0) - \eta < \inf \{f(\boldsymbol{x}) \mid \boldsymbol{x} \in U(\boldsymbol{x}_0; \varepsilon_k) \cap M\} \leqq f(\boldsymbol{x}_k) < \underline{f}(\boldsymbol{x}_0) + \eta \qquad (k = 1, 2, \ldots);$$

es gilt also

$$\underline{f}(\boldsymbol{x}_0) - \eta < f(\boldsymbol{x}_k) < \underline{f}(\boldsymbol{x}_0) + \eta \qquad (k = 1, 2, \ldots).$$

Somit ist $\lim_{k\to\infty} f(\boldsymbol{x}_k) = \underline{f}(\boldsymbol{x}_0)$. Diese Aussage gilt offensichtlich auch für solche Punkte $\boldsymbol{x}_0$ der Menge $\overline{M} \setminus M$, für die $\underline{f}(\boldsymbol{x}_0) \in \mathbb{R}$ ist. Im Fall $\boldsymbol{x}_0 \in \overline{M} \setminus M$ und $\underline{f}(\boldsymbol{x}_0) = \infty$ existiert (gemäß Definition (18.1) der Funktion $\underline{f}(\boldsymbol{x})$) zu jeder Zahl $\varkappa > 0$ eine Zahl $\varepsilon_0 > 0$ derart, daß gilt

$$\inf \{f(\boldsymbol{x}) \mid \boldsymbol{x} \in U(\boldsymbol{x}_0; \varepsilon) \cap M\} > \varkappa, \quad \varepsilon \in (0, \varepsilon_0). \tag{18.16}$$

Wenn $\{\varkappa_i\}_{i=1}^{\infty}$ eine Zahlenfolge mit $\varkappa_{i+1} > \varkappa_i$ $(i = 1, 2, \ldots)$ und $\lim_{i\to\infty} \varkappa_i = \infty$ ist, so folgt aus (18.16) die Existenz einer Punktfolge $\{\boldsymbol{x}_i\}_{i=1}^{\infty}$ mit den Eigenschaften $\boldsymbol{x}_i \in M$, $f(\boldsymbol{x}_i) > \varkappa_i$ $(i = 1, 2, \ldots)$ und $\lim_{i\to\infty} \boldsymbol{x}_i = \boldsymbol{x}_0$. Hieraus und aus den Eigenschaften der Zahlenfolge $\{\varkappa_i\}_{i=1}^{\infty}$ erhält man $\lim_{i\to\infty} f(\boldsymbol{x}_i) = \underline{f}(\boldsymbol{x}_0) = \infty$. Im Fall $\boldsymbol{x}_0 \in \overline{M} \setminus M$ und $\underline{f}(\boldsymbol{x}_0) = -\infty$ kann man auf ähnliche Weise die Existenz einer Punktfolge $\{\boldsymbol{x}_i\}_{i=1}^{\infty}$ mit den Eigenschaften (18.13) zeigen. Damit ist die erste Aussage des Satzes gezeigt. Falls die Funktion $f(\boldsymbol{x})$ stetig im Punkt $\boldsymbol{x}_0 \in M$ bezüglich der Menge M ist und $\{\boldsymbol{x}_i\}_{i=1}^{\infty}$ eine Punktfolge mit den Eigenschaften (18.13), so gilt offenbar $\lim_{i\to\infty} f(\boldsymbol{x}_i) = f(\boldsymbol{x}_0) = \underline{f}(\boldsymbol{x}_0)$ und damit die zweite Aussage des Satzes. □

Bemerkung 18.1. Die in Lemma 18.3 gezeigte Gleichheit $\underline{f}(\boldsymbol{x}) = \underline{\underline{f}}(\boldsymbol{x})$ $(\boldsymbol{x} \in M)$ erinnert an die bekannte Gleichheit $\overline{\overline{M}} = \overline{M}$ für die Abschließung $\overline{M}$ einer Menge $M \subset \mathbb{E}_n$. Diese formale Analogie bildet den Anlaß für die folgende Definition 18.2, wobei wir sie entsprechend dem gewählten Rahmen des Buches auf konvexe (bzw. konkave) Funktionen beschränken.

Definition 18.2. Es sei $f(\boldsymbol{x})$ eine über einer nichtleeren konvexen Menge M in $\mathbb{E}_n$ definierte konvexe Funktion. Dann nennt man die ihr zugeordnete und über der Menge $\overline{M}$ definierte verallgemeinerte Funktion (vgl. Vereinbarung 18.2)

$$\underline{f}(\boldsymbol{x}) := \liminf_{\varepsilon \to 0^+} \{f(\boldsymbol{z}) \mid \boldsymbol{z} \in U(\boldsymbol{x}; \varepsilon) \cap M\}, \quad \boldsymbol{x} \in \overline{M},$$

die *Abschließung der konvexen Funktion* $f(\boldsymbol{x})$. Falls $f(\boldsymbol{x}) = \underline{f}(\boldsymbol{x})$ für alle $\boldsymbol{x} \in M$ gilt, so heißt $f(\boldsymbol{x})$ eine über der Menge M *abgeschlossene konvexe Funktion.*

Eine über einer nichtleeren konvexen Menge $M \subset \mathbb{E}_n$ definierte konkave Funktion $g(\boldsymbol{x})$ nennt man *eine abgeschlossene konkave Funktion* über der Menge M, falls $f(\boldsymbol{x}) := -g(\boldsymbol{x})$ eine abgeschlossene konvexe Funktion über der Menge M ist.

Bemerkung 18.2. Einer über einer nichtleeren Menge M in $\mathbb{E}_n$ definierten Funktion $f(\boldsymbol{x})$ kann man außer der verallgemeinerten Funktion $\underline{f}(\boldsymbol{x})$ — vergleiche Vereinbarung 18.2 — auch die verallgemeinerte Funktion

$$\bar{f}(\boldsymbol{x}) := \limsup_{\varepsilon \to 0^+} \{f(\boldsymbol{z}) \mid \boldsymbol{z} \in U(\boldsymbol{x}; \varepsilon) \cap M\}, \quad \boldsymbol{x} \in \overline{M},$$

zuordnen. Für sie lassen sich ähnliche Aussagen wie für die verallgemeinerte Funktion $\underline{f}(\boldsymbol{x})$ in den Lemmata 18.1 bis 18.4 herleiten; anstelle der Epigraphen der (verallgemeinerten) Funktionen $f(\boldsymbol{x})$ und $\underline{f}(\boldsymbol{x})$ wären die Hypographen der (verallgemeinerten) Funktionen $f(\boldsymbol{x})$ und $\bar{f}(\boldsymbol{x})$ zugrundezulegen. Im Fall $\bar{f}(\boldsymbol{x}) = f(\boldsymbol{x})$ für $\boldsymbol{x} \in M$ heißt $f(\boldsymbol{x})$ eine *oberhalbstetige Funktion* über der Menge M.

Eine Funktion $f(\boldsymbol{x})$ ist — wie unmittelbar aus den Definitionen der Stetigkeit und Halbstetigkeit folgt — über ihrem Definitionsbereich M genau dann stetig, wenn sie sowohl unter- als auch oberhalbstetig über der Menge M ist.

Da im Rahmen dieses Buches unser Hauptaugenmerk den konvexen Funktionen gilt, für die vor allem der Begriff der Unterhalbstetigkeit wesentlich und angemessen ist, werden wir die verallgemeinerte Funktion $\bar{f}(\boldsymbol{x})$ nicht weiter betrachten.

Bemerkung 18.3. Es sei $F(\boldsymbol{x})$ eine über einer nichtleeren konvexen Menge M in $\mathbb{E}_n$ definierte konvexe Funktion, der wir die verallgemeinerte Funktion

$$F^*(\boldsymbol{x}) := \begin{cases} F(\boldsymbol{x}) & \text{für} \quad \boldsymbol{x} \in M, \\ \infty & \text{für} \quad \boldsymbol{x} \in \overline{M} \setminus M \end{cases} \tag{18.17}$$

zuordnen, deren Definitionsbereich die Menge $\overline{M}$ ist. Aufgrund der algebraischen Operationen in der Menge $\mathbb{R}^*$ gilt für jedes Zahlenpaar $\lambda_1 > 0$, $\lambda_2 > 0$ mit $\lambda_1 + \lambda_2 = 1$

$$F^*(\lambda_1\boldsymbol{x}_1 + \lambda_2\boldsymbol{x}_2) \leqq \lambda_1F^*(\boldsymbol{x}_1) + \lambda_2F^*(\boldsymbol{x}_2) = \lambda_1F(\boldsymbol{x}_1) + \lambda_2F(\boldsymbol{x}_2)$$
$$\text{für} \quad \boldsymbol{x}_1 \in M, \quad \boldsymbol{x}_2 \in M,$$

$$F^*(\lambda_1\boldsymbol{x}_1 + \lambda_2\boldsymbol{x}_2) \leqq \lambda_1F^*(\boldsymbol{x}_1) + \lambda_2F^*(\boldsymbol{x}_2) = \lambda_1F^*(\boldsymbol{x}_1) + \lambda_2F(\boldsymbol{x}_2)$$
$$= \lambda_1(\infty) + \lambda_2F(\boldsymbol{x}_2) = \infty \quad \text{für} \quad \boldsymbol{x}_2 \in M, \quad \boldsymbol{x}_1 \in \overline{M} \setminus M,$$

$$F^*(\lambda_1\boldsymbol{x}_1 + \lambda_2\boldsymbol{x}_2) \leqq \lambda_1F^*(\boldsymbol{x}_1) + \lambda_2F^*(\boldsymbol{x}_2) = \lambda_1(\infty) + \lambda_2(\infty) = \infty$$
$$\text{für} \quad \boldsymbol{x}_1 \in \overline{M} \setminus M, \quad \boldsymbol{x}_2 \in \overline{M} \setminus M.$$

Die verallgemeinerte Funktion $F^*(\boldsymbol{x})$ genügt also über der Menge $\overline{M}$ der in Satz 15.1 angegebenen Bedingung (15.2a); wir nennen sie daher konvex über der Menge $\overline{M}$. Als Epigraphen $\mathscr{E}_{F^*}$ der über der Menge $\overline{M}$ definierten verallgemeinerten Funktion $F^*(\boldsymbol{x})$ definieren wir die Menge

$$\mathscr{E}_{F^*} := \mathscr{E}_F \cup \{(\boldsymbol{x}, x_{n+1}) \mid \boldsymbol{x} \in \overline{M}, x_{n+1} = \infty\}.$$

Dann ist

$$\mathscr{E}_F \subset \mathscr{E}_{F^*}, \tag{18.18}$$

wobei die Punkte $(\boldsymbol{x}, \infty)$, $\boldsymbol{x} \in \overline{M}$, als Häufungspunkte des als Menge des Raumes $\mathbb{E}_n \times \mathbb{R}^*$ betrachteten Epigraphen angesehen werden.

Satz 18.1. *Es seien $F(\boldsymbol{x})$ eine über einer nichtleeren konvexen Menge M in $\mathbb{E}_n$ definierte konvexe Funktion und $F^*(\boldsymbol{x})$ die ihr durch die Definition* (18.17) *in Bemerkung* 18.3 *zugeordnete verallgemeinerte Funktion. Dann gelten die — für eine über einer Menge $M \neq \emptyset$ definierte Funktion $f(\boldsymbol{x})$ und der ihr zugeordneten verallgemeinerten Funktion $\underline{f}(\boldsymbol{x})$ (vgl. Vereinbarung* 18.2) *— in den Lemmata* 18.1 *bis* 18.4 *gezeigten Aussagen in entsprechender Weise auch für die über der Menge $\overline{M}$ definierte verallgemeinerte Funktion $F^*(\boldsymbol{x})$ und die ihr zugeordnete verallgemeinerte Funktion $\underline{F}^*(\boldsymbol{x})$.*

Der Beweis dieses Satzes läßt sich mit den gleichen Argumenten führen wie die Beweise der Lemmata 18.1 bis 18.4; dabei ist in den letzteren statt der Menge M die Menge $\overline{M}$ zu nehmen und statt der Funktion $f(\boldsymbol{x})$ die verallgemeinerte Funktion $F^*(\boldsymbol{x})$, und es ist zu beachten, daß nach den Definitionen (18.1) und (18.17) $\underline{F}^*(\boldsymbol{x}) = \underline{F}(\boldsymbol{x})$ für $\boldsymbol{x} \in \overline{M}$ gilt.

Satz 18.2. *Es sei $F(\boldsymbol{x})$ eine über einer nichtleeren konvexen Menge M in $\mathbb{E}_n$ definierte konvexe Funktion. Die Abschließung $\underline{F}(\boldsymbol{x})$ der Funktion $F(\boldsymbol{x})$ ist dann eine konvexe verallgemeinerte Funktion über der Menge $\overline{M}$, und es gilt*

$$\underline{F}(\boldsymbol{x}) = F(\boldsymbol{x}), \quad \boldsymbol{x} \in \operatorname{rel\,int} M. \tag{18.19}$$

Beweis. Aus der Konvexität der Funktion $F(\boldsymbol{x})$ über der Menge M folgt die Konvexität der ihr zugehörigen und gemäß (18.17) definierten verallgemeinerten Funktion $F^*(\boldsymbol{x})$ über der Menge $\overline{M}$ (vgl. Bemerkung 18.3) und somit auch die Konvexität des zugehörigen Epigraphen

$$\mathscr{E}_{F^*} := \{(\boldsymbol{x}, x_{n+1}) \in \mathbb{E}_n \times \mathbb{R}^* \mid x_{n+1} \geqq F^*(\boldsymbol{x}), \boldsymbol{x} \in \overline{M}\}.$$

Damit ist auch die Menge $\overline{\mathscr{E}}_{F^*}$ konvex, und nach Satz 18.1 und Lemma 18.3 gilt

$$\mathscr{E}_{\underline{F}^*} = \overline{\mathscr{E}}_{F^*}.$$

Da nach den Definitionen (18.17) und (18.1) $\underline{F}^*(\boldsymbol{x}) = \underline{F}(\boldsymbol{x})$ für $\boldsymbol{x} \in \overline{M}$ ist, folgt

$$\mathscr{E}_{\underline{F}} = \overline{\mathscr{E}}_{F^*};$$

der Epigraph $\mathscr{E}_{\underline{F}}$ der über der Menge $\overline{M}$ definierten veallgemeinerten Funktion $\underline{F}(\boldsymbol{x})$ ist daher eine im Raum $\mathbb{E}_n \times \mathbb{R}^*$ konvexe Menge. Dann ist die Funktion $\underline{F}(\boldsymbol{x})$ aber eine konvexe verallgemeinerte Funktion über der Menge $\overline{M}$. Nach Satz 15.7 ist die Funktion $F(\boldsymbol{x})$ stetig über der Menge rel int M, woraus nach Lemma 18.4 unmittelbar die Aussage (18.19) des Satzes folgt. □

Satz 18.3. *Es sei $F(x)$ eine über einem Intervall I definierte konvexe Funktion einer Veränderlichen. Dann ist ihre Abschließung $\underline{F}(x)$ eine stetige und konvexe verallgemeinerte Funktion über dem Intervall $\bar{I}$.*

Beweis. Nach Satz 18.2 ist $\underline{F}(x)$ eine konvexe verallgemeinerte Funktion über dem Intervall $\bar{I}$, und es gilt

$$\underline{F}(x) = F(x), \quad x \in \operatorname{int} I. \tag{18.20}$$

Aus der Stetigkeit der konvexen Funktion $F(x)$ über der Menge $\operatorname{int} I$ (vgl. Satz 15.7) folgt die Stetigkeit der Funktion $\underline{F}(\boldsymbol{x})$ über dem Intervall $\operatorname{int} I$.

Es sei nun x_0 ein Randpunkt des Intervalls I. Nach Lemma 18.4 gibt es eine Folge $\{x_i\}_{i=1}^{\infty}$ mit

$$x_i \in \operatorname{int} I \quad (i = 1, 2, \ldots), \quad \lim_{i\to\infty} x_i = x_0, \quad \lim_{i\to\infty} F(x_i) = \underline{F}(x_0). \tag{18.21a}$$

Wenn $\{y_i\}_{i=1}^{\infty}$ eine beliebige, den Bedingungen

$$y_i \in \operatorname{int} I \quad (i = 1, 2, \ldots), \quad \lim_{i\to\infty} y_i = x_0, \tag{18.21b}$$

genügende Folge ist, dann existieren eine Teilfolge $\{x_{k_i}\}_{i=1}^{\infty}$ der Folge $\{x_k\}_{k=1}^{\infty}$ und ein Index i_0 derart, daß gilt

$$\min\{x_{k_i}, x_{k_{i+1}}\} \leqq y_i \leqq \max\{x_{k_i}, x_{k_{i+1}}\} \qquad (i > i_0).$$

Aufgrund der Konvexität der Funktion $F(x)$ über dem Intervall I gibt es daher Zahlen $\lambda_1^i \geqq 0$ und $\lambda_2^i \geqq 0$ mit $\lambda_1^i + \lambda_2^i = 1$, so daß

$$y_i = \lambda_1^i x_{k_{i+1}} + \lambda_2^i x_{k_i}, \quad F(y_i) \leqq \lambda_1^i F(x_{k_{i+1}}) + \lambda_2^i F(x_{k_i}) \qquad (i > i_0),$$

ist. Hieraus folgt

$$F(y_i) \leqq \max\{F(x_{k_{i+1}}), F(x_{k_i})\} \qquad (i > i_0),$$

bzw. — wenn man

$$j_i := \begin{cases} k_{i+1} & \text{im Fall } F(x_{k_{i+1}}) \geqq F(x_{k_i}), \\ k_i & \text{im Fall } F(x_{k_{i+1}}) < F(x_{k_i}) \end{cases}$$

setzt —

$$F(y_i) \leqq F(x_{j_i}) \qquad (i > i_0); \tag{18.22}$$

die Folge $\{F(x_{j_i})\}_{i=1}^{\infty}$ ist dabei eine Teilfolge der zu dem Grenzwert $\underline{F}(x_0)$ konvergierenden Folge $\{F(x_k)\}_{k=1}^{\infty}$. Hieraus, aus (18.22) und (18.21a) erhält man

$$\varlimsup_{i\to\infty} F(y_i) \leqq \varlimsup_{i\to\infty} F(x_{j_i}) = \lim_{i\to\infty} F(x_{j_i}) = \lim_{k\to\infty} F(x_k) = \underline{F}(x_0).$$

Da nach (18.20) $\underline{F}(y_i) = F(y_i)$ für $y_i \in \operatorname{int} M$ $(i = 1, 2, \ldots)$ ist, folgt unter Beachtung der Aussage (b) aus Lemma 18.1

$$\lim_{i\to\infty} \underline{F}(y_i) = \underline{F}(x_0). \tag{18.23}$$

Wenn die Folge $\{F(y_i)\}_{i=1}^{\infty}$ außer dem Häufungspunkt $\underline{F}(x_0)$ noch einen weiteren Häufungspunkt z mit $z \neq \underline{F}(x_0)$ besäße, so müßte wegen (18.23) $z > \underline{F}(x_0)$ gelten, und es gäbe eine Teilfolge $\{F(z_i)\}_{i=1}^{\infty}$ der Folge $\{F(y_i)\}_{i=1}^{\infty}$ mit

$$\lim_{i\to\infty} F(z_i) = \varliminf_{i\to\infty} F(z_i) = z > \underline{F}(x_0).$$

Das ist aber ein Widerspruch, denn für jede den Bedingungen (18.21b) genügende Folge — und daher auch für die zu der ausgewählten Teilfolge $\{F(z_i)\}_{i=1}^{\infty}$ gehörende Folge $\{z_i\}_{i=1}^{\infty}$ — gilt (18.23). Daher ist $\underline{F}(x_0)$ der einzige Häufungspunkt der Folgen $\{F(y_i)\}_{i=1}^{\infty}$, für die die entsprechenden Folgen $\{y_i\}_{i=1}^{\infty}$ den Bedingungen (18.21b) genügen. Es gilt also

$$\lim_{i\to\infty} \underline{F}(y_i) = \underline{F}(x_0)$$

für beliebige, die Bedingungen (18.21b) erfüllende Folgen $\{y_i\}_{i=1}^{\infty}$, d. h., die Abschließung $\underline{F}(x)$ der Funktion $F(x)$ ist auch in den Randpunkten des Intervalls I stetig. □

Bemerkung 18.3. Die Vermutung, daß sich der Satz 18.3 auf den Fall konvexer Funktionen mehrerer Veränderlicher erweitern läßt, ist falsch. Das zeigt das folgende Beispiel 18.4.

Beispiel 18.4. Die über der konvexen Menge

$$M := \{(x, y) \in \mathbb{E}_2 \mid y > 0\}$$

(d. h. über einer offenen Halbebene in $\mathbb{E}_2$) definierte Funktion

$$F(x, y) := \frac{x^2}{y}$$

ist konvex über der Menge M, denn ihre Hessesche Matrix

$$\begin{pmatrix} \dfrac{2}{y} & \dfrac{-2x}{y^2} \\[2ex] \dfrac{-2x}{y^2} & \dfrac{2x^2}{y^3} \end{pmatrix}$$

ist über der Menge M positiv semidefinit (vgl. Satz 16.5). Der Funktion $F(x, y)$ ordnen wir nun die unter (18.17) definierte verallgemeinerte Funktion $F^*(x, y)$ zu, d. h., es ist

$$F^*(x, y) := \begin{cases} \dfrac{x^2}{y} & \text{für} \quad (x, y) \in M, \\ \infty & \text{für} \quad (x, y) \in \overline{M} \setminus M. \end{cases}$$

Nach Satz 18.2 gilt dann

$$\underline{F}(x, y) = F^*(x, y) = F(x, y) \quad \text{für} \quad (x, y) \in \operatorname{int} M = M. \tag{18.24a}$$

Wir wählen nun einen Punkt $\boldsymbol{x}_0 = (x_0, 0) \in \partial M$ mit $x_0 \neq 0$ und eine Zahl $\varepsilon > 0$. Dann gibt es eine positive Zahl k, so daß

$$F(x, y) < \frac{k}{y} \quad \text{für} \quad (x, y) \in U(\boldsymbol{x}_0; \varepsilon)$$

gilt. Daraus folgt

$$\liminf_{\varepsilon \to 0^+} \{F(x, y) \mid (x, y) \in U(\boldsymbol{x}_0; \varepsilon) \cap M\} = \infty,$$

d. h., nach Definition 18.2 ist

$$\underline{F}(x_0, 0) = \underline{F}^*(x_0, 0) = \infty \quad \text{für} \quad x_0 \neq 0. \tag{18.24b}$$

In jeder ε-Umgebung $U(\boldsymbol{o}; \varepsilon)$ des zum Rand ∂M der Menge M gehörenden Koordinatenursprungs $\boldsymbol{o} = (0, 0)$ in $\mathbb{E}_2$ gibt es offensichtlich Punkte der Menge M, für die $|x| < y^2$ und darüber hinaus

$$0 < F(x, y) = \frac{x^2}{y} < \frac{y^4}{y} = y^3 < \varepsilon$$

gilt. Daraus folgt

$$\inf \{F(x, y) \mid (x, y) \in U(\boldsymbol{o}; \varepsilon) \cap M\} = 0$$

für jede Zahl $\varepsilon > 0$, so daß nach Definition 18.2 gilt

$$\underline{F}(0, 0) = \underline{F}^*(0, 0) = 0. \tag{18.24c}$$

Aus (18.24a, b, c) sieht man, daß die Abschließung $\underline{F}(x, y)$ der über der Menge M definierten Funktion $F(x, y) = x^2/y$ im Punkt $\boldsymbol{o} \in \partial M$ bezüglich der Menge $\overline{M}$ nicht stetig ist.

Die betrachtete Funktion x^2/y mit $(x, y) \in M$ hat offensichtlich die Eigenschaft, daß durch die Gleichung

$$z = \frac{x^2}{y} \qquad (y > 0)$$

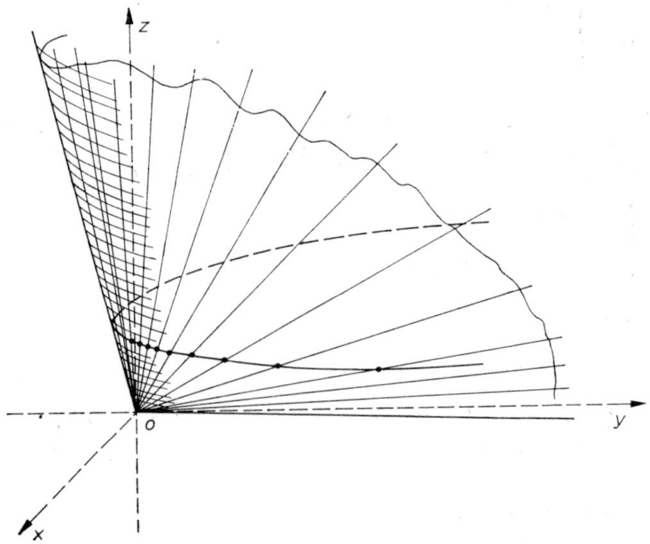

Abb. 18.1

der Mantel eines Kegels in $\mathbb{E}_3$ beschrieben ist, der gerade der Projektionskegel der Parabel $\{(x, y, z) \in \mathbb{E}_3 \mid y = x^2, z = 1\}$ bezüglich des Punktes $(0, 0, 0)$ in $\mathbb{E}_3$ ist, wobei dieser Punkt selbst nicht zu dem Kegel gehört (Abb. 18.1).

Satz 18.4. *Falls $F(\boldsymbol{x})$ eine über einer nichtleeren konvexen Menge M in $\mathbb{E}_n$ mit $\partial M \neq \emptyset$ definierte konvexe Funktion ist, dann ist ihre Abschließung $\underline{F}(\boldsymbol{x})$ $(\boldsymbol{x} \in \overline{M})$ in den Punkten des Randes ∂M der Menge M durch die Werte der Funktion $F(\boldsymbol{x})$ über der Menge* rel int M *eindeutig bestimmt.*

Beweis. Wegen $\partial M \neq \emptyset$ ist $\dim M \geqq 1$. Es sei $\boldsymbol{x}_0$ ein beliebiger Punkt der Menge ∂M und $\hat{\boldsymbol{x}}$ ein Punkt der Menge rel int M. Dann ist $\hat{\boldsymbol{x}} \neq \boldsymbol{x}_0$, und der Durchschnitt der Geraden

$$g := \{\boldsymbol{x} \in \mathbb{E}_n \mid \boldsymbol{x} = \boldsymbol{x}_0 + t(\hat{\boldsymbol{x}} - \boldsymbol{x}_0),\ t \in \mathbb{R}\}$$

mit der Menge M ist eine eindimensionale konvexe Menge mit $\boldsymbol{x}_0$ als Randpunkt. Die Menge

$$I := \{t \in \mathbb{R} \mid \boldsymbol{x}_0 + t(\hat{\boldsymbol{x}} - \boldsymbol{x}_0) \in M\}$$

ist offensichtlich ein eindimensionales Intervall; dabei gilt nach Satz 2.6

$$\boldsymbol{x}_0 + t(\hat{\boldsymbol{x}} - \boldsymbol{x}_0) \in \operatorname{rel\,int} M \quad \text{für} \quad t \in \operatorname{int} I.$$

Die zusammengesetzte Funktion

$$\tilde{F}(t) := F\big(\boldsymbol{x}_0 + t(\hat{\boldsymbol{x}} - \boldsymbol{x}_0)\big), \quad t \in I,$$

ist konvex über dem Intervall I. Für die Punkte $\boldsymbol{x}_0 + t(\hat{\boldsymbol{x}} - \boldsymbol{x}_0)$ mit $t \in \operatorname{int} I$ gilt nach Satz 18.2

$$\underline{F}\big(\boldsymbol{x}_0 + t(\hat{\boldsymbol{x}} - \boldsymbol{x}_0)\big) = F\big(\boldsymbol{x}_0 + t(\hat{\boldsymbol{x}} - \boldsymbol{x}_0)\big),$$

und nach Satz 18.3 folgt

$$\begin{aligned}\underline{F}(\boldsymbol{x}_0) = \underline{\tilde{F}}(0) &= \lim_{t\to 0^+} \tilde{F}(t) = \lim_{t\to 0^+} \underline{F}\big(\boldsymbol{x}_0 + t(\hat{\boldsymbol{x}} - \boldsymbol{x}_0)\big) \\ &= \lim_{t\to 0^+} F\big(\boldsymbol{x}_0 + t(\hat{\boldsymbol{x}} - \boldsymbol{x}_0)\big),\end{aligned}$$

wobei $\boldsymbol{x}_0 + t(\hat{\boldsymbol{x}} - \boldsymbol{x}_0) \in \operatorname{rel\,int} M$ für $t \in (0, 1)$ ist.
Hieraus ergibt sich die Aussage des Satzes. □

Satz 18.5. *Es sei $f(\boldsymbol{x})$ eine über einer nichtleeren kompakten Menge M in $\mathbb{E}_n$ erklärt Funktion, die unterhalbstetig (bzw. oberhalbstetig) über dieser Menge ist. Dann gibt es einen Punkt $\boldsymbol{x}_1 \in M$ (bzw. einen Punkt $\boldsymbol{x}_2 \in M$), so daß gilt*

$$f(\boldsymbol{x}_1) = \min_{\boldsymbol{x} \in M} \{f(\boldsymbol{x})\} \quad \left(\text{bzw. } f(\boldsymbol{x}_2) = \max_{\boldsymbol{x} \in M} \{f(\boldsymbol{x})\}\right).$$

Beweis. Es genügt hier, die für eine über der Menge M unterhalbstetige Funktion $f(\boldsymbol{x})$ getroffene Aussage zu zeigen, denn im Fall einer oberhalbstetigen Funktion verläuft der Beweis in gleicher Weise.

Setzt man

$$\mu := \inf_{\boldsymbol{x} \in M} \{F(\boldsymbol{x})\}, \tag{18.25}$$

so gibt es eine Punktfolge $\{\boldsymbol{x}_k\}_{k=1}^{\infty}$ mit

$$\boldsymbol{x}_k \in M \qquad (k = 1, 2, \ldots), \quad \lim_{k\to\infty} f(\boldsymbol{x}_k) = \mu .$$

Wegen der Kompaktheit der Menge M existiert ein Häufungspunkt $\boldsymbol{x}_1$ der betrachteten Folge mit $\boldsymbol{x}_1 \in M$. Nach Lemma 18.1 gilt dann

$$\underline{f}(\boldsymbol{x}_1) \leqq \lim_{k\to\infty} f(\boldsymbol{x}_k) = \mu ;$$

da aufgrund der Halbstetigkeit der Funktion $f(\boldsymbol{x})$ über der Menge M nach Definition 18.1 $\underline{f}(\boldsymbol{x}_1) = f(\boldsymbol{x}_1)$ ist, folgt $f(\boldsymbol{x}_1) \leqq \mu$. Hieraus und wegen $\boldsymbol{x}_1 \in M$ erhält man unter Beachtung von (18.25)

$$f(\boldsymbol{x}_1) = \inf_{\boldsymbol{x}\in M} \{f(\boldsymbol{x})\} = \min_{\boldsymbol{x}\in M} \{f(\boldsymbol{x})\} . \ \square$$

19. Konjugierte konvexe Funktionen

Es seien M eine nichtleere konvexe Menge in $\mathbb{E}_n$, $F(\boldsymbol{x})$ eine über der Menge M erklärte konvexe Funktion und

$$\mathscr{E}_F := \{(\boldsymbol{x}, x_{n+1}) \in \mathbb{E}_{n+1} \mid x_{n+1} \geqq F(\boldsymbol{x}),\ \boldsymbol{x} \in M\}$$

der Epigraph der Funktion $F(\boldsymbol{x})$. Weiter seien

$$R' := \{(\boldsymbol{x}, x_{n+1}) \in \mathbb{E}_{n+1} \mid (\boldsymbol{y}, \boldsymbol{x}) + y_{n+1}x_{n+1} = a\}$$

eine Stützhyperebene, die nicht parallel zur x_{n+1}-Koordinatenachse in $\mathbb{E}_{n+1}$ ist, und

$$\overline{H}'^{-} := \{(\boldsymbol{x}, x_{n+1}) \in \mathbb{E}_{n+1} \mid (\boldsymbol{y}, \boldsymbol{x}) + y_{n+1}x_{n+1} \leqq a\}$$

der entsprechende Stützhalbraum des Epigraphen $\mathscr{E}_F$. Dann ist $y_{n+1} \neq 0$ und

$$\mathscr{E}_F \subset \overline{H}'^{-}. \tag{19.1}$$

Da der Epigraph $\mathscr{E}_F$ mit einem Punkt $\big(\boldsymbol{x}, F(\boldsymbol{x})\big)$ $(\boldsymbol{x} \in M)$ auch die Punkte $\big(\boldsymbol{x}, F(\boldsymbol{x}) + t\big)$ mit $t > 0$ enthält, gilt wegen (19.1) $(\boldsymbol{y}, \boldsymbol{x}) + y_{n+1}\big(F(\boldsymbol{x}) + t\big) \leqq a$ für alle Zahlen $t > 0$ und daher $y_{n+1} < 0$. Für die Stützhyperebene R' und den Stützhalbraum $\overline{H}'^{-}$ können daher folgende Darstellungen angenommen werden:

$$\begin{aligned} R' &= \{(\boldsymbol{x}, x_{n+1}) \in \mathbb{E}_{n+1} \mid (\boldsymbol{y}, \boldsymbol{x}) - x_{n+1} = k\}, \\ \overline{H}'^{-} &= \{(\boldsymbol{x}, x_{n+1}) \in \mathbb{E}_{n+1} \mid (\boldsymbol{y}, \boldsymbol{x}) - x_{n+1} \leqq k\}. \end{aligned} \tag{19.2}$$

Offenbar ist R' eine nichtsinguläre Stützhyperebene des Epigraphen $\mathscr{E}_F$, denn aus $\mathscr{E}_F \subset R'$ würde folgen, daß für die in $\mathscr{E}_F$ gelegenen Punkte $\big(\boldsymbol{x}, F(\boldsymbol{x}) + t\big)$ mit $\boldsymbol{x} \in M$ und $t > 0$ wegen (19.2) $(\boldsymbol{y}, \boldsymbol{x}) - \big(F(\boldsymbol{x}) + t\big) = k$ für alle Zahlen $t > 0$ gelten müßte, das ist jedoch unmöglich.

Nach der Definition 14.1 eines Stützhalbraumes folgt für den Halbraum

$$\overline{H}_\varepsilon'^{-} := \{(\boldsymbol{x}, x_{n+1}) \in \mathbb{E}_{n+1} \mid (\boldsymbol{y}, \boldsymbol{x}) - x_{n+1} \leqq k - \varepsilon\},$$

wobei ε eine beliebige positive Zahl ist, daß gilt

$$\begin{aligned} &\overline{H}_\varepsilon'^{-} \subset H'^{-} := \{(\boldsymbol{x}, x_{n+1}) \in \mathbb{E}_{n+1} \mid (\boldsymbol{y}, \boldsymbol{x}) - x_{n+1} < k\}, \\ &\mathscr{E}_F \not\subset \overline{H}_\varepsilon'^{-}. \end{aligned} \tag{19.3}$$

Nach (19.1) und (19.2) ist wegen $\big(\boldsymbol{x}, F(\boldsymbol{x})\big) \in \mathscr{E}_F$ für $\boldsymbol{x} \in M$ die Ungleichung $(\boldsymbol{y}, \boldsymbol{x}) - F(\boldsymbol{x}) \leqq k$ erfüllt; da es andererseits nach (19.3) zu jedem $\varepsilon > 0$ einen Randpunkt $\big(\boldsymbol{x}^*, F(\boldsymbol{x}^*)\big)$

des Epigraphen $\mathscr{E}_F$ mit $(\boldsymbol{y}, \boldsymbol{x}^*) - F(\boldsymbol{x}^*) > k - \varepsilon$ gibt, folgt

$$k = \sup_{\boldsymbol{x} \in M} \{(\boldsymbol{y}, \boldsymbol{x}) - F(\boldsymbol{x})\} < \infty. \tag{19.4a}$$

Falls die Stützhyperebene R' den Randpunkt $\boldsymbol{x}_0' = (\boldsymbol{x}_0, F(\boldsymbol{x}_0))$ $(\boldsymbol{x}_0 \in M)$ des Epigraphen $\mathscr{E}_F$ enthält, so gilt nach (19.2)

$$k = (\boldsymbol{y}, \boldsymbol{x}_0) - F(\boldsymbol{x}_0), \tag{19.4b}$$

und daher nach (19.4a)

$$k = \max_{\boldsymbol{x} \in M} \{(\boldsymbol{y}, \boldsymbol{x}) - F(\boldsymbol{x})\}. \tag{19.4c}$$

Im Fall $\boldsymbol{x}_0' \in R'$ folgt für die Hyperebene R' aus (19.2) und (19.4b) die Darstellung

$$R' = \{(\boldsymbol{x}, x_{n+1}) \in \mathbb{E}_{n+1} \mid x_{n+1} = F(\boldsymbol{x}_0) + (\boldsymbol{y}, \boldsymbol{x} - \boldsymbol{x}_0)\}.$$

Wir definieren nun die Mengen

$$A := \left\{\boldsymbol{y} \in \mathbb{E}_n \,\middle|\, \sup_{\boldsymbol{x} \in M} \{(\boldsymbol{y}, \boldsymbol{x}) - F(\boldsymbol{x})\} < \infty\right\}, \tag{19.5a}$$

$$B := \left\{\boldsymbol{y} \in A \,\middle|\, \sup_{\boldsymbol{x} \in M} \{(\boldsymbol{y}, \boldsymbol{x}) - F(\boldsymbol{x})\} = \max_{\boldsymbol{x} \in M} \{(\boldsymbol{y}, \boldsymbol{x}) - F(\boldsymbol{x})\}\right\}; \tag{19.5b}$$

für sie gilt offenbar (vgl. Satz 14.1)

$$\emptyset \neq B \subset A. \tag{19.5c}$$

Satz 19.1. *Es seien M eine nichtleere konvexe Menge in $\mathbb{E}_n$ und $F(\boldsymbol{x})$ eine über der Menge M erklärte konvexe Funktion. Dann ist die unter* (19.5a) *definierte Menge A nichtleer und konvex; die Funktion*

$$F^c(\boldsymbol{y}) := \sup_{\boldsymbol{x} \in M} \{(\boldsymbol{y}, \boldsymbol{x}) - F(\boldsymbol{x})\}, \quad \boldsymbol{y} \in A, \tag{19.6}$$

besitzt die Menge A als ihren maximalen Definitionsbereich, sie ist über der Menge A konvex.

Beweis. Nach (19.5c) ist $A \neq \emptyset$. Es seien nun $\boldsymbol{y}_1$ und $\boldsymbol{y}_2$ beliebige Punkte der Menge A. Nach (19.5a) gibt es dann Zahlen k_1 und k_2 mit

$$\sup_{\boldsymbol{x} \in M} \{(\boldsymbol{y}_i, \boldsymbol{x}) - F(\boldsymbol{x})\} = k_i \qquad (i = 1, 2); \tag{19.7a}$$

daher gilt

$$(\boldsymbol{y}_i, \boldsymbol{x}) - F(\boldsymbol{x}) \leqq k_i \qquad (i = 1, 2), \quad \boldsymbol{x} \in M. \tag{19.7b}$$

Hieraus folgt für beliebige Zahlenpaare $\lambda_1 \geqq 0$, $\lambda_2 \geqq 0$ mit $\lambda_1 + \lambda_2 = 1$

$$\lambda_1 [(\boldsymbol{y}_1, \boldsymbol{x}) - F(\boldsymbol{x})] + \lambda_2[(\boldsymbol{y}_2, \boldsymbol{x}) - F(\boldsymbol{x})]$$
$$= (\lambda_1 \boldsymbol{y}_1 + \lambda_2 \boldsymbol{y}_2, \boldsymbol{x}) - F(\boldsymbol{x}) \leqq \lambda_1 k_1 + \lambda_2 k_2, \quad \boldsymbol{x} \in M,$$

d. h., die Funktion

$$(\lambda_1 \boldsymbol{y}_1 + \lambda_2 \boldsymbol{y}_2, \boldsymbol{x}) - F(\boldsymbol{x}), \quad \boldsymbol{x} \in M,$$

ist über der Menge M nach oben beschränkt, ihr Supremum bezüglich der Menge M ist also endlich. Nach (19.5a) ist daher $\lambda_1\boldsymbol{y}_1 + \lambda_2\boldsymbol{y}_2 \in A$, woraus die Konvexität der Menge A folgt. Unmittelbar aus der Definition (19.6) ergibt sich, daß die in (19.5a) definierte Menge A der maximale Definitionsbereich der Funktion $F^c(\boldsymbol{y})$ ist.

Für eine Konvexkombination $\lambda_1\boldsymbol{y}_1 + \lambda_2\boldsymbol{y}_2$ zweier beliebiger Punkte $\boldsymbol{y}_1 \in A$ und $\boldsymbol{y}_2 \in A$ folgt aus (19.6)

$$\begin{aligned} F^c(\lambda_1\boldsymbol{y}_1 + \lambda_2\boldsymbol{y}_2) &= \sup_{\boldsymbol{x}\in M} \{(\lambda_1\boldsymbol{y}_1 + \lambda_2\boldsymbol{y}_2, \boldsymbol{x}) - F(\boldsymbol{x})\} \\ &= \sup_{\boldsymbol{x}\in M} \{\lambda_1[(\boldsymbol{y}_1, \boldsymbol{x}) - F(\boldsymbol{x})] + \lambda_2[(\boldsymbol{y}_2, \boldsymbol{x}) - F(\boldsymbol{x})]\} \\ &\leqq \lambda_1 \sup_{\boldsymbol{x}\in M} \{(\boldsymbol{y}_1\boldsymbol{x}) - F(\boldsymbol{x})\} + \lambda_2 \sup_{\boldsymbol{x}\in M} \{(\boldsymbol{y}_2, \boldsymbol{x}) - F(\boldsymbol{x})\} \\ &= \lambda_1 F^c(\boldsymbol{y}_1) + \lambda_2 F^c(\boldsymbol{y}_2) \end{aligned}$$

und daher nach Satz 15.1 die Konvexität der Funktion $F^c(\boldsymbol{y})$ über der Menge A. □

Satz 19.2. *Es sei $F(\boldsymbol{x})$ eine über einer nichtleeren konvexen Menge M in $\mathbb{E}_n$ definierte konvexe Funktion. Weiter seien A und B die unter* (19.5a, b) *definierten Mengen und $F^c(\boldsymbol{y})$ die unter* (19.6) *erklärte Funktion. Dann ist die Menge*

$$R'(\boldsymbol{y}) := \{(\boldsymbol{x}, x_{n+1}) \in \mathbb{E}_{n+1} \mid (\boldsymbol{y}, \boldsymbol{x}) - x_{n+1} = F^c(\boldsymbol{y})\} \tag{19.8a}$$

genau dann eine zu der x_{n+1}-Koordinatenachse in $\mathbb{E}_{n+1}$ nicht parallele Stützhyperebene und der ihr zugehörige abgeschlossene Halbraum

$$\bar{H}'^{-}(\boldsymbol{y}) := \{(\boldsymbol{x}, x_{n+1}) \in \mathbb{E}_{n+1} \mid (\boldsymbol{y}, \boldsymbol{x}) - x_{n+1} \leqq F^c(\boldsymbol{y})\} \tag{19.8b}$$

ein Stützhalbraum des Epigraphen $\mathscr{E}_F$ der Funktion $F(\boldsymbol{x})$, wenn $\boldsymbol{y} \in A$ gilt. Eine Stützhyperebene $R'(\boldsymbol{y})$ an den Epigraphen $\mathscr{E}_F$ mit der Darstellung (19.8a) *enthält genau dann einen Randpunkt $(\boldsymbol{x}_0, F(\boldsymbol{x}_0))$ des Epigraphen $\mathscr{E}_F$, wenn $\boldsymbol{y} \in B$ ist.*

Beweis. Es sei $\boldsymbol{y}$ ein beliebiger Punkt der Menge A. Nach (19.5a) und (19.6) gibt es dann eine Zahl k mit

$$k = F^c(\boldsymbol{y}) = \sup_{\boldsymbol{x}\in M} \{(\boldsymbol{y}, \boldsymbol{x}) - F(\boldsymbol{x})\}; \tag{19.9a}$$

daher gilt

$$(\boldsymbol{y}, \boldsymbol{x}) - F(\boldsymbol{x}) \leqq k, \quad \boldsymbol{x} \in M, \tag{19.9b}$$

wobei es zu jedem $\varepsilon > 0$ einen Punkt $\boldsymbol{x}^* \in M$ mit

$$(\boldsymbol{y}, \boldsymbol{x}^*) - F(\boldsymbol{x}^*) > k - \varepsilon \tag{19.9c}$$

gibt. Wegen $\boldsymbol{x} \in M$ und $x_{n+1} \geqq F(\boldsymbol{x})$ für $(\boldsymbol{x}, x_{n+1}) \in \mathscr{E}_F$ ist nach (19.9b)

$$(\boldsymbol{y}, \boldsymbol{x}) - x_{n+1} \leqq k, \quad (\boldsymbol{x}, x_{n+1}) \in \mathscr{E}_F;$$

nach (19.9a, c) gibt es zu jedem $\varepsilon > 0$ einen Randpunkt $(\boldsymbol{x}^*, F(\boldsymbol{x}^*))$ des Epigraphen $\mathscr{E}_F$ mit

$$(\boldsymbol{y}, \boldsymbol{x}^*) - F(\boldsymbol{x}^*) > F^c(\boldsymbol{y}) - \varepsilon.$$

Für jedes $\varepsilon > 0$ ist daher

$$\bar{H}_\varepsilon'^{-} \subset H'^{-}(\boldsymbol{y}), \quad \mathscr{E}_F \not\subset \bar{H}_\varepsilon'^{-}(\boldsymbol{y}),$$

wobei $\overline{H}'^-(\boldsymbol{y})$ der in (19.8b) definierte abgeschlossene Halbraum, $H'^-(\boldsymbol{y}) := \operatorname{int} \overline{H}'^-(\boldsymbol{y})$ und

$$\overline{H}_\varepsilon'^- := \{(\boldsymbol{x}, x_{n+1}) \subset \mathbb{E}_{n+1} \mid (\boldsymbol{y}, \boldsymbol{x}) - x_{n+1} \leqq F^c(\boldsymbol{y}) - \varepsilon\}$$

ist. Nach Definition 14.1 folgt daraus, daß die unter (19.8a) definierte Menge $R'(\boldsymbol{y})$ eine Stützhyperebene und die unter (19.8b) definierte Menge $\overline{H}'^-(\boldsymbol{y})$ ein Stützhalbraum des Epigraphen $\mathscr{E}_F$ sind. Aus der Darstellung (19.8a) erkennt man unmittelbar, daß $R'(\boldsymbol{y})$ weder eine zu der x_{n+1}-Koordinatenachse in $\mathbb{E}_{n+1}$ parallele Hyperebene noch eine singuläre Stützhyperebene des Epigraphen $\mathscr{E}_F$ (vgl. Definition 14.1) sein kann.

Falls andererseits R' eine beliebige zu der x_{n+1}-Koordinatenachse in $\mathbb{E}_{n+1}$ nicht parallele Stützhyperebene des Epigraphen $\mathscr{E}_F$ ist, so gibt es — vergleiche die Einleitung des Kapitels — einen Vektor $\boldsymbol{y}$ derart, daß die Stützhyperebene R' und der ihr zugehörige Stützhalbraum $\overline{H}'^-$ die unter (19.2) angegebenen Darstellungen besitzen, wobei die Zahl k gemäß (19.4a) festgelegt ist; also gilt

$$\sup_{\boldsymbol{x} \in M} \{(\boldsymbol{y}, \boldsymbol{x}) - F(\boldsymbol{x})\} < \infty,$$

woraus nach Definition der Menge A (vgl. (19.5a)) $\boldsymbol{y} \in A$ folgt. Nach (19.4a) und (19.6) ist dann $k = F^c(\boldsymbol{y})$, so daß nach (19.2) $R' = R'(\boldsymbol{y})$ und $\overline{H}'^- = \overline{H}'^-(\boldsymbol{y})$ folgt, wobei $R'(\boldsymbol{y})$ und $\overline{H}'^-(\boldsymbol{y})$ die unter (19.8a, b) angegebenen Mengen sind.

Wenn für die in (19.8a) beschriebene Stützhyperebene $R'(\boldsymbol{y})$ des Epigraphen $\mathscr{E}_F$ der Punkt $\boldsymbol{y}$ zur Menge B gehört, so gibt es nach Definition der Mnege B (vgl. (19.5b)) einen Punkt $\boldsymbol{x}_0 \in M$ mit

$$(\boldsymbol{y}, \boldsymbol{x}_0) - F(\boldsymbol{x}_0) = \sup_{\boldsymbol{x} \in M} \{(\boldsymbol{y}, \boldsymbol{x}) - F(\boldsymbol{x})\};$$

nach Definition der Funktion $F^c(\boldsymbol{y})$ — siehe (19.6) — gilt daher $F^c(\boldsymbol{y}) = (\boldsymbol{y}, \boldsymbol{x}_0) - F(\boldsymbol{x}_0)$. Hieraus und aus (19.8a) erhält man für die Stützhyperebene $R'(\boldsymbol{y})$ die Beschreibung

$$R'(\boldsymbol{y}) = \{(\boldsymbol{x}, x_{n+1}) \in \mathbb{E}_{n+1} \mid x_{n+1} = F(\boldsymbol{x}_0) + (\boldsymbol{y}, \boldsymbol{x} - \boldsymbol{x}_0)\};$$

aus dieser ist unmittelbar zu ersehen, daß die Stützhyperebene $R'(\boldsymbol{y})$ den Randpunkt $(\boldsymbol{x}_0, F(\boldsymbol{x}_0))$ des Epigraphen $\mathscr{E}_F$ enthält.

Falls andererseits R' eine mit der x_{n+1}-Koordinatenachse in $\mathbb{E}_{n+1}$ nicht parallele Stützhyperebene des Epigraphen $\mathscr{E}_F$ ist, die dessen Randpunkt $\boldsymbol{x}_0' = (\boldsymbol{x}_0, F(\boldsymbol{x}_0))$ enthält, so gibt es — wie bereits oben gezeigt wurde — einen Vektor $\boldsymbol{y} \in A$, so daß $R' = R'(\boldsymbol{y})$ gilt (dabei ist $R'(\boldsymbol{y})$ die in (19.8a) angegebene Menge). Wegen $(\boldsymbol{x}_0, F(\boldsymbol{x}_0)) \in R'$ folgt nach Definition (19.6)

$$F^c(\boldsymbol{y}) = (\boldsymbol{y}, \boldsymbol{x}_0) - F(\boldsymbol{x}_0) = \sup_{\boldsymbol{x} \in M} \{(\boldsymbol{y}, \boldsymbol{x}) - F(\boldsymbol{x})\},$$

so daß $\boldsymbol{y} \in B$ ist. □

Satz 19.3. *Es seien $F(\boldsymbol{x})$ eine über einer nichtleeren konvexen Menge M in $\mathbb{E}_n$ definierte konvexe Funktion und R_0' eine zu der x_{n+1}-Koordinatenachse in $\mathbb{E}_{n+1}$ nicht parallele Stützhyperebene des Epigraphen $\mathscr{E}_F$, die dessen Randpunkt $(\boldsymbol{x}_0, F(\boldsymbol{x}_0))$ mit $\boldsymbol{x}_0 \in M$ enthält; weiter seien A und B die unter* (19.5a, b) *definierten Mengen und $F^c(\boldsymbol{y})$ die unter* (19.6) *erklärte Funktion. Dann gibt es einen Punkt $\boldsymbol{y}_0 \in B$ derart, daß*

$$R_0' = R'(\boldsymbol{y}_0) := \{(\boldsymbol{x}, x_{n+1}) \in \mathbb{E}_{n+1} \mid (\boldsymbol{y}_0, \boldsymbol{x}) - x_{n+1} = F^c(\boldsymbol{y}_0)\} \qquad (19.10\text{a})$$

gilt, und die Menge

$$(R')^c\,(\boldsymbol{x}_0) := \{(\boldsymbol{y}, x_{n+1}) \in \mathbb{E}_{n+1} \mid (\boldsymbol{y}, \boldsymbol{x}_0) - y_{n+1} = F(\boldsymbol{x}_0)\} \tag{19.10b}$$

ist eine Stützhyperebene in $\mathbb{E}_{n+1}$ *des Epigraphen*

$$\mathscr{E}_{F^c} := \{(\boldsymbol{y}, y_{n+1}) \in \mathbb{E}_{n+1} \mid y_{n+1} \geqq F^c(\boldsymbol{y}), \boldsymbol{y} \in A\}$$

der Funktion $F^c(\boldsymbol{y})$*, die dessen Randpunkt* $\left(\boldsymbol{y}_0, F^c(\boldsymbol{y}_0)\right)$ *enthält.*

Beweis. Falls R_0' eine den angegebenen Voraussetzungen genügende Stützhyperebene des Epigraphen $\mathscr{E}_F$ ist, so gibt es nach Satz 19.2 einen Punkt $\boldsymbol{y}_0 \in B$ derart, daß (19.10a) gilt. Es sei nun $\boldsymbol{y}$ ein beliebiger Punkt der Menge A. Dann ist die in (19.8a) beschriebene Hyperebene $R'(\boldsymbol{y})$ eine zu der x_{n+1}-Koordinatenachse in $\mathbb{E}_{n+1}$ nicht parallele Stützhyperebene und der in (19.8b) beschriebene Halbraum $\overline{H}'^-(\boldsymbol{y})$ ein Stützhalbraum des Epigraphen $\mathscr{E}_F$ (vgl. Satz 19.2). Wegen $\left(\boldsymbol{x}_0, F(\boldsymbol{x}_0)\right) \in \mathscr{E}_F$ und $\mathscr{E}_F \subset \overline{H}'^-(\boldsymbol{y})$ folgt aus (19.8b)

$$F(\boldsymbol{x}_0) \geqq (\boldsymbol{y}, \boldsymbol{x}_0) - F^c(\boldsymbol{y});$$

da $\boldsymbol{y}$ ein beliebiger Punkt der Menge A war und $\left(\boldsymbol{x}_0, F(\boldsymbol{x}_0)\right) \in R'(\boldsymbol{y}_0)$ ist, folgt einerseits

$$(\boldsymbol{y}_0, \boldsymbol{x}_0) - F^c(\boldsymbol{y}_0) = F(\boldsymbol{x}_0) \tag{19.11a}$$

und andererseits

$$F(\boldsymbol{x}_0) = \max_{\boldsymbol{y} \in A} \{(\boldsymbol{y}, \boldsymbol{x}_0) - F^c(\boldsymbol{y})\}. \tag{19.11b}$$

Nach Definition (19.6) ist aber

$$(F^c)^c\,(\boldsymbol{x}) := \sup_{\boldsymbol{y} \in A} \{(\boldsymbol{y}, \boldsymbol{x}) - F^c(\boldsymbol{y})\},$$

und aus (19.11b) folgt

$$(F^c)^c\,(\boldsymbol{x}_0) = F(\boldsymbol{x}_0). \tag{19.12}$$

Wegen (19.11a) enthält die unter (19.10b) beschriebene Hyperebene $(R')^c\,(\boldsymbol{x}_0)$ den Randpunkt $\left(\boldsymbol{y}_0, F^c(\boldsymbol{y}_0)\right)$ des Epigraphen $\mathscr{E}_{F^c}$ der Funktion $F^c(\boldsymbol{y})$. Aus (19.10b) und (19.12) folgt

$$(R')^c\,(\boldsymbol{x}_0) = \{(\boldsymbol{y}, y_{n+1}) \in \mathbb{E}_{n+1} \mid y_{n+1} = (\boldsymbol{y}, \boldsymbol{x}_0) - (F^c)^c\,(\boldsymbol{x}_0)\};$$

nach Satz 19.2 ist daher $(R')^c\,(\boldsymbol{x}_0)$ eine Stützhyperebene des Epigraphen $\mathscr{E}_{F^c}$. □

Satz 19.4. *Es seien* M *eine nichtleere konvexe Menge in* $\mathbb{E}_n$, $F(\boldsymbol{x})$ *eine über der Menge* M *konvexe Funktion,* A *die unter* (19.5a) *definierte Menge und* $F^c(\boldsymbol{y})$ $(\boldsymbol{y} \in A)$ *die unter* (19.6) *erklärte Funktion. Weiter sei*

$$E := \bigcap_{\boldsymbol{y} \in A} \overline{H}'^-(\boldsymbol{y}) \tag{19.13}$$

mit

$$\overline{H}'^-(\boldsymbol{y}) := \{(\boldsymbol{x}, x_{n+1}) \in \mathbb{E}_{n+1} \mid (\boldsymbol{y}, \boldsymbol{x}) - x_{n+1} \leqq F^c(\boldsymbol{y})\}.$$

Dann gilt:

(1) *Die Menge* E *ist in* $\mathbb{E}_{n+1}$ *abgeschlossen und konvex.*

(2) *Die Projektion E^* der Menge E in Richtung der x_{n+1}-Koordinatenachse in $\mathbb{E}_{n+1}$ in die Koordinatenhyperebene*

$$E_n' := \{(\boldsymbol{x}, x_{n+1}) \in \mathbb{E}_{n+1} \mid x_{n+1} = 0\}$$

ist eine konvexe Menge in $\mathbb{E}_n$ mit $M \subseteq E^*$.

(3) *Es existiert eine über der Menge E^* definierte konvexe Funktion $\hat{F}(\boldsymbol{x})$ mit der Eigenschaft*

$$E = \mathscr{E}_{\hat{F}} := \{(\boldsymbol{x}, x_{n+1}) \in \mathbb{E}_{n+1} \mid x_{n+1} \geqq \hat{F}(\boldsymbol{x}), \boldsymbol{x} \in E^*\}.$$

(4) *Es ist*

$$\hat{F}(\boldsymbol{x}) = F(\boldsymbol{x}) \quad \textit{für} \quad \boldsymbol{x} \in \operatorname{rel\,int} M,$$

und für die Abschließung $\hat{\underline{F}}(\boldsymbol{x})$ der Funktion $\hat{F}(\boldsymbol{x})$ gilt

$$\hat{\underline{F}}(\boldsymbol{x}) = \underline{F}(\boldsymbol{x}) \quad \textit{für} \quad \boldsymbol{x} \in \overline{M}.$$

Beweis. Da die Menge $\overline{H}'^-(\boldsymbol{y})$ für einen Punkt $\boldsymbol{y} \in A$ ein Stützhalbraum des Epigraphen $\mathscr{E}_F$ der Funktion $F(\boldsymbol{x})$ ist (vgl. Satz 19.2) und daher $\mathscr{E}_F \subseteq \overline{H}'^-(\boldsymbol{y})$ für alle $\boldsymbol{y} \in A$ gilt, ist nach Definition (19.13) der Menge E

$$\mathscr{E}_F \subseteq E. \tag{19.14}$$

Die Menge E ist also nichtleer, und als Durchschnitt abgeschlossener konvexer Mengen ist sie konvex und abgeschlossen; d. h., die Aussage (1) des Satzes gilt. Nach Satz 2.9 ist die Projektion E^* der Menge E in Richtung der x_{n+1}-Koordinatenachse in die Koordinatenhyperebene E_n', die wegen $\mathbb{E}_{n+1} = \mathbb{E}_n \times \mathbb{E}_1$ dem Raum $\mathbb{E}_n$ gleichgesetzt werden kann, eine konvexe Menge in $\mathbb{E}_n$. Da die Menge M eine derartige Projektion des Epigraphen $\mathscr{E}_F$ in die Hyperebene E_n' ist, folgt hieraus und aus (19.14) die Aussage (2) des Satzes.

Für $\boldsymbol{y} \in A$ schneidet wegen $E \subseteq \overline{H}'^-(\boldsymbol{y})$ die durch einen Punkt $\boldsymbol{z} \in E^*$ verlaufende Gerade

$$g_z' = \{(\boldsymbol{x}, x_{n+1}) \in \mathbb{E}_{n+1} \mid \boldsymbol{x} = \boldsymbol{z}, x_{n+1} \in \mathbb{R}\}$$

die Randhyperebene $R'(\boldsymbol{y})$ eines bestimmten Stützhalbraumes $\overline{H}'^-(\boldsymbol{y})$, d. h. eine zur x_{n+1}-Koordinatenachse in $\mathbb{E}_{n+1}$ nichtparallele Stützhyperebene mit der Beschreibung (19.8a) (vgl. Satz 19.2), in genau einem Punkt $(\boldsymbol{z}, z_{n+1})$. Wir betrachten nun die beiden Halbgeraden

$$\begin{aligned} p_2' &:= \{(\boldsymbol{x}, x_{n+1}) \in g_z' \mid x_{n+1} < z_{n+1}\}, \\ \overline{p}_1' &:= \{(\boldsymbol{x}, x_{n+1}) \in g_z' \mid x_{n+1} \geqq z_{n+1}\}; \end{aligned} \tag{19.15a}$$

für sie gilt

$$\overline{p}_1' \cup p_2' = g_z', \quad \overline{p}_1' \cap E \neq \emptyset, \quad p_2' \cap E = \emptyset. \tag{19.15b}$$

Da die Menge

$$\{x_{n+1} \in \mathbb{R} \mid (z, x_{n+1}) \in E\}$$

wegen (19.15b) nach unten beschränkt ist, existiert eine dem gewählten Punkt $\boldsymbol{z} \in E^*$ eindeutig zugeordnete Zahl

$$\mu_{\boldsymbol{z}} := \inf \{x_{n+1} \in \mathbb{R} \mid (\boldsymbol{z}, x_{n+1}) \in E\} > -\infty.$$

Damit ist eine Abbildung $\hat{F}$ der Menge E^* in die Menge $\mathbb{R}$ definiert; wir können also schreiben

$$\mu_z = \hat{F}(z), \quad z \in E^*.$$

Für einen beliebigen Punkt $x_0 \in M$ liegt die Halbgerade $p_0' := p(x_0'; e_{n+1}')$ mit $x_0' := (x_0, F(x_0))$ und $e_{n+1}' := (o, 1)$ in der Menge $\mathcal{E}_F$ und wegen (19.14) in der Menge E. Hieraus folgt aufgrund der Abgeschlossenheit der konvexen Menge E (vgl. Satz 2.12), daß die Menge E mit jedem Punkt $(x, x_{n+1}) \in E$ auch die von diesem Punkt in Richtung des Vektors e_{n+1}' ausgehende abgeschlossene Halbgerade enthält. Der oben betrachtete Punkt $(z, \hat{F}(z))$ ist nach Konstruktion ein Häufungspunkt der Menge E, und wegen $\overline{E} = E$ gilt $(z, \hat{F}(z)) \in E$. Damit gehört auch die Halbgerade

$$\{(x, x_{n+1}) \in \mathbb{E}_{n+1} \mid x = z, x_{n+1} \geqq \hat{F}(z)\}$$

zur Menge E, und nach Definition der Menge E^* gilt dann

$$E = \{(x, x_{n+1}) \in \mathbb{E}_{n+1} \mid x_{n+1} \geqq \hat{F}(x), x \in E^*\} = \mathcal{E}_{\hat{F}}.$$

Da die Menge E und somit der Epigraph $\mathcal{E}_{\hat{F}}$ konvex sind, ist die Funktion $\hat{F}(x)$ konvex über der Menge E^*, womit die Aussage (3) des Satzes gezeigt ist.

Es sei nun x_0 ein beliebiger Punkt der Menge rel int M. Nach Satz 14.1 existiert eine nichtsinguläre Stützhyperebene R' des Epigraphen $\mathcal{E}_F$ mit $x_0' := (x_0, F(x_0)) \in R'$; nach Satz 15.8 ist sie zu der x_{n+1}-Koordinatenachse in $\mathbb{E}_{n+1}$ nichtparallel. Nach Satz 19.2 gibt es dann einen Vektor $y \in A$ derart, daß $R' = R'(y)$ gilt, wobei $R'(y)$ die zu dem den Epigraphen $\mathcal{E}_F$ enthaltenden Stützhalbraum $\overline{H}'^-(y)$ gehörende Stützhyperebene mit der Beschreibung (19.8a) ist. Wegen $y \in A$ gilt nach (19.13) $E \subset \overline{H}'^-(y)$. Da die Punkte (x_0, x_{n+1}) mit $x_{n+1} < F(x_0)$ wegen $x_0' \in R'(y)$ nicht zum Stützhalbraum $\overline{H}'^-(y)$ gehören und da der zum Epigraphen $\mathcal{E}_F$ gehörige Punkt x_0' wegen (19.14) und $E = \mathcal{E}_{\hat{F}}$ in dem Epigraphen $\mathcal{E}_{\hat{F}}$ liegt, gilt $F(x_0) = \hat{F}(x_0)$. Hieraus folgt — da x_0 ein beliebiger Punkt der Menge rel int M war — der erste Teil der Aussage (4) des Satzes.

Wir ordnen nun der über der konvexen Menge E^* definierten Funktion $\hat{F}(x)$ die verallgemeinerte konvexe Funktion

$$\hat{F}^*(x) := \begin{cases} \hat{F}(x) & \text{für } x \in E^*, \\ \infty & \text{für } x \in \overline{E}^* \setminus E^* \end{cases} \tag{19.16}$$

zu (siehe Bemerkung 18.3). Wegen der Gleichheit $E = \mathcal{E}_{\hat{F}}$ ist der Epigraph $\mathcal{E}_{\hat{F}}$ nach Aussage (1) eine abgeschlossene konvexe Menge; daher ist auch der Epigraph

$$\mathcal{E}_{\hat{F}^*} := \{(x, x_{n+1}) \in \mathbb{E}_n \times \mathbb{R}^* \mid x_{n+1} \geqq \hat{F}^*(x), x \in \overline{E}^*\}$$

der verallgemeinerten Funktion $\hat{F}^*(x)$ konvex und abgeschlossen. Nach Satz 18.1 und Lemma 18.2 folgt daraus, daß die Funktion $\hat{F}^*(x)$ über der Menge $\overline{E}^*$ unterhalbstetig ist; nach Definition 18.1 gilt also

$$\underline{\hat{F}}^*(x) = \hat{F}^*(x), \quad x \in E^*.$$

Hieraus und aus Definition (19.16) folgt nach Satz 18.2

$$\hat{F}^*(x) = \hat{F}(x) = \underline{\hat{F}}(x), \quad x \in \text{rel int } E^*. \tag{19.17a}$$

Da nach der bereits gezeigten Aussage (2) rel int $M \subset$ rel int E^* ist, folgt aus Satz 18.2, aus (19.17a) und aus der ersten bereits gezeigten Gleichheit in Aussage (4)

$$\hat{F}(\boldsymbol{x}) = F(\boldsymbol{x}) = \underline{F}(\boldsymbol{x}) = \underline{\hat{F}}(\boldsymbol{x}), \quad \boldsymbol{x} \in \text{rel int}\, M. \tag{19.17b}$$

Wir wählen nun einen beliebigen Punkt $\boldsymbol{x}_0 \in \partial M$ und einen Punkt $\hat{\boldsymbol{x}} \in$ rel int M. Für die konvexe zusammengesetzte Funktion $\hat{F}(\boldsymbol{x}_0 + t(\hat{\boldsymbol{x}} - \boldsymbol{x}_0))$, $t \in (0, 1)$, einer Veränderlichen t gilt (da $\boldsymbol{x}_0 + t(\hat{\boldsymbol{x}} - \boldsymbol{x}_0) \in$ rel int M für $t \in (0, 1)$ ist) nach (19.17b)

$$\hat{F}(\boldsymbol{x}_0 + t(\hat{\boldsymbol{x}} - \boldsymbol{x}_0)) = \underline{\hat{F}}(\boldsymbol{x}_0 + t(\hat{\boldsymbol{x}} - \boldsymbol{x}_0)) = \underline{F}(\boldsymbol{x}_0 + t(\hat{\boldsymbol{x}} - \boldsymbol{x}_0)), \quad t \in (0, 1),$$

woraus unter Beachtung von Satz 18.3 folgt

$$\hat{F}(\boldsymbol{x}_0) = \lim_{t \to 0^+} \underline{\hat{F}}(\boldsymbol{x}_0 + t(\hat{\boldsymbol{x}} - \boldsymbol{x}_0)) = \lim_{t \to 0^+} \underline{F}(\boldsymbol{x}_0 + t(\hat{\boldsymbol{x}} - \boldsymbol{x}_0)) = \underline{F}(\boldsymbol{x}_0).$$

Dieses und (19.17b) liefert dann $\underline{\hat{F}}(\boldsymbol{x}) = \underline{F}(\boldsymbol{x})$ für $\boldsymbol{x} \in \overline{M}$, womit auch die Aussage (4) gezeigt ist. □

Bemerkung 19.1. Unter den Voraussetzungen des Satzes 19.4 gilt für die dort in Aussage (3) dieses Satzes definierte Funktion $\hat{F}(\boldsymbol{x})$ und die ihr gemäß (19.16) zugehörige verallgemeinerte Funktion $\hat{F}^*(\boldsymbol{x})$ sowie für die in Aussage (2) definierte Menge E^*, daß (vgl. (19.17a)) $\hat{F}^*(\boldsymbol{x}) = \underline{\hat{F}}(\boldsymbol{x})$ für $\boldsymbol{x} \in$ rel int E^* ist; dabei umfaßt die Menge E^* die im Satz zugrunde gelegte Menge M. Da $\hat{F}^*(\boldsymbol{x}) = \hat{F}(\boldsymbol{x})$ für $\boldsymbol{x} \in E^*$ ist (vgl. Definition (19.16)) und da die verallgemeinerte Funktion $\hat{F}^*(\boldsymbol{x})$ unterhalbstetig über der Menge E^* ist (vgl. den letzten Teil des Beweises zu Satz 19.4), gilt $\underline{\hat{F}}(\boldsymbol{x}) = \hat{F}(\boldsymbol{x})$ für $\boldsymbol{x} \in E^*$, d. h. (vgl. Definition 18.2), $\hat{F}(\boldsymbol{x})$ ist eine konvexe abgeschlossene Funktion über der Menge E^*. Wegen $M \subset E^*$ und wegen $\underline{\hat{F}}(\boldsymbol{x}) = \underline{F}(\boldsymbol{x}) = \hat{F}(\boldsymbol{x})$ für $\boldsymbol{x} \in M$ (vgl. Aussage (4) des Satzes) stellt die über der Menge E^* definierte Funktion $\hat{F}(\boldsymbol{x})$ eine *natürliche Fortsetzung* der über der Menge $\overline{M}$ definierten abgeschlossenen Funktion $\underline{F}(\boldsymbol{x})$ dar. Nachfolgend zeigen wir, daß sowohl $M = E^*$ als auch $M \neq E^*$ gelten kann.

Beispiel 19.1. Die Funktion

$$F(x) := \begin{cases} -\sqrt{1 - x^2}, & -1 < x < 1, \\ 1, & |x| = 1, \end{cases}$$

einer Veränderlichen x ist konvex über dem Intervall $M := [-1, 1]$. Für sie gilt

$$\underline{F}(x) = -\sqrt{1 - x^2}, \quad x \in \overline{M} = M.$$

Die Epigraphen $\mathscr{E}_F$ und $\mathscr{E}_{\underline{F}}$ der Funktionen $F(x)$ und $\underline{F}(x)$ sind in den Abbildungen 19.1a und 19.1b dargestellt. Da für eine beliebige Zahl $y \in \mathbb{R}$

$$xy - F(x) \leqq |x|\,|y| + |F(x)| \leqq 1 + |y|, \quad x \in M,$$

gilt, ist

$$\sup_{x \in M} \{xy - F(x)\} \leqq 1 + |y| < \infty.$$

Folglich ist (vgl. Definition (19.5a)) $A = \mathbb{R}$, und aus Abb. 19.1a erkennt man, daß jede (vgl. (19.8a) in Satz 19.2) Hyperebene, im vorliegenden Beispiel also jede Gerade

$$R'(y) := \{(x, z) \in \mathbb{E}_2 \mid xy - z = F^c(y)\}, \quad y \in A = \mathbb{R},$$

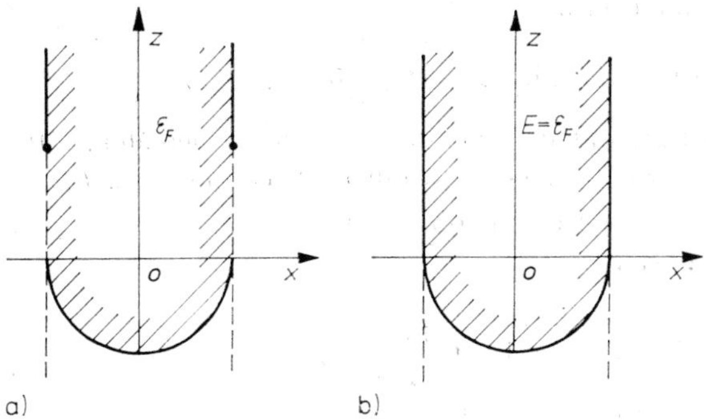

Abb. 19.1

eine Stützgerade des Epigraphen $\mathscr{E}_F$ in einem bestimmten Randpunkt $\left(x, -\sqrt{1-x^2}\right)$ des Epigraphen ist, $x \in (-1, 1)$. Es gilt hier also $B = A$ (zur Definition der Menge B siehe (19.5b)). Daher ist

$$F^c(y) := \sup_{x \in M} \{xy - F(x)\} = \max_{x \in M} \{xy - F(x)\}, \quad y \in \mathbb{R},$$

und man erhält

$$F^c(y) = \sqrt{1 + y^2}, \quad y \in \mathbb{R}.$$

Die Geraden $R'(y)$ haben damit die Darstellung

$$R'(y) = \left\{(x, z) \in \mathbb{E}_2 \mid xy - z = \sqrt{1 + y^2}\right\}, \quad y \in \mathbb{R}.$$

Die unter (19.13) in Satz 19.4 definierte Menge E ist der Durchschnitt der abgeschlossenen Halbebenen

$$\overline{H}'^-(y) := \left\{(x, z) \in \mathbb{E}_2 \mid xy - z \leqq \sqrt{1 + y^2}\right\}, \quad y \in \mathbb{R},$$

sie ist konvex und abgeschlossen und bildet den Epigraphen einer bestimmten abgeschlossenen konvexen Funktion $\hat{F}(x)$, die über dem Intervall E^* definiert ist, das durch die Projektion der Menge E in Richtung der z-Koordinatenachse in die x-Koordinatenachse in $\mathbb{E}_2$ entsteht; dabei gilt $M \subset E^*$. Aus der Darstellung

$$\overline{H}'^-(y) = \left\{(x, z) \in \mathbb{E}_2 \,\middle|\, x \frac{y}{\sqrt{1 + y^2}} - z \frac{1}{\sqrt{1 + y^2}} \leqq 1\right\}, \quad y \in \mathbb{R},$$

erhält man durch die Grenzübergänge $y \to \infty$ und $y \to -\infty$ die abgeschlossenen Halbebenen

$$\overline{H}_1'^- := \{(x, z) \in \mathbb{E}_2 \mid x \leqq 1\} \quad \text{und} \quad \overline{H}'^-_{-1} := \{(x, z) \in \mathbb{E}_2 \mid x \geqq -1\}.$$

Die Menge E liegt daher in dem Streifen $\overline{H}_1'^- \cap \overline{H}'^-_{-1}$, wobei

$$R_1' := \{(x, z) \in \mathbb{E}_2 \mid x = 1\}, \quad R'_{-1} := \{(x, z) \in \mathbb{E}_2 \mid x = -1\}$$

Stützgeraden sowohl des Epigraphen $\mathscr{E}_F$ als auch der Menge E sind. Die Projektion E^* der Menge E in Richtung der z-Koordinatenachse in die x-Koordinatenachse in $\mathbb{E}_2$ ist daher gleich der entsprechenden Projektion des Epigraphen $\mathscr{E}_F$, d. h. $E^* = M$. Nach

Aussage (4) des Satzes 19.4 folgt daraus

$$\underline{\hat{F}}(x) = \underline{F}(x) = -\sqrt{1-x^2} \quad \text{für} \quad x \in \overline{M} = M = [-1, 1],$$

und da die Menge E, die der Epigraph der über der abgeschlossenen Menge $M = [-1, 1]$ definierten Funktion $\hat{F}(x)$ ist, abgeschlossen ist, gilt nach Lemma 18.2 $\underline{\hat{F}}(x) = \hat{F}(x)$ für $x \in M$. Daher ist $\hat{F}(x) = \underline{F}(x) = -\sqrt{1-x^2}$ für $x \in M$.

Im Fall der konvexen Funktion

$$F(x) := \begin{cases} -\sqrt{1-x^2} & \text{für} \quad x \in \left(-1, \dfrac{\sqrt{2}}{2}\right], \\ 1 & \text{für} \quad x = -1 \end{cases}$$

ist $M = \left[-1, \dfrac{\sqrt{2}}{2}\right]$, aber $E^* = [-1, \infty)$, also $M \neq E^*$ (Abb. 19.2a, b).

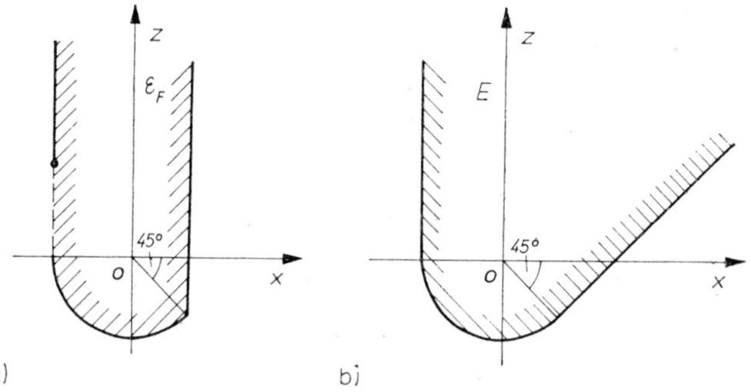

Abb. 19.2

Satz 19.5. *Es seien $F(\boldsymbol{x})$ eine über einer nichtleeren konvexen Menge M in $\mathbb{E}_n$ definierte konvexe Funktion und $\underline{F}(\boldsymbol{x})$ ihre Abschließung; weiter seien A die unter* (19.5a) *definierte Menge und $F^c(\boldsymbol{y})$ ($\boldsymbol{y} \in A$) die unter* (19.6) *erklärte Funktion. Dann gilt*

$$(F^c)^c\,(\boldsymbol{x}) = \underline{F}(\boldsymbol{x}), \quad \boldsymbol{x} \in \overline{M}\,; \tag{19.18}$$

dabei ist

$$(F^c)^c\,(\boldsymbol{x}) := \sup_{\boldsymbol{y} \in A} \{(\boldsymbol{y}, \boldsymbol{x}) - F^c(\boldsymbol{y})\}, \quad \boldsymbol{x} \in \overline{M}\,.$$

Beweis. Es sei $\boldsymbol{x}_0$ ein beliebiger Punkt der Menge $\overline{M}$. Weiter seien $\hat{F}(\boldsymbol{x})$ mit $\boldsymbol{x} \in \overline{M}$ die in Aussage (3) des Satzes 19.4 eingeführte Funktion, $\underline{\hat{F}}(\boldsymbol{x})$ ihre Abschließung und E die in jenem Satz unter (19.13) definierte Menge. Da nach Satz 19.4 $\underline{\hat{F}}(\boldsymbol{x}_0) = \underline{F}(\boldsymbol{x}_0)$ (Aussage (4)) und $E = \mathscr{E}_{\hat{F}}$ ist (Aussage (3)), gelten für die in der Geraden

$$g_0' := \{(\boldsymbol{x}, x_{n+1}) \in \mathbb{E}_{n+1} \mid \boldsymbol{x} = \boldsymbol{x}_0, x_{n+1} \in \mathbb{R}\}$$

liegenden Halbgeraden

$$\overline{p}_1' = \{(\boldsymbol{x}, x_{n+1}) \in \mathbb{E}_{n+1} \mid \boldsymbol{x} = \boldsymbol{x}_0, x_{n+1} \geqq \underline{F}(\boldsymbol{x}_0)\},$$

$$p_2' = \{(\boldsymbol{x}, x_{n+1}) \in \mathbb{E}_{n+1} \mid \boldsymbol{x} = \boldsymbol{x}_0, x_{n+1} < \underline{F}(\boldsymbol{x}_0)\}$$

die Aussagen

$$\overline{p}_1{}' \cup p_2{}' = g_0{}', \quad \overline{p}_1{}' \subset E, \quad p_2{}' \cap E = \emptyset. \tag{19.19}$$

Hieraus folgt unter Beachtung der Definition (19.13)

$$\overline{p}_1{}' = E \cap g_0{}' = \bigcap_{\boldsymbol{y} \in A} \left(g_0{}' \cap \overline{H}'^-(\boldsymbol{y})\right);$$

dabei ist für $\boldsymbol{y} \in A$ die Menge $\overline{H}'^-(\boldsymbol{y})$ ein — unter (19.8b) definierter — Stützhalbraum des Epigraphen $\mathscr{E}_F$ der Funktion $F(\boldsymbol{x})$. Da die Randhyperebene $R'(\boldsymbol{y})$ des Halbraumes $\overline{H}'^-(\boldsymbol{y})$ (vgl. ihre Beschreibung in (19.8a) und Satz 19.2) eine zur x_{n+1}-Koordinatenachse nichtparallele, nichtsinguläre Stützhyperebene des Epigraphen $\mathscr{E}_F$ ist, ist für einen beliebigen Punkt $\boldsymbol{y} \in A$ die Menge

$$\overline{p}'(\boldsymbol{y}) := g_0{}' \cap \overline{H}'^-(\boldsymbol{y})$$

eine abgeschlossene Halbgerade mit dem Randpunkt

$$\left(\boldsymbol{x}_0, x_{n+1}(\boldsymbol{y})\right) \quad \text{mit} \quad x_{n+1}(\boldsymbol{y}) := (\boldsymbol{y}, \boldsymbol{x}_0) - F^c(\boldsymbol{y}); \tag{19.20a}$$

dabei gilt

$$\overline{p}_1{}' \subset \overline{p}'(\boldsymbol{y}) \quad \text{für alle} \quad \boldsymbol{y} \in A. \tag{19.20b}$$

Da der Punkt $\left(\boldsymbol{x}_0, \underline{F}(\boldsymbol{x}_0)\right)$ Randpunkt der Halbgeraden $\overline{p}_1{}'$ ist, folgt aus (19.20b)

$$x_{n+1}(\boldsymbol{y}) \leqq \underline{F}(\boldsymbol{x}_0), \quad \boldsymbol{y} \in A,$$

und somit

$$\sup_{\boldsymbol{y} \in A} \{x_{n+1}(\boldsymbol{y})\} \leqq \underline{F}(\boldsymbol{x}_0). \tag{19.21}$$

Wir nehmen nun an, daß

$$\sup_{\boldsymbol{y} \in A} \{x_{n+1}(\boldsymbol{y})\} < \underline{F}(\boldsymbol{x}_0) \tag{19.22a}$$

ist und wählen eine beliebige Zahl z mit

$$\sup_{\boldsymbol{y} \in A} \{x_{n+1}(\boldsymbol{y})\} < z < \underline{F}(\boldsymbol{x}_0). \tag{19.22b}$$

Dann gilt $x_{n+1}(\boldsymbol{y}) < z$ und daher $(\boldsymbol{x}_0, z) \in \overline{H}'^-(\boldsymbol{y})$ für alle $\boldsymbol{y} \in A$. Hieraus folgt nach Definition (19.13) der Menge E und nach Aussage (3) des Satzes 19.4, daß $(\boldsymbol{x}_0, z) \in E = \mathscr{E}_{\hat{F}}$ ist. Aus der Ungleichung $z < \underline{F}(\boldsymbol{x}_0)$ in (19.22b) folgt andererseits aber $(\boldsymbol{x}_0, z) \in p_2{}'$ und damit nach (19.19) $(\boldsymbol{x}_0, z) \notin E$. Die Annahme führt also zu einem Widerspruch; unter Berücksichtigung von (19.21) gilt daher

$$\sup_{\boldsymbol{y} \in A} \{x_{n+1}(\boldsymbol{y})\} = \underline{F}(\boldsymbol{x}_0),$$

woraus dann — $\boldsymbol{x}_0$ war ein beliebiger Punkt der Menge $\overline{M}$ — unter Beachtung der Definition (19.20a) der Größe $x_{n+1}(\boldsymbol{y})$ und der der Funktion $(F^c)^c\,(\boldsymbol{x})$ die Aussage des Satzes folgt. □

Bemerkung 19.2. Für eine über einer nichtleeren konvexen Menge M in $\mathbb{E}_n$ definierte Funktion $F(\boldsymbol{x})$ gilt $\underline{F}(\boldsymbol{x}) = F(\boldsymbol{x})$ für $\boldsymbol{x} \in \operatorname{rel\,int} M$ (vgl. Satz 18.2). Hieraus folgt nach

Satz 19.5 die Gleichheit

$$(F^c)^c(\boldsymbol{x}) = F(\boldsymbol{x}), \quad \boldsymbol{x} \in \operatorname{rel\,int} M, \tag{19.23}$$

die im Falle $M = \mathbb{E}_n$ für alle $\boldsymbol{x} \in \mathbb{E}_n$ gilt.

Durch die Gleichheit (19.18) in Satz 19.5 und die Gleichheit (19.23) ist auch der in der folgenden Definition eingeführte Begriff motiviert.

Definition 19.1. Es seien $F(\boldsymbol{x})$ eine über einer nichtleeren konvexen Menge M in $\mathbb{E}_n$ erklärte konvexe Funktion und A die unter (19.5a) definierte Menge. Dann heißt

$$F^c(\boldsymbol{y}) := \sup_{\boldsymbol{x}\in M} \{(\boldsymbol{x}, \boldsymbol{y}) - F(\boldsymbol{x})\}, \quad \boldsymbol{y} \in A,$$

die zur Funktion $F(\boldsymbol{x})$ *konjugierte Funktion.*

Bemerkung 19.3. Um die in (19.5a) definierte Menge A näher zu charakterisieren, zeigen wir im folgenden Satz ihren Zusammenhang mit einer uns aus den früheren Kapiteln bekannten und mit einer klaren geometrischen Interpretation versehenen Menge.

Satz 19.6. *Es sei $F(\boldsymbol{x})$ eine über einer nichtleeren konvexen Menge M in $\mathbb{E}_n$ definierte konvexe Funktion. Wenn $C^p_{\mathcal{E}_F}(\boldsymbol{o}')$ den Polarkegel zu dem charakteristischen Kegel $C_{\mathcal{E}_F}$ des Epigraphen $\mathcal{E}_F$ der Funktion $F(\boldsymbol{x})$ im Scheitel $\boldsymbol{o}' := (\boldsymbol{o}, 0)$ des Kegels $C_{\mathcal{E}_F}$ und $S_{\overline{\mathcal{E}}_F}$ das sphärische Bild der Menge $\overline{\mathcal{E}}_F$ bezeichnen, dann gelten für die in* (19.5a, b) *definierten Mengen A und B die folgenden Aussagen:*

(a) *Es ist $\boldsymbol{y} \in B$ genau dann, wenn für den Einheitsvektor $\tilde{\boldsymbol{y}}'$ in $\mathbb{E}_{n+1} := \mathbb{E}_n \times \mathbb{E}_1$ mit*

$$\tilde{\boldsymbol{y}}' := (\tilde{\boldsymbol{y}}, \tilde{y}_{n+1}), \quad \tilde{\boldsymbol{y}} := \frac{\boldsymbol{y}}{\sqrt{1 + \|\boldsymbol{y}\|^2}}, \quad \tilde{y}_{n+1} := \frac{-1}{\sqrt{1 + \|\boldsymbol{y}\|^2}} \tag{19.24}$$

gilt

$$\tilde{\boldsymbol{y}}' \in S_{\overline{\mathcal{E}}_F}; \tag{19.25}$$

(b) $\quad 0 \leqq \dim A = \dim C^p_{\mathcal{E}_F}(\boldsymbol{o}') - 1;$

(c) *es ist $\boldsymbol{y} \in \operatorname{rel\,int} A$ genau dann, wenn gilt*

$$\boldsymbol{y}' := (\boldsymbol{y}, -1) \in \operatorname{rel\,int} C^p_{\mathcal{E}_F}(\boldsymbol{o}');$$

(d) $\operatorname{rel\,int} A \subset B \subset A$.

Beweis. Für einen Punkt $\boldsymbol{y}$ der Menge A ist nach Satz 19.2 die dort in (19.8a) definierte Hyperebene $R'(\boldsymbol{y})$ eine Stützhyperebene und der in (19.8b) beschriebene Halbraum $\overline{H}'^-(\boldsymbol{y})$ ein Stützhalbraum des Epigraphen $\mathcal{E}_F$. Daraus folgt

$$(\boldsymbol{y}, \boldsymbol{x}) - x_{n+1} \leqq F^c(\boldsymbol{y}) \quad \text{für} \quad (\boldsymbol{x}, x_{n+1}) \in \mathcal{E}_F, \tag{19.26a}$$

wobei $F^c(\boldsymbol{y})$ die über der Menge A definierte und zur Funktion $F(\boldsymbol{x})$ konjugierte Funktion ist, und

$$\varrho\big(\mathcal{E}_F, R'(\boldsymbol{y})\big) = 0. \tag{19.26b}$$

Im Fall $\mathcal{E}_F \cap R'(\boldsymbol{y}) \neq \emptyset$ haben die abgeschlossenen konvexen Mengen $\overline{\mathcal{E}}_F$ und $R'(\boldsymbol{y})$ eine Punktberührung (vgl. Definition 11.1). Es existiert daher ein Punkt $(\boldsymbol{x}_0, x_{0n+1}) \in \mathcal{E}_F$ mit

$$(\boldsymbol{y}, \boldsymbol{x}_0) - x_{0n+1} = F^c(\boldsymbol{y});$$

nach (19.26a) gilt dann

$$(\boldsymbol{y}, \boldsymbol{x}) - x_{n+1} \leqq (\boldsymbol{y}, \boldsymbol{x}_0) - x_{0n+1}, \quad (\boldsymbol{x}, x_{n+1}) \in \mathscr{E}_F. \tag{19.27a}$$

Hieraus folgt unter Beachtung von (19.24) für $\boldsymbol{x}' := (\boldsymbol{x}, x_{n+1})$ und $\boldsymbol{x}_0' := (\boldsymbol{x}_0, x_{0n+1})$

$$(\tilde{\boldsymbol{y}}', \boldsymbol{x}') \leqq (\tilde{\boldsymbol{y}}', \boldsymbol{x}_0'), \quad \boldsymbol{x}' \in \mathscr{E}_F. \tag{19.27b}$$

Somit ist

$$(\tilde{\boldsymbol{y}}', \boldsymbol{x}_0') = \max_{\boldsymbol{x}' \in \mathscr{E}_F} \{(\tilde{\boldsymbol{y}}', \boldsymbol{x}')\}. \tag{19.28a}$$

Wegen $\|\tilde{\boldsymbol{y}}'\| = 1$ folgt daraus nach Satz 10.5

$$\tilde{\boldsymbol{y}}' \in S_{\overline{\mathscr{E}}_F}. \tag{19.28b}$$

Da aber nach Bemerkung 10.1

$$\overline{S}_{\overline{\mathscr{E}}_F} = Q' \cap C^{\mathrm{p}}_{\mathscr{E}_F}(\boldsymbol{o}') \tag{19.29a}$$

gilt, wobei $Q' := \{\boldsymbol{x}' \in \mathbb{E}_{n+1} \mid \|\boldsymbol{x}'\| = 1\}$ ist, gehört der Punkt $\tilde{\boldsymbol{y}}'$ wegen (19.28b) zum Kegel $C^{\mathrm{p}}_{\mathscr{E}_F}(\boldsymbol{o}')$, woraus unter Beachtung von (19.24) folgt

$$\boldsymbol{y}' := (\boldsymbol{y}, -1) \in C^{\mathrm{p}}_{\mathscr{E}_F}(\boldsymbol{o}'). \tag{19.29b}$$

Falls $\mathscr{E}_F \cap R'(\boldsymbol{y}) = \emptyset$ gilt, so folgt daraus und aus (19.29b), daß sich die Mengen $\overline{\mathscr{E}}_F$ und $R'(\boldsymbol{y})$ asymptotisch berühren, d. h., $R'(\boldsymbol{y})$ ist eine asymptotische Stützhyperebene des Epigraphen $\mathscr{E}_F$ (vgl. Definition 14.2). Nach Satz 14.6 gilt dann

$$\tilde{\boldsymbol{y}}' \in \overline{S}_{\overline{\mathscr{E}}_F} \setminus S_{\overline{\mathscr{E}}_F},$$

woraus auf die gleiche Weise wie im vorangegangenen Fall auch hier die Aussage (19.29b) folgt.

Wenn $\boldsymbol{y}$ ein Punkt der in (19.5b) definierten Menge B ist, so gibt es einen Punkt $\boldsymbol{x}_0 \in M$ mit

$$(\boldsymbol{y}, \boldsymbol{x}) - F(\boldsymbol{x}) \leqq (\boldsymbol{y}, \boldsymbol{x}_0) - F(\boldsymbol{x}_0), \quad \boldsymbol{x} \in M.$$

Hieraus ergibt sich

$$(\boldsymbol{y}, \boldsymbol{x}) - x_{n+1} \leqq (\boldsymbol{y}, \boldsymbol{x}_0) - F(\boldsymbol{x}_0), \quad (\boldsymbol{x}, x_{n+1}) \in \mathscr{E}_F$$

und daher — unter Berücksichtigung von (19.24) —

$$(\tilde{\boldsymbol{y}}', \boldsymbol{x}') \leqq (\tilde{\boldsymbol{y}}, \boldsymbol{x}_0') \quad \text{mit} \quad \boldsymbol{x}_0' := \big(\boldsymbol{x}_0, F(\boldsymbol{x}_0)\big) \quad \text{für} \quad \boldsymbol{x}' \in \mathscr{E}_F.$$

Es gilt daher (19.28a), woraus nach Satz 10.5 die Aussage (19.28b) folgt. Wenn andererseits $\boldsymbol{y}$ ein Vektor ist, dessen ihm gemäß (19.24) zugeordneter Einheitsvektor $\tilde{\boldsymbol{y}}'$ in $\mathbb{E}_{n+1}$ der Bedingung (19.28b) genügt, so existiert nach Satz 10.5 ein Punkt $\boldsymbol{x}_0' := (\boldsymbol{x}_0, x_{0n+1}) \in \mathscr{E}_F$ mit der Eigenschaft (19.28a), die zu der Aussage (19.27a) äquivalent ist. Wegen $x_{n+1} \geqq F(\boldsymbol{x})$ für $(\boldsymbol{x}, x_{n+1}) \in \mathscr{E}_F$ folgt daraus

$$(\boldsymbol{y}, \boldsymbol{x}) - F(\boldsymbol{x}) \leqq (\boldsymbol{y}, \boldsymbol{x}_0) - x_{0n+1}, \quad \boldsymbol{x} \in M,$$

und wegen $x_{0n+1} \geqq F(\boldsymbol{x}_0)$ weiter

$$(\boldsymbol{y}, \boldsymbol{x}) - F(\boldsymbol{x}) \leqq (\boldsymbol{y}, \boldsymbol{x}_0) - F(\boldsymbol{x}_0), \quad \boldsymbol{x} \in M;$$

also gilt

$$\sup_{x \in M} \{(y, x) - F(x)\} = \max_{x \in M} \{(y, x) - F(x)\}.$$

Nach Definition (19.5b) ist daher $y \in B$. Damit ist die Aussage (a) des Satzes gezeigt.

Um die Aussage (b) des Satzes zu beweisen, wählen wir zuerst einen beliebigen Punkt $y \in A$. Nach (19.29b) gehört dann der Punkt $y' := (y, -1)$ zum Kegel $C^{\mathrm{p}}_{\mathscr{E}_F}(o')$. Wegen $o' \in C^{\mathrm{p}}_{\mathscr{E}_F}(o')$, $y' \neq o'$, gilt auch $p(o'; y') \in C^{\mathrm{p}}_{\mathscr{E}_F}(o')$, woraus

$$d' := \dim C^{\mathrm{p}}_{\mathscr{E}_F}(o') \geqq 1 \tag{19.30}$$

folgt. Da die Hyperebene

$$R'_{-1} := \{(x, x_{n+1}) \in \mathbb{E}_{n+1} \mid x_{n+1} = -1\}$$

den betrachteten Punkt y' enthält und den Punkt o' nicht enthält, folgt

$$R'_{-1} \cap \operatorname{rel\,int} C^{\mathrm{p}}_{\mathscr{E}_F}(o') \neq \emptyset$$

und damit

$$\dim \left(R'_{-1} \cap C^{\mathrm{p}}_{\mathscr{E}_F}(o')\right) = d' - 1.$$

Die Menge der Punkte $y' := (y, -1) \in C^{\mathrm{p}}_{\mathscr{E}_F}(o')$ ist also eine $(d' - 1)$-dimensionale konvexe Menge.

Es sei nun

$$\begin{aligned} A' &:= \{y \in \mathbb{E}_n \mid (y, -1) \in \operatorname{rel\,int} C^{\mathrm{p}}_{\mathscr{E}_F}(o')\} \\ &= \{y \in \mathbb{E}_n \mid (y, y_{n+1}) \in R'_{-1} \cap \operatorname{rel\,int} C^{\mathrm{p}}_{\mathscr{E}_F}(o')\}. \end{aligned} \tag{19.31}$$

Für die Punkte $y \in A'$ folgt aus (19.29a) unter Beachtung von (19.24) $\tilde{y}' \in S_{\overline{\mathscr{E}}_F}$; nach der bereits gezeigten Aussage (a) ist dann $y \in B$. Hieraus und aus (19.5c) erhält man

$$A' \subset B \subset A, \tag{19.32a}$$

und da offensichtlich $\dim A' = \dim \left(R'_{-1} \cap \operatorname{rel\,int} C^{\mathrm{p}}_{\mathscr{E}_F}(o')\right) = \dim \left(R'_{-1} \cap C^{\mathrm{p}}_{\mathscr{E}_F}(o')\right) = d' - 1$ ist, folgt daraus

$$\dim A \geqq \dim A' = d' - 1.$$

Andererseits besitzt jeder Punkt $y \in A$ die Eigenschaft (19.29b), und da die Dimension der Menge $R'_{-1} \cap C^{\mathrm{p}}_{\mathscr{E}_F}(o')$ gleich der Dimension der Menge A' ist, folgt daraus

$$A \subset \bar{A}' \tag{19.32b}$$

und daher

$$\dim A \leqq \dim \bar{A}' = \dim A' = d' - 1.$$

Somit gilt $\dim A = d' - 1$ und nach (19.30) dann die Aussage (b) des Satzes.

Nach (19.32a, b) und unter Beachtung von (19.31) ist

$$A' = \operatorname{rel\,int} A' \subset \operatorname{rel\,int} A \subset \operatorname{rel\,int} \bar{A}' = A',$$

d. h. $A' = \operatorname{rel\,int} A$, woraus nach (19.31) die Aussage (c) des Satzes folgt. Die verbleibende Aussage (d) ist eine unmittelbare Folgerung der Gleichheit $A' = \operatorname{rel\,int} A$ und der Inklusionen (19.32a). □

Bemerkung 19.4. Dem Begriff einer konjugierten Funktion im Sinne der Definition 19.1 kann man eine geometrische Interpretation geben, die das Wort „konjugiert“ in gewisser Weise begründet. Der im nachfolgenden Satz 19.7 angegebenen Charakterisierung wollen wir einige aus der analytischen Geometrie bekannte Begriffe sowie einige geometrische Überlegungen vorausschicken.

Es sei

$$\Phi(\boldsymbol{x}) := \boldsymbol{x}^{\mathsf{T}} C \boldsymbol{x} + 2(\boldsymbol{b}, \boldsymbol{x}) + c$$

eine quadratische Funktion, für die die Menge

$$P := \{\boldsymbol{x} \in \mathbb{E}_n \mid \Phi(\boldsymbol{x}) = 0\} \tag{19.33a}$$

eine reguläre Hyperfläche in $\mathbb{E}_n$ in Mongescher Auffassung ist (siehe Definition 17.3); dann heißt P eine quadratische Hyperfläche in $\mathbb{E}_n$. Falls $\boldsymbol{x}_0 \in \mathbb{E}_n$ ein Punkt ist, für den $\nabla\Phi(\boldsymbol{x}_0) \neq \boldsymbol{o}$ gilt, so nennt man die Hyperebene

$$R(\boldsymbol{x}_0) := \{\boldsymbol{x} \in \mathbb{E}_n \mid (C\boldsymbol{x}_0 + \boldsymbol{b}, \boldsymbol{x}) + (\boldsymbol{b}, \boldsymbol{x}_0) + c = 0\} \tag{19.33b}$$

die *dem Punkt* $\boldsymbol{x}_0$ *zugeordnete Polarhyperebene bezüglich der in* (19.33a) *beschriebenen quadratischen Hyperfläche P.*

Betrachtet man im Raum $\mathbb{E}_{n+1} := \mathbb{E}_n \times \mathbb{E}_1$ die spezielle quadratische Funktion

$$\Phi(\boldsymbol{x}') = \Phi(\boldsymbol{x}, x_{n+1}) := (\boldsymbol{x}, \boldsymbol{x}) - 2x_{n+1},$$

so ist die Menge

$$\begin{aligned} P' &:= \{\boldsymbol{x}' \in \mathbb{E}_{n+1} \mid \Phi(\boldsymbol{x}') = 0\} \\ &= \{(\boldsymbol{x}, x_{n+1}) \in \mathbb{E}_{n+1} \mid (\boldsymbol{x}, \boldsymbol{x}) - 2x_{n+1} = 0\} \end{aligned} \tag{19.34a}$$

eine reguläre quadratische Hyperfläche in Mongescher Auffassung, ein sogenanntes *Hyperparaboloid* in $\mathbb{E}_{n+1}$. Die einem Punkt $\boldsymbol{x}' := (\boldsymbol{x}, x_{n+1}) \in \mathbb{E}_{n+1}$ zugeordnete Polarhyperebene $R'(\boldsymbol{x}')$ in $\mathbb{E}_{n+1}$ bezüglich des Hyperparaboloids P' aus (19.34a) hat die Beschreibung

$$R'(\boldsymbol{x}') = \{(\boldsymbol{y}, y_{n+1}) \in \mathbb{E}_{n+1} \mid (\boldsymbol{y}, \boldsymbol{x}) - y_{n+1} = x_{n+1}\}. \tag{19.34b}$$

Da im vorliegenden Fall $\nabla\Phi(\boldsymbol{x}') \neq \boldsymbol{o}'$ $\big(\boldsymbol{o}' := (\boldsymbol{o}, 0)\big)$ für alle Punkte $\boldsymbol{x}' := (\boldsymbol{x}, x_{n+1}) \in \mathbb{E}_{n+1}$ gilt, gehört zu jedem Punkt $\boldsymbol{x}' \in \mathbb{E}_{n+1}$ eindeutig eine Polarhyperebene $R'(\boldsymbol{x}')$ in $\mathbb{E}_{n+1}$ bezüglich des Hyperparaboloids P' aus (19.34a) und damit auch ein abgeschlossener Halbraum, nämlich der zur Hyperebene $R'(\boldsymbol{x}')$ gehörige Halbraum

$$\overline{H}'^{-}(\boldsymbol{x}') := \{(\boldsymbol{y}, y_{n+1}) \in \mathbb{E}_{n+1} \mid (\boldsymbol{y}, \boldsymbol{x}) - y_{n+1} \leqq x_{n+1}\}. \tag{19.34c}$$

In dieser Weise läßt sich jeder nichtleeren Punktmenge $\Gamma \subset \mathbb{E}_{n+1}$ eindeutig die Menge

$$\Gamma^{c} := \bigcap_{\boldsymbol{x}' \in \Gamma} \overline{H}'^{-}(\boldsymbol{x}'), \tag{19.35}$$

zuordnen; sie ist offensichtlich konvex und abgeschlossen.

Wir wollen die Menge Γ^{c} das *Polarbild* der Menge Γ *bezüglich der* in (19.34a) definierten *quadratischen Hyperfläche* P' in $\mathbb{E}_{n+1}$ nennen.

Falls die Menge Γ^{c} nichtleer ist und $\boldsymbol{y}' := (\boldsymbol{y}, y_{n+1})$ ein beliebiger Punkt dieser Menge, so gilt für jeden Punkt $\boldsymbol{x}' \in \Gamma$ nach (19.35) $\boldsymbol{y}' \in \overline{H}'^-(\boldsymbol{x}')$ und daher nach (19.34c)

$$(\boldsymbol{y}, \boldsymbol{x}) - y_{n+1} \leqq x_{n+1}, \quad (\boldsymbol{x}, x_{n+1}) \in \Gamma.$$

Die Menge Γ liegt also in jedem der Halbräume

$$\overline{H}'^-(\boldsymbol{y}') := \{\boldsymbol{x}' = (\boldsymbol{x}, x_{n+1}) \in \mathbb{E}_{n+1} \mid (\boldsymbol{y}, \boldsymbol{x}) - x_{n+1} \leqq y_{n+1}\}, \quad \boldsymbol{y}' \in \Gamma^c,$$

und damit in deren Durchschnitt, d. h.

$$\Gamma \subset \bigcap_{\boldsymbol{y}' \in \Gamma^c} \overline{H}'^-(\boldsymbol{y}'). \tag{19.36a}$$

Im Sinne der von uns eingeführten Symbolik ist aber

$$\bigcap_{\boldsymbol{y}' \in \Gamma^c} \overline{H}'^-(\boldsymbol{y}') = (\Gamma^c)^c,$$

woraus nach (19.36a) folgt

$$\Gamma \subset (\Gamma^c)^c. \tag{19.36b}$$

Satz 19.7. *Es sei $F(\boldsymbol{x})$ eine über einer nichtleeren konvexen Menge M in $\mathbb{E}_n$ erklärte konvexe Funktion, weiter sei $F^c(\boldsymbol{y})$ die zu ihr konjugierte Funktion mit dem Definitionsbereich $A := \left\{\boldsymbol{y} \in \mathbb{E}_n \mid \sup_{\boldsymbol{x} \in M} \{(\boldsymbol{y}, \boldsymbol{x}) - F(\boldsymbol{x})\} < \infty\right\}$. Dann ist das Polarbild $\mathscr{E}_F^c$ des Epigraphen $\mathscr{E}_F$ der Funktion $F(\boldsymbol{x})$ bezüglich der quadratischen Hyperfläche $P' := \{(\boldsymbol{x}, x_{n+1}) \in \mathbb{E}_{n+1} \mid (\boldsymbol{x}, \boldsymbol{x}) - 2x_{n+1} = 0\}$ der Epigraph $\mathscr{E}_{F^c}$ der Funktion $F^c(\boldsymbol{y})$, und das Polarbild $(\mathscr{E}_{F^c})^c$ des Epigraphen $\mathscr{E}_{F^c}$ bezüglich derselben quadratischen Hyperfläche P' ist die Abschließung $\overline{\mathscr{E}}_F$ des Epigraphen $\mathscr{E}_F$.*

Beweis. Nach Definition des Polarbildes (vgl. Bemerkung 19.4 und (19.35)) ist

$$\mathscr{E}_F^c := \bigcap_{\boldsymbol{x}' \in \mathscr{E}_F} \overline{H}'^-(\boldsymbol{x}'), \tag{19.37}$$

wobei der Halbraum $\overline{H}'^-(\boldsymbol{x}')$ nach Voraussetzung die unter (19.34c) angegebene Darstellung hat. Für die Halbräume

$$\overline{H}'^-(\boldsymbol{x}) := \{(\boldsymbol{y}, y_{n+1}) \in \mathbb{E}_{n+1} \mid (\boldsymbol{y}, \boldsymbol{x}) - y_{n+1} \leqq F(\boldsymbol{x})\}, \quad \boldsymbol{x} \in M, \tag{19.38}$$

gilt (vgl. wiederum (19.34c))

$$\overline{H}'^-(\boldsymbol{x}) \subset \overline{H}'^-(\boldsymbol{x}') = \overline{H}'^-(\boldsymbol{x}, x_{n+1}) \quad \text{für} \quad \boldsymbol{x} \in M, \quad x_{n+1} \geqq F(\boldsymbol{x}).$$

Hieraus erhält man zunächst

$$\bigcap_{x_{n+1} \geqq F(\boldsymbol{x})} \overline{H}'^-(\boldsymbol{x}, x_{n+1}) = \overline{H}'^-(\boldsymbol{x}), \quad \boldsymbol{x} \in M,$$

und weiter unter Beachtung der Definition eines Epigraphen

$$\bigcap_{\boldsymbol{x}' \in \mathscr{E}_F} \overline{H}'^-(\boldsymbol{x}') = \bigcap_{\boldsymbol{x} \in M} \left(\bigcap_{x_{n+1} \geqq F(\boldsymbol{x})} \overline{H}'^-(\boldsymbol{x}, x_{n+1}) \right) = \bigcap_{\boldsymbol{x} \in M} \overline{H}'^-(\boldsymbol{x}),$$

woraus nach (19.37) folgt

$$\mathscr{E}_F^c = \bigcap_{\boldsymbol{x} \in M} \overline{H}'^-(\boldsymbol{x}). \tag{19.39}$$

Die Projektion $(\mathscr{E}_F^c)^*$ der konvexen Menge $\mathscr{E}_F^c$ in Richtung der x_{n+1}-Koordinatenachse in $\mathbb{E}_{n+1}$ in die Koordinatenhyperebene $\{(\boldsymbol{x}, x_{n+1}) \in \mathbb{E}_{n+1} \mid x_{n+1} = 0\}$ (wegen $\mathbb{E}_{n+1} = \mathbb{E}_n \times \mathbb{E}_1$ kann diese dem Raum $\mathbb{E}_n$ gleichgesetzt werden) ist nach Satz 2.9 eine konvexe Menge. Wie im Beweis der Aussage (3) des Satzes 19.4 (an die Stelle der dort auftretenden Mengen E und E^* setzen wir die Mengen $\mathscr{E}_F^c$ und $(\mathscr{E}_F^c)^*$) kann man auch hier schließen, daß es eine konvexe Funktion $\psi(\boldsymbol{y})$ mit $\boldsymbol{y} \in (\mathscr{E}_F^c)^*$ derart gibt, daß die Menge $\mathscr{E}_F^c$ der Epigraph dieser Funktion ist, d. h.

$$\mathscr{E}_F^c = \{(\boldsymbol{y}, y_{n+1}) \in \mathbb{E}_{n+1} \mid y_{n+1} \geqq \psi(\boldsymbol{y}), \boldsymbol{y} \in (\mathscr{E}_F^c)^*\}. \tag{19.40}$$

Wegen $(\boldsymbol{y}, \psi(\boldsymbol{y})) \in \mathscr{E}_F^c$ und $(\boldsymbol{y}, y_{n+1}) \notin \mathscr{E}_F^c$ für $y_{n+1} < \psi(\boldsymbol{y})$ mit $\boldsymbol{y} \in (\mathscr{E}_F^c)^*$ folgt nach (19.39)

$$(\boldsymbol{y}, \psi(\boldsymbol{y})) \in \overline{H}'^-(\boldsymbol{x}) \quad \text{für} \quad \boldsymbol{x} \in M;$$

für eine Zahl $\tilde{y}_{n+1} < \psi(\boldsymbol{y})$ gibt es dagegen mindestens einen Punkt $\tilde{\boldsymbol{x}} \in M$ mit

$$(\boldsymbol{y}, \tilde{y}_{n+1}) \notin \overline{H}'^-(\tilde{\boldsymbol{x}}).$$

Hieraus folgt nach Definition (19.38) des Halbraumes $\overline{H}'^-(\tilde{\boldsymbol{x}})$

$$(\boldsymbol{y}, \boldsymbol{x}) - F(\boldsymbol{x}) \leqq \psi(\boldsymbol{y}), \quad \boldsymbol{x} \in M,$$

und zu jeder Zahl $\tilde{y}_{n+1} < \psi(\boldsymbol{y})$ gibt es mindestens einen Punkt $\tilde{\boldsymbol{x}} \in M$ mit

$$(\boldsymbol{y}, \tilde{\boldsymbol{x}}) - F(\tilde{\boldsymbol{x}}) > \tilde{y}_{n+1}.$$

Damit gilt

$$\psi(\boldsymbol{y}) = \sup_{\boldsymbol{x} \in M} \{(\boldsymbol{y}, \boldsymbol{x}) - F(\boldsymbol{x})\}$$

und daher nach Definition 19.1 einer konjugierten Funktion

$$\psi(\boldsymbol{y}) = F^c(\boldsymbol{y}), \quad \boldsymbol{y} \in (\mathscr{E}_F^c)^*.$$

Da die Menge A der maximale Definitionsbereich der Funktion $F^c(\boldsymbol{y})$ ist (vgl. Satz 19.1), muß notwendigerweise $(\mathscr{E}_F^c)^* = A$ gelten. Damit geht (19.40) über in die Darstellung

$$\mathscr{E}_F^c = \{(\boldsymbol{y}, y_{n+1}) \in \mathbb{E}_{n+1} \mid y_{n+1} \geqq F^c(\boldsymbol{y}), \boldsymbol{y} \in A\};$$

woraus zunächst

$$\mathscr{E}_F^c = \mathscr{E}_{F^c} \tag{19.41a}$$

folgt und damit

$$(\mathscr{E}_F^c)^c = \mathscr{E}_{F^c}^c = \mathscr{E}_{(F^c)^c}.$$

Wegen $(F^c)^c(\boldsymbol{x}) = \underline{F}(\boldsymbol{x})$ für $\boldsymbol{x} \in \overline{M}$ (vgl. Satz 19.5, $\underline{F}(\boldsymbol{x})$ ist die Abschließung der Funktion $F(\boldsymbol{x})$) gilt dann

$$(\mathscr{E}_F^c)^c = \mathscr{E}_{\underline{F}}. \tag{19.41b}$$

Da nach Lemma 18.3 aber $\mathscr{E}_{\underline{F}} = \overline{\mathscr{E}}_F$ ist, erhält man schließlich

$$\mathscr{E}_{F^c}^c = (\mathscr{E}_F^c)^c = \overline{\mathscr{E}}_F. \tag{19.41c}$$

Mit den Aussagen (19.41a) und (19.41c) ist der Satz gezeigt. □

Beispiel 19.2. Die Funktion

$$F(x) := \begin{cases} -\sqrt{1-x^2}, & -1 < x < 1, \\ 1, & |x| = 1, \end{cases}$$

einer Veränderlichen x (vgl. Beispiel 19.1) besitzt die Abschließung $\underline{F}(x) = -\sqrt{1-x^2}$, $x \in [-1, 1]$, und die zu ihr konjugierte Funktion ist $F^c(x) = \sqrt{1+x^2}$, $x \in \mathbb{R}$. Für die Epigraphen dieser Funktionen gilt

$$\mathcal{E}_{\underline{F}} = \overline{\mathcal{E}}_F = \left\{(x, z) \in \mathbb{E}_2 \mid z \geqq -\sqrt{1-x^2},\, x \in [-1, 1]\right\},$$

$$\mathcal{E}_{F^c} = \mathcal{E}_F^c = \left\{(x, z) \in \mathbb{E}_2 \mid z \geqq \sqrt{1+x^2},\, x \in \mathbb{R}\right\},$$

wobei der Epigraph $\mathcal{E}_{F^c}$ nach Satz 19.7 das Polarbild der Menge $\mathcal{E}_F$ (und damit auch das Polarbild der Menge $\overline{\mathcal{E}}_F$) bezüglich der Parabel

$$P' := \left\{(x, z) \in \mathbb{E}_2 \mid z = \frac{1}{2}\, x^2,\, x \in \mathbb{R}\right\}$$

ist; die Abschließung $\overline{\mathcal{E}}_F$ des Epigraphen $\mathcal{E}_F$ ist dann das Polarbild des Epigraphen $\mathcal{E}_{F^c}$ bezüglich derselben Parabel P'. In Abb. 19.3 sind die Epigraphen der angegebenen Funktionen graphisch dargestellt.

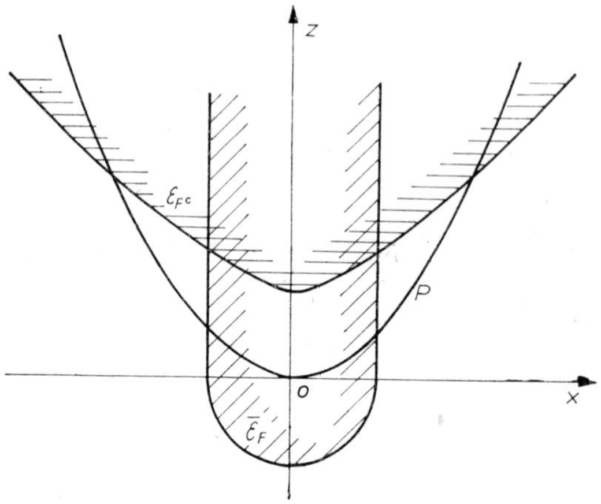

Abb. 19.3

Bemerkung 19.5. Wenn M_i' $(i = 1, \ldots, m)$ nichtleere konvexe Mengen in $\mathbb{E}_{n+1}$ sind, so verstehen wir unter ihrer *algebraischen Summe* (vgl. Definition 3.2) die Menge

$$M' := \left\{\boldsymbol{x}' \in \mathbb{E}_{n+1} \mid \boldsymbol{x}' = \sum_{i=1}^{m} \boldsymbol{x}_i',\, \boldsymbol{x}_i' \in M_i' \ (i = 1, \ldots, m)\right\},$$

die wir symbolisch in der Form

$$M_1' + \ldots + M_m' \quad \text{bzw.} \quad \sum_{i=1}^{m} M_i'$$

schreiben wollen. Da der Satz 3.5 offensichtlich auf eine beliebige endliche Anzahl $m \geqq 2$ nichtleerer konvexer Mengen erweitert werden kann, gilt unter Beachtung von Satz 3.3

$$\operatorname{co}\left(\sum_{i=1}^{m} M_i'\right) = \sum_{i=1}^{m} \operatorname{co} M_i' = \sum_{i=1}^{m} M_i' = M',$$

so daß die Menge M' dann nach Satz 3.1 konvex ist.

Es seien M_i ($i = 1, \ldots, m$; $m \geqq 2$) nichtleere konvexe Mengen in $\mathbb{E}_n$, $F_i(\boldsymbol{x})$ eine über der Menge M_i definierte konvexe Funktion und

$$\mathscr{E}_{F_i} := \{(\boldsymbol{x}, x_{n+1}) \in \mathbb{E}_{n+1} \mid x_{n+1} \geqq F_i(\boldsymbol{x}), \boldsymbol{x} \in M_i\}$$

der Epigraph der Funktion $F_i(\boldsymbol{x})$ ($i = 1, \ldots, m$). Dann gilt

$$\begin{aligned} E &:= \sum_{i=1}^{m} \mathscr{E}_{F_i} = \mathscr{E}_{F_1} + \ldots + \mathscr{E}_{F_m} \\ &= \left\{\boldsymbol{x}' \in \mathbb{E}_{n+1} \mid \boldsymbol{x}' = \sum_{i=1}^{m} \boldsymbol{x}_i', \boldsymbol{x}_i' \in \mathscr{E}_{F_i} \ (i = 1, \ldots, m)\right\} \\ &= \left\{(\boldsymbol{x}, x_{n+1}) \in \mathbb{E}_{n+1} \mid \boldsymbol{x} = \sum_{i=1}^{m} \boldsymbol{x}_i, x_{n+1} = \sum_{i=1}^{m} x_{in+1}, \right. \\ &\qquad \left. x_{in+1} \geqq F_i(\boldsymbol{x}_i), \boldsymbol{x}_i \in M_i \ (i = 1, \ldots, m)\right\} \end{aligned} \tag{19.42}$$

mit $\boldsymbol{x}_i' := (\boldsymbol{x}_i, x_{in+1})$, wobei die Menge E eine in $\mathbb{E}_{n+1}$ konvexe Menge ist. Die Projektion E^* der Menge E in Richtung der x_{n+1}-Koordinatenachse in $\mathbb{E}_{n+1}$ in die Koordinatenhyperebene $\{(\boldsymbol{x}, x_{n+1}) \in \mathbb{E}_{n+1} \mid x_{n+1} = 0\}$ (wegen $\mathbb{E}_{n+1} := \mathbb{E}_n \times \mathbb{E}_1$ kann diese dem Raum $\mathbb{E}_n$ gleichgesetzt werden) ist nach Satz 2.9 dann eine in $\mathbb{E}_n$ konvexe Menge; nach (19.42) gilt für sie

$$M := E^* = \left\{\boldsymbol{x} \in \mathbb{E}_n \mid \boldsymbol{x} = \sum_{i=1}^{m} \boldsymbol{x}_i, \quad \boldsymbol{x}_i \in M_i \ (i = 1, \ldots, m)\right\} = \sum_{i=1}^{m} M_i.$$

Aus (19.42) folgt weiter, daß jeder Punkt $\boldsymbol{x}' := (\boldsymbol{x}, x_{n+1}) \in E$ die Eigenschaft

$$x_{n+1} \geqq \inf_{\{\boldsymbol{x}_1, \ldots, \boldsymbol{x}_m\} \in M(\boldsymbol{x})} \left\{\sum_{i=1}^{m} F_i(\boldsymbol{x}_i)\right\} \tag{19.43a}$$

hat, wobei

$$M(\boldsymbol{x}) := \left\{\{\boldsymbol{x}_1, \ldots, \boldsymbol{x}_m\} \,\middle|\, \sum_{i=1}^{m} \boldsymbol{x}_i = \boldsymbol{x}, \boldsymbol{x}_i \in M_i \ (i = 1, \ldots, m)\right\} \tag{19.43b}$$

ist. Setzt man

$$F(\boldsymbol{x}) := \inf_{\{\boldsymbol{x}_1, \ldots, \boldsymbol{x}_m\} \in M(\boldsymbol{x})} \left\{\sum_{i=1}^{m} F_i(\boldsymbol{x}_i)\right\}, \quad \boldsymbol{x} \in M, \tag{19.44}$$

so erhält man unter Beachtung von (19.43a)

$$E = \mathscr{E}_F := \{(\boldsymbol{x}, x_{n+1}) \in \mathbb{E}_{n+1} \mid x_{n+1} \geqq F(\boldsymbol{x}), \boldsymbol{x} \in M\},$$

woraus aufgrund der Konvexität der Menge E die Konvexität der Funktion $F(\boldsymbol{x})$ über der Menge M (d. h. über der Projektion E^* der Menge E) folgt.

Im Falle $m = 2$ ist (vgl. (19.44) und (19.43b))

$$F(\boldsymbol{x}) = \inf_{\{\boldsymbol{x}_1, \boldsymbol{x}_2\} \in M(\boldsymbol{x})} \{F_1(\boldsymbol{x}_1) + F_2(\boldsymbol{x}_2)\}$$

mit

$$M(\boldsymbol{x}) = \left\{\{\boldsymbol{x}_1, \boldsymbol{x}_2\} \mid \boldsymbol{x}_1 \in M_1, \boldsymbol{x}_2 \in M_2, \boldsymbol{x}_1 + \boldsymbol{x}_2 = \boldsymbol{x}\right\};$$

hieraus folgt

$$F(\boldsymbol{x}) = \inf \{F_1(\boldsymbol{z}) + F_2(\boldsymbol{x} - \boldsymbol{z}) \mid \boldsymbol{z} \in M_1, \boldsymbol{x} - \boldsymbol{z} \in M_2\}.$$

Diese Darstellung erinnert an den klassischen Begriff der Konvolution aus der Integralrechnung.

Die in (19.44) definierte Funktion $F(\boldsymbol{x})$ wird daher auch als *Konvolution* der konvexen Funktionen $F_1(\boldsymbol{x}), \ldots, F_m(\boldsymbol{x})$ (mit dem konvexen Definitionsbereich M_i der Funktion $F_i(\boldsymbol{x})$ $(i = 1, \ldots, m)$) bezeichnet.

Beispiel 19.3. Es seien M_i $(i = 1, \ldots, m;\ m \geqq 2)$ nichtleere konvexe Mengen in $\mathbb{E}_n$ und $F(\boldsymbol{x})$ mit $\boldsymbol{x} \in M := \sum_{i=1}^{m} M_i$ die Konvolution der konvexen Funktionen $F_1(\boldsymbol{x}), \ldots, F_m(\boldsymbol{x})$, wobei M_i der Definitionsbereich der Funktion $F_i(\boldsymbol{x})$ $(i = 1, \ldots, m)$ ist.

Für die zu der Funktion $F_i(\boldsymbol{x})$ $(\boldsymbol{x} \in M_i)$ konjugierte Funktion gilt nach Definition 19.1

$$F_i^{\mathrm{c}}(\boldsymbol{y}) = \sup_{\boldsymbol{x}_i \in M_i} \{(\boldsymbol{y}, \boldsymbol{x}_i) - F_i(\boldsymbol{x}_i)\}, \quad \boldsymbol{y} \in A_i \qquad (i \in \{1, \ldots, m\}), \tag{19.45}$$

die konvexe Menge A_i ist dabei ihr maximaler Definitionsbereich (siehe Satz 19.1). Für einen Punkt $\boldsymbol{y} \in A_i$ erhält man aus (19.45)

$$F_i^{\mathrm{c}}(\boldsymbol{y}) \geqq (\boldsymbol{y}, \boldsymbol{x}_i) - F_i(\boldsymbol{x}_i), \quad \boldsymbol{x}_i \in M_i, \tag{19.46a}$$

wobei zu einer beliebigen Zahl $\varepsilon > 0$ ein Punkt $\tilde{\boldsymbol{x}}_i \in M_i$ mit

$$(\boldsymbol{y}, \tilde{\boldsymbol{x}}_i) - F_i(\tilde{\boldsymbol{x}}_i) > F_i^{\mathrm{c}}(\boldsymbol{y}) - \varepsilon \tag{19.46b}$$

existiert. Die Menge

$$A := \bigcap_{i=1}^{m} A_i$$

ist konvex, sie ist der maximale Definitionsbereich der Funktion $\sum_{i=1}^{m} F_i^{\mathrm{c}}(\boldsymbol{y})$. Hieraus und aus (19.46a) folgt für einen beliebigen Punkt $\boldsymbol{y} \in A$

$$\sum_{i=1}^{m} F_i^{\mathrm{c}}(\boldsymbol{y}) \geqq (\boldsymbol{y}, \boldsymbol{x}) - \sum_{i=1}^{m} F_i(\boldsymbol{x}_i) \quad \text{für} \quad \boldsymbol{x}_i \in M_i \qquad (i = 1, \ldots, m),$$

wobei $\boldsymbol{x} := \sum_{i=1}^{m} \boldsymbol{x}_i$ gesetzt wurde. Damit gilt auch

$$\sum_{i=1}^{m} F_i^{\mathrm{c}}(\boldsymbol{y}) \geqq (\boldsymbol{y}, \boldsymbol{x}) - \inf_{\{\boldsymbol{x}_1, \ldots, \boldsymbol{x}_m\} \in M(\boldsymbol{x})} \left\{\sum_{i=1}^{m} F_i(\boldsymbol{x}_i)\right\}$$

(zur Definition der Menge $M(\boldsymbol{x})$ vgl. (19.43b)). Aus dieser Ungleichung folgt nach Definition (19.44)

$$\sum_{i=1}^{m} F_i^c(\boldsymbol{y}) \geqq (\boldsymbol{y}, \boldsymbol{x}) - F(\boldsymbol{x}), \quad \boldsymbol{x} \in M,$$

und weiter nach Definition 19.1 einer konjugierten Funktion

$$\sum_{i=1}^{m} F_i^c(\boldsymbol{y}) \geqq F^c(\boldsymbol{y}), \quad \boldsymbol{y} \in A. \tag{19.47}$$

Andererseits erhält man aus (19.46b)

$$(\boldsymbol{y}, \tilde{\boldsymbol{x}}) - \sum_{i=1}^{m} F_i(\tilde{\boldsymbol{x}}_i) > \sum_{i=1}^{m} F_i^c(\boldsymbol{y}) - m\varepsilon,$$

wobei $\tilde{\boldsymbol{x}} := \sum_{i=1}^{m} \tilde{\boldsymbol{x}}_i$ gesetzt wurde; dabei ist $\tilde{\boldsymbol{x}} \in M := \sum_{i=1}^{m} M_i$.
Hieraus folgt

$$(\boldsymbol{y}, \tilde{\boldsymbol{x}}) - \inf_{\{\boldsymbol{x}_1,\ldots,\boldsymbol{x}_m\} \in M(\tilde{\boldsymbol{x}})} \left\{\sum_{i=1}^{m} F_i(\boldsymbol{x}_i)\right\} > \sum_{i=1}^{m} F_i^c(\boldsymbol{y}) - m\varepsilon$$

und weiter nach Definition (19.44) und Definition 19.1

$$F^c(\boldsymbol{y}) := \sup_{\boldsymbol{x} \in M} \{(\boldsymbol{y}, \boldsymbol{x}) - F(\boldsymbol{x})\} > \sum_{i=1}^{m} F_i^c(\boldsymbol{y}) - m\varepsilon.$$

Da aber $\varepsilon > 0$ und $\boldsymbol{y} \in A$ beliebig gewählt waren, gilt dann

$$F^c(\boldsymbol{y}) \geqq \sum_{i=1}^{m} F_i^c(\boldsymbol{y}), \quad \boldsymbol{y} \in A.$$

Zusammen mit (19.47) liefert das die bemerkenswerte Aussage

$$F^c(\boldsymbol{y}) = \sum_{i=1}^{m} F_i^c(\boldsymbol{y}), \quad \boldsymbol{y} \in A := \bigcap_{i=1}^{m} A_i.$$

Bemerkung 19.6. Falls $G(\boldsymbol{x})$ eine über einer nichtleeren konvexen Menge M in $\mathbb{E}_n$ definierte konkave Funktion ist, so ist die Funktion $F(\boldsymbol{x}) := -G(\boldsymbol{x})$ eine konvexe Funktion über der Menge M. Für die zu der Funktion $F(\boldsymbol{x})$ $(\boldsymbol{x} \in M)$ konjugierte Funktion gilt nach Definition 19.1

$$F^c(\boldsymbol{y}) := \sup_{\boldsymbol{x} \in M} \{(\boldsymbol{y}, \boldsymbol{x}) - F(\boldsymbol{x})\} = \sup_{\boldsymbol{x} \in M} \{(\boldsymbol{y}, \boldsymbol{x}) + G(\boldsymbol{x})\}, \quad \boldsymbol{y} \in A, \tag{19.48a}$$

wobei die konvexe Menge A der maximale Definitionsbereich der Funktion $F^c(\boldsymbol{y})$ ist (vgl. Satz 19.1). Die Funktion

$$G^c(\boldsymbol{y}) := -F^c(-\boldsymbol{y}), \quad -\boldsymbol{y} \in A, \tag{19.48b}$$

ist dann eine über der Menge

$$A' := \{\boldsymbol{y} \in \mathbb{E}_n \mid -\boldsymbol{y} \in A\} \tag{19.48c}$$

konkave Funktion, denn nach Satz 19.1 ist die Funktion $F^c(\boldsymbol{y})$ konvex über der Menge A. Aus (19.48a, b) folgt

$$G^c(\boldsymbol{y}) = -\sup_{\boldsymbol{x}\in M} \{-(\boldsymbol{y}, \boldsymbol{x}) + G(\boldsymbol{x})\}, \quad -\boldsymbol{y} \in A,$$

und daher ist

$$G^c(\boldsymbol{y}) = \inf_{\boldsymbol{x}\in M} \{(\boldsymbol{y}, \boldsymbol{x}) - G(\boldsymbol{x})\}, \quad \boldsymbol{y} \in A'. \tag{19.49}$$

Die unter (19.48b) definierte Funktion $G^c(\boldsymbol{y})$ werden wir die zu der konkaven Funktion $G(\boldsymbol{x})$ $(\boldsymbol{x} \in M)$ *konjugierte Funktion* nennen. Ihr Hypograph

$$\mathcal{H}_{G^c} := \{(\boldsymbol{x}, x_{n+1}) \in \mathbb{E}_{n+1} \mid y_{n+1} \leqq G^c(\boldsymbol{y}), \boldsymbol{y} \in A'\}$$

ist eine in $\mathbb{E}_{n+1}$ konvexe Menge, für sie gilt nach (19.48b)

$$\begin{aligned} \mathcal{H}_{G^c} &= \{(\boldsymbol{y}, y_{n+1}) \in \mathbb{E}_{n+1} \mid y_{n+1} \leqq -F^c(-\boldsymbol{y}), \boldsymbol{y} \in A'\} \\ &= \{(-\boldsymbol{y}, y_{n+1}) \in \mathbb{E}_{n+1} \mid y_{n+1} \leqq -F^c(\boldsymbol{y}), \boldsymbol{y} \in A\} \\ &= \{(-\boldsymbol{y}, -y_{n+1}) \in \mathbb{E}_{n+1} \mid y_{n+1} \geqq F^c(\boldsymbol{y}), \boldsymbol{y} \in A\}. \end{aligned}$$

Daraus folgt

$$(\boldsymbol{y}, y_{n+1}) \in \mathcal{H}_{G^c} \Leftrightarrow (-\boldsymbol{y}, -y_{n+1}) \in \mathcal{E}_{F^c}, \tag{19.50}$$

d. h., die Mengen $\mathcal{H}_{G^c}$ und $\mathcal{E}_{F^c}$ sind symmetrisch bezüglich des Koordinatenursprungs $\boldsymbol{o}' := (\boldsymbol{o}, 0)$ in $\mathbb{E}_{n+1}$.

Die Gleichung (19.49) kann als Definition der zu einer konkaven Funktion $G(\boldsymbol{x})$ $(\boldsymbol{x} \in M)$ konjugierten Funktion genommen werden. Davon ausgehend lassen sich — analog zu dem in diesem Kapitel für den Fall einer zu einer konvexen Funktion konjugierten Funktion gewählten Vorgehen — Grundeigenschaften von Funktionen herleiten, die zu konkaven Funktionen konjugiert sind. Ein solches Herangehen ist aber nicht erforderlich, da die in (19.48a), (19.48c) und (19.50) angegebenen Zusammenhänge zwischen der zu einer konkaven Funktion $G(\boldsymbol{x})$ $(\boldsymbol{x} \in M)$ konjugierten Funktion $G^c(\boldsymbol{y})$ $(\boldsymbol{y} \in A')$ und der zu einer konvexen Funktion $F(\boldsymbol{x}) = -G(\boldsymbol{x})$ $(\boldsymbol{x} \in M)$ konjugierten Funktion $F^c(\boldsymbol{y})$ $(\boldsymbol{y} \in A)$ bzw. zwischen dem Hypographen $\mathcal{H}_{G^c}$ der Funktion $G^c(\boldsymbol{y})$ und dem Epigraphen $\mathcal{E}_{F^c}$ der Funktion $F^c(\boldsymbol{y})$ eine direkte Herleitung der Aussagen aus den Sätzen 19.1 bis 19.7 erlaubt.

20. Das Grundproblem der konvexen Optimierung und die Kuhn-Tucker-Bedingungen

Für eine über einer konvexen Menge M in $\mathbb{E}_n$ definierte konvexe Funktion $F(\boldsymbol{x})$ kann man die folgenden Aufgabenstellungen betrachten:

(a) Bestimmung des Infimums der Funktion $F(\boldsymbol{x})$ über der Menge M;

(b) Entscheidung darüber, ob im Fall

$$\inf_{\boldsymbol{x} \in M} \{F(\boldsymbol{x})\} > -\infty \tag{20.1a}$$

die Menge

$$M_{\text{opt}} := \left\{\boldsymbol{x}^* \in M \mid F(\boldsymbol{x}^*) = \min_{\boldsymbol{x} \in M} \{F(\boldsymbol{x})\}\right\} \tag{20.1b}$$

leer oder nichtleer ist;

(c) Charakterisierung der Menge M_{opt};

(d) im Fall $M_{\text{opt}} \neq \emptyset$ Berechnung mindestens eines Punktes der Menge M_{opt}.

Ein derartiges mathematisches Problem (in der angeführten Komplexität) wird als (allgemeines) *konvexes Optimierungsproblem* bezeichnet (welches der gegebenen, über einer konvexen Menge M in $\mathbb{E}_n$ definierten konvexen Funktion $F(\boldsymbol{x})$ zugeordnet ist); wir werden es bezeichnen durch

$$\inf_{\boldsymbol{x} \in M} \{F(\boldsymbol{x})\}! \quad (\text{bzw.} \quad \inf \{F(\boldsymbol{x}) \mid \boldsymbol{x} \in M\}!) . \tag{20.2a}$$

Falls es nur um die unter (b), (c) und (d) angeführten Fragestellungen geht, so wollen wir die übliche Bezeichnung

$$\min_{\boldsymbol{x} \in M} \{F(\boldsymbol{x})\}! \quad (\text{bzw.} \quad \min \{F(\boldsymbol{x}) \mid \boldsymbol{x} \in M\}!) \tag{20.2b}$$

benutzen.

Die Funktion $F(\boldsymbol{x})$ heißt *Zielfunktion* und die Menge M *Zulässigkeitsmenge* (oder auch *Restriktionsmenge*) *des Optimierungsproblems* (20.2a) bzw. (20.2b). Jeder Punkt $\boldsymbol{x} \in M$ wird zulässiger Punkt des Optimierungsproblems (20.2a) bzw. (20.2b) genannt. Im Fall $M_{\text{opt}} \neq \emptyset$ sagt man, daß das Optimierungsproblem (20.2a) bzw. (20.2b) *lösbar* ist, und jeden Punkt $\boldsymbol{x}_0 \in M_{\text{opt}}$ bezeichnet man als einen *Optimalpunkt* des betrachteten *konvexen Optimierungsproblems.*

Satz 20.1. *Es seien $F(\boldsymbol{x})$ eine über einer nichtleeren konvexen Menge M in $\mathbb{E}_n$ definierte konvexe Funktion und $\underline{F}(\boldsymbol{x})$ mit $\boldsymbol{x} \in \overline{M}$ ihre Abschließung. Dann gilt*

$$\inf_{\boldsymbol{x} \in \overline{M}} \{\underline{F}(\boldsymbol{x})\} = \inf_{\boldsymbol{x} \in M} \{F(\boldsymbol{x})\}, \tag{20.3a}$$

und ein Optimalpunkt $\boldsymbol{x}^*$ *des Optimierungsproblems*

$$\inf_{\boldsymbol{x}\in M} \{F(\boldsymbol{x})\}! \tag{20.3b}$$

ist zugleich ein Optimalpunkt des Optimierungsproblems

$$\inf_{\boldsymbol{x}\in \overline{M}} \{\underline{F}(\boldsymbol{x})\}! \tag{20.3c}$$

Beweis. Nach Lemma 18.1 gilt $\underline{F}(\boldsymbol{x}) \leqq F(\boldsymbol{x})$ für $\boldsymbol{x} \in M$; hieraus folgt

$$\inf_{\boldsymbol{x}\in \overline{M}} \{\underline{F}(\boldsymbol{x})\} \leqq \inf_{\boldsymbol{x}\in M} \{\underline{F}(\boldsymbol{x})\} \leqq \inf_{\boldsymbol{x}\in M} \{F(\boldsymbol{x})\}. \tag{20.4}$$

Wir nehmen nun an, daß

$$\inf_{\boldsymbol{x}\in \overline{M}} \{\underline{F}(\boldsymbol{x})\} < \inf_{\boldsymbol{x}\in M} \{F(\boldsymbol{x})\} \tag{20.5}$$

gilt und wählen eine Zahl α mit

$$\inf_{\boldsymbol{x}\in \overline{M}} \{\underline{F}(\boldsymbol{x})\} < \alpha < \inf_{\boldsymbol{x}\in M} \{F(\boldsymbol{x})\}.$$

Nach Definition des Infimums gibt es dann einen Punkt $\boldsymbol{x}_0 \in \overline{M}$ mit

$$\underline{F}(\boldsymbol{x}_0) < \alpha < \inf_{\boldsymbol{x}\in M} \{F(\boldsymbol{x})\}. \tag{20.6}$$

Damit existiert (vgl. Lemma 18.4) eine Punktefolge $\{\boldsymbol{x}_i\}_{i=1}^{\infty}$ mit den Eigenschaften

$$\boldsymbol{x}_i \in M \qquad (i = 1, 2, \ldots), \quad \lim_{i\to\infty} \boldsymbol{x}_i = \boldsymbol{x}_0, \quad \lim_{i\to\infty} F(\boldsymbol{x}_i) = \underline{F}(\boldsymbol{x}_0)$$

und unter Beachtung von (20.6) ein Index k mit

$$F(\boldsymbol{x}_k) < \alpha < \inf_{\boldsymbol{x}\in M} \{F(\boldsymbol{x})\}.$$

Das ist aber ein Widerspruch zu $\boldsymbol{x}_k \in M$. Die Annahme (20.5) war also falsch. Aus (20.4) folgt daher die Gleichheit (20.3a).

Es sei nun $\boldsymbol{x}^* \in M$ ein Optimalpunkt des Optimierungsproblems (20.3b), d. h.

$$F(\boldsymbol{x}^*) = \inf_{\boldsymbol{x}\in M} \{F(\boldsymbol{x})\} = \min_{\boldsymbol{x}\in M} \{F(\boldsymbol{x})\}$$

und daher $F(\boldsymbol{x}^*) \leqq F(\boldsymbol{x})$ für $\boldsymbol{x} \in M$. Gäbe es einen Punkt $\boldsymbol{x}_0 \in \overline{M}$ mit $\underline{F}(\boldsymbol{x}_0) < F(\boldsymbol{x}^*)$ und damit mit $\underline{F}(\boldsymbol{x}_0) < F(\boldsymbol{x}^*) \leqq F(\boldsymbol{x})$ für $\boldsymbol{x} \in M$, so würde daraus folgen

$$\inf_{\boldsymbol{x}\in \overline{M}} \{\underline{F}(\boldsymbol{x})\} \leqq \underline{F}(\boldsymbol{x}_0) < F(\boldsymbol{x}^*) = \inf_{\boldsymbol{x}\in M} \{F(\boldsymbol{x})\},$$

im Widerspruch zu der gezeigten Aussage (20.3a) des Satzes. Daher gilt $\underline{F}(\boldsymbol{x}) \geqq F(\boldsymbol{x}^*)$ für $\boldsymbol{x} \in \overline{M}$ und somit auch

$$\inf_{\boldsymbol{x}\in \overline{M}} \{\underline{F}(\boldsymbol{x})\} \geqq F(\boldsymbol{x}^*) = \inf_{\boldsymbol{x}\in M} \{F(\boldsymbol{x})\}.$$

Hieraus und aus (20.3a) folgt wegen $\boldsymbol{x}^* \in M \subset \overline{M}$, daß $\boldsymbol{x}^*$ ein Optimalpunkt des Optimierungsproblems (20.3c) ist. □

Satz 20.2. *Es seien M eine nichtleere konvexe Menge in $\mathbb{E}_n$ und $F(\boldsymbol{x})$ eine über einer konvexen Menge $\tilde{M}$ mit $M \subset \tilde{M}$ definierte konvexe Funktion. Ein Punkt $\boldsymbol{x}_0 \in M$ ist genau dann ein Optimalpunkt des Optimierungsproblems*

$$\min_{\boldsymbol{x} \in M} \{F(\boldsymbol{x})\}!, \tag{20.7}$$

wenn die Abschließung $\overline{\mathscr{E}}_F$ des Epigraphen

$$\mathscr{E}_F := \{(\boldsymbol{x}, x_{n+1}) \in \mathbb{E}_{n+1} \mid x_{n+1} \geqq F(\boldsymbol{x}), \boldsymbol{x} \in \tilde{M}\} \tag{20.8a}$$

der Funktion $F(\boldsymbol{x})$ $(\boldsymbol{x} \in \tilde{M})$ und die Abschließung $\overline{M}'(\boldsymbol{x}_0)$ der Menge

$$M'(\boldsymbol{x}_0) := \{(\boldsymbol{x}, x_{n+1}) \in \mathbb{E}_{n+1} \mid \boldsymbol{x} \in M, x_{n+1} = F(\boldsymbol{x}_0)\} \tag{20.8b}$$

im Punkt $\boldsymbol{x}_0' := (\boldsymbol{x}_0, F(\boldsymbol{x}_0))$ eine Punktberührung haben.

Beweis. Wenn $\boldsymbol{x}_0$ ein Optimalpunkt des Problems (20.7) ist, so gilt

$$F(\boldsymbol{x}) \geqq F(\boldsymbol{x}_0), \quad \boldsymbol{x} \in M. \tag{20.9}$$

Für einen Punkt $\boldsymbol{x}' := (\boldsymbol{x}, x_{n+1}) \in \operatorname{rel\,int} \mathscr{E}_F$ gilt nach (20.8a) $x_{n+1} > F(\boldsymbol{x})$ und $\boldsymbol{x} \in \operatorname{rel\,int} \tilde{M}$. Falls

$$\operatorname{rel\,int} \mathscr{E}_F \cap \operatorname{rel\,int} M'(\boldsymbol{x}_0) \neq \emptyset$$

wäre, dann gäbe es nach (20.8b) und (20.9) einen Punkt $\hat{\boldsymbol{x}}' := (\hat{\boldsymbol{x}}, \hat{x}_{n+1})$, der den sich widersprechenden Bedingungen $\hat{x}_{n+1} > F(\hat{\boldsymbol{x}}) \geqq F(\boldsymbol{x}_0)$, $\hat{\boldsymbol{x}} \in M$ und $\hat{x}_{n+1} = F(\boldsymbol{x}_0)$ genügen müßte. Also ist

$$\operatorname{rel\,int} \mathscr{E}_F \cap \operatorname{rel\,int} M'(\boldsymbol{x}_0) = \emptyset; \tag{20.10}$$

da wegen $\boldsymbol{x}_0 \in M$, $\boldsymbol{x}_0' := (\boldsymbol{x}_0, F(\boldsymbol{x}_0)) \in \mathscr{E}_F$ und $\boldsymbol{x}_0' \in M'(\boldsymbol{x}_0)$ zugleich $\overline{\mathscr{E}}_F \cap \overline{M}'(\boldsymbol{x}_0) \neq \emptyset$, gilt, haben die abgeschlossenen konvexen Mengen $\overline{\mathscr{E}}_F$ und $\overline{M}'(\boldsymbol{x}_0)$ nach Definition 11.1 eine Punktberührung im Punkt $\boldsymbol{x}_0'$.

Wenn andererseits die Mengen $\overline{\mathscr{E}}_F$ und $\overline{M}'(\boldsymbol{x}_0)$ in einem Punkt $\boldsymbol{x}_0' := (\boldsymbol{x}_0, F(\boldsymbol{x}_0))$ mit $\boldsymbol{x}_0 \in M$ eine Punktberührung haben, dann gilt (20.10), und es ist $\boldsymbol{x}_0' \in \mathscr{E}_F$, $\boldsymbol{x}_0' \in M'(\boldsymbol{x}_0)$ (vgl. Definition 11.1). Wir nehmen nun an, daß es einen Punkt $\hat{\boldsymbol{x}}$ mit

$$\hat{\boldsymbol{x}} \in M, \quad F(\hat{\boldsymbol{x}}) < F(\boldsymbol{x}_0) \tag{20.11a}$$

gibt. Im Fall

$$\hat{\boldsymbol{x}} \in \operatorname{rel\,int} M \tag{20.11b}$$

schneidet die vom Punkt $\hat{\boldsymbol{x}}' \in (\hat{\boldsymbol{x}}, F(\hat{\boldsymbol{x}}))$ ausgehende und in Richtung des Vektors $\boldsymbol{e}_{n+1}' := (\boldsymbol{o}, 1)$ verlaufende abgeschlossene Halbgerade $\overline{p}(\hat{\boldsymbol{x}}'; \boldsymbol{e}_{n+1}')$ die Menge $M'(\boldsymbol{x}_0)$ im Punkt $(\hat{\boldsymbol{x}}, F(\boldsymbol{x}_0))$; für ihn gilt wegen (20.11a, b) $(\hat{\boldsymbol{x}}, F(\boldsymbol{x}_0)) \in \operatorname{rel\,int} \mathscr{E}_F$ und wegen (20.11b) und (20.8b) $(\hat{\boldsymbol{x}}, F(\boldsymbol{x}_0)) \in \operatorname{rel\,int} M'(\boldsymbol{x}_0)$. Damit wäre $\operatorname{rel\,int} M'(\boldsymbol{x}_0) \cap \operatorname{rel\,int} \mathscr{E}_F \neq \emptyset$, im Widerspruch zu (20.10). Der Fall (20.11b) kann also nicht eintreten. Im Fall

$$\hat{\boldsymbol{x}} \in \overline{M} \setminus \operatorname{rel\,int} M \tag{20.11c}$$

gilt nach Lemma 18.1 und nach Annahme (20.11a) $\underline{F}(\hat{\boldsymbol{x}}) \leqq F(\hat{\boldsymbol{x}}) < F(\boldsymbol{x}_0)$. Dann existiert nach Lemma 18.4 eine Punktefolge $\{\boldsymbol{x}_i\}_{i=1}^{\infty}$ mit $\boldsymbol{x}_i \in \operatorname{rel\,int} M$ $(i = 1, 2, \ldots)$

$\lim_{i\to\infty} \boldsymbol{x}_i = \hat{\boldsymbol{x}}, \lim_{i\to\infty} F(\boldsymbol{x}_i) = \underline{F}(\hat{\boldsymbol{x}})$, und damit ein Punkt $\boldsymbol{x}_k$ mit $F(\boldsymbol{x}_k) < F(\boldsymbol{x}_0), \boldsymbol{x}_k \in \operatorname{rel\,int} M$. Das führt aber wie im oben behandelten Fall (20.11 b) zu einem Widerspruch zur Eigenschaft (20.10). Die Annahme (20.11 a) ist also zu verwerfen, und es muß $F(\boldsymbol{x}) \geqq F(\boldsymbol{x}_0)$ für alle Punkte $\boldsymbol{x} \in M$ gelten. Wegen $\boldsymbol{x}_0 \in M$ ist der Punkt $\boldsymbol{x}_0$ daher ein Optimalpunkt des Problems (20.7). □

Satz 20.3. *Es seien $F(\boldsymbol{x})$ eine über einer konvexen Menge $\tilde{M}$ in $\mathbb{E}_n$ definierte konvexe Funktion und M eine nichtleere konvexe Menge in $\mathbb{E}_n$ mit*

$$M \subset \operatorname{rel\,int} \tilde{M}. \tag{20.12}$$

Ein Punkt $\boldsymbol{x}_0 \in M$ ist genau dann ein Optimalpunkt des konvexen Optimierungsproblems

$$\min_{\boldsymbol{x}\in M} \{F(\boldsymbol{x})\}!, \tag{20.13}$$

wenn die lokalen Berührungskegel $K_{\mathscr{E}_F}(\boldsymbol{x}_0')$ und $K_{M'(\boldsymbol{x}_0)}(\boldsymbol{x}_0')$ der Mengen

$$\mathscr{E}_F := \{(\boldsymbol{x}, x_{n+1}) \in \mathbb{E}_{n+1} \mid x_{n+1} \geqq F(\boldsymbol{x}),\ \boldsymbol{x} \in \tilde{M}\},$$

$$M'(\boldsymbol{x}_0) := \{(\boldsymbol{x}, x_{n+1}) \in \mathbb{E}_{n+1} \mid \boldsymbol{x} \in M,\ x_{n+1} = F(\boldsymbol{x}_0)\}$$

in deren gemeinsamem Punkt $\boldsymbol{x}_0' := \big(\boldsymbol{x}_0, F(\boldsymbol{x}_0)\big)$ trennbar sind.

Beweis. Nach Satz 20.2 ist ein Punkt $\boldsymbol{x}_0 \in M$ genau dann ein Optimalpunkt des Problems (20.13), wenn die abgeschlossenen konvexen Mengen $\overline{\mathscr{E}}_F$ und $\overline{M}'(\boldsymbol{x}_0)$ im Punkt $\boldsymbol{x}_0' := \big(\boldsymbol{x}_0, F(\boldsymbol{x}_0)\big)$ eine Punktberührung haben, wenn also — nach Satz 11.2, Aussage (g) — die lokalen Berührungskegel $K_{\overline{\mathscr{E}}_F}(\boldsymbol{x}_0')$ und $K_{\overline{M}'(\boldsymbol{x}_0)}(\boldsymbol{x}_0')$ eine Punktberührung in ihrem gemeinsamen Scheitel $\boldsymbol{x}_0'$ haben. Nach demselben Satz 11.2, Aussage (b), haben aber die lokalen Berührungskegel $K_{\overline{\mathscr{E}}_F}(\boldsymbol{x}_0')$ und $K_{\overline{M}'(\boldsymbol{x}_0)}(\boldsymbol{x}_0')$ — und daher auch die Kegel $K_{\mathscr{E}_F}(\boldsymbol{x}_0')$ und $K_{M'(\boldsymbol{x}_0)}$ — genau dann eine Punktberührung im Punkt $\boldsymbol{x}_0'$, wenn eine den Punkt $\boldsymbol{x}_0'$ enthaltende Trennungshyperebene dieser Kegel in $\mathbb{E}_{n+1}$ existiert. □

Lemma 20.1. *Es seien M_i $(i = 1, \ldots, m)$ konvexe Mengen in $\mathbb{E}_n$ mit der Eigenschaft*

$$\bigcap_{i=1}^{m} \operatorname{rel\,int} M_i \neq \emptyset \tag{20.14}$$

und $\boldsymbol{x}_0$ ein Punkt der Menge

$$M_0 := \bigcap_{i=1}^{m} M_i. \tag{20.15}$$

Weiter seien $K_{M_0}(\boldsymbol{x}_0)$ der lokale Berührungskegel der Menge M_0 und $K_{M_i}(\boldsymbol{x}_0)$ der lokale Berührungskegel der Menge M_i $(i = 1, \ldots, m)$ im Punkt $\boldsymbol{x}_0$. Dann gilt

$$K_{M_0}(\boldsymbol{x}_0) = \bigcap_{i=1}^{m} K_{M_i}(\boldsymbol{x}_0). \tag{20.16}$$

Beweis. Wir zeigen zuerst die Gleichheit

$$\operatorname{rel\,int} P_{M_0}(\boldsymbol{x}_0) = \bigcap_{i=1}^{m} \operatorname{rel\,int} P_{M_i}(\boldsymbol{x}_0), \tag{20.17}$$

wobei $P_{M_i}(\boldsymbol{x}_0)$ (bzw. $P_{M_0}(\boldsymbol{x}_0)$) den Projektionskegel der Menge M_i (bzw. M_0) bezüglich des Punktes $\boldsymbol{x}_0$ bezeichnet ($i = 1, \ldots, m$).

Falls die Menge $P_{M_0}(\boldsymbol{x}_0)$ einelementig ist, gilt

$$\{\boldsymbol{x}_0\} = \operatorname{rel\,int} P_{M_0}(\boldsymbol{x}_0) = P_{M_0}(\boldsymbol{x}_0) = \mathscr{L}_{M_0}; \tag{20.18}$$

dabei ist $\mathscr{L}_{M_0}$ die lineare Hülle der nach Satz 2.2 konvexen Menge M_0. Da unter der Voraussetzung (20.14) nach Satz 2.11

$$\operatorname{rel\,int} M_0 = \bigcap_{i=1}^{m} \operatorname{rel\,int} M_i, \quad \mathscr{L}_{M_0} = \bigcap_{i=1}^{m} \mathscr{L}_{M_i} \tag{20.19}$$

gilt ($\mathscr{L}_{M_i}$ bezeichnet hier die lineare Hülle der Menge M_i), folgt aus der ersten Gleichheit in (20.19) und aus (20.18) $\boldsymbol{x}_0 \in \operatorname{rel\,int} M_i$; nach Bemerkung 5.2 gilt dann $P_{M_i}(\boldsymbol{x}_0) = \mathscr{L}_{M_i}$ ($i = 1, \ldots, m$). Daher ist auch $\operatorname{rel\,int} P_{M_i}(\boldsymbol{x}_0) = \mathscr{L}_{M_i}$ ($i = 1, \ldots, m$). Daraus folgt unter Beachtung von (20.18) und der zweiten Gleichheit in (20.19)

$$\{\boldsymbol{x}_0\} = \operatorname{rel\,int} P_{M_0}(\boldsymbol{x}_0) = \mathscr{L}_{M_0} = \bigcap_{i=1}^{m} \mathscr{L}_{M_i} = \bigcap_{i=1}^{m} \operatorname{rel\,int} P_{M_i}(\boldsymbol{x}_0).$$

Im Fall einer einelementigen Menge $\operatorname{rel\,int} P_{M_0}(\boldsymbol{x}_0)$ gilt also die Aussage (20.17).

Andernfalls sei $\tilde{\boldsymbol{x}}$ ein beliebiger Punkt mit

$$\tilde{\boldsymbol{x}} \in \operatorname{rel\,int} P_{M_0}(\boldsymbol{x}_0), \quad \tilde{\boldsymbol{x}} \neq \boldsymbol{x}_0. \tag{20.20}$$

Da die Menge $P_{M_0}(\boldsymbol{x}_0)$ ein konvexer Kegel mit einem Scheitel im Punkt $\boldsymbol{x}_0$ ist (vgl. Satz 5.1), folgt aus (20.20) unter Beachtung von Satz 2.6 für die offene Halbgerade $p(\boldsymbol{x}_0; \tilde{\boldsymbol{x}} - \boldsymbol{x}_0)$ die Inklusion

$$p(\boldsymbol{x}_0; \tilde{\boldsymbol{x}} - \boldsymbol{x}_0) \subset \operatorname{rel\,int} P_{M_0}(\boldsymbol{x}_0).$$

Nach Definition eines Projektionskegels gibt es dann einen Punkt $\boldsymbol{y} \in p(\boldsymbol{x}_0; \tilde{\boldsymbol{x}} - \boldsymbol{x}_0)$ mit $\boldsymbol{y} \in M_0$, und wegen $\boldsymbol{x}_0 \in M_0$, $\boldsymbol{y} \in M_0$ sowie wegen der Konvexität der Menge M_0 liegt die abgeschlossene Strecke $\overline{u}(\boldsymbol{x}_0, \boldsymbol{y})$ in der Menge $\overline{p}(\boldsymbol{x}_0; \tilde{\boldsymbol{x}} - \boldsymbol{x}_0) \cap M_0$. Wenn $u(\boldsymbol{x}_0, \boldsymbol{y}) \cap \operatorname{rel\,int} M_0 = \emptyset$ gelten würde, so hätten die abgeschlossenen konvexen Mengen $\overline{M}_0$ und $\overline{u}(\boldsymbol{x}_0, \boldsymbol{y})$, für die $\overline{M}_0 \cap \overline{u}(\boldsymbol{x}_0, \boldsymbol{y}) = \overline{u}(\boldsymbol{x}_0, \boldsymbol{y})$ ist, eine Punktberührung (vgl. Definition 11.1). Nach Satz 11.2 gäbe es eine Trennungshyperebene R der Mengen $\overline{M}_0$ und $\overline{u}(\boldsymbol{x}_0, \boldsymbol{y})$, die nach Satz 11.3 die lineare Hülle der Menge $\overline{M}_0 \cap \overline{u}(\boldsymbol{x}_0, \boldsymbol{y})$ und damit die Strecke $\overline{u}(\boldsymbol{x}_0, \boldsymbol{y})$ enthalten würde. Wegen $u(\boldsymbol{x}_0, \boldsymbol{y}) \subset p(\boldsymbol{x}_0; \tilde{\boldsymbol{x}} - \boldsymbol{x}_0)$ müßte auch $p(\boldsymbol{x}_0; \tilde{\boldsymbol{x}} - \boldsymbol{x}_0) \subset R$ gelten. Da die Menge $\overline{M}_0$ und daher auch die Menge M_0 dann in einem der zur Trennungshyperebene R gehörigen abgeschlossenen Halbraum läge, wäre wegen $\boldsymbol{x}_0 \in R$ auch der Projektionskegel $P_{M_0}(\boldsymbol{x}_0)$ in diesem Halbraum enthalten, und die Punkte der Halbgeraden $p(\boldsymbol{x}_0; \tilde{\boldsymbol{x}} - \boldsymbol{x}_0)$ gehörten zum Rand des Kegels $P_{M_0}(\boldsymbol{x}_0)$. Wegen $\tilde{\boldsymbol{x}} \in p(\boldsymbol{x}_0; \tilde{\boldsymbol{x}} - \boldsymbol{x}_0)$ widerspricht das aber der Festlegung des Punktes $\tilde{\boldsymbol{x}}$ in (20.20). Also gilt $u(\boldsymbol{x}_0, \boldsymbol{y}) \cap \operatorname{rel\,int} M_0 \neq \emptyset$. Es gibt daher einen Punkt $\boldsymbol{y}_0 \in \operatorname{rel\,int} M_0$ mit $\boldsymbol{y}_0 \in u(\boldsymbol{x}_0, \boldsymbol{y}) \subset p(\boldsymbol{x}_0; \tilde{\boldsymbol{x}} - \boldsymbol{x}_0)$. Nach (20.19) folgt für ihn $\boldsymbol{y}_0 \in \operatorname{rel\,int} M_i$ ($i = 1, \ldots, m$) und daraus $\boldsymbol{y}_0 \in \operatorname{rel\,int} P_{M_i}(\boldsymbol{x}_0)$ ($i = 1, \ldots, m$). Damit liegt die Halbgerade $p(\boldsymbol{x}_0; \tilde{\boldsymbol{x}} - \boldsymbol{x}_0)$ — sie stimmt mit der Halbgeraden $p(\boldsymbol{x}_0, \boldsymbol{y}_0 - \boldsymbol{x}_0)$ überein — in der Menge $\operatorname{rel\,int} P_{M_i}(\boldsymbol{x}_0)$ ($i = 1, \ldots, m$). Da $\tilde{\boldsymbol{x}}$ ein beliebiger, den Bedingungen (20.20) genügender Punkt war und da $\tilde{\boldsymbol{x}} \in p(\boldsymbol{x}_0; \tilde{\boldsymbol{x}} - \boldsymbol{x}_0)$ ist, gilt die Inklusion

$$\operatorname{rel\,int} P_{M_0}(\boldsymbol{x}_0) \subset \bigcap_{i=1}^{m} \operatorname{rel\,int} P_{M_i}(\boldsymbol{x}_0). \tag{20.21}$$

Wir wählen nun einen beliebigen Punkt

$$\tilde{\boldsymbol{x}} \in \bigcap_{i=1}^{m} \operatorname{rel\,int} P_{M_i}(\boldsymbol{x}_0). \tag{20.22}$$

Dann gilt $\tilde{\boldsymbol{x}} \in \operatorname{rel\,int} P_{M_i}(\boldsymbol{x}_0)$ $(i = 1, \ldots, m)$, und — wie oben im Fall $\tilde{\boldsymbol{x}} \in \operatorname{rel\,int} P_{M_0}(\boldsymbol{x}_0)$ gezeigt wurde — es existiert ein Punkt $\boldsymbol{y}_i \in p(\boldsymbol{x}_0; \tilde{\boldsymbol{x}} - \boldsymbol{x}_0)$ mit $\boldsymbol{y}_i \in \operatorname{rel\,int} M_i$ $(i = 1, \ldots, m)$. Die Strecken $u(\boldsymbol{x}_0, \boldsymbol{y}_i)$ $(i = 1, \ldots, m)$ sind Teilmengen der Halbgeraden $p(\boldsymbol{x}_0; \tilde{\boldsymbol{x}} - \boldsymbol{x}_0)$; zugleich gilt $u(\boldsymbol{x}_0, \boldsymbol{y}_i) \subset \operatorname{rel\,int} M_i$ $(i = 1, \ldots, m)$. Der Durchschnitt $\bigcap_{i=1}^{m} u(\boldsymbol{x}_0, \boldsymbol{y}_i)$ ist daher eine in der Halbgeraden $p(\boldsymbol{x}_0; \tilde{\boldsymbol{x}} - \boldsymbol{x}_0)$ und in der Megen $\operatorname{rel\,int} M_0$ liegende offene Strecke. Hieraus folgt $p(\boldsymbol{x}_0; \tilde{\boldsymbol{x}} - \boldsymbol{x}_0) \subset \operatorname{rel\,int} P_{M_0}(\boldsymbol{x}_0)$ (denn der Punkt $\boldsymbol{x}_0$ ist ein Scheitel des Kegels $P_M(\boldsymbol{x}_0)$) und damit $\tilde{\boldsymbol{x}} \in \operatorname{rel\,int} P_{M_0}(\boldsymbol{x}_0)$. Da $\tilde{\boldsymbol{x}}$ ein beliebiger Punkt der Menge $\bigcap_{i=1}^{m} \operatorname{rel\,int} P_{M_i}(\boldsymbol{x}_0)$ war, gilt also $\bigcap_{i=1}^{m} \operatorname{rel\,int} P_{M_i}(\boldsymbol{x}_0) \subset \operatorname{rel\,int} P_{M_0}(\boldsymbol{x}_0)$. Zusammen mit der Inklusion (20.21) liefert das die Gleichheit (20.17). Wegen

$$\bigcap_{i=1}^{m} \operatorname{rel\,int} P_{M_i}(\boldsymbol{x}_0) \neq \emptyset$$

folgt aus (20.17) nach Bemerkung 2.10

$$\overline{\boldsymbol{P}}_{M_0}(\boldsymbol{x}_0) = \overline{\operatorname{rel\,int} P_{M_0}(\boldsymbol{x}_0)} = \bigcap_{i=1}^{m} \overline{\operatorname{rel\,int} P_{M_i}(\boldsymbol{x}_0)} = \bigcap_{i=1}^{m} \overline{\boldsymbol{P}}_{M_i}(\boldsymbol{x}_0)$$

und daraus nach Satz 6.2 die Aussage (20.16). □

Bemerkung 20.1. Wenn für die im Lemma 20.1 betrachteten konvexen Mengen M_i $(i = 1, \ldots, m)$ die Bedingung (20.14) nicht erfüllt ist, so muß die Gleichheit (20.16) nicht gelten, wie das folgende Beispiel zeigt.

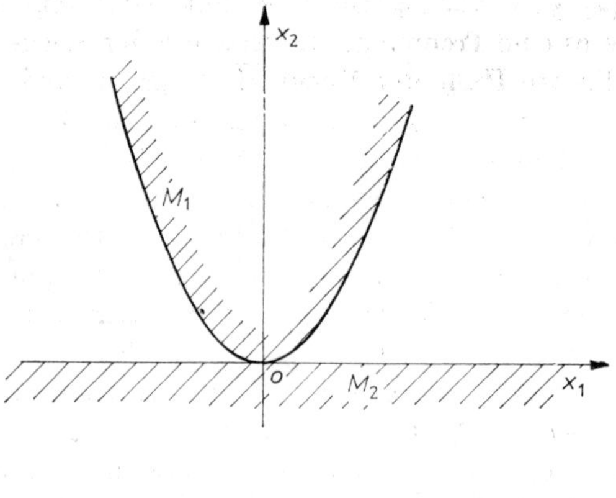

Abb. 20.1

Die Mengen

$$M_1 := \{(x_1, x_2) \in \mathbb{E}_2 \mid x_2 \geqq x_1^2,\ x_1 \in \mathbb{R}\},$$

$$M_2 := \{(x_1, x_2) \in \mathbb{E}_2 \mid x_2 \leqq 0\}$$

sind konvexe Mengen in $\mathbb{E}_2$ mit rel int $M_1 \cap$ rel int $M_2 = \emptyset$. Ihre lokalen Berührungskegel im Punkt $\boldsymbol{o} = (0, 0)$ sind

$$K_{M_1}(\boldsymbol{o}) = \{(x_1, x_2) \in \mathbb{E}_2 \mid x_2 \geqq 0\}, \quad K_{M_2}(\boldsymbol{o}) = \{(x_1, x_2) \in \mathbb{E}_2 \mid x_2 \leqq 0\};$$

weiter gilt $M_0 := M_1 \cap M_2 = \{\boldsymbol{o}\}$, $K_{M_0}(\boldsymbol{o}) = \{\boldsymbol{o}\}$. Also ist $K_{M_0}(\boldsymbol{o}) \neq K_{M_1}(\boldsymbol{o}) \cap K_{M_2}(\boldsymbol{o})$ (Abb. 20.1).

Satz 20.4. *Es sei $F(\boldsymbol{x})$ eine über einer n-dimensionalen konvexen Menge $\tilde{M}$ in $\mathbb{E}_n$ definierte konvexe Funktion. Weiter seien $M_0', M_1', \ldots, M_m'$ konvexe Mengen im Raum $\mathbb{E}_{n+1} := \mathbb{E}_n \times \mathbb{E}_1$, für die gilt*

$$E_n' \cap \text{rel int } M_0' \cap \text{rel int } M_1' \cap \ldots \cap \text{rel int } M_m' \neq \emptyset, \tag{20.23a}$$

$$M' := E_n' \cap M_0' \cap M_1' \cap \ldots \cap M_m' \subset \text{int } \tilde{M}'; \tag{20.23b}$$

dabei sind die Mengen E_n' und $\tilde{M}'$ definiert durch

$$\begin{aligned} E_n' &:= \{(\boldsymbol{x}, x_{n+1}) \in \mathbb{E}_{n+1} \mid \boldsymbol{x} \in \mathbb{E}_n, x_{n+1} = 0\}, \\ \tilde{M}' &:= \{(\boldsymbol{x}, x_{n+1}) \in \mathbb{E}_{n+1} \mid \boldsymbol{x} \in \tilde{M}, x_{n+1} = 0\}. \end{aligned} \tag{20.23c}$$

Ein Punkt $\boldsymbol{x}_0 \in \mathbb{E}_n$ mit $(\boldsymbol{x}_0, 0) \subset M'$ ist genau dann ein Optimalpunkt des konvexen Optimierungsproblems

$$\min_{\boldsymbol{x} \in M} \{F(\boldsymbol{x})\}! \tag{20.24a}$$

mit

$$M := \{\boldsymbol{x} \in \mathbb{E}_n \mid (\boldsymbol{x}, 0) \in M'\}, \tag{20.24b}$$

wenn es Vektoren $\boldsymbol{y}_i' = (\boldsymbol{y}_i, y_{i n+1})$ $(i = 0, 1, \ldots, m)$ in $\mathbb{E}_{n+1}$ mit den folgenden Eigenschaften gibt:

$$\begin{gathered} \boldsymbol{x}_0' + \boldsymbol{y}_i' \in \left(K_{M_i'}(\boldsymbol{x}_0')\right)^{\mathrm{p}} (\boldsymbol{x}_0') \qquad (i = 0, 1, \ldots, m), \quad \boldsymbol{x}_0' := (\boldsymbol{x}_0, 0), \\ \sum_{i=0}^{m} (\boldsymbol{y}_i, \boldsymbol{x} - \boldsymbol{x}_0) + F(\boldsymbol{x}) - F(\boldsymbol{x}_0) \geqq 0, \quad \boldsymbol{x} \in \tilde{M}, \\ \sum_{i=0}^{m} (\boldsymbol{y}_i, \boldsymbol{x} - \boldsymbol{x}_0) \leqq 0, \quad \boldsymbol{x} \in M. \end{gathered} \tag{20.25}$$

Beweis. Die in (20.23b) definierte Menge M' ist nach Voraussetzung nichtleer und konvex, sie liegt in dem n-dimensionalen linearen Unterraum E_n' des Raumes $\mathbb{E}_{n+1}$. Offenbar können wir die unter (20.23c) definierte Menge E_n' mit dem Raum $\mathbb{E}_n$ und die unter (20.24b) definierte Menge M mit der Menge M' identifizieren; dabei ist $M \subset \text{int } \tilde{M}$. Weiterhin gilt, daß ein Punkt $\boldsymbol{x}_0 \in M$ genau dann ein Optimalpunkt des Problems (20.24a) ist, wenn er ein Optimalpunkt des Problems

$$\min_{\boldsymbol{x} \in M} \{F_0(\boldsymbol{x})\}! \tag{20.26a}$$

mit

$$F_0(\boldsymbol{x}) := F(\boldsymbol{x}) - F(\boldsymbol{x}_0), \quad \boldsymbol{x} \in \tilde{M} \tag{20.26b}$$

ist. Der Epigraph

$$\mathscr{E}_{F_0} := \{(\boldsymbol{x}, x_{n+1}) \in \mathbb{E}_{n+1} \mid x_{n+1} \geqq F_0(\boldsymbol{x}), \boldsymbol{x} \in \tilde{M}\}$$

der über der konvexen Menge $\tilde{M}$ erklärten konvexen Funktion $F_0(\boldsymbol{x})$ ist wegen $\dim \tilde{M} = n$ eine $(n+1)$-dimensionale konvexe Menge in $\mathbb{E}_{n+1}$ mit

$$\boldsymbol{x}_0' := \big(\boldsymbol{x}_0, F_0(\boldsymbol{x}_0)\big) = (\boldsymbol{x}_0, 0) \in \mathscr{E}_{F_0} \cap M'. \tag{20.27}$$

Nach Satz 20.3 (die dort betrachtete Menge $M'(\boldsymbol{x}_0)$ ist wegen $F_0(\boldsymbol{x}_0) = 0$ gerade die unter (20.23b) definierte Menge M') ist der Punkt $\boldsymbol{x}_0$ genau dann ein Optimalpunkt des Problems (20.26a) (und damit auch des Problems (20.24a)), wenn die lokalen Berührungskegel $K_{\mathscr{E}_{F_0}}(\boldsymbol{x}_0')$ und $K_{M'}(\boldsymbol{x}_0')$ der Mengen $\mathscr{E}_{F_0}$ und M' in deren gemeinsamem Punkt $\boldsymbol{x}_0' = (\boldsymbol{x}_0, 0)$ trennbar sind.

Aus der Voraussetzung (20.23a) folgt für die lokalen Berührungskegel $K_{M_i'}(\boldsymbol{x}_0')$ der Mengen M_i' $(i = 0, 1, \ldots, m)$ und für den lokalen Berührungskegel $K_{E_n'}(\boldsymbol{x}_0')$ des n-dimensionalen linearen Unterraumes E_n' in $\mathbb{E}_{n+1}$ nach Lemma 20.1 die Gleichheit

$$K_{M'}(\boldsymbol{x}_0') = K_{E_n'}(\boldsymbol{x}_0') \cap K_{M_0'}(\boldsymbol{x}_0') \cap K_{M_1'}(\boldsymbol{x}_0') \cap \ldots \cap K_{M_m'}(\boldsymbol{x}_0'). \tag{20.28}$$

Die Kegel $K_{\mathscr{E}_{F_0}}(\boldsymbol{x}_0')$, $K_{E_n'}(\boldsymbol{x}_0')$, $K_{M_0'}(\boldsymbol{x}_0')$, $K_{M_1'}(\boldsymbol{x}_0')$, $\ldots$, $K_{M_m'}(\boldsymbol{x}_0')$ bilden ein System konvexer Kegel im Raum $\mathbb{E}_{n+1}$ mit dem gemeinsamen Scheitel $\boldsymbol{x}_0'$. Nach Satz 9.8 ist der Kegel $K_{\mathscr{E}_{F_0}}(\boldsymbol{x}_0')$ genau dann von dem in (20.28) dargestellten Kegel $K_{M'}(\boldsymbol{x}_0')$ trennbar, wenn es Vektoren $\boldsymbol{v}', \tilde{\boldsymbol{v}}', \boldsymbol{v}_0', \ldots, \boldsymbol{v}_m'$ in $\mathbb{E}_{n+1}$ gibt, die den Bedingungen

$$\boldsymbol{x}_0' + \boldsymbol{v}' \in \big(K_{\mathscr{E}_{F_0}}(\boldsymbol{x}_0')\big)^{\mathrm{p}}(\boldsymbol{x}_0'), \quad \|\boldsymbol{v}'\| > 0, \tag{20.29a}$$

$$\boldsymbol{x}_0' + \boldsymbol{v}_i' \in \big(K_{M_i'}(\boldsymbol{x}_0')\big)^{\mathrm{p}}(\boldsymbol{x}_0') \qquad (i = 0, 1, \ldots, m), \tag{20.29b}$$

$$\boldsymbol{x}_0' + \tilde{\boldsymbol{v}}' \in \big(K_{E_n'}(\boldsymbol{x}_0')\big)^{\mathrm{p}}(\boldsymbol{x}_0'), \tag{20.29c}$$

$$\boldsymbol{v}' + \tilde{\boldsymbol{v}}' + \sum_{i=0}^{m} \boldsymbol{v}_i' = \boldsymbol{o}' \qquad \big(\boldsymbol{o}' := (\boldsymbol{o}, 0)\big) \tag{20.29d}$$

und $\boldsymbol{x}_0' + \boldsymbol{v}' \in \tilde{\mathscr{L}}$ genügen, wobei $\tilde{\mathscr{L}}$ die lineare Hülle der Menge $K_{\mathscr{E}_{F_0}}(\boldsymbol{x}_0') \cup K_{M'}(\boldsymbol{x}_0')$ ist. Da aber wegen $\dim \mathscr{E}_{F_0} = n + 1$ auch $\dim K_{\mathscr{E}_{F_0}}(\boldsymbol{x}_0') = n + 1$ gilt (vgl. Satz 6.3), ist $\tilde{\mathscr{L}} = \mathbb{E}_{n+1}$, und die letzte Bedingung reduziert sich auf $\boldsymbol{x}_0' + \boldsymbol{v}' \in \mathbb{E}_{n+1}$. Die Existenz von Vektoren $\boldsymbol{v}', \tilde{\boldsymbol{v}}', \boldsymbol{v}_0', \boldsymbol{v}_1', \ldots, \boldsymbol{v}_m'$ mit den Eigenschaften (20.29a, b, c, d) ist also eine notwendige und hinreichende Bedingung dafür, daß $\boldsymbol{x}_0$ ein Optimalpunkt des Problems (20.26a) (und daher auch des Problems (20.24a)) ist.

Nach Satz 4.9 ist die Bedingung (20.29a) genau dann erfüllt, wenn der Kegel $K_{\mathscr{E}_{F_0}}(\boldsymbol{x}_0')$ in dem abgeschlossenen Halbraum

$$\bar{H}'^- := \{\boldsymbol{x}' \in \mathbb{E}_{n+1} \mid (\boldsymbol{v}', \boldsymbol{x}' - \boldsymbol{x}_0') \leqq 0\}$$

liegt, d. h., wenn gilt

$$(\boldsymbol{v}', \boldsymbol{x}' - \boldsymbol{x}_0') \leqq 0, \quad \boldsymbol{x}' \in K_{\mathscr{E}_{F_0}}(\boldsymbol{x}_0'). \tag{20.30a}$$

Da aber der Kegel $K_{\mathscr{E}_{F_0}}(\boldsymbol{x}_0')$ genau dann zu dem Halbraum $\bar{H}'^-$ gehört, wenn $\mathscr{E}_{F_0} \subset \bar{H}'^-$ gilt, ist die Bedingung (20.29a) mit der Bedingung

$$(\boldsymbol{v}', \boldsymbol{x}' - \boldsymbol{x}_0') \leqq 0, \quad \boldsymbol{x}' \in \mathscr{E}_{F_0} \tag{20.30b}$$

äquivalent, aus der unter Beachtung von (20.29d) folgt

$$\sum_{i=0}^{m} (\boldsymbol{v}_i', \boldsymbol{x}' - \boldsymbol{x}_0') + (\tilde{\boldsymbol{v}}', \boldsymbol{x}' - \boldsymbol{x}_0') \geqq 0, \quad \boldsymbol{x}' \in \mathscr{E}_{F_0}. \tag{20.30c}$$

Die Bedingung $\boldsymbol{x}_0' + \boldsymbol{v}_i' \in \left(K_{M_i'}(\boldsymbol{x}_0')\right)^{\mathrm{p}}(\boldsymbol{x}_0')$ gilt im Fall $\boldsymbol{v}_i' \neq \boldsymbol{o}$ nach Satz 4.9 genau dann, wenn $(\boldsymbol{v}_i', \boldsymbol{x}' - \boldsymbol{x}_0') \leqq 0$ für alle Punkte $\boldsymbol{x}' \in K_{M_i'}(\boldsymbol{x}_0')\big)$ ist $(i = 0, 1, \ldots, m)$; im Fall $\boldsymbol{v}_i' = \boldsymbol{o}'$ gilt diese Aussage trivialerweise. Die Bedingungen (20.29b) sind also genau dann erfüllt, wenn gilt

$$(\boldsymbol{v}_i', \boldsymbol{x}' - \boldsymbol{x}_0') \leqq 0, \quad \boldsymbol{x}' \in K_{M_i'}(\boldsymbol{x}_0') \qquad (i = 0, 1, \ldots, m). \tag{20.31}$$

Da der lokale Berührungskegel $K_{E_n'}(\boldsymbol{x}_0')$ der Menge E_n' im Punkt $\boldsymbol{x}_0' \in E_n'$ gerade mit diesem in (20.23c) beschriebenen linearen Unterraum E_n' in $\mathbb{E}_{n+1}$ zusammenfällt, ist der zu ihm gehörige Polarkegel in seinem Scheitel $\boldsymbol{x}_0'$ die durch den Punkt $\boldsymbol{x}_0'$ verlaufende und zu der x_{n+1}-Koordinatenachse in $\mathbb{E}_{n+1}$ parallele Gerade, d. h.

$$\left(K_{E_n'}(\boldsymbol{x}_0')\right)^{\mathrm{p}}(\boldsymbol{x}_0') = \{(\boldsymbol{x}, x_{n+1}) \in \mathbb{E}_{n+1} \mid \boldsymbol{x} = \boldsymbol{x}_0, x_{n+1} = t, t \in \mathbb{R}\}.$$

Die Bedingung (20.29c) ist also genau dann erfüllt, wenn der Vektor $\tilde{\boldsymbol{v}}' = (\tilde{\boldsymbol{v}}, \tilde{v}_{n+1})$ die Gestalt

$$\tilde{\boldsymbol{v}}' = (\boldsymbol{o}, \tilde{v}_{n+1}) \tag{20.32a}$$

hat. Wegen $\boldsymbol{x}_0' = (\boldsymbol{x}_0, 0)$ folgt aus (20.32a) und (20.23c)

$$(\tilde{\boldsymbol{v}}', \boldsymbol{x}' - \boldsymbol{x}_0') = 0, \quad \boldsymbol{x}' \in K_{E_n'}(\boldsymbol{x}_0') = E_n'. \tag{20.32b}$$

Aus (20.31), (20.32b) und (20.29d) erhält man unter Beachtung von (20.28)

$$\begin{aligned}(\boldsymbol{v}', \boldsymbol{x}' - \boldsymbol{x}_0') &= -(\tilde{\boldsymbol{v}}', \boldsymbol{x}' - \boldsymbol{x}_0') - \sum_{i=0}^{m} (\boldsymbol{v}_i', \boldsymbol{x}' - \boldsymbol{x}_0') \\ &= -\sum_{i=0}^{m} (\boldsymbol{v}_i', \boldsymbol{x}' - \boldsymbol{x}_0') \geqq 0\end{aligned}$$

für alle $\boldsymbol{x}' \in K_{M'}(\boldsymbol{x}_0')$, d. h., der Kegel $K_{M'}(\boldsymbol{x}_0')$ liegt in dem abgeschlossenen Halbraum

$$\overline{H}'^{+} := \{\boldsymbol{x}' \in \mathbb{E}_{n+1} \mid (\boldsymbol{v}', \boldsymbol{x}' - \boldsymbol{x}_0') \geqq 0\}.$$

Da aber $K_{M'}(\boldsymbol{x}_0')$ genau dann in dem Halbraum $\overline{H}'^{+}$ enthalten ist, wenn $M' \subset \overline{H}'^{+}$ gilt, folgt daraus

$$(\boldsymbol{v}', \boldsymbol{x}' - \boldsymbol{x}_0') \geqq 0, \quad \boldsymbol{x}' \in M' \tag{20.33a}$$

und daraus weiter — wegen (20.32b) und (20.29d) —

$$\sum_{i=0}^{m} (\boldsymbol{v}_i', \boldsymbol{x}' - \boldsymbol{x}_0') \leqq 0, \quad \boldsymbol{x}' \in M'. \tag{20.33b}$$

Wir fassen nun die hergeleiteten Aussagen (20.30c), (20.32a) und (20.33b) mit der Bedingung (20.29b) zusammen; sie lauten

$$\boldsymbol{x}_0' + \boldsymbol{v}_i' \in \left(K_{M_i'}(\boldsymbol{x}_0')\right)^{\mathrm{p}}(\boldsymbol{x}_0') \qquad (i = 0, 1, \ldots, m), \tag{20.34a}$$

$$\tilde{\boldsymbol{v}}' = (\boldsymbol{o}, \tilde{v}_{n+1}), \quad \tilde{\boldsymbol{v}}' + \sum_{i=0}^{m} \boldsymbol{v}_i' \neq \boldsymbol{o}', \tag{20.34b}$$

$$\sum_{i=0}^{m} (\boldsymbol{v}_i', \boldsymbol{x}' - \boldsymbol{x}_0') + (\tilde{\boldsymbol{v}}', \boldsymbol{x}' - \boldsymbol{x}_0') \geqq 0, \quad \boldsymbol{x}' \in \mathscr{E}_{F_0}, \tag{20.34c}$$

$$\sum_{i=0}^{m} (\boldsymbol{v}_i', \boldsymbol{x}' - \boldsymbol{x}_0') \leqq 0, \quad \boldsymbol{x}' \in M'. \tag{20.34d}$$

Falls $\boldsymbol{x}_0$ ein Optimalpunkt des Problems (20.26a) (und damit auch des Problems (20.24a)) ist, dann gelten — wie oben gezeigt wurde — die Bedingungen (20.29a, b, c, d), aus denen die Bedingungen (20.34a, b, c, d) folgen.

Wir zeigen nun, daß die Bedingungen (20.34a, b, c, d) auch hinreichend für die Optimalität des Punktes $\boldsymbol{x}_0$ in dem betrachteten Problem sind. Dazu setzen wir

$$\boldsymbol{v}' := -\tilde{\boldsymbol{v}}' - \sum_{i=0}^{m} \boldsymbol{v}_i'. \tag{20.35}$$

Hieraus und aus (20.34b, c) folgt

$$\boldsymbol{v}' \neq \boldsymbol{o}', \quad (\boldsymbol{v}', \boldsymbol{x}' - \boldsymbol{x}_0') \leqq 0, \quad \boldsymbol{x}' \in \mathscr{E}_{F_0},$$

d. h., es gilt

$$\mathscr{E}_{F_0} \subset \overline{H}'^- := \{\boldsymbol{x}' \in \mathbb{E}_{n+1} \mid (\boldsymbol{v}', \boldsymbol{x}' - \boldsymbol{x}_0') \leqq 0\}.$$

Mit dem unter (20.35) definierten Vektor $\boldsymbol{v}'$ erhält man aus (20.34d) und (20.34b)

$$M' \subset \overline{H}'^+ := \{\boldsymbol{x}' \in \mathbb{E}_{n+1} \mid (\boldsymbol{v}', \boldsymbol{x}' - \boldsymbol{x}_0') \geqq 0\}.$$

Die Menge $\mathscr{E}_{F_0} \cup M'$ kann wegen $\dim \mathscr{E}_{F_0} = n + 1$ nicht in der Hyperebene

$$R' := \{\boldsymbol{x}' \in \mathbb{E}_{n+1} \mid (\boldsymbol{v}', \boldsymbol{x}' - \boldsymbol{x}_0') = 0\}$$

liegen; also ist R' eine Trennungshyperebene der Mengen $\mathscr{E}_{F_0}$ und M'. Daraus folgt (vgl. Definition 11.1 und Satz 11.1), daß die Mengen $\overline{\mathscr{E}}_{F_0}$ und $\overline{M}'$ eine Punktberührung in ihrem gemeinsamen Punkt $\boldsymbol{x}_0' = (\boldsymbol{x}_0, 0)$ haben. Nach Satz 20.2 (die Menge M' entspricht dabei der in Satz 20.2 definierten Menge $M'(\boldsymbol{x}_0)$) ist $\boldsymbol{x}_0$ daher ein Optimalpunkt des betrachteten Problems (20.26a) (und damit auch des Problems (20.24a)).

Hiermit haben wir gezeigt, daß ein Punkt $\boldsymbol{x}_0 \in M$ genau dann ein Optimalpunkt des Problems (20.26a) (bzw. (20.24a)) ist, wenn es Vektoren $\tilde{\boldsymbol{v}}', \boldsymbol{v}_0', \boldsymbol{v}_1', \ldots, \boldsymbol{v}_m'$ mit den Eigenschaften (20.34a, b, c, d) gibt.

Diese Bedingungen sollen nun in geeigneter Weise umgeformt werden. Dazu gehen wir von der Bedingung

$$\boldsymbol{v}' := \tilde{\boldsymbol{v}}' + \sum_{i=0}^{m} \boldsymbol{v}_i' \neq \boldsymbol{o}' \qquad \big(\boldsymbol{o}' := (\boldsymbol{o}, 0)\big) \tag{20.36a}$$

in (20.34b) aus. Unter Verwendung des Vektors $\boldsymbol{v}'$ wird die Bedingung (20.34c) in die äquivalente Darstellung (20.30b) übergeführt. Aus (20.30b) folgt, daß

$$\overline{H}'^- := \{\boldsymbol{x}' \in \mathbb{E}_{n+1} \mid (\boldsymbol{v}', \boldsymbol{x}' - \boldsymbol{x}_0') \leqq 0\} \tag{20.36b}$$

ein Stützhalbraum des Epigraphen $\mathscr{E}_{F_0}$ ist; dann ist

$$R' := \{\boldsymbol{x}' \in \mathbb{E}_{n+1} \mid (\boldsymbol{v}', \boldsymbol{x}' - \boldsymbol{x}_0') = 0\}$$

eine den Punkt $\boldsymbol{x}_0'$ enthaltende nichtsinguläre Stützhyperebene des $(n + 1)$-dimensionalen Epigraphen $\mathscr{E}_{F_0}$. Nach Satz 15.8, der hier wegen $\boldsymbol{x}_0 \in M \subset \operatorname{int} \tilde{\boldsymbol{M}}$ angewandt werden kann, gibt es einen Vektor $\boldsymbol{y}$ in $\mathbb{E}_n$ mit

$$\overline{H}'^- = \{(\boldsymbol{x}, x_{n+1}) \in \mathbb{E}_{n+1} \mid x_{n+1} - F_0(\boldsymbol{x}_0) \geqq (\boldsymbol{y}, \boldsymbol{x} - \boldsymbol{x}_0)\}. \tag{20.36c}$$

Setzt man

$$\boldsymbol{y}' := (\boldsymbol{y}, -1),$$

so erhält man für den Halbraum $\bar{H}'^-$ die Darstellung

$$\bar{H}'^- := \{\boldsymbol{x}' \in \mathbb{E}_{n+1} \mid (\boldsymbol{y}', \boldsymbol{x}' - \boldsymbol{x}'_0) \leqq 0\}. \tag{20.36d}$$

Wegen $\mathscr{E}_{F_0} \subset \bar{H}'^-$ ist nach (20.36c)

$$x_{n+1} - F_0(\boldsymbol{x}_0) \geqq (\boldsymbol{y}, \boldsymbol{x} - \boldsymbol{x}_0), \quad (\boldsymbol{x}, x_{n+1}) \in \mathscr{E}_{F_0} \tag{20.37a}$$

und daher nach Definition des Epigraphen $\mathscr{E}_{F_0}$

$$F_0(\boldsymbol{x}) - F_0(\boldsymbol{x}_0) \geqq (\boldsymbol{y}, \boldsymbol{x} - \boldsymbol{x}_0), \quad \boldsymbol{x} \in \tilde{M}. \tag{20.37b}$$

Da aber für jeden Punkt $(\boldsymbol{x}, x_{n+1}) \in \mathscr{E}_{F_0}$ die Ungleichung $x_{n+1} \geqq F_0(\boldsymbol{x})$ mit $\boldsymbol{x} \in \tilde{M}$ gilt, folgt aus (20.37b) die Aussage (20.37a), d. h. die Inklusion $\mathscr{E}_{F_0} \subset \bar{H}'^-$. Der Epigraph $\mathscr{E}_{F_0}$ liegt also genau dann im Halbraum $\bar{H}'^-$, wenn die Bedingung (20.37b) gilt; letztere läßt sich unter Verwendung der Definition (20.26b) der Funktion $F_0(\boldsymbol{x})$ in der Form

$$F(\boldsymbol{x}) - F(\boldsymbol{x}_0) \geqq (\boldsymbol{y}, \boldsymbol{x} - \boldsymbol{x}_0), \quad \boldsymbol{x} \in \tilde{M} \tag{20.37c}$$

schreiben.

Ein Vergleich der in (20.36b) und (20.36c) angegebenen Darstellungen des Halbraumes $\bar{H}'^-$ zeigt, daß es eine Zahl $\lambda > 0$ derart gibt, daß $\boldsymbol{v}' = \lambda \boldsymbol{y}'$ gilt (mit $\boldsymbol{v}' = (\boldsymbol{v}, v_{n+1})$, $\boldsymbol{y}' = (\boldsymbol{y}, -1)$). Daraus folgt $v_{n+1} = -\lambda < 0$, $\boldsymbol{v}' = -v_{n+1}\boldsymbol{y}'$. Setzt man

$$\tilde{\boldsymbol{y}}' := -\frac{\tilde{\boldsymbol{v}}'}{v_{n+1}} \big(\boldsymbol{v}' := (\boldsymbol{o}, \tilde{v}_{n+1})\big), \quad \boldsymbol{y}_i' := -\frac{\boldsymbol{v}_i'}{v_{n+1}} \big(\boldsymbol{v}_i' := (\boldsymbol{v}_i, v_{in+1})\big)$$
$$(i = 0, 1, \ldots, m), \tag{20.38a}$$

$$\tilde{\boldsymbol{y}}' := (\tilde{\boldsymbol{y}}, \tilde{y}_{n+1}), \quad \tilde{\boldsymbol{y}}_i' := (\boldsymbol{y}_i, y_{in+1}) \qquad (i = 0, 1, \ldots, m),$$

so geht die Definitionsgleichung des Vektors $\boldsymbol{v}'$ in (20.36a) zugleich mit der Bedingung $\boldsymbol{v}' \neq \boldsymbol{o}'$ in die Gleichung

$$\boldsymbol{y}' = -\tilde{\boldsymbol{y}}' - \sum_{i=0}^{m} \boldsymbol{y}_i' \tag{20.38b}$$

über, wobei wegen $\boldsymbol{y}' = (\boldsymbol{y}, -1)$ auf die Bedingung $\boldsymbol{y}' \neq \boldsymbol{o}'$ verzichtet werden kann. Wegen $\tilde{\boldsymbol{y}}' = (\boldsymbol{o}, \tilde{y}_{n+1})$ und $\boldsymbol{y}' = (\boldsymbol{y}, -1)$ entsprechen der Gleichung (20.38b) die Gleichungen

$$\boldsymbol{y} = -\sum_{i=0}^{m} \boldsymbol{y}_i, \quad 1 = \tilde{y}_{n+1} + \sum_{i=0}^{m} y_{in+1}. \tag{20.38c}$$

Die Bedingungen (20.34a, b, c, d) gehen nach Multiplikation mit dem positiven Faktor $-1/v_{n+1}$ unter Beachtung von (20.38a) in die folgenden Bedingungen über:

$$\boldsymbol{x}_0' + \boldsymbol{y}_i' \in \big(K_{M_i'}(\boldsymbol{x}_0')\big)^{\mathrm{p}} (\boldsymbol{x}_0') \qquad (i = 0, 1, \ldots, m) \quad \big(\boldsymbol{x}_0' := (\boldsymbol{x}_0, 0)\big)$$

$$\sum_{i=0}^{m} (\boldsymbol{y}_i', \boldsymbol{x}' - \boldsymbol{x}_0') + (\tilde{\boldsymbol{y}}', \boldsymbol{x}' - \boldsymbol{x}_0') \geqq 0, \quad \boldsymbol{x}' \in \mathscr{E}_{F_0}, \tag{20.39a}$$

$$\sum_{i=0}^{m} (\boldsymbol{y}_i', \boldsymbol{x}' - \boldsymbol{x}_0') \leqq 0, \quad \boldsymbol{x}' \in M'$$

mit

$$\tilde{\boldsymbol{y}}' = (\boldsymbol{o}, \tilde{y}_{n+1}) = \left(\boldsymbol{o}, 1 - \sum_{i=0}^{m} y_{in+1}\right). \tag{20.39b}$$

Da die Bedingungen (20.34a, b, c, d) notwendig und hinreichend für die Optimalität eines Punktes $\boldsymbol{x}_0 \in M$ in dem Optimierungsproblem (20.26a) waren, folgt, daß ein Punkt $\boldsymbol{x}_0 \in M$ genau dann ein Optimalpunkt des Problems (20.26a) ist, wenn es Vektoren $\boldsymbol{y}_i' = (\boldsymbol{y}_i, y_{in+1})$ $(i = 0, 1, \ldots, m)$ und $\tilde{\boldsymbol{y}}' = (\tilde{\boldsymbol{y}}, \tilde{y}_{n+1})$ mit den Eigenschaften (20.39a, b) gibt. Mit dem der Gleichung (20.38b) genügenden Vektor $\boldsymbol{y}' = (\boldsymbol{y}, y_{n+1})$ — nach (20.39b) und (20.38c) gilt für ihn $y_{n+1} = -1$ und

$$\boldsymbol{y} = -\sum_{i=0}^{m} \boldsymbol{y}_i \tag{20.40}$$

— geht die zweite Bedingung in (20.39a) in die Bedingung

$$(\boldsymbol{y}', \boldsymbol{x}' - \boldsymbol{x}_0') \leqq 0, \quad \boldsymbol{x}' \in \mathscr{E}_{F_0},$$

und daher nach (20.36d) in die Bedingung $\mathscr{E}_{F_0} \subset \overline{H}'^-$ über; diese ist aber — wie oben gezeigt wurde — der Bedingung (20.37c) äquivalent. Aus (20.40) folgt dann die Äquivalenz der Bedingung (20.37c) und der zweiten Bedingung in (20.25). Die dritte Bedingung in (20.39a) geht — wenn man sie in der Form

$$\sum_{i=0}^{m} (\boldsymbol{y}_i, \boldsymbol{x} - \boldsymbol{x}_0) + \sum_{i=0}^{m} y_{in+1}(x_{n+1} - x_{0n+1}) \leqq 0, \quad (\boldsymbol{x}, x_{n+1}) \in M'$$

schreibt — wegen $\boldsymbol{x}_0' = (\boldsymbol{x}_0, 0)$ und wegen $x_{n+1} = 0$ für $(\boldsymbol{x}, x_{n+1}) \in M'$ (vgl. (20.23a, b)) unter Beachtung von (20.24b) in die dritte, zu ihr äquivalente Bedingung in (20.25) über. Damit ist der Satz gezeigt. □

Bemerkung 20.2. In den Sätzen 20.2, 20.3 und 20.4 wurden notwendige und hinreichende Bedingungen dafür angegeben, daß ein zulässiger Punkt eines konvexen Optimierungsproblems ein Optimalpunkt dieses Problems ist. Während den Sätzen 20.2 und 20.3 ein konvexes Optimierungsproblem zugrunde liegt, dessen Restriktionsmenge eine allgemeine, nicht näher spezifierte konvexe Menge ist, geht es im Satz 20.4 um ein Problem, in dem die Restriktionsmenge ein nichtleerer Durchschnitt einer endlichen Anzahl konvexer Mengen ist; dabei kommt der Voraussetzung (20.23a) eine besondere Bedeutung zu, und zwar sowohl in theoretischer als auch in numerischer Hinsicht. Ohne diese Voraussetzung gilt im allgemeinen auch die Aussage des Satzes 20.4 nicht.

Definition 20.1. Die im Satz 20.4 angegebene Forderung (20.23a) an ein konvexes Optimierungsproblem der Form (20.24a, b) heißt *allgemeine Regularitätsbedingung* dieses Problems.

Bemerkung 20.3. Wir haben bisher in diesem Kapitel allgemein beschriebene konvexe Optimierungsprobleme untersucht. Im weiteren wenden wir unsere Aufmerksamkeit einer speziellen Klasse konvexer Optimierungsprobleme zu, in denen die Restriktionsmenge durch eine endliche Anzahl konvexer Funktionen beschrieben wird.

Falls $F_1(\boldsymbol{x}), \ldots, F_m(\boldsymbol{x})$ über einer nichtleeren konvexen Menge $\tilde{M}$ in $\mathbb{E}_n$ erklärte konvexe Funktionen sind, so ist die Menge

$$M := \{\boldsymbol{x} \in \tilde{M} \mid F_i(\boldsymbol{x}) \leqq 0 \quad (i = 1, \ldots, m)\}$$

als Durchschnitt der nach Satz 15.5 konvexen Mengen $\{\boldsymbol{x} \in \tilde{M} \mid F_i(\boldsymbol{x}) \leqq 0\}$ $(i = 1, \ldots, m)$ eine konvexe Menge in $\mathbb{E}_n$.

Falls $\tilde{M}$ eine n-dimensionale konvexe Menge in $\mathbb{E}_n$ und $F(\boldsymbol{x}), F_1(\boldsymbol{x}), \ldots, F_m(\boldsymbol{x})$ über der Menge $\tilde{M}$ erklärte konvexe Funktionen sind und wenn die Menge

$$M := \{\boldsymbol{x} \in \tilde{M} \mid F_i(\boldsymbol{x}) \leqq 0 \ (i = 1, \ldots, m)\}$$

die Bedingungen

$$M \neq \emptyset, \quad M \subset \operatorname{int} \tilde{M}$$

erfüllt, so bezeichnet man das konvexe Optimierungsproblem

$$\inf_{\boldsymbol{x} \in M} \{F(\boldsymbol{x})\}!$$

als *Grundproblem der konvexen Optimierung.*

Lemma 20.2. *Es seien $F_1(\boldsymbol{x}), \ldots, F_m(\boldsymbol{x})$ über einer n-dimensionalen konvexen Menge $\tilde{M}$ in $\mathbb{E}_n$ definierte konvexe Funktionen, und es gelte*

$$M := \{\boldsymbol{x} \in \tilde{M} \mid F_i(\boldsymbol{x}) \leqq 0 \ (i = 1, \ldots, m)\} \neq \emptyset, \quad M \subset \operatorname{int} \tilde{M}.$$

Für $i \in I \subset \{1, \ldots, m\}$ mögen die Funktionen $F_i(\boldsymbol{x})$ linear sein, d. h.

$$F_i(\boldsymbol{x}) = (\boldsymbol{a}_i, \boldsymbol{x}) - b_i \quad (\|\boldsymbol{a}_i\| > 0) \qquad (i \in I).$$

Weiter seien im Raum $\mathbb{E}_{n+1} := \mathbb{E}_n \times \mathbb{E}_1$ die Mengen

$$\begin{aligned} M_0' &:= \{(\boldsymbol{x}, x_{n+1}) \in \mathbb{E}_{n+1} \mid F_i(\boldsymbol{x}) \leqq 0 \ (i \in I)\}, \\ E_n' &:= \{(\boldsymbol{x}, x_{n+1}) \in \mathbb{E}_{n+1} \mid x_{n+1} = 0\} \end{aligned} \tag{20.41a}$$

und im Fall $\tilde{I} := I \setminus \{1, \ldots, m\} \neq \emptyset$ die Mengen

$$M_i' := \mathscr{E}_{F_i} := \{(\boldsymbol{x}, x_{n+1}) \in \mathbb{E}_{n+1} \mid x_{n+1} \geqq F_i(\boldsymbol{x}),\ \boldsymbol{x} \in \tilde{M}\} \qquad (i \in \tilde{I}) \tag{20.41b}$$

definiert. Dann folgt aus der Aussage

$$M^0 := \{\boldsymbol{x} \in M \mid F_i(\boldsymbol{x}) < 0 \ (i \in \tilde{I})\} \neq \emptyset \tag{20.42}$$

im Fall $I = \{1, \ldots, m\}$ die Bedingung

$$E_n' \cap \operatorname{rel\,int} M_0' \neq \emptyset \tag{20.43a}$$

und im Fall $\tilde{I} \neq \emptyset$ die Bedingung

$$E_n' \cap \operatorname{rel\,int} M_0' \cap \Big(\bigcap_{i \in \tilde{I}} \operatorname{rel\,int} M_i'\Big) \neq \emptyset. \tag{20.43b}$$

Beweis. Im Fall $I = \{1, \ldots, m\}$ ist nach (20.42) $M^0 = M$ und daher wegen $M \neq \emptyset$

$$M = M^0 = \{\boldsymbol{x} \in \tilde{M} \mid (\boldsymbol{a}_i, \boldsymbol{x}) - b_i \leqq 0 \quad (i = 1, \ldots, m)\} \neq \emptyset,$$

woraus nach (20.41a)

$$M_0' \supset \{(\boldsymbol{x}, x_{n+1}) \in \mathbb{E}_{n+1} \mid \boldsymbol{x} \in M\},$$

und daher

$$\operatorname{rel\,int} M_0' \supset \{(\boldsymbol{x}, x_{n+1}) \in \mathbb{E}_{n+1} \mid \boldsymbol{x} \in \operatorname{rel\,int} M\}$$

folgt. Hieraus und aus der Definition der Menge E_n' in (20.41a) erhält man

$$E_n' \cap \operatorname{rel\,int} M_0' \supset \{(\boldsymbol{x}, x_{n+1}) \in \mathbb{E}_{n+1} \mid \boldsymbol{x} \in \operatorname{rel\,int} M,\ x_{n+1} = 0\}.$$

Da wegen $M \neq \emptyset$ auch $M' := \{(\boldsymbol{x}, x_{n+1}) \in \mathbb{E}_{n+1} \mid \boldsymbol{x} \in M,\ x_{n+1} = 0\} \neq \emptyset$ ist und daher $\operatorname{rel\,int} M' = \{(\boldsymbol{x}, x_{n+1}) \in \mathbb{E}_{n+1} \mid \boldsymbol{x} \in \operatorname{rel\,int} M,\ x_{n+1} = 0\} \neq \emptyset$, gilt $E_n' \cap \operatorname{rel\,int} M_0' \supset \operatorname{rel\,int} M' \neq \emptyset$. Damit ist im Fall $I = \{1, \ldots, m\}$ die Bedingung (20.43a) gezeigt, und zwar direkt aus der Voraussetzung $M \neq \emptyset$ und ohne Verwendung der Bedingung (20.42).

Im Fall $\tilde{I} := \{1, \ldots, m\} \setminus I \neq \emptyset$ folgt für die Menge

$$M' := E_n' \cap M_0' \cap \Big(\bigcap_{i \in \tilde{I}} M_i'\Big)$$

unter Beachtung der Definitionen (20.41a, b) und der Definition der Menge M

$$\begin{aligned} M' &= \{(\boldsymbol{x}, x_{n+1}) \in \mathbb{E}_{n+1} \mid \boldsymbol{x} \in \tilde{M},\ F_i(\boldsymbol{x}) \leqq 0 \quad (i \in \tilde{I}), \\ &\qquad (\boldsymbol{a}_i, \boldsymbol{x}) - b_i \leqq 0\ (i \in I),\ x_{n+1} = 0\} \\ &= \{(\boldsymbol{x}, x_{n+1}) \in \mathbb{E}_{n+1} \mid \boldsymbol{x} \in M,\ x_{n+1} = 0\}, \end{aligned}$$

wobei wegen $M \neq \emptyset$ auch $M' \neq \emptyset$ ist. Der Epigraph $\mathscr{E}_{F_i}$ der über der Menge $\tilde{M}$ erklärten konvexen Funktion $F_i(\boldsymbol{x})$ ist für $i \in \tilde{I}$ wegen $\dim \tilde{M} = n$ eine $(n+1)$-dimensionale konvexe Menge in $\mathbb{E}_{n+1}$, und die Menge $\operatorname{int} \mathscr{E}_{F_i}$ ist konvex und offen in $\mathbb{E}_{n+1}$. Aus der Definition der Menge M_i' in (20.41b) folgt

$$\operatorname{rel\,int} M_i' = \operatorname{int} \mathscr{E}_{F_i} = \{(\boldsymbol{x}, x_{n+1}) \in \mathbb{E}_{n+1} \mid x_{n+1} > F_i(\boldsymbol{x}),\ \boldsymbol{x} \in \operatorname{int} \tilde{M}\}$$

für $i \in \tilde{I}$, so daß — unter Beachtung von Definition (20.42) und wegen $\emptyset \neq M \subset \operatorname{int} \tilde{M}$ — gilt

$$\begin{aligned} &E_n' \cap \Big(\bigcap_{i \in \tilde{I}} \operatorname{rel\,int} M_i'\Big) \\ &= E_n' \cap \Big(\bigcap_{i \in \tilde{I}} \operatorname{int} \mathscr{E}_{F_i}\Big) \\ &= \{(\boldsymbol{x}, x_{n+1}) \in \mathbb{E}_{n+1} \mid \boldsymbol{x} \in \operatorname{int} \tilde{M},\ F_i(\boldsymbol{x}) < 0\ (i \in \tilde{I}),\ x_{n+1} = 0\} \\ &\supset \{(\boldsymbol{x}, x_{n+1}) \in \mathbb{E}_{n+1} \mid \boldsymbol{x} \in M,\ F_i(\boldsymbol{x}) < 0\ (i \in \tilde{I}),\ x_{n+1} = 0\} \\ &= \{(\boldsymbol{x}, x_{n+1}) \in \mathbb{E}_{n+1} \mid \boldsymbol{x} \in M^0,\ x_{n+1} = 0\} \neq \emptyset. \end{aligned} \tag{20.44a}$$

Nach (20.44a) ist

$$E_n' \cap \Big(\bigcap_{i \in \tilde{I}} \operatorname{int} \mathscr{E}_{F_i}\Big) \neq \emptyset \tag{20.44b}$$

und daher auch

$$\bigcap_{i \in \tilde{I}} \operatorname{int} \mathscr{E}_{F_i} \neq \emptyset.$$

Diese Menge ist als nichtleerer Durchschnitt der konvexen und in $\mathbb{E}_{n+1}$ offenen Mengen $\operatorname{int} \mathscr{E}_{F_i}$ $(i \in \tilde{I})$ gleichfalls konvex und offen in $\mathbb{E}_{n+1}$. Damit sind die nach (20.44b) und (20.44a) nichtleeren Mengen $E_n' \cap \Big(\bigcap_{i \in \tilde{I}} \operatorname{int} \mathscr{E}_{F_i}\Big)$ und

$$E_n' \cap \Big(\bigcap_{i \in \tilde{I}} \operatorname{rel\,int} M_i'\Big) \tag{20.44c}$$

n-dimensionale und in dem linearen Unterraum E_n' in $\mathbb{E}_{n+1}$ gelegene, bezüglich des Raumes E_n' offene konvexe Mengen.

Es sei nun $\hat{\boldsymbol{x}}$ ein Punkt der Menge M^0, d. h., es gilt (vgl. (20.42)) $\hat{\boldsymbol{x}} \in M$ und $F_i(\hat{\boldsymbol{x}}) < 0$ $(i \in \tilde{I})$; nach (20.44 a) folgt dann

$$\hat{\boldsymbol{x}}' := (\hat{\boldsymbol{x}}, 0) \in E_n' \cap \Bigl(\bigcap_{i \in \tilde{I}} \operatorname{rel\,int} M_i'\Bigr), \tag{20.44d}$$

und wegen $\hat{\boldsymbol{x}} \in M$ gilt

$$\hat{\boldsymbol{x}} \in P := \{\boldsymbol{x} \in \mathbb{E}_n \mid (\boldsymbol{a}_i, \boldsymbol{x}) - b_i \leqq 0 \quad (i \in I)\};$$

die Menge P ist offenbar ein konvexes Polyeder in $\mathbb{E}_n$, das im Fall $I = \emptyset$ der Raum $\mathbb{E}_n$ ist. Die in (20.41a) definierte Menge M_0' hat dann die Darstellung

$$M_0' = \{(\boldsymbol{x}, x_{n+1}) \in \mathbb{E}_{n+1} \mid \boldsymbol{x} \in P\}.$$

Da $(\hat{\boldsymbol{x}}, 0)$ nach (20.44d) ein Punkt der n-dimensionalen und in dem linearen Unterraum E_n' liegenden konvexen Menge $E_n' \cap \Bigl(\bigcap_{i \in \tilde{I}} \operatorname{rel\,int} M_i'\Bigr)$ ist und da diese Menge bezüglich des linearen Unterraumes E_n' offen ist, wobei zugleich

$$\hat{\boldsymbol{x}}' \in P' := \{(\boldsymbol{x}, x_{n+1}) \in \mathbb{E}_{n+1} \mid \boldsymbol{x} \in P,\ x_{n+1} = 0\}$$

gilt, folgt

$$\operatorname{rel\,int} P' \cap E_n' \cap \Bigl(\bigcap_{i \in \tilde{I}} \operatorname{rel\,int} M_i'\Bigr) \neq \emptyset. \tag{20.45}$$

Wegen $P' \subset M_0'$ ist auch $\operatorname{rel\,int} P' \subset \operatorname{rel\,int} M_0'$, und aus (20.45) folgt

$$E_n' \cap \operatorname{rel\,int} M_0' \cap \Bigl(\bigcap_{i \in \tilde{I}} \operatorname{rel\,int} M_i'\Bigr) \neq \emptyset,$$

also die Bedingung (20.43b). □

Bemerkung 20.4. Ein konvexes Optimierungsproblem

$$\min_{\boldsymbol{x} \in M} \{F(\boldsymbol{x})\}! \tag{20.46a}$$

mit der Restriktionsmenge

$$M := \bigl\{\boldsymbol{x} \in \tilde{M} \mid F_i(\boldsymbol{x}) \leqq 0 \ (i \in \{1, \ldots, m\})\bigr\} \neq \emptyset, \tag{20.46b}$$

wo $F(\boldsymbol{x}), F_1(\boldsymbol{x}), \ldots, F_m(\boldsymbol{x})$ konvexe Funktionen über der n-dimensionalen konvexen Menge $\tilde{M}$ in $\mathbb{E}_n$ mit $M \subset \operatorname{int} \tilde{M}$ sind und wobei für eine Indexmenge $I \subset \{1, \ldots, m\}$ (die auch leer sein kann) die Funktionen $F_i(\boldsymbol{x})$ mit $i \in I$ linear sind, kann als ein Spezialfall des im Satz 20.4 betrachteten konvexen Optimierungsproblems (20.24a, b) angesehen werden; dabei entsprechen den im Satz 20.4 in der Definition der Restriktionsmenge M auftretenden Mengen E_n', M_0' bzw. M_i' in dem Problem (20.46a, b) die im Lemma 20.2 unter (20.41a, b) definierten Mengen. Falls ein konvexes Optimierungsproblem (20.46a, b) — nach Bemerkung 20.3 also das Grundproblem der konvexen Optimierung — der Bedingung

$$\bigl\{\boldsymbol{x} \in M \mid F_i(\boldsymbol{x}) < 0 \ (i \in \{1, \ldots, m\} \setminus I)\bigr\} \neq \emptyset \tag{20.47a}$$

genügt, so ist nach Lemma 20.2 die allgemeine Regularitätsbedingung (20.23a) (vgl. Definition 20.1) für das in Satz 20.4 betrachtete Optimierungsproblem erfüllt. Damit gelten die Aussagen des Satzes 20.4 auch für das Grundproblem der konvexen Optimierung.

Die Forderung (20.47a) ist also eine Regularitätsbedingung für das spezielle Optimierungsproblem (20.46a, b). In der Literatur wird sie als *Uzawa-Bedingung* bezeichnet.

Wenn für ein konvexes Optimierungsproblem (20.46a, b) anstelle der Bedingung (20.47a) die offenbar stärkere Forderung

$$\{\boldsymbol{x} \in M \mid F_i(\boldsymbol{x}) < 0 \ (i = 1, \ldots, m)\} \neq \emptyset \tag{20.47b}$$

gestellt wird, so ist sie eine Regularitätsbedingung für das Problem (20.46a, b); man nennt sie gewöhnlich *Slater-Bedingung*. Im Fall $I = \{1, \ldots, m\}$ sind diese Bedingungen, sobald $M \neq \emptyset$ ist, stets erfüllt und daher für die Aussage aus Satz 20.4 als Voraussetzungen überflüssig (vergleiche dazu auch den ersten Teil des Beweises zu Lemma 20.2).

Satz 20.5. *Es seien $\tilde{M}$ eine n-dimensionale konvexe Menge in $\mathbb{E}_n$ und $F(\boldsymbol{x}), F_1(\boldsymbol{x}), \ldots, F_m(\boldsymbol{x})$ über der Menge $\tilde{M}$ definierte konvexe Funktionen; weiter sei*

$$\Phi(\boldsymbol{x}, \boldsymbol{u}) := F(\boldsymbol{x}) + \sum_{i=1}^{m} u_i F_i(\boldsymbol{x}), \quad \boldsymbol{x} \in \tilde{M}, \quad \boldsymbol{u} = (u_1, \ldots, u_m) \in \mathbb{E}_m,$$

eine über der Menge $\tilde{M} \times \mathbb{E}_m$ definierte Funktion. Für $i \in I \subset \{1, \ldots, m\}$ seien die Funktionen $F_i(\boldsymbol{x})$ linear, d. h.,

$$F_i(\boldsymbol{x}) = (\boldsymbol{a}_i, \boldsymbol{x}) - b_i \quad (\|\boldsymbol{a}_i\| > 0) \qquad (i \in I).$$

Weiter möge gelten, daß

$$M := \{\boldsymbol{x} \in \tilde{M} \mid F_i(\boldsymbol{x}) \leqq 0 \ (i = 1, \ldots, m)\} \neq \emptyset, \quad M \subset \operatorname{int} \tilde{M}$$

ist und daß die Regularitätsbedingung (Uzawa-Bedingung)

$$\big\{\boldsymbol{x} \in M \mid F_i(\boldsymbol{x}) < 0 \ (i \in \{1, \ldots, m\} \setminus I)\big\} \neq \emptyset$$

erfüllt ist.

Dann gilt: Ein Punkt $\boldsymbol{x}_0 \in M$ ist genau dann ein Optimalpunkt des konvexen Optimierungsproblems

$$\min_{\boldsymbol{x} \in M} \{F(\boldsymbol{x})\}!,$$

wenn es einen Punkt

$$\boldsymbol{u}_0 \in \mathbb{E}_m^+ := \{\boldsymbol{u} \in \mathbb{E}_m \mid u_i \geqq 0 \ (i = 1, \ldots, m)\}$$

derart gibt, daß gilt

$$\Phi(\boldsymbol{x}_0, \boldsymbol{u}) \leqq \Phi(\boldsymbol{x}_0, \boldsymbol{u}_0) \leqq \Phi(\boldsymbol{x}, \boldsymbol{u}_0), \quad \boldsymbol{x} \in \tilde{M}, \quad \boldsymbol{u} \in \mathbb{E}_m^+. \tag{20.48}$$

Beweis. Mit den gegebenen Funktionen $F_1(\boldsymbol{x}), \ldots, F_m(\boldsymbol{x})$ definieren wir im Raum $\mathbb{E}_{n+1} := \mathbb{E}_n \times \mathbb{E}_1$ die Mengen E_n' und M_0' gemäß (20.41a) und für $i \in \tilde{I} := \{1, \ldots, m\} \setminus I$, falls $\tilde{I} \neq \emptyset$ ist, die Mengen M_i' gemäß (20.41b). Aus der vorausgesetzten Regularitätsbedingung folgt nach Lemma 20.2 die Gültigkeit der in Satz 20.4 angegebenen allgemeinen Regularitätsbedingung (20.23a); sie lautet hier

$$E_n' \cap \operatorname{rel\,int} M_0' \neq \emptyset \quad \text{im Fall} \quad I = \{1, \ldots, m\},$$

$$E_n' \cap \operatorname{rel\,int} M_0' \cap \Big(\bigcap_{i \in \tilde{I}} \operatorname{rel\,int} M_i'\Big) \neq \emptyset \quad \text{im Fall} \quad I \neq \{1, \ldots, m\}.$$

Für einen beliebigen Punkt $\boldsymbol{x}_0 \in M$ seien $\big(K_{M_0'}(\boldsymbol{x}_0')\big)^{\mathrm{p}}(\boldsymbol{x}_0')$ der zu dem lokalen Berührungskegel $K_{M_0'}(\boldsymbol{x}_0)$ der Menge M_0' gehörige Polarkegel im Scheitel $\boldsymbol{x}_0' := (\boldsymbol{x}_0, 0)$ des Kegels $K_{M_0'}(\boldsymbol{x}_0')$ und — im Fall $I \neq \{1, \ldots, m\}$ — $\big(K_{M_i'}(\boldsymbol{x}_0')\big)^{\mathrm{p}}(\boldsymbol{x}_0')$ der zu dem lokalen Berührungskegel $K_{M_i'}(\boldsymbol{x}_0')$ der Menge M_i' gehörige Polarkegel im Scheitel $\boldsymbol{x}_0'$ des Kegels $K_{M_i'}(\boldsymbol{x}_0')$ $(i \in \tilde{I})$. Da die Menge M_i' im Fall $\tilde{I} \neq \emptyset$ nach ihrer Definition (20.41b) gerade der Epigraph $\mathscr{E}_{F_i}$ der Funktion F_i ist, gilt

$$\big(K_{M_i'}(\boldsymbol{x}_0')\big)^{\mathrm{p}}(\boldsymbol{x}_0') = \big(K_{\mathscr{E}_{F_i}}(\boldsymbol{x}_0')\big)^{\mathrm{p}}(\boldsymbol{x}_0') \; (i \in \tilde{I}). \tag{20.49a}$$

Bevor wir zum eigentlichen Beweis des Satzes kommen, werden wir die eben eingeführten Polarkegel näher charakterisieren.

Um den Kegel $\big(K_{M_0'}(\boldsymbol{x}_0')\big)^{\mathrm{p}}(\boldsymbol{x}_0')$ analytisch zu beschreiben, definieren wir für einen beliebigen Punkt $\boldsymbol{x}_0 \in M$ die Indexmenge

$$I_1(\boldsymbol{x}_0) := \{i \in I \mid F_i(\boldsymbol{x}_0) = (\boldsymbol{a}_i, \boldsymbol{x}_0) - b_i = 0\}.$$

Dann ist

$$K_{M_0'}(\boldsymbol{x}_0') = \big\{(\boldsymbol{x}, x_{n+1}) \in \mathbb{E}_{n+1} \mid (\boldsymbol{a}_i, \boldsymbol{x}) - b_i \leqq 0 \; \big(i \in I_1(\boldsymbol{x}_0)\big)\big\}. \tag{20.49b}$$

Die Menge

$$\begin{aligned} K := \{(\boldsymbol{x}, x_{n+1}) \in \mathbb{E}_{n+1} \mid \boldsymbol{x} = \boldsymbol{x}_0 + \sum_{i \in I_1(\boldsymbol{x}_0)} u_i \boldsymbol{a}_i,\ u_i \geqq 0 \\ \big(i \in I_1(\boldsymbol{x}_0)\big),\ x_{n+1} = 0\} \end{aligned} \tag{20.49c}$$

ist offenbar ein polyedrischer und daher abgeschlossener Kegel in $\mathbb{E}_{n+1}$ mit einem Scheitel $\boldsymbol{x}_0' := (\boldsymbol{x}_0, 0)$. Nach Definition eines Polarkegels folgt dann aus (20.49c)

$$\begin{aligned} K^{\mathrm{p}}(\boldsymbol{x}_0') &= \{\boldsymbol{x}' \in \mathbb{E}_{n+1} \mid (\boldsymbol{x}' - \boldsymbol{x}_0', \boldsymbol{y}' - \boldsymbol{x}_0') \leqq 0,\ \boldsymbol{y}' \in K\} \\ &= \{(\boldsymbol{x}, x_{n+1}) \in \mathbb{E}_{n+1} \mid (\boldsymbol{x} - \boldsymbol{x}_0, \boldsymbol{y} - \boldsymbol{x}_0) + x_{n+1} y_{n+1} \leqq 0,\ (\boldsymbol{y}, y_{n+1}) \in K\} \\ &= \left\{(\boldsymbol{x}, x_{n+1}) \in \mathbb{E}_{n+1} \,\middle|\, \sum_{i \in I_1(\boldsymbol{x}_0)} u_i[(\boldsymbol{a}_i, \boldsymbol{x}) - (\boldsymbol{a}_i, \boldsymbol{x}_0)] \leqq 0,\ u_i \geqq 0 \; \big(i \in I_1(\boldsymbol{x}_0)\big)\right\} \end{aligned}$$

und weiter wegen $(\boldsymbol{a}_i, \boldsymbol{x}_0) - b_i = 0$ für $i \in I_1(\boldsymbol{x}_0)$

$$K^{\mathrm{p}}(\boldsymbol{x}_0') = \left\{(\boldsymbol{x}, x_{n+1}) \in \mathbb{E}_{n+1} \,\middle|\, \sum_{i \in I_1(\boldsymbol{x}_0)} u_i[(\boldsymbol{a}_i, \boldsymbol{x}) - b_i] \leqq 0,\ u_i \geqq 0 \; \big(i \in I_1(\boldsymbol{x}_0)\big)\right\}.$$

Nach (20.49b) ist daher

$$K^{\mathrm{p}}(\boldsymbol{x}_0') = \big\{(\boldsymbol{x}, x_{n+1}) \in \mathbb{E}_{n+1} \mid (\boldsymbol{a}_i, \boldsymbol{x}) - b_i \leqq 0 \; \big(i \in I_1(\boldsymbol{x}_0)\big)\big\} = K_{M_0'}(\boldsymbol{x}_0').$$

Aus dieser Gleichheit folgt wegen $K = \overline{K}$ nach Satz 4.5

$$\big(K^{\mathrm{p}}(\boldsymbol{x}_0')\big)^{\mathrm{p}}(\boldsymbol{x}_0') = \overline{K} = K = \big(K_{M_0'}(\boldsymbol{x}_0')\big)^{\mathrm{p}}(\boldsymbol{x}_0');$$

unter Beachtung von (20.49c) erhält man damit

$$\left(K_{M_0'}(\boldsymbol{x}_0')\right)^{\mathrm{p}}(\boldsymbol{x}_0') = \Big\{(\boldsymbol{x}, x_{n+1}) \in \mathbb{E}_{n+1} \mid \boldsymbol{x} = \boldsymbol{x}_0 + \sum_{i\in I_1(\boldsymbol{x}_0)} u_i\boldsymbol{a}_i,$$

$$u_i \geqq 0 \left(i \in I_1(\boldsymbol{x}_0)\right),\ x_{n+1} = 0\Big\}. \tag{20.50}$$

Wir wollen nun im Fall $\tilde{\boldsymbol{I}} \neq \emptyset$ den Polarkegel $\left(K_{M_i'}(\boldsymbol{x}_0')\right)^{\mathrm{p}}(\boldsymbol{x}_0')$, $(i \in \tilde{\boldsymbol{I}})$, nach (20.49a) stimmt er mit dem Kegel $\left(K_{\mathscr{E}_{F_i}}(\boldsymbol{x}_0')\right)^{\mathrm{p}}(\boldsymbol{x}_0')$ überein, näher charakterisieren. Dazu führen wir die Indexmenge

$$I_2(\boldsymbol{x}_0) := \{i \in \tilde{\boldsymbol{I}} \mid F_i(\boldsymbol{x}_0) = 0\}$$

ein.

Für einen Index $i \in \tilde{\boldsymbol{I}} \setminus I_2(\boldsymbol{x}_0)$ ist $F_i(\boldsymbol{x}_0) < 0$, und wegen $\boldsymbol{x}_0 \in M \subset \operatorname{int} \tilde{M}$ ist der Punkt $\boldsymbol{x}_0' = (\boldsymbol{x}_0, 0)$ ein innerer Punkt des Epigraphen $\mathscr{E}_{F_i}$ (vgl. Lemma 15.1). Wegen $\dim \mathscr{E}_{F_i} = n + 1$ und $\boldsymbol{x}_0' \in \operatorname{int} \mathscr{E}_{F_i}$ ist offenbar $K_{M_i'}(\boldsymbol{x}_0') = K_{\mathscr{E}_{F_i}}(\boldsymbol{x}_0') = \mathbb{E}_{n+1}$, und der Polarkegel $\left(K_{M_i'}(\boldsymbol{x}_0')\right)^{\mathrm{p}}(\boldsymbol{x}_0')$ reduziert sich zu dem Punkt $\boldsymbol{x}_0'$. Es ist also

$$\left(K_{M_i'}(\boldsymbol{x}_0')\right)^{\mathrm{p}}(\boldsymbol{x}_0') = \{\boldsymbol{x}_0'\} \left(i \in \tilde{\boldsymbol{I}} \setminus I_2(\boldsymbol{x}_0)\right). \tag{20.51}$$

Für einen Index $i \in I_2(\boldsymbol{x}_0)$ ist der Punkt $\boldsymbol{x}_0' = (\boldsymbol{x}_0, 0)$ ein Randpunkt des Epigraphen $\mathscr{E}_{F_i}$ der Funktion $F_i(\boldsymbol{x})$. Wenn nun $\boldsymbol{y}_i' = (\boldsymbol{y}_i, y_{in+1})$ ein vom Nullvektor verschiedener Vektor mit

$$\boldsymbol{x}_0' + \boldsymbol{y}_i' \in \left(K_{M_i'}(\boldsymbol{x}_0')\right)^{\mathrm{p}}(\boldsymbol{x}_0') = \left(K_{\mathscr{E}_{F_i}}(\boldsymbol{x}_0')\right)^{\mathrm{p}}(\boldsymbol{x}_0')$$

ist, so liegt der lokale Berührungskegel $K_{\mathscr{E}_{F_i}}(\boldsymbol{x}_0')$ — und daher wegen $\mathscr{E}_{F_i} \subset K_{\mathscr{E}_{F_i}}(\boldsymbol{x}_0')$ (vgl. Satz 6.3) auch der Epigraph $\mathscr{E}_{F_i}$ — nach Satz 4.9 in dem abgeschlossenen Halbraum

$$\bar{H}_i'^- := \{\boldsymbol{x}' \in \mathbb{E}_{n+1} \mid (\boldsymbol{y}_i', \boldsymbol{x}' - \boldsymbol{x}_0') \leqq 0\} \tag{20.52a}$$

des Raumes $\mathbb{E}_{n+1}$. Die den Punkt $\boldsymbol{x}_0' \in \partial\mathscr{E}_{F_i}$ enthaltende Hyperebene in $\mathbb{E}_{n+1}$

$$R_i' := \{\boldsymbol{x}' \in \mathbb{E}_{n+1} \mid (\boldsymbol{y}_i', \boldsymbol{x}' - \boldsymbol{x}_0') = 0\}$$

ist dann eine Stützhyperebene und der ihr zugehörige Halbraum $\bar{H}_i'^-$ ein Stützhalbraum des Epigraphen $\mathscr{E}_{F_i}$. Nach Satz 15.8 gibt es daher einen Vektor $\boldsymbol{a}_i$ in $\mathbb{E}_n$, so daß der Halbraum $\bar{H}_i'^-$ die Darstellung

$$\bar{H}_i'^- = \{(\boldsymbol{x}, x_{n+1}) \in \mathbb{E}_{n+1} \mid x_{n+1} - F_i(\boldsymbol{x}_0) \geqq (\boldsymbol{a}_i, \boldsymbol{x} - \boldsymbol{x}_0)\} \tag{20.52b}$$

hat bzw., wenn $\boldsymbol{a}_i' := (\boldsymbol{a}_i, -1)$ gesetzt wird, die Darstellung

$$\bar{H}_i'^- = \{\boldsymbol{x}' \in \mathbb{E}_n \mid (\boldsymbol{a}_i', \boldsymbol{x}' - \boldsymbol{x}_0') \leqq 0\}. \tag{20.52c}$$

Ein Vergleich der Darstellungen (20.52a) und (20.52c) zeigt, daß es eine Zahl $u_i > 0$ mit $\boldsymbol{y}_i' = u_i\boldsymbol{a}_i'$, also mit $\boldsymbol{y}_i = u_i\boldsymbol{a}_i$, $y_{n+1} = -u_i$ gibt. Wegen $\left(\boldsymbol{x}, F_i(\boldsymbol{x})\right) \in \mathscr{E}_{F_i}$ für $\boldsymbol{x} \in \tilde{M}$ und wegen $F_i(\boldsymbol{x}_0) = 0$ folgt aus (20.52b) $F_i(\boldsymbol{x}) \geqq (\boldsymbol{a}_i, \boldsymbol{x} - \boldsymbol{x}_0)$ für $\boldsymbol{x} \in \tilde{M}$; der Vektor $\boldsymbol{a}_i$ ist daher (vgl. Bemerkung 15.7) ein Subgradient der Funktion $F_i(\boldsymbol{x})$ im Punkt $\boldsymbol{x}_0 \in \operatorname{rel\,int} \tilde{M}$ (wegen $M \subset \operatorname{int} \tilde{M}$). Die Aussagen, die wir für den Fall eines Index $i \in I_2(\boldsymbol{x}_0)$ hergeleitet haben, können wir folgendermaßen zusammenfassen: Wenn $\boldsymbol{y}_i' = (\boldsymbol{y}_i, y_{in+1})$

ein beliebiger vom Nullvektor verschiedener Vektor in $\mathbb{E}_{n+1}$ mit

$$i \in I_2(\boldsymbol{x}_0), \quad \boldsymbol{x}_0' + \boldsymbol{y}_i' \in \left(K_{M_i'}(\boldsymbol{x}_0')\right)^{\mathrm{p}} (\boldsymbol{x}_0')$$

ist, so gibt es einen Subgradienten $\boldsymbol{a}_i$ der Funktion $F_i(\boldsymbol{x})$ im Punkt $\boldsymbol{x}_0$ und eine Zahl $u_i > 0$ derart, daß $(\boldsymbol{y}_i, y_{in+1}) = (u_i\boldsymbol{a}_i, -u_i)$ ist und die Ungleichung

$$F_i(\boldsymbol{x}) \geqq (\boldsymbol{a}_i, \boldsymbol{x} - \boldsymbol{x}_0), \quad \boldsymbol{x} \in \tilde{\boldsymbol{M}},$$

gilt.

Nach diesen vorbereitenden Überlegungen kommen wir nun zum eigentlichen Beweis des Satzes. Wie eingangs des Beweises gezeigt, sind die Voraussetzungen für eine Anwendung des Satzes 20.4 erfüllt.

Wenn $\boldsymbol{x}_0$ ein Optimalpunkt des betrachteten Optimierungsproblems ist, dann existieren nach Satz 20.4 ein Vektor $\boldsymbol{y}_0' = (\boldsymbol{y}_0, y_{0n+1})$ und im Fall $\tilde{\boldsymbol{I}} \neq \emptyset$ Vektoren $\boldsymbol{y}' = (\boldsymbol{y}_i, y_{in+1})$ $(i \in \tilde{\boldsymbol{I}})$ mit den folgenden Eigenschaften:

$$\begin{aligned} &\boldsymbol{x}_0' + \boldsymbol{y}_0' \in \left(K_{M_0'}(\boldsymbol{x}_0')\right)^{\mathrm{p}} (\boldsymbol{x}_0'), \\ &\boldsymbol{x}_0' + \boldsymbol{y}_i' \in \left(K_{M_i'}(\boldsymbol{x}_0')\right)^{\mathrm{p}} (\boldsymbol{x}_0') \quad (i \in \tilde{\boldsymbol{I}}) \quad \text{im Fall} \quad \tilde{\boldsymbol{I}} \neq \emptyset, \\ &(\boldsymbol{y}_0, \boldsymbol{x} - \boldsymbol{x}_0) + \sum_{i \in \tilde{I}} (\boldsymbol{y}_i, \boldsymbol{x} - \boldsymbol{x}_0) + F(\boldsymbol{x}) - F(\boldsymbol{x}_0) \geqq 0, \quad \boldsymbol{x} \in \tilde{\boldsymbol{M}}, \\ &(\boldsymbol{y}_0, \boldsymbol{x} - \boldsymbol{x}_0) + \sum_{i \in \tilde{I}} (\boldsymbol{y}_i, \boldsymbol{x} - \boldsymbol{x}_0) \leqq 0, \quad \boldsymbol{x} \in M; \end{aligned} \tag{20.53}$$

dabei sind im Fall $I = \{1, \ldots, m\}$ die hier auftretenden Summen als leer zu betrachten.

Aus der ersten Eigenschaft in (20.53) folgt nach (20.50) die Existenz von Zahlen u_{0i} $\left(i \in I_1(\boldsymbol{x}_0)\right)$ mit

$$\boldsymbol{y}_0 = \sum_{i \in I_1(\boldsymbol{x}_0)} u_{0i}\boldsymbol{a}_i, \quad u_{0i} \geqq 0 \qquad \left(i \in I_1(\boldsymbol{x}_0)\right);$$

setzt man noch

$$u_{0i} := 0 \quad \text{für} \quad i \in I \setminus I_1(\boldsymbol{x}_0),$$

so ist

$$\boldsymbol{y}_0 = \sum_{i \in I} u_{0i}\boldsymbol{a}_i, \quad u_{0i} \geqq 0 \qquad (i \in I). \tag{20.54a}$$

Wegen $F_i(\boldsymbol{x}_0) = (\boldsymbol{a}_i, \boldsymbol{x}) - b_i$ für $i \in I$, $F_i(\boldsymbol{x}_0) = (\boldsymbol{a}_i, \boldsymbol{x}_0) - b_i = 0$ für $i \in I_1(\boldsymbol{x}_0)$ und $u_{0i} = 0$ für $i \in I \setminus I_1(\boldsymbol{x}_0)$ gilt dann

$$\sum_{i \in I} u_{0i}F_i(\boldsymbol{x}) = (\boldsymbol{y}_0, \boldsymbol{x} - \boldsymbol{x}_0), \quad \boldsymbol{x} \in \mathbb{E}_n. \tag{20.54b}$$

Im Fall $\tilde{\boldsymbol{I}} \neq \emptyset$ folgt für $i \in I_2(\boldsymbol{x}_0)$ aus der zweiten Eigenschaft in (20.53), sobald $\boldsymbol{y}_i' \neq \boldsymbol{o}' := (\boldsymbol{o}, 0)$ ist — wie oben gezeigt —, die Existenz eines Subgradienten $\boldsymbol{a}_i$ der entsprechenden Funktion $F_i(\boldsymbol{x})$ im Punkt $\boldsymbol{x}_0$ sowie die Existenz einer Zahl u_{0i} mit den Eigenschaften

$$u_{0i} > 0, \quad \boldsymbol{y}_i = u_{0i}\boldsymbol{a}_i, \quad F_i(\boldsymbol{x}) \geqq (\boldsymbol{a}_i, \boldsymbol{x} - \boldsymbol{x}_0) \quad \text{für} \quad \boldsymbol{x} \in \tilde{\boldsymbol{M}}.$$

Im Fall $\tilde{\boldsymbol{I}} \neq \emptyset$, $i \in I_2(\boldsymbol{x}_0)$ und $\boldsymbol{y}_i' = \boldsymbol{o}'$ sei $\boldsymbol{a}_i$ ein beliebiger Subgradient der Funktion $F_i(\boldsymbol{x})$ im Punkt $\boldsymbol{x}_0$ und $u_{0i} := 0$. Für $i \in \tilde{\boldsymbol{I}} \setminus I_2(\boldsymbol{x}_0)$ folgt aus (20.51) und aus der zweiten

Eigenschaft in (20.53) unmittelbar $\boldsymbol{y}_i' = \boldsymbol{o}'$; auch in diesem Fall setzen wir $u_{0i} := 0$ und wählen einen beliebigen Subgradienten der Funktion $F_i(\boldsymbol{x})$ im Punkt $\boldsymbol{x}_0$. Zusammenfassend gilt also: Im Fall $\tilde{\boldsymbol{I}} \neq \emptyset$ existiert für jeden Index $i \in \tilde{\boldsymbol{I}}$ ein Subgradient $\boldsymbol{a}_i$ der Funktion $F_i(\boldsymbol{x})$ im Punkt $\boldsymbol{x}_0$ sowie eine Zahl u_{0i} derart, daß

$$u_{0i} \geqq 0, \quad \boldsymbol{y}_i = u_{0i}\boldsymbol{a}_i, \quad F_i(\boldsymbol{x}) \geqq (\boldsymbol{a}_i, \boldsymbol{x} - \boldsymbol{x}_0), \quad \boldsymbol{x} \in \tilde{\boldsymbol{M}} \qquad (i \in \tilde{\boldsymbol{I}}) \tag{20.55a}$$

gilt, wobei $u_{0i} > 0$ im Fall $\boldsymbol{y}_i' \neq \boldsymbol{o}'$ und $u_{0i} = 0$ im Fall $\boldsymbol{y}_i' = \boldsymbol{o}'$ ist. Aus (20.55a) folgt dann

$$\sum_{i \in \tilde{I}} u_{0i} F_i(\boldsymbol{x}) \geqq \sum_{i \in \tilde{I}} (\boldsymbol{y}_i, \boldsymbol{x} - \boldsymbol{x}_0), \quad \boldsymbol{x} \in \tilde{\boldsymbol{M}}. \tag{20.55b}$$

Aus der dritten Eigenschaft in (20.53) erhält man unter Beachtung von (20.54b) und (20.55b)

$$F(\boldsymbol{x}) + \sum_{i=1}^{m} u_{0i} F_i(\boldsymbol{x}) \geqq F(\boldsymbol{x}_0), \quad \boldsymbol{x} \in \tilde{\boldsymbol{M}}.$$

Wegen $F_i(\boldsymbol{x}_0) = 0$ für $i \in I_1(\boldsymbol{x}_0)$, $u_{0i} = 0$ für $i \in I \setminus I_1(\boldsymbol{x}_0)$, $F_i(\boldsymbol{x}_0) = 0$ für $i \in I_2(\boldsymbol{x}_0)$ und $u_{0i} = 0$ für $i \in \tilde{\boldsymbol{I}} \setminus I_2(\boldsymbol{x}_0)$ gilt

$$\sum_{i=1}^{m} u_{0i} F_i(\boldsymbol{x}_0) = 0;$$

damit kann die vorangegangene Ungleichung in der Form

$$F(\boldsymbol{x}) + \sum_{i=1}^{m} u_{0i} F_i(\boldsymbol{x}) \geqq F(\boldsymbol{x}_0) + \sum_{i=1}^{m} u_{0i} F_i(\boldsymbol{x}_0), \quad \boldsymbol{x} \in \tilde{\boldsymbol{M}},$$

geschrieben werden. Wegen $\boldsymbol{x}_0 \in M$ ist aber $F_i(\boldsymbol{x}_0) \leqq 0$ $(i = 1, \ldots, m)$ und daher

$$F(\boldsymbol{x}_0) = F(\boldsymbol{x}_0) + \sum_{i=1}^{m} u_{0i} F_i(\boldsymbol{x}_0) \geqq F(\boldsymbol{x}_0) + \sum_{i=1}^{m} u_i F_i(\boldsymbol{x}_0), \quad \boldsymbol{u} \in \mathbb{E}_m^+.$$

Eine Zusammenfassung der hergeleiteten Ungleichungen führt zu der Aussage

$$\begin{aligned} F(\boldsymbol{x}_0) + \sum_{i=1}^{m} u_i F_i(\boldsymbol{x}_0) &\leqq F(\boldsymbol{x}_0) + \sum_{i=1}^{m} u_{0i} F_i(\boldsymbol{x}_0) \\ &\leqq F(\boldsymbol{x}) + \sum_{i=1}^{m} u_{0i} F_i(\boldsymbol{x}) \end{aligned} \tag{20.56a}$$

für $\boldsymbol{x} \in \tilde{\boldsymbol{M}}$ und $\boldsymbol{u} \in \mathbb{E}_m{}^+$. Nach der Definition der Funktion $\Phi(\boldsymbol{x}, \boldsymbol{u})$ folgt daraus

$$\Phi(\boldsymbol{x}_0, \boldsymbol{u}) \leqq \Phi(\boldsymbol{x}_0, \boldsymbol{u}_0) \leqq \Phi(\boldsymbol{x}, \boldsymbol{u}_0), \quad \boldsymbol{x} \in \tilde{\boldsymbol{M}}, \quad \boldsymbol{u} \in \mathbb{E}_m^+. \tag{20.56b}$$

Die Existenz eines Punktes $\boldsymbol{u}_0 \in \mathbb{E}_m^+$ mit der Eigenschaft (20.56b) ist also eine notwendige Bedingung dafür, daß ein Punkt $\boldsymbol{x}_0 \in M$ Optimalpunkt des betrachteten Optimierungsproblems ist.

Wenn andererseits zu einem Punkt $\boldsymbol{x}_0 \in M$ ein Punkt $\boldsymbol{u}_0 \in \mathbb{E}_m^+$ derart existiert, daß für alle Punkte $\boldsymbol{x} \in \tilde{\boldsymbol{M}}$ und alle Punkte $\boldsymbol{u} \in \mathbb{E}_m^+$ die Ungleichungen (20.56b) und daher auch die Ungleichungen (20.56a) gelten, so erhält man aus (20.56a) für $\boldsymbol{u} = \boldsymbol{o}$

$$F(\boldsymbol{x}_0) \leqq F(\boldsymbol{x}_0) + \sum_{i=1}^{m} u_{0i} F_i(\boldsymbol{x}_0) \leqq F(\boldsymbol{x}) + \sum_{i=1}^{m} u_{0i} F_i(\boldsymbol{x}), \quad \boldsymbol{x} \in \tilde{\boldsymbol{M}}$$

und daraus wegen $M \subset \tilde{M}$

$$F(\boldsymbol{x}_0) \leqq F(\boldsymbol{x}) + \sum_{i=1}^{m} u_{0i} F_i(\boldsymbol{x}), \quad \boldsymbol{x} \in M.$$

Hieraus folgt wegen $u_{0i} \geqq 0$ und $F_i(\boldsymbol{x}) \leqq 0$ für $\boldsymbol{x} \in M$ und für $i \in \{1, \ldots, m\}$ die Aussage $F(\boldsymbol{x}_0) \leqq F(\boldsymbol{x})$ für $\boldsymbol{x} \in M$, d. h., der Punkt $\boldsymbol{x}_0$ ist ein Optimalpunkt des betrachteten Optimierungsproblems. □

Bemerkung 20.5. Der Satz 20.5 nimmt einen zentralen Platz in der Theorie der konvexen Optimierung ein. Zugleich bildet er einen Ausgangspunkt für die Aufstellung von Verfahren zur Lösung konvexer Optimierungsaufgaben.

Die im Satz 20.5 definierte Funktion $\Phi(\boldsymbol{x}, \boldsymbol{u})$ heißt die zu dem im Satz 20.5 formulierten konvexen Optimierungsproblem gehörige *Lagrange-Funktion.* Ein Punkt $(\boldsymbol{x}_0, \boldsymbol{u}_0) \in \mathbb{E}_n \times \mathbb{E}_m$ mit der Eigenschaft (20.48) wird in Anlehnung an eine geometrische Veranschaulichung dieser Bedingung als *Sattelpunkt* der Lagrange-Funktion $\Phi(\boldsymbol{x}, \boldsymbol{u})$ bezeichnet, die Eigenschaft (20.48) als *Sattelpunktbedingung.* Der Satz 20.5 ist in der Literatur als *Sattelpunktsatz* oder als *Satz von Kuhn und Tucker* bekannt geworden.

Bemerkung 20.6. Beim Beweis der Hinlänglichkeit der Sattelpunktbedingung (20.48) im Satz 20.5 für die Optimalität eines zulässigen Punktes in dem in diesem Satz betrachteten Optimierungsproblem wurde von der Konvexität der Funktionen $F(\boldsymbol{x})$ und $F_i(\boldsymbol{x})$ $(i = 1, \ldots, m)$ kein Gebrauch gemacht; als eine hinreichende Bedingung für die Optimalität eines zulässigen Punktes hat sie daher eine allgemeinere Gültigkeit. Die im Satz 20.5 vorausgesetzte Regularitätsbedingung (Uzawa-Bedingung) war gleichfalls nur zum Beweis der Notwendigkeit der Bedingung (20.48) für die Optimalität eines zulässigen Punktes in dem dort betrachteten Optimierungsproblem erforderlich.

Nach Bemerkung 20.4 behält die Aussage des Satzes 20.5 ihre Gültigkeit, wenn anstelle der Regularitätsbedingung (20.47a) (also der Uzawa-Bedingung) die Regularitätsbedingung (20.47b), d. h. die Slater-Bedingung, vorausgesetzt wird.

Bemerkung 20.7. Für einen Punkt $\boldsymbol{x}_0$ eines konvexen Definitionsbereiches M in $\mathbb{E}_n$ einer konvexen Funktion $F(\boldsymbol{x})$ haben wir (vgl. Bemerkung 15.7) jeden Vektor $\boldsymbol{a}$ in $\mathbb{E}_n$ mit der Eigenschaft

$$F(\boldsymbol{x}) - F(\boldsymbol{x}_0) \geqq (\boldsymbol{a}, \boldsymbol{x} - \boldsymbol{x}_0), \quad \boldsymbol{x} \in M,$$

als einen *Subgradienten der Funktion* $F(\boldsymbol{x})$ *im Punkt* $\boldsymbol{x}_0$ bezeichnet; die Menge aller Subgradienten einer Funktion $F(\boldsymbol{x})$ im Punkt $\boldsymbol{x}_0$ heißt das *Subdifferential der Funktion* $F(\boldsymbol{x})$ *im Punkt* $\boldsymbol{x}_0$, es sei durch $\partial F(\boldsymbol{x}_0)$ symbolisiert, d. h.

$$\partial F(\boldsymbol{x}_0) := \{\boldsymbol{a} \in \mathbb{E}_n \mid F(\boldsymbol{x}) - F(\boldsymbol{x}_0) \geqq (\boldsymbol{a}, \boldsymbol{x} - \boldsymbol{x}_0), \boldsymbol{x} \in M\}. \tag{20.57a}$$

Nach Satz 15.11 und Bemerkung 15.7 folgt, daß das Subdifferential einer über einem konvexen Gebiet $\tilde{M}$ in $\mathbb{E}_n$ erklärten konvexen Funktion $F(\boldsymbol{x})$, die in diesem Gebiet partielle Ableitungen erster Ordnung besitzt, in jedem Punkt des Gebietes $\tilde{M}$ gerade der Gradient der Funktion $F(\boldsymbol{x})$ in diesem Punkt ist, d. h., es gilt

$$\partial F(\boldsymbol{x}_0) = \{\nabla F(\boldsymbol{x}_0)\}, \quad \boldsymbol{x}_0 \in \tilde{M}. \tag{20.57b}$$

Satz 20.6. *Es seien* $F(\boldsymbol{x})$, $F_1(\boldsymbol{x}), \ldots, F_m(\boldsymbol{x})$ *über einer* n*-dimensionalen konvexen Menge* $\tilde{M}$ in $\mathbb{E}_n$ *erklärte konvexe Funktionen,* I *die Menge aller Indizes* $i \in \{1, \ldots, m\}$, *für* *die die Funktionen $F_i(\boldsymbol{x})$ linear sind, und* $\tilde{\boldsymbol{I}} := \{1, \ldots, m\} \setminus I$. *Weiter sei*

$$M := \{\boldsymbol{x} \in \tilde{M} \mid F_i(\boldsymbol{x}) \leqq 0 \ (i = 1, \ldots, m)\}$$

eine nichtleere Teilmenge der Menge int $\tilde{M}$, *und es gelte die Uzawa-Bedingung*

$$\{\boldsymbol{x} \in M \mid F_i(\boldsymbol{x}) < 0, (i \in \tilde{\boldsymbol{I}})\} \neq \emptyset .$$

Ein Punkt $\boldsymbol{x}_0 \in M$ ist genau dann ein Optimalpunkt des konvexen Optimierungsproblems

$$\min_{\boldsymbol{x} \in M} \{F(\boldsymbol{x})\}!,$$

wenn es Vektoren $\boldsymbol{a}, \boldsymbol{a}_i$ $(i = 1, \ldots, m)$ mit

$$\boldsymbol{a} \in \partial F(\boldsymbol{x}_0), \quad \boldsymbol{a}_i \in \partial F_i(\boldsymbol{x}_0) \qquad (i = 1, \ldots, m)$$

sowie Zahlen u_{0i} $(i = 1, \ldots, m)$ derart gibt, daß gilt

$$u_{0i} \geqq 0, \quad u_{0i} F_i(\boldsymbol{x}_0) = 0 \qquad (i = 1, \ldots, m),$$
$$\boldsymbol{a} + \sum_{i=1}^{m} u_{0i} \boldsymbol{a}_i = \boldsymbol{o}. \tag{20.58}$$

Beweis. Da die Voraussetzungen des Satzes mit denen des Satzes 20.5 übereinstimmen, können wir dort im Beweis hergeleitete Aussagen zum Beweis heranziehen.

Wenn $\boldsymbol{x}_0$ ein Optimalpunkt des betrachteten konvexen Optimierungsproblems ist, dann existieren nach Satz 20.4 Vektoren $\boldsymbol{y}_0' = (\boldsymbol{y}_0, y_{0n+1})$ und — im Fall $I \neq \{1, \ldots, m\}$ — Vektoren $\boldsymbol{y}_i' = (\boldsymbol{y}_i, y_{in+1})$ $(i \in \tilde{\boldsymbol{I}})$ im Raum $\mathbb{E}_{n+1} := \mathbb{E}_n \times \mathbb{E}_1$ mit den Eigenschaften (20.53); dabei haben die dort auftretenden Mengen M_0' und M_i' $(i \in \tilde{\boldsymbol{I}})$ die in (20.41a, b) angegebene Beschreibung. Für $i \in I$ sind die Funktionen $F_i(\boldsymbol{x})$ nach Voraussetzung linear und daher differenzierbar in $\mathbb{E}_n$; sie mögen die Darstellung

$$F_i(\boldsymbol{x}) = (\boldsymbol{a}_i, \boldsymbol{x}) - b_i \quad (\|\boldsymbol{a}_i\| > 0) \qquad (i \in I)$$

haben; die Funktion $F_i(\boldsymbol{x})$ $(i \in I)$ besitzt in jedem Punkt $\boldsymbol{x} \in \mathbb{E}_n$ genau einen Subgradienten, nämlich (vgl. Bemerkung 20.7) den Vektor $\boldsymbol{a}_i = \nabla F_i(\boldsymbol{x})$. Nach dem Beweis von Satz 20.5 existieren Zahlen u_{0i} $(i \in I)$ mit der Eigenschaft (20.54a), d. h. mit

$$\boldsymbol{y}_0 = \sum_{i \in I} u_{0i} \boldsymbol{a}_i, \quad u_{0i} \geqq 0 \qquad (i \in I). \tag{20.59a}$$

Weiter wurde im Beweis des Satzes 20.5 gezeigt, daß im Fall $I \neq \{1, \ldots, m\}$ für jeden Index $i \in \tilde{\boldsymbol{I}}$ eine Zahl u_{0i} und ein Subgradient $\boldsymbol{a}_i$ der entsprechenden Funktion $F_i(\boldsymbol{x})$ im Punkt $\boldsymbol{x}_0$ — also $\boldsymbol{a}_i \in \partial F_i(\boldsymbol{x}_0)$ — derart existieren, daß gilt (vgl. (20.55a))

$$\boldsymbol{y}_i = u_{0i} \boldsymbol{a}_i, \quad u_{0i} \geqq 0 \qquad (i \in \tilde{\boldsymbol{I}}). \tag{20.59b}$$

Setzt man

$$\boldsymbol{a} := -\boldsymbol{y}_0 - \sum_{i \in \tilde{I}} \boldsymbol{y}_i, \tag{20.60a}$$

so ist nach (20.59a, b)

$$\boldsymbol{a} = -\sum_{i=1}^{m} u_{0i} \boldsymbol{a}_i, \quad u_{0i} \geqq 0 \qquad (i = 1, \ldots, m), \tag{20.60b}$$

mit $\boldsymbol{a}_i \in \partial F_i(\boldsymbol{x}_0)$ $(i = 1, \ldots, m)$. Aus (20.60a, b) und aus der dritten Eigenschaft in (20.53) folgt nach Umformung

$$F(\boldsymbol{x}) - F(\boldsymbol{x}_0) \geqq (\boldsymbol{a}, \boldsymbol{x} - \boldsymbol{x}_0), \quad \boldsymbol{x} \in \tilde{M}.$$

Das bedeutet aber (vgl. Bemerkung 20.7), daß der Vektor $\boldsymbol{a}$ ein Subgradient der Zielfunktion $F(\boldsymbol{x})$ im Punkt $\boldsymbol{x}_0$ ist, d. h. $\boldsymbol{a} \in \partial F(\boldsymbol{x}_0)$. Hieraus und aus (20.60b) folgen die erste und die dritte Aussage in (20.58). Um die zweite Aussage in (20.58) zu zeigen, stellen wir fest, daß der Punkt $\boldsymbol{u}_0 = (u_{01}, \ldots, u_{0m})$ in (20.60b) nach dem Beweis von Satz 20.5 ein dem Punkt $\boldsymbol{x}_0$ zugeordneter Punkt der Menge $\mathbb{E}_m^+ := \{\boldsymbol{u} \in \mathbb{E}_m \mid u_{0i} \geqq 0$ $(i = 1, \ldots, m)\}$ ist, für den die Lagrange-Funktion

$$\Phi(\boldsymbol{x}, \boldsymbol{u}) := F(\boldsymbol{x}) + \sum_{i=1}^{m} u_i F_i(\boldsymbol{x}), \quad \boldsymbol{x} \in \tilde{M}, \quad \boldsymbol{u} \in \mathbb{E}_m, \tag{20.61a}$$

die Ungleichungen

$$\Phi(\boldsymbol{x}_0, \boldsymbol{u}) \leqq \Phi(\boldsymbol{x}_0, \boldsymbol{u}_0) \leqq \Phi(\boldsymbol{x}, \boldsymbol{u}_0), \quad \boldsymbol{x} \in \tilde{M}, \quad \boldsymbol{u} \in \mathbb{E}_m^+, \tag{20.61b}$$

erfüllt. Für $\boldsymbol{u} = \boldsymbol{o}$ folgt aus (20.61a, b)

$$\Phi(\boldsymbol{x}_0, \boldsymbol{o}) = F(\boldsymbol{x}_0) \leqq F(\boldsymbol{x}_0) + \sum_{i=1}^{m} u_{0i} F_i(\boldsymbol{x}_0) = \Phi(\boldsymbol{x}_0, \boldsymbol{u}_0)$$

und daher

$$\sum_{i=1}^{m} u_{0i} F_i(\boldsymbol{x}_0) \geqq 0. \tag{20.61c}$$

Andererseits aber — da $u_{0i} \geqq 0$ und $F_i(\boldsymbol{x}_0) \leqq 0$ ist (wegen $\boldsymbol{x}_0 \in M$) — gilt $u_{0i} F_i(\boldsymbol{x}_0) \leqq 0$ für $i = 1, \ldots, m$. Hieraus und aus (20.61c) folgt die zweite Aussage in (20.58).

Um die Hinlänglichkeit der Bedingungen (20.58) für die Optimalität eines Punktes $\boldsymbol{x}_0 \in M$ in dem betrachteten Problem zu zeigen, setzen wir voraus, daß es Vektoren $\boldsymbol{a}$, $\boldsymbol{a}_1, \ldots, \boldsymbol{a}_m$ in $\mathbb{E}_n$ mit $\boldsymbol{a} \in \partial F(\boldsymbol{x}_0)$, $\boldsymbol{a}_1 \in \partial F_1(\boldsymbol{x}_0), \ldots, \boldsymbol{a}_m \in \partial F_m(\boldsymbol{x}_0)$ sowie Zahlen u_{0i} $(i = 1, \ldots, m)$ derart gibt, daß die Forderungen in (20.58) gelten. Nach Definition eines Subdifferentials (vgl. Bemerkung 20.7) ist

$$F(\boldsymbol{x}) - F(\boldsymbol{x}_0) \geqq (\boldsymbol{a}, \boldsymbol{x} - \boldsymbol{x}_0), \quad \boldsymbol{x} \in \tilde{M},$$

$$F_i(\boldsymbol{x}) - F_i(\boldsymbol{x}_0) \geqq (\boldsymbol{a}_i, \boldsymbol{x} - \boldsymbol{x}_0), \quad \boldsymbol{x} \in \tilde{M} \quad (i = 1, \ldots, m).$$

Da nach (20.58) $u_{0i} \geqq 0$ $(i = 1, \ldots, m)$ und $\boldsymbol{a} + \sum_{i=1}^{m} u_{0i} \boldsymbol{a}_i = \boldsymbol{o}$ ist, folgt aus den vorstehenden Ungleichungen

$$F(\boldsymbol{x}) - F(\boldsymbol{x}_0) + \sum_{i=1}^{m} u_{0i} \big(F_i(\boldsymbol{x}) - F_i(\boldsymbol{x}_0)\big) \geqq 0, \quad \boldsymbol{x} \in \tilde{M}.$$

Hieraus erhält man unter Berücksichtigung der zweiten Bedingung in (20.58) und der Definition der Funktion $\Phi(\boldsymbol{x}, \boldsymbol{u})$ in (20.61a)

$$\Phi(\boldsymbol{x}, \boldsymbol{u}_0) = F(\boldsymbol{x}) + \sum_{i=1}^{m} u_{0i} F_i(\boldsymbol{x}) \geqq F(\boldsymbol{x}_0) = \Phi(\boldsymbol{x}_0, \boldsymbol{u}_0), \quad \boldsymbol{x} \in \tilde{M}.$$

Wegen $\boldsymbol{x}_0 \in M$ ist $F_i(\boldsymbol{x}_0) \leqq 0$ $(i = 1, \ldots, m)$, daher gilt für $\boldsymbol{u} \in \mathbb{E}_m^+$

$$F(\boldsymbol{x}_0) = \Phi(\boldsymbol{x}_0, \boldsymbol{u}_0) \geqq F(\boldsymbol{x}_0) + \sum_{i=1}^{m} u_i F_i(\boldsymbol{x}_0) = \Phi(\boldsymbol{x}_0, \boldsymbol{u}).$$

Eine Zusammenfassung der hergeleiteten Ungleichungen liefert dann die Ungleichungen in (20.61b), die nach Satz 20.5 hinreichende Bedingungen für die Optimalität des Punktes $\boldsymbol{x}_0$ in dem betrachteten Problem sind. □

Satz 20.7. *Es seien $\tilde{M}$ eine n-dimensionale konvexe Menge in $\mathbb{E}_n$ und $F(\boldsymbol{x})$, $F_i(\boldsymbol{x})$ $(i = 1, \ldots, m)$ über der Menge $\tilde{M}$ erklärte konvexe Funktionen, die im Gebiet* int $\tilde{M}$ *partielle Ableitungen erster Ordnung besitzen. Weiter sei I die Menge aller Indizes $i \in \{1, \ldots, m\}$, für die die Funktionen $F_i(\boldsymbol{x})$ linear sind, und $\tilde{I} := \{1, \ldots, m\} \setminus I$. Unter den Voraussetzungen*

$$M := \{\boldsymbol{x} \in \tilde{M} \mid F_i(\boldsymbol{x}) \leqq 0 \ (i = 1, \ldots, m)\} \neq \emptyset, \quad M \subset \operatorname{int} \tilde{M}$$

und unter der Regularitätsbedingung

$$\{\boldsymbol{x} \in M \mid F_i(\boldsymbol{x}) < 0 \ (i \in \tilde{I})\} \neq \emptyset$$

ist ein Punkt $\boldsymbol{x}_0$ genau dann ein Optimalpunkt des konvexen Optimierungsproblems

$$\min_{\boldsymbol{x} \in M} \{F(\boldsymbol{x})\}!,$$

wenn es einen Punkt $\boldsymbol{u}_0 = (u_{01}, \ldots, u_{0m})$ des Raumes $\mathbb{E}_m$ gibt, so daß

$$\left(\frac{\partial \Phi}{\partial x_\alpha}\right)_{(\boldsymbol{x}_0, \boldsymbol{u}_0)} = 0 \quad (\alpha = 1, \ldots, n), \quad \left(u_i \frac{\partial \Phi}{\partial u_i}\right)_{(\boldsymbol{x}_0, \boldsymbol{u}_0)} = 0, \quad u_{0i} \geqq 0 \quad (i = 1, \ldots, m) \tag{20.62}$$

gilt, wobei

$$\Phi(\boldsymbol{x}, \boldsymbol{u}) := F(\boldsymbol{x}) + \sum_{i=1}^{m} u_i F_i(\boldsymbol{x}), \quad \boldsymbol{x} \in \tilde{M}, \quad \boldsymbol{u} \in \mathbb{E}_m,$$

die zu dem betrachteten konvexen Optimierungsproblem gehörige Lagrange-Funktion ist.

Beweis. Nach Satz 20.6 ist ein Punkt $\boldsymbol{x}_0 \in M$ genau dann ein Optimalpunkt des betrachteten konvexen Optimierungsproblems, wenn Vektoren $\boldsymbol{a}, \boldsymbol{a}_i$ mit $\boldsymbol{a} \in \partial F(\boldsymbol{x}_0)$, $\boldsymbol{a}_i \in \partial F_i(\boldsymbol{x}_0)$ $(i = 1, \ldots, m)$ und ein Punkt $\boldsymbol{u}_0 = (u_{01}, \ldots, u_{0m}) \in \mathbb{E}_m$ derart existieren, daß die Bedingungen (20.58) gelten. Nach den im vorliegenden Satz getroffenen Voraussetzungen (vgl. Bemerkung 20.7) gilt

$$\partial F(\boldsymbol{x}_0) = \{\nabla F(\boldsymbol{x}_0)\}, \quad \partial F_i(\boldsymbol{x}_0) = \{\nabla F_i(\boldsymbol{x}_0)\} \quad (i = 1, \ldots, m)$$

und daher $\boldsymbol{a} = \nabla F(\boldsymbol{x}_0)$ und $\boldsymbol{a}_i = \nabla F_i(\boldsymbol{x}_0)$ $(i = 1, \ldots, m)$. Die Bedingungen (20.58) gehen also in die Bedingungen

$$u_{0i} \geqq 0, \quad u_{0i} F_i(\boldsymbol{x}_0) = 0 \quad (i = 1, \ldots, m), \quad \nabla F(\boldsymbol{x}_0) + \sum_{i=1}^{m} u_{0i} \nabla F_i(\boldsymbol{x}_0) = \boldsymbol{o}$$

über. Diese aber lassen sich unter Verwendung der Funktion $\Phi(\boldsymbol{x}, \boldsymbol{u})$ äquivalent in der Form (20.62) schreiben. □

Bemerkung 20.8. Die Bedingungen (20.62) werden in der Literatur als *Kuhn-Tucker-Bedingungen* für einen Optimalpunkt eines Grundproblems der konvexen Optimierung bezeichnet. Mit diesen Bedingungen wird — unter den in Satz 20.7 getroffenen Voraussetzungen — das Lösen eines konvexen Optimierungsproblems auf das Bestimmen einer Lösung der $n + m$ Gleichungen

$$\frac{\partial \Phi}{\partial x_\alpha} = 0 \quad (\alpha = 1, \ldots, n), \quad \frac{\partial \Phi}{\partial u_i} \cdot u_i = 0 \quad (i = 1, \ldots, m)$$

mit den $n + m$ Unbekannten x_α, u_i ($\alpha = 1, \ldots, n$; $i = 1, \ldots, m$) unter den Nebenbedingungen $u_i \geqq 0$ ($i = 1, \ldots, m$) zurückgeführt. Die in Satz 20.5 angegebenen Bedingungen ersetzen dagegen das ursprüngliche Optimierungsproblem durch die Probleme

$$\max_{\boldsymbol{u} \in \mathbb{E}_m^+} \{\Phi(\boldsymbol{x}_0, \boldsymbol{u})\}!, \quad \min_{\boldsymbol{x} \in \tilde{\boldsymbol{M}}} \{\Phi(\boldsymbol{x}, \boldsymbol{u}_0)\}!,$$

die von den Parametern $x_{0\alpha}$, u_{0i} ($i = 1, \ldots, m$; $\alpha = 1, \ldots, n$) mit $\boldsymbol{x}_0 \in \tilde{\boldsymbol{M}}$, $\boldsymbol{u}_0 \in \mathbb{E}_m^+$ abhängen.

Beispiel 20.1. Es sei

$$\min_{\boldsymbol{x} \in M} \{F(\boldsymbol{x})\}!$$

ein konvexes Optimierungsproblem, seine Restriktionsmenge M habe die Darstellung

$$M := \{\boldsymbol{x} \in \tilde{\boldsymbol{M}} \mid F_i(\boldsymbol{x}) \leqq 0 \ (i = 1, \ldots, m), \ \boldsymbol{x} \in \mathbb{E}_n^+\};$$

dabei sind $\mathbb{E}_n^+ := \{\boldsymbol{x} \in \mathbb{E}_n \mid x_\alpha \geqq 0 \ (\alpha = 1, \ldots, n)\}$, $\tilde{\boldsymbol{M}}$ eine n-dimensionale konvexe Menge in $\mathbb{E}_n$ und $F(\boldsymbol{x})$ sowie $F_i(\boldsymbol{x})$ ($i = 1, \ldots, m$) über der Menge $\tilde{\boldsymbol{M}}$ definierte konvexe Funktionen, die im Gebiet int $\tilde{\boldsymbol{M}}$ partielle Ableitungen erster Ordung besitzen. Weiter sei I die Menge aller Indizes $i \in \{1, \ldots, m\}$, für die die Funktionen $F_i(\boldsymbol{x})$ linear sind. Es möge $\emptyset \neq M \subset \operatorname{int} \tilde{\boldsymbol{M}}$ gelten, und die Regularitätsbedingung

$$\{\boldsymbol{x} \in M \mid F_i(\boldsymbol{x}) < 0 \ (i \in \{1, \ldots, m\} \setminus I)\} \neq \emptyset$$

sei erfüllt. Setzt man

$$F_{m+\alpha}(\boldsymbol{x}) := -x_\alpha \quad (\alpha = 1, \ldots, n),$$

so hat die Restriktionsmenge die Darstellung

$$M = \{\boldsymbol{x} \in \tilde{\boldsymbol{M}} \mid F_i(\boldsymbol{x}) \leqq 0 \ (i = 1, \ldots, m + n)\}.$$

Die zu dem Optimierungsproblem gehörige Lagrange-Funktion ist dann

$$\Phi(\boldsymbol{x}, \boldsymbol{u}') := F(\boldsymbol{x}) + \sum_{i=1}^{m} u_i F_i(\boldsymbol{x}) + \sum_{\alpha=1}^{n} u_{m+\alpha} F_{m+\alpha}(\boldsymbol{x})$$

mit $\boldsymbol{x} \in \tilde{\boldsymbol{M}}$, $\boldsymbol{u}' = (u_1, \ldots, u_{m+n}) \in \mathbb{E}_{m+n} := \mathbb{E}_m \times \mathbb{E}_n$. Die Kuhn-Tucker-Bedingungen lauten dann:

$$\left(\frac{\partial \Phi}{\partial x_\alpha}\right)_{(\boldsymbol{x}_0, \boldsymbol{u}_0')} = \frac{\partial F}{\partial x_\alpha}(\boldsymbol{x}_0) + \sum_{i=1}^{m} u_{0i} \frac{\partial F_i}{\partial x_\alpha}(\boldsymbol{x}_0) - u_{0m+\alpha} = 0 \quad (\alpha = 1, \ldots, n),$$

$$\left(u_i \frac{\partial \Phi}{\partial u_i}\right)_{(\boldsymbol{x}_0, \boldsymbol{u}_0')} = u_{0i} F_i(\boldsymbol{x}_0) = 0 \quad (i = 1, \ldots, m),$$

$$\left(u_{m+\alpha} \frac{\partial \Phi}{\partial u_{m+\alpha}}\right)_{(\boldsymbol{x}_0, \boldsymbol{u}_0')} = u_{0m+\alpha} F_{m+\alpha}(\boldsymbol{x}_0) = -u_{0m+\alpha} x_{0\alpha} = 0 \quad (\alpha = 1, \ldots, n),$$

$$u_{0i} \geqq 0 \quad (i = 1, \ldots, m + n).$$

Definiert man die Funktion

$$\Phi^*(\boldsymbol{x}, \boldsymbol{u}) := F(\boldsymbol{x}) + \sum_{i=1}^{m} u_i F_i(\boldsymbol{x}), \quad \boldsymbol{x} \in \tilde{M}, \quad \boldsymbol{u} \in \mathbb{E}_m,$$

so gehen die vorstehenden Bedingungen über in die Bedingungen

$$\left(\frac{\partial \Phi^*}{\partial x_\alpha}\right)_{(\boldsymbol{x}_0, \boldsymbol{u}_0)} = u_{0m+\alpha} \quad (\alpha = 1, \ldots, n),$$

$$\left(u_i \frac{\partial \Phi^*}{\partial u_i}\right)_{(\boldsymbol{x}_0, \boldsymbol{u}_0)} = 0 \quad (i = 1, \ldots, m),$$

$$u_{0m+\alpha} x_{0\alpha} = 0 \quad (\alpha = 1, \ldots, n),$$

$$u_{0i} \geqq 0 \quad (i = 1, \ldots, m), \quad u_{0m+\alpha} \geqq 0 \quad (\alpha = 1, \ldots, n),$$

und — nach einer Umformung — in die Bedingungen

$$\left(\frac{\partial \Phi^*}{\partial x_\alpha}\right)_{(\boldsymbol{x}_0, \boldsymbol{u}_0)} \geqq 0, \quad \left(x_\alpha \frac{\partial \Phi^*}{\partial x_\alpha}\right)_{(\boldsymbol{x}_0, \boldsymbol{u}_0)} = 0 \qquad (\alpha = 1, \ldots, n),$$

$$\left(u_i \frac{\partial \Phi^*}{\partial u_i}\right)_{(\boldsymbol{x}_0, \boldsymbol{u}_0)} = 0, \quad u_{0i} \geqq 0 \quad (i = 1, \ldots, m).$$

Fügen wir diesen noch die Ungleichungen

$$\left(\frac{\partial \Phi^*}{\partial u_i}\right)_{(\boldsymbol{x}_0, \boldsymbol{u}_0)} = F_i(\boldsymbol{x}_0) \leqq 0 \quad (i = 1, \ldots, m), \quad x_{0\alpha} \geqq 0 \quad (\alpha = 1, \ldots, n)$$

hinzu, die die Zulässigkeit des Punktes $\boldsymbol{x}_0$ sichern, so gelangt man zu dem folgenden Gleichungs- und Ungleichungssystem

$$\begin{aligned} &\left(\frac{\partial \Phi^*}{\partial x_\alpha}\right)_{(\boldsymbol{x}_0, \boldsymbol{u}_0)} \geqq 0, \quad \left(x_\alpha \frac{\partial \Phi^*}{\partial x_\alpha}\right)_{(\boldsymbol{x}_0, \boldsymbol{u}_0)} = 0, \quad x_{0\alpha} \geqq 0 \quad (\alpha = 1, \ldots, n), \\ &\left(\frac{\partial \Phi^*}{\partial u_i}\right)_{(\boldsymbol{x}_0, \boldsymbol{u}_0)} \leqq 0, \quad \left(u_i \frac{\partial \Phi^*}{\partial u_i}\right)_{(\boldsymbol{x}_0, \boldsymbol{u}_0)} = 0, \quad u_{0i} \geqq 0 \quad (i = 1, \ldots, m); \end{aligned} \tag{20.63}$$

diese an einen Punkt $(\boldsymbol{x}_0, \boldsymbol{u}_0) \in \mathbb{E}_n \times \mathbb{E}_m$ gestellten Forderungen sind die Kuhn-Tucker-Bedingungen für ein konvexes Optimierungsproblem, in dem die Restriktionsmenge die in diesem Beispiel betrachtete Beschreibung hat.

Beispiel 20.2. Für ein *lineares Optimierungsproblem* der Form

$$\max_{\boldsymbol{x} \in M} \{(\boldsymbol{c}, \boldsymbol{x})\}! \tag{20.64a}$$

mit

$$M := \{\boldsymbol{x} \in \mathbb{E}_n \mid (\boldsymbol{a}_i, \boldsymbol{x}) \leqq b_i \ (i = 1, \ldots, m), \boldsymbol{x} \in \mathbb{E}_n^{+}\} \neq \emptyset$$

ist ein Punkt $\boldsymbol{x}_0 \in M$ genau dann ein Optimalpunkt, wenn er zugleich ein Optimalpunkt des Optimierungsproblems

$$\min_{\boldsymbol{x} \in M} \{(-\boldsymbol{c}, \boldsymbol{x})\}! \tag{20.64b}$$

ist. Dieses aber stellt einen Spezialfall des im Beispiel 20.1 betrachteten Optimierungsproblems dar, in dem

$$\tilde{M} := \mathbb{E}_n, \quad I := \{1, \ldots, m\}, \quad F(\boldsymbol{x}) := (-\boldsymbol{c}, \boldsymbol{x}), \quad F_i(\boldsymbol{x}) := (\boldsymbol{a}_i, \boldsymbol{x}) - b_i$$
$$(i = 1, \ldots, m)$$

ist. Die im Beispiel 20.1 geforderte Regularitätsbedingung ist, da aus $M \neq \emptyset$ und $I = \{1, \ldots, m\}$

$$\{\boldsymbol{x} \in M \mid F_i(\boldsymbol{x}) < 0 \ (i \in \{1, \ldots, m\} \setminus I)\} = M \neq \emptyset$$

folgt, im Fall eines linearen Optimierungsproblems (20.64b) stets erfüllt. Wir setzen nun

$$\Phi^*(\boldsymbol{x}, \boldsymbol{u}) := \sum_{\alpha=1}^{n} (-c_\alpha x_\alpha) + \sum_{i=1}^{m} u_i \left(\sum_{\alpha=1}^{n} a_{i\alpha} x_\alpha - b_i\right), \quad \boldsymbol{x} \in \mathbb{E}_n, \quad \boldsymbol{u} \in \mathbb{E}_m;$$

die Bedingungen (20.63) lauten dann

$$-c_\alpha + \sum_{i=1}^{m} a_{i\alpha} u_{0i} \geqq 0, \quad \left(-c_\alpha + \sum_{i=1}^{m} a_{i\alpha} u_{0i}\right) x_{0\alpha} = 0, \quad x_{0\alpha} \geqq 0 \quad (\alpha = 1, \ldots, n),$$

$$\sum_{\alpha=1}^{n} a_{i\alpha} x_{0\alpha} - b_i \leqq 0, \quad \left(\sum_{\alpha=1}^{n} a_{i\alpha} x_{0\alpha} - b_i\right) u_{0i} = 0, \quad u_{0i} \geqq 0 \quad (i = 1, \ldots, m).$$

Diese Forderungen an einen Punkt $(\boldsymbol{x}_0, \boldsymbol{u}_0) \in \mathbb{E}_n \times \mathbb{E}_m$ sind zu den folgenden Bedingungen äquivalent:

$$\sum_{\alpha=1}^{n} a_{i\alpha} x_{0\alpha} \leqq b_i \quad (i = 1, \ldots, m), \quad x_{0\alpha} \geqq 0 \quad (\alpha = 1, \ldots, n), \tag{20.65a}$$

$$\sum_{i=1}^{m} a_{i\alpha} u_{0i} \geqq c_\alpha \quad (\alpha = 1, \ldots, n), \quad u_{0i} \geqq 0 \quad (i = 1, \ldots, m), \tag{20.65b}$$

$$\sum_{\alpha=1}^{n} c_\alpha x_{0\alpha} = \sum_{i=1}^{m} \sum_{\alpha=1}^{n} a_{i\alpha} x_{0\alpha} u_{0i} = \sum_{i=1}^{m} b_i u_{0i}, \tag{20.65c}$$

$$x_{0\alpha} > 0 \Rightarrow \sum_{i=1}^{m} a_{i\alpha} u_{0i} = c_\alpha, \quad \sum_{i=1}^{m} a_{i\alpha} u_{0i} > c_\alpha \Rightarrow x_{0\alpha} = 0, \tag{20.65d}$$

$$u_{0i} > 0 \Rightarrow \sum_{\alpha=1}^{n} a_{i\alpha} x_{0\alpha} = b_i, \quad \sum_{\alpha=1}^{n} a_{i\alpha} x_{0\alpha} < b_i \Rightarrow u_{0i} = 0. \tag{20.65e}$$

Aus diesen Bedingungen (20.65), die eine Umformung der Kuhn-Tucker-Bedingungen für den Fall eines linearen Optimierungsproblems (20.64b) darstellen, lassen sich die folgenden Schlußfolgerungen ziehen:

Ein Punkt $\boldsymbol{x}_0 \in \mathbb{E}_n$ ist genau dann ein Optimalpunkt des linearen Optimierungsproblems (20.64a), wenn es einen solchen Punkt $\boldsymbol{u}_0 \in \mathbb{E}_m$ gibt, daß gilt:

(1) Der Punkt $\boldsymbol{x}_0$ ist ein zulässiger Punkt des Problems (20.64a) und der Punkt $\boldsymbol{u}_0$ ein zulässiger Punkt des dem Problem (20.64a) zugeordneten (sogenannten dualen) Problems

$$\min_{\boldsymbol{x} \in \hat{M}} \left\{ \sum_{i=1}^{m} b_i u_i \right\}! \tag{20.66}$$

mit

$$\hat{M} := \left\{ \boldsymbol{u} \in \mathbb{E}_m \;\middle|\; \sum_{i=1}^{m} a_{i\alpha} u_i \geqq c_\alpha \ (\alpha = 1, \ldots, n),\ \boldsymbol{u} \in \mathbb{E}_m^{\,+} \right\}.$$

(2) Die Zielfunktionswerte der linearen Optimierungsprobleme (20.64a) und (20.66) in den Punkten $\boldsymbol{x}_0$ und $\boldsymbol{u}_0$ stimmen überein.

(3) Zwischen den Punkten $\boldsymbol{x}_0$ und $\boldsymbol{u}_0$ gelten die in (20.65d) und (20.65c) angegebenen Implikationen.

Diese drei Eigenschaften sind jedoch Grundaussagen der sogenannten *Dualitätstheorie der linearen Optimierung.*

Bemerkung 20.9. Die in Satz 20.7 hergeleiteten Kuhn-Tucker-Bedingungen (20.62) haben eine einfache geometrische Interpretation.

Die Restriktionsmenge M des im Satz 20.7 betrachteten konvexen Optimierungsproblems ist offenbar als Durchschnitt der beiden konvexen Mengen

$$M_1 := \{\boldsymbol{x} \in \tilde{M} \mid F_i(\boldsymbol{x}) \leqq 0 \ (i \in \{1, \ldots, m\} \setminus I\},$$

$$M_2 := \{\boldsymbol{x} \in \mathbb{E}_n \mid F_i(\boldsymbol{x}) \leqq 0 \ (i \in I)\}$$

darstellbar; dabei bezeichnet I die Menge aller Indizes $i \in \{1, \ldots, m\}$, für die die entsprechenden Funktionen $F_i(\boldsymbol{x})$ linear sind; ihre Komplementärmenge sei $\tilde{I} := \{1, \ldots, m\} \setminus I$. Wegen $M \neq \emptyset$ und $M = M_1 \cap M_2$ sind die Mengen M_1 und M_2 nicht leer. Die Menge M_2 ist als nichtleerer Durchschnitt einer endlichen Anzahl abgeschlossener Halbräume in $\mathbb{E}_n$ ein konvexes Polyeder (im Fall $I = \emptyset$ ist $M_2 = \mathbb{E}_n$). Wenn $I = \{1, \ldots, m\}$ ist, so ist $M_1 = \tilde{M}$, also eine n-dimensionale Menge in $\mathbb{E}_n$. Im Fall $I \neq \{1, \ldots, m\}$ folgt aus der im Satz 20.7 geforderten Regularitätsbedingung

$$\{\boldsymbol{x} \in M \mid F_i(\boldsymbol{x}) < 0 \quad (i \in \tilde{I})\} \neq \emptyset$$

und wegen $M \subset \operatorname{int} \tilde{M}$

$$\tilde{M}_1 := \{\boldsymbol{x} \in \tilde{M} \mid F_i(\boldsymbol{x}) < 0 \quad (i \in \tilde{I})\} \neq \emptyset.$$

Da die über der n-dimensionalen konvexen Menge $\tilde{M}$ erklärten konvexen Funktionen $F_i(\boldsymbol{x})$ $(i \in \tilde{I})$ außerdem stetig über der Menge $\operatorname{int} \tilde{M}$ sind (vgl. Satz 15.7), ist die konvexe Menge M_1 eine n-dimensionale konvexe Menge mit $\operatorname{int} M_1 = \tilde{M}_1$ in $\mathbb{E}_n$. Die Menge M ist daher — falls sie der oben angeführten Regularitätsbedingung genügt — ein nichtleerer Durchschnitt der n-dimensionalen konvexen Menge M_1 und des Polyeders M_2.

Ein Punkt $\boldsymbol{x}_0 \in M$ ist nach Satz 20.7 genau dann ein Optimalpunkt des in diesem Satz betrachteten Optimierungsproblems, wenn ein Punkt $\boldsymbol{u}_0 \in \mathbb{E}_m^+$ existiert, der die

Kuhn-Tucker-Bedingungen (20.62) erfüllt. Es seien also $\boldsymbol{x}_0 \in M$ und $\boldsymbol{u}_0 \in \mathbb{E}_n^+$ den Bedingungen (20.62) genügende Punkte. Wir definieren die Indexmenge

$$I_0 := \{i \in \{1, \ldots, m\} \mid F_i(\boldsymbol{x}_0) = 0\},$$

die sogenannte *Menge der im Punkt $\boldsymbol{x}_0$ aktiven Restriktionen.*

Im Fall $I_0 = \emptyset$, d. h., falls $F_i(\boldsymbol{x}_0) < 0$ $(i = 1, \ldots, m)$ ist, folgt aus (20.62)

$$\left(u_i \frac{\partial \Phi}{\partial u_i}\right)_{(\boldsymbol{x}_0, \boldsymbol{u}_0)} = u_{i0} F_i(\boldsymbol{x}_0) = 0 \quad (i = 1, \ldots, m),$$

also ist $\boldsymbol{u}_0 = \boldsymbol{o}$ und daher

$$\left(\frac{\partial \Phi}{\partial x_\alpha}\right)_{(\boldsymbol{x}_0, \boldsymbol{u}_0)} = \frac{\partial F}{\partial x_\alpha}(\boldsymbol{x}_0) = 0 \quad (\alpha = 1, \ldots, n),$$

d. h. $\nabla F(\boldsymbol{x}_0) = \boldsymbol{o}$. In diesem Fall besitzt die Zielfunktion $F(\boldsymbol{x})$ im Punkt $\boldsymbol{x}_0 \in M$ ein freies Minimum bezüglich der Menge $\tilde{M}$.

Es ist genau dann $I_0 \neq \emptyset$, wenn $\boldsymbol{u}_0 \neq \boldsymbol{o}$ ist. Wenn für einen Index i, der sowohl zur Menge I_0 als auch zur Menge $\tilde{I}$ gehört, $\nabla F_i(\boldsymbol{x}_0) = \boldsymbol{o}$ gelten würde, wäre $\boldsymbol{x}_0$ ein Punkt der Menge M, in dem die entsprechende Funktion $F_i(\boldsymbol{x})$ ein freies Minimum bezüglich der Menge $\tilde{M}$ besäße; wegen $M \subset \operatorname{int} \tilde{M}$ wäre dann $F_i(\boldsymbol{x}) \geqq 0$, $\boldsymbol{x} \in M$, im Widerspruch zur Regularitätsbedingung. Es gilt daher $\nabla F_i(\boldsymbol{x}_0) \neq \boldsymbol{o}$ für $i \in I_0 \cap \tilde{I}$, und nach Satz 17.5 sind die Mengen

$$W_i := \{\boldsymbol{x} \in \operatorname{int} \tilde{M} \mid F_i(\boldsymbol{x}) = F_i(\boldsymbol{x}_0)\} \quad (i \in I_0 \cap \tilde{I})$$

reguläre, implizit beschriebene Hyperflächen in $\mathbb{E}_n$ im Sinne von Monge (vgl. Definition 17.3). Diese Aussage gilt offenbar auch im Fall $i \in I_0 \cap I$, in dem die entsprechenden Funktionen $F_i(\boldsymbol{x})$ linear sind. Da wegen $\boldsymbol{u}_0 \neq \boldsymbol{o}$ nach (20.62) auch $\nabla F(\boldsymbol{x}_0) \neq \boldsymbol{o}$ gilt, ist die Menge

$$W := \{\boldsymbol{x} \in \operatorname{int} \tilde{M} \mid F(\boldsymbol{x}) = F(\boldsymbol{x}_0)\}$$

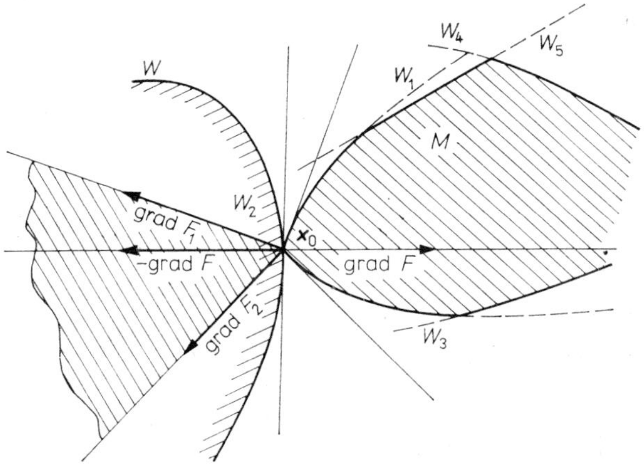

Abb. 20.2

ebenfalls eine reguläre Hyperfläche in $\mathbb{E}_n$ in Mongescher Auffassung. Die vom Nullvektor verschiedenen Gradienten $\nabla F(\boldsymbol{x}_0)$ und $\nabla F_i(\boldsymbol{x}_0)$ $(i \in I_0)$ sind Vektoren in Richtung der Normalen der entsprechenden Hyperflächen W und W_i $(i \in I_0)$ im Punkt $\boldsymbol{x}_0$. Aus diesen Überlegungen ergibt sich die folgende geometrische Interpretation der in (20.62) angegebenen Kuhn-Tucker-Bedingungen (vgl. Abb. 20.2):

Die negativ orientierte Normale der Hyperfläche W im Punkt $\boldsymbol{x}_0 \in W$ liegt in einem polyedrischen Kegel, der die konvexe Hülle der von dem Punkt $\boldsymbol{x}_0$ in Richtung der Normalen der Hyperflächen $W_i (i \in I_0)$, ausgehenden Halbgeraden ist.

Beispiel 20.3. In Bemerkung 20.3 wurde darauf hingewiesen, daß die in Satz 20.7 angegebenen Kuhn-Tucker-Bedingungen auch dann hinreichend für die Optimalität eines zulässigen Punktes des dort betrachteten Optimierungsproblems sind, falls die in Satz 20.7 angegebene Regularitätsbedingung nicht erfüllt ist. Andererseits müssen die Kuhn-Tucker-Bedingungen für einen Optimalpunkt eines solchen Problems nicht gelten, falls dessen Restriktionsmenge dieser Regularitätsbedingung nicht genügt; das sei an der folgenden Aufgabe gezeigt.

Die Funktionen zweier Veränderlicher

$$F_1(\boldsymbol{x}) = F_1(x_1, x_2) := (x_1 - 1)^2 + x_2{}^2 - 1,$$

$$F_2(\boldsymbol{x}) = F_2(x_1, x_2) := \begin{cases} \left(\sqrt{x_1{}^2 + x_2{}^2} - 1\right)^2 & \text{für} \quad x_1{}^2 + x_2{}^2 > 1, \\ 0 & \text{für} \quad x_1{}^2 + x_2{}^2 \leqq 1, \end{cases}$$

$$F_3(\boldsymbol{x}) = F_3(x_1, x_2) := -x_1 - x_2 + \frac{1}{2},$$

$$F(\boldsymbol{x}) = F(x_1, x_2) := -x_1$$

sind konvex in $\mathbb{E}_2$; sie besitzen im Gebiet $\mathbb{E}_2 \setminus \{\boldsymbol{o}\}$ partielle Ableitungen nach x_1 und x_2. Die Menge

$$M := \{\boldsymbol{x} \in \mathbb{E}_2 \mid F_1(\boldsymbol{x}) \leqq 0,\ F_2(\boldsymbol{x}) \leqq 0,\ F_3(\boldsymbol{x}) \leqq 0\}$$

ist eine zweidimensionale kompakte konvexe Menge, die im Gebiet $\mathbb{E}_2 \setminus \{\boldsymbol{o}\}$ liegt. Der Punkt $\boldsymbol{x}_0 = (x_{01}, x_{02}) := (1, 0)$ gehört zur Menge M und ist ein Optimalpunkt des konvexen Optimierungsproblems

$$\min_{\boldsymbol{x} \in M} \{F(\boldsymbol{x})\}\,!,$$

denn die abgeschlossene Halbebene $\overline{H} := \{\boldsymbol{x} \in \mathbb{E}_2 \mid x_1 \leqq 1\}$ ist ein Stützhalbraum, die Gerade $R := \{\boldsymbol{x} \in \mathbb{E}_2 \mid x_1 = 1\}$ eine Stützhyperebene (hier eine Stützgerade) der Menge M; der Vektor $\nabla F(\boldsymbol{x}_0) = (-1, 0)$ ist dabei in diesen Stützhalbraum gerichtet (vgl. Abb. 20.3).

Die in Satz 20.7 angegebene Regularitätsbedingung lautet im vorliegenden Beispiel — wegen der Linearität der Funktion $F_3(\boldsymbol{x})$ —

$$\{\boldsymbol{x} \in M \mid F_1(\boldsymbol{x}) < 0,\ F_2(\boldsymbol{x}) < 0\} \neq \emptyset;$$

sie ist aber wegen $F_2(\boldsymbol{x}) \geqq 0$ für $\boldsymbol{x} \in \mathbb{E}_2$ nicht erfüllbar.

Die Indexmenge

$$I_0 := \left\{i \in \{1, 2, 3\} \mid F_i(\boldsymbol{x}_0) = F_i(1, 0) = 0\right\}$$

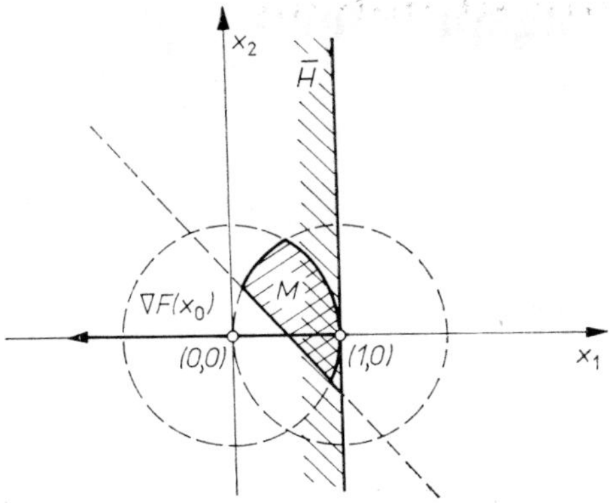

Abb. 20.3

enthält nur den Index $i = 2$, d. h. $I_0 = \{2\}$. Die Menge

$$W_2 := \{\boldsymbol{x} \in \mathbb{E}_2 \mid F_2(\boldsymbol{x}) = 0\}$$

ist der durch $x_1^2 + x_2^2 \leqq 1$ beschriebene Kreis, also keine $(n - 1)$-dimensionale (hier keine eindimensionale) reguläre Mannigfaltigkeit (also keine reguläre Kurve) in $\mathbb{E}_2$. In dem Optimalpunkt $\boldsymbol{x}_0$ gilt

$$\nabla F(\boldsymbol{x}_0) = \nabla F(x_{01}, x_{02}) = (-1, 0), \quad \nabla F_2(\boldsymbol{x}_0) = \nabla F_2(x_{01}, x_{02}) = (0, 0);$$

wegen $F_1(\boldsymbol{x}_0) < 0$ und $F_3(\boldsymbol{x}_0) < 0$ folgt aus den Kuhn-Tucker-Bedingungen in (20.62), d. h. aus

$$\left(u_i \frac{\partial \Phi}{\partial u_i}\right)_{(\boldsymbol{x}_0, \boldsymbol{u}_0)} = u_{0i} F_i(\boldsymbol{x}_0) = 0 \quad (i = 1, 2, 3) \quad \big(\boldsymbol{u}_0 = (u_{01}, u_{02}, u_{02})\big),$$

daß $u_{01} = u_{03} = 0$ ist. Wegen $\dfrac{\partial F_2}{\partial x_1}(\boldsymbol{x}_0) = 0$ und $\dfrac{\partial F}{\partial x_1}(\boldsymbol{x}_0) = -1$ ist dann

$$\frac{\partial \Phi}{\partial x_1}(\boldsymbol{x}_0, \boldsymbol{u}_0) = \frac{\partial F}{\partial x_1}(\boldsymbol{x}_0) + u_{02} \frac{\partial F_2}{\partial x_1}(\boldsymbol{x}_0) = -1,$$

im Widerspruch zu der ersten Bedingung in (20.62).

Im vorliegenden Beispiel sind die Kuhn-Tucker-Bedingungen für den Optimalpunkt $\boldsymbol{x}_0 = (1, 0)$ des betrachteten Problems also nicht erfüllt.

21. Duale Optimierungsprobleme

Einer über einer nichtleeren konvexen Menge M in $\mathbb{E}_n$ definierten konvexen Funktion $F(\boldsymbol{x})$ und einer Zahl $\mu \in \mathbb{R}$ ordnen wir die Funktion

$$F_\mu(\boldsymbol{x}) := F(\boldsymbol{x}) - \mu, \quad \boldsymbol{x} \in M,$$

zu. Sie ist ebenfalls konvex über der Menge M, und für die zu ihr gehörige konjugierte Funktion (vgl. Definition 19.1) gilt

$$F_\mu{}^c(\boldsymbol{y}) := \sup_{\boldsymbol{x} \in M} \{(\boldsymbol{y}, \boldsymbol{x}) - F(\boldsymbol{x}) + \mu\} = F^c(\boldsymbol{y}) + \mu, \quad \boldsymbol{y} \in A;$$

die konvexe Menge $A := \left\{\boldsymbol{y} \in \mathbb{E}_n \;\middle|\; \sup_{\boldsymbol{x} \in M} \{(\boldsymbol{y}, \boldsymbol{x}) - F(\boldsymbol{x})\} < \infty\right\}$ ist dabei der maximale Definitionsbereich der zu der Funktion $F(\boldsymbol{x})$ konjugierten konvexen Funktion $F^c(\boldsymbol{y})$ (siehe Satz 19.1). Es ist also

$$(F - \mu)^c (\boldsymbol{y}) = F^c(\boldsymbol{y}) + \mu, \quad \boldsymbol{y} \in A, \tag{21.1a}$$

und für den Epigraphen $\mathscr{E}_{F^c}$ der über der konvexen Menge A definierten konvexen Funktion $F^c(\boldsymbol{y})$ gilt

$$\mathscr{E}_{F_\mu{}^c} = \mathscr{E}_{(F-\mu)^c} = \mathscr{E}_{F^c + \mu}. \tag{21.1b}$$

Betrachtet man eine über einer nichtleeren konvexen Menge $\hat{M}$ in $\mathbb{E}_n$ erklärte konkave Funktion $G(\boldsymbol{x})$, so ist die Funktion

$$G^c(\boldsymbol{y}) := \inf_{\boldsymbol{x} \in \hat{M}} \{(\boldsymbol{y}, \boldsymbol{x}) - G(\boldsymbol{x})\}, \quad \boldsymbol{y} \in \hat{A},$$

mit dem maximalen Definitionsbereich

$$\hat{A} := \left\{\boldsymbol{y} \in \mathbb{E}_n \;\middle|\; \inf_{\boldsymbol{x} \in \hat{M}} \{(\boldsymbol{y}, \boldsymbol{x}) - G(\boldsymbol{x})\} > -\infty\right\}$$

die zu der Funktion $G(\boldsymbol{x})$ gehörige konjugierte Funktion; die Menge $\hat{A}$ ist dabei nichtleer und konvex und die Funktion $G^c(\boldsymbol{y})$ konkav über der Menge $\hat{A}$ (vgl. Bemerkung 19.6). Der Hypograph

$$\mathscr{H}_{G^c} := \{(\boldsymbol{y}, y_{n+1}) \in \mathbb{E}_{n+1} \mid y_{n+1} \leqq G^c(\boldsymbol{y}),\ \boldsymbol{y} \in \hat{A}\}$$

der konkaven Funktion $G^c(\boldsymbol{y})$ mit $\boldsymbol{y} \in \hat{A}$ ist eine konvexe Menge im Raum $\mathbb{E}_{n+1} := \mathbb{E}_n \times \mathbb{E}_1$.

Satz 21.1. *Es seien M und $\hat{M}$ nichtleere konvexe Mengen in $\mathbb{E}_n$, $F(\boldsymbol{x})$ eine über der Menge M erklärte konvexe und $G(\boldsymbol{x})$ eine über der Menge $\hat{M}$ erklärte konkave Funktion. Falls der Epigraph $\mathscr{E}_{F^c}$ der zu der Funktion $F(\boldsymbol{x})$ konjugierten Funktion*

$$F^c(\boldsymbol{y}) := \sup_{\boldsymbol{x} \in M} \{(\boldsymbol{y}, \boldsymbol{x}) - F(\boldsymbol{x})\}, \quad \boldsymbol{y} \in A, \tag{21.2a}$$

und der Hypograph $\mathscr{H}_{G^c}$ der zu der Funktion $G(\boldsymbol{x})$ konjugierten Funktion

$$G^c(\boldsymbol{y}) := \inf_{\boldsymbol{x} \in \hat{M}} \{(\boldsymbol{y}, \boldsymbol{x}) - G(\boldsymbol{x})\}, \quad \boldsymbol{y} \in \hat{A}, \tag{21.2b}$$

(wobei A und $\hat{A}$ die maximalen Definitionsbereiche der Funktionen $F^c(\boldsymbol{y})$ und $G^c(\boldsymbol{y})$ sind (siehe oben)) der Bedingung

$$\mathscr{E}_{F^c} \cap \mathscr{H}_{G^c} \neq \emptyset \tag{21.3a}$$

genügen, so sind der Epigraph $\mathscr{E}_F$ der Funktion $F(\boldsymbol{x})$ und der Hypograph $\mathscr{H}_G$ der Funktion $G(\boldsymbol{x})$ trennbar. Im Fall

$$\mathscr{E}_F \cap \mathscr{H}_G \neq \emptyset \tag{21.3b}$$

sind die Mengen $\mathscr{E}_{F^c}$ und $\mathscr{H}_{G^c}$ trennbar.

Beweis. Es gelte (21.3a), und $\boldsymbol{y}_0' = (\boldsymbol{y}_0, y_{0n+1})$ sei ein beliebiger Punkt der Menge $\mathscr{E}_{F^c} \cap \mathscr{H}_{G^c}$. Aus $y_{0n+1} \geqq F^c(\boldsymbol{y}_0)$ wegen $\boldsymbol{y}_0' \in \mathscr{E}_{F^c}$ und aus $y_{0n+1} \leqq G^c(\boldsymbol{y}_0)$ wegen $\boldsymbol{y}_0' \in \mathscr{H}_{G^c}$ folgt unter Beachtung von (21.2a, b)

$$\inf_{\boldsymbol{x} \in \hat{M}} \{(\boldsymbol{y}_0, \boldsymbol{x}) - G(\boldsymbol{x})\} = G^c(\boldsymbol{y}_0) \geqq y_{0n+1} \geqq F^c(\boldsymbol{y}_0) = \sup_{\boldsymbol{x} \in M} \{(\boldsymbol{y}_0, \boldsymbol{x}) - F(\boldsymbol{x})\},$$

so daß einerseits (wegen $x_{n+1} \geqq F(\boldsymbol{x})$ für $(\boldsymbol{x}, x_{n+1}) \in \mathscr{E}_F$)

$$y_{0n+1} \geqq (\boldsymbol{y}_0, \boldsymbol{x}) - x_{n+1}, \quad (\boldsymbol{x}, x_{n+1}) \in \mathscr{E}_F$$

und andererseits (wegen $x_{n+1} \leqq G(\boldsymbol{x})$ für $(\boldsymbol{x}, x_{n+1}) \in \mathscr{H}_G$)

$$y_{0n+1} \leqq (\boldsymbol{y}_0, \boldsymbol{x}) - x_{n+1}, \quad (\boldsymbol{x}, x_{n+1}) \in \mathscr{H}_G$$

gilt. Hieraus folgt

$$\begin{aligned} \mathscr{E}_F &\subset \overline{H}_0'^{-} := \{(\boldsymbol{x}, x_{n+1}) \in \mathbb{E}_{n+1} \mid (\boldsymbol{y}_0, \boldsymbol{x}) - x_{n+1} \leqq y_{0n+1}\}, \\ \mathscr{H}_G &\subset \overline{H}_0'^{+} := \{(\boldsymbol{x}, x_{n+1}) \in \mathbb{E}_{n+1} \mid (\boldsymbol{y}_0, \boldsymbol{x}) - x_{n+1} \geqq y_{0n+1}\}. \end{aligned} \tag{21.4}$$

Da sowohl der Epigraph $\mathscr{E}_F$ als auch der Hypograph $\mathscr{H}_G$ eine zu der x_{n+1}-Koordinatenachse in $\mathbb{E}_{n+1}$ parallele Halbgerade enthalten und in der Hyperebene

$$R_0' := \{(\boldsymbol{x}, x_{n+1}) \in \mathbb{E}_{n+1} \mid (\boldsymbol{y}_0, \boldsymbol{x}) - x_{n+1} = y_{0n+1}\}$$

eine solche Halbgerade nicht liegt, muß $\mathscr{E}_F \cup \mathscr{H}_G \not\subset R_0'$ gelten. Daher ist wegen (21.4) R_0' eine Trennungshyperebene der konvexen Mengen $\mathscr{E}_F$ und $\mathscr{H}_G$, d. h., die erste Aussage des Satzes gilt.

Nach Satz 19.7 ist $\overline{\mathscr{E}}_F = (\mathscr{E}_{F^c})^c$, ebenso gilt $\overline{\mathscr{H}}_G = (\mathscr{H}_{G^c})^c$ (vgl. Bemerkung 19.6), dabei sind $(\mathscr{E}_{F^c})^c$ und $(\mathscr{H}_{G^c})^c$ die Polarbilder der Mengen $\mathscr{E}_{F^c}$ und $\mathscr{H}_{G^c}$ bezüglich einer bestimmten quadratischen Hyperfläche (vgl. Bemerkung 19.4). Aus der Bedingung (21.3b) folgt $\overline{\mathscr{E}}_F \cap \overline{\mathscr{H}}_G \neq \emptyset$ und daraus dann

$$(\mathscr{E}_{F^c})^c \cap (\mathscr{H}_{G^c})^c \neq \emptyset.$$

Hieraus erhält man wegen $(\mathscr{E}_{F^c})^c = \mathscr{E}_{(F^c)^c}$ und $(\mathscr{H}_{G^c})^c = \mathscr{H}_{(G^c)^c}$ (vgl. den Beweis von Satz 19.7 und Bemerkung 19.6) nach der bereits gezeigten ersten Aussage des Satzes die Trennbarkeit der Mengen $\mathscr{E}_{F^c}$ und $\mathscr{H}_{G^c}$. □

Bemerkung 21.1. Wenn M und $\hat{M}$ konvexe Mengen in $\mathbb{E}_n$ mit $M \cap \hat{M} \neq \emptyset$ sind, $F(\boldsymbol{x})$ eine über der Menge M konvexe und $G(\boldsymbol{x})$ eine über der Menge $\hat{M}$ konkave Funktion, dann gibt es eine Zahl μ derart, daß für die Funktion $F_\mu(\boldsymbol{x}) := F(\boldsymbol{x}) - \mu$ $(\boldsymbol{x} \in M)$ gilt $\mathscr{E}_{F_\mu} \cap \mathscr{H}_G \neq \emptyset$. Wenn nämlich $\boldsymbol{x}_0$ ein Punkt der Menge $M \cap \hat{M}$ und α, β Zahlen mit $\alpha \geqq F(\boldsymbol{x}_0)$, $\beta \leqq G(\boldsymbol{x}_0)$ sind, so ist $(\boldsymbol{x}_0, \alpha) \in \mathscr{E}_F$, $(\boldsymbol{x}_0, \beta) \in \mathscr{H}_G$; setzt man $\mu := \alpha - \beta$, dann genügt der Punkt $(\boldsymbol{x}_0, \alpha - \mu)$ den Ungleichungen $\alpha - \mu \geqq F(\boldsymbol{x}_0) - \mu = F_\mu(\boldsymbol{x}_0)$, $\alpha - \mu = \beta \leqq G(\boldsymbol{x}_0)$, und daher ist $(\boldsymbol{x}_0, \alpha - \mu) \in \mathscr{E}_F \cap \mathscr{H}_G$.

Bemerkung 21.2. Einer über einer nichtleeren konvexen Menge M in $\mathbb{E}_n$ erklärten konvexen Funktion $F(\boldsymbol{x})$ hatten wir in Kapitel 19 die Menge

$$B := \left\{\boldsymbol{y} \in A \;\middle|\; \sup_{\boldsymbol{x} \in M} \{(\boldsymbol{y}, \boldsymbol{x}) - F(\boldsymbol{x})\} = \max_{\boldsymbol{x} \in M} \{(\boldsymbol{y}, \boldsymbol{x}) - F(\boldsymbol{x})\}\right\}$$

zugeordnet, wobei $\emptyset \neq B \subset A$ gilt (vgl. (19.5a, b, c)). Auf ähnliche Weise können wir einer über einer nichtleeren konvexen Menge $\hat{M}$ in $\mathbb{E}_n$ definierten konkaven Funktion $G(\boldsymbol{x})$ die Menge

$$\hat{B} := \left\{\boldsymbol{y} \in \hat{A} \;\middle|\; \inf_{\boldsymbol{x} \in \hat{M}} \{(\boldsymbol{y}, \boldsymbol{x}) - G(\boldsymbol{x})\} = \min_{\boldsymbol{x} \in \hat{M}} \{(\boldsymbol{y}, \boldsymbol{x}) - G(\boldsymbol{x})\}\right\}$$

zuordnen; sie hat die Eigenschaft $\emptyset \neq \hat{B} \subset \hat{A}$ (die Mengen A und $\hat{A}$ haben dabei die ihnen in Satz 21.1 gegebene Bedeutung).

Satz 21.2. *Es seien M und $\hat{M}$ konvexe Mengen in $\mathbb{E}_n$ mit $M \cap \hat{M} \neq \emptyset$, $F(\boldsymbol{x})$ eine über der Menge M erklärte konvexe und $G(\boldsymbol{x})$ eine über der Menge $\hat{M}$ erklärte konkave Funktion. Weiter seien $F^c(\boldsymbol{y})$ und $G^c(\boldsymbol{y})$ die zu den Funktionen $F(\boldsymbol{x})$ und $G(\boldsymbol{x})$ konjugierten Funktionen; deren Definitionsbereiche A und $\hat{A}$ mögen der Bedingung $A \cap \hat{A} \neq \emptyset$ genügen. Dann gilt:*

$$-\infty < \sup_{\boldsymbol{y} \in A \cap \hat{A}} \{G^c(\boldsymbol{y}) - F^c(\boldsymbol{y})\} \leqq \inf_{\boldsymbol{x} \in M \cap \hat{M}} \{F(\boldsymbol{x}) - G(\boldsymbol{x})\} < \infty; \tag{21.5a}$$

für ein Punktepaar $\boldsymbol{y}_0 \in A \cap \hat{A}$ und $\boldsymbol{x}_0 \in M \cap \hat{M}$ ist genau dann

$$G^c(\boldsymbol{y}_0) - F^c(\boldsymbol{y}_0) = F(\boldsymbol{x}_0) - G(\boldsymbol{x}_0), \tag{21.5b}$$

wenn gilt

$$\begin{aligned} F^c(\boldsymbol{y}_0) &= (\boldsymbol{y}_0, \boldsymbol{x}_0) - F(\boldsymbol{x}_0), \\ G^c(\boldsymbol{y}_0) &= (\boldsymbol{y}_0, \boldsymbol{x}_0) - G(\boldsymbol{x}_0). \end{aligned} \tag{21.5c}$$

Beweis. Aus der Definition der konjugierten Funktionen $F^c(\boldsymbol{y})$ und $G^c(\boldsymbol{y})$ (vgl. (21.2a, b)) folgt

$$\begin{aligned} F^c(\boldsymbol{y}) &\geqq (\boldsymbol{y}, \boldsymbol{x}) - F(\boldsymbol{x}), \quad \boldsymbol{x} \in M, \quad \boldsymbol{y} \in A, \\ G^c(\boldsymbol{y}) &\leqq (\boldsymbol{y}, \boldsymbol{x}) - G(\boldsymbol{x}), \quad \boldsymbol{x} \in \hat{M}, \quad \boldsymbol{y} \in \hat{A}; \end{aligned} \tag{21.6}$$

daher ist

$$G^c(\boldsymbol{y}) - F^c(\boldsymbol{y}) \leqq F(\boldsymbol{x}) - G(\boldsymbol{x}), \quad \boldsymbol{x} \in M \cap \hat{M}, \quad \boldsymbol{y} \in A \cap \hat{A}.$$

Für beliebige Punkte $\boldsymbol{x}_0 \in M \cap \hat{M}$ und $\boldsymbol{y}_0 \in A \cap \hat{A}$ gilt also

$$G^c(\boldsymbol{y}_0) - F^c(\boldsymbol{y}_0) \leqq \sup_{\boldsymbol{y}\in A\cap\hat{A}} \{G^c(\boldsymbol{y}) - F^c(\boldsymbol{y})\} \leqq \inf_{\boldsymbol{x}\in M\cap\hat{M}} \{F(\boldsymbol{x}) - G(\boldsymbol{x})\} \leqq F(\boldsymbol{x}_0) - G(\boldsymbol{x}_0)$$

und damit die Aussage (21.5a) des Satzes.

Falls die Punkte $\boldsymbol{x}_0 \in M \cap \hat{M}$ und $\boldsymbol{y}_0 \in A \cap \hat{A}$ der Gleichung (21.5b) genügen, so ist

$$G^c(\boldsymbol{y}_0) = F^c(\boldsymbol{y}_0) + F(\boldsymbol{x}_0) - G(\boldsymbol{x}_0) \tag{21.7a}$$

und nach (21.6)

$$\begin{aligned} G^c(\boldsymbol{y}_0) &\leqq (\boldsymbol{y}_0, \boldsymbol{x}_0) - G(\boldsymbol{x}_0), \\ F^c(\boldsymbol{y}_0) &\geqq (\boldsymbol{y}_0, \boldsymbol{x}_0) - F(\boldsymbol{x}_0). \end{aligned} \tag{21.7b}$$

Aus der ersten Ungleichung erhält man unter Beachtung von (21.7a)

$$F^c(\boldsymbol{y}_0) \leqq (\boldsymbol{y}_0, \boldsymbol{x}_0) - F(\boldsymbol{x}_0).$$

Hieraus und aus der zweiten Ungleichung in (21.7b) folgt dann die erste Aussage in (21.5c). Die zweite Aussage in (21.5c) ergibt sich aus (21.7a) und (21.7b) in entsprechender Weise.

Wenn andererseits $\boldsymbol{x}_0$ und $\boldsymbol{y}_0$ Punkte sind, die den Bedingungen (21.5c) genügen, so ist nach Definition der konjugierten Funktionen (vgl. (21.2a, b)) $\boldsymbol{x}_0 \in M \cap \hat{M}$ und $\boldsymbol{y}_0 \in A \cap \hat{A}$, und durch Substraktion der beiden Gleichungen in (21.5c) erhält man dann die Aussage (21.5b). □

Vereinbarung. Es seien M und $\hat{M}$ nichtleere konvexe Mengen in $\mathbb{E}_n$ mit $M \cap \hat{M} \neq \emptyset$, $F(\boldsymbol{x})$ eine über der Menge M erklärte konvexe und $G(\boldsymbol{x})$ eine über der Menge $\hat{M}$ erklärte konkave Funktion. Weiter seien $F^c(\boldsymbol{y})$ $(\boldsymbol{y} \in A)$ und $G^c(\boldsymbol{y})$ $(\boldsymbol{y} \in \hat{A})$ die zu den Funktionen $F(\boldsymbol{x})$ und $G(\boldsymbol{x})$ konjugierten Funktionen; für die Definitionsbereiche A und $\hat{A}$ dieser Funktionen gelte $A \cap \hat{A} \neq \emptyset$.

Das Optimierungsproblem

$$\inf_{\boldsymbol{x}\in M\cap\hat{M}} \{F(\boldsymbol{x}) - G(\boldsymbol{x})\}! \tag{21.8a}$$

wollen wir das den Funktionen $F(\boldsymbol{x})$ und $G(\boldsymbol{x})$ zugeordnete *primale Optimierungsproblem* nennen und das Optimierungsproblem

$$\sup_{\boldsymbol{y}\in A\cap\hat{A}} \{G^c(\boldsymbol{y}) - F^c(\boldsymbol{y})\}! \tag{21.8b}$$

das zu dem Optimierungsproblem (21.8a) *duale Optimierungsproblem.*

Im Einklang mit der im Kapitel 20 gewählten Terminologie werden die Punkte $\boldsymbol{x} \in M \cap \hat{M}$ (bzw. die Punkte $\boldsymbol{y} \in A \cap \hat{A}$) als *zulässige Punkte* des Problems (21.8a) (bzw. des Problems (21.8b)) bezeichnet. Wenn die Menge

$$(M \cap \hat{M})_{\text{opt}} := \left\{\boldsymbol{x}^* \in M \cap \hat{M} \mid F(\boldsymbol{x}^*) - G(\boldsymbol{x}^*) = \min_{\boldsymbol{x}\in M\cap\hat{M}} \{F(\boldsymbol{x}) - G(\boldsymbol{x})\}\right\}$$

(bzw. die Menge

$$(A \cap \hat{A})_{\text{opt}} := \left\{\boldsymbol{y}^* \in A \cap \hat{A} \mid G^c(\boldsymbol{y}^*) - F^c(\boldsymbol{y}^*) = \max_{\boldsymbol{y}\in A\cap\hat{A}} \{G^c(\boldsymbol{y}) - F^c(\boldsymbol{y})\}\right\})$$

nicht leer ist, so sagt man, daß das Optimierungsproblem (21.8a) (bzw. das Optimierungsproblem (21.8b)) *lösbar* ist. Die Punkte $\boldsymbol{x}^* \in (M \cap \hat{M})_{\text{opt}}$ (bzw. $\boldsymbol{y}^* \in (A \cap \hat{A})_{\text{opt}}$) heißen *Optimalpunkte* des Problems (21.8a) (bzw. des Problems (21.8b)).

Bemerkung 21.3. Wenn im Fall $M \cap \hat{M} \neq \emptyset$ die Funktion $F(\boldsymbol{x})$ konvex und die Funktion $G(\boldsymbol{x})$ konkav über der konvexen Menge $M \cap \hat{M}$ sind, so ist $F(\boldsymbol{x}) - G(\boldsymbol{x})$ eine über der konvexen Menge $M \cap \hat{M}$ konvexe Funktion; in (21.8a) steht dann ein konvexes Optimierungsproblem. Nach Satz 19.1 ist die zur Funktion $F(\boldsymbol{x})$ $(\boldsymbol{x} \in M)$ konjugierte Funktion $F^c(\boldsymbol{y})$ konvex über ihrem konvexen Definitionsbereich A und die zur Funktion $G(\boldsymbol{x})$ $(\boldsymbol{x} \in \hat{M})$ konjugierte Funktion $G^c(\boldsymbol{y})$ konkav über ihrem konvexen Definitionsbereich $\hat{A}$ (vgl. Bemerkung 19.6). Im Fall $A \cap \hat{A} \neq \emptyset$ ist die Funktion $G^c(\boldsymbol{y}) - F^c(\boldsymbol{y})$ daher konkav und die Funktion $-\left(G^c(\boldsymbol{y}) - F^c(\boldsymbol{y})\right)$ konvex über der konvexen Menge $A \cap \hat{A}$. Wegen

$$\sup_{\boldsymbol{y} \in A \cap \hat{A}} \{G^c(\boldsymbol{y}) - F^c(\boldsymbol{y})\} = -\inf_{\boldsymbol{y} \in A \cap \hat{A}} \left\{-\left(G^c(\boldsymbol{y}) - F^c(\boldsymbol{y})\right)\right\}$$

kann man anstelle des Problems (21.8b) auch das konvexe Optimierungsproblem

$$\inf_{\boldsymbol{y} \in A \cap \hat{A}} \left\{-\left(G^c(\boldsymbol{y}) - F^c(\boldsymbol{y})\right)\right\}!$$

den Untersuchungen zugrunde legen.

Die Aufgaben (21.8a) und (21.8b) werden — sobald die Mengen $M, \hat{M}, A, \hat{A}$ und die Funktionen $F(\boldsymbol{x})$, $G(\boldsymbol{x})$ den in der Vereinbarung getroffenen Voraussetzungen genügen — ein *Paar zueinander dualer konvexer Aufgaben* genannt.

Satz 21.3. *Es seien M und $\hat{M}$ nichtleere konvexe Mengen in $\mathbb{E}_n$, $F(\boldsymbol{x})$ eine über der Menge M erklärte konvexe und $G(\boldsymbol{x})$ eine über der Menge $\hat{M}$ erklärte konkave Funktion. Weiter seien $F^c(\boldsymbol{y})$ $(\boldsymbol{y} \in A)$ und $G^c(\boldsymbol{y})$ $(\boldsymbol{y} \in \hat{A})$ die zu den Funktionen $F(\boldsymbol{x})$ und $G(\boldsymbol{x})$ konjugierten Funktionen* (vgl. (21.2a, b)). *Unter den Voraussetzungen*

$$\operatorname{rel\,int} M \cap \operatorname{rel\,int} \hat{M} \neq \emptyset \tag{21.9a}$$

und

$$\inf_{\boldsymbol{x} \in M \cap \hat{M}} \{F(\boldsymbol{x}) - G(\boldsymbol{x})\} > -\infty \tag{21.9b}$$

ist das zu dem Optimierungsproblem

$$\inf_{\boldsymbol{x} \in M \cap \hat{M}} \{F(\boldsymbol{x}) - G(\boldsymbol{x})\}!$$

duale Problem

$$\sup_{\boldsymbol{y} \in A \cap \hat{A}} \{G^c(\boldsymbol{y}) - F^c(\boldsymbol{y})\}!$$

lösbar, und es gilt

$$\inf_{\boldsymbol{x} \in M \cap \hat{M}} \{F(\boldsymbol{x}) - G(\boldsymbol{x})\} = \max_{\boldsymbol{y} \in A \cap \hat{A}} \{G^c(\boldsymbol{y}) - F^c(\boldsymbol{y})\}. \tag{21.9c}$$

Beweis. Setzt man

$$\mu := \inf_{\boldsymbol{x} \in M \cap \hat{M}} \{F(\boldsymbol{x}) - G(\boldsymbol{x})\}, \tag{21.10}$$

so ist nach Voraussetzung (21.9b) $\mu \in \mathbb{R}$. Für die konvexe Funktion

$$F_\mu(\boldsymbol{x}) := F(\boldsymbol{x}) - \mu, \quad \boldsymbol{x} \in M,$$

gilt dann

$$\inf_{\boldsymbol{x} \in M \cap \hat{M}} \{F_\mu(\boldsymbol{x}) - G(\boldsymbol{x})\} = 0$$

und daher

$$F_\mu(\boldsymbol{x}) - G(\boldsymbol{x}) \geqq 0, \quad \boldsymbol{x} \in M \cap \hat{M}. \tag{21.11}$$

Wenn für den Epigraphen

$$\mathscr{E}_{F_\mu} := \{(\boldsymbol{x}, x_{n+1}) \in \mathbb{E}_{n+1} \mid x_{n+1} \geqq F_\mu(\boldsymbol{x}), \boldsymbol{x} \in M\}$$

der Funktion $F_\mu(\boldsymbol{x})$ und für den Hypographen

$$\mathscr{H}_G := \{(\boldsymbol{x}, x_{n+1}) \in \mathbb{E}_{n+1} \mid x_{n+1} \leqq G(\boldsymbol{x}), \boldsymbol{x} \in \hat{M}\}$$

der Funktion $G(\boldsymbol{x})$ nun $\operatorname{rel\,int} \mathscr{E}_F \cap \operatorname{rel\,int} \mathscr{H}_G \neq \emptyset$ gelten würde, d. h., wenn es einen Punkt $\tilde{\boldsymbol{x}}' = (\tilde{\boldsymbol{x}}, \tilde{x}_{n+1})$ in $\mathbb{E}_{n+1}$ mit $\tilde{\boldsymbol{x}} \in \operatorname{rel\,int} M \cap \operatorname{rel\,int} \hat{M}$ und $F_\mu(\tilde{\boldsymbol{x}}) < \tilde{x}_{n+1} < G(\tilde{\boldsymbol{x}})$ gäbe, so wäre $F_\mu(\tilde{\boldsymbol{x}}) - G(\tilde{\boldsymbol{x}}) < 0$ im Widerspruch zu (21.11); also gilt

$$\operatorname{rel\,int} \mathscr{E}_{F_\mu} \cap \operatorname{rel\,int} \mathscr{H}_G = \emptyset.$$

Nach Satz 9.1 existiert daher eine Trennungshyperebene R_0' in $\mathbb{E}_{n+1}$ der Mengen $\mathscr{E}_{F_\mu}$ und $\mathscr{H}_G$. Sie ist nicht parallel zu der x_{n+1}-Koordinatenachse in $\mathbb{E}_{n+1}$ (andernfalls wäre ihr Durchschnitt mit der Koordinatenhyperebene $E_n' := \{(\boldsymbol{x}, x_{n+1}) \in \mathbb{E}_{n+1} \mid x_{n+1} = 0\}$ in $\mathbb{E}_{n+1}$ eine Trennungshyperebene der Mengen M und $\hat{M}$, woraus (nach Satz 9.1) $\operatorname{rel\,int} M \cap \operatorname{rel\,int} \hat{M} = \emptyset$ folgen würde, im Widerspruch zu der Voraussetzung (21.9a)). Also gibt es einen Vektor $\boldsymbol{y}_0$ in $\mathbb{E}_n$ und eine Zahl y_{0n+1} derart, daß gilt

$$R_0' = \{(\boldsymbol{x}, x_{n+1}) \in \mathbb{E}_{n+1} \mid (\boldsymbol{y}_0, \boldsymbol{x}) - x_{n+1} = y_{0n+1}\}.$$

Aus dieser Darstellung der Trennungshyperebene R_0' sowie aus den obigen Darstellungen der Mengen $\mathscr{E}_{F_\mu}$ und $\mathscr{H}_G$ folgt

$$\mathscr{E}_{F_\mu} \subset \bar{H}_0'^{-} := \{(\boldsymbol{x}, x_{n+1}) \in \mathbb{E}_{n+1} \mid (\boldsymbol{y}_0, \boldsymbol{x}) - x_{n+1} \leqq y_{0n+1}\},$$

$$\mathscr{H}_G \subset \bar{H}_0'^{+} := \{(\boldsymbol{x}, x_{n+1}) \in \mathbb{E}_{n+1} \mid (\boldsymbol{y}_0, \boldsymbol{x}) - x_{n+1} \geqq y_{0n+1}\}.$$

Das aber führt wegen $(\boldsymbol{x}, F_\mu(\boldsymbol{x})) \in \mathscr{E}_{F_\mu}$ für $\boldsymbol{x} \in M$ und $(\boldsymbol{x}, G(\boldsymbol{x})) \in \mathscr{H}_G$ für $\boldsymbol{x} \in \hat{M}$ zu

$$\sup_{\boldsymbol{x} \in M} \{(\boldsymbol{y}_0, \boldsymbol{x}) - F_\mu(\boldsymbol{x})\} \leqq y_{0n+1} < \infty,$$

$$\inf_{\boldsymbol{x} \in \hat{M}} \{(\boldsymbol{y}_0, \boldsymbol{x}) - G(\boldsymbol{x})\} \geqq y_{0n+1} > -\infty;$$

also ist $\boldsymbol{y}_0 \in A \cap \hat{A}$ und weiter — unter Beachtung von (21.2a, b) und (21.1a) —

$$F_\mu^{\mathrm{c}}(\boldsymbol{y}_0) = F^{\mathrm{c}}(\boldsymbol{y}_0) + \mu \leqq G^{\mathrm{c}}(\boldsymbol{y}_0).$$

Diese Ungleichung ist nach (21.10) gleichbedeutend mit der Aussage

$$G^{\mathrm{c}}(\boldsymbol{y}_0) - F^{\mathrm{c}}(\boldsymbol{y}_0) \geqq \inf_{\boldsymbol{x} \in M \cap \hat{M}} \{F(\boldsymbol{x}) - G(\boldsymbol{x})\};$$

nach Satz 21.2, Aussage (21.5a), gilt aber

$$G^c(\boldsymbol{y}_0) - F^c(\boldsymbol{y}_0) \leqq \sup_{\boldsymbol{y}\in A\cap\hat{A}} \{G^c(\boldsymbol{y}) - F^c(\boldsymbol{y})\} \leqq \inf_{\boldsymbol{x}\in M\cap\hat{M}} \{F(\boldsymbol{x}) - G(\boldsymbol{x})\}.$$

Damit ist

$$G^c(\boldsymbol{y}_0) - F^c(\boldsymbol{y}_0) = \sup_{\boldsymbol{y}\in A\cap\hat{A}} \{G^c(\boldsymbol{y}) - F^c(\boldsymbol{y})\} = \inf_{\boldsymbol{x}\in M\cap\hat{M}} \{F(\boldsymbol{x}) - G(\boldsymbol{x})\},$$

woraus wegen $\boldsymbol{y}_0 \in A \cap \hat{A}$ die Aussage des Satzes folgt. □

Bemerkung 21.4. Die Aussage des Satzes 21.3 gilt auch dann, wenn in diesem Satz die Voraussetzung (21.9b) durch die Bedingung $A \cap \hat{A} \neq \emptyset$ ersetzt wird (wie unmittelbar aus den Voraussetzungen und der Aussage (21.5a) des Satzes 21.2 folgt).

Satz 21.4. *Es seien M und $\hat{M}$ nichtleere konvexe Mengen in $\mathbb{E}_n$, $F(\boldsymbol{x})$ eine über der Menge M erklärte abgeschlossene konvexe Funktion und $G(\boldsymbol{x})$ eine über der Menge $\hat{M}$ erklärte abgeschlossene konkave Funktion. Weiter seien $F^c(\boldsymbol{y})$ $(\boldsymbol{y} \in A)$ und $G^c(\boldsymbol{y})$ $(\boldsymbol{y} \in \hat{A})$ die zu den Funktionen $F(\boldsymbol{x})$ und $G(\boldsymbol{x})$ konjugierten Funktionen (vgl.* (21.2a, b)). *Falls die Mengen M, $\hat{M}$, A und $\hat{A}$ den Bedingungen*

$$\text{rel int } M \cap \text{rel int } \hat{M} \neq \emptyset, \quad \text{rel int } A \cap \text{rel int } \hat{A} \neq \emptyset \tag{21.12}$$

genügen, so sind die beiden Optimierungsprobleme

$$\begin{aligned} &\text{(I)} \ \inf_{\boldsymbol{x}\in M\cap\hat{M}} \{F(\boldsymbol{x}) - G(\boldsymbol{x})\}! \\ &\text{(II)} \ \sup_{\boldsymbol{y}\in A\cap\hat{A}} \{G^c(\boldsymbol{y}) - F^c(\boldsymbol{y})\}! \end{aligned} \tag{21.13a}$$

lösbar, und es gilt — sobald $\boldsymbol{x}_0$ ein Optimalpunkt des Problems (I) *ist und $\boldsymbol{y}_0$ ein Optimalpunkt des Problems* (II) —

$$F(\boldsymbol{x}_0) - G(\boldsymbol{x}_0) = G^c(\boldsymbol{y}_0) - F^c(\boldsymbol{y}_0). \tag{21.13b}$$

Beweis. Nach Satz 21.3 und Bemerkung 21.4 (die dort geforderten Voraussetzungen sind erfüllt) ist das zu dem primalen Optimierungsproblem (I) duale Optimierungsproblem (II) lösbar. Daher existiert ein Optimalpunkt $\boldsymbol{y}_0 \in A \cap \hat{A}$ dieses Problems, für den nach Satz 21.3, Aussage (21.9c)

$$G^c(\boldsymbol{y}_0) - F^c(\boldsymbol{y}_0) = \inf_{\boldsymbol{x}\in M\cap\hat{M}} \{F(\boldsymbol{x}) - G(\boldsymbol{x})\} \tag{21.14}$$

gilt. Da $F(\boldsymbol{x})$ nach Voraussetzung eine abgeschlossene konvexe Funktion über der Menge M ist und $G(\boldsymbol{x})$ eine abgeschlossene konkave Funktion über der Menge $\hat{M}$, folgt nach Definition 18.2 und nach Satz 19.5

$$(F^c)^c(\boldsymbol{x}) = \underline{F}(\boldsymbol{x}) = F(\boldsymbol{x}), \quad \boldsymbol{x} \in M, \tag{21.15a}$$

$$\big((-G)^c\big)^c(\boldsymbol{x}) = -\underline{G}(\boldsymbol{x}) = -G(\boldsymbol{x}), \quad \boldsymbol{x} \in \hat{M}. \tag{21.15b}$$

Die zu der konkaven Fuktion $G(\boldsymbol{x})$ $(\boldsymbol{x} \in \hat{M})$ konjugierte Funktion $G^c(\boldsymbol{y})$ $(\boldsymbol{y} \in \hat{A})$ ist nach Bemerkung 19.6 konkav über der Menge $\hat{A}$. Wegen $(G^c)^c(\boldsymbol{x}) = -\big((-G^c)\big)^c(\boldsymbol{x})$ folgt aus (21.15b) $(G^c)^c(\boldsymbol{x}) = G(\boldsymbol{x})$, $\boldsymbol{x} \in \hat{M}$. Es ist also

$$(F^c)^c(\boldsymbol{x}) - (G^c)^c(\boldsymbol{x}) = F(\boldsymbol{x}) - G(\boldsymbol{x}), \quad \boldsymbol{x} \in M \cap \hat{M}. \tag{21.16}$$

Nimmt man nun das Optimierungsproblem

$$\inf_{\boldsymbol{y} \in A \cap \hat{A}} \{F^c(\boldsymbol{y}) - G^c(\boldsymbol{y})\}! \tag{21.17a}$$

als primales Problem, so ist

$$\sup_{\boldsymbol{x} \in M \cap \hat{M}} \{(G^c)^c(\boldsymbol{x}) - (F^c)^c(\boldsymbol{x})\}! \tag{21.17b}$$

das zu ihm duale Problem, und es gilt

$$\begin{aligned} \sup_{\boldsymbol{x} \in M \cap \hat{M}} \{(G^c)^c(\boldsymbol{x}) - (F^c)^c(\boldsymbol{x})\} &= \sup_{\boldsymbol{x} \in M \cap \hat{M}} \{G(\boldsymbol{x}) - F(\boldsymbol{x})\} \\ &= -\inf_{\boldsymbol{x} \in M \cap \hat{M}} \{F(\boldsymbol{x}) - G(\boldsymbol{x})\}. \end{aligned} \tag{21.17c}$$

Nach Satz 21.3 und Bemerkung 21.4 (statt von den Funktionen $F(\boldsymbol{x})$ ($\boldsymbol{x} \in M$) und $G(\boldsymbol{x})$ ($\boldsymbol{x} \in \hat{M}$) gehen wir hier von der konvexen Funktion $F^c(\boldsymbol{y})$ ($\boldsymbol{y} \in A$) und der konkaven Funktion $G^c(\boldsymbol{y})$ ($\boldsymbol{y} \in \hat{A}$) aus) ist aufgrund der Voraussetzungen (21.12) die Optimierungsaufgabe (21.17b) und daher wegen (21.17c) auch die Optimierungsaufgabe

$$\inf_{\boldsymbol{x} \in M \cap \hat{M}} \{F(\boldsymbol{x}) - G(\boldsymbol{x})\}!$$

lösbar. Es existiert also ein Punkt $\boldsymbol{x}_0 \in M \cap \hat{M}$ mit

$$F(\boldsymbol{x}_0) - G(\boldsymbol{x}_0) = \inf_{\boldsymbol{x} \in M \cap \hat{M}} \{F(\boldsymbol{x}) - G(\boldsymbol{x})\}.$$

Hieraus und aus (21.14) folgt die Aussage (21.13b) des Satzes. □

Bemerkung 21.5. Der Satz 21.3 wird in der Literatur als *Satz von Fenchel* bezeichnet, und zwar nach seinem Entdecker W. Fenchel, von dem auch der Begriff einer konjugierten Funktion (in dem hier verwendeten Sinne) stammt und der die Grundlagen der Dualitätstheorie in der konvexen Optimierung entwickelt hat. Dieser Satz ist im wesentlichen eine Aussage über die Trennbarkeit der konvexen Mengen $\mathcal{E}_{F_\mu}$ und $\mathcal{H}_G$ (vgl. den angegebenen Beweis).

Der aus dem Fenchelschen Satz 21.3 abgeleitete Satz 21.4 wird in der konvexen Analysis als *Dualitätssatz von Fenchel* bezeichnet.

Bemerkung 21.6. Falls $F(\boldsymbol{x})$ eine über einer nichtleeren abgeschlossenen konvexen Menge M in $\mathbb{E}_n$ erklärte stetige konvexe Funktion ist und $G(\boldsymbol{x})$ eine über einer nichtleeren abgeschlossenen konvexen Menge $\hat{M}$ in $\mathbb{E}_n$ erklärte stetige konkave Funktion, so sind diese Funktionen über der Menge M bzw. über der Menge $\hat{M}$ abgeschlossen (vgl. Lemma 18.2). Sind darüber hinaus die Bedingungen (21.12) erfüllt, so sind die in Satz 21.4 angegebenen Optimierungsprobleme (I) und (II) lösbar, und die Zielfunktionswerte beider Probleme stimmen in den Optimalpunkten dieser Probleme überein.

Beispiel 21.1. Es seien M_1 und M_2 konvexe Mengen in $\mathbb{E}_n$ mit rel int $M_1 \cap$ rel int $M_2 \neq \emptyset$ und $F_i(\boldsymbol{x})$ eine über der Menge M_i definierte konvexe Funktion ($i = 1, 2$). Weiter sei

$$F_i^c(\boldsymbol{y}) := \sup_{\boldsymbol{x} \in M_i} \{(\boldsymbol{y}, \boldsymbol{x}) - F_i(\boldsymbol{x})\}, \quad \boldsymbol{y} \in A_i,$$

die zu der Funktion $F_i(\boldsymbol{x})$ ($\boldsymbol{x} \in M_i$) konjugierte Funktion ($i = 1, 2$).

Die Funktion $F_1(\boldsymbol{x}) + F_2(\boldsymbol{x})$ ist konvex über der nichtleeren konvexen Menge $M_1 \cap M_2$; die zu ihr konjugierte Funktion $(F_1 + F_2)^c\,(\boldsymbol{y})$ ist definiert durch (vgl. Definition 19.1)

$$(F_1 + F_2)^c\,(\boldsymbol{y}) := \sup_{\boldsymbol{x} \in M_1 \cap M_2} \left\{(\boldsymbol{y}, \boldsymbol{x}) - \bigl(F_1(\boldsymbol{x}) - F_2(\boldsymbol{x})\bigr)\right\}, \quad \boldsymbol{y} \in A^*,$$

und ihr Definitionsbereich A^* durch

$$A^* := \left\{\boldsymbol{y} \in \mathbb{E}_n \,\middle|\, \sup_{\boldsymbol{x} \in M_1 \cap M_2} \left\{(\boldsymbol{y}, \boldsymbol{x}) - \bigl(F_1(\boldsymbol{x}) + F_2(\boldsymbol{x})\bigr)\right\} < \infty\right\}.$$

Setzt man für einen beliebigen Punkt $\boldsymbol{y}_0 \in A^*$

$$\begin{aligned} f(\boldsymbol{x}) &:= F_1(\boldsymbol{x}) - (\boldsymbol{y}_0, \boldsymbol{x}), \quad \boldsymbol{x} \in M_1, \\ g(\boldsymbol{x}) &:= -F_2(\boldsymbol{x}), \quad \boldsymbol{x} \in M_2, \end{aligned} \tag{21.18a}$$

so ist $f(\boldsymbol{x})$ eine über der Menge M_1 konvexe und $g(\boldsymbol{x})$ eine über der Menge M_2 konkave Funktion, und für die zu ihnen konjugierten Funktionen $f^c(\boldsymbol{y})$ und $g^c(\boldsymbol{y})$ gilt

$$\begin{aligned} f^c(\boldsymbol{y}) &= \sup_{\boldsymbol{x} \in M_1} \{(\boldsymbol{y} + \boldsymbol{y}_0, \boldsymbol{x}) - F_1(\boldsymbol{x})\} = F_1{}^c(\boldsymbol{y} + \boldsymbol{y}_0), \quad \boldsymbol{y} + \boldsymbol{y}_0 \in A_1, \\ g^c(\boldsymbol{y}) &= \inf_{\boldsymbol{x} \in M_2} \{(\boldsymbol{y}, \boldsymbol{x}) + F_2(\boldsymbol{x})\} = -\sup_{\boldsymbol{x} \in M_2} \{(-\boldsymbol{y}, \boldsymbol{x}) - F_2(\boldsymbol{x})\} \\ &= -F_2{}^c(-\boldsymbol{y}), \quad -\boldsymbol{y} \in A_2. \end{aligned} \tag{21.18b}$$

Nach den Definitionen (21.18a) und wegen $\boldsymbol{y}_0 \in A^*$ ist

$$\begin{aligned} \inf_{\boldsymbol{x} \in M_1 \cap M_2} \{f(\boldsymbol{x}) - g(\boldsymbol{x})\} &= \inf_{\boldsymbol{x} \in M_1 \cap M_2} \left\{-(\boldsymbol{y}_0, \boldsymbol{x}) + \bigl(F_1(\boldsymbol{x}) + F_2(\boldsymbol{x})\bigr)\right\} \\ &= -\sup_{\boldsymbol{x} \in M_1 \cap M_2} \left\{(\boldsymbol{y}_0, \boldsymbol{x}) - \bigl(F_1(\boldsymbol{x}) + F_2(\boldsymbol{x})\bigr)\right\} > -\infty \end{aligned} \tag{21.19}$$

und daher (vgl. die Definition der Funktion $(F_1 + F_2)^c\,(\boldsymbol{y})$)

$$(F_1 + F_2)^c\,(\boldsymbol{y}_0) = -\inf_{\boldsymbol{x} \in M_1 \cap M_2} \{f(\boldsymbol{x}) - g(\boldsymbol{x})\}. \tag{21.20a}$$

Unter Verwendung der Mengen

$$\begin{aligned} A' &:= \{\boldsymbol{y} \in \mathbb{E}_n \mid \boldsymbol{y} + \boldsymbol{y}_0 \in A_1,\ -\boldsymbol{y} \in A_2\}, \\ A'' &:= \{\boldsymbol{y} \in \mathbb{E}_n \mid \boldsymbol{y}_0 - \boldsymbol{y} \in A_1,\ \boldsymbol{y} \in A_2\}, \\ A(\boldsymbol{y}_0) &:= \left\{\{\boldsymbol{y}_1, \boldsymbol{y}_2\} \mid \boldsymbol{y}_1 \in A_1,\ \boldsymbol{y}_2 \in A_2,\ \boldsymbol{y}_1 + \boldsymbol{y}_2 = \boldsymbol{y}_0\right\} \end{aligned}$$

erhält man aus (21.18b)

$$\begin{aligned} \sup_{\boldsymbol{y} \in A'} \{g^c(\boldsymbol{y}) - f^c(\boldsymbol{y})\} &= \sup_{\boldsymbol{y} \in A'} \{-F_2{}^c(-\boldsymbol{y}) - F_1{}^c(\boldsymbol{y} + \boldsymbol{y}_0)\} \\ &= \sup_{\boldsymbol{y} \in A''} \{-F_1{}^c(\boldsymbol{y}_0 - \boldsymbol{y}) - F_2{}^c(\boldsymbol{y})\} = -\inf_{\boldsymbol{y} \in A''} \{F_1{}^c(\boldsymbol{y}_0 - \boldsymbol{y}) + F_2{}^c(\boldsymbol{y})\} \end{aligned}$$

und damit die Aussage

$$\sup_{\boldsymbol{y} \in A} \{g^c(\boldsymbol{y}) - f^c(\boldsymbol{y})\} = -\inf_{\{\boldsymbol{y}_1, \boldsymbol{y}_2\} \in A(\boldsymbol{y}_0)} \{F_1{}^c(\boldsymbol{y}_1) + F_2{}^c(\boldsymbol{y}_2)\}. \tag{21.20b}$$

Aus den vorausgesetzten Eigenschaften der Mengen M_1, M_2 und aus den Eigenschaften der Funktionen $f(\boldsymbol{x})$, $g(\boldsymbol{x})$ sowie aus (21.19) folgt nach Satz 21.3, daß das Optimierungsproblem

$$\sup_{\boldsymbol{y}\in A'} \{g^c(\boldsymbol{y}) - f^c(\boldsymbol{y})\}!$$

lösbar ist. Unter Beachtung der Aussage (21.9c) in Satz 21.3 und der Aussagen (21.20a, b) ist daher

$$(F_1 + F_2)^c\,(\boldsymbol{y}_0) = \inf_{\{\boldsymbol{y}_1,\boldsymbol{y}_2\}\in A(\boldsymbol{y}_0)} \{F_1{}^c(\boldsymbol{y}_1) + F_2{}^c(\boldsymbol{y}_2)\}.$$

Da $\boldsymbol{y}_0$ ein beliebiger Punkt der Menge A^* war, gilt also

$$(F_1 + F_2)^c\,(\boldsymbol{y}) = \inf_{\{\boldsymbol{y}_1,\boldsymbol{y}_2\}\in A(\boldsymbol{y})} \{F_1{}^c(\boldsymbol{y}_1) + F_2{}^c(\boldsymbol{y}_2)\}, \quad \boldsymbol{y} \in A^*, \tag{21.21}$$

mit

$$A(\boldsymbol{y}) := \big\{\{\boldsymbol{y}_1, \boldsymbol{y}_2\} \mid \boldsymbol{y}_1 \in A_1, \boldsymbol{y}_2 \in A_2, \boldsymbol{y}_1 + \boldsymbol{y}_2 = \boldsymbol{y}\big\}.$$

Eine entsprechende Aussage läßt sich — ausgehend von dem Fenchelschen Satz 21.3 — auch für die Summe einer endlichen Anzahl konvexer Funktionen herleiten: Falls $F_i(\boldsymbol{x})$ $(i = 1, \ldots, m)$ konvexe Funktionen sind, deren konvexe Definitionsbereiche M_i der Bedingung

$$\bigcap_{i=1}^{m} \operatorname{rel\,int} M_i \neq \emptyset$$

genügen, und falls $F_i{}^c(\boldsymbol{y})$ die zur Funktion $F_i(\boldsymbol{x})$ konjugierte Funktion mit dem Definitionsbereich A_i ist $(i = 1, \ldots, m)$, so gilt

$$\left(\sum_{i=1}^{m} F_i\right)^c (\boldsymbol{y}) = \inf_{\{\boldsymbol{y}_1,\ldots,\boldsymbol{y}_m\}\in A(\boldsymbol{y})} \left\{\sum_{i=1}^{m} F_i{}^c(\boldsymbol{y}_i)\right\}, \quad \boldsymbol{y} \in A^*;$$

dabei sind

$$A(\boldsymbol{y}) := \left\{\{\boldsymbol{y}_1, \ldots, \boldsymbol{y}_m\} \mid \boldsymbol{y}_i \in A_i \ (i = 1, \ldots, m), \sum_{i=1}^{m} \boldsymbol{y}_i = \boldsymbol{y}\right\},$$

$$A^* := \left\{\boldsymbol{y} \in \mathbb{E}_n \,\middle|\, \sup_{\boldsymbol{x}\in \bigcap_{i=1}^{m} M_i} \left\{(\boldsymbol{y}, \boldsymbol{x}) - \sum_{i=1}^{m} F_i(\boldsymbol{x})\right\} < \infty\right\}.$$

Beispiel 21.2. Wenn $F(\boldsymbol{x})$ eine über einer nichtleeren abgeschlossenen konvexen Menge M in $\mathbb{E}_n$ definierte stetige konvexe Funktion ist, so ist ihr Epigraph

$$\mathscr{E}_F := \{(\boldsymbol{x}, x_{n+1}) \in \mathbb{E}_{n+1} \mid x_{n+1} \geqq F(\boldsymbol{x}), \boldsymbol{x} \in M\}$$

eine abgeschlossene konvexe Menge in $\mathbb{E}_{n+1}$. Ein Punkt $\boldsymbol{x}_0$ ist genau dann ein Optimalpunkt des konvexen Optimierungsproblems

$$\inf_{\boldsymbol{x}\in M} \{F(\boldsymbol{x})\}!, \tag{21.22}$$

wenn

$$\boldsymbol{x}_0 \in M, \quad F(\boldsymbol{x}) \geqq F(\boldsymbol{x}_0), \quad \boldsymbol{x} \in M$$

bzw. wenn

$$\boldsymbol{x}_0 \in M, \quad x_{n+1} \geqq F(\boldsymbol{x}_0), \quad (\boldsymbol{x}, x_{n+1}) \in \mathscr{E}_F \tag{21.23a}$$

gilt. Setzt man

$$\boldsymbol{x}' := (\boldsymbol{x}, x_{n+1}), \quad \boldsymbol{x}_0' := \big(\boldsymbol{x}_0, F(\boldsymbol{x}_0)\big), \quad \boldsymbol{y}_0' := (\boldsymbol{o}, -1),$$

so lassen sich die Bedingungen (21.23a) äquivalent in der Form

$$(\boldsymbol{y}_0', \boldsymbol{x}') \leqq (\boldsymbol{y}_0', \boldsymbol{x}_0'), \quad \boldsymbol{x}' \in \mathscr{E}_F \tag{21.23b}$$

schreiben. Das Optimierungsproblem (21.22) ist also genau dann lösbar, wenn das Problem

$$\sup_{\boldsymbol{x}' \in \mathscr{E}_F} \{(\boldsymbol{y}_0', \boldsymbol{x}')\}! \tag{21.23c}$$

lösbar ist. Das ist aber nach Satz 10.5 genau dann der Fall, wenn der Einheitsvektor $\boldsymbol{y}_0'$ — betrachtet als Punkt des Raumes $\mathbb{E}_{n+1}$ — zum sphärischen Bild $S_{\mathscr{E}_F}$ der abgeschlossenen konvexen Menge $\mathscr{E}_F$ gehört. Es gilt daher

$$\inf_{\boldsymbol{x} \in M} \{F(\boldsymbol{x})\} = \min_{\boldsymbol{x} \in M} \{F(\boldsymbol{x})\} \Leftrightarrow \boldsymbol{y}_0' := (\boldsymbol{o}, -1) \in S_{\mathscr{E}_F}. \tag{21.24}$$

Wir wollen nun die Aussage des Satzes 21.4 (d. h. des Dualitätssatzes) zur Beantwortung der Frage nach der Lösbarkeit des Optimierungsproblems (21.22) heranziehen.

Die zu der konvexen Funktion $F(\boldsymbol{x})$ konjugierte Funktion

$$F^c(\boldsymbol{y}) := \sup_{\boldsymbol{x} \in M} \{(\boldsymbol{y}, \boldsymbol{x}) - F(\boldsymbol{x})\}, \quad \boldsymbol{y} \in A,$$

ist nach Satz 19.1 konvex über ihrem konvexen Definitionsbereich A (zur Definition vergleiche (19.5a)). Die Funktion

$$G(\boldsymbol{x}) := 0, \quad \boldsymbol{x} \in \mathbb{E}_n$$

ist konkav über der Menge $\hat{M} := \mathbb{E}_n$, und es gilt

$$\inf_{\boldsymbol{x} \in \hat{M}} \{(\boldsymbol{y}, \boldsymbol{x}) - G(\boldsymbol{x})\} = \inf_{\boldsymbol{x} \in \mathbb{E}_n} \{(\boldsymbol{y}, \boldsymbol{x})\} = \begin{cases} 0 & \text{für} \quad \boldsymbol{y} = \boldsymbol{o}, \\ -\infty & \text{für} \quad \boldsymbol{y} \neq \boldsymbol{o}; \end{cases}$$

hieraus folgt

$$\hat{A} := \left\{\boldsymbol{y} \in \mathbb{E}_n \;\middle|\; \inf_{\boldsymbol{x} \in \hat{M}} \{(\boldsymbol{y}, \boldsymbol{x}) - G(\boldsymbol{x})\} > -\infty\right\} = \{\boldsymbol{o}\}.$$

Die zu der Funktion $G(\boldsymbol{x})$ konjugierte Funktion

$$G^c(\boldsymbol{y}) := \inf_{\boldsymbol{x} \in \hat{M}} \{(\boldsymbol{y}, \boldsymbol{x}) - G(\boldsymbol{x})\}$$

ist also nur für $\boldsymbol{y} = \boldsymbol{o}$ erklärt; dabei ist $G^c(\boldsymbol{o}) = 0$.

Wegen $\hat{M} := \mathbb{E}_n$ gilt rel int $M \cap$ rel int $\hat{M} \neq \emptyset$. Da die konvexe Funktion $F(\boldsymbol{x})$ nach Voraussetzung stetig über der Menge M ist, ist sie dort auch unterhalbstetig (vgl. Bemerkung 18.2) und folglich — nach Definition 18.1 und 18.2 — abgeschlossen über der Menge M; die Funktion $G(\boldsymbol{x})$, die über dem Raum $\mathbb{E}_n$ identisch Null ist, ist abgeschlossen und konkav über dem Raum $\mathbb{E}_n$. Um den Satz 21.4 anwenden zu können, muß noch rel int $A \cap$ rel int $\hat{A} \neq \emptyset$ gelten; wegen $\hat{A} = \{\boldsymbol{o}\}$ muß also

$$\boldsymbol{o} \in \operatorname{rel\,int} A \tag{21.25}$$

vorausgesetzt werden. Nach Satz 21.4 sind dann die beiden Optimierungsprobleme

$$\inf_{\boldsymbol{x} \in M \cap \hat{M}} \{F(\boldsymbol{x}) - G(\boldsymbol{x})\}! \quad \text{und} \quad \sup_{\boldsymbol{y} \in A \cap \hat{A}} \{G^c(\boldsymbol{y}) - F^c(\boldsymbol{y})\}! \tag{21.26}$$

lösbar; dabei reduziert sich das erstere auf das ursprüngliche Problem (21.22), und das zweite ist wegen $A \cap \hat{A} = \{\boldsymbol{o}\}$ trivial lösbar. Daher gilt (gleichfalls nach Satz 21.4)

$$G^c(\boldsymbol{o}) - F^c(\boldsymbol{o}) = \inf_{\boldsymbol{x} \in M} \{F(\boldsymbol{x})\}.$$

Die Forderung (21.25) ist nach Satz 19.6 äquivalent zu der Bedingung

$$(\boldsymbol{o}, -1) \in \operatorname{rel\,int} C^{\mathrm{p}}_{\mathcal{E}_F}(\boldsymbol{o}') \,\big(\boldsymbol{o}' := (\boldsymbol{o}, 0)\big);$$

dabei ist $C^{\mathrm{p}}_{\mathcal{E}_F}(\boldsymbol{o}')$ der Polarkegel zu dem charakteristischen Kegel $C_{\mathcal{E}_F}$ des Epigraphen $\mathcal{E}_F$ im Scheitel $\boldsymbol{o}' \in C_{\mathcal{E}_F}$. Wegen $\|\boldsymbol{y}_0'\| = 1$ ist diese Bedingung äquivalent zu der Bedingung

$$\boldsymbol{y}_0' := (\boldsymbol{o}, -1) \in \operatorname{rel\,int}_{Q'} S_{\mathcal{E}_F}; \tag{21.27}$$

dabei bezeichnet $\operatorname{rel\,int}_{Q'} S_{\mathcal{E}_F}$ die Menge der relativ inneren Punkte des sphärischen Bildes $S_{\mathcal{E}_F}$ des Epigraphen $\mathcal{E}_F$, das in der Hypersphäre $Q' := \{\boldsymbol{x}' \in \mathbb{E}_{n+1} \mid \|\boldsymbol{x}'\| = 1\}$ in $\mathbb{E}_{n+1}$ liegt.

Unter den in diesem Beispiel getroffenen Voraussetzungen an die Menge M und an die über ihr definierte Funktion $F(\boldsymbol{x})$ ist also die in (21.27) formulierte Eigenschaft eine hinreichende Bedingung für die Lösbarkeit des Optimierungsproblems (21.22), die sich im Vergleich mit der auf einem anderen Weg erreichten Aussage (21.24) aber eher bescheiden ausnimmt.

Beispiel 21.3. Es sei $F(\boldsymbol{x})$ eine über dem Raum $\mathbb{E}_n$ erklärte konvexe Funktion. Sie ist nach Satz 15.7 stetig und folglich auch abgeschlossen (im Sinne der Definition 18.2) über dem Raum $\mathbb{E}_n$. Falls M eine nichtleere abgeschlossene konvexe Menge in $\mathbb{E}_n$ ist, so ist die nur über der Menge M definierte Funktion $G(\boldsymbol{x}) := 0$ abgeschlossen und konkav über dieser Menge. Offenbar ist rel int $\mathbb{E}_n \cap$ rel int $M \neq \emptyset$; wenn außerdem die Bedingung rel int $\hat{A} \cap$ rel int $A \neq \emptyset$ für die maximalen Definitionsbereiche A und $\hat{A}$ der zu den Funktionen $F(\boldsymbol{x})$ ($\boldsymbol{x} \in \mathbb{E}_n$) und $G(\boldsymbol{x})$ ($\boldsymbol{x} \in M$) konjugierten Funktionen

$$F^c(\boldsymbol{y}) := \sup_{\boldsymbol{x} \in \mathbb{E}_n} \{(\boldsymbol{y}, \boldsymbol{x}) - F(\boldsymbol{x})\}, \quad \boldsymbol{y} \in A,$$

und

$$G^c(\boldsymbol{y}) := \inf_{\boldsymbol{x} \in M} \{(\boldsymbol{y}, \boldsymbol{x}) - G(\boldsymbol{x})\} = \inf_{\boldsymbol{x} \in M} \{(\boldsymbol{y}, \boldsymbol{x})\}, \qquad \boldsymbol{y} \in \hat{A},$$

erfüllt ist, so sind nach Satz 21.4 die beiden Optimierungsprobleme

$$\inf_{\boldsymbol{x} \in M} \{F(\boldsymbol{x})\}! \quad \text{und} \quad \sup_{\boldsymbol{y} \in A \cap \hat{A}} \{G^c(\boldsymbol{y}) - F^c(\boldsymbol{y})\}! \tag{21.28}$$

lösbar, und für einen Optimalpunkt $\boldsymbol{x}_0$ des ersten und für einen Optimalpunkt $\boldsymbol{y}_0$ des zweiten Problems ist $F(\boldsymbol{x}_0) = G^c(\boldsymbol{y}_0) - F^c(\boldsymbol{y}_0)$.

Da der Epigraph $\mathscr{E}_F$ der über dem Raum $\mathbb{E}_n$ definierten konvexen Funktion $F(\boldsymbol{x})$ sowie der Hypograph $\mathscr{H}_G$ der über der abgeschlossenen konvexen Menge M definierten konkaven Funktion $G(\boldsymbol{x})$ abgeschlossene Mengen in $\mathbb{E}_{n+1}$ sind, gilt nach Satz 19.6

$$\begin{aligned} \boldsymbol{y} &\in \operatorname{rel\,int} A \Leftrightarrow \boldsymbol{y}' := (\boldsymbol{y}, -1) \in \operatorname{rel\,int} (C_{\mathscr{E}_F})^{\mathrm{p}} (\boldsymbol{o}'), \\ \boldsymbol{y} &\in \operatorname{rel\,int} \hat{A} \Leftrightarrow -\boldsymbol{y}' := (-\boldsymbol{y}, 1) \in \operatorname{rel\,int} (C_{\mathscr{H}_F})^{\mathrm{p}} (\boldsymbol{o}'), \end{aligned} \tag{21.29a}$$

wobei $\boldsymbol{o}' := (\boldsymbol{o}, \boldsymbol{o})$ ist und $(C_{\mathscr{E}_F})^{\mathrm{p}} (\boldsymbol{o}')$ bzw. $(C_{\mathscr{H}_G})^{\mathrm{p}} (\boldsymbol{o}')$ der Polarkegel zu dem charakteristischen Kegel $C_{\mathscr{E}_F}$ bzw. $C_{\mathscr{H}_G}$ des Epigraphen $\mathscr{E}_F$ bzw. des Hypographen $\mathscr{H}_G$ im Punkt $\boldsymbol{o}'$. Bezeichnet man mit $\tilde{\boldsymbol{y}}'$ den Einheitsvektor in Richtung des Vektors $\boldsymbol{y}'$, dann gilt nach Bemerkung 10.1

$$\begin{aligned} \boldsymbol{y}' &\in \operatorname{rel\,int} (C_{\mathscr{E}_F})^{\mathrm{p}} (\boldsymbol{o}') \Leftrightarrow \tilde{\boldsymbol{y}}' \in \operatorname{rel\,int}_{Q'} S_{\mathscr{E}_F}, \\ -\boldsymbol{y} &\in \operatorname{rel\,int} (C_{\mathscr{H}_G})^{\mathrm{p}} (\boldsymbol{o}') \Leftrightarrow -\tilde{\boldsymbol{y}}' \in \operatorname{rel\,int}_{Q'} S_{\mathscr{H}_G}, \end{aligned} \tag{21.29b}$$

dabei sind $S_{\mathscr{E}_F}$ bzw. $S_{\mathscr{H}_G}$ die in der Hypersphäre $Q' := \{\boldsymbol{x}' \in \mathbb{E}_{n+1} \mid \|\boldsymbol{x}'\| = 1\}$ liegenden sphärischen Bilder der Mengen $\mathscr{E}_F$ bzw. $\mathscr{H}_G$ und $\operatorname{rel\,int}_{Q'} S_{\mathscr{E}_F}$ bzw. $\operatorname{rel\,int}_{Q'} S_{\mathscr{H}_G}$ die Mengen der relativ inneren Punkte der Mengen $S_{\mathscr{E}_F}$ bzw. $S_{\mathscr{H}_G}$ bezüglich der Hypersphäre Q'. Setzt man noch

$$S_{\mathscr{H}_G}^- := \{\boldsymbol{x}' \in \mathbb{E}_{n+1} \mid -\boldsymbol{x}' \in S_{\mathscr{H}_G}\},$$

so kann die zweite Äquivalenz in (21.29b) in der Form

$$-\boldsymbol{y}' \in \operatorname{rel\,int} (C_{\mathscr{H}_G})^{\mathrm{p}} (\boldsymbol{o}') \Leftrightarrow \tilde{\boldsymbol{y}}' \in \operatorname{rel\,int}_{Q'} S_{\mathscr{H}_G}^-$$

geschrieben werden. Hieraus und aus (21.29a, b) folgt

$$\begin{aligned} \boldsymbol{y} &\in \operatorname{rel\,int} A \Leftrightarrow \tilde{\boldsymbol{y}}' \in \operatorname{rel\,int}_{Q'} S_{\mathscr{E}_F}, \\ \boldsymbol{y} &\in \operatorname{rel\,int} \hat{A} \Leftrightarrow \tilde{\boldsymbol{y}}' \in \operatorname{rel\,int}_{Q'} S_{\mathscr{H}_G}^-. \end{aligned}$$

Damit ist die Bedingung $\operatorname{rel\,int} A \cap \operatorname{rel\,int} \hat{A} \neq \emptyset$ genau dann erfüllt, wenn

$$\operatorname{rel\,int}_{Q'} S_{\mathscr{E}_F} \cap \operatorname{rel\,int}_{Q'} S_{\mathscr{H}_G}^- \neq \emptyset \tag{21.30}$$

gilt. Die unter (21.28) formulierten Optimierungsprobleme sind also lösbar, sobald die Bedingung (21.30) erfüllt ist. Dieses auf der Grundlage des Fenchelschen Dualitätssatzes 21.4 hergeleitete Ergebnis fassen wir in dem folgenden Satz zusammen.

Satz 21.5. *Es seien $F(\boldsymbol{x})$ eine über dem Raum $\mathbb{E}_n$ definierte konvexe Funktion und M eine nichtleere abgeschlossene konvexe Menge in $\mathbb{E}_n$. Weiter seien $\mathscr{E}_F$ der Epigraph der Funktion $F(\boldsymbol{x})$ über der Menge $\mathbb{E}_n$ und H die Menge*

$$H := \{(\boldsymbol{x}, x_{n+1}) \in \mathbb{E}_{n+1} \mid \boldsymbol{x} \in M,\ x_{n+1} \leqq 0\}.$$

Das Optimierungsproblem $\inf_{\boldsymbol{x} \in M} F(\boldsymbol{x})!$ *ist lösbar, falls*

$$\operatorname{rel\,int}_{Q'} S_{\mathscr{E}_F} \cap \operatorname{rel\,int}_{Q'} S_H^- \neq \emptyset$$

gilt; dabei sind $S_H^- := \{\boldsymbol{x}' \in \mathbb{E}_{n+1} \mid -\boldsymbol{x}' \in S_H\}$ und S_H bzw. $S_{\mathscr{E}_F}$ die sphärischen Bilder der Menge H bzw. $\mathscr{E}_F$, das Symbol $\operatorname{rel\,int}_{Q'} X$ *bezeichnet die Menge der relativ inneren Punkte einer Menge $X \subset Q'$ bezüglich der Hypersphäre $Q' := \{\boldsymbol{x}' \in \mathbb{E}_{n+1} \mid \|\boldsymbol{x}'\| = 1\}$.*

Bemerkung 21.7. Der Satz 21.5 kann zur Herleitung von Aussagen in der sogenannten *parametrischen konvexen Optimierung* herangezogen werden. In der parametrischen Optimierung geht man davon aus, daß die Zielfunktion $F(\boldsymbol{x})$ eines Optimierungsproblems von Parametern (Parameterpunkten) $\boldsymbol{\lambda} = (\lambda_1, \ldots, \lambda_m)$ aus einer vorgegebenen Menge $\Omega \subset \mathbb{E}_m$ (also $F = F(\boldsymbol{x}, \boldsymbol{\lambda})$ mit $\boldsymbol{\lambda} \in \Omega$) oder die Restriktionsmenge M von Parametern (Parameterpunkten) $\boldsymbol{\nu} = (\nu_1, \ldots, \nu_l)$ aus einer gegebenen Menge $\Lambda \subset \mathbb{E}_l$ (also $M = M(\boldsymbol{\nu})$ mit $\boldsymbol{\nu} \in \Lambda$) abhängt, und man untersucht die Lösbarkeit dieser Optimierungsaufgaben, deren Optimalpunkte (sobald solche existieren) und Zielfunktionswerte in diesen Punkten in Abhängigkeit von den Parameterpunkten $\boldsymbol{\lambda}$ und $\boldsymbol{\nu}$. Solche Untersuchungen übersteigen allerdings den Rahmen dieses Buches. Mit dem folgenden Beispiel 21.4 wollen wir aber eine Anwendung des Satzes 21.5 auf ein spezielles parametrisches konvexes Optimierungsproblem vorführen. Weitere Aussagen zu speziellen parametrischen Optimierungsproblemen finden sich in Kapitel 24.

Beispiel 21.4. Es seien $F(\boldsymbol{x}), F_1(\boldsymbol{x}), \ldots, F_m(\boldsymbol{x})$ über den Raum $\mathbb{E}_n$ definierte konvexe Funktionen. Die Funktion

$$F_0(\boldsymbol{x}) := \max_{i \in \{1,\ldots,m\}} \{F_i(\boldsymbol{x})\}, \quad \boldsymbol{x} \in \mathbb{E}_n, \tag{21.31a}$$

ist nach Satz 15.2 ebenfalls konvex über dem Raum $\mathbb{E}_n$. Nach Satz 15.7 sind die Funktionen $F(\boldsymbol{x})$, $F_i(\boldsymbol{x})$ $(i = 1, \ldots, m)$ stetig in $\mathbb{E}_n$. Daraus folgt sowohl die Abgeschlossenheit ihrer Epigraphen als auch die Abgeschlossenheit dieser konvexen Funktionen über dem Raum $\mathbb{E}_n$.

Wir betrachten die von einem Parameter ν abhängigen Mengen

$$M(\nu) := \{\boldsymbol{x} \in \mathbb{E}_n \mid F_i(\boldsymbol{x}) \leqq \nu \ (i = 1, \ldots, m)\}, \quad \nu \in \mathbb{R}; \tag{21.31b}$$

nach (21.31a) lassen sie sich in der Form

$$M(\nu) := \{\boldsymbol{x} \in \mathbb{E}_n \mid F_0(\boldsymbol{x}) \leqq \nu\}, \quad \nu \in \mathbb{R}, \tag{21.31c}$$

darstellen. Nach Satz 15.5 ist jede der Mengen $M(\nu)$ $(\nu \in \mathbb{R})$ konvex. Setzt man

$$I := \{\nu \in \mathbb{R} \mid M(\nu) \neq \emptyset\},$$

so folgt aus (21.31c), daß I ein nach oben unbeschränktes eindimensionales Intervall ist.

Jede der in $\mathbb{E}_{n+1}$ gelegenen Hyperebenen

$$E_n(\nu) := \{(\boldsymbol{x}, x_{n+1}) \in \mathbb{E}_{n+1} \mid x_{n+1} = \nu\}, \quad \nu \in I,$$

hat mit dem Epigraphen

$$\mathcal{E}_{F_0} := \{(\boldsymbol{x}, x_{n+1}) \in \mathbb{E}_{n+1} \mid x_{n+1} \geqq F_0(\boldsymbol{x}),\ \boldsymbol{x} \in \mathbb{E}_n\}$$

der Funktion $F_0(\boldsymbol{x})$ einen nichtleeren Durchschnitt, d. h., es ist

$$M'(\nu) := E_n(\nu) \cap \mathcal{E}_{F_0} \neq \emptyset, \quad \nu \in I.$$

Hieraus folgt nach Satz 7.7 (unter Beachtung der Definition 7.2 eines charakteristischen Kegels)

$$C_{M'(\nu)} = C_{E_n(\nu)} \cap C_{\mathcal{E}_{F_0}}, \quad \nu \in I.$$

Da aber $E_n(\nu)$ eine Hyperebene in $\mathbb{E}_{n+1}$ ist, so ist $C_{E_n(\nu)} = E_n(0) := \{(\boldsymbol{x}, x_{n+1}) \in \mathbb{E}_{n+1} \mid x_{n+1} = 0\}$. Es gilt also $C_{M'(\nu)} = E_n(0) \cap C_{\mathscr{E}_{F_0}}$ $(\nu \in I)$, d. h., der charakteristische Kegel der Menge $M'(\nu)$ ist unabhängig von dem Parameter $\nu \in I$. Wir wählen nun eine Zahl $\nu_0 \in I$; dann ist

$$C_{M'(\nu)} = C_{M'(\nu_0)} \quad \text{für} \quad \nu \in I. \tag{21.32}$$

Wegen $M'(\nu) = \{(\boldsymbol{x}, x_{n+1}) \in \mathbb{E}_{n+1} \mid \boldsymbol{x} \in M(\nu),\ x_{n+1} = 0\}$ ist $C_{M'(\nu)} = C_{M(\nu)} = C_{M(\nu_0)}$ für $\nu \in I$.

Die Menge

$$H_\nu := \{(\boldsymbol{x}, x_{n+1}) \in \mathbb{E}_{n+1} \mid \boldsymbol{x} \in M(\nu),\ x_{n+1} \leqq 0\}$$

ist für $\nu \in I$ ein nichtleerer Durchschnitt der konvexen Mengen

$$W_\nu := \{(\boldsymbol{x}, x_{n+1}) \in \mathbb{E}_{n+1} \mid \boldsymbol{x} \in M(\nu)\}$$

und

$$\overline{H}_0{}'^{-} := \{(\boldsymbol{x}, x_{n+1}) \in \mathbb{E}_{n+1} \mid x_{n+1} \leqq 0\},$$

und für die charakteristischen Kegel dieser Mengen gilt daher

$$C_{H_\nu} = C_{W_\nu} \cap C_{\overline{H}_0{}'^{-}}.$$

Wegen $C_{W_\nu} = \{(\boldsymbol{x}, x_{n+1}) \in \mathbb{E}_{n+1} \mid \boldsymbol{x} \in C_{M(\nu)}\}$, $C_{\overline{H}_0{}'^{-}} = \overline{H}_0{}'^{-}$ und wegen (21.32) folgt

$$C_{H_\nu} = C_{H_{\nu_0}} \qquad (\nu \in I);$$

für die Polarkegel dieser Mengen im Punkt $\boldsymbol{o}' = (\boldsymbol{o}, 0)$ gilt daher

$$(C_{H_\nu})^{\mathrm{p}}(\boldsymbol{o}') = (C_{H_{\nu_0}})^{\mathrm{p}}(\boldsymbol{o}') \qquad (\nu \in I).$$

Hieraus erhält man für das sphärische Bild S_{H_ν} der abgeschlossenen konvexen Menge H_ν $(\nu \in I)$ nach Bemerkung 10.1 die Gleichheit

$$\overline{S}_{H_\nu} = Q' \cap (C_{H_\nu})^{\mathrm{p}}(\boldsymbol{o}') = \overline{S}_{H_{\nu_0}} \quad (\nu \in I),$$

(dabei ist $Q' := \{\boldsymbol{x}' \in \mathbb{E}_{n+1} \mid \|\boldsymbol{x}'\| = 1\}$) und daraus schließlich

$$\operatorname{rel\,int}_{Q'} S_{H_\nu} = \operatorname{rel\,int}_{Q'} S_{H_{\nu_0}}, \quad \nu \in I. \tag{21.33}$$

Wenn für eine beliebige Zahl $\nu_0 \in I$ die Bedingung

$$\operatorname{rel\,int}_{Q'} S_{\mathscr{E}_F} \cap \operatorname{rel\,int}_{Q'} S_{H_{\nu_0}}^- \neq \emptyset \quad (S_{H_{\nu_0}}^- := \{\boldsymbol{x}' \in \mathbb{E}_{n+1} \mid -\boldsymbol{x}' \in S_{H_{\nu_0}}\}),$$

wobei $S_{\mathscr{E}_F}$ das sphärische Bild des Epigraphen $\mathscr{E}_F$ der Funktion $F(\boldsymbol{x})$ ist, erfüllt ist, so gilt nach (21.33)

$$\operatorname{rel\,int}_{Q'} S_{\mathscr{E}_F} \cap \operatorname{rel\,int}_{Q'} S_{H_\nu}^- \neq \emptyset, \quad \nu \in I. \tag{21.34}$$

Hieraus und aus Satz 21.5 erhalten wir die folgende Aussage:

Falls unter den obigen Voraussetzungen an die Funktionen $F(\boldsymbol{x})$ und $F_i(\boldsymbol{x})$ $(i = 1, \ldots, m)$ die Bedingung (21.34) für wenigstens eine Zahl $\nu_0 \in I$ erfüllt ist, so ist das konvexe Optimierungsproblem

$$\inf_{\boldsymbol{x} \in M(\nu)} \{F(\boldsymbol{x})\}!$$

für alle $\nu \in I$ lösbar.

Diese Aussage wollen wir an dem folgenden Beispiel illustrieren.

Beispiel 21.5. Die Funktionen zweier Veränderlicher

$$F(x_1, x_2) := x_2 - x_1, \quad F_1(x_1, x_2) := e^{x_1} - x_2, \quad F_2(x_1, x_2) := -x_2 + k$$

(k ist eine Konstante) sind konvex über dem Raum $\mathbb{E}_2$. Für die konvexen Mengen

$$\begin{aligned} M(\nu) &:= \{(x_1, x_2) \in \mathbb{E}_2 \mid F_1(x_1, x_2) \leqq \nu,\ F_2(x_1, x_2) \leqq \nu\} \\ &= \{(x_1, x_2) \in \mathbb{E}_2 \mid \max\,\{e^{x_1} - x_2, -x_2 + k\} \leqq \nu\}, \quad \nu \in \mathbb{R}, \end{aligned}$$

gilt $I := \{\nu \in \mathbb{R} \mid M(\nu) \neq \emptyset\} = \mathbb{R}$. Wir berechnen nun nacheinander die in Beispiel 21.4 eingeführten Mengen

$$\begin{aligned} M'(\nu) &= \{\boldsymbol{x} \in \mathbb{E}_3 \mid (x_1, x_2) \in M(\nu),\ x_3 = \nu\}, \\ C_{M'(\nu)} &= \{\boldsymbol{x} \in \mathbb{E}_3 \mid x_1 \leqq 0,\ x_2 \geqq 0,\ x_3 = 0\}, \\ H_\nu &= \{\boldsymbol{x} \in \mathbb{E}_3 \mid (x_1, x_2) \in M(\nu),\ x_3 \leqq 0\}, \\ C_{H_\nu} &= \{\boldsymbol{x} \in \mathbb{E}_3 \mid x_1 \leqq 0,\ x_2 \geqq 0,\ x_3 \leqq 0\}, \\ \text{rel int}\,(C_{H_\nu})^{\text{p}}\,(\boldsymbol{o}') &= \{\boldsymbol{x} \in \mathbb{E}_3 \mid x_1 > 0,\ x_2 < 0,\ x_3 > 0\} \quad \big(\boldsymbol{o}' := (0, 0, 0,)\big), \\ \text{rel int}_{Q'}\, S_{H_\nu} &= \{\boldsymbol{x} \in \mathbb{E}_3 \mid x_1 > 0,\ x_2 < 0,\ x_3 > 0,\ x_1^2 + x_2^2 + x_3^2 = 1\} \end{aligned}$$

und schließlich

$$\text{rel int}_{Q'}\, S_{H_\nu}^- = \{\boldsymbol{x} \in \mathbb{E}_3 \mid x_1 < 0,\ x_2 > 0,\ x_3 < 0,\ x_1^2 + x_2^2 + x_3^2 = 1\}. \quad (21.35)$$

Für den Epigraphen $\mathscr{E}_F$ der Funktion $F(x_1, x_2) := x_2 - x_1$ gilt offenbar $C_{\mathscr{E}_F} = \mathscr{E}_F$, und es ist daher

$$\begin{aligned} \text{rel int}\,(C_{\mathscr{E}_F})^{\text{p}}\,(\boldsymbol{o}') &= \{\boldsymbol{x} \in \mathbb{E}_3 \mid x_1 = -t,\ x_2 = t,\ x_3 = -t,\ t > 0\}, \\ \text{rel int}_{Q'}\, S_{\mathscr{E}_F} &= \{\boldsymbol{x}_0\} \quad \text{mit} \quad \boldsymbol{x}_0 = \left(-\frac{1}{\sqrt{3}}, \frac{1}{\sqrt{3}}, -\frac{1}{\sqrt{3}}\right). \end{aligned}$$

Da der Punkt $\boldsymbol{x}_0$ zu der Menge rel $\text{int}_{Q'}\, S_{H_\nu}^-$ (vgl. (21.35)) gehört und daher rel $\text{int}_{Q'}\, S_{H_\nu}^- \cap$ rel $\text{int}_{Q'}\, S_{\mathscr{E}_F} \neq \emptyset$ gilt, ist nach Satz 21.5 das Optimierungsproblem

$$\inf_{(x_1,x_2) \in M(\nu)} \{x_2 - x_1\}!$$

für alle Parameter $\nu \in \mathbb{R}$ lösbar.

Ersetzt man in dem betrachteten Optimierungsproblem die Zielfunktion $F(x_1, x_2) := x_2 - x_1$ durch die Funktion $\tilde{F}(x_1, x_2) := x_2$, so erhält man die Mengen

$$\begin{aligned} &C_{\mathscr{E}_{\tilde{F}}} = \mathscr{E}_{\tilde{F}}, \quad (C_{\mathscr{E}_{\tilde{F}}})^{\text{p}}\,(\boldsymbol{o}') = \{\boldsymbol{x} \in \mathbb{E}_3 \mid x_1 = 0,\ x_2 = t,\ x_3 = -t,\ t \geqq 0\}, \\ &\text{rel int}\,(C_{\mathscr{E}_{\tilde{F}}})^{\text{p}}\,(\boldsymbol{o}') = \{\boldsymbol{x} \in \mathbb{E}_3 \mid x_1 = 0,\ x_2 = t,\ x_3 = -t,\ t > 0\}, \\ &\text{rel int}_{Q'}\, S_{\mathscr{E}_{\tilde{F}}} = \{\boldsymbol{x}_0\} \quad \text{mit} \quad \boldsymbol{x}_0 = \left(0, \frac{1}{\sqrt{2}}, -\frac{1}{\sqrt{2}}\right); \end{aligned}$$

der Punkt $\boldsymbol{x}_0$ gehört aber nicht zu der in (21.35) beschriebenen Menge rel $\text{int}_{Q'}\, S_{H_\nu}^-$. Es ist also

$$\text{rel int}_{Q'}\, S_{H_\nu}^- \cap \text{rel int}_{Q'}\, S_{\mathscr{E}_{\tilde{F}}} = \emptyset \quad (\nu \in \mathbb{R}).$$

Damit ist im betrachteten Fall die Bedingung aus Satz 21.5 nicht erfüllt, und es lassen sich aufgrund dieses Satzes keine Aussagen über die Lösbarkeit der Optimierungsprobleme

$$\inf_{(x_1,x_2)\in M(\nu)} \{\tilde{F}(x_1, x_2)\}!, \quad \nu \in \mathbb{R}, \tag{21.36}$$

machen. Man stellt aber unschwer fest (z. B. durch eine graphische Darstellung), daß die Probleme (21.36) für $k > 0$ lösbar und für $k \leqq 0$ unlösbar sind (dabei ist k die in der Funktion $F_2(x_1, x_2)$ auftretende Konstante).

22. Ein allgemeiner Dualitätssatz

Ziel dieses Kapitels ist es, die in Kapitel 21 dargestellte Fenchelsche Theorie zu verallgemeinern. Zu diesem Zweck wollen wir zunächst einige geometrische Begriffe einführen.

Definition 22.1. Es sei M' eine nichtleere Menge des Raumes $\mathbb{E}_{n+1} := \mathbb{E}_n \times \mathbb{E}_1$ und $\Pi'(M')$ ihre Projektion in Richtung der x_{n+1}-Koordinatenachse in die Koordinatenhyperebene $E_n' := \{(\boldsymbol{x}, x_{+n1}) \in \mathbb{E}_{n+1} \mid x_{n+1} = 0\}$ in $\mathbb{E}_{n+1}$. Dann nennt man die Menge

$$\Pi(M') := \{\boldsymbol{x} \in \mathbb{E}_n \mid (\boldsymbol{x}, 0) \in \Pi'(M')\}$$

eine *vertikale Projektion der Menge* M'. Ein linearer Unterraum L' in $\mathbb{E}_{n+1}$ heißt *vertikal*, wenn er mit einem Punkt $\boldsymbol{x}_0' = (\boldsymbol{x}_0, x_{0n+1})$ auch die Punkte $\boldsymbol{x}_t' := (\boldsymbol{x}_0, x_{0n+1} + t)$ für alle Zahlen $t \in \mathbb{R}$ enthält, andernfalls nennen wir ihn *nichtvertikal*.

Bemerkung 22.1. Ein vertikaler linearer Unterraum in $\mathbb{E}_{n+1}$ im Sinne der Definition 22.1 ist also ein linearer Unterraum einer Dimension größer Null in $\mathbb{E}_{n+1}$, der parallel zu der x_{n+1}-Koordinatenachse in $\mathbb{E}_{n+1}$ ist. Man sieht unmittelbar ein, daß ein linearer Unterraum L' in $\mathbb{E}_{n+1}$ genau dann nichtvertikal ist, wenn $\dim L' = \dim \Pi(L')$ gilt.

Definition 22.2. Es seien M eine nichtleere konvexe Menge in $\mathbb{E}_n$ und $F(\boldsymbol{x})$ (bzw. $G(\boldsymbol{x})$) eine über dieser Menge erklärte konvexe (bzw. konkave) Funktion. Wir sagen, daß ein nichtvertikaler linearer Unterraum L' in $\mathbb{E}_{n+1}$ *unterhalb des Epigraphen*

$$\mathscr{E}_F := \{(\boldsymbol{x}, x_{n+1}) \in \mathbb{E}_{n+1} \mid x_{n+1} \geqq F(\boldsymbol{x}), \boldsymbol{x} \in M\}$$

der Funktion $F(\boldsymbol{x})$ (bzw. *oberhalb des Hypographen*

$$\mathscr{H}_G := \{(\boldsymbol{x}, x_{n+1}) \in \mathbb{E}_{n+1} \mid x_{n+1} \leqq G(\boldsymbol{x}), \boldsymbol{x} \in M\}$$

der Funktion $G(\boldsymbol{x})$) liegt, wenn

$$\begin{gathered} M \cap \Pi(L') \neq \emptyset, \quad x_{n+1} \leqq F(\boldsymbol{x}) \quad \text{für} \quad (\boldsymbol{x}, x_{n+1}) \in L', \quad \boldsymbol{x} \in M \cap \Pi(L') \\ \text{(bzw.} \\ M \cap \Pi(L') \neq \emptyset, \quad x_{n+1} \geqq G(\boldsymbol{x}) \quad \text{für} \quad (\boldsymbol{x}, x_{n+1}) \in L', \quad \boldsymbol{x} \in M \cap \Pi(L')\big) \end{gathered} \tag{22.1}$$

gilt.

Falls ein nichtvertikaler linearer Unterraum L' in $\mathbb{E}_{n+1}$ unterhalb des Epigraphen $\mathscr{E}_F$ (bzw. oberhalb des Hypographen $\mathscr{H}_G$) liegt und ein $\varepsilon > 0$ derart existiert, daß auch der lineare Unterraum

$$L_\varepsilon' := \{(\boldsymbol{x}, x_{n+1}) \in \mathbb{E}_{n+1} \mid (\boldsymbol{x}, x_{n+1} - \varepsilon) \in L'\}$$

(bzw.

$$L_\varepsilon' := \{(\boldsymbol{x}, x_{n+1}) \in \mathbb{E}_{n+1} \mid (\boldsymbol{x}, x_{n+1} + \varepsilon) \in L'\})$$

diese Eigenschaft besitzt, dann sagt man, daß der lineare Unterraum L' *streng unterhalb des Epigraphen* $\mathscr{E}_F$ (bzw. *streng oberhalb des Hypographen* $\mathscr{H}_G$) liegt.

Definition 22.3. Es seien M eine nichtleere konvexe Menge in $\mathbb{E}_n$ und $F(\boldsymbol{x})$ (bzw. $G(\boldsymbol{x})$) eine über dieser Menge erklärte konvexe (bzw. konkave) Funktion.

Ein Punkt $\boldsymbol{x}_0 \in M$ heißt *stabiler Punkt* des Definitionsbereiches M der Funktion $F(\boldsymbol{x})$ (bzw. der Funktion $G(\boldsymbol{x})$), wenn zu jedem nichtvertikalen linearen Unterraum L' in $\mathbb{E}_{n+1}$ mit den Eigenschaften

$$\boldsymbol{x}_0 \in \Pi(L'), \quad \text{die Menge } L' \text{ liegt unterhalb des Epigraphen } \mathscr{E}_F$$

(bzw.

$$\boldsymbol{x}_0 \in \Pi(L'), \quad \text{die Menge } L' \text{ liegt oberhalb des Hypographen } \mathscr{H}_G), \tag{22.2a}$$

eine nichtvertikale Trennungshyperebene R' in $\mathbb{E}_{n+1}$ der konvexen Mengen L' und $\mathscr{E}_F$ (bzw. der Mengen L' und $\mathscr{H}_G$) existiert.

Ein Punkt $\boldsymbol{x}_0 \in M$ heißt ein *schwach stabiler Punkt* des Definitionsbereiches der Funktion $F(\boldsymbol{x})$ (bzw. der Funktion $G(\boldsymbol{x})$), wenn zu jedem nichtvertikalen linearen Unterraum L' in $\mathbb{E}_{n+1}$ mit den Eigenschaften

$$\boldsymbol{x}_0 \in \Pi(L'), \quad \text{die Menge } L' \text{ liegt streng unterhalb des Epigraphen } \mathscr{E}_F$$

(bzw. (22.2b)

$$\boldsymbol{x}_0 \in \Pi(L'), \quad \text{die Menge } L' \text{ liegt streng oberhalb des Hypographen } \mathscr{H}_G),$$

eine nichtvertikale Trennungshyperebene R' in $\mathbb{E}_{n+1}$ der Mengen L' und $\mathscr{E}_F$ (bzw. der Mengen L' und $\mathscr{H}_G$) existiert.

Bemerkung 22.2. Falls $\boldsymbol{x}_0$ ein stabiler bzw. ein schwach stabiler Punkt im Sinne der Definition 22.3 ist, dann kann eine Trennungshyperebene R' in $\mathbb{E}_{n+1}$ der Mengen L' und $\mathscr{E}_F$ (bzw. der Mengen L' und $\mathscr{H}_G$) in der Weise gewählt werden, daß $L' \subset R'$ gilt.

Aus Definition 22.3 folgt weiterhin, daß ein stabiler Punkt $\boldsymbol{x}_0 \in M$ zugleich ein schwach stabiler Punkt des Definitionsbereiches M einer konvexen Funktion $F(\boldsymbol{x})$ (bzw. einer konkaven Funktion $G(\boldsymbol{x})$) ist.

Satz 22.1. *Wenn M eine nichtleere konvexe Menge in $\mathbb{E}_n$ ist und $F(\boldsymbol{x})$ (bzw. $G(\boldsymbol{x})$) eine über dieser Menge erklärte konvexe (bzw. konkave) Funktion, dann ist jeder Punkt $\boldsymbol{x}_0 \in \operatorname{rel\,int} M$ ein stabiler Punkt des Definitionsbereiches M dieser Funktion.*

Beweis. Wir zeigen die Aussage für eine über der Menge M erklärte konvexe Funktion $F(\boldsymbol{x})$; hieraus folgt dann unmittelbar auch die Aussage für die über der Menge M erklärte konkave Funktion $G(\boldsymbol{x})$ durch Zurückführung auf den Fall der über der Menge M konvexen Funktion $-G(\boldsymbol{x})$.

Es seien $\boldsymbol{x}_0$ ein Punkt der Menge rel int M und L' ein nichtvertikaler linearer Unterraum in $\mathbb{E}_{n+1}$, der unterhalb des Epigraphen $\mathscr{E}_F$ der konvexen Funktion $F(\boldsymbol{x})$ liegt (für den also die erste Bedingung in (22.1) gilt) und für den $\boldsymbol{x}_0 \in \Pi(L')$ ist. Wegen

$$\operatorname{rel\,int} \mathscr{E}_F = \{(\boldsymbol{x}, x_{n+1}) \in \mathbb{E}_{n+1} \mid x_{n+1} > F(\boldsymbol{x}),\ \boldsymbol{x} \in \operatorname{rel\,int} M\}$$

ist nach (22.1) $\operatorname{rel\,int} L' \cap \operatorname{rel\,int} \mathscr{E}_F = L' \cap \operatorname{rel\,int} \mathscr{E}_F = \emptyset$, und nach Satz 9.1 gibt es eine Trennungshyperebene R' in $\mathbb{E}_{n+1}$ der konvexen Mengen $\mathscr{E}_F$ und L'. Weil o. B. d. A. $L' \subset R'$ vorausgesetzt werden kann, folgt $\mathscr{E}_F \not\subset R'$ (vgl. Definition 9.1 einer Trennungshyperebene). Da L' ein nichtvertikaler linearer Unterraum in $\mathbb{E}_{n+1}$ ist, existiert nach (22.2a) eindeutig eine Zahl x_{0n+1} mit $(\boldsymbol{x}_0, x_{0n+1}) \in L'$, und wegen $L' \subset R'$ ist auch $(\boldsymbol{x}_0, x_{0n+1}) \in R'$. Wenn R' eine vertikale Hyperebene in $\mathbb{E}_{n+1}$ wäre, so würde die vertikale Gerade $g := \{(\boldsymbol{x}, x_{n+1}) \in \mathbb{E}_{n+1} \mid \boldsymbol{x} = \boldsymbol{x}_0\}$, die sowohl den Punkt $(\boldsymbol{x}_0, x_{0n+1})$ als auch den Punkt $(\boldsymbol{x}_0, F(\boldsymbol{x}_0))$ enthält, in dieser Hyperebene liegen. Damit läge aber auch die offene Halbgerade

$$p := \{(\boldsymbol{x}, x_{n+1}) \in \mathbb{E}_{n+1} \mid \boldsymbol{x} = \boldsymbol{x}_0,\ x_{n+1} = F(\boldsymbol{x}_0) + t,\ t > 0\}$$

in der Trennungshyperebene R' der Mengen L' und $\mathscr{E}_F$. Wegen $\boldsymbol{x}_0 \in \operatorname{rel\,int} M$ liegt die Halbgerade p aber in der Menge $\operatorname{rel\,int} \mathscr{E}_F$ (vgl. Lemma 15.1), d. h., es wäre $R' \cap \operatorname{rel\,int} \mathscr{E}_F \neq \emptyset$ im Widerspruch zu der Definition der Hyperebene R'. Daher ist R' keine vertikale Hyperebene in $\mathbb{E}_{n+1}$, woraus nach Definition 22.3 die Aussage des Satzes folgt. □

Bemerkung 22.3. Aus Satz 22.1 folgt, daß Punkte des nichtleeren konvexen Definitionsbereiches M in $\mathbb{E}_n$ einer konvexen (bzw. konkaven) Funktion, die nicht stabil im Sinne der Definition 22.3 sind, zur Menge $\partial M := \overline{M} \setminus \operatorname{rel\,int} M$ (d. h. zum Rand der konvexen Menge M) gehören.

Beispiel 22.1. Die Funktion einer Veränderlichen

$$F(x) := -\sqrt{1 - x^2}$$

ist konvex über dem Intervall $M := \{x \in \mathbb{E}_1 \mid |x| \leqq 1\}$. Die Punkte $x_0 = 1$ und $x_0 = -1$ des Definitionsbereiches M der Funktion $F(x)$ sind nicht stabil. Es existiert nämlich keine nichtvertikale Gerade im Raum $\mathbb{E}_2 := \mathbb{E}_1 \times \mathbb{E}_1$ (d. h. keine nichtvertikale Hyperebene in $\mathbb{E}_2$), die den Punkt

$$\boldsymbol{x}_0' := (x_0, y_0) := (1, 0) \ \big(\text{bzw. } \boldsymbol{x}_0' := (x_0, y_0) := (-1, 0)\big)$$

(der ein nulldimensionaler linearer Unterraum in $\mathbb{E}_2$ ist) und den Epigraphen

$$\mathscr{E}_F := \left\{(x, y) \in \mathbb{E}_2 \mid y \geqq -\sqrt{1 - x^2},\ x \in [-1, 1]\right\}$$

der Funktion $F(x)$ trennen würde.

Wenn L' ein beliebiger nichtvertikaler linearer Unterraum in $\mathbb{E}_2$ ist, der streng unterhalb des Epigraphen $\mathscr{E}_F$ liegt und für den $x_0 \in \Pi(L')$ gilt, so ist der Abstand $\varrho(L', \mathscr{E}_F)$ der Menge L', die entweder ein Punkt oder eine Gerade in $\mathbb{E}_2$ ist, von der Menge $\mathscr{E}_F$ positiv. Offenbar gibt es in dem offenen Intervall $\operatorname{int} M = (-1, 1)$ einen Punkt $\tilde{x}$ derart, daß der Abstand des Punktes $(\tilde{x}, \tilde{y}) := \left(\tilde{x}, -\sqrt{1 - \tilde{x}^2}\right)$ von dem linearen Unterraum L' gerade die Zahl $\varrho(L', \mathscr{E}_F)$ ist. Die Tangente der Kreislinie $K := \{(x, y) \in \mathbb{E}_2 \mid x^2 + y^2 = 1\}$ an den Punkt $(\tilde{x}, \tilde{y}) \in K$ ist dann eine nichtvertikale Gerade (also eine nichtvertikale Hyperebene in $\mathbb{E}_2$), die den linearen Unterraum L' und den Epigraphen $\mathscr{E}_F$ trennt. Der Punkt $x_0 = 1$ (bzw. der Punkt $x_0 = -1$) des Definitionsbereiches $M = [-1, 1]$ der konvexen Funktion $F(x) = -\sqrt{1 - x^2}$ ist daher schwach stabil. Die Punkte x aus dem offenen Intervall $(-1, 1)$ sind dagegen nach Satz 22.1 stabil.

Beispiel 22.2. Die Funktion zweier Veränderlicher

$$F(x, y) := -\sqrt{xy}$$

ist konvex über der konvexen Menge

$$M := \{(x, y) \in \mathbb{E}_2 \mid x \geqq 0,\ y \geqq 0\},$$

denn ihre Hessesche Matrix ist in jedem Punkt der Menge int M positiv semidefinit, und die Funktion $F(x, y)$ selbst ist stetig über der Menge M.

Wir zeigen nun, daß der Punkt $(x_0, y_0) := (0, 0)$ des Randes ∂M der Menge M kein schwach stabiler — und daher auch kein stabiler — Punkt des Definitionsbereiches M der Funktion $F(x, y)$ ist. Dazu betrachten wir die Gerade

$$L' := \{(x, y, z) \in \mathbb{E}_3 \mid x = 0,\ z = -1\}.$$

Ihre vertikale Projektion (vgl. Definition 22.1) ist die Menge

$$\Pi(L') = \{(x, y) \in \mathbb{E}_2 \mid x = 0\};$$

sie enthält den Punkt (x_0, y_0). Der Durchschnitt $M \cap \Pi(L')$ ist die abgeschlossene Halbgerade $p := \{(x, y) \in \mathbb{E}_2 \mid x = 0,\ y \geqq 0\}$; für die Punkte $(x, y, z) \in L'$ mit $(x, y) \in p$ gilt $x = 0, y \geqq 0, z = -1$, daher ist $-1 < F(x, y) = F(0, y) = 0$. Nach Definition 22.2 liegt die Gerade L' daher streng unterhalb des Epigraphen $\mathscr{E}_F$. Die konvexen Mengen $\mathscr{E}_F$ und L' sind dann wegen $L' \cap \operatorname{rel\,int} \mathscr{E}_F = \emptyset$ trennbar. Nehmen wir an, daß es eine nichtvertikale Trennungshyperebene in $\mathbb{E}_3$ der Mengen L' und $\mathscr{E}_F$ gibt; sie möge die Darstellung

$$R' = \{(x, y, z) \in \mathbb{E}_3 \mid ax + by - z = c\}$$

haben. Dann ist

$$\mathscr{E}_F \subset \bar{H}'^{-} := \{(x, y, z) \in \mathbb{E}_3 \mid ax + by - z \leqq c\},$$

$$L' \subset \bar{H}'^{+} := \{(x, y, z) \in \mathbb{E}_3 \mid ax + by - z \geqq c\}.$$

Da nach Bemerkung 22.2 $L' \subset R'$ vorausgesetzt werden kann, folgt aus den Darstellungen der Mengen L' und R', daß $c = 1$ und $b = 0$ gelten muß und daher

$$R' = \{(x, y, z) \in \mathbb{E}_3 \mid ax - z = 1\}, \quad \mathscr{E}_F \subset \bar{H}'^{-} = \{(x, y, z) \in \mathbb{E}_3 \mid ax - z \leqq 1\}.$$

Es gilt also $ax - z \leqq 1$ für alle Punkte (x, y, z) mit $x \geqq 0$, $y \geqq 0$ und $z \geqq F(x, y) = -\sqrt{xy}$, d. h., es ist $ax + \sqrt{xy} \leqq 1$ für $x \geqq 0$, $y \geqq 0$. Dann muß aber auch $ax + \sqrt{xy} \leqq 1$ für alle Punkte (x, y) mit $x \geqq 0$, $y = (a^2 + 1)\, x$ gelten, d. h. $x\left(a + \sqrt{a^2 + 1}\right) \leqq 1$ für alle Zahlen $x \geqq 0$. Das ist aber wegen $a + \sqrt{a^2 + 1} > 0$ nicht möglich. Dieser Widerspruch zeigt, daß es keine nichtvertikale Trennungshyperebene in $\mathbb{E}_3$ der Mengen L' und $\mathscr{E}_F$ gibt. Nach Definition 22.3 ist daher der Punkt $(0, 0)$ des Definitionsbereiches M der konvexen Funktion $F(x, y)$ nicht schwach stabil.

Satz 22.2. *Es seien M eine nichtleere konvexe Menge in $\mathbb{E}_n$, $F(\boldsymbol{x})$ (bzw. $G(\boldsymbol{x})$) eine über der Menge M definierte konvexe (bzw. konkave) Funktion und $\boldsymbol{x}_0 \in M$ ein stabiler Punkt ihres Definitionsbereiches M. Weiter sei $\mathbb{E}_d$ ein d-dimensionaler euklidischer Raum $(0 \leqq d < n)$ mit $\boldsymbol{x}_0 \in \mathbb{E}_d \subset \mathbb{E}_n$. Betrachtet man $F(\boldsymbol{x})$ (bzw. $G(\boldsymbol{x})$) als eine über der Menge*

$M_d := M \cap \mathbb{E}_d$ erklärte Funktion, dann ist $\boldsymbol{x}_0$ auch ein stabiler Punkt des Definitionsbereiches M_d der Funktion $F(\boldsymbol{x})$ (bzw. der Funktion $G(\boldsymbol{x})$).

Beweis. Wir werden die Aussage des Satzes nur für den Fall einer über der Menge M definierten konvexen Funktion $F(\boldsymbol{x})$ zeigen; für eine über der Menge M definierte konkave Funktion $G(\boldsymbol{x})$ läßt sich der Beweis analog führen.

Es sei $\boldsymbol{x}_0$ ein stabiler Punkt des Definitionsbereiches M einer konvexen Funktion $F(\boldsymbol{x})$. Nach Definition 22.3 existiert dann zu jedem nichtvertikalen linearen Unterraum L' in $\mathbb{E}_{n+1}$ mit $\boldsymbol{x}_0 \in \Pi(L')$, der unterhalb des Epigraphen

$$\mathscr{E}_F := \{(\boldsymbol{x}, x_{n+1}) \in \mathbb{E}_{n+1} \mid x_{n+1} \geqq F(\boldsymbol{x}), \boldsymbol{x} \in M\}$$

liegt, eine nichtvertikale Trennungshyperebene R' in $\mathbb{E}_{n+1}$ der Mengen $\mathscr{E}_F$ und L'. Bezeichnen $\overline{H}_1'$ und $\overline{H}_2'$ die zur Hyperebene R' gehörigen abgeschlossenen Halbräume, so gilt (bei geeigneter Numerierung)

$$\mathscr{E}_F \subset \overline{H}_1', \quad L' \subset \overline{H}_2'. \tag{22.3a}$$

Es sei nun L' ein den folgenden Bedingungen genügender linearer Unterraum in $\mathbb{E}_{n+1}$:

a) $L' \subset \mathbb{E}_{d+1} := \{(\boldsymbol{x}, x_{n+1}) \in \mathbb{E}_{n+1} \mid \boldsymbol{x} \in \mathbb{E}_d\}$;

(b) L' ist ein nichtvertikaler linearer Unterraum in $\mathbb{E}_{d+1}$;

(c) $\boldsymbol{x}_0 \in \Pi(L')$;

(d) die Menge L' liegt unterhalb des Epigraphen

$$\mathscr{E}_F^d := \{(\boldsymbol{x}, x_{n+1}) \in \mathbb{E}_{n+1} \mid x_{n+1} \geqq F(\boldsymbol{x}), \boldsymbol{x} \in M_d\}$$

der über der Menge M_d erklärten Funktion $F(\boldsymbol{x})$.

Wegen (a) und (b) ist L' auch ein nichtvertikaler linearer Unterraum in $\mathbb{E}_{n+1}$. Aus (d) folgt nach Definition 22.2

$$x_{n+1} \leqq F(\boldsymbol{x}) \quad \text{für} \quad (\boldsymbol{x}, x_{n+1}) \subset L', \quad \boldsymbol{x} \in M_d \cap \Pi(L').$$

Wegen $\Pi(L') \subset \mathbb{E}_d$ ist aber $M \cap \Pi(L') \subset M \cap \mathbb{E}_d = M_d$, es gilt daher auch

$$x_{n+1} \leqq F(\boldsymbol{x}) \quad \text{für} \quad (\boldsymbol{x}, x_{n+1}) \in L', \quad \boldsymbol{x} \in M \cap \pi(L').$$

Hieraus und aus (c) folgt nach Definition 22.2, daß der lineare Unterraum L' unterhalb des Epigraphen $\mathscr{E}_F$ liegt. Die eingangs des Beweises angeführte Aussage über die Existenz einer nichtvertikalen Trennungshyperebene R' in $\mathbb{E}_{n+1}$ der Mengen $\mathscr{E}_F$ und L' mit der Eigenschaft (22.3a) trifft also auch auf einen den Bedingugen (a) bis (d) genügenden linearen Unterraum L' zu. Da R' keine vertikale Hyperebene in $\mathbb{E}_{n+1}$ ist, ist der Durchschnitt $R_d' := R' \cap \mathbb{E}_{d+1}$ ein nichtvertikaler d-dimensionaler linearer Unterraum in $\mathbb{E}_{d+1}$, also eine nichtvertikale Hyperebene in $\mathbb{E}_{d+1}$; dabei sind die Mengen $\overline{H}_i^d := \overline{H}_i' \cap \mathbb{E}_{d+1}$ $(i = 1, 2)$ die zu der Hyperebene R_d' gehörigen abgeschlossenen Halbräume in $\mathbb{E}_{d+1}$. Aus (22.3a) folgt wegen $\mathscr{E}_F^d = \mathscr{E}_F \cap \mathbb{E}_{d+1}$ und $L' = L' \cap \mathbb{E}_{d+1}$

$$\mathscr{E}_F^d \subset \overline{H}_1^d, \quad L' \subset \overline{H}_2^d. \tag{22.3b}$$

Da der Epigraph $\mathscr{E}_F^d$ eine mit der x_{n+1}-Koordinatenachse in $\mathbb{E}_{n+1}$ parallele Halbgerade enthält und in dem nichtvertikalen linearen Unterraum R_d' in $\mathbb{E}_{n+1}$ eine solche Halbgerade nicht liegt, gilt $\mathscr{E}_F^d \not\subset R_d'$ und daher $\mathscr{E}_F^d \cup L' \not\subset R_d'$. Hieraus und aus (22.3b) folgt, daß R_d' eine nichtvertikale Trennungshyperebene in $\mathbb{E}_{d+1}$ der Mengen $\mathscr{E}_F^d$ und L' ist. Nach Definition 22.3 ist daher $\boldsymbol{x}_0$ ein stabiler Punkt des Definitionsbereiches M_d der Funktion $F(\boldsymbol{x})$. □

Bemerkung 22.4. Eine dem Satz 22.2 entsprechende Aussage gilt — wie aus dem angegebenen Beweis und aus Definition 22.3 folgt — auch für schwach stabile Punkte, in Satz 22.2 ist lediglich der Begriff „stabiler Punkt" in Voraussetzung und Behauptung durch den Begriff „schwach stabiler Punkt" zu ersetzen.

Satz 22.3. *Es seien M und $\hat{M}$ nichtleere konvexe Mengen in $\mathbb{E}_n$, $F(\boldsymbol{x})$ eine über der Menge M erklärte konvexe und $G(\boldsymbol{x})$ eine über der Menge $\hat{M}$ erklärte konkave Funktion. Weiter seien R_0', R_1' und R_2' Hyperebenen im Raum $\mathbb{E}_{n+1} := \mathbb{E}_n \times \mathbb{E}_1$, für die gilt:*

(a) *R_0' ist eine vertikale Trennungshyperebene des Epigraphen*

$$\mathscr{E}_F := \{(\boldsymbol{x}, x_{n+1}) \in \mathbb{E}_{n+1} \mid x_{n+1} \geqq F(\boldsymbol{x}), \boldsymbol{x} \in M\}$$

der Funktion $F(\boldsymbol{x})$ und des Hypographen

$$\mathscr{H}_G := \{(\boldsymbol{x}, x_{n+1}) \in \mathbb{E}_{n+1} \mid x_{n+1} \leqq G(\boldsymbol{x}), \boldsymbol{x} \in \hat{M}\}$$

der Funktion $G(\boldsymbol{x})$;

(b) *R_1' ist eine unterhalb des Epigraphen $\mathscr{E}_F$ liegende nichtvertikale Hyperebene und R_2' eine oberhalb des Hypographen $\mathscr{H}_G$ liegende nichtvertikale Hyperebene in $\mathbb{E}_{n+1}$;*

(c) $\quad R_1' \cap R_0' = R_2' \cap R_0' \neq \emptyset.$

Dann ist mindestens eine der nichtvertikalen Hyperebenen R_1' und R_2' eine Trennungshyperebene der Mengen $\mathscr{E}_F$ und $\mathscr{H}_G$.

Beweis. Die Hyperebenen R_0' und R_i' $(i = 1, 2)$ mögen die Darstellungen

$$R_0' := \{(\boldsymbol{x}, x_{n+1}) \in \mathbb{E}_{n+1} \mid (\boldsymbol{y}_0, \boldsymbol{x}) = b_0\} \quad (\|\boldsymbol{y}_0\| > 0),$$

$$R_i' := \{(\boldsymbol{x}, x_{n+1}) \in \mathbb{E}_{n+1} \mid (\boldsymbol{y}_i, \boldsymbol{x}) - x_{n+1} = b_i\} \quad (i = 1, 2)$$

haben. Nach Voraussetzung (a) liegt die Menge $\mathscr{E}_F$ in dem einen und die Menge $\mathscr{H}_G$ in dem anderen zu der Hyperebene R_0' gehörenden abgeschlossenen Halbraum; o. B. d. A. gelte

$$\begin{aligned} \mathscr{E}_F &\subset \overline{H}_0'^- := \{(\boldsymbol{x}, x_{n+1}) \in \mathbb{E}_{n+1} \mid (\boldsymbol{y}_0, \boldsymbol{x}) \leqq b_0\}, \\ \mathscr{H}_G &\subset \overline{H}_0'^+ := \{(\boldsymbol{x}, x_{n+1}) \in \mathbb{E}_{n+1} \mid (\boldsymbol{y}_0, \boldsymbol{x}) \geqq b_0\}. \end{aligned} \tag{22.4a}$$

Aus der Eigenschaft (b) der Hyperebenen R_1' und R_2' folgt

$$\begin{aligned} \mathscr{E}_F &\subset \overline{H}_1'^- := \{(\boldsymbol{x}, x_{n+1}) \in \mathbb{E}_{n+1} \mid (\boldsymbol{y}_1, \boldsymbol{x}) - x_{n+1} \leqq b_1\}, \\ \mathscr{H}_G &\subset \overline{H}_2'^+ := \{(\boldsymbol{x}, x_{n+1}) \in \mathbb{E}_{n+1} \mid (\boldsymbol{y}_2, \boldsymbol{x}) - x_{n+1} \geqq b_2\}. \end{aligned} \tag{22.4b}$$

Nach Voraussetzung (c) ist — unter Berücksichtigung der angegebenen Darstellungen der Hyperebenen R_0', R_1' und R_2' — das Gleichungssystem

$$(\boldsymbol{y}_0, \boldsymbol{x}) = b_0, \quad (\boldsymbol{y}_1, \boldsymbol{x}) - x_{n+1} = b_1, \quad (\boldsymbol{y}_2, \boldsymbol{x}) - x_{n+1} = b_2$$

lösbar; dabei ist die dritte bzw. die zweite Gleichung eine Linearkombination der beiden jeweils verbleibenden Gleichungen. Es existieren daher Zahlen μ und λ derart, daß

$\boldsymbol{y}_2 = \mu \boldsymbol{y}_0 + \lambda \boldsymbol{y}_1$, $-1 = -\lambda$, $b_2 = \mu b_0 + \lambda b_1$ gilt, d. h.

$$\boldsymbol{y}_2 = \mu \boldsymbol{y}_0 + \boldsymbol{y}_1, \quad b_2 = \mu b_0 + b_1. \tag{22.5}$$

Im Fall $\mu \geqq 0$ folgt für einen beliebigen Punkt $(\boldsymbol{x}_1, x_{1n+1}) \in \mathscr{E}_F$ nach (22.4a, b)

$$\mu(\boldsymbol{y}_0, \boldsymbol{x}_1) \leqq \mu b_0, \quad (\boldsymbol{y}_1, \boldsymbol{x}_1) - x_{1n+1} \leqq b_1$$

und daraus unter Beachtung von (22.5)

$$(\boldsymbol{y}_2, \boldsymbol{x}_1) - x_{1n+1} = \mu(\boldsymbol{y}_0, \boldsymbol{x}_1) + (\boldsymbol{y}_1, \boldsymbol{x}_1) - x_{1n+1} \leqq \mu b_0 + b_1 = b_2.$$

Ein beliebiger Punkt $(\boldsymbol{x}_1, x_{1n+1})$ des Epigraphen $\mathscr{E}_F$ liegt damit in dem zu der Hyperebene R_2' gehörenden abgeschlossenen Halbraum $\overline{H}_2'^- := \{(\boldsymbol{x}, x_{n+1}) \in \mathbb{E}_{n+1} \mid (\boldsymbol{y}_2, \boldsymbol{x}) - x_{n+1} \leqq b_2\}$; nach (22.4b) gilt also $\mathscr{E}_F \subset \overline{H}_2'^-$, $\mathscr{H}_G \subset H_2'^+$. Da R_2' eine nichtvertikale Hyperebene in $\mathbb{E}_{n+1}$ ist, enthält sie im Gegensatz zum Epigraphen $\mathscr{E}_F$ keine mit der x_{n+1}-Koordinatenachse in $\mathbb{E}_{n+1}$ parallele Halbgerade; es kann daher nur $\mathscr{E}_F \cup \mathscr{H}_G \not\subset R_2'$ gelten. Damit ist R_2' eine nichtvertikale Trennungshyperebene in $\mathbb{E}_{n+1}$ der Mengen $\mathscr{E}_F$ und $\mathscr{H}_G$.

Im Fall $\mu < 0$ schreiben wir die Gleichungen in (22.5) in der Form

$$\boldsymbol{y}_1 = (-\mu)\, \boldsymbol{y}_0 + \boldsymbol{y}_2, \quad b_1 = (-\mu)\, b_0 + b_2.$$

Wegen $-\mu > 0$ erhält man auf analoge Weise wie im Fall $\mu \geqq 0$ die Inklusionen $\mathscr{H}_G \subset \overline{H}_1'^+$, $\mathscr{E}_F \subset \overline{H}_1'^-$, in denen $\overline{H}_1'^+$ und $\overline{H}_1'^-$ die zu der Hyperebene R_1' gehörenden abgeschlossenen Halbräume in $\mathbb{E}_{n+1}$ bezeichnen. In diesem Fall ist dann die nichtvertikale Hyperebene R_1' in $\mathbb{E}_{n+1}$ eine Trennungshyperebene der Mengen $\mathscr{E}_F$ und $\mathscr{H}_G$. □

Satz 22.4. *Es seien M und $\hat{M}$ nichtleere konvexe Mengen in $\mathbb{E}_n$ mit*

$$M \cap \hat{M} \neq \emptyset, \tag{22.6}$$

$F(\boldsymbol{x})$ eine über der Menge M konvexe, $G(\boldsymbol{x})$ eine über der Menge $\hat{M}$ konkave Funktion und $F^c(\boldsymbol{y})$ bzw. $G^c(\boldsymbol{y})$ die zu ihnen konjugierten Funktionen, d. h.

$$F^c(\boldsymbol{y}) := \sup_{\boldsymbol{x} \in M} \{(\boldsymbol{y}, \boldsymbol{x}) - F(\boldsymbol{x})\}, \quad \boldsymbol{y} \in A,$$

$$G^c(\boldsymbol{y}) := \inf_{\boldsymbol{x} \in \hat{M}} \{(\boldsymbol{y}, \boldsymbol{x}) - G(\boldsymbol{x})\}, \quad \boldsymbol{y} \in \hat{A},$$

dabei sind A und $\hat{A}$ die maximalen Definitionsbereiche dieser Funktionen. Weiter sei

(I) $$\inf_{\boldsymbol{x} \in M \cap \hat{M}} \{F(\boldsymbol{x}) - G(\boldsymbol{x})\}!,$$

(II) $$\sup_{\boldsymbol{y} \in A \cap \hat{A}} \{G^c(\boldsymbol{y}) - F^c(\boldsymbol{y})\}!$$

ein Paar zueinander dualer Optimierungsprobleme (vgl. Bemerkung 21.3) mit der Eigenschaft

$$\inf_{\boldsymbol{x} \in M \cap \hat{M}} \{F(\boldsymbol{x}) - G(\boldsymbol{x})\} > -\infty. \tag{22.7}$$

Dann gelten folgende Aussagen:

(a) *Falls die Menge $M \cap \hat{M}$ einen stabilen Punkt des Definitionsbereiches M der Funktion $F(\boldsymbol{x})$ und einen stabilen Punkt des Definitionsbereiches $\hat{M}$ der Funktion $G(\boldsymbol{x})$ enthält,* *dann ist das Optimierungsproblem* (II) *lösbar, und es gilt*

$$\inf_{\boldsymbol{x}\in M\cap\hat{M}} \{F(\boldsymbol{x}) - G(\boldsymbol{x})\} = \max_{\boldsymbol{y}\in A\cap\hat{A}} \{G^c(\boldsymbol{y}) - F^c(\boldsymbol{y})\}; \tag{22.8a}$$

(b) *falls die Menge* $M \cap \hat{M}$ *einen schwach stabilen Punkt des Definitionsbereiches* M *der Funktion* $F(\boldsymbol{x})$ *und einen schwach stabilen Punkt des Definitionsbereiches* $\hat{M}$ *der Funktion* $G(\boldsymbol{x})$ *enthält, so ist*

$$\inf_{\boldsymbol{x}\in M\cap\hat{M}} \{F(\boldsymbol{x}) - G(\boldsymbol{x})\} = \sup_{\boldsymbol{y}\in A\cap\hat{A}} \{G^c(\boldsymbol{y}) - F^c(\boldsymbol{y})\}. \tag{22.8b}$$

Beweis. Falls eine nichtvertikale Trennungshyperebene

$$R_0' := \{(\boldsymbol{x}, x_{n+1}) \in \mathbb{E}_{n+1} \mid (\boldsymbol{y}_0, \boldsymbol{x}) - x_{n+1} = b_0\}, \quad \boldsymbol{y}_0 \in A \cap \hat{A}, \tag{22.9a}$$

des Epigraphen

$$\mathscr{E}_F := \{(\boldsymbol{x}, x_{n+1}) \in \mathbb{E}_{n+1} \mid x_{n+1} \geqq F(\boldsymbol{x}),\ \boldsymbol{x} \in M\}$$

der Funktion $F(\boldsymbol{x})$ und des Hypographen

$$\mathscr{H}_G := \{(\boldsymbol{x}, x_{n+1}) \in \mathbb{E}_{n+1} \mid x_{n+1} \leqq G(\boldsymbol{x}),\ \boldsymbol{x} \in \hat{M}\}$$

der Funktion $G(\boldsymbol{x})$ mit der Eigenschaft

$$\begin{aligned} \mathscr{E}_F &\subset \overline{H}_0'^- := \{(\boldsymbol{x}, x_{n+1}) \in \mathbb{E}_{n+1} \mid (\boldsymbol{y}_0, \boldsymbol{x}) - x_{n+1} \leqq b_0\}, \\ \mathscr{H}_G &\subset \overline{H}_0'^+ := \{(\boldsymbol{x}, x_{n+1}) \in \mathbb{E}_{n+1} \mid (\boldsymbol{y}_0, \boldsymbol{x}) - x_{n+1} \geqq b_0\} \end{aligned} \tag{22.9b}$$

existiert (diesen Nachweis führen wir im zweiten Teil des Beweises), so folgt wegen $(\boldsymbol{x}, F(\boldsymbol{x})) \in \mathscr{E}_F$ $(\boldsymbol{x} \in M)$ und $(\boldsymbol{x}, G(\boldsymbol{x})) \in \mathscr{H}_G$ $(\boldsymbol{x} \in \hat{M})$ unter Beachtung von (22.9b)

$$F^c(\boldsymbol{y}_0) := \sup_{\boldsymbol{x}\in M} \{(\boldsymbol{y}_0, \boldsymbol{x}) - F(\boldsymbol{x})\} \leqq b_0 \leqq \inf_{\boldsymbol{x}\in\hat{M}} \{(\boldsymbol{y}_0, \boldsymbol{x}) - G(\boldsymbol{x})\} =: G^c(\boldsymbol{y}_0);$$

damit ist

$$G^c(\boldsymbol{y}_0) - F^c(\boldsymbol{y}_0) \geqq 0. \tag{22.10a}$$

Setzt man

$$\mu := \inf_{\boldsymbol{x}\in M\cap\hat{M}} \{F(\boldsymbol{x}) - G(\boldsymbol{x})\},$$

so ist nach Voraussetzung (22.7) $\mu \in \mathbb{R}$, und für die konvexe Funktion $F_\mu(\boldsymbol{x}) := F(\boldsymbol{x}) - \mu$ $(\boldsymbol{x} \in M)$ gilt

$$\inf_{\boldsymbol{x}\in M\cap\hat{M}} \{F_\mu(\boldsymbol{x}) - G(\boldsymbol{x})\} = 0.$$

Wegen $F_\mu{}^c(\boldsymbol{y}) = F^c(\boldsymbol{y}) + \mu$ $(\boldsymbol{y} \in A)$ ist die Aussage

$$\inf_{\boldsymbol{x}\in M\cap\hat{M}} \{F(\boldsymbol{x}) - G(\boldsymbol{x})\} = \max_{\boldsymbol{y}\in A\cap\hat{A}} \{G^c(\boldsymbol{y}) - F^c(\boldsymbol{y})\}$$

(bzw.

$$\inf_{\boldsymbol{x}\in M\cap\hat{M}} \{F(\boldsymbol{x}) - G(\boldsymbol{x})\} = \sup_{\boldsymbol{y}\in A\cap\hat{A}} \{G^c(\boldsymbol{y}) - F^c(\boldsymbol{y})\})$$

äquivalent zu der Aussage

$$\inf_{\boldsymbol{x}\in M\cap\hat{M}} \{F_\mu(\boldsymbol{x}) - G(\boldsymbol{x})\} = \max_{\boldsymbol{y}\in A\cap\hat{A}} \{G^c(\boldsymbol{y}) - F_\mu{}^c(\boldsymbol{y})\}$$

(bzw.

$$\inf_{\boldsymbol{x}\in M\cap\hat{M}} \{F_\mu(\boldsymbol{x}) - G(\boldsymbol{x})\} = \sup_{\boldsymbol{y}\in A\cap\hat{A}} \{G^c(\boldsymbol{y}) - F_\mu{}^c(\boldsymbol{y})\}).$$

Wir können daher o. B. d. A.

$$\inf_{\boldsymbol{x}\in M\cap\hat{M}} \{F(\boldsymbol{x}) - G(\boldsymbol{x})\} = 0 \tag{22.10b}$$

voraussetzen. Dann ist nach (22.10a)

$$G^c(\boldsymbol{y}_0) - F^c(\boldsymbol{y}_0) \geqq \inf_{\boldsymbol{x}\in M\cap\hat{M}} \{F(\boldsymbol{x}) - G(\boldsymbol{x})\}.$$

Hieraus folgt nach Satz 21.2, Aussage (21.5a)

$$G^c(\boldsymbol{y}_0) - F^c(\boldsymbol{y}_0) \leqq \sup_{\boldsymbol{y}\in A\cap\hat{A}} \{G^c(\boldsymbol{y}) - F^c(\boldsymbol{y})\} \leqq \inf_{\boldsymbol{x}\in M\cap\hat{M}} \{F(\boldsymbol{x}) - G(\boldsymbol{x})\}$$
$$\leqq G^c(\boldsymbol{y}_0) - F^c(\boldsymbol{y}_0)$$

und daraus die Aussage (a) des Satzes.

Zum Beweis der Aussage (a) des Satzes genügt es daher, die Existenz einer nichtvertikalen Trennungshyperebene in $\mathbb{E}_{n+1}$ der Mengen $\mathcal{E}_F$ und $\mathcal{H}_G$ zu zeigen. Dazu definieren wir eine spezielle Folge ineinandergeschachtelter linearer Unterräume in $\mathbb{E}_n$ (die o. B. d. A. als euklidische Räume angesehen werden können)

$$\mathbb{E}_n \supset \mathbb{E}_{n-1} \supset \cdots \supset \mathbb{E}_{i+1} \supset \mathbb{E}_i \supset \cdots \supset \mathbb{E}_{n-d} \quad (\dim \mathbb{E}_i = i). \tag{22.11}$$

Im Fall rel int M ∩ rel int $\hat{M} \neq \emptyset$ setzen wir $d := 0$, und die Folge besteht nur aus dem die Menge $M \cap \hat{M}$ enthaltenden Raum $\mathbb{E}_n$. Andernfalls haben die Mengen M und $\hat{M}$ wegen $M \cap \hat{M} \neq \emptyset$ eine Punktberührung (vgl. Definition 11.1), und nach den Sätzen 11.2 und 11.3 gibt es eine Trennungshyperebene $\mathbb{E}_{n-1}$ in $\mathbb{E}_n$ der Mengen M und $\hat{M}$ mit $M \cap \hat{M} \subset \mathbb{E}_{n-1}$; für die Mengen $M_1 := M \cap \mathbb{E}_{n-1}$ und $\hat{M}_1 := \hat{M} \cap \mathbb{E}_{n-1}$ gilt dann offenbar $M_1 \cap \hat{M}_1 \subset \mathbb{E}_{n-1}$ und $M_1 \cap \hat{M}_1 = M \cap \hat{M} \neq \emptyset$. Im Fall rel int M_1 ∩ rel int $\hat{M}_1 \neq \emptyset$ setzen wir $d := 1$, und die Folge (22.1) besteht aus den Gliedern $\mathbb{E}_n$ und $\mathbb{E}_{n-1}$. Andernfalls existiert eine Trennungshyperebene $\mathbb{E}_{n-2}$ in $\mathbb{E}_{n-1}$ der Mengen M_1 und $\hat{M}_1$ mit $M_1 \cap \hat{M}_1 \subset \mathbb{E}_{n-2}$; für die Mengen $M_2 := M_1 \cap \mathbb{E}_{n-2}$ und $\hat{M}_2 := \hat{M}_1 \cap \mathbb{E}_{n-2}$ gilt $M_2 = M \cap \mathbb{E}_{n-2}$, $\hat{M}_2 = \hat{M} \cap \mathbb{E}_{n-2}$, $M_2 \cap \hat{M}_2 \subset \mathbb{E}_{n-2}$, $M_2 \cap \hat{M}_2 = M \cap \hat{M} \neq \emptyset$. Mit den Mengen M_2 und $\hat{M}_2$ setzen wir dieses Vorgehen fort. Offenbar existiert eine ganze Zahl d mit $0 \leqq d \leqq n$, so daß

$$\left.\begin{array}{l} \text{rel int } M_d \cap \text{rel int } \hat{M}_d \neq \emptyset, \\ \text{rel int } M_j \cap \text{rel int } \hat{M}_j = \emptyset \quad (0 \leqq j < d) \end{array}\right\} \tag{22.12a}$$

gilt; dabei haben wir $M_0 := M$, $\hat{M}_0 := \hat{M}$ gesetzt und

$$\left.\begin{array}{l} M_{i+1} := M_i \cap \mathbb{E}_{n-(i+1)} = M \cap \mathbb{E}_{n-(i+1)} \quad (i = 0, \ldots, d-1), \\ \hat{M}_{i+1} := \hat{M}_i \cap \mathbb{E}_{n-(i+1)} = \hat{M} \cap \mathbb{E}_{n-(i+1)} \quad (i = 0, \ldots, d-1), \\ M_i \cap \hat{M}_i = M \cap \hat{M} \neq \emptyset \quad (i = 0, \ldots, d). \end{array}\right\} \tag{22.12b}$$

Den Räumen $\mathbb{E}_n, \ldots, \mathbb{E}_{n-d}$ der Folge (22.11) ordnen wir nun die vertikalen linearen Unterräume

$$\mathbb{E}'_{i+1} := \mathbb{E}_i \times \mathbb{E}_1 = \{(\boldsymbol{x}, x_{n+1}) \in \mathbb{E}_{n+1} \mid \boldsymbol{x} \in \mathbb{E}_i\} \quad (i = n - d, \ldots, n)$$

zu; dann gilt nach Definition wegen (22.11)

$$\mathbb{E}_{n+1} = \mathbb{E}'_{n+1} \supset \mathbb{E}_n' \supset \cdots \supset \mathbb{E}'_{i+2} \supset \mathbb{E}'_{i+1} \supset \cdots \supset \mathbb{E}'_{n-d+1}. \tag{22.12c}$$

Für $i = 0, \ldots, d$ bezeichnet

$$\mathscr{E}_F{}^i := \{(\boldsymbol{x}, x_{n+1}) \in \mathbb{E}_{n+1} \mid x_{n+1} \geqq F(\boldsymbol{x}), \boldsymbol{x} \in M_i\}$$

bzw. (22.13a)

$$\mathscr{H}_G{}^i := \{(\boldsymbol{x}, x_{n+1}) \in \mathbb{E}_{n+1} \mid x_{n+1} \leqq G(\boldsymbol{x}), \boldsymbol{x} \in \hat{M}_i\}$$

den Epigraphen der konvexen Funktion $F(\boldsymbol{x})$ über der Menge M_i bzw. den Hypographen der konkaven Funktion $G(\boldsymbol{x})$ über der Menge $\hat{M}_i$; offenbar gilt

$$\mathscr{E}_F{}^i \subset \mathbb{E}'_{n+1-i}, \quad \mathscr{H}_G{}^i \subset \mathbb{E}'_{n+1-i} \quad (i = 0, \ldots, d). \tag{22.13b}$$

Im Fall $d = 0$ ist $\operatorname{rel\,int} M_0 \cap \operatorname{rel\,int} \hat{M}_0 = \operatorname{rel\,int} M \cap \operatorname{rel\,int} \hat{M} \neq \emptyset$ (siehe (22.12a)), und mit (22.7) sind die Voraussetzungen des Satzes 21.3 erfüllt; daher existiert — vergleiche den Beweis von Satz 21.3 — eine nichtvertikale Trennungshyperebene R_0' in $\mathbb{E}_{n+1}$ der Mengen $\mathscr{E}_F$ und $\mathscr{H}_G$.

Im Fall $d > 0$ betrachten wir zunächst die Mengen M_d und $\hat{M}_d$; für sie gilt nach (22.12a, b)

$$\operatorname{rel\,int} M_d \cap \operatorname{rel\,int} \hat{M}_d \neq \emptyset, \quad M_d = M_{d-1} \cap \mathbb{E}_{n-d},$$
$$\hat{M}_d = \hat{M}_{d-1} \cap \mathbb{E}_{n-d}, \quad M_d \cap \hat{M}_d = M \cap \hat{M} \neq \emptyset.$$

Aus den Inklusionen (vgl. (22.13b) im Fall $i = d$)

$$\mathscr{E}_F{}^d \subset \mathbb{E}'_{n+1-d} = \mathbb{E}_{n-d} \times \mathbb{E}_1, \quad \mathscr{H}_G{}^d \subset \mathbb{E}'_{n+1-d} = \mathbb{E}_{n-d} \times \mathbb{E}_1,$$

aus den Definitionen der Mengen M_d und $\hat{M}_d$ und aus der aus der Voraussetzung (22.10b) folgenden Aussage

$$\inf_{\boldsymbol{x} \in M_d \cap \hat{M}_d} \{F(\boldsymbol{x}) - G(\boldsymbol{x})\} = \inf_{\boldsymbol{x} \in M \cap \hat{M}} \{F(\boldsymbol{x}) - G(\boldsymbol{x})\} = 0,$$

d. h. aus der Aussage $F(\boldsymbol{x}) - G(\boldsymbol{x}) \geqq 0$ für $\boldsymbol{x} \in M_d \cap \hat{M}_d$, folgt unter Beachtung von (22.13a), dort sei $i = d$ gesetzt, $\operatorname{rel\,int} \mathscr{E}_F{}^d \cap \operatorname{rel\,int} \mathscr{H}_G{}^d = \emptyset$. Nach Satz 9.1 existiert daher im Raum $\mathbb{E}'_{n+1-d}$ eine Trennungshyperebene R'_{n-d} der im Raum $\mathbb{E}'_{n+1-d}$ liegenden konvexen Mengen $\mathscr{E}_F{}^d$ und $\mathscr{H}_G{}^d$. Sie ist nichtvertikal, andernfalls wäre nämlich die Menge $R'_{n-d} \cap \mathbb{E}_{n-d}$ (wie mit dem Lemma 15.1 gezeigt werden kann) eine Trennungshyperebene in $\mathbb{E}_{n-d}$ der Mengen M_d und $\hat{M}_d$, im Widerspruch zu der Voraussetzung $\operatorname{rel\,int} M_d \cap \operatorname{rel\,int} \hat{M}_d \neq \emptyset$.

Es möge nun k eine beliebige ganze Zahl mit $0 < k \leqq d$ sein, und für jeden Index i mit $k \leqq i \leqq d$ existiere eine nichtvertikale Trennungshyperebene R'_{n-i} im Raum $\mathbb{E}'_{n-i+1} := \mathbb{E}_{n-i} \times \mathbb{E}_1$ der unter (22.13a) definierten Mengen $\mathscr{E}_F{}^i$ und $\mathscr{H}_G{}^i$ für alle Indizes i mit $k \leqq i \leqq d$. Wir zeigen, daß es dann auch eine nichtvertikale Trennungshyperebene R'_{n-k+1} im Raum $\mathbb{E}'_{n-k+2}$ der Mengen $\mathscr{E}_F{}^{k-1}$ und $\mathscr{H}_G{}^{k-1}$ gibt.

Es sei also

$$R'_{n-k} \subset \mathbb{E}'_{n+1-k} \tag{22.14}$$

eine nichtvertikale Trennungshyperebene in $\mathbb{E}'_{n+1-k}$ der im Raum $\mathbb{E}'_{n+1-k}$ gelegenen Mengen $\mathcal{E}_F{}^k$ und $\mathcal{H}_G{}^k$. Der lineare Unterraum R'_{n-k} liegt dann unterhalb des Epigraphen $\mathcal{E}_F{}^k$ der über der Menge M_k betrachteten Funktion $F(\boldsymbol{x})$ und oberhalb des Hypographen $\mathcal{H}_G{}^k$ der über der Menge $\hat{M}_k$ betrachteten Funktion $G(\boldsymbol{x})$; also gilt nach Definition 22.2

$$x_{n+1} \leqq F(\boldsymbol{x}) \quad \text{für} \quad (\boldsymbol{x}, x_{n+1}) \in R'_{n-k}, \quad \boldsymbol{x} \in M_k \cap \Pi(R'_{n-k}),$$

$$x_{n+1} \geqq G(\boldsymbol{x}) \quad \text{für} \quad (\boldsymbol{x}, x_{n+1}) \in R'_{n-k}, \quad \boldsymbol{x} \in \hat{M}_k \cap \Pi(R'_{n-k});$$

dabei ist $\Pi(R'_{n-k})$ eine vertikale Projektion der Menge R'_{n-k} (vgl. Definition 22.1). Wegen $\Pi(R'_{n-k}) = \mathbb{E}_{n-k}$ ist aber $M_k \cap \Pi(R'_{n-k}) = M_k \cap \mathbb{E}_{n-k}$ und $\hat{M}_k \cap \Pi(R'_{n-k}) = \hat{M}_k \cap \mathbb{E}_{n-k}$; hieraus folgt, da nach (22.12b) $M_k = M_{k-1} \cap \mathbb{E}_{n-k}$, $\hat{M}_k = \hat{M}_{k-1} \cap \mathbb{E}_{n-k}$ ist,

$$x_{n+1} \leqq F(\boldsymbol{x}) \quad \text{für} \quad (\boldsymbol{x}, x_{n+1}) \in R'_{n-k}, \quad \boldsymbol{x} \in M_{k-1} \cap \Pi(R'_{n-k}),$$

$$x_{n+1} \geqq G(\boldsymbol{x}) \quad \text{für} \quad (\boldsymbol{x}, x_{n+1}) \in R'_{n-k}, \quad \boldsymbol{x} \in \hat{M}_{k-1} \cap \Pi(R'_{n-k}).$$

Nach Definition 22.2 liegt daher der lineare Unterraum R'_{n-k} unterhalb des Epigraphen $\mathcal{E}_F{}^{k-1}$ der über der Menge M_{k-1} definierten konvexen Funktion $F(\boldsymbol{x})$ und oberhalb des Hypographen $\mathcal{H}_G{}^{k-1}$ der über der Menge $\hat{M}_{k-1}$ definierten konkaven Funktion $G(\boldsymbol{x})$. Da die Menge $M \cap \hat{M}$ nach der in Aussage (a) des Satzes getroffenen Voraussetzung einen stabilen Punkt des Definitionsbereiches M der Funktion $F(\boldsymbol{x})$ und einen stabilen Punkt des Definitionsbereiches $\hat{M}$ der Funktion $G(\boldsymbol{x})$ enthält und da nach Satz 22.2 diese Punkte auch stabile Punkte des Definitionsbereiches M_{k-1} bzw. des Definitionsbereiches $\hat{M}_{k-1}$ der über der Menge M_{k-1} bzw. über der Menge $\hat{M}_{k-1}$ betrachteten Funktion $F(\boldsymbol{x})$ bzw. der Funktion $G(\boldsymbol{x})$ sind (die Mengen $\mathcal{E}_F{}^{k-1}$ und $\mathcal{H}_G{}^{k-1}$ betrachten wir dabei als Teilmengen des vertikalen linearen Unterraumes $\mathbb{E}'_{n+2-k} = \mathbb{E}_{n+1-k} \times \mathbb{E}_1$), existieren nach Definition 22.3 eine nichtvertikale Trennungshyperebene $R'_{(1)}$ der Mengen $\mathcal{E}_F{}^{k-1}$ und R'_{n-k} und eine nichtvertikale Trennungshyperebene $R'_{(2)}$ der Mengen $\mathcal{H}_G{}^{k-1}$ und R'_{n-k} im Raum $\mathbb{E}_{n+2-k}$; der lineare Unterraum $R'_{(1)}$ liegt dabei unterhalb des Epigraphen $\mathcal{E}_F{}^{k-1}$ und der lineare Unterraum $R'_{(2)}$ oberhalb des Hypographen $\mathcal{H}_G{}^{k-1}$.

Nach Bemerkung 22.2 kann o. B. d. A.

$$R'_{n-k} \subset R'_{(i)} \quad (i = 1, 2) \tag{22.15}$$

vorausgesetzt werden. Nach Konstruktion der Mengenfolge (22.11) ist der zu dieser Folge gehörende lineare Unterraum $\mathbb{E}_{n-k}$ eine Trennungshyperebene der im Raum $\mathbb{E}_{n+1-k}$ liegenden Mengen M_{k-1} und $\hat{M}_{k-1}$. Daher ist der vertikale lineare Unterraum $R'_{(0)} := \{(\boldsymbol{x}, x_{n+1}) \in \mathbb{E}_{n+1} \mid \boldsymbol{x} \in \mathbb{E}_{n-k}\}$ im Raum $\mathbb{E}'_{n+2-k} = \mathbb{E}_{n+1-k} \times \mathbb{E}_1$ eine vertikale Trennungshyperebene im Raum $\mathbb{E}'_{n+2-k}$ der Mengen $\mathcal{E}_F{}^{k-1}$ und $\mathcal{H}_G{}^{k-1}$.

Aus der Definition der Menge $R'_{(0)}$ und aus (22.14) und (22.15) folgt $R'_{n-k} \subset R'_{(0)}$, $R'_{n-k} \subset R'_{(i)}$ $(i = 1, 2)$ und daher

$$R'_{n-k} \subset R'_{(0)} \cap R'_{(1)} \cap R'_{(2)}. \tag{22.16}$$

Da für $i \in \{1, 2\}$ aber $R'_{(i)}$ eine nichtvertikale und $R'_{(0)}$ eine vertikale Hyperebene im Raum $\mathbb{E}'_{n+2-k}$ ist, hat der lineare Unterraum $R'_{(0)} \cap R'_{(i)}$ die Dimension $n - k$, d. h. die

Dimension des linearen Unterraumes R'_{n-k}. Hieraus und aus (22.16) folgt

$$R'_{(0)} \cap R'_{(1)} = R'_{(0)} \cap R'_{(2)} \quad (= R'_{n-k}). \tag{22.17}$$

Da — wie oben gezeigt wurde — die Hyperebene $R'_{(1)}$ in $\mathbb{E}_{n+2-k}$ unterhalb des Epigraphen $\mathscr{E}_F{}^{k-1}$ und die Hyperebene $R'_{(2)}$ oberhalb des Hypographen $\mathscr{H}_G{}^{k-1}$ liegt und da $R'_{(0)}$ eine vertikale Trennungshyperebene in dem die Mengen $\mathscr{E}_F{}^{k-1}$ und $\mathscr{H}_G{}^{k-1}$ enthaltenden Raum $\mathbb{E}_{n+2-k}$ ist, sind unter Beachtung von (22.17) die Voraussetzungen aus Satz 22.3 für die im Raum $\mathbb{E}'_{n+2-k}$ liegenden Mengen $\mathscr{E}_F{}^{k-1}$ und $\mathscr{H}_G{}^{k-1}$ erfüllt. Nach diesem Satz ist mindestens eine der Mengen $R'_{(1)}$ und $R'_{(2)}$ eine nichtvertikale Trennungshyperebene in $\mathbb{E}'_{n+2-k}$ der Mengen $\mathscr{E}_F{}^{k-1}$ und $\mathscr{H}_G{}^{k-1}$. Damit ist der Induktionsbeweis geführt und die Existenz einer nichtvertikalen Trennungshyperebene in $\mathbb{E}_{n+1}$ der Mengen $\mathscr{E}_F = \mathscr{E}_F{}^0$ und $\mathscr{H}_G = \mathscr{H}_G{}^0$ gezeigt. Wegen (22.10b) ist diese nichtvertikale Trennungshyperebene eine Stützhyperebene sowohl des Epigraphen $\mathscr{E}_F$ als auch des Hypographen $\mathscr{H}_G$, und nach Satz 19.2, bzw. nach Bemerkung 19.6, gibt es einen Punkt $\boldsymbol{y}_0 \in A \cap \hat{A}$ derart, daß diese Trennungshyperebene die in (22.9a) angegebene Darstellung hat und daß für die zu ihr gehörigen abgeschlossenen Halbräume die Aussagen (22.9b) gelten. Aufgrund des im ersten Teil des Beweises erhaltenen Ergebnisses gilt daher die Aussage (a) des Satzes.

Der Beweis der Aussage (b) läßt sich in entsprechender Weise führen. Man geht von der oben konstruierten Folge (22.11) linearer Unterräume in $\mathbb{E}_n$ und der ihr zugeordneten Folge (22.12c) vertikaler linearer Unterräume in $\mathbb{E}_n$ aus; die Mengen M_i und $\hat{M}_i$ $(i = 0, \ldots, d)$ mögen die obigen Bedeutung haben. O. B. d. A. kann man — wie im Beweis der Aussage (a) — voraussetzen, daß (22.10b) gilt.

Im Fall $d = 0$, also im Fall $\operatorname{rel\,int} M \cap \operatorname{rel\,int} \hat{M} \neq \emptyset$, ist ein beliebiger Punkt $\boldsymbol{x}_0 \in \operatorname{rel\,int} M \cap \operatorname{rel\,int} \hat{M}$ ein stabiler Punkt sowohl des Definitionsbereiches M der Funktion $F(\boldsymbol{x})$ als auch ein stabiler Punkt des Definitionsbereiches $\hat{M}$ der Funktion $G(\boldsymbol{x})$; nach Bemerkung 22.2 ist er auch ein schwach stabiler Punkt dieser Bereiche. In diesem Fall gilt aber, wie oben gezeigt wurde, die Aussage (a) und daher die Aussage (b).

Es sei nun $d > 0$. Nach demBeweis der Aussage (a) existiert dann eine nichtvertikale Trennungshyperebene R'_{n-d} im Raum $\mathbb{E}'_{n-d+1} = \mathbb{E}_{n-d} \times \mathbb{E}_1$ der Mengen $\mathscr{E}_F{}^d$ und $\mathscr{H}_G{}^d$, die unterhalb des Epigraphen $\mathscr{E}_F{}^d$ und oberhalb des Hypographen $\mathscr{H}_G{}^d$ (bezüglich des Raumes $\mathbb{E}'_{n-d+1}$) liegt. Wir wählen eine beliebige Zahl $\varepsilon > 0$ und setzen voraus, daß für eine natürliche Zahl k mit $0 < k \leqq d$ und für jeden Index i mit $k \leqq i \leqq d$ eine nichtvertikale Trennungshyperebene R'_{n-i} im Raum $\mathbb{E}'_{n-i+1} := \mathbb{E}_{n-i} \times \mathbb{E}_1$ des Epigraphen $\mathscr{E}^i_{F+(d-i)\varepsilon}$ der über der Menge M_i erklärten Funktion $F(\boldsymbol{x}) + (d - i)\,\varepsilon$ und des Hypographen $\mathscr{H}^i_{G-(d-i)\varepsilon}$ der über der Menge $\hat{M}_i$ erklärten Funktion $G(\boldsymbol{x}) - (d - i)\,\varepsilon$ existiert. Nach dieser Induktionsvoraussetzung ist also speziell der lineare Unterraum R'_{n-k} eine nichtvertikale Trennungshyperebene der Mengen $\mathscr{E}^k_{F+(d-k)\varepsilon}$ und $\mathscr{H}^k_{G-(d-k)\varepsilon}$ im Raum $\mathbb{E}'_{n-k+1}$, sie liegt unterhalb des Epigraphen $\mathscr{E}^k_{F+(d-k)\varepsilon}$ und oberhalb des Hypographen $\mathscr{H}^k_{G-(d-k)\varepsilon}$. Hieraus folgt (vgl. die entsprechende Stelle im Beweis der Aussage (a)), daß der lineare Unterraum R'_{n-k} auch unterhalb des Epigraphen $\mathscr{E}^{k-1}_{F+(d-k)\varepsilon}$ der über der Menge M_{k-1} erklärten Funktion $F(\boldsymbol{x}) + (d - k)\,\varepsilon$ und oberhalb des Hypographen $\mathscr{H}^{k-1}_{G-(d-k)\varepsilon}$ der über der Menge $\hat{M}_{k-1}$ erklärten Funktion $G(\boldsymbol{x}) - (d - k)\,\varepsilon$ liegt (der Epigraph und der Hypograph werden dabei als Mengen des Raumes $\mathbb{E}'_{n+2-k} = \mathbb{E}'_{n+1-k} \times \mathbb{E}_1$ betrachtet). Nach Voraussetzung gibt es einen Punkt $\boldsymbol{x}_1 \in M \cap \hat{M}$ und einen Punkt $\boldsymbol{x}_2 \in M \cap \hat{M}$ derart, daß $\boldsymbol{x}_1$ ein schwach stabiler Punkt des Definitionsebreiches M der Funktion $F(\boldsymbol{x})$ (und daher auch der Funktion $F(\boldsymbol{x}) + (d - k)\,\varepsilon$) ist und $\boldsymbol{x}_2$

ein schwach stabiler Punkt des Definitionsbereiches $\hat{M}$ der Funktion $G(\boldsymbol{x})$ (und daher auch der Funktion $G(\boldsymbol{x}) - (d-k)\,\varepsilon$). Nach (22.12b) gilt $\boldsymbol{x}_i \in M_{k-1} \cap \hat{M}_{k-1} \subset \mathbb{E}_{n+1-k}$, und nach Bemerkung 22.4 ist der Punkt $\boldsymbol{x}_1$ (bzw. der Punkt $\boldsymbol{x}_2$) ein schwach stabiler Punkt des Definitionsbereiches M_{k-1} (bzw. des Definitionsbereiches $\hat{M}_{k-1}$) der Funktion $F(\boldsymbol{x}) + (d-k)\,\varepsilon$ (bzw. der Funktion $G(\boldsymbol{x}) - (d-k)\,\varepsilon$). Da außerdem der lineare Unterraum R'_{n-k} streng unterhalb des Epigraphen $\mathscr{E}^{k-1}_{F+(d-k+1)\varepsilon}$ der über der Menge M_{k-1} erklärten Funktion $F(\boldsymbol{x}) + (d-k+1)\,\varepsilon$ und streng oberhalb des Hypographen $\mathscr{H}^{k-1}_{G-(d-k+1)\varepsilon}$ der über der Menge $\hat{M}_{k-1}$ erklärten Funktion $G(\boldsymbol{x}) - (d-k+1)\,\varepsilon$ liegt, existiert nach Definition 22.3 eine nichtvertikale Trennungshyperebene $R'_{(1)}$ (bzw. $R'_{(2)}$) in $\mathbb{E}'_{n+2-k}$ der konvexen Mengen $\mathscr{E}^{k-1}_{F+(d-k+1)\varepsilon}$ und R'_{n-k} (bzw. der konvexen Mengen $\mathscr{H}^{k-1}_{G-(d-k+1)\varepsilon}$ und R'_{n-k}). Dabei liegt der lineare Unterraum $R'_{(1)}$ (bzw. der lineare Unterraum $R'_{(2)}$) unterhalb des Epigraphen $\mathscr{E}^{k-1}_{F+(d-k+1)\varepsilon}$ (bzw. oberhalb des Hypographen $\mathscr{H}^{k-1}_{G-(d-k+1)\varepsilon}$). Auf dieselbe Weise wie im Beweis der Aussage (a) kann gezeigt werden, daß mindestens eine der nichtvertikalen Hyperebenen $R'_{(1)}$ und $R'_{(2)}$ in $\mathbb{E}'_{n+2-k}$ eine Trennungshyperebene der Mengen $\mathscr{E}^{k-1}_{F+(d-k+1)\varepsilon}$ und $\mathscr{H}^{k-1}_{G-(d-k+1)\varepsilon}$ im Raum $\mathbb{E}'_{n+2-k}$ ist. Damit ist der Induktionsbeweis geführt, und es gilt (für $k = 1$), daß die Mengen $\mathscr{E}^0_{F+d\varepsilon} := \mathscr{E}_{F+d\varepsilon}$ und $\mathscr{H}^0_{G-d\varepsilon} := \mathscr{H}_{G-d\varepsilon}$, d. h. der Epigraph der über der Menge M definierten konvexen Funktion $F(\boldsymbol{x}) + d\varepsilon$ und der Hypograph der über der Menge $\hat{M}$ definierten konkaven Funktion $G(\boldsymbol{x}) - d\varepsilon$, durch eine — von der Wahl der Zahl $\varepsilon > 0$ abhängende — nichtvertikale Hyperebene R_ε' in $\mathbb{E}_{n+1}$ trennbar sind. Falls diese die Darstellung

$$R_\varepsilon' = \{(\boldsymbol{x}, x_{n+1}) \in \mathbb{E}_{n+1} \mid (\boldsymbol{y}_\varepsilon, \boldsymbol{x}) - x_{n+1} = b_\varepsilon\}$$

hat, dann gelten für die zu ihr gehörenden abgeschlossenen Halbräume

$$\overline{H}_\varepsilon'^- := \{(\boldsymbol{x}, x_{n+1}) \in \mathbb{E}_{n+1} \mid (\boldsymbol{y}_\varepsilon, \boldsymbol{x}) - x_{n+1} \leqq b_\varepsilon\},$$

$$\overline{H}_\varepsilon'^+ := \{(\boldsymbol{x}, x_{n+1}) \in \mathbb{E}_{n+1} \mid (\boldsymbol{y}_\varepsilon, \boldsymbol{x}) - x_{n+1} \geqq b_\varepsilon\}$$

die Inklusionen $\mathscr{E}_{F+d\varepsilon} \subset \overline{H}_\varepsilon'^-$, $\mathscr{H}_{G-d\varepsilon} \subset \overline{H}_\varepsilon'^+$; hieraus folgt wegen $\big(\boldsymbol{x}, F(\boldsymbol{x}) + d\varepsilon\big) \in \mathscr{E}_{F+d\varepsilon}$ und $\big(\boldsymbol{x}, G(\boldsymbol{x}) - d\varepsilon\big) \in \mathscr{H}_{G-d\varepsilon}$

$$(\boldsymbol{y}_\varepsilon, \boldsymbol{x}) - F(\boldsymbol{x}) - d\varepsilon \leqq b_\varepsilon, \quad \boldsymbol{x} \in M,$$

$$(\boldsymbol{y}_\varepsilon, \boldsymbol{x}) - G(\boldsymbol{x}) + d\varepsilon \geqq b_\varepsilon, \quad \boldsymbol{x} \in \hat{M},$$

und daraus nach Umformung

$$(\boldsymbol{y}_\varepsilon, \boldsymbol{x}) - F(\boldsymbol{x}) \leqq b_\varepsilon + d\varepsilon, \quad (\boldsymbol{y}_\varepsilon, \boldsymbol{x}) - G(\boldsymbol{x}) \geqq b_\varepsilon - d\varepsilon, \quad \boldsymbol{x} \in M \cap \hat{M}.$$

Nach der Definition der maximalen Definitionsbereiche A und $\hat{A}$ der konjugierten Funktionen $F^c(\boldsymbol{y})$ und $G^c(\boldsymbol{y})$ ist $\boldsymbol{y}_\varepsilon \in A \cap \hat{A}$. Unter Beachtung der Definition der konjugierten Funktionen folgt dann

$$F^c(\boldsymbol{y}_\varepsilon) \leqq b_\varepsilon + d\varepsilon, \quad G^c(\boldsymbol{y}_\varepsilon) \geqq b_\varepsilon - d\varepsilon$$

und damit $G^c(\boldsymbol{y}_\varepsilon) - F^c(\boldsymbol{y}_\varepsilon) \geqq -2d\varepsilon$. Demzufolge ist

$$\sup_{\boldsymbol{y} \in A \cap \hat{A}} \{G^c(\boldsymbol{y}) - F^c(\boldsymbol{y})\} \geqq -2d\varepsilon;$$

da ε eine beliebige positive Zahl war, gilt aufgrund der Voraussetzung (22.10b) also

$$\sup_{\boldsymbol{y} \in A \cap \hat{A}} \{G^c(\boldsymbol{y}) - F^c(\boldsymbol{y})\} \geqq 0 = \inf_{\boldsymbol{x} \in M \cap \hat{M}} \{F(\boldsymbol{x}) - G(\boldsymbol{x})\}.$$

Hieraus folgt nach Satz 21.2, Aussage (21.5a), die Aussage (b) des Satzes. □

Bemerkung 22.5. Zum Abschluß dieses Kapitels wollen wir noch die schwach stabilen Punkte des Definitionsbereiches einer konvexen Funktion geometrisch charakterisieren. Dazu werden wir zunächst in Verallgemeinerung des Begriffs einer Stützhyperebene einer konvexen Menge den Begriff eines linearen Stützunterraumes beliebiger Dimension einer konvexen Menge einführen.

Definition 22.4. Es seien M eine nichtleere konvexe Menge und L ein linearer Unterraum in $\mathbb{E}_n$. Falls

$$\varrho(L, M) := \inf_{\boldsymbol{x} \in L, \boldsymbol{y} \in M} \{\|\boldsymbol{x} - \boldsymbol{y}\|\} = 0$$

ist und falls zugleich

$$\text{entweder} \quad L \cap \operatorname{rel\,int} M = \emptyset \quad \text{oder} \quad M \subset L$$

gilt, so heißt L ein *linearer Stützunterraum* der Menge M; im Fall $M \subset L$ wird er ein *singulärer* und sonst ein *nichtsingulärer linearer Stützunterraum* der Menge M genannt.

Bemerkung 22.6. Im Fall $\dim L = n - 1$ fällt der durch Definition 22.4 eingeführte Begriff eines linearen Stützunterraumes einer konvexen Menge M mit dem im Kapitel 14 eingeführten Begriff einer Stützhyperebene der Menge M zusammen. Ein nulldimensionaler Stützunterraum einer konvexen Menge M ist ein Punkt ihres Randes ∂M; ein n-dimensionaler — singulärer — Stützunterraum einer konvexen Menge M in $\mathbb{E}_n$ ist der Raum $\mathbb{E}_n$ selbst.

Satz 22.5. *Es sei $F(\boldsymbol{x})$ eine über einer nichtleeren konvexen Menge M in $\mathbb{E}_n$ erklärte konvexe Funktion. Ein Punkt $\boldsymbol{x}_0 \in M$ ist genau dann ein schwach stabiler Punkt des Definitionsbereiches M der Funktion $F(\boldsymbol{x})$, wenn für jede Zahl $\varepsilon > 0$ und für jeden nichtvertikalen linearen Unterraum L' in $\mathbb{E}_{n+1}$, dessen vertikale Projektion $\Pi(L')$ den Punkt $\boldsymbol{x}_0$ enthält und der unterhalb des Epigraphen $\mathscr{E}_F$ der Funktion $F(\boldsymbol{x})$ liegt, der lineare Unterraum*

$$L'_{-\varepsilon} := \{(\boldsymbol{x}, x_{n+1}) \in \mathbb{E}_{n+1} \mid (\boldsymbol{x}, x_{n+1} + \varepsilon) \in L'\}$$

kein Stützunterraum des Epigraphen $\mathscr{E}_F$ ist.

Beweis. Es seien $\boldsymbol{x}_0$ ein schwach stabiler Punkt des Definitionsbereiches M der Funktion $F(\boldsymbol{x})$ und L' ein nichtvertikaler linearer Unterraum in $\mathbb{E}_{n+1}$ mit $\boldsymbol{x}_0 \in M \cap \Pi(L')$, der unterhalb des Epigraphen $\mathscr{E}_F$ liegt. Weiter seien ε und η beliebige Zahlen mit $0 < \eta < \varepsilon$. Der lineare Unterraum

$$L'_{-\eta} := \{(\boldsymbol{x}, x_{n+1}) \in \mathbb{E}_{n+1} \mid (\boldsymbol{x}, x_{n+1} + \eta) \in L'\}$$

liegt dann streng unterhalb des Epigraphen $\mathscr{E}_F$. Nach Definition 22.3 existiert eine nichtvertikale Trennungshyperebene R' in $\mathbb{E}_{n+1}$ der Mengen $L'_{-\eta}$ und $\mathscr{E}_F$, wobei (nach Bemerkung 22.2)

$$L'_{-\eta} \subset R' \tag{22.18}$$

vorausgesetzt werden kann. Die Hyperebene R' trennt offenbar auch die Mengen $L'_{-\varepsilon}$ und $\mathscr{E}_F$, wobei die Mengen $L'_{-\varepsilon}$ und $\mathscr{E}_F$ wegen (22.18) und wegen $0 < \eta < \varepsilon$ einen positiven Abstand haben. Nach Definition 22.4 ist der lineare Unterraum $L'_{-\varepsilon}$ daher kein Stützunterraum der Menge $\mathscr{E}_F$.

Es sei nun $\boldsymbol{x}_0$ ein Punkt der Menge M, und für eine beliebige Zahl $\varepsilon > 0$ und einen beliebigen, unterhalb des Epigraphen $\mathscr{E}_F$ gelegenen nichtvertikalen linearen Unterraum L' in $\mathbb{E}_{n+1}$ mit $\boldsymbol{x}_0 \in \Pi(L')$ gelte, daß der lineare Unterraum $L'_{-\varepsilon}$ kein Stützunterraum des Epigraphen $\mathscr{E}_F$ ist. Für den linearen Unterraum $L'_{-\varepsilon}$ ist daher mindestens eine der Bedingungen aus Definition 22.4 nicht erfüllt. Da der lineare Unterraum L' unterhalb des Epigraphen $\mathscr{E}_F$ liegt, gilt nach Definition 22.2 $x_{n+1} \leqq F(\boldsymbol{x})$ für $(\boldsymbol{x}, x_{n+1}) \in L'$ und daher $x_{n+1} + \varepsilon \leqq F(\boldsymbol{x})$ für $(\boldsymbol{x}, x_{n+1}) \in L'_{-\varepsilon}$. Hieraus folgt (nach Definition eines Epigraphen) $\mathscr{E}_F \cap L'_{-\varepsilon} = \emptyset$ und daher rel int $\mathscr{E}_F \cap L'_{-\varepsilon} = \emptyset$. Der lineare Unterraum $L'_{-\varepsilon}$ muß daher die erste Bedingung in Definition 22.4 verletzen, d. h., es gilt $\varrho(L'_{-\varepsilon}, \mathscr{E}_F) > 0$. Wegen rel int $\mathscr{E}_F \cap L'_{-\varepsilon} = \emptyset$ gibt es nach Satz 9.1 eine Trennungshyperebene R_ε' in $\mathbb{E}_{n+1}$ der Mengen $\mathscr{E}_F$ und $L'_{-\varepsilon}$, wobei o. B. d. A. $L'_{-\varepsilon} \subset R_\varepsilon'$ vorausgesetzt werden kann (vgl. Bemerkung 22.2). Wenn R_ε' eine vertikale Hyperebene in $\mathbb{E}_{n+1}$ wäre, so hätte auch die vertikale Projektion $\Pi'(\mathscr{E}_F)$ des Epigraphen $\mathscr{E}_F$ von der vertikalen Projektion $\Pi'(L'_{-\varepsilon})$ des linearen Unterraumes $L'_{-\varepsilon}$ in Richtung der x_{n+1}-Koordinatenachse in die Koordinatenhyperebene $\mathbb{E}_n' := \{(\boldsymbol{x}, x_{n+1}) \in \mathbb{E}_{n+1} \mid x_{n+1} = 0\}$ in $\mathbb{E}_{n+1}$ einen positiven Abstand. Wegen $\Pi'(\mathscr{E}_F) = M' := \{(\boldsymbol{x}, x_{n+1}) \in \mathbb{E}_{n+1} \mid \boldsymbol{x} \in M,\ x_{n+1} = 0\}$, $\Pi'(L'_{-\varepsilon}) = \{(\boldsymbol{x}, x_{n+1}) \in \mathbb{E}_{n+1} \mid \boldsymbol{x} \in \Pi(L'_{-\varepsilon}), x_{n+1} = 0\}$ folgte $\Pi(L'_{-\varepsilon}) \cap M = \emptyset$ und daraus (weil sich die linearen Unterräume L' und $L'_{-\varepsilon}$ nur um eine Translation in Richtung der x_{n+1}-Koordinatenachse in $\mathbb{E}_{n+1}$ voneinander unterscheiden, ist $\Pi(L'_{-\varepsilon}) = \Pi(L')$) dann $\Pi(L') \cap M = \emptyset$, im Widerspruch zu $\boldsymbol{x}_0 \in \Pi(L') \cap M$. Die Trennungshyperebene R_ε' ist daher eine nichtvertikale Hyperebene in $\mathbb{E}_{n+1}$.

Es sei nun $\tilde{L}'$ ein beliebiger streng unterhalb des Epigraphen $\mathscr{E}_F$ liegender, nichtvertikaler linearer Unterraum in $\mathbb{E}_{n+1}$ mit $\boldsymbol{x}_0 \in \Pi(\tilde{L}')$. Nach Definition 22.2 gibt es dann eine Zahl ε_0 derart, daß der lineare Unterraum

$$L' := \{(\boldsymbol{x}, x_{n+1}) \in \mathbb{E}_{n+1} \mid (\boldsymbol{x}, x_{n+1} - \varepsilon_0) \in \tilde{L}'\}$$

unterhalb des Epigraphen $\mathscr{E}_F$ liegt. Setzt man nun $\varepsilon := \varepsilon_0/2$, so gibt es nach der obigen Herleitung eine nichtvertikale Trennungshyperebene R_ε' in $\mathbb{E}_{n+1}$ des Epigraphen $\mathscr{E}_F$ und des linearen Unterraumes $L'_{-\varepsilon}$, die dann offenbar auch eine nichtvertikale Trennungshyperebene der Mengen $\mathscr{E}_F$ und $\tilde{L}'$ ist. Nach Definition 22.3 ist der Punkt $\boldsymbol{x}_0 \in M$ also ein schwach stabiler Punkt des Definitionsbereiches M der Funktion $F(\boldsymbol{x})$. □

23. Stabil-konsistente Optimierungsprobleme

Ausgehend von dem in Kapitel 22 hergeleiteten Dualitätssatz (Satz 22.4) lassen sich einmal Dualitätsaussagen für konvexe Optimierungsprobleme zeigen, die allgemeiner als der Fenchelsche Dualitätssatz (Satz 21.4) sind, und zum anderen Dualitätsaussagen für Optimierungsprobleme spezieller Struktur. Ziel des Kapitels ist der Beweis der Sätze von Rockafellar und Eisenberg; die Sätze 23.1 bis 23.6 tragen vorbereitenden Charakter. In den Sätzen 23.1 und 23.2 werden stabile und schwach stabile Punkte des konvexen Definitionsbereichs einer konvexen Funktion (vgl. Definition 22.3) analytisch charakterisiert. Wir beginnen mit einigen geometrischen Überlegungen.

Es sei $F(\boldsymbol{x})$ eine über einer nichtleeren konvexen Menge M in $\mathbb{E}_n$ erklärte konvexe Funktion. Durch einen Punkt $\boldsymbol{x}_0 \in M$ und Vektoren $\boldsymbol{a}_1, \ldots, \boldsymbol{a}_m$ in $\mathbb{E}_n$ ist ein den Punkt $\boldsymbol{x}_0$ enthaltender linearer Unterraum

$$L := \left\{\boldsymbol{x} \in \mathbb{E}_n \mid \boldsymbol{x} = \boldsymbol{x}_0 + \sum_{r=1}^{m} u_r \boldsymbol{a}_r,\ \boldsymbol{u} \in \mathbb{E}_m\right\} \tag{23.1a}$$

in $\mathbb{E}_n$ festgelegt $\big(\boldsymbol{u} = (u_1, \ldots, u_m)\big)$. Eine nichtvertikale Hyperebene (vgl. Definition 22.1)

$$R' := \{(\boldsymbol{x}, x_{n+1}) \in \mathbb{E}_{n+1} \mid (\boldsymbol{y}, \boldsymbol{x}) - x_{n+1} = b\} \tag{23.1b}$$

im Raum $\mathbb{E}_{n+1} := \mathbb{E}_n \times \mathbb{E}_1$ schneidet den vertikalen linearen Unterraum $\{(\boldsymbol{x}, x_{n+1}) \in \mathbb{E}_{n+1} \mid \boldsymbol{x} \in L\}$ in $\mathbb{E}_{n+1}$ in dem linearen Unterraum

$$L' := \left\{(\boldsymbol{x}, x_{n+1}) \in \mathbb{E}_{n+1} \mid \boldsymbol{x} = \boldsymbol{x}_0 + \sum_{r=1}^{m} u_r \boldsymbol{a}_r,\ x_{n+1} = x_{0n+1} + \sum_{r=1}^{m} u_r v_r,\ \boldsymbol{u} \in \mathbb{E}_m\right\}, \tag{23.2a}$$

mit

$$v_r := (\boldsymbol{y}, \boldsymbol{a}_r) \quad (r = 1, \ldots, m), \quad x_{0n+1} := (\boldsymbol{y}, \boldsymbol{x}_0) - b; \tag{23.2b}$$

offensichtlich ist die Menge L die vertikale Projektion $\Pi(L')$ der Menge L' (vgl. Definition 22.1). Wir definieren nun

$$\tilde{M} := \left\{\boldsymbol{u} \in \mathbb{E}_m \,\middle|\, \boldsymbol{x}_0 + \sum_{r=1}^{m} u_r \boldsymbol{a}_r \in M\right\},$$

$$\tilde{F}(\boldsymbol{u}) := F\left(\boldsymbol{x}_0 + \sum_{r=1}^{m} u_r \boldsymbol{a}_r\right), \quad \boldsymbol{u} \in \tilde{M}. \tag{23.3}$$

Der lineare Unterraum L' liegt (vgl. Definition 22.2) genau dann unterhalb (bzw. streng unterhalb) des Epigraphen

$$\mathcal{E}_F := \{(\boldsymbol{x}, x_{n+1}) \in \mathbb{E}_{n+1} \mid x_{n+1} \geqq F(\boldsymbol{x}), \boldsymbol{x} \in M\}$$

der Funktion $F(\boldsymbol{x})$, wenn

$$\tilde{F}(\boldsymbol{u}) \geqq x_{0n+1} + \sum_{r=1}^{m} u_r v_r, \quad \boldsymbol{u} \in \tilde{M},$$

(bzw.

$$\tilde{F}(\boldsymbol{u}) > x_{0n+1} + \sum_{r=1}^{m} u_r v_r, \quad \boldsymbol{u} \in \tilde{M})$$

gilt; bezeichnet man mit $(\boldsymbol{v}, \boldsymbol{u})$ das Skalarprodukt der Vektoren $\boldsymbol{u}$ und $\boldsymbol{v} = (v_1, \ldots, v_m)$ des Raumes $\mathbb{E}_m$, so lassen sich diese Ungleichungen in der Form

$$(\boldsymbol{v}, \boldsymbol{u}) - \tilde{F}(\boldsymbol{u}) \leqq -x_{0n+1}, \quad \boldsymbol{u} \in \tilde{M},$$

(bzw.

$$(\boldsymbol{v}, \boldsymbol{u}) - \tilde{F}(\boldsymbol{u}) < -x_{0n+1}, \quad \boldsymbol{u} \in \tilde{M})$$

schreiben. Hieraus folgt

$$\sup_{\boldsymbol{u} \in \tilde{M}} \{(\boldsymbol{v}, \boldsymbol{u}) - \tilde{F}(\boldsymbol{u})\} < \infty$$

und nach Definition einer konjugierten Funktion (vgl. 19.6)

$$\tilde{F}^c(\boldsymbol{v}) \leqq -x_{0n+1} \quad (\text{bzw. } \tilde{F}^c(\boldsymbol{v}) < -x_{0n+1}). \tag{23.4}$$

Falls $\boldsymbol{x}_0$ ein schwach stabiler Punkt des Definitionsbereiches M der Funktion $F(\boldsymbol{x})$ ist und falls der in (23.2a) beschriebene lineare Unterraum L' streng unterhalb des Epigraphen $\mathcal{E}_F$ liegt, dann gibt es nach Definition 22.3 eine nichtvertikale Trennungshyperebene R_0' der Mengen L' und $\mathcal{E}_F$, für die o. B. d. A.

$$L' \subset R_0' \tag{23.5}$$

vorausgesetzt werden kann (siehe Bemerkung 22.2); sie möge die Darstellung

$$R_0' := \{(\boldsymbol{x}, x_{n+1}) \in \mathbb{E}_{n+1} \mid (\boldsymbol{y}_0, \boldsymbol{x}) - x_{n+1} = b_0\} \tag{23.6}$$

haben. Der zu ihr gehörende abgeschlossene Halbraum

$$\overline{H}_0'^- := \{(\boldsymbol{x}, x_{n+1}) \in \mathbb{E}_{n+1} \mid (\boldsymbol{y}_0, \boldsymbol{x}) - x_{n+1} \leqq b_0\}$$

enthält den Epigraphen $\mathcal{E}_F$ der Funktion $F(\boldsymbol{x})$. Wegen $(\boldsymbol{x}, F(\boldsymbol{x})) \in \mathcal{E}_F$ für $\boldsymbol{x} \in M$ folgt $(\boldsymbol{y}_0, \boldsymbol{x}) - F(\boldsymbol{x}) \leqq b_0$ für $\boldsymbol{x} \in M$ und daher $\sup_{\boldsymbol{x} \in M} \{(\boldsymbol{y}_0, \boldsymbol{x}) - F(\boldsymbol{x})\} \leqq b_0$. Damit ist $\boldsymbol{y}_0$ ein Punkt des maximalen Definitionsbereiches A der zu der Funktion $F(\boldsymbol{x})$ $(\boldsymbol{x} \in M)$ konjugierten Funktion $F^c(\boldsymbol{y})$ mit

$$F^c(\boldsymbol{y}_0) \leqq b_0. \tag{23.7}$$

Satz 23.1. *Es seien $F(\boldsymbol{x})$ eine über einer nichtleeren konvexen Menge M in $\mathbb{E}_n$ erklärte konvexe Funktion und A der maximale Definitionsbereich der zu der Funktion $F(\boldsymbol{x})$ $(\boldsymbol{x} \in M)$ konjugierten Funktion $F^c(\boldsymbol{y})$. Weiter seien $\boldsymbol{A} = \{\boldsymbol{a}_1, \ldots, \boldsymbol{a}_m\}$ ein System von Vektoren aus*

$\mathbb{E}_n$ und $\tilde{A}$ der maximale Definitionsbereich der zu der unter (23.3) definierten Funktion $\tilde{F}(\boldsymbol{u})$ konjugierten Funktion $\tilde{F}^c(\boldsymbol{v})$. Ein Punkt $\boldsymbol{x}_0 \in M$ ist genau dann ein schwach stabiler Punkt des Definitionsbereiches M der Funktion $F(\boldsymbol{x})$, wenn für alle Vektorsysteme $\boldsymbol{A}$ in $\mathbb{E}_n$

$$\tilde{F}^c(\boldsymbol{v}) = \inf_{\boldsymbol{y} \in A(\boldsymbol{v})} \{F^c(\boldsymbol{y}) - (\boldsymbol{y}, \boldsymbol{x}_0)\}, \quad \boldsymbol{v} \in \tilde{A} \tag{23.8a}$$

gilt; dabei ist

$$A(\boldsymbol{v}) := \{\boldsymbol{y} \in A \mid (\boldsymbol{a}_r, \boldsymbol{y}) = v_r \quad (r = 1, \ldots, m)\} \quad \left(\boldsymbol{v} = (v_1, \ldots, v_m) \in \tilde{A}\right). \tag{23.8b}$$

Beweis. Es sei $\boldsymbol{x}_0 \in M$ ein schwach stabiler Punkt des Definitionsbereiches M der Funktion $F(\boldsymbol{x})$. Weiter möge $\boldsymbol{A}$ ein beliebiges Vektorsystem in $\mathbb{E}_n$ sein und L der diesem und dem Punkt $\boldsymbol{x}_0$ gemäß (23.1a) zugeordnete lineare Unterraum in $\mathbb{E}_n$. Wir wählen einen Punkt $\boldsymbol{v} \in \tilde{A}$, eine Zahl $\varepsilon > 0$ und setzen

$$x_{0n+1} := -\tilde{F}^c(\boldsymbol{v}) - \varepsilon. \tag{23.9}$$

Hieraus und aus

$$\tilde{F}^c(\boldsymbol{v}) := \sup_{\boldsymbol{u} \in \tilde{M}} \{(\boldsymbol{v}, \boldsymbol{u}) - \tilde{F}(\boldsymbol{u})\} > (\boldsymbol{v}, \boldsymbol{u}) - \tilde{F}(\boldsymbol{u}) - \varepsilon$$

folgt $\tilde{F}(\boldsymbol{u}) > x_{0n+1} + (\boldsymbol{v}, \boldsymbol{u})$ für $\boldsymbol{u} \in \tilde{M}$ und daraus — unter Beachtung der Definitionen (23.3) der Funktion $\tilde{F}(\boldsymbol{u})$ und der Menge $\tilde{M}$ und der Definition (23.2a) des linearen Unterraumes L', dessen vertikale Projektion $\Pi(L')$ der lineare Unterraum L ist (siehe oben) — dann

$$F(\boldsymbol{x}) > x_{n+1} \quad \text{für} \quad (\boldsymbol{x}, x_{n+1}) \in L', \quad \boldsymbol{x} \in \Pi(L') \cap M = L \cap M.$$

Nach Definition 22.2 liegt der lineare Unterraum L' also streng unterhalb des Epigraphen

$$\mathscr{E}_{\tilde{F}} := \left\{(\boldsymbol{x}, x_{n+1}) \in \mathbb{E}_{n+1} \mid \boldsymbol{x} = \boldsymbol{x}_0 + \sum_{r=1}^{m} u_r \boldsymbol{a}_r,\ x_{n+1} \geqq \tilde{F}(\boldsymbol{u}),\ \boldsymbol{u} \in \tilde{M}\right\} \tag{23.10}$$

der über der Menge $M \cap L$ betrachteten Funktion $F(\boldsymbol{x})$ und damit auch streng unterhalb des Epigraphen $\mathscr{E}_F$ der über der Menge M erklärten konvexen Funktion $F(\boldsymbol{x})$. Da $\boldsymbol{x}_0$ nach Voraussetzung ein schwach stabiler Punkt des Definitionsbereiches M der Funktion $F(\boldsymbol{x})$ ist, existiert (vgl. Definition 22.3) eine nichtvertikale Trennungshyperebene R_0' in $\mathbb{E}_{n+1}$ der Mengen $\mathscr{E}_F$ und L'; sie möge die in (23.6) angegebene Darstellung haben. Dann ist $\mathscr{E}_F \subset \overline{H}_0'^- := \{(\boldsymbol{x}, x_{n+1}) \in \mathbb{E}_{n+1} \mid (\boldsymbol{y}_0, \boldsymbol{x}) - x_{n+1} \leqq b_0\}$, und es gilt — wie vorn gezeigt wurde (vgl. (23.7)) — daher $F^c(\boldsymbol{y}_0) \leqq b_0$, so daß $\boldsymbol{y}_0 \in A$ ist. Die zu der Hyperebene R_0' parallele Hyperebene

$$R' := \{(\boldsymbol{x}, x_{n+1}) \in \mathbb{E}_{n+1} \mid (\boldsymbol{y}_0, \boldsymbol{x}) - x_{n+1} = F^c(\boldsymbol{y}_0)\} \tag{23.11a}$$

ist nach Satz 19.2 eine Stützhyperebene des Epigraphen $\mathscr{E}_F$; sie ist ebenfalls eine Trennungshyperebene der Mengen $\mathscr{E}_F$ und L' und es gilt

$$L' \subset \overline{H}'^+ := \{(\boldsymbol{x}, x_{n+1}) \in \mathbb{E}_{n+1} \mid (\boldsymbol{y}_0, \boldsymbol{x}) - x_{n+1} \geqq F^c(\boldsymbol{y}_0)\}. \tag{23.11b}$$

Hieraus, aus (23.2a) und (23.9) erhält man

$$\left(\boldsymbol{y}_0, \boldsymbol{x}_0 + \sum_{r=1}^{m} u_r \boldsymbol{a}_r\right) + \tilde{F}^c(\boldsymbol{v}) + \varepsilon - (\boldsymbol{v}, \boldsymbol{u}) \geqq F^c(\boldsymbol{y}_0)$$

und daraus nach Umformung

$$\sum_{r=1}^{m} [(\boldsymbol{y}_0, \boldsymbol{a}_r) - v_r]\, u_r + \tilde{F}^c(\boldsymbol{v}) + \varepsilon \geqq F^c(\boldsymbol{y}_0) - (\boldsymbol{y}_0, \boldsymbol{x}_0)$$

für alle Punkte $\boldsymbol{u} \in \mathbb{E}_m$. Dann muß aber

$$v_r = (\boldsymbol{a}_r, \boldsymbol{y}_0) \quad (r = 1, \ldots, m)$$

sein und daher

$$\tilde{F}^c(\boldsymbol{v}) + \varepsilon \geqq F^c(\boldsymbol{y}_0) - (\boldsymbol{y}_0, \boldsymbol{x}_0).$$

Hieraus folgt, da ε eine beliebige positive Zahl war,

$$\tilde{F}^c(\boldsymbol{v}) \geqq F^c(\boldsymbol{y}_0) - (\boldsymbol{y}_0, \boldsymbol{x}_0)$$

und damit

$$\tilde{F}^c(\boldsymbol{v}) \geqq \inf_{\boldsymbol{y} \in A(\boldsymbol{v})} \{F^c(\boldsymbol{y}) - (\boldsymbol{y}, \boldsymbol{x}_0)\}, \quad \boldsymbol{v} \in \tilde{A}. \tag{23.12}$$

Andererseits gilt für alle Punkte $\boldsymbol{y} \in A$ mit $v_r = (\boldsymbol{a}_r, \boldsymbol{y})$ $(r = 1, \ldots, m)$, also für alle Punkte $\boldsymbol{y} \in A(\boldsymbol{v})$

$$\begin{aligned}
\tilde{F}^c(\boldsymbol{v}) &= \sup_{\boldsymbol{u} \in \tilde{M}} \{(\boldsymbol{v}, \boldsymbol{u}) - \tilde{F}(\boldsymbol{u})\} \\
&= \sup_{\boldsymbol{u} \in \tilde{M}} \left\{\sum_{r=1}^{m} (\boldsymbol{a}_r, \boldsymbol{y})\, u_r - F\left(\boldsymbol{x}_0 + \sum_{r=1}^{m} u_r \boldsymbol{a}_r\right)\right\} \\
&= \sup_{\boldsymbol{x} \in M \cap \Pi(L')} \{(\boldsymbol{y}, \boldsymbol{x} - \boldsymbol{x}_0) - F(\boldsymbol{x})\} \\
&= \sup_{\boldsymbol{x} \in M \cap L} \{(\boldsymbol{y}, \boldsymbol{x}) - F(\boldsymbol{x})\} - (\boldsymbol{y}, \boldsymbol{x}_0) \\
&\leqq \sup_{\boldsymbol{x} \in M} \{(\boldsymbol{y}, \boldsymbol{x}) - F(\boldsymbol{x})\} - (\boldsymbol{y}, \boldsymbol{x}_0) = F^c(\boldsymbol{y}) - (\boldsymbol{y}, \boldsymbol{x}_0);
\end{aligned}$$

das bedeutet aber, daß

$$\tilde{F}^c(\boldsymbol{v}) \leqq \inf_{\boldsymbol{y} \in A(\boldsymbol{v})} \{F^c(\boldsymbol{y}) - (\boldsymbol{y}, \boldsymbol{x}_0)\}, \quad \boldsymbol{v} \in \tilde{A}$$

ist. Also gilt wegen (23.12) die Aussage (23.8a).

Es gelte andererseits die Gleichheit (23.8b) für ein beliebiges Vektorsystem $\boldsymbol{A}$ in $\mathbb{E}_n$, und wir nehmen an, daß $\boldsymbol{x}_0$ kein schwach stabiler Punkt des Definitionsbereiches M der Funktion $F(\boldsymbol{x})$ ist. Nach Definition **22.3** existiert dann ein den Punkt $\boldsymbol{x}_0$ enthaltender linearer Unterraum L in $\mathbb{E}_n$ — er möge die Darstellung (23.1a) haben — und daher ein Vektorsystem $\boldsymbol{A}$ derart, daß die unter (23.2a) definierten linearen Unterräume L' mit $x_{0n+1} = -F^c(\boldsymbol{v}) - \varepsilon$ (vgl. (23.9); der Vektor $\boldsymbol{v}$ ist durch die eingangs des Kapitels in (23.1b) gewählte nichtvertikale Hyperebene R' festgelegt) für alle Zahlen $\varepsilon > 0$ streng unterhalb des Epigraphen $\mathscr{E}_F$ liegen und daß es keine nichtvertikalen Trennungshyperebenen in $\mathbb{E}_{n+1}$ der Mengen L' und $\mathscr{E}_F$ gibt. Aus letzterem folgt, daß auch keine die Mengen L' und $\mathscr{E}_F$ trennenden nichtvertikalen Stützhyperebenen des Epigraphen $\mathscr{E}_F$ existieren. Eine nichtvertikale Hyperebene $\{(\boldsymbol{x}, x_{n+1}) \in \mathbb{E}_{n+1} \mid (\boldsymbol{y}, \boldsymbol{x}) - x_{n+1} = b\}$ in $\mathbb{E}_{n+1}$ ist genau dann eine Stützhyperebene des Epigraphen $\mathcal{E}_F$, wenn $\boldsymbol{y} \in A$ und $b = F^c(\boldsymbol{y})$ gilt (vgl. Satz 19.2); für die nichtvertikalen Stützhyperebenen

$$R'(\boldsymbol{y}) := \{(\boldsymbol{x}, x_{n+1}) \in \mathbb{E}_{n+1} \mid (\boldsymbol{y}, \boldsymbol{x}) - x_{n+1} = F^c(\boldsymbol{y})\}, \quad \boldsymbol{y} \in A, \tag{23.13a}$$

des Epigraphen $\mathcal{E}_F$, die parallel zu dem linearen Unterraum L' sind, muß $v_r = (\boldsymbol{a}_r, \boldsymbol{y})$ $(r = 1, \ldots, m)$ gelten, also $\boldsymbol{y} \in A(\boldsymbol{v})$. Da

$$\mathcal{E}_F \subset \overline{H}'^- := \{(\boldsymbol{x}, x_{n+1}) \in \mathbb{E}_{n+1} \mid (\boldsymbol{y}, \boldsymbol{x}) - x_{n+1} \leqq F^c(\boldsymbol{y})\}, \quad \boldsymbol{y} \in A(\boldsymbol{v}), \tag{23.13b}$$

ist und da keine der Hyperebenen $R'(\boldsymbol{y})$ mit $\boldsymbol{y} \in A(\boldsymbol{v})$ eine Trennungshyperebene der Mengen $\mathcal{E}_F$ und L' ist, gilt $L' \subset H'^- := \operatorname{int} \overline{H}'^-$ für $\boldsymbol{y} \in A(\boldsymbol{v})$. Hieraus, aus der obigen Darstellung des Halbraumes $\overline{H}'^-$ und aus der Beschreibung (23.2a) des linearen Unterraumes L' folgt für jeden Punkt $\boldsymbol{y} \in A(\boldsymbol{v})$

$$\left(\boldsymbol{y}, \boldsymbol{x}_0 + \sum_{r=1}^{m} u_r \boldsymbol{a}_r\right) - x_{0n+1} - (\boldsymbol{v}, \boldsymbol{u}) < F^c(\boldsymbol{y}), \quad \boldsymbol{u} \in \mathbb{E}_m,$$

und daher wegen $\boldsymbol{y} \in A(\boldsymbol{v})$, $v_r = (\boldsymbol{y}, \boldsymbol{a}_r)$ $(r = 1, \ldots, m)$ und $x_{0n+1} = -\tilde{F}^c(\boldsymbol{v}) - \varepsilon$

$$\tilde{F}^c(\boldsymbol{v}) + \varepsilon \leqq \inf_{\boldsymbol{y} \in A(\boldsymbol{v})} \{F^c(\boldsymbol{y}) - (\boldsymbol{y}, \boldsymbol{x}_0)\}.$$

Da diese Aussage aber für eine beliebige positive Zahl ε hergeleitet wurde, muß

$$\tilde{F}^c(\boldsymbol{v}) < \inf_{\boldsymbol{y} \in A(\boldsymbol{v})} \{F^c(\boldsymbol{y}) - (\boldsymbol{y}, \boldsymbol{x}_0)\}$$

gelten, im Widerspruch zur Voraussetzung (23.8a). Daher ist $\boldsymbol{x}_0$ ein schwach stabiler Punkt des Definitionsbereiches M der Funktion $F(\boldsymbol{x})$. □

Bemerkung 23.1. Für den maximalen Definitionsbereich $\tilde{A}$ der zu der unter (23.3) definierten Funktion $\tilde{F}(\boldsymbol{u})$ konjugierten Funktion $\tilde{F}^c(\boldsymbol{v})$ gilt

$$\tilde{A} = \tilde{A}' := \{\boldsymbol{v} \in \mathbb{E}_m \mid v_r = (\boldsymbol{a}_r, \boldsymbol{y}) \quad (r = 1, \ldots, m), \quad \boldsymbol{y} \in A\}; \tag{23.14}$$

dabei ist A der maximale Definitionsbereich der zu der dem Satz 23.1 zugrunde gelegten konvexen Funktion $F(\boldsymbol{x})$ konjugierten Funktion $F^c(\boldsymbol{y})$. Wenn nämlich $\boldsymbol{v}$ ein Punkt des maximalen Definitionsbereiches $\tilde{A}$ der Funktion $\tilde{F}^c(\boldsymbol{v})$ ist, dann existiert — wie im ersten Teil des Beweises zu Satz 23.1 gezeigt — ein Punkt $\boldsymbol{y}_0 \in A$ derart, daß $v_r = (\boldsymbol{a}_r, \boldsymbol{y}_0)$ $(r = 1, \ldots, m)$ gilt, woraus $\tilde{A} \subset \tilde{A}'$ folgt.

Wenn andererseits $\boldsymbol{v}$ ein Punkt der Menge $\tilde{A}'$ ist, dann gilt nach (23.1a) und (23.3)

$$\begin{aligned}
\sup_{\boldsymbol{u} \in \tilde{M}} \{(\boldsymbol{v}, \boldsymbol{u}) - \tilde{F}(\boldsymbol{u})\} &= \sup_{\boldsymbol{x} \in \tilde{M}} \left\{\sum_{r=1}^{m} (\boldsymbol{a}_r, \boldsymbol{y})\, u_r - F\left(\boldsymbol{x}_0 + \sum_{r=1}^{m} u_r \boldsymbol{a}_r\right)\right\} \\
&= \sup_{\boldsymbol{x} \in L \cap M} \{(\boldsymbol{y}, \boldsymbol{x} - \boldsymbol{x}_0) - F(\boldsymbol{x})\} \\
&\leqq \sup_{\boldsymbol{x} \in M} \{(\boldsymbol{y}, \boldsymbol{x}) - F(\boldsymbol{x})\} - (\boldsymbol{y}, \boldsymbol{x}_0) = F^c(\boldsymbol{y}) - (\boldsymbol{y}, \boldsymbol{x}_0) < \infty,
\end{aligned}$$

d. h., der Punkt $\boldsymbol{v}$ gehört zur Menge $\tilde{A}$. Damit ist $\tilde{A}' \subset \tilde{A}$, woraus zusammen mit der oben gezeigten Inklusion $\tilde{A} \subset \tilde{A}'$ die Gleichheit (23.14) folgt.

Satz 23.2. *Unter den in Satz 23.1 getroffenen Voraussetzungen gilt: ein Punkt $\boldsymbol{x}_0$ ist genau dann ein stabiler Punkt des Definitionsbereiches M der Funktion $F(\boldsymbol{x})$, wenn für alle Vektorsysteme $\boldsymbol{A}$ in $\mathbb{E}_n$ die Gleichheit*

$$\tilde{F}^c(\boldsymbol{v}) = \min_{\boldsymbol{y} \in A(\boldsymbol{v})} \{F^c(\boldsymbol{y}) - (\boldsymbol{y}, \boldsymbol{x}_0)\}, \quad \boldsymbol{v} \in \tilde{A}, \tag{23.15}$$

gilt, dabei ist $A(\boldsymbol{v})$ die in (23.8b) definierte Menge.

Beweis. Da ein stabiler Punkt $\boldsymbol{x}_0$ des Definitionsbereiches M der Funktion $F(\boldsymbol{x})$ auch ein schwach stabiler Punkt dieses Bereiches ist, gilt nach Satz 23.1 für jeden Punkt $\boldsymbol{v} \in \tilde{A}$ die Gleichheit (23.8a). Es sei $\boldsymbol{v}$ ein beliebiger Punkt der Menge $\tilde{A}$ und $A = \{\boldsymbol{a}_1, \ldots, \boldsymbol{a}_m\}$ ein beliebiges Vektorsystem in $\mathbb{E}_n$. Letzterem ordnen wir den linearen Unterraum

$$L' := \left\{(\boldsymbol{x}, x_{n+1}) \in \mathbb{E}_{n+1} \mid \boldsymbol{x} = \boldsymbol{x}_0 + \sum_{r=1}^{m} u_r \boldsymbol{a}_r,\ x_{n+1} = -\tilde{F}^c(\boldsymbol{v}) + (\boldsymbol{v}, \boldsymbol{u}),\quad \boldsymbol{u} \in \mathbb{E}_m\right\} \tag{23.16}$$

in $\mathbb{E}_{n+1}$ zu; offenbar ist $(\boldsymbol{x}_0, x_{0n+1}) := (\boldsymbol{x}_0, -F^c(\boldsymbol{v})) \in L'$. Der lineare Unterraum L' liegt damit unterhalb des Epigraphen $\mathcal{E}_F$ der Funktion $F(\boldsymbol{x})$ $(\boldsymbol{x} \in M)$; außerdem gilt $\boldsymbol{x}_0 \in L = \Pi(L')$, d. h., der Punkt $\boldsymbol{x}_0$ liegt in der vertikalen Projektion L (vgl. deren Darstellung in (23.1a)) der Menge L'. Da $\boldsymbol{x}_0$ nach Voraussetzung ein stabiler Punkt des Definitionsbereiches M der Funktion $F(\boldsymbol{x})$ ist, existiert nach Definition 22.3 eine nichtvertikale Trennungshyperebene in $\mathbb{E}_{n+1}$ der Mengen $\mathcal{E}_F$ und L' und daher auch eine diese Mengen trennende Stützhyperebene R' des Epigraphen $\mathcal{E}_F$; sie möge die unter (23.11a) angegebene Darstellung besitzen. Hieraus folgt die Inklusion (23.11b) und aus dieser unter Beachtung der Definition (23.16) des linearen Unterraumes L'

$$\left(\boldsymbol{y}_0, \boldsymbol{x}_0 + \sum_{r=1}^{m} u_r \boldsymbol{a}_r\right) + \tilde{F}^c(\boldsymbol{v}) - (\boldsymbol{v}, \boldsymbol{u}) \geqq F^c(\boldsymbol{y}_0), \quad \boldsymbol{u} \in \mathbb{E}_m;$$

daher gilt

$$v_r = (\boldsymbol{a}_r, \boldsymbol{y}_0) \quad (r = 1, \ldots, m), \quad \tilde{F}^c(\boldsymbol{v}) \geqq F^c(\boldsymbol{y}_0) - (\boldsymbol{y}_0, \boldsymbol{x}_0).$$

Nach Satz 23.1 ist dann

$$\tilde{F}^c(\boldsymbol{v}) = \inf_{\boldsymbol{y} \in A(\boldsymbol{v})} \{F^c(\boldsymbol{y}) - (\boldsymbol{y}, \boldsymbol{x}_0)\} \geqq F^c(\boldsymbol{y}_0) - (\boldsymbol{y}_0, \boldsymbol{x}_0). \tag{23.17}$$

Da für die durch (23.11a) beschriebene Stützhyperebene R' des Epigraphen $\mathcal{E}_F$ nach Satz 19.2 $\boldsymbol{y}_0 \in A$ und nach (23.17) wegen $\boldsymbol{v} \in \tilde{A}$ dann $\boldsymbol{y}_0 \in A(\boldsymbol{v})$ gilt (vgl. die Definition der Menge $A(\boldsymbol{v})$ in (23.8b), muß

$$\inf_{\boldsymbol{y} \in A(\boldsymbol{v})} \{F^c(\boldsymbol{y}) - (\boldsymbol{y}, \boldsymbol{x}_0)\} = F^c(\boldsymbol{y}_0) - (\boldsymbol{y}_0, \boldsymbol{x}_0)$$

gelten. Hieraus und aus (23.17) folgt die Aussage (23.15).

Es gelte nun die Gleichheit (23.15). Nach Satz 23.1 ist $\boldsymbol{x}_0$ dann ein schwach stabiler Punkt des Definitionsbereiches M der Funktion $F(\boldsymbol{x})$, und wir nehmen an, daß er kein stabiler Punkt dieses Bereiches ist. Dann existiert ein Vektorsystem $\boldsymbol{A}$ in $\mathbb{E}_n$, ein Punkt $\boldsymbol{v} \in \tilde{A}$ und eine Zahl x_{0n+1} derart, daß der unter (23.2a) beschriebene lineare Unterraum

L' in $\mathbb{E}_n$ unterhalb des Epigraphen $\mathscr{E}_F$ liegt und daß es keine nichtvertikale Trennungshyperebene der Mengen L' und $\mathscr{E}_F$ gibt (vgl. Definition 22.3). Damit kann der lineare Unterraum L' nicht streng unterhalb des Epigraphen $\mathscr{E}_F$ liegen (denn sonst gäbe es — da $\boldsymbol{x}_0$ ein schwach stabiler Punkt des Definitionsbereiches M der Funktion $F(\boldsymbol{x})$ ist — eine nichtvertikale Trennungshyperebene der Mengen L' und $\mathscr{E}_F$). Daraus folgt (vgl. die Herleitung der Ungleichung (23.4)) $x_{0n+1} = -F^c(\boldsymbol{v})$, so daß der lineare Unterraum L' die Darstellung (23.16) hat. Da die Mengen L' und $\mathscr{E}_F$ den Abstand Null haben, kann keine der unter (23.13a) definierten Stützhyperebenen $R'(\boldsymbol{y})$ ($\boldsymbol{y} \in A$) des Epigraphen $\mathscr{E}_F$ die Mengen L' und $\mathscr{E}_F$ trennen. Analog vorgehend wie im Schlußteil des Beweises zu Satz 23.1, gelangt man dann zu der Ungleichung

$$\tilde{F}^c(\boldsymbol{v}) < F^c(\boldsymbol{y}) - (\boldsymbol{y}, \boldsymbol{x}), \quad \boldsymbol{y} \in A(\boldsymbol{v}),$$

aus der unter Beachtung der Voraussetzung (23.15)

$$\min_{\boldsymbol{y} \in A(\boldsymbol{v})} \{F^c(\boldsymbol{y}) - (\boldsymbol{y}, \boldsymbol{x}_0)\} < F^c(\hat{\boldsymbol{y}}) - (\hat{\boldsymbol{y}}, \boldsymbol{x}_0), \quad \hat{\boldsymbol{y}} \in A(\boldsymbol{v}),$$

folgt, ein Widerspruch. Der Punkt $\boldsymbol{x}_0$ ist daher ein stabiler Punkt des Definitionsbereiches M der Funktion $F(\boldsymbol{x})$. □

Satz 23.3. *Es seien $F(\boldsymbol{x})$ eine über einer nichtleeren konvexen Menge M in $\mathbb{E}_n$ erklärte konvexe Funktion und $\boldsymbol{y}_0$ ein beliebiger Vektor des Raumes $\mathbb{E}_n$. Wenn $\boldsymbol{x}_0$ ein stabiler (bzw. schwach stabiler) Punkt des Definitionsbereiches M der Funktion $F(\boldsymbol{x})$ ist, so ist er auch ein stabiler (bzw. ein schwach stabiler) Punkt des Definitionsbereiches der Funktion $F_0(\boldsymbol{x}) := F(\boldsymbol{x}) + (\boldsymbol{y}_0, \boldsymbol{x})$.*

Beweis. Es sei L_0' ein beliebiger nichtvertikaler linearer Unterraum in $\mathbb{E}_{n+1}$, der unterhalb des Epigraphen $\mathscr{E}_{F_0}$ der über der Menge M definierten Funktion $F_0(\boldsymbol{x})$ liegt und dessen vertikale Projektion $L = \Pi(L_0')$ den Punkt $\boldsymbol{x}_0$ enthält. Dann existieren ein Vektorsystem $\boldsymbol{A} = \{\boldsymbol{a}_1, \ldots, \boldsymbol{a}_m\}$ in $\mathbb{E}_n$, eine Zahl b und ein Vektor $\boldsymbol{y}$ in $\mathbb{E}_n$ derart, daß der lineare Unterraum L_0' Durchschnitt des vertikalen linearen Unterraumes

$$\left\{(\boldsymbol{x}, x_{n+1}) \in \mathbb{E}_{n+1} \mid \boldsymbol{x} = \boldsymbol{x}_0 + \sum_{r=1}^{m} u_r \boldsymbol{a}_r, \ \boldsymbol{u} \in \mathbb{E}_m\right\}$$

und der Hyperebene

$$R' := \{(\boldsymbol{x}, x_{n+1}) \in \mathbb{E}_{n+1} \mid (\boldsymbol{y}, \boldsymbol{x}) - x_{n+1} = b\}$$

in $\mathbb{E}_{n+1}$ ist, d. h.

$$L_0' = \left\{(\boldsymbol{x}, x_{n+1}) \in \mathbb{E}_{n+1} \mid \boldsymbol{x} = \boldsymbol{x}_0 + \sum_{r=1}^{m} u_r \boldsymbol{a}_r, \ x_{n+1} = (\boldsymbol{y}, \boldsymbol{x}) - b, \ \boldsymbol{u} \in \mathbb{E}_m\right\}.$$

Da der lineare Unterraum L_0' unterhalb des Epigraphen $\mathscr{E}_{F_0}$ liegt, gilt nach Definition 22.2

$$F_0(\boldsymbol{x}) = F(\boldsymbol{x}) + (\boldsymbol{y}_0, \boldsymbol{x}) \geqq (\boldsymbol{y}, \boldsymbol{x}) - b, \quad \boldsymbol{x} \in M \cap L. \tag{23.18a}$$

Hieraus folgt

$$F(\boldsymbol{x}) \geqq (\boldsymbol{y} - \boldsymbol{y}_0, \boldsymbol{x}) - b, \quad \boldsymbol{x} \in M \cap L. \tag{23.18b}$$

Damit liegt auch der lineare Unterraum

$$L' := \left\{(\boldsymbol{x}, x_{n+1}) \in \mathbb{E}_{n+1} \mid \boldsymbol{x} = \boldsymbol{x}_0 + \sum_{r=1}^{m} u_r \boldsymbol{a}_r,\ x_{n+1} = (\boldsymbol{y} - \boldsymbol{y}_0, \boldsymbol{x}) - b,\ \boldsymbol{u} \in \mathbb{E}_m\right\}, \tag{23.19}$$

für den offenbar $\boldsymbol{x}_0 \in \Pi(L') = L$ gilt, unterhalb des Epigraphen $\mathscr{E}_F$. Da der Punkt $\boldsymbol{x}_0$ nach Voraussetzung ein stabiler Punkt des Definitionsbereiches M der Funktion $F(\boldsymbol{x})$ ist, existiert (vgl. Definition 22.3) eine nichtvertikale Trennungshyperebene

$$R_1' := \{(\boldsymbol{x}, x_{n+1}) \in \mathbb{E}_{n+1} \mid (\boldsymbol{y}_1, \boldsymbol{x}) - x_{n+1} = b_1\} \tag{23.20}$$

in $\mathbb{E}_{n+1}$ der Mengen L' und $\mathscr{E}_F$; o. B. d. A. kann $L' \subset R_1'$ vorausgesetzt werden (vgl. Bemerkung 22.2), und es gilt

$$\mathscr{E}_F \subset \overline{H}_1'^{-} := \{(\boldsymbol{x}, x_{n+1}) \in \mathbb{E}_{n+1} \mid (\boldsymbol{y}_1, \boldsymbol{x}) - x_{n+1} \leqq b_1\}.$$

Wegen $(\boldsymbol{x}, F(\boldsymbol{x})) \in \mathscr{E}_F$ $(\boldsymbol{x} \in M)$ ist dann

$$F(\boldsymbol{x}) \geqq (\boldsymbol{y}_1, \boldsymbol{x}) - b_1, \quad \boldsymbol{x} \in M,$$

und daher

$$F_0(\boldsymbol{x}) = F(\boldsymbol{x}) + (\boldsymbol{y}_0, \boldsymbol{x}) \geqq (\boldsymbol{y}_1 + \boldsymbol{y}_0, \boldsymbol{x}) - b_1, \quad \boldsymbol{x} \in M. \tag{23.21}$$

Aus den Beschreibungen (23.19) und (23.20) der Mengen L' und R_1' folgt wegen $L' \subset R_1'$

$$\sum_{r=1}^{m} (\boldsymbol{y}_1 + \boldsymbol{y}_0 - \boldsymbol{y}, \boldsymbol{a}_r)\, u_r + (\boldsymbol{y}_1 + \boldsymbol{y}_0 - \boldsymbol{y}, \boldsymbol{x}_0) + b = b_1, \quad \boldsymbol{u} \in \mathbb{E}_m,$$

und daraus

$$(\boldsymbol{y}_1 + \boldsymbol{y}_0 - \boldsymbol{y}, \boldsymbol{a}_r) = 0 \quad (r = 1, \ldots, m), \quad (\boldsymbol{y}_1 + \boldsymbol{y}_0 - \boldsymbol{y}, \boldsymbol{x}_0) + b = b_1. \tag{23.22}$$

Die nichtvertikale Hyperebene

$$R_2' := \{(\boldsymbol{x}, x_{n+1}) \in \mathbb{E}_{n+1} \mid (\boldsymbol{y}_1 + \boldsymbol{y}_0, \boldsymbol{x}) - x_{n+1} = b_1\}$$

liegt nach (23.21) unterhalb des Epigraphen $\mathscr{E}_{F_0}$; für ihren Durchschnitt mit dem linearen Unterraum L_0' gilt

$$\sum_{r=1}^{m} (\boldsymbol{y}_1 + \boldsymbol{y}_0 - \boldsymbol{y}, \boldsymbol{a}_r)\, u_r + (\boldsymbol{y}_1 + \boldsymbol{y}_0 - \boldsymbol{y}, \boldsymbol{x}_0) + b = b_1, \quad \boldsymbol{u} \in \mathbb{E}_m.$$

Nach (23.22) ist diese Gleichung aber identisch erfüllt, also gilt $L_0' \subset R_2'$. Hieraus folgt, daß R_2' eine Trennungshyperebene des Epigraphen $\mathscr{E}_{F_0}$ und des unterhalb des Epigraphen $\mathscr{E}_{F_0}$ liegenden nichtvertikalen linearen Unterraumes L_0' ist. Da L_0' ein beliebiger nichtvertikaler linearer Unterraum mit $\boldsymbol{x}_0 \in \Pi(L_0')$ war, ist $\boldsymbol{x}_0$ nach Definition 22.3 ein stabiler Punkt des Definitionsbereiches M der Funktion $F_0(\boldsymbol{x})$.

Im Fall eines schwach stabilen Punktes $\boldsymbol{x}_0$ des Definitionsbereiches M der Funktion $F(\boldsymbol{x})$ läßt sich der Beweis analog führen. □

Satz 23.4. *Es sei $F(\boldsymbol{x})$ eine über einer nichtleeren konvexen Menge M definierte konvexe Funktion und $F^c(\boldsymbol{y})$ die zu ihr konjugierte Funktion mit dem Definitionsbereich A. Weiter seien $\boldsymbol{A} = \{\boldsymbol{a}_1, \ldots, \boldsymbol{a}_m\}$ ein Vektorsystem in $\mathbb{E}_n$ und $\boldsymbol{b}$ ein Punkt in $\mathbb{E}_n$. Wenn $\boldsymbol{x}_0$ ein sta-*

biler (bzw. schwach stabiler) Punkt des Definitionsbereiches M der Funktion $F(\boldsymbol{x})$ ist und wenn es einen Punkt $\boldsymbol{u}_0 = (u_{01}, \ldots, u_{0m}) \in \mathbb{E}_m$ mit

$$\boldsymbol{x}_0 = \sum_{r=1}^{m} u_{0r}\boldsymbol{a}_r + \boldsymbol{b} \tag{23.23a}$$

gibt, dann ist $\boldsymbol{u}_0$ ein stabiler (bzw. schwach stabiler) Punkt des Definitionsbereiches

$$M_0 := \left\{\boldsymbol{u} \in \mathbb{E}_m \,\middle|\, \sum_{r=1}^{m} u_r\boldsymbol{a}_r + \boldsymbol{b} \in M\right\} \tag{23.23b}$$

der Funktion

$$F_0(\boldsymbol{u}) := F\left(\sum_{r=1}^{m} u_r\boldsymbol{a}_r + \boldsymbol{b}\right), \quad \boldsymbol{u} = (u_1, \ldots, u_m) \in M_0. \tag{23.23c}$$

Für die zu der Funktion $F_0(\boldsymbol{u})$ $(\boldsymbol{u} \in M_0)$ konjugierte Funktion $F_0{}^c(\boldsymbol{v})$ gilt dann

$$F_0{}^c(\boldsymbol{v}) = \min_{\boldsymbol{y}\in A(\boldsymbol{v})} \{F^c(\boldsymbol{y}) - (\boldsymbol{y}, \boldsymbol{x}_0)\} + (\boldsymbol{u}_0, \boldsymbol{v}), \quad \boldsymbol{v} \in \tilde{\boldsymbol{A}}'$$

(bzw. (23.23d)

$$F_0{}^c(\boldsymbol{v}) = \inf_{\boldsymbol{y}\in A(\boldsymbol{v})} \{F^c(\boldsymbol{y}) - (\boldsymbol{y}, \boldsymbol{x}_0)\} + (\boldsymbol{u}_0, \boldsymbol{v}), \quad \boldsymbol{v} \in \tilde{\boldsymbol{A}}')$$

mit

$$A(\boldsymbol{v}) := \{\boldsymbol{y} \in A \mid (\boldsymbol{a}_r, \boldsymbol{y}) = v_r \ (r = 1, \ldots, m)\};$$

dabei ist A (bzw. $\tilde{\boldsymbol{A}}'$) der maximale Definitionsbereich der zu der Funktion $F(\boldsymbol{x})$ $(\boldsymbol{x} \in M)$ konjugierten Funktion $F^c(\boldsymbol{y})$ (bzw. der maximale Definitionsbereich der Funktion $F_0{}^c(\boldsymbol{v})$).

Beweis. Es seien $u_1, \ldots, u_m$ kartesische Koordinaten im ursprünglichen kartesischen Koordinatensystem in $\mathbb{E}_m$ (vgl. Bemerkung 1.1). Der lineare Unterraum

$$L := \left\{\boldsymbol{x} \in \mathbb{E}_n \mid \boldsymbol{x} = \sum_{r=1}^{m} u_r\boldsymbol{a}_r + \boldsymbol{b}, \boldsymbol{u} \in \mathbb{E}_m\right\}$$

in $\mathbb{E}_n$ kann wegen (23.23a) in der Form

$$L = \left\{\boldsymbol{x} \in \mathbb{E}_n \mid \boldsymbol{x} = \boldsymbol{x}_0 + \sum_{r=1}^{m} (u_r - u_{0r})\, \boldsymbol{a}_r, \boldsymbol{u} \in \mathbb{E}_m\right\}$$

dargestellt werden. Setzt man

$$t_r := u_r - u_{0r} \quad (r = 1, \ldots, m), \tag{23.24}$$

so sind $t_1, \ldots, t_m$ kartesische Koordinaten in $\mathbb{E}_n$ bezüglich der obigen Vektorbasis und des Koordinatenursprungs $\boldsymbol{u}_0$ in $\mathbb{E}_m$. Damit hat der lineare Unterraum L auch die Darstellung

$$L = \left\{\boldsymbol{x} \in \mathbb{E}_n \mid \boldsymbol{x} = \boldsymbol{x}_0 + \sum_{r=1}^{m} t_r\boldsymbol{a}_r, \boldsymbol{t} \in \mathbb{E}_m\right\}.$$

Wir führen nun die Menge

$$\tilde{M} := \left\{\boldsymbol{t} \in \mathbb{E}_m \,\middle|\, \boldsymbol{x}_0 + \sum_{r=1}^{m} t_r\boldsymbol{a}_r \in M\right\}, \quad \boldsymbol{t} = (t_1, \ldots, t_m), \tag{23.25a}$$

und die Funktion

$$\tilde{F}(\boldsymbol{t}) := F\left(\boldsymbol{x}_0 + \sum_{r=1}^{m} t_r \boldsymbol{a}_r\right), \quad \boldsymbol{t} \in \tilde{M}, \tag{23.25b}$$

ein, und $\boldsymbol{x}_0$ sei ein stabiler Punkt des Definitionsbereiches M der Funktion $F(\boldsymbol{x})$. Für die zu der Funktion $\tilde{F}(\boldsymbol{t})$ ($\boldsymbol{t} \in \tilde{M}$) konjugierte Funktion

$$\tilde{F}^c(\boldsymbol{v}) := \sup_{\boldsymbol{t}\in\tilde{M}} \{(\boldsymbol{t}, \boldsymbol{v}) - \tilde{F}(\boldsymbol{t})\}, \quad \boldsymbol{v} \in \tilde{A}, \tag{23.26a}$$

mit

$$\tilde{A} := \left\{\boldsymbol{v} \in \mathbb{E}_m \,\middle|\, \sup_{\boldsymbol{t}\in\tilde{M}} \{(\boldsymbol{t}, \boldsymbol{v}) - \tilde{F}(\boldsymbol{t})\} < \infty\right\} \tag{23.26b}$$

gilt dann nach Satz 23.2

$$\tilde{F}^c(\boldsymbol{v}) = \min_{\boldsymbol{y}\in A(\boldsymbol{v})} \{F^c(\boldsymbol{y}) - (\boldsymbol{y}, \boldsymbol{x}_0)\}, \quad \boldsymbol{v} \in \tilde{A}, \tag{23.27a}$$

mit

$$A(\boldsymbol{v}) := \{\boldsymbol{y} \in A \mid v_r = (\boldsymbol{y}, \boldsymbol{a}_r) \ (r = 1, \ldots, m)\}. \tag{23.27b}$$

Nach (23.25a, b), (23.23b, c) und (23.24) folgt

$$\begin{aligned}\tilde{F}^c(\boldsymbol{v}) &= \sup_{\boldsymbol{t}\in\tilde{M}} \left\{(\boldsymbol{t}, \boldsymbol{v}) - F\left(\boldsymbol{x}_0 + \sum_{r=1}^{m} t_r \boldsymbol{a}_r\right)\right\} = \sup_{\boldsymbol{u}\in M_0} \{(\boldsymbol{u} - \boldsymbol{u}_0, \boldsymbol{v}) - F_0(\boldsymbol{u})\} \\ &= \sup_{\boldsymbol{u}\in M_0} \{(\boldsymbol{u}, \boldsymbol{v}) - F_0(\boldsymbol{u})\} - (\boldsymbol{u}_0, \boldsymbol{v}), \quad \boldsymbol{v} \in \tilde{A},\end{aligned}$$

und wegen

$$F_0^c(\boldsymbol{v}) := \sup_{\boldsymbol{u}\in M_0} \{(\boldsymbol{u}, \boldsymbol{v}) - F_0(\boldsymbol{u})\}, \quad \boldsymbol{v} \in \tilde{A}',$$

ist daher $\tilde{A} = \tilde{A}'$ und

$$\tilde{F}^c(\boldsymbol{v}) = F_0^c(\boldsymbol{v}) - (\boldsymbol{u}_0, \boldsymbol{v}), \quad \boldsymbol{v} \in \tilde{A} = \tilde{A}'. \tag{23.28}$$

Wir wählen nun ein beliebiges Vektorsystem $\{\boldsymbol{c}_1, \ldots, \boldsymbol{c}_s\}$ in $\mathbb{E}_m$. Die Menge

$$L^* := \left\{\boldsymbol{u} \in \mathbb{E}_m \mid \boldsymbol{u} = \boldsymbol{u}_0 + \sum_{j=1}^{s} w_j \boldsymbol{c}_j, \ \boldsymbol{w} = (w_1, \ldots, w_s) \in \mathbb{E}_s\right\} \tag{23.29a}$$

ist ein den Punkt $\boldsymbol{u}_0$ enthaltender linearer Unterraum in $\mathbb{E}_m$; wir ordnen ihm den linearen Unterraum

$$\tilde{L}^* := \left\{\boldsymbol{x} \in \mathbb{E}_n \mid \boldsymbol{x} = \sum_{r=1}^{m} u_r \boldsymbol{a}_r + \boldsymbol{b}, \ \boldsymbol{u} \in L^*\right\} \tag{23.29b}$$

in $\mathbb{E}_n$ zu, der offenbar in dem oben definierten linearen Unterraum L in $\mathbb{E}_n$ liegt. Setzt man

$$\boldsymbol{d}_j := \sum_{r=1}^{m} c_{jr} \boldsymbol{a}_r \quad (j = 1, \ldots, s), \tag{23.29c}$$

wobei c_{jr} $(r = 1, \ldots, m)$ die Komponenten des Vektors $\boldsymbol{c}_j$ $(j = \{1, \ldots, s\})$ im ursprünglichen kartesischen Koordinatensystem in $\mathbb{E}_m$ sind, so folgt aus (23.29b) nach (23.29a, c) und (23.23a) die Darstellung

$$L^* = \left\{\boldsymbol{x} \in \mathbb{E}_n \mid \boldsymbol{x} = \boldsymbol{b} + \sum_{r=1}^{m} \left(u_{0r} + \sum_{j=1}^{s} w_j c_{jr}\right) \boldsymbol{a}_r,\ \boldsymbol{w} \in \mathbb{E}_s\right\}$$

$$= \left\{\boldsymbol{x} \in \mathbb{E}_n \mid \boldsymbol{x} = \boldsymbol{x}_0 + \sum_{j=1}^{s} w_j \boldsymbol{d}_j,\ \boldsymbol{w} \in \mathbb{E}_s\right\}.$$

Wir definieren nun:

$$M^* := \left\{\boldsymbol{w} \in \mathbb{E}_s \,\middle|\, \boldsymbol{u}_0 + \sum_{j=1}^{s} w_j \boldsymbol{c}_j \in M_0\right\},$$

$$F^*(\boldsymbol{w}) := F_0\left(\boldsymbol{u}_0 + \sum_{j=1}^{s} w_j \boldsymbol{c}_j\right), \quad \boldsymbol{w} \in M^*;$$

nach (23.23c, a) und (23.29c) folgt

$$F^*(\boldsymbol{w}) = F\left(\sum_{r=1}^{m} \left(u_{0r} + \sum_{j=1}^{s} w_j c_{jr}\right) \boldsymbol{a}_r + \boldsymbol{b}\right)$$

$$= F\left(\boldsymbol{x}_0 + \sum_{j=1}^{s} w_j \boldsymbol{d}_j\right), \quad \boldsymbol{w} \in M^*.$$

Die zu der Funktion $F^*(\boldsymbol{w})$ $(\boldsymbol{w} \in M^*)$ konjugierte Funktion ist

$$F^{*c}(\boldsymbol{z}) := \sup_{\boldsymbol{w} \in M^*} \{(\boldsymbol{w}, \boldsymbol{z}) - F^*(\boldsymbol{w})\}, \quad \boldsymbol{z} \in A^*,$$

ihr Definitionsbereich ist die Menge

$$A^* := \left\{\boldsymbol{z} \in \mathbb{E}_s \,\middle|\, \sup_{\boldsymbol{w} \in M^*} \{(\boldsymbol{w}, \boldsymbol{z}) - F^*(\boldsymbol{w})\} < \infty\right\}.$$

Da $\boldsymbol{x}_0$ ein stabiler Punkt des Definitionsbereiches M der Funktion $F(\boldsymbol{x})$ ist, gilt nach Satz 23.2

$$F^{*c}(\boldsymbol{z}) = \min_{\boldsymbol{y} \in A^*(\boldsymbol{z})} \{F^c(\boldsymbol{y}) - (\boldsymbol{y}, \boldsymbol{x}_0)\}, \quad \boldsymbol{z} \in A^*, \tag{23.30a}$$

mit

$$A^*(\boldsymbol{z}) := \{\boldsymbol{y} \in A \mid z_j = (\boldsymbol{y}, \boldsymbol{d}_j)\ (j = 1, \ldots, s)\}, \quad \big(\boldsymbol{z} = (z_1, \ldots, z_s)\big). \tag{23.30b}$$

Setzt man $v_r := (\boldsymbol{y}, \boldsymbol{a}_r)$ $(r = 1, \ldots, m)$ für $\boldsymbol{y} \in A$, so ist nach (23.29c)

$$(\boldsymbol{y}, \boldsymbol{d}_j) = \sum_{r=1}^{m} c_{jr}(\boldsymbol{y}, \boldsymbol{a}_r) = (\boldsymbol{v}, \boldsymbol{c}_j) \qquad (j = 1, \ldots, s), \quad \boldsymbol{y} \in A,$$

und ein Punkt $\boldsymbol{y}$ gehört genau dann zu der in (23.30b) definierten Menge $A^*(\boldsymbol{z})$, wenn

$$\boldsymbol{y} \in A, \quad v_r = (\boldsymbol{y}, \boldsymbol{a}_r) \quad (r = 1, \ldots, m), \quad z_j = (\boldsymbol{v}, \boldsymbol{c}_j) \quad (j = 1, \ldots, s),$$

also wenn (vgl. 23.27b) $\boldsymbol{y} \in A(\boldsymbol{v})$ und $z_j = (\boldsymbol{v}, \boldsymbol{c}_j)$ $(j = 1, \ldots, s)$ gilt; dabei ist nach (23.27a, b) $\boldsymbol{v} \in \tilde{\boldsymbol{A}}$. Hieraus ergibt sich

$$\min_{\boldsymbol{y} \in A^*(\boldsymbol{z})} \{F^c(\boldsymbol{y}) - (\boldsymbol{y}, \boldsymbol{x}_0)\} = \min_{\boldsymbol{v} \in \tilde{\boldsymbol{A}}(\boldsymbol{z})} \min_{\boldsymbol{y} \in A(\boldsymbol{v})} \{F^c(\boldsymbol{y}) - (\boldsymbol{y}, \boldsymbol{x}_0)\} \tag{23.31}$$

mit

$$\tilde{\boldsymbol{A}}(\boldsymbol{z}) := \{\boldsymbol{v} \in \tilde{\boldsymbol{A}} \mid z_j = (\boldsymbol{v}, \boldsymbol{c}_j)\ (j = 1, \ldots, s)\}, \quad \boldsymbol{z} \in A^*.$$

Aus (23.30a) folgt schließlich unter Beachtung von (23.31), (23.27a) und (23.28)

$$F^{*c}(\boldsymbol{z}) = \min_{\boldsymbol{v} \in \tilde{\boldsymbol{A}}(\boldsymbol{z})} \{F_0{}^c(\boldsymbol{v}) - (\boldsymbol{u}_0, \boldsymbol{v})\}, \quad \boldsymbol{z} \in A^*.$$

Da $\{\boldsymbol{c}_1, \ldots, \boldsymbol{c}_s\}$ ein beliebiges Vektorsystem in $\mathbb{E}_m$ war, ist $\boldsymbol{u}_0$ nach Satz 23.2 ein stabiler Punkt des Definitionsbereiches M_0 der Funktion $F_0(\boldsymbol{u})$. Die Aussage (23.23d) folgt unmittelbar aus (23.27a) und (23.28).

Im Fall eines schwach stabilen Punktes $\boldsymbol{x}_0$ des Definitionsbereiches M der Funktion $F(\boldsymbol{x})$ läßt sich der Beweis analog führen. □

Satz 23.5. *Es seien M_1 und M_2 konvexe Mengen in $\mathbb{E}_n$ mit $M_1 \cap M_2 \neq \emptyset$ und $F_i(\boldsymbol{x})$ eine über der Menge M_i erklärte konvexe Funktion $(i = 1, 2)$. Weiter sei $\boldsymbol{x}_0$ ein stabiler (bzw. schwach stabiler) Punkt des Definitionsbereiches M_i der Funktion $F_i(\boldsymbol{x})$ $(i = 1, 2)$. Dann gilt für die zu der Funktion*

$$F(\boldsymbol{x}) := F_1(\boldsymbol{x}) + F_2(\boldsymbol{x}), \quad \boldsymbol{x} \in M_1 \cap M_2,$$

konjugierte Funktion

$$F^c(\boldsymbol{y}) := \sup_{\boldsymbol{x} \in M_1 \cap M_2} \{(\boldsymbol{y}, \boldsymbol{x}) - F(\boldsymbol{x})\}, \quad \boldsymbol{y} \in A,$$

die Gleichheit

$$F^c(\boldsymbol{y}) = \min_{\{\boldsymbol{y}_1, \boldsymbol{y}_2\} \in A(\boldsymbol{y})} \{F_1{}^c(\boldsymbol{y}_1) + F_2{}^c(\boldsymbol{y}_2)\}, \quad \boldsymbol{y} \in A$$

(bzw. (23.32)

$$F^c(\boldsymbol{y}) = \inf_{\{\boldsymbol{y}_1, \boldsymbol{y}_2\} \in A(\boldsymbol{y})} \{F_1{}^c(\boldsymbol{y}_1) + F_2{}^c(\boldsymbol{y}_2)\}, \quad \boldsymbol{y} \in A),$$

mit

$$A(\boldsymbol{y}) := \{(\boldsymbol{y}_1, \boldsymbol{y}_2) \mid \boldsymbol{y}_1 + \boldsymbol{y}_2 = \boldsymbol{y},\ \boldsymbol{y}_i \in A_i\ (i = 1, 2)\}, \quad \boldsymbol{y} \in A;$$

dabei bezeichnet A den maximalen Definitionsbereich der Funktion $F^c(\boldsymbol{y})$ und A_i den maximalen Definitionsbereich der zu der Funktion $F_i(\boldsymbol{x})$ $(\boldsymbol{x} \in M_i)$ konjugierten Funktion $F_i{}^c(\boldsymbol{y})$ $(i = 1, 2)$.

Beweis. Die zweite Aussage in (23.32) wurde im Kapitel 21 in Beispiel 21.1 unter schärferen Voraussetzungen bewiesen. In gleicher Weise wie dort läßt sich auch die Aussage (23.32) zeigen, statt des Fenchelschen Dualitätssatzes (Satz 21.4) ist der verallgemeinerte Dualitätssatz 22.4 anzuwenden. Außerdem ist zu beachten, daß ein stabiler (bzw. schwach stabiler) Punkt des Definitionsbereiches M_i der Funktion $F_i(\boldsymbol{x})$ auch ein stabiler (bzw. schwach stabiler) Punkt des Definitionsbereiches M_i der Funktion $F_i(\boldsymbol{x}) + (\boldsymbol{y}, \boldsymbol{x})$ $(i = 1, 2)$ ist (vgl. Satz 23.3). □

Satz 23.6. *Es seien M_1 und M_2 konvexe Mengen in $\mathbb{E}_n$ mit $M_1 \cap M_2 \neq \emptyset$ und $F_i(\boldsymbol{x})$ eine über der Menge M_i $(i = 1, 2)$ erklärte konvexe Funktion. Falls $\boldsymbol{x}_0 \in M_1 \cap M_2$ ein stabiler (bzw. schwach stabiler) Punkt des Definitionsbereiches M_i der Funktion $F_i(\boldsymbol{x})$ $(i = 1, 2)$ ist, so ist er auch ein stabiler (bzw. schwach stabiler) Punkt des Definitionsbereiches $M_1 \cap M_2$ der Funktion $F(\boldsymbol{x}) := F_1(\boldsymbol{x}) + F_2(\boldsymbol{x})$.*

Beweis. Es sei $\boldsymbol{x}_0$ ein stabiler Punkt sowohl des Definitionsbereiches M_1 der Funktion $F_1(\boldsymbol{x})$ als auch des Definitionsbereiches M_2 der Funktion $F_2(\boldsymbol{x})$. Weiter sei $\boldsymbol{A}$ ein beliebiges Vektorsystem $\{\boldsymbol{a}_1, \ldots, \boldsymbol{a}_m\}$ in $\mathbb{E}_n$, $\boldsymbol{u}_0 = (u_{01}, \ldots, u_{0m})$ ein Punkt des Raumes $\mathbb{E}_m$ und $\boldsymbol{b} := \boldsymbol{x}_0 - \sum_{r=1}^{m} u_{0r}\boldsymbol{a}_r$. Nach Satz 23.4 ist $\boldsymbol{u}_0$ ein stabiler Punkt des konvexen Definitionsbereiches

$$M_{i0} := \left\{\boldsymbol{u} \in \mathbb{E}_m \,\middle|\, \sum_{r=1}^{m} u_r\boldsymbol{a}_r + \boldsymbol{b} \in M_i\right\}$$

der konvexen Funktion

$$F_{i0}(\boldsymbol{u}) := F_i\left(\sum_{r=1}^{m} u_r\boldsymbol{a}_r + \boldsymbol{b}\right), \quad \boldsymbol{u} = (u_1, \ldots, u_m) \in M_{i0} \quad (i = 1, 2).$$

Offenbar ist

$$F_0(\boldsymbol{u}) := F\left(\sum_{r=1}^{m} u_r\boldsymbol{a}_r + \boldsymbol{b}\right) = F_{10}(\boldsymbol{u}) + F_{20}(\boldsymbol{u}), \quad \boldsymbol{u} \in M_{10} \cap M_{20}.$$

Nach Satz 23.4 gilt

$$F_{i0}^{c}(\boldsymbol{v}) = \min_{\boldsymbol{y} \in A_i(\boldsymbol{v})} \{F_i^{c}(\boldsymbol{y}) - (\boldsymbol{y}, \boldsymbol{x}_0)\} + (\boldsymbol{u}_0, \boldsymbol{v}), \quad \boldsymbol{v} \in \tilde{A}_i \quad (i = 1, 2), \tag{23.33}$$

mit

$$A_i(\boldsymbol{v}) := \{\boldsymbol{y} \in A_i \mid v_r = (\boldsymbol{y}, \boldsymbol{a}_r) \ (r = 1, \ldots, m)\} \quad (i = 1, 2);$$

dabei bezeichnet A_i (bzw. $\tilde{A}_i$) den maximalen Definitionsbereich der zu der Funktion $F_i(\boldsymbol{x})$ $(\boldsymbol{x} \in M_i)$ (bzw. der Funktion $F_{i0}(\boldsymbol{u})$ $(\boldsymbol{u} \in M_{i0})$) konjugierten Funktion $F_i^{c}(\boldsymbol{y})$ (bzw. $F_{i0}^{c}(\boldsymbol{v})$), $i = 1, 2$.

Für die zu der — über der Menge $M_1 \cap M_2$ definierten — Funktion $F(\boldsymbol{x}) := F_1(\boldsymbol{x}) + F_2(\boldsymbol{x})$ konjugierte Funktion $F^{c}(\boldsymbol{y})$ gilt nach Satz 23.5

$$F^{c}(\boldsymbol{y}) = \min_{\{\boldsymbol{y}_1, \boldsymbol{y}_2\} \in A(\boldsymbol{y})} \{F_1^{c}(\boldsymbol{y}_1) + F_2^{c}(\boldsymbol{y}_2)\}, \quad \boldsymbol{y} \in A, \tag{23.34}$$

mit

$$A(\boldsymbol{y}) := \left\{\{\boldsymbol{y}_1, \boldsymbol{y}_2\} \mid \boldsymbol{y}_1 + \boldsymbol{y}_2 = \boldsymbol{y}, \boldsymbol{y}_1 \in A_1, \boldsymbol{y}_2 \in A_2\right\}, \quad \boldsymbol{y} \in A;$$

dabei ist A der maximale Definitionsbereich der Funktion $F^{c}(\boldsymbol{y})$.

Da der Punkt $\boldsymbol{u}_0$ ein stabiler Punkt des Definitionsbereiches M_{i0} der Funktion $F_{i0}(\boldsymbol{u})$ $(i = 1, 2)$ ist, gilt für die zu der Funktion $F_0(\boldsymbol{u}) := F_{10}(\boldsymbol{u}) + F_{20}(\boldsymbol{u})$ $(\boldsymbol{u} \in M_{10} \cap M_{20})$ konjugierte Funktion $F_0^{c}(\boldsymbol{v})$ nach Satz 23.5

$$F_0^{c}(\boldsymbol{v}) = \min_{\{\boldsymbol{v}_1, \boldsymbol{v}_2\} \in \tilde{A}(\boldsymbol{v})} \{F_{10}^{c}(\boldsymbol{v}_1) + F_{20}^{c}(\boldsymbol{v}_2)\}, \quad \boldsymbol{v} \in \tilde{A}, \tag{23.35}$$

mit

$$\tilde{A}(\boldsymbol{v}) := \left\{\{\boldsymbol{v}_1, \boldsymbol{v}_2\} \mid \boldsymbol{v}_1 + \boldsymbol{v}_2 = \boldsymbol{v}, \boldsymbol{v}_1 \in \tilde{A}_1, \boldsymbol{v}_2 \in \tilde{A}_2\right\}, \quad \boldsymbol{v} \in \tilde{A};$$

dabei ist $\tilde{A}$ der maximale Definitionsbereich der Funktion $F_0^{c}(\boldsymbol{v})$.

Führen wir nun die Mengen (hier ist $\boldsymbol{v}_i = (v_{i1}, \ldots, v_{im})$, $\boldsymbol{v} = (v_1, \ldots, v_m)$)

$$A(\boldsymbol{v}_i) := \{\boldsymbol{y}_i \in A_i \mid v_{ir} = (\boldsymbol{y}_i, \boldsymbol{a}_r)\ (r = 1, \ldots, m)\}, \quad \boldsymbol{v}_i \in \tilde{A}_i \quad (i = 1, 2),$$

$$A(\boldsymbol{v}) := \{\boldsymbol{y} \in A \mid v_r = (\boldsymbol{y}, \boldsymbol{a}_r)\ (r = 1, \ldots, m)\}, \quad \boldsymbol{v} \in \tilde{A},$$

$$A(\boldsymbol{v}_1; \boldsymbol{v}_2) := \big\{\{\boldsymbol{y}_1, \boldsymbol{y}_2\} \mid \boldsymbol{y}_i \in A_i,\ v_{1r} + v_{2r} = (\boldsymbol{y}_1 + \boldsymbol{y}_2, \boldsymbol{a}_r)\ (r = 1, \ldots, m)\big\},$$
$$\boldsymbol{v}_i \in \tilde{A}_i \quad (i = 1, 2)$$

ein, so erhält man unter Beachtung von (23.33) und (23.34) nacheinander

$$\min_{\{\boldsymbol{v}_1, \boldsymbol{v}_2\} \in \tilde{A}(\boldsymbol{v})} \{F_{10}^{\mathrm{c}}(\boldsymbol{v}_1) + F_{20}^{\mathrm{c}}(\boldsymbol{v}_2)\}$$

$$= \min_{\{\boldsymbol{v}_1, \boldsymbol{v}_2\} \in \tilde{A}(\boldsymbol{v})} \Big\{ \min_{\boldsymbol{y}_1 \in A(\boldsymbol{v}_1)} \{F_1{}^{\mathrm{c}}(\boldsymbol{y}_1) - (\boldsymbol{y}_1, \boldsymbol{x}_0)\}$$
$$+ (\boldsymbol{u}_0, \boldsymbol{v}_1) + \min_{\boldsymbol{y}_2 \in A(\boldsymbol{v}_2)} \{F_2{}^{\mathrm{c}}(\boldsymbol{y}_2) - (\boldsymbol{y}_2, \boldsymbol{x}_0)\} + (\boldsymbol{u}_0, \boldsymbol{v}_2) \Big\}$$

$$= \min_{\{\boldsymbol{v}_1, \boldsymbol{v}_2\} \in \tilde{A}(\boldsymbol{v})} \Big\{ \min_{\{\boldsymbol{y}_1, \boldsymbol{y}_2\} \in A(\boldsymbol{v}_1; \boldsymbol{v}_2)} \{F_1{}^{\mathrm{c}}(\boldsymbol{y}_1) + F_2{}^{\mathrm{c}}(\boldsymbol{y}_2) - (\boldsymbol{y}_1 + \boldsymbol{y}_2, \boldsymbol{x}_0) + (\boldsymbol{u}_0, \boldsymbol{v}_1 + \boldsymbol{v}_2)\} \Big\}$$

$$= \min_{\boldsymbol{y} \in A(\boldsymbol{v})} \Big\{ \min_{\{\boldsymbol{y}_1, \boldsymbol{y}_2\} \in A(\boldsymbol{y})} \{F_1{}^{\mathrm{c}}(\boldsymbol{y}_1) + F_2{}^{\mathrm{c}}(\boldsymbol{y}_2)\} - (\boldsymbol{y}, \boldsymbol{x}_0) + (\boldsymbol{u}_0, \boldsymbol{v}) \Big\}$$

$$= \min_{\boldsymbol{y} \in A(\boldsymbol{v})} \{F^{\mathrm{c}}(\boldsymbol{y}) - (\boldsymbol{y}, \boldsymbol{x}_0)\} + (\boldsymbol{u}_0, \boldsymbol{v}).$$

Hieraus und aus (23.35) folgt

$$F_0{}^{\mathrm{c}}(\boldsymbol{v}) = \min_{\boldsymbol{y} \in A(\boldsymbol{v})} \{F^{\mathrm{c}}(\boldsymbol{y}) - (\boldsymbol{y}, \boldsymbol{x}_0)\} + (\boldsymbol{u}_0, \boldsymbol{v}), \quad \boldsymbol{v} \in \tilde{A},$$

und schließlich (vgl. im Beweis von Satz 23.4 die Definition (23.26a) der Funktion $\tilde{F}^{\mathrm{c}}(\boldsymbol{v})$ und die dort hergeleitete Aussage (23.28))

$$\tilde{F}^{\mathrm{c}}(\boldsymbol{v}) = \min_{\boldsymbol{y} \in A(\boldsymbol{v})} \{F^{\mathrm{c}}(\boldsymbol{y}) - (\boldsymbol{y}, \boldsymbol{x}_0)\}, \quad \boldsymbol{v} \in \tilde{A}.$$

Da $\boldsymbol{A}$ ein beliebiges Vektorsystem in $\mathbb{E}_n$ war, ist $\boldsymbol{x}_0$ nach Satz 23.2 ein stabiler Punkt des Definitionsbereiches $M_1 \cap M_2$ der Funktion $F(\boldsymbol{x}) := F_1(\boldsymbol{x}) + F_2(\boldsymbol{x})$.

Im Fall eines schwach stabilen Punktes $\boldsymbol{x}_0 \in M_1 \cap M_2$ des Definitionsbereiches M_i der Funktion $F_i(\boldsymbol{x})$ $(i = 1, 2)$ läßt sich der Beweis auf die gleiche Weise führen. □

Bemerkung 23.2. Es seien $F(\boldsymbol{x})$ eine über einer nichtleeren konvexen Menge M in $\mathbb{E}_n$ erklärte konvexe und $G(\boldsymbol{u})$ eine über einer nichtleeren konvexen Menge $\tilde{M}$ in $\mathbb{E}_m$ erklärte konkave Funktion. Weiter seien $\boldsymbol{A} = \{\boldsymbol{a}_1, \ldots, \boldsymbol{a}_m\}$ ein Vektorsystem in $\mathbb{E}_n$, $\boldsymbol{b}$ ein Punkt in $\mathbb{E}_m$ und $\boldsymbol{c}$ ein Punkt in $\mathbb{E}_n$; dem Vektorsystem $\boldsymbol{A}$ entspricht eine (m, n)-Matrix — sie sei mit demselben Symbol $\boldsymbol{A}$ bezeichnet —, deren r-te Zeile gerade der Vektor $\boldsymbol{a}_r$ ist $(r = 1, \ldots, m)$. Wir bezeichnen mit A (bzw. mit $\tilde{A}$) den maximalen Definitionsbereich der zu der Funktion $F(\boldsymbol{x})$, $\boldsymbol{x} \in M$ (bzw. zu der Funktion $G(\boldsymbol{u})$, $\boldsymbol{u} \in \tilde{M}$) konjugierten Funktion $F^{\mathrm{c}}(\boldsymbol{y})$ (bzw. $G^{\mathrm{c}}(\boldsymbol{v})$) und definieren

$$\hat{M} := \{\boldsymbol{x} \in \mathbb{E}_n \mid \boldsymbol{A}\boldsymbol{x} - \boldsymbol{b} \in \tilde{M}\},$$

$$\hat{A} := \{\boldsymbol{v} \in \mathbb{E}_m \mid \boldsymbol{A}^{\mathrm{T}}\boldsymbol{v} - \boldsymbol{c} \in A\}.$$

Die folgenden beiden Optimierungsprobleme

$$\begin{aligned} &\text{(I)} && \inf_{\boldsymbol{x}\in M\cap\hat{M}} \{F(\boldsymbol{x}) - G(\boldsymbol{A}\boldsymbol{x} - \boldsymbol{b}) + \boldsymbol{c}^{\mathsf{T}}\boldsymbol{x}\}!, \\ &\text{(II)} && \sup_{\boldsymbol{v}\in\tilde{A}\cap\hat{A}} \{G^{c}(\boldsymbol{v}) - F^{c}(\boldsymbol{A}^{\mathsf{T}}\boldsymbol{v} - \boldsymbol{c}) + \boldsymbol{b}^{\mathsf{T}}\boldsymbol{v}\}! \end{aligned} \tag{23.36}$$

nennt man (ähnlich wie die in Kapitel 21 betrachteten Aufgabenpaare (21.8a) und (21.8b)) zueinander dual, wobei die Aufgabe (I) als primales Problem und die Aufgabe (II) als das der Aufgabe (I) zugeordnete duale Optimierungsproblem bezeichnet wird.

Definition 23.1. Das Optimierungsproblem (I) in (23.36) heißt *stabil konsistent* (bzw. *schwach stabil konsistent*), wenn es Punkte $\boldsymbol{x}_i \in M \cap \hat{M}$ $(i = 1, 2)$ gibt, so daß $\boldsymbol{x}_1$ ein stabiler (bzw. schwach stabiler) Punkt des Definitionsbereiches M der Funktion $F(\boldsymbol{x})$ ist und $\boldsymbol{u}_2 := \boldsymbol{A}\boldsymbol{x}_2 - \boldsymbol{b}$ ein stabiler (bzw. schwach stabiler) Punkt des Definitionsbereiches $\tilde{M}$ der Funktion $G(\boldsymbol{u})$. Entsprechend heißt das Optimierungsproblem (II) in (23.36) *stabil konsistent* (bzw. *schwach stabil konsistent*), wenn es Punkte $\boldsymbol{v}_i \in \tilde{A} \cap \hat{A}$ $(i = 1, 2)$ gibt, so daß $\boldsymbol{v}_1$ ein stabiler (bzw. ein schwach stabiler) Punkt des Definitionsbereiches $\tilde{A}$ der Funktion $G^c(\boldsymbol{v})$ ist und $\boldsymbol{y}_2 := \boldsymbol{A}^{\mathsf{T}}\boldsymbol{v}_2 - \boldsymbol{c}$ ein stabiler (bzw. ein schwach stabiler) Punkt des Definitionsbereiches A der Funktion $F^c(\boldsymbol{y})$.

Bemerkung 23.3. Im nachfolgenden bringen wir einen Dualitätssatz (er wurde von Rockafellar [26] angegeben), der als eine Folgerung des allgemeinen Dualitätssatzes 22.4 angesehen werden kann. Zum Beweis dieses Satzes benötigen wir eine dem Satz 21.2 entsprechende Aussage für den Fall der unter (23.36) formulierten Optimierungsprobleme (I) und (II), und zwar die Aussage:

Im Fall $M \cap \hat{M} \neq \emptyset$ und $\tilde{A} \cap \hat{A} \neq \emptyset$ gilt

$$\begin{aligned} -\infty &< \sup_{\boldsymbol{v}\in\tilde{A}\cap\hat{A}} \{G^{c}(\boldsymbol{v}) - F^{c}(\boldsymbol{A}^{\mathsf{T}}\boldsymbol{v} - \boldsymbol{c}) + \boldsymbol{b}^{\mathsf{T}}\boldsymbol{v}\} \\ &\leqq \inf_{\boldsymbol{x}\in M\cap\hat{M}} \{F(\boldsymbol{x}) - G(\boldsymbol{A}\boldsymbol{x} - \boldsymbol{b}) + \boldsymbol{c}^{\mathsf{T}}\boldsymbol{x}\} < \infty, \end{aligned} \tag{23.37a}$$

und für Punkte $\boldsymbol{x}_0 \in M \cap \hat{M}$ und $\boldsymbol{v}_0 \in \tilde{A} \cap \hat{A}$ ist

$$G^{c}(\boldsymbol{v}_0) - F^{c}(\boldsymbol{A}^{\mathsf{T}}\boldsymbol{v}_0 - \boldsymbol{c}) + \boldsymbol{b}^{\mathsf{T}}\boldsymbol{v}_0 = F(\boldsymbol{x}_0) - G(\boldsymbol{A}\boldsymbol{x}_0 - \boldsymbol{b}) + \boldsymbol{c}^{\mathsf{T}}\boldsymbol{x}_0 \tag{23.37b}$$

genau dann, wenn gilt

$$\begin{aligned} F^{c}(\boldsymbol{A}^{\mathsf{T}}\boldsymbol{v}_0 - \boldsymbol{c}) &= \boldsymbol{v}_0^{\mathsf{T}}\boldsymbol{A}\boldsymbol{x}_0 - F(\boldsymbol{x}_0) - \boldsymbol{c}^{\mathsf{T}}\boldsymbol{x}_0, \\ G^{c}(\boldsymbol{v}_0) &= \boldsymbol{v}_0^{\mathsf{T}}\boldsymbol{A}\boldsymbol{x}_0 - G(\boldsymbol{A}\boldsymbol{x}_0 - \boldsymbol{b}) - \boldsymbol{v}_0^{\mathsf{T}}\boldsymbol{b}. \end{aligned} \tag{23.37c}$$

Aus der Definition der zu der Funktion $F(\boldsymbol{x})$ $(\boldsymbol{x} \in M)$ konjugierten Funktion $F^c(\boldsymbol{y})$ folgt nämlich

$$\begin{aligned} F^{c}(\boldsymbol{A}^{\mathsf{T}}\boldsymbol{v} - \boldsymbol{c}) &:= \sup_{\boldsymbol{x}\in M} \{(\boldsymbol{A}^{\mathsf{T}}\boldsymbol{v} - \boldsymbol{c}, \boldsymbol{x}) - F(\boldsymbol{x})\} \\ &\geqq (\boldsymbol{A}^{\mathsf{T}}\boldsymbol{v}, \boldsymbol{x}) - F(\boldsymbol{x}) - \boldsymbol{c}^{\mathsf{T}}\boldsymbol{x}, \quad \boldsymbol{x} \in M, \quad \boldsymbol{v} \in \hat{A}, \end{aligned}$$

d. h., es ist

$$\boldsymbol{v}^{\mathsf{T}}\boldsymbol{A}\boldsymbol{x} \leqq F^{c}(\boldsymbol{A}^{\mathsf{T}}\boldsymbol{v} - \boldsymbol{c}) + F(\boldsymbol{x}) + \boldsymbol{c}^{\mathsf{T}}\boldsymbol{x}, \quad \boldsymbol{x} \in M, \quad \boldsymbol{v} \in \hat{A}; \tag{23.38a}$$

nach Definition der zu der Funktion $G(\boldsymbol{u})$ $(\boldsymbol{u} \in \tilde{M})$ konjugierten Funktion $G^c(\boldsymbol{v})$ sowie unter Beachtung der Zuordnung $\boldsymbol{u} = \boldsymbol{A}\boldsymbol{x} - \boldsymbol{b}$ gilt andererseits

$$\begin{aligned} G^c(\boldsymbol{v}) &:= \inf_{\boldsymbol{u}\in\tilde{M}} \{(\boldsymbol{v}, \boldsymbol{u}) - G(\boldsymbol{u})\} \\ &\leqq (\boldsymbol{v}, \boldsymbol{u}) - G(\boldsymbol{u}) = \boldsymbol{v}^{\mathsf{T}}\boldsymbol{A}\boldsymbol{x} - \boldsymbol{b}^{\mathsf{T}}\boldsymbol{v} - G(\boldsymbol{A}\boldsymbol{x} - \boldsymbol{b}), \quad \boldsymbol{v} \in \tilde{A}, \quad \boldsymbol{x} \in \hat{M}, \end{aligned}$$

d. h., es ist

$$\boldsymbol{v}^{\mathsf{T}}\boldsymbol{A}\boldsymbol{x} \geqq G^c(\boldsymbol{v}) + G(\boldsymbol{A}\boldsymbol{x} - \boldsymbol{b}) + \boldsymbol{b}^{\mathsf{T}}\boldsymbol{v}, \quad \boldsymbol{v} \in \tilde{A}, \quad \boldsymbol{x} \in \hat{M}. \tag{23.38b}$$

Für zwei beliebige Punkte $\boldsymbol{x} \in M \cap \hat{M}$ und $\boldsymbol{v} \in \tilde{A} \cap \hat{A}$ gilt nach (23.38a, b) also

$$G^c(\boldsymbol{v}) - F^c(\boldsymbol{A}^{\mathsf{T}}\boldsymbol{v} - \boldsymbol{c}) + \boldsymbol{b}^{\mathsf{T}}\boldsymbol{v} \leqq F(\boldsymbol{x}) - G(\boldsymbol{A}\boldsymbol{x} - \boldsymbol{b}) + \boldsymbol{c}^{\mathsf{T}}\boldsymbol{x},$$

woraus unmittelbar die Aussage (23.37a) folgt. Wenn für zulässige Punkte $\boldsymbol{x}_0$ und $\boldsymbol{y}_0$ der Optimierungsprobleme (I) und (II) die Gleichung (23.37b) gilt, so folgen aus (23.38a, b) — wir setzen dort $\boldsymbol{x} = \boldsymbol{x}_0$ und $\boldsymbol{v} = \boldsymbol{v}_0$ — die Gleichungen (23.37c). Andererseits erhält man aus (23.37c) direkt die Aussage (23.37b).

Satz 23.7. *Es seien $F(\boldsymbol{x})$ eine über einer nichtleeren konvexen Menge M in $\mathbb{E}_n$ erklärte konvexe und $G(\boldsymbol{u})$ eine über einer nichtleeren konvexen Menge $\tilde{M}$ in $\mathbb{E}_m$ erklärte konkave Funktion. Weiter seien $\boldsymbol{A}$ eine (m, n)-Matrix, deren Zeilen Vektoren in $\mathbb{E}_n$ sind, $\boldsymbol{b}$ ein Punkt in $\mathbb{E}_m$, $\boldsymbol{c}$ ein Punkt in $\mathbb{E}_n$ und*

$$\hat{M} := \{\boldsymbol{x} \in \mathbb{E}_n \mid \boldsymbol{A}\boldsymbol{x} - \boldsymbol{b} \in \tilde{M}\}, \quad \hat{A} := \{\boldsymbol{v} \in \mathbb{E}_m \mid \boldsymbol{A}^{\mathsf{T}}\boldsymbol{v} - \boldsymbol{c} \in A\}.$$

Mit A möge der maximale Definitionsbereich der zu der Funktion $F(\boldsymbol{x})$ $(\boldsymbol{x} \in M)$ konjugierten Funktion $F^c(\boldsymbol{y})$, mit $\tilde{A}$ der maximale Definitionsbereich der zu der Funktion $G(\boldsymbol{u})$ $(\boldsymbol{u} \in \tilde{M})$ konjugierten Funktion $G^c(\boldsymbol{v})$ bezeichnet sein. Dann gelten für die zueinander dualen Optimierungsprobleme

(I) $\quad \inf\limits_{\boldsymbol{x}\in M\cap\hat{M}} \{F(\boldsymbol{x}) - G(\boldsymbol{A}\boldsymbol{x} - \boldsymbol{b}) + \boldsymbol{c}^{\mathsf{T}}\boldsymbol{x}\}!$

und

(II) $\quad \sup\limits_{\boldsymbol{v}\in\tilde{A}\cap\hat{A}} \{G^c(\boldsymbol{v}) - F^c(\boldsymbol{A}^{\mathsf{T}}\boldsymbol{v} - \boldsymbol{c}) + \boldsymbol{b}^{\mathsf{T}}\boldsymbol{v}\}!$

die folgenden Aussagen:

(a) *Wenn das Optimierungsproblem* (I) *schwach stabil konsistent und wenn*

$$\inf_{\boldsymbol{x}\in M\cap\hat{M}} \{F(\boldsymbol{x}) - G(\boldsymbol{A}\boldsymbol{x} - \boldsymbol{b}) + \boldsymbol{c}^{\mathsf{T}}\boldsymbol{x}\} > -\infty$$

ist, so gilt

$$\inf_{\boldsymbol{x}\in M\cap\hat{M}} \{F(\boldsymbol{x}) - G(\boldsymbol{A}\boldsymbol{x} - \boldsymbol{b}) + \boldsymbol{c}^{\mathsf{T}}\boldsymbol{x}\} = \sup_{\boldsymbol{v}\in\tilde{A}\cap\hat{A}} \{G^c(\boldsymbol{v}) - F^c(\boldsymbol{A}^{\mathsf{T}}\boldsymbol{v} - \boldsymbol{c}) + \boldsymbol{b}^{\mathsf{T}}\boldsymbol{v}\}; \tag{23.39}$$

falls außerdem das Problem (I) *stabil konsistent ist, so besitzt das Optimierungsproblem* (II) *einen Optimalpunkt.*

(b) *Wenn $F(\boldsymbol{x})$ und $G(\boldsymbol{u})$ abgeschlossene Funktionen über ihren Definitionsbereichen M und $\tilde{M}$ sind und*

$$\sup_{\boldsymbol{v}\in\tilde{A}\cap\hat{A}} \{G^c(\boldsymbol{v}) - F^c(\boldsymbol{A}^{\mathsf{T}}\boldsymbol{v} - \boldsymbol{c}) + \boldsymbol{b}^{\mathsf{T}}\boldsymbol{v}\} < \infty$$

ist und wenn das Optimierungsproblem (II) *schwach stabil konsistent ist, dann gilt ebenfalls die Aussage* (23.39); *falls außerdem das Problem* (II) *stabil konsistent ist, so besitzt das Optimierungsproblem* (I) *einen Optimalpunkt.*

Beweis. Wir definieren zunächst

$$F_1(\boldsymbol{x}) := F(\boldsymbol{x}) + \boldsymbol{c}^\mathsf{T}\boldsymbol{x} \quad (\boldsymbol{x} \in M),$$

$$G_1(\boldsymbol{x}) := G(\boldsymbol{A}\boldsymbol{x} - \boldsymbol{b}) \quad (\boldsymbol{x} \in \hat{M}).$$

Für die zu der Funktion $F_1(\boldsymbol{x})$ $(\boldsymbol{x} \in M)$ konjugierte Funktion $F_1{}^c(\boldsymbol{y})$ gilt

$$\begin{aligned} F_1{}^c(\boldsymbol{y}) &:= \sup_{\boldsymbol{x}\in M} \{(\boldsymbol{y}, \boldsymbol{x}) - F(\boldsymbol{x}) - (\boldsymbol{c}, \boldsymbol{x})\} = \sup_{\boldsymbol{x}\in M} \{(\boldsymbol{y} - \boldsymbol{c}, \boldsymbol{x}) - F(\boldsymbol{x})\} \\ &= F^c(\boldsymbol{y} - \boldsymbol{c}), \end{aligned} \tag{23.40}$$

wobei die Menge $A' := \{\boldsymbol{y} \in \mathbb{E}_n \mid \boldsymbol{y} - \boldsymbol{c} \in A\}$ ihr maximaler Definitionsbereich ist. Die Funktion $-G_1(\boldsymbol{x}) = -G(\boldsymbol{A}\boldsymbol{x} - \boldsymbol{b})$ ist eine über der Menge $\hat{M}$ konvexe Funktion.

Es sei das Optimierungsproblem (I) schwach stabil konsistent (bzw. stabil konsistent). Nach Definition 23.1 gibt es dann Punkte $\boldsymbol{x}_i \in M \cap \hat{M}$ $(i = 1, 2)$ derart, daß $\boldsymbol{x}_1$ ein schwach stabiler (bzw. stabiler) Punkt des Definitionsbereiches M der Funktion $F(\boldsymbol{x})$ und $\boldsymbol{u}_2 := \boldsymbol{A}\boldsymbol{x}_2 - \boldsymbol{b}$ ein schwach stabiler (bzw. stabiler) Punkt des Definitionsbereiches $\tilde{M}$ der konkaven Funktion $G(\boldsymbol{u})$ ist und daher auch der konvexen Funktion $-G(\boldsymbol{u})$. Nach Satz 23.4 (an die Stelle der dort betrachteten Funktion $F(\boldsymbol{x})$ mit $\boldsymbol{x} \in M$ setzen wir die konvexe Funktion $-G(\boldsymbol{u})$ mit $\boldsymbol{u} \in \tilde{M}$ und an die Stelle der Abbildung $\boldsymbol{x} = \boldsymbol{A}\boldsymbol{u} + \boldsymbol{b}$ die Abbildung $\boldsymbol{u} = \boldsymbol{A}\boldsymbol{v} - \boldsymbol{b}$) gilt für die zu der Funktion $-G_1(\boldsymbol{x})$ konjugierte Funktion $(-G_1)^c\,(\boldsymbol{y})$ mit dem maximalen Definitionsbereich A_1'

$$(-G_1)^c\,(\boldsymbol{y}) = \inf_{\boldsymbol{v}\in\tilde{A}'(\boldsymbol{y})} \{(-G)^c\,(\boldsymbol{v}) - (\boldsymbol{v}, \boldsymbol{u}_2)\} + (\boldsymbol{x}_2, \boldsymbol{y}), \quad \boldsymbol{y} \in A_1'; \tag{23.41a}$$

hierbei ist

$$\tilde{A}'(\boldsymbol{y}) := \{\boldsymbol{v} \in \tilde{A}' \mid \boldsymbol{y} = \boldsymbol{A}^\mathsf{T}\boldsymbol{v}\}, \quad \boldsymbol{y} \in A_1', \tag{23.41b}$$

und $\tilde{A}'$ der maximale Definitionsbereich der Funktion $(-G)^c\,(\boldsymbol{v})$. Da aber (nach Definition einer zu einer konvexen (bzw. konkaven) Funktion konjugierten Funktion)

$$\begin{aligned} -(-G_1)^c\,(-\boldsymbol{y}) &= -\sup_{\boldsymbol{x}\in\hat{M}} \{(-\boldsymbol{y}, \boldsymbol{x}) + G_1(\boldsymbol{x})\} = \inf_{\boldsymbol{x}\in\hat{M}} \{(\boldsymbol{y}, \boldsymbol{x}) - G_1(\boldsymbol{x})\} \\ &= G_1{}^c(\boldsymbol{y}), \quad -\boldsymbol{y} \in A_1', \end{aligned}$$

und entsprechend

$$-(-G)^c\,(-\boldsymbol{v}) = G^c(\boldsymbol{v}), \quad \boldsymbol{v} \in \tilde{A} \quad (-\boldsymbol{v} \in \tilde{A}'),$$

ist, folgt wegen $\boldsymbol{u}_2 = \boldsymbol{A}\boldsymbol{x}_2 - \boldsymbol{b}$ nach (23.41a, b)

$$\begin{aligned} G_1{}^c(\boldsymbol{y}) &= -\inf_{\boldsymbol{v}\in\tilde{A}'(-\boldsymbol{y})} \{(-G)^c\,(\boldsymbol{v}) - (\boldsymbol{v}, \boldsymbol{A}\boldsymbol{x}_2 - \boldsymbol{b})\} - (\boldsymbol{x}_2, \boldsymbol{y}) \\ &= -\inf_{\boldsymbol{v}\in\tilde{A}'(-\boldsymbol{y})} \{(-G)^c\,(\boldsymbol{v}) + \boldsymbol{b}^\mathsf{T}\boldsymbol{v}\} = \sup_{-\boldsymbol{v}\in\tilde{A}'(-\boldsymbol{y})} \{-(-G)^c\,(-\boldsymbol{v}) + \boldsymbol{b}^\mathsf{T}\boldsymbol{v}\} \\ &= \sup_{-\boldsymbol{v}\in\tilde{A}'(-\boldsymbol{y})} \{G^c(\boldsymbol{v}) + \boldsymbol{b}^\mathsf{T}\boldsymbol{v}\}, \quad -\boldsymbol{y} \in A_1'; \end{aligned}$$

es ist also

$$G_1{}^c(\boldsymbol{y}) = \sup_{\boldsymbol{v}\in\tilde{A}(\boldsymbol{y})} \{G^c(\boldsymbol{v}) + \boldsymbol{b}^\mathsf{T}\boldsymbol{v}\}, \quad \boldsymbol{y} \in A^*$$

(bzw. (23.42a)

$$G_1{}^c(\boldsymbol{y}) = \max_{\boldsymbol{v}\in\tilde{A}(\boldsymbol{y})} \{G^c(\boldsymbol{v}) + \boldsymbol{b}^\mathsf{T}\boldsymbol{v}\}, \quad \boldsymbol{y} \in A^*),$$

dabei sind

$$A^* := \{\boldsymbol{y} \in \mathbb{E}_n \mid -\boldsymbol{y} \in A'\}, \quad \tilde{A}(\boldsymbol{y}) := \{\boldsymbol{v} \in \tilde{A} \mid \boldsymbol{y} = \boldsymbol{A}^\mathsf{T}\boldsymbol{v}\}, \quad \boldsymbol{y} \in A^*. \tag{23.42b}$$

Nach Satz 23.3 ist $\boldsymbol{x}_1$ auch ein schwach stabiler (bzw. stabiler) Punkt des Definitionsbereiches M der Funktion $F_1(\boldsymbol{x}) := F(\boldsymbol{x}) + \boldsymbol{c}^\mathsf{T}\boldsymbol{x}$, und nach Satz 23.4 ist $\boldsymbol{x}_2$ ein schwach stabiler (bzw. stabiler) Punkt des Definitionsbereiches $\hat{M}$ der Funktion $G_1(\boldsymbol{x})$. Daher folgt nach dem allgemeinen Dualitätssatz 22.4 für die konvexe Funktion $F_1(\boldsymbol{x})$ $(\boldsymbol{x} \in M)$ und die konkave Funktion $G_1(\boldsymbol{x})$ $(\boldsymbol{x} \in \hat{M})$ unter Beachtung von (23.42a, b), (23.40)

$$\inf_{\boldsymbol{x}\in M\cap\hat{M}} \{F(\boldsymbol{x}) - G(\boldsymbol{A}\boldsymbol{x} - \boldsymbol{b}) + \boldsymbol{c}^\mathsf{T}\boldsymbol{x}\} = \inf_{\boldsymbol{x}\in M\cap\hat{M}} \{F_1(\boldsymbol{x}) - G_1(\boldsymbol{x})\}$$

$$= \sup_{\boldsymbol{y}\in A'\cap A^*} \{G_1{}^c(\boldsymbol{y})\} - F_1{}^c(\boldsymbol{y})\} = \sup_{\boldsymbol{y}\in A'\cap A^*} \left\{\sup_{\boldsymbol{v}\in\tilde{A}(\boldsymbol{y})} \{G^c(\boldsymbol{v}) + \boldsymbol{b}^\mathsf{T}\boldsymbol{v}\} - F^c(\boldsymbol{y} - \boldsymbol{c})\right\}$$

$$= \sup_{\boldsymbol{y}\in A'\cap A^*} \left\{\sup_{\boldsymbol{v}\in\tilde{A}(\boldsymbol{y})} \{G^c(\boldsymbol{v}) - F^c(\boldsymbol{A}^\mathsf{T}\boldsymbol{v} - \boldsymbol{c}) + \boldsymbol{b}^\mathsf{T}\boldsymbol{v}\}\right\}$$

$$= \sup_{\boldsymbol{v}\in\tilde{A}\cap\hat{A}} \{G^c(\boldsymbol{v}) - F^c(\boldsymbol{A}^\mathsf{T}\boldsymbol{v} - \boldsymbol{c}) + \boldsymbol{b}^\mathsf{T}\boldsymbol{v}\};$$

im Fall stabiler Punkte $\boldsymbol{x}_1$ und $\boldsymbol{x}_2$ ist in dieser Herleitung das Symbol „sup" durch das Symbol „max" zu ersetzen. Damit ist die Aussage (a) des Satzes gezeigt.

Die Aussage (b) ist eine Folgerung der gezeigten Aussage (a), denn für eine über der Menge M abgeschlossene konvexe Funktion $F(\boldsymbol{x})$ gilt nach Definition 18.2 und Satz 19.5 $(F^c)^c\,(\boldsymbol{x}) = F(\boldsymbol{x})$ für $\boldsymbol{x} \in M$ und für eine über der Menge $\tilde{M}$ abgeschlossene konkave Funktion $G(\boldsymbol{u})$ nach Bemerkung 19.6 $(G^c)^c\,(\boldsymbol{u}) = G(\boldsymbol{u})$ für $\boldsymbol{u} \in \tilde{M}$. □

Beispiel 23.1. Es sei K ein konvexer Kegel in $\mathbb{E}_n$ mit einem Scheitel im Punkt $\boldsymbol{o}$ und mit $\dim K \geqq 1$. Falls $f(\boldsymbol{x})$ eine über dem Kegel K definierte *positiv homogene konvexe* (bzw. *konkave*) *Funktion* ist, für die also

$$f(\lambda\boldsymbol{x}) = \lambda f(\boldsymbol{x}), \quad \boldsymbol{x} \in K,$$

für alle Zahlen $\lambda \geqq 0$ gilt, so ist der Epigraph $\mathscr{E}_f$ (bzw. der Hypograph $\mathscr{H}_f$) der Funktion $f(\boldsymbol{x})$ über dem Kegel K wegen $\lambda\boldsymbol{x}' \in \mathscr{E}_f$ (bzw. $\lambda\boldsymbol{x}' \in \mathscr{H}_f$) für $\boldsymbol{x}' \in \mathscr{E}_f$ (bzw. $\boldsymbol{x}' \in \mathscr{H}_f$) ein konvexer Kegel im Raum $\mathbb{E}_{n+1} = \mathbb{E}_n \times \mathbb{E}_1$ mit einem Scheitel im Punkt $\boldsymbol{o}' := (\boldsymbol{o}, 0)$. Nach Satz 19.2 ist

$$R'(\boldsymbol{y}) := \{(\boldsymbol{x}, x_{n+1}) \in \mathbb{E}_{n+1} \mid (\boldsymbol{y}, \boldsymbol{x}) - x_{n+1} = f^c(\boldsymbol{y})\} \tag{23.43a}$$

für $\boldsymbol{y} \in A$ — die Menge A ist der maximale Definitionsbereich der zu der Funktion $f(\boldsymbol{x})$ $(\boldsymbol{x} \in K)$ konjugierten Funktion $f^c(\boldsymbol{y})$ — eine nichtvertikale Stützhyperebene des Epigraphen $\mathscr{E}_f$ (bzw. des Hypographen $\mathscr{H}_f$). Da diese Mengen hier konvexe Kegel in $\mathbb{E}_{n+1}$ mit einem Scheitel $\boldsymbol{o}'$ sind, gilt $\boldsymbol{o}' \in R'(\boldsymbol{y})$ für $\boldsymbol{y} \in A$, und aus (23.43a) folgt

$$f^c(\boldsymbol{y}) = 0, \quad \boldsymbol{y} \in A. \tag{23.43b}$$

Es seien nun $F_h(\boldsymbol{x})$ eine über einem konvexen Kegel K in $\mathbb{E}_n$ erklärte positiv homogene konvexe Funktion und $G_h(\boldsymbol{u})$ eine über einem konvexen Kegel $\tilde{K}$ in $\mathbb{E}_m$ erklärte positiv homogene konkave Funktion; dabei möge der Koordinatenursprung in $\mathbb{E}_n$ (bzw. in $\mathbb{E}_m$) ein Scheitel des Kegels K (bzw. des Kegels $\tilde{K}$) sein und $\dim K \geqq 1$ (bzw. $\dim \tilde{K} \geqq 1$) gelten. Nach (23.43b) gilt

$$0 = F_h^c(\boldsymbol{y}) := \sup_{\boldsymbol{x}\in K} \{(\boldsymbol{y}, \boldsymbol{x}) - F_h(\boldsymbol{x})\} \geqq (\boldsymbol{y}, \boldsymbol{x}) - F_h(\boldsymbol{x}), \quad \boldsymbol{x} \in K, \quad \boldsymbol{y} \in A, \tag{23.23a}$$

wobei A der maximale Definitionsbereich der zu der Funktion $F_h(\boldsymbol{x})$ ($\boldsymbol{x} \in K$) konjugierten Funktion $F_h^c(\boldsymbol{y})$ ist; entsprechend gilt

$$0 = G_h^c(\boldsymbol{v}) := \inf_{\boldsymbol{u}\in \tilde{K}} \{(\boldsymbol{v}, \boldsymbol{u}) - G_h(\boldsymbol{u})\} \leqq (\boldsymbol{v}, \boldsymbol{u}) - G_h(\boldsymbol{u}), \quad \boldsymbol{u} \in \tilde{K}, \quad \boldsymbol{v} \in A^*, \tag{23.44b}$$

wobei A^* der maximale Definitionsbereich der zu der Funktion $G_h(\boldsymbol{u})$ ($\boldsymbol{u} \in \tilde{K}$) konjugierten Funktion $G_h^c(\boldsymbol{v})$ ist. Setzt man

$$F(\boldsymbol{x}) := F_h(\boldsymbol{x}), \quad \boldsymbol{x} \in K, \quad G(\boldsymbol{v}) := G_h^c(\boldsymbol{v}), \quad \boldsymbol{v} \in A^*, \tag{23.45a}$$

so gilt nach (23.43b)

$$F^c(\boldsymbol{y}) = 0, \quad \boldsymbol{y} \in A, \quad G(\boldsymbol{u}) = 0, \quad \boldsymbol{u} \in A^*. \tag{23.45b}$$

Wir betrachten nun die beiden Optimierungsprobleme

$$\begin{aligned} &\text{(I)} && \inf_{\boldsymbol{x}\in M_h} \{F_h(\boldsymbol{x})\}!, \quad M_h := \{\boldsymbol{x} \in K \mid \boldsymbol{u}^T \boldsymbol{A}\boldsymbol{x} \geqq G_h(\boldsymbol{u}),\ \boldsymbol{u} \in \tilde{K}\}, \\ &\text{(II)} && \sup_{\boldsymbol{u}\in \tilde{M}_h} \{G_h(\boldsymbol{u})\}!, \quad \tilde{M}_h := \{\boldsymbol{u} \in \tilde{K} \mid \boldsymbol{u}^T \boldsymbol{A}\boldsymbol{x} \leqq F_h(\boldsymbol{x}),\ \boldsymbol{x} \in K\}, \end{aligned} \tag{23.46}$$

in denen $\boldsymbol{A}$ eine (m, n)-Matrix ist, deren Zeilen Vektoren in $\mathbb{E}_n$ sind. Aus den Definitionen der Mengen M_h und $\tilde{M}_h$ in (23.46) folgt unmittelbar

$$G_h(\boldsymbol{u}) \leqq F_h(\boldsymbol{x}), \quad \boldsymbol{x} \in M_h, \quad \boldsymbol{u} \in \tilde{M}_h. \tag{23.47}$$

Das Problem (I) in (23.46) ist ein Spezialfall des in Satz 23.7 betrachteten Problems (I), denn setzen wir dort $\boldsymbol{c} = \boldsymbol{o}$, $\boldsymbol{b} = \boldsymbol{o}$ und

$$M := K, \quad \hat{M} := \{\boldsymbol{x} \in \mathbb{E}_n \mid \boldsymbol{A}\boldsymbol{x} \in A^*\}, \tag{23.48a}$$

so folgt einmal nach (23.45a, b)

$$\inf_{\boldsymbol{x}\in M\cap\hat{M}} \{F(\boldsymbol{x}) - G(\boldsymbol{A}\boldsymbol{x} - \boldsymbol{b}) + \boldsymbol{c}^T\boldsymbol{x}\} = \inf_{\boldsymbol{x}\in K\cap\hat{M}} \{F(\boldsymbol{x}) - G(\boldsymbol{A}\boldsymbol{x})\} = \inf_{\boldsymbol{x}\in K\cap\hat{M}} \{F_h(\boldsymbol{x})\} \tag{23.48b}$$

und zum anderen $K \cap \hat{M} = M_h$ (aus $\boldsymbol{x} \in K \cap \hat{M}$ erhält man nach (23.48a) $\boldsymbol{x} \in K$, $\boldsymbol{A}\boldsymbol{x} \in A^*$, daraus nach (23.44b) $\boldsymbol{x} \in K$, $G_h(\boldsymbol{u}) \leqq \boldsymbol{u}^T\boldsymbol{A}\boldsymbol{x}$ für $\boldsymbol{u} \in \tilde{K}$, d. h. $\boldsymbol{x} \in M_h$; wenn andererseits $\boldsymbol{x} \in M_h$ ist, so ist $\boldsymbol{x} \in K$, $\boldsymbol{u}^T\boldsymbol{A}\boldsymbol{x} \geqq G_h(\boldsymbol{u})$ für $\boldsymbol{u} \in \tilde{K}$ und damit $\inf_{\boldsymbol{u}\in\tilde{K}} \{(\boldsymbol{u}, \boldsymbol{A}\boldsymbol{x}) - G_h(\boldsymbol{u})\} \geqq 0$; der Punkt $\boldsymbol{A}\boldsymbol{x}$ gehört also zum Definitionsbereich A^* der Funktion $G_h^c(\boldsymbol{v})$, woraus nach (23.48a) $\boldsymbol{x} \in K \cap \hat{M}$ folgt). Im vorliegenden Fall gilt also

$$\inf_{\boldsymbol{x}\in M\cap\hat{M}} \{F(\boldsymbol{x}) - G(\boldsymbol{A}\boldsymbol{x} - \boldsymbol{b}) + \boldsymbol{c}^T\boldsymbol{x}\} = \inf_{\boldsymbol{x}\in M_h} \{F_h(\boldsymbol{x})\}.$$

Falls $G_h(\boldsymbol{u})$ eine abgeschlossene Funktion über ihrem Definitionsbereich $\tilde{K}$ ist, so gilt unter Beachtung von (23.45a)

$$G^c(\boldsymbol{u}) = (G_h{}^c)^c(\boldsymbol{u}) = G_h(\boldsymbol{u}), \quad \boldsymbol{u} \in \tilde{K}. \tag{23.49a}$$

Setzt man wiederum $\boldsymbol{c} = \boldsymbol{o}$, $\boldsymbol{b} = \boldsymbol{o}$ und definiert

$$\tilde{\boldsymbol{A}} := \tilde{K}, \quad \hat{\boldsymbol{A}} : = \{\boldsymbol{v} \in \mathbb{E}_m \mid \boldsymbol{A}^\mathsf{T}\boldsymbol{v} \in A\}, \tag{23.49b}$$

so folgt einmal aus (23.45a, b)

$$\sup_{\boldsymbol{v}\in\tilde{A}\cap\hat{A}} \{G^c(\boldsymbol{v}) - F^c(\boldsymbol{A}^\mathsf{T}\boldsymbol{v} - \boldsymbol{c}) + \boldsymbol{b}^\mathsf{T}\boldsymbol{v}\} = \sup_{\boldsymbol{v}\in\tilde{K}\cap\hat{A}} \{G_h(\boldsymbol{v}) - F^c(\boldsymbol{A}^\mathsf{T}\boldsymbol{v})\} = \sup_{\boldsymbol{v}\in\tilde{K}\cap\hat{A}} \{G_h(\boldsymbol{v})\}$$

und zum anderen aufgrund von (23.49b), (23.45b) und (23.44a) $\tilde{K} \cap \hat{A} = \tilde{M}_h$.

Das Problem (II) in (23.46) ist damit, sobald die Funktion $G_h(\boldsymbol{u})$ über dem Kegel $\tilde{K}$ abgeschlossen ist, ein Spezialfall des in Satz 23.7 betrachteten Optimierungsproblems (II).

Satz 23.8. *Es seien $F_h(\boldsymbol{x})$ eine über einem konvexen Kegel K in $\mathbb{E}_n$ definierte abgeschlossene positiv homogene konvexe Funktion und $G_h(\boldsymbol{u})$ eine über einem konvexen Kegel $\tilde{K}$ in $\mathbb{E}_m$ definierte abgeschlossene positiv homogene konkave Funktion; dabei sei der Koordinatenursprung in $\mathbb{E}_n$ ein Scheitel des Kegels K und der Koordinatenursprung in $\mathbb{E}_m$ ein Scheitel des Kegels $\tilde{K}$, und es gelte* $\dim K \geqq 1$, $\dim \tilde{K} \geqq 1$. *Weiter seien $\boldsymbol{A}$ eine (m, n)-Matrix, deren Zeilen Vektoren in $\mathbb{E}_n$ sind, A der maximale Definitionsbereich der zu der Funktion $F_h(\boldsymbol{x})$ $(\boldsymbol{x} \in K)$ konjugierten Funktion $F_h{}^c(\boldsymbol{y})$, A^* der maximale Definitionsbereich der zu der Funktion $G_h(\boldsymbol{u})$ $(\boldsymbol{u} \in \tilde{K})$ konjugierten Funktion $G_h{}^c(\boldsymbol{v})$ und*

$$M_h := \{\boldsymbol{x} \in K \mid \boldsymbol{u}^\mathsf{T}\boldsymbol{A}\boldsymbol{x} \geqq G_h(\boldsymbol{u}),\ \boldsymbol{u} \in \tilde{K}\},$$

$$\tilde{M}_h := \{\boldsymbol{u} \in \tilde{K} \mid \boldsymbol{u}^\mathsf{T}\boldsymbol{A}\boldsymbol{x} \leqq F_h(\boldsymbol{x}),\ \boldsymbol{x} \in K\}.$$

Dann gilt:

(a) *Wenn es einen Punkt $\boldsymbol{x}_1 \in$ rel int K mit $\boldsymbol{A}\boldsymbol{x}_1 \in$ rel int A^* gibt und wenn*

$$\inf_{\boldsymbol{x}\in M_h} \{F_h(\boldsymbol{x})\} > -\infty$$

ist, dann existiert ein Optimalpunkt $\boldsymbol{u}_0$ des Optimierungsproblems

$$\sup_{\boldsymbol{u}\in\tilde{M}_h} \{G_h(\boldsymbol{u})\}!, \tag{23.50a}$$

und es gilt

$$\inf_{\boldsymbol{x}\in M_h} \{F_h(\boldsymbol{x})\} = G_h(\boldsymbol{u}_0) = \max_{\boldsymbol{u}\in\tilde{M}_h} \{G_h(\boldsymbol{u})\};$$

(b) *wenn es einen Punkt $\boldsymbol{u}_1 \in$ rel int $\tilde{K}$ mit $\boldsymbol{A}^\mathsf{T}\boldsymbol{u}_1 \in$ rel int A gibt und wenn*

$$\sup_{\boldsymbol{u}\in\tilde{M}_h} \{G_h(\boldsymbol{u})\} < \infty$$

ist, dann existiert ein Optimalpunkt $\boldsymbol{x}_0$ des Optimierungsproblems

$$\inf_{\boldsymbol{x}\in M_h} \{F_h(\boldsymbol{x})\}!, \tag{23.50b}$$

und es gilt

$$\min_{\boldsymbol{x} \in M_h} \{F_h(\boldsymbol{x})\} = F_h(\boldsymbol{x}_0) = \sup_{\boldsymbol{u} \in \tilde{M}_h} \{G_h(\boldsymbol{u})\}.$$

Beweis. Falls $\boldsymbol{x}_1$ ein Punkt der Menge rel int K und $\boldsymbol{A}\boldsymbol{x}_1 \in$ rel int A^* ist, so ist rel int $K \cap$ rel int $\hat{M} \neq \emptyset$ für $\hat{M} := \{\boldsymbol{x} \in \mathbb{E}_n \mid \boldsymbol{A}\boldsymbol{x} \in A^*\}$. Nach Satz 22.1 ist daher $\boldsymbol{x}_1$ ein stabiler Punkt des Definitionsbereiches K der Funktion $F(\boldsymbol{x}) := F_h(\boldsymbol{x})$, $\boldsymbol{x} \in K$, und $\boldsymbol{v}_1 := \boldsymbol{A}\boldsymbol{x}_1$ ein stabiler Punkt des Definitionsbereiches A^* der Funktion $G(\boldsymbol{v}) := G_h^c(\boldsymbol{v})$, $\boldsymbol{v} \in A^*$; das Optimierungsproblem (23.50b) ist dann nach Definition 23.1 und nach der in Beispiel 23.1 hergeleiteten Aussage (23.48b) stabil konsistent. Entsprechend gilt, daß das Optimierungsproblem (23.50a) unter den Voraussetzungen der Aussage (b) stabil konsistent ist. Eine direkte Anwendung des Satzes 23.7 auf das Paar zueinander dualer Optimierungsprobleme (23.50a, b) liefert dann die Aussagen (a) und (b) des Satzes. □

Bemerkung 23.4. Ähnlich wie aus dem allgemeinen Dualitätssatz 22.4 lassen sich auch aus dem Dualitätssatz 23.7 Dualitätsaussagen für spezielle Aufgabenklassen herleiten. Ein Beispiel dafür ist der obige, E. Eisenberg zugeschriebene Satz 23.8, ein anderes Beispiel ist der Satz von Kuhn und Tucker (in unserem Buch der Satz 20.5), vgl. auch Bemerkung 20.8. Letzterer bildet den Ausgangspunkt für das nachfolgende Kapitel.

24. Das duale Grundproblem der konvexen Optimierung

Als Grundproblem der konvexen Optimierung formulierten wir im Kapitel 20 (Bemerkung 20.3) das Problem

$$\inf_{\boldsymbol{x} \in M} \{F(\boldsymbol{x})\}! \tag{24.1a}$$

mit

$$M = \{\boldsymbol{x} \in \tilde{M} \mid F_i(\boldsymbol{x}) \leqq 0 \ (i = 1, \ldots, m)\}, \tag{24.1b}$$

wobei $F(\boldsymbol{x})$, $F_1(\boldsymbol{x}), \ldots, F_m(\boldsymbol{x})$ über der nichtleeren konvexen Menge $\tilde{M}$ in $\mathbb{E}_n$ erklärte konvexe Funktionen sind. Zu diesem (primalen) Problem werden wir nun ein duales Optimierungsproblem angeben, in dem die Funktionen $F(\boldsymbol{x})$ und $F_i(\boldsymbol{x})$ explizit auftreten; Hauptergebnis des Kapitels sind dann zwei Sätze, betreffend eine *schwache Dualitätsaussage* (Satz 24.6) und eine *starke Dualitätsaussage* (Satz 24.7). Um Ergebnisse aus den vorangegangenen Kapiteln anwenden zu können, benötigen wir Aussagen, die im Zusammenhang mit der sogenannten parametrischen Optimierung stehen.

Es seien $F(\boldsymbol{x})$ und $F_i(\boldsymbol{x})$ $(i = 1, \ldots, m)$ über einer nichtleeren konvexen Menge $\tilde{M}$ in $\mathbb{E}_n$ definierte konvexe Funktionen. Für jeden Punkt $\boldsymbol{v} = (v_1, \ldots, v_m)$ des Raumes $\mathbb{E}_m$ ist

$$M(\boldsymbol{v}) := \{\boldsymbol{x} \in \tilde{M} \mid F_i(\boldsymbol{x}) \leqq v_i \quad (i = 1, \ldots, m)\} \tag{24.2a}$$

nach Satz 15.5 eine konvexe Menge in $\mathbb{E}_n$. Der Menge $M(\boldsymbol{v})$ möge das Optimierungsproblem

$$\inf_{\boldsymbol{x} \in M(\boldsymbol{v})} \{F(\boldsymbol{x})\}! \tag{24.2b}$$

zugeordnet sein. Dann nennt man die Gesamtheit aller Optimierungsprobleme (24.2b) mit $\boldsymbol{v} \in \mathbb{E}_m$ ein *parametrisches konvexes Optimierungsproblem* mit Parametern in den rechten Seiten der Ungleichungsrestriktionen. Im folgenden wollen wir einige ausgewählte Eigenschaften dieses speziellen parametrischen Problems herleiten.

Definition 24.1. Die Menge

$$\mathcal{A} := \{\boldsymbol{v} \in \mathbb{E}_m \mid M(\boldsymbol{v}) \neq \emptyset\} \tag{24.3a}$$

heißt *Zulässigkeitsbereich*, und die Funktion

$$\varphi(\boldsymbol{v}) := \inf_{\boldsymbol{x} \in M(\boldsymbol{v})} \{F(\boldsymbol{x})\} \tag{24.3b}$$

mit dem maximalen Definitionsbereich

$$\mathcal{B} := \left\{ \boldsymbol{v} \in \mathcal{A} \;\middle|\; \inf_{\boldsymbol{x} \in M(\boldsymbol{v})} F(\boldsymbol{x}) > -\infty \right\} \tag{24.3c}$$

heißt *Lösungsfunktion* des parametrischen Optimierungsproblems (24.2b).

Satz 24.1. *Der Zulässigkeitsbereich* $\mathcal{A}$ *eines konvexen parametrischen Optimierungsproblems* (24.2b) *ist eine m-dimensionale konvexe Menge in* $\mathbb{E}_m$.

Beweis. Es seien $\boldsymbol{x}_0 \in \tilde{M}$ und $v_{0i} := F_i(\boldsymbol{x}_0)$ $(i = 1, \ldots, m)$,

$$\boldsymbol{v}_0 = (v_{01}, \ldots, v_{0m}), \quad M(\boldsymbol{v}_0) = \{\boldsymbol{x} \in \tilde{M} \mid F_i(\boldsymbol{x}) \leqq v_{0i} \ (i = 1, \ldots, m)\}.$$

Wegen $\boldsymbol{x}_0 \in M(\boldsymbol{v}_0)$ ist $M(\boldsymbol{v}_0) \neq \emptyset$ und daher nach (24.3a) auch $\mathcal{A} \neq \emptyset$. Für beliebige Punkte $\boldsymbol{v}_1, \boldsymbol{v}_2$ der Menge $\mathcal{A}$ gilt $M(\boldsymbol{v}_j) \neq \emptyset$ $(j = 1, 2)$. Nach (24.2a) gibt es daher einen Punkt $\boldsymbol{x}_j \in \tilde{M}$ mit $F_i(\boldsymbol{x}_j) \leqq v_{ji}$ $(i = 1, \ldots, m)$, wobei $\boldsymbol{v}_j = (v_{j_1}, \ldots, v_{jm})$ ist $(j = 1, 2)$. Aufgrund der Konvexität der Funktion $F_i(\boldsymbol{x})$ folgt für beliebige Zahlen $\lambda_1 \geqq 0$, $\lambda_2 \geqq 0$ mit $\lambda_1 + \lambda_2 = 1$ und für $i = 1, \ldots, m$

$$F_i(\lambda_1 \boldsymbol{x}_1 + \lambda_2 \boldsymbol{x}_2) \leqq \lambda_1 F_i(\boldsymbol{x}_1) + \lambda_2 F_i(\boldsymbol{x}_2) \leqq \lambda_1 v_{1i} + \lambda_2 v_{2i}.$$

Hieraus und aus $\lambda_1 \boldsymbol{x}_1 + \lambda_2 \boldsymbol{x}_2 \in \tilde{M}$ (die Menge $\tilde{M}$ ist konvex) folgt nach (24.2a) $M(\lambda_1 \boldsymbol{v}_1 + \lambda_2 \boldsymbol{v}_2) \neq \emptyset$ und daraus nach (24.3a) $\lambda_1 \boldsymbol{v}_1 + \lambda_2 \boldsymbol{v}_2 \in \mathcal{A}$. Die Menge $\mathcal{A}$ ist also konvex.

Zu einem Punkt $\boldsymbol{v}_0 = (v_{01}, \ldots, v_{0m}) \in \mathcal{A}$ gibt es nach (24.3a) einen Punkt $\boldsymbol{x}_0 \in \tilde{M}$ mit $F_i(\boldsymbol{x}_0) \leqq v_{0i}$ $(i = 1, \ldots, m)$. Dann gilt aber auch für jeden Punkt $\boldsymbol{v} = (v_1, \ldots, v_m)$ der m-dimensionalen Menge $\mathbb{E}_m^+(\boldsymbol{v}_0) := \{\boldsymbol{v} \in \mathbb{E}_m \mid v_i \geqq v_{0i} (i = 1, \ldots, m)\}$, daß $F_i(\boldsymbol{x}_0) \leqq v_i$ ist $(i = 1, \ldots, m)$ und daher $M(\boldsymbol{v}) \neq \emptyset$. Daraus folgt $\mathbb{E}_m^+(\boldsymbol{v}_0) \subset \mathcal{A}$, d. h. $\dim \mathcal{A} = m$. □

Bemerkung 24.1. Nach Satz 24.1 ist der Zulässigkeitsbereich $\mathcal{A}$ eines konvexen parametrischen Optimierungsproblems (24.2b) eine m-dimensionale konvexe Menge in $\mathbb{E}_m$. Folglich existiert zu jedem Punkt $\boldsymbol{v}_0 = (v_{01}, \ldots, v_{0m}) \in \operatorname{int} \mathcal{A}$ eine Zahl $t > 0$, so daß auch der Punkt $\boldsymbol{v}_t = (v_{t1}, \ldots, v_{tm})$ mit $v_{ti} := v_{0i} - t$ $(i = 1, \ldots, m)$ zur Menge $\mathcal{A}$ gehört. Folglich gibt es in der dem Problem (24.2b) zugrunde gelegten Menge $\tilde{M}$ einen Punkt $\boldsymbol{x}_0$ mit $F_i(\boldsymbol{x}_0) \leqq v_{ti} < v_{0i}$ $(i = 1, \ldots, m)$. Andererseits existiert zu einem Punkt $\boldsymbol{x}_0 \in \mathbb{E}_n$ mit

$$\boldsymbol{x}_0 \in \tilde{M}, \quad F_i(\boldsymbol{x}_0) < v_{0i} \quad (i = 1, \ldots, m) \tag{24.5a}$$

eine Zahl $\delta > 0$, so daß für alle Punkte $\boldsymbol{v} = (v_1, \ldots, v_m)$ der sphärischen δ-Umgebung $U(\boldsymbol{v}_0; \delta)$ des Punktes $\boldsymbol{v}_0 = (v_{01}, \ldots, v_{0m})$ in $\mathbb{E}_m$ gilt $F_i(\boldsymbol{x}_0) < v_i$ $(i = 1, \ldots, m)$; das bedeutet aber $\boldsymbol{v}_0 \in \operatorname{int} \mathcal{A}$. Die Bedingungen (24.5a) sind also notwendig und hinreichend dafür, daß $\boldsymbol{v}_0 \in \operatorname{int} \mathcal{A}$ gilt.

Ausgehend von dem parametrischen Optimierungsproblem (24.2b) ordnen wir nun einem Punkt $\boldsymbol{v}' := (\boldsymbol{v}, v_{m+1}) \in \mathbb{E}_{m+1} := \mathbb{E}_m \times \mathbb{E}_1$ mit $\boldsymbol{v} = (v_1, \ldots, v_m)$ die Mengen

$$M'(\boldsymbol{v}') := \{\boldsymbol{x} \in \tilde{M} \mid F_i(\boldsymbol{x}) \leqq v_i \ (i = 1, \ldots, m), F(\boldsymbol{x}) \leqq v_{m+1}\}, \tag{24.4a}$$

$$\mathcal{A}' := \{\boldsymbol{v}' \in \mathbb{E}_{m+1} \mid M'(\boldsymbol{v}') \neq \emptyset\} \tag{24.4b}$$

zu. Nach Satz 24.1 ist $\mathcal{A}'$ eine $(m + 1)$-dimensionale konvexe Menge im Raum $\mathbb{E}_{m+1}$, und es gilt (analog wie oben für die Menge $\mathcal{A}$ gezeigt), daß ein Punkt $\boldsymbol{v}_0' = (\boldsymbol{v}_0, v_{0m+1})$ genau dann zur Menge $\operatorname{int} \mathcal{A}'$ gehört, wenn es einen Punkt $\boldsymbol{x}_0$ gibt mit

$$\boldsymbol{x}_0 \in \tilde{M}, \quad F_i(\boldsymbol{x}_0) < v_{0i} \quad (i = 1, \ldots, m), \quad F(\boldsymbol{x}_0) < v_{0m+1}. \tag{24.5b}$$

Satz 24.2. *Es seien $\mathcal{A}$ der Zulässigkeitsbereich eines konvexen parametrischen Optimierungsproblems* (24.2b) *und $\mathcal{B}$ der maximale Definitionsbereich der Lösungsfunktion dieses Problems. Wenn ein Punkt $\boldsymbol{v}_0 \in \operatorname{int} \mathcal{A}$ mit $\inf_{\boldsymbol{x} \in M(\boldsymbol{v}_0)} \{F(\boldsymbol{x})\} > -\infty$ existiert, dann gilt $\mathcal{A} = \mathcal{B}$.*.

Beweis. Im Fall $\mathcal{B} \neq \mathcal{A}$ gibt es einen Punkt $\tilde{\boldsymbol{v}} = (\tilde{v}_1, \ldots, \tilde{v}_m) \in \mathbb{E}_m$ mit

$$\tilde{\boldsymbol{v}} \in \mathcal{A}, \quad \inf_{\boldsymbol{x} \in M(\tilde{\boldsymbol{v}})} F(\boldsymbol{x}) = -\infty. \tag{24.6}$$

Damit existiert nach Definition (24.3a) der Menge $\mathcal{A}$ zu jeder Zahl t ein Punkt $\boldsymbol{x}_t \in \mathbb{E}_n$, für den $\boldsymbol{x}_t \in M(\tilde{\boldsymbol{v}})$ und $F(\boldsymbol{x}_t) < t$ und daher nach Definition (24.2a) der Menge $M(\tilde{\boldsymbol{v}})$

$$\boldsymbol{x}_t \in \tilde{M}, \quad F_i(\boldsymbol{x}_t) \leqq \tilde{\boldsymbol{v}}_i \quad (i = 1, \ldots, m), \quad F(\boldsymbol{x}_t) < t$$

gilt bzw. unter Heranziehung der in Bemerkung 24.1 unter (24.4a) definierten Menge $M'(\boldsymbol{v}')$

$$\boldsymbol{x}_t \in M'(\tilde{\boldsymbol{v}}_t'), \quad \tilde{\boldsymbol{v}}_t' := (\tilde{\boldsymbol{v}}, t).$$

Damit gehört aber zu der in (24.4b) definierten Menge $\mathcal{A}'$ die Gerade

$$\tilde{g} := \{\boldsymbol{v}, v_{m+1}) \in \mathbb{E}_{m+1} \mid \boldsymbol{v} = \tilde{\boldsymbol{v}}, v_{m+1} = t, t \in \mathbb{R}\} \subset \mathcal{A}'. \tag{24.7}$$

Im Fall $\tilde{\boldsymbol{v}} \in \operatorname{int} \mathcal{A}$ gibt es nach Bemerkung 24.1 einen Punkt $\tilde{\boldsymbol{x}}$ in $\mathbb{E}_n$ mit $\tilde{\boldsymbol{x}} \in \tilde{M}$ und $\tilde{v}_i > F_i(\tilde{\boldsymbol{x}})$ $(i = 1, \ldots, m)$. Für eine beliebige Zahl $\tilde{t}$ mit $\tilde{t} > F(\tilde{\boldsymbol{x}})$ gehört der Punkt $\tilde{\boldsymbol{v}}' := (\tilde{\boldsymbol{v}}, \tilde{t}) \in \tilde{g}$ nach Bemerkung 24.1 zur Menge $\operatorname{int} \mathcal{A}'$. Die Gerade $\tilde{g}$ liegt daher in dem charakteristischen Kegel $C_{\mathcal{A}'}(\tilde{\boldsymbol{v}}')$ der konvexen Menge $\mathcal{A}'$ im Punkt $\tilde{\boldsymbol{v}}' \in \operatorname{int} \mathcal{A}'$. Nach Satz 7.2 gehören dann aber auch alle mit der Geraden $\tilde{g}$ parallelen und einen beliebigen Punkt $\boldsymbol{v}' \in \operatorname{int} \mathcal{A}'$ enthaltenden Geraden zur Menge $\mathcal{A}'$. Zu jedem Punkt $\boldsymbol{v}' = (\boldsymbol{v}, v_{m+1})$ der Menge $\operatorname{int} \mathcal{A}'$ existiert andererseits nach Bemerkung 24.1 ein Punkt $\boldsymbol{x}$ mit $\boldsymbol{x} \in \tilde{M}$, $F_i(\boldsymbol{x}) < v_i$ $(i = 1, \ldots, m)$ und $F(\boldsymbol{x}) < v_{m+1}$, also ein Punkt $\boldsymbol{x}$ mit $\boldsymbol{x} \in M(\boldsymbol{v})$ und $F(\boldsymbol{x}) < v_{m+1}$, wobei $\boldsymbol{v} \in \operatorname{int} \mathcal{A}$ ist. Damit gilt für einen beliebigen Punkt $\boldsymbol{v}' \in \operatorname{int} \mathcal{A}'$

$$\inf_{\boldsymbol{x} \in M(\boldsymbol{v})} \{F(\boldsymbol{x})\} = -\infty, \quad \boldsymbol{v} \in \operatorname{int} \mathcal{A}. \tag{24.8}$$

Im Fall $\tilde{\boldsymbol{v}} \in \mathcal{A} \setminus \operatorname{int} \mathcal{A}$ sei $\boldsymbol{v}_1 = (v_{11}, \ldots, v_{1m})$ ein beliebiger Punkt der Menge $\operatorname{int} \mathcal{A}$ und

$$g_1 := \{(\boldsymbol{v}, v_{m+1}) \in \mathbb{E}_{m+1} \mid \boldsymbol{v} = \boldsymbol{v}_1, v_{m+1} = t, t \in \mathbb{R}\}$$

eine zur Geraden $\tilde{g}$ parallele Gerade. Wegen $\boldsymbol{v}_1 \in \operatorname{int} \mathcal{A}$ gibt es nach Bemerkung 24.1 einen Punkt $\boldsymbol{x}_1 \in \mathbb{E}_n$ mit $\boldsymbol{x}_1 \in \tilde{M}$ und $F_i(\boldsymbol{x}_1) < v_{1i}$ $(i = 1, \ldots, m)$. Für eine beliebige Zahl $t_1 > F(\boldsymbol{x}_1)$ ist der Punkt $\boldsymbol{v}_1' := (\boldsymbol{v}_1, t_1) \in g_1$ nach Bemerkung 24.1 ein innerer Punkt der Menge $\mathcal{A}'$ (vgl. 24.4b). Da nach (24.6) der charakteristische Kegel $C_{\mathcal{A}'}(\tilde{\boldsymbol{v}}')$ der Menge $\mathcal{A}'$ im Randpunkt $\tilde{\boldsymbol{v}}' = (\tilde{\boldsymbol{v}}, t_1)$ der Menge $\mathcal{A}'$ die Gerade $\tilde{g}$ enthält, liegt nach Satz 7.8 die mit der Geraden $\tilde{g}$ parallele und den Punkt $\boldsymbol{v}_1'$ enthaltende Gerade g_1 in dem charakteristischen Kegel $C_{\mathcal{A}'}(\boldsymbol{v}_1')$ der Menge $\mathcal{A}'$ Punkt $\boldsymbol{v}_1' \in \operatorname{int} \mathcal{A}'$. Wegen $C_{\mathcal{A}'}(\boldsymbol{v}_1') \subset \mathcal{A}'$ (vgl. Satz 7.1) gilt $g_1 \subset \mathcal{A}'$. Nach Definition der Menge $\mathcal{A}'$ sind daher die Mengen $M'(\boldsymbol{v}_1')$ mit $\boldsymbol{v}_1' := (\boldsymbol{v}_1, t) \in g_1$ $(t \in \mathbb{R})$ nicht leer. Damit existiert nach Bemerkung 24.1 zu jeder Zahl t ein Punkt $\boldsymbol{x}_t \in \mathbb{E}_n$ mit

$$\boldsymbol{x}_t \in \tilde{M}, \quad F_i(\boldsymbol{x}_t) \leqq v_{1i} \quad (i = 1, \ldots, m), \quad F(\boldsymbol{x}_t) \leqq t,$$

d. h., für einen beliebigen Punkt $\boldsymbol{v}_1 \in \operatorname{int} \mathcal{A}$ gilt

$$\inf_{\boldsymbol{x} \in M(\boldsymbol{v}_1)} \{F(\boldsymbol{x})\} = -\infty .$$

Zusammen mit der Aussage (24.8) bedeutet das aber einen Widerspruch zu der im Satz getroffenen Voraussetzung. Die Annahme $\mathcal{A} \neq \mathcal{B}$ muß daher verworfen werden. □

Beispiel 24.1. Über der in $\mathbb{E}_2$ gelegenen konvexen Menge

$$\tilde{M} := \{(x, y) \in \mathbb{E}_2 \mid x - y \leqq 0,\ -x - y \leqq 0\},$$

einem zweidimensionalen konvexen Kegel mit genau einem Scheitel im Punkt $\boldsymbol{o} = (0, 0)$, betrachten wir die Funktionen

$$F(x, y) := -\sqrt{y^2 - x^2}, \quad F_1(x, y) := y - x;$$

sie sind über dem Kegel $\tilde{M}$ konvex (vgl. Satz 16.5). Nach (24.2a) ist

$$\begin{aligned} M(\boldsymbol{v}) = M(v) &= \{(x, y) \in \tilde{M} \mid F_1(x, y) \leqq v\} \\ &= \{(x, y) \in \mathbb{E}_2 \mid x - y \leqq 0, -x - y \leqq 0, y - x \leqq v\}, \quad v \in \mathbb{E}_1, \end{aligned}$$

und die in (24.3a) definierte Menge $\mathcal{A}$ ist das Intervall

$$\mathcal{A} := \{v \in \mathbb{E}_1 \mid M(v) \neq \emptyset\} = [0, \infty).$$

Im Randpunkt $v = 0$ der Menge $\mathcal{A}$ gilt

$$\begin{aligned} M(0) &= \{(x, y) \in \mathbb{E}_2 \mid x - y \leqq 0, -x - y \leqq 0, y - x \leqq 0\} \\ &= \{(x, y) \in \mathbb{E}_2 \mid x - y = 0, y \geqq 0\} \end{aligned}$$

und daher

$$\inf_{(x,y) \in M(0)} \{F(x, y)\} = 0 .$$

Nach Definition (24.3b) der Menge $\mathcal{B}$ ist also $0 \in \mathcal{B}$, d. h. $\mathcal{B} \neq \emptyset$.

Wir wählen nun einen Punkt $v \in \operatorname{int} \mathcal{A}$, also eine Zahl $v > 0$. Dann liegt die Halbgerade

$$p := \left\{(x, y) \in \mathbb{E}_2 \mid y = x + v,\ x \geqq \frac{v}{2}\right\}$$

in der Menge $M(v)$, und es gilt

$$\inf_{(x,y) \in M(v)} \{F(x, y)\} \leqq \inf_{(x,y) \in p} \{F(x, y)\} = \inf_{x \geqq \frac{v}{2}} \left\{-\sqrt{v(v + 2x)}\right\} = -\infty .$$

Daraus folgt

$$\inf_{(x,y) \in M(v)} \{F(x, y)\} = -\infty \quad \text{für} \quad v \in \operatorname{int} \mathcal{A} = (0, \infty) .$$

Im betrachteten Beispiel gilt also für die in (24.3a) und (24.3c) definierten Mengen $\mathcal{A}$ und $\mathcal{B}$, daß $\mathcal{B} \neq \emptyset$ und $\mathcal{B} \neq \mathcal{A}$ ist.

Satz 24.3. *Es seien* $F(\boldsymbol{x})$ *und* $F_1(\boldsymbol{x}), \ldots, F_m(\boldsymbol{x})$ *über einer nichtleeren konvexen Menge* $\tilde{M}$ *in* $\mathbb{E}_n$ *erklärte konvexe Funktionen und* $M(\boldsymbol{v})$, $\mathcal{A}$, $\mathcal{B}$ *die in* (24.2a), (24.3a, c) *definierten Mengen. Wenn es einen Punkt* $\boldsymbol{v}_0 \in \mathbb{E}_m$ *mit*

$$\boldsymbol{v}_0 \in \operatorname{int} \mathcal{A}, \qquad \inf_{\boldsymbol{x}\in M(\boldsymbol{v}_0)} \{F(\boldsymbol{x})\} > -\infty$$

gibt, dann ist $\mathcal{B}$ *eine nichtleere konvexe Menge in* $\mathbb{E}_m$ *und*

$$\psi(\boldsymbol{v}) := \inf_{\boldsymbol{x}\in M(\boldsymbol{v})} \{F(\boldsymbol{x})\}, \quad \boldsymbol{v} \in \mathcal{B},$$

eine konvexe Funktion über der Menge $\mathcal{B}$.

Beweis. Nach Satz 24.2 folgt $\mathcal{B} = \mathcal{A}$; der maximale Definitionsbereich $\mathcal{B}$ der Funktion $\psi(\boldsymbol{v})$ ist daher eine m-dimensionale konvexe Menge in $\mathbb{E}_m$. Wir betrachten nun den Epigraphen

$$\mathcal{E}_\psi := \left\{(\boldsymbol{v}, v_{m+1}) \in \mathbb{E}_{m+1} \mid v_{m+1} \geqq \inf_{\boldsymbol{x}\in M(\boldsymbol{v})} \{F(\boldsymbol{x})\}, \boldsymbol{v} \in \mathcal{B}\right\}$$

der Funktion $\psi(\boldsymbol{v})$. Da $v_{m+1} \geqq \inf\limits_{\boldsymbol{x}\in M(\boldsymbol{v})} \{F(\boldsymbol{x})\}$ genau dann ist, wenn es zu jeder Zahl $\varepsilon > 0$ einen Punkt $\boldsymbol{x} \in M(\boldsymbol{v})$ mit $F(\boldsymbol{x}) \leqq v_{m+1} + \varepsilon$ gibt, gilt nach Definition des Epigraphen $\mathcal{E}_\psi$ die folgende Aussage:

Ein Punkt $\boldsymbol{v}' := (\boldsymbol{v}, v_{m+1})$ mit $\boldsymbol{v} \in \mathcal{B}$ gehört genau dann zu dem Epigraphen $\mathcal{E}_\psi$, wenn für jede Zahl $\varepsilon > 0$ ein Punkt $\boldsymbol{x} \in M(\boldsymbol{v})$ mit $F(\boldsymbol{x}) - \varepsilon \leqq v_{m+1}$ existiert.

Jedem Punkt $\boldsymbol{v}' = (\boldsymbol{v}, v_{m+1}) \in \mathbb{E}_{m+1}$ mit $\boldsymbol{v} = (v_1, \ldots, v_m)$ und jeder Zahl $\varepsilon > 0$ ordnen wir die Mengen

$$M_\varepsilon'(\boldsymbol{v}') := \{\boldsymbol{x} \in \tilde{M} \mid F_i(\boldsymbol{x}) \leqq v_i \ (i = 1, \ldots, m),\ F(\boldsymbol{x}) - \varepsilon \leqq v_{m+1}\},$$

$$\mathcal{A}_\varepsilon' := \{\boldsymbol{v}' \in \mathbb{E}_{m+1} \mid M_\varepsilon'(\boldsymbol{v}') \neq \emptyset\}$$

zu. Wenn $\boldsymbol{v}' = (\boldsymbol{v}, v_{m+1})$ mit $\boldsymbol{v} \in \mathcal{B}$ ein Punkt der Menge $\mathcal{A}_\varepsilon'$ ist, dann gibt es einen Punkt $\boldsymbol{x} \in \tilde{M}$ mit $F_i(\boldsymbol{x}) \leqq v_i$ $(i = 1, \ldots, m)$ und $F(\boldsymbol{x}) - \varepsilon \leqq v_{m+1}$, also nach (24.2a) einen Punkt $\boldsymbol{x} \in M(\boldsymbol{v})$ mit $F(\boldsymbol{x}) - \varepsilon \leqq v_{m+1}$. Wenn andererseits ein Punkt $\boldsymbol{x} \in M(\boldsymbol{v})$ mit $F(\boldsymbol{x}) - \varepsilon \leqq v_{m+1}$ existiert, dann ist nach (24.2a) $\boldsymbol{x} \in \tilde{M}$, $F_i(\boldsymbol{x}) \leqq v_i$ $(i, \ldots, m)$ und $F(\boldsymbol{x}) - \varepsilon \leqq v_{m+1}$ und daher $\boldsymbol{x} \in M_\varepsilon'(\boldsymbol{v}')$; damit ist $\boldsymbol{v}' = (\boldsymbol{v}, v_{m+1}) \in \mathcal{A}_\varepsilon'$. Hieraus und aus der obigen Äquivalenzaussage folgt

$$\mathcal{E}_\psi = \bigcap_{\varepsilon>0} \mathcal{A}_\varepsilon'. \tag{24.9}$$

Die Funktion $F(\boldsymbol{x}) - \varepsilon$ ist für jede Zahl ε konvex über der Menge $\tilde{M}$; nach Satz 24.1 (siehe Bemerkung 24.1) folgt hieraus die Konvexität der Menge $\mathcal{A}_\varepsilon'$ für jede Zahl $\varepsilon > 0$ und daraus nach (24.9) und Satz 2.2 die Konvexität des Epigraphen $\mathcal{E}_\psi$ der über der Menge $\mathcal{B}$ definierten Funktion $\psi(\boldsymbol{v})$. Nach Definition 15.2 ist $\psi(\boldsymbol{v})$ daher eine über der Menge $\mathcal{B}$ konvexe Funktion. □

Satz 24.4. *Es seien* $F(\boldsymbol{x})$, $F_1(\boldsymbol{x}), \ldots, F_m(\boldsymbol{x})$ *über einer nichtleeren Menge* $\tilde{M}$ *in* $\mathbb{E}_n$ *erklärte konvexe Funktionen,* $M(\boldsymbol{v})$, $\mathcal{A}$ *und* $\mathcal{B}$ *die in* (24.2a) *und* (24.3a, c) *definierten Mengen, wobei* $\mathcal{A} = \mathcal{B}$ *gelte. Weiter sei* A *der maximale Definitionsbereich der zu der Funktion* $\psi(\boldsymbol{v}) := \inf\limits_{\boldsymbol{x}\in M(\boldsymbol{v})} \{F(\boldsymbol{x})\}$, $\boldsymbol{v} \in \mathcal{B}$, *konjugierten Funktion* $\psi^c(\boldsymbol{u}) := \sup\limits_{\boldsymbol{v}\in\mathcal{B}} \{(\boldsymbol{v}, \boldsymbol{u}) - \psi(\boldsymbol{v})\}$, *d. h.*

$$A := \left\{\boldsymbol{u} \in \mathbb{E}_m \,\middle|\, \sup_{\boldsymbol{v}\in\mathcal{B}} \{(\boldsymbol{v}, \boldsymbol{u}) - \psi(\boldsymbol{v})\} < \infty\right\}.$$

Dann gilt:

(a) *Aus* $\boldsymbol{v}_0 \in \mathcal{B}$ *und* $\boldsymbol{v} \geqq \boldsymbol{v}_0$ *folgt* $\boldsymbol{v} \in \mathcal{B}$;

(b) *aus* $\boldsymbol{v}_0 \in \mathcal{B}$ *und* $\boldsymbol{v} \geqq \boldsymbol{v}_0$ *folgt*

$$M(\boldsymbol{v}_0) \subset M(\boldsymbol{v}), \quad \psi(\boldsymbol{v}_0) \geqq \psi(\boldsymbol{v});$$

(c) $$A \subset \mathbb{E}_m^- := \{\boldsymbol{v} \in \mathbb{E}_m \mid \boldsymbol{v} \leqq \boldsymbol{o}\}.$$

Beweis. Im Beweis zu Satz 24.1 wurde gezeigt, daß die Menge $\mathcal{A}$ mit einem Punkt $\boldsymbol{v}_0$ auch alle Punkte $\boldsymbol{v} \geqq \boldsymbol{v}_0$ enthält; wegen $\mathcal{A} = \mathcal{B}$ folgt hieraus die Aussage (a).

Für $\boldsymbol{v}_0 \in \mathcal{B}$ und $\boldsymbol{v} \geqq \boldsymbol{v}_0$ ist nach Aussage (a) auch $\boldsymbol{v} \in \mathcal{B}$, und nach Definition (24.3c) der Menge $\mathcal{B}$ gilt dann sowohl $M(\boldsymbol{v}_0) \neq \emptyset$ als auch $M(\boldsymbol{v}) \neq \emptyset$. Nach Definition (24.2a) der Menge $M(\boldsymbol{v})$ und wegen $\boldsymbol{v}_0 := (v_{01}, \ldots, v_{0m}) \leqq \boldsymbol{v} := (v_1, \ldots, v_m)$ gibt es dann einen Punkt $\boldsymbol{x}_0 \in \tilde{M}$ mit $F_i(\boldsymbol{x}_0) \leqq v_{0i} \leqq v_i$ $(i = 1, \ldots, m)$, daher ist $M(\boldsymbol{v}_0) \subset M(\boldsymbol{v})$. Aus dieser Inklusion folgt

$$\inf_{\boldsymbol{x} \in M(\boldsymbol{v}_0)} \{F(\boldsymbol{x})\} \geqq \inf_{\boldsymbol{x} \in M(\boldsymbol{v})} \{F(\boldsymbol{x})\}, \quad \text{d. h. aber} \quad \psi(\boldsymbol{v}) \leqq \psi(\boldsymbol{v}_0).$$

Damit ist die Aussage (b) gezeigt.

Es sei $\boldsymbol{v}_0' := (\boldsymbol{v}_0, v_{m+1})$ ein beliebiger Punkt des Epigraphen

$$\mathcal{E}_\psi := \{(\boldsymbol{v}, v_{m+1}) \in \mathbb{E}_{m+1} \mid v_{m+1} \geqq \psi(\boldsymbol{v}), \boldsymbol{v} \in \mathcal{B}\}$$

der über der konvexen Menge $\mathcal{B}$ definierten konvexen Funktion $\psi(\boldsymbol{v})$ (vgl. Satz 24.3); dann ist $\boldsymbol{v}_0 \in \mathcal{B}$, $v_{0m+1} \geqq \psi(\boldsymbol{v}_0)$ und daher nach Aussage (b) $\psi(\boldsymbol{v}) \leqq \psi(\boldsymbol{v}_0) \leqq v_{0m+1}$ für $\boldsymbol{v} \geqq \boldsymbol{v}_0$. Somit gilt auch

$$\mathbb{E}_{m+1}^+(\boldsymbol{v}_0') := \{(\boldsymbol{v}, v_{m+1}) \in \mathbb{E}_{m+1} \mid \boldsymbol{v} \in \mathbb{E}_m^+(\boldsymbol{v}_0), v_{m+1} \geqq v_{0m+1}\} \subset \mathcal{E}_\psi.$$

Die Menge $\mathbb{E}_{m+1}^+(\boldsymbol{v}_0')$ ist jedoch im Raum $\mathbb{E}_{m+1}$ ein $(m+1)$-dimensionaler polyedrischer Kegel mit genau einem Scheitel im Punkt $\boldsymbol{v}_0'$, der sich von dem Orthanten

$$\mathbb{E}_{m+1}^+ := \{\boldsymbol{v}' \in \mathbb{E}_{m+1} \mid v_j \geqq 0 \ (j = 1, \ldots, m+1)\}$$

in $\mathbb{E}_{m+1}$ nur um eine Translation unterscheidet. Aus der Inklusion $\mathbb{E}_{m+1}^+(\boldsymbol{v}_0') \subset \mathcal{E}_\psi$ folgt daher, daß der charakteristische Kegel $C_{\mathcal{E}_\psi}$ des Epigraphen $\mathcal{E}_\psi$ die Menge $\mathbb{E}_{m+1}^+$ enthält. Für die Polarkegel $(C_{\mathcal{E}_\psi})^{\mathrm{p}}(\boldsymbol{o}')$ und $(\mathbb{E}_{m+1}^+)^{\mathrm{p}}(\boldsymbol{o}')$ zu den Kegeln $C_{\mathcal{E}_\psi}$ und $\mathbb{E}_{m+1}^+$ im Scheitel $\boldsymbol{o}'$ dieser Kegel gilt nach Satz 8.1

$$(C_{\mathcal{E}_\psi})^{\mathrm{p}}(\boldsymbol{o}') \subset (E_{m+1}^+)^{\mathrm{p}}(\boldsymbol{o}'). \tag{24.10}$$

Setzt man $\mathbb{E}_1^- := \{v_{m+1} \in \mathbb{R} \mid v_{m+1} \leqq 0\}$, dann ist

$$(\mathbb{E}_{m+1}^+)^{\mathrm{p}}(\boldsymbol{o}') = \mathbb{E}_{m+1}^- := \{(\boldsymbol{v}, v_{m+1}) \in \mathbb{E}_{m+1} \mid \boldsymbol{v} \in \mathbb{E}_m^-, v_{m+1} \in \mathbb{E}_1^-\}$$
$$= \mathbb{E}_m^- \times \mathbb{E}_1^-;$$

die Inklusion (24.10) besagt daher, daß

$$(C_{\mathcal{E}_\psi})^{\mathrm{p}}(\boldsymbol{o}') \subset \mathbb{E}_m^- \times \mathbb{E}_1^- \tag{24.11}$$

ist. Da nach Aussage (c) des Satzes 19.6 die Äquivalenz

$$\boldsymbol{u} \in \operatorname{rel\,int} A \Leftrightarrow (\boldsymbol{u}, -1) \in \operatorname{rel\,int} (C_{\mathcal{E}_\psi})^{\mathrm{p}}(\boldsymbol{o}')$$

gilt, folgt aus (24.11) die Implikation

$$\boldsymbol{u} \in \operatorname{rel\,int} A \Rightarrow \{\boldsymbol{u}, -1\} \in \mathbb{E}_m^- \times \mathbb{E}_1^-$$

und hieraus die Implikation $\boldsymbol{u} \in \operatorname{rel\,int} A \Rightarrow \boldsymbol{u} \in \mathbb{E}_m^-$, d. h. $\operatorname{rel\,int} A \subset \mathbb{E}_m^-$. Aufgrund der Abgeschlossenheit der Menge $\mathbb{E}_m^-$ ist dann $A \subset \mathbb{E}_m^-$, womit die Aussage (c) gezeigt ist. □

Satz 24.5. *Es mögen die in Satz* 24.4 *genannten Voraussetzungen erfüllt sein. Weiter seien*

$$\begin{aligned}
&\Phi(\boldsymbol{x}, \boldsymbol{u}) := F(\boldsymbol{x}) + \sum_{i=1}^{m} u_i F_i(\boldsymbol{x}), \quad \boldsymbol{x} \in \tilde{M}, \quad \boldsymbol{u} \in \mathbb{E}_m^+, \\
&\varphi(\boldsymbol{u}) := \inf_{\boldsymbol{x} \in \tilde{M}} \{\Phi(\boldsymbol{x}, \boldsymbol{u})\}, \quad \boldsymbol{u} \in \mathbb{E}_m^+, \qquad (24.12)\\
&A^- := \{\boldsymbol{u} \in \mathbb{E}_m \mid -\boldsymbol{u} \in A\}.
\end{aligned}$$

Dann gilt:

$$\varphi(\boldsymbol{u}) = \begin{cases} -\psi^c(-\boldsymbol{u}), & \boldsymbol{u} \in A^-, \\ -\infty, & \boldsymbol{u} \in \mathbb{E}_m^+ \setminus A^-, \end{cases}$$

wobei die Funktion $\varphi(\boldsymbol{u})$ über der Menge A^- konkav ist.

Beweis. Unter den getroffenen Voraussetzungen ist die unter (24.3b) definierte Funktion $\psi(\boldsymbol{v})$ über der Menge $\mathcal{B} = \mathcal{A}$ konvex (siehe Satz 24.3); die zu ihr konjugierte Funktion $\psi^c(\boldsymbol{u})$ ist dann nach Satz 19.1 konvex über ihrem maximalen Definitionsbereich

$$A := \left\{\boldsymbol{u} \in \mathbb{E}_m \,\middle|\, \sup_{\boldsymbol{v} \in \mathcal{B}} \{(\boldsymbol{u}, \boldsymbol{v}) - \psi(\boldsymbol{v})\} < \infty\right\}.$$

Hieraus, aus den Definitionen der Funktionen $\varphi(\boldsymbol{u})$ und $\Phi(\boldsymbol{x}, \boldsymbol{u})$ und der unter (24.2a) definierten Menge $M(\boldsymbol{v})$ folgt

$$\begin{aligned}
\varphi(\boldsymbol{u}) &= \inf_{\boldsymbol{x} \in \tilde{M}} \left\{F(\boldsymbol{x}) + \sum_{i=1}^{m} u_i F_i(\boldsymbol{x})\right\} = \inf_{\boldsymbol{v} \in \mathcal{B}} \inf_{\boldsymbol{x} \in M(\boldsymbol{v})} \left\{F(\boldsymbol{x}) + \sum_{i=1}^{m} u_i v_i\right\} \\
&= \inf_{\boldsymbol{v} \in \mathcal{B}} \left\{\inf_{\boldsymbol{x} \in M(\boldsymbol{v})} \{F(\boldsymbol{x})\} + (\boldsymbol{u}, \boldsymbol{v})\right\} = \inf_{\boldsymbol{v} \in \mathcal{B}} \{\psi(\boldsymbol{v}) + (\boldsymbol{u}, \boldsymbol{v})\} \\
&= -\sup_{\boldsymbol{v} \in \mathcal{B}} \{(-\boldsymbol{u}, \boldsymbol{v}) - \psi(\boldsymbol{v})\}, \quad \boldsymbol{u} \in A.
\end{aligned}$$

Ein Punkt $\boldsymbol{u} \in A^-$ gehört wegen $-\boldsymbol{u} \in A$ nach Aussage (c) des Satzes 24.4 zur Menge $\mathbb{E}_m^+$, also ist $A^- \subset \mathbb{E}_m^+$. Für einen Punkt $\boldsymbol{u} \in \mathbb{E}_m^+ \setminus A^-$ gilt $-\boldsymbol{u} \notin A$ und daher nach Definition der Menge A

$$\sup_{\boldsymbol{v} \in \mathcal{B}} \{(-\boldsymbol{u}, \boldsymbol{v}) - \psi(\boldsymbol{v})\} = \infty, \quad \boldsymbol{u} \in \mathbb{E}_m^+ \setminus A^-.$$

Hieraus, aus dem Vorangegangenen und aus der Definition einer konjugierten Funktion folgt $\varphi(\boldsymbol{u}) = -\psi^c(-\boldsymbol{u})$ für $\boldsymbol{u} \in A^-$ und $\varphi(\boldsymbol{u}) = -\infty$ für $\boldsymbol{u} \in \mathbb{E}_m^+ \setminus A^-$. Da die Funktion $\psi^c(\boldsymbol{u})$ konvex über der Menge A ist, ist die Funktion $\varphi(\boldsymbol{u}) = -\psi^c(-\boldsymbol{u})$ konkav über der Menge A^-. □

Definition 24.2. Es seien $F(\boldsymbol{x})$ und $F_1(\boldsymbol{x}), \ldots, F_m(\boldsymbol{x})$ über einer nichtleeren konvexen Menge $\tilde{M}$ in $\mathbb{E}_n$ erklärte konvexe Funktionen und

$$\inf_{\boldsymbol{x} \in M} \{F(\boldsymbol{x})\}!, \quad M := \{\boldsymbol{x} \in \tilde{M} \mid F_i(\boldsymbol{x}) \leqq 0 \ (i = 1, \ldots, m)\} \tag{24.13a}$$

das ihnen zugeordnete Grundproblem der konvexen Optimierung. Dann heißt das Optimierungsproblem

$$\sup_{\boldsymbol{u} \in \mathbb{E}_m^+} \{\varphi(\boldsymbol{u})\}! \tag{24.13b}$$

mit

$$\varphi(\boldsymbol{u}) := \inf_{\boldsymbol{x} \in \tilde{M}} \{\Phi(\boldsymbol{x}, \boldsymbol{u})\}, \quad \boldsymbol{u} \in \mathbb{E}_m^+, \tag{24.13c}$$

wobei $\Phi(\boldsymbol{x}, \boldsymbol{u}) := F(\boldsymbol{x}) + \sum_{i=1}^{m} u_i F_i(\boldsymbol{x}), \boldsymbol{x} \in \tilde{M}, \boldsymbol{u} \in \mathbb{E}_m^+$ ist, *dual* zu dem Problem (24.13a) bzw. das *duale Grundproblem der konvexen Optimierung.*

Satz 24.6. *Es sei*

$$\inf_{\boldsymbol{x} \in M} \{F(\boldsymbol{x})\}!$$

ein Grundproblem der konvexen Optimierung und

$$\sup_{\boldsymbol{u} \in E_m^+} \{\varphi(\boldsymbol{u})\}$$

das zu ihm gemäß Definition 24.2 *duale Problem. Weiter seien $M(\boldsymbol{v})$ und $\mathcal{A}$ die unter* (24.2a) *bzw.* (24.3a) *definierten Mengen. Falls ein Punkt $\boldsymbol{v}_0 \in \operatorname{int} \mathcal{A}$ mit $\inf_{\boldsymbol{x} \in M(\boldsymbol{v}_0)} \{F(\boldsymbol{x})\} > -\infty$ existiert und falls $M := \{\boldsymbol{x} \in \tilde{M} \mid F_i(\boldsymbol{x}) \leqq 0 \ (i = 1, \ldots, m)\} \neq \emptyset$ ist, dann gilt*

$$-\infty < \sup_{\boldsymbol{u} \in \mathbb{E}_m^+} \{\varphi(\boldsymbol{u})\} \leqq \inf_{\boldsymbol{x} \in M} \{F(\boldsymbol{x})\} < \infty. \tag{24.14}$$

Beweis. Nach Satz 24.2 gilt $\mathcal{B} = \mathcal{A}$, wobei $\mathcal{B}$ die in (24.3c) definierte Menge ist. Wegen $M \neq \emptyset$ folgt aus (24.3c) $\boldsymbol{o} \in \mathcal{B}$ (denn nach (24.2a) ist $M = M(\boldsymbol{o})$), und es ist daher

$$-\infty < \inf_{\boldsymbol{x} \in M} \{F(\boldsymbol{x})\} < \infty.$$

Die in (24.3b) definierte Funktion $\psi(\boldsymbol{v})$ ist nach Satz 24.3 konvex über der Menge $\mathcal{B}$, und für die zu ihr konjugierte Funktion $\psi^c(\boldsymbol{u})$ gilt nach Satz 19.5 $(\psi^c)^c(\boldsymbol{v}) = \underline{\psi}(\boldsymbol{v})$, $\boldsymbol{v} \in \bar{\mathcal{B}}$, wobei $\underline{\psi}(\boldsymbol{v})$ die Abschließung der Funktion $\psi(\boldsymbol{v})$ bezeichnet. Aus $\boldsymbol{o} \in \mathcal{B}$ folgt nach Lemma 18.1

$$\underline{\psi}(\boldsymbol{o}) = (\psi^c)^c(\boldsymbol{o}) \leqq \psi(\boldsymbol{o}); \tag{24.15a}$$

dabei ist nach (24.3b) und wegen $M = M(\boldsymbol{o})$

$$\psi(\boldsymbol{o}) = \inf_{\boldsymbol{x} \in M} \{F(\boldsymbol{x})\}. \tag{24.15b}$$

Nach Satz 24.5 und Satz 24.4, Aussage (c), gilt

$$\sup_{u \in \mathbb{E}_m^+} \{\varphi(u)\} = \sup_{u \in A^-} \{-\psi^c(-u)\} = \sup_{u \in A} \{-\psi^c(u)\}$$

$$= \sup_{u \in A} \{(o, u) - \psi^c(u)\} = (\psi^c)^c\,(o).$$

Hieraus und aus (24.15a, b) folgt die Aussage des Satzes. □

Bemerkung 24.2. Der Satz 24.6 wird in der Literatur als *schwacher Dualitätssatz* für das Grundproblem (24.13a) der konvexen Optimierung bezeichnet.

Die in diesem Satz gezeigte Ungleichung

$$\sup_{u \in \mathbb{E}_m^+} \{\varphi(u)\} \leqq \inf_{x \in M} \{F(x)\}, \tag{24.16}$$

in der man von der Endlichkeit des betreffenden Supremums bzw. Infimums absieht, gilt auch in solchen Fällen, in denen weder die der Restriktionsmenge M zugrunde liegende Menge $\tilde{M}$ konvex ist noch die über der Menge $\tilde{M}$ definierten Funktionen $F(x)$ $F_1(x), \ldots, F_m(x)$ konvex sein müssen. Im Fall $M = \emptyset$ ist wegen $\inf_{x \in M} \{F(x)\} = \infty$ die Aussage (24.16) trivial; im Fall $M \neq \emptyset$ gilt

$$\varphi(u) := \inf_{\tilde{x} \in \tilde{M}} \{\Phi(\tilde{x}, u)\} = \inf_{\tilde{x} \in \tilde{M}} \left\{F(\tilde{x}) + \sum_{i=1}^{m} u_i F_i(\tilde{x})\right\}$$

$$\leqq F(x) + \sum_{i=1}^{m} u_i F_i(x) \leqq F(x), \quad x \in M, \quad u \in \mathbb{E}_m^+,$$

woraus unmittelbar die Ungleichung (24.16) folgt.

An den folgenden beiden Beispielen soll gezeigt werden, daß in (24.16) eine strenge Ungleichung auftreten kann.

Beispiel 24.2. Es seien gegeben

$$\tilde{M} := \{x \in \mathbb{E}_1 \mid 0 < x < 1\}, \quad F(x) := x, \quad F_1(x) := x;$$

dann ist $M := \{x \in \tilde{M} \mid F_1(x) \leqq 0\} = \{x \in \mathbb{E}_1 \mid x \leqq 0,\ 0 < x < 1\} = \emptyset$ und daher $\inf_{x \in M} \{F(x)\} = \infty$.

Andererseits gilt

$$\Phi(x, u) = F(x) + uF_1(x) = x + ux,$$

$$\varphi(u) := \inf_{x \in \tilde{M}} \{\Phi(x, u)\} = \inf_{x \in (0,1)} \{x + ux\} = 0 \quad \text{für} \quad u \geqq 0$$

und daher $\sup_{u \in \mathbb{E}_1^+} \{\varphi(u)\} = 0 < \inf_{x \in M} \{F(x)\}$.

Beispiel 24.3. Es seien gegeben die Menge

$$\tilde{M} := \Big\{(x_1, x_2) \in \mathbb{E}_2 \mid 0 \leqq x_1 \leqq 2,\ -\sqrt{x_1(2 - x_1)} < x_2 \leqq 3 - x_1 \text{ für } x_1 \in (0, 2),\ 1 \leqq x_2 \leqq 3 \text{ für } x_1 = 0 \text{ und } x_1 = 2\Big\}$$

und die Funktionen

$$F(x_1, x_2) := (x_2)^2 - (x_1)^2, \quad F_1(x_1, x_2) := x_1.$$

Dann ist

$$M := \{(x_1, x_2) \in \tilde{M} \mid F_1(x_1, x_2) \leqq 0\} = \{(x_1, x_2) \in \mathbb{E}_2 \mid x_1 = 0,\ 1 \leqq x_2 \leqq 3\},$$

$$\inf_{(x_1,x_2)\in M} \{F(x_1, x_2)\} = 1, \quad \Phi(\boldsymbol{x}, u) = \Phi(x_1, x_2, u) = (x_2)^2 - (x_1)^2 + ux_1 .$$

Aus den partiellen Ableitungen

$$\frac{\partial \Phi}{\partial x_1} = -2x_1 + u, \quad \frac{\partial \Phi}{\partial x_2} = 2x_2, \quad (x_1, x_2) \in \mathbb{E}_2, \quad u \in \mathbb{E}_1,$$

ist zu ersehen, daß die Funktion $\Phi(x_1, x_2, u)$ für keine Zahl u ein freies Extremum in $\mathbb{E}_2$ hat. Die Abschließung der Menge $\tilde{M}$ ist eine zweidimensionale kompakte und konvexe Menge in $\mathbb{E}_2$ (siehe Abb. 24.1); die stetige Funktion $\Phi(x_1, x_2, u)$ nimmt daher für

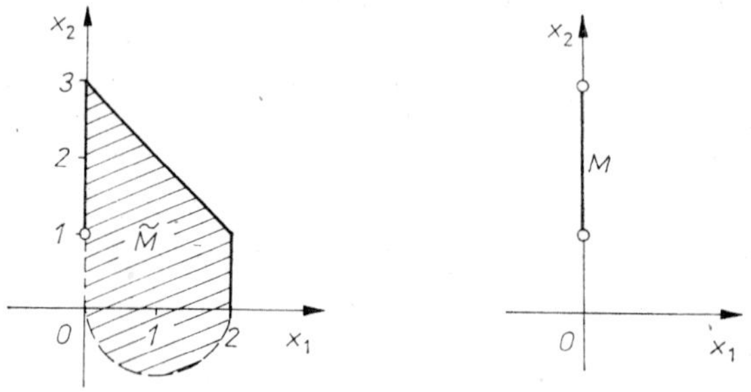

Abb. 24.1

jede Zahl $u \geqq 0$ (also $u \in \mathbb{E}_1^+$) ihr Minimum auf dem Rand der Menge $\tilde{M}$ an. Den Rand der Menge $\tilde{M}$ bilden die folgenden vier Bögen:

$$K_1 := \{(x_1, x_2) \in \mathbb{E}_2 \mid x_1 = 0,\ 0 \leqq x_2 \leqq 3\},$$

$$K_2 := \{(x_1, x_2) \in \mathbb{E}_2 \mid 0 \leqq x_1 \leqq 2,\ x_2 = 3 - x_1\},$$

$$K_3 := \left\{(x_1, x_2) \in \mathbb{E}_2 \mid 0 \leqq x_1 \leqq 2,\ x_2 = -\sqrt{x_1(2 - x_1)}\right\},$$

$$K_4 := \{(x_1, x_2) \in \mathbb{E}_2 \mid x_1 = 2,\ 0 \leqq x_2 \leqq 1\},$$

und es ist

$$\min_{\boldsymbol{x}\in K_1} \{\Phi(\boldsymbol{x}, u)\} = 0, \quad \min_{\boldsymbol{x}\in K_2} \{\Phi(\boldsymbol{x}, u)\} = \min \{9, -3 + 2u\},$$

$$\min_{\boldsymbol{x}\in K_3} \{\Phi(\boldsymbol{x}, u)\} = \min \{0, 2u - 4\}, \quad \min_{\boldsymbol{x}\in K_4} \{\Phi(\boldsymbol{x}, u)\} = -4 + 2u .$$

Hieraus folgt

$$\varphi(u) = \inf \{0, 9, -3 + 2u, 2u - 4, -4 + 2u\} = \inf \{0, 2u - 4\}$$

$$= \begin{cases} 0 & \text{für} \quad u \geqq 2, \\ 2u - 4 & \text{für} \quad 0 \leqq u \leqq 2, \end{cases}$$

$$\sup_{u\in \mathbb{E}_1^+} \{\varphi(u)\} = 0 < 1 = \inf_{(x_1,x_2)\in M} F(x_1, x_2) .$$

Bemerkung 24.3. Unter den in Satz 24.6 getroffenen Voraussetzungen gilt genau dann

$$-\infty < \sup_{\boldsymbol{u} \in \mathbb{E}_m^+} \{\varphi(\boldsymbol{u})\} = \inf_{\boldsymbol{x} \in M} \{F(\boldsymbol{x})\} < \infty, \tag{24.17}$$

wenn die in (24.3b) definierte Funktion $\psi(\boldsymbol{v})$ im Punkt $\boldsymbol{v} = \boldsymbol{o}$ unterhalbstetig ist.

Die Unterhalbstetigkeit der Funktion $\psi(\boldsymbol{v})$ im Punkt $\boldsymbol{o}$ hat nämlich nach Definition 18.1 in (24.15a) (vgl. den Beweis des Satzes 24.6) zur Folge, daß $(\psi^c)^c(\boldsymbol{o}) = \psi(\boldsymbol{o})$ ist, woraus man, dem Vorgehen in diesem Beweis folgend, die Aussage (24.17) erhält. Wenn andrerseits die Aussage in (24.17) gilt, so folgt daraus wegen (vgl. den Beweis des Satzes 24.6)

$$\sup_{\boldsymbol{u} \in \mathbb{E}_m^+} \{\varphi(\boldsymbol{u})\} = (\psi^c)^c(\boldsymbol{u}), \quad \psi(\boldsymbol{o}) = \inf_{\boldsymbol{x} \in M} \{F(\boldsymbol{x})\}$$

die Gleichheit $(\psi^c)^c(\boldsymbol{o}) = \underline{\psi}(\boldsymbol{o}) = \psi(\boldsymbol{o})$, d. h., die Funktion $\psi(\boldsymbol{v})$ ist im Punkt $\boldsymbol{o}$ unterhalbstetig.

Aus den Voraussetzungen des Satzes 24.6 folgt $\mathcal{A} = \mathcal{B}$ und $\boldsymbol{o} \in \mathcal{B}$. Im Fall $\boldsymbol{o} \in \operatorname{int} \mathcal{B}$ gilt nach Bemerkung 19.2 die Gleichheit $(\psi^c)^c(\boldsymbol{o}) = \psi(\boldsymbol{o})$. Unter den in Satz 24.6 getroffenen Voraussetzungen ist also $\boldsymbol{o} \in \operatorname{int} \mathcal{B}$ eine hinreichende Bedingung für die Gültigkeit der Aussage (24.17).

Satz 24.7. *Für das Optimierungsproblem*

$$\inf_{\boldsymbol{x} \in M} \{F(\boldsymbol{x})\}!, \quad M := \{\boldsymbol{x} \in \tilde{M} \mid F_i(\boldsymbol{x}) \leqq 0 \ (i = 1, \ldots, m)\}, \tag{24.18}$$

in dem $F(\boldsymbol{x}), F_1(\boldsymbol{x}), \ldots, F_m(\boldsymbol{x})$ über der nichtleeren konvexen Menge $\tilde{M}$ in $\mathbb{E}_n$ erklärte konvexe Funktionen sind, gelte

$$\{\boldsymbol{x} \in \tilde{M} \mid F_i(\boldsymbol{x}) < 0 \ (i = 1, \ldots, m)\} \neq \emptyset, \tag{24.19a}$$

$$\inf_{\boldsymbol{x} \in M} \{F(\boldsymbol{x})\} > -\infty. \tag{24.19b}$$

Dann ist das zu ihm duale Optimierungsproblem

$$\sup_{\boldsymbol{u} \in \mathbb{E}_m^+} \{\varphi(\boldsymbol{u})\}!,$$

$$\varphi(\boldsymbol{u}) := \inf_{\boldsymbol{x} \in \tilde{M}} \{\Phi(\boldsymbol{x}, \boldsymbol{u})\} = \inf_{\boldsymbol{x} \in \tilde{M}} \left\{F(\boldsymbol{x}) + \sum_{i=1}^{m} u_i F_i(\boldsymbol{x})\right\}, \quad \boldsymbol{u} \in \mathbb{E}_m^+,$$

lösbar, und es gilt

$$\inf_{\boldsymbol{x} \in M} \{F(\boldsymbol{x})\} = \max_{\boldsymbol{u} \in \mathbb{E}_m^+} \{\varphi(\boldsymbol{u})\}.$$

Falls das Problem (24.18) *lösbar ist, dann gilt*

$$F(\boldsymbol{x}_0) = \varphi(\boldsymbol{u}_0)$$

für jedes Punktepaar $\boldsymbol{x}_0$ und $\boldsymbol{u}_0$ mit

$$F(\boldsymbol{x}_0) = \min_{\boldsymbol{x} \in M} \{F(\boldsymbol{x})\}, \quad \varphi(\boldsymbol{u}_0) = \max_{\boldsymbol{u} \in \mathbb{E}_m^+} \{\varphi(\boldsymbol{u})\}.$$

Beweis. Der nach Voraussetzung (24.19a) nichtleeren Restriktionsmenge M des Problems (24.18) entspricht die unter (24.2a) definierte Menge $M(\boldsymbol{v})$ für $\boldsymbol{v} = \boldsymbol{o}$. Nach Bemerkung 24.1 folgt aus der Voraussetzung (24.19a), daß $\boldsymbol{o} \in \operatorname{int} \mathcal{A}$ gilt, wobei $\mathcal{A}$ die unter (24.3a) definierte Menge ist. Da aus der Voraussetzung (24.19b) $\mathcal{A} = \mathcal{B}$ folgt (vgl. (24.3c) und Satz 24.2), ist also $\boldsymbol{o} \in \operatorname{int} \mathcal{B}$ und daher nach Bemerkung 24.3

$$-\infty < \sup_{\boldsymbol{u} \in \mathbb{E}_m^+} \{\varphi(\boldsymbol{u})\} = \inf_{\boldsymbol{x} \in M} \{F(\boldsymbol{x})\} < \infty .$$

Wir definieren nun die Funktion

$$g(\boldsymbol{v}) := 0, \quad \boldsymbol{v} \in \mathbb{E}_m^- := \{\boldsymbol{v} \in \mathbb{E}_m \mid v_i \leqq 0 \ (i = 1, \ldots, m)\};$$

sie ist über der konvexen Menge E_m^- konkav. Wegen $\boldsymbol{o} \in \operatorname{int} \mathcal{B}$ ist

$$\operatorname{int} \mathcal{B} \cap \operatorname{int} \mathbb{E}_m^- \neq \emptyset, \tag{24.20a}$$

und für $\boldsymbol{v} \in \mathcal{B} \cap \mathbb{E}_m^-$ folgt aus Satz 24.4, Aussage (b), $\psi(\boldsymbol{v}) \geqq \psi(\boldsymbol{o})$; dabei ist $\psi(\boldsymbol{v})$ die unter (24.3b) definierte und nach Satz 24.3 über der konvexen Menge $\mathcal{B}$ konvexe Funktion. Daher ist (unter Beachtung von (24.19b))

$$\begin{aligned} \inf_{\boldsymbol{v} \in \mathcal{B} \cap \mathbb{E}_m^-} \{\psi(\boldsymbol{v}) - g(\boldsymbol{v})\} &= \inf_{\boldsymbol{v} \in \mathcal{B} \cap \mathbb{E}_m^-} \{\psi(\boldsymbol{v})\} = \psi(\boldsymbol{o}) \\ &= \inf_{\boldsymbol{x} \in M(\boldsymbol{o})} \{F(\boldsymbol{x})\} = \inf_{\boldsymbol{x} \in M} \{F(\boldsymbol{x})\} > -\infty . \end{aligned} \tag{24.20b}$$

Nach Satz 21.3, dem Fenchelschen Dualitätssatz, gilt also unter Beachtung von (24.20b)

$$\inf_{\boldsymbol{x} \in M} \{F(\boldsymbol{x})\} = \inf_{\boldsymbol{v} \in \mathcal{B} \cap \mathbb{E}_m^-} \{\psi(\boldsymbol{v}) - g(\boldsymbol{v})\} = \max_{\boldsymbol{u} \in A \cap \mathbb{E}_m^-} \{g^c(\boldsymbol{u}) - \psi^c(\boldsymbol{u})\}, \tag{24.21}$$

wobei

$$A := \left\{\boldsymbol{u} \in \mathbb{E}_m \,\middle|\, \sup_{\boldsymbol{v} \in \mathcal{B}} \{(\boldsymbol{v}, \boldsymbol{u}) - \psi(\boldsymbol{v})\} < \infty\right\}$$

der maximale Definitionsbereich der zu der Funktion $\psi(\boldsymbol{v})$ ($\boldsymbol{v} \in \mathcal{B}$) konjugierten Funktion $\psi^c(\boldsymbol{u})$ ist und $g^c(\boldsymbol{u})$ mit $\boldsymbol{u} \in \mathbb{E}_m^-$ die zu der konkaven Funktion $g(\boldsymbol{v})$, $\boldsymbol{v} \in \mathbb{E}_m^-$, konjugierte Funktion. Die Menge $\mathbb{E}_m^-$ ist der maximale Definitionsbereich der Funktion $g^c(\boldsymbol{u})$, denn es gilt

$$\begin{aligned} g^c(\boldsymbol{u}) &:= \inf_{\boldsymbol{v} \in \mathbb{E}_m^-} \{(\boldsymbol{u}, \boldsymbol{v}) - g(\boldsymbol{v})\} = \inf_{\boldsymbol{v} \in \mathbb{E}_m^-} \{(\boldsymbol{u}, \boldsymbol{v})\} \\ &= \begin{cases} 0 & \text{für } \boldsymbol{u} \in \mathbb{E}_m^-, \\ -\infty & \text{für } \boldsymbol{u} \in \mathbb{E}_m \setminus \mathbb{E}_m^- . \end{cases} \end{aligned}$$

Nach Satz 24.5 und nach Aussage (c) in Satz 24.4 folgt

$$\inf_{\boldsymbol{x} \in M} \{F(\boldsymbol{x})\} = \max_{\boldsymbol{u} \in A \cap \mathbb{E}_m^-} \{-\psi^c(\boldsymbol{u})\} = \max_{\boldsymbol{u} \in A^- \cap \mathbb{E}_m^+} \{-\psi^c(-\boldsymbol{u})\} = \max_{\boldsymbol{u} \in \mathbb{E}_m^+} \{\varphi(\boldsymbol{u})\},$$

womit die Aussage des Satzes gezeigt ist. □

Bemerkung 24.4. Der in der Literatur als *starker Dualitätssatz* bezeichnete Satz 24.7 für das Grundproblem (24.18) der konvexen Optimierung hat eine einfache geometrische Interpretation (vgl. Bemerkung 21.5). Es geht um die Existenz einer nichtvertikalen

Trennungshyperebene R_0' des Epigraphen $\mathscr{E}_\psi$ der konvexen Funktion $\psi(\boldsymbol{v})$ ($\boldsymbol{v} \in \mathscr{B}$) und des Hypographen $\mathscr{H}_{g'}$ der konkaven Funktion $g'(\boldsymbol{v}) := \psi(\boldsymbol{o})$ ($\boldsymbol{v} \in \mathbb{E}_m^-$) im Raum $\mathbb{E}_{m+1} := \mathbb{E}_m \times \mathbb{E}_1$, wobei $\{\boldsymbol{o}, \psi(\boldsymbol{o})\} \in \mathscr{E}_\psi$ (mit $\boldsymbol{o} \in \operatorname{int} \mathscr{B}$) ist (Abb. 24.2). Offenbar ist

$$\mathscr{H}_{g'} = \{(\boldsymbol{v}, v_{m+1}) \in \mathbb{E}_{m+1} \mid \boldsymbol{v} \in \mathbb{E}_m^-,\ v_{m+1} \leqq \psi(\boldsymbol{o})\}.$$

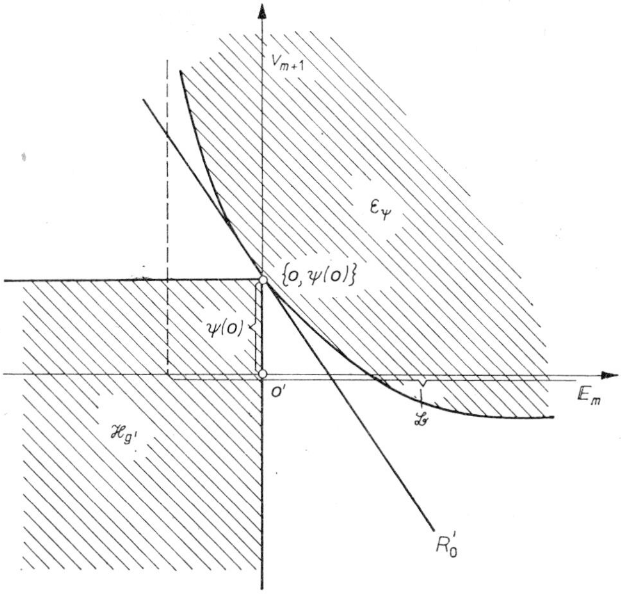

Abb. 24.2

Satz 24.8. *Es seien*

$$\text{(I)} \quad \inf_{\boldsymbol{x} \in M} \{F(\boldsymbol{x})\}!, \qquad \text{(II)} \quad \sup_{\boldsymbol{u} \in \mathbb{E}_m^+} \{\varphi(\boldsymbol{u})\}!$$

ein Grundproblem der konvexen Optimierung und das zu ihm duale Problem, und es mögen die in Satz 24.7 *getroffenen Voraussetzungen gelten. Weiter sei* $\boldsymbol{u}_0 = (u_{01}, \ldots, u_{0m}) \in \mathbb{E}_m^+$ *ein Optimalpunkt des Problems* (II) *und*

$$\Lambda(\boldsymbol{u}_0) := \{\boldsymbol{x} \in \tilde{M} \mid \varphi(\boldsymbol{u}_0) = \Phi(\boldsymbol{x}, \boldsymbol{u}_0)\}. \tag{24.22}$$

Ein Punkt $\boldsymbol{x}_0 \in \mathbb{E}_n$ *ist genau dann ein Optimalpunkt des Problems* (I), *wenn gilt*

$$\boldsymbol{x}_0 \in \Lambda(\boldsymbol{u}_0), \quad \sum_{i=1}^m u_{0i} F_i(\boldsymbol{x}_0) = 0, \quad F_i(\boldsymbol{x}_0) \leqq 0, \quad (i = 1, \ldots, m). \tag{24.23}$$

Beweis. Es sei zunächst $\boldsymbol{x}_0$ ein Optimalpunkt des Problems (I). Dann ist $\boldsymbol{x}_0 \in M$, und nach Satz 24.7 gilt

$$\begin{aligned} F(\boldsymbol{x}_0) = \varphi(\boldsymbol{u}_0) &= \inf_{\boldsymbol{x} \in \tilde{M}} \{\Phi(\boldsymbol{x}, \boldsymbol{u}_0)\} \\ &= \inf_{\boldsymbol{x} \in \tilde{M}} \left\{F(\boldsymbol{x}) + \sum_{i=1}^m u_{0i} F_i(\boldsymbol{x})\right\} \leqq F(\boldsymbol{x}_0) + \sum_{i=1}^m u_{0i} F_i(\boldsymbol{x}_0), \end{aligned} \tag{24.24}$$

d. h. $\sum_{i=1}^{m} u_{0i} F_i(\boldsymbol{x}_0) \geqq 0$. Hieraus, aus $\boldsymbol{u}_0 \in \mathbb{E}_m^+$ und aus $F_i(\boldsymbol{x}_0) \leqq 0$ für $i = 1, \ldots, m$ (wegen $\boldsymbol{x}_0 \in M$) folgt $\sum_{i=1}^{m} u_{0i} F_i(\boldsymbol{x}_0) = 0$ und damit nach (24.24)

$$\varphi(\boldsymbol{u}_0) = \inf_{\boldsymbol{x} \in \tilde{M}} \left\{ F(\boldsymbol{x}) + \sum_{i=1}^{m} u_{0i} F_i(\boldsymbol{x}) \right\} = \Phi(\boldsymbol{x}_0, \boldsymbol{u}_0).$$

Da aber nach der Definition der Funktion $\varphi(\boldsymbol{u})$ in Satz 24.7 für die unter (24.22) definierte Menge $\Lambda(\boldsymbol{u}_0)$ zugleich

$$\begin{aligned} \Lambda(\boldsymbol{u}_0) &= \{\boldsymbol{x} \in \tilde{M} \mid \Phi(\boldsymbol{x}, \boldsymbol{u}_0) = \inf_{\tilde{\boldsymbol{x}} \in \tilde{M}} \{\Phi(\tilde{\boldsymbol{x}}, \boldsymbol{u}_0)\} \\ &= \left\{ \boldsymbol{x} \in \tilde{M} \mid \Phi(\boldsymbol{x}, \boldsymbol{u}_0) = \inf_{\tilde{\boldsymbol{x}} \in \tilde{M}} \left\{ F(\tilde{\boldsymbol{x}}) + \sum_{i=1}^{m} u_{0i} F_i(\tilde{\boldsymbol{x}}) \right\} \right\} \end{aligned}$$

gilt, folgt daraus die Aussage (24.23).

Falls andererseits $\boldsymbol{x}_0 \in \mathbb{E}_n$ ein den Bedingungen (24.23) genügender Punkt ist, so folgt unter Berücksichtigung von (24.22)

$$F(\boldsymbol{x}_0) + \sum_{i=1}^{m} u_i F_i(\boldsymbol{x}_0) \leqq \Phi(\boldsymbol{x}_0, \boldsymbol{u}_0) \leqq F(\boldsymbol{x}) + \sum_{i=1}^{m} u_{0i} F_i(\boldsymbol{x}), \quad \boldsymbol{x} \in \tilde{M},$$
$$\boldsymbol{u} = (u_1, \ldots, u_m) \in \mathbb{E}_m^+,$$

d. h. $\Phi(\boldsymbol{x}_0, \boldsymbol{u}) \leqq \Phi(\boldsymbol{x}_0, \boldsymbol{u}_0) \leqq \Phi(\boldsymbol{x}, \boldsymbol{u}_0)$ für $\boldsymbol{x} \in M$ und $\boldsymbol{u} \in \mathbb{E}_m^+$. Nach Satz 20.5 ist $\boldsymbol{x}_0$ dann — unter Beachtung der Bemerkung 20.6 — ein Optimalpunkt des Optimierungsproblems (I). □

Bemerkung 24.5. Im nachfolgenden Satz 24.9 formulieren wir nun Bedingungen, unter denen aus der Lösbarkeit des dualen Grundproblems der konvexen Optimierung die Lösbarkeit des entsprechenden primalen Grundproblems folgt.

Satz 24.9. *Es sei $\tilde{M}$ eine nichtleere abgeschlossene konvexe Menge in $\mathbb{E}_n$; weiter seien $F(\boldsymbol{x}), F_1(\boldsymbol{x}), \ldots, F_m(\boldsymbol{x})$ stetige konvexe Funktionen über der Menge $\tilde{M}$, und es gelte*

$$\{\boldsymbol{x} \in \tilde{M} \mid F_i(\boldsymbol{x}) < 0 \ (i = 1, \ldots, m)\} \neq \emptyset.$$

Unter den Voraussetzungen, daß

(1) *das zu dem Optimierungsproblem*

$$\text{(I)} \quad \inf_{\boldsymbol{x} \in M} \{F(\boldsymbol{x})\}!, \quad M := \{\boldsymbol{x} \in \tilde{M} \mid F_i(\boldsymbol{x}) \leqq 0 \ (i = 1, \ldots, m)\}$$

duale Optimierungsproblem

$$\text{(II)} \quad \sup_{\boldsymbol{u} \in \mathbb{E}_m^+} \{\varphi(\boldsymbol{u})\}!, \quad \varphi(\boldsymbol{u}) := \inf_{\boldsymbol{x} \in \tilde{M}} \{\Phi(\boldsymbol{x}, \boldsymbol{u})\}, \quad \boldsymbol{u} \in \mathbb{E}_m^+$$

lösbar ist,

(2) *für einen Optimalpunkt $\boldsymbol{u}_0$ des Problems* (II) *die Menge*

$$\Lambda(\boldsymbol{u}_0) := \{\boldsymbol{x} \in \tilde{M} \mid \varphi(\boldsymbol{u}_0) = \Phi(\boldsymbol{x}, \boldsymbol{u}_0)\}$$

nichtleer und kompakt in $\mathbb{E}_n$ ist und

(3) $M \cap \Lambda(\boldsymbol{u}_0) \neq \emptyset$ *gilt,*

ist das Problem (I) *lösbar, und für seine Optimalpunkte* $\boldsymbol{x}_0$ *gilt*

$$F(\boldsymbol{x}_0) = \psi(\boldsymbol{o}) = \sup_{\boldsymbol{u}\in\mathbb{E}_m^+} \{\varphi(\boldsymbol{u})\} = \varphi(\boldsymbol{u}_0),$$

wobei $\psi(\boldsymbol{o})$ *der Wert der unter* (24.3b) *definierten Funktion* $\psi(\boldsymbol{v})$ *im Punkt* $\boldsymbol{v} = \boldsymbol{o}$ *ist.*

Wenn darüber hinaus die Funktionen $F_i(\boldsymbol{x})$ $(i = 1, \ldots, m)$ *konstant über der Menge* $\Lambda(\boldsymbol{u}_0)$ *sind, so ist jeder Punkt der Menge* $\Lambda(\boldsymbol{u}_0)$ *ein Optimalpunkt des Problems* (I).

Beweis. Nach Voraussetzung (2) existiert ein Punkt $\boldsymbol{x}_1 \in \mathbb{E}_n$ mit

$$\varphi(\boldsymbol{u}_0) = F(\boldsymbol{x}_1) + \sum_{i=1}^{m} u_{0i}F_i(\boldsymbol{x}_1) = \inf_{\boldsymbol{x}\in\tilde{M}} \left\{F(\boldsymbol{x}) + \sum_{i=1}^{m} u_{0i}F_i(\boldsymbol{x})\right\}, \tag{24.25a}$$

wobei $\boldsymbol{u}_0 = (u_{01}, \ldots, u_{0m})$ ist. Die Funktion

$$\omega(\boldsymbol{x}) := F(\boldsymbol{x}) + \sum_{i=1}^{m} u_{0i}F_i(\boldsymbol{x}) - \varphi(\boldsymbol{u}_0), \quad \boldsymbol{x} \in \tilde{M}, \tag{24.25b}$$

ist nach Voraussetzung stetig und konvex; aus (24.25a) folgt $\omega(\boldsymbol{x}) \geqq 0$ für $\boldsymbol{x} \in \tilde{M}$. Die Menge

$$\Omega_0 := \{\boldsymbol{x} \in \tilde{M} \mid \omega(\boldsymbol{x}) \leqq 0\} \tag{24.25c}$$

ist nach Satz 15.5 konvex und wegen $\omega(\boldsymbol{x}_1) = 0$ nichtleer. Aus $\omega(\boldsymbol{x}) \geqq 0$ für $\boldsymbol{x} \in \tilde{M}$, aus (24.25a) und aus der Definition der Menge $\Lambda(\boldsymbol{u}_0)$ folgt

$$\Omega_0 = \{\boldsymbol{x} \in \tilde{M} \mid \omega(\boldsymbol{x}) = 0\} = \left\{\boldsymbol{x} \in \tilde{M} \;\middle|\; F(\boldsymbol{x}) + \sum_{i=1}^{m} u_{0i}F_i(\boldsymbol{x}) = \varphi(\boldsymbol{u}_0)\right\}$$

$$= \left\{\boldsymbol{x} \in \tilde{M} \mid \varphi(\boldsymbol{u}_0) = \Phi(\boldsymbol{x}, \boldsymbol{u}_0) = \inf_{\boldsymbol{x}\in\tilde{M}} \left\{F(\boldsymbol{x}) + \sum_{i=1}^{m} u_{0i}F_i(\boldsymbol{x})\right\}\right\} = \Lambda(\boldsymbol{u}_0).$$

Die nach Voraussetzung (2) nichtleere und kompakte Menge $\Lambda(\boldsymbol{u}_0)$ ist daher konvex.

Aus Bemerkung 24.2, aus Voraussetzung (1) und aus $M \neq \emptyset$ folgt

$$-\infty < \varphi(\boldsymbol{u}_0) = \sup_{\boldsymbol{u}\in\mathbb{E}_m^+} \{\varphi(\boldsymbol{u})\} \leqq \inf_{\boldsymbol{x}\in M} \{F(\boldsymbol{x})\}. \tag{24.26a}$$

Speziell gilt also $\inf_{\boldsymbol{x}\in M} \{F(\boldsymbol{x})\} > -\infty$, und nach (24.3c) gehört wegen $M = M(\boldsymbol{o})$ (vgl. (24.2a)) der Punkt $\boldsymbol{v} := \boldsymbol{o}$ zur Menge $\mathscr{B}$; damit ist (vgl. die Definition (24.3b) der Funktion $\psi(\boldsymbol{v})$)

$$\psi(\boldsymbol{o}) = \inf_{\boldsymbol{x}\in M} \{F(\boldsymbol{x})\}. \tag{24.26b}$$

Wir wählen nun eine beliebige Zahl $\delta > 0$ und definieren die Menge

$$\Omega_\delta := \{\boldsymbol{x} \in \tilde{M} \mid \omega(\boldsymbol{x}) \leqq \psi(\boldsymbol{o}) - \varphi(\boldsymbol{u}_0) + \delta\}; \tag{24.27a}$$

sie ist, weil $\omega(\boldsymbol{x})$ eine konvexe Funktion über der Menge $\tilde{M}$ ist, nach Satz 15.5 konvex. Da nach (24.26a, b) $\psi(\boldsymbol{o}) - \varphi(\boldsymbol{u}_0) + \delta > 0$ ist, folgt unter Beachtung von (24.25b, c)

$$\Omega_\delta = \left\{\boldsymbol{x} \in \tilde{M} \;\middle|\; F(\boldsymbol{x}) + \sum_{i=1}^{m} u_{0i}F_i(\boldsymbol{x}) \leqq \psi(\boldsymbol{o}) + \delta\right\} \supset \Omega_0 \tag{24.27b}$$

und daraus wegen $\Omega_0 = \Lambda(\boldsymbol{u}_0) \neq \emptyset$ dann $\Omega_\delta \neq \emptyset$. Für die charakteristischen Kegel $C_{\Omega\delta}$ und C_{Ω_0} der in (24.27a) und (24.25c) definierten konvexen Mengen Ω_δ und Ω_0 gilt $C_{\Omega\delta} = C_{\Omega_0}$ (siehe Beispiel 21.4 und die dort hergeleitete Aussage (21.32), wobei der Menge Ω_0 dort die Menge $M'(v_0)$ und der Menge Ω_δ die Menge $M'(v)$ entspricht). Da nach Voraussetzung (2) die Menge C_{Ω_0} einelementig ist (vgl. Satz 7.4), muß also auch die Menge $C_{\Omega\delta}$ einelementig sein, und die Menge Ω_δ, sie ist aufgrund der im Satz getroffenen Voraussetzungen abgeschlossen, ist daher kompakt.

Aus (24.26b) folgt die Existenz einer Punktfolge $\{\boldsymbol{x}_k\}_{k=1}^\infty$ mit

$$\boldsymbol{x}_k \in M \quad (k = 1, 2, \ldots), \quad \lim_{k\to\infty} F(\boldsymbol{x}_k) = \psi(\boldsymbol{o}); \tag{24.28}$$

daher gibt es einen Index k_0 derart, daß

$$F(\boldsymbol{x}_k) < \psi(\boldsymbol{o}) + \delta, \quad k \geqq k_0,$$

gilt. Wegen $\boldsymbol{x}_k \in M$ ist $\boldsymbol{x}_k \in \tilde{M}$ und $F_i(\boldsymbol{x}_k) \leqq 0$ $(i = 1, \ldots, m;\ k = 1, 2, \ldots)$. Da $\boldsymbol{u}_0 = (u_{01}, \ldots, u_{0m})$ ein Optimalpunkt des Optimierungsproblems (II) ist, gilt $u_{0i} \geqq 0$ $(i = 1, \ldots, m)$ und damit $\sum_{i=1}^m u_{0i}F_i(\boldsymbol{x}_k) \leqq 0$ $(k = 1, 2, \ldots)$. Hieraus folgt

$$F(\boldsymbol{x}_k) + \sum_{i=1}^m u_{0i}F_i(\boldsymbol{x}_k) \leqq F(\boldsymbol{x}_k) < \psi(\boldsymbol{o}) + \delta, \quad k \geqq k_0,$$

und nach (24.27a) ist daher $\boldsymbol{x}_k \in \Omega_\delta$ für $k \geqq k_0$. Wegen $\boldsymbol{x}_k \in M$ $(k = 1, 2, \ldots)$ gilt dann

$$\{\boldsymbol{x}_k\}_{k\geqq k_0} \subset \Omega_\delta \cap M \subset M$$

und damit nach (24.28) und (24.26b)

$$\psi(\boldsymbol{o}) = \inf_{k\geqq k_0} \{F(\boldsymbol{x}_k)\} = \inf_{\boldsymbol{x}\in\Omega\delta\cap M} \{F(\boldsymbol{x})\} \geqq \inf_{\boldsymbol{x}\in M} \{F(\boldsymbol{x})\} = \psi(\boldsymbol{o}).$$

Es ist daher

$$\inf_{\boldsymbol{x}\in\Omega\delta\cap M} \{F(\boldsymbol{x})\} = \psi(\boldsymbol{o}) = \inf_{\boldsymbol{x}\in M} \{F(\boldsymbol{x})\}.$$

Aus der Abgeschlossenheit der Menge M und aus der oben gezeigten Kompaktheit der Menge Ω_δ folgt die Kompaktheit der Menge $\Omega_\delta \cap M$; die stetige Funktion $F(\boldsymbol{x})$ nimmt also ihr Minimum über dieser Menge an. Es existiert daher ein Punkt $\boldsymbol{x}_0 \in \Omega_\delta \cap M$, d. h. ein Punkt $\boldsymbol{x}_0 \in M$, für den

$$\psi(\boldsymbol{o}) = F(\boldsymbol{x}_0) = \inf_{\boldsymbol{x}\in M} \{F(\boldsymbol{x})\} = \min_{\boldsymbol{x}\in M} \{F(\boldsymbol{x})\}$$

gilt. Damit ist die Lösbarkeit des Problems (I) gezeigt.

Es sei nun $\boldsymbol{x}_0$ ein Optimalpunkt des Optimierungsproblems (I) und $\boldsymbol{u}_0$ ein Optimalpunkt des zu ihm dualen Problems (II), und wir nehmen an, daß $F(\boldsymbol{x}_0) \neq \varphi(\boldsymbol{u}_0)$ ist. Dann kann nach Bemerkung 24.3 die unter (24.3b) definierte Funktion $\psi(\boldsymbol{v})$, $\boldsymbol{v} \in \mathscr{B}$, im Punkt $\boldsymbol{v} = \boldsymbol{o}$ nicht unterhalbstetig sein. Nach Definition 18.1 und Lemma 18.1, Aussage (a), bedeutet das

$$\underline{\psi}(\boldsymbol{o}) := \lim_{\varepsilon\to 0^+} \inf \{\psi(\boldsymbol{v}) \mid \boldsymbol{v} \in U(\boldsymbol{o};\varepsilon) \cap \mathscr{B}\} < \psi(\boldsymbol{o}). \tag{24.29a}$$

Nach dem oben Gezeigten ist $\boldsymbol{o} \in \mathcal{B}$, und daher gilt nach Satz 19.5 $\Psi(\boldsymbol{o}) = (\psi^c)^c(\boldsymbol{o})$. Aufgrund der vorausgesetzten Existenz eines Punktes $\boldsymbol{x} \in \tilde{M}$ mit $F_i(\boldsymbol{x}) < 0$ $(i = 1, \ldots, m)$ liegt der Punkt $\boldsymbol{o}$ nach Bemerkung 24.1 in der Menge int $\mathcal{A}$ (dabei ist $\mathcal{A}$ die unter (24.3a) definierte Menge), und folglich ist nach Satz 24.2 $\mathcal{A} = \mathcal{B}$. Nach Definition einer konjugierten Funktion, nach Satz 24.5 und nach Satz 24.4, Aussage (c), gilt dann (dabei sind A und A^- die dort definierten Mengen)

$$(\psi^c)^c(\boldsymbol{o}) = \sup_{\boldsymbol{u} \in A} \{(\boldsymbol{o}, \boldsymbol{u}) - \psi^c(\boldsymbol{u})\} = \sup_{\boldsymbol{u} \in A^-} \{-\psi^c(-\boldsymbol{u})\}$$

$$= \sup_{\boldsymbol{u} \in A^-} \{\varphi(\boldsymbol{u})\} = \sup_{\boldsymbol{u} \in \mathbb{E}_m^+} \{\varphi(\boldsymbol{u})\};$$

da $\boldsymbol{u}_0$ ein Optimalpunkt des Problems (II), also

$$\boldsymbol{u}_0 \in \mathbb{E}_m^+, \quad \varphi(\boldsymbol{u}_0) = \sup_{\boldsymbol{u} \in \mathbb{E}_m^+} \{\varphi(\boldsymbol{u})\}$$

ist, gilt zugleich $\underline{\psi}(\boldsymbol{o}) = (\psi^c)^c(\boldsymbol{o}) = \varphi(\boldsymbol{u}_0)$. Die Annahme (24.29a) kann daher in der Form

$$\varphi(\boldsymbol{u}_0) = \liminf_{\varepsilon \to 0^+} \{\psi(\boldsymbol{v}) \mid \boldsymbol{v} \in U(\boldsymbol{o}; \varepsilon) \cap \mathcal{B}\} < \psi(\boldsymbol{o})$$

geschrieben werden. Dann ist aber auch

$$\varphi(\boldsymbol{u}_0) = \liminf_{k \to \infty} \left\{\psi(\boldsymbol{v}) \mid \boldsymbol{v} \in U\left(\boldsymbol{o}; \frac{1}{k}\right) \cap \mathcal{B}\right\} < \psi(\boldsymbol{o}). \tag{24.29b}$$

Damit existiert zu jeder natürlichen Zahl l eine natürliche Zahl $k_l > l$ derart, daß

$$\varphi(\boldsymbol{u}_0) - \frac{1}{l} < \inf \left\{\psi(\boldsymbol{v}) \mid \boldsymbol{v} \in U\left(\boldsymbol{o}; \frac{1}{k_l}\right) \cap \mathcal{B}\right\} < \varphi(\boldsymbol{u}_0) + \frac{1}{l}$$

ist, und daher ein Punkt $\boldsymbol{v}_l$ mit den Eigenschaften

$$\boldsymbol{v}_l \in U\left(\boldsymbol{o}; \frac{1}{k_l}\right) \cap \mathcal{B}, \quad \varphi(\boldsymbol{u}_0) - \frac{1}{l} < \psi(\boldsymbol{v}_l) < \varphi(\boldsymbol{u}_0) + \frac{1}{l};$$

hieraus folgt die Existenz einer Punktfolge $\{\boldsymbol{v}_l\}_{l=1}^{\infty}$ mit

$$\boldsymbol{v}_l \in \mathcal{B} \quad (l = 1, 2, \ldots), \qquad \lim_{l \to \infty} \boldsymbol{v}_l = \boldsymbol{o}, \quad \lim_{l \to \infty} \psi(\boldsymbol{v}_l) = \varphi(\boldsymbol{u}_0). \tag{24.30a}$$

Da (vgl. Definition (24.3b) der Funktion $\psi(\boldsymbol{v})$)

$$\psi(\boldsymbol{v}_l) = \inf_{\boldsymbol{x} \in M(\boldsymbol{v}_l)} \{F(\boldsymbol{x})\} \quad (l = 1, 2, \ldots)$$

ist, existieren nach (24.30a) Punkte $\boldsymbol{x}_l \in \mathbb{E}_n$ mit

$$\boldsymbol{x}_l \in M(\boldsymbol{v}_l) \quad (l = 1, 2, \ldots), \quad \lim_{l \to \infty} F(\boldsymbol{x}_l) = \varphi(\boldsymbol{u}_0),$$

also nach (24.2a) und (24.29b) mit

$$F_i(\boldsymbol{x}_l) \leqq v_{li} \quad (i = 1, \ldots, m), \quad \lim_{l \to \infty} F(\boldsymbol{x}_l) = \varphi(\boldsymbol{u}_0) < \psi(\boldsymbol{o}); \tag{24.30b}$$

dabei ist $\boldsymbol{v}_l = (v_{l1}, \ldots, v_{lm})$.

Für eine beliebige Zahl $\delta > 0$ und für hinreichend große natürliche Zahlen l gilt wegen $\boldsymbol{u}_0 = (u_{01}, \ldots, u_{0m}) \geqq \boldsymbol{o}$ und unter Beachtung von (24.30a, b)

$$F(\boldsymbol{x}_l) + \sum_{i=1}^{m} u_{0i} F_i(\boldsymbol{x}_l) \leqq F(\boldsymbol{x}_l) + (\boldsymbol{u}_0, \boldsymbol{v}_l) < \psi(\boldsymbol{o}) + \delta;$$

für diese Indizes l liegen die Punkte $\boldsymbol{x}_l$ in der unter (24.27b) definierten Menge Ω_δ. Aus der Kompaktheit der Menge Ω_δ folgt dann die Existenz einer Teilfolge $\{\boldsymbol{x}_{l_j}\}_{j=1}^{\infty}$ der Folge $\{\boldsymbol{x}_l\}_{l=1}^{\infty}$ mit $\boldsymbol{x}_{l_j} \in \Omega_\delta$ $(j = 1, 2, \ldots)$, die zu einem Punkt $\hat{\boldsymbol{x}} \cap \Omega_\delta$ konvergiert. Für die Punkte $\boldsymbol{x}_{l_j}$ $(j = 1, 2, \ldots)$ dieser Teilfolge gilt nach (24.30b) $F_i(\boldsymbol{x}_{l_j}) \leqq v_{l_j i}$ $(i = 1, \ldots, m)$; aufgrund der Stetigkeit der Funktionen $F_i(\boldsymbol{x})$ $(i = 1, \ldots, m)$ und $F(\boldsymbol{x})$ über der die Menge Ω_δ enthaltenden Menge $\tilde{M}$ ist dann

$$\lim_{j\to\infty} F_i(\boldsymbol{x}_{l_j}) = F_i(\hat{\boldsymbol{x}}) \leqq 0 \qquad (i = 1, \ldots, m), \qquad \lim_{j\to\infty} F(\boldsymbol{x}_{l_j}) = F(\hat{\boldsymbol{x}}).$$

Der Punkt $\hat{\boldsymbol{x}} \in \Omega_\delta$ gehört also zur Menge M; andererseits folgt aus der zweiten Aussage in (24.30b) — unter Beachtung von (24.3b) und wegen $M = M(\boldsymbol{o})$ —

$$\lim_{j\to\infty} F(\boldsymbol{x}_{l_j}) = F(\hat{\boldsymbol{x}}) = \varphi(\boldsymbol{u}_0) < \psi(\boldsymbol{o}) = \inf_{\boldsymbol{x}\in M} \{F(\boldsymbol{x})\},$$

im Widerspruch zu $\hat{\boldsymbol{x}} \in M$. Die Annahme (24.29a) muß also verworfen werden. Die Funktion $\psi(\boldsymbol{v})$ ist daher unterhalbstetig im Punkt $\boldsymbol{v} = \boldsymbol{0}$, und es gilt $F(\boldsymbol{x}_0) = \varphi(\boldsymbol{u}_0)$.

Hieraus und aus der Definition der Funktion $\varphi(\boldsymbol{u})$ folgt

$$F(\boldsymbol{x}_0) = \inf_{\boldsymbol{x}\in\tilde{M}} \{\Phi(\boldsymbol{x}, \boldsymbol{u}_0)\} \leqq F(\boldsymbol{x}_0) + \sum_{i=1}^{m} u_{0i} F_i(\boldsymbol{x}_0) \tag{24.31}$$

und daraus $\sum_{i=1}^{m} u_{0i} F_i(\boldsymbol{x}_0) \geqq 0$. Wegen $\boldsymbol{x}_0 \in M$ und $u_{0i} \geqq 0$ $(i = 1, \ldots, m)$ ist dann $\sum_{i=1}^{m} u_{0i} F_i(\boldsymbol{x}_0) = 0$. Falls die Funktionen $F_1(\boldsymbol{x}), \ldots, F_m(\boldsymbol{x})$ über der Menge $\Lambda(\boldsymbol{u}_0)$ konstant sind, so ist $\sum_{i=1}^{m} u_{0i} F_i(\boldsymbol{x}) = \sum_{i=1}^{m} u_{0i} F_i(\boldsymbol{x}_0) = 0$ für $\boldsymbol{x} \in \Lambda(\boldsymbol{u}_0)$, und nach der Definition der Menge $\Lambda(\boldsymbol{u}_0)$ folgt

$$\varphi(\boldsymbol{u}_0) = \Phi(\boldsymbol{x}, \boldsymbol{u}_0) = F(\boldsymbol{x}) + \sum_{i=1}^{m} u_{0i} F_i(\boldsymbol{x}) = F(\boldsymbol{x}_0) = \min_{\boldsymbol{x}\in M} \{F(\boldsymbol{x})\}$$

für alle Punkte $\boldsymbol{x} \in \Lambda(\boldsymbol{u}_0)$. □

Bemerkung 24.6. Nach Satz 24.9 liegen die Optimalpunkte des Optimierungsproblems (I) in der in diesem Satz betrachteten Menge $\Lambda(\boldsymbol{u}_0)$; falls diese Menge einelementig ist, so besitzt das Problem (I) genau einen Optimalpunkt.

Es sei $\boldsymbol{x}_0 \in \Lambda(\boldsymbol{u}_0)$ und $U(\boldsymbol{x}_0) := \tilde{M} \cap U(\boldsymbol{x}_0; \varepsilon)$, wobei $U(\boldsymbol{x}_0; \varepsilon)$ eine sphärische ε-Umgebung des Punktes $\boldsymbol{x}_0$ in $\mathbb{E}_n$ ist $(\varepsilon > 0)$. Wenn die Funktion $F(\boldsymbol{x})$ streng konvex über der Menge $U(\boldsymbol{x}_0)$ ist oder wenn im Fall $\boldsymbol{u}_0 \neq \boldsymbol{o}$ $(\boldsymbol{u}_0 \in \mathbb{E}_m^+)$ wenigstens eine Funktion $F_{i_0}(\boldsymbol{x})$ $(i_0 \in \{1, \ldots, m\})$ streng konvex über der Menge $U(\boldsymbol{x}_0)$ ist und zugleich $u_{0i_0} \neq 0$ gilt, so besitzt auch die Funktion $F(\boldsymbol{x}) + \sum_{i=1}^{m} u_{0i} F_i(\boldsymbol{x})$ diese Eigenschaft. Wegen $\boldsymbol{x}_0 \in \Lambda(\boldsymbol{u}_0)$ ist dann (unter den in Satz 24.9 getroffenen Voraussetzungen)

$$F(\boldsymbol{x}_0) + \sum_{i=1}^{m} u_{0i} F_i(\boldsymbol{x}_0) = \min_{\boldsymbol{x}\in\tilde{M}} \left\{F(\boldsymbol{x}) + \sum_{i=1}^{m} u_{0i} F_i(\boldsymbol{x})\right\};$$

die streng konvexe Funktion $F(\boldsymbol{x}) + \sum_{i=1}^{m} u_{0i} F_i(\boldsymbol{x})$ nimmt ihr Minimum bezüglich der Menge $U(\boldsymbol{x}_0)$ also im Punkt $\boldsymbol{x}_0$ an. Nach Satz 15.6 ist $\boldsymbol{x}_0$ dann der einzige Optimalpunkt dieser Funktion über der gesamten Menge $\tilde{M}$; folglich ist die Menge $\Lambda(\boldsymbol{u}_0)$ einelementig.

Satz 24.10. *Für die im Satz* 24.9 *formulierten Optimierungsprobleme* (I) *und* (II) *gelten die folgenden Aussagen:*

(a) *Falls* $M = \emptyset$ *und das Supremum der Funktion* $\varphi(\boldsymbol{u})$ *über der Menge* $\mathbb{E}_m^+$ *endlich ist, so ist* $\boldsymbol{o} \in \bar{\mathcal{A}}$;

(b) *falls* $\sup_{\boldsymbol{u} \in \mathbb{E}_m^+} \{\varphi(\boldsymbol{u})\} = -\infty$ *ist, so gilt*

$$\inf_{\boldsymbol{x} \in M(\boldsymbol{v})} \{F(\boldsymbol{x})\} = -\infty, \quad \boldsymbol{v} \in \operatorname{int} \mathcal{A};$$

dabei ist $\mathcal{A}$ *die in* (24.3a) *definierte Menge.*

Beweis. Aus $M = \emptyset$ folgt nach der Definition der Restriktionsmenge M des Optimierungsproblems (I) und nach (24.2a) $M(\boldsymbol{o}) = M = \emptyset$ und weiter nach (24.3a) $\boldsymbol{o} \notin \mathcal{A}$. Wir nehmen an, daß

$$\boldsymbol{o} \notin \bar{\mathcal{A}} \tag{24.32}$$

gilt. Die Menge $\bar{\mathcal{A}}$ ist nach Satz 24.1 und nach Satz 2.3 eine abgeschlossene konvexe m-dimensionale Menge in $\mathbb{E}_m$, und nach Lemma 12.1 existiert ein Punkt $\boldsymbol{v}_0 \in \mathbb{E}_m$ mit $\boldsymbol{v}_0 \in \partial\mathcal{A} := \bar{\mathcal{A}} \setminus \operatorname{int} \mathcal{A}$ und $\varrho(\boldsymbol{o}, \bar{\mathcal{A}}) = \varrho(\boldsymbol{o}, \boldsymbol{v}_0) > 0$. Dann ist

$$R_0 := \{\boldsymbol{v} \in \mathbb{E}_m \mid (\boldsymbol{v}_0, \boldsymbol{v} - \boldsymbol{v}_0) = 0\}$$

eine Trennungshyperebene der Mengen $\{\boldsymbol{o}\}$ und $\bar{\mathcal{A}}$ mit den Eigenschaften

$$\begin{aligned} &\boldsymbol{o} \subset H_0^- := \{\boldsymbol{v} \in \mathbb{E}_m \mid (\boldsymbol{v}_0, \boldsymbol{v} - \boldsymbol{v}_0) < 0\}, \\ &\bar{\mathcal{A}} \subset \bar{H}_0^+ := \{\boldsymbol{v} \in \mathbb{E}_m \mid (\boldsymbol{v}_0, \boldsymbol{v} - \boldsymbol{v}_0) \geqq 0\}. \end{aligned} \tag{24.33}$$

Nach dem Beweis des Satzes 24.1 gilt $\mathbb{E}_m^+(\boldsymbol{v}_0) := \{\boldsymbol{v} \in \mathbb{E}_m \mid v_i \geqq v_{0i}\ (i = 1, \ldots, m)\} \subset \mathcal{A}$, wobei $\boldsymbol{v} = (v_1, \ldots, v_m)$ und $\boldsymbol{v}_0 = (v_{01}, \ldots, v_{0m})$ ist, und nach (24.33) liegt der konvexe Kegel $\mathbb{E}_m^+(\boldsymbol{v}_0)$ mit dem Scheitel $\boldsymbol{v}_0 \in R_0$ in dem abgeschlossenen Halbraum $\bar{H}_0^+$. Nach Satz 4.9 ist dann

$$\boldsymbol{o} = \boldsymbol{v} - \boldsymbol{v}_0 \in \left(\mathbb{E}_m^+(\boldsymbol{v}_0)\right)^{\mathrm{p}} (\boldsymbol{v}_0) = \mathbb{E}_m^-(\boldsymbol{v}_0) := \{\boldsymbol{v} \in \mathbb{E}_m \mid v_i \leqq v_{0i}\ (i = 1, \ldots, m)\},$$

woraus $\boldsymbol{v}_0 \in \mathbb{E}_m^+$ folgt.

Für einen Punkt $\boldsymbol{x}$ der Menge $\tilde{M}$ gehört nach (24.2a) und (24.3a) der Punkt $\boldsymbol{v}$ mit den Koordinaten $v_i = F_i(\boldsymbol{x})$ $(i = 1, \ldots, m)$ zur Menge $\mathcal{A}$. Hieraus und aus (24.33) folgt wegen $\boldsymbol{v}_0 \in \mathbb{E}_m^+$

$$(\boldsymbol{v}_0, \boldsymbol{v} - \boldsymbol{v}_0) = \sum_{i=1}^{m} v_{0i}\left(F_i(\boldsymbol{x}) - v_{0i}\right) = \sum_{i=1}^{m} v_{0i} F_i(\boldsymbol{x}) - \|\boldsymbol{v}_0\|^2 \geqq 0$$

und daher wegen $\|\boldsymbol{v}_0\| > 0$

$$\sum_{i=1}^{m} v_{0i} F_i(\boldsymbol{x}) \geqq \|\boldsymbol{v}_0\|^2 > 0. \tag{24.34}$$

Aus der Voraussetzung $\sup\limits_{\boldsymbol{u} \in \mathbb{E}_m^+} \{\varphi(\boldsymbol{u})\} > -\infty$ erhält man nach Definition der Funktion $\varphi(\boldsymbol{u})$ die Existenz eines Punktes $\tilde{\boldsymbol{u}} \in \mathbb{E}_m^+$ mit

$$\varphi(\tilde{\boldsymbol{u}}) = \inf_{\boldsymbol{x} \in \tilde{M}} \left\{ F(\boldsymbol{x}) + \sum_{i=1}^{m} \tilde{u}_i F_i(\boldsymbol{x}) \right\} > -\infty,$$

daher gilt unter Beachtung von (24.34) für jede Zahl $t > 0$

$$\begin{aligned} \varphi(\tilde{\boldsymbol{u}} + t\boldsymbol{v}_0) &= \inf_{\boldsymbol{x} \in \tilde{M}} \left\{ F(\boldsymbol{x}) + \sum_{i=1}^{m} (\tilde{u}_i + tv_{0i})\, F_i(\boldsymbol{x}) \right\} \\ &\geqq \inf_{\boldsymbol{x} \in \tilde{M}} \left\{ F(\boldsymbol{x}) + \sum_{i=1}^{m} \tilde{u}_i F_i(\boldsymbol{x}) \right\} + t \inf_{\boldsymbol{x} \in \tilde{M}} \left\{ \sum_{i=1}^{m} v_{0i} F_i(\boldsymbol{x}) \right\} \geqq \varphi(\tilde{\boldsymbol{u}}) + t\, \|\boldsymbol{v}_0\|^2. \end{aligned}$$

Wegen $\|\boldsymbol{v}_0\| > 0$ ist dann $\lim\limits_{t \to \infty} \varphi(\tilde{\boldsymbol{u}} + t\boldsymbol{v}_0) = \infty$, woraus

$$\sup_{\boldsymbol{u} \in \mathbb{E}_m^+} \{\varphi(\boldsymbol{u})\} = \infty$$

im Widerspruch zu der Voraussetzung (a) folgt. Die Annahme (24.32) muß daher verworfen werden, und es gilt $\boldsymbol{o} \in \bar{\mathcal{A}}$.

Es sei $\sup\limits_{\boldsymbol{u} \in \mathbb{E}_m^+} \{\varphi(\boldsymbol{u})\} = -\infty$, d. h.

$$\varphi(\boldsymbol{u}) = \inf_{\boldsymbol{x} \in \tilde{M}} \left\{ F(\boldsymbol{x}) + \sum_{i=1}^{m} u_i F_i(\boldsymbol{x}) \right\} = -\infty, \quad \boldsymbol{u} \in \mathbb{E}_m^+.$$

Falls ein Punkt $\boldsymbol{v}_0 \in \mathbb{E}_m$ mit

$$\boldsymbol{v}_0 \in \operatorname{int} \mathcal{A}, \quad \psi(\boldsymbol{v}_0) := \inf_{\boldsymbol{x} \in M(\boldsymbol{v}_0)} \{F(\boldsymbol{x})\} > -\infty$$

existiert, so ist nach Satz 24.2 $\mathcal{B} = \mathcal{A}$. Andernfalls gibt es nach Satz 19.2 einen Punkt $\boldsymbol{u}_0$ des maximalen Definitionsbereiches $\mathcal{A}$ der zu der (unter (24.3b) definierten) Funktion $\psi(\boldsymbol{v})$ ($\boldsymbol{v} \in \mathcal{B}$) konjugierten Funktion $\psi^c(\boldsymbol{u})$ derart, daß die Hyperebene

$$R'(\boldsymbol{v}_0) := \{(\boldsymbol{v}, v_{m+1}) \in \mathbb{E}_{m+1} \mid (\boldsymbol{u}_0, \boldsymbol{v}) - v_{m+1} = \psi^c(\boldsymbol{u}_0)\}$$

eine nichtvertikale Stützhyperebene des Epigraphen $\mathcal{E}_\psi$ der Funktion $\psi(\boldsymbol{v})$ ($\boldsymbol{v} \in \mathcal{B}$) in dessen Punkt $\boldsymbol{v}_0' := (\boldsymbol{v}_0, \psi(\boldsymbol{v}_0))$ ist. Da aber wegen $\boldsymbol{u}_0 \in \mathcal{A}$ nach Aussage (c) des Satzes 24.4 $\boldsymbol{u}_0 \in \mathbb{E}_m^-$, also $-\boldsymbol{u}_0 \in \mathbb{E}_m^+ \cap \mathcal{A}^-$ mit $\mathcal{A}^- := \{\boldsymbol{u} \in \mathbb{E}_m \mid -\boldsymbol{u} \in \mathcal{A}\}$ ist, folgt hieraus nach Satz 24.5

$$\varphi(-\boldsymbol{u}_0) = -\psi^c(\boldsymbol{u}_0) > -\infty \quad \text{mit} \quad -\boldsymbol{u}_0 \in \mathbb{E}_m^+,$$

im Widerspruch zu der Voraussetzung. Hieraus folgt dann die Aussage (b) des Satzes. □

Bemerkung 24.7. Die Aussage (b) des Satzes 24.10 ist nicht umkehrbar; das zeigt das folgende Beispiel. Es seien (vgl. Beispiel 24.1)

$$\tilde{M} := \{(x, y) \in \mathbb{E}_2 \mid x - y \leqq 0,\ -x - y \leqq 0\},$$

$$F(x, y) := -\sqrt{y^2 - x^2}, \quad F_1(x, y) := y - x.$$

Dann ist

$$\inf_{(x,y)\in M(v)} \{F(x, y)\} = -\infty \quad \text{für} \quad v \in \operatorname{int} \mathcal{A} = (0, \infty)$$

mit $\mathcal{B} \neq \emptyset$ und daher $\mathcal{B} \subset \bar{\mathcal{A}} \setminus \operatorname{int} \mathcal{A}$. Es gilt

$$\varphi(u) = \inf_{(x,y)\in \tilde{M}} \left\{-\sqrt{y^2 - x^2} + u(y - x)\right\}$$

$$= \inf_{y \geqq |x|} \left\{-\sqrt{y^2 - x^2} + u(y - x)\right\} = 0, \quad u \geqq 0,$$

und damit ist $\sup_{u\in \mathbb{E}_1^+} \{\varphi(u)\} = 0$.

25. Das duale Grundproblem der konvexen Optimierung im Fall differenzierbarer Funktionen

Wie im Kapitel 24 gehen wir von dem Grundproblem (dem primalen Problem)

$$\inf_{\boldsymbol{x} \in M} \{F(\boldsymbol{x})\}!, \tag{25.1a}$$

$$M := \{\boldsymbol{x} \in \tilde{M} \mid F_i(\boldsymbol{x}) \leqq 0 \ (i = 1, \ldots, m)\} \tag{25.1b}$$

der konvexen Optimierung aus; wir setzen nun aber voraus, daß die Menge $\tilde{M}$ ein konvexes Gebiet in $\mathbb{E}_n$ ist und daß die konvexen Funktionen $F(\boldsymbol{x}), F_1(\boldsymbol{x}), \ldots, F_m(\boldsymbol{x})$ über diesem Gebiet partielle Ableitungen erster Ordnung besitzen. Nach Satz 16.1 sind die Funktionen $F(\boldsymbol{x})$ und $F_i(\boldsymbol{x})$ $(i = 1, \ldots, m)$ dann stetig differenzierbar über dem Gebiet $\tilde{M}$. Das duale Grundproblem zu dem Problem (25.1a) lautet (vgl. Definition 24.2)

$$\sup_{\boldsymbol{u} \in \mathbb{E}_m^+} \{\varphi(\boldsymbol{u})\}!; \tag{25.2a}$$

dabei ist

$$\varphi(\boldsymbol{u}) := \inf_{\boldsymbol{x} \in \tilde{M}} \{\Phi(\boldsymbol{x}, \boldsymbol{u})\} \tag{25.2b}$$

und

$$\Phi(\boldsymbol{x}, \boldsymbol{u}) := F(\boldsymbol{x}) + \sum_{i=1}^{m} u_i F_i(\boldsymbol{x}), \quad \boldsymbol{x} \in \tilde{M}, \quad \boldsymbol{u} \in \mathbb{E}_m^+ \tag{25.2c}$$

die zu dem Problem (25.1a) gehörende Lagrange-Funktion.

Wir ordnen nun dem Problem (25.1a) ein weiteres Optimierungsproblem zu:

$$\sup_{(\boldsymbol{x}, \boldsymbol{u}) \in M^*} \{\Phi(\boldsymbol{x}, \boldsymbol{u})\}!, \tag{25.3a}$$

$$M^* := \left\{(\boldsymbol{x}, \boldsymbol{u}) \in \mathbb{E}_n \times \mathbb{E}_m \mid \boldsymbol{x} \in \tilde{M}, \boldsymbol{u} \in \mathbb{E}_m^+, \frac{\partial \Phi}{\partial x_\alpha}(\boldsymbol{x}, \boldsymbol{u}) = 0 \ (\alpha = 1, \ldots, n)\right\}. \tag{25.3b}$$

Zwischen den Optimierungsproblemen (25.2a) und 25.3a) besteht ein bestimmter Zusammenhang, aufgrund dessen dem Grundproblem (25.1a) auch das Optimierungsproblem (25.3a) als duales Problem zugeordnet werden kann.

Zur Klärung der Beziehungen zwischen den Problemen (25.2a) und (25.3a) setzen wir voraus, daß das Optimierungsproblem (25.1a) lösbar und $\boldsymbol{x}_0$ ein Optimalpunkt dieses

Problems ist. Wir setzen weiterhin voraus, daß die Uzawa-Bedingung (vgl. Bemerkung 20.4)

$$\{\boldsymbol{x} \in M \mid F_i(\boldsymbol{x}) < 0,\ i \in \tilde{I}\} \neq \emptyset \tag{25.4}$$

erfüllt ist; hierbei ist $\tilde{I}$ die Menge aller Indizes i $\in \{1, \ldots, m\}$, für die die entsprechenden Funktionen $F_i(\boldsymbol{x})$ nichtlinear sind. Dann gibt es nach Satz 20.7 einen Punkt $\boldsymbol{u}_0 \in \mathbb{E}_m^+$ mit

$$\frac{\partial \Phi}{\partial x_\alpha}(\boldsymbol{x}_0, \boldsymbol{u}_0) = 0 \quad (\alpha = 1, \ldots, n). \tag{25.5a}$$

Da $\Phi(\boldsymbol{x}, \boldsymbol{u})$ für jeden Punkt $\boldsymbol{u} \in \mathbb{E}_m^+$ als Funktion von $\boldsymbol{x}$ über dem konvexen Gebiet $\tilde{M}$ konvex ist, folgt aus Satz 16.3 und aus (25.5a)

$$\Phi(\boldsymbol{x}, \boldsymbol{u}_0) - \Phi(\boldsymbol{x}_0, \boldsymbol{u}_0) \geqq \sum_{\alpha=1}^{n} \frac{\partial \Phi}{\partial x_\alpha}(\boldsymbol{x}_0, \boldsymbol{u}_0)(x_\alpha - x_{0\alpha}) = 0, \quad \boldsymbol{x} \in \tilde{M},$$

und daraus

$$\Phi(\boldsymbol{x}_0, \boldsymbol{u}_0) = \min_{\boldsymbol{x} \in \tilde{M}} \{\Phi(\boldsymbol{x}, \boldsymbol{u}_0)\}. \tag{25.5b}$$

Nach (25.5a, b) kann daher — sobald die Funktionen $F(\boldsymbol{x}), F_1(\boldsymbol{x}), \ldots, F_m(\boldsymbol{x})$ über dem Gebiet $\tilde{M}$ partiell differenzierbar sind — das Optimierungsproblem (25.2a) durch das Problem

$$\sup_{\boldsymbol{u} \in \Omega} \{\varphi(\boldsymbol{u})\}!, \tag{25.6a}$$

$$\Omega := \left\{\boldsymbol{u} \in \mathbb{E}_m^+ \,\middle|\, \inf_{\boldsymbol{x} \in \tilde{M}} \{\Phi(\boldsymbol{x}, \boldsymbol{u})\} = \min_{\boldsymbol{x} \in \tilde{M}} \{\Phi(\boldsymbol{x}, \boldsymbol{u})\}\right\} \tag{25.6b}$$

ersetzt werden. Da aber Ω die Menge aller Punkte $\boldsymbol{u}$ ist, für die $(\boldsymbol{x}, \boldsymbol{u}) \in M^*$ gilt, ist das Problem (25.6a) äquivalent zu dem Problem (25.3a). Unter den angeführten Voraussetzungen gilt daher im Fall $\Omega \neq \emptyset$

$$\sup_{\boldsymbol{u} \in \mathbb{E}_m^+} \{\varphi(\boldsymbol{u})\} = \sup_{\boldsymbol{u} \in \Omega} \{\varphi(\boldsymbol{u})\} = \sup_{(\boldsymbol{x}, \boldsymbol{u}) \in M^*} \{\Phi(\boldsymbol{x}, \boldsymbol{u})\}. \tag{25.7}$$

Satz 25.1. *Es seien $F(\boldsymbol{x})$ und $F_i(\boldsymbol{x})$ $(i = 1, \ldots, m)$ über einem konvexen Gebiet $\tilde{M}$ in $\mathbb{E}_n$ erklärte differenzierbare konvexe Funktionen. Dann gilt für die Optimierungsprobleme* (25.1a) *und* (25.3a)

$$\inf_{\boldsymbol{x} \in M} \{F(\boldsymbol{x})\} \geqq \sup_{(\boldsymbol{x}, \boldsymbol{u}) \in M^*} \{\Phi(\boldsymbol{x}, \boldsymbol{u})\}.$$

Beweis. Im Fall $M = \emptyset$ (bzw. $M^* = \emptyset$) ist

$$\inf_{\boldsymbol{x} \in M} \{F(\boldsymbol{x})\} = \infty \quad \left(\text{bzw.} \sup_{(\boldsymbol{x}, \boldsymbol{u}) \in M^*} \{\Phi(\boldsymbol{x}, \boldsymbol{u})\} = -\infty\right),$$

und die Aussage des Satzes gilt. Falls $M \neq \emptyset$ ist, so folgt aus den Definitionen (25.1b) und (25.2c)

$$F(\boldsymbol{x}) \geqq \Phi(\boldsymbol{x}, \boldsymbol{u}) = F(\boldsymbol{x}) + \sum_{i=1}^{m} u_i F_i(\boldsymbol{x}), \quad \boldsymbol{x} \in M, \quad \boldsymbol{u} \in \mathbb{E}_m^+,$$

und daher auch

$$\inf_{\boldsymbol{x}\in M} \{F(\boldsymbol{x})\} \geqq \inf_{\boldsymbol{x}\in M} \{\Phi(\boldsymbol{x}, \boldsymbol{u})\}, \quad \boldsymbol{u} \in \mathbb{E}_m^+.$$

Wegen $M \subset \tilde{M}$ erhält man hieraus unter Beachtung von (25.2b)

$$\inf_{\boldsymbol{x}\in M} \{F(\boldsymbol{x})\} \geqq \inf_{\boldsymbol{x}\in \tilde{M}} \{\Phi(\boldsymbol{x}, \boldsymbol{u})\} = \varphi(\boldsymbol{u}), \quad \boldsymbol{u} \in \mathbb{E}_m^+,$$

und daraus

$$\inf_{\boldsymbol{x}\in M} \{F(\boldsymbol{x})\} \geqq \sup_{\boldsymbol{u}\in \mathbb{E}_m^+} \{\varphi(\boldsymbol{u})\}.$$

Da nach (25.6b) $\Omega \subset \mathbb{E}_m^+$ ist, folgt zunächst

$$\inf_{\boldsymbol{x}\in M} \{F(\boldsymbol{x})\} \geqq \sup_{\boldsymbol{u}\in \Omega} \{\varphi(\boldsymbol{u})\}$$

und daraus, da nach (25.2b), (25.6b) und (25.3b)

$$\sup_{\boldsymbol{u}\in\Omega} \{\varphi(\boldsymbol{u})\} = \sup_{\boldsymbol{u}\in\Omega} \left\{\inf_{\boldsymbol{x}\in\tilde{M}} \{\Phi(\boldsymbol{x}, \boldsymbol{u})\}\right\} = \sup_{\boldsymbol{u}\in\Omega} \left\{\min_{\boldsymbol{x}\in\tilde{M}} \{\Phi(\boldsymbol{x}, \boldsymbol{u})\}\right\} = \sup_{(\boldsymbol{x},\boldsymbol{u})\in M^*} \{\Phi(\boldsymbol{x}, \boldsymbol{u})\}$$

gilt, schließlich

$$\inf_{\boldsymbol{x}\in M} \{F(\boldsymbol{x})\} \geqq \sup_{(\boldsymbol{x},\boldsymbol{u})\in M^*} \{\Phi(\boldsymbol{x}, \boldsymbol{u})\}. \;\square$$

Satz 25.2. *Es seien $F(\boldsymbol{x})$, $F_1(\boldsymbol{x})$, ..., $F_m(\boldsymbol{x})$ über einem konvexen Gebiet $\tilde{M}$ in $\mathbb{E}_n$ erklärte konvexe und differenzierbare Funktionen, und es sei die Regularitätsbedingung* (25.4) *für das primale Optimierungsproblem*

$$\inf_{\boldsymbol{x}\in M} \{F(\boldsymbol{x})\}!, \quad M := \{\boldsymbol{x} \in \tilde{M} \mid F_i(\boldsymbol{x}) \leqq 0 \ (i = 1, \ldots, m)\}$$

erfüllt. Wenn $\boldsymbol{x}_0$ ein Optimalpunkt dieses Problems ist, dann existiert ein Punkt $\boldsymbol{u}_0 \in \mathbb{E}_m^+$ derart, daß der Punkt $(\boldsymbol{x}_0, \boldsymbol{u}_0)$ ein Optimalpunkt des in (25.3a) *definierten Problems*

$$\sup_{(\boldsymbol{x},\boldsymbol{u})\in M^*} \{\Phi(\boldsymbol{x}, \boldsymbol{u})\}!$$

ist, und es gilt $F(\boldsymbol{x}_0) = \Phi(\boldsymbol{x}_0, \boldsymbol{u}_0)$.

Beweis. Aufgrund der getroffenen Voraussetzungen existiert nach Satz 20.5 ein Punkt $\boldsymbol{u}_0 \in \mathbb{E}_m^+$ mit $\Phi(\boldsymbol{x}_0, \boldsymbol{u}_0) \leqq \Phi(\boldsymbol{x}, \boldsymbol{u}_0)$, $\boldsymbol{x} \in \tilde{M}$, und daher mit $\Phi(\boldsymbol{x}_0, \boldsymbol{u}_0) = \min_{\boldsymbol{x}\in\tilde{M}} \{\Phi(\boldsymbol{x}, \boldsymbol{u}_0)\}$ $= F(\boldsymbol{x}_0)$ (denn es ist, wie im Beweis zum Satz 20.5 gezeigt, $\sum_{i=1}^{n} u_{0i} F_i(\boldsymbol{x}_0) = 0$ für $\boldsymbol{u}_0 = (u_{01}, \ldots, u_{0m})$). Andererseits folgt aus den Voraussetzungen nach Satz 24.7, daß das zu dem Problem (25.1a) duale Problem (25.2a) lösbar ist und daß für jeden Optimalpunkt $\boldsymbol{x}_0$ des primalen Problems und für jeden Punkt $\boldsymbol{u}_0 \in \mathbb{E}_m^+$ mit $\varphi(\boldsymbol{u}_0) = \max_{\boldsymbol{u}\in\mathbb{E}_m^+} \{\varphi(\boldsymbol{u})\}$

$$F(\boldsymbol{x}_0) = \min_{\boldsymbol{x}\in M} \{F(\boldsymbol{x})\} = \max_{\boldsymbol{u}\in\mathbb{E}_m^+} \{\varphi(\boldsymbol{u})\} = \varphi(\boldsymbol{u}_0) = \sup_{\boldsymbol{u}\in\mathbb{E}_m^+} \{\varphi(\boldsymbol{u})\} \tag{25.8}$$

gilt. Aus der vorausgesetzten Lösbarkeit des primalen Optimierungsproblems folgt, wie in der Einführung des Kapitels gezeigt, daß die unter (25.6b) definierte Menge Ω nichtleer ist, es gilt also die Aussage (25.7). Hieraus und aus (25.8) erhält man dann wegen $F(\boldsymbol{x}_0) = \Phi(\boldsymbol{x}_0, \boldsymbol{u}_0)$ die Aussage des Satzes. □

Bemerkung 25.1. Die in (25.6b) definierte Menge Ω ist im allgemeinen nicht konvex, sie kann auch im Fall der Lösbarkeit des Problems (25.1a) leer sein.

Ebenso müssen weder die Restriktionsmenge M^* des Optimierungsproblems (25.3a) (in seiner Beschreibung können nichtlineare Gleichungen auftreten) noch die Funktion $\Phi(\boldsymbol{x}, \boldsymbol{u})$ konvex sein.

Bemerkung 25.2. In Analogie zu den Sätzen 24.6 und 24.7 in Kapitel 24 (vgl. auch die Bemerkungen 24.2 und 24.4) wird Satz 25.1 als schwacher Dualitätssatz und Satz 25.2 als starker Dualitätssatz für das Aufgabenpaar (25.1a) und (25.3a) bezeichnet.

Satz 25.3. *Unter den in Satz* 25.2 *getroffenen Voraussetzungen sei* $\boldsymbol{x}_0$ *ein Optimalpunkt des in* (25.1a) *definierten Optimierungsproblems*

$$\inf_{\boldsymbol{x}\in M} \{F(\boldsymbol{x})\}!$$

und $(\hat{\boldsymbol{x}}, \hat{\boldsymbol{u}})$ *ein Optimalpunkt des ihm zugeordneten dualen Optimierungsproblems* (25.3a)

$$\sup_{(\boldsymbol{x},\boldsymbol{u})\in M^*} \{\Phi(\boldsymbol{x}, \boldsymbol{u})\}!.$$

Wenn $\Phi(\boldsymbol{x}, \hat{\boldsymbol{u}})$ *eine streng konvexe Funktion über einer konvexen Umgebung* $U(\hat{\boldsymbol{x}})$ *des Punktes* $\hat{\boldsymbol{x}}$ *mit* $U(\hat{\boldsymbol{x}}) \subset \tilde{M}$ *(vgl.* (25.1b)) *ist, dann gilt*

$$\boldsymbol{x}_0 = \hat{\boldsymbol{x}}, \quad F(\boldsymbol{x}_0) = \Phi(\hat{\boldsymbol{x}}, \hat{\boldsymbol{u}}).$$

Beweis. Nach Satz 25.2 existiert ein Punkt $\boldsymbol{u}_0 \in \mathbb{E}_m^+$, so daß $(\boldsymbol{x}_0, \boldsymbol{u}_0)$ ein Optimalpunkt des Problems (25.3a) ist und $F(\boldsymbol{x}_0) = \Phi(\boldsymbol{x}_0, \boldsymbol{u}_0)$ gilt, d. h. (vgl. 25.2c)

$$\sum_{i=1}^{m} u_{0i} F_i(\boldsymbol{x}_0) = 0. \tag{25.9}$$

Da $(\hat{\boldsymbol{x}}, \hat{\boldsymbol{u}})$ nach Voraussetzung ein Optimalpunkt des Problems (25.3a) ist, gilt einmal

$$\Phi(\boldsymbol{x}_0, \boldsymbol{u}_0) = \Phi(\hat{\boldsymbol{x}}, \hat{\boldsymbol{u}}) = \sup_{(\boldsymbol{x},\boldsymbol{u})\in M^*} \{\Phi(\boldsymbol{x}, \boldsymbol{u})\} \tag{25.10a}$$

und zum anderen (wenn $x_1, \ldots, x_n$ die Koordinaten des Punktes $\boldsymbol{x}$ sind) $\dfrac{\partial \Phi}{\partial x_\alpha}(\hat{\boldsymbol{x}}, \hat{\boldsymbol{u}}) = 0$ $(\alpha = 1, \ldots, n)$. Nach Satz 16.3 gilt dann für die über dem konvexen Gebiet $\tilde{M}$ konvexe Funktion $\Phi(\boldsymbol{x}, \hat{\boldsymbol{u}})$

$$\Phi(\boldsymbol{x}, \hat{\boldsymbol{u}}) - \Phi(\hat{\boldsymbol{x}}, \hat{\boldsymbol{u}}) \geqq \sum_{\alpha=1}^{n} \frac{\partial \Phi}{\partial x_\alpha}(\hat{\boldsymbol{x}}, \hat{\boldsymbol{u}})\,(x_\alpha - \hat{x}_\alpha) = 0, \quad \boldsymbol{x} \in \tilde{M}; \tag{25.10b}$$

somit ist

$$\Phi(\boldsymbol{x}_0, \hat{\boldsymbol{u}}) - \Phi(\hat{\boldsymbol{x}}, \hat{\boldsymbol{u}}) \geqq 0. \tag{25.11a}$$

Aus der vorausgesetzten strengen Konvexität der Funktion $\Phi(\boldsymbol{x}, \hat{\boldsymbol{u}})$ über einer konvexen Umgebung $U(\hat{\boldsymbol{x}}) \subset \tilde{M}$ des Punktes $\hat{\boldsymbol{x}}$ folgt

$$\Phi(\boldsymbol{x}, \hat{\boldsymbol{u}}) - \Phi(\hat{\boldsymbol{x}}, \hat{\boldsymbol{u}}) > 0, \quad \boldsymbol{x} \in U(\hat{\boldsymbol{x}}), \quad \boldsymbol{x} \neq \hat{\boldsymbol{x}}. \tag{25.11b}$$

Wir nehmen nun an, daß $\hat{\boldsymbol{x}} \neq \boldsymbol{x}_0$ ist. Dann gilt $\Phi(\boldsymbol{x}_0, \hat{\boldsymbol{u}}) > \Phi(\hat{\boldsymbol{x}}, \hat{\boldsymbol{u}})$, denn aus $\Phi(\boldsymbol{u}_0, \hat{\boldsymbol{x}}) = \Phi(\hat{\boldsymbol{x}}, \hat{\boldsymbol{u}})$ würde aufgrund der Konvexität der Funktion $\Phi(\boldsymbol{x}, \hat{\boldsymbol{u}})$ und wegen (25.10b) nach Satz 15.6 folgen, daß auch für alle Punkte $\boldsymbol{x}$ der offenen Strecke $u(\boldsymbol{x}_0, \hat{\boldsymbol{x}})$, die mit der Menge $U(\hat{\boldsymbol{x}})$ einen nichtleeren Durchschnitt hat, $\Phi(\boldsymbol{x}, \hat{\boldsymbol{u}}) = \Phi(\hat{\boldsymbol{x}}, \hat{\boldsymbol{u}})$ gilt, im Widerspruch zu (25.11b). Wegen (25.10a) ist daher $\Phi(\boldsymbol{x}_0, \hat{\boldsymbol{u}}) > \Phi(\boldsymbol{x}_0, \boldsymbol{u}_0)$, woraus man nach (25.2c) und wegen (25.9)

$$\sum_{i=1}^{m} \hat{u}_i F_i(\boldsymbol{x}_0) > \sum_{i=1}^{m} u_{0i} F_i(\boldsymbol{x}_0) = 0, \quad \hat{\boldsymbol{u}} = (\hat{u}_1, \ldots, \hat{u}_m)$$

erhält; das ist aber wegen $\hat{\boldsymbol{u}} \in \mathbb{E}_m^+$, $\boldsymbol{x}_0 \in M$ und daher $F_i(\boldsymbol{x}) \leqq 0$ $(i = 1, \ldots, m)$ nicht möglich. Die Annahme $\hat{\boldsymbol{x}} \neq \boldsymbol{x}_0$ muß daher verworfen werden, und es gilt $\hat{\boldsymbol{x}} = \boldsymbol{x}_0$. Hieraus und aus (25.10a) folgt nach Satz 25.2 die Aussage des Satzes. □

Bemerkung 25.3. Die im Satz 25.3 vorausgesetzte strenge Konvexität der Funktion $\Phi(\boldsymbol{x}, \hat{\boldsymbol{u}})$ über einer konvexen Umgebung $U(\hat{\boldsymbol{x}}) \subset \tilde{M}$ des Punktes $\hat{\boldsymbol{x}}$ ist erfüllt, wenn entweder die Funktion $F(\boldsymbol{x})$ streng konvex über der Menge $U(\hat{\boldsymbol{x}})$ ist oder wenn es einen Index $i_0 \in \{i \in \{1, \ldots, m\} \mid \hat{u}_i > 0\}$ derart gibt, daß $F_{i_0}(\boldsymbol{x})$ eine streng konvexe Funktion über der Menge $U(\hat{\boldsymbol{x}})$ ist.

Satz 25.4. *Es seien $F(\boldsymbol{x}), F_1(\boldsymbol{x}), \ldots, F_m(\boldsymbol{x})$ über einem konvexen Gebiet $\tilde{M}$ in $\mathbb{E}_n$ konvexe Funktionen, die dort stetige partielle Ableitungen zweiter Ordnung besitzen, und für das primale Optimierungsproblem*

$$\inf_{\boldsymbol{x} \in M} \{F(\boldsymbol{x})\}! \tag{25.12a}$$

mit

$$M := \{\boldsymbol{x} \in \tilde{M} \mid F_i(\boldsymbol{x}) \leqq 0 \ (i = 1, \ldots, m)\} \tag{25.12b}$$

gelte die Uzawa-Bedingung

$$\{\boldsymbol{x} \in M \mid F_i(\boldsymbol{x}) < 0 \ (i \in \tilde{I})\} \neq \emptyset;$$

dabei ist $\tilde{I}$ die Menge aller Indizes $i \in \{1, \ldots, m\}$, für die die entsprechenden Funktionen $F_i(\boldsymbol{x})$ nichtlinear sind. Das zu dem Problem (25.12a) *duale Optimierungsproblem*

$$\sup_{(\boldsymbol{x}, \boldsymbol{u}) \in M^*} \{\Phi(\boldsymbol{x}, \boldsymbol{u})\}! \tag{25.13a}$$

mit

$$M^* := \left\{(\boldsymbol{x}, \boldsymbol{u}) \in \mathbb{E}_n \times \mathbb{E}_m \mid \boldsymbol{x} \in \tilde{M}, \boldsymbol{u} \in \mathbb{E}_m^+, \frac{\partial \Phi}{\partial x_\alpha}(\boldsymbol{u}, \boldsymbol{x}) = 0 \ (\alpha = 1, \ldots, m)\right\} \tag{25.13b}$$

sei lösbar. Wenn $(\boldsymbol{x}_0, \boldsymbol{u}_0)$ ein Optimalpunkt dieses Problems ist und

$$\det \left[\frac{\partial^2 \Phi}{\partial x_\alpha \, \partial x_\beta}\right]_{(\boldsymbol{x}_0, \boldsymbol{u}_0)} := \begin{vmatrix} \frac{\partial^2 \Phi}{\partial {x_1}^2} & \frac{\partial^2 \Phi}{\partial x_1 \, \partial x_2} & \cdots & \frac{\partial^2 \Phi}{\partial x_1 \, \partial x_n} \\ \cdot & \cdot & \cdots & \cdot \\ \frac{\partial^2 \Phi}{\partial x_n \, \partial x_1} & \frac{\partial^2 \Phi}{\partial x_n \, \partial x_2} & \cdots & \frac{\partial^2 \Phi}{\partial {x_n}^2} \end{vmatrix}_{(\boldsymbol{x}_0, \boldsymbol{u}_0)} \neq 0 \tag{25.14}$$

gilt, dann ist $\boldsymbol{x}_0$ *ein Optimalpunkt des Problems* (25.12a) *und*

$$F(\boldsymbol{x}_0) = \Phi(\boldsymbol{x}_0, \boldsymbol{u}_0).$$

Beweis. Nach Satz 20.7 ist der Satz gezeigt, wenn der Punkt $(\boldsymbol{x}_0, \boldsymbol{u}_0)$ den dort unter (20.62) angegebenen Kuhn-Tucker-Bedingungen genügt.

Da $(\boldsymbol{x}_0, \boldsymbol{u}_0)$ als ein Optimalpunkt des Problems (25.13a) zur Menge M^* gehört, gilt für ihn nach (25.13b)

$$\frac{\partial \Phi}{\partial x_\alpha}(\boldsymbol{x}_0, \boldsymbol{u}_0) = 0 \quad (\alpha = 1, \dots, n), \quad \boldsymbol{x}_0 \in \tilde{M}, \quad \boldsymbol{u}_0 \in \mathbb{E}_m^+. \tag{25.15a}$$

Der Punkt $(\boldsymbol{x}_0, \boldsymbol{u}_0)$ genügt also den Gleichungen

$$\frac{\partial \Phi}{\partial x_\alpha}(\boldsymbol{x}, \boldsymbol{u}) = 0 \quad (\alpha = 1, \dots, n), \tag{25.15b}$$

(dabei ist $\boldsymbol{x} = (x_1, \dots, x_n)$ und $\boldsymbol{u} = (u_1, \dots, u_m)$); weiterhin gibt es eine Umgebung des Punktes $(\boldsymbol{x}_0, \boldsymbol{u}_0)$ im Raum $\mathbb{E}_{n+m} := \mathbb{E}_n \times \mathbb{E}_m$, in der die Funktion $\Phi(\boldsymbol{x}, \boldsymbol{u})$ stetige partielle Ableitungen zweiter Ordnung bezüglich ihrer Veränderlichen x_α und u_i ($\alpha = 1, \dots, n$; $i = 1, \dots, m$) besitzt, und im Punkt $(\boldsymbol{x}_0, \boldsymbol{u}_0)$ gilt die Voraussetzung (25.14). Nach dem Satz über implizite Funktionen gibt es dann eine Umgebung des Punktes $(\boldsymbol{x}_0, \boldsymbol{u}_0)$ in $\mathbb{E}_{n+m}$, in der das Gleichungssystem (25.15b) nach den Veränderlichen $x_1, \dots, x_n$ auflösbar ist, und zwar existieren über einer bestimmten Umgebung $U(\boldsymbol{u}_0)$ des Punktes $\boldsymbol{u}_0$ in $\mathbb{E}_m$ definierte und dort zweimal stetig differenzierbare Funktionen $f_\alpha(\boldsymbol{u})$ ($\alpha = 1, \dots, n$) in der Weise, daß das Gleichungssystem (25.15b) lokal, also in einer gewissen Umgebung des Punktes $(\boldsymbol{x}_0, \boldsymbol{u}_0)$ in $\mathbb{E}_{n+m}$, die explizite Darstellung

$$\boldsymbol{x} = \boldsymbol{f}(\boldsymbol{u}), \quad \boldsymbol{u} \in U(\boldsymbol{u}_0) \quad \text{mit} \quad \boldsymbol{f}(\boldsymbol{u}) := \big(f_1(\boldsymbol{u}), \dots, f_n(\boldsymbol{u})\big) \tag{25.16a}$$

besitzt, wobei gilt

$$\boldsymbol{x}_0 = \boldsymbol{f}(\boldsymbol{u}_0), \quad \boldsymbol{f}(\boldsymbol{u}) \in \tilde{M} \quad \text{für} \quad \boldsymbol{u} \in U(\boldsymbol{u}_0). \tag{25.16b}$$

Für die Menge

$$M^{**} := \{(\boldsymbol{x}, \boldsymbol{u}) \in \mathbb{E}_{n+m} \mid \boldsymbol{x} = \boldsymbol{f}(\boldsymbol{u}), \boldsymbol{u} \in U(\boldsymbol{u}_0) \cap \mathbb{E}_m^+\}$$

folgt aus (25.16b) und (25.13b)

$$(\boldsymbol{x}_0, \boldsymbol{u}_0) \in M^{**} \subset M^*. \tag{25.16c}$$

Da nach Voraussetzung des Satzes und nach (25.16b)

$$\Phi(\boldsymbol{x}_0, \boldsymbol{u}_0) = \max_{(\boldsymbol{x}, \boldsymbol{u}) \in M^*} \{\Phi(\boldsymbol{x}, \boldsymbol{u})\} = \Phi\big(\boldsymbol{f}(\boldsymbol{u}_0), \boldsymbol{u}_0\big)$$

gilt, ist wegen (25.16c) auch

$$\Phi\big(\boldsymbol{f}(\boldsymbol{u}_0), \boldsymbol{u}_0\big) = \max_{\boldsymbol{u} \in U(\boldsymbol{u}_0) \cap \mathbb{E}_m^+} \big\{\Phi\big(\boldsymbol{f}(\boldsymbol{u}), \boldsymbol{u}\big)\big\}. \tag{25.17a}$$

Definiert man die Funktion

$$\Phi^*(\boldsymbol{u}) := \Phi\big(\boldsymbol{f}(\boldsymbol{u}), \boldsymbol{u}\big), \quad \boldsymbol{u} \in U(\boldsymbol{u}_0), \tag{25.17b}$$

die über der Menge $U(\boldsymbol{u}_0)$ stetige partielle Ableitungen zweiter Ordnung besitzt, so erhält (25.17a) die Darstellung

$$\Phi^*(\boldsymbol{u}_0) = \max_{\boldsymbol{u} \in U(\boldsymbol{u}_0) \cap \mathbb{E}_m^+} \{\Phi^*(\boldsymbol{u})\}. \tag{25.17c}$$

Gäbe es einen Index $k \in \{1, \ldots, m\}$ mit $\dfrac{\partial \Phi^*}{\partial u_k}(\boldsymbol{u}_0) > 0$, dann würde eine Zahl $\delta > 0$ mit

$$\boldsymbol{u}_k := (u_{01}, \ldots, u_{0k-1}, u_{0k} + \delta, u_{0k+1}, \ldots, u_{0m}) \in U(\boldsymbol{u}_0) \cap \mathbb{E}_m^+$$

derart existieren, daß $\Phi^*(\boldsymbol{u}_k) > \Phi^*(\boldsymbol{u}_0)$ wäre, im Widerspruch zu (25.17c). Hieraus, aus (25.17b, c) und aus (25.16b) folgt

$$\frac{\partial \Phi^*}{\partial u_i}(\boldsymbol{u}_0) = \sum_{\alpha=1}^{n} \frac{\partial \Phi}{\partial x_\alpha}(\boldsymbol{x}_0, \boldsymbol{u}_0) \frac{\partial f_\alpha}{\partial u_i}(\boldsymbol{u}_0) + \frac{\partial \Phi}{\partial u_i}(\boldsymbol{x}_0, \boldsymbol{u}_0) \leqq 0 \quad (i = 1, \ldots, m) \tag{25.17d}$$

und wegen $\boldsymbol{u}_0 = (u_{01}, \ldots, u_{0m}) \in \mathbb{E}_m^+$ weiter

$$\sum_{i=1}^{m} u_{0i} \frac{\partial \Phi^*}{\partial u_i}(\boldsymbol{u}_0) \leqq 0. \tag{25.18a}$$

Wir wollen nun zeigen, daß sogar

$$\sum_{i=1}^{m} u_{0i} \frac{\partial \Phi^*}{\partial u_i}(\boldsymbol{u}_0) = 0 \tag{25.18b}$$

gilt. Dazu nehmen wir an, daß im Fall $\boldsymbol{u}_0 \neq \boldsymbol{o}$

$$\sum_{i=1}^{m} u_{0i} \frac{\partial \Phi^*}{\partial u_i}(\boldsymbol{u}_0) < 0 \tag{25.18c}$$

gilt. Zu dem Punkt $\boldsymbol{u}_0$ existiert dann eine Zahl $\varepsilon > 0$ derart, daß die offene Strecke $u\big((1-\varepsilon)\,\boldsymbol{u}_0, (1+\varepsilon)\,\boldsymbol{u}_0\big)$ zur Menge $U(\boldsymbol{u}_0) \cap \mathbb{E}_m^+$ gehört. Über dieser Strecke ist $\Phi^*(\boldsymbol{u})$ eine Funktion einer Veränderlichen t. Definiert man

$$\Phi'(t) := \Phi^*(\boldsymbol{u}_0 + t\boldsymbol{u}_0), \quad t \in (-\varepsilon, \varepsilon), \tag{25.19a}$$

dann ist

$$\frac{\mathrm{d}\Phi'}{\mathrm{d}t} = \sum_{i=1}^{m} u_{0i} \frac{\partial \Phi^*}{\partial u_i}(\boldsymbol{u}_0 + t\boldsymbol{u}_0), \quad t \in (-\varepsilon, \varepsilon),$$

und daher nach (25.19a), (25.17c) und (25.18c)

$$\begin{aligned} &\Phi'(0) = \Phi^*(\boldsymbol{u}_0) = \max_{\boldsymbol{u} \in U(\boldsymbol{u}_0) \cap \mathbb{E}_m^+} \{\Phi^*(\boldsymbol{u})\}, \\ &\frac{\mathrm{d}\Phi'}{\mathrm{d}t}(0) = \sum_{i=1}^{m} u_{0i} \frac{\partial \Phi^*}{\partial u_i}(\boldsymbol{u}_0) < 0. \end{aligned} \tag{25.19b}$$

Wegen $u\big((1-\varepsilon)\,\boldsymbol{u}_0, (1+\varepsilon)\,\boldsymbol{u}_0\big) \subset U(\boldsymbol{u}_0) \cap \mathbb{E}_m^+$ folgt aus (25.19b)

$$\Phi'(0) = \max_{t \in (-\varepsilon, \varepsilon)} \{\Phi'(t)\};$$

da die Funktion $\Phi'(t)$ über dem Intervall $(-\varepsilon, \varepsilon)$ differenzierbar ist, muß daher $\frac{d\Phi'}{dt}(0) = 0$ sein, im Widerspruch zur zweiten Aussage in (25.19b). Damit gilt die Gleichheit (25.18b).

Aus (25.17d), (25.15a), (25.18b) und (25.2c) folgt nun wegen $\boldsymbol{x}_0 \in \tilde{M}$

$$\sum_{i=1}^{m} u_{0i} \frac{\partial \Phi}{\partial u_i}(\boldsymbol{x}_0, \boldsymbol{u}_0) = 0, \quad \frac{\partial \Phi}{\partial u_i}(\boldsymbol{x}_0, \boldsymbol{u}_0) = F_i(\boldsymbol{x}_0) \leqq 0 \quad (i = 1, \ldots, m). \tag{25.20}$$

Die erste Aussage in (25.20) und die Aussage (25.15a) liefern wegen $\boldsymbol{u}_0 \in \mathbb{E}_m^+$ gerade die im Satz 20.7 angegebenen Kuhn-Tucker-Bedingungen (20.62); diese sind aber nach Satz 20.7 hinreichend dafür, daß $\boldsymbol{x}_0$ ein Optimalpunkt des Optimierungsproblems (25.12a) ist. Da nach (25.20) $\sum_{i=1}^{m} u_{0i} F_i(\boldsymbol{x}_0) = 0$ gilt, folgt (vgl. (25.2c)) $\Phi(\boldsymbol{x}_0, \boldsymbol{u}_0) = F(\boldsymbol{x}_0)$. □

Bemerkung 25.4. Aus dem Beweis des Satzes 25.4 folgt, daß die in diesem Satz getroffenen Voraussetzungen „die Funktionen $F(\boldsymbol{x})$ und $F_i(\boldsymbol{x})$ $(i = 1, \ldots, m)$ sind mindestens zweimal stetig differenzierbar über dem konvexen Gebiet $\tilde{M}$, und es gilt (25.14)" (die *Bedingung von Huard*) durch die folgende allgemeinere *Bedingung von Hanson* ersetzt werden kann: „Die Funktionen $F(\boldsymbol{x})$ und $F_i(\boldsymbol{x})$ $(i = 1, \ldots, m)$ besitzen über dem konvexen Gebiet $\tilde{M}$ partielle Ableitungen mindestens erster Ordnung, und es existieren über einer Umgebung $U(\boldsymbol{u}_0) \subset \mathbb{E}_m$ des Punktes $\boldsymbol{u}_0$ erklärte, differenzierbare Funktionen $f_\alpha(\boldsymbol{u})$ $(\alpha = 1, \ldots, n)$ mit den Eigenschaften $\boldsymbol{x}_0 = \boldsymbol{f}(\boldsymbol{u}_0)$, $\frac{\partial \Phi}{\partial x_\alpha}\big(\boldsymbol{f}(\boldsymbol{u}), \boldsymbol{u}\big) = 0$ $(\alpha = 1, \ldots, n)$, $\boldsymbol{u} \in U(\boldsymbol{u}_0)$ $\big(\boldsymbol{f}(\boldsymbol{u}) := \big(f_1(\boldsymbol{u}), \ldots, f_m(\boldsymbol{u})\big)\big)$.

Bemerkung 25.5. Wir wenden uns nun einer speziellen Klasse konvexer Optimierungsprobleme der Form

$$\inf_{\boldsymbol{x} \in M} \{F(\boldsymbol{x})\}!, \quad M := \{\boldsymbol{x} \in \tilde{M} \mid F_i(\boldsymbol{x}) \leqq 0 \ (i = 1, \ldots, m)\}$$

zu, deren Zielfunktion eine konvexe quadratische Funktion und deren Restriktionsmenge M ein Polyeder in $\mathbb{E}_n$ sind. Ein Optimierungsproblem dieser speziellen Klasse ist ein Grundproblem der konvexen Optimierung mit der Zielfunktion

$$F(\boldsymbol{x}) := \boldsymbol{x}^{\mathrm{T}} \boldsymbol{C} \boldsymbol{x} + 2(\boldsymbol{p}, \boldsymbol{x}), \quad \boldsymbol{x} \in \mathbb{E}_n, \tag{25.21a}$$

und mit der Restriktionsmenge

$$M := \{\boldsymbol{x} \in \mathbb{E}_n \mid F_i(\boldsymbol{x}) := (\boldsymbol{a}_i, \boldsymbol{x}) - b_i \leqq 0, \ (i = 1, \ldots, m)\} \neq \emptyset. \tag{25.21b}$$

Dabei sind $\boldsymbol{C}$ eine symmetrische positiv semidefinite (n, n)-Matrix vom Rang größer Null, $\boldsymbol{p}, \boldsymbol{a}_1, \ldots, \boldsymbol{a}_m$ gegebene Vektoren in $\mathbb{E}_n$ mit $\|\boldsymbol{a}_i\| > 0$ $(i = 1, \ldots, m)$ und $b_1, \ldots, b_m$ gegebene Zahlen.

Für diese spezielle Klasse *quadratischer Optimierungsprobleme* mit einer konvexen quadratischen Zielfunktion und sogenannten linearen Restriktionen lassen sich im Vergleich zu den Sätzen 25.2 bis 25.4 „stärkere" Aussagen erwarten, außerdem kann wegen der Linearität der den Restriktionsbereich M beschreibenden Funktionen auf eine Regularitätsbedingung verzichtet werden, und die Existenz stetiger partieller Ableitungen der betrachteten Funktionen ist gesichert. Zunächst sollen aber zwei für das weitere benötigte Hilfssätze gezeigt werden.

Lemma 25.1. *Wenn die konvexe quadratische Funktion*

$$F(\boldsymbol{x}) := \boldsymbol{x}^{\mathsf{T}}\boldsymbol{C}\boldsymbol{x} + 2(\boldsymbol{p}, \boldsymbol{x}) \quad (\text{Rang}\, \boldsymbol{C} \geqq 1)$$

ein endliches Infimum über dem Raum $\mathbb{E}_n$ *besitzt, dann gilt*

$$L := \{\boldsymbol{x} \in \mathbb{E}_n \mid \nabla F(\boldsymbol{x}) = \boldsymbol{o}\} \neq \emptyset$$

und

$$\inf_{\boldsymbol{x}\in\mathbb{E}_n} \{F(\boldsymbol{x})\} = \min_{\boldsymbol{x}\in\mathbb{E}_n} \{F(\boldsymbol{x})\} = F(\boldsymbol{x}_0), \quad \boldsymbol{x}_0 \in L.$$

Beweis. Nach Voraussetzung ist

$$\tilde{\mu} := \inf_{\boldsymbol{x}\in\mathbb{E}_n} \{F(\boldsymbol{x})\} > -\infty.$$

Wenn die Matrix $\boldsymbol{C}$ den Rang n hat, so ist das Gleichungssystem $\nabla F(\boldsymbol{x}) = \boldsymbol{o}$, also das lineare Gleichungssystem $\boldsymbol{C}\boldsymbol{x} + \boldsymbol{p} = \boldsymbol{o}$ eindeutig lösbar, und aufgrund der Differenzierbarkeit der konvexen Funktion $F(\boldsymbol{x})$ gilt die Aussage des Lemmas; sie gilt offenbar auch im Fall $\tilde{\mu} = 0$, denn es ist dann $F(\boldsymbol{o}) = 0 = \tilde{\mu}$. Daher wird im weiteren $1 \leqq \text{Rang}\, \boldsymbol{C} \leqq n - 1$ und $\tilde{\mu} < 0$ vorausgesetzt.

Der Punkt $\boldsymbol{o}' := (\boldsymbol{o}, 0) \in \mathbb{E}_{n+1}$ ist offenbar ein Randpunkt des Epigraphen

$$\mathscr{E}_F := \{(\boldsymbol{x}, x_{n+1}) \in \mathbb{E}_{n+1} \mid x_{n+1} \geqq F(\boldsymbol{x}), \boldsymbol{x} \in \mathbb{E}_n\}$$

der Funktion $F(\boldsymbol{x})$. Ein Punkt $\boldsymbol{v}' := (\boldsymbol{v}, v_{n+1})$ in $\mathbb{E}_{n+1}$ gehört genau dann zum charakteristischen Kegel $C_{\mathscr{E}_F}$ des Epigraphen $\mathscr{E}_F$, wenn die offene Halbgerade $p(\boldsymbol{o}'; \boldsymbol{v}')$ in der Menge $\mathscr{E}_F$ liegt, d. h., wenn die Bedingung $v_{n+1}t \geqq t^2\boldsymbol{v}^{\mathsf{T}}\boldsymbol{C}\boldsymbol{v} + 2t(\boldsymbol{p}, \boldsymbol{v})$ für alle Zahlen $t > 0$ erfüllt ist. Daraus folgt $\boldsymbol{v}^{\mathsf{T}}\boldsymbol{C}\boldsymbol{v} = 0$ (denn die Matrix $\boldsymbol{C}$ ist positiv semidefinit) und $v_{n+1} \geqq 2(\boldsymbol{p}, \boldsymbol{v})$. Wegen $F(\boldsymbol{x}) \geqq \tilde{\mu}$ für $\boldsymbol{x} \in \mathbb{E}_n$ ist $F(\boldsymbol{v}t) = t^2\boldsymbol{v}^{\mathsf{T}}\boldsymbol{C}\boldsymbol{v} + 2t(\boldsymbol{p}, \boldsymbol{v}) = 2t(\boldsymbol{p}, \boldsymbol{v}) \geqq \tilde{\mu}$ für alle Zahlen $t > 0$, so daß $(\boldsymbol{p}, \boldsymbol{v}) \geqq 0$ gelten muß. Die Gleichung $\boldsymbol{v}^{\mathsf{T}}\boldsymbol{C}\boldsymbol{v} = 0$ gilt genau dann, wenn $\boldsymbol{C}\boldsymbol{v} = \boldsymbol{o}$ ist (aus $\boldsymbol{v}^{\mathsf{T}}\boldsymbol{C}\boldsymbol{v} \geqq 0$ für alle Punkte $\boldsymbol{v} \in \mathbb{E}_n$ und aus der Differenzierbarkeit der konvexen quadratischen Funktion $f(\boldsymbol{v}) := \boldsymbol{v}^{\mathsf{T}}\boldsymbol{C}\boldsymbol{v}$ folgt, daß sie ihr Minimum gerade in Punkten der Menge $\{\boldsymbol{v} \in \mathbb{E}_n \mid \nabla f(\boldsymbol{v}) = \boldsymbol{o}\} = \{\boldsymbol{v} \in \mathbb{E}_n \mid \boldsymbol{C}\boldsymbol{v} = \boldsymbol{o}\}$ annimmt). Der charakteristische Kegel $C_{\mathscr{E}_F}$ hat also die Darstellung

$$C_{\mathscr{E}_F} = \{(\boldsymbol{v}, v_{n+1}) \in \mathbb{E}_{n+1} \mid \boldsymbol{C}\boldsymbol{v} = \boldsymbol{o}, (\boldsymbol{p}, \boldsymbol{v}) \geqq 0, \; v_{n+1} \geqq 2(\boldsymbol{p}, \boldsymbol{v})\}.$$

Die Menge

$$V_0 := \{\boldsymbol{x} \in \mathbb{E}_n \mid F(\boldsymbol{x}) \leqq F(\boldsymbol{o}) = 0\}$$

ist wegen $\tilde{\mu} < 0$ (vgl. Satz 17.5) eine n-dimensionale abgeschlossene konvexe Menge mit $\boldsymbol{o} \in \partial V_0$. Ein Punkt $\boldsymbol{v} \in \mathbb{E}_n$ gehört genau dann zum charakteristischen Kegel C_{V_0} dieser Menge, wenn $F(t\boldsymbol{v}) \leqq 0$, d. h., wenn $t^2\boldsymbol{v}^{\mathsf{T}}\boldsymbol{C}\boldsymbol{v} + 2t(\boldsymbol{p}, \boldsymbol{v}) \leqq 0$ für alle Zahlen $t > 0$ gilt. Hieraus folgt $\boldsymbol{v}^{\mathsf{T}}\boldsymbol{C}\boldsymbol{v} = 0$ und $(\boldsymbol{p}, \boldsymbol{v}) \leqq 0$ und daraus $\boldsymbol{C}\boldsymbol{v} = \boldsymbol{o}, (\boldsymbol{p}, \boldsymbol{v}) \leqq 0$. Da aber andererseits $F(\boldsymbol{x}) \geqq \tilde{\mu}$ für $\boldsymbol{x} \in V_0$ ist, muß auch $(\boldsymbol{p}, \boldsymbol{v}) \geqq 0$ gelten. Damit ist

$$C_{V_0} = \{\boldsymbol{v} \in \mathbb{E}_{n+1} \mid \boldsymbol{C}\boldsymbol{v} = \boldsymbol{o}, (\boldsymbol{p}, \boldsymbol{v}) = 0\}.$$

Wegen $V_0' := \{(\boldsymbol{x}, x_{n+1}) \in \mathbb{E}_{n+1} \mid \boldsymbol{x} \in V_0, x_{n+1} = 0\} \subset \mathscr{E}_F$ ist auch $C_{V_0'} := \{(\boldsymbol{v}, v_{n+1}) \in \mathbb{E}_{n+1} \mid \boldsymbol{v} \in C_{V_0}, v_{n+1} = 0\} \subset C_{\mathscr{E}_F}$. Hieraus folgt, daß der charakteristische Kegel $C_{\mathscr{E}_F}$ den linearen Unterraum $C_{V_0'}$ in $\mathbb{E}_{n+1}$ als seine Scheitelmenge enthält.

Der zu dem Kegel $C_{\mathcal{E}_F}$ gehörige Polarkegel $C^p_{\mathcal{E}_F}(\boldsymbol{o}')$ im Punkt $\boldsymbol{o}'$ hat (vgl. Definition 4.2) die Darstellung

$$C^p_{\mathcal{E}_F}(\boldsymbol{o}') = \{\boldsymbol{u}' \in \mathbb{E}_{n+1} \mid (\boldsymbol{u}', \boldsymbol{v}') \leqq 0, \boldsymbol{v}' \in C_{\mathcal{E}_F}\}$$

$$= \{(\boldsymbol{u}, u_{n+1}) \in \mathbb{E}_{n+1} \mid (\boldsymbol{u}, \boldsymbol{v}) + u_{n+1}v_{n+1} \leqq 0, (\boldsymbol{v}, v_{n+1}) \in C_{\mathcal{E}_F}\},$$

und nach Satz 4.13 gilt

$$\text{rel int } C^p_{\mathcal{E}_F}(\boldsymbol{o}') = \{(\boldsymbol{u}, u_{n+1}) \in \mathbb{E}_{n+1} \mid (\boldsymbol{u}, \boldsymbol{v}) + u_{n+1}v_{n+1} = 0 \text{ für}$$

$$(\boldsymbol{v}, v_{n+1}) \in C_{V_0'}, (\boldsymbol{u}, \boldsymbol{v}) + u_{n+1}v_{n+1} < 0 \text{ für } (\boldsymbol{v}, v_{n+1}) \in C_{\mathcal{E}_F} \setminus C_{V_0'}\}.$$

Wegen $v_{n+1} = 0$ für die Punkte $(\boldsymbol{v}, v_{n+1}) \in C_{V_0'}$ und $v_{n+1} > 0$ für die Punkte $(\boldsymbol{v}, v_{n+1}) \in C_{\mathcal{E}_F} \setminus C_{V_0'}$ gilt $(\boldsymbol{o}, -1) \in \text{rel int } C^p_{\mathcal{E}_F}(\boldsymbol{o}')$. Hieraus folgt nach Satz 19.6 (Aussagen (c) und (d)), daß der Punkt $(\boldsymbol{o}, -1)$ zu der dort unter (19.5b) definierten Menge B gehört; nach Satz 19.2 existiert dann ein Punkt $(\boldsymbol{x}_0, F(\boldsymbol{x}_0))$ des Epigraphen $\mathcal{E}_F$, so daß

$$R'(\boldsymbol{o}) := \{(\boldsymbol{x}, x_{n+1}) \in \mathbb{E}_{n+1} \mid (\boldsymbol{o}, \boldsymbol{x}) - x_{n+1} = F^c(\boldsymbol{o})\}$$

$$= \{(\boldsymbol{x}, x_{n+1}) \in \mathbb{E}_{n+1} \mid x_{n+1} = -F^c(\boldsymbol{o})\}$$

eine den Punkt $(\boldsymbol{x}_0, F(\boldsymbol{x}_0))$ enthaltende Stützhyperebene des Epigraphen $\mathcal{E}_F$ ist. Nach Definition 19.1 einer konjugierten Funktion ist aber

$$F^c(\boldsymbol{o}) := \sup_{\boldsymbol{x} \in \mathbb{E}_n} \{(\boldsymbol{x}, \boldsymbol{o}) - F(\boldsymbol{x})\} = -\inf_{\boldsymbol{x} \in \mathbb{E}_n} \{F(\boldsymbol{x})\} = -\tilde{\mu}.$$

Damit gilt $R'(\boldsymbol{o}) = \{(\boldsymbol{x}, x_{n+1}) \in \mathbb{E}_{n+1} \mid x_{n+1} = \tilde{\mu}\}$, und wegen $(\boldsymbol{x}_0, F(\boldsymbol{x}_0)) \in R'(\boldsymbol{o})$ ist dann $F(\boldsymbol{x}_0) = \tilde{\mu}$. Die konvexe Funktion $F(\boldsymbol{x})$ erreicht also im Punkt $\boldsymbol{x}_0$ ihr Minimum über dem Raum $\mathbb{E}_n$; hieraus folgt aufgrund der Differenzierbarkeit der quadratischen Funktion $F(\boldsymbol{x})$ die Aussage des Lemmas. □

Lemma 25.2. *Es seien $F(\boldsymbol{x})$ eine konvexe quadratische Funktion und M ein konvexes Polyeder in $\mathbb{E}_n$ mit den Darstellungen* (25.21a, b). *Wenn*

$$\mu := \inf_{\boldsymbol{x} \in M} \{F(\boldsymbol{x})\} > -\infty \tag{25.22a}$$

ist, dann gibt es einen Punkt $\boldsymbol{x}_0 \in M$ derart, daß gilt

$$F(\boldsymbol{x}_0) = \min_{\boldsymbol{x} \in M} \{F(\boldsymbol{x})\}. \tag{25.22b}$$

Beweis. Wir betrachten zunächst den Fall

$$\mu := \inf_{\boldsymbol{x} \in M} \{F(\boldsymbol{x})\} = \inf_{\boldsymbol{x} \in \mathbb{E}_n} \{F(\boldsymbol{x})\}. \tag{25.23}$$

Wegen $\mu > -\infty$ ist die Menge

$$L := \{\boldsymbol{x} \in \mathbb{E}_n \mid \nabla F(\boldsymbol{x}) = \boldsymbol{o}\} = \{\boldsymbol{x} \in \mathbb{E}_n \mid \boldsymbol{C}\boldsymbol{x} + \boldsymbol{p} = \boldsymbol{o}\} \tag{25.24}$$

nach Lemma 25.1 ein linearer Unterraum, und es existiert ein Punkt $\boldsymbol{x}_0 \in \mathbb{E}_n$, so daß gilt

$$\mu = \min_{\boldsymbol{x} \in \mathbb{E}_n} \{F(\boldsymbol{x})\} = F(\boldsymbol{x}_0), \quad \boldsymbol{x}_0 \in L, \quad F(\boldsymbol{x}) > \mu, \quad \boldsymbol{x} \notin L. \tag{25.25}$$

Wir zeigen nun indirekt, daß $M \cap L \neq \emptyset$ ist. Im Fall $M \cap L = \emptyset$ gibt es, da sowohl die Menge M als auch der lineare Unterraum L konvexe Polyeder sind, Punkte $\boldsymbol{x}_1 \in M$ und $\boldsymbol{x}_2 \in L$ derart (siehe Bemerkung 1.2), daß

$$\varrho(M, L) = \varrho(\boldsymbol{x}_1, \boldsymbol{x}_2) > 0$$

gilt. Setzt man $\boldsymbol{w} := \boldsymbol{x}_2 - \boldsymbol{x}_1$, dann ist die Hyperebene

$$R := \{\boldsymbol{x} \in \mathbb{E}_n \mid (\boldsymbol{w}, \boldsymbol{x} - \boldsymbol{x}_1) = 0\} \tag{25.26a}$$

eine Stützhyperebene des Polyeders M mit $\boldsymbol{x}_1 \in R$; für die zu ihr gehörigen offenen Halbräume

$$H^+ := \{\boldsymbol{x} \in \mathbb{E}_n \mid (\boldsymbol{w}, \boldsymbol{x} - \boldsymbol{x}_1) > 0\}, \quad H^- := \{\boldsymbol{x} \in \mathbb{E}_n \mid (\boldsymbol{w}, \boldsymbol{x} - \boldsymbol{x}_1) < 0\} \tag{25.26b}$$

gilt

$$L \subset H^+, \quad M \subset \overline{H}^-. \tag{25.26c}$$

Hieraus und aus (25.25) folgt $F(\boldsymbol{x}) > \mu$ für $\boldsymbol{x} \in R$ und daher

$$\tilde{\mu} := \inf_{\boldsymbol{x} \in R} \{F(\boldsymbol{x})\} \geqq \mu > -\infty. \tag{25.26d}$$

Wählt man Vektoren $\boldsymbol{d}_1, \ldots, \boldsymbol{d}_{n-1}$ in $\mathbb{E}_n$ mit $\boldsymbol{x}_1 + \boldsymbol{d}_r \in R$ $(r = 1, \ldots, n-1)$, $(\boldsymbol{d}_r, \boldsymbol{d}_s) = \delta_{rs}$ $(r, s = 1, \ldots, n-1)$ und $(\boldsymbol{d}_r, \boldsymbol{w}) = 0$ $(r = 1, \ldots, n-1)$, so erhält man für die Hyperebene R die parametrische Darstellung

$$R = \left\{\boldsymbol{x} \in \mathbb{E}_n \mid \boldsymbol{x} = \boldsymbol{x}_1 + \sum_{r=1}^{n-1} y_r \boldsymbol{d}_r,\ y_r \in \mathbb{R}\ (r = 1, \ldots, n-1)\right\}; \tag{25.27a}$$

dabei sind $y_1, \ldots, y_{n-1}$ die kartesischen Koordinaten eines Punktes $\boldsymbol{y} \in R$ in dem kartesischen Koordinatensystem der Hyperebene R mit dem Koordinatenursprung $\boldsymbol{x}_1$ und der Vektorbasis $\boldsymbol{d}_1, \ldots, \boldsymbol{d}_{n-1}$ in R. Die Hyperebene R kann daher als ein $(n-1)$-dimensionaler euklidischer und mit den kartesischen Koordinaten $y_1, \ldots, y_{n-1}$ versehener Raum $\mathbb{E}_{n-1}$ aufgefaßt werden. Definiert man

$$\tilde{F}(\boldsymbol{y}) := F\left(\boldsymbol{x}_1 + \sum_{r=1}^{n-1} y_r \boldsymbol{d}_r\right), \quad \boldsymbol{y} \in \mathbb{E}_{n-1}, \tag{25.27b}$$

dann gilt nach (25.26d)

$$\tilde{\mu} := \inf_{\boldsymbol{x} \in R} \{F(\boldsymbol{x})\} = \inf_{\boldsymbol{y} \in \mathbb{E}_{n-1}} \{\tilde{F}(\boldsymbol{y})\} \geqq \mu > -\infty. \tag{25.28}$$

Da $F(\boldsymbol{x})$ eine konvexe quadratische Funktion ist, ist $\tilde{F}(\boldsymbol{y})$ ebenfalls eine quadratische und nach Satz 15.3 konvexe Funktion über dem Raum $\mathbb{E}_{n-1}$; sie besitzt nach (15.28) ein endliches Infimum $\tilde{\mu}$ über dem Raum $\mathbb{E}_{n-1}$. Folglich ist die Menge

$$\tilde{L} := \left\{\boldsymbol{y} \in \mathbb{E}_{n-1} \,\middle|\, \frac{\partial \tilde{F}}{\partial y_r} = 0\ (r = 1, \ldots, n-1)\right\} \tag{25.29}$$

ein linearer Unterraum in $\mathbb{E}_{n-1}$ (und daher in R) mit $0 \leqq \dim \tilde{L} \leqq n-2$. Nach Lemma 25.1, angewandt auf die über dem Raum $\mathbb{E}_{n-1}$ definierte Funktion $\tilde{F}(\boldsymbol{y})$, gilt weiterhin

$$\begin{aligned} \tilde{\mu} &= \min_{\boldsymbol{y} \in \mathbb{E}_{n-1}} \{\tilde{F}(\boldsymbol{y})\} = \min_{\boldsymbol{x} \in R} \{F(\boldsymbol{x})\} = \tilde{F}(\boldsymbol{y}_0), \quad \boldsymbol{y}_0 \in \tilde{L}, \\ \tilde{F}(\boldsymbol{y}) &> \tilde{\mu}, \quad \boldsymbol{y} \in \mathbb{E}_{n-1} \setminus \tilde{L}. \end{aligned} \tag{25.30}$$

Wegen $F(\boldsymbol{x}) > \mu$ für $\boldsymbol{x} \in R$ gilt daher

$$F(\boldsymbol{x}) \geqq \tilde{\mu} > \mu, \quad \boldsymbol{x} \in R. \tag{25.31a}$$

Andererseits existiert nach Definition (25.22a) der Zahl μ ein Punkt $\hat{\boldsymbol{x}} \in M$ mit

$$F(\hat{\boldsymbol{x}}) < \mu + \frac{\tilde{\mu} - \mu}{2} = \frac{\mu + \tilde{\mu}}{2} < \tilde{\mu}, \tag{25.31b}$$

für den wegen $M \subset \overline{H}^-$ (siehe (25.26c)) nach (25.31a) $\hat{\boldsymbol{x}} \in H^-$ gilt. Für einen Punkt $\boldsymbol{x}_0 \in L$, nach (25.26c) ist $\boldsymbol{x}_0 \in H^+$, enthält die offene Strecke $u(\boldsymbol{x}_0, \hat{\boldsymbol{x}})$ einen Punkt $\boldsymbol{z} = \lambda_1\boldsymbol{x}_0 + \lambda_2\hat{\boldsymbol{x}} \in R$ ($\lambda_1 > 0$, $\lambda_2 > 0$ mit $\lambda_1 + \lambda_2 = 1$), für den aufgrund der Konvexität der quadratischen Funktion $F(\boldsymbol{x})$ nach (25.31b) und (25.25)

$$F(\boldsymbol{z}) = F(\lambda_1\boldsymbol{x}_0 + \lambda_2\hat{\boldsymbol{x}}) \leqq \lambda_1 F(\boldsymbol{x}_0) + \lambda_2 F(\hat{\boldsymbol{x}}) < \tilde{\mu}$$

gilt, im Widerspruch zu (25.31a). Die Annahme $M \cap L = \emptyset$ muß daher verworfen werden, und es ist $M \cap L \neq \emptyset$, d. h., es existiert ein Punkt $\boldsymbol{x}_0 \in M$ mit

$$F(\boldsymbol{x}_0) = \min_{\boldsymbol{x} \in \mathbb{E}_n} \{F(\boldsymbol{x})\} = \min_{\boldsymbol{x} \in M} \{F(\boldsymbol{x})\}.$$

Damit ist das Lemma für den Fall (25.23) gezeigt.

Es sei nun $\inf\limits_{\boldsymbol{x} \in \mathbb{E}_n} \{F(\boldsymbol{x})\} < \mu$. Die Menge

$$V_\mu := \{\boldsymbol{x} \in \mathbb{E}_n \mid F(\boldsymbol{x}) \leqq \mu\} \tag{25.32}$$

ist nach Satz 15.5 konvex und n-dimensional (denn die quadratische Funktion $F(\boldsymbol{x})$ ist über dem Raum $\mathbb{E}_n$ stetig, und es gilt $\{\boldsymbol{x} \in \mathbb{E}_n \mid F(\boldsymbol{x}) < \mu\} \neq \emptyset$). Aus (25.22a) und (25.32) folgt dann $\operatorname{int} V_\mu \cap \operatorname{rel\,int} M = \emptyset$ und daraus nach Satz 9.1 die Existenz einer Trennungshyperebene R der konvexen Mengen V_μ und M. Nach (25.32) muß $F(\boldsymbol{x}) \geqq \mu$ für $\boldsymbol{x} \in R$ gelten und daher auch

$$\tilde{\mu} := \inf_{\boldsymbol{x} \in R} \{F(\boldsymbol{x})\} \geqq \mu. \tag{25.33}$$

O. B. d. A. kann vorausgesetzt werden, daß die Trennungshyperebene R eine Stützhyperebene des Polyeders M ist; dann gilt $\varrho(M, R) = 0$ und daher nach Bemerkung 1.2 $M \cap R \neq \emptyset$. Es gibt also einen Vektor $\boldsymbol{w} \neq \boldsymbol{o}$ und einen Punkt $\boldsymbol{x}_1 \in M \cap R$, so daß $R = \{\boldsymbol{x} \in \mathbb{E}_n \mid (\boldsymbol{w}, \boldsymbol{x} - \boldsymbol{x}_1) = 0\}$ ist und

$$V_\mu \subset \overline{H}^+, \quad M \subset \overline{H}^- \tag{25.34}$$

gilt (dabei sind H^+ und H^- die zur Hyperebene R gehörenden offenen Halbräume mit der Beschreibung (25.26b)). Entsprechend dem Vorgehen im ersten Teil des Beweises kann man in der Hyperebene R kartesische Koordinaten einführen, eine Funktion $\tilde{F}(\boldsymbol{y})$ gemäß (25.27a) und einen linearen Unterraum $\tilde{L}$ gemäß (25.29) definieren, für die dann die Aussagen (25.30) gelten. Wäre $\tilde{\mu} > \mu$, so gäbe es nach Definition der Zahl μ einen Punkt $\hat{\boldsymbol{x}} \in M$ (siehe (25.31b)) mit $F(\hat{\boldsymbol{x}}) < \tilde{\mu}$, für den nach (25.33) dann $\hat{\boldsymbol{x}} \notin R$ und nach (25.34) schließlich $\hat{\boldsymbol{x}} \in H^-$ gelten würde. Wählt man einen Punkt $\boldsymbol{x}_0 \in \operatorname{int} V_\mu$, für den nach (25.32) $F(\boldsymbol{x}_0) < \mu$ ist, so müßte wegen $\tilde{\mu} > \mu$ und aufgrund der Konvexität der Funktion $F(\boldsymbol{x})$ für jede Konvexkombination $\boldsymbol{z} = \lambda_1\boldsymbol{x}_0 + \lambda_2\hat{\boldsymbol{x}}$

$$F(\boldsymbol{z}) \leqq \lambda_1 F(\boldsymbol{x}_0) + \lambda_2 F(\hat{\boldsymbol{x}}) < \tilde{\mu}$$

sein, im Widerspruch dazu, daß die in dieser Punktmenge enthaltene offene Strecke $u(\boldsymbol{x}_0, \hat{\boldsymbol{x}})$ die Trennungshyperebene R in einem Punkt $\hat{\boldsymbol{z}}$ schneidet, für den nach (25.33) $F(\hat{\boldsymbol{z}}) \geqq \tilde{\mu}$ ist. Der Fall $\tilde{\mu} > \mu$ kann also nicht eintreten, und nach (25.33) gilt

$$\tilde{\mu} := \inf_{\boldsymbol{x} \in R} \{F(\boldsymbol{x})\} = \mu .$$

Hieraus und aus (25.30) folgt (wie oben identifizieren wir den Raum $\mathbb{E}_{n-1}$ mit der Hyperebene R)

$$F(\boldsymbol{x}) = \mu \quad \text{für} \quad \boldsymbol{x} \in \tilde{L}, \quad F(\boldsymbol{x}) > \mu \quad \text{für} \quad \boldsymbol{x} \in R \setminus \tilde{L}. \tag{25.35a}$$

Da nach (25.34) $V_\mu \cap H^- = \emptyset$ und daher (nach Definition (25.32) der Menge V_μ) $F(\boldsymbol{x}) > \mu$ für $\boldsymbol{x} \in H^-$ ist, erhält man aus (25.35a) wegen $\tilde{L} \subset R$

$$\begin{aligned} &\mu = \min_{\boldsymbol{x} \in \bar{H}^-} \{F(\boldsymbol{x})\} = F(\boldsymbol{x}_0) \quad \text{für} \quad \boldsymbol{x}_0 \in \tilde{L}, \\ &F(\boldsymbol{x}) > \mu \quad \text{für} \quad \boldsymbol{x} \in \bar{H}^- \setminus \tilde{L}. \end{aligned} \tag{25.35b}$$

Es sei nun zunächst $d := \dim \tilde{L} = 0$, d. h. $\tilde{L} = \{\boldsymbol{x}_0\}$, und $\varepsilon > 0$ eine beliebige Zahl. Wegen $\tilde{L} \subset R$ ist der Durchschnitt der Hypersphäre

$$Q_\varepsilon := \{\boldsymbol{x} \in \mathbb{E}_n \mid \|\boldsymbol{x} - \boldsymbol{x}_0\| = \varepsilon\}$$

mit dem Halbraum $\bar{H}^-$ eine nichtleere kompakte Menge, über der die konvexe Funktion $F(\boldsymbol{x})$ ihr Minimum in einem Punkt $\tilde{\boldsymbol{x}} \in \bar{H}^- \cap Q_\varepsilon$ annimmt. Wegen $\tilde{\boldsymbol{x}} \neq \boldsymbol{x}_0$ und daher $\tilde{\boldsymbol{x}} \notin \tilde{L}$ folgt nach (25.35b) $F(\tilde{\boldsymbol{x}}) > \mu$, und es gilt $F(\boldsymbol{z}) \geqq F(\tilde{\boldsymbol{x}}) > \mu$ für $\boldsymbol{z} \in \bar{H}^- \cap Q_\varepsilon$. Wegen $F(\boldsymbol{x}_0) = \mu$ folgt aus der Konvexität der Funktion $F(\boldsymbol{x})$, daß $F(\boldsymbol{x}) > F(\boldsymbol{z})$ für alle Punkte $\boldsymbol{x} = \boldsymbol{x}_0 + t(\boldsymbol{z} - \boldsymbol{x}_0)$ mit $\boldsymbol{z} \in \bar{H}^- \cap Q_\varepsilon$ und $t > 1$ ist. Somit gilt

$$F(\boldsymbol{x}) > F(\tilde{\boldsymbol{x}}) > \mu \quad \text{für} \quad \boldsymbol{x} \in \bar{H}^- \setminus U(\boldsymbol{x}_0; \varepsilon). \tag{25.36}$$

Nach Voraussetzung (25.22a) gibt es einen Punkt $\boldsymbol{x}_\varepsilon \in M$ mit $F(\boldsymbol{x}) < F(\tilde{\boldsymbol{x}})$, und wegen $M \subset \bar{H}^-$ folgt aus (25.36) $\boldsymbol{x}_\varepsilon \in U(\boldsymbol{x}_0; \varepsilon)$. Da aber ε eine beliebige positive Zahl war, ist $\boldsymbol{x}_0$ ein Häufungspunkt des Polyeders M, der wegen $\bar{M} = M$ in dem Polyeder M liegt. Nach (25.35a) folgt dann $\mu = F(\boldsymbol{x}_0) = \min_{\boldsymbol{x} \in M} \{F(\boldsymbol{x})\}$.

Im Fall $d := \dim \tilde{L} \geqq 1$ ist die Menge $\tilde{L}$ ein in der Hyperebene R liegender linearer Unterraum; er möge die folgende parametrische Darstellung haben:

$$\tilde{L} = \left\{\boldsymbol{x} \in \mathbb{E}_n \mid \boldsymbol{x} = \boldsymbol{x}_0 + \sum_{r=1}^{d} u_r \boldsymbol{v}_r,\ u_r \in \mathbb{R} \ (r = 1, \ldots, d)\right\}; \tag{25.37a}$$

dabei sind $\boldsymbol{v}_1, \ldots, \boldsymbol{v}_d$ linear unabhängige Vektoren und $\boldsymbol{x}_0 \in \tilde{L}$. Weiter sei M' die Menge aller d-dimensionalen und zu dem linearen Unterraum $\tilde{L}$ parallelen linearen Unterräume $\tilde{L}(\boldsymbol{z})$ mit $\boldsymbol{z} \in M$, d. h.

$$M' := \left\{\boldsymbol{x} \in \mathbb{E}_n \mid \boldsymbol{x} = \boldsymbol{z} + \sum_{r=1}^{d} u_r \boldsymbol{v}_r,\ \boldsymbol{z} \in M,\ (u_1, \ldots, u_d) \in \mathbb{E}_d\right\}. \tag{25.37b}$$

Diese Menge M' ist offenbar ein konvexes Polyeder in $\mathbb{E}_n$ mit $M \subset M'$; wegen $M \subset \bar{H}^-$ und $\tilde{L} \subset R$ ist $M' \subset \bar{H}^-$. Für die Punkte $\boldsymbol{x} \cap \tilde{L}$ folgt aus (25.37a) und aus der Darstellung (25.21a) der Funktion $F(\boldsymbol{x})$

$$F(\boldsymbol{x}) = F\left(\boldsymbol{x}_0 + \sum_{r=1}^{d} u_r \boldsymbol{v}_r\right)$$

$$= \sum_{r,s=1}^{d} (\boldsymbol{v}_r^{\mathsf{T}} \boldsymbol{C} \boldsymbol{v}_s)\, u_r u_s + 2 \sum_{r=1}^{d} \boldsymbol{v}_r^{\mathsf{T}} (\boldsymbol{C} \boldsymbol{x}_0 + \boldsymbol{p})\, u_r + F(\boldsymbol{x}_0), \quad (u_1, \ldots, u_d) \in \mathbb{E}_d.$$

Wegen $\boldsymbol{x}_0 \in \tilde{L}$ und $F(\boldsymbol{x}) = F(\boldsymbol{x}_0) = \mu$ für $\boldsymbol{x} \in \tilde{L}$ (nach (25.35a)) muß $\boldsymbol{v}_r^{\mathsf{T}} \boldsymbol{C} \boldsymbol{v}_s = 0$ und $\boldsymbol{v}_r^{\mathsf{T}}(\boldsymbol{C}\boldsymbol{x}_0 + \boldsymbol{p}) = 0$ $(r, s = 1, \ldots, d)$ gelten. Daher ist für jeden Punkt $\boldsymbol{z} \in M$

$$F(\boldsymbol{x}) = F(\boldsymbol{z}), \quad \boldsymbol{x} \in \tilde{L}(\boldsymbol{z}) \tag{25.37c}$$

und damit

$$\mu := \inf_{\boldsymbol{x} \in M} \{F(\boldsymbol{x})\} = \inf_{\boldsymbol{x} \in M'} \{F(\boldsymbol{x})\}. \tag{25.37d}$$

Es sei nun $\tilde{L}^*$ der zu dem linearen Unterraum $\tilde{L}$ duale lineare Unterraum mit $\tilde{L} \cap \tilde{L} = \{\boldsymbol{x}_0\}$. Dann ist auch für jeden Punkt $\boldsymbol{z} \in M$ der Durchschnitt $\tilde{L}(\boldsymbol{z}) \cap \tilde{L}^*$ einelementig. Bezeichnet man

$$\{\boldsymbol{z}^*\} := \tilde{L}(\boldsymbol{z}) \cap \tilde{L}^* \quad (\boldsymbol{z} \in M), \qquad {}^*M' := M' \cap \tilde{L}^*,$$

so ist $\boldsymbol{z}^* \in \tilde{L}(\boldsymbol{z})$, $\boldsymbol{z}^* \in {}^*M'$, und aus (25.37c, d) folgt

$$\mu = \inf_{\boldsymbol{x} \in M} \{F(\boldsymbol{x})\} = \inf_{\boldsymbol{x} \in {}^*M'} \{F(\boldsymbol{x})\}. \tag{25.38a}$$

Wegen $\tilde{L} \subset R$ ist der Durchschnitt ${}^*R := R \cap \tilde{L}^*$ eine Hyperebene des Raumes $\tilde{L}^*$ mit $\boldsymbol{x}_0 \in {}^*R$; die zu ihr gehörigen offenen Halbräume im Raum $\tilde{L}^*$ sind ${}^*H^+ := H^+ \cap \tilde{L}^*$ und ${}^*H^- := H^- \cap \tilde{L}^*$, wobei H^+ und H^- die unter (25.26b) definierten, zur Hyperebene R gehörenden offenen Halbräume bezeichnen. Wegen $M' \subset \overline{H}^-$ ist dann ${}^*M' \subset \overline{H}^- \cap \tilde{L}^* = {}^*\overline{H}^-$, und nach (25.35b) folgt

$$F(\boldsymbol{x}_0) = \mu, \quad F(\boldsymbol{x}) > \mu \quad \text{für} \quad \boldsymbol{x} \in {}^*\overline{H}^- \setminus \{\boldsymbol{x}_0\}; \tag{25.38b}$$

dabei ist $\boldsymbol{x}_0 \in {}^*R$. Mit (25.38a, b) ist der betrachtete Fall $d \geqq 1$ auf den vorher behandelten Fall $d = 0$ zurückgeführt, wobei nun statt des Raumes $\mathbb{E}_n$ der Raum $\tilde{L}^*$ steht, statt der Hyperebene R die Hyperebene ${}^*R$, statt des Halbraumes $\overline{H}^-$ der Halbraum ${}^*\overline{H}^-$ und statt des konvexen Polyeders M das konvexe Polyeder ${}^*M'$. Somit gilt unter Beachtung von (25.38a, b)

$$\boldsymbol{x}_0 \in {}^*M', \quad \mu = F(\boldsymbol{x}_0) = \min_{\boldsymbol{x} \in {}^*M'} \{F(\boldsymbol{x})\}.$$

Dann ist aber $\boldsymbol{x}_0 \in M'$, und nach (25.37b) gibt es einen Punkt $\boldsymbol{z}_0 \in M$ und Zahlen u_{0r} $(r = 1, \ldots, m)$, so daß $\boldsymbol{x}_0 = \boldsymbol{z}_0 + \sum_{r=1}^{d} u_{0r} \boldsymbol{v}_r$ ist und daher $\boldsymbol{z}_0 = \boldsymbol{x}_0 + \sum_{r=1}^{d} (-u_{0r})\, \boldsymbol{v}_r$. Hieraus und aus (25.37a) folgt $\boldsymbol{z}_0 \in \tilde{L}$ und nach (25.35b), (25.34) und (25.38a) schließlich

$$F(\boldsymbol{z}_0) = \inf_{\boldsymbol{x} \in M} \{F(\boldsymbol{x})\} = \min_{\boldsymbol{x} \in M} \{F(\boldsymbol{x})\}.$$

Damit ist die Aussage des Lemmas auch im Fall $d \geqq 1$ gezeigt. □

Satz 25.5. *Es seien*

$$F(\boldsymbol{x}) := \boldsymbol{x}^{\mathsf{T}}\boldsymbol{C}\boldsymbol{x} + 2(\boldsymbol{p}, \boldsymbol{x}) \quad (\text{Rang } \boldsymbol{C} \geqq 1)$$

eine konvexe quadratische Funktion,

$$F_i(\boldsymbol{x}) := (\boldsymbol{a}_i, \boldsymbol{x}) - b_i \quad (i = 1, \ldots, m) \quad (\|\boldsymbol{a}_i\| > 0)$$

lineare Funktionen und

$$\Phi(\boldsymbol{x}, \boldsymbol{u}) := F(\boldsymbol{x}) + \sum_{i=1}^{m} u_i F_i(\boldsymbol{x}), \quad \boldsymbol{x} \in \tilde{M}, \quad \boldsymbol{u} = (u_1, \ldots, u_m) \in \mathbb{E}_m.$$

Dann gelten für die Optimierungsprobleme

$$\inf_{\boldsymbol{x} \in M} \{F(\boldsymbol{x})\}! \tag{25.39a}$$

und

$$\sup_{(\boldsymbol{x},\boldsymbol{u}) \in M^*} \{\Phi(\boldsymbol{x}, \boldsymbol{u})\}!, \tag{25.39b}$$

wobei $M^* := \left\{(\boldsymbol{x}, \boldsymbol{u}) \in \mathbb{E}_n \times \mathbb{E}_m^+ \;\middle|\; \frac{\partial \Phi}{\partial x_\alpha}(\boldsymbol{x}, \boldsymbol{u}) = 0 \ (\alpha = 1, \ldots, n)\right\}$ *ist, sobald die Menge*

$$M := \{\boldsymbol{x} \in \mathbb{E}_n \mid F_i(\boldsymbol{x}) \leqq 0 \ (i = 1, \ldots, m)\}$$

nichtleer ist, die folgenden Aussagen:

(a) *Wenn die Funktion* $F(\boldsymbol{x})$ *über dem Raum* $\mathbb{E}_n$ *streng konvex ist und wenn es einen Optimalpunkt* $(\boldsymbol{x}_0, \boldsymbol{u}_0)$ *des Problems* (25.39b) *gibt, dann ist* $\boldsymbol{x}_0$ *ein Optimalpunkt des Problems* (25.39a), *und es gilt*

$$F(\boldsymbol{x}_0) = \Phi(\boldsymbol{x}_0, \boldsymbol{u}_0); \tag{25.39c}$$

(b) *wenn die Funktion* $F(\boldsymbol{x})$ *über der Menge* M *ein endliches Infimum besitzt, so ist das Optimierungsproblem* (25.39a) *lösbar, und zu jedem Optimalpunkt* $\boldsymbol{x}_0$ *dieses Problems gibt es einen Punkt* $\boldsymbol{u}_0 \in \mathbb{E}_m{}^+$ *derart, daß* $(\boldsymbol{x}_0, \boldsymbol{u}_0)$ *ein Optimalpunkt des Optimierungsproblems* (25.39b) *ist und* (25.39c) *gilt;*

(c) *wenn* $(\boldsymbol{x}_0, \boldsymbol{u}_0)$ *ein Optimalpunkt des dualen Optimierungsproblems* (25.39b) *ist, dann existiert ein Optimalpunkt* $\tilde{\boldsymbol{x}}$ *des primalen Optimierungsproblems* (25.39a), *und es gilt für ihn*

$$\boldsymbol{C}(\tilde{\boldsymbol{x}} - \boldsymbol{x}_0) = \boldsymbol{o}.$$

Beweis. Als quadratische Funktion ist $F(\boldsymbol{x})$ stetig differenzierbar beliebiger Ordnung über dem Raum $\mathbb{E}_n$. Wegen der Linearität der Funktionen $F_i(\boldsymbol{x})$ $(i = 1, \ldots, m)$ entfällt die in den Sätzen 25.2 und 25.3 geforderte Uzawa-Bedingung (25.4). Falls die quadratische Funktion $F(\boldsymbol{x})$ über dem Raum $\mathbb{E}_n$ streng konvex ist (vgl. Definition 15.3), dann gilt $F(\lambda_1\boldsymbol{x}_1 + \lambda_2\boldsymbol{x}_2) < \lambda_1 F(\boldsymbol{x}_1) + \lambda_2 F(\boldsymbol{x}_2)$ für jedes Punktepaar $\boldsymbol{x}_1$ und $\boldsymbol{x}_2$ aus $\mathbb{E}_n$ mit $\boldsymbol{x}_1 \neq \boldsymbol{x}_2$ und für beliebige Zahlen $\lambda_1 > 0$, $\lambda_2 > 0$ mit $\lambda_1 + \lambda_2 = 1$. Wegen $F(\boldsymbol{o}) = 0$ folgt daraus $F(\lambda_1\boldsymbol{x}) < \lambda_1 F(\boldsymbol{x})$ für $\boldsymbol{x} \in \mathbb{E}_n$, $\boldsymbol{x} \neq \boldsymbol{o}$, und für λ_1 mit $0 < \lambda_1 < 1$. Hieraus erhält man unter Beachtung der Darstellung der quadratischen Funktion $F(\boldsymbol{x})$ nach Umformung $0 < (1 - \lambda_1)\, \boldsymbol{x}^{\mathsf{T}}\boldsymbol{C}\boldsymbol{x}$ und wegen $\lambda_1 \in (0, 1)$ dann $\boldsymbol{x}^{\mathsf{T}}\boldsymbol{C}\boldsymbol{x} > 0$ für $\boldsymbol{x} \in \mathbb{E}_n$, $\boldsymbol{x} \neq \boldsymbol{o}$. Die Matrix $\boldsymbol{C}$ ist daher positiv definit; es gibt also genau einen Punkt $\hat{\boldsymbol{x}}$ mit

$\nabla F(\hat{\boldsymbol{x}}) = \boldsymbol{o}$. Da nach Satz 16.3 $F(\boldsymbol{x}) - F(\hat{\boldsymbol{x}}) \geqq (\nabla F(\hat{\boldsymbol{x}}), \boldsymbol{x} - \hat{\boldsymbol{x}}) = 0$ für $\boldsymbol{x} \in \mathbb{E}_n$ gilt, ist

$$F(\hat{\boldsymbol{x}}) = \min_{\boldsymbol{x} \in \mathbb{E}_n} \{F(\boldsymbol{x})\} \leqq \inf_{\boldsymbol{x} \in M} \{F(\boldsymbol{x})\}.$$

Nach Lemma 25.2 gibt es dann einen Optimalpunkt $\tilde{\boldsymbol{x}}$ des Problems (25.39a). Wenn nun $(\boldsymbol{x}_0, \boldsymbol{u}_0)$ ein Optimalpunkt des zu dem Problem (25.39a) dualen Problems (25.39b) ist, so ist nach Satz 25.3 $F(\tilde{\boldsymbol{x}}) = F(\boldsymbol{x}_0) = \Phi(\boldsymbol{x}_0, \boldsymbol{u}_0)$ und $\boldsymbol{x}_0 = \tilde{\boldsymbol{x}}$. Damit ist die Aussage (a) gezeigt.

Falls das Infimum der Funktion $F(\boldsymbol{x})$ über der Menge M endlich ist, dann gibt es nach Lemma 25.2 einen Punkt $\boldsymbol{x}_0$ mit

$$\boldsymbol{x}_0 \in M, \quad F(\boldsymbol{x}_0) = \min_{\boldsymbol{x} \in M} \{F(\boldsymbol{x})\}.$$

Hieraus folgt nach Satz 25.2 die Aussage (b).

Wenn $(\boldsymbol{x}_0, \boldsymbol{u}_0)$ ein Optimalpunkt des Optimierungsproblems (25.39b) ist, so besitzt die Funktion $F(\boldsymbol{x})$ nach Satz 25.1 ein endliches Infimum über der Menge M. Nach der bereits gezeigten Aussage (b) gibt es dann einen Optimalpunkt $\tilde{\boldsymbol{x}}$ des Problems (25.39a) und einen Punkt $\tilde{\boldsymbol{u}} \in \mathbb{E}_m^+$ derart, daß $(\tilde{\boldsymbol{x}}, \tilde{\boldsymbol{u}})$ ein Optimalpunkt des dualen Optimierungsproblems (25.39b) mit $F(\tilde{\boldsymbol{x}}) = \Phi(\tilde{\boldsymbol{x}}, \tilde{\boldsymbol{u}})$ ist. Da aber $(\boldsymbol{x}_0, \boldsymbol{u}_0)$ ebenfalls ein Optimalpunkt dieses Problems ist, gilt

$$F(\tilde{\boldsymbol{x}}) = \Phi(\boldsymbol{x}_0, \boldsymbol{u}_0) = F(\boldsymbol{x}_0) + \sum_{i=1}^{m} u_{0i}[(\boldsymbol{a}_i, \boldsymbol{x}_0) - b_i], \tag{25.40}$$

wobei $\boldsymbol{u}_0 = (u_{01}, \ldots, u_{0m})$ ist. Wegen $(\boldsymbol{x}_0, \boldsymbol{u}_0) \in M^*$ ist $\dfrac{\partial \Phi}{\partial x_\alpha}(\boldsymbol{x}_0, \boldsymbol{u}_0) = 0$ $(\alpha = 1, \ldots, n)$, und für die über dem Raum $\mathbb{E}_n$ konvexe Funktion $\Phi(\boldsymbol{x}, \boldsymbol{u}_0)$ gilt nach Satz 16.3

$$\Phi(\boldsymbol{x}, \boldsymbol{u}_0) - \Phi(\boldsymbol{x}_0, \boldsymbol{u}_0) \geqq \sum_{\alpha=1}^{n} \frac{\partial \Phi}{\partial x_\alpha}(\boldsymbol{x}_0, \boldsymbol{u}_0)(x_\alpha - x_{0\alpha}) = 0, \quad \boldsymbol{x} \in \mathbb{E}_n. \tag{25.41}$$

Hieraus folgt unter Beachtung von (25.40) und der Definition der Funktion $\Phi(\boldsymbol{x}, \boldsymbol{u})$

$$F(\tilde{\boldsymbol{x}}) = \Phi(\boldsymbol{x}_0, \boldsymbol{u}_0) \leqq \Phi(\tilde{\boldsymbol{x}}, \boldsymbol{u}_0) = F(\tilde{\boldsymbol{x}}) + \sum_{i=1}^{m} u_{0i}[(\boldsymbol{a}_i, \tilde{\boldsymbol{x}}) - b_i].$$

Damit ist

$$\sum_{i=1}^{m} u_{0i}\,[(\boldsymbol{a}_i, \tilde{\boldsymbol{x}}) - b_i] \geqq 0;$$

andererseits kann diese Summe wegen $\boldsymbol{u}_0 \in \mathbb{E}_m^+$ und $\tilde{\boldsymbol{x}} \in M$ nicht positiv sein; es gilt daher

$$\sum_{i=1}^{m} u_{0i}[(\boldsymbol{a}_i, \tilde{\boldsymbol{x}}) - b_i] = 0.$$

Zusammen mit (25.40) liefert das dann die Aussage $\Phi(\tilde{\boldsymbol{x}}, \boldsymbol{u}_0) = \Phi(\boldsymbol{x}_0, \boldsymbol{u}_0)$. Hieraus und aus (25.41) folgt $\Phi(\tilde{\boldsymbol{x}}, \boldsymbol{u}_0) \leqq \Phi(\boldsymbol{x}, \boldsymbol{u}_0)$ für $\boldsymbol{x} \in \mathbb{E}_n$ und wegen der Differenzierbarkeit der Funktion $\Phi(\boldsymbol{x}, \boldsymbol{u}_0)$ über dem Raum $\mathbb{E}_n$ dann $\dfrac{\partial \Phi}{\partial x_\alpha}(\tilde{\boldsymbol{x}}, \boldsymbol{u}_0) = 0$ $(\alpha = 1, \ldots, n)$. Somit gilt

$(\tilde{\boldsymbol{x}}, \boldsymbol{u}_0) \in M^*$, und da auch $(\boldsymbol{x}_0, \boldsymbol{u}_0) \in M^*$ ist, folgt

$$2(\boldsymbol{C}\tilde{\boldsymbol{x}} + \boldsymbol{p}) + \sum_{i=1}^{m} u_{0i}\boldsymbol{a}_i = \boldsymbol{o},$$

$$2(\boldsymbol{C}\boldsymbol{x}_0 + \boldsymbol{p}) + \sum_{i=1}^{m} u_{0i}\boldsymbol{a}_i = \boldsymbol{o},$$

d. h., es gilt $\boldsymbol{C}(\tilde{\boldsymbol{x}} - \boldsymbol{x}_0) = \boldsymbol{o}$. Damit ist auch die Aussage (c) gezeigt. □

Bemerkung 25.6. Der in der linearen Optimierung übliche Dualitätssatz besagt, daß ein lineares Optimierungsproblem genau dann lösbar ist, wenn zugleich das zu ihm duale Optimierungsproblem lösbar ist, wobei die Zielfunktionswerte in den Optimalpunkten dieser beiden Probleme übereinstimmen. Aus dem vorangegangenen Satz 25.5 folgt unmittelbar, daß auch im Fall eines konvexen Optimierungsproblems mit einer quadratischen Zielfunktion und mit linearen Restriktionsungleichungen eine ähnliche Aussage gilt. Sie sei in dem folgenden Satz 25.6, der keines Beweises mehr bedarf, zusammengefaßt.

Satz 25.6. *Es sei*

$$F(\boldsymbol{x}) := \boldsymbol{x}^{\mathsf{T}}\boldsymbol{C}\boldsymbol{x} + 2(\boldsymbol{p}, \boldsymbol{x}) \quad (\text{Rang}\, \boldsymbol{C} \geqq 1)$$

eine konvexe quadratische Funktion und

$$M := \{\boldsymbol{x} \in \mathbb{E}_n \mid (\boldsymbol{a}_i, \boldsymbol{x}) \leqq b_i \ (i = 1, \ldots, m)\} \quad (\|\boldsymbol{a}_i\| > 0)$$

die Restriktionsmenge des konvexen Optimierungsproblems

$$\inf_{\boldsymbol{x} \in M} \{F(\boldsymbol{x})\}!.$$

Dieses Optimierungsproblem ist genau dann lösbar, wenn das zu ihm duale Optimierungsproblem

$$\sup_{(\boldsymbol{x},\boldsymbol{u}) \in M^*} \{\Phi(\boldsymbol{x}, \boldsymbol{u})\}!$$

mit der Zielfunktion

$$\Phi(\boldsymbol{x}, \boldsymbol{u}) := F(\boldsymbol{x}) + \sum_{i=1}^{m} u_i[(\boldsymbol{a}_i, \boldsymbol{x}) - b_i]$$

und mit dem Restriktionsbereich

$$M^* := \left\{(\boldsymbol{x}, \boldsymbol{u}) \in \mathbb{E}_n \times \mathbb{E}_m^+ \;\middle|\; 2(\boldsymbol{C}\boldsymbol{x} + \boldsymbol{p}) + \sum_{i=1}^{m} u_i\boldsymbol{a}_i = \boldsymbol{o}\right\}$$

lösbar ist, und es gilt

$$F(\boldsymbol{x}_0) = \Phi(\tilde{\boldsymbol{x}}, \tilde{\boldsymbol{u}})$$

für jeden Optimalpunkt $\boldsymbol{x}_0$ des primalen Optimierungsproblems und für jeden Optimalpunkt $(\tilde{\boldsymbol{x}}, \tilde{\boldsymbol{u}})$ des zu ihm dualen Optimierungsproblems.

26. Minimaxprinzip und Sattelpunktsätze

Im Mittelpunkt des vorliegenden Kapitels steht ein Satz, der in der Literatur als *Minimaxsatz* oder auch als *Minimaxprinzip* bezeichnet wird. Seinem Wesen nach ist er eine Aussage über die Existenz eines sogenannten Sattelpunktes einer über einer Menge $X \times Y$ definierten Funktion $\psi(\boldsymbol{x}, \boldsymbol{y})$ mit $\boldsymbol{x} \in X$ und $\boldsymbol{y} \in Y$. Ähnlich wie die Dualitätssätze beinhaltet er (bzw. führt er zu) Kriterien, die die Lösbarkeit bestimmter Optimierungsprobleme sichern. So folgt in Satz 20.5 aus der Existenz eines Sattelpunktes $(\boldsymbol{x}_0, \boldsymbol{u}_0)$ der dort über der Menge $\tilde{M} \times \mathbb{E}_m^+$ definierten Lagrange-Funktion $\Phi(\boldsymbol{x}, \boldsymbol{u})$ mit $\boldsymbol{x} \in \tilde{M}$ und $\boldsymbol{u} \in \mathbb{E}_m^+$, daß $\boldsymbol{x}_0$ ein Optimalpunkt des in diesem Satz betrachteten Grundproblems der konvexen Optimierung ist. Den Minimaxaussagen liegt eine anschauliche geometrische Interpretation zugrunde, auf die wir als erstes eingehen wollen. Generell werden wir die Untersuchungen auf die Fälle beschränken, in denen die Definitionsbereiche X und Y der oben genannten Funktion $\psi(\boldsymbol{x}, \boldsymbol{y})$ konvex sind.

Es seien X eine nichtleere konvexe Menge des Raumes $\mathbb{E}_n$, Y eine nichtleere konvexe Menge des Raumes $\mathbb{E}_m$ und $\psi(\boldsymbol{x}, \boldsymbol{y})$ mit $\boldsymbol{x} \in X, \boldsymbol{y} \in Y$ eine Funktion, die für jeden Punkt $\boldsymbol{y} \in Y$ konvex über der Menge X und für jeden Punkt $\boldsymbol{x} \in X$ konkav über der Menge Y ist. Für einen Punkt $\boldsymbol{y} \in Y$ ist der Epigraph

$$\mathscr{E}_\psi(\boldsymbol{y}) := \{(\boldsymbol{x}, z) \in \mathbb{E}_n \times \mathbb{E}_1 \mid z \geqq \psi(\boldsymbol{x}, \boldsymbol{y}), \boldsymbol{x} \in X\} \tag{26.1a}$$

der Funktion $\psi(\boldsymbol{x}, \boldsymbol{y})$ mit $\boldsymbol{x} \in X$ daher eine im Raum $\mathbb{E}_{n+1} := \mathbb{E}_n \times \mathbb{E}_1$ konvexe Menge, und für jeden Punkt $\boldsymbol{x} \in X$ ist der Hypograph

$$\mathscr{H}_\psi(\boldsymbol{x}) := \{(\boldsymbol{y}, z) \in \mathbb{E}_m \times \mathbb{E}_1 \mid z \leqq \psi(\boldsymbol{x}, \boldsymbol{y}), \boldsymbol{y} \in Y\} \tag{26.1b}$$

der Funktion $\psi(\boldsymbol{x}, \boldsymbol{y})$ mit $\boldsymbol{y} \in Y$ eine im Raum $\mathbb{E}_{m+1} := \mathbb{E}_m \times \mathbb{E}_1$ konvexe Menge. Für fixierte Punkte $\tilde{\boldsymbol{y}} \in Y$ und $\tilde{\boldsymbol{x}} \in X$ lasssen sich $\mathscr{E}_\psi(\tilde{\boldsymbol{y}})$ und $\mathscr{H}_\psi(\tilde{\boldsymbol{x}})$ als Mengen des Raumes $\mathbb{E}_{n+m+1} := \mathbb{E}_n \times \mathbb{E}_m \times \mathbb{E}_1$ auffassen:

$$\begin{aligned} \mathscr{E}_\psi(\tilde{\boldsymbol{y}}) &= \{(\boldsymbol{x}, \boldsymbol{y}, z) \in \mathbb{E}_{n+m+1} \mid z \geqq \psi(\boldsymbol{x}, \boldsymbol{y}), \boldsymbol{x} \in X, \boldsymbol{y} = \tilde{\boldsymbol{y}}\}, \\ \mathscr{H}_\psi(\tilde{\boldsymbol{x}}) &= \{(\boldsymbol{x}, \boldsymbol{y}, z) \in \mathbb{E}_{n+m+1} \mid z \leqq \psi(\boldsymbol{x}, \boldsymbol{y}), \boldsymbol{y} \in Y, \boldsymbol{x} = \tilde{\boldsymbol{x}}\}. \end{aligned} \tag{26.2}$$

Bezeichnet man mit

$$\mathscr{E}_\psi := \{(\boldsymbol{x}, \boldsymbol{y}, z) \in \mathbb{E}_{n+m+1} \mid z \geqq \psi(\boldsymbol{x}, \boldsymbol{y}), (\boldsymbol{x}, \boldsymbol{y}) \in X \times Y\},$$

$$\mathscr{H}_\psi := \{(\boldsymbol{x}, \boldsymbol{y}, z) \in \mathbb{E}_{n+m+1} \mid z \leqq \psi(\boldsymbol{x}, \boldsymbol{y}), (\boldsymbol{x}, \boldsymbol{y}) \in X \times Y\}$$

den Epigraphen bzw. den Hypographen der über der Menge $X \times Y$ definierten Funktion $\psi(\boldsymbol{x}, \boldsymbol{y})$ und mit $L(\tilde{\boldsymbol{y}})$ und $L(\tilde{\boldsymbol{x}})$ die linearen Unterräume

$$L(\tilde{\boldsymbol{y}}) := \{(\boldsymbol{x}, \boldsymbol{y}, z) \in \mathbb{E}_{n+m+1} \mid \boldsymbol{y} = \tilde{\boldsymbol{y}}\},$$

$$L(\tilde{\boldsymbol{x}}) := \{(\boldsymbol{x}, \boldsymbol{y}, z) \in \mathbb{E}_{n+m+1} \mid \boldsymbol{x} = \tilde{\boldsymbol{x}}\}$$

des Raumes $\mathbb{E}_{n+m+1}$, so gilt offenbar

$$\mathscr{E}_\psi(\tilde{\boldsymbol{y}}) = \mathscr{E}_\psi \cap L(\tilde{\boldsymbol{y}}), \quad \mathscr{H}_\psi(\tilde{\boldsymbol{x}}) = \mathscr{H}_\psi \cap L(\tilde{\boldsymbol{x}}).$$

Für einen festen Punkt $\boldsymbol{y} \in Y$ nennen wir daher die Menge $\mathscr{E}_\psi(\boldsymbol{y})$ einen *$\boldsymbol{y}$-Schnitt des Epigraphen* $\mathscr{E}_\psi$ und für einen festen Punkt $\boldsymbol{x} \in X$ die Menge $\mathscr{H}_\psi(\boldsymbol{x})$ einen *$\boldsymbol{x}$-Schnitt des Hypographen* $\mathscr{H}_\psi$ der über der Menge $X \times Y$ erklärten Funktion $\psi(\boldsymbol{x}, \boldsymbol{y})$.

Wir wollen nun voraussetzen, daß für jedes Punktepaar $\boldsymbol{y} \in Y$ und $\boldsymbol{x} \in X$ Punkte $\boldsymbol{x}_y \in X$ und $\boldsymbol{y}_x \in Y$ derart existieren, daß

$$\psi(\boldsymbol{x}_y, \boldsymbol{y}) = \min_{\boldsymbol{x} \in X} \{\psi(\boldsymbol{x}, \boldsymbol{y})\}, \quad \psi(\boldsymbol{x}, \boldsymbol{y}_x) = \max_{\boldsymbol{y} \in Y} \{\psi(\boldsymbol{x}, \boldsymbol{y})\} \tag{26.3}$$

gilt. Hieraus und aus (26.1a, b) folgt

$$\begin{aligned} z_y &:= \psi(\boldsymbol{x}_y, \boldsymbol{y}) = \min_{\boldsymbol{x} \in X} \{\psi(\boldsymbol{x}, \boldsymbol{y})\} \leqq \psi(\boldsymbol{x}, \boldsymbol{y}) \leqq z, \quad (\boldsymbol{x}, z) \in \mathscr{E}_\psi(\boldsymbol{y}), \\ z_x &:= \psi(\boldsymbol{x}, \boldsymbol{y}_x) = \max_{\boldsymbol{y} \in Y} \{\psi(\boldsymbol{x}, \boldsymbol{y})\} \geqq \psi(\boldsymbol{x}, \boldsymbol{y}) \geqq z, \quad (\boldsymbol{y}, z) \in \mathscr{H}_\psi(\boldsymbol{x}). \end{aligned} \tag{26.4}$$

Wenn es einen Punkt $\boldsymbol{y}_0 \in Y$ derart gibt, daß $z_{y_0} \geqq z_y$ für alle $\boldsymbol{y} \in Y$ gilt, dann nennen wir $\mathscr{E}_\psi(\boldsymbol{y}_0)$ einen *höchsten $\boldsymbol{y}$-Schnitt des Epigraphen* $\mathscr{E}_\psi$; entsprechend nennen wir — wenn es einen Punkt $\boldsymbol{x}_0 \in X$ mit $z_{x_0} \leqq z_x$ für alle Punkte $\boldsymbol{x} \in X$ gibt — den Schnitt $\mathscr{H}_\psi(\boldsymbol{x}_0)$ einen *tiefsten $\boldsymbol{x}$-Schnitt des Hypographen* $\mathscr{H}_\psi$ (die Bezeichnung höchster bzw. tiefster Schnitt bezieht sich auf die positiv orientierte z-Koordinatenachse in $\mathbb{E}_{n+m+1}$). Falls $\boldsymbol{x}_0 \in X$ und $\boldsymbol{y}_0 \in Y$ Punkte mit den eben angeführten Eigenschaften sind, dann gilt für sie nach (26.4) und (26.3)

$$\begin{aligned} z_{y_0} &= \psi(\boldsymbol{x}_{y_0}, \boldsymbol{y}_0) = \max_{\boldsymbol{y} \in Y} \min_{\boldsymbol{x} \in X} \{\psi(\boldsymbol{x}, \boldsymbol{y})\}, \\ z_{x_0} &= \psi(\boldsymbol{x}_0, \boldsymbol{y}_{x_0}) = \min_{\boldsymbol{x} \in X} \max_{\boldsymbol{y} \in Y} \{\psi(\boldsymbol{x}, \boldsymbol{y})\}. \end{aligned} \tag{26.5a}$$

Hieraus und aus (26.3) folgt

$$z_{y_0} = \psi(\boldsymbol{x}_{y_0}, \boldsymbol{y}_0) \leqq \psi(\boldsymbol{x}_0, \boldsymbol{y}_0) \leqq \psi(\boldsymbol{x}_0, \boldsymbol{y}_{x_0}) = z_{x_0}$$

und nach (26.5a) dann

$$\max_{\boldsymbol{y} \in Y} \min_{\boldsymbol{x} \in X} \{\psi(\boldsymbol{x}, \boldsymbol{y})\} \leqq \psi(\boldsymbol{x}_0, \boldsymbol{y}_0) \leqq \min_{\boldsymbol{x} \in X} \max_{\boldsymbol{y} \in Y} \{\psi(\boldsymbol{x}, \boldsymbol{y})\}. \tag{26.5b}$$

Im Fall $z_{y_0} = z_{x_0}$, also im Fall

$$\max_{\boldsymbol{y} \in Y} \min_{\boldsymbol{x} \in X} \{\psi(\boldsymbol{x}, \boldsymbol{y})\} = \psi(\boldsymbol{x}_0, \boldsymbol{y}_0) = \min_{\boldsymbol{x} \in X} \max_{\boldsymbol{y} \in Y} \{\psi(\boldsymbol{x}, \boldsymbol{y})\}, \tag{26.5c}$$

hat der Punkt $(\boldsymbol{x}_0, \boldsymbol{y}_0)$ die Eigenschaft, daß der entsprechende $\boldsymbol{y}_0$-Schnitt ein höchster $\boldsymbol{y}$-Schnitt des Epigraphen $\mathscr{E}_\psi$ $(\boldsymbol{y} \in Y)$ ist und der entsprechende $\boldsymbol{x}_0$-Schnitt ein tiefster $\boldsymbol{x}$-Schnitt des Hypographen $\mathscr{H}_\psi(\boldsymbol{x} \in X)$, wobei der Punkt $\big(\boldsymbol{x}_0, \boldsymbol{y}_0, \psi(\boldsymbol{x}_0, \boldsymbol{y}_0)\big) \in \mathbb{E}_{n+m+1}$

des Graphen

$$\{(\boldsymbol{x}, \boldsymbol{y}, z) \in \mathbb{E}_{n+m+1} \mid z = \psi(\boldsymbol{x}, \boldsymbol{y}),\ (\boldsymbol{x}, \boldsymbol{y}) \in X \times Y\}$$

der Funktion $\psi(\boldsymbol{x}, \boldsymbol{y})$ sowohl zum $\boldsymbol{y}_0$-Schnitt

$$\mathscr{E}_\psi(\boldsymbol{y}_0) = \{(\boldsymbol{x}, \boldsymbol{y}, z) \in \mathbb{E}_{n+m+1} \mid z \geqq \psi(\boldsymbol{x}, \boldsymbol{y}),\ \boldsymbol{x} \in X,\ \boldsymbol{y} = \boldsymbol{y}_0\}$$

des Epigraphen $\mathscr{E}_\psi$ als auch zum $\boldsymbol{x}_0$-Schnitt

$$\mathscr{H}_\psi(\boldsymbol{x}_0) = \{(\boldsymbol{x}, \boldsymbol{y}, z) \in \mathbb{E}_{n+m+1} \mid z \leqq \psi(\boldsymbol{x}, \boldsymbol{y}),\ \boldsymbol{y} \in Y,\ \boldsymbol{x} = \boldsymbol{x}_0\}$$

gehört. Minimaxsätze beinhalten Bedingungen, die die Existenz eines Punktes $(\boldsymbol{x}_0, \boldsymbol{y}_0) \in X \times Y$ mit der Eigenschaft (26.5c) bezüglich einer Funktion $\psi(\boldsymbol{x}, \boldsymbol{y})$ sichern.

Die Abb. 26.1 gibt eine schematische Darstellung einer Situation, in der ein Punkt (x_0, y_0) des Definitionsbereiches $[a, b] \times [c, d]$ einer Funktion $\psi(x, y)$ — ihr Graph

$$\{(x, y, z) \in \mathbb{E}_3 \mid z = \psi(x, y),\ (x, y) \in [a, b] \times [c, d]\}$$

ist hier eine glatte Fläche in $\mathbb{E}_3$ — die Eigenschaft (26.5c) hat; dabei ist $\psi(x, y)$ für jeden Punkt $y \in [c, d]$ eine konvexe Funktion von x über dem Intervall $[a, b]$ und für jeden Punkt $x \in [a, b]$ eine konkave Funktion von y über dem Intervall $[c, d]$.

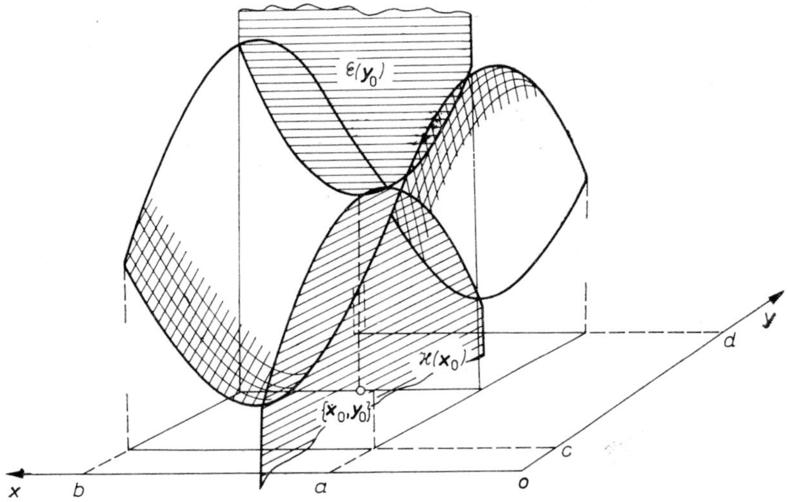

Abb. 26.1

Bemerkung 26.1. Dem angekündigten Minimaxsatz stellen wir die Definition eines Sattelpunktes einer über einer Menge $X \times Y$ erklärten Funktion und drei Hilfssätze voran; auf diese Weise kann der Beweis des Satzes dann übersichtlicher gestaltet werden.

Definition 26.1. Es seien $X \subset \mathbb{E}_n$ und $Y \subset \mathbb{E}_m$ nichtleere Mengen und $\psi(\boldsymbol{x}, \boldsymbol{y})$ eine über der Menge $X \times Y$ erklärte Funktion. Ein Punkt $(\boldsymbol{x}_0, \boldsymbol{y}_0) \in X \times Y$ heißt *Sattelpunkt* der Funktion $\psi(\boldsymbol{x}, \boldsymbol{y})$ bezüglich ihres Definitionsbereiches $X \times Y$, wenn er der folgenden Bedingung genügt:

$$\psi(\boldsymbol{x}_0, \boldsymbol{y}) \leqq \psi(\boldsymbol{x}_0, \boldsymbol{y}_0) \leqq \psi(\boldsymbol{x}, \boldsymbol{y}_0), \quad (\boldsymbol{x}, \boldsymbol{y}) \in X \times Y.$$

Lemma 26.1. *Wenn X eine nichtleere konvexe Menge in $\mathbb{E}_n$ mit $\boldsymbol{o} \notin \operatorname{rel\,int} X$ ist, dann gibt es einen Vektor $\boldsymbol{a}$ in $\mathbb{E}_n$ mit $\|\boldsymbol{a}\| > 0$ derart, daß für den offenen Halbraum*

$$H^+ := \{\boldsymbol{x} \in \mathbb{E}_n \mid (\boldsymbol{a}, \boldsymbol{x}) > 0\}$$

die Aussagen $X \cap H^+ \neq \emptyset$ und $X \subset \overline{H}^+$ gelten.

Beweis. Da nach Voraussetzung $\{\boldsymbol{o}\} \cap \operatorname{rel\,int} X = \operatorname{rel\,int} \{\boldsymbol{o}\} \cap \operatorname{rel\,int} X = \emptyset$ ist, existiert nach Satz 9.1 eine Trennungshyperebene R_0 in $\mathbb{E}_n$ der Mengen X und $\{\boldsymbol{o}\}$; sie möge die Darstellung

$$R_0 = \{\boldsymbol{x} \in \mathbb{E}_n \mid (\boldsymbol{a}, \boldsymbol{x}) = d\}$$

haben, wobei $\boldsymbol{a}$ ein Vektor in $\mathbb{E}_n$ mit $\|\boldsymbol{a}\| > 0$ ist und d eine Zahl. Es gilt dann $X \cup \{\boldsymbol{o}\} \notin R_0$ und (dazu ist eventuell der Vektor $\boldsymbol{a}$ in der Beschreibung der Hyperebene R_0 durch den Vektor $-\boldsymbol{a}$ zu ersetzen)

$$X \subset \overline{H}_0{}^+, \quad \{\boldsymbol{o}\} \subset \overline{H}_0{}^-; \tag{26.6}$$

dabei sind

$$\overline{H}_0{}^+ = \{\boldsymbol{x} \in \mathbb{E}_n \mid (\boldsymbol{a}, \boldsymbol{x}) \geqq d\}, \quad \overline{H}_0{}^- = \{\boldsymbol{x} \in \mathbb{E}_n \mid (\boldsymbol{a}, \boldsymbol{x}) \leqq d\}$$

die zur Hyperebene R_0 gehörenden abgeschlossenen Halbräume.

Im Fall $\boldsymbol{o} \in H_0{}^- := \operatorname{int} \overline{H}_0{}^-$ erfüllt die mit der Hyperebene R_0 parallele und den Punkt $\boldsymbol{o}$ enthaltende Hyperebene $R := \{\boldsymbol{x} \in \mathbb{E}_n \mid (\boldsymbol{a}, \boldsymbol{x}) = 0\}$ die Inklusion $R \subset H_0{}^-$, und nach (26.6) gilt $X \subset \overline{H}_0{}^+ \subset H^+ := \{\boldsymbol{x} \in \mathbb{E}_n \mid (\boldsymbol{a}, \boldsymbol{x}) > 0\}$.

Im Fall $\boldsymbol{o} \notin H_0{}^-$ ist nach (26.6) $\boldsymbol{o} \in R_0$. Dann ist $d = 0$; nach (26.6) gilt $X \subset \overline{H}_0{}^+ = \{\boldsymbol{x} \in \mathbb{E}_n \mid (\boldsymbol{a}, \boldsymbol{x}) \geqq 0\}$, und wegen $X \cup \{\boldsymbol{o}\} \not\subset R_0$ ist $X \cap H_0{}^+ \neq \emptyset$. Setzt man nun $R := R_0$ und $H^+ := H_0{}^+$, so erhält man auch in diesem Fall die Aussage des Lemmas. □

Lemma 26.2. *Es seien $f_1(\boldsymbol{x}), \ldots, f_k(\boldsymbol{x})$ über einer nichtleeren konvexen Menge X in $\mathbb{E}_n$ erklärte konvexe Funktionen. Dann ist die Menge*

$$M' := \{\boldsymbol{x} \in X \mid f_j(\boldsymbol{x}) < 0 \ (j = 1, \ldots, k)\} \tag{26.7a}$$

genau dann leer, wenn es einen solchen Punkt $\tilde{\boldsymbol{u}} = (\tilde{u}_1, \ldots, \tilde{u}_k) \in \mathbb{E}_k{}^+$ mit $\tilde{\boldsymbol{u}} \neq \boldsymbol{o}$ gibt, daß gilt

$$\sum_{j=1}^{k} \tilde{u}_j f_j(\boldsymbol{x}) \geqq 0, \quad \boldsymbol{x} \in X. \tag{26.7b}$$

Beweis. Für jeden Punkt $\boldsymbol{v} = (v_1, \ldots, v_k) \in \mathbb{E}_k$ ist die Menge

$$M'(\boldsymbol{v}) = \{\boldsymbol{x} \in X \mid f_j(\boldsymbol{x}) < v_j \ (j = 1, \ldots, k)\}$$

konvex; die Menge

$$\mathcal{A}' := \{\boldsymbol{v} \in \mathbb{E}_k \mid M'(\boldsymbol{v}) \neq \emptyset\}$$

ist ebenfalls konvex und k-dimensional (vgl. dazu den Beweis von Satz 24.1).

Wenn die unter (26.7a) definierte Menge M' leer ist, so gilt $M' = M'(\boldsymbol{o}) = \emptyset$ und daher $\boldsymbol{o} \notin \mathcal{A}'$. Nach Lemma 26.1 existiert dann in $\mathbb{E}_k$ ein Vektor $\tilde{\boldsymbol{u}} \neq \boldsymbol{o}$ mit $\mathcal{A}' \subset \overline{H}^+ := \{\boldsymbol{v} \in \mathbb{E}_k \mid (\tilde{\boldsymbol{u}}, \boldsymbol{v}) \geqq 0\}$, also mit

$$(\tilde{\boldsymbol{u}}, \boldsymbol{v}) \geqq 0, \quad \boldsymbol{v} \in \mathcal{A}', \tag{26.8a}$$

wobei es einen Punkt $\tilde{\boldsymbol{v}} \in \mathcal{A}'$ mit

$$(\tilde{\boldsymbol{u}}, \tilde{\boldsymbol{v}}) > 0 \tag{26.8b}$$

gibt. Da die Menge $\mathcal{A}'$ die Menge $\mathbb{E}^+(\tilde{\boldsymbol{v}}) := \{\boldsymbol{v} \in \mathbb{E}_k \mid v_j \geqq \tilde{v}_j \ (j = 1, \ldots, k)\}$ enthält (vgl. wiederum den Beweis von Satz 24.1), liegen für $j_0 \in \{1, \ldots, k\}$ die Halbgeraden

$$p_{j_0} := \{\boldsymbol{v} \in \mathbb{E}_k \mid v_j = \tilde{v}_j \ (j \in \{1, \ldots, k\} \setminus \{j_0\}), v_{j_0} = \tilde{v}_{j_0} + t, t \geqq 0\}$$

in der Menge $\mathcal{A}'$. Damit gilt, wenn wir mit $\tilde{u}_{j_0}$ die j_0-te Komponente des Vektors $\tilde{\boldsymbol{u}}$ bezeichnen, unter Beachtung von (26.8a) $(\tilde{\boldsymbol{u}}, \tilde{\boldsymbol{v}}) + \tilde{u}_{j_0} t \geqq 0$ für alle Zahlen $t \geqq 0$ und daher $\tilde{u}_{j_0} \geqq 0$ für alle Indizes $j_0 \in \{1, \ldots, k\}$. Es seien nun $\hat{\boldsymbol{x}}$ ein beliebiger Punkt der Menge X und t eine beliebige positive Zahl; weiter sei $\boldsymbol{v}(\hat{\boldsymbol{x}}, t)$ der Punkt mit den Koordinaten

$$v_j(\hat{\boldsymbol{x}}, t) := f_j(\hat{\boldsymbol{x}}) + t \quad (j = 1, \ldots, k) \tag{26.8c}$$

in $\mathbb{E}_k$. Wegen $f_j(\hat{\boldsymbol{x}}) < v_j(\hat{\boldsymbol{x}}, t)$ $(j = 1, \ldots, k)$ gilt dann $\boldsymbol{v}(\hat{\boldsymbol{x}}, t) \in \mathcal{A}'$. Hieraus folgt nach (26.8a)

$$\big(\tilde{\boldsymbol{u}}, \boldsymbol{v}(\hat{\boldsymbol{x}}, t)\big) \geqq 0, \quad \hat{\boldsymbol{x}} \in X, \quad t > 0,$$

und damit nach (26.8c)

$$\sum_{j=1}^{k} \tilde{u}_j f_j(\boldsymbol{x}) + t \sum_{j=1}^{k} \tilde{u}_j \geqq 0, \quad \boldsymbol{x} \in X, \quad t > 0.$$

Da t eine beliebige positive Zahl war, liefert das die Aussage (26.7b).

Wenn die Menge M' nichtleer und $\boldsymbol{x}'$ ein beliebiger Punkt dieser Menge ist, dann gilt für jeden Punkt $\boldsymbol{u} \in \mathbb{E}_k^+$ mit $\boldsymbol{u} \neq \boldsymbol{o}$ die Ungleichung $\sum_{j=1}^{k} u_j f_j(\boldsymbol{x}') < 0$. Sobald also ein Punkt $\boldsymbol{u} \in \mathbb{E}_k^+$ mit der Eigenschaft (26.7b) existiert, so muß die Menge M' leer sein. □

Lemma 26.3. *Es seien X eine nichtleere konvexe und kompakte Menge in $\mathbb{E}_n$, Y eine nichtleere Menge in $\mathbb{E}_m$ und $\psi(\boldsymbol{x}, \boldsymbol{y})$ eine über der Menge $X \times Y$ erklärte Funktion, die für jeden Punkt $\boldsymbol{y} \in Y$ unterhalbstetig und konvex über der Menge X ist. Falls*

$$\{\boldsymbol{x} \in X \mid \psi(\boldsymbol{x}, \boldsymbol{y}) \leqq 0, \boldsymbol{y} \in Y\} = \emptyset$$

gilt, dann gibt es Punkte $\boldsymbol{y}_j \in Y$ $(j = 1, \ldots, k)$ und einen Punkt $\tilde{\boldsymbol{u}} = (\tilde{u}_1, \ldots, \tilde{u}_k) \in \mathbb{E}_k^+$ mit

$$\tilde{\boldsymbol{u}} \neq \boldsymbol{o}, \quad \sum_{j=1}^{k} \tilde{u}_j \psi(\boldsymbol{x}, \boldsymbol{y}_j) > 0, \quad \boldsymbol{x} \in X.$$

Beweis. Es sei $\boldsymbol{y}$ ein Punkt der Menge Y und ε eine positive Zahl. Die nach Satz 15.5 konvexe Menge

$$C(\boldsymbol{y}, \varepsilon) := \{\boldsymbol{x} \in X \mid \psi(\boldsymbol{x}, \boldsymbol{y}) \leqq \varepsilon\}$$

ist — da die Menge X kompakt ist und die Funktion $\psi(\boldsymbol{x}, \boldsymbol{y})$ über der Menge X unterhalbstetig — eine in $\mathbb{E}_n$ kompakte Menge (vgl. Lemma 18.2). Ihre Komplementärmenge in $\mathbb{E}_n$, also die Menge

$$C^*(\boldsymbol{y}, \varepsilon) := \mathbb{E}_n \setminus C(\boldsymbol{y}, \varepsilon),$$

ist daher eine in $\mathbb{E}_n$ offene und zusammenhängende Menge. Wenn

$$\bigcap_{\boldsymbol{y}\in Y,\varepsilon>0} C(\boldsymbol{y}, \varepsilon) \neq \emptyset$$

gelten würde, so gäbe es einen Punkt $\hat{\boldsymbol{x}} \in X$ mit $\psi(\hat{\boldsymbol{x}}, \boldsymbol{y}) \leqq \varepsilon$ für alle Punkte $\boldsymbol{y} \in Y$ und alle Zahlen $\varepsilon > 0$, d. h., es wäre $\psi(\hat{\boldsymbol{x}}, \boldsymbol{y}) \leqq 0$ für alle Punkte $\boldsymbol{y} \in Y$, im Widerspruch zu der getroffenen Voraussetzung; es gilt also

$$\bigcap_{\boldsymbol{y}\in Y,\varepsilon>0} C(\boldsymbol{y}, \varepsilon) = \emptyset.$$

Damit existiert zu jedem Punkt $\boldsymbol{x} \in X$ ein Punkt $\boldsymbol{y}_x \in Y$ und eine Zahl $\varepsilon_x > 0$ mit $\boldsymbol{x} \in C^*(\boldsymbol{y}_x, \varepsilon_x)$. Das System $\{C^*(\boldsymbol{y}, \varepsilon)\}$ $(\boldsymbol{y} \in Y, \varepsilon > 0)$ offener Mengen in $\mathbb{E}_n$ überdeckt daher die kompakte Menge X, und nach dem Borelschen Überdeckungssatz gibt es in dem betrachteten Mengensystem endlich viele Mengen, die die Menge X ebenfalls überdecken; es seien die Mengen $C^*(\boldsymbol{y}_j, \varepsilon_j)$ $(j = 1, \ldots, k)$. Dann ist aber

$$\bigcap_{j=1}^{k} C(\boldsymbol{y}_j, \varepsilon_j) = \emptyset,$$

woraus unter Beachtung der Definition der Menge $C(\boldsymbol{y}, \varepsilon)$

$$\{\boldsymbol{x} \in X \mid \psi(\boldsymbol{x}, \boldsymbol{y}_j) < \varepsilon_j \ (j = 1, \ldots, k)\} = \emptyset$$

folgt. Nach Lemma 26.2 existiert dann ein Punkt $\tilde{\boldsymbol{u}} \in \mathbb{E}_k^+$ mit

$$\tilde{\boldsymbol{u}} \neq \boldsymbol{o}, \quad \sum_{j=1}^{k} \tilde{u}_j\big(\psi(\boldsymbol{x}, \boldsymbol{y}_j) - \varepsilon_j\big) \geqq 0, \quad \boldsymbol{x} \in X.$$

Das liefert aber wegen $\varepsilon_j > 0$ $(j = 1, \ldots, k)$ die geforderte Aussage

$$\sum_{j=1}^{k} \tilde{u}_j \psi(\boldsymbol{x}, \boldsymbol{y}_j) \geqq \sum_{j=1}^{k} \tilde{u}_j \varepsilon_j > 0, \quad \boldsymbol{x} \in X. \ \square$$

Satz 26.1. (*Minimaxprinzip*). *Es seien $X \subset \mathbb{E}_n$ und $Y \subset \mathbb{E}_m$ nichtleere kompakte konvexe Mengen; weiter sei $\psi(\boldsymbol{x}, \boldsymbol{y})$ eine über der Menge $X \times Y$ erklärte Funktion, für die gilt:*

(a) *Für jeden Punkt $\boldsymbol{y} \in Y$ ist sie unterhalbstetig und konvex über der Menge X;*

(b) *für jeden Punkt $\boldsymbol{x} \in X$ ist sie oberhalbstetig und konkav über der Menge Y.*

Dann existiert ein Sattelpunkt $(\boldsymbol{x}_0, \boldsymbol{y}_0) \in X \times Y$ der Funktion $\psi(\boldsymbol{x}, \boldsymbol{y})$ bezüglich der Menge $X \times Y$, und es gilt

$$\max_{\boldsymbol{y}\in Y} \min_{\boldsymbol{x}\in X} \{\psi(\boldsymbol{x}, \boldsymbol{y})\} = \psi(\boldsymbol{x}_0, \boldsymbol{y}_0) = \min_{\boldsymbol{x}\in X} \max_{\boldsymbol{y}\in Y} \{\psi(\boldsymbol{x}, \boldsymbol{y})\}. \tag{26.9}$$

Beweis. Aus den Voraussetzungen folgt (vgl. Satz 18.5)

$$\begin{aligned} f(\boldsymbol{x}) &:= \sup_{\boldsymbol{y}\in Y} \{\psi(\boldsymbol{x}, \boldsymbol{y})\} = \max_{\boldsymbol{y}\in Y} \{\psi(\boldsymbol{x}, \boldsymbol{y})\}, \quad \boldsymbol{x} \in X, \\ g(\boldsymbol{y}) &:= \inf_{\boldsymbol{x}\in X} \{\psi(\boldsymbol{x}, \boldsymbol{y})\} = \min_{\boldsymbol{x}\in X} \{\psi(\boldsymbol{x}, \boldsymbol{y})\}, \quad \boldsymbol{y} \in Y; \end{aligned} \tag{26.10}$$

dabei ist — wie sich unmittelbar zeigen läßt — $f(\boldsymbol{x})$ eine über der Menge X konvexe und $g(\boldsymbol{y})$ eine über der Menge Y konkave Funktion. Nach Lemma 18.2 folgt aus den Voraussetzungen (a) und (b), daß für jeden Punkt $\boldsymbol{y} \in Y$ der Epigraph

$$\mathcal{E}_\psi(\boldsymbol{y}) := \{(\boldsymbol{x}, z) \in \mathbb{E}_n \times \mathbb{E}_1 \mid z \geqq \psi(\boldsymbol{x}, \boldsymbol{y}),\ \boldsymbol{x} \in X\}$$

der Funktion $\psi(\boldsymbol{x}, \boldsymbol{y})$ $(\boldsymbol{x} \in X)$ und für jeden Punkt $\boldsymbol{x} \in X$ der Hypograph

$$\mathcal{H}_\psi(\boldsymbol{x}) := \{(\boldsymbol{y}, z) \in \mathbb{E}_m \times \mathbb{E}_1 \mid z \leqq \psi(\boldsymbol{x}, \boldsymbol{y}),\ \boldsymbol{y} \in Y\}$$

der Funktion $\psi(\boldsymbol{x}, \boldsymbol{y})$ $(\boldsymbol{y} \in Y)$ eine abgeschlossene konvexe Menge ist. Damit ist der Epigraph

$$\mathcal{E}_f := \bigcap_{\boldsymbol{y} \in Y} \mathcal{E}_\psi(\boldsymbol{y}) = \left\{(\boldsymbol{x}, z) \in \mathbb{E}_{n+1} \mid z \geqq \max_{\boldsymbol{y} \in Y} \{\psi(\boldsymbol{x}, \boldsymbol{y})\},\ \boldsymbol{x} \in X\right\}$$

der Funktion $f(\boldsymbol{x})$ $(\boldsymbol{x} \in X)$ eine abgeschlossene konvexe Menge im Raum $\mathbb{E}_{n+1} := \mathbb{E}_n \times \mathbb{E}_1$ und der Hypograph

$$\mathcal{H}_g := \bigcap_{\boldsymbol{x} \in X} \mathcal{H}_\psi(\boldsymbol{x}) = \left\{(\boldsymbol{y}, z) \in \mathbb{E}_{m+1} \mid z \leqq \min_{\boldsymbol{x} \in X} \{\psi(\boldsymbol{x}, \boldsymbol{y})\},\ \boldsymbol{y} \in Y\right\}$$

der Funktion $g(\boldsymbol{y})$ $(\boldsymbol{y} \in Y)$ eine abgeschlossene konvexe Menge im Raum $\mathbb{E}_{m+1} := \mathbb{E}_m \times \mathbb{E}_1$. Die Funktion $f(\boldsymbol{x})$ ist daher nach Lemma 18.2 unterhalbstetig über der Menge X und die Funktion $g(\boldsymbol{y})$ oberhalbstetig über der Menge Y. Damit existieren nach Satz 18.5 und unter Beachtung von (26.10) Zahlen μ_1 und μ_2 mit der Eigenschaft

$$\begin{aligned} \mu_1 &:= \inf_{\boldsymbol{x} \in X} \{f(\boldsymbol{x})\} = \min_{\boldsymbol{x} \in X} \{f(\boldsymbol{x})\} = \min_{\boldsymbol{x} \in X} \max_{\boldsymbol{y} \in Y} \{\psi(\boldsymbol{x}, \boldsymbol{y})\}, \\ \mu_2 &:= \sup_{\boldsymbol{y} \in Y} \{g(\boldsymbol{y})\} = \max_{\boldsymbol{y} \in Y} \{g(\boldsymbol{y})\} = \max_{\boldsymbol{y} \in Y} \min_{\boldsymbol{x} \in X} \{\psi(\boldsymbol{x}, \boldsymbol{y})\}. \end{aligned} \tag{26.11a}$$

Es seien nun $\boldsymbol{x}_0 \in X$ und $\boldsymbol{y}_0 \in Y$ Punkte, für die

$$f(\boldsymbol{x}_0) = \min_{\boldsymbol{x} \in X} \{f(\boldsymbol{x})\}, \quad g(\boldsymbol{y}_0) = \max_{\boldsymbol{y} \in Y} \{g(\boldsymbol{y})\}$$

gilt. Dann folgt aus (26.11a) und (26.10)

$$\begin{aligned} \mu_1 &= f(\boldsymbol{x}_0) = \max_{\boldsymbol{y} \in Y} \{\psi(\boldsymbol{x}_0, \boldsymbol{y})\} \geqq \psi(\boldsymbol{x}_0, \boldsymbol{y}_0), \\ \mu_2 &= g(\boldsymbol{y}_0) = \min_{\boldsymbol{x} \in X} \{\psi(\boldsymbol{x}, \boldsymbol{y}_0)\} \leqq \psi(\boldsymbol{x}_0, \boldsymbol{y}_0) \end{aligned} \tag{26.11b}$$

und daher

$$\mu_2 \leqq \psi(\boldsymbol{x}_0, \boldsymbol{y}_0) \leqq \mu_1. \tag{26.12}$$

Wir wollen nun zeigen, daß $\mu_2 = \mu_1$ ist. Aus (26.11a) folgt

$$\max_{\boldsymbol{y} \in Y} \{\psi(\boldsymbol{x}, \boldsymbol{y})\} \geqq \mu_1, \quad \boldsymbol{x} \in X. \tag{26.13}$$

Für einen beliebigen Punkt $\boldsymbol{y} \in Y$ und eine beliebige Zahl $\varepsilon > 0$ definieren wir die Mengen

$$C'(\boldsymbol{y}, \varepsilon) := \{\boldsymbol{x} \in X \mid \psi(\boldsymbol{x}, \boldsymbol{y}) - \mu_1 + \varepsilon \leqq 0\}, \tag{26.14a}$$

$$C_\varepsilon' := \bigcap_{\boldsymbol{y} \in Y} C'(\boldsymbol{y}, \varepsilon). \tag{26.14b}$$

Im Fall $C_\varepsilon' \neq \emptyset$ gäbe es nach (26.14a, b) einen Punkt $\boldsymbol{x}_\varepsilon \in X$ mit $\psi(\boldsymbol{x}_\varepsilon, \boldsymbol{y}) - \mu_1 + \varepsilon \leqq 0$ für alle Punkte $\boldsymbol{y} \in Y$; damit existierte ein Punkt $\boldsymbol{y}_{\boldsymbol{x}_\varepsilon} \in Y$ mit

$$\max_{\boldsymbol{y} \in Y} \{\psi(\boldsymbol{x}_\varepsilon, \boldsymbol{y})\} = \psi(\boldsymbol{x}_\varepsilon, \boldsymbol{y}_{\boldsymbol{x}_\varepsilon}) < \mu_1,$$

im Widerspruch zu (26.13); es ist also

$$C_\varepsilon' = \{\boldsymbol{x} \in X \mid \psi(\boldsymbol{x}, \boldsymbol{y}) - \mu_1 + \varepsilon \leqq 0, \boldsymbol{y} \in Y\} = \emptyset.$$

Nach Lemma 26.3 gibt es daher Punkte $\boldsymbol{y}_j \in Y$ $(j = 1, \ldots, k)$ und einen Punkt $\tilde{\boldsymbol{u}} \in \mathbb{E}_k^+$ mit

$$\tilde{\boldsymbol{u}} \neq \boldsymbol{o}, \quad \sum_{j=1}^{k} \tilde{u}_j[\psi(\boldsymbol{x}, \boldsymbol{y}_j) - \mu_1 + \varepsilon] > 0, \quad \boldsymbol{x} \in X. \tag{26.15a}$$

Da o. B. d. A. $\sum_{j=1}^{k} \tilde{u}_j = 1$ vorausgesetzt werden kann und da für jeden Punkt $\boldsymbol{x} \in X$ die Funktion $\psi(\boldsymbol{x}, \boldsymbol{y})$ konkav in $\boldsymbol{y}$ über der Menge Y ist, gilt (vgl. Bemerkung 15.1)

$$\sum_{j=1}^{k} \tilde{u}_j \psi(\boldsymbol{x}, \boldsymbol{y}_j) \leqq \psi\left(\boldsymbol{x}, \sum_{j=1}^{k} \tilde{u}_j \boldsymbol{y}_j\right) = \psi(\boldsymbol{x}, \tilde{\boldsymbol{y}}), \quad \boldsymbol{x} \in X; \tag{26.15b}$$

dabei ist

$$\tilde{\boldsymbol{y}} := \sum_{j=1}^{k} \tilde{u}_j \boldsymbol{y}_j \in Y. \tag{26.15c}$$

Aus (26.15a, b, c) folgt aber $\psi(\boldsymbol{x}, \tilde{\boldsymbol{y}}) - \mu_1 + \varepsilon > 0$ für alle Punkte $\boldsymbol{x} \in X$ und daraus nach (26.11a)

$$\mu_2 = \max_{\boldsymbol{y} \in Y} \min_{\boldsymbol{x} \in X} \{\psi(\boldsymbol{x}, \boldsymbol{y})\} \geqq \min_{\boldsymbol{x} \in X} \{\psi(\boldsymbol{x}, \tilde{\boldsymbol{y}})\} \geqq \mu_1 - \varepsilon.$$

Da ε eine beliebige positive Zahl war, muß daher $\mu_2 \geqq \mu_1$ sein, woraus man nach (26.12) $\mu_2 = \psi(\boldsymbol{x}_0, \boldsymbol{y}_0) = \mu_1$ erhält, d. h. die Aussage (26.9). Hieraus folgt dann mit (26.11b)

$$\max_{\boldsymbol{y} \in Y} \{\psi(\boldsymbol{x}_0, \boldsymbol{y})\} = \psi(\boldsymbol{x}_0, \boldsymbol{y}_0) = \min_{\boldsymbol{x} \in X} \{\psi(\boldsymbol{x}, \boldsymbol{y}_0)\};$$

der Punkt $(\boldsymbol{x}_0, \boldsymbol{y}_0)$ ist somit (siehe Definition 26.1) ein Sattelpunkt der Funktion $\psi(\boldsymbol{x}, \boldsymbol{y})$ bezüglich der Menge $X \times Y$. □

Bemerkung 26.2. Die Aussage des Satzes 26.1 bleibt gültig, wenn dort die Konvexitäts- und Konkavitätsforderung an die Funktion $\psi(\boldsymbol{x}, \boldsymbol{y})$ ersetzt wird durch die Voraussetzung, daß $\psi(\boldsymbol{x}, \boldsymbol{y})$ für jeden Punkt $\boldsymbol{y} \in Y$ eine quasikonvexe Funktion über der Menge X und für jeden Punkt $\boldsymbol{x} \in X$ eine quasikonkave Funktion über der Menge Y ist; der entsprechende Satz wird als *Satz von Sion-Kakutani* bezeichnet. Eine über einer nichtleeren konvexen Menge M in $\mathbb{E}_n$ erklärte Funktion $F(\boldsymbol{x})$ heißt *quasikonvex,* wenn für jede Zahl λ die (*Niveau-*) Menge $\{\boldsymbol{x} \in M \mid F(\boldsymbol{x}) \leqq \lambda\}$ konvex ist, und sie heißt *quasikonkav,* wenn die Funktion $-F(\boldsymbol{x})$ quasikonvex ist. Der Beweis des Satzes von Sion-Kakutani und auch die Beweise der Lemmata 26.2 und 26.3 lassen sich unter den genannten Quasikonvexitäts- und Quasikonkavitätsforderungen an die Funktionen $f_1(\boldsymbol{x}), \ldots, f_k(\boldsymbol{x})$ in Lemma 16.2 und an die Funktion $\psi(\boldsymbol{x}, \boldsymbol{y})$ in Lemma 16.3 und Satz 26.1 in gleicher Weise wie in den von uns angegebenen Beweisen führen.

Bemerkung 26.3. Der aus der Spieltheorie bekannte *Minimaxsatz von J. v. Neumann* ist eine unmittelbare Folgerung des Satzes 26.1; wir können ihn daher hier — als Satz 26.2 — ohne Beweis anführen.

Satz 26.2. *Es seien*

$$\psi(\boldsymbol{x}, \boldsymbol{y}) := \sum_{i=1}^{n} \sum_{j=1}^{m} a_{ij} x_i y_j$$

eine Funktion in den Veränderlichen $x_1, \ldots, x_n$ *und* $y_1, \ldots, y_m$ *(dabei sind* a_{ij} $(i = 1, \ldots, n;$ $j = 1, \ldots, m)$ *gegebene Zahlen) und*

$$X := \left\{\boldsymbol{x} \in \mathbb{E}_n \mid x_i \geqq 0 \ (i = 1, \ldots, n),\ \sum_{i=1}^{n} x_i = 1\right\},$$

$$Y := \left\{\boldsymbol{y} \in \mathbb{E}_m \mid y_j \geqq 0 \ (j = 1, \ldots, m),\ \sum_{j=1}^{m} y_j = 1\right\}$$

Mengen in $\mathbb{E}_n$ *bzw. in* $\mathbb{E}_m$. *Dann existiert ein Punkt* $(\boldsymbol{x}_0, \boldsymbol{y}_0) \in X \times Y$ *mit der Eigenschaft*

$$\max_{\boldsymbol{y} \in Y} \min_{\boldsymbol{x} \in X} \left\{\sum_{i=1}^{n} \sum_{j=1}^{m} a_{ij} x_i y_j\right\} = \sum_{i=1}^{n} \sum_{j=1}^{m} a_{ij} x_{0i} y_{0j} = \min_{\boldsymbol{x} \in X} \max_{\boldsymbol{y} \in Y} \left\{\sum_{i=1}^{n} \sum_{j=1}^{m} a_{ij} x_i y_j\right\}.$$

Bemerkung 26.4. Unter bestimmten zusätzlichen Forderungen an die im Satz 26.1 betrachtete Funktion $\psi(\boldsymbol{x}, \boldsymbol{y})$ kann die Aussage des Satzes 26.1 auch im Fall allgemein nichtkompakter konvexer Mengen X und Y gezeigt werden. Diese zusätzlichen Bedingungen lassen sich derart wählen, daß der Beweis eines solchen Minimaxsatzes auf den Fall einer über kompakten Mengen definierten Funktion zurückgeführt werden kann.

Definition 26.2. Es seien $X \subset \mathbb{E}_n$ und $Y \subset \mathbb{E}_m$ nichtleere Mengen und $\psi(\boldsymbol{x}, \boldsymbol{y})$ eine über der Menge $X \times Y$ erklärte Funktion mit $\boldsymbol{x} \in X$ und $\boldsymbol{y} \in Y$. Wir sagen, daß die Funktion $\psi(\boldsymbol{x}, \boldsymbol{y})$ in einem Punkt $(\tilde{\boldsymbol{x}}, \tilde{\boldsymbol{y}}) \in X \times Y$ *unterhalb regulär* bezüglich der Menge $X \times Y$ ist, wenn eine Umgebung $U(\tilde{\boldsymbol{x}})$ in $\mathbb{E}_n$ des Punktes $\tilde{\boldsymbol{x}}$ und eine kompakte Menge $Y^* \subset Y$ derart existieren, daß es zu jedem Punkt $\boldsymbol{x} \in \overline{U}(\tilde{\boldsymbol{x}}) \cap X$ einen Punkt $\boldsymbol{y}_x \in Y^*$ mit der Eigenschaft $\psi(\boldsymbol{x}, \boldsymbol{y}_x) \geqq \psi(\tilde{\boldsymbol{x}}, \tilde{\boldsymbol{y}})$ gibt. Entsprechend nennt man die Funktion $\psi(\boldsymbol{x}, \boldsymbol{y})$ in einem Punkt $(\tilde{\boldsymbol{x}}, \tilde{\boldsymbol{y}}) \in X \times Y$ *oberhalb regulär* bezüglich der Menge $X \times Y$, wenn es eine Umgebung $U(\tilde{\boldsymbol{y}})$ in $\mathbb{E}_m$ des Punktes $\tilde{\boldsymbol{y}}$ und eine kompakte Menge $X^* \subset X$ gibt, so daß zu jedem Punkt $\boldsymbol{y} \in \overline{U}(\tilde{\boldsymbol{y}}) \cap Y$ ein Punkt $\boldsymbol{x}_y \in X^*$ derart existiert, daß $\psi(\boldsymbol{x}_y, \boldsymbol{y}) \leqq \psi(\tilde{\boldsymbol{x}}, \tilde{\boldsymbol{y}})$ ist. (In der englischsprachigen Literatur wird die erste Eigenschaft als *low value property* und die zweite als *high value property* bezeichnet.)

Satz 26.3. *Es seien* $X \subset \mathbb{E}_n$ und $Y \subset \mathbb{E}_m$ *nichtleere konvexe Mengen und* $\psi(\boldsymbol{x}, \boldsymbol{y})$ *eine über der Menge* $X \times Y$ *erklärte Funktion, die für jeden Punkt* $\boldsymbol{y} \in Y$ *eine unterhalbstetige konvexe Funktion über der Menge* X *und für jeden Punkt* $\boldsymbol{x} \in X$ *eine oberhalbstetige konkave Funktion über der Menge* Y *ist. Dann gelten die folgenden Aussagen:*

(a) *Die Funktion* $\psi(\boldsymbol{x}, \boldsymbol{y})$ *besitzt genau dann einen Sattelpunkt* $(\tilde{\boldsymbol{x}}, \boldsymbol{y}_0)$ *bezüglich der Menge* $X \times Y$, *wenn es einen Punkt* $\tilde{\boldsymbol{y}} \in Y$ *derart gibt, daß die Funktion* $\psi(\boldsymbol{x}, \boldsymbol{y})$ *im Punkt* $(\tilde{\boldsymbol{x}}, \tilde{\boldsymbol{y}})$ *unterhalb regulär bezüglich der Menge* $X \times Y$ *ist und*

$$\psi(\tilde{\boldsymbol{x}}, \tilde{\boldsymbol{y}}) = \sup_{\boldsymbol{y} \in Y} \{\psi(\tilde{\boldsymbol{x}}, \boldsymbol{y})\}$$

gilt;

(b) *die Funktion $\psi(\boldsymbol{x}, \boldsymbol{y})$ hat genau dann einen Sattelpunkt $(\boldsymbol{x}_0, \tilde{\boldsymbol{y}})$ bezüglich der Menge $X \times Y$, wenn es einen Punkt $\tilde{\boldsymbol{x}} \in X$ derart gibt, daß die Funktion $\psi(\boldsymbol{x}, \boldsymbol{y})$ im Punkt $(\tilde{\boldsymbol{x}}, \tilde{\boldsymbol{y}})$ oberhalb regulär bezüglich der Menge $X \times Y$ ist, und*

$$\psi(\tilde{\boldsymbol{x}}, \tilde{\boldsymbol{y}}) = \inf_{\boldsymbol{x} \in X} \{\psi(\boldsymbol{x}, \tilde{\boldsymbol{y}})\}$$

gilt.

Beweis. Wir beschränken uns auf den Beweis der Aussage (a), der Beweis der Aussage (b) läßt sich in gleicher Weise führen.

Es sei zunächst $(\tilde{\boldsymbol{x}}, \boldsymbol{y}_0)$ ein Sattelpunkt der Funktion $\psi(\boldsymbol{x}, \boldsymbol{y})$ bezüglich der Menge $X \times Y$. Nach Definition 26.1 gilt dann

$$\psi(\tilde{\boldsymbol{x}}, \boldsymbol{y}) \leqq \psi(\tilde{\boldsymbol{x}}, \boldsymbol{y}_0) \leqq \psi(\boldsymbol{x}, \boldsymbol{y}_0), \quad \boldsymbol{x} \in X, \quad \boldsymbol{y} \in Y. \tag{26.16}$$

Setzt man $\tilde{\boldsymbol{y}} := \boldsymbol{y}_0$, $U(\tilde{\boldsymbol{x}}) := \mathbb{E}_n$ und $Y^* := \{\boldsymbol{y}_0\}$, dann existiert zu jedem Punkt $\boldsymbol{x}$ der Menge $\overline{U}(\tilde{\boldsymbol{x}}) \cap X = X$ ein Punkt $\boldsymbol{y} \in Y^*$, nämlich der Punkt $\boldsymbol{y}_0$, für den nach (26.16) einerseits

$$\psi(\boldsymbol{x}, \tilde{\boldsymbol{y}}) = \psi(\boldsymbol{x}, \boldsymbol{y}_0) \geqq \psi(\tilde{\boldsymbol{x}}, \boldsymbol{y}_0) \geqq \psi(\tilde{\boldsymbol{x}}, \tilde{\boldsymbol{y}})$$

für $\boldsymbol{x} \in X = \overline{U}(\tilde{\boldsymbol{x}}) \cap X$ ist und andererseits

$$\sup_{\boldsymbol{y} \in Y} \{\psi(\tilde{\boldsymbol{x}}, \boldsymbol{y})\} = \psi(\tilde{\boldsymbol{x}}, \boldsymbol{y}_0) = \psi(\tilde{\boldsymbol{x}}, \tilde{\boldsymbol{y}})$$

gilt. Damit ist die Aussage (a) in einer Richtung gezeigt.

Umgekehrt möge nun die Funktion $\psi(\boldsymbol{x}, \boldsymbol{y})$ im Punkt $(\tilde{\boldsymbol{x}}, \tilde{\boldsymbol{y}}) \in X \times Y$ unterhalb regulär bezüglich der Menge $X \times Y$ sein, und es gelte

$$\sup_{\boldsymbol{y} \in Y} \{\psi(\tilde{\boldsymbol{x}}, \boldsymbol{y})\} = \psi(\tilde{\boldsymbol{x}}, \tilde{\boldsymbol{y}}). \tag{26.17}$$

Nach Definition 26.2 existieren eine Umgebung und daher auch eine konvexe Umgebung $U(\tilde{\boldsymbol{x}})$ in $\mathbb{E}_n$ des Punktes $\tilde{\boldsymbol{x}}$ und eine kompakte Menge $Y^* \subset Y$ derart, daß es zu jedem Punkt $\boldsymbol{x} \in \overline{U}(\tilde{\boldsymbol{x}}) \cap X$ einen Punkt $\boldsymbol{y}_x \in Y^*$ mit $\psi(\boldsymbol{x}, \boldsymbol{y}_x) \geqq \psi(\tilde{\boldsymbol{x}}, \tilde{\boldsymbol{y}})$ gibt. O. B. d. A. sei die Menge Y^* konvex (andernfalls kann sie durch die konvexe Hülle co Y^* der Menge Y^* ersetzt werden).

Es sei nun C eine beliebige, den Punkt $\tilde{\boldsymbol{x}}$ enthaltende kompakte konvexe Menge mit $C \subset X$. Die Menge $U_C := \overline{U}(\tilde{\boldsymbol{x}}) \cap C$ ist dann eine nichtleere konvexe kompakte Menge in $\mathbb{E}_n$. Nach Satz 26.1, angewandt auf die kompakten konvexen Mengen U_C und Y^*, gibt es einen Sattelpunkt $(\boldsymbol{x}_C, \boldsymbol{y}_C) \in U_C \times Y^*$ der Funktion $\psi(\boldsymbol{x}, \boldsymbol{y})$ bezüglich der Menge $U_C \times Y^*$, d. h.

$$\psi(\boldsymbol{x}_C, \boldsymbol{y}) \leqq \psi(\boldsymbol{x}_C, \boldsymbol{y}_C) \leqq \psi(\boldsymbol{x}, \boldsymbol{y}_C), \quad \boldsymbol{x} \in U_C, \quad \boldsymbol{y} \in Y^*. \tag{26.18}$$

Da die Funktion $\psi(\boldsymbol{x}, \boldsymbol{y})$ im Punkt $(\tilde{\boldsymbol{x}}, \tilde{\boldsymbol{y}})$ nach Voraussetzung unterhalb regulär bezüglich der Menge $X \times Y$ ist, existiert nach Definition 26.2 ein Punkt $\boldsymbol{y}_1 \in Y^*$ mit

$$\psi(\boldsymbol{x}_C, \boldsymbol{y}_1) \geqq \psi(\tilde{\boldsymbol{x}}, \tilde{\boldsymbol{y}}). \tag{26.19}$$

Hieraus und aus (26.18) folgt einerseits $\psi(\boldsymbol{x}_C, \boldsymbol{y}_C) \geqq \psi(\tilde{\boldsymbol{x}}, \tilde{\boldsymbol{y}})$ und aus (26.17) und (26.18) wegen $\tilde{\boldsymbol{x}} \in U_C$ andererseits

$$\psi(\boldsymbol{x}_C, \boldsymbol{y}_C) \leqq \psi(\tilde{\boldsymbol{x}}, \boldsymbol{y}_C) \leqq \psi(\tilde{\boldsymbol{x}}, \tilde{\boldsymbol{y}}); \tag{26.19a}$$

somit gilt

$$\psi(\boldsymbol{x}_C, \boldsymbol{y}_C) = \psi(\tilde{\boldsymbol{x}}, \tilde{\boldsymbol{y}}). \tag{26.19b}$$

Mit (26.17) und (26.19a, b) erhält man daher

$$\psi(\tilde{\boldsymbol{x}}, \boldsymbol{y}) \leqq \psi(\tilde{\boldsymbol{x}}, \tilde{\boldsymbol{y}}) = \psi(\tilde{\boldsymbol{x}}, \boldsymbol{y}_C), \quad \boldsymbol{y} \in Y,$$

und daraus nach (26.18) und (26.19b)

$$\psi(\tilde{\boldsymbol{x}}, \boldsymbol{y}) \leqq \psi(\tilde{\boldsymbol{x}}, \boldsymbol{y}_C) = \psi(\tilde{\boldsymbol{x}}, \tilde{\boldsymbol{y}}) = \psi(\boldsymbol{x}_C, \boldsymbol{y}_C) \leqq \psi(\boldsymbol{x}, \boldsymbol{y}_C), \quad \boldsymbol{x} \in U_C, \quad \boldsymbol{y} \in Y, \tag{26.20}$$

d. h., $(\tilde{\boldsymbol{x}}, \boldsymbol{y}_C)$ ist ein Sattelpunkt der Funktion $\psi(\boldsymbol{x}, \boldsymbol{y})$ bezüglich der Menge $U_C \times Y$.

Es möge Y_C die Menge aller Punkte $\boldsymbol{y} \in Y^*$ sein, für die $(\tilde{\boldsymbol{x}}, \boldsymbol{y})$ ein Sattelpunkt der Funktion $\psi(\boldsymbol{x}, \boldsymbol{y})$ bezüglich der Menge $U_C \times Y$ ist. Die Menge Y_C ist wegen $\boldsymbol{y}_C \in Y_C$ nichtleer; wir zeigen nun, daß sie auch abgeschlossen ist.

Es sei $\boldsymbol{y}_0$ ein Häufungspunkt der Menge Y_C und $\{\boldsymbol{y}_i\}_{i=1}^{\infty}$ eine beliebige Punktfolge mit

$$\boldsymbol{y}_i \in Y_C \quad (i = 1, 2, \ldots), \quad \lim_{i\to\infty} \boldsymbol{y}_i = \boldsymbol{y}_0.$$

Da nach Definition der Menge Y_C jeder Punkt $(\tilde{\boldsymbol{x}}, \boldsymbol{y}_i)$ $(i = 1, 2, \ldots)$ ein Sattelpunkt der Funktion $\psi(\boldsymbol{x}, \boldsymbol{y})$ bezüglich der Menge $U_C \times Y$ ist, gilt für $i = 1, 2, \ldots$

$$\psi(\tilde{\boldsymbol{x}}, \boldsymbol{y}) \leqq \psi(\tilde{\boldsymbol{x}}, \boldsymbol{y}_i) \leqq \psi(\boldsymbol{x}, \boldsymbol{y}_i), \quad (\boldsymbol{x}, \boldsymbol{y}) \in U_C \times Y. \tag{26.21}$$

Aus (26.21) und (26.20) folgt

$$\psi(\tilde{\boldsymbol{x}}, \boldsymbol{y}_C) \leqq \psi(\tilde{\boldsymbol{x}}, \boldsymbol{y}_i) \leqq \psi(\tilde{\boldsymbol{x}}, \boldsymbol{y}_C) \quad (i = 1, 2, \ldots),$$

d. h. $\psi(\tilde{\boldsymbol{x}}, \boldsymbol{y}_i) = \psi(\tilde{\boldsymbol{x}}, \boldsymbol{y}_C)$ $(i = 1, 2, \ldots)$, und hieraus wegen $\psi(\tilde{\boldsymbol{x}}, \boldsymbol{y}_C) = \psi(\tilde{\boldsymbol{x}}, \tilde{\boldsymbol{y}})$ (siehe (26.20)) dann $\psi(\tilde{\boldsymbol{x}}, \boldsymbol{y}_i) = \psi(\tilde{\boldsymbol{x}}, \tilde{\boldsymbol{y}})$ $(i = 1, 2, \ldots)$. Aufgrund der Oberhalbstetigkeit der Funktion $\psi(\tilde{\boldsymbol{x}}, \boldsymbol{y})$ über der Menge Y gilt (vgl. Bemerkung 18.2 und Lemma 18.1)

$$\psi(\tilde{\boldsymbol{x}}, \tilde{\boldsymbol{y}}) = \lim_{i\to\infty} \psi(\tilde{\boldsymbol{x}}, \boldsymbol{y}_i) \leqq \psi(\tilde{\boldsymbol{x}}, \boldsymbol{y}_0). \tag{26.22}$$

Da nach (26.17) $\psi(\tilde{\boldsymbol{x}}, \tilde{\boldsymbol{y}}) \geqq \psi(\tilde{\boldsymbol{x}}, \boldsymbol{y}_0)$ ist, folgt aus (26.22) $\psi(\tilde{\boldsymbol{x}}, \tilde{\boldsymbol{y}}) = \psi(\tilde{\boldsymbol{x}}, \boldsymbol{y}_0)$ und aus (26.20) dann

$$\psi(\tilde{\boldsymbol{x}}, \boldsymbol{y}) \leqq \psi(\tilde{\boldsymbol{x}}, \boldsymbol{y}_0) = \psi(\tilde{\boldsymbol{x}}, \tilde{\boldsymbol{y}}), \quad \boldsymbol{y} \in Y. \tag{26.23a}$$

Nach Voraussetzung ist für jeden Punkt $\boldsymbol{x} \in X$ die Funktion $\psi(\boldsymbol{x}, \boldsymbol{y})$ oberhalbstetig über der Menge Y; damit gilt

$$\overline{\lim_{i\to\infty}}\, \psi(\boldsymbol{x}, \boldsymbol{y}_i) \leqq \psi(\boldsymbol{x}, \boldsymbol{y}_0), \quad \boldsymbol{x} \in U_C,$$

und daher wegen $\boldsymbol{y}_0 \in Y^*$ und (26.21)

$$\psi(\tilde{\boldsymbol{x}}, \boldsymbol{y}_0) \leqq \overline{\lim_{i\to\infty}}\, \psi(\boldsymbol{x}, \boldsymbol{y}_i) \leqq \psi(\boldsymbol{x}, \boldsymbol{y}_0), \quad \boldsymbol{x} \in U_C. \tag{26.23b}$$

Aufgrund der aus (26.23a, b) folgenden Ungleichungen

$$\psi(\tilde{\boldsymbol{x}}, \boldsymbol{y}) \leqq \psi(\tilde{\boldsymbol{x}}, \boldsymbol{y}_0) \leqq \psi(\boldsymbol{x}, \boldsymbol{y}_0), \quad (\boldsymbol{x}, \boldsymbol{y}) \in U_C \times Y$$

ist $(\tilde{\boldsymbol{x}}, \boldsymbol{y}_0)$ ein Sattelpunkt der Funktion $\psi(\boldsymbol{x}, \boldsymbol{y})$ bezüglich der Menge $U_C \times Y$, d. h., es gilt $\boldsymbol{y}_0 \in Y_C$. Damit ist gezeigt, daß die Menge Y_C abgeschlossen ist.

Es seien $C_1, \ldots, C_k$ beliebige kompakte konvexe Mengen in $\mathbb{E}_n$ mit

$$\tilde{\boldsymbol{x}} \in C_j \subset X \quad (j = 1, \ldots, k), \tag{26.24}$$

und es bezeichne Y_{C_j} die Menge aller Punkte $\boldsymbol{y}$ der Menge Y^*, für die $(\tilde{\boldsymbol{x}}, \boldsymbol{y})$ ein Sattelpunkt der Funktion $\psi(\boldsymbol{x}, \boldsymbol{y})$ bezüglich der Menge $U_{C_j} \times Y$ mit $U_{C_j} := \overline{U}(\tilde{\boldsymbol{x}}) \cap C_j$ $(j = 1, \ldots, k)$ ist. Da die Mengen C_j kompakt und konvex sind, ist auch die Menge

$$C^* := \operatorname{co}\left(\bigcup_{j=1}^{k} C_j\right) \tag{26.25a}$$

kompakt und konvex; da die Menge X konvex ist, folgt aus (26.24) $\tilde{\boldsymbol{x}} \in C^* \subset X$. Wie oben gezeigt wurde, ist die Menge Y_C für jede kompakte Menge C mit $\tilde{\boldsymbol{x}} \in C \subset X$ nichtleer und abgeschlossen. Damit gilt

$$\overline{Y}_{C^*} = Y_{C^*} \neq \emptyset. \tag{26.25b}$$

Ein Punkt $\boldsymbol{y}^* \in Y_{C^*}$ ist nach Definition ein solcher Punkt, für den der Punkt $(\tilde{\boldsymbol{x}}, \boldsymbol{y}^*)$ ein Sattelpunkt der Funktion $\psi(\boldsymbol{x}, \boldsymbol{y})$ bezüglich der Menge $U_{C^*} \times Y$ mit $U_{C^*} := \overline{U}(\tilde{\boldsymbol{x}}) \cap C^*$ ist; also gilt

$$\psi(\tilde{\boldsymbol{x}}, \boldsymbol{y}) \leqq \psi(\tilde{\boldsymbol{x}}, \boldsymbol{y}^*) \leqq \psi(\boldsymbol{x}, \boldsymbol{y}^*), \quad (\boldsymbol{x}, \boldsymbol{y}) \in U_{C^*} \times Y. \tag{26.26}$$

Hieraus folgt — wegen $C_j \subset C^*$ ist $U_{C_j} \subset U_{C^*}$ $(j = 1, \ldots, k)$ —

$$\psi(\tilde{\boldsymbol{x}}, \boldsymbol{y}) \leqq \psi(\tilde{\boldsymbol{x}}, \boldsymbol{y}^*) \leqq \psi(\boldsymbol{x}, \boldsymbol{y}^*), \quad (\boldsymbol{x}, \boldsymbol{y}) \in U_{C_j} \times Y \quad (j = 1, \ldots, k);$$

damit ist $Y_{C^*} \subset Y_{C_j}$ $(j = 1, \ldots, k)$, und wegen $\tilde{\boldsymbol{x}} \in C^*$ gilt

$$\bigcap_{j=1}^{k} Y_{C_j} \supset Y_{C^*} \neq \emptyset. \tag{26.27}$$

Wir definieren nun die Menge

$$Y_X := \bigcap_{C \in \Gamma} Y_C, \tag{26.28}$$

wobei Γ die Menge aller kompakten konvexen Mengen C mit $\tilde{\boldsymbol{x}} \in C \subset X$ ist und die Menge Y_C wieder die oben angegebene Bedeutung hat. Wenn die Menge Y_X leer wäre, dann gäbe es zu jedem Punkt $\boldsymbol{y} \in Y^*$ eine Menge $C_y \in \Gamma$ mit $\boldsymbol{y} \notin Y_{C_y}$ und daher mit $\boldsymbol{y} \in \mathbb{E}_m \setminus Y_{C_y}$; wegen $\overline{Y}_{C_y} = Y_{C_y}$ ist $\mathbb{E}_m \setminus Y_{C_y}$ eine offene Menge in $\mathbb{E}_n$. Nach dem Borelschen Überdeckungssatz existierten dann endlich viele Mengen $\mathbb{E}_m \setminus Y_{C_j}$ mit $C_j \in \Gamma$ $(j = 1, \ldots, k)$, die die kompakte Menge Y^* überdecken würden. Jeder Punkt $\boldsymbol{y} \in Y^*$ läge dann mindestens in einer der Mengen $\mathbb{E}_m \setminus Y_{C_j}$ $(j = 1, \ldots, k)$, und damit wäre $\bigcap_{j=1}^{k} Y_{C_j} = \emptyset$, im Widerspruch zu (26.27).

Wir wählen nun einen beliebigen Punkt $\boldsymbol{y}_0 \in Y_X$ und zeigen, daß $(\tilde{\boldsymbol{x}}, \boldsymbol{y}_0)$ ein Sattelpunkt der Funktion $\psi(\boldsymbol{x}, \boldsymbol{y})$ bezüglich der Menge $U_X \times Y$ mit $U_X := \overline{U}(\tilde{\boldsymbol{x}}) \cap X$ ist. Zu einem beliebigen Punkt $\boldsymbol{x} \in U_X$ gibt es aufgrund der Konvexität der Menge X offenbar eine kompakte konvexe Menge $C_0 \subset X$, die sowohl den Punkt $\boldsymbol{x}$ als auch den Punkt $\tilde{\boldsymbol{x}}$ enthält. Aus $\boldsymbol{y}_0 \in Y_X$ folgt nach (26.28) $\boldsymbol{y}_0 \in Y_{C_0}$, und da $\boldsymbol{x} \in U_{C_0} := \overline{U}(\tilde{\boldsymbol{x}}) \cap C_0$ gilt, ist $(\tilde{\boldsymbol{x}}, \boldsymbol{y}_0)$ ein Sattelpunkt der Funktion $\psi(\boldsymbol{x}, \boldsymbol{y})$ bezüglich der Menge $U_{C_0} \times Y$, d. h.

$$\psi(\tilde{\boldsymbol{x}}, \boldsymbol{y}) \leqq \psi(\tilde{\boldsymbol{x}}, \boldsymbol{y}_0) \leqq \psi(\boldsymbol{x}, \boldsymbol{y}_0), \quad (\boldsymbol{x}, \boldsymbol{y}) \in U_{C_0} \times Y. \tag{26.29}$$

Da $\boldsymbol{x}$ ein beliebiger Punkt der Menge $\overline{U}(\tilde{\boldsymbol{x}}) \cap X$ war, gilt also

$$\psi(\tilde{\boldsymbol{x}}, \boldsymbol{y}_0) \leqq \psi(\boldsymbol{x}, \boldsymbol{y}_0), \quad \boldsymbol{x} \in \overline{U}(\tilde{\boldsymbol{x}}) \cap X. \tag{26.30}$$

Die konvexe Funktion $\psi(\boldsymbol{x}, \boldsymbol{y}_0)$ hat daher über der Menge X im Punkt $\tilde{\boldsymbol{x}} \in X$ ein lokales Minimum; nach Satz 15.6 ist dieses aber gleichzeitig ein globales Minimum dieser Funktion über der Menge X. Somit folgt aus (26.29)

$$\psi(\tilde{\boldsymbol{x}}, \boldsymbol{y}) \leqq \psi(\tilde{\boldsymbol{x}}, \boldsymbol{y}_0) \leqq \psi(\boldsymbol{x}, \boldsymbol{y}_0), \quad (\boldsymbol{x}, \boldsymbol{y}) \in X \times Y,$$

d. h., $(\tilde{\boldsymbol{x}}, \boldsymbol{y}_0)$ ist ein Sattelpunkt der Funktion $\psi(\boldsymbol{x}, \boldsymbol{y})$ bezüglich der Menge $X \times Y$. □

Bemerkung 26.5. Einer über einer Menge $X \times Y$ mit $\emptyset \neq X \subset \mathbb{E}_n$ und $\emptyset \neq Y \subset \mathbb{E}_m$ erklärten beliebigen Funktion $\psi(\boldsymbol{x}, \boldsymbol{y})$ kann man die folgenden Optimierungsprobleme zuordnen:

$$\begin{aligned} &\text{(I)} && \inf_{\boldsymbol{x} \in X} \sup_{\boldsymbol{y} \in Y} \{\psi(\boldsymbol{x}, \boldsymbol{y})\}!, \\ &\text{(II)} && \sup_{\boldsymbol{y} \in Y} \inf_{\boldsymbol{x} \in X} \{\psi(\boldsymbol{x}, \boldsymbol{y})\}!; \end{aligned} \tag{26.31}$$

sie werden als zueinander duale Probleme bezeichnet. Wenn ein Punkt $(\boldsymbol{x}_1, \boldsymbol{y}_1) \in X \times Y$ mit der Eigenschaft

$$\sup_{\boldsymbol{y} \in Y} \{\psi(\boldsymbol{x}, \boldsymbol{y})\} \geqq \psi(\boldsymbol{x}_1, \boldsymbol{y}_1) = \sup_{\boldsymbol{y} \in Y} \{\psi(\boldsymbol{x}_1, \boldsymbol{y})\}, \quad \boldsymbol{x} \in X \tag{26.32a}$$

(bzw. ein Punkt $(\boldsymbol{x}_2, \boldsymbol{y}_2) \in X \times Y$ mit der Eigenschaft

$$\inf_{\boldsymbol{x} \in X} \{\psi(\boldsymbol{x}, \boldsymbol{y})\} \leqq \psi(\boldsymbol{x}_2, \boldsymbol{y}_2) = \inf_{\boldsymbol{x} \in X} \{\psi(\boldsymbol{x}, \boldsymbol{y}_2)\}, \quad \boldsymbol{y} \in Y), \tag{26.32b}$$

existiert, dann sagen wir, daß das Problem (I) (bzw. (II)) lösbar ist und daß $(\boldsymbol{x}_1, \boldsymbol{y}_1)$ (bzw. $(\boldsymbol{x}_2, \boldsymbol{y}_2)$) ein Optimalpunkt des Optimierungsproblems (I) (bzw. (II)) ist.

Setzt man

$$\begin{aligned} \mathcal{M}_1 &:= \left\{(\boldsymbol{x}, \boldsymbol{y}) \in X \times Y \mid \psi(\boldsymbol{x}, \boldsymbol{y}) = \sup_{\tilde{\boldsymbol{y}} \in Y} \{\psi(\boldsymbol{x}, \tilde{\boldsymbol{y}})\}\right\}, \\ \mathcal{M}_2 &:= \left\{(\boldsymbol{x}, \boldsymbol{y}) \in X \times Y \mid \psi(\boldsymbol{x}, \boldsymbol{y}) = \inf_{\tilde{\boldsymbol{x}} \in X} \{\psi(\tilde{\boldsymbol{x}}, \boldsymbol{y})\}\right\}, \end{aligned} \tag{26.33}$$

dann gilt offenbar

$$\inf_{\boldsymbol{x} \in X} \sup_{\boldsymbol{y} \in Y} \{\psi(\boldsymbol{x}, \boldsymbol{y})\} = \inf_{(\boldsymbol{x}, \boldsymbol{y}) \in \mathcal{M}_1} \{\psi(\boldsymbol{x}, \boldsymbol{y})\},$$

$$\sup_{\boldsymbol{y} \in Y} \inf_{\boldsymbol{x} \in X} \{\psi(\boldsymbol{x}, \boldsymbol{y})\} = \sup_{(\boldsymbol{x}, \boldsymbol{y}) \in \mathcal{M}_2} \{\psi(\boldsymbol{x}, \boldsymbol{y})\},$$

und die Optimierungsprobleme (I) und (II) in (26.31) lassen sich in der folgenden Form schreiben:

$$\begin{aligned} &\text{(I)} && \inf_{(\boldsymbol{x}, \boldsymbol{y}) \in \mathcal{M}_1} \{\psi(\boldsymbol{x}, \boldsymbol{y})\}!, \\ &\text{(II)} && \sup_{(\boldsymbol{x}, \boldsymbol{y}) \in \mathcal{M}_2} \{\psi(\boldsymbol{x}, \boldsymbol{y})\}!. \end{aligned} \tag{26.34}$$

Lemma 26.4. *Falls $X \subset \mathbb{E}_n$ und $Y \subset \mathbb{E}_m$ nichtleere Mengen sind und $\psi(\boldsymbol{x}, \boldsymbol{y})$ eine über der Menge $X \times Y$ erklärte Funktion, so gilt*

$$\inf_{\boldsymbol{x} \in X} \sup_{\boldsymbol{y} \in Y} \{\psi(\boldsymbol{x}, \boldsymbol{y})\} \geqq \sup_{\boldsymbol{y} \in Y} \inf_{\boldsymbol{x} \in X} \{\psi(\boldsymbol{x}, \boldsymbol{y})\}.$$

Beweis. Wegen

$$\psi(\boldsymbol{x}, \boldsymbol{y}) \leqq \sup_{\tilde{\boldsymbol{y}} \in Y} \{\psi(\boldsymbol{x}, \tilde{\boldsymbol{y}})\}, \quad (\boldsymbol{x}, \boldsymbol{y}) \in X \times Y,$$

gilt

$$\inf_{\boldsymbol{x} \in X} \{\psi(\boldsymbol{x}, \boldsymbol{y})\} \leqq \inf_{\boldsymbol{x} \in X} \sup_{\tilde{\boldsymbol{y}} \in Y} \{\psi(\boldsymbol{x}, \tilde{\boldsymbol{y}})\}, \quad \boldsymbol{y} \in Y;$$

hieraus folgt unmittelbar die Aussage des Lemmas. □

Lemma 26.5. *Es seien $X \subset \mathbb{E}_n$ und $Y \subset \mathbb{E}_m$ nichtleere Mengen und $\psi(\boldsymbol{x}, \boldsymbol{y})$ eine über der Menge $X \times Y$ erklärte Funktion. Dann gelten für die dieser Funktion gemäß* (26.31) *zugeordneten Optimierungsprobleme* (I) *und* (II) *die folgenden Aussagen:*

(a) *Wenn $(\boldsymbol{x}_0, \boldsymbol{y}_0)$ ein Sattelpunkt der Funktion $\psi(\boldsymbol{x}, \boldsymbol{y})$ bezüglich der Menge $X \times Y$ ist, dann ist $(\boldsymbol{x}_0, \boldsymbol{y}_0)$ ein Optimalpunkt sowohl des Problems* (I) *als auch des Problems* (II);

(b) *wenn $(\boldsymbol{x}_1, \boldsymbol{y}_1)$ ein Optimalpunkt des Problems* (I) *ist und $(\boldsymbol{x}_2, \boldsymbol{y}_2)$ ein Optimalpunkt des Problems* (II) *und wenn*

$$\psi(\boldsymbol{x}_1, \boldsymbol{y}_1) = \psi(\boldsymbol{x}_2, \boldsymbol{y}_2) \tag{26.35}$$

gilt, dann ist $(\boldsymbol{x}_1, \boldsymbol{y}_2)$ ein Sattelpunkt der Funktion $\psi(\boldsymbol{x}, \boldsymbol{y})$ bezüglich der Menge $X \times Y$, und es gilt

$$\psi(\boldsymbol{x}_1, \boldsymbol{y}_1) = \psi(\boldsymbol{x}_1, \boldsymbol{y}_2) = \psi(\boldsymbol{x}_2, \boldsymbol{y}_2).$$

Beweis. Es sei $(\boldsymbol{x}_0, \boldsymbol{y}_0) \in X \times Y$ ein Sattelpunkt der Funktion $\psi(\boldsymbol{x}, \boldsymbol{y})$ bezüglich der Menge $X \times Y$. Dann ist (vgl. Definition 26.1)

$$\psi(\boldsymbol{x}_0, \boldsymbol{y}_0) = \min_{\tilde{\boldsymbol{x}} \in X} \{\psi(\tilde{\boldsymbol{x}}, \boldsymbol{y}_0)\} = \max_{\tilde{\boldsymbol{y}} \in Y} \{\psi(\boldsymbol{x}_0, \tilde{\boldsymbol{y}})\}, \tag{26.36}$$

und nach Definition der Mengen $\mathcal{M}_1$ und $\mathcal{M}_2$ in (26.33) gilt $(\boldsymbol{x}_0, \boldsymbol{y}_0) \in \mathcal{M}_1 \cap \mathcal{M}_2$. Aus (26.33) und (26.36) folgt für einen beliebigen Punkt $(\boldsymbol{x}, \boldsymbol{y})$ der Menge $\mathcal{M}_1$

$$\psi(\boldsymbol{x}, \boldsymbol{y}) = \sup_{\tilde{\boldsymbol{y}} \in Y} \{\psi(\boldsymbol{x}, \tilde{\boldsymbol{y}})\} \geqq \psi(\boldsymbol{x}, \boldsymbol{y}_0) \geqq \psi(\boldsymbol{x}_0, \boldsymbol{y}_0)$$

und für einen beliebigen Punkt $(\boldsymbol{x}, \boldsymbol{y})$ der Menge $\mathcal{M}_2$

$$\psi(\boldsymbol{x}, \boldsymbol{y}) = \inf_{\tilde{\boldsymbol{x}} \in X} \{\psi(\tilde{\boldsymbol{x}}, \boldsymbol{y})\} \leqq \psi(\boldsymbol{x}_0, \boldsymbol{y}) \leqq \psi(\boldsymbol{x}_0, \boldsymbol{y}_0).$$

Der Punkt $(\boldsymbol{x}_0, \boldsymbol{y}_0)$ ist also ein Optimalpunkt der unter (26.34) angegebenen Optimierungsprobleme (I) und (II) und damit der unter (26.31) formulierten Optimierungsprobleme.

Falls $(\boldsymbol{x}_1, \boldsymbol{y}_1)$ ein Optimalpunkt des Optimierungsproblems (I) ist, $(\boldsymbol{x}_2, \boldsymbol{y}_2)$ ein Optimalpunkt des Optimierungsproblems (II) und $\psi(\boldsymbol{x}_1, \boldsymbol{y}_1) = \psi(\boldsymbol{x}_2, \boldsymbol{y}_2)$ ist, so gilt

$$\begin{aligned}\psi(\boldsymbol{x}_1, \boldsymbol{y}_2) &\leqq \sup_{\tilde{\boldsymbol{y}} \in Y} \{\psi(\boldsymbol{x}_1, \tilde{\boldsymbol{y}})\} = \psi(\boldsymbol{x}_1, \boldsymbol{y}_1) = \psi(\boldsymbol{x}_2, \boldsymbol{y}_2) \\ &= \inf_{\tilde{\boldsymbol{x}} \in X} \{\psi(\tilde{\boldsymbol{x}}, \boldsymbol{y}_2)\} \leqq \psi(\boldsymbol{x}_1, \boldsymbol{y}_2).\end{aligned}$$

Hieraus folgt einerseits

$$\psi(\boldsymbol{x}_1, \boldsymbol{y}_1) = \psi(\boldsymbol{x}_1, \boldsymbol{y}_2) = \psi(\boldsymbol{x}_2, \boldsymbol{y}_2)$$

und andererseits

$$\psi(\boldsymbol{x}_1, \boldsymbol{y}) \leqq \psi(\boldsymbol{x}_1, \boldsymbol{y}_2) \leqq \psi(\boldsymbol{x}, \boldsymbol{y}_2), \quad (\boldsymbol{x}, \boldsymbol{y}) \in X \times Y,$$

d. h., $(\boldsymbol{x}_1, \boldsymbol{y}_2)$ ist ein Sattelpunkt der Funktion $\psi(\boldsymbol{x}, \boldsymbol{y})$ bezüglich der Menge $X \times Y$. □

Satz 26.4. (*Verallgemeinertes Minimaxprinzip*). *Es seien $X \subset \mathbb{E}_n$ und $Y \subset \mathbb{E}_m$ nichtleere konvexe Mengen und $\psi(\boldsymbol{x}, \boldsymbol{y})$ eine über der Menge $X \times Y$ erklärte Funktion mit den folgenden Eigenschaften:*

(a) *Für jeden Punkt $\boldsymbol{x} \in X$ ist die Funktion $\psi(\boldsymbol{x}, \boldsymbol{y})$ über der Menge Y oberhalbstetig und konkav,*

(b) *für jeden Punkt $\boldsymbol{y} \in Y$ ist die Funktion $\psi(\boldsymbol{x}, \boldsymbol{y})$ über der Menge X unterhalbstetig und konvex,*

(c) *es existiert ein Punkt $(\tilde{\boldsymbol{x}}, \tilde{\boldsymbol{y}}) \in X \times Y$ derart, daß die Funktion $\psi(\boldsymbol{x}, \boldsymbol{y})$ in diesem Punkt sowohl unterhalb als auch oberhalb regulär bezüglich der Menge $X \times Y$ ist und daß gilt*

$$\psi(\tilde{\boldsymbol{x}}, \tilde{\boldsymbol{y}}) = \sup_{\boldsymbol{y} \in Y} \{\psi(\tilde{\boldsymbol{x}}, \boldsymbol{y})\}$$

$$(bzw.\ \psi(\tilde{\boldsymbol{x}}, \tilde{\boldsymbol{y}}) = \inf_{\boldsymbol{x} \in X} \{\psi(\boldsymbol{x}, \tilde{\boldsymbol{y}})\}).$$

Dann existiert ein Sattelpunkt $(\boldsymbol{x}_0, \boldsymbol{y}_0) \in X \times Y$ der Funktion $\psi(\boldsymbol{x}, \boldsymbol{y})$ bezüglich der Menge $X \times Y$, für ihn gilt

$$\inf_{\boldsymbol{x} \in X} \sup_{\boldsymbol{y} \in Y} \{\psi(\boldsymbol{x}, \boldsymbol{y})\} = \psi(\boldsymbol{x}_0, \boldsymbol{y}_0) = \sup_{\boldsymbol{y} \in Y} \inf_{\boldsymbol{x} \in X} \{\psi(\boldsymbol{x}, \boldsymbol{y})\}. \tag{26.37}$$

Beweis. Nach Satz 26.3 existiert aufgrund der Voraussetzungen (a), (b) und (c) ein Sattelpunkt $(\boldsymbol{x}_0, \boldsymbol{y}_0)$ der Funktion $\psi(\boldsymbol{x}, \boldsymbol{y})$ bezüglich der Menge $X \times Y$; nach Lemma 26.5 ist $(\boldsymbol{x}_0, \boldsymbol{y}_0)$ dann ein Optimalpunkt sowohl des Problems (I) als auch des Problems (II) in (26.31). Damit gilt auch die Aussage (26.37). □

Satz 26.5. *Es seien $X \subset \mathbb{E}_n$ und $Y \subset \mathbb{E}_m$ nichtleere konvexe Mengen und $\psi(\boldsymbol{x}, \boldsymbol{y})$ eine über der Menge $X \times Y$ erklärte Funktion, die für jeden Punkt $\boldsymbol{y} \in Y$ unterhalbstetig und konvex über der Menge X und für jeden Punkt $\boldsymbol{x} \in X$ oberhalbstetig und konkav über der Menge Y ist. Dann gelten für die unter* (26.31) *definierten Optimierungsprobleme die folgenden Aussagen:*

(a) *Falls das Problem* (I) *lösbar und $(\boldsymbol{x}_1, \boldsymbol{y}_1)$ ein Optimalpunkt dieses Problems ist, so existiert genau dann ein Optimalpunkt $(\boldsymbol{x}_2, \boldsymbol{y}_2)$ des Problems* (II) *mit $\psi(\boldsymbol{x}_2, \boldsymbol{y}_2) = \psi(\boldsymbol{x}_1, \boldsymbol{y}_1)$, wenn die Funktion $\psi(\boldsymbol{x}, \boldsymbol{y})$ im Punkt $(\boldsymbol{x}_1, \boldsymbol{y}_1)$ unterhalb regulär bezüglich der Menge $X \times Y$ ist;*

(b) *falls das Problem* (II) *lösbar und $(\boldsymbol{x}_2, \boldsymbol{y}_2)$ ein Optimalpunkt dieses Problems ist, so existiert genau dann ein Optimalpunkt $(\boldsymbol{x}_1, \boldsymbol{y}_1)$ des Problems* (I) *mit $\psi(\boldsymbol{x}_1, \boldsymbol{y}_1) = \psi(\boldsymbol{x}_2, \boldsymbol{y}_2)$, wenn die Funktion $\psi(\boldsymbol{x}, \boldsymbol{y})$ im Punkt $(\boldsymbol{x}_2, \boldsymbol{y}_2)$ oberhalb regulär bezüglich der Menge $X \times Y$ ist.*

Beweis. Wir beschränken uns auf den Beweis der Aussage (a); der Beweis der Aussage (b) läßt sich in gleicher Weise führen.

Setzen wir zunächst voraus, daß das Problem (I)

$$\inf_{\boldsymbol{x}\in X} \sup_{\boldsymbol{y}\in Y} \{\psi(\boldsymbol{x}, \boldsymbol{y})\}!$$

lösbar ist, daß $(\boldsymbol{x}_1, \boldsymbol{y}_1)$ ein Optimalpunkt dieses Problems und daß die Funktion $\psi(\boldsymbol{x}, \boldsymbol{y})$ unterhalb regulär im Punkt bezüglich $(\boldsymbol{x}_1, \boldsymbol{y}_1)$ der Menge $X \times Y$ ist. Dann gilt nach Definition (26.32a) eines Optimalpunktes (siehe Bemerkung 26.5)

$$\psi(\boldsymbol{x}_1, \boldsymbol{y}_1) = \sup_{\boldsymbol{y}\in Y} \{\psi(\boldsymbol{x}_1, \boldsymbol{y})\},$$

und nach Satz 26.3, Ausage (a), existiert ein solcher Punkt $\boldsymbol{y}_0 \in Y$, daß $(\boldsymbol{x}_1, \boldsymbol{y}_0)$ ein Sattelpunkt der Funktion $\psi(\boldsymbol{x}, \boldsymbol{y})$ bezüglich der Menge $X \times Y$ ist. Nach Lemma 26.5 ist $(\boldsymbol{x}_1, \boldsymbol{y}_0)$ dann ein Optimalpunkt sowohl des Problems (I) als auch des Problems (II). Hieraus folgt — wenn $(\boldsymbol{x}_2, \boldsymbol{y}_2) := (\boldsymbol{x}_1, \boldsymbol{y}_0)$ gesetzt wird — eine Richtung der Aussage (a).

Wenn andererseits $(\boldsymbol{x}_1, \boldsymbol{y}_1)$ ein Optimalpunkt des Problems (I) ist und $(\boldsymbol{x}_2, \boldsymbol{y}_2)$ ein Optimalpunkt des Problems (II) mit $\psi(\boldsymbol{x}_1, \boldsymbol{y}_1) = \psi(\boldsymbol{x}_2, \boldsymbol{y}_2)$, so ist nach Lemma 26.5 $(\boldsymbol{x}_1, \boldsymbol{y}_2)$ ein Sattelpunkt der Funktion $\psi(\boldsymbol{x}, \boldsymbol{y})$ bezüglich der Menge $X \times Y$, und es gilt $\psi(\boldsymbol{x}_1, \boldsymbol{y}_1) = \psi(\boldsymbol{x}_1, \boldsymbol{y}_2) = \psi(\boldsymbol{x}_2, \boldsymbol{y}_2)$, d. h.

$$\psi(\boldsymbol{x}_1, \boldsymbol{y}) \leqq \psi(\boldsymbol{x}_1, \boldsymbol{y}_1) = \psi(\boldsymbol{x}_1, \boldsymbol{y}_2) = \psi(\boldsymbol{x}_2, \boldsymbol{y}_2) \leqq \psi(\boldsymbol{x}, \boldsymbol{y}_2), \quad (\boldsymbol{x}, \boldsymbol{y}) \in X \times Y. \tag{26.38}$$

Setzt man $U(\boldsymbol{x}_1) := \mathbb{E}_n$ und $Y^* := \{\boldsymbol{y}_2\}$, dann gibt es nach (26.38) zu jedem Punkt $\boldsymbol{x} \in \overline{U}(\boldsymbol{x}_1) \cap X = X$ einen Punkt $\boldsymbol{y}$ der kompakten Menge $Y^* \subset Y$ — nämlich den Punkt $\boldsymbol{y} = \boldsymbol{y}_2$ —, so daß $\psi(\boldsymbol{x}, \boldsymbol{y}) = \psi(\boldsymbol{x}, \boldsymbol{y}_2) \geqq \psi(\boldsymbol{x}_1, \boldsymbol{y}_1)$ ist. Nach Definition 26.2 ist die Funktion $\psi(\boldsymbol{x}, \boldsymbol{y})$ daher im Punkt $(\boldsymbol{x}_1, \boldsymbol{y}_1)$ unterhalb regulär bezüglich der Menge $X \times Y$. □

Bemerkung 26.6. Da es im allgemeinen schwer feststellbar ist, ob eine über einer nichtleeren Menge $X \times Y$ $(X \subset \mathbb{E}_n,\ Y \subset \mathbb{E}_m)$ erklärte Funktion $\psi(\boldsymbol{x}, \boldsymbol{y})$ in einem Punkt $(\tilde{\boldsymbol{x}}, \tilde{\boldsymbol{y}}) \in X \times Y$ unterhalb bzw. oberhalb regulär bezüglich der Menge $X \times Y$ ist, sind leichter überprüfbare hinreichende Bedingungen für diese Eigenschaft gefragt. In dem nachfolgenden Satz 26.6 werden solche Bedingungen angegeben.

Satz 26.6. *Es seien $X \subset \mathbb{E}_n$ und $Y \subset \mathbb{E}_m$ nichtleere abgeschlossene konvexe Mengen und $\psi(\boldsymbol{x}, \boldsymbol{y})$ eine über der Menge $X \times Y$ erklärte stetige Funktion, die für jeden Punkt $\boldsymbol{y} \in Y$ konvex über der Menge X und für jeden Punkt $\boldsymbol{x} \in X$ konkav über der Menge Y ist. Wenn $(\boldsymbol{x}_0, \boldsymbol{y}_0)$ ein Optimalpunkt des in* (26.31) *definierten Optimierungsproblems* (I) (*bzw.* (II)) *ist und wenn die Menge*

$$M(\boldsymbol{x}_0) := \left\{\boldsymbol{y} \in Y \mid \psi(\boldsymbol{x}_0, \boldsymbol{y}) = \max_{\tilde{\boldsymbol{y}}\in Y} \{\psi(\boldsymbol{x}_0, \tilde{\boldsymbol{y}})\}\right\}$$

$$(bzw.\quad M(\boldsymbol{y}_0) := \left\{\boldsymbol{x} \in X \mid \psi(\boldsymbol{x}, \boldsymbol{y}_0) = \min_{\tilde{\boldsymbol{x}}\in X} \{\psi(\tilde{\boldsymbol{x}}, \boldsymbol{y}_0)\}\right\}) \tag{26.39}$$

beschränkt in $\mathbb{E}_m$ (bzw. $\mathbb{E}_n$) ist, dann ist die Funktion $\psi(\boldsymbol{x}, \boldsymbol{y})$ im Punkt $(\boldsymbol{x}_0, \boldsymbol{y}_0)$ unterhalb regulär (bzw. oberhalb regulär) bezüglich der Menge $X \times Y$.

Beweis. Da der Nachweis der beiden Aussagen in gleicher Weise geführt werden kann, sei hier nur der Fall betrachtet, in dem $(\boldsymbol{x}_0, \boldsymbol{y}_0)$ ein Optimalpunkt des Problems (I) ist. Nach der Definition (26.32a) eines Optimalpunktes des Problems (I) in Bemerkung 26.5 gilt

$$\sup_{\boldsymbol{y}\in Y} \{\psi(\boldsymbol{x}, \boldsymbol{y})\} \geqq \psi(\boldsymbol{x}_0, \boldsymbol{y}_0) = \sup_{\tilde{\boldsymbol{y}}\in Y} \{\psi(\boldsymbol{x}_0, \tilde{\boldsymbol{y}})\} = \max_{\tilde{\boldsymbol{y}}\in Y} \{\psi(\boldsymbol{x}_0, \tilde{\boldsymbol{y}})\}, \quad \boldsymbol{x} \in X. \quad (26.40\text{a})$$

Hieraus folgt (vgl. (26.39)) $\boldsymbol{y}_0 \in M(\boldsymbol{x}_0)$, die Menge $M(\boldsymbol{x}_0)$ ist also nichtleer, und damit

$$M(\boldsymbol{x}_0) = \{\boldsymbol{x} \in Y \mid \psi(\boldsymbol{x}_0, \boldsymbol{y}) = \psi(\boldsymbol{x}_0, \boldsymbol{y}_0)\}. \quad (26.40\text{b})$$

Über der nach Voraussetzung abgeschlossenen Menge Y ist die konkave Funktion $\psi(\boldsymbol{x}_0, \boldsymbol{y})$ stetig (da $\psi(\boldsymbol{x}, \boldsymbol{y})$ eine stetige Funktion über der Menge $X \times Y$ ist); damit ist der Hypograph

$$\mathcal{H}(\boldsymbol{x}_0) := \{(\boldsymbol{y}, z) \in \mathbb{E}_m \times \mathbb{E}_1 \mid z \leqq \psi(\boldsymbol{x}_0, \boldsymbol{y}), \boldsymbol{y} \in Y\} \quad (26.41\text{a})$$

eine abgeschlossene konvexe Menge im Raum $\mathbb{E}_{m+1} := \mathbb{E}_m \times \mathbb{E}_1$. Für eine beliebige Zahl $\varepsilon \geqq 0$ ist

$$\overline{H}_\varepsilon := \{(\boldsymbol{y}, z) \in \mathbb{E}_{m+1} \mid z \geqq \psi(\boldsymbol{x}_0, \boldsymbol{y}_0) - \varepsilon\} \quad (26.41\text{b})$$

ein abgeschlossener Halbraum in $\mathbb{E}_{m+1}$. Nach (26.41a, b) und (26.40b) gilt

$$\left.\begin{aligned} &\overline{H}_\varepsilon \cap \mathcal{H}(\boldsymbol{x}_0) \neq \emptyset \quad (\varepsilon \geqq 0),\\ &\overline{H}_0 \cap \mathcal{H}(\boldsymbol{x}_0) = \{(\boldsymbol{y}, z) \in \mathbb{E}_{m+1} \mid \boldsymbol{y} \in M(\boldsymbol{x}_0), z = \psi(\boldsymbol{x}_0, \boldsymbol{y}_0)\}. \end{aligned}\right\} \quad (26.41\text{c})$$

Damit ist für eine beliebige Zahl $\varepsilon \geqq 0$ die Menge

$$\begin{aligned} M_\varepsilon &:= \overline{H}_\varepsilon \cap \mathcal{H}(\boldsymbol{x}_0)\\ &= \{(\boldsymbol{y}, z) \in \mathbb{E}_{m+1} \mid \psi(\boldsymbol{x}_0, \boldsymbol{y}_0) - \varepsilon \leqq z \leqq \psi(\boldsymbol{x}_0, \boldsymbol{y}), \boldsymbol{y} \in Y\} \end{aligned} \quad (26.41\text{d})$$

nichtleer, abgeschlossen und konvex. Nach Satz 7.7 gilt dann für die charakteristischen Kegel C_{M_ε}, $C_{\overline{H}_\varepsilon}$ und $C_{\mathcal{H}(\boldsymbol{x}_0)}$ der Mengen M_ε, $\overline{H}_\varepsilon$ und $\mathcal{H}(\boldsymbol{x}_0)$

$$C_{M_\varepsilon} = C_{\overline{H}_\varepsilon} \cap C_{\mathcal{H}(\boldsymbol{x}_0)}. \quad (26.41\text{e})$$

Die Halbräume $\overline{H}_\varepsilon$ $(\varepsilon \geqq 0)$ unterscheiden sich von dem Halbraum $\overline{H}_0$ nur um eine Translation, daher gilt $C_{\overline{H}_\varepsilon} = C_{\overline{H}_0}$ und damit nach (26.41e, c) $C_{M_\varepsilon} = C_{M_0}$ für alle Zahlen $\varepsilon \geqq 0$. Da die Menge $M(\boldsymbol{x}_0)$ nach Voraussetzung beschränkt ist, muß nach (26.40b) und (26.41c) auch die Menge $M_0 := \overline{H}_0 \cap \mathcal{H}(\boldsymbol{x}_0)$ beschränkt sein. Hieraus folgt (vgl. Satz 7.4) $\dim C_{M_0} = 0$ und damit $\dim C_{M_\varepsilon} = 0$ für alle Zahlen $\varepsilon \geqq 0$; die Mengen M_ε $(\varepsilon \geqq 0)$ sind daher (vgl. wiederum Satz 7.4) beschränkt. Da die Mengen M_ε $(\varepsilon \geqq 0)$ also nichtleer, konvex und kompakt in $\mathbb{E}_{m+1}$ sind, folgt (vgl. ihre Darstellung in (26.41d)), daß die Mengen

$$V_\varepsilon := \{\boldsymbol{y} \in Y \mid \psi(\boldsymbol{x}_0, \boldsymbol{y}) \geqq \psi(\boldsymbol{x}_0, \boldsymbol{y}_0) - \varepsilon\} \quad (\varepsilon \geqq 0) \quad (26.42)$$

nichtleer, konvex und kompakt im Raum $\mathbb{E}_m$ sind.

Es sei nun $U(\boldsymbol{x}_0; \varepsilon)$ eine sphärische ε-Umgebung des Punktes $\boldsymbol{x}_0$ in $\mathbb{E}_n$ $(\varepsilon > 0)$. Für sie und die in (26.42) definierte Menge V_ε gilt $\boldsymbol{x}_0 \in \overline{U}(\boldsymbol{x}_0; \varepsilon) \cap X \subset X$, $\boldsymbol{y}_0 \in V_\varepsilon \subset Y$. Da sowohl die Menge $\overline{U}(\boldsymbol{x}_0; \varepsilon) \cap X$ als auch die Menge V_ε kompakt und konvex sind, folgt aus der vorausgesetzten Stetigkeit der Funktion $\psi(\boldsymbol{x}, \boldsymbol{y})$ über der Menge $X \times Y$ ihre gleichmäßige Stetigkeit über der Menge $\big(\overline{U}(\boldsymbol{x}_0; \varepsilon) \cap X\big) \times V_\varepsilon$. Zu jeder Zahl $\varepsilon > 0$ gibt es daher eine Zahl $\delta > 0$ derart, daß $|\psi(\boldsymbol{x}_2, \boldsymbol{y}_2) - \psi(\boldsymbol{x}_1, \boldsymbol{y}_1)| \leqq \varepsilon/2$ für alle Punktepaare $(\boldsymbol{x}_1, \boldsymbol{y}_1)$, $(\boldsymbol{x}_2, \boldsymbol{y}_2)$ mit

$$(\boldsymbol{x}_i, \boldsymbol{y}_i) \in \big(\overline{U}(\boldsymbol{x}_0; \varepsilon) \cap X\big) \times V_\varepsilon \quad (i = 1, 2), \quad \|\boldsymbol{x}_2 - \boldsymbol{x}_1\| < \delta, \quad \|\boldsymbol{y}_2 - \boldsymbol{y}_1\| < \delta$$

gilt. Damit existiert zu jedem Punkt $\boldsymbol{y} \in V_\varepsilon$ eine von der Wahl des Punktes $\boldsymbol{y} \in V_\varepsilon$ unabhängige Zahl $\eta > 0$, so daß für die sphärische η-Umgebung $U(\boldsymbol{x}_0; \eta)$ in $\mathbb{E}_n$ des Punktes $\boldsymbol{x}_0$ gilt

$$U(\boldsymbol{x}_0; \eta) \subset \overline{U}(\boldsymbol{x}_0; \varepsilon), \quad |\psi(\boldsymbol{x}_0, \boldsymbol{y}) - \psi(\boldsymbol{x}, \boldsymbol{y})| \leqq \frac{\varepsilon}{2}, \quad \boldsymbol{x} \in \overline{U}(\boldsymbol{x}_0; \eta) \cap X. \tag{26.43a}$$

Für einen beliebigen Punkt $\tilde{\boldsymbol{y}} \in Y \setminus V_\varepsilon$ ist (vgl. (26.42)) $\psi(\boldsymbol{x}_0, \tilde{\boldsymbol{y}}) < \psi(\boldsymbol{x}_0, \boldsymbol{y}_0) - \varepsilon$, für den Punkt $\boldsymbol{y}_0$ ist dagegen $\psi(\boldsymbol{x}_0, \boldsymbol{y}_0) > \psi(\boldsymbol{x}_0, \boldsymbol{y}_0) - \varepsilon$ $(\varepsilon > 0)$. Aufgrund der Stetigkeit der Funktion $\psi(\boldsymbol{x}_0, \boldsymbol{y})$ über der Menge Y existieren daher solche Zahlen $\lambda_1 > 0$ und $\lambda_2 > 0$ mit $\lambda_1 + \lambda_2 = 1$, daß $\lambda_1 \boldsymbol{y}_0 + \lambda_2 \tilde{\boldsymbol{y}}$ ein Randpunkt der kompakten konvexen Menge V_ε ist. Damit gilt nach (26.42)

$$\psi(\boldsymbol{x}_0, \lambda_1 \boldsymbol{y}_0 + \lambda_2 \tilde{\boldsymbol{y}}) = \psi(\boldsymbol{x}_0, \boldsymbol{y}_0) - \varepsilon. \tag{26.43b}$$

Da $\psi(\boldsymbol{x}, \boldsymbol{y})$ für jeden Punkt $\boldsymbol{x} \in X$ eine konkave Funktion über der Menge Y ist, gilt

$$\psi(\boldsymbol{x}, \lambda_1 \boldsymbol{y}_0 + \lambda_2 \tilde{\boldsymbol{y}}) \geqq \lambda_1 \psi(\boldsymbol{x}, \boldsymbol{y}_0) + \lambda_2 \psi(\boldsymbol{x}, \tilde{\boldsymbol{y}}), \quad \boldsymbol{x} \in X; \tag{26.43c}$$

hieraus folgt nach (26.43a, b) für jeden Punkt $\boldsymbol{x} \in \overline{U}(\boldsymbol{x}_0; \eta) \cap X$

$$\begin{aligned} \psi(\boldsymbol{x}, \boldsymbol{y}_0) &\geqq \psi(\boldsymbol{x}_0, \boldsymbol{y}_0) - \frac{\varepsilon}{2} = \psi(\boldsymbol{x}_0, \lambda_1 \boldsymbol{y}_0 + \lambda_2 \tilde{\boldsymbol{y}}) + \frac{\varepsilon}{2} \\ &\geqq \psi(\boldsymbol{x}, \lambda_1 \boldsymbol{y}_0 + \lambda_2 \tilde{\boldsymbol{y}}) \geqq \lambda_1 \psi(\boldsymbol{x}, \boldsymbol{y}_0) + \lambda_2 \psi(\boldsymbol{x}, \tilde{\boldsymbol{y}}) \end{aligned}$$

und daraus wegen $1 - \lambda_1 = \lambda_2 > 0$

$$\psi(\boldsymbol{x}, \boldsymbol{y}_0) \geqq \psi(\boldsymbol{x}, \tilde{\boldsymbol{y}}), \quad \tilde{\boldsymbol{y}} \in Y \setminus V_\varepsilon, \quad \boldsymbol{x} \in \overline{U}(\boldsymbol{x}_0; \eta) \cap X. \tag{26.44}$$

Aufgrund der Stetigkeit der Funktion $\psi(\boldsymbol{x}, \boldsymbol{y})$ und wegen $\boldsymbol{y}_0 \in V_\varepsilon$ ist daher für jeden Punkt $\boldsymbol{x} \in \overline{U}(\boldsymbol{x}_0; \eta) \cap X$

$$\sup_{\boldsymbol{y} \in Y} \{\psi(\boldsymbol{x}, \boldsymbol{y})\} = \max_{\boldsymbol{y} \in Y} \{\psi(\boldsymbol{x}, \boldsymbol{y})\} = \max_{\boldsymbol{y} \in V_\varepsilon} \{\psi(\boldsymbol{x}, \boldsymbol{y})\}; \tag{26.45}$$

dabei gilt nach (26.40a)

$$\max_{\tilde{\boldsymbol{y}} \in Y} \{\psi(\boldsymbol{x}, \tilde{\boldsymbol{y}})\} \geqq \psi(\boldsymbol{x}_0, \boldsymbol{y}_0), \quad \boldsymbol{x} \in \overline{U}(\boldsymbol{x}_0; \eta) \cap X.$$

Zu jedem Punkt $\boldsymbol{x} \in \overline{U}(\boldsymbol{x}_0) \cap X$ mit $U(\boldsymbol{x}_0) := U(\boldsymbol{x}_0; \eta)$ existiert also ein Punkt $\boldsymbol{y}$ der kompakten Menge $Y^* := V_\varepsilon \subset Y$ derart, daß

$$\psi(\boldsymbol{x}, \boldsymbol{y}) = \max_{\tilde{\boldsymbol{y}} \in V_\varepsilon} \{\psi(\boldsymbol{x}, \tilde{\boldsymbol{y}})\} \geqq \psi(\boldsymbol{x}_0, \boldsymbol{y}_0)$$

ist, nach Definition 26.2 ist die Funktion $\psi(\boldsymbol{x}, \boldsymbol{y})$ daher im Punkt $(\boldsymbol{x}_0, \boldsymbol{y}_0)$ unterhalb regulär bezüglich der Menge $X \times Y$. □

Satz 26.7. *Es seien* $X \subset \mathbb{E}_n$ *und* $Y \subset \mathbb{E}_m$ *nichtleere abgeschlossene konvexe Mengen und* $\psi(\boldsymbol{x}, \boldsymbol{y})$ *eine über der Menge* $X \times Y$ *erklärte stetige Funktion, die für jeden Punkt* $\boldsymbol{y} \in Y$ *konvex über der Menge* X *und für jeden Punkt* $\boldsymbol{x} \in X$ *konkav über der Menge* Y *ist. Wenn* $(\boldsymbol{x}_0, \boldsymbol{y}_0)$ *ein Optimalpunkt des in* (26.31) *definierten Optimierungsproblems* (I) (*bzw.* (II)) *ist und wenn es weiterhin eine solche* ε*-Umgebung* $U(\boldsymbol{y}_0; \varepsilon)$ *in* $\mathbb{E}_m$ *des Punktes* $\boldsymbol{y}_0$ (*bzw. eine solche* ε*-Umgebung* $U(\boldsymbol{x}_0; \varepsilon)$ *in* $\mathbb{E}_n$ *des Punktes* $\boldsymbol{x}_0$) *gibt, daß die Funktion* $\psi(\boldsymbol{x}_0, \boldsymbol{y})$ *über der Menge* $U(\boldsymbol{y}_0; \varepsilon) \cap Y$ *streng konkav ist* (*bzw. die Funktion* $\psi(\boldsymbol{x}, \boldsymbol{y}_0)$ *über der Menge* $U(\boldsymbol{x}_0; \varepsilon) \cap X$ *streng konvex ist*), *dann ist* $(\boldsymbol{x}_0, \boldsymbol{y}_0)$ *ein Sattelpunkt der Funktion* $\psi(\boldsymbol{x}, \boldsymbol{y})$ *bezüglich der Menge* $X \times Y$ *und zugleich ein Optimalpunkt des Optimierungsproblems* (II) (*bzw.* (I)).

Beweis. Es sei $(\boldsymbol{x}_0, \boldsymbol{y}_0)$ ein Optimalpunkt des Problems (I), und es existiere eine ε-Umgebung $U(\boldsymbol{y}_0; \varepsilon)$ in $\mathbb{E}_m$ des Punktes $\boldsymbol{y}_0$, daß die Funktion $\psi(\boldsymbol{x}_0, \boldsymbol{y})$ über der Menge $U(\boldsymbol{y}_0; \varepsilon) \cap Y$ streng konkav ist. Da die Funktion $\psi(\boldsymbol{x}_0, \boldsymbol{y})$ dann über der Menge Y ihr Maximum annimmt (vgl. Bemerkung 26.5 und dort (26.32a)) und damit auch über der den Punkt $\boldsymbol{y}_0$ enthaltenden Menge $U(\boldsymbol{y}_0; \varepsilon) \cap Y$ ihr Maximum erreicht und da die Funktion $\psi(\boldsymbol{x}_0, \boldsymbol{y})$ über der Menge $U(\boldsymbol{y}_0; \varepsilon) \cap Y$ streng konkav ist, gilt $\psi(\boldsymbol{x}_0, \boldsymbol{y}_0) > \psi(\boldsymbol{x}_0, \boldsymbol{y})$ für alle Punkte $\boldsymbol{y} \neq \boldsymbol{y}_0$ der Menge Y. Die in Satz 26.6 unter (26.39) definierte Menge $M(\boldsymbol{x}_0)$ enthält daher nur den Punkt $\boldsymbol{y}_0$, sie ist also beschränkt. Nach Satz 26.6 ist die Funktion $\psi(\boldsymbol{x}, \boldsymbol{y})$ daher im Punkt $(\boldsymbol{x}_0, \boldsymbol{y}_0)$ unterhalb regulär bezüglich der Menge $X \times Y$, und nach Satz 26.3, Aussage (a), existiert ein solcher Punkt $\boldsymbol{y}' \in Y$, daß $(\boldsymbol{x}_0, \boldsymbol{y}')$ ein Sattelpunkt der Funktion $\psi(\boldsymbol{x}, \boldsymbol{y})$ bezüglich der Menge $X \times Y$ ist. Damit ist (vgl. Lemma 26.5) $(\boldsymbol{x}_0, \boldsymbol{y}')$ ein Optimalpunkt des Problems (II). Nach Satz 26.5 gilt dann $\psi(\boldsymbol{x}_0, \boldsymbol{y}') = \psi(\boldsymbol{x}_0, \boldsymbol{y}_0)$; der Punkt $(\boldsymbol{x}_0, \boldsymbol{y}')$ ist also ein Optimalpunkt des Problems (I). Hieraus folgt aber (vgl. Bemerkung 26.5 und dort (26.32a))

$$\psi(\boldsymbol{x}_0, \boldsymbol{y}') = \max_{\boldsymbol{y} \in Y} \{\psi(\boldsymbol{x}_0, \boldsymbol{y})\}.$$

Da $\boldsymbol{y}_0$ aber der einzige Optimalpunkt der Funktion $\psi(\boldsymbol{x}_0, \boldsymbol{y})$ über der Menge Y ist, muß $\boldsymbol{y}' = \boldsymbol{y}_0$ gelten.

Die andere Aussage des Satzes erhält man in entsprechender Weise. □

Bemerkung 26.7. Aus den im vorliegenden Kapitel gewonnenen allgemeinen Aussagen folgen Ergebnisse, die in den vorangegangenen Kapiteln für spezielle Klassen von Optimierungsproblemen auf eine andere Weise abgeleitet wurden. Darüber hinaus lassen sich für weitere spezielle Problemklassen der konvexen Optimierung Sattelpunktsaussagen und Dualitätssätze herleiten.

Betrachten wir z. B. das im Kapitel 25 behandelte Grundproblem der konvexen Optimierung

$$\inf_{\boldsymbol{x} \in M} \{F(\boldsymbol{x})\}!, \tag{26.46a}$$

$$M := \{\boldsymbol{x} \in \tilde{M} \mid F_i(\boldsymbol{x}) \leqq 0 \; (i = 1, \ldots, m)\} \neq \emptyset, \tag{26.46b}$$

in dem $\tilde{M}$ ein konvexes Gebiet in $\mathbb{E}_n$ ist und $F(\boldsymbol{x}), F_1(\boldsymbol{x}), \ldots, F_m(\boldsymbol{x})$ konvexe Funktionen sind, die über der Menge $\tilde{M}$ partielle Ableitungen erster Ordnung besitzen. Ihm sei wie im Kapitel 25 das duale Optimierungsproblem

$$\sup_{(\boldsymbol{x}, \boldsymbol{u}) \in M^*} \{\Phi(\boldsymbol{x}, \boldsymbol{u})\}! \tag{26.47a}$$

zugeordnet; dabei sind (mit $\boldsymbol{x} = (x_1, \ldots, x_m)$, $\boldsymbol{u} = (u_1, \ldots, u_m)$)

$$\Phi(\boldsymbol{x}, \boldsymbol{u}) := F(\boldsymbol{x}) + \sum_{i=1}^{m} u_i F_i(\boldsymbol{x}) \quad (\boldsymbol{x} \in \tilde{M}, \boldsymbol{u} \in \mathbb{E}_m),$$

$$M^* := \left\{(\boldsymbol{x}, \boldsymbol{u}) \in \mathbb{E}_n \times \mathbb{E}_m \mid \boldsymbol{x} \in \tilde{M}, \boldsymbol{u} \in \mathbb{E}_m^+, \frac{\partial \Phi}{\partial x_\alpha}(\boldsymbol{x}, \boldsymbol{u}) = 0 \ (\alpha = 1, \ldots, n)\right\}. \tag{26.47b}$$

Das Optimierungsproblem

$$\inf_{\boldsymbol{x} \in M} \sup_{\boldsymbol{u} \in \mathbb{E}_m^+} \{\Phi(\boldsymbol{x}, \boldsymbol{u})\}!, \tag{26.48a}$$

also ein Problem der in Bemerkung 26.5 unter (26.31) definierten Form, entspricht wegen

$$\sup_{\boldsymbol{u} \in \mathbb{E}_m^+} \{\Phi(\boldsymbol{x}, \boldsymbol{u})\} = F(\boldsymbol{x}), \quad \boldsymbol{x} \in M,$$

gerade dem in (26.46a) formulierten Problem; wegen

$$\sup_{\boldsymbol{u} \in \mathbb{E}_m^+} \{\Phi(\boldsymbol{x}, \boldsymbol{u})\} = \begin{cases} F(\boldsymbol{x}) & \text{für} \quad \boldsymbol{x} \in M, \\ \infty & \text{für} \quad \boldsymbol{x} \in \tilde{M} \setminus M \end{cases}$$

gilt außerdem

$$\inf_{\boldsymbol{x} \in \tilde{M}} \sup_{\boldsymbol{u} \in \mathbb{E}_m^+} \{\Phi(\boldsymbol{x}, \boldsymbol{u})\} = \inf_{\boldsymbol{x} \in M} \sup_{\boldsymbol{u} \in \mathbb{E}_m^+} \{\Phi(\boldsymbol{x}, \boldsymbol{u})\}.$$

Das in Bemerkung 26.5 unter (26.31) definierte Optimierungsproblem (II) lautet dann

$$\sup_{\boldsymbol{u} \in \mathbb{E}_m^+} \inf_{\boldsymbol{x} \in M} \{\Phi(\boldsymbol{x}, \boldsymbol{u})\}!; \tag{26.48b}$$

es entspricht — wie eingangs des Kapitels 25 dargelegt — dem Optimierungsproblem (26.47a).

Wenn $(\boldsymbol{x}_0, \boldsymbol{u}_0)$ ein Sattelpunkt der Funktion $\Phi(\boldsymbol{x}, \boldsymbol{y})$ bezüglich der Menge $M \times \mathbb{E}_m^+$ ist, so ist er nach Lemma 26.5 ein Optimalpunkt sowohl des Optimierungsproblems (26.48a) als auch des Optimierungsproblems (26.48b). Da sich diese aber auf die Optimierungsprobleme (26.46a) und (26.47a) reduzieren, folgt, daß $\boldsymbol{x}_0$ ein Optimalpunkt des Problems (26.46a) ist und $(\boldsymbol{x}_0, \boldsymbol{u}_0)$ ein Optimalpunkt des Problems (26.47a). Falls andererseits $\boldsymbol{x}_0$ ein Optimalpunkt des Problems (26.46a) ist und $(\boldsymbol{x}_0, \boldsymbol{u}_0)$ ein Optimalpunkt des zu ihm dualen Problems (26.47a) und falls

$$F(\boldsymbol{x}_0) = \Phi(\boldsymbol{x}_0, \boldsymbol{u}_0) = F(\boldsymbol{x}_0) + \sum_{i=1}^{m} u_{0i} F_i(\boldsymbol{x}_0),$$

also $\sum_{i=1}^{m} u_{0i} F_i(\boldsymbol{x}_0) = 0$ gilt, so ist nach Lemma 26.5, Aussage (b), $(\boldsymbol{x}_0, \boldsymbol{y}_0)$ ein Sattelpunkt der Funktion $\Phi(\boldsymbol{x}, \boldsymbol{u})$ bezüglich der Menge $M \times \mathbb{E}_m^+$. Diese Aussage hatten wir in Kapitel 25 auf einem anderen Wege erhalten.

Satz 26.8. *Es seien $F(\boldsymbol{x})$ und $F_1(\boldsymbol{x}), \ldots, F_m(\boldsymbol{x})$ über einem konvexen Gebiet $\tilde{M}$ in $\mathbb{E}_n$ erklärte konvexe Funktionen, die über diesem Gebiet partielle Ableitungen erster Ordnung* *besitzen. Weiter möge ein Punkt*

$$\tilde{\boldsymbol{x}} \in M := \{\boldsymbol{x} \in \tilde{M} \mid F_i(\boldsymbol{x}) \leqq 0 \ (i = 1, \ldots, m)\}$$

existieren und ein Punkt $\tilde{\boldsymbol{u}} \in \mathbb{E}_m^+$, so *daß die Funktion*

$$\Phi(\boldsymbol{x}, \boldsymbol{u}) := F(\boldsymbol{x}) + \sum_{i=1}^{m} u_i F_i(\boldsymbol{x}) \quad (\boldsymbol{x} \in \tilde{M}, \boldsymbol{u} \in \mathbb{E}_m)$$

im Punkt $(\tilde{\boldsymbol{x}}, \tilde{\boldsymbol{u}})$ *unterhalb (bzw. oberhalb) regulär bezüglich der Menge* $M \times \mathbb{E}_m^+$ *ist; außerdem gelte*

$$\Phi(\tilde{\boldsymbol{x}}, \tilde{\boldsymbol{u}}) = \sup_{\boldsymbol{u} \in \mathbb{E}_m^+} \{\Phi(\tilde{\boldsymbol{x}}, \boldsymbol{u})\}$$

(bzw. $\Phi(\tilde{\boldsymbol{x}}, \tilde{\boldsymbol{u}}) = \inf_{\boldsymbol{x} \in M} \{\Phi(\boldsymbol{x}, \tilde{\boldsymbol{u}})\}$).

Dann existiert ein Sattelpunkt $(\boldsymbol{x}_0, \boldsymbol{u}_0) \in M \times \mathbb{E}_m^+$ *der Funktion* $\Phi(\boldsymbol{x}, \boldsymbol{u})$ *bezüglich der Menge* $M \times \mathbb{E}_m^+$, *für ihn gilt*

$$\min_{\boldsymbol{x} \in M} \{F(\boldsymbol{x})\} = F(\boldsymbol{x}_0) = \Phi(\boldsymbol{x}_0, \boldsymbol{u}_0) = \max_{(\boldsymbol{x}, \boldsymbol{u}) \in M^*} \{\Phi(\boldsymbol{x}, \boldsymbol{u})\}; \tag{26.49}$$

dabei ist M^* *die in* (26.47b) *definierte Menge.*

Beweis. Aus der Existenz partieller Ableitungen erster Ordnung der konvexen Funktionen $F(\boldsymbol{x}), F_1(\boldsymbol{x}), \ldots, F_m(\boldsymbol{x})$ über dem Gebiet $\tilde{M}$ folgt die Stetigkeit dieser Funktionen über diesem Gebiet. Die Funktion $\Phi(\boldsymbol{x}, \boldsymbol{u})$ ist daher (vgl. ihre Definition) für jeden Punkt $\boldsymbol{u} \in \mathbb{E}_m^+$ konvex und stetig (also auch unterhalbstetig) über der Menge M und für jeden Punkt $\boldsymbol{x} \in M$ linear (also auch konkav und oberhalbstetig) über der Menge $\mathbb{E}_m^+$. Damit sind die im Satz 26.4 geforderten Voraussetzungen erfüllt, so daß dessen Aussage gilt. Aus dieser folgt — da sich im vorliegenden Fall die Optimierungsprobleme (I) und (II) auf die Probleme (26.46a) und (26.47a) reduzieren — unmittelbar die Gleichheit (26.49). □

Bemerkung 26.8. Wenn $\boldsymbol{x}_0$ ein Optimalpunkt des in Bemerkung 26.7 betrachteten Grundproblems (26.46a) der konvexen Optimierung ist und wenn für dieses Problem die Slater-Bedingung (siehe (25.24)) oder die Uzawa-Bedingung (siehe (20.47a)) erfüllt ist, so existiert nach Satz 20.5 ein solcher Punkt $\boldsymbol{u}_0 = (u_{01}, \ldots, u_{0m}) \in \mathbb{E}_m^+$, daß

$$\Phi(\boldsymbol{x}_0, \boldsymbol{u}) \leqq \Phi(\boldsymbol{x}_0, \boldsymbol{u}_0) \leqq \Phi(\boldsymbol{x}, \boldsymbol{u}_0), \quad \boldsymbol{x} \in \tilde{M}, \quad \boldsymbol{u} \in \mathbb{E}_m^+$$

gilt; dabei ist

$$\sum_{i=1}^{m} u_{0i} F_i(\boldsymbol{x}_0) = 0, \quad \text{d. h.} \quad \Phi(\boldsymbol{x}_0, \boldsymbol{u}_0) = F(\boldsymbol{x}_0). \tag{26.50}$$

Wählt man eine sphärische ε-Umgebung $U(\boldsymbol{x}_0; \varepsilon)$ in $\mathbb{E}_n$ des Punktes $\boldsymbol{x}_0$, und setzt man $U := \{\boldsymbol{u}_0\}$, dann gibt es zu jedem Punkt $\boldsymbol{x} \in \overline{U}(\boldsymbol{x}_0; \varepsilon) \cap M$ einen Punkt $\boldsymbol{u}$ der kompakten Menge U — das kann also nur der Punkt $\boldsymbol{u} = \boldsymbol{u}_0$ sein — mit $\Phi(\boldsymbol{x}, \boldsymbol{u}) = \Phi(\boldsymbol{x}, \boldsymbol{u}_0) \geqq \Phi(\boldsymbol{x}_0, \boldsymbol{u}_0)$. Nach Definition 26.2 ist die Funktion $\Phi(\boldsymbol{x}, \boldsymbol{u})$ damit im Punkt $(\boldsymbol{x}_0, \boldsymbol{u}_0)$ unterhalb regulär bezüglich der Menge $\tilde{M} \times \mathbb{E}_m^+$. Die im Satz 26.8 geforderte Voraussetzung

$$\Phi(\tilde{\boldsymbol{x}}, \tilde{\boldsymbol{u}}) = \sup_{\boldsymbol{u} \in \mathbb{E}_m^+} \{\Phi(\tilde{\boldsymbol{x}}, \boldsymbol{u})\}$$

reduziert sich im vorliegenden Fall offenbar auf die Bedingung (26.50).

Der folgende Satz 26.9 ist eine unmittelbare Folgerung des Satzes 26.7 für das in Bemerkung 26.7 betrachtete Grundproblem (26.46a) der konvexen Optimierung.

Satz 26.9. *Es seien $F(\boldsymbol{x})$ und $F_1(\boldsymbol{x}), \ldots, F_m(\boldsymbol{x})$ über einem konvexen Gebiet $\tilde{M}$ in $\mathbb{E}_n$ erklärte konvexe Funktionen, die über diesem Gebiet partielle Ableitungen erster Ordnung besitzen. Die Menge*

$$M := \{\boldsymbol{x} \in \tilde{M} \mid F_i(\boldsymbol{x}) \leq 0 \ (i = 1, \ldots, m)\}$$

sei nichtleer und abgeschlossen. Wenn $(\boldsymbol{x}_0, \boldsymbol{u}_0)$ ein Optimalpunkt des zu dem Optimierungsproblem

$$\inf_{\boldsymbol{x} \in M} \{F(\boldsymbol{x})\}! \tag{26.51}$$

dualen Optimierungsproblems

$$\sup_{(\boldsymbol{x}, \boldsymbol{u}) \in M^*} \{\Phi(\boldsymbol{x}, \boldsymbol{u})\}!,$$

$$M^* := \left\{(\boldsymbol{x}, \boldsymbol{u}) \in \mathbb{E}_n \times \mathbb{E}_m \mid \boldsymbol{x} \in \tilde{M}, \boldsymbol{u} \in \mathbb{E}_m^+, \frac{\partial \Phi}{x_\alpha}(\boldsymbol{x}, \boldsymbol{u}) = 0 \ (\alpha = 1, \ldots, n)\right\},$$

ist und wenn es eine sphärische ε-Umgebung $U(\boldsymbol{x}_0; \varepsilon)$ in $\mathbb{E}_n$ des Punktes $\boldsymbol{x}_0$ derart gibt, daß $\Phi(\boldsymbol{x}, \boldsymbol{u}_0)$ eine streng konvexe Funktion über der Menge $U(\boldsymbol{x}_0; \varepsilon) \cap \tilde{M}$ ist, so ist $(\boldsymbol{x}_0, \boldsymbol{u}_0)$ ein Sattelpunkt der Funktion $\Phi(\boldsymbol{x}, \boldsymbol{u})$ bezüglich der Menge $M \times \mathbb{E}_m^+$, und $\boldsymbol{x}_0$ ist ein Optimalpunkt des (primalen) Optimierungsproblems (26.51).

Bemerkung 26.9. Die Aussage des Satzes 26.9 deckt sich mit der Aussage des Satzes 25.3; der wesentliche Unterschied zum Satz 25.3 besteht jedoch darin, daß weder die Existenz eines Optimalpunktes des (primalen) Optimierungsproblems (26.51) noch die Gültigkeit der Slater-Bedingung oder der Uzawa-Bedingung für dieses Optimierungsproblem explizit vorausgesetzt werden müssen.

Bemerkung 26.10. Die Sätze 26.8 und 26.9 wie auch die Überlegungen in den Bemerkungen 26.7 und 26.8 zeigen, in welcher Weise die Aussagen der Sätze 26.1 bis 26.7 für eine Herleitung weiterer Sattelpunkts- und Dualitätsaussagen genutzt werden können. Weitergehendere und ausführlichere Untersuchungen in dieser Richtung gehen aber über den Rahmen dieses Buches hinaus.

Literatur

[1] BANK, B., J. GUDDAT, D. KLATTE, B. KUMMER und K. TAMMER: Non-Linear Parametric Optimization. Akademie-Verlag, Berlin 1982.

[2] BERGE, C., und A. GHOUILA-HOURI: Programme, Spiele, Transportnetze. BSB B. G. Teubner Verlagsgesellschaft, Leipzig 1967.

[3] Болтянский, В. Г.: Метод шатров в теории экстремальных задач. Успехи математических наук, т. XXX, вып. 3 (183) (1975).

[4] Демьянов, В. Ф., и Л. В. Васильев: Недифференцируемая оптимизация. Наука, Москва 1981.

[5] ELSTER, K.-H., R. REINHARDT, M. SCHÄUBLE und G. DONATH: Einführung in die nichtlineare Optimierung. BSB B. G. Teubner Verlagsgesellschaft, Leipzig 1977.

[6] FICHTENHOLZ, G. M.: Differential- und Integralrechnung. 3 Bände, VEB Deutscher Verlag der Wissenschaften, Berlin 1977, 1978.

[7] GIANESSI, F.: Metodi matematici della programmazione — Problemi lineari e non lineari. Pitagora Editrice, Bologna 1982.

[8] GOLSTEIN, E. G.: Dualitätstheorie in der nichtlinearen Optimierung und ihre Anwendung. Akademie-Verlag, Berlin 1975.

[9] GÖPFERT, A.: Mathematische Optimierung in allgemeinen Vektorräumen. BSB B. G. Teubner Verlagsgesellschaft, Leipzig 1973.

[10] HADWIGER, H.: Altes und Neues über konvexe Körper. Birkhäuser Verlag, Basel und Stuttgart 1955.

[11] HADWIGER, H.: Vorlesungen über Inhalt, Oberfläche und Isoperimetrie. Springer Verlag, Berlin 1957.

[12] HANSON, M. A.: A duality theorem in nonlinear programming with nonlinear constraints. Austr. J. of Statist. **3** (1961).

[13] HELLY, E.: Über Mengen konvexer Körper mit gemeinschaftlichen Punkten. Jahresberichte DMV **32** (1923).

[14] LEICHTWEISS, K.: Konvexe Mengen. VEB Deutscher Verlag der Wissenschaften, Berlin 1980.

[15] LICHNEROWICZ, A.: Lineare Algebra und lineare Analysis. VEB Deutscher Verlag der Wissenschaften, Berlin 1956.

[16] LOMMATZSCH, K. (Hrsg.): Anwendungen der linearen parametrischen Optimierung. Akademie-Verlag, Berlin 1979.

[17] MARTI, J. P.: Konvexe Analysis. Birkhäuser Verlag, Basel und Stuttgart 1977.

[18] MARTOS, B.: Nonlinear Programming, Theory and Methods. Akadémiai Kiadó, Budapest 1975.

[19] Никайдо, X.: Выпуклые структуры и математическая экономика. Мир, Москва 1972.

[20] NOŽIČKA, F., J. GUDDAT, H. HOLLATZ und B. BANK: Theorie der linearen parametrischen Optimierung. Akademie-Verlag, Berlin 1974.

[21] PONSTEIN, J.: Seven kinds of convexity. SIAM Rev. **9** (1967).

[22] Ponstein, J.: Approaches to the theory of optimization. Cambridge University Press, Cambridge, London, New York, New Rochelle, Melbourne, Sydney 1980.

[23] Pšeničnyj, B. N.: Notwendige Optimalitätsbedingungen. BSB B. G. Teubner Verlagsgesellschaft, Leipzig 1972.

[24] Reidemeister, K.: Topologie der Polyeder. Akademische Verlagsgesellschaft Geest & Portig KG, Leipzig 1953.

[25] Rinow, W.: Lehrbuch der Topologie. VEB Deutscher Verlag der Wissenschaften, Berlin 1975.

[26] Rockafellar, R. T.: Convex Analysis. Princeton University Press, Princeton, New Jersey, 1970.

[27] Sikorski, R.: Rachunek różniczkowy i całkowy. Funkcje wielu zmiennych. Państwowe wydawnictwo naukowe, Warszawa 1969.

[28] Stoer, J., und C. Witzgall: Convexity and Optimization in Finite Dimensions I. Springer Verlag, Berlin, Heidelberg 1970.

Symbolverzeichnis

$\mathbb{R}$	Menge der reellen Zahlen
$\mathbb{R}^*$	$= \mathbb{R} \cup \{-\infty\} \cup \{+\infty\}$
$\mathbb{E}_d$	d-dimensionaler euklidischer Raum ($1 \leqq d \leqq n$)
$\boldsymbol{o}$	Ursprung(spunkt) in $\mathbb{E}_d$ Nullvektor
$\boldsymbol{a}, \boldsymbol{b}, \ldots, \boldsymbol{x}, \boldsymbol{y}, \boldsymbol{z}$	Punkte oder Vektoren in $\mathbb{E}_d$
$x_1, \ldots, x_d$	Komponenten des Vektors $\boldsymbol{x}$ in $\mathbb{E}_d$ bzw. Koordinaten des Punktes $\boldsymbol{x}$ im jeweiligen kartesischen Koordinatensystem in $\mathbb{E}_d$
$\boldsymbol{x} \leqq \boldsymbol{y}$ (bzw. $\boldsymbol{x} < \boldsymbol{y}$)	gilt für $\boldsymbol{x} = (x_1, \ldots, x_d)$ und $\boldsymbol{y} = (y_1, \ldots, y_d)$ in $\mathbb{E}_d$ genau dann, falls $x_i \leqq y_i$ (bzw. $x_i < y_i$) für $i = 1, \ldots, d$ ist
$\Vert\boldsymbol{a}\Vert$	euklidische Norm des Vektors $\boldsymbol{a}$ in $\mathbb{E}_n$
$(\boldsymbol{a}, \boldsymbol{b})$	Skalarprodukt der Vektoren $\boldsymbol{a}$ und $\boldsymbol{b}$ in $\mathbb{E}_n$ bzw. Paar von Vektoren
$\boldsymbol{a}^\top$	zum Vektor $\boldsymbol{a}$ transponierter Vektor
$\boldsymbol{A}, \boldsymbol{B}, \ldots$	Vektorsystem in $\mathbb{E}_n$ oder auch (m, n)-Matrix, d. h. eine Matrix mit m Zeilen und n Spalten
Rang $\boldsymbol{A}$	Rang des Vektorsystems bzw. der Matrix $\boldsymbol{A}$
det $\boldsymbol{A}$	Determinante der Matrix $\boldsymbol{A}$
$\emptyset$	leere Menge
$\mathbb{E}_m^+$	$= \{\boldsymbol{x} \in \mathbb{E}_m \mid \boldsymbol{x} \geqq \boldsymbol{o}\}$
$\mathbb{E}_m^-$	$= \{\boldsymbol{x} \in \mathbb{E}_m \mid \boldsymbol{x} \leqq \boldsymbol{o}\}$
$\mathbb{E}_m^+(\boldsymbol{x}_0)$	$= \{\boldsymbol{x} \in \mathbb{E}_m \mid \boldsymbol{x} \geqq \boldsymbol{x}_0\}$ $(\boldsymbol{x}_0 \in \mathbb{E}_m)$
L	linearer Unterraum in $\mathbb{E}_n$
L_d	d-dimensionaler linearer Unterraum
$L_d(\boldsymbol{x}_0)$	d-dimensionaler linearer Unterraum, der den Punkt $\boldsymbol{x}_0$ enthält
$L(\boldsymbol{x}_0)$	linearer Unterraum, der den Punkt $\boldsymbol{x}_0$ enthält
$\mathscr{L}$ (bzw. $\mathscr{L}_M$)	lineare Hülle einer Menge (bzw. der Menge M in $\mathbb{E}_n$) (siehe Definition in Kapitel 1)
$\mathscr{L}(M_1, M_2)$	asymptotischer Berührungsraum der abgeschlossenen konvexen Mengen M_1 und M_2 (siehe Definition 13.2)
co M	konvexe Hülle der Menge M (siehe Definition 3.1)
$\overline{M}$	Abschließung der Menge M in $\mathbb{E}_n$
$\Pi(M')$	vertikale Projektion der Menge M' (siehe Kapitel 22)
int M	Menge der inneren Punkte der konvexen Menge M
rel int M	Menge der relativ inneren Punkte der konvexen Menge M (siehe Definition 2.4)

∂M	$= \overline{M} \setminus \text{rel int } M$, der Rand der konvexen Menge M
$\dim M$	Dimension der konvexen Menge M (siehe Definition 2.3)
$M_1 \subset M_2$, $M_2 \supset M_1$	die Menge M_2 enthält die Menge M_1
$M_1 \not\subset M_2$, $M_2 \not\supset M_1$	die Menge M_2 enthält nicht die Menge M_1
$M_1 \cup M_2$	Vereinigung der Mengen M_1 und M_2
$M_1 \cap M_2$	Durchschnitt der Mengen M_1 und M_2
$M_1 \setminus M_2$	Gesamtheit der Punkte aus der Menge M_1, die nicht zur Menge M_2 gehören
$M_1 \times M_2$	$= \{(x, y) \mid x \in M_1, y \in M_2\}$, Kreuzprodukt der Mengen M_1 und M_2
$M_1 \pm M_2$	Summe Differenz der Mengen M_1 und M_2 (vgl. Satz 3.5)
νM	Produkt der Zahl ν mit der Menge M (vgl. Satz 3.5)
R	Hyperebene in $\mathbb{E}_n$ oder in einem linearen Unterraum
H, H^+, H^-	Halbräume in $\mathbb{E}_n$ oder in einem linearen Unterraum des Raumes $\mathbb{E}_n$
K	Kegel (vgl. Definition 4.1)
L^K	Scheitelmenge des Kegels K (vgl. Definition 4.1)
$K^{\mathrm{p}}(\boldsymbol{x}_0)$	Polarkegel zum Kegel K im Scheitel $\boldsymbol{x}_0$ des Kegels K (vgl. Definition 4.2)
$K^{\mathrm{pp}}(\boldsymbol{x}_0)$	Polarkegel zum Polarkegel $K^{\mathrm{p}}(\boldsymbol{x}_0)$ im Scheitel $\boldsymbol{x}_0$ des Kegels $K^{\mathrm{p}}(\boldsymbol{x}_0)$
$P_M(\boldsymbol{x}_0)$	Projektionskegel der Menge M bezüglich des Punktes $\boldsymbol{x}_0 \in \mathbb{E}_n$ (vgl. Definition 5.1)
$K_M(\boldsymbol{x}_0)$	lokaler Berührungskegel der Menge M im Punkt $\boldsymbol{x}_0 \in M$ (vgl. Definition 6.5)
$C_M(\boldsymbol{x}_0)$	charakteristischer Kegel der konvexen Menge M im Punkt $\boldsymbol{x}_0 \in M$ (vgl. Definition 7.1)
C_M	charakteristischer Kegel der konvexen Menge M (vgl. Definition 7.2)
S_M	sphärisches Bild der abgeschlossenen konvexen Menge M (siehe Definition 10.1)
$P(\boldsymbol{x}_0; M)$	Verbindungsmenge des Punktes $\boldsymbol{x}_0$ und der Menge M (vgl. Bemerkung 2.6)
Q	Einheitshypersphäre
Q_ε	Hypersphäre mit dem Radius ε
H^Q	Hemisphäre der Hypersphäre Q (vgl. Definition 10.2)
$\text{rel int}_Q M$	relativ Inneres der Menge M ($M \subset Q$) bezüglich der Hypersphäre Q (vgl. Definition 10.4)
$U(\boldsymbol{x}_0)$	(allgemeine) Umgebung des Punktes $\boldsymbol{x}_0$ in $\mathbb{E}_n$ (vgl. Kapitel 1)
$U_d(\boldsymbol{x}_0)$	$= U(\boldsymbol{x}_0) \cap L_d$, im Fall $\boldsymbol{x}_0 \in L_d$ (allgemeine) Umgebung des Punktes $\boldsymbol{x}_0$ bezüglich des linearen Unterraumes L_d in $\mathbb{E}_n$
$U(M; \varepsilon)$	ε-Umgebung der Menge M in $\mathbb{E}_n$
$U(\boldsymbol{x}_0; \varepsilon)$	sphärische ε-Umgebung des Punktes $\boldsymbol{x}_0$ in $\mathbb{E}_n$
$U_d(\boldsymbol{x}_0; \varepsilon)$	$= U(\boldsymbol{x}_0; \varepsilon) \cap L_d$, im Fall $\boldsymbol{x}_0 \in L_d$ sphärische ε-Umgebung des Punktes $\boldsymbol{x}_0$ bezüglich des linearen Unterraumes L_d in $\mathbb{E}_n$
$U(\boldsymbol{x}_0; \boldsymbol{v}; \varepsilon)$	ε-Kegelumgebung der Halbgeraden $p(\boldsymbol{x}_0; \boldsymbol{v})$ in $\mathbb{E}_n$ (vgl. Definition 6.1)
(a, b), $[a, b]$	offenes bzw. abgeschlossenes Intervall mit den Endpunkten a, b
$[a, b)$, $(a, b]$	halboffene Intervalle mit den Endpunkten a, b
g	Gerade in $\mathbb{E}_n$
$g(\boldsymbol{x}_1; \boldsymbol{x}_2)$	Gerade, die die Punkte $\boldsymbol{x}_1$, $\boldsymbol{x}_2$ enthält ($\boldsymbol{x}_1 \neq \boldsymbol{x}_2$)
$g(\boldsymbol{x}_1; \boldsymbol{a})$	Gerade, die die Punkte $\boldsymbol{x}_1$ und $\boldsymbol{x}_1 + \boldsymbol{a}$ enthält ($\boldsymbol{a} \neq \boldsymbol{o}$)

$p(\boldsymbol{x}_0; \boldsymbol{v})$	in der Richtung $\boldsymbol{v}$ verlaufende Halbgerade in $\mathbb{E}_n$ mit dem Anfangspunkt $\boldsymbol{x}_0$
$u(\boldsymbol{x}_1, \boldsymbol{x}_2)$	Strecke mit den Endpunkten $\boldsymbol{x}_1$ und $\boldsymbol{x}_2$
$B(\boldsymbol{x}_1, \boldsymbol{x}_2)$	einfacher, die Punkte $\boldsymbol{x}_1$ und $\boldsymbol{x}_2$ verbindender Bogen (vgl. Bemerkung 17.1)
$\varrho(\boldsymbol{x}_1, \boldsymbol{x}_2)$, $\varrho(M_1, M_2)$	euklidischer Abstand der Punkte $\boldsymbol{x}_1$ und $\boldsymbol{x}_2$ bzw. der nichtleeren Mengen M_1 und M_2 in $\mathbb{E}_n$
δ_{ij}	$= \begin{cases} 1, & \text{falls } i = j, \\ 0 & \text{sonst} \end{cases}$ Kronecker-Symbol
$\dfrac{\partial F}{\partial x_\alpha}(\boldsymbol{x}_0)$	partielle Ableitung erster Ordnung der Funktion $F(\boldsymbol{x})$ im Punkt $\boldsymbol{x}_0$
$\dfrac{\partial^2 F}{\partial x_\alpha \, \partial x_\beta}(\boldsymbol{x}_0)$	partielle Ableitung zweiter Ordnung der Funktion $F(x)$ im Punkt $\boldsymbol{x}_0$
$\nabla F(\boldsymbol{x}_0)$	Gradient der Funktion $F(\boldsymbol{x})$ im Punkt $\boldsymbol{x}_0$ (vgl. Bemerkung 15.6)
$\nabla^2 F(\boldsymbol{x}_0)$	Hesse-Matrix der Funktion $F(\boldsymbol{x})$ im Punkt $\boldsymbol{x}_0$
$F'(\boldsymbol{x}_0; \boldsymbol{v})$	Richtungsableitung der Funktion $F(\boldsymbol{x})$ in der Richtung $\boldsymbol{v}$ im Punkt $\boldsymbol{x}_0$ (vgl. Definition 16.1)
$\delta_F(\boldsymbol{x}_0)$	Glattheitsdefekt der Funktion $F(\boldsymbol{x})$ im Punkt $\boldsymbol{x}_0$ (vgl. Definition 16.2)
$\partial F(\boldsymbol{x}_0)$	Subdifferential der Funktion $F(\boldsymbol{x})$ im Punkt $\boldsymbol{x}_0$ (vgl. Bemerkung 20.7)
$\mathcal{G}_F$, $\mathcal{E}_F$, $\mathcal{H}_F$	Graph bzw. Epigraph bzw. Hypograph der Funktion $F(\boldsymbol{x})$
$\underline{F}(\boldsymbol{x})$, $\overline{F}(\boldsymbol{x})$	untere bzw. obere Abschließung der Funktion $F(\boldsymbol{x})$ (siehe Vereinbarung 18.2 und Bemerkung 18.2)
$F^c(\boldsymbol{y})$	konjugierte Funktion zur Funktion $F(\boldsymbol{x})$ (siehe Definition 19.1)
$\varliminf\limits_{i\to\infty} f(\boldsymbol{x}_i)$, $\varlimsup\limits_{i\to\infty} f(\boldsymbol{x}_i)$	limes inferior bzw. limes superior der Folge $\{f(\boldsymbol{x}_i)\}_{i=1}^{\infty}$ (siehe auch Vereinbarung 18.1)
$\inf \{f(\boldsymbol{x}) \mid \boldsymbol{x} \in M\}$, $\inf\limits_{\boldsymbol{x}\in M} \{f(\boldsymbol{x})\}$	Infimum der Funktion $f(\boldsymbol{x})$ über der Menge M (entsprechend sup, min, max)
$\inf\limits_{\boldsymbol{x}\in M} \{f(\boldsymbol{x})\}!$, $\sup\limits_{\boldsymbol{x}\in M} \{f(\boldsymbol{x})\}!$	Optimierungsaufgaben (siehe Kapitel 20)
M_{opt}	Gesamtheit der Optimalpunkte eines Optimierungsproblems mit der Restriktionsmenge M
$A_2 \Leftarrow A_1$, $A_1 \Rightarrow A_2$	Aussage A_1 impliziert Aussage A_2
$A_1 \Leftrightarrow A_2$	Äquivalenz der Aussagen A_1 und A_2

Sachverzeichnis